Höfs/Kretschmann/Schütz

Die Prüfung der Fachwirte im Sozial- und Gesundheitswesen

... weil auf chlor- und säurefrei gefertigtem Papier gedruckt

Sie finden uns im Internet unter: www.kiehl.de

Prüfungsbücher für Fachwirte und Fachkaufleute

Die Prüfung der Fachwirte im Sozial- und Gesundheitswesen

Handlungsspezifische Qualifikationen

Von
Rechtsanwalt Frank Höfs,
Dipl.-Kaufmann Dirk Kretschmann und
Dipl.-Betriebswirtin Christiane Schütz

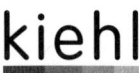

Bearbeitungsvermerk

Rechtsanwalt Frank Höfs:
Recht im Sozial- und Gesundheitswesen

Diplom-Kaufmann Dirk Kretschmann:
Marketing im Sozial- und Gesundheitswesen
Management im Sozial- und Gesundheitswesen

Diplom-Betriebswirtin Christiane Schütz:
Gesundheits- und Sozialökonomie

ISBN 978-3-470-**63711**-2

© NWB Verlag GmbH & Co. KG, Herne 2012

Kiehl ist eine Marke des NWB Verlags.

Alle Rechte vorbehalten. Das Werk und seine Teile sind urheberrechtlich geschützt. Jede Nutzung in anderen als den gesetzlich zugelassenen Fällen bedarf der vorherigen schriftlichen Einwilligung des Verlages. Hinweis zu § 52a UrhG: Weder das Werk noch seine Teile dürfen ohne eine solche Einwilligung eingescannt und in ein Netzwerk eingestellt werden. Dies gilt auch für Intranets von Schulen und sonstigen Bildungseinrichtungen.

Satz und Druck: Griebsch & Rochol Druck GmbH & Co. KG, Hamm

Vorwort

Dieses Buch richtet sich an alle Kursteilnehmer des Fortbildungslehrgangs Fachwirt/Fachwirtin im Sozial- und Gesundheitswesen, die sich auf den zweiten Prüfungsteil, die „Handlungsspezifischen Qualifikationen", vorbereiten. Es soll sie während des Lehrgangs begleiten und gezielt auf die Prüfung vor der Industrie- und Handelskammer vorbereiten.

Behandelt werden alle vier Prüfungsgebiete:

1. Sozial- und Gesundheitsökonomie
2. Rechtliche Bestimmungen im Sozial- und Gesundheitswesen
3. Marketing im Sozial- und Gesundheitswesen
4. Management im Sozial- und Gesundheitswesen

Grundlagen für die Gliederung sind der Rahmenplan des DIHK und die bundeseinheitliche Rechtsverordnung für die Prüfung in diesem Beruf. Umstellungen haben wir in der Darstellung dort vorgenommen, wo es dem Leser den praktischen Zugang erleichtert.

Im ersten Teil dieses Buches – gedruckt auf weißem Papier – wird der Lernstoff in bewährter Frage-Antwort-Form aufbereitet. Übersichten, Schaubilder, Tabellen und Struktogramme erleichtern das Lernen und machen Zusammenhänge deutlich.

Im zweiten Teil – gedruckt auf blauem Papier – wird der Stoff durch klausurtypische Aufgaben mit Musterlösungen vertieft und angewandt, um so eine fundierte Vorbereitung auf die Kammerprüfung zu ermöglichen.

Schließlich bietet der Klausurenteil die Möglichkeit, ein Gefühl für die zeitlichen Rahmenbedingungen der Prüfung zu entwickeln.

Das Grundlagenfach „Arbeitsmethodik" wurde nicht dargestellt, weil es nicht abgeprüft wird.

Das Stichwortverzeichnis erlaubt, sich selektiv auf Einzelthemen zu konzentrieren oder sich vollständig abschnittsweise auf die Prüfung vorzubereiten.

Die Inhalte des ersten Prüfungsteils „Wirtschaftsspezifische Qualifikationen" finden Sie in dem Titel „Die Prüfung der Fachwirte", das unter der ISBN 978-3-470-59873-4 ebenfalls im Kiehl Verlag erschienen ist.

Wir wünschen allen Leserinnen und Lesern eine erfolgreiche Prüfung. Anregungen und konstruktive Kritik sind uns willkommen und erreichen die Autoren über den Verlag.

Bargteheide, Hamburg und Sülfeld im Februar 2012

Frank Höfs
Dirk Kretschmann
Christiane Schütz

Inhaltsverzeichnis

Vorwort **5**

Verzeichnis der Abkürzungen **17**

Handlungsspezifische Qualifikationen **25**

1. Sozial- und Gesundheitsökonomie **27**

1. Sozial- und Gesundheitsökonomie **29**
   1.1 Bedeutung der Gesundheit für die Volkswirtschaft 29
      1.1.1 Stellung und Erhalt des Produktionsfaktors Arbeit 41
      1.1.2 Kosten, Leistungen und Beschäftigung des Gesundheits- und Sozialsektors .. 45
           1.1.2.1 Medizintechnik 53
           1.1.2.2 Pharmaindustrie 58
      1.1.3 Neuorientierung der Systeme der sozialen Sicherung
           – wachsende Eigenverantwortung 63
      1.1.4 Verstärkung des Entscheidungsbereichs des Einzelnen 68
           1.1.4.1 Erweiterung der Patientenrechte 69
           1.1.4.2 Förderung der Selbsthilfegruppen 70
      1.1.5 Humanitäts- und Solidaritätsprinzip als Grundlage
           der sozialen Marktwirtschaft 72
   1.2 Sozial- und Gesundheitspolitik im Wirtschaftssystem
      der Bundesrepublik Deutschland 73
      1.2.1 Kompetenzen des Bundes und der sonstigen Gebietskörperschaften
           in der Gesundheits- und Sozialpolitik 76
           1.2.1.1 Bundesbehörden 77
           1.2.1.2 Landesbehörden 79
      1.2.2 Grundstrukturen des Gesundheitswesens 79
           1.2.2.1 Ambulante Versorgung 81
           1.2.2.2 Stationäre Versorgung 82
      1.2.3 Soziodemografische Rahmenbedingungen und ihr Einfluss
           auf die Finanzierung, das Leistungsangebot und die Nachfrage 83
           1.2.3.1 Soziodemografische Entwicklungen 86
           1.2.3.2 Soziale Tatbestände 87
           1.2.3.3 Wachsende Bedeutung der medizinischen und
                pflegerischen Versorgung alter Menschen 89
      1.2.4 Wirtschaftlichkeit und Qualitätsverpflichtung als Normen des Sozial- und
           Gesundheitswesens 90
   1.3 Struktur des Sozial- und Gesundheitswesens 92
      1.3.1 Aufbau und Aufgaben der einzelnen stationären und
           ambulanten Versorgungsformen 92
           1.3.1.1 Ambulante ärztliche Versorgung 93
           1.3.1.2 Stationäre Akutversorgung 95
           1.3.1.3 Rehabilitation einschließlich Kur und Anschlussrehabilitation 98
           1.3.1.4 Stationäre und ambulante pflegerische Versorgung nach SGB XI 102
           1.3.1.5 Rettungsdienste 105

1.3.1.6 Integration und Versorgung Behinderter 106
1.3.1.7 Arzneimittelversorgung 108
1.3.2 Vernetzte Versorgungsformen... 110
1.3.3 Grundelemente sozialer Sicherungssysteme..................................... 113
    1.3.3.1 Modell der solidarischen und
        beitragsfinanzierten Sozialversicherung 114
    1.3.3.2 Steuerfinanziertes Modell der sozialen Sicherung 115
    1.3.3.3 Private Absicherung und Vorsorge von Risiken 117
1.4 Die Rolle des Staates... 118
    1.4.1 Aufgaben auf Bundes- und Landesebene.. 119
    1.4.2 Aufgaben der weiteren Gebietskörperschaften
        in der Gesundheitsversorgung... 121
    1.4.3 Prinzipien der Sozialpolitik 121
        1.4.3.1 Subsidiaritäts- und Solidaritätsprinzip 122
        1.4.3.2 Fürsorge und Versorgungspflicht 123
        1.4.3.3 Anspruchsgrundlagen – Verhinderung des Leistungsmissbrauchs ... 124
1.5 Akteure im Sozial- und Gesundheitswesen... 125
    1.5.1 Anbieter ambulanter ärztlicher Leistungen.. 125
        1.5.1.1 Anbieter stationärer und
            teilstationärer Leistungen der Akutversorgung............................... 126
        1.5.1.2 Pflegerische Leistungen.. 127
        1.5.1.3 Organisation der Rettungsdienste.. 129
        1.5.1.4 Krankentransport... 130
        1.5.1.5 Behindertenfahrdienste 131
        1.5.1.6 Soziale Dienstleistungen – Beratungen 132
    1.5.2 Stationäre Leistungen 134
        1.5.2.1 Akutversorgung in Krankenhäusern und Fachkliniken................ 134
        1.5.2.2 Krankenhausplan, Versorgungsstufen 135
        1.5.2.3 Träger der Krankenhausversorgung 136
        1.5.2.4 Folgeversorgung 137
        1.5.2.5 Weitere Einrichtungen des Sozial- und Gesundheitswesens............. 138
    1.5.3 Ambulante Leistungen 140
        1.5.3.1 Akutversorgung durch niedergelassene Ärzte 140
        1.5.3.2 Ambulante Pflege – ambulante Rehabilitation 140
        1.5.3.3 Behindertenversorgung 141
    1.5.4 Aufgaben der Sozialversicherung 142
        1.5.4.1 Gesetzliche Krankenversicherung 143
        1.5.4.2 Soziale Pflegeversicherung... 146
        1.5.4.3 Gesetzliche Rentenversicherung 147
        1.5.4.4 Gesetzliche Unfallversicherung... 149
    1.5.5 Aufgabe und Rolle der Kammern, Kassenärztlichen Vereinigungen,
        der Verbände und der Berufsorganisationen 150
1.6 Finanzierung... 152
    1.6.1 Model der dualen und der monistischen Krankenhausfinanzierung 152
        1.6.1.1 Monistische Krankenhausfinanzierung 152
        1.6.1.2 Duale Krankenhausfinanzierung.. 152
        1.6.1.3 Betriebskostenfinanzierung.. 154
    1.6.2 Leistungsabrechnung im ambulanten Bereich 156
    1.6.3 Privatfinanzierte Leistungen im Gesundheitswesen 160
        1.6.3.1 Private Versicherungen.. 160
        1.6.3.2 Individuelle Gesundheitsleistungen (IGeL) 162
1.7 Internationale Entwicklung 163

1.7.1 Entwicklung des Gesundheitswesens in der Europäischen Union 163
    1.7.1.1 Sozialcharta der EU 164
    1.7.1.2 Relevante EU-Verordnungen 164
    1.7.1.3 Zulassung von Medikamenten und medizinischen Produkten 165
    1.7.1.4 Leistungen der Gesundheitssysteme
         im europäischen Wirtschaftsraum 166
    1.7.1.5 Internationaler Wettbewerb der Leistungsanbieter 167
1.7.2 Aufgaben und Rolle der Weltgesundheitsorganisation (WHO) 168

Handlungsspezifische Qualifikationen 171

2. Rechtliche Bestimmungen im Sozial- und Gesundheitswesen 173

2.1 Öffentliches Gesundheitsrecht 175
  2.1.1 Grundrechte 175
    2.1.1.1 Schutz des Lebens und der körperlichen Unversehrtheit 176
    2.1.1.2 Sozialstaatsprinzip (Art. 20 Abs. 1 GG).......................... 177
    2.1.1.3 Europäische Sozialcharta 177
  2.1.2 Grundzüge des Verwaltungsrechts 178
    2.1.2.1 Verwaltungsakt.. 180
    2.1.2.2 Rechtsbehelfe und Rechtsmittel 182
  2.1.3 Medizinprodukte und Medizinproduktebetreiberverordnung 185
  2.1.4 Arzneimittelgesetz 188
  2.1.5 Betäubungsmittelgesetz 191
  2.1.6 Hygieneverordnung (HACCP) 194
2.2 Haftungsrecht 195
  2.2.1 Grundlagen des Haftungsrechts 195
  2.2.2 Zivilrechtliche Haftung 196
    2.2.2.1 Rechtliche Grundverhältnisse 196
    2.2.2.2 Haftung des Krankenhausträgers 199
    2.2.2.3 Haftung des Arztes 201
    2.2.2.4 Haftung der Pflegekräfte und Beschäftigten
         in Gesundheitsberufen 203
    2.2.2.5 Haftung bei fehlerhafter Dokumentation 203
  2.2.3 Strafrechtlich relevante Bereiche 204
    2.2.3.1 Strafrechtliche Bewertung von Tun und Unterlassen 206
    2.2.3.2 Garantenstellung bei Gesundheitsberufen 207
    2.2.3.3 Fahrlässigkeit 207
    2.2.3.4 Was ist Vorsatz? 207
2.3 Heim- und Betreuungsrecht 208
  2.3.1 Betriebsvoraussetzungen eines Heims und Pflichten des Trägers 209
  2.3.2 Heimvertrag 212
  2.3.3 Mitwirkung der Heimbewohner 215
  2.3.4 Dokumentation 216
  2.3.5 Überwachungsmöglichkeiten 216
    2.3.5.1 Auskunftspflichten des Heimträgers und der Heimleitung 217
    2.3.5.2 Überprüfungsmöglichkeiten durch die Heimaufsicht und
         medizinische Dienste 217
  2.3.6 Beratungsaufgaben der Heimaufsicht 217
  2.3.7 Anordnungen zur Beseitigung von Mängeln 218
  2.3.8 bis 2.3.13 Betreuungsrecht 219
2.4 Finanzierung von stationären, teilstationären und ambulanten Diensten 223

2.4.1 Sozialversicherungen 223
  2.4.1.1 Soziale Krankenversicherung, SGB V 224
  2.4.1.2 Gesetzliche Rentenversicherung, SGB VI 227
  2.4.1.3 Gesetzliche Unfallversicherung, SGB VII 228
  2.4.1.4 Gesetzliche Pflegeversicherung, SGB XI 228
2.4.2 Sozialhilfe, SGB XII 229
2.4.3 Hilfen für Menschen mit Behinderungen 230
2.5 Steuerrecht 231
  2.5.1 Steuerliche Bestimmungen der Gemeinnützigkeit in der Abgabenordnung 231
  2.5.2 Steuerbegünstigte Zwecke in der AO einschließlich Gemeinnützigkeit 233
  2.5.3 Gründung, Führung und Auflösung gemeinnütziger Körperschaften
         einschließlich steuerlicher Wirkung des Wegfalls
         des gemeinnützigen Zweckes 236
2.6 Sozialgesetzbuch (SGB) 238
  2.6.1 Grundzüge der Entwicklung der Sozialgesetzgebung in Deutschland 238
  2.6.2 Prinzipien der Sozialgesetzgebung 240
    2.6.2.1 Pflichtversicherungsprinzip 240
    2.6.2.2 Versorgungsprinzip 240
  2.6.3 Aktuelle Systeme der sozialen Sicherung in Deutschland 241
  2.6.4 Aufbau, Grundzüge und Zuständigkeiten
         der Sozialgesetzbücher SGB I – XII 241
    2.6.4.1 Soziale Rechte der Bürger 243
    2.6.4.2 Hilfen, Informationen, Antragstellung 243
    2.6.4.3 Leistungen, Leistungsarten und Leistungsträger 244
    2.6.4.4 Sozialgeheimnis und Datenschutz (BDSG) 245
    2.6.4.5 Organisation und Selbstverwaltung der Leistungsträger 248
    2.6.4.6 Verankerung der Qualitätssicherung, speziell SGB V und SGB XI 249

Handlungsspezifische Qualifikationen 253

3. Marketing im Sozial- und Gesundheitswesen 255

3.1 Marketing im Bereich sozialer Dienstleistung 257
  3.1.1 Bedeutung des Marketing für Einrichtungen
         im Sozial- und Gesundheitswesen 257
    3.1.1.1 Non-Profit-Organisationen 257
    3.1.1.2 Privatwirtschaftliche Unternehmen 259
  3.1.2 Die soziale Organisation im Geflecht ihrer Außenbeziehungen 260
3.2 Grundlagen und Instrumente von Marketing und Werbung 265
  3.2.1 Marketingziele und -strategien 265
  3.2.2 Marketing-Mix 279
  3.2.3 Marketinginstrumente 283
  3.2.4 Marktanalysen, Marktsegmente, Bedarfsermittlung 291
  3.2.5 Mitbewerber, Produkt- und Leistungsvergleiche 304
  3.2.6 Markterschließung und -sicherung 320
  3.2.7 Werbeziele und Zielgruppen 322
  3.2.8 Werbebotschaft, Werbemittel, Werbeträger, Werbeerfolgskontrolle 330
  3.2.9 Wettbewerbsbeschränkungen (Verbote),
         standesrechtliche Beschränkungen 335
3.3 Marketing und Öffentlichkeit 337
  3.3.1 Öffentlichkeitsarbeit (Public Relation) als Teil des Marketing 337
  3.3.2 Erscheinungsbild – Image und Imagepflege 339

3.3.3 Medieneinsatz und Medienarbeit 342
3.3.4 Fundraising 344
    3.3.4.1 Zweckbindung 344
    3.3.4.2 Mittelverwendung und Kontrolle 347
    3.3.4.3 Gütesiegel 349
    3.3.4.4 Steuerliche Relevanz 349
3.3.5 Social-Sponsoring 350
    3.3.5.1 Abgrenzung gegenüber Spenden und Mäzenatentum 350
    3.3.5.2 Leistung und Gegenleistung 353
    3.3.5.3 Funktionsweise des Sponsoring 354
    3.3.5.4 Schritte zum Sponsoring 358
3.4 Wirkungsfelder des Sozialmarketing 368
  3.4.1 Einflussnahme auf der Ebene von Verbänden,
        politischen Instanzen und Parteien und Vereinigungen 368
  3.4.2 Aufbau von Kooperationen in Netzwerken 373

Handlungsspezifische Qualifikationen 377

4. Management im Sozial- und Gesundheitswesen 379

4.1 Spezifische Unternehmensformen 381
  4.1.1 Privatrechtliche Unternehmensformen 381
  4.1.2 Öffentlich-rechtliche Unternehmensformen 386
  4.1.3 Stiftungen und Fördervereine 388
4.2 Angewandte Planungs- und Steuerungstechniken 390
  4.2.1 Grundlagen der Planung 390
  4.2.2 Spezielle Organisationen in stationären Einrichtungen 395
  4.2.3 Organisationsformen in ambulanten Einrichtungen 401
  4.2.4 Pflegerische Organisationssysteme 403
  4.2.5 Pflegerische Konzepte 408
  4.2.6 Kooperationskonzepte mit vor- und
        nachgelagerten Organisationen und Netzwerken 413
  4.2.7 Angehörige und Besucher 423
4.3 Aktuelle Organisationsstrukturen und Organisationsentwicklung 424
  4.3.1 Grundformen der Aufbau- und Ablauforganisation 424
    4.3.1.1 Hotelleistungen 424
    4.3.1.2 Beschaffungsmanagement und -märkte 428
    4.3.1.3 Logistik im Krankenhaus 433
  4.3.2 Leistungserstellung und -dokumentation 440
    4.3.2.1 Ärztliche Leistungen 440
    4.3.2.2 Pflegerische Leistungen 447
    4.3.2.3 Therapeutische Leistungen 449
  4.4.3 Outsourcing 450
4.4 Führungs- und Managementtechniken 458
  4.4.1 Führung und Zusammenarbeit im Sozial- und Gesundheitswesen 458
  4.4.2 Zusammenarbeit von ehrenamtlich und hauptamtlich Tätigen 465
  4.4.3 Organisationsentwicklung 467
    4.4.3.1 Innovationsmanagement 467
    4.4.3.2 Innovationshemmnisse 469
4.5 Rechnungswesen und Controlling 470
  4.5.1 Besonderheiten der Buchführung und Bilanzierung 470
    4.5.1.1 Anwendung der Krankenhaus-Buchführungsverordnung (KHBV) 470

    4.5.1.2 Anwendung der Pflege-Buchführungsverordnung (PBV)................478
  4.5.2 Ausweis und Bewirtschaftung von Zuwendungsmitteln................482
  4.5.3 Kalkulation und Preisgestaltung der Leistungen................486
    4.5.3.1 Entgeltsysteme für stationäre Leistungen (DRGs)................486
    4.5.3.2 Wahlleistungen................508
  4.5.4 Gesetzliche Verordnungen bei der Preisgestaltung (BpflV)................511
  4.5.5 Methoden der Budgetierung................513
    4.5.5.1 Externe Budgetierung................513
    4.5.5.2 Interne Budgetierung................522
  4.5.6 Kostenrechnung und Kalkulation in stationären Einrichtungen................527
    4.5.6.1 Innerbetriebliche Leistungsverrechnung................527
    4.5.6.2 Statistik und Kennzahlen als unternehmenspolitisches Instrument...543
4.6 Personalwesen................546
  4.6.1 Personalplanung................546
    4.6.1.1 Personalstellenberechnung und Personalschlüssel................546
    4.6.1.2 Dienstplangestaltung................563
  4.6.2 Personalentwicklung und -förderung................572
    4.6.2.1 Mitarbeitergespräche................572
    4.6.2.2 Qualifizierungsmöglichkeiten................584
    4.6.2.3 Psychologische Begleitung................594
    4.6.2.4 Konfliktmanagement................600
4.7 Kommunikation und Informationstechniken................604
  4.7.1 Kundenorientierte Kommunikation................604
  4.7.2 Konflikte und Umgang mit Konflikten................606
    4.7.2.1 Konfliktauffassung................606
    4.7.2.2 Konfliktursachen................607
    4.7.2.3 Auswirkung von Konflikten................607
    4.7.2.4 Konfliktablaufmodell................610
    4.7.2.5 Konfliktintervention und Lösungsstrategien................611
    4.7.2.6 Supervision und Coaching................618
  4.7.3 Informations- und Kommunikationssysteme................622
    4.7.3.1 Datenmanagement und Datenaustausch im Krankenhaus................622
    4.7.3.2 Datensicherheit und Sicherheitskonzepte................625
    4.7.3.3 Datenschutz................630
  4.7.4 Darstellung der Einrichtung und Leistung im Internet................636
4.8 Projektmanagement................638
  4.8.1 Projekt und Projektmanagement................638
    4.8.1.1 Definition................638
    4.8.1.2 Begründung für den Einsatz von Projektmanagement................639
    4.8.1.3 Erfolgsfaktoren des Projektmanagements................641
    4.8.1.4 Rahmenbedingungen................642
  4.8.2 Projektorganisation................642
    4.8.2.1 Ablauforganisation................642
    4.8.2.2 Aufbauorganisation................643
  4.8.3 Phasen und Methoden des Projektmanagements................647
    4.8.3.1 Definitionsphase................647
    4.8.3.2 Planungsphase................651
    4.8.3.3 Durchführungsphase................656
    4.8.3.4 Projektabschlussphase................661
  4.8.4 Einsatz der Datenverarbeitung im Projektmanagement................663
4.9 Qualitätsmanagement im Sozial- und Gesundheitswesen................665
  4.9.1 Anforderungen an das Qualitätsmanagement................665

    4.9.1.1 Begriffe 665
    4.9.1.2 Qualitätsberichte 668
    4.9.1.3 Externe Qualitätssicherung 669
  4.9.2 Qualitätsmanagementsysteme 670
    4.9.2.1 Total Quality Management (TQM) 670
    4.9.2.2 Kooperation für Transparenz und Qualität
        im Gesundheitswesen (KTQ) 671
    4.9.2.3 Qualität und Entwicklung in Praxen (QEP) und proCumCert (pCC) .. 673
    4.9.2.4 European Foundation für Quality Management (EFQM) 674
    4.9.2.5 QM-Systeme nach der DIN EN ISO 9000 ff. 677
  4.9.3 Dokumentation von Qualitätsmanagement und Zertifizierung 681
  4.9.4 Einführung eines QM-Systems in der Praxis 686

Klausurtypischer Teil – Aufgaben 693

1. Prüfungsfach: Sozial- und Gesundheitsökonomie 695

 1.1 Bedeutung der Gesundheit für die Volkswirtschaft 695
 1.2 Sozial- und Gesundheitspolitik im Wirtschaftssystem
   der Bundesrepublik Deutschland 697
 1.3 Struktur des Sozial- und Gesundheitswesens 699
 1.4 Die Rolle des Staates 700
 1.5 Akteure im Sozial- und Gesundheitswesen 701
 1.6 Finanzierung 704
 1.7 Internationale Entwicklungen 705

2. Prüfungsfach: Rechtliche Bestimmungen im Sozial- und Gesundheitswesen 707

 2.1 Öffentliches Gesundheitsrecht 707
 2.2 Haftungsrecht 710
 2.3 Heim- und Betreuungsrecht 711
 2.4 Finanzierung von stationären, teilstationären und ambulanten Diensten 713
 2.5 Steuerrecht 713
 2.6 Sozialgesetzbuch 714

3. Fach: Marketing im Sozial- und Gesundheitswesen 719

 3.1 Marketing im Bereich sozialer Dienstleistung 719
 3.2 Grundlagen und Instrumente von Marketing und Werbung 720
 3.3 Marketing und Öffentlichkeit 724
 3.4 Wirkungsfelder des Sozialmarketing 728

4. Fach: Management im Sozial- und Gesundheitswesen 729

 4.1 Spezifische Unternehmensformen 729
 4.2 Angewandte Planungs- und Steuerungstechniken 731
 4.3 Aktuelle Organisationsformen und Organisationsentwicklung 733
    4.3.1 Grundformen der Aufbau- und Ablauforganisation 733
    4.3.2 Leistungserstellung und -dokumentation 734
    4.3.3 Outsourcing 734
    4.3.4 Angehörige und Nachbarn 735
 4.4 Führungs- und Managementtechniken 735
    4.4.1 Führung und Zusammenarbeit im Sozial- und Gesundheitswesen 735
    4.4.2 Zusammenarbeit von ehrenamtlich und hauptamtlich Tätigen 736
    4.4.3 Organisationsentwicklung 737
 4.5 Rechnungswesen und Controlling 737

4.6 Personalwesen ... 742
    4.6.1 Personalplanung ... 742
    4.6.2 Personalentwicklung und -förderung ... 744
4.7 Informations- und Kommunikationstechniken ... 745
    4.7.1 Konflikte ... 745
    4.7.2 Informations- und Kommunikationssysteme ... 745
4.8 Projektmanagement ... 746
4.9 Qualitätsmanagement im Sozial- und Gesundheitswesen ... 747

Lösungen ... 751

1. Prüfungsfach: Sozial- und Gesundheitsökonomie ... 753

1.1 Bedeutung der Gesundheit für die Volkswirtschaft ... 753
1.2 Sozial- und Gesundheitspolitik im Wirtschaftssystem
    der Bundesrepublik Deutschland ... 760
1.3 Struktur des Sozial- und Gesundheitswesens ... 765
1.4 Die Rolle des Staates ... 770
1.5 Akteure im Sozial- und Gesundheitswesen ... 772
1.6 Finanzierung ... 777
1.7 Internationale Entwicklungen ... 780

2. Prüfungsfach: Rechtliche Bestimmungen im Sozial- und Gesundheitswesen ... 783

2.1 Öffentliches Gesundheitsrecht ... 783
2.2 Haftungsrecht ... 787
2.3 Heim- und Betreuungsrecht ... 788
2.4 Finanzierung von stationären, teilstationären und ambulanten Diensten ... 790
2.5 Steuerrecht ... 791
2.6 Sozialgesetzbuch ... 792

3. Fach: Marketing im Sozial- und Gesundheitswesen ... 799

3.1 Marketing im Bereich sozialer Dienstleistung ... 799
3.2 Grundlagen und Instrumente von Marketing und Werbung ... 804
3.3 Marketing und Öffentlichkeit ... 823
3.4 Wirkungsfelder des Sozialmarketing ... 838

4. Fach: Management im Sozial- und Gesundheitswesen ... 841

4.1 Spezifische Unternehmensformen ... 841
4.2 Angewandte Planungs- und Steuerungstechniken ... 849
4.3 Aktuelle Organisationsformen und Organisationsentwicklung ... 852
    4.3.1 Grundformen der Aufbau- und Ablauforganisation ... 852
    4.3.2 Leistungserstellung und -dokumentation ... 856
    4.3.3 Outsourcing ... 857
    4.3.4 Angehörige und Nachbarn ... 860
4.4 Führungs- und Managementtechniken ... 860
    4.4.1 Führung und Zusammenarbeit im Sozial- und Gesundheitswesen ... 860
    4.4.2 Zusammenarbeit von ehrenamtlich und hauptamtlich Tätigen ... 864
    4.4.3 Organisationsentwicklung ... 864
4.5 Rechnungswesen und Controlling ... 866
4.6 Personalwesen ... 876
    4.6.1 Personalplanung ... 876
    4.6.2 Personalentwicklung und -förderung ... 882
4.7 Informations- und Kommunikationstechniken ... 886

  4.7.1 Konflikte 886
  4.7.2 Informations- und Kommunikationssysteme 888
4.8 Projektmanagement 890
4.9 Qualitätsmanagement im Sozial- und Gesundheitswesen 893

Literaturhinweise 899

  Basisliteratur 899
  Marketing 902
  Fundraising, Spenden & Sponsoring 903
  Management 903
  Rechnungswesen und Controlling 904
  Kommunikations- und Informationstechnologie 904
  Personalwesen 904
  Pflegemanagement 905
  Recht 905
  Qualitätsmanagement 906

Stichwortverzeichnis 907

Verzeichnis der Abkürzungen

A

a. F.	alte Fassung
AbfBetrVO	Verordnung über Betriebsbeauftragte für Abfall
AbgrV	Abgrenzungsverordnung
Abs.	Absatz
AEB	Aufstellung der Budget- und Entgeltberechnung
AFG	Arbeitsförderungsgesetz
AG	Aktiengesellschaft, Arbeitgeber
AGG	Allgemeines Gleichbehandlungsgesetz
AHB	Anschlussheilbehandlung
ALG	Arbeitslosengeld
AltPflAPrV	Altenpfleger-Ausbildungs- und Prüfungsordnung
AMG	Arzneimittelgesetz
AMWHV	Arzneimittel und Wirkstoffherstellungsverordnung
AN	Arbeitnehmer
AO	Abgabenordnung
ApBetrO	Apotheker-Betreiberordnung
ApoG	Apothekengesetz
ArbSchG	Arbeitsschutzgesetz
ArbStättV	Arbeitsstättenverordnung
ArbZG	Arbeitszeitgesetz
ARGE	Arbeitsgemeinschaft
Art.	Artikel
Ärzte-ZV	Ärzte-Zulassungsverordnung
ASB	Arbeiter Samariter Bund
ASiG	Arbeitssicherheitsgesetz
ATA	Anästhesietechnischer Assistent
AVV	Abfallverzeichnis-Verordnung

B

BA	Bundesagentur für Arbeit
BAG	Bundesarbeitsgemeinschaft
BÄK	Bundesärztekammer
BBiG	Berufsbildungsgesetz
BCG	Boston Consulting Group
BDSG	Bundesdatenschutzgesetz
BEEG	Bundeselterngeld- und Elternzeitgesetz
BetrVG	Betriebsverfassungsgesetz
BFD	Bundesfreiwilligendienst
BFDG	Bundesfreiwilligendienstgesetz
BFöG	Bundesausbildungsförderungsgesetz
BGB	Bürgerliches Gesetzbuch
BGF	Betriebliche Gesundheitsförderung
BGG	Behindertengleichstellungsgesetz
BGH	Bundesgerichtshof
BildscharV	Bildschirmarbeitsverordnung
BioStoffV	Verordnung über Sicherheit und Gesundheitsschutz bei Tätigkeiten mit biologischen Arbeitsstoffen

BIP	Bruttoinlandsprodukt
BMG	Bundesministerium für Gesundheit
BMV-Ä	Bundesmantelverträge Ärzte
BpflV	Bundespflegesatzverordnung
BQS	Bundesgeschäftsstelle Qualitätssicherung
BS	British Standard
BSG	Bundessozialgericht
BSHG	Bundessozialhilfegesetz
BSI	Bundesamt für Sicherheit in der Informationstechnik
BtBG	Betreuungsbehördengesetz
BtMG	Betäubungsmittelgesetz
BtMVV	Betäubungsmittel-Verschreibungsverordnung
BUrlG	Bundesurlaubsgesetz
BVBG	Bundesverband der Beschaffungsorganisationen in der Gesundheitswirtschaft Deutschland e.V.
BVG	Bundesversorgungsgesetz
BVW	Betriebliches Vorschlagswesen
bzgl.	bezüglich
bzw.	beziehungsweise

C

ca.	circa
CBT	Computer-based Training
CCL	Clinical Complexity Level, deutsch: klinischer Komplexitätsgrad
CF	Cash Flow
CI	Corporate Identity
CIR	Critical Incident Report, deutsch: Berichtssystem für kritische Zwischenfälle
CT	Computertomographie
CTG	Cardiotokographie, deutsch: Kardiotokographie

D

d.h.	das heißt
DBR	Deutscher Behinderten Rat
DCV	Deutscher Caritasverband e.V.
DEKV	Deutscher Evangelischer Krankenhausverband e.V.
DGE	Deutsche Gesellschaft für Ernährung e.V.
DiätassAPrV	Diätassistenten-Ausbildungs- und Prüfungsordnung
DiätassG	Diätassistentengesetz
DIN	Deutsches Institut für Normung
DKG	Deutsche Krankenhausgesellschaft e.V.
DKI	Deutsches Krankenhausinstitut e.V.
DKR	Deutsche Kodierrichtlinien
DKSB	Deutscher Kinderschutzbund Bundesverband e.V.
DLRG	Deutsche Lebensrettungsgesellschaft
DMP	Disease-Management-Programm
DNQP	Deutsches Netzwerk für Qualitätsentwicklung in der Pflege
DPR	Deutscher Pflegerat e.V.
DRG	Diagnosis Related Groups
DRK	Deutsches Rotes Kreuz
DVD	Digital Versatile Disc
DWdEKD	Diakonisches Werk der Evangelischen Kirche in Deutschland e.V.
DZI	Deutsches Zentralinstitut für soziale Fragen e.V.

E

e.V.	eingetragener Verein
EBM	Einheitlicher Bewertungsmaßstab
EDV	Elektronische Datenverarbeitung
EEA	EFQM Excellence Award
EEG	Elektroenzephalografie
EFQM	European Foundation for Quality Management
eG	eingetragene Genossenschaft
EKG	Elektrokardiogramm
EMEA	Agentur für die Beurteilung von Arzneimitteln
EN	Europäische Norm
EntgFG	Entgeltfortzahlungsgesetz
EPM	Enterprise Project Management
EQG M-V	Einrichtungsqualitätsgesetz Mecklenburg-Vorpommern
ErbStG	Erbschaftsteuer- und Schenkungsteuergesetz
ErgThAPrV	Ergotherapeuten-Ausbildungs- und Prüfungsordnung
ErgThG	Ergotherapeuten-Gesetz
ERP	Enterprise Ressource Planning
EStG	Einkommensteuergesetz
et al.	et alli, deutsch: und andere
etc.	et cetera, deutsch: und so weiter
EU	Europäische Union
EWR	Europäischer Wirtschaftsraum

F

F&E	Forschung & Entwicklung
f.	folgende
FamFG	Gesetz über das Verfahren in Familiensachen und in den Angelegenheiten der freiwilligen Gerichtsbarkeit
FAQ	Frequently Asked Questions
FAZ	Frühester Anfangszeitpunkt
FEZ	Frühester Endezeitpunkt
ff.	fortfolgende
FMEA	Fehler-Möglichkeits- und Einflussanalyse
FPV	Fallpauschalenverordnung

G

G&V	Gewinn- & Verlustrechnung
G-BA	Gemeinsamer Bundesausschuss
GbR	Gesellschaft bürgerlichen Rechts
GefStoffV	Gefahrenstoffverordnung
GenG	Genossenschaftsgesetz
	Gesundheitswirtschaft
GewStG	Gewerbesteuergesetz
GG	Grundgesetz
GGbefG	Gefahrgutbeförderungsgesetz
ggf.	gegebenenfalls
gGmbH	gemeinnützige Gesellschaft mit beschränkter Haftung
GKV	gesetzliche Krankenversicherung
GKV-WSG	Gesetzliches Krankenversicherung-Wettbewerbsstärkungsgesetz
GM	German Modification, deutsch: Deutsche Modifikation
GmbH	Gesellschaft mit beschränkter Haftung

GmbHG	Gesetz betreffend die Gesellschaften mit beschränkter Haftung
GOÄ	Gebührenordnung für Ärzte
GrStG	Grundsteuergesetz
GWB	Gesetz gegen Wettbewerbsbeschränkungen

H

HebG	Hebammen-Gesetz
HeimG	Heimgesetz
HeimPersV	Heimpersonalverordnung
HGB	Handelsgesetzbuch
HIV	Human Immundefizienz-Virus
HSchulBG	Hochschulbauförderungsgesetz
HWG	Heilmittelwerbegesetz

I

i.V.m.	in Verbindung mit
IBLV	innerbetriebliche Leistungsverrechnung
ICD-10 GM	International Classification of Diagnosis – 10. Revision – German Modification, deutsch: Internationale statistische Klassifikation der Krankheiten und verwandter Gesundheitsprobleme
IEC	International Electronical Commission, deutsch: Internationale Elektrotechnische Kommission
IfSG	Infektionsschutzgesetz
IGeL	Individuelle Gesundheitsleistungen
IKT	Informations- und Kommunikationstechnologie in der Psychiatrie
InEK	Institut für das Entgeltsystem im Krankenhaus
IQWiG	Institut für Qualität und Wirtschaftlichkeit im Gesundheitswesen
ISMS	Information Security Management System, deutsch: Managementsystem für Informationssicherheit
ISO	International Organization for Standardization, deutsch: Internationale Organisation für Normung
IT	Informationstechnologie
ITK	Informations- und Kommunikationstechnologie
IV	Integrierte Versorgung

J

JArbschG	Jugendarbeitsschutzgesetz
JIT	just in time, deutsch: bedarfssynchron
JVEG	Justizvergütungs- und -entschädigungsgesetz

K

KBV	Kassenärztliche Bundesvereinigung
KG	Kommanditgesellschaft
KHBV	Krankenhaus-Buchführungsverordnung
KHEntgG	Krankenhausentgeltgesetz
KHG	Krankenhausfinanzierungsgesetz
KindArbSchG	Kinderarbeitsschutzverordnung
KIS	Krankenhausinformationssystem
KISS	Krankenhausinformations- und -steuerungssystem
KISS	Kontakt- und Informationsstellen für Selbsthilfegruppen
KKVD	Katholischer Krankenhausverband Deutschlands e.V.
KLEE	Kosten-, Leistungs-, Erlös- und Ergebnisrechnung

Verzeichnis der Abkürzungen

KrPflG	Krankenpflegegesetz
KSchG	Kündigungsschutzgesetz
KStG	Körperschaftsteuergesetz
KTQ	Kooperation für Transparenz und Qualität im Gesundheitswesen
KV	Kassenärztliche Vereinigung
KVP	Kontinuierlicher Verbesserungsprozess
KZV	Kassenzahnärztliche Vereinigung

L

LAG	Landesarbeitsgemeinschaft
LHeimG	Heimgesetz für Baden-Württemberg
LKA	Leistungs- und Kostenaufstellung
LogAPrO	Logopäden-Ausbildungs- und Prüfungsordnung
LogopG	Logopädengesetz
LQS	Landesgeschäftsstelle Qualitätssicherung
LSG	Landessozialgericht
lt.	laut

M

M&A	Mergers & Akquisation
MarkenG	Markengesetz
MbO	Management by objectives, deutsch: Zielvereinbarung
MBOÄ	Muster-Berufsordnung für Ärzte
MDC	Major Diagnostic Category, deutsch: Hauptdiagnosegruppen
MDK	Medizinischer Dienst der Krankenversicherung e.V.
MFA	Medizinische/r Fachangestellte/r
MGVD	Mittlere Grenzverweildauer
MIS	Management-Informationssystem
MPBetreibV	Medizinprodukte-Betreiberverordnung
MPG	Medizinprodukt-Gesetz
MPhG	Gesetz über die Berufe in der Physiotherapie
Mrd.	Milliarden
MRT	Magnetresonanztomographie
MS	Microsoft
MTA	Medizinisch technische Assistenten
MTA-Analyse	Meilenstein-Trend-Analyse
MTA-APrV	MTA-Ausbildungs- und Prüfungsordnung
MTAF	Medizinisch-technische Assistenten / Funktionsdiagnostik
MTA-L	Medizinisch-technische Assistenten / Labor
MTA-R	Medizinisch-technische Assistenten / Röntgendiagnostik
MTLA	Medizinisch-technische Laboratoriumsassistenten
MTRA	medizinisch-technische Radiologieassistenten
MuSchG	Mutterschutzgesetz
MVZ	Medizinisches Versorgungszentrum

N

NAKOS	Nationale Kontakt- und Informationsstelle zur Anregung und Unterstützung von Selbsthilfegruppen
NASA	National Aeronautics and Space Administration
NGO	Non Government Organisation, siehe auch NRO
NIA	Normenausschuss Informationstechnik und Anwendungen
NPO	Non Profit Organisation, d.h. gemeinnützige Organisationen

Nr.	Nummer
NRO	Nichtregierungsorganisation, siehe auch NGO
NUB	Neue Untersuchungs- und Behandlungsmethoden

O

OECD	Organisation für wirtschaftliche Zusammenarbeit und Entwicklung
OGVD	Obere Grenzverweildauer
OHG	Offene Handelsgesellschaft
OP	Operation
ÖPP	Öffentlich Private Partnerschaft, siehe auch PPP
OPS	Operationen- und Prozedurenschlüssel
OrthoptAPrV	Ausbildungs- und Prüfungsverordnung für Orthoptisten
OrthoptG	Orthoptistengesetz
OTA	Operationstechnischer Assistent

P

Palandt	Bürgerliches Gesetzbuch
PBV	Pflege-Buchführungsverordnung
PC	Personal Computer
pCC	proCum Cert GmbH
PCCL	Patient Clinical Complexity Level, deutsch: patientenbezogener Gesamtschweregrad
PDCA-Zyklus	Plan-Do-Check-Act-Zyklus
PersVG	Personalvertretungsgesetz
PET	Positronenelektronentomographie
PflegeZG	Pflegezeitgesetz
PfleWoqG	Pflege- und Wohnqualitätsgesetz Bayern
PhysTh-APrV	Physiotherapeuten-Ausbildungs- und Prüfungsverordnung
PKV	Private Krankenversicherung
PLZ	Produktlebenszyklus
PodAPrV	Podologen-Ausbildungs- und Prüfungsverordnung
PodG	Podologengesetz
PPM	Projektportfoliomanagement
PPP	Public Private Partnership, siehe auch ÖPP
PPR	Pflegepersonalregelung
PR	Public Relations
prEN	Draft European Standards
Psych-PV	Verordnung über Maßstäbe und Grundsätze für den Personalbedarf

Q

QEP	Qualität und Entwicklung in Praxen
QM	Qualitätsmanagement
QMH	Qualitätsmanagementhandbuch
QZV	Qualifikationsgebundene Zusatzvolumen

R

RADAR	Abkürzung für "Result, Approach, Deployment, Assessment, Review"
RBSA-Analyse	Regionale Branchenstrukturanalyse
Reha	Rehabilitation
RKI	Robert Koch Institut
ROI	Return on Investment
RöV	Röntgenverordnung

RSA	Risikostrukturausgleich
RVL	Regelleistungsvolumina
RVO	Reichsversicherungsordnung

S

SAP	Systeme, Anwendungen und Produkte in der Datenverarbeitung
SAZ	Spätester Anfangszeitpunkt
SDCA-Zyklus	Standard-Do-Check-Act-Zyklus
SEZ	Spätester Endezeitpunkt
SG	Sozialgericht
SGB I	Sozialgesetzbuch I – Allgemeiner Teil
SGB II	Sozialgesetzbuch II – Grundsicherung für Arbeitssuchende
SGB III	Sozialgesetzbuch III – Arbeitsförderung
SGB IV	Sozialgesetzbuch IV – Gemeinsame Vorschriften der Sozialversicherung
SGB IX	Sozialgesetzbuch IX Rehabilitation und Teilhabe behinderter Menschen
SGB V	Sozialgesetzbuch V – Gesetzliche Krankenversicherung
SGB VI	Sozialgesetzbuch VI – Gesetzliche Rentenversicherung
SGB VII	Sozialgesetzbuch VII – Gesetzliche Unfallversicherung
SGB VIII	Sozialgesetzbuch VIII – Kinder- und Jugendhilfe
SGB X	Sozialgesetzbuch X Sozialverwaltungsverfahren und Sozialdatenschutz
SGB XI	Sozialgesetzbuch – Soziale Pflegeversicherung
SGB XII	Sozialgesetzbuch – Sozialhilfe
SGB	Sozialgesetzbuch
SGG	Sozialgerichtsgesetz
SQL	Structured Query Language
StG	Stille Gesellschaft
StGB	Strafgesetzbuch
stopp	Strafprozessordnung
StrlSchV	Strahlenschutzverordnung
SWOT	Stärken-Schwächen/Chancen-Risiko-Analyse

T

TCM	Traditionelle Chinesische Medizin
TFG	Transfusionsgesetz
THW	Technisches Hilfswerk
TKG	Telekommunikationsgesetz
TMG	Telemediengesetz
TPG	Transplantationsgesetz
TQM	Total Quality Management
TUL-Logistik	Transportieren – Umschlagen – Lagern – Logistik
TV	Tarifvertrag
TV-L	Tarifvertrag der Länder
TVöD	Tarifvertrag für den öffentlichen Dienst
TzBfG	Teilzeitbefristungsgesetz

U

u. a.	unter anderem
UGVD	Untere Grenzverweildauer
UrhG	Urhebergesetz

UStG	Umsatzsteuergesetz
UVP	Gesetz über die Umweltverträglichkeitsprüfung
UWG	Gesetz gegen den unlauteren Wettbewerb

V

VAV	Verletzungsartenverfahren
VBVG	Vormünder- und Betreuervergütungsgesetz
VdEK	Verband der Ersatzkassen
VDR	Verband Deutscher Rentenversicherungsträger
Vgl.	Vergleiche
VIP	Very Important Person
VKD	Verband der Krankenhausdirektoren Deutschlands e.V.
VUD	Verband der Universitätsklinika Deutschlands e.V.
VwGO	Verwaltungsgerichtsordnung
VwVfG	Verwaltungsverfahrensgesetz

W

WAN	Wide Area Network, deutsch: Weitverkehrsnetz
WBT	Web-based Training
WBVG	Wohn- und Betreuungsvertragsgesetz
WHG	Wasserhaushaltsgesetz
WHO	Weltgesundheitsorganisation
WLAN	Wireless Local Area Network, deutsch: drahtloses, lokales Netzwerk
WTG	Wohn- und Teilhabegesetz Nordrhein-Westfalen

Z

z. B.	zum Beispiel
ZDG	Zivildienstgesetz
ZPO	Zivilprozessordnung

Handlungsspezifische Qualifikationen

1. **Sozial- und Gesundheitsökonomie**
2. Rechtliche Bestimmungen im Sozial- und Gesundheitswesen
3. Marketing im Sozial- und Gesundheitswesen
4. Management im Sozial- und Gesundheitswesen

1. Sozial- und Gesundheitsökonomie

Prüfungsanforderungen

Im Qualifikationsbereich „Sozial- und Gesundheitsökonomie" soll der Prüfungsteilnehmer nachweisen, dass er die Entwicklung, Bedeutung und Struktur der Dienstleistung als Grundlage für betriebswirtschaftliche Entscheidungen kennt und volkswirtschaftliche sowie betriebswirtschaftliche und sozialpolitische Zusammenhänge erkennt. Ferner soll er Kenntnis darüber nachweisen, dass die Öffnung der Märkte und die Globalisierung Einfluss auf die zukünftige Entwicklung der sozialen Dienstleistungen nehmen.

Qualifikationsschwerpunkte (Überblick)

1.1 Bedeutung der Gesundheit für die Volkswirtschaft
- Gesundheit und Krankheit
- Erhalt der Gesundheit der Bevölkerung
- Kosten und Leistungen des Gesundheitswesens
- Eigenverantwortung und Vorsorge
- Patientenrechte und Bewohnerbeteiligung
- Selbsthilfegruppen

1.2 Sozial- und Gesundheitspolitik
- Kompetenzen von Bund und Ländern
- Grundstruktur des Gesundheitswesens
- Ambulante und stationäre Versorgung
- Soziodemografische Rahmenbedingungen und Entwicklungen
- Wirtschaftlichkeit und Qualitätsverpflichtung

1.3 Struktur des Sozial- und Gesundheitswesens
- Versorgungsformen
- Rehabilitation
- Rettungsdienst
- Vernetzung
- Grundelemente sozialer Sicherungssysteme
- Private Absicherung

1.4 Rolle des Staates
- Aufgaben auf Bundes- und Landesebene
- Aufgaben weiterer Gebietskörperschaften
- Prinzipien der Sozialpolitik

1.5 Akteure im Sozial- und Gesundheitswesen
- Leistungsanbieter
- Stationäre Leistungen
- Ambulante Leistungen
- Pflegerische Leistungen
- Kammern und Kassenärztliche Vereinigungen

1.6 Finanzierung
- Monistische und duale Krankenhausfinanzierung
- Leistungsabrechnung im ambulanten Bereich
- Privatfinanzierte Leistungen im Gesundheitsbereich

1.7 Internationale Entwicklung
- Entwicklung in der Europäischen Union
- Die Weltgesundheitsorganisation

1.1 Bedeutung der Gesundheit für die Volkswirtschaft

Gesundheit und Krankheit

01. Was versteht man unter Gesundheit?

Eine allgemeingültige Definition von Gesundheit gibt es nicht.

Das Wissen und die Beschreibungen von Krankheiten sind sehr viel umfangreicher als die von Gesundheit.

Die bekannteste und umfassendste Definition wurde von der Weltgesundheitsorganisation (WHO) in ihrer Verfassung formuliert. „Gesundheit ist der Zustand des vollständigen körperlichen, geistigen und sozialen Wohlbefindens und nicht nur des Freiseins von Krankheit und Gebrechen". Gesundheit wird hier als Grundrecht verstanden, welches jedem Menschen unabhängig von seiner Rasse, Religion, politischen Überzeugung sowie seiner wirtschaftlichen und sozialen Stellung zusteht. 1986 wurde diese Definition in der Ottawa-Charta um die Dimension Lebenssinn und Ökologie ergänzt.

02. Welche Vor- und Nachteile ergeben sich aus der umfangreichen Definition des Begriffes Gesundheit durch die WHO?

Vorteile:

Sie

- gibt die Vision einer gesunden Gesellschaft wieder.
- zeigt die Mehrdimensionalität von Gesundheit.
- berücksichtigt die gesamte Lebenssituation des Menschen.
- gibt der Gesundheitspolitik Gestaltungsspielräume zur Zielformulierung und Ressourcenlenkung.

Nachteile:

- Lässt sich nicht realisieren und gilt als utopisch.
- Wohlbefinden wird von jedem Menschen anders wahrgenommen.
- Aufgrund des hohen Anspruchs würden sehr viele Menschen als krank gelten.
- Der Alterungsprozess wird nur unzureichend berücksichtigt.
- Sollen Leistungsansprüche geltend gemacht werden, so bedarf es einer gesetzlichen Anspruchsgrundlage.

03. Was versteht man unter Krankheit?

„Unter Krankheit ist ein regelwidriger körperlicher oder geistiger Zustand zu verstehen, der entweder lediglich die Notwendigkeit ärztlicher Behandlung oder zugleich (in Ausnahmefällen auch allein) die Arbeitsunfähigkeit zur Folge hat", so wurde es in einem Urteil des Bundessozialgerichtes von 1972 definiert. Was unter einem regelwidrigen Zustand zu verstehen ist, bestimmt der Arzt im Einzelfall durch die Festlegung einer Diagnose. Diese kann dann zu Leistungsansprüchen führen.

04. Welche Leistungsansprüche entstehen durch Krankheit?

Der § 27 SGB V regelt den Anspruch auf Krankenbehandlung bei gegebener Notwendigkeit sowie die zur Verfügung stehenden Maßnahmen:

- ärztliche Behandlung einschließlich Psychotherapie als ärztliche und psychotherapeutische Behandlung
- Zahnersatz
- Versorgung mit Arznei-, Verband-, Heil- und Hilfsmitteln
- häusliche Krankenpflege und Haushaltshilfe
- Krankenhausbehandlung
- Leistungen zur medizinischen Rehabilitation und ergänzende Leistungen.

Resultiert aus dieser unverschuldeten Krankheit auch eine Arbeitsunfähigkeit, so wird nach § 3 des EntgFG durch den Arbeitgeber eine Entgeltfortzahlung für sechs Wochen gewährt.

Im Anschluss können durch die Sozialversicherungsträger Entgeltersatzleistungen gewährt werden. So zahlt die Krankenkasse innerhalb von drei Jahren ein Krankengeld für 78 Wochen.

Siehe Sozial- und Gesundheitsökonomie Punkt 1.3.1.3

05. Warum lassen sich Gesundheit und Krankheit so schwer voneinander abgrenzen?

Das Verständnis von Gesundheit hat sich im Laufe der Jahrhunderte verändert und ist sozialen und kulturellen Normen unterworfen. So kommt man heute zu anderen Ergebnissen als in der Vergangenheit.

Auch im Lebensverlauf findet ein Wechsel zwischen den Zuständen „gesund" und „krank" statt, sodass sich ein dauerhaft gesunder Mensch kaum finden wird. Oftmals sind die Übergänge fließend von einer Befindlichkeitsstörung zu einer ernsthaften Symptomatik. Die Sichtweise des Betroffenen, des medizinischen Personals und der Gesellschaft kann dazu sehr unterschiedlich sein.

1.1 Bedeutung der Gesundheit für die Volkswirtschaft

06. Was versteht man unter dem „Salutogenetischen Ansatz"?

Es geht nicht darum, nach Faktoren zu suchen, die eine Krankheit auslösen, sondern nach Faktoren die Gesundheit fördern. Gesundheit ist das Ergebnis eines interaktiven Prozesses zwischen Stressoren und Widerstandsressourcen. Es gilt die Gesundheit durch geeignete Präventivmaßnahmen zu erhalten.

07. Welche Bedeutung hat Gesundheit für den Einzelnen?

Gesundheit gilt als höchstes Gut. Sie ist Bedingung für ökonomische, soziale und persönliche Entfaltung und ein entscheidender Bestandteil der Lebensqualität.

Gesundheit befähigt zum Erwerb von Einkommen und wird als der erwünschte Normalzustand angestrebt.

08. Welche Bedeutung hat Gesundheit für die Gesellschaft?

Es ist günstiger für die Gesellschaft Gesundheit zu fördern und zu erhalten, als Krankheiten durch kurative Medizin zu lindern oder zu heilen. Das Auftreten von Epidemien, Pandemien oder Katastrophen gefährdet nicht nur den Einzelnen, sondern hat auch gesamtwirtschaftliche Auswirkungen. Da der Schweregrad nicht vorhersagbar ist, lassen sich zu den Folgen auch keine exakten Angaben machen.

Kurzfristige Auswirkungen

- Versorgungsengpässe im Gesundheitssystem
- Kosten für medizinische Leistungen und Versicherungsleistungen steigen
- Rückgang der Arbeitsfähigkeit der Bevölkerung
- Verbot öffentlicher Veranstaltungen
- Einschränkung des Reiseverkehrs und des Transportwesens
- Rückgang des Konsums

Mittelfristige Auswirkungen

- Sinken des Bruttoinlandsprodukts (BIP)
- Rückgang der Investitionen

Langfristige Auswirkungen

- Rückgang der Bevölkerung
- Rückgang der Staatseinnahmen
- steigende Staatsverschuldung

Einflüsse auf Gesundheit

09. Welche Faktoren beeinflussen die Gesundheit?

Jeder Mensch bringt physische und psychische Veranlagungen und Eigenschaften aus seiner Familie mit. Diese können eine persönliche Gesundheitsressource aber auch ein Risiko sein. Weiterhin spielen Alter, Geschlecht und ethnische Herkunft auch eine Rolle.

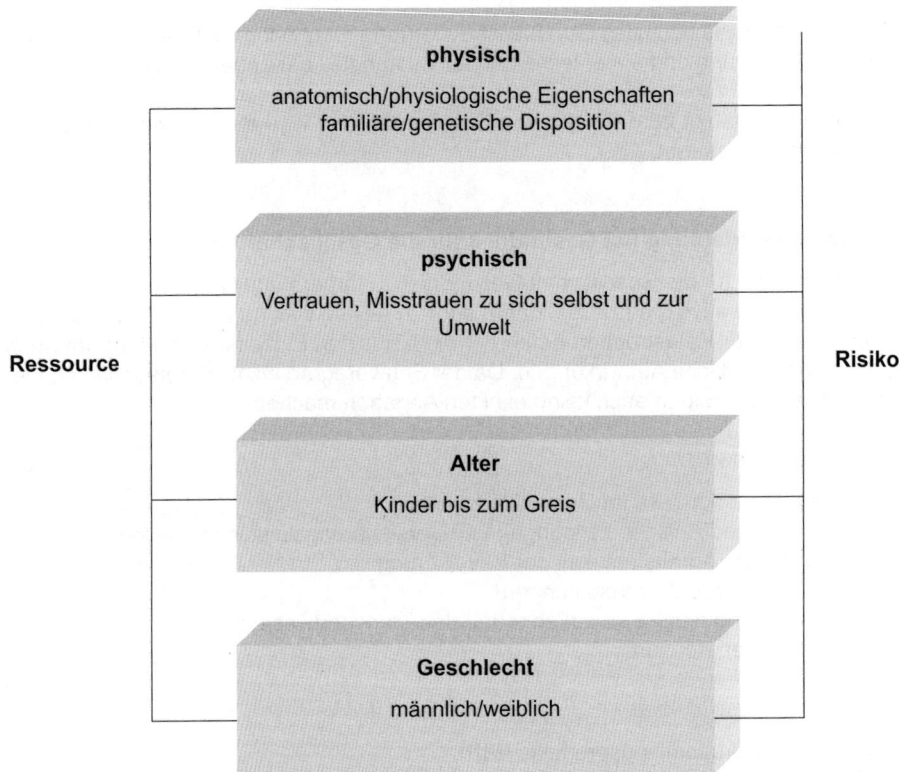

Ethnische Herkunft: Es geht nicht darum eine Einteilung in gesunde und weniger gesunde Volksgruppen vorzunehmen. Die ethnische Herkunft kann mit einer Häufung von bestimmten oder mit speziellen Erkrankungen verbunden sein. So kommt es bei Nordeuropäern häufiger zu Melanomen als bei Südeuropäern. Das Verhältnis kann sich bei anderen Krankheitsbildern wieder ganz anders gestalten.

Diese natürlichen Anlagen des Menschen werden nun von äußeren Faktoren beeinflusst. Sowohl die äußeren Einflussfaktoren als auch die natürlichen Anlagen stehen in Wechselwirkung zueinander.

1.1 Bedeutung der Gesundheit für die Volkswirtschaft

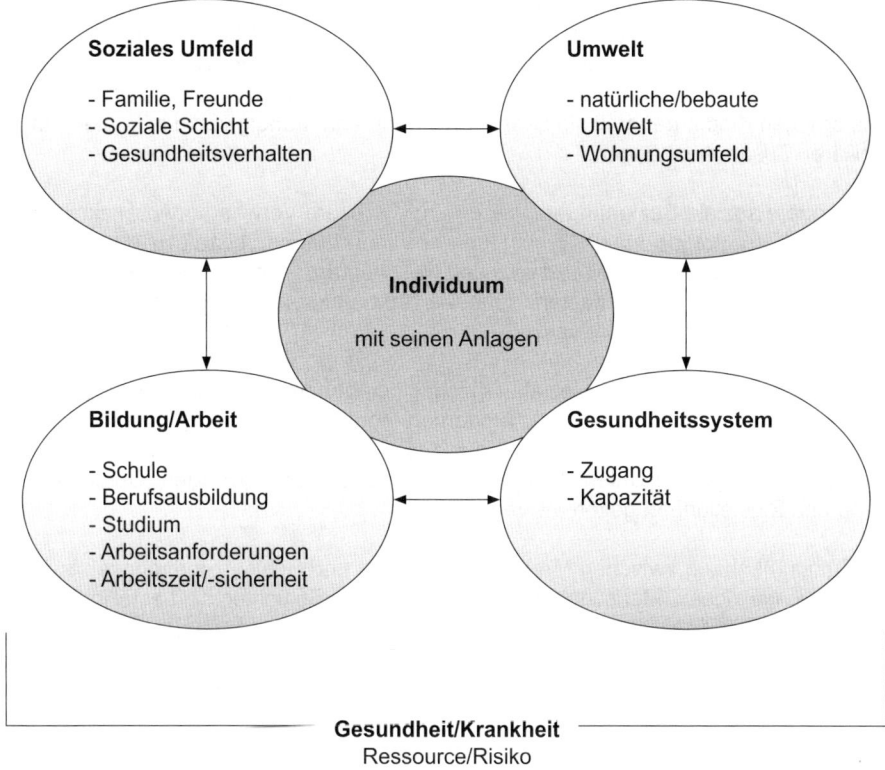

10. Wie beeinflusst das soziale Umfeld die Gesundheit?

Die Familie ist Teil des sozialen Netzwerkes, welches der Mensch im Laufe seines Lebens aufbaut. So gründen gesunde Menschen eher eine Familie als kranke.

Die Lebenserwartung der Familienmitglieder ist aufgrund der gesunderhaltenden Aspekte höher:

- geregeltere Lebensführung (essen, schlafen)
- Zugehörigkeit und Ausgleich
- Einschränkung von riskanten (Rauchen) und Förderung von gesundheitsbewussten (Hygiene) Verhaltensweisen
- Pflege und Fürsorge
- emotionale, finanzielle und materielle Unterstützung.

Bei allen Vorzügen kann ein konfliktreiches Familienleben nicht nur zu psychischen Belastungen führen, sondern auch Krankheiten generieren.

Die moderne Gesellschaft hat sich im Hinblick auf die Formen des Zusammenlebens gewandelt. So hat die Anzahl der Alleinerziehenden in den letzten Jahren stark zugenommen. Dieser Teil der Bevölkerung ist einer erheblichen Mehrbelastung ausgesetzt, die nicht nur für sie sondern auch für ihre Kinder ein Krankheitsrisiko darstellt. Andererseits erhöhen Kinder generell die Lebenserwartung unabhängig von den bestehenden familiären Zusammenhängen.

Auch andere soziale Beziehungen, wie Freunde, weitere Verwandte, Arbeitskollegen, oder Nachbarn, sorgen für die Einbindung des Individuums, leisten Hilfe und Unterstützung und sind ebenso Teil des sozialen Netzwerkes. Seine gesundheitsfördernde Wirkung ist nicht zu unterschätzen, denn Menschen in sozialer Isolation weisen eine doppelt so hohe Mortalitätsrate auf.

Der Mensch wird auch in eine soziale Schicht hineingeboren, die durch soziale Mobilität überwunden werden kann. In der modernen Industriegesellschaft versteht sich die soziale Schicht als Gruppe mit „gleichem sozialen Status und gleichem sozialen Prestige". Es wird zwischen Unter-, Mittel- und Oberschicht unterschieden. Gemeinsame Werte und Einstellungen gelten als verbindlich.

Der Zusammenhang zwischen Morbidität, Mortalität und Schichtzugehörigkeit ist empirisch nachgewiesen. Menschen aus unteren sozialen Schichten sind anfällig für kritische Lebensereignisse. Sie erleben eine stärkere Intensität und Häufung von sozialen Belastungen (dauerhafte Arbeitsbelastungen oder Arbeitslosigkeit). Sie verfügen allerdings über geringere soziale und persönliche Ressourcen, um diese Belastungen auch zu bewältigen und werden krank.

Die oberen Schichten hingegen erfahren bei besseren Bewältigungsressourcen weniger Belastungen.

Belastungen	untere soziale Schichten	obere soziale Schichten
Intensität	hoch	niedrig
Anzahl	hoch	niedrig
persönliche Ressourcen	niedrig	hoch
soziale Ressourcen	niedrig	hoch

Quelle: www.wirtschaftslexikon.gabler.de

Die sozialen Netzwerke und die Gesellschaft nehmen Einfluss auf das Gesundheitsverhalten des Einzelnen. Unter Gesundheitsverhalten versteht man „jegliche Aktivität, die von einer sich gesund fühlenden Person unternommen wird, um Krankheiten zu verhüten oder sie in einem beschwerdefreien Stadium zu entdecken" (Kasel & Cobb 1966, zitiert nach Walter 1996). Hier sind drei Verhaltensweisen, die dem Gesundheitsverhalten zuzuordnen sind zu unterscheiden.

1.1 Bedeutung der Gesundheit für die Volkswirtschaft

Gesundheitsförderndes Verhalten	gesundheitliches Vorsorgeverhalten	gesundheitsschädigendes Verhalten
• gesunde Ernährung • ausreichende Bewegung • Entspannung • genügend Schlaf	• Krebsvorsorge • Gesundheitscheck	• Konsum von schädlichen Substanzen (Nikotin, Alkohol)

In der Kindheit wird in der Familie und in der Kindertageseinrichtung Gesundheitsverhalten vermittelt und geprägt. Später findet dies als Anpassungsprozess in Bezugsgruppen statt, aus denen man ungern ausgegrenzt sein möchte, auch wenn dort gesundheitsschädliche Verhaltensweisen praktiziert werden. Gesundheitsförderndes Verhalten wäre hier z. B. eine aktive Mitgliedschaft in einem Sportverein.

Gesellschaftliche Bilder von ewiger Jugend und Schönheit können falsch interpretiert und zu unrealistischen Wunschvorstellungen werden, die Krankheit (z. B. Bulimie) begünstigen.

11. Wie beeinflussen Bildung und Arbeit die Gesundheit?

Das Niveau der Bildungsabschlüsse ist in den letzten 40 Jahren stark angestiegen. Hauptschulabschlüsse sind zu Gunsten der Real- und Gymnasialabschlüsse zurückgegangen.

Die Bildungsabschlüsse zeigen Unterschiede im Hinblick auf:

- gesundheitliche Aufklärung
- Kommunikation mit Vertretern des Gesundheitswesens
- Kompetenz bei Inanspruchnahme von gesundheitsbezogenen Leistungen.

Menschen mit höheren Abschlüssen weisen bessere Kompetenzen auf und fühlen sich auch gesünder. Bei niedrigerem Bildungsniveau hingegen steigen beispielsweise die beeinflussbaren Risikofaktoren für Herz-Kreislauf-Erkrankungen (Bluthochdruck, zu hohe Blutfettwerte, Übergewicht).

Das Bildungsniveau ist die Grundlage für die berufliche Entwicklung. Der gewählte Beruf entscheidet über die Art der Tätigkeit und die Höhe des Einkommens. Die Arbeit sichert den Lebensunterhalt und bestimmt den Umfang der Teilhabe an der Gesellschaft und ihren Möglichkeiten, beispielsweise ein Konzertbesuch. Durch die Einbindung in eine Arbeitsorganisation schafft sie Zeitstrukturen im Leben und ermöglicht soziale Kontakte. Eine hohe Arbeitszufriedenheit wirkt sich positiv auf das Wohlbefinden aus und stärkt das Selbstbewusstsein. Aufgrund der geleisteten Beiträge kann am Ende des Arbeitslebens eine Rente bezahlt werden.

Arbeit kann aber auch mit Belastungen verbunden sein:

- physikalische (Lärm), chemische (Gase) und biologische Faktoren (Pilze)
- psychische (Mobbing) und physische (Heben von Lasten) Faktoren
- keine Kontroll- und Einflussmöglichkeit
- Zeitdruck, Schichtarbeit, Akkordarbeit, Nachtarbeit
- Über- und Unterforderung.

Folgen dieser Belastungen können dann Berufskrankheiten sowie Berufsunfähigkeit und Erwerbsminderung sein. Besonders ungelernte Arbeiter sind höheren Belastungen bei einem geringeren Einkommen ausgesetzt. Sie erleiden häufiger Arbeitsunfälle und haben eine geringere Lebenserwartung. Trotzdem ist über ein Viertel der Bevölkerung ohne Berufsabschluss (Statistisches Bundesamt 2011).

Der Verlust der Arbeit bedeutet nicht nur einen Einkommensverlust. Fehlende Anerkennung und der Verlust von sozialen Kontakten erschüttern das Selbstwertgefühl und begünstigen vor allem psychische Erkrankungen. Die Perspektivlosigkeit des Betroffenen kann beispielsweise gesundheitsschädigende Verhaltensweisen wie Medikamentenmissbrauch hervorrufen.

Arbeitslose nehmen häufiger ambulante und stationäre Leistungen in Anspruch.

Kommt es zu Langzeitarbeitslosigkeit kann sich daraus eine Gratifikationskrise entwickeln. Die Arbeitslosigkeit wird zur Überforderung. Die Betroffenen verlieren die soziale Kontrolle bei ausbleibender Belohnung. Dann können sich Krankheiten manifestieren.

12. Wie beeinflusst die Umwelt die Gesundheit?

Die Wohnung ist Teil der bebauten Umwelt. Sie dient dem Schutz vor Witterungseinflüssen. Diesen Einflüssen sind Obdachlose aber ausgesetzt. Sie haben ein deutlich höheres gesundheitliches und soziales Risiko und erleiden andere Krankheiten wie beispielsweise Scabies (Krätze).

Die Wohnung ist nicht nur Versorgungsstätte und Rückzugsort für das Familienleben, sie beeinflusst über ihre Gestaltung auch die Psyche und trägt zum Wohlbefinden bei. Durch unzureichende Sanitärausstattung, Feuchtigkeit, Licht- und Luftmangel wird sie zur Quelle von Krankheiten. Auch die Lage der Wohnung ist entscheidend.

Ein hohes Verkehrsaufkommen führt zu Lärm und Abgasbelastungen. Dadurch erhöht sich das Infarktrisiko. Eine grüne Umgebung hingegen trägt zu gesünderen Lebensverhältnissen bei. So ist die natürliche Umwelt ein Ort der Entspannung und Erholung. Besondere klimatische Verhältnisse unterstützen die Heilung von Erkrankungen. So verbessern Berg- und Seeklima beispielsweise Allergien und Atemwegserkrankungen.

Folgende Faktoren aus der Umwelt wirken sich auf den Gesundheitszustand aus:

- Wasser und Luft
- Abfall- und Abwasserentsorgung
- Lebensmittelsicherheit
- Emissionen
- Wohnverhältnisse
- klimatische Verhältnisse.

1.1 Bedeutung der Gesundheit für die Volkswirtschaft

Im Fall von Umweltkatastrophen sind auf Länderebene entsprechende Notfallpläne zu erstellen. Die Maßnahmen der Länder werden durch das Bundesamt für Bevölkerungsschutz und Katastrophenhilfe beispielsweise durch ein gemeinsames Melde- und Lagezentrum unterstützt.

13. Wie beeinflusst das Gesundheitssystem die Gesundheit?

Im letzten Jahrhundert sind die größten Erfolge gegen Krankheit und Tod durch eine kontinuierliche Verbesserung des Lebensstandards erreicht worden. Eine bessere Ernährung und weniger körperliche Belastungen haben dazu beigetragen. Durch die erfolgreiche Bekämpfung von Infektionskrankheiten wie Typhus und Cholera ist die Lebenserwartung in diesem Zeitraum um 25 Jahre gestiegen. Dazu hat die Medizin einen Beitrag von fünf Jahren geleistet. Heute steigt die Lebenserwartung nicht mehr so sprunghaft, dafür aber weiterhin kontinuierlich an.

Das Krankheitsgeschehen bezogen auf das Gesundheitssystem beeinflussen folgende Faktoren:

- Zugänglichkeit zu therapeutischen, rehabilitativen und pflegerischen Maßnahmen sowie Wahlfreiheit
- Erreichbarkeit
- Versorgungsqualität
- Finanzierbarkeit (Versicherungssystem).

14. Welche Bedeutung hat die Veränderung des Krankheitsspektrums?

In den letzten Jahrzehnten hat sich das Krankheitsspektrum der Industrieländer verändert. Gesundheitsförderliche Arbeits- und Lebensbedingungen sowie der medizinisch-technische Fortschritt haben dazu ihren Beitrag geleistet. So sind Infektionskrankheiten eher selten geworden und chronisch degenerative Erkrankungen sind heute die Ursache für Behinderung und Tod, z. B.

- Herzkrankheit
- bösartige Neubildungen
- Diabetes mellitus
- Erkrankungen der rheumatischen Formenkreises.

Psychische Erkrankungen wie Depressionen, Burnout-Syndrom und Angststörungen haben in den vergangenen Jahren in Deutschland dramatisch zugenommen. Die WHO prognostiziert für die Industrieländer einen weiteren Anstieg der Anzahl der Erkrankten. Weltweit sind psychische Erkrankungen die Hauptursache für eine langfristige Behinderung. Diese Erkrankungen können einen Patienten jahrelang begleiten. Eine Veränderung des Bedarfs und der Ausgaben wird zukünftig im Gesundheitssystem stärker zu berücksichtigen sein.

15. Wie wird der Gesundheitszustand der Bevölkerung gemessen?

Objektive Indikatoren

- Lebenserwartung
- verlorene Lebensjahre
- Todesursachen
- Säuglings- und Kindersterblichkeit
- Krankenhaustage

Sie geben wenig Auskunft zur individuellen Morbidität.

Befragung des Individuums

- Problem der unterschiedlichen Wahrnehmung bei den einzelnen Menschen. So sind die Ergebnisse nicht vergleichbar.
- Standardisierte Fragebögen erfassen nicht alle Problemlagen.

Zuwachs an gesunden Lebensjahren: berücksichtigt die Selbsteinschätzung der gesundheitlichen Einschränkung sowie Mortalitätsstatistiken.

Bedeutung: Bedarfs- und Kapazitätsplanung, Ressourcenverteilung

Besonderheiten des Gesundheitsmarktes

16. Wovon wird die Nachfrage nach Gesundheitsleistungen beeinflusst?

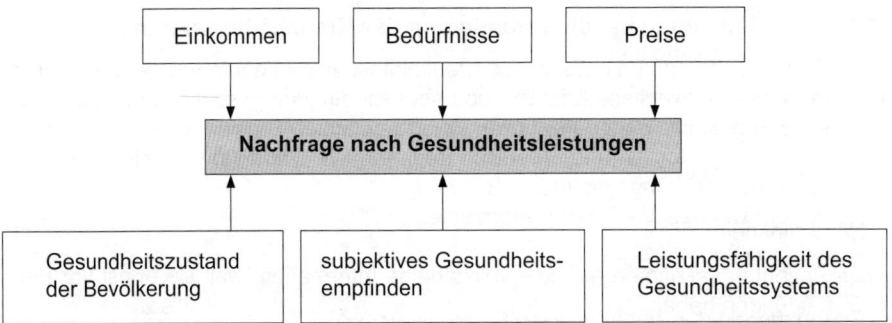

Da Gesundheitsleistungen durch die Versicherungen abgedeckt sind, steuert Einkommen und Preis nicht den Marktzugang.

Konsumentensouveränität:

Der Nachfrager geht oft nicht freiwillig seinen Bedürfnissen nach und trifft seine Entscheidung Nutzen maximierend. Seine Marktteilnahme wird durch die Intensität des Krankheitsgeschehens beeinflusst.

17. Wie wird Gesundheit als Gut eingeordnet?

Konsumgut	Vertrauensgut
• Gesundheit ist kein handelbares Gut • Kauf von Gesundheitsleistungen • Verbrauch zum Zeitpunkt der Erbringung (nicht lagerbar) • Nutzen: Man fühlt sich besser • Mitwirkung des Patienten ist erforderlich	• Möglichkeit des Lernens durch ausprobieren ist gering, z. B. bei Medikamenten • Vertrauen in das Gut muss die Informationssuche ersetzen
öffentliches Gut	**Optionsgut**
• Es kann niemand ausgeschlossen werden • Keine Rivalität im Konsum: Es kann von mehreren genutzt werden, ohne das die Qualität gemindert oder die Nutzungsmöglichkeit eingeschränkt wird z. B. OP-Saal	• Bedarf nicht vorhersehbar • Bedarfsfall kann höchste Dringlichkeit aufweisen • Vorhalteleistungen für die Zukunft, z. B. die Notfallversorgung

18. Was versteht man unter Informationsasymmetrien auf dem Gesundheitsmarkt?

Den Informationsvorsprung von medizinischem Fachpersonal gegenüber dem Laien. Dieser ist besonders hoch, wenn folgende Faktoren vorliegen:

- einmaliges oder erstmaliges Auftreten von Krankheiten (kein Erfahrungsschatz vorhanden)
- schwer erschließbare medizinische Zusammenhänge
- individuell abgestimmte Therapien (Erfahrungsaustausch mit anderen ist von geringem Nutzen)
- neuer Leistungsanbieter
- erschwerter Arztwechsel aufgrund des Vertrauensverhältnisses zum Leistungsanbieter (keine Suche nach Alternativen)
- später Therapieerfolg
- neue oder wechselnde Therapiekonzepte.

Viele Patienten verzichten auf eine vollständige Information, weil sie Angst vor Fehlentscheidungen haben.

19. Was versteht man unter angebotsinduzierter Nachfrage?

Der Patient bestimmt in Abhängigkeit von seiner Krankheit zwar ob und wann er den Arzt aufsucht. Die Diagnosen und Therapien werden jedoch durch den Arzt bestimmt. Somit wird durch den Arzt der Leistungsumfang (Nachfrage) festgelegt. Der Patient hat hier eine sehr geringe Einflussnahme, da ihm Wissen und Erfahrung fehlen.

Mögliche Folgen sind:

- Einkommenssteigerungen durch Mengenausdehnung
- Streben nach Verabreichung individuellen Gesundheitsleistungen.

So ließe sich erklären, dass mit zunehmender Arztdichte auch Leistungsausgaben pro Kopf steigen. Anderseits kann der Praxisstandort von den Ärzten in einem Gebiet mit hoher Morbidität gewählt worden sein, um entsprechende Einkünfte zu erzielen.

Begrenzende Faktoren:

- Abwanderung von Patienten
- Überweisungen, Kollegen decken Fehlverhalten seitens des Arztes auf
- Einwirken durch berufsständische Organisationen.
- Das Vergütungssystem honoriert bei Überschreitung der Mengenvorgaben die darüber liegenden Leistungen zu niedrigeren Preisen.

20. Was versteht man unter externen Effekten?

Auswirkungen ökonomischer Entscheidungen auf Dritte, die dafür nicht bezahlen oder einen Ausgleich erhalten.

- *Positive externe Effekte:* Impfung ist auch ein Schutz für nicht geimpfte Personen, weil die Ausbreitung der Krankheit dadurch eingeschränkt wird.

- *Negative externe Effekte:* Die Krankheit des Einzelnen mindert sein Humankapital aber auch die gesamtwirtschaftliche Leistungsfähigkeit zu Lasten der Gesunden.

21. Welche Probleme ergeben sich auf den Versicherungsmärkten?

Moral Hazard (moralisches Risiko): Dem Versicherer sind in nur unzureichendem Maße gesundheitsriskante Verhaltensweisen des Versicherten bekannt. Der Versicherte entrichtet seine Beiträge. Die Gesundheitsleistung selbst kostet ihn darüber hinaus nichts. In dieser Situation gibt es für den Versicherten keinen Anreiz, sorgsamer mit der eigenen Gesundheit umzugehen. Tritt eine Erkrankung auf, so wird vom Versicherungsnehmer maximale Behandlung bzw. die beste Qualität eingefordert. Es besteht eine größere Nachfrage nach Gesundheitsleistungen als ohne Versicherung.

Begrenzende Faktoren: Selbstbeteiligung. Ihre Wirkung steigt in Abhängigkeit von ihrer Höhe.

Vorteile	Nachteile
• Der Patient achtet mehr auf die Wahl einer wirtschaftlichen Therapie • Die Patienten sind stärker an dem eigenen Genesungsprozess interessiert	• Die verhaltenslenkende Wirkung wird als zu gering eingeschätzt • Es betrifft zumeist die Bezieher niedriger Einkommen • Die Verschleppung von Krankheiten wird begünstigt

22. Wodurch wird der Wettbewerb eingeschränkt?

Durch die marktbeherrschende Stellung (Marktmacht) einzelner Unternehmen oder Unternehmensgruppen, die umfangreiche Konzentrationsprozesse vollzogen haben, wird Wettbewerb eingeschränkt. So können Vertragskonditionen und Preise der anderen Marktseite diktiert werden wie z. B. auf dem Arzneimittelmarkt.

23. Was führt zu Marktversagen?

Faktoren, die zu Marktversagen führen sind

- fehlende Markttransparenz durch bestehende Informationsasymmetrien.
- Marktmacht und angebotsinduzierte Nachfrage.
- öffentliche Güter und externe Effekte bei Kosten- oder Nutzenbeteiligung von Personen, die mit dem Kauf oder Verkauf nichts zu tun haben.
- Verteilungsungerechtigkeit, inakzeptable Bevorzugung oder Benachteiligung von Marktteilnehmern.

Das Vorliegen einer oder mehrerer dieser Marktfehler kann zu einer fehlerhaften Verteilung der Ressourcen (Fehlallokation) führen. Einige Marktfehler sind typisch für Gesundheitsleistungen.

1.1.1 Stellung und Erhalt des Produktionsfaktors Arbeit

01. Warum ist Gesundheit ein Bestandteil des Humankapitals?

Die Gesundheit befähigt zur Arbeit und bewirkt über die Jahre einen Einkommensstrom. Je gesünder der Mensch, je weniger Lohnersatzleistungen muss dieser in Anspruch nehmen und je höher ist sein Einkommen. Die Gesundheit unterliegt im Laufe des Lebens der Abnutzung. So müssen Zeit und Einkommen zur Gesundheitspflege aufgewandt werden, um zur Erhaltung beizutragen. Auf die Wahrnehmung von Alternativen muss in diesem Zusammenhang verzichtet werden. Im höheren Lebensalter müssen mehr Gesundheitsdienstleistungen in Anspruch genommen werden, da mit zunehmendem Alter auch der Verschleiß steigt.

02. Wann tritt Arbeitsunfähigkeit ein?

Arbeitsunfähigkeit tritt ein, wenn ein Arbeitnehmer nach § 3 EntgFG unverschuldet erkrankt und er seiner beruflichen Tätigkeit nicht nachgehen kann. Der Arbeitgeber muss nach § 5 EntgFG unverzüglich informiert werden. Dauert die Arbeitsunfähigkeit länger als drei Kalendertage, muss am darauffolgenden Arbeitstag eine Arbeitsunfähigkeitsbescheinigung des Arztes vorgelegt werden. Diese kann vom Arbeitgeber allerdings auch schon früher verlangt werden.

Der Krankenstand wird von den Krankenkassen anhand der Arbeitsunfähigkeitsbescheinigungen erfasst. Daraus kann die Entwicklung der Arbeitsunfähigkeit abgeleitet werden:

- Anzahl Arbeitsunfähigkeitsfälle und -tage
- Anzahl Arbeitsunfähigkeitsfälle und -tage nach Krankheitsarten
- durchschnittliche Arbeitsunfähigkeitstage

03. Welche Erkrankungen verursachen die meisten Arbeitsunfähigkeitstage?

Art der Erkrankungen	Anteil
Muskel- und Skeletterkrankungen	25,4 %
Erkrankungen des Atmungssystems	17,2 %
Verletzungen und Vergiftungen	13,5 %
Psychische Erkrankungen	10,7 %
Erkrankungen des Verdauungssystems	6,1 %

Quelle: Arbeitsunfähigkeit der erwerbstätigen Pflichtversicherten der BKK nach Krankheitsarten 2009

04. Wie hat sich das Arbeitsunfähigkeitsgeschehen entwickelt?

1990 lag die durchschnittliche Arbeitsunfähigkeit bei 25 Tagen. Im Verlauf hat sie sich nahezu halbiert. 2006 betrug sie nur noch 12,4 Krankheitstage bei BKK-pflichtversicherten Erwerbstätigen.

Ursachen:

- Verlagerung der Arbeitsplätze vom industriellen zum Dienstleistungssektor
- (weniger gefährliche und körperlich schwere Arbeit)
- Veränderung der Beschäftigtenstruktur (jüngere und gesündere Belegschaften)
- hohe Arbeitslosigkeit (Arbeitsplatzunsicherheit)
- Umsetzung betrieblicher Gesundheitsförderung

2009 war ein geringfügiger Anstieg auf 14,4 Tage zu verzeichnen (BKK Bundesverband 2010). Obwohl aufgrund der Wirtschaftskrise eine Absenkung des Krankenstandes bei den Erwerbstätigen erwartet wurde. Hier zeigt sich das Arbeitsunfähigkeit nicht ausschließlich konjunkturabhängig ist. Das Gesamtvolumen der Arbeitsunfähigkeitstage wird durch einen Anstieg der Langzeiterkrankungen (Arbeitsunfähigkeit länger als sechs Wochen) maßgeblich bestimmt.

1.1 Bedeutung der Gesundheit für die Volkswirtschaft

05. Welche volkswirtschaftlichen Auswirkungen hat Arbeitsunfähigkeit?

Die volkswirtschaftlichen Auswirkungen zeigt das folgende Beispiel:

35.862 Tsd. Arbeitnehmer · 12,8 Arbeitsunfähigkeitstage = 459,2 Mio. Arbeitsunfähigkeitstage, beziehungsweise 1,3 Mio. ausgefallene Erwerbsjahre	
Schätzung der Produktionsausfallkosten anhand der Lohnkosten (Produktionsausfall) 1,3 Mio. ausgefallene Erwerbsjahre · 34.200 € durchschnittliches Arbeitnehmerentgelt	
ausgefallene Produktion durch Arbeitsunfähigkeit	43 Mrd. €
Anteil am Bruttonationaleinkommen	1,8 %
Schätzung des Verlustes an Arbeitsproduktivität (Ausfall an Bruttowertschöpfung) 1,3 Mio. ausgefallene Erwerbsjahre · 59.500 € durchschnittliche Bruttowertschöpfung	
ausgefallene Bruttowertschöpfung	75 Mrd. €
Anteil am Bruttonationaleinkommen	3,1 %

Quelle: Bundesanstalt für Arbeitsschutz und Arbeitsmedizin, Berlin 2011

Diese Schätzung basiert auf den Arbeitsunfähigkeitsdaten von 27 Millionen Pflichtversicherten und freiwillig Versicherten. Zusätzliche Kosten können für die Unternehmen für Krankheitsvertretungen und – falls erforderlich – für deren Schulungen entstehen. Durch diese Zahlen wird deutlich, welche Bedeutung dem Arbeits- und Gesundheitsschutz in Bezug auf die Erhaltung des Produktionsfaktors Arbeit zukommt.

06. Wie hat sich das Arbeitsunfallgeschehen entwickelt?

974.642 meldepflichtige Arbeitsunfälle einschließlich 622 Todesfälle wurden von der Bundesanstalt für Arbeitsschutz und Arbeitsmedizin in ihrem Bericht von 2009 ausgewiesen. Weiterhin wurden 181.232 Wegeunfälle registriert. Die Anzahl der Arbeits- und Wegeunfälle ist seit Jahren rückläufig. Eine Ursache ist in der Verbesserung der Sicherheitstechnik zu sehen. So konnten beispielsweise im Fleschereigewerbe die Schnittverletzungen um die Hälfte reduziert werden.

07. Wie hat sich das Berufskrankheitsgeschehen entwickelt?

Nach § 9 Abs. 1 SGB VII handelt es sich um Krankheiten, die von der Bundesregierung durch Rechtsverordnung festgelegt wurden und nach wissenschaftlichen Erkenntnissen nur Personengruppen betreffen, die besonderen Einwirkungen durch ihre Tätigkeit ausgesetzt sind.

Krankheit	Anzahl
Lärmschwerhörigkeit	5.579
Asbestose	1.993
Silikose	1.309
Chronisch obstruktive Bronchitis/Emphysem	1.214
Mesotheliom, Asbest	1.037
Lungen-/Kehlkopfkrebs, Asbest	711

Quelle: Bundesanstalt für Arbeitsschutz und Arbeitsmedizin 2011

2009 wurden 16.657 Fälle als Berufskrankheiten anerkannt. Dies bedeutet einen Anstieg gegenüber dem Jahr 2008 von 3.111 Fällen. Die durch Asbest hervorgerufenen Erkrankungen wie Asbestose, Lungen- und Kehlkopfkrebs sowie das Mesotheliom verursachten nicht nur einen Anstieg der Berufskrankheiten, sondern auch einen darauf zurückgehenden Anstieg der Todesfälle. Die Herstellung und Verwendung von Asbest ist seit 1993 in der Bundesrepublik Deutschland verboten. Der Ausbruch der Erkrankung kann allerdings 20 bis 30 Jahre später erfolgen (Bundesanstalt für Arbeitsschutz und Arbeitsmedizin 2009 und 2011).

08. Welche Aufgaben hat der betriebliche Arbeits- und Gesundheitsschutz?

Der Umfang der Aufgaben richtet sich nach den geltenden Rechtsvorschriften, nach der Branche und der Betriebsgröße:

- Einstellungs- und arbeitsmedizinische Vorsorgeuntersuchung
- Prävention bei Berufskrankheiten
- Schulung der Mitarbeiter bezüglich Arbeitssicherheit und Gesundheitsschutz
- Gefährdungsbeurteilung der Arbeitsbedingungen und Unfallschutz
- Eingliederung von erkrankten Mitarbeitern
- Mutterschutz und Jugendarbeitsschutz
- Beitrag zur Schaffung eines gesunden Arbeitsklimas.

Dadurch werden wesentliche Voraussetzungen zur Senkung des Krankenstandes im Betrieb geschaffen.

09. Wer sorgt für die Einhaltung der Vorschriften zum Arbeits- und Gesundheitsschutz?

Auf staatlicher Ebene sind es die Gewerbeaufsichtsämter der Länder bzw. die Ämter für Arbeitsschutz und technische Sicherheit. Auf der Seite der Unfallversicherer sind es die technischen Aufsichtsdienste der jeweiligen Berufsgenossenschaft. Ansprechpartner im Betrieb sind der Arbeitgeber, die Fachkraft für Arbeitssicherheit und der Betriebsarzt. Bei Betrieben mit mehr als 20 Beschäftigten ist ein Arbeitsschutzausschuss zu bilden dem der Arbeitgeber, zwei Betriebsratsmitglieder, der Betriebsarzt, Fachkraft für Arbeitssicherheit und der Sicherheitsbeauftragte angehören.

1.1 Bedeutung der Gesundheit für die Volkswirtschaft 45

10. Was versteht man unter betrieblicher Gesundheitsförderung?

Die Krankenkassen erbringen seit 2007 gemeinsam mit dem zuständigen Unfallversicherungsträger nach §20a SGB V Maßnahmen zur betrieblichen Gesundheitsförderung in Zusammenarbeit mit Arbeitgebern und Arbeitnehmern, um Wohlbefinden und Gesundheit am Arbeitsplatz zu verbessern.

Das kann durch die Verknüpfung folgender Ansätze erbracht werden:

- Verbesserung der Arbeitsorganisation und der Arbeitsbedingungen
- Förderung der aktiven Mitarbeiterbeteiligung
- Stärkung persönlicher Kompetenzen

Beispiele für förderfähige Maßnahmen:

Reduktion körperlicher Belastungen	Rückenschulen bei Belastung des Bewegungsapparates
Betriebsverpflegung	Information über gesunde Ernährung Reduktion von Übergewicht
Stressmanagement	Entspannungsübungen Stressbewältigung
Suchtprävention	Rauchfrei am Arbeitsplatz Null Promille am Arbeitsplatz

Nicht förderfähig durch die gesetzlichen Krankenkassen sind Angebote des allgemeinen Freizeit- und Breitensports, überwiegend gerätegestützte Angebote sowie Dauerangebote.

Die Bundesregierung will die Bereitschaft der Arbeitgeber zur betrieblichen Gesundheitsförderung erhöhen. So wurden zusätzliche Aufwendungen des Arbeitgebers zur Verbesserung des Gesundheitszustandes von Arbeitnehmern steuer- und sozialabgabefrei. 500 € pro Mitarbeiter im Kalenderjahr dürfen allerdings nicht überschritten werden.

1.1.2 Kosten, Leistungen und Beschäftigung des Gesundheits- und Sozialsektors

01. Was ist das Sozialbudget?

Die Bundesregierung gibt mit dem Sozialbudget jährlich einen Überblick über das Leistungsspektrum und die Finanzierung der sozialen Sicherung in Deutschland. Es zeigt auf wie hoch die Ausgaben von Unternehmen, Organisationen, privaten Haushalten sowie der öffentlichen Hand für soziale Zwecke sind.

02. Wie gliedert sich das Sozialbudget?

Das Sozialbudget gliedert sich nach institutionellen und funktionellen Kriterien.

Institutionell – Von welchen Trägern werden die Leistungen bereitgestellt?

Sozialversicherungssysteme	Rentenversicherung, Krankenversicherung, Pflegeversicherung, Unfallversicherung, Arbeitslosenversicherung
Sondersystem	Alterssicherung der Landwirte, Versorgungswerke, Private Altersvorsorge, Private Kranken- und Pflegeversicherung
System des öffentlichen Dienstes	Pensionen, Familienzuschläge, Beihilfen
Arbeitgebersysteme	Entgeltfortzahlung, Betriebliche Altersversorgung, Zusatzversorgung, Sonstige Arbeitgeberleistungen
Entschädigungssysteme	soziale Entschädigung Lastenausgleich, Wiedergutmachung Sonstige Entschädigungen
Förder- und Fürsorgesysteme	Kindergeld und Familienleistungsausgleich, Erziehungsgeld/Elterngeld Grundsicherung für Arbeitsuchende, Arbeitslosenhilfe, sonstige Arbeitsförderung, Ausbildungs- und Aufstiegsförderung Sozialhilfe, Kinder- und Jugendhilfe, Wohngeld
Indirekte Leistungen	Steuerliche Maßnahmen

Funktionell – für welchen gesellschaftlichen oder sozialen Zweck werden die Mittel ausgegeben:

- Krankheit und Invalidität
- Alter und Hinterbliebene
- Ehegatten, Kinder, Mutterschaft
- Arbeitslosigkeit und berufliche Bildung
- Wohnen und allgemeine Lebenshilfen.

03. In welcher Form werden Sozialleistungen abgegeben?

- Einkommensleistungen: Ersatz bei Einkommensverlust z. B. Rente
- Barerstattungen: zweckbestimmte Geldleistung z. B. bei Erbringung von zahnärztlichen Leistungen
- Sachleistungen: direkter Empfang von Waren- und Dienstleistungen entweder kostenlos oder in Verbindung mit Zuzahlungen z. B. Krankhausleistungen

1.1 Bedeutung der Gesundheit für die Volkswirtschaft

04. Welche Transfers werden durch das Sozialbudget geleistet?

Transfers werden durch Ausgaben des Staates ermöglicht. Es wird keine direkte Gegenleistung geschuldet.

- *Direkte monetäre Transfers:* direkte Einkommensübertragung an Berechtigte bzw. Einkommen erhöhen wie Renten oder Grundsicherung
- *Indirekte monetäre Transfers:* werden bei Vorliegen bestimmter sozialer Tatbestände in Form von Steuerermäßigungen gewährt werden und erhöhen so das verfügbare Einkommen z. B. Kinderfreibeträge
- *Realtransfers:* werden natural zur Verfügung gestellt und stellen einen geldwerten Vorteil für die Empfänger dar, z. B. alle Sachleistungen wie die Schuleingangsuntersuchung

05. Wie wird das Sozialbudget finanziert?

- *Beiträge:* die von Arbeitnehmern und Arbeitgebern an Institutionen der sozialen Sicherung geleistet werden, um Ansprüche auf Sozialleistungen zu erwerben oder zu erhalten. Dazu gehören auch die Eigenbeiträge der freiwilligen Mitglieder und Aufwendungen der Arbeitgeber zur Entgeltfortzahlung.
- *Zuschüsse des Staates:* öffentliche Mittel
- *Sonstige Einnahmen:* Vermögenseinkommen, Zuweisung der Unternehmen, Gebühren

Das Sozialbudget wird zum größten Teil aus Beiträgen finanziert.

06. Was ist die Sozialleistungsquote?

Anteil der Sozialleistungen an der gesamtwirtschaftlichen Leistung innerhalb eines Jahres

$$\text{Sozialleistungsquote} = \frac{\text{Sozialbudget} \cdot 100}{\text{BIP}}$$

Der Anstieg der Sozialleistungsquote im Jahr der Wirtschaftskrise 2009 ist auf die Mehrausgaben der Bundesagentur für Arbeit und den Rückgang des BIP zurückzuführen. So betrug die Sozialleistungsquote 2008 29 % und stieg 2009 auf 31,3 % und ging 2010 wieder auf 30,4 zurück (Bundesministerium für Arbeit und Soziales 2010 und 2011).

07. Was gehört zu den Gesundheitsausgaben?

Gesundheitsausgaben umfassen die finanziellen Mittel, die die Ausgabenträger für die Gesundheitsleistungen mit dem Ziel:

- Prävention, Behandlung, Rehabilitation und Pflege von Patienten
- Investitionen der Einrichtungen des Gesundheitswesens,
- Ausgaben für öffentliche Verwaltung die mit o. g. Leistungen verbunden sind

ausgeben. Diese Ausgaben werden in der Gesundheitsausgabenrechnung dargestellt.

08. Was wird in der Gesundheitsausgabenrechnung dargestellt?

In der Gesundheitsausgabenrechnung werden nur die Ausgaben für den Endverbrauch von Gesundheitsleistungen und die öffentlichen Investitionen im Gesundheitswesen erfasst.

Die Ausgaben werden klassifiziert nach Leistungsart:

Leistungsart	2000	2009
Gesundheitsausgaben insgesamt	212,9	278,3
Investitionen der öffentlichen Haushalte für Krankenhäuser	8,3	9,7
laufende Gesundheitsausgaben	204,6	268,6
Prävention/Gesundheitsschutz Allgemeiner Gesundheitsschutz, Gesundheitsförderung Früherkennung von Krankheiten, Gutachten, Koordination	7,5	11,1
Ärztliche Leistungen Grund-, Sonder-, Labor- und strahlendiagnostische Leistungen	57,1	75,9
Pflegerische/therapeutische Leistungen	52,2	65,7
Unterkunft und Verpflegung Hotelleistungen in stationären und teilstationären Einrichtungen	16,4	20,0
Waren Arznei- und Hilfsmittel, Zahnersatz, sonstiger medizinischer Bedarf	56,7	76,8
Transporte Rettungs- und Notarztwagen, Flugrettung, Krankentransport	3,4	4,8
Verwaltungsleistungen	11,3	14,3

Gesundheitsausgaben in Mrd. Euro
Quelle: Statistisches Bundesamt, Gesundheit Ausgaben 2009, 2011

- **Ausgabenträger:** öffentliche Haushalte, gesetzliche Krankenversicherung, soziale Pflegeversicherung, gesetzliche Rentenversicherung, gesetzliche Unfallversicherung, private Krankenversicherung, Arbeitgeber, private Haushalte/private Organisationen ohne Erwerbszweck

Einrichtungen:

- **Gesundheitsschutz:** Behörden des öffentlichen Gesundheitsdienstes, Gesundheitsämter
- **ambulante Einrichtungen:** Arztpraxen, Zahnarztpraxen, Praxen sonstiger medizinischer Berufe, Apotheken, Gesundheitshandwerk und -einzelhandel
- Einrichtungen der ambulanten Pflege
- **Stationäre und teilstationäre Einrichtungen:** Krankenhäuser, Vorsorge- und Rehabilitationseinrichtungen, stationäre und teilstationäre Pflegeeinrichtungen
- **Rettungsdienste**
- **Verwaltung**

1.1 Bedeutung der Gesundheit für die Volkswirtschaft

- **sonstige Einrichtungen und private Haushalte**
- **Ausland:** Gesundheitsleistungen, die vom Ausland bezogen oder die im Ausland erbracht werden (Importe).

Eine der wichtigsten Kennziffern der Gesundheitsausgabenrechnung ist der Anteil der Gesundheitsausgaben am BIP. Dieser Anteil setzt die Gesundheitsausgaben, d. h. die konsumierten Gesundheitsgüter und -dienstleistungen in Bezug zum Wert aller produzierten Waren und Dienstleistungen einer Berichtsperiode (ohne Vorleistungen).

Der Anteil der Gesundheitsausgaben am BIP ist von 10,3 % im Jahr 2000 auf 11,6 % im Jahr 2009 gestiegen (Statistisches Bundesamt, 2011). Das ist nicht nur auf eine Ausgabensteigerung zurückzuführen sondern auch auf den Rückgang des BIP.

09. Welche Ausgaben gehören zum erweiterten Leistungsbereich der Gesundheitsausgabenrechnung?

Zu diesen Ausgaben gehören:

- öffentlich finanzierte Forschung
- Aus- und Weiterbildung in medizinischen und paramedizinischen Berufen
- Leistungen zum Ausgleich krankheitsbedingter Folgen, um ein Leben mit Krankheit und Behinderung zu erleichtern z. B. Eingliederungshilfen für behinderte Menschen, Haushaltshilfen
- Einkommensleistungen, die dem Lebensunterhalt der Kranken oder Erwerbsunfähigen dienen z. B. Kranken- und Verletztengeld, Entgeltfortzahlung bei Krankheit und Mutterschaft, Erwerbsminderungsrenten.

Diese Ausgaben sind nicht Bestandteil der zusammengefassten Größe Gesundheitsausgaben, weil sie keine Gesundheitsleistungen im engeren Sinn sind. Sie werden separat in der Gesundheitsausgabenrechnung ausgewiesen.

10. Was gehört nicht zu den Gesundheitsausgaben?

Leistungen und Güter die Gesundheit nicht oder nur im weitesten Sinn fördern. Auch wenn mit einer Schönheitsoperation eine medizinische Leistung verbunden ist, gehört sie nicht zu den Gesundheitsausgaben und zu den Ausgaben des erweiterten Leistungsbereichs. Auch der Erwerb von Fitnessgeräten trägt nur im Nebenzweck der Förderung von Gesundheit bei.

Vorleistungen, wie die Produktion von Arzneimittel und ihr Absatz in Apotheken sowie die Forschungs- und Entwicklungskosten der Pharmaindustrie bleiben in der Gesundheitsausgabenrechnung unberücksichtigt. Arzneimittel werden mit ihren Vorleistungen nur über den Arzneimittelabgabepreis ausgewiesen.

11. Was sind Krankheitskosten?

Es kann zwischen direkten und indirekten Krankheitskosten unterschieden werden:

- *direkte Kosten:* unmittelbar mit einer Krankheit in Zusammenhang stehender monetärer Ressourcenverbrauch.

- *indirekte Kosten:* mittelbar mit einer Krankheit in Zusammenhang stehender Ressourcenverlust, z. B. durch Arbeitsunfähigkeit, Invalidität und vorzeitigen Tod.

In der Gesundheitsausgabenrechnung werden lediglich die direkten Krankheitskosten dargestellt. Die indirekten Krankheitskosten werden nur in Form der verlorenen Erwerbstätigkeitsjahre berücksichtigt.

12. Was ist die Krankheitskostenrechnung?

In der Krankheitskostenrechnung wird ermittelt, in welchem Umfang bestimmte Krankheiten die Volkswirtschaft belasten. Weiterhin wird eine Aufgliederung der Kosten nach Alter, Geschlecht und Einrichtung (siehe Gesundheitsausgabenrechnung) vorgenommen.

Bei der Berechnung können Investitionen nicht berücksichtigt werden, weil diese nicht krankheits- und periodengerecht zugeordnet werden können.

Eine Zuordnung von multimorbiden Patienten ist ebenfalls schwierig, da die Kosten für die unterschiedlichen Erkrankungen separat auszuweisen sind.

So gehören die hier aufgeführten Erkrankungen zu den teuersten.

Erkrankungen 2008	Mil. Euro
Erkrankungen des Kreislaufsystems	36.973
Krankheiten des Verdauungssystems	34.814
Psychische Verhaltensstörungen	28.654
Krankheiten des Muskel- und Skelettsystems	28.545
Neubildungen	18.078

Quelle: Statistisches Bundesamt, Gesundheit Krankheitskosten, 2008; 2010

13. Wer gehört zu den Beschäftigten im Gesundheitswesen?

Alle Beschäftigten, deren Tätigkeiten der Sicherung, Vorbeugung oder Wiederherstellung von Gesundheit dienen.

14. Wer gehört nicht zu den Beschäftigten im Gesundheitswesen?

- ehrenamtlich Tätige
- Beschäftigte aus anderen Wirtschaftsbereichen, die als Beauftragte in Einrichtungen des Gesundheitswesens tätig sind z. B. Reinigungspersonal

1.1 Bedeutung der Gesundheit für die Volkswirtschaft

15. Was wird in der Gesundheitspersonalrechnung dargestellt?

Sie erfasst alle Beschäftigten im Gesundheitswesen unabhängig vom ausgeübten Beruf, der Arbeitszeit und der beruflichen Stellung (Selbstständige, Angestellte, Beamte, Arbeiter, Auszubildende, Praktikanten, Zivildienstleistende). Weiterhin werden hier die Beschäftigten aus den Vorleistungsindustrien (pharmazeutische, medizintechnische und augenoptische Industrien) miteinbezogen.

Die Beschäftigten im Gesundheitswesen werden in der Gesundheitspersonalrechnung nach folgenden Kriterien gegliedert:

- Beruf
- Einrichtungen (siehe Gesundheitsausgabenrechnung)
- Beschäftigungsart (Vollzeit, Teilzeit, geringfügige Beschäftigung)
- Alter
- Geschlecht

Beschäftigte im Gesundheitswesen (in Tausend)	2000	2009
Berufe im Gesundheitswesen insgesamt	4.115	4.735
Gesundheitsdienstberufe Ärzte, Zahnärzte, Apotheker, psychologische Psychotherapeuten, Medizinische-, Zahnmedizinische Fachangestellte, Diätassistenten, Heilpraktiker, Gesundheits- und Krankenpfleger, Hebammen, Therapeuten, medizinische Assistenzberufe	2.233	2.696
soziale Berufe Altenpfleger, Heilerziehungspfleger, Heilpädagogen	258	414
Gesundheitshandwerker Augenoptiker, Orthopädiemechaniker, Zahntechniker, sonstige Gesundheitshandwerker	139	142
sonstige Gesundheitsfachberufe Gesundheitsingenieure, Gesundheitstechniker, Pharmakanten, pharmazeutisch-kaufmännische Angestellte, gesundheitssichernde Berufe (z. B. Schädlingsbekämpfer)	92	98
andere Berufe im Gesundheitswesen Berufe, die den anderen Bereichen nicht zugeordnet werden können, z. B. Küchen- und Reinigungspersonal in Krankenhäusern, Kurierdienste der Apotheken, angestellte Hausmeister in Gesundheitseinrichtungen	1.393	1.385

Quelle: Statistisches Bundesamt, Gesundheit Personal; 2000-2009, 2010

Es wird deutlich, dass eine Zunahme der Beschäftigung insgesamt zu verzeichnen ist und dass die Berufe mit patientennahen Tätigkeiten, wie die Gesundheitsdienstberufe und die sozialen Berufe am stärksten gewachsen sind.

16. Welche Bedeutung hat das Beschäftigungsniveau im Gesundheitswesen?

Für die Leistungserstellung im Gesundheitswesen braucht man verhältnismäßig viel Personal. Begünstigt durch die demografische Entwicklung der Bevölkerung wird dieser Beschäftigungszweig weiterhin wachsen und seine hohe Bedeutung für den Arbeitsmarkt stabilisieren. Der Frauenanteil an den Beschäftigten betrug 2009 73,6 %. Mit 42,5 % im selben Zeitraum war der Anteil an Teilzeit- und geringfügiger Beschäftigung besonders hoch. Zumeist befinden sich Frauen in diesen Arbeitsverhältnissen. Ursachen dafür sind, neben familiären Betreuungsverpflichtungen, die mit dem Pflegeberuf verbundenen Belastungen:

- **Arbeitszeitgestaltung:** Wochenend-, Feiertags-, Nacht- und Schichtarbeit
- **Physische Belastung:** Heben, Tragen, Lagern, Infektionsgefährdung
- **Psychische Belastung:** Zeitdruck, Umgang mit Patientenleid.

Diese Belastungen und Arbeitsunzufriedenheit können zu Absentismus, Fluktuation oder zu einem Berufswechsel führen. Bisher bestehende Schwierigkeiten der Stellennachbesetzung in den Gesundheitsberufen ohne Approbation konnte durch un- und angelerntes Personal kompensiert werden. Im Jahr 2025 wird ein Anstieg des Arbeitskräftemangels auf 255.000 für diese Berufe erwartet (Statistisches Bundesamt, 2010).

17. Welchen Zusammenhang gibt es zwischen den Gesundheitsausgaben, Krankheitskosten und der Gesundheitspersonalrechnung?

Die drei Rechensysteme des statistischen Bundesamtes arbeiten mit Sekundärdaten und sind inhaltlich miteinander verzahnt. Der Bereich Ausland ist nur für die Gesundheitsausgaben und Krankheitskostenrechnung relevant.

18. Welche Bedeutung haben die Vorleistungsindustrien?

Um die patientenbezogene Gesundheitsversorgung zu ermöglichen, ist eine Zulieferung von Vorleistungen (Arzneimittel oder medizinisch-technische Geräte) durch die pharmazeutische und medizintechnische Industrie nötig. Pharmaindustrie und Medizintechnik trugen 2008 mit einem Exportvolumen von 46 Milliarden € maßgeblich zum Exporterfolg der deutschen Volkswirtschaft bei. Dies entspricht einem Anteil von 5 % am gesamten deutschen Exportvolumen (Institut für Arbeit und Technik, 2009). Durch die Erschließung der Nachfrage in bevölkerungsreichen und wachstumsstarken Schwellenländern wie China, Indien und Brasilien soll dieser Erfolg noch gesteigert werden. Die augenoptische Industrie erwirtschaftete ihren Umsatz von 3,7 Milliarden € 2009 vor allem durch inländische Geschäfte (SPECTARIS 2009).

Als sehr junge Branche erwirtschaftete die Biotechnologie 2009 schon einen Umsatz von 2,2 Milliarden €. So wurden die meisten Unternehmen vor ca. 7 Jahren gegründet. Sie reinvestierten 48 % ihres Umsatzes in Forschung und Entwicklung.

Die Vorleistungsindustrien sind deutlich kapital- und technologieintensiver als die ambulanten und stationären Einrichtungen. Hier kann der Faktor Arbeit leichter ersetzt werden. Beschäftigungswachstum ist besonders in dem Bereich Innovation zu erwarten. Durch die Verflechtung mit anderen Wirtschaftssektoren wie Forschungseinrichtungen, Chemische Industrie und Datenverarbeitung entstehen zusätzliche Arbeitsplätze. So sichert jeder Beschäftigte in der Pharmaindustrie 1,6 und in der Medizintechnik 0,75 Arbeitsplätze in anderen Branchen (BMWI 2011).

1.1.2.1 Medizintechnik

01. Was wird von der Medizintechnik produziert und zu welchem Zweck?

Von der Medizintechnik werden Medizinprodukte hergestellt. Es handelt sich um Apparate, Instrumente, Vorrichtungen, Software und Stoffe, die zu diagnostischen präventiven, rehabilitativen, therapeutischen und diagnostischen Zwecken eingesetzt werden. Die Medizinprodukte wirken überwiegend auf thermischem, elektrischem oder mechanischem Weg am oder im menschlichen Körper. Die Hauptwirkung darf nicht auf pharmakologischem, immunologischem oder metabolischem Wege erreicht werden. Das Medizinproduktegesetz (MPG) regelt die Zulassung und die klinische Prüfung von Medizinprodukten (vgl. Kap. 2.1.3).

02. Welche Klassifikation wird bei Medizinprodukten vorgenommen?

Klassifikation hinsichtlich der Invasivität:

Medizinprodukt	implantierbar	nichtimplantierbar
aktiv mit Energiequelle von außen	Herzschrittmacher	Beatmungsgeräte
passiv ohne Energiequelle	künstliche Gelenke	Mullbinden

Klassifikation hinsichtlich des Gefährdungspotentzials für den Menschen (siehe Kap. 2.1.3)

03. Welche Anwendungsgebiete haben Medizinprodukte?

Erkennung, Verhütung, Überwachung, Behandlung oder Linderung:

- von Krankheiten
- oder Kompensierung von Verletzungen oder Behinderungen

  oder

- Untersuchung, Ersetzung oder Veränderung des anatomischen Aufbaus oder eines physiologischen Vorgangs
- Empfängnisregelung.

04. Müssen Medizinprodukte eine besondere Kennzeichnung erhalten?

Seit 1998 dürfen nur noch Medizinprodukte erstmalig in Verkehr gebracht werden, die die auf Europäischen Richtlinien beruhenden Anforderungen erfüllen:

- Sicherheit
- technische Leistung
- medizinische Leistung
- Qualität.

Vor Beginn einer klinischen Prüfung sind die Genehmigungen von der Ethikkommission und der Bundesoberbehörde (Bundesinstitut für Arzneimittel und Medizinprodukte, Paul-Ehrlich-Institut für In-vitro-Diagnostika) nötig. Seit 2010 sind die Hersteller zu einer umfassenden Dokumentation von klinischen und wissenschaftlich belegbaren Daten verpflichtet. Sind die Voraussetzungen erfüllt, so wird das Produkt mit einer CE-Kenzeichnung versehen und darf im europäischen Binnenmarkt gehandelt werden. Die Kennzeichnung führt aber nicht automatisch zu einer Kostenübernahme durch die GKV.

05. Welche Aufgaben nimmt die Ethikkommission bei der Zulassung von Medizinprodukten wahr?

Die Ethikkommissionen sind auf Landesebene organisiert. Sie sind bei den Landesärztekammern oder den medizinischen Fakultäten der Universitäten ansässig.
Die ehrenamtlichen Mitglieder sind berufene Fachleute verschiedener Disziplinen (Ärzte, Juristen, Theologen, Philosophen). Aufgaben:

- Schutz der Probanden und der Patienten
- Beratung des Forschers
- Prüfung der ethischen und rechtlichen Zulässigkeit.

1994 hatte der Vorstand der Bundesärztekammer die Gründung einer zentralen Ethikkommission initiiert. Die dort ansässige Kommission beschäftigt sich mit Wahrung ethischer Grundsätze in der Medizin und ihren Grenzgebieten und deren Bedeutung für die Bundesrepublik Deutschland.

06. Welche Produktgruppen werden unterschieden?

- medizinische Verbrauchsartikel, z. B. Verbandsmittel
- aktiv implantierbare medizinische Geräte, z. B. Herzschrittmacher
- elektromedizinische Geräte, z. B. Beatmungsgeräte
- medizinisch-technische Instrumente, z. B. Operationsbesteck
- Dentalprodukte
- In-vitro-Diagnostika (dem Körper entnommene Proben können mit Hilfe dieser Produkte untersucht werden)
- Hilfsmittel im Sinne des SGB V

07. Was sind Hilfsmittel?

Hilfsmittel sind sächliche medizinische Leistungen: Seh- und Hörhilfen, Körperersatzstücke (Prothesen), orthopädische Hilfsmittel, Hilfsmittel zur Kompressionstherapie, Inkontinenzhilfen, Einlagen und Stoma-Artikel. Sie sollen den Erfolg einer Krankenbehandlung sichern, einer körperlichen Behinderung vorbeugen bzw. diese ausgleichen.

1.1 Bedeutung der Gesundheit für die Volkswirtschaft

Zum Verbrauch bestimmte Hilfsmittel (z. B. Einmalhandschuhe) dürfen aufgrund der Beschaffenheit oder aus hygienischen Gründen nur einmal benutzt werden. Nicht zum Verbrauch bestimmte Hilfsmittel (Rollstühle) können mehrmals von einem Patienten oder von verschiedenen Patienten verwandt werden.

Eine Abgabe von Hilfsmitteln an Patienten aus den Depots der Vertragsärzte ist nach § 128 SGB V nur im Notfall erlaubt.

08. Sind Medizinprodukte gleichzeitig immer Hilfsmittel?

Nein: Folgende Hilfsmittel nach § 33 Abs. 1 SGB V sind keine Medizinprodukte:

- Gebrauchsgegenstand des täglichen Lebens (Computer)
- Verbandsmittel
- Krankenhaus- oder Praxisausstattung
- in Praxen eingesetztes technisches Produkt.

09. Wie verhält sich die Nachfrage nach Medizintechnik?

Die Nachfrage aus dem Ausland nach Medizinprodukten war in den vergangenen Jahren die treibende Kraft. So lag die Exportquote in den letzten fünf Jahren bei durchschnittlich 66 %. Im Innland entfiel der größte Anteil der Nachfrage auf die Krankenhäuser. Dort führt der Einsatz von moderner Medizintechnik häufig zur Reduktion der Verweildauer.

Durch medizintechnischen Fortschritt findet eine Leistungsverlagerung von stationären Leistungen in den ambulanten Bereich statt. So sind die GKV Ausgaben für ambulante OPs von 1999 bis 2008 um das Zweieinhalbfache gestiegen. Die Krankenhäuser nutzen diese Möglichkeit zur Leistungserweiterung (BMWI 2011).

Die Nachfrage nach Endoprothesen infolge degenerativer Erkrankungen und die diagnostischen und therapeutischen Verfahren bei Gefäßerkrankungen werden aufgrund der Alterung der Bevölkerung mengenmäßig weiter zunehmen.

10. Wie werden Medizinprodukte im Krankenhaussektor finanziert?

Hinsichtlich der Finanzierung ist zwischen Medizinprodukten als Anlagegüter oder als Verbrauchsgüter zu unterscheiden.

Bei der Finanzierung von Großgeräten (Hartstrahlentherapiegerät) handelt es sich um Anlagegüter mit einer Nutzungsdauer von mehr als 3 Jahren. Bisher wurden Anlagegüter der im Landeskrankenhausplan verzeichneten Krankenhäuser als Einzelförderung nach § 9 Abs. 1 KHG durch die Länder bewilligt. Diese konnten auch anteilig durch das Land gefördert und die Restfinanzierung durch den Krankenhausträger gesichert werden. Im Rahmen der jährlichen Pauschalförderung der Länder kann das Krankenhaus nach § 9 Abs. 3 KHG die zur Verfügung stehenden Mittel auch für medizinisch-technische Geräte verwenden. Medizinprodukte, die einem Patienten angepasst oder implantiert werden sind im Benutzerentgelt für den Krankenhausaufenthalt bereits enthalten (vgl. Kapitel1.6.1)

11. Wie werden Medizinprodukte im ambulanten Sektor finanziert?

Medizinprodukte werden als Sachleistung an die gesetzlich versicherten Patienten abgegeben. Die Vergütung erfolgt nach dem Einheitlichen Bewertungsmaßstab (EBM) gemäß § 87 SGB V.

Privatpatienten treten gegenüber dem Arzt in Vorleistung. Im Nachhinein werden ihnen die Kosten durch ihre Krankenversicherung erstattet. Die Vergütung erfolgt nach der Gebührenordnung für Ärzte (GOÄ).

Im ambulanten Bereich müssen die Investitionen über die Leistungsentgelte finanziert werden. Gerade bei teuren technischen Geräten ist es nötig, dass diese ausgelastet werden. So haben die Kooperationen auf dem Gebiet der gemeinschaftlichen Nutzung deutlich zugenommen.

12. Wie werden Hilfsmittel finanziert?

Hilfsmittel können nur zu Lasten der GKV verordnet werden, wenn diese im Hilfsmittelverzeichnis entsprechend § 139 SGB V aufgeführt sind. Sie unterliegen noch nicht der Budgetierung, doch auch hier gilt das Wirtschaftlichkeitsgebot entsprechend § 12 SGB V.

Die Vergütung für Hilfsmittel kann vertraglich geregelt oder über Festbeträge bestimmt werden.

Festbeträge	Verträge	
Sie wirken als Erstattungsobergrenzen	Zwischen den Landesverbänden der Krankenkassen und den Verbänden der Ersatzkassen mit den einzelnen Hilfsmittelerbringern	
• Seh- und Hörhilfen • Inkontinenzhilfen • Hilfsmittel zur Kompressionstherapie • Stoma-Artikel • Einlagen	• Hilfsmittel, die noch keiner Festbetragsgruppe zugeordnet worden sind, über einen hohen Dienstleistungsanteil verfügen, individuell angefertigt wurden	• Durchführung von Ausschreibungen für standardisierte Produkte (Inkontinenzhilfen)
§ 36 SGB V	§ 127 SGB V	

Wenn Verträge mit dem günstigsten Anbieter geschlossen werden, so ist dringend auf die Qualität zu achten.

Das Bundesgesundheitsministerium kann nach § 34 Abs. 4 SGB V Hilfsmittel, die von geringem therapeutischen Nutzen oder geringem Abgabepreis sind, von der Kostenübernahme ausschließen.

1.1 Bedeutung der Gesundheit für die Volkswirtschaft

13. Medizintechnik als Wirtschaftsfaktor?

Die Medizintechnik ist eine sehr kleine Branche innerhalb des verarbeitenden Gewerbes und doch ist sie Zukunfts- und Wachstumssektor. Der Umsatz betrug 2009 18,3 Milliarden €. Innerhalb des verarbeitenden Gewerbes entsprach das aber nur 1,4 % vom Gesamtumsatz. Im internationalen Vergleich liegt Deutschland an zweiter Stelle mit einem Welthandelsanteil von 14,6 % hinter den USA mit 30,9 % bei Medizinprodukten. Der Weltmarkt für Medizinprodukte wurde 2007 auf 220 Milliarden € geschätzt. Die Anzahl der Beschäftigten ist von 2006 bis 2010 um 10 % gestiegen und wird zukünftig auch weiter steigen (BMWI 2011).

14. Wie entwickeln sich die Ausgaben der GKV für Medizinprodukte?

Die Ausgaben für Medizinprodukte lassen sich in keiner Kennziffer zusammenfassen, weil sie als Vorleistungen in die Produktion der Leistungserbringer eingehen. Sie sind in den Leistungen des ambulanten und stationären Sektors enthalten.

So haben die Innovationen in der Medizintechnik auch zu einem Anstieg der Ausgaben geführt. Vor allem durch ein Anwachsen der Apparatemedizin. So ist die Gerätedichte in den 90er-Jahren beträchtlich angestiegen. Anderseits konnten durch minimal-invasive Chirurgie bei Hüft- und Kniegelenksersatz die Liegezeiten deutlich verkürzt werden. Die Patienten konnten früher mit der Rehabilitation beginnen als nach herkömmlicher Behandlung. Durch das kolorektale Krebs-Screening werden maligne Polypen schon vor Ausbruch einer Darmkrebserkrankung erkannt. Man erwartet dadurch eine Kosteneinsparung bis zu 75 % in Bezug zu den herkömmlichen Behandlungskosten (DIW 2011).

15. Welche Entwicklungstrends gibt es in der Medizintechnik?

- *Digitalisierung:* virtuelle Bilder vom Patienten liefern dem Arzt wichtige medizinische Informationen. Diese Entscheidungs- und Unterstützungssysteme verhelfen dem Arzt zur richtigen Therapiewahl.

  Die telemedizinische Anwendung erlaubt die Arzt-Patient-Kommunikation ohne das der Patient die Praxis aufsucht. So können Patienten durch Sturzsensoren, Herzfrequenz- oder Atemstillstandsmesser und mithilfe moderner Informationstechnologie überwacht werden. Treten kritische Werte auf, so ist der Arzt frühzeitig informiert und dem Patienten kann schneller geholfen werden.

- *Intelligente und automatisierte Systeme:* Intelligente Implantate reagieren auf physiologische Parameter, Roboter unterstützen Ärzte bei operativen Eingriffen

- *Miniaturisierung:* Minimal-invasive Verfahren verkürzen die Regenerationsphase des Patienten, Organunterstützende Systeme werden dauerhaft implantiert

1.1.2.2 Pharmaindustrie

01. Was sind Arzneimittel?

Arzneimittel greifen in komplexe biologische Systeme ein und ihre gewünschte therapeutische Wirkung ist eine Wechselwirkung zwischen Arzneistoff und dem menschlichen oder tierischen Körper. Sie sind Mittel zur Verhütung und Heilung von Krankheiten. Von manchen Arzneimitteln gelangen allerdings Rückstände in die Umwelt (Wasser) oder in Nahrungsmittel (Fleisch). Die dadurch entstehenden Risiken sind derzeit noch nicht abschätzbar.

Arzneimittel werden in unterschiedlichen Darreichungsformen abgegeben: Tabletten, Kapseln, Dragees, Salben, Cremes, Pasten, Lösungen und Dosieraerosole.

Die meisten Arzneimittel werden von der Pharmaindustrie produziert und als zugelassene Fertigarzneimittel in Apotheken verkauft. Produktinformationen werden in den Arzneimittelverzeichnissen (Rote- oder Gelbe-Liste) Fachkreisen zur Verfügung gestellt. Rezepturarzneimittel werden nach Anweisungen des Arztes in der Apotheke angemischt (vgl. Kap. 2.1.4).

02. Was ist ein Originalpräparat?

Bei diesen Präparaten wird ein Wirkstoff oder eine Wirkstoffkombination erstmalig bei Menschen oder Tieren angewandt. Hier handelt es sich um eine Arzneimittelinnovation.

Von 500 bis 10.000 untersuchten Substanzen erreicht oft nur eine den Arzneimittelmarkt (BMWI 2011).

Für die Entwicklung eines neuen Medikaments müssen durchschnittlich 800 Millionen US-Dollar aufgewendet werden. Bevor mit klinischen Studien begonnen werden kann, ist die Zustimmung der Ethikkommission und des Bundesinstitutes für Arzneimittel und Medizinprodukte einzuholen.

Diesen Präparaten wird dann ein Patentschutz gewährt.

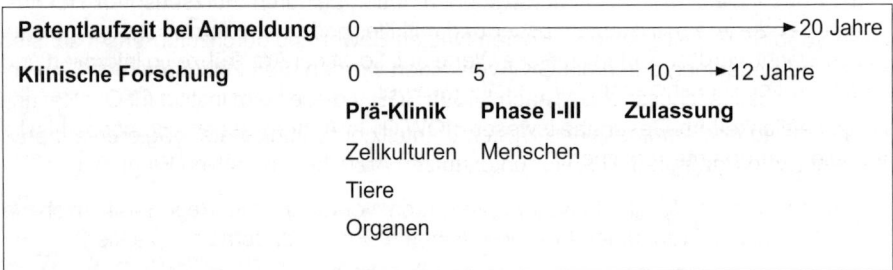

Bis zur Markteinführung vergehen ca. 10 bis 12 Jahre. Die durchschnittliche Patentverwertungszeit beträgt von dem Zeitpunkt der Zulassung noch 10 Jahre. Diese kann durch ein ergänzendes Schutzzertifikat auf 15 Jahre verlängert werden.

1.1 Bedeutung der Gesundheit für die Volkswirtschaft

03. Was sind Arzneimittelimitationen?

Hier ist zwischen Generika und Analogpräparaten zu unterscheiden. Generika sind Nachahmerpräparate von einem sich schon auf dem Markt befindlichen Originalpräparat. Das Generikum kann sich hinsichtlich der Hilfsstoffe und Herstellungstechnologien vom Original unterscheiden. Es ist preisgünstiger, weil in der Regel keine Forschungskosten anfallen und die Entwicklungskosten wesentlich geringer sind. Generika haben Einfluss auf die Preisentwicklung genommen. So sanken ein Jahr nach Marktöffnung für Generika die Preise für Originalpräparate um 20 % (BMWI 2011).

Analogpräparate (auch Me-too-Präparate) unterscheiden sich nur unwesentlich von den Originalpräparaten. Durch eine leicht veränderte Molekühlstruktur erhalten sie einen Patentschutz und sind deshalb teuer. Sie verfügen aber über keinen Zusatznutzen gegenüber den schon zur Verfügung stehenden Arzneimitteln.

04. Wie erfolgt die Zulassung von Arzneimitteln in Deutschland?

Seit 1978 besteht eine Zulassungspflicht im Interesse der Arzneimittelsicherheit für alle in den Verkehr zu bringenden Fertigarzneien in Deutschland.
Im Rahmen der Zulassung sind folgende Nachweise (drei Hürden) zu erbringen:

Wirksamkeit	Es liegt ein positiver Einfluss auf den Gesundheitszustand und/oder auf die Krankheitssymptome vor. Die Zulassung wird nur verweigert, wenn keine therapeutischen Ergebnisse nachgewiesen werden können.
Pharmazeutische Qualität	Beschaffenheit nach Gehalt und Reinheit sowie die Haltbarkeit.
Unbedenklichkeit	Es besteht keine Gefahr, die von schädlichen Nebenwirkungen ausgeht und darüber hinaus ein günstiges medizinisches Nutzen-Risiko-Verhältnis.

Die durch das Bundesinstitut für Arzneimittel und Medizinprodukte erteilte Zulassung hat eine Gültigkeit von fünf Jahren. Sie kann nach erneuter Überprüfung verlängert werden. Für Generika gilt ein erleichtertes Zulassungsverfahren. Sie können als Zweitanmelder Bezug auf die Unterlagen des Originalherstellers nehmen und müssen nur eine gleichwertige Bioverfügbarkeit gegenüber dem Originalpräparat nachweisen. Hier handelt es sich um ein so genanntes Nationales Zulassungsverfahren.

Nach § 35b SGB V ist auch eine Kosten-Nutzen-Bewertung durchzuführen. Ansonsten kann eine Bezahlung durch die GKV verweigert werden. Seit 2007 kann der Gemeinsame Bundesausschuss (G-BA) nach § 139b SGB V diese beim Institut für Qualität und Wirtschaftlichkeit im Gesundheitswesen (IQWiG) in Auftrag geben. Homöopathische Arzneien werden nur registriert.

05. Welche Vertriebswege nehmen Arzneimittel?

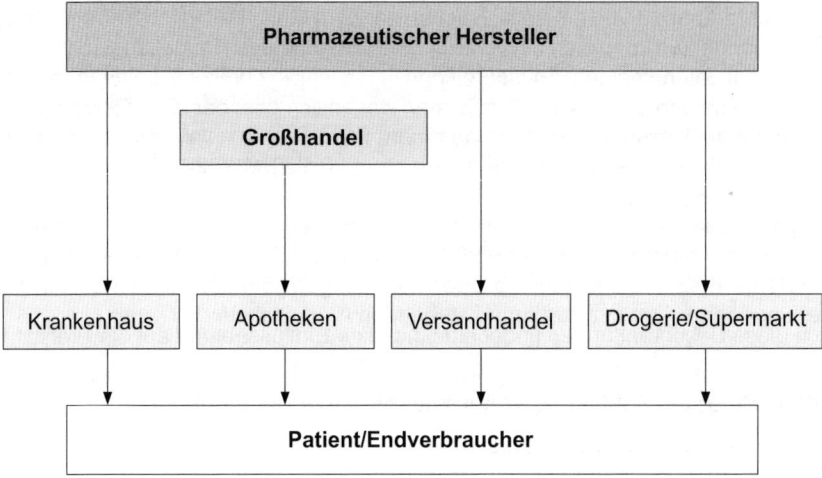

Der Pharmagroßhandel übt eine zentrale Rolle bei der Arzneimitteldistribution aus. So wurden 2008 ca. 70 % der Arzneimittel, die von Patienten bezogen worden sind, über den Großhandel an die Apotheken geliefert. Es sind auch neue Vertriebskanäle entstanden. Seit 2004 ist der Versandhandel von Arzneimitteln über das Internet nach dem GKV-Modernisierungsgesetz erlaubt. Für immobile Patienten ist das durchaus vorteilhaft, allerdings nicht bei akutem Bedarf. Versandhandelsapotheken profitieren von geringeren Lagerhaltungs- und Vertriebskosten. Durch Kooperation zwischen Versandhandel und Drogerie sind Pick-up-Stellen entstanden, wo auch rezeptpflichtige Arzneimittel abgeholt werden können.

Freiverkäufliche Arzneien wie Vorbeugungs- und Kräftigungsmittel können auch in anderen Geschäften erworben werden. Noch gelangen 84,5 % der Arzneimittel über die Apotheke zum Patienten (www.i2k-service.de).

06. Was verstehen Sie unter Arbitragehandel?

Die Preisunterschiede für Arzneimittel, die zwischen den verschiedenen Staaten bestehen, werden von Importeuren genutzt. Die Arzneimittel werden zu nationalen Preisen im Niedrigpreisland gekauft, um dann mit Gewinn im Hochpreisland verkauft zu werden. Hier ist zwischen Parallelimport und Reimport zu unterscheiden.

- *Parallelimporte:* Die Präparate werden im Ausland für den dortigen Markt produziert und unter Umgehung des Vertriebsnetzes des Herstellers importiert.

- *Reimporte* werden im Inland produziert und sind für den Export bestimmt. Sie werden ins Ausland gebracht. Dort werden sie von einer inländischen Firma wieder reimportiert.

Nach § 129 Abs.1 Nr. 2 SGB V sind die Apotheken zur Abgabe eines preisgünstigen importierten Arzneimittels verpflichtet.

1.1 Bedeutung der Gesundheit für die Volkswirtschaft

07. Welche Rabatte gewähren die pharmazeutischen Hersteller den Krankenkassen?

Zwangsrabatte	2006	Generika § 130a Abs. 3b SGBV	10 % Rabatt auf den Abgabepreis
	2010	Originalpräparate § 130a Abs. 1, 3 SGB V	16 % Rabatt auf Arzneimittel ohne Festbeträge, Preisstopp
Rabattverträge	2007	bei Ausschreibung von Wirkstoffen § 130a Abs. 8 SGBV	Die Höhe des Rabattes wird von den Vertragspartnern für zwei Jahre festgelegt.
	2011	neuartige Arzneimittel (Innovation) § 130b SGBV	ohne Zusatznutzen, dürfen nicht teurer werden als eine Vergleichstherapie

Durch diese Beschränkungen findet eine indirekte Einflussnahme auf die Preisbildung statt.

08. Was sind Festbetragsarzneimittel?

Für Arzneimittel nach § 35 SGB V, die über:

- dieselben Wirkstoffe,
- pharmakologisch – therapeutisch vergleichbare Wirkstoffe
- therapeutisch vergleichbare Wirkung

verfügen, werden Erstattungsobergrenzen für Arzneimittelgruppen festgelegt. Bis zu dieser Grenze bezahlt die GKV. Die Festbeträge werden durch den GKV-Spitzenverband regelmäßig aktualisiert.

09. Welche Marktstruktur liegt auf dem Arzneimittelmarkt vor?

Der Arzneimittelmarkt ist globalisiert und wird von wenigen umsatzstarken US-amerikanischen Unternehmen dominiert.

Auf dem inländischen Markt ist zwischen forschenden Pharmaunternehmen und pharmazeutischen Herstellern zu unterscheiden. Die großen forschenden Hersteller konzentrieren sich vor allem auf Arzneimittelinnovationen. Sie haben sich auf bestimmte Indikationsgebiete spezialisiert und bearbeiten so nur einen Teil des Gesamtmarktes. Mit wenigen Präparaten müssen möglichst hohe Umsätze realisiert werden. Deshalb ist es wichtig in vielen Ländern vertreten zu sein. Bestehende Patente verschaffen den Herstellern eine monopolartige Marktstellung.

Pharmazeutische Hersteller des Mittelstandes konzentrieren sich auf die Generikaproduktion. In Deutschland ist der Marktanteil der Generika im Vergleich zum Ausland sehr hoch. Immer häufiger produzieren auch forschende Pharmaunternehmen durch Tochterunternehmen Generika. Seltene Erkrankungen werden aufgrund der bestehenden Marktstruktur kaum berücksichtigt. Durch ein erleichtertes Zulassungsverfahren soll auch dieser Bereich innerhalb der EU unterstützt werden.

10. Pharmaindustrie als Wirtschaftsfaktor?

Als ein wichtiger Zweig der chemischen Industrie produziert die Pharmaindustrie überwiegend für die Endnachfrage. 2009 lag der Umsatz der Pharmabranche bei ca. 41 Milliarden € (BMWI 2011). Der Welthandelsanteil der deutschen Pharmaindustrie betrug 2008 3,5 % bei einem Umsatzvolumen von 712 Milliarden Dollar. Damit hat sie weiter an Bedeutung verloren (Institut für Arbeit und Technik).

Die Forschungs- und Entwicklungskosten gegenüber anderen Branchen sind in der Pharmaindustrie sehr hoch. Aber innovative Medikamente haben auch positive volkswirtschaftliche Effekte, wenn sie die Arbeitsunfähigkeit verkürzen. So hat Deutschland 2008 8 % aller weltweit von der Pharmabranche aufgebrachten Forschungs- und Entwicklungsausgaben getätigt (BMWI 2011). Dementsprechend ist die Anzahl der in Forschung und Entwicklung beschäftigten Mitarbeiter höher. Damit ist die Pharmaindustrie ein maßgeblicher Treiber des medizinisch-technischen Fortschritts.

11. Was versteht man unter einer Positiv- und einer Negativliste?

Diese Listen sollen den Zugang zur Bezahlung durch die Krankenkasse regeln und so die Ausgaben für Arzneimittel reduzieren.

Negativliste

Sie enthält nach § 34 Abs. 3 SGB V als unwirtschaftlich geltende Arzneimittel,

- die nicht erforderliche Bestandteile enthalten,
- deren Wirkung aufgrund der Vielzahl der Wirkstoffe nicht beurteilt werden kann,
- deren therapeutischer Nutzen nicht nachgewiesen werden kann.

Nicht enthalten sind Life-Style-Mittel (z. B. Appetitzügler) oder Bagatellarzneimittel (z. B. Erkältungsarzneien), da diese nicht verschreibungspflichtig sind und somit auch nicht von der GKV erstattungsfähig sind. Diese Arzneimittel sind von der Bezahlung durch die Krankenkasse ausgeschlossen.

Positivliste

Diese Liste enthält zugelassene Arzneimittel, deren Nutzen nachgewiesen ist und die zu Lasten der GKV verordnungsfähig sind. Sie könnten sich innovationshemmend auswirken, weil für die Hersteller das finanzielle Risiko steigt und so auch der größte Absatzmarkt versperrt bleiben könnte. In Deutschland gibt es keine Positivliste für Arzneimittel.

12. Wie entwickeln sich die Ausgaben für Arzneimittel?

Die Gesundheitsausgabenrechnung weist 2009 einen Apothekenumsatz von ca. 40 Milliarden aus (ABDA 2009). Davon betrugen die Ausgaben der GKV für Arzneimittel 2008 29,15 Milliarden und stiegen 2009 auf 30,74 Milliarden € an (GKV-Spitzenverband 2010). Der Anteil der Selbstmedikation in Apotheken liegt bei 3,6 Milliarden €, so die Bundesvereinigung deutscher Apothekerverbände (ABDA 2009). Es werden

1.1 Bedeutung der Gesundheit für die Volkswirtschaft

darüber hinaus nicht apothekenpflichtige Arzneimittel in Supermärkten oder Drogerien erworben. Der Umsatz in diesem Marktsegment sank bisher zu Gunsten des Versandhandels. Doch auch hier sind die Umsatzzahlen nun rückläufig. So sind es wenige kostenintensive Arzneimittelgruppen, wie Immuntherapeutika und Tumortherapeutika, die einen Großteil des Ausgabenanstieges verursachen. 2008 konnten 11 Milliarden € durch Generika eingespart werden (BMWI 2011).

1.1.3 Neuorientierung der Systeme der sozialen Sicherung – wachsende Eigenverantwortung

01. Welche veränderten Rahmenbedingungen liegen vor?

Es liegen strukturelle Veränderungen vor:

- Rückgang der Bevölkerung aufgrund sinkender Geburtenzahlen
- Alterung und steigende Lebenserwartung der Bevölkerung durch medizinisch-technischen Fortschritt und verbesserte Lebensbedingungen
- hohe Sockelarbeitslosigkeit auch bei konjunkturellem Aufschwung
- unstetige Beschäftigungsverhältnisse.

Zukünftig werden steigende Aufwendungen für Gesundheit, Pflege und Alter erwartet. Die Gesamtausgaben für die Sozialversicherung werden steigen und zu höheren Beitragssätzen führen. Der globalisierte Wettbewerb stellt diese Form der Finanzierung der Sozialversicherung in Frage.

Durch die Kopplung der Beiträge an die Lohnkosten steigen bei Beitragssatzerhöhungen automatisch die Lohnnebenkosten. Dies ist für Unternehmen mit Kostennachteilen gegenüber der ausländischen Konkurrenz verbunden. Sie reagieren darauf mit Rationalisierung. Die Arbeitslosigkeit wächst und die Wirtschaft stagniert. Die Unternehmensgewinne sinken, wobei steigende Gewinne nicht automatisch zu mehr Beschäftigung führen.

02. Warum gehen in der Sozialversicherung die Einnahmen zurück, obwohl die Beitragssätze steigen?

Es zahlen immer weniger Menschen in das Sozialversicherungssystem ein. Weiterhin kommt es zu einem Rückgang der sozialversicherungspflichtigen Vollzeitbeschäftigungsverhältnisse und andere Beschäftigungsverhältnisse nehmen statt dessen zu, z. B. Minijobs und Teilzeitbeschäftigung. Die Lohnquote sinkt, sodass auch die auf dieser Basis berechneten Beitragseinnahmen sinken. Die Anzahl der Rentner im Verhältnis zu den Erwerbstätigen steigt. So müssen immer weniger Erwerbstätige für immer mehr Rentner aufkommen. Steigende Arbeitslosigkeit der erwerbsfähigen Bevölkerung ist ebenfalls mit einem Einnahmerückgang verbunden.

03. Wie ist die Bereitschaft zur Solidarität einzuschätzen?

Die Bereitschaft der hohen Einkommensbezieher zur Umverteilung hängt sehr stark davon ab, ob den geleisteten Beiträgen auch ein gleichwertiger Leistungsanspruch gegenübersteht. Die Generationensolidarität kann nur aufrechterhalten werden, wenn der jüngeren Generation nicht höhere Belastungen zugemutet werden als die ältere Generation auch bereit wäre, selbst zu tragen.

04. Besteht eine Mitwirkungsverpflichtung zur Gesunderhaltung für den Einzelnen?

In § 1 Abs. 1 S. 2 SGB V wird jeder Einzelne zu einer gesundheitsbewussten Lebensweise aufgefordert und auf eine Mitverantwortung hingewiesen. So sieht § 52 SGB V eine Kostenbeteiligung vor, wenn der Versicherte seine Gesundheit schädigt

- absichtlich (auch bei gefährlichen Sportarten muss eine Absicht nachgewiesen werden)
- bei einem von ihm begangenen Verbrechen
- durch eine medizinisch nicht indizierte Schönheitsoperation
- durch ein Piercing
- durch eine Tätowierung.

Das Krankengeld kann ganz oder teilweise versagt sowie zurückgefordert werden.

05. Führen Bonusprogramme zu gesundheitsbewussterem Verhalten?

Die Krankenkasse kann nach § 65a SGB V in ihrer Satzung bestimmen, unter welchen Voraussetzungen Versicherte aufgrund regelmäßiger Teilnahme an:

- Vorsorgeuntersuchungen für Erwachsene
- Vorsorgeuntersuchungen für Kinder
- qualitätsgeprüften Präventionsmaßnahmen
- betrieblicher Gesundheitsförderung

einen Anspruch auf einen Bonus in Form von Sach- oder Geldprämien haben.

Bonusprogramme werden aber eher von bereits gesundheitsbewussten Personen wahrgenommen, können aber auch eine Verhaltensänderung unterstützen. Das größte Einsparpotenzial liegt bei den Risikogruppen z. B. Rauchern. Diese müssen stärker erreicht werden, denn es geht auch um den Nachweis einer Kosteneinsparung, der diese Programme rechtfertigt. Die Krankenkasse ist der Aufsichtsbehörde diesbezüglich rechenschaftspflichtig.

06. Welche Leistungen wurden aus dem GKV-Leistungskatalog ausgegliedert?

Diese Leistungen wurden ausgegliedert, weil sie als versicherungsfremd, nicht zweckmäßig und nicht notwendig anzusehen seien.

- Sterbegeld
- Entbindungsgeld

1.1 Bedeutung der Gesundheit für die Volkswirtschaft

- Arzneimittel, die nicht verschreibungspflichtig sind oder der Verbesserung der Lebensqualität dienen
- Sehhilfen ab Vollendung des 18. Lebensjahres oberhalb der Stufe 1 der Sehbeeinträchtigung (> 30 % Visus) nach WHO Klassifikation
- Sterilisation ohne medizinische Notwendigkeit

07. Welche Einsparungen sind durch Eigenbeteiligungen im Gesundheitswesen möglich?

Seit 1977 ist der Anteil, den ein Patient selbst zu einer Leistung beitragen muss, ständig gestiegen. 2004 traten mit dem GKV Modernisierungsgesetz (GMG) Regelungen in Kraft, die einen deutlichen Privatisierungsschub bewirkten. Die Einnahmen durch Zuzahlungen werden innerhalb der GKV auf fünf Milliarden € jährlich geschätzt (Hagen 2010).

Die Praxisgebühr führte 2004 zu einem Rückgang der Arzt- und Zahnarztbesuche von jeweils ca. 8 % im Vergleich zum Vorjahr. Bei Einkommensschwachen war kein übermäßiger Rückgang der Arztbesuche festzustellen, aber Langzeitarbeitslose zeigten eine deutlich geringere Inanspruchnahme von ärztlichen Leistungen. Da diese eine höhere Morbidität und Mortalität aufweisen, könnte ein langfristiger Verzicht zu umfangreicheren Behandlungen führen (Hagen 2010).

Zuzahlungen	
10 €	
ambulante ärztliche/zahnärztliche Behandlung	Praxisgebühr pro Quartal; bei Vorsorgeuntersuchungen, Prophylaxe, Überweisungen muss die Gebühr nicht entrichtet werden
Krankenhaus- und Reha-Aufenthalt	pro Tag für maximal 28 Tage im Kalenderjahr
Mutter-/Vater-Kind-Kur	pro Tag ohne zeitliche Begrenzung
10 € pro Verordnung und 10 %	
Heilmittel: Physiotherapie Ergotherapie, Logopädie	und Anteil an den Behandlungskosten
Häusliche Krankenpflege	und Anteil an den Behandlungskosten für maximal 28 Tage im Kalenderjahr
10 %, höchstens 10 €	
Fahrkosten zur ambulanten Behandlung	sind genehmigungspflichtig durch die Krankenkasse z. B. Dialyse, Chemo- und Strahlentherapie
	Patienten mit Schwerbehindertenausweis, die außergewöhnlich gehbehindert, blind, hilfsbedürftig sind mindestens 5 €
Krankentransport- und Rettungsfahrten	Mindestens 5 €
verschreibungspflichtige Arznei-, Verbands- und Hilfsmittel	mindestens 5 €, Arzneimittel die 30 % unter dem Festbetrag liegen sind zuzahlungsfrei

Zuzahlungen	
Hilfsmittel für den Verbrauch	höchstens 10 € im Monat
Haushaltshilfen	bei Krankenhausaufenthalt von Eltern pro Tag, mindestens 5 €
Soziotherapie	pro Tag, mindestens 5 €

Quelle: Bundesministerium für Gesundheit, Informationsblatt zu den Zuzahlungsregelungen der GKV, 2011, Krankentransport-Richtlinien, 2004

Für Zahnersatz wird seit 2005 von der Krankenkasse ein befundbezogener Festzuschuss bezahlt. Der Patient erhält einen Festzuschuss von 50 % zur Regelleistung. Wünscht er eine höherwertige Versorgung, so muss er die Mehrkosten selbst tragen. Bei jährlicher Kontrolle erhöht sich später der Festzuschuss. Ein Nachweis durch das Bonusheft ist weiterhin durch den Patienten zu erbringen.

08. Welche Reformoptionen gibt es für die Krankenversicherung?

Das gegenwärtige Finanzierungssystem der GKV ist reformbedürftig. Es wird zwischen den Reformvorschlägen Bürgerversicherung und Gesundheitsprämie unterschieden.

	Bürgerversicherung (SPD/Grüne/Linke)	Gesundheitsprämie (CDU/CSU/FDP)
Versichertenkreis	gesamte Wohnbevölkerung. Sonderregelungen für Beamte, Einkommensbezieher oberhalb der Versicherungspflichtgrenze und Selbstständige entfallen	Jedes Erwachsene GKV-Mitglied
Beitragserhebung	Neben Einkünften aus abhängiger Beschäftigung sollen auch andere Einkunftsarten wie Miet-, Pacht- und Kapitaleinkommen berücksichtigt werden	Einkommensunabhängige Erhebung
Beitragshöhe	steigt mit wachsendem Einkommen	Das Verhältnis der Gesamtausgaben einer Krankenkasse und der Anzahl der Versicherten ergibt eine Pauschale in identischer Höhe, die von Kasse zu Kasse abweichen kann
kassenindividuelle Beiträge	Die Beitragssätze der Kassen können abweichen	Zwischen den Kassen kann die Prämienhöhe abweichen
Beitragsbemessungsgrenze	Anhebung auf das Niveau der Rentenversicherung	entfällt
Familien	beitragsfreie Familienversicherung	beitragsfrei für Kinder
Parität	bleibt für den lohnbezogenen Bestandteil erhalten und verringert sich bei Kapitaleinkünften.	Arbeitgeberbeitrag wird dem Bruttoeinkommen der Arbeitnehmer zugeschlagen

1.1 Bedeutung der Gesundheit für die Volkswirtschaft

	Bürgerversicherung (SPD/Grüne/Linke)	Gesundheitsprämie (CDU/CSU/FDP)
Zuschüsse		werden aus dem Steuerhaushalt gewährt, wenn ein Haushalt die Prämien nicht aufbringen kann.

09. Wie wurde dem demografischen Wandel in der Pflegeversicherung begegnet?

2008 versuchte man mit dem Gesetz zur strukturellen Weiterentwicklung der Pflegeversicherung den neuen Herausforderungen zu begegnen und gleichzeitig den Bedürfnissen der Beteiligten besser zu entsprechen.

- Einführung der Pflegestufe 0 für Pflegebedürftige mit eingeschränkter Alltagskompetenz (demenziell oder gerontopsychatrisch Erkrankte),

- Einführung der Betreuungsassistenz und gesonderte Angebote für Demente in Pflegeheimen

- Beitragssatzerhöhung

- Schaffung von Pflegestützpunkten

- Einführung einer Pflegezeit (Freistellung für maximal sechs Monate von der Arbeit) für pflegende Berufstätige nach dem Pflegezeitgesetz

- Ausbau der Qualitätssicherung (Expertenstandards)

- Inanspruchnahme der Verhinderungs- oder Urlaubspflege nach sechs Monaten

- Anhebung von Sachleistung und Pflegegeld, Prüfung der Notwendigkeit, Leistungsdynamisierung in einem dreijährigen Rhythmus,

- Anhebung der Fördermittel für niedrigschwellige Angebote sowie für ehrenamtliche Strukturen und Selbsthilfe

- Einsparungen durch Anwendung einheitlicher Grundsätze ordnungsgemäßer Pflegebuchführung

10. Wie wurde dem sinkenden Rentenniveau begegnet?

Das Altersvermögensgesetz ermöglicht seit 2002 eine Ergänzung der Rente durch eine kapitalgedeckte betriebliche oder private Altersversorgung (Riester-Rente), die auch staatlich gefördert werden kann. Dazu ist die Zertifizierung durch das Bundeszentralamt für Steuern nötig. Sie garantieren mindestens die Auszahlung der geleisteten Beiträge sowie der staatlichen Förderung.

Konnten keine Existenz sichernden Renten aufgebaut werden, so ist in der Rentenbezugsphase eine Aufstockung möglich. Eine Mindestabsicherung für Rentner wird durch die 2003 eingeführte Grundsicherung im Alter garantiert. Dabei ist zu berücksichtigen, dass die Riester-Rente sich bedarfsmindernd auswirkt und auf die Grundsicherung angerechnet wird.

11. Warum wurde die Nachhaltigkeitsrücklage der Rentenversicherung herabgesetzt?

Seit den 70er-Jahren bis 2001 war die Nachhaltigkeitsrücklage (Schwankungsreserve) auf eine Monatsrente zum Jahresende festgelegt. Sie dient dazu, kurz- und mittelfristige Schwankungen von Einnahmen und Ausgaben auszugleichen. So wird die Liquidität sichergestellt und eine Beitragsatzerhöhung vermieden. Aus den Überschüssen werden Rücklagen gebildet. Diese bilden zusammen mit den Betriebsmitteln die Nachhaltigkeitsrücklage. Ursachen sind hier, so der VDR:

- Rückgang von Konjunktur und Beschäftigung
- fehlende Einnahmen durch das Anwachsen des Niedriglohnsektors

2004 wurde die Schwankungsreserve auf nur noch 20 % einer Monatsrente herabgesetzt.

12. Welche Reformen auf dem Arbeitsmarkt sollten Wachstum und Beschäftigung fördern?

Mit den Hartz-Reformen wollte der Staat „fördern und fordern". Die Gesetze für Moderne Dienstleistungen am Arbeitsmarkt wurden von der Hartz-Kommission entwickelt, um Eigeninitiative und Flexibilität zu fördern und die Abhängigkeit von Transferleistungen zu reduzieren.

Hartz I	2003	Einführung des Bildungsgutscheins, Zeitarbeit durch Personal-Service-Agenturen mit Anschluss an die Arbeitsämter, Gleichbehandlung von Leiharbeitern
Hartz II	2003	Regelungen der geringfügigen Beschäftigung, Existenzgründerzuschuss für Ich-Ags, Jobcenter für effizientere Vermittlung
Hartz III	2004	Umbau zur Bundesagentur für Arbeit
Hartz IV	2005	Zusammenführung von Arbeitslosenhilfe und Sozialhilfe zum ALG II auf ein Niveau unterhalb der bisherigen Sozialhilfe für erwerbsfähige Hilfebedürftige, Bezug von ALG II ist nur nach Vermögensprüfung möglich, jede Arbeit ist für ALG II Empfänger zumutbar, neben den Regelleistungen werden Leistungen für Wohnung und Heizung sowie Mehrbedarfsleistungen bewilligt. Bezugsdauer von ALG I für 12 Monate

1.1.4 Verstärkung des Entscheidungsbereichs des Einzelnen

01. Wie hat sich die Rolle des Patienten verändert?

Der Patient ist nicht mehr passiver Empfänger von Medikamenten und Behandlungen. Wenn er physisch und psychisch dazu in der Lage ist, informiert er sich und möchte den Genesungsprozess mitgestalten. Dazu kann er folgende Möglichkeiten nutzen:

- Gesundheitsinformationen im Internet und in der Presse

1.1 Bedeutung der Gesundheit für die Volkswirtschaft

- Internetportale, die den Patienten bei Krankenhaus-, Pflegeheim-, Arztsuche unterstützen
- unabhängige und kostenfreie Beratung
- Krankenkassen und Kassenärztliche Vereinigungen
- Selbsthilfegruppen
- Patientenbeauftragter der Bundesregierung.

02. Welche Wirkung hat diese Entwicklung auf das Versorgungsgeschehen?

- aktivere Rolle des Patienten im Behandlungsprozess
- Vielfalt der Informationsmöglichkeiten kann die Auswahl und Verarbeitung für den Patienten erschweren
- Informationsvorsprung des Fachpersonals reduziert sich
- Fachkompetenz und Kommunikation des Fachpersonals wird stärker gefordert
- Einfluss auf das Vertrauensverhältnis zwischen Arzt und Patient

1.1.4.1 Erweiterung der Patientenrechte

01. Welche Unterstützung kann der Patientenbeauftragte leisten?

2004 ist auf Bundesebene mit dem § 140 h SGB V das Amt des Patientenbeauftragten geschaffen worden, an den sich jeder wenden kann. Seine Aufgabe besteht darin, die Weiterentwicklung der Patientenrechte zu unterstützen und Patienteninteressen in der Öffentlichkeit zu vertreten. Er hat auf die Einhaltung und Berücksichtung folgender Belange zu achten.

- Informations- und Beratungsrechte durch Leistungserbringer, Kostenträger und Behörden
- geschlechterspezifische Aspekte sind zu berücksichtigen
- Beteiligungsrechte von Patientenorganisationen bei Fragen der medizinischen Versorgung

02. Wie werden Patientenorganisationen in Entscheidungsgremien beteiligt?

Vertreter von Patientenorganisationen und Selbsthilfegruppen haben laut § 140 f SGB V in folgenden Gremien auf Bundesebene ein Antrags- und Beratungsrecht:

- Gemeinsamer Bundesausschuss (G-BA)
- Arbeitsgemeinschaft für Aufgaben der Datentransparenz

Sie haben aber kein Stimmrecht, siehe auch Kapitel 1.5.5

03. Welchen Einfluss kann der gesetzlich versicherte Patient auf die Bezahlung nehmen?

Seit 2004 besteht nach § 13 SGB V für alle gesetzlich Versicherten die Möglichkeit, sich für Kostenerstattung oder Sachleistung zu entscheiden. Wählt der Patient die Kostenerstattung, so soll dieser einen Service wie ein Privatpatient erhalten. Der Arzt rechnet direkt mit dem Patienten ab. Die Abrechnungsgrundlage ist dann die Gebührenordnung für Ärzte (GOÄ). Die Rechnung ist vom Patienten zur Erstattung bei seiner Krankenkasse einzureichen. Ein Erstattungsanspruch wird aber nur in Höhe der Sachleistung gewährt. Seit 2007 kann die Kostenerstattung auf die Bereiche ambulante oder stationäre oder zahnärztliche Versorgung begrenzt werden. Die Mindestbindungsfrist für diese Vereinbarung beträgt ein Kalendervierteljahr.

04. Hat der gesetzlich versicherte Patient die Möglichkeit, erbrachte Leistungen nachzuvollziehen?

Auf Verlangen des Patienten müssen Ärzte, Zahnärzte und Krankenhäuser nach § 305 Abs. 2 SGB V eine Patientenquittung ausstellen. Sie soll erbrachte und abgerechnete Leistungen sowie deren vorläufige Kosten in einer für den Patienten verständlichen Form enthalten. Es können Tagesquittungen oder Quartalsquittungen ausgestellt werden, für die der Patient eventuell anfallende Versandkosten tragen muss. Für die Quartalsquittungen ist vom Patienten eine Aufwandsentschädigung von einem Euro zu entrichten. So wird die Abrechnungstransparenz bei den Leistungserbringern gefördert und das Recht von Patienten auf Information gestärkt.

05. Wie sind die Rechte behinderter Menschen gestärkt worden?

Ein Paradigmenwechsel wurde 2001 mit dem SGB IX und 2002 mit dem BGG in der Behindertenpolitik eingeleitet. Das Prinzip der Fürsorge und Versorgung behinderter Menschen wird durch Selbstbestimmtheit und Eigenverantwortlichkeit abgelöst. Damit wurden gesetzliche Grundlagen zur Umsetzung des Benachteiligungsverbots nach Art. 3 GG Abs. 3 und für eine verbesserte Integration Behinderter in die Gesellschaft geschaffen. Das SGB IX bietet den Schwerbehinderten Schutz im Arbeitsleben und schafft bessere Arbeitsbedingungen. Das BGG regelt Barrierefreiheit und erkennt andere Kommunikationsformen an. 1999 wurde zur besseren Interessenvertretung der DBR gegründet.

1.1.4.2 Förderung der Selbsthilfegruppen

01. Was versteht man unter Selbsthilfegruppen?

Selbsthilfegruppen sind freiwillige, meist lose Zusammenschlüsse von Menschen, deren Aktivitäten sich auf die gemeinsame Bewältigung von Krankheiten, psychischen oder sozialen Problemen richten, von denen sie – entweder selbst oder als Angehörige betroffen sind.

1.1 Bedeutung der Gesundheit für die Volkswirtschaft

02. Welche Ziele verfolgen Selbsthilfegruppen?

Selbsthilfegruppen wollen mit ihrer Arbeit keine Gewinne erwirtschaften. Ihre Ziele sind vielmehr

- Verbesserung der persönlichen Lebensumstände von Betroffenen
- Interessenvertretung von Betroffenen
- Schaffung von Möglichkeiten der Information und Vernetzung
- Sammlung von Expertenwissen
- Öffentlichkeitsarbeit
- Einwirken auf sozial- und gesundheitspolitische Entscheidungen.

Dadurch kann eine Entlastung des professionellen Systems erreicht werden.

03. Welche Strukturen hat die Selbsthilfe?

Selbsthilfeor-ganisationen	Bundesebene	BAG Selbsthilfe e.V., Deutscher Behindertenrat, NAKOS, Deutsche Arbeitsgemeinschaft Selbsthilfegruppen e.V.
	Landesebene	LAG Selbsthilfe e.V., Paritätischer LV, LAG KISS
	Regionalebene	KISS und Selbsthilfe Unterstützungsstellen
Selbsthilfe-gruppen	Ortsebene	Ca. 100.000 gesundheitsbezogene Selbsthilfegruppe

Selbsthilfeorganisationen:

- Zusammenschluss von Selbsthilfegruppen auf Landes- oder Bundesebene
- haben eine hohe Mitgliederzahl
- Rechtsform des eingetragenen Vereins
- verfügen auch über hauptamtliches Personal
- wirken als überregionale Interessenvertretung
- Kontakte zu Behörden, Sozialleistungsträger, Trägern der freien Wohlfahrtspflege

Selbsthilfegruppen:

- Zusammenschluss auf örtlicher Ebene
- können von jedem Betroffenen oder Angehörigen gegründet werden
- Experten werden nur zu bestimmten Fragestellungen hinzugezogen

04. Wie werden Selbsthilfegruppen gefördert?

Seit 2000 sind die Krankenkassen nach § 20c SGB V zur Förderung von Selbsthilfegruppen verpflichtet, die auf dem Gebiet der gesundheitlichen Prävention und Rehabilitation arbeiten. Der GKV-Leitfaden legt fest, welche Krankheitsbilder förderungswürdig sind. Die Krankenkassen müssen 2011 Selbsthilfefördermittel in Höhe von 0,57 Cent pro Versicherten bereitstellen (www.nakos.de). Die Hälfte dieser Fördermittel sind für die kassenartenübergreifende Gemeinschaftsförderung, die als Pauschalförderung gewährt wird, zur Verfügung zu stellen. Die restlichen Fördermittel werden kassenindividuell für Projektförderung verwandt.

Förderung durch andere Träger:

- durch die Pflegeversicherung, wenn die Situation der Pflegebedürftigen und Angehörigen verbessert wird.
- durch die gesetzliche Rentenversicherung, wenn ein Bezug zur Rehabilitation der gesetzlichen Rentenversicherung hergestellt werden kann.
- Bund, Länder und Kommunen auf freiwilliger Basis.
- private Gelder von Spendern, Sponsoren und Stiftungen.

1.1.5 Humanitäts- und Solidaritätsprinzip als Grundlage der sozialen Marktwirtschaft

01. Was versteht man unter sozialer Marktwirtschaft?

Das Grundgesetz legt keine Wirtschaftsordnung fest. Die soziale Marktwirtschaft ist ein Weg zwischen unbeschränkter Freiheit (zu wenig Staat) und zentraler Planung (zu viel Staat). Persönliche Freiheit, ökonomische Effizienz und soziales Engagement sollten miteinander verknüpft werden. Im Idealfall folgt das Marktsystem den ökonomischen Prinzipien und gravierende soziale Probleme können durch staatliches Handeln und sozialen Ausgleich vermieden werden. Der Staat hat mit dem Grundgesetz einen entsprechenden Rechtsrahmen geschaffen:

- gegen den Rückzug aus der sozialen Verantwortung: Art. 20 Abs. 1 GG sozialer Bundesstaat, Art. 28 Abs. 1 GG sozialer Rechtsstaat,
- gegen staatliche Planwirtschaft: Art. 12 GG Berufsfreiheit, Art. 14 Garantie des Privateigentums, Art. 9 Abs. 3 GG Koalitionsfreiheit für AN und AG.

Eine laufende Anpassung des Wirtschaftsmodells an sich wandelnde gesellschaftliche Strukturen und ökonomische Bedingungen unter Beachtung des Humanitätsprinzips wird immer erforderlich bleiben.

02. Welche Aufgaben hat der Sozialstaat?

Der Staat hat das Recht und die Pflicht tätig zu werden für:

- *Soziale Sicherheit:* Ausgleich von existenziellen Risiken, wie Krankheit, Alter, Unfall, Arbeitslosigkeit durch die Sozialversicherungssysteme, Entschädigungs- und Fördersysteme sowie Hilfesysteme
- *Sozialen Ausgleich:* Verteilen von Leistungen zur Wahrung von Chancengleichheit bei Ausbildung, Beruf und Vermögen
- *Daseinsvorsorge:* Flächendeckende Bereitstellung von Wasser, Strom, Abfall- und Abwasserentsorgung, Rettungs- und Gesundheitswesen
- *Soziale und kulturelle Einrichtungen:* Bereitstellen von Schulen und Sporteinrichtungen

03. Was versteht man unter dem Humanitätsprinzip?

Die Unantastbarkeit der menschlichen Würde ist in Art. 1 GG fixiert. Das heißt für den Leistungserstellungsprozess, den Menschen in den Mittelpunkt zu stellen. Durch menschengerechte Arbeitsorganisation und Führung ist seinen Bedürfnissen Rechnung zu tragen.

04. Was versteht man unter dem Solidaritätsprinzip?

Solidarität ist eine persönliche Haltung mit universeller Reichweite und zugleich Grundlage der Sozialpolitik. Sie verpflichtet die Menschen in gegenseitiger Verantwortung füreinander einzustehen. Diese wechselseitige Verantwortlichkeit bildet die Grundlage für die Entstehung von Solidargemeinschaften wie Versicherungsgemeinschaften, in denen ein Solidarausgleich praktiziert wird.

Ein Solidarausgleich findet statt

- von wirtschaftlich Stärkeren zu den Schwächeren
- zwischen Jungen und Alten
- zwischen Kranken und Gesunden
- Alleinstehenden und Familien.

1.2 Sozial- und Gesundheitspolitik im Wirtschaftssystem der Bundesrepublik Deutschland

01. Welche Grundlagen der Sozialgesetzgebung wurden im Kaiserreich geschaffen?

Ziel der Sozialpolitik des Reichskanzlers Bismarck war es, den inneren Frieden und die Monarchie zu erhalten. Es wurde nicht nur der Grundstock für das heutige System der sozialen Sicherung gelegt, sondern auch ein Modell geschaffen, an dem sich andere Staaten in Europa orientierten. Für Arbeiter wurden eingeführt:

- Krankenversicherung 1883
- Unfallversicherung 1884
- Invaliditäts- und Alterssicherung 1889.

1911 wurden diese in der Reichsversicherungsordnung (RVO) zusammengefasst und es kam zu einer Ausweitung der Versicherungspflicht. Das führte im Bereich der Krankenhausversorgung zu einem Ausbau der Versorgungskapazitäten.

02. Welche Grundlagen wurden mit der Weimarer Reichsverfassung geschaffen?

Inflation und Arbeitslosigkeit prägten diese Zeit. Bedeutende soziale Rechte waren Gleichheit vor dem Gesetz, soziale Gerechtigkeit und Gewährleistung der Menschenwürde, Arbeitnehmerschutz, Koalitionsfreiheit, Mitbestimmung, Mutter- und Jugendschutz. 1927 wurde die Arbeitslosenversicherung geschaffen.

03. Wie erfolgte der Aufbau einer neuen Sozialordnung?

Vor Gründung der Bundesrepublik wurde weitgehend auf die Gesetzgebung der Weimarer Republik zurückgegriffen. Das Grundgesetz von 1949 enthält folgende sozialpolitisch relevante Grundrechte:

- Art.1 Schutz der Menschenwürde
- Art. 2 freie Entfaltung der Persönlichkeit
- Art. 3 Gleichheitsgrundsatz und Gleichberechtigung von Mann und Frau
- Art. 6 Schutz von Ehe und Familie
- Art. 8 Versammlungsfreiheit
- Art. 9 Koalitionsfreiheit
- Art. 11 Recht auf Freizügigkeit
- Art. 12 Recht auf freie Berufswahl
- Art. 20 Sozialstaatsgrundsatz
- Art. 28 sozialer Rechtsstaat

04. Welche sozialpolitischen Entscheidungen mussten in den ersten Jahren der Bundesrepublik getroffen werden?

Der Beseitigung von Kriegsfolgen wurde mit einem Lastenausgleich für Flüchtlinge und Geschädigte begegnet. Mit staatlicher Wohnungsbauförderung wurde die Wohnungsnot eingedämmt. Die institutionellen und organisatorischen Grundlagen der Sozialversicherungszweige mussten wieder geschaffen werden. Die paritätisch von Arbeitgeber- und Arbeitnehmervertretern ausgeübte Selbstverwaltung wurde wieder hergestellt.

Ein sozialpolitischer Schwerpunkt bis Ende der 50er-Jahre war die Anbindung der Alterssicherung an die Lohn- und Preisentwicklung. Das durchschnittliche Rentenniveau lag bei 40 % des Nettoverdienstes. Mit der Rentenreform von 1957 sollte Altersarmut vermieden werden.

05. Wie erfolgte der Ausbau des Fürsorgebereiches?

Die Ursprünge staatlicher Fürsorge finden sich in der Armenfürsorge des Mittelalters. Diese befand sich hauptsächlich in privater Hand und wurde von Klöstern, Bruderschaften und Stiftungen praktiziert. Die Fürsorge moderner Wohlfahrtsstaaten ermöglicht durch Umverteilung aus Steuermitteln Zuwendungen an individuell Bedürftige unter Beachtung der Subsidiarität.

Mit dem 1961 geschaffenen Bundessozialhilfegesetz (BSHG) wurde erstmals ein Existenz sichernder Hilfeanspruch festgelegt. Das Kindergeldgesetz von1954 sorgte dafür, dass ab dem dritten Kind erstmalig Kindergeld gezahlt wurde.1964 wurde das Wohngeld eingeführt.

06. Wie wurde Aus-, Fort- und Weiterbildung gefördert?

Mit dem 1969 geschaffenen Arbeitsförderungsgesetz (AFG) sollte Wachstum und Strukturwandel gefördert werden. Vorbeugende Maßnahmen (Qualifizierung) rangier-

1.2. Sozial- und Gesundheitspolitik in der Bundesrepublik Deutschland 75

ten vor kompensatorischen Maßnahmen (Arbeitslosengeld). Kernaufgaben waren Berufsausbildung, Fortbildung und Umschulung. Da das AFG in einer Zeit der Arbeitskräfteknappheit geschaffen wurde, war es nicht zur Bekämpfung von Massenarbeitslosigkeit konzipiert. Mit dem 1971 geschaffenen Bundesausbildungsförderungsgesetz (BAföG) sollte soziale Ungleichheit beim Studien- und Ausbildungszugang durch die Förderung von Empfangsberechtigten kompensiert werden.

07. Wie konnte der Ausbau des Sozialsystems finanziert werden?

Wirtschaftswunder und Vollbeschäftigung ermöglichten eine Erweiterung von:

- Leistungsart und -umfang,
- abgesicherten Risiken und
- einbezogenen Personengruppen.

Finanziert wurde das System aus Beiträgen und Steuern. Die Leistungsexpansion führte später zu Beitragssatzsteigerungen.

08. Welche sozialpolitischen Herausforderungen waren mit der deutschen Wiedervereinigung Deutschland verbunden?

Mit der Wiedervereinigung 1990 hat man sich auch für eine Sozialunion entschieden. Das Wirtschafts-, Rechts- und Sozialsystem der Bundesrepublik wurde auf die DDR übertragen. Im Zuge der Währungsunion wurden Guthaben ab 4.000 DDR-Mark im Verhältnis 2:1 getauscht. Die Aufgabe der Beschäftigungsgarantie war nötig, führte aber zu einer enorm hohen Arbeitslosigkeit. Rentenbezieher der DDR wurden durch die Wiedervereinigung deutlich besser gestellt. 1991 betrugen die Durchschnittsrenten von ostdeutschen Männern noch 56 % der westdeutschen Renten. Sie stiegen bis 2005 auf 98 % (Lampert/Althammer).

Die ostdeutschen Frauen können gegenüber den westdeutschen überwiegend längere Versicherungszeiten geltend machen. Da Rentner in der DDR zu den am meisten benachteiligten Bevölkerungsgruppen gehörten und eine geringere Lebenserwartung haben als die jüngere Generation, ist es sozialpolitisch gerechtfertigt ihre Einkommenssituation zu verbessern. Die Freistellungen für Mütter und Väter sowie die Versorgung mit Kinderbetreuungsplätzen waren in der DDR deutlich besser geregelt. Die seit 20 Jahren fließenden Transfers werden vorrangig für Sozialleistungen (Arbeitslosengeld) und Renten verwandt.

1.2.1 Kompetenzen des Bundes und der sonstigen Gebietskörperschaften in der Gesundheits- und Sozialpolitik

01. Was versteht man unter Gesetzgebungskompetenz?

Unter Gesetzgebungskompetenz versteht man das Recht und die Fähigkeit, Gesetze zu erlassen. Die Gesetzgebung ist zwischen Bund und Ländern aufgeteilt.

- *Zuständigkeit der Länder:* Art. 70 GG wenn nicht durch GG anders geregelt
- *Ausschließliche Gesetzgebung des Bundes:* Art. 71 GG bestimmt die Zuständigkeit des Bundes. Die Länder können nur durch ein Bundesgesetz zur Gesetzgebung ermächtigt werden. Die Gebiete sind in Art. 73 GG geregelt.
- *Konkurrierende Gesetzgebung:* Art. 72 Abs. 1 GG bestimmt die Zuständigkeit der Länder, soweit der Bund von seinem Recht nicht durch Erlassen eines Gesetzes Gebrauch gemacht hat. Zur „Herstellung gleichwertiger Lebensverhältnisse oder zur Wahrung der Rechts- und Wirtschaftseinheit im gesamtstaatlichen Interesse" können die in Art. 74 GG aufgeführten Gebiete durch den Bund geregelt werden, wenn dies erforderlich ist.

Grundsatz: „Bundesrecht bricht Landesrecht"

Kommunen: Art. 28 GG Abs. 2 räumt den Gebietskörperschaften im Rahmen der Gesetze ein, die Angelegenheiten der örtlichen Gemeinschaft in eigener Verantwortung durch Satzungen zu regeln.

02. Welche Bereiche werden durch den Bund geregelt?

- Sozialgesetzgebung (SGB)
- Arzneimittel- und Medizinprodukterecht
- Krankenhausfinanzierungsrecht
- Umweltschutz und Umweltverträglichkeitsprüfung (UVP-Recht)
- Verbraucherschutz und Verbraucherinformationsrecht
- Arbeitsschutz
- Rechtsaufsicht über die bundesunmittelbaren Sozialversicherungsträger
- Errichtung von Bundesbehörden

03. Welche Bereiche werden durch die Länder geregelt?

- Landeskrankenhausrecht
- Landespflegerecht
- Heimrecht
- Organisation des öffentlichen Gesundheitsdienstes und des Rettungswesens
- Errichtung von Landesämtern

1.2. Sozial- und Gesundheitspolitik in der Bundesrepublik Deutschland

- Sicherstellung der Krankenhausversorgung und der pflegerischen Versorgungsstruktur
- Rechtsaufsicht über die Selbstverwaltung im Gesundheitswesen auf Landesebene

04. Welche Bereiche werden auf kommunaler Ebene geregelt?

Die kommunale Ebene umfasst Kreise, kreisfreie Städte, Bezirke der Staatstaaten und Gemeinden.

Pflichtausgaben werden durch Bund oder Land per Gesetz oder durch Weisung vorgeschrieben.

- Soziale Leistungen: Bereitstellung von Kindergartenplätzen, Träger von Schulen, Träger von Altenheimen und Krankenhäusern (wenn kein anderer Träger vorhanden ist), Organisation von Wohngeldstellen, Sozial- und Jugendämtern, Unterbringung von Asylbewerbern
- Ver- und Entsorgung
- Organisation der Gesundheitsämter, des sozialpsychiatrischen Diensts und der Rettungsdienste.

Freiwillige Aufgaben liegen im Ermessen der Kommune (z. B. Schwimmbad).

05. Was sind gemeinsame Einrichtungen?

Seit 2010 arbeiten bei Ausführung von Bundesgesetzen auf dem Gebiet der Grundsicherung für Arbeitssuchende nach Art. 91e GG Bund Länder und Kommunen in gemeinsamen Einrichtungen zusammen. Der Bundesagentur für Arbeit und der Kommune obliegt die Verantwortung für die Erbringung der Leistung in den von ihnen gebildeten Jobcentern.

1.2.1.1 Bundesbehörden

01. Welche Ministerien nehmen soziale und gesundheitspolitische Aufgaben auf Bundesebene wahr?

- Bundesministerium für Gesundheit
- Bundesministerium für Arbeit und Soziales
- Bundesministerium für Ernährung, Landwirtschaft und Verbraucherschutz
- Bundesministerium für Familie, Senioren, Frauen und Jugend
- Bundesministerium für Bildung und Forschung

Die Ministerien nehmen zentrale Aufgaben wahr und sind oberste Bundesbehörden.

02. Welche Bundesbehörden unterstützen das Bundesministerium für Gesundheit bei der Erfüllung seiner Aufgaben?

- Robert Koch-Institut: Es erforscht und bewertet gefährliche, weit verbreitete und öffentlich bedeutsame Krankheiten. Die Impfkommission ist dort angesiedelt.
- Paul-Ehrlich-Institut: Es zuständig für die Zulassung und Überprüfung von Seren, Impfstoffen und In-vitro-Diagnostika.
- Deutsches Institut für Medizinische Dokumentation und Information: Herausgeber von amtlichen Klassifikationen ICD-10 GM und OPS, Datenbanken und Software-Anwendungen.
- Bundeszentrale für gesundheitliche Aufklärung: Gesundheitliche Aufklärung durch Kampagnen und Projekte, Erarbeitung von Grundsätzen zur Gesundheitserziehung.
- Bundesinstitut für Arzneimittel und Medizinprodukte: Zulassung von Arzneimitteln, Risikobewertung von Arzneimitteln und Medizinprodukten, Registrierung von homöopathischen Arzneien.
- Umweltbundesamt: Trinkwasserkommission und Gewässerschutz.

03. Welche Bundesbehörden unterstützen das Bundesministerium für Arbeit und Soziales bei der Erfüllung seiner Aufgaben?

- Bundesversicherungsamt: Rechtsaufsichtsbehörde für die überregional tätigen Renten-, Unfall-, Kranken- und Pflegeversicherungen. Eine Zusammenarbeit im Hinblick auf Kranken- und Pflegeversicherung findet mit dem Bundesministerium für Gesundheit statt.
- Bundesanstalt für Arbeitsschutz und Arbeitsmedizin: Fragen des Arbeitsschutzes, Überwachung der Berufskrankheiten, Entwicklung und Verbreitung von ergonomischen Erkenntnissen.
- Bundesagentur für Arbeit: Leistungen nach SGB II und III, Bereitstellung der Arbeitsagenturen, Familienkasse, Arbeitslosenstatistik.

04. Welche Bundesbehörden unterstützen das Bundesministerium für Ernährung, Landwirtschaft und Verbraucherschutz bei der Erfüllung seiner Aufgaben?

- Friedrich-Löffler-Institut: Erforschung von Nutztierkrankheiten, Bekämpfungsstrategien bei Tierseuchen und bei Krankheiten, die von Tieren auf Menschen übertragbar sind.
- Bundesinstitut für Risikobewertung: Bewertung von Lebens- und Futtermitteln.

05. Welche Bundesbehörden unterstützen das Bundesministerium für Familie, Senioren, Frauen und Jugend bei der Erfüllung seiner Aufgaben?

- Bundesamt für Familie und Zivilgesellschaftliche Aufgaben: Bundesfreiwilligendienst zum Wohle der Gesellschaft.

1.2.1.2 Landesbehörden

01. Welche Ministerien nehmen soziale und gesundheitspolitische Aufgaben auf Landesebene wahr?

Die Zuständigkeiten sind in den Bundesländern unterschiedlich geregelt. Wichtige Resorts sind

- Ministerium für Arbeit, Soziales und Gesundheit
- Ministerium für Landwirtschaft, Umwelt und Verbraucherschutz
- Ministerium für Bildung, Wissenschaft und Forschung (ggf. Kultur).

02. Welche Landesbehörden unterstützen die Landesministerien bei ihrer Arbeit?

- Landesgesundheitsämter: Beratung des Ministers und der anderen Gesundheitseinrichtungen, Beobachtung und Berichterstattung der gesundheitlichen Entwicklung, Sammlung von Analysen zu meldepflichtigen Erkrankungen auf Landesebene, ggf. Beheimatung eines Krebsregisters
- Landesamt für Gesundheit und Soziales (ggf. Verbraucherschutz): Integrationsamt (Leistungen für Behinderte), Landesprüfungsamt für Heilberufe, Prüfstelle für Arzneimittel- und Medizinprodukte, Wasserhygiene (Landesversorgungsamt), Entschädigungsleistungen für Opfer-, Wehr- und Zivildienstgeschädigte.

Aufgrund der Verwaltungsstrukturreform sind mehrere Landesämter eingegliedert oder zu einer Landesbehörde zusammengelegt worden.

1.2.2 Grundstrukturen des Gesundheitswesens

01. Was versteht man unter einem Gesundheitssystem?

Unter Gesundheitssystem werden im Folgenden „alle Institutionen und Aktivitäten verstanden, die auf die Versorgung der Bevölkerung mit Gesundheitsleistungen und deren Finanzierung ausgerichtet sind." (Hagen 2010). Die Gesundheitsversorgung kann ambulant oder stationär erfolgen.

02. Was ist der Leistungskatalog der Gesetzlichen Krankenversicherung?

Die Leistungen der gesetzlichen Krankenversicherung sind im SGB V als gesetzlicher Leistungskatalog vorgeschrieben. Dieser Leistungsumfang kann von allen gesetzlich Versicherten beansprucht werden. Der G-BA bestimmt in Form von Richtlinien über die Gestaltung des Leistungskataloges. Über diese gesetzlich vorgeschriebenen Leistungen hinaus, können Krankenkassen in einem engen Bereich Satzungsleistungen anbieten, z. B. die Kostenübernahme für alternative Heilmethoden.

03. In welcher Form werden die Leistungen bereitgestellt?

- Sachleistungsprinzip: Sozialversicherungssystem, freie Heilfürsorge
- Kostenerstattungsprinzip: Privatversicherungssystem, Beihilfe
- Geldleistungen
- Privat-IGeL

Die Finanzierung erfolgt durch

- Versicherungssystem: Beiträge
- Freie Heilfürsorge/Beihilfe: Steuern

Können die Versicherten keine eigenen Beiträge leisten, so können diese von anderen Institutionen bei Erfüllung der Anspruchsvoraussetzungen übernommen werden, z. B.

- Sozialhilfeempfänger: Kommunale Träger der Sozialhilfe
- ALG I und II: Bundesagentur für Arbeit.

04. Was versteht man unter dem Sachleistungsprinzip?

Der gesetzlich versicherte Patient nimmt Gesundheitsleistungen entsprechend dem Leistungskatalog in Anspruch. Der Leistungserbringer rechnet die Leistung mit der gesetzlichen Kranken-, Pflege-, Unfall- oder Rentenversicherung ab.

Soldaten, Polizeivollzugsbeamte und Vollzugsbeamte der Bundespolizei haben Anspruch auf freie Heilfürsorge. Die Sachleistung besteht in der unentgeltlichen Inanspruchnahme eines Truppenarzt bzw. Dienstarztes.

05. Was versteht man unter dem Kostenerstattungsprinzip?

Der privat versicherte Patient bezahlt den Leistungserbringer für die Gesundheitsdienstleistung. Die Versicherung erstattet dem Patienten die Kosten.

Beamte haben einen Beihilfeanspruch. Durch den öffentlichen Dienstherrn werden etwa 50 % der beihilfefähigen Leistungen übernommen. Diese werden dem Beihilfeberechtigten erstattet. Der verbleibende Kostenanteil ist durch eine eigene Versicherung abzudecken.

06. Wann erhalten Versicherte Geldleistungen?

Bei eingetretenem Versicherungsfall wird durch die Versicherung direkt an den Versicherten gezahlt.

- Krankengeldzahlung: Bei Vorliegen einer Arbeitsunfähigkeit wird nach Ablauf von sechs bis zu maximal 78 Wochen bei derselben Krankheit innerhalb von drei Jahren Krankengeld gezahlt. Kommt während der Arbeitsunfähigkeit eine weitere Krankheit hinzu, tritt nach §48 Abs. 15 GBV keine Verlängerung der Bezugsdauer ein. Bei privat Versicherten richtet sich das Krankentagegeld nach den Tarifbedingungen.

1.2. Sozial- und Gesundheitspolitik in der Bundesrepublik Deutschland

- Mutterschaftsgeld: Nach § 200 RVO wird es an weibliche Mitglieder mit Anspruch auf Krankengeld von der GKV gezahlt. Es wird für den Zeitraum von sechs Wochen vor und acht oder zwölf Wochen nach Entbindung gewährt. Für Familien- und privat Versicherte übernimmt das Bundesversicherungsamt das Mutterschaftsgeld. Die PKV zahlt in der Regel nicht, weil Schwangerschaft und Geburt keine Krankheiten darstellen.
- Pflegegeld: Es wird gezahlt, wenn sich der Pflegebedürftige entscheidet die Pflege selbst zu organisieren.

1.2.2.1 Ambulante Versorgung

01. Welche Anbieterstruktur gibt es in der ambulanten Versorgung?

Leistungserbringer	Leistung	Organisation
Akademische Heilberufe	ärztliche zahnärztliche pharmazeutische psychotherapeutische	Kammern Berufsverbände
freie Heilkunde	heilpraktische	Berufsverbände
Gesundheitsfachberufe	physiotherapeutische, logopädische, ergotherapeutische, entbindungshelfende, pflegende	Berufsverbände

02. Wo werden die Patienten behandelt?

- Einzelpraxen
- Gemeinschaftspraxen oder Praxisgemeinschaften
- Ärztehäusern
- Medizinische Versorgungszentren (MVZ)
- Krankenhäuser: regulär wenn ambulante Operationen nach 115b SGB V und in besonderen Fällen ambulante Behandlungen nach 116b SGB V vorgenommen werden sowie in Notfällen.

Siehe auch Kapitel 1.3.2 und 1.5.1.1

03. Was sind die Grundlagen der Bedarfsplanung des ambulanten Sektors?

1977 wurde eine Bedarfsplanung eingeführt, um eine Über- oder Unterversorgung zu vermeiden. Maßgeblich sind die §§ 99 bis 105 SGB V und die Richtlinien des G-BA zur Bedarfsplanung.

1.2.2.2 Stationäre Versorgung

01. Wie erfolgt die Aufnahme des Patienten in ein Krankenhaus?

Versicherte haben nach § 39 Abs. 1 SGB V Anspruch auf eine Krankenhausbehandlung, wenn sie erforderlich ist und das Behandlungsziel nicht auf andere Weise erreicht werden kann.

Die Aufnahme erfolgt nach

- Überweisung durch den Arzt
- Einlieferung durch den Rettungsdienst
- Selbsteinlieferung
- Einweisung durch richterlichen Beschluss in ein psychiatrisches Krankenhaus.

02. Welche Arten der Krankenhausbehandlung gibt es?

- *Vollstationäre Behandlung:* Wenn der Patient vollstationär aufgenommen und Unterkunft und Verpflegung für ihn bereitgestellt wird. Aufnahme- und Entlassungstag dürfen nicht identisch sein. Ansonsten handelt es sich um einen Stundenfall.

- *Vor- und nachstationäre Behandlung:* Alle medizinisch notwendigen Behandlungen werden ohne Unterkunft und Verpflegung durchgeführt. Die vorstationäre Behandlung dient der Klärung, ob eine stationäre Behandlung notwendig ist oder der Vorbereitung auf eine stationäre Behandlung dient. Die nachstationäre Behandlung festigt den Behandlungserfolg einer stationären Behandlung.

- *Teilstationäre Behandlung:* Sie schließt Behandlung, Unterkunft und Verpflegung ein, erfolgt aber nur tagsüber (Tagesklinik) oder nur nachts (Nachtklinik). Die Verbreitung ist in der Psychatrie am stärksten.

- *Ambulante Behandlung:* Sie erfolgt ohne Unterkunft und Verpflegung, ist nur in Notfällen und in den folgenden Fällen möglich:

§ 116 SGB V	In einer Ausnahmesituation, wenn die Versorgung nicht sichergestellt ist wird der Krankenhausarzt dazu ermächtigt.
§ 116b SGB V	nach Katalog für hochspezialisierte Leistungen, seltene Erkrankungen und besonderen Krankheitsverläufen.
§ 115b SGB V	nach Katalog für ambulante Operationen und stationsersetzende Eingriffe.

03. Wie ist die Sicherstellung der stationären Versorgung geregelt?

Die bedarfsgerechte Versorgung mit Krankenhausleistungen wird im Krankenhausfinanzierungsgesetz (KHG) geregelt. Der Sicherstellungsauftrag der Krankenhausversorgung liegt bei den Bundesländern. Sie haben nach § 6 KHG die Aufgabe, Krankenhauspläne und Investitionsprogramme aufzustellen.

Siehe auch Kapitel 1.5.2.2

1.2.3 Soziodemografische Rahmenbedingungen und ihr Einfluss auf die Finanzierung, das Leistungsangebot und die Nachfrage

01. Was versteht man unter Demografie?

Demografie ist die Bevölkerungswissenschaft. Sie erforscht die Bevölkerungsentwicklung und -struktur. Einflussfaktoren sind:

- Geburtenrate
- Sterberate
- Geschlecht
- Alter
- Zu- und Abwanderung.

02. Was sagt die Geburtenziffer aus?

Alterspezifische Geburtenziffer: Frauen zwischen 15 - 49 Jahren

Zahl der Geburten der Frau im Alter X im Jahr · 1.000
Zahl der Frauen im Alter X

Die Summe der 35 Altersjahre ergibt die zusammengefasste Geburtenziffer. Sie gibt die durchschnittliche Kinderzahl, die eine Frau im Laufe ihres Lebens hätte, wenn die Verhältnisse des betrachteten Jahres von ihrem 15. bis zu ihrem 49. Lebensjahr gelten würden, wieder.

2009 liegt die durchschnittliche Geburtenrate in Deutschland bei 1,36 Kindern. Damit ist Deutschland im internationalen Vergleich Drittletzter (Bundesministerium des Inneren). Für die Bestanderhaltung der Bevölkerung sind jedoch 2,1 Kinder je Frau nötig. Seit den 70er-Jahren wurde dieser Wert dauerhaft nicht mehr erreicht.

Frauen sind bei der Geburt ihrer Kinder heute älter als es ihre Mütter waren. Seit 2005 entbinden die 30- bis 40-jährigen Frauen mehr Kinder als die 20- bis 30-jährigen Frauen. Da die Frauen ihre Kinder heute später bekommen, sinkt auch der Anteil der Frauen, die mehr als drei Kinder bekommen (Statistisches Bundesamt 2011).

03. Was sind die Ursachen für den Geburtenrückgang?

Eine Hauptursache für den Geburtenrückgang liegt im Aufschieben der Familiengründung in ein höheres Lebensalter. Weiterhin sind zu nennen:

- längere Ausbildungszeiten
- gestiegene Anforderungen an Flexibilität und Mobilität der Berufstätigen
- Schwierigkeiten der Vereinbarkeit von Beruf und Familie
- Veränderung der Geschlechterrollen
- Empfängnisverhütung
- Unsicherheit hinsichtlich der Zukunftschancen in der Gesellschaft
- Kinder werden als Armutsrisiko betrachtet.

04. Was sagt die Sterberate aus?

Mortalität bezeichnet die Sterblichkeit einer definierten Personengruppe.

Rohe Sterberate:	$\dfrac{\text{Anzahl der Verstorbenen} \cdot 100.000}{\text{durchschnittliche Bevölkerung}}$

Die Anzahl der Gestorbenen übersteigt die Anzahl der Geburten. Die geburtenstarken Jahrgänge, die sich heute im mittleren Lebensalter befinden, rücken im Jahr 2030 in das hohe Alter, in dem die Mortalität als größer anzusehen ist. Aufgrund dessen wird die Bevölkerung trotz steigender Lebenserwartung weiter abnehmen. Ein Anstieg der Geburten auf 1,6 Kinder würde diese Entwicklung nur mildern, aber nicht stoppen.

Säuglingssterblichkeit: Anzahl der im ersten Lebensjahr Verstorbenen von 1.000 Lebendgeburten.

Nach der Gesundheitsberichterstattung des Bundes verstarben im Zeitraum 2006 bis 2008 durchschnittlich 3,3 Mädchen und 4,1 Jungen im ersten Lebensjahr (Robert-Koch-Institut 2011).

Die Sterblichkeit ist bereits Ende des 19 Jahrhunderts bei Säuglingen und Kindern stark zurückgegangen. Eine verbesserte Hygiene, Fortschritte in der medizinischen Versorgung sowie verbesserte Arbeits- und Lebensbedingungen für die Eltern führten zu dieser Entwicklung.

05. Wie kommt es zu verlorenen Lebensjahren?

Verlorene Lebensjahre = 70. Lebensjahr - Sterbealter

Die in der OECD und in der WHO vertretenen Länder haben sich darauf geeinigt, Todesfälle vor dem 70. Lebensjahr als ungewöhnlich anzusehen. Diese Todesfälle werden in Beziehung zu 100.000 Einwohnern dargestellt. Die Hauptursache für den Verlust an Lebensjahren sind Krebserkrankungen. Seit 1990 hat sich die Zahl der verlorenen Jahre halbiert. Ursachen für verlorene Lebensjahre sind:

- schlechte Lebensqualität
- ungesunder Lebensstil
- Defizite bei Prävention und Therapie.

Siehe auch Kapitel 1.1

06. Wie hoch ist die Lebenserwartung?

- *Mittlere Lebenserwartung:* Die durchschnittliche Zahl der Lebensjahre, die Neugeborene leben würden, wenn sich die Sterbeverhältnisse nicht ändern.
- *Ferne Lebenserwartung:* Durchschnittliche Zahl an Lebensjahren, die man in einem bestimmten Alter (65 oder 80 Jahren) noch zu erwarten hat.

1.2. Sozial- und Gesundheitspolitik in der Bundesrepublik Deutschland

Im Zeitraum 2008 bis 2010 lag die mittlere Lebenserwartung in Deutschland für Frauen bei 82,53 und für Männer bei 77,51 Jahre (www.destatis.de). Seit über 130 Jahren wird in Deutschland ein kontinuierlicher Anstieg der Lebenserwartung beobachtet. Es wird erwartet, dass diese weiter steigen wird. Für den gleichen Zeitraum wurde für die 80-Jährigen eine ferne Lebenserwartung bei den Frauen von 9,06 Jahren und den Männern von 7,71 Jahren errechnet. Die Übersterblichkeit der Männer nach dem 65. Lebensjahr geht vor allem auf verhaltensbedingte Ursachen zurück. Die häufigsten Todesursachen von Männern sind Unfälle, Lungenkrebs, Leberzirrhose, Herzinfarkt und Suizid. Das führt zu einem höheren Frauenanteil bei den Senioren.

07. Welchen Einfluss hat die Wanderung?

Ausschlaggebend ist der Wanderungssaldo.

Wanderungssaldo = Zuzüge - Fortzüge

Der Wanderungssaldo war in der Vergangenheit immer positiv. In den letzten fünf Jahren ist er allerdings rückläufig (Statistisches Bundesamt).

Erklärungsfaktoren für Migration:

- **Push-Faktoren**: hohe Arbeitslosigkeit, sehr niedriges Einkommen, sehr schlechte Wohnverhältnisse im Herkunftsland
- **Pull-Faktoren**: Berufschancen, bessere Lebensverhältnisse im Einwanderungsland

Die zuziehenden Ausländer/-innen sind zumeist jünger als die fortziehenden Innländer. Dadurch ergibt sich für die Bevölkerung ein „Verjüngungseffekt". Die Höhe der Zuwanderung beeinflusst das Ausmaß der Schrumpfung der Erwerbsbevölkerung.

08. Welche Probleme ergeben sich aus der steigenden Lebenserwartung und dem Geburtenrückgang?

- Der Erwerbsbevölkerung werden zukünftig mehr Senioren gegenüberstehen. Ein langes Leben spricht für Fortschritt und Wohlstand einer Gesellschaft. Doch wird dies nicht immer bei guter Gesundheit erreicht.
- Der Bevölkerungsrückgang führt auch zu einem Nachfragerückgang.
- Die Zahl der Erwerbstätigen steigt nicht in gleichem Maße wie die Lebenserwartung der älteren Menschen steigt.
- Eine Veränderung des Krankheitsspektrums der Bevölkerung, das heißt in zunehmendem Maße werden Alterserkrankungen und Multimorbidität (Mehrfacherkrankung) auftreten.
- Anstieg und Veränderung des Gesundheitsversorgungsbedarfes sind zu erwarten.
- Die Ausgaben für Gesundheit und Pflege werden steigen.

- Gleichzeitig werden Arbeitsplätze im Gesundheitssektor entstehen
- Probleme der sozialen Sicherung im Alter werden sich ergeben.
- Probleme der Generationengerechtigkeit in den umlagefinanzierten Systemen (Renten, Arbeitslosen-, Kranken- und Pflegeversicherung).

1.2.3.1 Soziodemografische Entwicklungen

01. Wie entwickelt sich die Bevölkerungsstruktur?

Der Bevölkerungsaufbau weicht schon lange von der klassischen Pyramidenform ab. Das ist auf den Alterungsprozess der Bevölkerung und den Geburtenrückgang zurückzuführen.

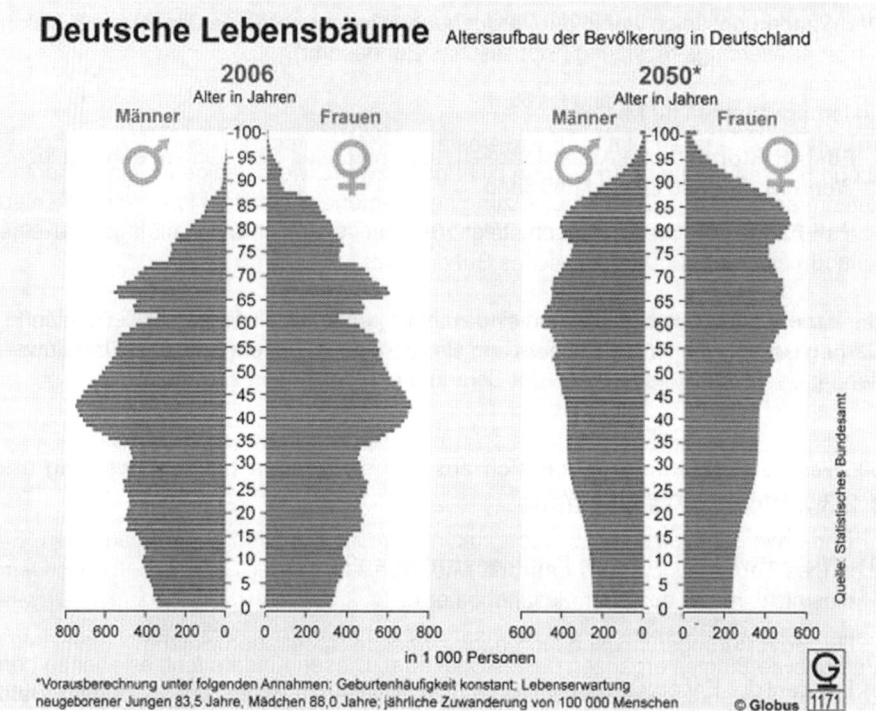

Seit den 70er-Jahren ist die Bevölkerungsbilanz negativ.

natürliche Bevölkerungsbilanz = Anzahl der Geburten – Anzahl der Gestorbenen

Die Anzahl der Hochbetagten nimmt zu. So lebten 2008 vier Millionen 80-Jährige in Deutschland. 2050 werden es bereits zehn Millionen sein. Der Anteil der unter 20-Jährigen hingegen, der heute bei 16 Millionen liegt, wird im Jahr 2060 auf 10 Millionen schrumpfen. Auch bei den 30- bis 50-Jährigen ist ein Rückgang zu verzeichnen. Diese

1.2. Sozial- und Gesundheitspolitik in der Bundesrepublik Deutschland

Gruppe wird um 4 Millionen schrumpfen. Das mittlere Alter von 43 Jahren wird 2060 auf ca. 52 Jahre ansteigen. Das bedeutet, dass die Hälfte der Bevölkerung älter als 52 Jahre sein wird. Auch die Zuwanderung kann den Alterungs- und Schrumpfungsprozess nicht stoppen (Statistisches Bundesamt 2009).

02. Welche Quotienten spiegeln die demografische Belastung wieder?

Jugend- und Altenquotient messen das Verhältnis von Jungen und Alten zur erwerbsfähigen Bevölkerung.

$$\text{Jugendquotient} = \frac{\text{Jugendliche} < 20}{\text{Erwerbsfähige} < 65}$$

Durch den Geburtenrückgang sinkt der Jugendquotient und damit auch die Aufwendungen für noch nicht Erwerbstätige. Dies ist nicht positiv zu werten, da sie als kleinere Gruppe ins Erwerbsleben eintreten und zu diesem Zeitpunkt dann für die gewachsene Gruppe der Rentner aufkommen müssen.

$$\text{Altersquotient} = \frac{\text{Alte} > 65}{\text{Erwerbsfähige} < 65}$$

Im Jahr 2008 entfielen auf 100 Erwerbsfähige 34 Rentner, im Jahr 2030 werden es schon 53 Rentner sein. So werden nicht ganz zwei Erwerbsfähige für einen Rentner aufkommen müssen. Die Heraufsetzung des Renteneintrittsalters führt zu einem niedrigeren Altersquotienten. Dadurch steigt 2060 der Anteil der erwerbsfähigen Bevölkerung um ca. 1.000.000 (Statistisches Bundesamt).

Addiert man diese beiden Quotienten, ermittelt man in welchem Ausmaß die Erwerbsfähigen Belastungen für die jüngere und ältere Bevölkerung tragen. Diese Belastungen werden zukünftig steigen.

1.2.3.2 Soziale Tatbestände

01. Wie entwickeln sich die Familienstrukturen?

74 % aller Paare mit Kindern bilden noch eine so genannte Kernfamilie (Konrad-Adenauer-Stiftung). Nichteheliche Lebensgemeinschaften, alleinerziehende Mütter und Väter sowie Singles ergänzen dieses Spektrum. Diesen Kindern fehlt es aber an horizontalen Verwandtschaftsverhältnissen (Geschwistern, Cousins und Cousinen). Dafür gibt es in vielen Familien mehr Großeltern als Enkelkinder (Generationentiefe).

02. Wie entwickelt sich die Erwerbsquote?

Die Erwerbsquote ist der prozentuale Anteil der Erwerbspersonen über 15 Jahre bis zum Renteneintrittsalter an der Gesamtbevölkerung.

Erwerbspersonen > 15 J. bis Renteneintrittsalter = Erwerbstätige + Erwerbslose

Voraussetzung ist, dass eine auf Erwerb gerichtete Tätigkeit gesucht oder ausgeübt wird. Dabei kann es sich um eine selbstständige oder abhängige Beschäftigung handeln.

2010 lag die Erwerbsquote der Männer bei 82,3 % und die der Frauen bei 70,8 %. Der Anstieg der Erwerbsquote bei den Frauen basiert zu einem großen Teil auf Teilzeitarbeit. Familienbedingte Unterbrechungen sind heute wesentlich kürzer aber der Wiedereinstieg ist wesentlich häufiger gegeben als früher. Die Erwerbsquote der 60- bis 64-Jährigen liegt bei etwa 41,5 % (Bundesagentur für Arbeit). Die Quote der Geringqualifizierten ist nur halb so hoch wie bei den hochqualifizierten älteren Erwerbspersonen. Mit der Anhebung des Renteneintrittsalters vergrößert sich die Gruppe der älteren Erwerbspersonen. Hinsichtlich der Beschäftigung ist hier die Bereitschaft der Unternehmen ebenso gefragt wie die Bereitschaft von Arbeitnehmern zu lebenslangem Lernen.

03. Wie entwickelt sich die Zahl der Haushalte?

Seit Ende der 50er-Jahre werden deutsche Privathaushalte nachweislich kleiner. Einpersonenhaushalte stellten bereits 1980 die größte Gruppe dar. Der Anteil der drei und Mehrpersonenhaushalte sinkt hingegen ständig. Ein Zusammenleben von zwei Generationen unter einem Dach wird nicht mehr angestrebt. Für Frauen ab dem 80. Lebensjahr ist der Einpersonenhaushalt die typische Lebensform (Konrad-Adenauer-Stiftung).

Faktoren, die die Haushaltsgröße verringern:

- Zunahme der Älteren, die eher in kleinen Haushalten leben
- verwitwete, vor allem Frauen
- geringe Kinderzahl
- zunehmende berufliche Mobilität
- steigende Scheidungsrate und sinkende Zahl der Eheschließungen.

Gemeinschaftsunterkünfte: 6 % der 80-Jährigen ist in einem Senioren- oder Pflegeheim untergebracht. Von den 90-Jährigen sind es schon 24 %.

04. Wie gestaltet sich die Generationengerechtigkeit?

Die Generationengerechtigkeit basiert auf der Solidarität der Generationen. Der Generationenvertrag beruht auf dem Konsens, dass die erwerbstätige Generation für die Rentenzahlungen der nicht mehr erwerbstätigen Generation aufkommt und die Verantwortung für die kommende Generation übernimmt. Aufgrund des veränderten Bevölkerungsaufbaus sehen viele diesen Vertrag als nicht mehr erfüllbar an.

Das umlagefinanzierte Rentenversicherungssystem ist besonders von den demografischen Veränderungen betroffen. Wer heute Beiträge einzahlt, hat noch keinen Anspruch diese auch ausgezahlt zu bekommen. Mit den Beiträgen werden die laufenden Renten der älteren Generation finanziert. Durch die Beitragszahlung wird kein Vermögen (Kapitalstock) angespart, sondern Anwartschaft für eine Rentenzahlung in der Zukunft erworben. Gegenwärtige Beitragszahler müssen darauf vertrauen, dass die kommende Generation genug für sie einzahlt, um die Auszahlung ihrer Renten zu ermöglichen.

1.2. Sozial- und Gesundheitspolitik in der Bundesrepublik Deutschland

05. Welche Maßnahmen stabilisieren das Rentenversicherungssystem?

- Absenken des Rentenniveaus: Die Renten werden unter 67 % vom Nettoverdienst liegen.
- Verlängerung der Lebensarbeitszeit: Die Anpassung erfolgt in kleinen Schritten. Seit 2011 mit einem Monat pro Jahr.
- Nachhaltigkeitsfaktor: Die Rentenanpassung wird vom Verhältnis vom Rentner zu Beitragszahlern abhängig gemacht. Ist der prozentuale Anteil der Rentner höher, so fällt die Rentenanpassung geringer aus.
- Ausgliederung versicherungsfremder Leistungen: Reduktion der Anrechnungszeiten für z. B. das Studium.

1.2.3.3 Wachsende Bedeutung der medizinischen und pflegerischen Versorgung alter Menschen

01. Wie entwickelt sich die Morbidität im Alter?

Die Altersgruppe der 80- bis 90-Jährigen weisen die meisten Krankenhaustage auf. Aufgrund ihrer Abwehrschwäche erleiden gerade sie häufiger nosokomiale Infektionen (Krankenhausinfektionen). Bewohner von vielen Alten- und Pflegeheimen nehmen täglich durchschnittlich 8,4 verschiedene Medikamente dauerhaft ein (Presse und Informationsstellen der Universität Münster). Das ist ein Hinweis auf chronische Erkrankungen und Multimorbidität. So wird bei Älteren eine deutlich höhere Zahl an Erkrankungen diagnostiziert.

Hinsichtlich der Frage, ob der Zuwachs an Lebensjahren in Krankheit verbracht wird, sind unterschiedliche Thesen aufgestellt worden:

- *Medikalisierungsthese:* Der medizinische Fortschritt ermöglicht bei vormals tödlichen Erkrankungen ein Überleben jedoch keine vollständige Genesung. Das führt zu einer zunehmenden Morbidität im Alter und einer verstärkten Inanspruchnahme von Gesundheitsleistungen.

- *Kompressionsthese:* Durch den medizinischen Fortschritt wird die Morbidität im Alter erfolgreich bekämpft. Nur vor dem Tod sei mit einem Anstieg der Gesundheitsausgaben zu rechnen. Ein Hinausschieben von schweren gesundheitlichen Beeinträchtigungen in die letzte Lebensphase gilt als möglich.

- *Bi-modales Konzept:* Der langfristige Gesundheitszustand der Bevölkerung verbessert sich. Dadurch sollten sich auch die Kosten reduzieren. Da der Anteil der älteren Menschen aber größer ist, hebt sich dieser Effekt wieder auf.

02. Welchen Einfluss hat der demografische Wandel auf die Versorgung mit Gesundheitsleistungen?

- *Prävention:* Präventionsmaßnahmen sind bis ins hohe Alter sinnvoll und kostensparend. Der Ausbau von Präventionsangeboten für die ältere Bevölkerung ist anzustreben. Diese sind auf die Zielgruppe und auf die Bedürfnisse abzustimmen. Altersbedingten Veränderungen soll vorgebeugt werden und eine selbstständige Lebensführung und Mobilität soll erhalten bleiben.

- *Pflegebedarf:* Es wird ein Anstieg der Pflegebedürftigen von 2,25 Millionen im Jahr 2007 auf 3,37 Millionen im Jahr 2030 erwartet. Dabei wird unterstellt, dass die Pflegequote im Jahr 2030 der heutigen entsprechen wird (Statistisches Bundesamt 2010).

- *Pflegeplätze:* Zwei Drittel der Pflegebedürftigen werden heute noch zu Hause von Angehörigen oder vom ambulanten Pflegedienst betreut. Das wird zukünftig auf Grund der stärkeren Erwerbsbeteiligung der Frau und aufgrund fehlender Verwandtschaft nicht mehr möglich sein. Es wird ein zunehmender Bedarf an Heimplätzen erwartet.

Differenzierung der Angebote: Demenzkranke, Migranten, ältere behinderte Menschen, Begleitung Sterbender.

03. Welche Bedeutung haben innovative Versorgungskonzepte?

Ältere Menschen verbringen sehr viel Zeit in ihrer Wohnung und sie bevorzugen eine selbstbestimmte Lebensführung. Gesundheitliche Einschränkungen machen barrierefreies Wohnen unumgänglich, um den Verbleib in der eigenen Wohnung zu sichern.

- *Gemeinschaftliche Wohnformen:* Selbst organisiertes Zusammenleben mit anderen in entsprechenden Wohnungen. Entscheidungen zu Hilfen, Pflege und Betreuung werden individuell getroffen.

- *Betreutes Wohnen:* Es umfasst barrierefreies Wohnen und eine Grundversorgung sowie Hilfeleistungen im Bedarfsfall in einer speziellen Wohnanlage. Zur Grundversorgung gehören Notrufsysteme, Beratungsleistungen, Gemeinschaftseinrichtungen sowie die Vermittlung und Organisation von Hilfen. Wahlleistungen sind ambulante Kranken- und Altenpflege, hauswirtschaftliche Versorgung und Verpflegung.

Diese Wohnformen bieten den Bewohnern ein aktives Gemeinschaftsleben, gegenseitige und professionelle Unterstützung und trotzdem eine selbstbestimmte Lebensgestaltung.

1.2.4 Wirtschaftlichkeit und Qualitätsverpflichtung als Normen des Sozial- und Gesundheitswesens

01. Wozu verpflichtet das Wirtschaftlichkeitsgebot?

Nach § 12 SGB V und § 29 SGB XI dürfen die Leistungserbringer nur Gesundheitsleistungen erbringen, die ausreichend, zweckmäßig und wirtschaftlich sind. Das Maß des Notwendigen darf nicht überschritten werden.

1.2. Sozial- und Gesundheitspolitik in der Bundesrepublik Deutschland

02. Welche Probleme wirtschaftlicher Versorgung gibt es?

- *Überversorgung:* Leistungen, die über die bedarfsgerechte Versorgung hinaus gehen oder unwirtschaftlich erbracht werden, die mit Gefälligkeit oder Einkommensinteresse verbunden sind.

- *Fehlversorgung:* Durch die Versorgung entsteht ein vermeidbarer Schaden, dazu gehören nicht fachgerechte Erbringung, zu späte Leistung, nicht bedarfsgerechte Leistung.

- *Unterversorgung:* Medizinische Maßnahmen werden in zu geringer Menge, Intensität und Dauer erbracht, bei anerkanntem Bedarf werden bei akzeptabler Kosten-Nutzen-Relation Gesundheitsleistungen teilweise oder ganz verweigert.

03. Welche Verpflichtung gibt es hinsichtlich der Qualität?

Qualität und Wirksamkeit der Leistungen müssen nach §2 Abs.1 Satz 3 SGB V dem allgemeinen Stand der medizinischen Erkenntnisse entsprechen und den medizinischen Fortschritt berücksichtigen. § 135a SGB V verpflichtet die Leistungserbringer zur Qualitätssicherung.

Nach § 112 SGB XI liegt die Verantwortung für die Qualität bei den Trägern der Pflegeeinrichtungen. In den Pflegesatzverhandlungen sind nach §84 Abs. 5 SGB XI die Leistungs- und Qualitätsmerkmale für die Einrichtungen festzulegen.

Siehe auch Kapitel Punkt 4.4.9

04. Welche Aufgaben hat das Institut für Qualität und Wirtschaftlichkeit im Gesundheitswesen (IQWiG)?

Das 2004 gegründete IQWiG ist eine fachliche unabhängige wissenschaftliche Institution in der Rechtsform einer privaten Stiftung. Das Institut erstellt evidenzbasierte Gutachten zur Kosten-(Zusatz)nutzen-Bewertung von:

- Arzneimitteln
- Operationsmethoden
- diagnostischen und therapeutischen Verfahren
- Früherkennung von Krankheiten.

Zusatznutzen: Ist in diesem Zusammenhang immer als eine Verbesserung gegenüber einer vergleichbaren Therapie zu sehen.

- Empfehlung zu Behandlungsleitlinien und Disease Managementprogrammen
- Gesundheitsinformationen für die Bürger/innen.

Auftraggeber: G-BA, Bundesministerium für Gesundheit. Die Arbeitsergebnisse des Instituts sollen in erster Linie dem G-BA als Entscheidungshilfe dienen.

05. Was ist evidenzbasierte Medizin?

Evidenzbasierte Medizin meint nachweisgestützte Medizin. Im Versorgungsalltag gibt es eine Vielzahl von Behandlungsmethoden für ein und dieselbe Krankheit. Die daraus folgenden Behandlungsergebnisse können sich gravierend voneinander unterscheiden.

Häufig entspricht die Behandlung nicht dem aktuellen Erkenntnisstand in der Medizin. Deshalb ist die Entwicklung von wissenschaftlich begründeten Maßstäben das Ziel von evidenzbasierter Medizin. Nur so ist eine optimale Behandlung möglich und therapeutische Entscheidungen werden auf einer rationaleren Ebene getroffen und sind vergleichbarer. Die Anwendung von evidenzbasierter Medizin kann in Behandlungsleitlinien münden.

06. Welche Anforderungen ergeben sich für die Ärzte?

Nach Abschluss des Studiums sind Ärzte dazu verpflichtet, sich fortzubilden, um den Anforderungen gerecht zu werden. Dies gilt auch für Klinikärzte. So müssen innerhalb von fünf Jahren 250 Punkte für Fortbildungsmaßnahmen gesammelt werden. Einen Nachweis gegenüber der KV müssen nur die niedergelassenen Ärzte erbringen. Wer der Fortbildungsverpflichtung nicht nachkommt, hat mit Honorarkürzungen zu rechnen. Nach Ablauf des Fünfjahreszeitraumes kann das Honorar in den ersten vier Quartalen um 10 % gekürzt werden.

1.3 Struktur des Sozial- und Gesundheitswesens

1.3.1 Aufbau und Aufgaben der einzelnen stationären und ambulanten Versorgungsformen

01. Welche Aufgaben und Ziele hat die Gesundheitsversorgung?

Aufgaben: Der Aufbau und die Unterhaltung von Strukturen, die den Gesundheitsschutz der Bevölkerung sicherstellen.

Ziele:

Wirksamkeit der Leistungen	Nach aktuellem Wissensstand werden dadurch Krankheiten verhütet oder geheilt.
effiziente Produktion von Gesundheitsleistungen	Kostengünstige Produktion, Optimierung der Versorgungsabläufe, wirksame Anreize in den Vergütungssystemen
angemessene Qualität	Zweckmäßig und an der Lebensqualität des Patienten orientiert
bedarfsgerechte Versorgung	Bei Vorliegen eines objektiven und subjektiven Bedarfes wird durch Art und Umfang der Leistungsbereitstellung ein gesundheitlicher Nachteil bei den Nachfragern vermieden. Es muss dabei nicht jedem subjektiven Bedürfnis des Nachfragers entsprochen werden.

1.3 Struktur des Sozial- und Gesundheitswesens

02. Welche Probleme ergeben sich aus der sektoralen Trennung im Gesundheitswesen?

Der Grundsatz „ambulant vor stationär" findet sich in § 39 SGB V wieder. Diese Abgrenzung ist nicht mehr zeitgemäß und medizinisch oft nicht eindeutig. Gründe:

- Schnittstellenprobleme in den Übergängen der Behandlungsprozesse, z. B. Wartezeiten und Informationsverluste
- Konflikte zwischen den Beteiligten
- hohe Kosten für übermäßige Diagnostik
- Vernachlässigung der Prävention
- zu geringe Förderung der Selbsthilfe
- Unterversorgung chronisch Kranker.

Im Ergebnis wirkt sich das nachteilig auf den Patienten aus. Deshalb ist eine sektorenübergreifende Versorgung nötig.

1.3.1.1 Ambulante ärztliche Versorgung

01. Kann der Patient sich den Arzt selbst aussuchen?

Grundsätzlich können gesetzlich Versicherte nach § 76 Abs. 1 unter den Vertragsärzten frei wählen. Ärzte, die nicht zur vertragsärztlichen Versorgung zugelassen sind (Privatärzte) können nur von Privatversicherten oder Selbstzahlern aufgesucht werden. Entscheiden sich gesetzlich Versicherte für Privatärzte, so kann ihre Krankenkasse die Mehrkosten in Rechnung stellen.

Anspruchsberechtigte der freien Heilfürsorge (Soldaten, Polizeivollzugsbeamte und Vollzugsbeamte der Bundespolizei) müssen in erster Linie den Truppen oder Dienstarzt in Anspruch nehmen.

Berufs- und Wegeunfälle werden durch die gesetzliche Unfallversicherung reguliert. In diesem Fall muss ein Durchgangsarzt (D-Arzt) aufgesucht werden.

Nehmen Versicherte an kontrollierten Versorgungsformen z. B. der hausarztzentrierten Versorgung teil, so kann das ihre Wahlfreiheit einschränken.

02. Was ist ein Vertragsarzt?

Wer als Vertragsarzt der gesetzlichen Krankenversicherung arbeiten will, benötigt eine Kassenzulassung des Zulassungsausschusses der KV. Dieses Gremium setzt sich aus Mitgliedern der KV und der Krankenkassen zusammen. Voraussetzungen sind:

- Approbation (Genehmigung der Ausübung ärztlicher Tätigkeiten)
- Eintrag im Arztregister der KV
- Facharztqualifikation

Der Zulassungsausschuss muss den Versorgungsgrad der Bevölkerung berücksichtigen. Die Kassenzulassung berechtigt, Leistungen über die KV zu Lasten der gesetzlichen Krankenkassen abzurechnen. 90 % der Ärzte sind so genannte Kassenärzte.

03. Welche Pflichten haben Vertragsärzte?

- Residenzpflicht: Die Praxis muss für den Arzt in angemessener Zeit von seiner Wohnung aus erreichbar sein.
- Sprechstundenzeiten: öffentliche Bekanntgabe der Zeiten
- Teilnahme am ärztlichen Notdienst: Durch die Mitgliedschaft in der KV dazu verpflichtend; ambulante Versorgung der Patienten
- Begutachtungen: Krankschreibungen, Reha, Einweisung ins Krankenhaus
- Dokumentations- und Aufbewahrungspflichten
- Fortbildung und Qualitätssicherung
- Einhaltung des Wirtschaftlichkeitsgebotes.

04. Was versteht man unter dem zweistufigen Versorgungssystem?

Die ambulante Versorgung ist in hausärztliche und fachärztliche Versorgung aufgeteilt. In der Regel sucht der Patient erst den Hausarzt. Dieser übernimmt die Primärversorgung und stellt wenn nötig eine Überweisung für einen Facharzt aus. Der Facharzt übernimmt die spezialisierte Versorgung. Im Rahmen der Entscheidungsfreiheit darf der Patient auch sofort zum Facharzt gehen.

- Gebietsbezeichnung: Die fachärztliche Tätigkeit wird in den Grenzen eines Gebietes ausgeführt. Wer innerhalb dieses Gebietes seine Weiterbildungsprüfung abgelegt hat, erhält die Facharztbezeichnung, z. B. Radiologe.
- Schwerpunktbezeichnung: Ist eine auf die Facharztweiterbildung aufbauende Spezialisierung in dem Gebiet z. B. Kinderradiologe.

05. Was versteht man unter hausarztzentrierter Versorgung?

Die Krankenkassen sind nach §73b SGB verpflichtet, ihren Versicherten Hausarztmodelle anzubieten. Die Versicherten profitieren von einem günstigeren Hausarzttarif. Dazu schließen die Krankenkassen mit den Hausärzten, die die Qualitätsanforderungen erfüllen, Direktverträge ab.

1.3 Struktur des Sozial- und Gesundheitswesens

Anforderungen an den Versicherten	Anforderungen an den Hausarzt
• Verpflichtung, sich ein Jahr an den Hausarzt zu binden	• Erste Anlaufstelle für den Versicherten
	• Koordination der Versorgung (Lotse im System)
• Fachärztliche Leistungen werden nur nach Überweisung durch den Hausarzt in Anspruch genommen. Eine Ausnahme bilden Augen- und Frauenärzte.	• Teilnahme an Qualitätszirkeln
	• Anwendung evidenzbasierter Leitlinien
• Ein Wechsel des Hausarztes ist nur bei Vorliegen eines wichtigen Grundes möglich	• praxisinternes Qualitätsmanagement
	• Fortbildungen, die sich auf hausarzttypische Probleme konzentrieren

Erwartungen der Krankenkassen an das Modell:

- Reduktion der Krankenhauseinweisungen
- Vermeidung von Doppelfinanzierungen   } **Kostendämpfung**
- Vermeidung ständiger Arztwechsel

06. Muss der Patient Zuzahlungen leisten?

Der Patient muss bei Inanspruchnahme ambulanter ärztlicher Behandlung pro Quartal 10 € bezahlen. Wird er zu einem Facharzt überwiesen und wird im selben Quartal behandelt, so muss er keine Praxisgebühr bezahlen.

Kinder und Jugendliche unter 18 Jahren sind grundsätzlich von Zuzahlungen befreit. Auch Impfungen und Vorsorgeuntersuchungen sind kostenfrei. Werden die Belastungsgrenzen überschritten, kann die Krankenkasse eine Zuzahlungsbefreiung ausstellen.

1.3.1.2 Stationäre Akutversorgung

01. Kann sich ein GKV-Patient in jedem Krankenhaus behandeln lassen?

Gesetzlich versicherte Patienten haben nach § 39 SGB V Anspruch auf eine Krankenhausbehandlung, aber nur in einem zugelassenen Krankenhaus. Nach § 108 SGB V sind das folgende Krankenhäuser:

- nach landesrechtlichen Vorschriften anerkannte Hochschulkliniken
- Plankrankenhäuser
- Vertragskrankenhäuser.

Wird durch den Arzt ein bestimmtes Krankenhaus genannt und der Patient entscheidet sich für ein anderes, können ihm dadurch entstehende Mehrkosten ganz oder teilweise auferlegt werden. Der Patient hat Anspruch auf die allgemeinen Krankenhausleistungen.

02. Wann gilt der Versorgungsvertrag als geschlossen?

- Hochschulkliniken mit Aufnahme ins Hochschulverzeichnis
- Plankrankenhäuser mit der Aufnahme in den Krankenhausplan des Landes
- Vertragskrankenhäuser nach Abschluss des Versorgungsvertrages mit den Landesverbänden der Krankenkassen und den Verbänden der Ersatzkassen

03. Warum werden die Krankenhäuser in Versorgungsstufen eingeteilt?

Die Krankenhäuser werden im Rahmen der Krankenhausplanung hinsichtlich ihrer personellen und sachlichen Ausstattung überprüft. Es wird geprüft, ob sie zur Deckung des festgestellten Bedarfes geeignet sind. Dazu werden die Krankenhäuser in Versorgungsstufen eingeteilt.

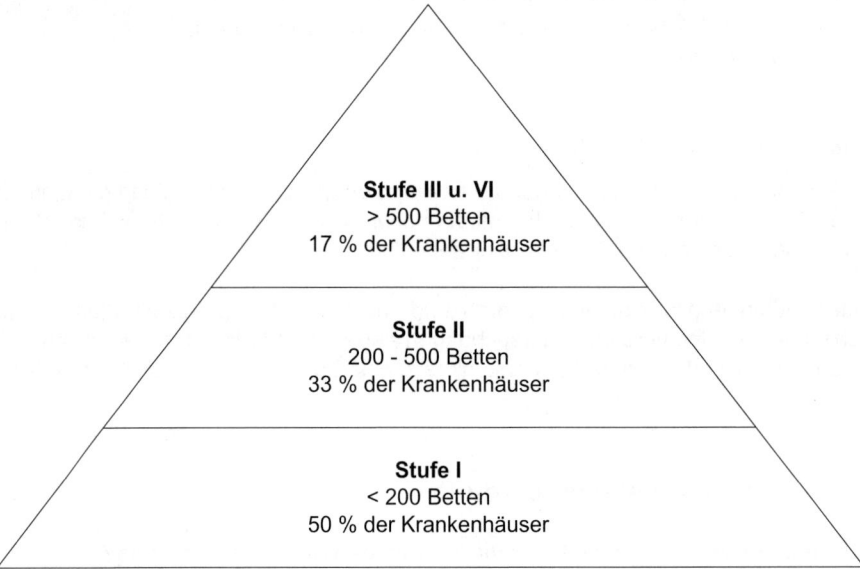

Versorgungsstufe I umfasst die Grundversorgung mit den Abteilungen Innere Medizin und Chirurgie.

Versorgungsstufe II umfasst die Regelversorgung mit darüber hinausgehenden Abteilungen Gynäkologie (Geburtshilfe), Hals-, Nasen-, Ohrenheilkunde, Augenheilkunde oder Orthopädie.

Versorgungsstufe III umfasst die Schwerpunktversorgung mit überregionalen Aufgaben sowie weiteren Abteilungen wie Neurologie, Pädiatrie, Mund-, Kiefer- und Gesichtschirurgie.

Versorgungsstufe IV umfasst die Maximalversorgung in Universitäts- und Großkliniken. Diese verfügen über umfangreiche Diagnostik- und Therapiemöglichkeiten, insbesondere auch medizinisch-technische Großgeräte.

1.3 Struktur des Sozial- und Gesundheitswesens

04. Welche Ärzte führen die Krankenhausbehandlungen durch?

Generell werden die Behandlungen von hauptamtlichen Krankenhausärzten der unterschiedlichen Fachrichtungen durchgeführt. Die Versorgung kann aber auch durch Belegärzte erfolgen. Das sind niedergelassene Fachärzte, die eine Anerkennung als Belegarzt von der KV und der Krankenkasse haben. Sie behandeln einen Teil ihrer ambulanten Patienten in Krankenhäusern, die über Belegbetten verfügen oder in Belegkrankenhäusern.

Siehe auch Kapitel 2.2.2.1

05. Was beinhalten die allgemeinen Krankenhausleistungen?

Gesetzlich Versicherte haben Anspruch auf die allgemeinen Krankenhausleistungen:

- Unterbringung im Mehrbettzimmer
- Verpflegung
- Behandlung durch den diensthabenden Arzt oder durch seine ärztlichen Stellvertreter
- Krankenpflege
- Versorgung mit Arznei-, Heil- und Hilfsmitteln
- Frührehabilitation
- Die Unterbringung einer Begleitperson, wenn dazu eine medizinische Notwendigkeit besteht.

06. Was beinhalten Wahlleistungen?

Über die Wahlleistungen sind gesonderte Verträge zwischen Krankenhaus und Patient zu schließen. Sie werden von Privatversicherten oder Selbstzahlern in Anspruch genommen.

Ärztliche Wahlleistungen:

- Behandlung durch den Chefarzt

Nichtärztliche Wahlleistungen:

- Unterbringung in einem Ein- oder Zweibettzimmer
- Auswahlmenü
- separate Sanitärzone

07. Muss der Patient Zuzahlungen leisten?

Die Zuzahlung für gesetzlich Versicherte ab Vollendung des 18. Lebensjahres beträgt für höchstens 28 Tage im Kalenderjahr 10 €. Muss der Versicherte an einer Anschlussrehabilitation oder an einer medizinischen Rehabilitation teilnehmen, so werden bereits geleistete Zuzahlungen für den Krankenhausaufenthalt auf die jeweilige Rehabilitation angerechnet.

1.3.1.3 Rehabilitation einschließlich Kur und Anschlussrehabilitation

01. Was versteht man unter Rehabilitation?

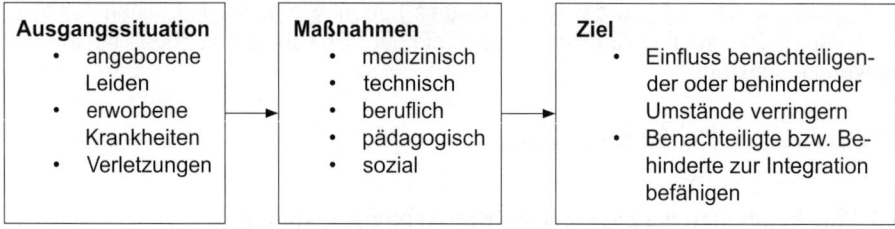

Die Ziele einer Rehabilitationsmaßnahme richten sich immer nach dem individuellen Bedarf des Betroffenen und sie sollten mit diesem abgestimmt werden.

02. Welche Grundsätze gelten für die Rehabilitation?

Die Grundsätze der Rehabilitation wurden 1994 von der Bundesarbeitsgemeinschaft für Rehabilitation zusammengefasst:

- Integration der Behinderten in die Gesellschaft
- Nahtloser Übergang von medizinischer Behandlung und Rehabilitation
- Ausrichtungen der Leistungen auf den Einzelfall
- Frühzeitige Intervention, um Fehlentwicklungen möglichst früh korrigieren und die Wirksamkeit der Therapie erhöhen zu können.
- Ambulant vor stationär
- Rehabilitation vor Rente
- Rehabilitation vor Pflege
- Rehabilitation als Hilfe zur Selbsthilfe
- Notwendige Hilfen werden jedem Behinderten unabhängig von der Ursache der Behinderung und der unterschiedlichen Trägerzuständigkeit angeboten.

03. Welche Formen der Rehabilitation gibt es?

Medizinische Rehabilitation	Maßnahmen zur Besserung und zur Erhaltung des Gesundheitszustandes
Schulische Rehabilitation	Vorschulische und schulische Ausbildung von behinderten Kindern und Jugendlichen
Berufliche Rehabilitation	Leistungen zur Teilhabe am Arbeitsleben
Soziale Rehabilitation	Leistungen zur Teilhabe am Leben in der Gemeinschaft

Siehe auch Kapitel 2.4.3

1.3 Struktur des Sozial- und Gesundheitswesens

04. Was versteht man unter einer medizinischen Rehabilitation?

In der medizinischen Rehabilitation gilt „ambulant vor stationär". Die Rehabilitationseinrichtungen haben sich auf bestimmte Krankheitsbilder spezialisiert. Die Maßnahmen der konservativen Therapien sind darauf gerichtet:

- einer drohenden Behinderung oder chronischen Krankheit vorzubeugen

sowie

- Behinderung
- Einschränkung der Erwerbsfähigkeit
- Pflegebedürftigkeit

zu überwinden, zu mindern und eine Verschlimmerung zu verhüten sowie den Bezug von Sozialleistungen zu vermeiden oder zu mindern.

Ziele:

- Funktionsverbesserung
- größtmögliche Eigenaktivität
- weitestgehende Partizipation in allen Lebensbereichen

Leistungen:

- Behandlungen durch Ärzte und durch andere Heilberufe
- Früherkennung: Frühförderung behinderter oder von Behinderung bedrohter Kinder
- Verbands- und Arzneimittel
- Heilmittel (Krankengymnastik, Massage, Sprach- und Ergotherapie)
- Psychotherapie
- Hilfsmittel z. B. Körperersatzstücke
- Belastungserprobung und Arbeitstherapie

05. Was ist eine Anschlussrehabilitation (AR/AHB)?

Die Anschlussrehabilitation wird der medizinischen Rehabilitation zugeordnet. Voraussetzung ist, dass diese medizinisch indiziert ist. Für Rehabilitationsfähige erfolgt diese unmittelbar im Anschluss an eine Krankenhausbehandlung oder eine ambulante Behandlung z. B. Strahlentherapie. Geht eine Operation voraus, so ist spätestens 14 Tage nach Entlassung mit der AR zu beginnen. Sie dauert regulär drei Wochen. Nach ärztlicher Begründung ist eine Verlängerung möglich.

06. Was versteht man unter Rehabilitationsfähigkeit?

Der Patient muss zur Teilnahme an den Rehabilitationsmaßnahmen in der Lage sein. Dazu ist Folgendes zu prüfen:

- somatische Verfassung
- Motivation und Motivierbarkeit
- Belastbarkeit.

07. Was versteht man unter einer Kur?

Der Gesetzgeber unterscheidet inzwischen in medizinische Vorsorge- und Rehabilitationsmaßnahmen und verwendet den Begriff „Kur" im SGB nicht mehr. Umgangssprachlich wird unter Kur eine Regeneration der geschwächten Gesundheit verstanden. Angesichts der Begrenzung von GKV-Kuren und einem gestiegenen Gesundheitsbewusstsein in einem gewissen Teil der Bevölkerung, haben sich die Kurorte und Heilbäder neu orientiert. Schwerpunkte sind nun Wellness- und Gesundheitstourismus.

08. Welche Vorsorgeleistungen gibt es?

- Ambulante Vorsorgeleistungen einschließlich

Kompaktkuren (strukturiertes Therapiekonzept in Gruppen mit hoher Therapiedichte) nach § 23 SGB V.

- stationäre Vorsorgeleistungen bei fehlender Durchführbarkeit von ambulanten Vorsorgeleistungen am Kurort
- stationäre Mutter/Vater-Kind Kuren nach § 24 SGBV: psychosoziale Problemsituationen von Familien mit erkennbarem Erkrankungsrisiko.

09. Was versteht man unter beruflicher Rehabilitation?

Die Erwerbsfähigkeit von Menschen mit Behinderung oder von Behinderung bedrohter Menschen soll erhalten und die Integration ins Arbeitsleben soll ermöglicht werden.

Leistungen:

- Leistungen zur Erlangung eines Arbeitsplatzes und zur Förderung der Arbeitsaufnahme, z. B. Trainingsmaßnahme
- Berufsvorbereitung einschließlich der Grundausbildung
- Fortbildung, Ausbildung und Umschulung einschließlich des dazu erforderlichen Schulabschlusses
- Leistungen an Arbeitgeber, z. B. Eingliederungszuschüsse.

Zu den wichtigsten Einrichtungen der beruflichen Rehabilitation zählen die 28 Berufsförderungswerke.

Die medizinisch-beruflichen Rehabilitationszentren sollen die Lücke zwischen Akutbehandlung und beruflicher Rehabilitation schließen. Sie erbringen medizinische, berufliche, schulische und psychosoziale Leistungen.

10. Was versteht man unter sozialer Rehabilitation?

Die Aufgaben des täglichen Lebens sollen wieder bewältigt und eine Teilnahme am gesellschaftlichen Leben soll ermöglicht werden.

1.3 Struktur des Sozial- und Gesundheitswesens

Leistungen:

- sozialpädagogische und psychosoziale Betreuung, Rehabilitationssport
- Förderung künstlerischer und musischer Begabungen
- Kraftfahrzeughilfen; behindertengerechter Umbau des Fahrzeugs
- Wohnungshilfen

11. Was versteht man unter schulischer Rehabilitation?

Sie wird für Kinder durchgeführt, deren Lernfähigkeit vermindert ist:

- angeborene oder erworbene Behinderungen
- krankheitsbedingt keine kontinuierliche Teilnahme am Schulunterricht.

Leistungen:

- heilpädagogische Förderung
- Förderunterricht
- sozialpädagogische Einzelbetreuung
- Eingliederungshilfen

12. Wer trägt die Kosten für die Rehabilitation?

- *Gesetzliche Rentenversicherung:* Ziel ist es, die Erwerbsfähigkeit zu erhalten und eine Rentenzahlung wegen einer Erwerbsminderung zu vermeiden. Deshalb gilt der Grundsatz: Rehabilitation vor Rente. Nur wenn die Reha-Maßnahme keinen Erfolg hatte, kann eine Erwerbsminderungsrente gezahlt werden. So werden Leistungen zur medizinischen und beruflichen Rehabilitation, Kinderheilbehandlungen sowie onkologische Nachsorgeleistungen für Altersrentenbezieher und Übergangsgeld gewährt. Sie ist der wichtigste Rehabilitationsträger.

- *Gesetzliche Unfallversicherung:* Arbeits- und Wegeunfälle, Berufskrankheiten aber auch Unfallschutz für Ehrenamtliche, Schüler und Studenten gehören in den Bereich der GUV. Sie erbringt Leistungen zur medizinischen, beruflichen und sozialen Rehabilitation einschließlich Verletzten- und Übergangsgeld.

- *Kriegsopferversorgung:* Sie ist zuständig für Kriegs- und Wehrdienstgeschädigte und erbringt Leistungen in oben genannten drei Bereichen: medizinische, berufliche und soziale Rehabilitation sowie ein Versorgungskranken- und Übergangsgeld.

- *Jugendhilfe:* Sie ist für behinderte oder von Behinderung bedrohte Kinder und Jugendliche zuständig. Für diese erbringt Sie Leistungen in allen vier Bereichen: medizinische, berufliche, soziale und schulische Rehabilitation.

- *Gesetzliche Krankenversicherung:* Ist keiner der genannten Kostenträger zuständig, werden von der Krankenversicherung Leistungen zur medizinischen Rehabilitation einschließlich Krankengeld erbracht. Zur Vermeidung von Pflegebedürftigkeit gilt hier der Grundsatz Rehabilitation vor Pflege. Sie ist auch zuständig für nichterwerbstätige Versicherte und vor allem für Rentner. Sie erbringt als einziger Kostenträger Leistungen zur geriatrischen Rehabilitation.

- *Bundesagentur für Arbeit:* Eingliederung von betroffenen Erwerbslosen ins Arbeitsleben sowie von Schulabgängern. Im Zuständigkeitsbereich der BA liegen nur Maßnahmen der beruflichen Rehabilitation einschließlich Übergangsgeld, wenn kein anderer Träger zuständig ist. Es handelt sich um den Personenkreis der weniger als 15 Jahre erwerbstätig war.

- *Sozialhilfe:* Die Sozialhilfe tritt ein, wenn keine andere Zuständigkeit besteht und eine Aufbringung aus eigenen Mitteln für den Hilfeempfänger nicht zumutbar ist. Sie gewährt Leistungen in den Bereichen der medizinischen, beruflichen und sozialen Rehabilitation.

13. Welche Zuzahlungen müssen geleistet werden?

Bei gegebener Volljährigkeit richtet sich die Zuzahlung nach dem Kostenträger und nach Form und Art der Rehabilitation:

Medizinische Rehabilitation:

- GKV: für 28 Tage 10 € pro Tag
- GRV: AR für 14 Tage 10 € pro Tag, ansonsten für 42 Tage 10 € pro Tag, bei ambulanter Rehabilitation entfällt die Zuzahlung
- GUV: zuzahlungsfrei.

Für berufliche und soziale Rehabilitation sind in der Regel keine Zuzahlungen zu leisten.

1.3.1.4 Stationäre und ambulante pflegerische Versorgung nach SGB XI

01. Wann ist Pflege nach SGB XI erforderlich?

Pflege ist erforderlich bei Vorliegen von Pflegebedürftigkeit nach § 14 SGB XI. Wenn durch körperliche, geistige und seelische Erkrankungen oder Behinderungen auf Dauer oder für mindestens sechs Monate

- die gewöhnlichen und wiederkehrenden Verrichtungen im Ablauf des täglichen Lebens
- in erheblichem oder höherem Maße der Hilfe bedürfen.

Die Pflegebedürftigkeit wird durch den Medizinischen Dienst der Krankenkasse (MDK) festgestellt. Er nimmt auch die Einstufung des Pflegebedürftigen vor.

02. Wie werden Pflegebedürftige eingestuft?

Pflegestufe 0 = Personen mit erheblich eingeschränkter Alltagskompetenz

- die Vorrausetzungen der Pflegestufe I werden noch nicht erfüllt. Es muss jedoch ein erheblicher Bedarf an Beaufsichtigung und Betreuung vorliegen.

Personenkreis: Demenz, geistige Behinderungen oder psychische Erkrankungen

Pflegestufe I = erheblich Pflegebedürftige

- Hilfebedarf für mindestens zwei der in § 14 Abs. 4 SGB XI genannten Verrichtungen
- einmal täglich für mindestens 90 Minuten Unterstützung, davon 45 Minuten im Bereich der Grundpflege

Pflegestufe II = Schwerpflegebedürftige

- dreimal täglich zu verschiedenen Tageszeiten für mindestens 180 Minuten Unterstützung, davon mindestens 120 Minuten im Bereich der Grundpflege

Pflegestufe III = Schwerstpflegebedürftige

- der Hilfebedarf fällt rund um die Uhr an, auch nachts, tagesdurchschnittlich werden 300 Minuten Unterstützung benötigt, davon 240 Minuten im Bereich der Grundpflege.

Bei allen Pflegestufen ist eine Unterstützung hinsichtlich der hauswirtschaftlichen Versorgung erforderlich.

03. Wie ist das Verhältnis von ambulanter und stationärer Pflege?

Grundsatz: ambulante Pflege vor stationärer Pflege.

Pflegebedürftige sollen möglichst lange in der vertrauten Umgebung bleiben aber es sollen nach Möglichkeit auch Kosten gespart werden.

Bei ambulanter Pflege kann der Pflegebedürftige zwischen einem Pflegegeld und einer Pflegesachleistung wählen. Übernimmt ein Angehöriger die Pflege, so muss dieser mindestens die Grundpflege und die hauswirtschaftliche Versorgung sicherstellen. Es sind auch Kombinationsleistungen aus Pflegegeld und Pflegesachleistung möglich. Die Pflegesachleistung wird dann zu einem Teil durch einen ambulanten Pflegedienst erbracht. Alten- und Pflegeheime unterschiedlicher Größenordnungen übernehmen die vollstationäre Pflege sowie die Kurzzeitpflege oder einer Verhinderungspflege einschließlich Unterbringung und Verpflegung. Einige Pflegeheime spezialisieren sich auf bestimmte Erkrankungen des Alters wie Demenz.

04. Wie erfolgt die Bedarfsplanung in der Pflege?

Die Bedarfsplanung in der Pflege unterliegt nicht einer so umfangreichen staatlichen Regulierung wie beispielsweise die Krankenhausplanung. Die Landespflegepläne sind Rahmenplanungen und nehmen keinen Einfluss auf die Zulassung von Einrichtungen. Einige Landespflegepläne legen den Bedarf über Richtwerte und andere über komplexe Planungsmodelle fest. Die konkrete Planung erfolgt dann auf kommunaler Ebene in den Landkreisen und kreisfreien Städten.

05. Wie erfolgt die Sicherstellung der pflegerischen Versorgung?

Die Pflegekassen haben die Verpflichtung nach §69 SGB XI eine bedarfsgerechte und gleichmäßige, dem allgemeinen Stand der medizinisch-pflegerischen Erkenntnisse entsprechende Versorgung ihrer Versicherten zu gewährleisten. Dazu schließen sie nach §72 SGB XI Versorgungsverträge mit den Trägern der ambulanten und stationären Einrichtungen, z. B. dem Roten Kreuz. Die Letztverantwortung hinsichtlich der pflegerischen Versorgungsstruktur liegt bei den Ländern.

06. Welche Voraussetzungen müssen für den Abschluss eines Versorgungsvertrages erfüllt sein?

Die Einrichtungen müssen folgende Voraussetzungen erfüllen:

- Leitung durch eine ausgebildete Pflegefachkraft
- Gewähr für eine leistungsfähige und wirtschaftliche pflegerische Versorgung
- einrichtungsinternes Qualitätsmanagement
- Zahlung der ortsüblichen Arbeitsvergütung an die Beschäftigten
- Anwendung der Expertenstandards z. B. zur Dekubitusprophylaxe

Nur stationäre Einrichtungen müssen Unterkunft und Verpflegung gewährleisten. Der MDK ist berechtigt, die Qualität zu prüfen. Die Ergebnisse sind frei zugänglich und werden auch im Internet veröffentlicht.

07. Was ist eine Pflegefachkraft?

Als Pflegefachkraft wird anerkannt, wer den Abschluss als:

- Gesundheits- oder Krankenpfleger/-in
- Kinderkrankenpfleger/-in
- Altenpfleger/-in
- Heilerziehungspfleger/in und Heilerzieher/in (nur ambulante Pflegeeinrichtungen für behinderte Menschen)

und über eine Berufserfahrung im erlernten Beruf von 2 Jahren innerhalb der letzten 5 Jahre verfügt.

1.3 Struktur des Sozial- und Gesundheitswesens

Anerkennung als verantwortliche Pflegefachkraft: Weiterbildung für leitende Funktionen.

1.3.1.5 Rettungsdienste

01. Was ist eine Notfallrettung?

Der Begriff ist in den Rettungsdienstgesetzen der Länder definiert:

An einem lebensbedrohlich Verletzten oder Erkrankten (Notfallpatient) werden folgende Maßnahmen durchgeführt:
- lebensrettende Maßnahme
- Herstellung der Transportfähigkeit
- Gewährleistung fachgerechter Betreuung in einem Rettungswagen
- Beförderung in ein geeignetes Krankenhaus.

Eine Notfallrettung darf nicht abgelehnt werden, weil kein Transportvertrag vorliegt oder die Entrichtung des Entgelts nicht gesichert ist.

02. Was versteht man unter einer Rettungskette? Die Rettungskette umfasst mehrere Stufen:

Erste Hilfe	Laienhelfer
Melde- und Alarmsystem	Laienhelfer
Versorgung vor Ort	Notarzt und Rettungspersonal
Notaufnahme	Krankenhauspersonal
Intensivstation	Intensivmediziner/innen, Intensivpfleger/innen

Hier wird Bezug genommen auf das Rettungsdienstgesetz Schleswig-Holsteins.

02. Wer gehört zum Rettungsdienstpersonal?

Ärzte	Rettungsassistenten	Rettungssanitäter
Sie kommen meistens aus den Kliniken. Ein Nachweis der Fachkunde „Rettungsdienst" durch die Ärztekammer oder vergleichbare Qualifikation (Notarzt/-in) ist erforderlich.	Ein erfolgreicher Abschluss nach zweijähriger Ausbildung einschließlich praktischen Anerkennungsjahres.	Ein erfolgreicher Abschluss nach 520 Stunden theoretischer und praktischer Ausbildung ist erforderlich.
	Rettungsassistentengesetz	

Des Weiteren werden ehrenamtliche Rettungshelfer eingesetzt und Teilnehmer des Bundesfreiwilligendienstes.

03. Welche Bedeutung hat die Eintreffzeit (Hilfsfrist)?

Die Eintreffzeit ist die Zeitspanne vom Eingang des Notrufes bis zum Beginn der Notfallbehandlung. In den meisten Bundesländern darf die Eintreffzeit nicht über 15 Minuten liegen, weil die Zeit einen entscheidenden Einfluss auf den Erfolg der Rettung hat. Um die Fristen möglichst kurz zu halten, sind entsprechend Personal, Fahrzeuge, Material und Rettungswachen vorzuhalten.

Bei Halbierung der Eintreffzeiten ist mit einer Vervierfachung der Kosten zu rechnen (Koch, Kuschinsky). Es ist aber zu berücksichtigen, dass schnelle Versorgung von Notfallpatienten einen kürzeren Krankenhausaufenthalt und geringere Folgekosten erwarten lässt.

04. Wie wird der Rettungsdienst finanziert?

- Kostenübernahme aus den öffentlichen Haushalten der Kreise und kreisfreien Städte
- Kostenbeteiligung des Bundes am Einsatz der Bundesfreiwilligen
- Zuschüsse der Länder für mittel- und langfristige Investitionen
- Benutzerentgelte und Gebühren nach § 133 SGB V für Transportleistungen
- Eigenmittel und Spenden von Hilfsorganisationen
- zweckgebundene Mittel von Stiftungen und gemeinnützigen Vereinen

Die Zusammensetzung dieser Finanzierungsquellen an der Gesamtfinanzierung ist in den verschiedenen Bundesländern unterschiedlich geregelt.

1.3.1.6 Integration und Versorgung Behinderter

01. Welcher Personenkreis ist angesprochen?

Das Statistische Bundesamt ermittelte für das Jahr 2009 rund 9,6 Millionen Menschen mit einer anerkannten Behinderung.

Menschen mit Behinderung § 2 Abs. 1 SGB IX	Schwerbehinderte Menschen § 2 Abs. 2 SGB IX, Teil 2 SGB IX
Die körperliche, geistige oder seelische Gesundheit weicht länger als sechs Monate vom für das Lebensalter typischen Zustand ab. Die Teilhabe am Leben in der Gesellschaft ist beeinträchtigt.	Behinderungsgrad von wenigstens 50 % und Wohnsitz oder gewöhnlichen Aufenthalt oder Beschäftigung an einem Arbeitsplatz im Geltungsbereich des SGB IX

Gleichstellung: Menschen mit einer Behinderung von mindestens 30 % aber weniger als 50 %, sollen, wenn sie ohne Gleichstellung einen geeigneten Arbeitsplatz nicht bekommen oder behalten können, den Schwerbehinderten gleichgestellt werden. Die Gleichstellung wird auf Antrag des Behinderten von der Arbeitsagentur ausgesprochen.

1.3 Struktur des Sozial- und Gesundheitswesens

02. Welche Unterstützung können Schwerbehinderte im Berufsleben erhalten?

- Beratung und Betreuung in Bezug auf ihre Tätigkeit
- Zuschüsse für Arbeitshilfen, Arbeitsassistenz, Weiterbildung, Gebärdensprachdolmetscher
- Zuschüsse zu einem Kraftfahrzeug, wenn der Arbeitsplatz nur mit einem Kraftfahrzeug erreichbar ist.

03. Welche Verpflichtung zur Beschäftigung schwerbehinderter Menschen haben Arbeitgeber?

Private und öffentliche Arbeitgeber sind verpflichtet, entsprechend der Beschäftigungsquote schwerbehinderte Menschen zu beschäftigen.

20 bis 39 Beschäftigte	1 Schwerbehinderter
40 bis 59 Beschäftigte	2 Schwerbehinderte
mehr als 60 Beschäftigte	5 % Schwerbehinderte

Quelle: IHK Siegen

Kommen die Betriebe dieser Verpflichtung nicht nach, müssen sie eine Ausgleichsabgabe zwischen 105 und 260 € pro Monat zahlen. Die Höhe richtet sich nach dem Grad der Unterschreitung der Pflichtquote für den Betrieb.

- Arbeitgeber sind verpflichtet zu prüfen, ob freie Arbeitsplätze mit schwerbehinderten Menschen besetzt werden können.
- keine Benachteiligung aufgrund der Behinderung
- behindertengerechter Arbeitsplatz
- Zusatzurlaub von fünf Tagen
- Integrationsamt muss einer Kündigung zustimmen.

Diese Regelung soll die Beschäftigungschancen von schwerbehinderten Menschen erhöhen.

04. Welche Aufgaben haben die Integrationsämter?

- Erhebung und Verwendung der Ausgleichsabgabe
- Wahrung des besonderen Kündigungsschutz
- Gewährung begleitender Hilfen im Arbeitsleben
- zeitweilige Entziehung der besonderen Hilfen
- Schulungs- und Bildungsmaßnahmen für die betrieblichen Integrationsteams
- Finanzierung regionaler Forschungs- und Modellvorhaben

Ziel: Das Recht schwerbehinderter Menschen auf Teilhabe am Arbeitsleben zu verwirklichen und dadurch ein Absinken der sozialen Stellung zu verhindern. Die Integrationsämter sind gleichermaßen für die behinderten Menschen und die Arbeitgeber tätig.

05. Welche Aufgaben hat die Bundesagentur für Arbeit bei der Integration schwerbehinderter Menschen?

Die Bundesagentur für Arbeit hat nach § 104 SGB IX folgenden Beitrag zur Integration schwerbehinderter Menschen zu leisten:

- Berufsberatung, Ausbildungs- und Arbeitsvermittlung
- Beratung der Arbeitgeber
- Förderung der Teilhabe schwerbehinderter Menschen am Arbeitsleben
- Förderung im Rahmen von Arbeitsbeschaffungsmaßnahmen
- Fragen der Gleichstellung
- Überwachung der Beschäftigungspflicht
- Erfassung der Werkstätten und der Integrationsfachdienste.

1.3.1.7 Arzneimittelversorgung

01. Wie bekommt der Patient Zugang zu Arzneimitteln?

Die Verschreibung durch den Arzt ermöglicht den Bezug von Arzneimitteln, die nach Arzneimittelgesetz (AMG) rezeptpflichtig sind. Das kann auch ein Rezept sein, welches der Patient selbst bezahlt (Privatrezept).

Eine Verordnung ermöglicht die Bezahlung durch die Krankenkasse. Das trifft fast ausschließlich auf verschreibungspflichtige Arzneien zu. Rezeptfreie Arzneimittel (over the Counter) dürfen nur im Rahmen der OTC-Übersicht verordnet werden. So kann beispielsweise im Notfall bei einem Bienenstich Antihistamin gegeben werden. Der Arzt ist verpflichtet diese Verordnung zu begründen.

Ansonsten sind OTC-Präparate zur Selbstmedikation ohne Rezept erhältlich. Arzneimittel die nach § 43 ff. AMG die einer Beratung durch Fachpersonal bedürfen, können nur in Apotheken erworben werden. Versandhandelsapotheken müssen der Beratungspflicht ebenfalls nachkommen.

02. Welche Voraussetzung muss eine Apotheke erfüllen?

Eine Apotheke darf nur durch einen approbierten Apotheker geleitet werden. Dieser kann eine Hauptapotheke und drei weitere Filialen betreiben. Das Inventar einer Apotheke ist nach Apothekenbetriebsordnung vorgeschrieben.

03. Wie beeinflusst die Arzneimitteltherapie das Verhältnis zwischen Arzt und Patient?

Bei jedem Arztbesuch wird im Durchschnitt ein Medikament verordnet. Für den Arzt ist die Verordnung eines Medikaments eine schnelle und wenig aufwendige Therapiemöglichkeit. Beim Patienten entsteht der Eindruck einer sofortigen und kompetenten Hilfe. Der Arzt entlastet sich teilweise von den Risiken eigener und unmittelbarer Leistung.

1.3 Struktur des Sozial- und Gesundheitswesens

Der Patient empfindet die Arzneimitteltherapie weniger belastend als andere Therapieformen. So sind Veränderungen der Lebensweise mit persönlichen Einschränkungen und chirurgische Eingriffe eventuell mit unerwarteten Komplikationen verbunden. Trotzdem ist die Compliance des Patienten nicht immer gegeben.

04. Was versteht man unter Compliance?

Unter Compliance versteht man die Zuverlässigkeit des Patienten bei der Befolgung von ärztlichen Anweisungen bzw. die Therapietreue. Jede absichtliche oder unabsichtliche Abweichung wird als Non-Compliance bezeichnet. So löst beispielsweise der Patient das Rezept nicht ein, nimmt die Medikamente nicht regelmäßig oder Arzneimittel werden gehortet.

Ursachen:

- unzureichende Information und Beratung des Patienten
- Schweregrad der Erkrankung
- Schwere der Nebenwirkungen
- Anzahl der Arzneimittel
- unangenehme Anwendungstechnik
- Austausch des Medikamentes, im Sinne von Aut idem bei älteren Patienten spielen Form und Farbe eine Rolle

Jährlich entsteht durch Medikamente, die nicht eingenommen werden Arzneimüll von 4.000 Tonnen. Das entspricht einer Ressourcenverschwendung von 4 Milliarden €.

05. Warum steigen die Arzneimittelausgaben der GKV obwohl die Anzahl der Verordnungen sinkt?

Das ist ein strukturelles Problem der Umschichtung von preiswerteren älteren Medikamenten zu neuen teuren Medikamenten. So wurden 1995 17,38 € pro Verordnung ausgegeben, 2009 schon 45,51 €. Aufgrund des aggressiven Marketings werden bewährte Mittel verdrängt. Dies steht auch in Zusammenhang mit dem Verordnungsverhalten der Ärzte. Arzneimittelinnovationen sind hier nicht gemeint.

Ältere, multimorbide Menschen haben unabhängig davon auch einen erhöhten Arzneimittelkonsum. Zukünftig sollte hier eine bessere Steuerung durch die Hausarztzentrierte Versorgung zu erwarten sein.

06. Sind Arzneimittel budgetiert?

- *Ambulanter Sektor:* Nach § 84 Abs. 1 SGB V werden zwischen den Landesverbänden der Krankenkassen, den Ersatzkassen und den Kassenärztlichen Vereinigungen die Arznei- und Verbandsmittelbudgets vereinbart. Dazu ermitteln die Kassenärztlichen Vereinigungen für jede Arztpraxis individuelle Richtgrößen, die sich an arztgruppenspezifischen Werten orientieren. Hier handelt es sich um ein Instrument der Mengensteuerung. Überschreitet eine Arztpraxis die für sie vorgesehenen Richtgrößen, so kann dies eine Wirtschaftlichkeitsprüfung nach § 106 SGB V zur Folge haben.

- *Stationärer Sektor:* Nach § 4 KHEntgG vereinbaren die Landesverbände der Krankenkassen, der Ersatzkassen, der Verband der PKV, die DKG und die Krankenhausträger ein leistungsorientiertes Erlösbudget. Besonders teure Medikamente können über die Zusatzentgelte abgerechnet werden. Arzneimittel sind in den allgemeinen Krankenhausleistungen berücksichtigt. Nach § 113 SGBV kann auch hier die Wirtschaftlichkeit geprüft werden.

07. Welche Zuzahlungen muss der Patient leisten?

Für ein verschreibungspflichtiges Medikament müssen gesetzlich Versicherte mindestens 5 € entrichten. In der Regel sind 10 % vom Patienten zu zahlen, jedoch nicht mehr als 10 €. Kostet das Präparat weniger als 5 €, so zahlt der Patient den vollen Preis. Bei Medikamenten, die 30 % unter dem Festbetrag liegen, entfällt die Zuzahlung.

1.3.2 Vernetzte Versorgungsformen

01. Welche vernetzten Versorgungsformen sind entstanden?

- Integrierte Versorgung (IV)
- Disease-Management-Programme (DMP)
- Medizinische Versorgungszentren (MVZ)
- Anlaufpraxen

02. Was versteht man unter integrierter Versorgung?

Die Patienten werden durch sektoren- und fachübergreifende, interdisziplinär vernetzte Strukturen versorgt. Die gesetzliche Grundlage dazu schafft § 140 SGB V. Durch eine verbesserte Koordination und Kooperation aller an den Behandlungsabläufen Beteiligten soll der Patient stärker in den Mittelpunkt der Versorgung gerückt werden.

Die Einschreibung für den Patienten in ein IV-Modell erfolgt freiwillig. Der Versorgungsumfang erstreckt sich auf die gesamte Versorgung für einen Behandlungsfall. Ärztliche und nichtärztliche Leistungserbringer schließen dazu selektive Einzelverträge zum Leistungsangebot und zur Vergütung direkt mit den Krankenkassen. So können Vertragsärzte, Krankenhäuser, Apotheken, Heilmittelerbringer, Sanitätsfachhändler, Vorsorge- und Reha-Einrichtungen, Pflegeheime, ambulante Pflegedienste und Krankentransportunternehmen Verträge schließen. Hinsichtlich der Krankheitsbilder gibt es keine Einschränkungen. Die Finanzierung erfolgt durch das Absenken der Gesamtvergütung. Die Versorgung der Patienten nach diesen Verträgen schränken den Sicherstellungsauftrag der KV ein.

1.3 Struktur des Sozial- und Gesundheitswesens

Beispiel:
Integrierte Versorgung der Schmerzklinik Kiel und der Techniker Krankenkasse.

03. Was versteht man unter Disease-Management-Programmen?

Disease-Management-Programme sind nach § 137 f. SGB V strukturierte Behandlungsprogramme für chronisch Kranke, die sich nach evidenzbasierten Leitlinien richten. Die Zulassung der Programme erfolgt durch das Bundesversicherungsamt. Bestehende Programme sind:

- Brustkrebs
- koronare Herzkrankheit
- Diabetes mellitus Typ I und II
- chronisch obstruktive Atemwegserkrankung
- Asthma bronchiale

Nach Zulassung des Programms können die Krankenkassen den Patienten ein DMP anbieten. Der Patient kann sich dann bei einem koordinierenden Arzt einschreiben. Damit erklärt er gleichzeitig sein Einverständnis zur Datenweitergabe.

Die Therapieziele werden zwischen koordinierendem Arzt und Patienten abgestimmt. Die Programme regeln, welche Untersuchungen und Therapien vorgenommen werden müssen und wann eine Über- oder Einweisung erforderlich ist. Der Patient ist verpflichtet mitzuwirken und an Schulungen teilzunehmen. So können Komplikationen und Spätfolgen vermieden werden. Der Arzt ist zur Dokumentation und zur Teilnahme an indikationsbezogenen Fortbildungen verpflichtet. Die Versorgung erfolgt sektoren- und fachübergreifend sowie interdisziplinär. Die Programme sind hinsichtlich ihrer Wirksamkeit und Kosten zu evaluieren.

04. Was ist ein medizinisches Versorgungszentrum?

Medizinische Versorgungszentren entsprechen dem ostdeutschen Modell der Polikliniken. Sie sind nach § 95 SGB V fachübergreifende ärztlich geleitete Einrichtungen der ambulanten Versorgung. Die angestellten oder selbstständigen Ärzte müssen über mindestens zwei unterschiedliche Gebiets- oder Schwerpunktbezeichnungen verfügen.

Das MVZ kann sich jeder Rechtsform bedienen. Im Gesellschaftsvertrag oder Dienstvertrag darf die Weisungsunabhängigkeit des ärztlichen Leiters in Bezug auf sein ärztliches Handeln nicht eingeschränkt werden. Gründer eines MVZs kann jeder Leistungserbringer im System der gesetzlichen Krankenversicherung sein. Dadurch wird eine interdisziplinäre Versorgung ermöglicht. Nur wenn ein Krankenhaus an einem MVZ beteiligt ist, liegt auch eine sektorenübergreifende Versorgung vor.

Eine Zulassung des MVZs durch die KV ist nur in den Fachgebieten ohne Zulassungsbeschränkungen möglich. Die Patienten finden unterschiedliche Leistungserbringer unter einem Dach und haben dadurch kurze Wege. Durch den kontinuierlichen Informationsaustausch kann die Arzneimitteltherapie besser abgestimmt und Doppeluntersuchungen vermieden werden. Die Leistungserbringer haben die Möglichkeit, Medizintechnik und Verwaltung gemeinsam zu nutzen.

05. Was sind Anlaufpraxen?

Anlaufpraxen werden von Ärzten, einem Ärztenetz, einem Krankenhaus oder der KV organisiert. In einer Anlaufpraxis werden Notfälle außerhalb der üblichen Sprechstundenzeiten ambulant behandelt. Hier ist eine Abgrenzung hinsichtlich der Notfallrettung vorzunehmen. Patienten mit Einschränkung der Vitalfunktionen werden im Krankenhaus behandelt. Für immobile Patienten wird durch die Anlaufpraxis ein Fahrdienst organisiert.

06. Welche Vor- und Nachteile haben vernetzte Versorgungsformen?

Ziel dieser Versorgungsformen ist es die Versorgung zu verbessern und die Kosten zu senken.

Form	Vorteile	Nachteile
IV	• geringere Wartezeiten für Patienten • Vermeidung von Doppelfinanzierung für die Krankenkassen • Extrabudgetäre Einnahmen für Ärzte	• Einschränkung der Arztwahlfreiheit
DMP	• bessere Information und Aufklärung von Chronikern • Optimierung des Behandlungsverlaufs • weniger Krankenhauseinweisungen • Vermeidung von Doppelfinanzierung für die Krankenkassen	• Einschränkung der Arztwahlfreiheit und der Behandlungsfreiheit • hoher Dokumentationsaufwand für den Arzt • Evaluationskosten • geringe finanzielle Anreize
MVZ	• vielseitiges Leistungsangebot unter einem Dach • Synergien durch die Nutzung einer gemeinsamen Infrastruktur • Vermeidung von Doppelfinanzierung für die Krankenkassen • unterschiedliche Arbeitszeitmodelle • kein Investitionsrisiko im Angestelltenverhältnis für Leistungserbringer	• Einschränkung der unternehmerischen Freiheit • hohe Gründungskosten
Anlaufpraxis	• Entlastung der Notfallambulanzen im Krankenhaus und der niedergelassenen Ärzte • Vermeidung einer unnötigen stationären Aufnahme	

Krankenkassen müssen Patienten, die an der Integrierten Versorgung oder Disease-Management-Programmen teilnehmen, einen Wahltarif anbieten.

1.3.3 Grundelemente sozialer Sicherungssysteme

01. Was versteht man unter einem sozialen Sicherungssystem?

Unter einem sozialen Sicherungssystem wird die Summe aller Einrichtungen und Maßnahmen verstanden, die den Bürger vor Lebensrisiken schützen, die mit einem Verlust des Arbeitseinkommens verbunden sind:

- Krankheit
- Unfall
- Tod
- Alter
- Arbeitslosigkeit
- Mutterschaft.

02. Welche Ziele strebt die soziale Sicherung an?

- Vermeidung von sozialen Härten: Verhinderung von Notlagen
- Soziale Sicherung durch Vorsorge
- Förderung bestimmter Aktivitäten: bestimmte Formen der Einkommensverwendung z. B. Förderung der Familie durch Kindergeld
- Erhaltung des sozialen Friedens.

03. Was sind Gestaltungsprinzipien der sozialen Sicherung?

- Subsidiaritätsprinzip
- Final- und Kausalprinzip
- Versicherungsprinzip
- Versorgungsprinzip
- Fürsorgeprinzip

Siehe auch Kapitel 1.3.3.1, 1.4.3.1, 1.4.3.2

04. Was sind Organisationsprinzipien der sozialen Sicherung?

- freiwillige oder Pflichtversicherung
- mehrgliedrige Versicherung (Versicherungsarten) oder Einheitsversicherung
- Wettbewerb oder Versicherungsmonopole
- private, öffentlich-rechtliche oder staatliche Organisationen

05. Wie wird die soziale Sicherung finanziert?

- Beiträge: Umlage- oder Kapitaldeckungsverfahren
- Steuern
- private Vermögensbildung

06. Wie ist die Trägerstruktur der sozialen Sicherung gestaltet?
- Sozialversicherungsträger
- Versorgungswerke der freien Berufe
- öffentliche Träger: Bund, Länder, Kommunen
- privatwirtschaftliche Anbieter
- freigemeinnützige Träger
- Selbsthilfe

1.3.3.1 Modell der solidarischen und beitragsfinanzierten Sozialversicherung

01. Wie erfolgt die Absicherung der Risiken im Sozialversicherungsmodell?

Durch Bildung von Solidargemeinschaften zur kollektiven Vorsorge gegen Krankheit, Arbeits- und Wegeunfälle, Alter, Erwerbsminderung, Tod, Arbeitslosigkeit und Pflegebedürftigkeit.

Die Beiträge sind zu leisten, unabhängig davon, ob der Versicherungsfall eintritt oder nicht. Der Leistungsumfang ist gesetzlich geregelt.

02. Muss jeder versichert sein?

Es gilt das Prinzip der Versicherungspflicht. Wer dieser Pflicht unterliegt, ist durch Gesetz geregelt. Es ist einer Solidargemeinschaft nur möglich die Risiken zu tragen, wenn so viele Bürger wie möglich beteiligt werden. Entbunden wird von dieser Pflicht nur derjenige, der nach Auffassung des Gesetzgebers diesen Schutz nicht benötigt oder durch andere Rechtsvorschriften abgesichert ist.

03. Muss jeder Beiträge entrichten?

Ja, nur in der Kranken- und Pflegeversicherung ermöglicht das Solidarprinzip eine beitragsfreie Mitversicherung von Familienangehörigen.

04. Wie wird das Sozialversicherungssystem finanziert?

Von den Versicherten werden die Beiträge unabhängig vom Risiko des Eintritts des Versicherungsfalles geleistet. Es werden einkommensabhängige Beiträge erhoben. Die Beitragshöhe richtet sich nach der Leistungsfähigkeit. Die Beiträge werden nach dem Umlageverfahren so bemessen, dass sie die Ausgaben auch decken können. Es werden zwar minimale gesetzlich vorgeschriebene Rücklagen gebildet, aber kein Kapitalstock angespart. Somit werden die Beiträge auf die Leistungsempfänger umverteilt. Können die Ausgaben nicht mehr gedeckt werden, kann es zu Beitragssatzerhöhungen kommen.

1.3 Struktur des Sozial- und Gesundheitswesens

Die gesetzliche Unfallversicherung nimmt eine Sonderstellung innerhalb der Sozialversicherung ein, denn hier sind die Arbeitgeber die alleinigen Beitragszahler. Sie erfüllt die Funktion einer Haftpflichtversicherung für den Arbeitgeber.

05. Wie werden die Leistungen verteilt?

Solidaritätsprinzip	Gesetzliche Kranken-, Pflege-, Arbeitslosenversicherung	Leistungsansprüche sind unabhängig von der Beitragshöhe
Äquivalenzprinzip	Rentenversicherung	Leistungsansprüche hängen von der Beitragshöhe ab
Kausalprinzip	Gesetzliche Unfallversicherung	Leistungen werden entsprechend der Ursache nur bei Arbeitsunfällen oder Berufkrankheiten gewährt

06. Wie ist die institutionelle Verantwortung geregelt?

Nachdem Prinzip der Selbstverwaltung sind die Sozialversicherungsträger finanziell und organisatorisch selbstständig. Der Staat wird durch Übertragung von Aufgaben und Verantwortungsbereichen an die Sozialversicherungsträger entlastet (Subsidiaritätsprinzip). Das heißt, dass die Sozialversicherungsträger als öffentlich-rechtliche Körperschaft alle Steuerungsaufgaben in Eigenverantwortung unter Rechtsaufsicht des Staates erfüllen.

1.3.3.2 Steuerfinanziertes Modell der sozialen Sicherung

01. Wie erfolgt die Absicherung der Risiken im steuerfinanzierten Modell in Großbritannien?

Im Beveridge-Modell ist die öffentliche Gesundheitsversorgung Teil der sozialen Sicherheit. Der National Health Service (NHS) ist für die Organisation zuständig.

02. Wie wird die Gesundheitsversorgung finanziert?

Die Finanzierung erfolgt zum größten Teil aus Steuern. Können die Ausgaben nicht mehr gedeckt werden, so kommt es zu einer Steuererhöhung. Ein geringer Teil von etwa 10 % der Einnahmen stammt aus Arbeitgeber- und Arbeitnehmerbeiträgen zum National Insurance Fund (Sozialversicherung).

Etwa 15 % der Bevölkerung haben eine private Zusatzversicherung. Diese deckt die Behandlung in einer Privatklinik oder in einem Privatbett der NHS-Krankenhäuser ab und ermöglicht einen schnelleren Zugang zur Versorgung. Das Gesundheitssystem ist bei einem durchschnittlichen Leistungsniveau sehr kostengünstig.

03. Wie ist die Mitgliedschaft geregelt?

Die Mitgliedschaft im NHS ist für die gesamte Wohnbevölkerung unabhängig von der Staatsangehörigkeit obligatorisch.

04. Wie werden die Leistungen verteilt?

Jeder Bürger kann kostenlos eine umfassende medizinische Grundversorgung in Anspruch nehmen. Aber es findet eine Rationierung der Leistungen statt.

05. Wie ist die Gesundheitsversorgung organisiert?

Die Patienten müssen sich bei ihren Hausärzten registrieren lassen. Diese sind die erste Anlaufstelle für die Patienten und übernehmen eine Gatekeeper-Funktion. Das heißt, dass der Hausarzt die Routinefälle versorgt und durch Über- oder Einweisung Zugang zu allen anderen Leistungen verschafft. Ein britischer Hausarzt versorgt doppelt so viele Patienten wie sein Kollege in Deutschland. Gemeinschaftspraxen werden durch staatliche Zuschüsse stärker gefördert als die Einzelpraxen.

Den Praxen sind Krankenschwestern angeschlossen. Sie verfügen über erweiterte Kompetenzen. So können sie im ambulanten häuslichen Versorgungsbereich Arzneimittel und Krankenhauseinweisungen anordnen. Die ambulante und stationäre Facharztversorgung ist nur über die Krankenhäuser möglich. Es gibt keine niedergelassenen Fachärzte.

Die Krankenhausversorgung findet über Trusts, einen Zusammenschluss von Krankenhäusern verschiedener Fachrichtungen, statt. Einige dieser Trusts sind Universitäten angeschlossen. Zur Sicherung von Qualität und Wirtschaftlichkeit werden von einem staatlichen Institut Behandlungsstandards vorgegeben.

06. Müssen Eigenbeteiligungen im Rahmen des NHS geleistet werden?

Es sind Zuzahlungen für Arzneimittel, zahnärztliche und augenoptische Versorgung zu leisten. Eine finanzielle Überforderung wird durch Befreiungsregelungen vermieden.

07. Wie ist die institutionelle Verantwortung geregelt?

Der NHS ist ein staatlich verwaltetes Gesundheitssystem. Der Staat übernimmt die Aufgabe der Finanzplanung über ein festgelegtes Globalbudget.

1.3.3.3 Private Absicherung und Vorsorge von Risiken

01. Wie erfolgt die Absicherung der Risiken bei privater Vorsorge?

Die Absicherung erfolgt durch Bildung von Gefahrengemeinschaften zur Absicherung von Risiken. Der Umfang des Versicherungsschutzes kann durch den Einzelnen in Form von Individualverträgen mit dem Versicherer bestimmt werden.

Im Folgenden werden die Grundzüge der private Krankenversicherung und der Riester-Rente erläutert.

02. Muss jeder versichert sein?

Auch für die private Krankenversicherung besteht Versicherungspflicht, wenn es keine andere Absicherung für den Krankheitsfall gibt.

Bei der staatlich geförderten Riesterrente hingegen ist das nicht der Fall. Aber um zum förderungsberechtigten Personenkreis zu gehören, muss Versicherungspflicht in der gesetzlichen Rentenversicherung und Einkommensteuerpflicht bestehen. Ehepartner von Begünstigten sind ebenfalls förderungsberechtigt. Familien mit durchschnittlichem Einkommen sollen durch Kinderzulagen besonders gefördert werden.

03. Muss jeder Beiträge entrichten?

In der privaten Krankenversicherung sind von jedem Versicherten Beiträge zu zahlen. Die Riester-Rente verlangt dies nur von unmittelbar förderberechtigten Personen. Ehepartner (Hausfrauen) von Begünstigten sind noch nicht zur Zahlung eines eigenen Beitrags verpflichtet. Dies ist ab 2012 geplant.

Äquivalenzprinzip	geschlechtsspezifische Tarife (bis Ende 2012)	Private Krankenversicherung	Die Höhe pro Kopf gezahlten Beiträge richtet sich nach dem individuellen Morbiditätsrisiko.
	Unisex-Tarife	Riester-Rente	Mindestbeitrag von 60 € bzw. prozentual über Jahre gestaffelte Beiträge vom Vorjahresbrutto, um die staatliche Förderung (Grund- und Kinderzulage) zu erhalten

04. Wie wird die private Vorsorge finanziert?

Kapitaldeckungsverfahren	Private Krankenversicherung	Aus dem aus Beiträgen und Zinsen angesparten Kapitalstock werden die Leistungen bezahlt und Altersrückstellungen für eine zukünftig zu erwartende Morbidität gebildet.
	Riester Rente	Über Jahre wird ein Kapitalstock aus Beiträgen und deren Verzinsung durch den Versicherten gebildet.

05. Wie werden die Leistungen verteilt?

Private Krankenversicherung	Die Leistungen richten sich nach dem gewählten Tarif und ob Voll- oder Zusatzschutz besteht. Leistungseinschränkungen sind bei Vorerkrankungen, die vom Versicherungsschutz ausgeschlossen wurden, möglich.
Riester-Rente	Richtet sich nach der gewählten Sparform (private Rentenversicherung, Fondssparpläne, Riester-Banksparpläne, Wohn-Riester), der Höhe der geleisteten Beiträge und Höhe der Förderung. Frühestens mit dem 60. spätestens mit dem 67. Lebensjahr kann mit der Auszahlung begonnen werden. Gilt als Ergänzung zur gesetzlichen Rente.

1.4 Die Rolle des Staates

01. Wie gestaltet sich die horizontale und vertikale Gewalten- und Kompetenzverteilung in Bezug auf die Sozialordnung?

Der dreigliedrige Aufbau ergibt sich aus Art. 20 Abs. 2 GG.

Legislative	Exekutive	Judikative
Bundestag und Bundesrat Sozialgesetzgebung KHG, KHEntgG	Bundesministerien für - Gesundheit - Arbeit und Soziales, - Ernährung, Landwirtschaft und Verbraucherschutz, - Familie, Senioren, Frauen und Jugend, - Bildung und Forschung, Bundesbehörden	Bundessozialgericht
Länderparlamente Landeskrankenhaus, Landesrettungsdienstgesetze, Landespflegesätze	Ministerien für - Arbeit, Soziales und Gesundheit, - Bildung, Wissenschaft und Forschung (ggf. Kultur)	Landessozialgerichte
Kommune Satzungen, Verordnungen, Infektionsschutz	Gesundheitsämter, Sozial- und Jugendämter, Wohngeldstellen	Sozialgerichte

02. Wann erfolgen regulierende Eingriffe des Staates?

Staatliches Handeln wird immer notwendig, wenn Markt oder Wettbewerb nicht mehr funktionieren:

- Externe Effekte: Kosten oder Nutzen entfallen auf Personen, die mit dem Kauf oder Verkauf nichts zu tun haben.
- Informationsmängel oder -asymmetrien: unzureichende oder ungleichmäßige Information von Marktteilnehmern.
- Marktmacht: eine Seite kann der anderen Bedingungen aufzwingen.
- Verteilungsungerechtigkeit: inakzeptables Bevorzugen oder Benachteiligen von Personen.

1.4 Die Rolle des Staates

1.4.1 Aufgaben auf Bundes- und Landesebene

01. Welche Bereiche der ausschließlichen und der konkurrierenden Gesetzgebung sind für das Sozial- und Gesundheitswesen von Bedeutung?

Ausschließliche Gesetzgebung des Bundes: Art. 73 GG

- Nr. 1: der Zivilschutz (Zivilschutz- und Katastrophenhilfegesetz)

Konkurrierende Gesetzgebung: Art. 74 GG

- Nr. 7: die öffentliche Fürsorge (SGB II, VIII und XII)
- Nr. 12: das Arbeitsrecht, Arbeitsschutz und der Arbeitsvermittlung sowie die Sozialversicherung (SGB I, III, V, VI, VII, XI)
- Nr. 19: Maßnahmen gegen gemeingefährliche oder übertragbare Krankheiten, Zulassung zu ärztlichen und anderen Heilberufen und zum Heilgewerbe, das Apothekenwesen, Zulassung von Arzneien, Medizinprodukten, der Heil- und der Betäubungsmittel, sowie von Giften (Infektionsschutzgesetz)
- Nr. 19a: die wirtschaftliche Sicherung der Krankenhäuser (KHG)
- Nr. 26: die medizinisch unterstützte Erzeugung menschlichen Lebens, die Untersuchung und die künstliche Veränderung von Erbinformationen, Regelungen zur Transplantation von Organen, Geweben und Zellen (Transplantationsgesetz)
- Nr. 33: Hochschulzulassung; Vergabe von Studienplätzen für die Fachgebiete Medizin, Pharmazie, Ökotrophologie

02. Welche Gestaltungsmöglichkeiten auf dem Gebiet der Gesundheits- und Sozialpolitik haben der/die Bundeskanzler/-in oder die Ministerpräsidenten der Länder?

Richtlinienkompetenz in der Gesundheits- und Sozialpolitik im Rahmen des Koalitionsvertrages. Die Bundeskanzlerin auf Bundesebene und Ministerpräsidenten auf Landesebene.

03. Welche Aufgaben nehmen die Ministerien im Rahmen des Sozial- und Gesundheitswesens auf Bundesebene wahr?

- *Bundesministerium für Gesundheit:* Fortentwicklung der gesetzlichen Kranken- und Pflegeversicherung, Stärkung der Interessen von Patienten/-innen sowie des öffentlichen Gesundheitswesens, Weiterentwicklung der Qualität im Gesundheitswesen, Gewährleistung der Wirtschaftlichkeit, Stabilisierung der Beitragssätze, Gestaltung der Rahmenvorschriften für die Herstellung, klinische Prüfung, Zulassung, die Vertriebswege und Überwachung von Arzneimitteln und Medizinprodukten, Unterstützung bei der Entwicklung neuer Versorgungsstrukturen, Gesundheitsberichterstattung, Aufsicht über die kassenärztliche Bundesvereinigung.

- *Bundesministerium für Arbeit und Soziales:* Arbeitsrecht und Arbeitsschutz, Arbeitsvermittlung und Arbeitslosenversicherung, Rente und soziale Sicherung sowie die Teilhabe von Menschen mit Behinderung an Arbeit und Gesellschaft.

- *Bundesministerium für Ernährung, Landwirtschaft und Verbraucherschutz:* Lebensmittelsicherheit, Lebensmittelhygiene, Stärkung der Verbraucherrechte, Bekämpfung vonTierkrankheiten, die auf den Menschen übertragbar sind.

- *Bundesministerium für Familie, Senioren, Frauen und Jugend:* Familien- und Gleichstellungsförderung, verwirklicht Konzepte zur Reduktion von Kinderarmut, Förderung von Senioren- und Wohlfahrtsorganisationen, forciert den Ausbau von Kinderbetreuungseinrichtungen, Bundesfreiwilligendienst

- *Bundesministerium für Bildung und Forschung:* Gesundheitsforschung

04. Welche Aufgaben nehmen die Ministerien im Rahmen des Sozial- und Gesundheitswesens auf Landesebene wahr?

- *Ministerium für Arbeit, Soziales und Gesundheit:* Jugend, Senioren- und Familienpolitik des Landes, Belange von Menschen mit Behinderung, Krankenhausplanung- und Finanzierung, Aufsicht über die KV, KZV sowie über die landesunmittelbaren Kranken- und Pflegekassen, die Kammern der Heilberufe, sowie über die Gesundheitsämter, Arbeitsmarkt- und Strukturentwicklungsprogramme, Umsetzung der Rettungsdienstgesetze.

- *Ministerium für Landwirtschaft, Umwelt und Verbraucherschutz:* Überwachung Lebensmittel- und Futtermittelsicherheit sowie Trinkwassersicherheit, Umsetzung des Verbraucherinformationsgesetzes, Immissionsschutz.

- *Ministerium für Bildung, Wissenschaft und Forschung (ggf. Kultur):* Hochschulwesen, Finanzierung der Universitätskliniken

05. Welches Gremium ermöglicht den fachlichen Austausch zwischen den Gesundheitsministern auf Bundes- und Landesebene?

Gesundheitsministerkonferenz der Länder: Teilnahme aller Gesundheitsminister/-innen und Gesundheitssenatoren/-innen der Länder sowie eine beratende Teilnahme des Bundesministerium für Gesundheit.

- Erörterung von gesundheitspolitischen Problemen, die Bund und Länder betreffen.
- Beschlüsse haben empfehlenden Charakter.

1.4.2 Aufgaben der weiteren Gebietskörperschaften in der Gesundheitsversorgung

01. Welche Aufgaben erfüllen die Gesundheitsämter?

- *Gesundheitsschutz:* Registrierung und Maßnahmen bei meldepflichtigen Infektionskrankheiten, Impfungen, Mitwirkung beim Katastrophenschutz.
- *Medizinalaufsicht:* Überwachung der Gesundheitsfachberufe sowie der Heilpraktiker.
- *Hygiene:* Überwachung des Trinkwassers und der Abfallbeseitigung, Schädlingsbekämpfung, Überwachung der Hygiene in medizinischen und öffentlichen Einrichtungen.
- *Gutachterliche Tätigkeit:* Beurteilung von Dienst- und Arbeitsfähigkeit, Gerichtsgutachten, Eignungsgutachten für bestimmte Berufe, Gesundheitszeugnisse.
- *Gesundheitsfürsorge:* Beratung von Schwangeren, chronisch Kranken und Suchtkranken.
- *Sozialpsychiatrischer Dienst:* Behindertenhilfe, Frühförderung
- *Vorsorge:* ärztliche und zahnärztliche Reihenuntersuchungen für Kinder und Jugendliche
- *Gesundheitsförderung:* Förderung von Projekten

1.4.3 Prinzipien der Sozialpolitik

01. Was versteht man unter Sozialpolitik?

Alle Maßnahmen und Bestrebungen mit dem Ziel

- der Beeinflussung des Verhältnisses der verschiedenen Gesellschaftsschichten untereinander und zum Staat sowie
- Gegensätze und Spannungen innerhalb der Gesellschaft zu beseitigen oder zu mildern.

02. Warum ist Sozialpolitik notwendig?

- *Hilfebedürftigkeit:* Schutz von Personengruppen, die zur Existenz durch eigene Arbeitsleistung nicht in der Lage sind und über keine Ansprüche auf Versicherungsleistungen verfügen.
- *Bewältigung eines Strukturwandels:* Veränderte Wettbewerbsbedingungen auf nationaler oder internationaler Ebene können einen Strukturwandel bewirken. Im Rahmen dieses Wandels kann es zu Schließungen von Unternehmen, Arbeitsplatz-, Vermögens- und Qualifikationsverlusten kommen. Sozialpolitik versucht die Anpassungslasten abzudämpfen und den Anpassungsprozess zu fördern.

- *Verlust der Einkommensquelle:* Verursacht durch Arbeitslosigkeit, Krankheit, Unfall, Alter und Tod. Eine Absicherung durch Pflichtversicherungen ist nötig.

- *Chancengleichheit:* Gleichmäßigere Verteilung der Chancen auf den Erweb von Bildung, Einkommen und Vermögen.

1.4.3.1 Subsidiaritäts- und Solidaritätsprinzip

01. Was versteht man unter dem Subsidiaritätsprinzip?

Der Staat oder größere soziale Gebilde sollen nicht tätig werden, wenn Aufgaben auf unteren Ebenen auch gelöst werden können.

- Selbsthilfe hat Vorrang vor Fremdhilfe, findet sich beispielsweise in §2 SGB XII Nachrang der Sozialhilfe.

- staatliche Hilfe bei Überforderung des Einzelnen.

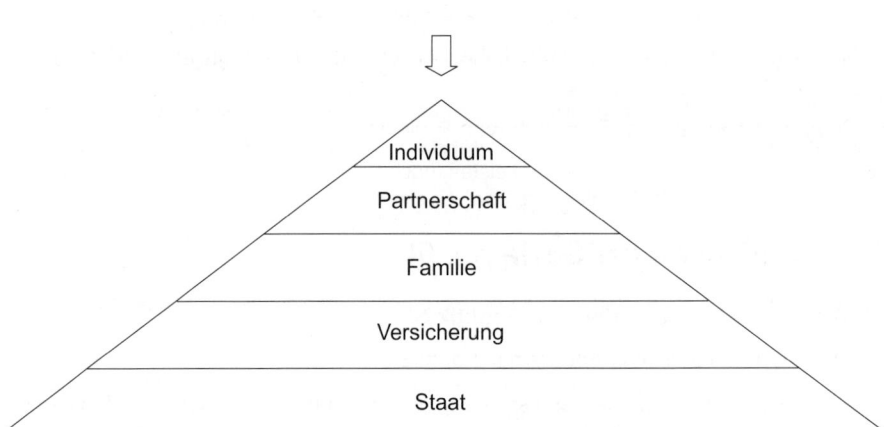

02. In welchem Verhältnis stehen Subsidiaritätsprinzip und Solidaritätsprinzip zueinander?

Grundsatz: Subsidiarität soweit wie möglich und Solidarität soweit wie nötig

Diese Verhältnis kommt beispielsweise in §1 SGB V zum Ausdruck: Solidarität und Eigenverantwortung. Auch Zuzahlungen der Versicherten können als Ausdruck des Subsidiaritätsprinzips gewertet werden. Deshalb gilt das Solidaritätsprinzip und Subsidiaritätsprinzip in der gesetzlichen Sozialversicherung gleichermaßen.

Das Subsidiaritätsprinzip findet Anwendung bei staatlicher Fürsorge. Deshalb wird in diesem Zusammenhang die Hilfsbedürftigkeit geprüft.

1.4 Die Rolle des Staates

03. Welche Belastungsgrenzen wirken dem entgegen?

Diese Grenzen wurden eingeführt, um unzumutbare Belastungen für Versicherte mit geringem Einkommen zu vermeiden. Grundlage für die Berechnung sind nach § 62 SGB V die Bruttoeinnahmen zum Lebensunterhalt des Haushaltes.

Krankenversicherung	%	Bruttoeinnahmen zum Lebensunterhalt
alle Versicherten	2	Einkommen aus selbstständiger und unselbstständiger Arbeit, Renten, Versorgungsbezüge, Kapitalerträge, Mieterträge, Urlaubs- und Weihnachtsgeld, Arbeitslosengeld, Pachterträge, Unterhaltszahlungen, usw.
chronisch Kranke in Dauerbehandlung	1	

Die Summe der Zuzahlungen des Haushaltes soll 2 % der Bruttoeinnahmen zum Lebensunterhalt nicht übersteigen. Wird diese Grenze überschritten, so stellt die Versicherung eine Befreiung aus und für den Rest des Jahres sind keine Zuzahlungen mehr zu leisten.

1.4.3.2 Fürsorge und Versorgungspflicht

01. Welche Vorsorge- und Fürsorgeverpflichtungen ergeben sich für den Staat?

Es entstehen Leistungsansprüche ohne vorherige Beitragszahlungen.

	Fürsorgeprinzip		Versorgungsprinzip	
Leistung des Staates	um ein menschenwürdiges Leben zu gewährleisten, nach Bedürftigkeitsprüfung des Einzelnen		aufgrund der für die Gesellschaft erbrachten Vorleistungen	
Leistungsumfang	Transferleistungen entsprechen der besonderen Lage und dem gesetzlichen Leistungsanspruch. Einkommens- und Vermögensabhängigkeit		Besoldungsgruppe	Normierte Transferleistungen. evl. Einkommen und Vermögensabhängigkeit
	Finalprinzip		Alimentationsprinzip	Entschädigung
	Bezieher von Sozialhilfe, Jugendhilfe, Wohngeld, Grundsicherung für Arbeitssuchende		Beamtenversorgung	Kriegs- und Wehrdienstgeschädigte, Opfer von Gewalttaten
Finanzierung	Steuern			

- **Finalprinzip:** Ein bestimmter Endzustand soll unabhängig von der Ursache erreicht werden.
- **Alimentationsprinzip:** Aus der Diensttreue des Beamten ergibt sich für den Dienstherrn die Verpflichtung Beamte lebenslang zu alimentieren.
- **Entschädigung:** soziale Entschädigung zur Wiedergutmachung nach Entschädigungsrecht.

1.4.3.3 Anspruchsgrundlagen – Verhinderung des Leistungsmissbrauchs

01. Besteht ein Rechtsanspruch auf Sozialleistungen?

Der Rechtsanspruch auf Sozialleistungen wird in § 38 SGB I bekräftigt. Dieser stellt selbst aber keine Anspruchsgrundlage dar. Die Anspruchsgrundlagen finden sich in den besonderen Teilen des Sozialgesetzbuches.

02. Welchen Schutz gewährt der Gesetzgeber den Solidargemeinschaften?

- Leistungsausschluss bei missbräuchlicher Inanspruchnahme in der Krankenversicherung nach § 52a SGB V, Pflegeversicherung nach § 33a SGB XI.

- Bekämpfung von Leistungsmissbrauch in der Grundsicherung nach § 64 SGB II und in der Arbeitslosenversicherung nach § 394 SGB III.

- Bekämpfung von Krankenkassenkartenmissbrauch nach § 15 Abs. 6 SGB V.

- Zur Verhinderung von Leistungsmissbrauch werden Daten in unterschiedlichem Umfang nach SGB II und XII verglichen sowie nach SGB III erhoben und genutzt.

03. Wann ist Schwarzarbeit auch Sozialleistungsmissbrauch?

Wenn ein Einkommen durch Erwerbstätigkeit bei gleichzeitigem Sozialleistungsbezug erzielt wird ohne dies dem Sozialleistungsträger anzuzeigen, handelt es sich um Leistungsmissbrauch und Betrug. Folgender Empfängerkreis ist hier zu nennen:

- Arbeitslose
- Sozialhilfeempfänger
- Krankengeldbezieher.

§ 60 SGB I verpflicht Sozialleistungsbezieher jede Änderung mitzuteilen. Kommt der Sozialleistungsbezieher seiner Mitwirkungspflicht innerhalb einer angemessenen Frist nicht nach, so kann nach § 66 SGB I die Leistung entzogen werden.

04. Können Beitragsleistungen zur Sozialversicherung überprüft werden?

Die Sozialversicherungsbeiträge der Arbeitnehmer müssen von den Arbeitgebern abgeführt werden. In den von der Deutschen Rentenversicherung durchgeführten Betriebsprüfungen wird ermittelt, ob die Arbeitgeber dieser Verpflichtung ordnungsgemäß nachgekommen sind. Sind zu wenig Beiträge gezahlt worden, so müssen diese nachentrichtet werden. Kommt der Arbeitgeber der Forderung nicht nach, so macht er sich strafbar. Die Prüfungen werden turnusmäßig alle vier Jahre, bei Insolvenz unverzüglich durchgeführt.

1.5 Akteure im Sozial- und Gesundheitswesen

1.5.1 Anbieter ambulanter ärztlicher Leistungen

01. Welche unterschiedlichen Leistungsanbieter für ambulante ärztliche Leistungen gibt es?

	Einzelpraxis	Praxisgemeinschaft	Gemeinschaftspraxis	MVZ
Fachrichtungen	eine	mindestens zwei gleiche oder unterschiedliche	mindestens zwei gleiche oder unterschiedliche, Einhaltung der Fachgebietsgrenzen muss vertraglich geregelt sein	mindestens zwei unterschiedliche Fachrichtungen oder Schwerpunkte
Nutzung von Räumen, Geräten und Personal	Praxisinhaber	gemeinschaftlich	gemeinschaftlich	gemeinschaftlich
Finanzierung	Praxisinhaber	einzeln	gemeinschaftlich	Gründer
Haftung	Praxisinhaber	einzeln	gemeinschaftlich	Träger
Abrechnung	einzeln	einzeln	gemeinschaftlich	gemeinschaftlich

- **Apparategemeinschaft:** gemeinschaftliche Nutzung von medizinisch-technischen Geräten, Operationsräumen und Labors.
- **Ärztehaus:** Beherbergung von mehreren organisatorisch selbstständigen Praxen unter einem Dach.
- **Krankenhäuser:** Notfallambulanzen, Hochschulambulanzen, psychiatrische Institutsambulanzen, OP, Radiologie, onkologische Ambulanzen, Spezialambulanzen.

02. Ist eine Anstellung von Ärzten möglich?

Ein niedergelassener Arzt kann drei Ärzte gleicher oder unterschiedlicher Gebiets- und Schwerpunktbezeichnungen beschäftigen. Das gilt nur für unbeschränkte Versorgungsgebiete. Klinikärzte können gleichzeitig auch eine Anstellung bei einem niedergelassenen Arzt haben. Werden teilzeitbeschäftigte Ärzte angestellt, so können es auch mehr sein. Pflegeheime können einen Heimarzt beschäftigen.

03. Wie erfolgt die Bedarfsplanung des ambulanten Sektors?

Regionale Besonderheiten sind bei der Bedarfsplanung zu berücksichtigen:
- Bevölkerungszahl- und struktur
- Arztgruppen

- Demografiefaktor
- Krankheitsgeschehen
- Leistungsinanspruchnahme
- räumliche Grundlagen.

Der Versorgungsgrad wird in einer Verhältniszahl von Hausärzten und Fachärzten zur Bevölkerung angegeben. Den Landesauschüssen der Ärzte und Krankenkassen obliegt die Feststellung des Versorgungsgrades. Eine Überversorgung liegt bereits vor, wenn der Versorgungsgrad um 10 % überschritten ist. Das Gebiet erhält eine Zulassungssperre. Wird eine Unterversorgung festgestellt, so sind durch die KV Maßnahmen zu ergreifen, um die Ärzte zur Niederlassung in diesen Regionen zu motivieren.

04. Kann es zu einer ungleichmäßigen Verteilung der Ärzte kommen?

Besonders in großräumigen Landkreisen kann es zu einer ungleichmäßigen Verteilung der Ärzte kommen, wenn sich beispielsweise die Leistungsanbieter verstärkt in den Städten des Landkreises niedergelassen haben. So kann in einem rechnerisch überversorgten Gebiet an einigen Orten eine Unterversorgung bestehen.

05. Welche Möglichkeiten zur Beseitigung der Unterversorgung gibt es?

- Zulassungsbeschränkungen für KV-Bezirke außerhalb des unterversorgten Bezirkes.
- Wirtschaftliche Vergünstigungen, z. B. Zuschüsse zu Praxiskosten
- Aufhebung oder Höchstaltersgrenzen zur Fortführung einer ärztlichen Versorgung.
- Ermächtigung von Krankenhausärzten zur ambulanten Versorgung durch die Zulassungsausschüsse.
- Ärzte können ihr Einzugsgebiet über die Grenzen ihres KV-Bezirkes erweitern und so unterversorgte Regionen mitversorgen.
- MVZs können zur Deckung des Sonderbedarfes weitere Ärzte anstellen.

1.5.1.1 Anbieter stationärer und teilstationärer Leistungen der Akutversorgung

01. Welche Einrichtungen bieten stationäre und teilstationäre Leistungen an der Akutversorgung?

Krankenhäuser nach § 107 SGB V:

- stehen unter ständiger ärztlicher Leitung.
- verfügen über ihrem Versorgungsauftrag entsprechende diagnostische und therapeutische Möglichkeiten und arbeiten nach wissenschaftlich anerkannten Methoden.

1.5 Akteure im Sozial- und Gesundheitswesen

- verfügen jederzeit über ärztliches, Pflege-, Funktions- und medizinisch-technisches Personal.
- haben die Aufgabe, Krankheiten der Patienten zu erkennen, zu heilen, ihre Verschlimmerung zu verhüten, Krankheitsbeschwerden zu lindern oder Geburtshilfe zu leisten.
- bieten Unterbringung und Verpflegung.

Im Jahr 2000 gab es noch 2.242 Krankenhäuser. 2011 waren es nach Angabe des Statistischen Bundesamtes nur noch 2.064.

02. Welche Krankenhäuser nehmen Ausbildungsaufgaben für Medizinstudenten wahr?

- Akademische Lehrkrankenhäuser: Lehrauftrag
- Universitätskliniken: Forschungs- und Lehrauftrag

03. Was sind Fachkrankenhäuser?

Fachkrankenhäuser (z. B. Suchtkliniken) haben sich auf die Versorgung bestimmter Erkrankungen oder Patientengruppen (z. B. Kinderkrankenhäuser) spezialisiert.

04. Welche Aufgaben werden durch die einzelnen Versorgungsstufen wahrgenommen?

Versorgungsstufe I: regionale Grundversorgung der Bevölkerung
Versorgungsstufe II: regionale Breitenversorgung der Bevölkerung
Versorgungsstufe III: erfüllen in Diagnose und Therapie auch überregionale Aufgaben
Versorgungsstufe IV: umfassendes und hochdifferenziertes Leistungsangebot

1.5.1.2 Pflegerische Leistungen

01. Was versteht man unter Intensivpflege?

Die Intensivpflege ist Teil der allgemeinen Krankenhausleistungen nach SGB V.

- Unterstützung, Übernahme und Wiederherstellung der Aktivitäten des Leben von Patienten mit manifesten oder drohenden Störungen.
- Berücksichtigung der existenziellen Erfahrungen und der Pflegeanamnese.
- Begleitung Sterbender.

Auf diesen Stationen ist ein spezielles Monitoring in Form von Überwachung von Puls, Blutdruck, Körpertemperatur, Atmung sowie die Beatmung möglich.

- Stroke Unit: für Patienten mit Schlaganfällen und Hirnblutungen
- Intensivstationen: kardialer oder septischer Schock, Organversagen, Unfälle
- Wachstationen: nach Operationen

02. Ist Pflege zur Vermeidung von Krankenhausaufenthalten möglich?

Es wird nach § 37 Abs. 1 SGB V häusliche Krankenpflege ermöglicht, wenn dadurch ein Krankenhausaufenthalt vermieden werden kann. Kosten für Unterkunft und Verpflegung können dadurch eingespart werden.

03. Was kann an Unterstützung für den Pflegebedürftigen geleistet werden?

Grundpflege und hauswirtschaftliche Versorgung nach § 14 Abs. 4 SGB XI	
Grundpflege	Hauswirtschaftliche Versorgung
Körperpflege: Waschen, Duschen, Baden, Zahnpflege, Kämmen, Rasieren, Darm- und Blasenentleerung	Einkaufen, Kochen, Reinigen der Wohnung, Spülen, Wechseln und Waschen der Wäsche und Kleidung oder das Beheizen.
Ernährung: mundgerechte Zubereitung, Aufnahme der Nahrung	
Mobilität: Aufstehen und Zu-Bett-Gehen, An- und Auskleiden, Gehen, Stehen, Treppensteigen oder das Verlassen und Wiederaufsuchen der Wohnung	
Behandlungspflege nach ärztlicher Verordnung nach § 37 Abs. 2 SGB V, § 43 Abs. 2 SGB XI	
Blutdruck- und Blutzuckermessung, Blutentnahmen, Injektionen, Medikamentengaben, Verbände	

Stationäre Pflegeeinrichtungen erbringen zu den Pflegesachleistungen auch Unterkunfts- und Verpflegungsleistungen.

04. Was versteht man unter Kurzzeitpflege?

Pflegebedürftige haben einen Anspruch nach § 42 SGB XI auf vier Wochen stationäre Kurzzeitpflege pro Jahr:

- wenn die häusliche Pflege vorübergehend nicht möglich ist
- im Anschluss an einen Krankenhaus- oder Reha-Aufenthalt.

05. Was versteht man unter Verhinderungspflege?

Nach sechsmonatiger Pflege im häuslichen Umfeld durch eine Pflegeperson kann nach § 39 SGB XI vier Wochen lang eine Ersatzpflege in Anspruch genommen werden bei:

- Urlaub der Pflegeperson
- Krankheit oder Rehabilitation der Pflegeperson
- andere Hinderungsgründe der Pflegeperson.

1.5 Akteure im Sozial- und Gesundheitswesen

Bei Verbleib im häuslichen Umfeld können Angehörige oder ein ambulanter Pflegedienst die Verhinderungspflege übernehmen. Kann die Pflege so nicht sichergestellt werden, ist auch eine stationäre Unterbringung möglich.

06. Welche teilstationären Angebote gibt es?

Wird eine teilstationäre Leistung zur Erreichung des Behandlungsziels im Akutbereich als ausreichend nach § 39 SGB V angesehen, so wird diese Leistung von Krankenhäusern oder von speziellen Einrichtungen wie Tages- oder Nachtkliniken z. B. ein Schlaflabor erbracht.

Kann der Pflegebedarf eines Pflegebedürftigen nicht in vollem Umfang durch die häusliche Pflege sichergestellt werden, so ist es möglich nach § 41 SGB XI eine Pflege in einer Tages- oder Nachtpflegeeinrichtung einschließlich der notwendigen Beförderung zu beanspruchen. Angehörige können dadurch für einen längeren Zeitraum entlastet werden und es räumt ihnen Zeit für eine Beruftstätigkeit ein.

07. Was versteht man unter Laienpflege?

Laienpflege beruht auf Erfahrungen und orientiert sich an den Bedürfnissen des Pflegebedürftigen. Sie wird meistens von Angehörigen ohne eine berufliche Qualifikation im Pflegebereich ausgeübt. Pflegt ein Angehöriger wöchentlich mindestens 14 Stunden und ist weniger als 30 Stunden in der Woche berufstätig, so werden nach § 44 SGB XI durch die Pflegeversicherung für den Angehörigen Rentenversicherungsbeiträge gezahlt. Während der Pflege sind diese auch gesetzlich unfallversichert. Laien können zur Ausübung ihrer Tätigkeit folgende Unterstützungen in Anspruch nehmen:

- Pflegekurse nach § 45 SGB XI
- Beratung nach § 37 Abs. 3 SGB XI durch einen Pflegedienst oder eine anerkannte Beratungsstelle.
- Pflegegeld nach § 37 Abs. 1 SGB XI
- teilweise Unterstützung durch einen Pflegedienst nach § 38 SGB XI
- professionelle pflegerische Unterstützung für gesetzlich vorgegebene Zeiträume
- Pflegehilfsmittel (Handschuhe).

1.5.1.3 Organisation der Rettungsdienste

01. Wie wird die Sicherstellung des Rettungswesens geregelt?

In Deutschland ist das Rettungswesen Ländersache. In den Rettungsdienstgesetzen der Länder wird die Organisation des Rettungswesens geregelt. Sie verpflichten die Kreise und kreisfreien Städte zur Wahrnehmung dieser Aufgabe. Die Umsetzung erfolgt durch die Hilfsorganisationen, Feuerwehren und private Rettungsdienst- und Krankentransportunternehmen.

02. Welche Aufgaben hat die Rettungsleitstelle?

- Entgegennahme von Notrufen
- Koordination der Einsätze
- bei Bedarf Polizei anfordern
- Festlegung der Rettungsmittel: Rettungsdienstfahrzeuge einschließlich Material und Tragen
- Überwachung des Funkverkehrs

03. Was sind Rettungswachen?

Rettungswachen sind Standorte von:

- Einsatzkräften
- Rettungsmitteln
- Rettungsdienstfahrzeugen.

Sie haben eine gute Anbindung an das Verkehrsnetz, um die vorgegebenen Eintreffzeiten einhalten zu können.

04. Welche Formen des Rettungsdienstes werden unterschieden?

- *Bodenrettung/Landrettung:* Die Rettungsmaßnahmen werden von Rettungsdiensten, den Feuerwehren und privaten Unternehmen durchgeführt.
- *Luftrettung:* Unterstützung der Bodenrettung durch Hubschrauber mit Notarztbesatzung. Sie wird heute von gemeinnützigen Organisationen wie der Deutschen Rettungsflugwacht und dem ADAC durchgeführt.
- *Bergrettung:* Ihre Aufgabe ist die Bergung von Verletzten aus alpinem Gebiet, die Suche von Vermissten in Lawinengebieten sowie die Durchführung aller Rettungsmaßnahmen.
- *Wasserrettung:* Die Rettung von Personen, die sich im Wasser befinden durch die Deutsche Lebens-Rettungs-Gesellschaft und durch die Wasserwacht des Deutschen Roten Kreuzes. Die Seenotrettung auf Nord- und Ostsee stellt die Deutsche Gesellschaft zur Rettung Schiffbrüchiger sicher.

1.5.1.4 Krankentransport

01. Was versteht man unter einem Krankentransport?

Krankentransport und Notfallrettung können von den selben Transportunternehmen durchgeführt werden und doch unterscheiden sie sich. Beim Krankentransport befindet sich der Patient in keinem lebensbedrohlichen Zustand. Es handelt sich um einen

1.5 Akteure im Sozial- und Gesundheitswesen

regulären angemeldeten Krankentransport für den folgende Voraussetzungen erfüllt sein müssen:

- Kranken oder Verletzten ist während der Fahrt medizinische Hilfe zu leisten,
- Beförderung mit einem Krankentransportwagen, der den Anforderungen entspricht.

Die personelle Besetzung und die zulässigen Fahrzeugtypen werden in den Rettungsdienstgesetzen der Länder festgelegt.

02. Werden die Kosten für den Krankentransport durch die Krankenkassen übernommen?

Es werden Kosten nach §60 SGB V übernommen, die aus medizinischen Gründen notwendig sind. Dazu ist eine ärztliche Verordnung erforderlich. Der Versicherte trägt 10 % der Kosten, mindestens 5 höchstens 10 €. Diese Zuzahlung ist auch von Minderjährigen zu leisten.

1.5.1.5 Behindertenfahrdienste

01. Wer kann Behindertenfahrdienste in Anspruch nehmen?

Die Behindertenfahrdienste der Städte und Gemeinden werden von den Wohlfahrtsverbänden, Hilfsorganisationen oder privaten Fahrdienstunternehmen durchgeführt.

- Personen, die aufgrund ihrer Behinderung weder ein Taxi noch öffentliche Verkehrsmittel benutzen können
- Sozialhilfeempfänger mit Behinderung.

Schwerbehindertenausweise werden durch die Versorgungsämter ausgestellt.

02. Unter welchen Voraussetzungen werden Schwerbehinderte durch den öffentlichen Personennahverkehr unentgeltlich befördert?

- Personen besitzen einen Schwerbehindertenausweis.
- 60 € für die Jahreswertmarke wurden entrichtet.

Sollte eine Begleitung notwendig sein, so kann diese Person ebenfalls unentgeltlich befördert werden.

1.5.1.6 Soziale Dienstleistungen – Beratungen

01. Welche Unterstützung wird durch die unabhängige Patientenberatung angeboten?

Seit 2011 haben alle Bürger/innen nach §65b SGB V einen Anspruch auf eine unabhängige und kostenfreie Beratung zu gesundheitlichen und gesundheitsrechtlichen Themen. Die Gestaltung des Beratungs- und Informationsangebotes ist folgenden Institutionen übertragen worden:

- Verbraucherzentrale Bundesverband
- Sozialverband VdK Deutschland
- Verbund Unabhängige Patientenberatung.

Die Finanzierung wird durch die GKV sichergestellt. Die PKV beteiligt sich auf freiwilliger Basis.

Ziel:

- Stärkung der Patientenorientierung im Gesundheitswesen
- Problemlagen im Gesundheitswesen aufzeigen.

02. Welche Unterstützung wird durch Pflegestützpunkte angeboten?

Kranken- und Pflegekassen sind nach §92c SGB XI zur Einrichtung von Pflegestützpunkten verpflichtet. Ihre Aufgaben sind:

- Auskunft und Beratung zu Rechten und Pflichten nach dem Sozialgesetzbuch und zur Auswahl und zur Inanspruchnahme von bundes- oder landesrechtlich vorgesehenen Sozialleistungen.
- Koordinierung der wohnortnahen Versorgung und Betreuung.

03. Welche Unterstützung bieten die stationären Einrichtungen?

Der Sozialdienst der Krankenhäuser und Rehabilitationskliniken berät die Patienten und Angehörigen zu folgenden Themen:

- Unterstützung des medizinischen Hilfeprozesses
- Vermittlung in andere Einrichtungen
- Unterstützung bei der Durchsetzung von Sozialleistungsansprüchen
- Einleitung der ambulanten Nachsorge
- berufliche Wiedereingliederung
- Wohnraumanpassung
- Selbsthilfegruppen.

1.5 Akteure im Sozial- und Gesundheitswesen

04. Welche Unterstützung bieten die Integrationsfachdienste?

Die Umsetzung der Beratungs- und Betreuungsaufgaben der Integrationsämter werden durch die Integrationsfachdienste vor Ort verwirklicht.

- Beratung und Unterstützung von behinderten und schwerbehinderten Menschen im Hinblick auf alle betrieblichen Probleme oder einer beruflichen Neuorientierung.
- Arbeitgeberberatung hinsichtlich der Neueinstellung von Behinderten. Sie sind Ansprechpartner und informieren über die Auswirkungen der unterschiedlichen Behinderungen.
- Beratung von schwerbehinderten Schulabgängern.

05. Welche Unterstützung bieten kommunale Beratungseinrichtungen?

Es werden zu folgenden Themen Beratungen angeboten:

Jugendamt	Sozialamt	Gesundheitsamt	Versorgungsämter
Erziehungs- und Familienberatung	Sozialpädagogischer Fachdienst • häusliche Pflege • Betreuung • Schulden • Energie • Pflege usw.	• Schwangerschaft • HIV • Sucht • Impfen • Schädlinge • Hygiene • ärztliche Versorgung von Behinderten	Stationäre Heimunterbringung von Kriegsopfern
SGB VIII	SGB XII	Gesetz über den öffentlichen Gesundheitsdienst, IfSG	Bundesversorgungsgesetz

Die Beratung kann durch die Beratungsstellen der Kreise und Städte übernommen, aber auch den Verbänden der freien Wohlfahrtspflege übertragen werden.

06. Von welchen Verbänden der freien Wohlfahrtspflege werden Beratungsleistungen angeboten?

- Arbeiterwohlfahrt
- Paritätischer Wohlfahrtsverband
- Deutscher Caritasverband
- Deutsches Rotes Kreuz
- Diakonisches Werk
- Zentralwohlfahrtsstelle der Juden in Deutschland

07. Sind die Sozialversicherungsträger zu Beratungsleistungen verpflichtet?

Es besteht für die Sozialversicherungsträger eine Verpflichtung zur Beratung nach § 14 SGB I. Die Sozialversicherungsträger können das Beratungsangebot inhaltlich individuell ausgestalten.

gesetzliche Krankenversicherung	gesetzliche Rentenversicherung	gesetzliche Unfallversicherung	Agentur für Arbeit
• Beitrag	• Renteninformation	Verhütung von	• Berufsinformation
• Diagnose- und Therapieverfahren	• Beitrag	• Arbeitsunfällen und	• Ausbildung
• Medikamente	• Leistungen, wie Rehabilitation	• Berufkrankheiten	• Existenzgründung
• Rehabilitation	• Erwerbsminderung		• Berufschancen
• Leistungen der Pflegeversicherung	• Frühberentung		• Kurzarbeitergeld
			• Umschulung
			• Weiterbildung

08. Werden Gebühren für die Beratungen erhoben?

Die Beratungen sind generell kostenlos. Die Gesundheitsämter erheben in bestimmten Fällen Gebühren.

1.5.2 Stationäre Leistungen

1.5.2.1 Akutversorgung in Krankenhäusern und Fachkliniken

01. Welches Vergütungssystem wurde für Krankenhausleistungen eingeführt?

Vor Einführung des neuen Vergütungssystems rechneten die Krankenhäuser nach tagesgleichen Pflegesätzen ab. Je länger ein Patient im Krankenhaus lag, je mehr wurde für diesen bezahlt. Das System belohnte damit lange Liegezeiten. Deshalb wurde nach § 17b KHG die Einführung eines durchgängigen, leistungsorientierten und pauschalierenden Entgeltsystems nach DRGs beschlossen. Es ist

- durchgängig: Abbildung des gesamten stationären Leistungsspektrums eines Krankenhauses.

- leistungsorientiert: Vergütung nach Art der Krankheit, Umfang und Qualität.

- pauschalierend: Die durchschnittlichen Fallkosten einer Krankheit sind Maßstab für ihre Vergütung

1.5 Akteure im Sozial- und Gesundheitswesen

02. Welche Auswirkungen hat das leistungsorientierte Vergütungssystem auf die Versorgung?

- Verkürzung der Verweildauer des Patienten im Krankenhaus
- Reduktion der Betten
- Anstieg der Fallzahlen

03. Welche Auswirkungen hat das leistungsorientierte Vergütungssystem auf die Versorgungsstruktur?

- Schließung von Stationen
- Reduktion von Standorten
- inhaltliche und räumliche Konzentration des Versorgungsangebotes
- Vernetzung des Versorgungsangebotes
- strategische und wirtschaftliche Verknüpfung von Anbietern
- Spezialisierung der Krankenhäuser
- zunehmender Wettbewerb der Krankenhäuser

1.5.2.2 Krankenhausplan, Versorgungsstufen

01. Welche Bedeutung hat die Zielplanung für den Krankenhausplan?

- Ziele festlegen, die die Planungsbehörde zu verfolgen hat.
- Festlegung eines koordinierten Systems bedarfsgerecht gegliederter, leistungsfähiger und wirtschaftlich arbeitender Krankenhäuser.
- Berücksichtigung der Trägervielfalt.
- Entlastung von Pflegefällen nach SGB XI.

Hier ist ein Gestaltungsspielraum für die Länder vorgesehen. Mit der Krankenhauszielplanung soll mehr Planungssicherheit erreicht werden.

02. Wie erfolgt die Bedarfsplanung des stationären Sektors?

Aufgabe der Krankenhausplanung ist es, die regionale Betten- und Leistungskapazität bedarfsgerecht mithilfe leistungsfähiger Krankenhäuser fortzuentwickeln. Hierzu ist eine Bedarfsanalyse erforderlich.

Dazu ist der gegenwärtige und zukünftige Bettenbedarf zu ermitteln:

- Einwohnerzahl (E)
- Krankenhaushäufigkeit (KH): Krankenhausaufnahmen je 1.000 Einwohner pro Jahr
- Verweildauer (VD): durchschnittliche Verweildauer
- normativer Bettennutzungsgrad (BN): meistens ein vom Ministerium vorgegebener Wert

Bettenbedarfsformel von Hill/Burton: $$\frac{E \cdot KH \cdot VD}{1.000 \cdot BN \cdot 365}$$

Ergänzend zur Bedarfsanalyse wird eine Krankenhausanalyse durchgeführt. Die Krankenhäuser werden dahingehend überprüft, ob sie personell und sachlich zur Deckung des festgestellten Bedarfes in der Lage sind.

Wird das Krankenhaus den Zielen der Krankenhausplanung gerecht, so erfolgt die Aufnahme in den Landeskrankenhausplan. Das Plankrankenhaus gehört nach § 108 SGB V zu den zugelassenen Krankenhäusern.

Nach § 109 SGB V sind die Krankenkassen dazu verpflichtet mit diesen Häusern Versorgungsverträge abzuschließen.

Im Krankenhausplan werden die medizinischen Fachrichtungen oder Versorgungsstufen, Betten, Plätze für Großgeräte und Fachprogramme (z. B. Dialyse) ausgewiesen. Teil der Krankenhausplanung sind auch die Investitionsprogramme.

Siehe auch Kapitel 1.6.1

1.5.2.3 Träger der Krankenhausversorgung

01. Was versteht man unter einem Krankenhausträger?

Unter einem Krankenhausträger versteht man jede natürliche oder juristische Person (z. B. GmbH), die ein Krankenhaus betreibt. § 1 KHG schreibt eine Trägervielfalt vor. Es begünstigt private und freigemeinnützige Träger.

02. Welche Krankenhausträger gibt es?

- *Öffentliche Träger:* kommunale Gebietskörperschaften wie Städte, Kreise oder ein Bundesland, der Bund, Bundeswehrkrankenhäuser. Die Form der Organisation der Trägerschaft ist für die Zuordnung völlig unerheblich. So kann ein städtisches Krankenhaus in Form einer GmbH organisiert sein.

- *Freigemeinnützige Träger* sind auf das Wohl der Allgemeinheit ausgerichtet. Es sind religiöse, karitative oder soziale Vereinigungen, z. B. die Wohlfahrtsverbände.

- *Private Träger:* Die Krankenhäuser werden nach erwerbswirtschaftlichen Grundsätzen von privaten Unternehmen betrieben und sind auf Gewinnerzielung ausgerichtet. Deshalb benötigen sie eine Konzession nach der Gewerbeordnung.

Es ist eine zunehmende Privatisierung der Krankenhäuser zu beobachten.

1.5 Akteure im Sozial- und Gesundheitswesen

1.5.2.4 Folgeversorgung

01. Was versteht man unter einer Versorge- und einer Rehabilitationseinrichtung?

Beide Einrichtungen dienen der stationären Behandlung der Patienten.

Vorsorgeeinrichtung	§ 107 SGB V Rehabilitationseinrichtung
\multicolumn{2}{c}{dienen der stationären Behandlung der Patienten}	
Ziel: Eine Schwächung der Gesundheit, die voraussichtlich zu einer Krankheit führen würde, zu beseitigen.	Ziel: Eine Krankheit heilen, ihre Verschlimmerung verhüten oder Krankheitsbeschwerden lindern.
Der Gefährdung der gesundheitlichen Entwicklung eines Kindes entgegenwirken.	Im Anschluss an eine Krankenhausbehandlung den Behandlungserfolg sichern oder festigen.
	Eine drohende Pflegebedürftigkeit abwenden oder mindern.
Stehen unter ständiger ärztlicher Verantwortung und verfügen über für diese Zwecke geschultes Personal, welches nach einem ärztlichen Behandlungsplan arbeitet.	
Anwendung von Heilmitteln: Krankengymnastik, Bewegungstherapie, Sprachtherapie, Arbeits- und Beschäftigungstherapie oder andere geeignete Hilfen, auch durch geistige und seelische Einwirkungen, die dem Patienten bei der Entwicklung eigener Abwehr- und Heilungskräfte helfen.	

02. Welche Voraussetzung für die Inanspruchnahme einer Rehabilitationsleistung müssen gegeben sein?

- Antrag des Versicherten beim Kostenträger
- Befundbericht durch den Arzt
- Erfüllung der versicherungsrechtlichen und persönlichen Voraussetzungen (Rehabilitationsbedürftigkeit)

03. Wie erfolgt die Bedarfsplanung der Rehabilitation?

Für die Rehabilitation besteht keine staatliche Planung der Kapazitäten und Versorgungsstruktur. § 19 SGB IX weist darauf hin, dass die Rehabilitationsträger gemeinsam unter Beteiligung des Bundes und der Länder auf eine ausreichende Anzahl an Rehabilitationseinrichtungen hinwirken. Die Vergütung wird individuell zwischen den Kostenträgern und den Trägern der Rehabilitationskliniken vereinbart. Die Kostenträger können auch gleichzeitig Träger der Rehabilitationskliniken sein.

04. Welche Rehabilitationseinrichtungen gibt es?

- *Öffentliche Vorsorge und Reha-Einrichtungen:* Sozialversicherungsträger
- *Freigemeinnützige Vorsorge und Reha-Einrichtungen:* freie Wohlfahrtspflege, Kirchen, Vereine und Stiftungen wie dem Müttergenesungswerk.
- *Private Vorsorge und Reha-Einrichtungen:* private Unternehmen.

05. Wie ist das Zusammenwirken der Rehabilitationsträger geregelt?

Der zuständige Rehabilitationsträger prüft im Einzelfall nach § 11 SGB IX, ob im Anschluss an eine medizinische Rehabilitation geeignete Leistungen zur Teilhabe am Arbeitsleben die Situation des Betroffenen verbessern können. Die Rehabilitationsträger sollen in Bezug auf die Leistungserstellung zusammenarbeiten und Arbeitsgemeinschaften bilden.

06. Was versteht man unter geriatrischer Rehabilitation?

Die geriatrische Rehabilitation wird der medizinischen Rehabilitation zugeordnet.

Voraussetzung: höheres Lebensalter über 70 Jahre, mindestens zwei behandlungsbedürftige Erkrankungen, geriatrietypische Multimorbidität: multiple strukturelle und funktionelle Schädigungen z. B. Immobilität, Sturzneigung, Schwindel, kognitive Defizite, Inkontinenz, Dekubitalulzera, Fehl- und Mangelernährung, Störungen des Flüssigkeits- und Elektrolythaushalts, fortschreitende Einschränkung der Selbsthilfefähigkeit bis hin zur Pflegebedürftigkeit.

Kostenträger: Krankenkasse. Der MDK prüft, ob die Voraussetzungen der geriatrischen Rehabilitation erfüllt sind.

Ziel: Verbesserung der Mobilität, Verbesserung der sozialen Integration, Vermeidung oder Verminderung der Abhängigkeit von Pflegepersonen.

1.5.2.5 Weitere Einrichtungen des Sozial- und Gesundheitswesens

01. Welche Einrichtungen bieten stationäre pflegerische Leistungen für Pflegebedürftige an?

Pflegebedürftige haben Anspruch auf stationäre Pflege in Pflegeheimen, wenn häusliche Pflege nicht möglich ist.

Nach § 71 SGB XI sind stationäre Pflegeeinrichtungen für Pflegebedürftige:

- selbstständig wirtschaftende Einrichtungen
- Leitung durch eine ausgebildete Pflegefachkraft
- teilstationäre oder vollstationäre Pflege (Unterbringung und Verpflegung).

Kostenübernahme durch:

Pflegeversicherung § 43 SGB XI	Pflegebedürftigen	
• Grundpflege	• Unterbringung	• Investitionskosten
• medizinische Behandlungspflege	• Verpflegung	
• soziale Betreuung	• Eigenanteil	

1.5 Akteure im Sozial- und Gesundheitswesen

Pflegeheime können den Bewohnern auch Investitionskosten berechnen, wenn die Investitionsförderung aus den öffentlichen Haushalten die Kosten nicht vollständig abdeckt und die Investition aber betriebsnotwendig ist. Die Investitionskosten sind gesondert in Rechnung zu stellen. Das Pflegeheim hat die Zustimmung der zuständigen Landesbehörde einzuholen. Bei Pflegebedürftigen, die die Heimkosten nicht selbst aufbringen können und von Kindern kein so genannter Elternunterhalt verlangt werden kann, tritt die Sozialhilfe ein.

02. Gibt es unterschiedliche stationäre Pflegeeinrichtungen?

Leistungsanbieter: Altenheime, Pflegeheime, Seniorenresidenzen oder Seniorenstifte. Eine strikte Trennung gibt es nicht. Eine Seniorenresidenz kann auch eine Pflegestation beherbergen. Einrichtungen können Bereiche mit mehr oder weniger Komfort anbieten. Unterschiede ergeben sich aus:

- Ausstattung
- Leistungen
- Qualität
- Preis
- Lage.

Stifte erwarten eventuell eine bestimmte konfessionelle Bindung und auch Vorleistungen vom Pflegebedürftigen. 2009 befanden sich über die Hälfte der Pflegeheime in freigemeinnütziger Trägerschaft, 40 % sind private Träger und nur 5 % befanden sich in öffentlicher Hand. Viele Kommunen wollen sich aufgrund ihrer Kostensituation von ihren Heimen trennen.

03. Welche Möglichkeiten bieten Hospize?

Sie sind ausgerichtet auf die menschenwürdige Versorgung Sterbender. Finanzierung:

- 10 % Eigenmittel des Trägers oder Spenden
- Anteil der Krankenversicherung
- Anteil der Pflegeversicherung
- Eigenanteil des Versicherten.

Auch Krankenhäuser und Pflegeheime können Palliativleistungen erbringen.

1.5.3 Ambulante Leistungen

1.5.3.1 Akutversorgung durch niedergelassene Ärzte

01. Wie erfolgt die ambulante Versorgung der Patienten außerhalb der Sprechstundenzeiten?

Außerhalb der Sprechstundenzeiten gewährleistet der ärztliche Notdienst die Behandlung der Erkrankungen, die nicht bis zum nächsten Werktag warten können. Der ärztliche Notdienst ist Teil des Sicherstellungsauftrages nach § 75 SGB V und jeder Vertragsarzt ist dazu verpflichtet. Die Organisation ist Aufgabe der KV. Neue Möglichkeiten bieten sich durch die Anlaufpraxen.

1.5.3.2 Ambulante Pflege – ambulante Rehabilitation

01. Welche Einrichtungen bieten ambulante Pflege an?

Die häusliche Pflege wird durch private Pflegedienste oder durch die Sozialstationen erbracht. Pflegedienste versorgen Pflegebedürftige zu Hause und sind:

- selbstständig wirtschaftende Einrichtungen
- Leitung durch eine ausgebildete Pflegefachkraft.

Pflegeversicherung § 36 SGB XI	Krankenversicherung § 37 SGB V
• Grundpflege • hauswirtschaftliche Versorgung	• medizinische Behandlungspflege nach Verordnung durch einen Arzt

Die Pflegedienste führen auch Beratungsbesuche durch. Zusätzliche Pflegeleistungen werden dem Pflegebedürftigen durch den Pflegedienst separat in Rechnung gestellt. Um mit den Pflegekassen abrechnen zu können, ist der Abschluss eines Versorgungsvertrages nötig.

02. Haben ambulante Pflegeeinrichtungen Anspruch auf öffentliche Förderung?

Im Rahmen einer ausreichenden und wirtschaftlichen Versorgungsstruktur haben auch ambulante Pflegeeinrichtungen nach § 9 SGB XI Anspruch auf Investitionsförderung.

03. Was versteht man unter einer ambulanten wohnortnahen Rehabilitation?

Die ambulante Rehabilitation soll wohnortnah durchgeführt werden, dass heißt die Entfernung muss für den Patienten auch zumutbar sein. Trotzdem muss eine ausreichende Therapiedichte gewährleistet werden.

Voraussetzungen:

- aktuell keine Krankenhausbehandlung mehr erforderlich
- festgestellter Rehabilitationsbedarf

1.5 Akteure im Sozial- und Gesundheitswesen

- häusliche Versorgung und Alltagsbewältigung sind sichergestellt
- die Transportfrage muss geklärt sein.

Dauer: mindestens drei bis sechs Stunden täglich für drei Wochen. Die ambulante wohnortnahe Rehabilitation wird für alle Rehabilitationsformen angeboten.

04. Welche Anforderungen werden an die Einrichtungen der ambulanten medizinischen Rehabilitation gestellt?

Rahmenempfehlung zur ambulanten medizinischen Rehabilitation:

- ganzheitlicher Ansatz: einbeziehen von Problemen der Teilhabe am Arbeitsleben und in der Gesellschaft
- ärztliche Leitung
- Rehabilitationskonzept
- rehabilitationsspezifische Diagnostik muss in der Einrichtung durchgeführt werden
- Koordination und Abstimmung des Rehabilitationsplans
- Rehabilitationsteam setzt sich entsprechend der indikationsbezogenen Anforderungen zusammen.

Die Leistungen werden in Reha-Zentren erbracht.

1.5.3.3 Behindertenversorgung

01. Was sind Behindertenwerkstätten?

Die Behindertenwerkstatt beschäftigt Menschen, die eine Tätigkeit auf dem allgemeinen Arbeitsmarkt nicht oder noch nicht wieder aufnehmen können.

Aufgabe:

- Eingliederung behinderter Menschen ins Arbeitsleben
- Vergabe einer angemessenen Beschäftigung und eines angemessenen Arbeitsentgeltes

Anerkennung der Werkstätten: BA und Sozialhilfeträger

02. Was sind Wohngruppen?

- Ermöglichen Menschen mit problematischen Lebenssituationen oder Behinderten ein Gemeinschaftsleben
- Angebot von pädagogischen und psychosozialen Hilfen

- Betreuung der Gruppe
- vollstationärer Versorgungsrahmen
- pflegerische und lebenspraktische Hilfen

03. Was ist ein persönliches Budget?

Anstelle von Sachleistungen können Leistungsempfänger von den Rehabilitationsträgern, Integrationsämtern und der Pflegeversicherung ein persönliches Budget erwählen.

- Das Budget ermöglicht monatliche Geld- oder Gutscheinleistung nach festgestelltem Bedarf.
- Es ermöglicht ein selbstbestimmtes Leben für den Betroffenen.

1.5.4 Aufgaben der Sozialversicherung

01. Für welche Zweige der Sozialversicherung gilt die paritätische Beitragsfinanzierung?

Die Beiträge sollen zu gleichen Teilen getragen werden.

Krankenversicherung	Pflegeversicherung	Rentenversicherung	Arbeitslosenversicherung
Arbeitnehmerbeiträge und Arbeitgeberbeiträge			
Beiträge der Rentner und des Rentenversicherungsträgers	Beiträge der Rentner	Bei abhängiger Beschäftigung werden anteilig von Arbeitgeber und vom Arbeitnehmer Beiträge erhoben. Für Rentner tritt der Rentenversicherungsträger an die Stelle des Arbeitgebers. Der Sonderbeitrag und der Beitragszuschlag stellen eine Abweichung von der Parität dar, weil dieser von den Rentnern und Arbeitnehmern allein getragen wird. Die Pflegeversicherungsbeiträge muss der Rentner allein übernehmen	
Sonderbeitrag Arbeitnehmer Rentner	Beitragszuschlag für kinderlose ab dem 23. Lebensjahr		

02. Für welche Zweige der Sozialversicherung gelten Versicherungspflicht- und Beitragsbemessungsgrenzen?

Versicherungspflichtgrenze (Jahresarbeitsentgeltgrenze): Überschreitet das Jahreseinkommen diese Grenze, so besteht die Möglichkeit als freiwilliges Mitglied in der gesetzlichen Krankenversicherung zu verbleiben oder zu einer privaten Krankenversicherung zu wechseln. Nach § 6 SGBV kann der Versicherte bei Überschreitung dieser Grenze von der Versicherungspflicht auch entbunden werden.

1.5 Akteure im Sozial- und Gesundheitswesen

Beitragsbemessungsgrenze: Das Arbeitsentgelt wird nur bis zu dieser Grenze zur Beitragserhebung in den genannten Bereichen der Sozialversicherung herangezogen.

Beitragsbemessungsgrenzen			
gesetzliche Rentenversicherung	= Arbeitslosenversicherung	gesetzliche Krankenversicherung	= soziale Pflegeversicherung

1.5.4.1 Gesetzliche Krankenversicherung

01. Welche Kassenarten werden unterschieden?

- Allgemeine Ortskrankenkassen
- Betriebskrankenkassen
- Innungskrankenkassen
- Landwirtschaftliche Krankenkassen
- Ersatzkassen der Angestellten und Arbeiter
- Knappschaftliche Krankenkassen

02. Kann die Krankenkasse frei gewählt werden?

Der Versicherte kann innerhalb der GKV seine Krankenkasse ohne Rücksicht auf Betriebs- oder Berufzugehörigkeit frei wählen. Eine Ausnahme bildet die Landwirtschaftliche Krankenkasse. Die gesetzlichen Krankenkassen sind zur Aufnahme neuer Mitglieder verpflichtet (Kontrahierungszwang).

03. Welche Leistungen werden von der gesetzlichen Krankenversicherung gewährt?

Leistungen nach SGB V:

- Verhütung von Krankheiten
- Früherkennung von Krankheiten
- Behandlung von Krankheiten
- Medizinische Rehabilitation
- Empfängnisverhütung, Sterilisation und Schwangerschaftsabbruch
- Leistungen im Ausland
- Krankengeld
- Leistungen bei Schwangerschaft und Mutterschaft nach ZVO

Bedarfsprinzip: Die Leistungen richten sich nach der medizinischen Notwendigkeit. Es ist die Aufgabe der Krankenversicherung, die Gesundheit der Versicherten zu erhalten bzw. diese wiederherzustellen und die Versicherten entsprechend zu beraten. Die Gesundheitsleistungen werden nach dem Sachleistungsprinzip bereitgestellt.

04. Wie werden die Leistungen finanziert?

Seit 2009 erfolgt die Finanzierung über einen Gesundheitsfonds. Alle Beiträge fließen in einen zentralen Topf. Der Gesundheitsfond wird als Sondervermögen des Bundes geführt und vom Bundesversicherungsamt verwaltet.

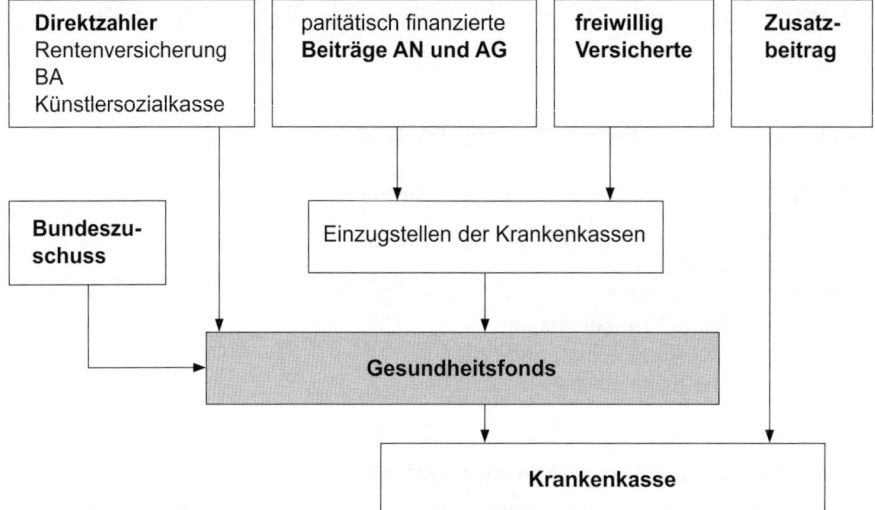

Es wird für alle Kassen ein einheitlicher Beitragssatz per Rechtsverordnung durch die Bundesregierung festgelegt. Die Krankenkassen konkurrieren nun nicht mehr über die Beitragssätze, sondern über ihre Leistungen. Die Landwirtschaftliche Krankenkasse beteiligt sich nicht am Gesundheitsfonds. Die Beiträge der Arbeitgeber sind zukünftig festgeschrieben. Sie werden an der Ausgabensteigerung in der GKV nicht mehr mitbeteiligt.

05. Wofür wird der Bundeszuschuss gezahlt?

Aus dem Steueraufkommen wird der Bundeszuschuss jährlich zur Abgeltung der versicherungsfremden Leistungen in den Gesundheitsfonds einbezahlt. Die versicherungsfremden Leistungen liegen im gesamtgesellschaftlichen Interesse. Sie entfallen auf Schwangerschaft und Mutterschaft sowie Krankengeldbezug bei Erkrankung eines Kindes.

06. Was ist der morbiditätsorientierte Risikostrukturausgleich?

Die Krankenkassen verfügen über keine eigenen Beitragseinnahmen mehr. Ihnen werden Mittel aus dem Gesundheitsfonds zugewiesen:

- eine einheitliche Grundpauschale für jeden Versicherten
- eine Pauschale für Verwaltungsausgaben
- eine Aufwandspauschale für DMP-Teilnehmer.

1.5 Akteure im Sozial- und Gesundheitswesen

Die Grundpauschale entspricht den durchschnittlichen Pro-Kopf-Ausgaben der GKV. Durch morbiditätsbedingte Zu- und Abschläge können sich die Zuweisungen verändern. Sie richten sich nach der Risikostruktur der Versicherten. Faktoren sind

- Alter
- Geschlecht
- Erwerbsminderungsrentenempfänger
- beitragsfrei versicherte Familienangehörige
- 80 schwerwiegende und chronische Erkrankungen, die entweder mit einem stationären Krankenhausaufenthalt im Zusammenhang stehen oder mit der Verordnung von Arzneimittelmindestmengen verbunden sind.

Die Kosten dieser schwerwiegenden Erkrankungen liegen 50 % über den Durchschnittskosten aller GKV-Patienten. Die Erkrankungen werden vom Bundesversicherungsamt festgelegt. Durch die Berücksichtigung der Morbidität soll die Risikoselektion der Krankenkassen vermieden werden. Der ökonomische Anreiz, nur Versicherte mit geringem Krankheitsrisiko und hohen Beiträgen an sich binden zu wollen, wird minimiert. Die Versorgung von chronisch Kranken wird optimiert.

07. Wann müssen Zusatzbeiträge geleistet werden?

Kommt eine Krankenkasse mit ihren Mitteln nicht aus, so kann sie individuelle Zusatzbeiträge erheben. Anhand der voraussichtlichen Ausgaben und Einnahmen ermittelt der Schätzerkreis einen durchschnittlichen Zusatzbeitrag. Für die Krankenkasse ist das nur ein Orientierungswert, sie entscheidet selbst über die Höhe des Zusatzbeitrages. Erhebt die Krankenkasse erstmalig einen Zusatzbeitrag oder erhöht diesen, haben die Versicherten die Möglichkeit von ihrem Sonderkündigungsrecht Gebrauch zu machen. Die Kündigung wird zum übernächsten Monat wirksam. Bei guter Wirtschaftslage können die Krankenkassen aber auch Prämien auszahlen.

08. Wann wird ein Sozialausgleich vorgenommen?

Die Überforderungsklausel wird wirksam, wenn der durchschnittliche Zusatzbeitrag 2 % des beitragspflichtigen Einkommens des Versicherten übersteigt. Der Sozialausgleich wird automatisch vom Arbeitgeber, Rentenversicherungsträger oder der Bundesagentur für Arbeit ohne Antragsverfahren durchgeführt. Der Zusatzbeitrag ist um den Differenzbetrag abzusenken. Die Einkommensauszahlungen sind dann entsprechend höher. Bestimmte Personengruppen sind von der Zahlung des Zusatzbeitrags zu befreien:

- Bezieher von Krankengeld, Verletztengeld, Übergangsgeld
- Bezieher von Elterngeld und Mutterschaftsgeld
- behinderte Menschen in Werkstätten
- Wehr- und Zivildienstleistende, Absolventen eines freiwilligen sozialen oder ökologischen Jahres, Auszubildende mit geringem Einkommen
- Bezieher von Arbeitslosengeld II und Sozialgeld.

09. Wie ist der Medizinische Dienst der Krankenkasse (MDK) organisiert und welche Aufgaben nimmt dieser wahr?

Der MDK ist eine Gemeinschaftseinrichtung der gesetzlichen Kranken- und Pflegekassen und in jedem Bundesland als eigenständige Arbeitsgemeinschaft organisiert.

Aufgaben:

- Qualitätsprüfungen in Pflegeheimen und Einstufung der Pflegebedürftigen
- Beurteilung der Notwendigkeit von Leistungen
- Prüfung bei Arbeitsunfähigkeit
- Unterstützung der Krankenkasse bei Vertragsverhandlungen
- Beratung der Kassen bei Aufklärung von Behandlungs- und Pflegefehlern
- Beratung der Kranken- und Pflegekassen sowie ihrer Verbände in Grundsatzfragen

Auf Bundesebene fördert der Medizinische Dienst der Spitzenverbände der Krankenkassen (MDS) die Zusammenarbeit der MDKs.

1.5.4.2 Soziale Pflegeversicherung

01. Wie ist die Pflegeversicherung organisiert?

Die Einführung der Pflegeversicherung erfolgte 1995. Für viele Pflegebedürftige konnte so ein Sozialhilfebezug vermieden werden. Jede Krankenkasse hat eine Pflegekasse einzurichten. Die Verwaltungsaufgaben werden von den Mitarbeitern der Krankenkassen wahrgenommen. Auch die räumliche und sachliche Infrastruktur stellen die Krankenkassen zur Verfügung. Vorstand, Verwaltungsrat und der MDK sind auch für die Pflegekassen zuständig. Die Mittel hingegen sind strikt getrennt. Die Pflegekassen verfügen über eigene Haushalte und Finanzkreisläufe.

02. Kann die Pflegekasse frei gewählt werden?

Grundsatz: Die Pflegeversicherung folgt der Krankenversicherung. Mitglieder der gesetzlichen Krankenkassen müssen das Pflegefallrisiko bei der Pflegekasse absichern, die mit ihrer Krankenkasse eine organisatorische Einheit bildet.

03. Wann werden Leistungen der Pflegeversicherung gewährt?

- Antragstellung
- Nachweis der Vorversicherungszeiten
- festgestellte Pflegebedürftigkeit durch den MDK
- Einstufung

1.5 Akteure im Sozial- und Gesundheitswesen

04. Welche Leistungen werden von der sozialen Pflegeversicherung gewährt?

Der Leistungsumfang hängt von der festgestellten Pflegestufe ab. Es werden Geld oder Sachleistungen gewährt. Die Werte beziehen sich auf 2012:

Pflegestufe	ambulant		stationär
	Pflegegeld	Sachleistung	
I: erheblich Pflegebedürftige	235 €	450 €	1.023 €
II: Schwerpflegebedürftige	440 €	1.100 €	1.279 €
III: Schwerstpflegebedürftige	700 €	1.550 €	1.550 €
Pflege für einen Zeitraum von vier Wochen			Kurzzeitpflege
		Verhinderungspflege	

Kombinationsleistungen: besteht anteilig aus Pflegegeld und Sachleistungen. Das Verhältnis von Geld- und Sachleistung wird durch den Pflegebedürftigen bestimmt.

Härtefallregelung: In besonders gelagerten Einzelfällen beispielsweise im Endstadium einer Krebserkrankung können Leistungen, die über die Pflegestufe III hinausgehen bewilligt werden.

Pflegehilfsmittel: technische Hilfen (Rollstühle), Maßnahmen zur Verbesserung des Wohnumfeldes (Türverbreiterung), zum Verbrauch bestimmte Hilfsmittel (Einmalhandschuhe).

Pflegekurse: Zur Unterstützung pflegender Angehöriger. Es sollen pflegefachliche Fertigkeiten vermittelt werden und pflegebedingte psychische Belastungen gemindert werden.

Die Pflegeversicherung folgt nicht dem Bedarfsdeckungsprinzip. Hier geht es um die Finanzierung einer Grundversorgung. Gelegentlich wird die Pflegeversicherung auch mit einer Teilkaskoversicherung verglichen.

1.5.4.3 Gesetzliche Rentenversicherung

01. Wie ist die gesetzliche Rentenversicherung organisiert und welche Aufgaben nimmt sie wahr?

Absicherung der Risiken Alter, verminderte Erwerbsfähigkeit, Tod.

Organisation:

- Deutsche Rentenversicherung Bund: Sie nimmt auch übergeordnete Aufgaben wahr, wie die Klärung grundsätzlicher Fach- und Rechtsfragen, Vertretung der Rentenversicherung gegenüber der Politik, Öffentlichkeitsarbeit, Statistik.
- Deutsche Rentenversicherung Knappschaft-Bahn-See: Versicherte aus den Bereichen Bergbau, Bahn, See sowie Zuständigkeit für geringfügig Beschäftigte

- 14 Regionalträger
- Auskunfts- und Beratungsnetz
- Betriebsprüfdienst: Prüfung der Betriebe hinsichtlich ihrer Melde- und Beitragsverpflichtungen zur Sozialversicherung
- Sozialmedizinischer Dienst: Einschätzung des Leistungsvermögens der Versicherten in ihrem Beruf, Einschätzung der Rehabilitationsmöglichkeiten.

Alle Träger betreuen ihre Rentner und Versicherten.

02. Welche Leistungen werden von der gesetzlichen Rentenversicherung gewährt?

Renten wegen Alters oder verminderter Erwerbsfähigkeit

Regelaltersrente	Rente für langjährige Versicherte	Rente wegen teilweiser Erwerbsminderung	Rente wegen voller Erwerbsminderung
Sie wird mit dem Beginn des Renteneintrittsalter gezahlt. Das Renteneintrittsalter wird stufenweise auf 67 Jahre angehoben.	Sie werden nach 45 Arbeitsjahren gewährt, ohne dass das Renteneintrittsalter erreicht wurde.	Krankheit oder Behinderung erlauben keine Erwerbstätigkeit unter den üblichen Bedingungen des Arbeitsmarktes	
		täglich 6 Stunden	täglich 3 Stunden
		Berücksichtigung des Grundsatzes „Rehabilitation vor Rente"	

Die Renten sind grundsätzlich zu versteuern.

Tod eines Familienangehörigen

Wittwer/-en Renten	Waisenrenten
Anspruch nur wenn die Ehe mindestens 1 Jahr geführt wurde.	Tod von Vater und/oder Mutter, Anspruch erlischt mit dem 18. oder nach Beendigung der Ausbildung mit dem 27. Lebensjahr

Die Renten sind grundsetzlich zu versteuern. Leistungen zur medizinischen und beruflichen Rehabilitation sowie ergänzende Leistungen zur Teilhabe am Arbeitsleben (Übergangsgeld) Grundsatz: Rehabilitation vor Rente

03. Welche Faktoren beeinflussen die Rentenhöhe?

- Dauer der Versicherungszeiten
- Höhe der geleisteten Beiträge auf Basis des Erwerbseinkommens

1.5 Akteure im Sozial- und Gesundheitswesen

04. Welche Faktoren wirken sich rentenmindernd aus?

- familienbedingte Lücken
- Teilzeitarbeitsphasen
- Einkommensrückgang

Das 2007 eingeführte Elterngeld soll die Einkommenssituation von Familien verbessern. Die Anrechnung einer dreijährigen Kindererziehungszeit soll die ausbleibenden Beiträge zumindest teilweise ausgleichen.

1.5.4.4 Gesetzliche Unfallversicherung

01. Wie ist die gesetzliche Unfallversicherung organisiert?

- 11 gewerbliche Berufsgenossenschaften
- 27 öffentliche Unfallversicherungsträger
- 9 Landwirtschaftliche Berufsgenossenschaften
- 7 Feuerwehrunfallkassen

Für das Gesundheits- und Sozialwesen ist die Berufsgenossenschaft für Gesundheitsdienst und Wohlfahrtspflege zuständig.

02. Welche Aufgaben nimmt die gesetzliche Unfallversicherung wahr?

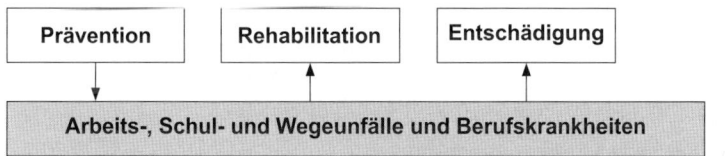

03. Welche Leistungen werden von der gesetzlichen Unfallversicherung gewährt?

- Heilbehandlung und Hilfsmittelversorgung durch Durchgangsärzte
- spezielle Behandlungsleistungen in Berufsgenossenschaftlichen Kliniken
- medizinische Rehabilitation bei Unfallfolgen und Berufskrankheiten
- Maßnahmen der beruflichen Rehabilitation
- Leistungen bei Pflege
- Verletztengeld, Renten, Übergangsgeld, Leistungen an Hinterbliebene

1.5.5 Aufgabe und Rolle der Kammern, Kassenärztlichen Vereinigungen, der Verbände und der Berufsorganisationen

01. Welche Organisation und Funktion haben die Kammern der Heilberufe?

Die Kammern nehmen die Aufsicht über die Berufe der Ärzte, Zahnärzte, Apotheker und Psychotherapeuten wahr. Diese Berufsgruppen sind nach Approbation Pflichtmitglieder ihrer Kammer. Als Körperschaft öffentlichen Rechts sind die Kammern zur Aufstellung eines Haushaltsplans und einer Jahresrechnung verpflichtet. Die Aufgaben der Kammern ergeben sich aus den Heilberufs- und Kammergesetzen der Länder:

- Interessenvertretung der beruflichen Belange ihrer Mitglieder
- Förderung von Aus-, Fort- und Weiterbildung
- Einhaltung der Berufspflichten nach Berufsordnung
- allgemeine Schlichtungsstelle
- Unterstützung des öffentlichen Gesundheitsdienstes, z. B. durch Fachgutachten
- Möglichkeit der Teilnahme an einem berufständischen Versorgungswerk zur Altersversorgung

02. Welche Organisation und Funktion haben die Kassenärztlichen Vereinigungen?

Alle Vertragsärzte im Versorgungsgebiet einer Kassenärztlichen Vereinigung sind auch ihre Mitglieder. Die 17 Kassenärztlichen und 17 Kassenzahnärztlichen Vereinigungen sind Körperschaften des öffentlichen Rechts. Ihre Aufgaben sind:

- Bedarfsplanung der ambulanten Versorgung
- Sicherstellungsauftrag für die ambulante ärztliche Versorgung
- ärztlicher Notdienst
- Rechnungsprüfung der vertragsärztlichen Leistungen
- Vereinbarung einer Gesamtvergütung mit den Krankenkassen
- Verwaltung und Verteilung der Gesamtvergütung

Die Vertreterversammlungen wählen die Vertreter der Kassenärztlichen Bundesvereinigung bzw. Kassenzahnärztlichen Bundesvereinigung.

03. Welche Organisation und Funktion hat der Gemeinsame Bundesausschuss?

Der 2004 gegründete Gemeinsame Bundesausschuss ist ein zentrales Beschlussgremium der Selbstverwaltung. Er konkretisiert in seinen Richtlinien und Beschlüssen, welche ambulanten und stationären Leistungen ausreichend, zweckmäßig und wirtschaftlich sind. Dadurch wird eine Änderung des Leistungsrechts bewirkt. Der G-BA setzt sich wie folgt zusammen:

1.5 Akteure im Sozial- und Gesundheitswesen

Gemeinsamer Bundesausschuss			5 Vertreter der Patientenorganisationen
3 unparteiische Mitglieder	5 Vertreter der Krankenkassen	5 Vertreter der Leistungserbringer	
nicht medizinische Berufe	GKV-Spitzenverband	DKG, KBV, KZBV	

Die Beschlüsse und Richtlinien sind für alle gesetzlichen Krankenkassen und Leistungserbringer verbindlich. So können die Krankenkassen keine Leistungen vereinbaren, die der G-BA von der Versorgung ausgeschlossen hat.

04. Welche Organisation und Funktion haben die Krankenhausgesellschaften?

Die Träger der zugelassenen Krankenhäuser sind in den Landeskrankenhausgesellschaften zusammengeschlossen. Für die Krankenhäuser besteht keine Verpflichtung zur Mitgliedschaft. Ihre wesentlichen Aufgaben sind:

- Abschluss von Verträgen mit den Krankenkassenverbänden mit Wirkung für die Krankenhäuser
- Beratung und Unterstützung der Krankenhäuser bei den jährlichen Entgeltverhandlungen
- Mitwirkung in den Gremien zur Krankenhausplanung und Finanzierung.

Auf Bundesebene sind die Landeskrankenhausträger (Landeskrankenhausgesellschaften und die Wohlfahrtsverbände) in der Deutschen Krankenhausgesellschaft (DKG) zusammengeschlossen. Sie vertritt die Krankenhäuser bei allen gesundheitspolitischen Entscheidungen und ist an der Vorbereitung und Durchführung von Gesetzen beteiligt.

05. Welche Bedeutung hat die freie Wohlfahrtspflege?

Die Wohlfahrtsverbände engagieren sich in den Bereichen des Sozial- und Gesundheitswesens, in denen der Staat aufgrund von Subsidiarität nicht aktiv wird. Die Organisationen sind durch unterschiedliche Weltanschauungen und religiöse Zielvorstellungen geprägt.

Die in freigemeinnütziger Trägerschaft erbrachten Leistungen werden nach dem Selbstkostendeckungsprinzip finanziert. Es werden keine gewinnmaximierenden Ziele verfolgt. Die Wohlfahrtsverbände betreiben Krankenhäuser, Pflegeheime, Pflegedienste und Einrichtungen der Behindertenhilfe. Die Strukturen werden durch Mitgliedsbeiträge, Spenden und staatliche Zuschüsse finanziert. Die Spitzenverbände sind in der Bundesarbeitsgemeinschaft der Wohlfahrtpflege organisiert. Die Verbände leisten durch ihr sozialpolitisches Engagement einen Beitrag zur Erhaltung des Sozialstaates.

06. Welche Bedeutung haben die Berufsorganisationen?

Beruforganisationen wirken als Interessenvertretungen ihrer Berufsgruppe. Im Sinne der wirtschaftlichen und beruflichen Förderung ihrer Mitglieder nehmen sie Einfluss auf Politik und Gesellschaft. In Gegensatz zur Kammer gibt es keine Verpflichtung zur Mitgliedschaft. Die Berufsorganisationen nehmen auch keine berufsständischen Aufsichtsfunktionen wahr, z. B. Marburger Bund.

1.6 Finanzierung

1.6.1 Model der dualen und der monistischen Krankenhausfinanzierung

1.6.1.1 Monistische Krankenhausfinanzierung

01. Wie könnten die Krankenhauskosten im monistischen System finanziert werden?

Sowohl Betriebskosten als auch Investitionskosten würden ausschließlich von den Krankenkassen finanziert werden.

02. Welche Folgen hätte ein monistisches System?

Die Rückkehr zur Monistik brächte den Ländern eine Ersparnis, würde bei den Krankenkassen aber zu einer deutlichen Ausgabensteigerung führen. Die Länder müssten ihre Planungshoheit einschränken und könnten somit die Sicherstellung der Krankenhausversorgung nicht mehr gewährleisten.

1.6.1.2 Duale Krankenhausfinanzierung

01. Wie werden die Krankenhauskosten in Deutschland finanziert?

Nach §4 KHG wird die Finanzierung über zwei unterschiedliche Finanzierungswege gesichert:

Investitionskosten	Betriebskosten – erbrachte Leistungen (Personal und Sachkosten)
• Investitionsförderung für Plankrankenhäuser aus den Haushalten der Länder	In Form von Benutzerentgelten • gesetzliche und private Krankenversicherung • Zusatzversicherung Krankenhaus • Selbstzahler

02. Wie werden die Investitionskosten finanziert?

In § 9 KHG ist festgelegt, welche Investitionen durch das Land gefördert werden können. Es wird zwischen Einzel- und Pauschalförderung unterschieden:

Einzelförderung

- Errichtung von Krankenhäusern einschließlich der Anlagegüter
- Wiederbeschaffung Anlagegüter mit einer Nutzungsdauer von mehr als 3 Jahren
- Anlaufkosten und Umstellungskosten sowie Erwerb, Erschließung, Miete und Pacht von Grundstücken, soweit ohne die Förderung die Aufnahme oder Fortführung des Krankenhausbetriebes gefährdet wäre
- Erleichterung der Schließung oder Umwandlung in Pflegeeinrichtungen

Die Förderung setzt eine Bewilligung des Antrages durch das Bundesland voraus.

Pauschalförderung

- Wiederbeschaffung kurzfristiger Anlagegüter
- kleine bauliche Maßnahmen

Es werden jährlich feste Pauschalbeträge gezahlt mit denen das Krankenhaus im Rahmen der Zweckbindung frei wirtschaften kann.

Förderungsumfang: Berücksichtigung von Versorgungsstufen, Planbetten oder Fallzahlen

Aufgrund der Haushaltslage der Länder, die mit einer verzögerten Förderpraxis einhergeht, ist es in den Krankenhäusern zu einem Investitionsstau gekommen.

03. Wird bei Bettenabbau weniger Förderung gezahlt?

Wenn der Bettenabbau mit den Landesverbänden der Krankenkassen und der Ersatzkassen vereinbart worden ist und die von Grenzen des Abbaus, die in der Krankenhausplanung vorgegeben sind nicht übersteigt, wird die Förderung nicht reduziert.

04. Was versteht man unter Investitionspauschalen?

Da die Länder ihren Förderverpflichtungen nicht oder nicht in ausreichendem Maße nachkommen, wurde nach § 10 KHG im Rahmen des Krankenhausfinanzierungsreformgesetzes (KHRG) die Einführung leistungsorientierter Investitionspauschalen beschlossen. Die Investitionsförderung soll durch Zuschläge zu den DRGs erfolgen.

Damit entfällt das Antrags- und Bewilligungsverfahren. Die Krankenhäuser kritisieren an diesem Förderungskonzept, dass in den einzelnen Häusern der Sanierungsstand zu unterschiedlich sei. Deshalb würde die Anwendung von diesem Verfahren zu einer ungerechten Mittelverteilung führen.

| Krankenhäuser: 2012 | leistungsorientierte |
| psychiatrische und psychosomatische Einrichtungen: 2014 | Investitionspauschalen |

Die Länder haben nach wie vor die Möglichkeit zwischen den leistungsorientierten Investitionspauschalen und dem bisherigen Verfahren zu wählen.

1.6.1.3 Betriebskostenfinanzierung

01. Wie werden Patienten zugeordnet?

Für die Zuordnung der Patienten müssen folgende Kriterien berücksichtigt werden:

- Alter
- Geschlecht
(Geburtsgewicht, Beatmungszeit)
- Hauptdiagnose
- Nebendiagnosen
- Prozeduren
- Verweildauer
- Entlassungsgrund

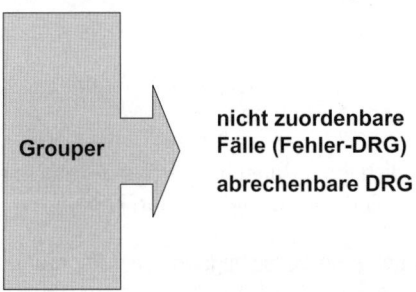

Diagnosis Related Group = diagnosebezogene Fallgruppen

Bei Überschreitungen der oberen Grenzverweildauer (OGVD) kommt es zu geringfügigen Zuschlägen und bei Unterschreitung der unteren Grenzverweildauer (UGVD) kommt es zu Abschlägen. Am ökonomisch sinnvollsten ist die mittlere Verweildauer (MVD). Die Grundlage für die Codierung sind die Eintragungen in die Patientenakte.

Dieses australische System wurde überarbeitet und den deutschen Gegebenheiten angepasst. Es ist ein lernendes System, welches sich immer weiter verzweigt. Von anfangs 600 DRGs sind es 2011 mittlerweile 1.194. In diesem System werden auch Fehler-DRGs berücksichtigt.

02. Wie ergibt sich die Vergütung?

Der DRG ist im Fallpauschalenkatalog ein Relativgewicht zugeordnet.

Relativgewicht: durchschnittliche Kostenintensität der DRG zu den anderen DRGi somit ist eine mit 2,0 bewertete DRG doppelt so kostenaufwendig, wie eine DRG, die mit 1,0 bewertet wurde.

1.6 Finanzierung

| DRG Erlös = Basisfallwert · Relativgewicht |

Mit dem DRG-Erlös sind die allgemeinen Krankenhausleistungen abgegolten. Die Regeln für die Vergütung sind in der Fallpauschalenvereinbarung (FPV) zwischen dem GKV-Spitzenverband und der DKG für alle Krankenhäuser verbindlich festgelegt. Wahlleistungen sind gesondert zu vergüten.

03. Was versteht man unter einem Basisfallwert?

Der Basisfallwert ist keine reine rechnerische Größe, sondern das Ergebnis von Verhandlungen zwischen den Krankenhäusern und den Krankenkassen. Er stellt den Geldwert dar, den die Krankenhäuser für einen durchschnittlichen Leistungsfall erhalten.

Mit Beginn der Konvergenzphase 2005 bis 2008 wurde ein krankenindividueller Basisfallwert zur Berechnung zu Grunde gelegt. Diese Basisfallwerte wurden dann in Jahresschritten einem Landesbasisfallwert angepasst. Dieser ist seit 2009 für alle Krankenhäuser eines Bundeslandes verbindlich. 2010 ist ein bundeseinheitlicher Basisfallwert von 2.935,78 € festgelegt worden. Die Krankenhäuser sollen innerhalb von fünf Jahren an diesen herangeführt werden. So sollen sich Krankenhäuser möglichst innerhalb der vorgegebenen Korridorgrenzen aufhalten.

_____ + 2,5 % das entspricht 3.009,17 €
2.935,78 €
_____ - 1,25 % das entspricht 2.899,08 €

04. Welches Ziel verfolgen Krankenhäuser mit Up-Coding?

Die Codierung eines möglichst hohen Ressourcenverbrauchs, welcher nicht den Tatsachen entspricht, um einen möglichst hohen DRG-Erlös für den Fall zu erzielen. Dies wird beispielsweise über die Codierung von möglichst vielen Nebendiagnosen versucht. Seit Einführung des DRG-Systems hat die Einzelfallprüfung durch den MDK deutlich zugenommen. Für die Krankenkassen war es erforderlich verstärkt Personal zur Abrechnungsprüfung einzustellen.

05. Können Krankenhäuser zusätzliche Entgelte erzielen?

Für Leistungen, die nicht durch den DRG-Fallpauschalenkatalog abgedeckt sind, können die Krankenhäuser bundeseinheitliche Zuatzentgelte nach einem Zusatzentgeltkatalog erhalten oder sie können krankenhausindividuelle Zusatzentgelte vereinbaren.

1.6.2 Leistungsabrechnung im ambulanten Bereich

01. Nach welchen Vergütungssystemen werden ambulante ärztliche Leistungen honoriert?

Versicherung	GKV	PKV/Selbstzahler
Vergütungssystem	Einheitlicher Bewertungsmaßstab (EBM)	Gebührenordnung für Ärzte (GÖÄ)
Rechtsgrundlage	SGB V	Rechtsverordnung
Ermessensspielräume	nein	ja, durch Steigerungssätze

02. Was ist der Einheitliche Bewertungsmaßstab (EBM)?

Der Bewertungsausschuss beschließt nach §87 SGB V den EBM auf Bundesebene. Er wird aus den Vertretern der Spitzenverbände der Krankenkassen und Vertretern des KBV gebildet. Der EBM bestimmt die abrechnungsfähigen Leistungen und ihr wertmäßiges Verhältnis zueinander. Dazu wird ein Orientierungspunktwert in Euro festgelegt. 2011 beträgt dieser 3,5048 Cent.

Der Bewertungsausschuss legt jährlich Indikatoren zur Messung der regionalen Besonderheiten hinsichtlich der Kosten und Versorgungsstruktur fest. Insbesondere die Abweichung der regionalen von der bundesdurchschnittlichen Fallzahlentwicklung ist zu berücksichtigen. Nach diesen Bundesvorgaben haben die KVen und Krankenkassen die regionalen Gebührenordnungen umzusetzen.

Vergütung = Punktzahlen · Punktwert

03. Wie gliedern sich die vertragsärztlichen Leistungen nach dem EBM?

Arztgruppenübergreifende Leistungen	Diese Leistungen können von jedem Vertragsarzt erbracht und abgerechnet werden, z. B. Notdienst, Einführung einer Magenverweilsonde, legen eines transurethralen Dauerkatheters.
Arztgruppenspezifische Leistungen	Diese Leistungen können nur von Ärzten der entsprechenden Arztgruppe abgerechnet werden. So dürfen urologische Leistungen nur von einem Urologen und augenärztliche Leistungen nur von einem Augenarzt abgerechnet werden.
Arztgruppenübergreifende spezielle Leistungen	Die Abrechnung dieser Leistungen ist nur möglich, wenn eine besondere Fachkunde sowie eine entsprechende apparative Ausstattung nachgewiesen werden, beispielsweise ein CT.

Die Abrechnung der ambulanten ärztlichen Leistungen gliedert sich in einen hausärztlichen und in einen fachärztlichen Teil. Der fachärztliche Teil gliedert sich nach den einzelnen Facharztgruppen.

EBM für Hausärzte		EBM für Anästhesisten		EBM für Augenärzte

1.6 Finanzierung

Vergütungsstruktur der Hausärzte

Versichertenpauschalen	Für den gesamten Abrechnungszeitraum erbrachte Leistungen einschließlich Betreuungs-, Koordinations-, Dokumentationsleistungen
Zuschläge	Für die Betreuung multimorbider Patienten
Einzelleistungen/Leistungskomplexe	Die besonders förderungswürdig sind, wie beispielsweise geriatrisches Basisassesment
Qualitätszuschläge	Für die in besonderen Behandlungsfällen geleistete Qualität wie beispielsweise bei einem Langzeit-EKG

Vergütungsstruktur der Fachärzte

Grundpauschale	Üblicherweise bei jedem Behandlungsfall erbrachte Leistung
Arztgruppenspezifische Zusatzpauschale	Vergütung des besonderen Leistungsaufwandes, der sich aus bestimmten Behandlungsfällen ergibt
diagnosebezogene Pauschalen	Vergütet die Behandlung von Patienten mit erheblichem Therapieaufwand und überproportionalen Kosten
Arztgruppenübergreifende spezifische Pauschalen	Vergütet für die fallbezogene Zusammenarbeit von Ärzten verschiedener Fachrichtungen.
Einzelleistungen/ Leistungskomplexe	Aufgrund von medizinischen Besonderheiten nur vergütet, wenn auch erforderlich

Die Verteilung der Vergütung erfolgt aus der morbiditätsbedingten Gesamtvergütung.

04. Was ist die morbiditätsbedingte Gesamtvergütung?

Die Krankenkassen zahlen an die KVen eine Gesamtvergütung. Die Gesamtvergütung soll alle vertragsärztlichen Leistungen und die damit verbundenen Kosten abdecken. Mit der Zahlung geht die Sicherstellung der ambulanten Versorgung nach §75 SGB V auf die KVen über. Die Höhe der Gesamtvergütung wird in den Gesamtverträgen festgelegt. Die Berechnung erfolgt kassenspezifisch.

Berechnung der morbiditätsbedingten Gesamtvergütung:

morbiditätsbedingter Behandlungsbedarf · Anzahl der Versicherten· regionaler Punktwert

Der Behandlungsbedarf wurde anhand eines vergangenen Abrechnungszeitraumes ermittelt. Zukünftig wird die Morbidität in einem Versichertenklassifikationssystem abgebildet werden. Dort erfolgt eine Zuordnung nach Alter, Geschlecht und Diagnosen. Kommt es zu einem unvorhersehbaren Anstieg der Morbidität der Bevölkerung (z. B. Grippewelle) können diese Leistungen nachverhandelt werden.

Das Morbiditätsrisiko geht vom Vertragsarzt auf die Krankenkasse über. Die Vergütungen sollen im Bundesvergleich aneinander angenähert werden und stärker dem Behandlungsbedarf entsprechen. Morbiditätsbedingte Gesamtvergütung bildet nach Abzug der extrabudgetären Leistung die Grundlage zur Berechung der Regelleistungsvolumina und qualifikationsgebundene Zusatzvolumen.

05. Was sind Regelleistungsvolumen und qualifikationsgebundene Zusatzvolumen?

Zur Verhinderung einer Mengenausdehnung wurden die Regelleistungsvolumina (RVL) nach § 87b SGB V eingeführt. Jedem Arzt wird pro Quartal ein Regelleistungsvolumen zugewiesen. Die KV teilt den einzelnen Praxen die Höhe ihrer Volumina im Voraus mit. Berechnungsgrundlage ist die morbiditätsbedingte Gesamtvergütung des Vorjahres.

Berechnung des Regelleistungsvolumens des Arztes:

Fallzahl des Arztes · Fallwert der Arztgruppe · Gewichtungsfaktor Alter

- Fallzahl: Behandlungsfälle im Vorjahresquartal

- Fallwert: Vergütungsvolumen der Arztgruppe: Fallzahl der Arztgruppe

- Gewichtungsfaktor Alter: Er berücksichtigt den unterschiedlichen Behandlungsaufwand in den verschiedenen Altersklassen.

2010 wurden qualifikationsgebundene Zusatzvolumen (QZV) eingeführt. Jeder Arztgruppe steht ein Verteilungsvolumen zu, aus dem die unterschiedlichen Zusatzvolumen für die vorgeschriebenen Leistungen gebildet werden. Diese sind beispielsweise für:

Hausärzte:

QZV 1 Allergologie	QZV 2 Phlebologie	QZV 3 Teilradiologie

Fachärzte für Chirurgie:

QZV 1 Akupunktur	QZV 2 spezielle Schmerztherapie	QZV 3 Sonographie

Berechnung des qualifikationsgebundenen Zusatzvolumens

Da die QZVs nur in einem KV Bezirk gelten und die Berechnungssystematik hinsichtlich der Fallwerte sehr stark differiert, sind diese auch nicht bundesweit vergleichbar.

1.6 Finanzierung

QZV 1 = Fallwert · Fallzahl

Zusammen bilden beide Volumina die Vergütungsobergrenze. Sie können auch gegeneinander verrechnet werden. So kann ein nicht ausgeschöpftes Regelleistungsvolumen mit qualifikationsgebundenen Leistungen aufgefüllt werden.

Fallzahl in %	Abstaffelung um
> 200	75 %
> 170 – 200	50 %
> 150 – 170	25 %
100 – 150	QZV
	RVL

→ Vergütungsobergrenze

Wird diese Grenze überschritten, so werden die darüberliegenden Leistungen mit abgestaffelten Preisen vergütet.

06. Gibt es innerhalb der morbiditätsbedingten Gesamtvergütung Leistungen, die keiner Mengenbegrenzung unterliegen?

Ein Anstieg bei den freien Leistungen – wie beispielsweise den dringenden Hausbesuchen und der Akupunktur – hat dazu geführt, dass immer weniger Geld für die Regelleistungsvolumina zur Verfügung stand. Da auch die freien Leistungen aus der morbiditätsbedingten Gesamtvergütung bezahlt wurden. Deshalb wurden fast alle freien Leistungen den qualitätsgebundenen Zusatzvolumen zugeordnet. So können nur noch wenige Leistungen (wie beispielsweise im KV Bezirk Berlin Früherkennung und Mutterschaftsvorsorge) unbegrenzt und mit dem vollen EBM-Preis abgerechnet werden. Diese Leistungen sind auf Landesebene zu vereinbaren. Ärzte, die bisher durch die Abrechnung von freien Leistungen hohe Umsätze erwirtschaften konnten, müssen nun mit Honorareinbußen rechnen.

07. Was sind Extrabudgetäre Leistungen?

Extrabudgetäre Leistungen sind außerhalb der morbiditätsbedingten Gesamtvergütung zu honorieren und für sie sind gesonderte Verträge zwischen KV und Krankkassen abzuschließen. Ihre Vergütung richtet sich nach den Vertragsinhalten. Beispiele:

- Früherkennungsuntersuchungen
- Strahlentherapie
- Impfungen
- ambulante Operationen
- Besuche in Pflegeheimen SGB XI
- Aufwand für Dokumentation und Schulung in Disease-Management-Programmen
- Verträge zwischen Krankenkassen und Leistungserbringern unter Ausschluss der KV
- Hausarztzentrierte Versorgung
- Integrierte Versorgung
- Individuelle Gesundheitsleistungen (IGeL) müssen privat bezahlt werden.

08. Was ist die GOÄ?

Die GOÄ ist die bundesweit gültige Abrechnungsgrundlage für privatärztlich erbrachte Leistungen. Sie legt Mindest- und Höchstsätze fest und ist regelmäßig an den Stand der medizinischen Wissenschaft anzupassen. Auch hier gilt für die einzelnen Gebührenpositionen:

$$\text{Honorar} = \text{Punktzahl} \cdot \text{Punktwert}$$

Regelsätze:

Leistungen	Mindestsatz	Schwellenwert	Höchstsatz
Ärztliche Leistungen	1,0	2,3	3,5
Medizinisch-technische	1,0	1,8	2,5
Labor	1,0	1,15	1,3

Eine Überschreitung des Schwellenwertes ist durch den behandelnden Arzt zu begründen.

1.6.3 Privatfinanzierte Leistungen im Gesundheitswesen

1.6.3.1 Private Versicherungen

Private Krankenversicherung

01. Wie ist die private Krankenversicherung organisiert?

2007 haben insgesamt 82 Versicherungsunternehmen Private Krankenversicherungen angeboten. Die 47 größten Unternehmen sind im Verband der privaten Krankenversicherungen zusammengeschlossen. 9 % der Bevölkerung sind privat krankenversichert. Die Bundesanstalt für Finanzdienstleistungsaufsicht (BaFin) führt die Aufsicht über die privaten Krankenversicherungen.

02. Wie werden die Beiträge erhoben?

- Keine Staffelung der Prämien nach dem Gesundheitszustand (gilt nicht für nach 1995 abgeschlossene Verträge)
- geschlechtsneutrale Prämien
- Lebensalter bei Eintritt
- die Prämienhöhe darf den Höchstbetrag der sozialen Pflegversicherung nicht überschreiten

Eine beitragsfreie Mitversicherung von nicht berufstätigen Kindern bis maximal zum 25. Lebensjahr ist möglich. Die privaten Pflegekassen müssen einen gesetzlich vorgeschriebenen Risikoausgleich vornehmen.

03. Wie sollen Beitragssatzsteigerungen vermieden werden?

Um eine Beitragserhöhung für älter und eventuell auch kränker werdende Versicherte zu vermeiden, werden in der PKV Altersrückstellungen gebildet. Sie sollen die im Alter auftretende Morbidität ausgleichen. Dazu werden die Beiträge der jüngeren Versicherten höher angesetzt als es zur Deckung der Leistungsausgaben eigentlich nötig gewesen wäre. Wird die Versicherung gewechselt, so können die Versicherten ihre Altersrückstellungen nur im Umfang des Basistarifes mitnehmen.

04. In welcher Form werden die Leistungen von der privaten Krankenversicherung gewährt?

In der privaten Krankenversicherung gilt das Prinzip der Kostenerstattung. Die Versicherten sind direkte Vertragspartner der Leistungserbringer. Sie erhalten für die erbrachte Leistung eine Rechnung, für deren Begleichung sie verantwortlich sind. Die private Krankenkasse erstattet dann den Rechnungsbetrag.

Die Höhe der Kostenerstattung ist abhängig vom Versicherungstarif. Aufgrund der hohen Kosten der Krankenhausversorgung sind einige PKV-Unternehmen dazu übergegangen eine Direktabrechnung mit den Krankenhäusern vorzunehmen. Die privaten Krankenkassen schließen keine Versorgungsverträge mit den Leistungserbringern. Deshalb können sie weder die Versorgung noch die Kosten steuern.

05. Besteht Versicherungspflicht?

Es besteht Versicherungspflicht. Eine Aufnahme in den Basistarif kann nicht verweigert werden (Kontaktierungszwang). Die Leistungen des Basistarifs entsprechen dem GKV-Leistungskatalog. Bei anderen Tarifen kann eine Risikoprüfung vorgenommen werden.

Private Pflegeversicherung

01. Wie ist die private Krankenversicherung organisiert?

Nach § 110 SGB XI sind den privaten Pflegeversicherungen Regeln vorgegeben, um die Belange der Versicherten zu wahren. Private Lebensversicherer oder private Krankenversicherungen bieten Pflegeversicherungsverträge an. Die private Pflegeversicherung bildet zusammen mit der sozialen Pflegeversicherung die gesetzliche Pflegeversicherung.

02. Wie werden die Beiträge erhoben?

- Keine Staffelung der Prämien nach dem Gesundheitszustand (gilt nicht für nach 1995 abgeschlossene Verträge)
- Gesundheitszustand bei Antragstellung
- Lebensalter bei Eintritt
- geschlechtneutrale Beiträge
- die Prämienhöhe darf den Höchstbetrag der sozialen Pflegeversicherung nicht überschreiten

Eine beitragsfreie Mitversicherung von Kindern bis max. zum 25. Lebensjahr ist möglich. Die privaten Pflegekassen müssen einen Risikoausgleich vornehmen.

03. Wann werden Leistungen von der privaten Pflegeversicherung gewährt?

Die privaten Krankenversicherungen haben einen eigenen Dienst zur Begutachtung aufgebaut. Es sind die gleichen Maßstäbe wie in der sozialen Pflegeversicherung hinsichtlich der Feststellung der Pflegebedürftigkeit und der Zuordnung zu einer Pflegestufe anzuwenden. Die Leistungen der privaten Pflegeversicherung müssen denen der sozialen Pflegeversicherung gleichwertig sein. Es gilt das Kostenerstattungsprinzip.

04. Besteht Versicherungspflicht?

Wer Mitglied in einer privaten Krankenversicherung ist, muss auch eine private Pflegeversicherung abschließen. Es darf niemand aufgrund von Vorerkrankungen oder bereits bestehender Pflegebedürftigkeit ausgeschlossen werden. Es gibt keine Befreiungsmöglichkeiten von der Versicherungspflicht.

Berufsunfähigkeit

01. Was versteht man unter Berufsunfähigkeit?

Personen, die ihren zuletzt ausgeübten Beruf aufgrund von gesundheitlichen Beeinträchtigungen voraussichtlich auf Dauer nicht mehr ausführen können, gelten als Berufsunfähig. Seit 2001 ist Berufsunfähigkeit Teil der privaten Risikoabsicherung.

1.6.3.2 Individuelle Gesundheitsleistungen (IGeL)

01. Was versteht man unter Individuellen Gesundheitsleistungen?

Individuelle Gesundheitsleistungen (IGeL), die nicht im Leistungskatalog der GKV enthalten sind, muss der Patient selbst bezahlen. Dazu gehören beispielsweise ästhetische Medizin, Reisemedizin und labordiagnostische Wunschleistungen. Die Preise, die für die jeweilige Leistung in Rechnung gestellt werden, können zwischen den einzelnen Leistungserbringern variieren. Der Arzt darf die Preise jedoch nicht willkürlich festlegen. Sie richten sich nach der GOÄ.

02. Was muss bei der Abrechnung von IGeL berücksichtigt werden?

- Erklärung des Patienten, dass die Behandlung auf eigenen Wunsch erfolgt.
- Information durch den Vertragsarzt, dass keine Kostenübernahme durch die gesetzliche Krankenkasse möglich ist.
- Risikoaufklärung des Patienten durch den Vertragsarzt.
- Aufklärung über die voraussichtliche Höhe der Kosten.

1.7 Internationale Entwicklung

1.7.1 Entwicklung des Gesundheitswesens in der Europäischen Union

01. Welche gesundheitspolitischen Aufgaben wurden der EU übertragen?

Gesundheitsschutz

- Maßnahmen zur Festlegung hoher Qualitäts- und Sicherheitsstandards für Organe und Substanzen menschlichen Ursprungs sowie für Blut und Blutderivate.
- Maßnahmen in den Bereichen Veterinärwesen und Pflanzenschutz, die unmittelbar den Schutz der Gesundheit der Bevölkerung zum Ziel haben.
- Fördermaßnahmen, die dem Schutz und der Verbesserung der menschlichen Gesundheit dienen.

Prävention

- Gesundheitsschutz in der Arbeitsumwelt
- gesundheitlicher Verbraucherschutz

Die EU hat die Aufgabe, die Gesundheitspolitik der Mitgliedsstaaten zu ergänzen und zu koordinieren. Die Verantwortung der Mitgliedsstaaten für die Versorgung und Organisation des Gesundheitswesens bleibt weiterhin gewahrt.

02. Welche Regelungskompetenzen hat die EU auf dem Gebiet des Gesundheitswesens?

Im Rahmen ihrer unter Frage 01. genannten Aufgabengebiete:

- durch Richtlinien supranationale Mindeststandards festlegen
- Sanktionierung bei nicht fristgerechter oder angemessener Umsetzung

03. Wie konkretisiert die EU ihre gesundheitspolitischen Strategien?

Die EU ruft Aktionsprogramme ins Leben, wie beispielsweise öffentliche Gesundheit (2008 - 2013). Auf diesem Gebiet werden unterschiedliche Projekte und Initiativen in den Mitgliedsstaaten gefördert.

04. Welchen Einfluss hat die Rechtsprechung des Europäischen Gerichtshofes?

Aufgabe des Europäischen Gerichtshofes ist die Wahrung des Rechts bei Auslegung und Anwendung der Gemeinschaftsverträge. Aufgrund seiner Entscheidung dürfen beispielsweise private Krankenversicherer Männern und Frauen keine unterschiedlichen Tarife mehr anbieten. Ab 2012 müssen die privaten Krankenversicherungen eine Gleichbehandlung ihrer Versicherten vornehmen und ihnen Unisex-Tarife anbieten.

05. Welche Freizügigkeiten gelten im europäischen Binnenmarkt?

Freier Personen-, Waren-, Dienstleistungs- und Kapitalverkehr. Diese Freizügigkeiten haben auch Einfluss auf das Sozial- und Gesundheitswesen.

1.7.1.1 Sozialcharta der EU

01. Wozu verpflichtet die Europäische Sozialcharta die Vertragsstaaten?

Die Unterzeichnerstaaten werden zu gesetzlichen und verwaltungsrechtlichen Maßnahmen im Bereich des Erwerbslebens und der sozialen Sicherheit verpflichtet. Die Europäische Sozialcharta sieht aber keine Sanktionen bei Pflichtverletzungen vor.

Alle zwei Jahre haben die Vertragsstaaten einen Bericht zur Umsetzung der von ihnen übernommenen Verpflichtungen an den Generalsekretär des Europarates abzuliefern. Dieser hat die Möglichkeit den Mitgliedsstaaten Änderungsvorschläge hinsichtlich sozialer Standards aufzuzeigen. Die Sozialcharta wurde bisher von 27 Staaten unterzeichnet.

Siehe auch Kapitel 2.1.1.3

1.7.1.2 Relevante EU-Verordnungen

01. Welche Richtlinien sind für Gesundheitsdienstleistungen relevant?

Richtlinie über die Ausübung der Patientenrechte in der grenzüberschreitenden Gesundheitsversorgung 2011/24/EU:

- Ausländer sollen den gleichen Zugang zur medizinischen Versorgung haben wie die Bürger des betreffenden EU-Mitgliedsstaates.

- Kostenerstattung bei den im Ausland in Anspruch genommenen Leistungen.

- Genehmigungspflicht durch die Krankenkasse bei stationären und risikoreichen Behandlungen.

Richtlinien zur Anerkennung von akademischen und nichtakademischen Gesundheitsberufen 2005/36/EG

- gegenseitige Anerkennung und Niederlassungsfreiheit für die Gesundheitsberufe. Die Richtlinien wurden in den Berufsordnungen und -gesetzen der unterschiedlichen Berufe umgesetzt.

Sie sollen den freien Personen- und Dienstleistungsverkehr erleichtern.

1.7 Internationale Entwicklung

02. Welche Richtlinien sind für Arzneimittel und Medizinprodukte relevant?

Richtlinie über Medizinprodukte 93/42/EWG, 2007/47/EG: Sie ist das wichtigste Regelungsinstrument für die Sicherheit von Medizinprodukten in der EU.

Richtlinie zur Schaffung eines Gemeinschaftskodexes für Humanarzneimittel 2001/83/EG: Sie enthält die Vorschriften für die Herstellung, das Inverkehrbringen, den Vertrieb und den Einsatz von Fertigarzneimitteln innerhalb der EU.

Beide Richtlinien sind im Medizinproduktegesetz und im Arzneimittelgesetz in Deutschland umgesetzt worden. Diese Richtlinien sollen den freien Warenverkehr erleichtern.

1.7.1.3 Zulassung von Medikamenten und medizinischen Produkten

01. Welche Zulassungsverfahren gibt es für Arzneimittel?

Europäische Verfahren: Zulassungen für mehrere Mitgliedsstaaten

Einführung: Vermeidung der Segmentierung des Arzneimittelmarktes durch unterschiedliche Zulassungsverfahren

Dezentrales Zulassungsverfahren	Ein Hersteller kann in einem oder mehreren Mitgliedsstaaten einen Zulassungsantrag stellen. Nach positivem Bescheid hat der Hersteller einen Anspruch, dass die Zulassung innerhalb von 90 Tagen in den anderen Staaten anerkannt wird (Verfahren der wechselseitigen Anerkennung).
Zentrales Zulassungsverfahren	Die Zulassung muss bei der Europäischen Agentur für die Beurteilung von Arzneimitteln (EMEA) in London beantragt werden. Sie gilt für den gesamten EU-Raum. Für innovative und gentechnisch hergestellte Präparate ist sie obligatorisch.

02. Wie ist das Zulassungsverfahren für Medizinprodukte geregelt?

In der EU dürfen Medizinprodukte nur in Verkehr gebracht oder in Betrieb genommen werden, wenn sie mit der CE-Kennzeichnung versehen sind. Dazu ist von den Herstellern ein Konformitätsbewertungsverfahren durchzuführen. In diesem Verfahren wird der Nachweis erbracht, dass das Medizinprodukt die grundlegenden Sicherheits- und Gesundheitsanforderungen der jeweiligen Richtlinie erfüllt.

Welches Konformitätsbewertungsverfahren anzuwenden ist und ob eine Prüf- und Zertifizierungsstelle (benannte Stelle) beteiligt werden muss, hängt vom Risiko der Produkte ab.

Die Zulassung und die CE-Kennzeichnung in einem EU-Land berechtigen auch zum Vertrieb in den anderen EU-Staaten. Die Aufnahme in einen Leistungskatalog wird durch nationale oder regionale staatliche Institutionen oder die Selbstverwaltungspartner der Mitgliedsstaaten geregelt.

1.7.1.4 Leistungen der Gesundheitssysteme im europäischen Wirtschaftsraum

01. Ist eine Inanspruchnahme von Gesundheitsleistungen in anderen EU-Ländern möglich?

Ein Leistungsanspruch besteht nur bei vorübergehendem Aufenthalt. Bei Daueraufenthalten im europäischen Ausland muss man sich auch dort versichern.

- *Ambulante Behandlungen* können von deutschen GKV Versicherten zu Lasten ihrer Krankenkasse im Ausland in Anspruch genommen werden.

- *Stationäre Behandlungen* bedürfen immer noch der vorherigen Genehmigung durch die Krankenkasse. Wenn im Inland eine ebenso wirksame Behandlung bei einem Vertragspartner möglich ist, kann die Krankenkasse ihre Zustimmung auch verweigern.

- Bei *medizinischen Vorsorge- oder Rehabilitationsleistungen* prüft der MDK bezogen auf den Einzelfall, ob diese Leistungen ausschließlich im Ausland (z. B. Aufenthalt am Toten Meer) erbracht werden müssen.

- *Arzneimittel und Medizinprodukte* können in anderen europäischen Staaten bezogen werden. Seit 2010 müssen die Verschreibungen EU-weit anerkannt werden. In der Praxis ist das oft noch nicht der Fall.

Behandlungsbedingungen: Die Gesundheitsleistung wird zu den Behandlungsbedingungen des Aufenthaltslandes erbracht. Die Rechte, die ein Versicherter genießt, gelten auch für das Aufenthaltsland. So hat ein deutscher Versicherter die Möglichkeit sofort einen Facharzt aufzusuchen, wenn ihm das in Deutschland auch möglich ist. Die Versicherten können zwischen Sachleistungsprinzip und Kostenerstattungsprinzip wählen.

Erstattungsanspruch: nur in Höhe der Vergütung der Sachleistung im Inland.

Abrechnung: über die Europäische Krankenversicherungskarte bei Inanspruchnahme von Sachleistungen. Entscheidet der Versicherte sich für die Kostenerstattung, tritt er in Vorleistung.

02. Welche Freizügigkeiten ergeben sich für die Gesundheitsberufe?

Innerhalb der EU ergeben sich für die Gesundheitsberufe folgende Freizügigkeiten:

- Gegenseitige Anerkennung der Berufsabschlüsse
- unbeschränkte Ausübung des Berufes als Arbeitnehmer
- Niederlassungsfreiheit für Personen mit anerkannten Berufsabschlüssen.

1.7 Internationale Entwicklung

03. Können Krankenkassen mit ausländischen Leistungserbringern Verträge schließen?

Deutsche Krankenkassen können nach § 140e SGB V mit ausländischen Leistungserbringern Verträge unter einer der folgenden Bedingungen schließen:

- Berufsausübung muss Gegenstand einer Richtlinie sein

oder

- die Leistungserbringer müssen im Aufenthaltsstaat zur Versorgung berechtigt sein.

Die Deutsche Verbindungsstelle der Krankenkassen-Ausland (DVKA) hat entsprechende Verzeichnisse zu Vorsorge- und Rehabilitationseinrichtungen zusammengestellt.

04. Welche Leistungen werden von der DVKA erbracht?

- Abrechnung von Krankenversicherungsleistungen, die im Ausland erbracht wurden.
- Unterstützung der Krankenkassen bei Erstattungsansprüchen im Ausland. Beispiel: Ein deutscher Versicherter erleidet einen Unfall durch Verschulden eines Dritten.
- Die DVKA schließt auf der Basis völkerrechtlicher Verträge Vereinbarungen mit ausländischen Verbindungsstellen zur praxisnahen Umsetzung von europäischen Abkommensregelungen.
- Die DVKA schließt Ausnahmevereinbarungen für Arbeitnehmer, die vorübergehend im Ausland beschäftigt sind und weiterhin in der deutschen Sozialversicherung abgesichert bleiben möchten.

05. Wie ist die Absicherung der EU-Bürger geregelt?

- Die Absicherung über öffentliche Systeme überwiegt.
- Die Systeme versuchen in unterschiedlichem Ausmaß Gerechtigkeit herzustellen und überlassen die Gesundheitsversorgung nicht vollständig dem Markt.
- Fast alle europäischen Länder haben pauschale Zuzahlungsregelungen eingeführt.

1.7.1.5 Internationaler Wettbewerb der Leistungsanbieter

01. Mit welchem Leistungsangebot konkurrieren deutsche Krankenhäuser?

Es werden jährlich ca. 70.000 Patienten aus dem Ausland in deutschen Kliniken behandelt. Sie kommen vorwiegend aus dem arabischen oder russischen Raum. Vor allem Universitätskliniken und große Fachkrankenhäuser haben sich auf diese Nachfrage eingestellt. Das Leistungsangebot der Krankenhäuser ist auf den mehrsprachigen Internetportalen einsehbar. Es werden Dolmetscher beschäftigt und die Patienten werden organisatorisch unterstützt. Das Risiko der Forderungsausfälle ist allerdings höher einzuschätzen. Die Einkünfte sind nicht Teil des Krankenhausbudgets und daher können die Krankenhäuser frei darüber verfügen.

02. Mit welchem Leistungsangebot konkurrieren deutsche Apotheken?

Apotheken erschließen sich neue Vertriebswege und gründen Versandhandelsapotheken. Das ist in Deutschland nur möglich, wenn bereits eine Präsenzapotheke besteht. Für die Versandhandelsapotheke besteht ebenfalls die Verpflichtung im Internet das Vollsortiment anzubieten. Es dürfen nicht nur umsatzstarke Medikamente vertrieben werden. Ein Qualitätssicherungssystem ist zu unterhalten, um so eine problemlose Bestellung und Lieferung zu gewährleisten. Es gelten die gleichen Betriebsvoraussetzungen wie für normale Apotheken.

Wollen ausländische Versandhandelsapotheken mit der gesetzlichen Krankenversicherung abrechnen, müssen sie bestimmte Auflagen erfüllen, wie z. B. der Beitritt zum Rahmenvertrag über die Arzneimittelversorgung oder der Nachweis einer deutschen Versandhandelserlaubnis. Hier ist der Wettbewerb zu Gunsten der deutschen Apotheker sehr eingeschränkt worden.

03. Welche Bedeutung hat die Mobilität der Arbeitskräfte?

Ein Fachkräftemangel im Gesundheitswesen besteht weltweit, besonders in den afrikanischen Ländern. So arbeiten von den dort ausgebildeten Ärzten meistens im Ausland. Dieses Problem wird durch den Wettbewerb um medizinisches Fachpersonal in den Industrienationen noch verstärkt.

Kurzfristig könnte Telemedizin eine Möglichkeit sein, um die Situation in unterversorgten und abgelegenen europäische Regionen zu verbessern, in denen es nicht genügend Fachkräfte gibt. Anderseits müssen von den EU-Staaten Maßnahmen ergriffen werden, die eine ausreichende Fachkräfteausbildung und deren weitere Beschäftigung innerhalb der EU sicherstellen.

1.7.2 Aufgaben und Rolle der Weltgesundheitsorganisation (WHO)

01. Wie ist die WHO organisiert?

Die WHO wurde 1948 gegründet und ist eine Sonderorganisation der Vereinten Nationen. Der Hauptsitz befindet sich in Genf. Darüber hinaus gibt es sechs Regionalbüros. In Kopenhagen befindet sich das für Europa zuständige Büro. Das höchste Entscheidungsorgan ist die Weltgesundheitsversammlung aller Mitgliedsländer. Sie findet einmal im Jahr in Genf statt, um Ziele, Richtlinien und Arbeitsschwerpunkte der Organisation festzulegen.

1.7 Internationale Entwicklung

Exekutivrat: Er besteht aus 32 gewählten Gesundheitsexperten, die Weisungen und Beschlüsse für die Organisation umsetzen.

02. Welche Zielen, Aufgaben und Aktivitäten werden von der WHO verfolgt?

Ziel: Allen Völkern zur Erreichung des bestmöglichen Gesundheitszustandes zu verhelfen. Der WHO gehören 193 Mitgliedstaaten an. Ihre Strategie lautet: Gesundheit für alle im 21. Jahrhundert.

Aufgaben:

- Leitende und koordinierende Organisation internationaler Gesundheitsfragen
- Unterstützung der Regierungen der Mitgliedsstaaten auf deren Ersuchen beim Ausbau ihrer öffentlichen Gesundheits- und Fürsorgedienste
- Entwicklung und Etablierung international akzeptierter Richtlinien und Standards
- Bekämpfung und Ausrottung von Seuchen
- Förderung der medizinischen Ausbildung und wissenschaftlichen Forschung auf den Gebieten der Medizin, Hygiene und des öffentlichen Gesundheitswesens.

Aktivitäten:

- Gesundheitsstatistiken
- Herausgabe eines internationalen Arzneimittelkataloges
- Betrieb des World Health Nachrichtendienstes
- Programme gegen gesundheitliche Risikofaktoren wie Rauchen, Alkohol oder Übergewicht
- internationale Klassifizierung der Krankheiten (ICD)
- Frühwarndienst zur Einschätzung einer Pandemiegefahr
- Förderung von Impfprogrammen

03. Wie finanziert sich die WHO?

- Aus Beiträgen der Mitgliedsstaaten
- freiwillige Beiträge von Nichtmitgliedsstaaten
- freiwillige Beiträge von Stiftungen
- Vergütungen für WHO-Dienstleistungen.

Handlungsspezifische Qualifikationen

1. Sozial- und Gesundheitsökonomie
2. Rechtliche Bestimmungen im Sozial- und Gesundheitswesen
3. Marketing im Sozial- und Gesundheitswesen
4. Management im Sozial- und Gesundheitswesen

2. Rechtliche Bestimmungen im Sozial- und Gesundheitswesen

> **Prüfungsanforderungen**
>
> Im Qualifikationsbereich „Rechtliche Bestimmungen im Sozial- und Gesundheitswesen" soll der Prüfungsteilnehmer nachweisen, dass er die einschlägigen Gesetzestexte und die daraus abzuleitenden Auswirkungen kennt. Insbesondere soll er Kenntnisse des Aufbaus und Regelungsbereichs der Bestimmungen des Sozialgesetzbuchs nachweisen und relevante Bestimmungen anwenden können.

Qualifikationsschwerpunkte (Überblick)

Qualifikationsschwerpunkte (Überblick)

2.1 Öffentliches Gesundheitsrecht
- Grundrechte
- Grundzüge des Verwaltungsrechts
- Medizinproduktegesetz und Medizinproduktebetreiberverordnung
- Arzneimittelgesetz
- Betäubungsmittelgesetz
- Hygieneverordnung

2.2 Haftungsrecht
- Zivilrechtliche Haftung
- Strafrechtlich relevante Bereiche

2.3 Heim- und Betreuungsrecht
- Heimvertrag und Mitwirkung der Heimbewohner, Pflichten des Trägers
- Dokumentation
- Überwachungsmöglichkeiten
- Beratungsaufgaben und Heimaufsicht
- Betreuungsrecht

2.4 Finanzierung von stationären, teilstationären und ambulanten Diensten
- Sozialversicherung
- Sozialhilfe
- Hilfen für Behinderte

2.5 Steuerrecht
- Gemeinnützigkeit
- Gemeinnützige Körperschaften

2.6 Sozialgesetzbuch
- Prinzipien und System der Sozialen Sicherung
- Sozialgeheimnis und Datenschutz
- Organisation und Selbstverwaltung
- Qualitätssicherung

2.1 Öffentliches Gesundheitsrecht

In diesem Kapitel werden die rechtlichen Grundlagen dargestellt, die im Rahmenplan des DIHK genannt sind. Soweit es die Verständlichkeit zulässt, wird in der Darstellung auf den Wortlaut der einschlägigen Vorschriften zurückgegriffen.

Die angegebenen Paragrafen dienen als Quellennachweis und sollen Vertiefungsmöglichkeiten aufzeigen.

2.1.1 Grundrechte

01. Wo sind die Grundrechte gesetzlich geregelt?

Die Grundrechte sind in der Verfassung aufgeführt. Sie stehen in den Art. 1 bis 19 am Anfang des Grundgesetzes (GG).

02. Welche Grundrechte haben einen wesentlichen Bezug zum Sozial- und Gesundheitswesen?

Fundstelle im GG	Schlagwortartige Bezeichnung	Text
Art. 1 Satz 1	Menschenwürde	Die Würde des Menschen ist unantastbar.
Art. 2 Abs. 1	Freie Entfaltung der Persönlichkeit	Jeder hat das Recht auf freie Entfaltung der Persönlichkeit.
Art. 2 Abs. 2 Satz 1	Leben und körperliche Unversehrtheit	Jeder hat das Recht auf Leben und körperliche Unversehrtheit.
Art. 2 Abs. 2 Satz 2	Freiheit	Die Freiheit der Person ist unverletzlich.
Art. 3 Abs. 1	Gleichheit	Alle Menschen sind vor dem Gesetz gleich.
Art. 4 Abs. 1	Glaubens- und Gewissensfreiheit	Die Freiheit des Glaubens, des Gewissens und die Freiheit der religiösen und weltanschaulichen Bekenntnisse sind unverletzlich.
Art. 5 Abs. 3 Satz 1	Freiheit der Forschung	Kunst und Wissenschaft, Forschung und Lehre sind frei.
Art. 6 Abs. 1	Schutz von Ehe und Familie	Ehe und Familie stehen unter dem besonderen Schutz der staatlichen Ordnung.
Art. 12 Abs. 1 Satz 1	Berufsfreiheit	Alle Deutschen haben das Recht, Beruf, Ausbildungsplatz und Ausbildungsstätte frei zu wählen.
Art. 13 Abs. 1	Unverletzlichkeit der Wohnung	Die Wohnung ist unverletzlich.
Art. 14 Abs. 1 Satz 1	Eigentumsgarantie	Das Eigentum und das Erbrecht werden gewährleistet.

03. Welche Funktion haben die Grundrechte?

1. Grundrechte sind ursprünglich und vorrangig Abwehrrechte des Bürgers gegen staatliche Eingriffe. Beispielsweise darf der Staat niemanden wegen seines Glaubens einsperren.

2. Grundrechte entfalten mittelbar Wirkung im Verhältnis von Bürgern untereinander.

Beispiel:
Bei einem Einstellungsgespräch darf eine Frau nicht nach einer bestehenden oder beabsichtigten Schwangerschaft gefragt werden. Könnte ein Arbeitgeber die Einstellung bei Schwangerschaft verweigern, so läge darin eine Benachteiligung wegen des Geschlechts. In einem Rechtsstreit müsste ein Gericht berücksichtigen, dass eine Frage nach der Schwangerschaft mit der Wertung des Grundgesetzes in Art. 3 GG nicht vereinbar ist. Die Gerichte sind gem. Art. 1 Abs. 3 GG an die Grundrechte gebunden. Somit entfaltet das Grundrecht mittelbar Wirkung unter Bürgern.

3. Grundrechte gestalten die Rechtsordnung. Da der Gesetzgeber ebenfalls an die Grundrechte gebunden ist, hat er die Gesetze entsprechend der Wertung des Grundgesetzes auszurichten. Auf der Grundlage des Gleichheitsgrundsatzes von Art. 3 GG wurde das Allgemeine Gleichbehandlungsgesetz (AGG) erlassen. Danach ist im Rechtsverkehr die Benachteiligung aus Gründen der Rasse, des Geschlechts, der Religion etc. insbesondere in Arbeitsverhältnissen unzulässig.

04. Gelten Grundrechte bedingungslos?

Ein Grundrecht findet seine Grenzen dort, wo die Rechte anderer verletzt werden. Beispielsweise wird die Meinungsfreiheit durch das Recht der persönlichen Ehre des Angesprochenen begrenzt. Man darf also jedermann die Meinung sagen, dies jedoch nicht in beleidigender Form. Dies ist in Art. 2 Abs. 2 GG unmittelbar im Grundgesetz verankert.

Teils soll der Inhalt eines Grundrechts erst noch durch Gesetz konkretisiert werden. Nach Art. 14 Abs. 1 Satz 2 GG wird der Inhalt von Eigentum und Erbrecht durch Gesetz bestimmt.

2.1.1.1 Schutz des Lebens und der körperlichen Unversehrtheit

01. Welchen zeitlichen Umfang hat das Recht auf Leben?

Der Grundrechtsschutz setzt bereits vor der Geburt ein. Dieses Verständnis zeigt sich darin, dass der Staat Regelungen zum Schwangerschaftsabbruch oder zur Stammzellenforschung erlässt und Verstöße sanktioniert.

Das Recht auf ein menschenwürdiges Sterben fällt vom Wortlaut her nicht in den Schutzbereich. Es ist aber Gegenstand der Menschenwürde und der allgemeinen Handlungsfreiheit.

2.1 Öffentliches Gesundheitsrecht

02. Welchen sachlichen Umfang hat das Grundrecht auf körperliche Unversehrtheit?

Nach dem Wortlaut umfasst es zunächst die Gesundheit im biologisch-physiologischen Sinne. Es umfasst aber ebenso die Gesundheit im geistig-seelischen Sinne. Die Wechselwirkung beider Bereiche ist anerkannt.

2.1.1.2 Sozialstaatsprinzip (Art. 20 Abs. 1 GG)

01. Welchen Stellenwert besitzt das Sozialstaatsprinzip?

Das Sozialstaatsprinzip ist ein gemeinwesenprägender Grundsatz. Er steht auf einer Ebene etwa mit dem Demokratieprinzip und dem Bundesstaatsprinzip. Es steht nicht zur Disposition des Gesetzgebers. Der Möglichkeit einer Änderung der Verfassung ist es durch Art. 79 Abs. 3 i. V. m. Art. 20 Abs. 1 GG entzogen.

Auch die Verfassungen der Länder sind auf die Sozialstaatlichkeit verpflichtet. Dies ergibt sich aus Art. 28 Abs. 1 Satz 1 GG.

02. Was bedeutet Sozialstaat?

Das Sozialstaatsprinzip verpflichtet das Gemeinwesen zur Herstellung sozialer Gerechtigkeit und sozialer Sicherheit. Aspekte diese Anspruchs werden anschaulich in § 1 Abs. 1 Satz 2 Sozialgesetzbuch Erstes Buch (SGB I) aufgezählt.

Ziel des Rechts des Sozialgesetzbuches ist es demnach

- ein menschenwürdiges Dasein zu sichern,
- die Voraussetzungen für die freie Entfaltung der Persönlichkeit zu schaffen,
- Familien zu schützen und zu fördern,
- den Erwerb des Lebensunterhalts durch eine frei gewählte Tätigkeit zu ermöglichen,
- besondere Belastungen des Lebens abzuwenden oder auszugleichen.

2.1.1.3 Europäische Sozialcharta

01. Wer hat die Europäische Sozialcharta erlassen?

Die Europäische Sozialcharta geht auf den Europarat zurück. Er wurde 1949 gegründet. Im Ministerkomitee kommen die Außenminister der Mitgliedsstaaten zusammen, in der Parlamentarischen Versammlung Vertreter der nationalen Parlamente.

Die Aufgabe des Europarates ist es, Menschenwürde, Demokratie und Rechtsstaatlichkeit im europäischen Raum zu fördern. Im Gegensatz dazu war der Ausgangspunkt der Europäischen Union der Wunsch zur Schaffung eines einheitlichen Wirtschaftsraums.

02. Was ist Inhalt der Europäischen Sozialcharta?

Die Europäische Sozialcharta formuliert Wirtschafts- und Sozialrechte in Europa. Dies umfasst das Recht auf Arbeit, gerechte und gesunde Arbeitsbedingungen einschließlich des Mutterschutzes.

Weiterhin benennt die Sozialcharta das Recht auf soziale Sicherheit, Fürsorge sowie das Recht auf berufliche und soziale Eingliederung von Menschen mit Behinderungen. Die Sozialcharta von 1961 wurde 1996 überarbeitet.

2.1.2 Grundzüge des Verwaltungsrechts

01. Was bedeutet öffentliche Verwaltung?

Die öffentliche Verwaltung ist jede Tätigkeit des Staates oder eines anderen Trägers öffentlicher Gewalt, die weder Gesetzgebung noch Rechtsprechung ist.

02. Wie kann man die Verwaltung nach ihren Aufgaben untergliedern?

Bei der Verwaltung im Sinne eines tätigen Organisierens des Gemeinwesens kann man unterscheiden:

Ordnungsverwaltung	z. B. Überwachung des Straßenverkehrs
Leistungsverwaltung	z. B. Krankengeldzahlung
Lenkungsverwaltung	z. B. Gewährung von Subventionen für Sonnenkollektoren
Abgabenverwaltung	z. B. Steuererhebung
Bedarfsverwaltung	z. B. Beschaffung von Personal für den Verwaltungsapparat an sich

03. Was ist Aufgabe des Verwaltungsverfahrensgesetzes (VwVfG)?

Das Verwaltungsverfahrensgesetz gibt der Behörde vor, wie sie vom Entschluss, tätig zu werden, bis zur Entscheidungsfindung vorzugehen hat. Letztlich soll eine sachgerechte und richtige Entscheidung unter Beteiligung der Betroffenen getroffen werden. Daher ist es beispielsweise grundsätzlich geboten, dass die Beteiligten vor einer Entscheidung angehört werden und es ist verboten, dass die Entscheidungen von befangenen Beamten getroffen werden.

Diese Verfahrensgrundsätze beanspruchen in jedem Bereich der Verwaltung Geltung, z. B. im Bauordnungsrecht, im Recht der Lebensmittelhygieneüberwachung etc.

2.1 Öffentliches Gesundheitsrecht

04. Welche Behörden haben das Verwaltungsverfahrensgesetz anzuwenden?

Das Verwaltungsverfahrensgesetz ist anzuwenden von den Behörden

- des Bundes, der bundesunmittelbaren Körperschaften, Anstalten und Stiftungen des öffentlichen Rechts,

- der Länder, der Gemeinden und Gemeindeverbände, der sonstigen der Aufsicht des Landes unterstehenden juristischen Personen des öffentlichen Rechts, wenn sie Bundesrecht im Auftrag des Bundes ausführen.

Dies ergibt sich aus § 1 Abs. 1 VwVfG.

Die einzelnen Bundesländer verfügen über eigene Verwaltungsverfahrensgesetze für ihre Verwaltungen. Im Bereich der Sozialverwaltung gibt es zudem das Sozialverwaltungsverfahrensgesetz (SGB X) und für die Steuerverwaltung regelt die Abgabenordnung (AO) das Verfahren.

05. Welches sind die wesentlichen Schritte des Verwaltungsverfahrens bis zur Entscheidung?

1. Beginn des Verfahrens (§ 22 VwVfG)

Das Verwaltungsverfahren wird auf Antrag oder von Amts wegen eingeleitet. Wird ein Antrag gestellt, möchte der Antragsteller eine bestimmte Entscheidung herbeiführen (z. B. Bewilligung einer Rehabilitationsmaßnahme). Wird die Verwaltung von Amts wegen tätig, hat meist die Allgemeinheit ein Interesse an einer Maßnahme (z. B. Anordnung von Sicherungsmaßnahmen an einem baufälligen Haus an der Straße).

2. Untersuchungsgrundsatz (§ 24 VwVfG)

Die Behörde ermittelt den maßgeblichen Sachverhalt von Amts wegen. Die Beteiligten sollen aber bei der Ermittlung des Sachverhalts mitwirken (§ 26 Abs. 2 Satz 1 VwVfG).

3. Anhörung der Beteiligten (§ 28 VwVfG)

Bevor eine Entscheidung getroffen bzw. ein Verwaltungsakt erlassen wird, der in die Rechte eines Beteiligten eingreift, ist den Beteiligten Gelegenheit zu geben, sich zu den für die Entscheidung erheblichen Tatsachen zu äußern.

06. Welche Bedeutung hat „Ermessen" für Verwaltungshandeln?

Ein Ermessen wird einer Behörde eingeräumt, wenn sie nach dem Wortlaut der Norm etwas tun „kann", „darf", „soll" oder „zu etwas befugt ist".

Eingeräumtes Ermessen muss ausgeübt werden. Das Ermessen darf nicht zweckwidrig oder sachfremd ausgeübt werden. Aufgrund des Gleichbehandlungsgrundsatzes ist das Ermessen in gleich gelagerten Fällen gleich auszuüben.

2.1.2.1 Verwaltungsakt

01. Wie lautet die Legaldefinition des Verwaltungsaktes?

Ein Verwaltungsakt ist jede Verfügung, Entscheidung oder andere hoheitliche Maßnahme, die eine Behörde zur Regelung eines Einzelfalls auf dem Gebiet des öffentlichen Rechts trifft und die auf unmittelbare Rechtswirkung nach außen gerichtet ist. Dies ergibt sich aus § 35 Satz 1 VwVfG.

Die Umschreibung hat sich im gesamten Verwaltungsrecht durchgesetzt. Sie findet sich beispielsweise gleichlautend in § 35 Satz 1 Verwaltungsverfahrensgesetz für das Land Nordrhein-Westfalen, § 106 Abs. 1 Allgemeines Verwaltungsgesetz für das Land Schleswig-Holstein, § 35 Satz 1 Verwaltungsverfahrensgesetz für Baden-Württemberg, Art. 35 Satz 1 Bayerisches Verwaltungsverfahrensgesetz. § 1 des Verwaltungsverfahrensgesetzes für den Freistaat Sachsen verweist insgesamt auf die entsprechende Anwendung des VwVfG.

Für die Sozialverwaltung wird die Definition in § 31 Satz 1 SGB X und für die Steuerverwaltung in § 118 Satz 1 AO wiedergegeben.

02. Was ist Funktion des Verwaltungsaktes?

Nach der Legaldefinition trifft die Behörde eine Regelung. Damit setzt sie einseitig, unmittelbar verbindliche Rechtsfolgen für den Empfänger des Verwaltungsaktes. Diese Befugnis hat die Behörde nur in Umsetzung öffentlichen Rechts. Zum öffentlichen Recht zählen Normen, bei denen Berechtigter oder Verpflichteter zwingend ein Träger öffentlicher Gewalt ist.

03. In welcher Form können Verwaltungsakte ergehen?

Ein Verwaltungsakt kann schriftlich, elektronisch, mündlich oder in sonstiger Weise ergehen. Das ergibt sich aus § 37 Abs. 2 Satz 1 VwVfG.

04. Wie gliedert sich ein schriftlicher Verwaltungsakt inhaltlich?

1. Entscheidung in der Sache

Entsprechend der Legaldefinition erfolgt die Regelung eines Einzelfalls.

Beispielsweise wird eine im Gesetz abstrakt beschriebene Verpflichtung in Hinblick auf einen konkreten Bürger konkretisiert. Aus der allgemeinen Einkommensteuerpflicht wird so die Verpflichtung des Herrn Mustermann, konkret 12.319 € und 17 Cent zu zahlen.

Die Regelung muss inhaltlich hinreichend bestimmt sein. Das ergibt sich aus § 37 Abs. 1 VwVfG.

2.1 Öffentliches Gesundheitsrecht

2. Nebenbestimmungen

Ein Verwaltungsakt kann mit Nebenbestimmungen versehen werden. Das kann bei einer Genehmigung erfolgen, wenn die Voraussetzungen für den Erlass der Entscheidung geschaffen werden oder die Umsetzung der Entscheidung abgesichert werden sollen. So ist denkbar, dass eine Baugenehmigung für ein Haus mit der Auflage erteilt wird, dass eine weitere Feuerleiter als Fluchtweg angebracht wird.

Neben der Auflage benennt § 36 VwVfG die Befristung, die Bedingung, den Vorbehalt des Widerrufs und den Vorbehalt der nachträglichen Aufnahme, Änderung oder Ergänzung einer Auflage.

3. Begründung

Ein schriftlicher oder elektronischer Verwaltungsakt ist grundsätzlich mit einer Begründung zu versehen. In der Begründung sind die wesentlichen tatsächlichen und rechtlichen Gründe mitzuteilen, die die Behörde zu ihrer Entscheidung bewegt haben. Dies ergibt sich aus § 39 Abs. 1 VwVfG.

4. Rechtsbehelfsbelehrung

Ein Verwaltungsakt schließt regelmäßig mit einer Rechtsbehelfsbelehrung. Dort ist zu bezeichnen, welchen Rechtsbehelf es gegen die Entscheidung gibt, wo der Rechtsbehelf einzulegen ist und binnen welcher Frist das zu erfolgen hat.

Die regelmäßige Frist beträgt einen Monat, vgl. § 58 Abs. 1 Verwaltungsgerichtsordnung (VwGO).

05. Welche Verbindlichkeit besitzt ein Verwaltungsakt?

1. Grundsatz

Ein Verwaltungsakt wird gegenüber demjenigen, für den er bestimmt ist oder der von ihm betroffen ist, in dem Zeitpunkt wirksam, in dem er ihm bekannt gegeben wird.

Dieser Grundsatz aus § 43 Abs. 1 VwVfG gilt unabhängig von der inhaltlichen Richtigkeit der Entscheidung. Ist ein Bürger mit der Entscheidung nicht einverstanden, so muss er sich dagegen wehren. (Zu den Rechtsbehelfen siehe Kapitel 2.1.2.2)

2. Ausnahme: Nichtigkeit gem. § 44 VwVfG

Ein Verwaltungsakt ist nichtig, wenn er an einem besonders schweren offensichtlichen Fehler leidet. Als solch gravierende Fehler werden beispielhaft aufgeführt, dass die erlassende Behörde nicht erkennbar ist oder eine strafbare Handlung abverlangt wird.

3. Rücknahme eines rechtswidrigen Verwaltungsaktes gem. § 48 VwVfG

Nach Unanfechtbarkeit kann ein rechtswidriger Verwaltungsakt mit Wirkung für die Vergangenheit oder die Zukunft zurückgenommen werden. Bei begünstigenden rechtswidrigen Verwaltungsakten ist in die Entscheidung einzubeziehen, ob der

Empfänger ein schutzwürdiges Vertrauen am Bestand der Entscheidung genießt. Das Erschleichen von Leistungen steht dem Vertrauensschutz entgegen.

4. *Widerruf eines rechtmäßigen Verwaltungsaktes gem. § 49 VwVfG*

Ein rechtmäßiger nicht begünstigender Verwaltungsakt kann, auch nachdem er unanfechtbar geworden ist, mit Wirkung für die Zukunft widerrufen werden.

Ein rechtmäßiger begünstigender Verwaltungsakt darf mit Wirkung für die Zukunft widerrufen werden, wenn der Widerruf vorbehalten ist, eine Auflage nicht erfüllt wurde oder wenn sich die tatsächlichen Verhältnisse geändert haben und der Widerruf im öffentlichen Interesse geboten ist.

06. Was ist ein öffentlich-rechtlicher Vertrag?

Ein Rechtsverhältnis auf dem Gebiet des öffentlichen Rechts kann durch Vertrag gestaltet werden. Der Vertrag kann einen Verwaltungsakt ersetzen. Vgl. § 54 VwVfG.

Eine Leistungsvereinbarung zwischen einem Heim und einem Sozialhilfeträger ist beispielsweise ein öffentlicher-rechtlicher Vertrag. Ebenso kann ein Bauträger mit einer Gemeinde einen Vertrag über Erschließungskosten für ein Neubaugebiet schließen.

2.1.2.2 Rechtsbehelfe und Rechtsmittel

01. Welche rechtlichen Möglichkeiten stehen dem Empfänger eines Verwaltungsaktes zur Verfügung, um sich gegen die Entscheidung zu wehren?

1. *Widerspruch*

Der Widerspruch geht grundsätzlich einer gerichtlichen Anfechtung eines Verwaltungsaktes voraus. Der Widerspruch ist schriftlich oder zur Niederschrift bei der Behörde einzulegen, die den Verwaltungsakt erlassen hat. Die Widerspruchsfrist beträgt einen Monat.

Im Rahmen des Widerspruchverfahrens werden die Rechtmäßigkeit und die Zweckmäßigkeit der Entscheidung überprüft.

Hält die Ausgangsbehörde den Widerspruch für begründet, so hilft sie dem Widerspruch ab. Das heißt, dass die angefochtene Entscheidung aufgehoben wird. Erfolgt keine Abhilfe, so erlässt die nächsthöhere Behörde einen Widerspruchsbescheid.

Bezieht sich der Widerspruch auf einen abgelehnten Antrag und wendet man sich gegen die Ablehnung, so würde im Widerspruchsverfahren im Rahmen der Abhilfe dem Antrag entsprochen werden.

Der Gang des Widerspruchsverfahrens ist in den §§ 68 ff. VwGO geregelt.

2.1 Öffentliches Gesundheitsrecht

Bei der Sozialverwaltung und bei der kommunalen Selbstverwaltung wird auch der Widerspruchsbescheid von der Ausgangsbehörde erlassen. Auf die speziellen Verfahrensgesetze wird hingewiesen.

2. *Klage*

Ist der Widerspruch nicht erfolgreich, kann binnen eines Monats nach Zustellung des Widerspruchsbescheides Klage erhoben werden (vgl. § 74 VwGO). Eingangsinstanz ist das Verwaltungsgericht.

Wendet sich die Klage gegen einen Verwaltungsakt, so spricht man von Anfechtungsklage. Wird der Erlass eines Verwaltungsaktes mit einem bestimmten Inhalt angestrebt, so handelt es sich um eine Verpflichtungsklage.

3. *Berufung*

Gegen Urteile des Verwaltungsgerichts kann Berufung eingelegt werden (vgl. § 124 VwGO). Über die Berufung entscheidet das Oberverwaltungsgericht. Sie ist zulässig, wenn das Verwaltungsgericht oder das Oberverwaltungsgericht die Berufung zugelassen haben. Eine Berufung ist insbesondere zuzulassen, wenn eine Rechtssache grundsätzliche Bedeutung hat oder besondere tatsächliche und rechtliche Schwierigkeiten aufweist.

Das Oberverwaltungsgericht prüft den Streitfall im gleichen Umfang wie das Verwaltungsgericht. Grundsätzlich wird der entscheidungserhebliche Sachverhalt wie in der Vorinstanz zusammengetragen und die Rechtsanwendung der Ausgangsinstanz wird überprüft.

4. *Revision*

Gegen Urteile des Oberverwaltungsgerichts findet die Revision vor dem Bundesverwaltungsgericht statt (vgl. § 132 VwGO). Die Revision bedarf der gesonderten Zulassung durch das Oberverwaltungsgericht. Sie wird beispielsweise bei grundsätzlicher Bedeutung der Sache zugelassen.

Die Prüfung der Revision bezieht sich darauf, ob das Recht richtig angewandt wurde bei aktenkundigem Sachverhalt.

Mit Zulassung des Verwaltungsgerichts und im Einvernehmen der Parteien kann ein Urteil unter Übergehung der Berufungsinstanz sofort im Rahmen der Revision überprüft werden. Insofern spricht man von Sprungrevision. Grundlage für die Sprungrevision ist § 134 VwGO.

5. Entscheidungen des Gerichts, welche nicht auf den Abschluss der Instanz wie ein Urteil abzielen, können mit der Beschwerde angegriffen werden. Das Gericht entscheidet über die Beschwerde per Beschluss (vgl. §§ 146 ff. VwGO).

02. Warum geht ein Widerspruchsverfahren einer Anfechtungs- oder Verpflichtungsklage voraus?

Das Widerspruchsverfahren dient dem einfachen Rechtsschutz des Bürgers, da der Bürger stets allein Widerspruch einlegen kann.

Die Verwaltung erhält Gelegenheit zur Selbstkontrolle.

Die Gerichte werden entlastet. Erkannte Fehler hat die Verwaltung selbst behoben. Bei anderen Punkten hat die Verwaltung die Gelegenheit genutzt, um den Bürger von der Richtigkeit einer Entscheidung zu überzeugen.

03. Welche Bedeutung kommt der aufschiebenden Wirkung eines Rechtsbehelfs zu?

Mit der Bekanntgabe des Verwaltungsaktes ist die Entscheidung verbindlich. Kommt ein Bürger der Entscheidung nicht nach, so könnte die Verwaltung die Entscheidung auch gegen den Willen des Bürgers vollstrecken.

Um durch die Vollstreckung einer Verwaltungsentscheidung keine vollendeten Tatsachen zu schaffen, haben Widerspruch und Anfechtungsklage aufschiebende Wirkung. Bis zum Abschluss der Überprüfung kann die Entscheidung nicht vollstreckt werden. Dies ergibt sich aus § 80 Abs. 1 VwGO.

Für eine Reihe von Entscheidungen entfällt die aufschiebende Wirkung jedoch.

Werden Abgaben und Kosten erhoben, so entfalten die Rechtsbehelfe keine aufschiebende Wirkung. In einem solchen Fall kann der Bürger aber bei der Behörde die Aussetzung der Vollziehung beantragen oder letztlich bei Gericht um Anordnung der aufschiebenden Wirkung des Rechtsbehelfs nachsuchen. Eine eingehende Regelung findet sich in § 80 VwGO.

04. Welche Klagearten kann man im verwaltungsgerichtlichen Verfahren unterscheiden?

Gängige Klagearten sind:

Anfechtungsklage	Sie zielt auf die Aufhebung eines Verwaltungsaktes ab (vgl. § 42 VwGO). Grundsätzlich muss ein Widerspruchsverfahren (Vorverfahren) vorausgegangen sein (vgl. § 68 VwGO).
Verpflichtungsklage	Sie zielt auf den Erlass eines Verwaltungsaktes ab (vgl. § 42 VwGO). Grundsätzlich muss ein Widerspruchsverfahren (Vorverfahren) vorausgegangen sein (vgl. § 68 VwGO).
Feststellungsklage	Durch die Klage kann die Feststellung des Bestehens oder Nichtbestehens eines Rechtsverhältnisses oder die Feststellung der Nichtigkeit eines Verwaltungsaktes begehrt werden (§ 43 VwGO).
Allgemeine Leistungsklage	Sie ist auf ein Verhalten der Verwaltung gerichtet, welches nicht im Erlass eines Verwaltungsaktes besteht.

Gegenstand einer Feststellungsklage kann beispielsweise die Frage der Mitgliedschaft in einer Körperschaft des öffentlichen Rechts sein.

05. Welche formlosen Rechtsbehelfe unterscheidet man?

Gegenvorstellung	Man regt bei einer Behörde an, ein Verfahren wieder aufzugreifen mit dem Ziel einer Rücknahme oder eines Widerrufs. Sie wird gewählt, wenn die Widerspruchsfrist bereits abgelaufen ist.
Fachaufsichtsbeschwerde	Man wendet sich an die übergeordnete Behörde, weil man mit der sachlichen Handhabung der Ausgangsbehörde nicht einverstanden ist.
Dienstaufsichtsbeschwerde	Man wendet sich an eine Behörde, weil man mit dem Verhalten eines Bediensteten nicht einverstanden ist.

06. Wie ist der Instanzenzug in der Sozialgerichtsbarkeit geregelt?

Nach Beendigung eines gegebenenfalls notwendigen Widerspruchsverfahrens ist Eingangsgericht das Sozialgericht. Die Berufung geht an das Landessozialgericht und schließlich befindet das Bundessozialgericht über die Revision. Die Regelungen hierzu ergeben sich aus dem Sozialgerichtsgesetz (SGG).

2.1.3 Medizinprodukte und Medizinproduktebetreiberverordnung

01. Was sind Medizinprodukte?

Medizinprodukte sind Instrumente, Apparate, Software, Stoffe oder andere Gegenstände, die der Hersteller dazu bestimmt hat, bei Menschen

a) Krankheiten zu erkennen, zu verhüten, zu überwachen, zu behandeln oder zu lindern,

b) Verletzungen oder Behinderungen zu erkennen, zu überwachen, zu behandeln, zu lindern oder zu kompensieren,

c) den anatomischen Aufbau oder einen physiologischen Vorgang zu untersuchen, zu ersetzen oder zu verändern

oder

d) die Empfängnis zu regeln.

Die bestimmungsmäßige Hauptwirkung wird bei Medizinprodukten im oder am menschlichen Körper weder pharmakologisch noch immunologisch noch durch Metabolismus erreicht.

Die Legaldefinition findet sich in § 3 Nr. 1 Medizinproduktegesetz (MPG).

02. Auf welche Mittel ist das Medizinproduktegesetz ausdrücklich nicht anzuwenden?

Nicht anwendbar ist das Medizinproduktegesetz auf

- Arzneimittel im Sinne des Arzneimittelgesetzes
- kosmetische Mittel im Sinne des Lebensmittel-, Bedarfsgegenstände und Futtermittelgesetzes
- menschliches Blut etc.
- Transplantate menschlichen oder tierischen Ursprungs.

Im Einzelnen ist dies in § 2 Abs. 5 MPG geregelt.

03. Was ist Zweck des Medizinproduktegesetzes?

Das Medizinproduktegesetz dient dem Schutz von Patienten, Anwendern und Dritter. Dies ergibt sich aus § 1 MPG. Daher ist es verboten, Medizinprodukte zu betreiben oder in Verkehr zu bringen, wenn die Sicherheit der Patienten, der Anwender oder Dritter gefährdet ist. Vgl. § 4 Abs. 1 MPG.

04. Welche Bedeutung hat die CE-Kennzeichnung bei Medizinprodukten?

Medizinprodukte dürfen grundsätzlich nur in Verkehr gebracht oder in Betrieb genommen werden, wenn sie mit einer CE-Kennzeichnung versehen sind. Dafür müssen sie den Vorgaben europarechtlicher Richtlinien entsprechen und dies muss bestätigt werden.

Die Medizinprodukte werden nach ihrem Gefahrenpotenzial in Klassen eingeteilt. Mit aufsteigendem Risiko gibt es die Klassen I, IIa, IIb und III.

Risikoklasse I	geringes Risiko	z. B. Bandagen, Rollstühle
Risikoklasse IIa	mittleres Risiko	z. B. Hörgeräte
Risikoklasse IIb	erhöhtes Risiko	z. B. Beatmungsgeräte
Risikoklasse III	hohes Risiko	z. B. Herzklappen

Rund 90 % der über die gesetzliche Krankenversicherung (GKV) finanzierten Hilfsmittel zählen zu der Risikoklasse I *(Kamps, Norbert, Grundlagen der Hilfsmittel- und Pflegehilfsmittelversorgung, S. 189 unter Verweis auf die Spitzenverbände der Kranken- und Pflegekassen, Walhalla Verlag, Regensburg 2009).*

Bei hinreichendem Gefährdungspotenzial muss der Hersteller für die Bestätigung der Einhaltung der Richtlinien eine „Benannte Stelle" einschalten, die eine unabhängige Überprüfung vornimmt. Zu den „Benannte Stellen" zählt beispielsweise die TÜV NORD Cert GmbH. Eine Liste der „Benannte Stellen" kann beim Deutschen Institut für Medizinische Dokumentation und Information abgerufen werden.

2.1 Öffentliches Gesundheitsrecht

Grundlage sind die §§ 6 und 7 MPG, welche auf die europarechtlichen Richtlinien und die Medizinprodukte-Verordnung (MPV) verweisen. Die falsche Kennzeichnung kann mit Bußgeld oder mit Freiheitsstrafe oder Geldstrafe geahndet werden. Vgl. §§ 40 ff. MPG.

05. Welche Bedeutung hat die Medizinprodukte-Betreiberverordnung (MPBetreibV)?

Die Verordnung konkretisiert die allgemeine Verpflichtung, dass durch den Betrieb von Medizinprodukten weder der Anwender noch der Patient oder Dritte gefährdet werden dürfen. Stichwortartig seien folgende Pflichten benannt:

§ 2 Abs. 1 MPBetreibV	Medizinprodukte sind nach ihrer Zweckbestimmung und nach dem Stand der Technik anzuwenden.
§ 2 Abs. 2 MPBetreibV	Anwender von Medizinprodukten müssen die erforderlichen Kenntnisse besitzen. Es muss eine Einweisung in die Handhabung erfolgt sein.
§ 2 Abs. 5 MPBetreibV	Vor der Anwendung eines Medizinprodukts hat sich der Anwender von der Funktionsfähigkeit und dem ordnungsgemäßen Zustand zu überzeugen.
§ 4 Abs. 1 MPBetreibV	Wartung, Inspektion, Instandsetzung und Aufbereitung darf nur durch qualifizierte Personen erfolgen.
§ 6 MPBetreibV	Der Betreiber von aktiven Medizinprodukten hat regelmäßig die Funktionsfähigkeit zu überprüfen. Die Vorgaben des Herstellers hat er zu beachten.
§§ 7 und 8 MPBetreibV	Es ist ein Bestandsverzeichnis der nichtimplantierbaren aktiven Medizinprodukte der jeweiligen Betriebsstätte zu führen. Weiterhin ist für bestimmte Medizinprodukte ein Medizinproduktebuch zu führen, aus dem insbesondere ersichtlich ist, welches Personal eingewiesen wurde und wann welche Kontrollen vorgenommen worden sind.
§ 10 Abs. 1 MPBetreibV	Patienten, denen ein aktives Medizinprodukt implantiert wurde, sind schriftlich zu informieren, wie sie sich mit dem Implantat verhalten sollen und wann sie bei Problemen zum Arzt müssen.

Ein aktives Medizinprodukt ist ein Gerät, welches zum Betrieb auf eine Energiequelle angewiesen ist und das aufgrund der Umwandlung der Energie wirkt. Hierzu gehört z. B. ein Defibrillator.

2.1.4 Arzneimittelgesetz

01. Was sind Arzneimittel?

Der Begriff des Arzneimittels ist in §2 Abs. 1 Arzneimittelgesetz (AMG) definiert.

Arzneimittel sind Stoffe und Zubereitungen aus Stoffen,

- die zur Anwendung in oder am menschlichen oder tierischen Körper bestimmt sind
- und dazu dienen,
- menschliche oder tierische Krankheiten oder krankhafte Beschwerden zu heilen, zu lindern oder zu verhüten,
- oder physiologische Funktionen durch pharmakologische, immunologische oder metabolische Wirkung wiederherzustellen, zu korrigieren oder zu beeinflussen,
- oder verabreicht werden, um medizinische Diagnosen zu stellen.

Keine Arzneimittel sind Tabakerzeugnisse (§2 Abs. 3 Nr. 3 AMG), Medizinprodukte (§2 Abs. 3 Nr. 7 AMG) oder Organe zur Übertragung auf menschliche Empfänger (§2 Abs. 3 Nr. 8 AMG).

02. Was ist Zweck des Arzneimittelgesetzes?

Es ist Zweck des Gesetzes, im Interesse von Mensch und Tier für die Sicherheit im Verkehr mit Arzneimitteln zu sorgen, insbesondere in Hinblick auf Qualität, Wirksamkeit und Unbedenklichkeit der Arzneimittel. Vgl. §1 AMG.

Entsprechend ist es verboten, Arzneimittel in den Verkehr zu bringen oder bei einem anderen Menschen anzuwenden, wenn bei bestimmungsgemäßen Gebrauch nach dem Stand der Wissenschaft schädliche Nebenwirkungen unvertretbar sind. Vgl. §5 AMG.

03. Welches sind wesentliche Aspekte, die der Sicherheit des Arzneimittelverkehrs dienen?

1. Bestimmte Arzneimittel dürfen nur bei Vorliegen einer ärztlichen Verschreibung an Verbraucher abgegeben werden. Welche Arzneimittel konkret verschreibungspflichtig sind, wird durch Rechtsverordnung bestimmt. Die Verschreibungspflicht ist in §48 AMG geregelt.

2. An Endverbraucher dürfen grundsätzlich nur Apotheken Arzneimittel abgeben. Versandapotheken benötigen eine Erlaubnis. Die Apothekenpflicht ist in §43 AMG geregelt.

3. Es ist verboten, Arzneimittel minderer Qualität oder mit falscher Herkunftsangabe herzustellen oder in Verkehr zu bringen. Ebenso ist es untersagt, irreführende Angaben zur therapeutischen Wirkung und zum Verfallsdatum zu machen. Einzelheiten zum Schutz vor Täuschung sind in §8 AMG geregelt.

2.1 Öffentliches Gesundheitsrecht

4. Wer Arzneimittel gewerbs- oder berufsmäßig herstellen will, bedarf einer Erlaubnis der zuständigen Behörde. Die Herstellung muss unter der Verantwortung einer sachkundigen Person erfolgen. Für die Herstellung im üblichen Rahmen einer Apotheke bedarf der Inhaber keine gesonderte Erlaubnis.

   Die Einzelheiten sind in den §§ 13 ff. AMG geregelt.

   Die zuständige Behörde bestimmt sich nach Landesrecht. So ist in Berlin das Landesamt für Gesundheit und Soziales Berlin zuständig. Im Saarland muss man sich an das Ministerium für Gesundheit und Verbraucherschutz wenden, während in Schleswig-Holstein das Landesamt für soziale Dienste Schleswig-Holstein Ansprechpartner ist.

5. Fertigarzneimittel bedürfen grundsätzlich einer Zulassung, um in den Verkehr gebracht zu werden.

   Nationale Zulassungsbehörde für Humanarzneimittel ist das Bundesinstitut für Arzneimittel und Medizinprodukte. Für Sera, Impfstoffe, Testallergene, Testsera und Testantigene sowie für Blutzubereitungen ist das Paul-Ehrlich-Institut zuständig.

   Die Zulassungspflicht ergibt sich aus § 21 AMG. Dort sind auch Ausnahmen genannt.

   Der Zulassungsantrag muss insbesondere Angaben zur Wirkung, zum Anwendungsbereich, zu Nebenwirkungen und Wechselwirkungen mit anderen Mitteln umfassen. Ebenso müssen die Ergebnisse klinischer Prüfungen und ärztlicher Erprobungen vorgelegt werden (vgl. § 22 AMG).

   Die Zulassung kann nur aus bestimmten Gründen versagt werden. Hierzu zählen, dass unvollständige Unterlagen vorgelegt werden, die therapeutische Wirkung nicht gegeben ist oder ein ungünstiges Nutzen-Risiko-Verhältnis besteht (vgl. § 25 AMG).

   Ist das Arzneimittel bereits in einem anderen Mitgliedsstaat der Europäischen Union genehmigt oder zugelassen worden, so ist die Zulassung dort grundsätzlich anzuerkennen. Das Verfahren der gegenseitigen Anerkennung ist in § 25 b AMG geregelt.

   Ebenso gibt es für Generika ein gestrafftes Verfahren.

   Ein Generikum ist ein Nachahmerprodukt. Es gleicht in Zusammensetzung der Wirkstoffe nach Art und Menge sowie in der Darreichungsform einem bereits bekannten und zugelassenen Referenzarzneimittel. Die Zulassung des Generikums kann unter teilweiser Verwendung der Antragsunterlagen des Referenzarzneimittels beantragt werden.

   Grundsätzlich darf das Generikum erst zehn Jahre nach Erteilung der ersten Genehmigung für das Referenzarzneimittel in den Verkehr gebracht werden. Vgl. § 24b AMG.

   Neben dem nationalen Verfahren gibt es bei der europäischen Arzneimittelagentur ein zentrales Zulassungsverfahren für alle Mitgliedsstaaten des europäischen Wirtschaftsraums.

6. Den Inhaber der Zulassung treffen Informations- und Meldepflichten für bekanntgewordene Nebenwirkungen. (Vgl. § 63b AMG)

04. Was sind Fertigarzneimittel?

Fertigarzneimittel sind Arzneimittel, die im Voraus hergestellt und in einer zur Abgabe an den Verbraucher bestimmten Packung in den Verkehr gebracht werden. Siehe für diesen Regelfall § 4 Abs. 1 AMG.

Die Packungen von Fertigarzneimitteln müssen umfangreich Angaben aufweisen. Neben der Bezeichnung des Arzneimittels müssen insbesondere Name und Anschrift des pharmazeutischen Unternehmers, die Zulassungsnummer, die Darreichungsform und das Verfallsdatum angegeben sein. Einzelheiten ergeben sich aus § 10 AMG.

In den Verkehr dürfen Fertigarzneimittel grundsätzlich nur mit einer Packungsbeilage. Diese muss insbesondere Nebenwirkungen, Dosierung und Dauer der Behandlung darstellen. Einzelheiten ergeben sich aus § 11 AMG.

05. Was sind Nebenwirkungen?

Nebenwirkungen sind die beim bestimmungsgemäßen Gebrauch eines Arzneimittel auftretenden schädlichen unbeabsichtigten Reaktionen (§ 4 Abs. XIII Satz 1 AMG).

06. Was sind OTC-Arzneimittel?

„OTC" steht für „over the counter". Es handelt sich um apothekenpflichtige, aber nicht verschreibungspflichtige Arzneimittel.

Grundsätzlich gehören sie nicht zum Leistungsumfang der gesetzlichen Krankenversicherung. Der Gemeinsame Bundesausschuss legt in der Arzneimittelrichtlinie fest, welche nicht verschreibungspflichtigen Arzneimittel ausnahmsweise verordnet werden können, wenn diese bei schwerwiegenden Erkrankungen als Therapiestandard gelten. Vgl. § 34 Abs. 1 Satz 1 und Satz 2 Sozialgesetzbuch V

07. Was ist „Off-Label-Use"?

Die Zulassung von Arzneimitteln bezieht sich auf bestimmte Anwendungsbereiche. Wird ein Arzneimittel jenseits dieses Bereichs eingesetzt, so spricht man von Off-Label-Use (Nutzung jenseits des Etiketts).

In der gesetzlichen Krankenversicherung bezieht sich die Versorgung grundsätzlich nur auf Arzneimittel, die im Rahmen ihrer Zulassung eingesetzt werden.

2.1 Öffentliches Gesundheitsrecht

08. Was sind Lifestyle-Arzneimittel?

Als Lifestyle-Arzneimittel bezeichnet man Arzneimittel, bei deren Anwendung die Erhöhung der Lebensqualität im Vordergrund steht. Sie sind von der Versorgung durch die gesetzliche Krankenversicherung ausgeschlossen. Ausdrücklich werden in § 34 Abs. 1 Satz 8 SGB V Mittel zur Raucherentwöhnung oder Appetitzügler benannt. Eine nähere Konkretisierung erfolgt durch die Arzneimittelrichtlinie des Gemeinsamen Bundesausschusses.

09. Was besagt die Aut-idem-Regelung?

„Aut idem" heißt „oder das Gleiche". Der Apotheker hat statt eines verordneten Arzneimittels ein preisgünstiges Arzneimittel abzugeben, wenn der Arzt das Arzneimittel nur nach dem Wirkstoff bezeichnet hat oder den Austausch nicht ausgeschlossen hat. Grundlage ist § 129 SGB V.

10. Welche haftungsrechtlichen Besonderheiten gibt es im Arzneimittelgesetz?

Kommt es bei bestimmungsgemäßen Gebrauch eines Arzneimittels zu einem Gesundheitsschaden, so ist der pharmazeutische Unternehmer, der das Arzneimittel in Verkehr gebracht hat, schadensersatzpflichtig, wenn

1. das Arzneimittel bei bestimmungsgemäßem Gebrauch schädliche Wirkungen hat, die über ein nach den Erkenntnissen der medizinischen Wissenschaft vertretbares Maß hinausgehen.

Oder

2. der Schaden infolge einer nicht den Erkenntnissen der medizinischen Wissenschaft entsprechenden Kennzeichnung, Fachinformation oder Gebrauchsinformation eingetreten ist.

Anspruchsgrundlage ist § 84 AMG. Die Besonderheit liegt in der Beweislastverteilung von § 84 Abs. 2 AMG. Ist ein Mittel grundsätzlich geeignet, einen Schaden hervorzurufen, so wird vermutet, dass die Schädigung auch im konkreten Einzelfall auf die Anwendung des Arzneimittels zurückzuführen ist.

2.1.5 Betäubungsmittelgesetz

01. Was sind Betäubungsmittel im Sinne des Betäubungsmittelgesetzes (BtMG)?

Die begriffliche Bestimmung eines Betäubungsmittels erfolgt nicht inhaltlich, sondern formal. Betäubungsmittel sind Stoffe und Zubereitungen, die in den Anlagen I, II und III des BtMG aufgeführt sind.

Anlage I	nicht verkehrsfähige Betäubungsmittel
Anlage II	verkehrsfähige, aber nicht verschreibungsfähige Betäubungsmittel
Anlage III	verkehrsfähige und verschreibungsfähige Betäubungsmittel

Die Anlage II bezieht sich auf Rohstoffe und Zwischenprodukte.

02. Wer darf mit Betäubungsmitteln umgehen?

1. Grundsätzlich darf Betäubungsmittel nur anbauen, herstellen, abgeben oder erwerben, wer eine Erlaubnis des Bundesinstituts für Arzneimittel und Medizinprodukte (vgl. § 3 Abs. 1 BtMG) hat.

2. Ausgenommen von der Erlaubnispflicht sind insbesondere

- öffentliche Apotheken und Krankenhausapotheken für den Erwerb von Betäubungsmittel der Anlagen II und III und die Abgabe von Arzneimitteln der Anlage III (vgl. § 4 Abs. 1 Nr. 1 a – c BtMG);

- Personen, denen Betäubungsmittel der Anlage III ärztlich verschrieben worden sind (vgl. § 4 Abs. 1 Nr. 3 a BtMG);

- Personen, die gewerbsmäßig an der Beförderung von Betäubungsmitteln zwischen befugten Teilnehmern am Betäubungsmittelverkehr teilnehmen (vgl. § 4 Abs. 1 Nr. 5a BtMG).

03. Welche wesentlichen Pflichten gibt es im Betäubungsmittelverkehr?

1. Sicherungsmaßnahmen gem. § 15 BtMG

Wer am Betäubungsmittelverkehr teilnimmt, hat Betäubungsmittel gesondert und gegen unbefugte Entnahme gesichert aufzubewahren.

2. Aufzeichnungen gem. § 17 BtMG

Für jede Betriebsstätte und für jedes Arzneimittel sind fortlaufend Aufzeichnungen über Zugang und Abgang sowie Lieferer und Empfänger zu führen.

3. Verschreibung und Abgabe gem. § 13 BtMG

Betäubungsmittel der Anlage III dürfen nur auf ärztliche Verschreibung abgegeben werden. Die Abgabe darf nur über Apotheken erfolgen.

Die Einzelheiten sind in der Betäubungsmittelverschreibungsverordnung (BtMVV) geregelt.

04. Welche Besonderheiten sind nach der Betäubungsmittelverschreibungsverordnung zu beachten?

§ 1 Abs. 2 BtMVV	Betäubungsmittel dürfen für Patienten und für den Praxisbedarf nur nach Vorlage eines Betäubungsmittelrezeptes abgegeben werden; für den Stationsbedarf bedarf es eines Betäubungsmittelanforderungsscheins.
§ 2 Abs. 1 BtMVV	Ärztliche Verschreibungen dürfen bezogen auf bestimmte Mittel bestimmte Höchstmengen nicht überschreiten.
§ 8 BtMVV	Betäubungsmittelrezepte werden auf Anforderung vom Bundesinstitut für Arzneimittel und Medizinprodukte an die Ärzte ausgegeben. Die Rezepte sind zu sichern; der Verlust ist unverzüglich anzuzeigen.
§ 9 BtMVV	Auf Betäubungsmittelrezepten sind insbesondere anzugeben - der Name und die Anschrift des Patienten - Ausstellungsdatum, Menge und Gebrauchsanweisung

05. Was ist Substitution im Sinne der BtMVV?

Substitution ist die Anwendung eines verschreibungspflichtigen Betäubungsmittels bei einem opiatabhängigen Patienten zur

- Behandlung der Abhängigkeit mit dem Ziel der Abstinenz oder
- zur Unterstützung der Behandlung einer neben der Opiatabhängigkeit bestehenden schweren Erkrankung oder
- Verringerung der Risiken einer Opiatabhängigkeit während der Schwangerschaft und nach der Geburt (vgl. § 5 BtMVV).

06. Was ist ein Drogenkonsumraum?

Bei einem Drogenkonsumraum handelt es sich um Räumlichkeiten, in denen Betäubungsmittelabhängige Gelegenheit haben, mitgeführte, ärztlich nicht verschriebene Betäubungsmittel zu konsumieren. Eine solche Einrichtung darf nur mit Erlaubnis der zuständigen obersten Landesbehörde betrieben werden (siehe § 10a BtMG).

07. Welche Bedeutung hat der Besitz von geringen Mengen von Betäubungsmitteln für die Strafverfolgung?

1. Nach § 29 BtMG wird der Anbau, die Herstellung, die Veräußerung und auch der Besitz von Betäubungsmitteln unter Strafe gestellt.
2. Nach § 31a BtMG kann lediglich dann von der Verfolgung abgesehen werden, wenn

- es sich um eine geringe Menge handelt,
- der Täter für den Eigenverbrauch handelt und
- kein öffentliches Interesse an der Verfolgung besteht.

Beim Eigenverbrauch in Konsumräumen soll von der Verfolgung abgesehen werden. Was geringe Mengen sind, wird landesspezifisch unterschiedlich ausgelegt.

2.1.6 Hygieneverordnung (HACCP)

01. Welche Bedeutung hat die Lebensmittelhygieneverordnung (LMHV)?

Das Recht der Lebensmittelhygiene ist einheitlich europarechtlich geregelt. Kernvorschrift ist hierbei die Verordnung (EG) Nr. 852/2004 des Europäischen Parlaments und des Rates vom 29.04.2004 über Lebensmittelhygiene.

Die nationale LMHV dient der Umsetzung der europarechtlichen Verordnung im Inland.

Die LMHV hebt nochmals hervor, dass Lebensmittel nur so hergestellt, behandelt oder in Verkehr gebracht werden, dass sie keiner nachteiligen Beeinflussung ausgesetzt sind. Auch dürfen leicht verderbliche Lebensmittel nur von Personen hergestellt, behandelt oder in den Verkehr gebracht werden, die über Fachkenntnisse in Hinblick auf Lebensmitteleigenschaften, hygienische Notwendigkeit oder Anforderungen an Kühlung und Lagerung verfügen (Vgl. §§ 3 und 4 LMHV).

Der Verstoß gegen eine Reihe von Anforderungen stellt eine Ordnungswidrigkeit dar.

02. Was sind die HACCP-Grundsätze?

„HACCP" steht für „Hazard Analysis and Critical Control Point" oder Gefahrenanalyse und die Überwachung kritischer Kontrollpunkte.

Die Verordnung (EG) Nr. 852/2004 verpflichtet Lebensmittelunternehmer aller Stufen der Lebensmittelkette auf die Beachtung der HACCP-Grundsätze beim Umgang mit Lebensmitteln.

Lebensmittelunternehmer haben nach Art. 5 Abs. 2 der Verordnung folgende Punkte einzuhalten.

a) Ermittlung von Gefahren, die vermieden, ausgeschaltet oder auf ein akzeptables Maß reduziert werden müssen,

b) Bestimmung der kritischen Kontrollpunkte, auf der (den) Prozessstufe(n), auf der (denen) eine Kontrolle notwendig ist, um eine Gefahr zu vermeiden, auszuschalten oder auf ein akzeptables Maß zu reduzieren,

c) Festlegung von Grenzwerten für diese kritischen Kontrollpunkte, anhand deren im Hinblick auf die Vermeidung, Ausschaltung oder Reduzierung ermittelter Gefahren zwischen akzeptablen und nicht akzeptablen Werten unterschieden wird,

d) Festlegung und Durchführung effizienter Verfahren zur Überwachung der kritischen Kontrollpunkte,

e) Festlegung von Korrekturmaßnahmen für den Fall, dass die Überwachung zeigt, dass ein kritischer Kontrollpunkt nicht unter Kontrolle ist,

f) Festlegung von regelmäßig durchgeführten Verifizierungsverfahren, um festzustellen, ob den Vorschriften gemäß den Buchstaben a bis e entsprochen wird,

g) Erstellung von Dokumenten und Aufzeichnungen, die der Art und Größe des Lebensmittelunternehmens angemessen sind, um nachweisen zu können, dass den Vorschriften gemäß den Buchstaben a bis f entsprochen wird.

2.2 Haftungsrecht

2.2.1 Grundlagen des Haftungsrechts

01. Was bedeutet Haftung?

Haftung im weitesten Sinne bedeutet, dass man für die Folgen seines Tuns einstehen muss. Man unterscheidet grundsätzlich die zivilrechtliche Haftung von der strafrechtlichen Haftung.

1. Die zivilrechtliche Haftung zielt darauf ab, dass man einen eingetretenen Schaden materiell ausgleichen muss. Anlass für die zivilrechtliche Haftung kann sein, dass ein Vertrag nicht ordnungsgemäß erfüllt worden ist. Grundlage ist dann § 280 Bürgerliches Gesetzbuch (BGB).

   Daneben kann die allgemeine deliktische Haftung treten. Danach hat man für den Schaden einzustehen, den man einem anderen vorsätzlich oder fahrlässig rechtswidrig zugefügt hat. Grundlage ist dann § 823 BGB.

   Die Realisierung von zivilrechtlichen Ansprüchen obliegt dem Geschädigten.

2. Die strafrechtliche Haftung ist im Strafgesetzbuch (StGB) geregelt. Anlass für die strafrechtliche Haftung ist ein sozialschädliches Verhalten, dessen Wiederholung über die Abschreckung des Täters speziell und über Abschreckung der Allgemeinheit unterbunden werden soll.

   Die Bestrafung dient weiterhin dem Rechtsfrieden. Das Opfer erfährt Genugtuung, der Täter erhält Gelegenheit zur Sühne. Die Bestrafung erfolgt durch den Staat, wobei die Strafverfolgung grundsätzlich der Staatsanwaltschaft obliegt.

02. Gibt es weitere Haftungsgrundlagen?

Die zivilrechtliche Haftung fußt auf dem Bürgerlichen Gesetzbuch. Die Haftung knüpft an schuldhaftes Verhalten an.

Daneben gibt es in einer Vielzahl von Einzelgesetzen Grundlagen für Schadensersatzansprüche. So haftet nach § 7 Straßenverkehrsgesetz der Halter eines Kraftfahrzeuges für den Schaden, der bei Betrieb des Fahrzeuges eingetreten ist. Die Besonderheit liegt darin, dass der Halter nicht wegen persönlichen Fehlverhaltens haftet, sondern allein aufgrund der Tatsache, dass er mit einem Kraftfahrzeug einen potentziell gefährlichen Gegenstand in Betrieb nehmen lässt. Eine Gefährdungshaftung ist auch für Arzneimittel gem. § 84 Arzneimittelgesetz (AMG) gegeben.

Regelwidriges Verhalten wird in einer Vielzahl von Gesetzen mit Strafe belegt. Exemplarisch sei auf das Steuerrecht verwiesen. So ist nach § 370 Abgabenordnung (AO) Steuerhinterziehung strafbar.

2.2.2 Zivilrechtliche Haftung

2.2.2.1 Rechtliche Grundverhältnisse

01. Wie ist das Vertragsverhältnis von Arzt bzw. Krankenhaus auf der einen Seite und Patient auf der anderen Seite grundsätzlich rechtlich einzuordnen?

Der Behandlungsvertrag ist ein Dienstvertrag im Sinne von § 611 BGB. Der Arzt schuldet lediglich ein fachgerechtes, zielgerichtetes Tätigwerden. Den Heilerfolg schuldet er nicht, weil das von Umständen abhängt, die jenseits seines Einflusses liegen.

Auch im Rahmen der kassenärztlichen Versorgung wird zwischen gesetzlich Versicherten und Arzt bzw. Krankenhaus ein zivilrechtlicher Vertrag begründet.

Gemäß § 76 Abs. 4 Sozialgesetzbuch (SGB V) hat der Arzt für die Sorgfalt nach bürgerlichem Vertragsrecht einzustehen. Auch können die Krankenkassen Versicherte bei der Durchsetzung von Ansprüchen unterstützen, wenn es bei der Inanspruchnahme von Kassenleistungen zu Behandlungsfehlern gekommen ist (vgl. § 66 SGB V).

02. Welche weiteren Vertragsgestaltungen sind zu berücksichtigen?

1.	Totaler Krankenhausvertrag	Ein Krankenhausträger verpflichtet sich alle für die stationäre Behandlung erforderlichen Leistungen zu erbringen. Dies umfasst neben der ärztlichen Behandlung, die allgemeine pflegerische Versorgung sowie die Unterkunft und die Verpflegung.
2.	Gespaltener Krankenhausaufnahmevertrag	Ein Belegarzt verpflichtet sich zur Erbringung der ärztlichen Hauptleistungen. Daneben verpflichtet sich das Krankenhaus gegenüber dem Patienten, die pflegerische Versorgung, Unterkunft und Verpflegung und nachgeordnete ärztliche Dienste zu erbringen.
3.	Vertrag mit einer ärztlichen Gemeinschaftspraxis	Mehrere Berufsträger haben sich zur gemeinsamen Berufsausübung verbunden. Der jeweils behandelnde Arzt wird auch vertretend für die anderen Mitglieder der Gemeinschaftspraxis tätig.
4.	Praxisgemeinschaft	Vertragspartner wird nur der jeweils behandelnde Arzt. Die „Gemeinschaft" erschöpft sich darin, dass gemeinsam auf Personal, Räume etc. zurückgegriffen wird, während der Patientenstamm getrennt geführt wird.

2.2 Haftungsrecht

03. Welches Prüfungsschema gilt für vertragliche und deliktische Haftungsansprüche bei Behandlungsfehlern?

1. Behandlungsfehler in einem Behandlungsverhältnis
2. Primärschaden
3. Haftungsbegründende Kausalität
4. Objektives Verschulden des Arztes
5. Sekundärschaden
6. Haftungsausfüllende Kausalität

(in Anlehnung an Quaas/Zuck Medizinrecht § 13 Randnummer 63)

Zu 1.: Behandlungsfehler

Zu den Behandlungsfehlern zählen insbesondere Diagnose- und Therapiefehler. Der Behandlungsfehler führt auch zur Widerrechtlichkeit des ärztlichen Eingriffs. Die Einwilligung des Patienten bezog sich als Rechtfertigungsgrund lediglich auf eine Behandlung nach den Regeln der Kunst.

Zu 2.: Primärschaden

Der Behandlungsfehler muss sich in einer Schädigung der Gesundheit des Patienten niedergeschlagen haben.

Zu 3.: Haftungsbegründende Kausalität

Kausalität bedeutet Ursächlichkeit. Der Gesundheitsschaden muss ursächlich auf den Behandlungsfehler zurückzuführen sein. Ursächlichkeit liegt vor, wenn der Behandlungsfehler nicht weggedacht werden kann, ohne dass der Gesundheitsschaden entfällt.

Zu 4.: Objektives Verschulden des Behandlers

Der Behandler muss vorsätzlich oder fahrlässig gehandelt haben. Vorsätzlich handelt, wer etwas mit Wissen und Wollen verwirklicht. Fahrlässig handelt, wer die im Verkehr erforderliche Sorgfalt außer Acht lässt. Vergleichsmaßstab für die Fahrlässigkeit ist die Sorgfalt, die ein besonnener und gewissenhafter Arzt der jeweiligen Fachrichtung an den Tag gelegt hätte.

Zu 5.: Sekundärschaden

Die Schädigung der Gesundheit hat sich in einem Vermögensschaden niedergeschlagen.

Ein Behandlungsfehler kann sich beispielsweise in dem Verlust eines Beines niederschlagen. Das ist der Primärschaden. Kann der Patient mit einem Bein seinen Beruf nicht mehr ausüben, so stellt der Verdienstausfall einen Sekundärschaden dar.

Neben den Ausgleich des materiellen Schadens tritt in der Regel die Verpflichtung zur Zahlung von Schmerzensgeld. Insofern spricht man von einem immateriellen Schaden (vgl. § 253 BGB).

Zu 6.: Haftungsausfüllende Kausalität

Der Eintritt des Primärschadens muss ursächlich sein für den Eintritt des Sekundärschadens.

04. Was ist grundsätzlich Gegenstand der Darlegungs- und Beweislast?

Jemand hat Anspruch auf eine Leistung durch einen anderen, wenn ein Sachverhalt vorliegt, der alle Tatbestandsmerkmale einer Anspruchsnorm erfüllt.

Beispiel:
Herr Kobold zerkratzt abends schlecht gelaunt den Lack des Autos von Herrn Elfe. Herr Kobold ist schadensersatzpflichtig, weil er gemäß § 823 Abs. 1 BGB das Eigentum eines anderen vorsätzlich widerrechtlich verletzt hat. Zahlt Herr Kobold nicht freiwillig, muss Herr Elfe ihn verklagen. In der Klage muss Herr Elfe den maßgeblichen Sachverhalt schildern. Dies bezeichnet die Darlegungslast. Sollte Herr Kobold den Vorgang bestreiten, so müsste Herr Elfe den Sachverhalt auch beweisen.

Es gilt der Grundsatz, dass man im Prozess für die Tatsache beweispflichtig ist, aus denen man für sich erwünschte Rechtsfolgen ableitet. Das nennt man Beweislast bei streitigem Sachverhalt.

Der Beweis in diesen Fall kann etwa mit Zeugen oder Fingerabdrücken geführt werden. Kann Herr Elfe den Schaden oder die Täterschaft von Herrn Kobold nicht beweisen, so verliert er den Prozess und bekommt letztlich keinen Schadensersatz.

05. Welche Besonderheit gibt es für die Beweislastverteilung in Arzthaftungsangelegenheiten?

Nach der Rechtsprechung ist ein Patient in der Regel nicht in der Lage, in einem Arzthaftungsfall den medizinisch relevanten Sachverhalt umfassend richtig darzustellen. Ihm fehlen die fachlichen Kenntnisse und meist auch die Wahrnehmung zu den Behandlungsschritten.

Um hier ein verfassungsrechtlich gebotenes faires Verfahren durchführen zu können, lassen es die Gerichte zunächst genügen, wenn der Patient in Hinblick auf die Haftungsvorausetzungen „Behandlungsfehler" sowie „Kausalität zwischen Fehler und Primärschaden" einen Sachverhalt vorträgt, der die Vermutung eines Behandlungsfehlers gestattet, der sich in der Schädigung niedergeschlagen hat.

Dann ist es zunächst Sache des Behandlers – des Anspruchsgegners – sich zu der Behandlung zu äußern und die Behandlungsdokumentation vorzulegen. Das Gericht wirkt von Amts wegen darauf hin, dass die Beweisaufnahme auf die medizinisch wesentlichen Umstände ausgerichtet wird.

2.2 Haftungsrecht

06. Wann kann es zu einer Beweiserleichterung für den Patienten im Arzthaftungsprozess kommen?

1. Ergibt sich ein grober Behandlungsfehler, der grundsätzlich geeignet ist, den Primärschaden zu verursachen, so wird vermutet, dass der Schaden ursächlich auf den Behandlungsfehler zurückzuführen ist. Zur Haftungsvermeidung müsste der Arzt beweisen können, dass sich der Behandlungsfehler in der Gesundheitsschädigung nicht niedergeschlagen hat.
2. Dokumentationsmängel stellen allein keinen Haftungsgrund dar. Bei Unzulänglichkeiten werden zugunsten des Patienten Vermutungen vorgenommen, die dann seitens des Behandlers widerlegt werden müssten.

Für die Darstellung des Patienten sprechen:

- Erheblicher zeitlicher Abstand zwischen Behandlung und Dokumentation
- Radierungen oder nachträgliche Veränderungen

Weiterhin wird vermutet, dass der Verpflichtete eine nicht dokumentierte Maßnahme auch nicht getroffen hat.

3. Bei Anfängeroperationen tragen Krankenhaus und Arzt die Darlegungs- und Beweislast dafür, dass eingetretene Komplikationen nicht auf den Ausbildungsstand des noch nicht qualifizierten Operateurs zurückzuführen sind.

2.2.2.2 Haftung des Krankenhausträgers

01. Wessen Fehlverhalten hat sich ein Krankenhausträger zurechnen zu lassen?

1. Krankenhausträger sind regelmäßig juristische Personen. Daher handeln sie nicht selbst, sondern werden durch ihre Organe vertreten. Entsprechend haften die juristischen Personen für Fehlverhalten ihrer Organe. Unmittelbar treffen den Träger Organisationspflichten. Bei Missachtung dieser Pflichten haftet das Krankenhaus für die eingetretenen Schäden.
2. Krankenhausträger erfüllen die Behandlungsverträge nicht selbst. Sie setzen dafür ihr Personal ein. Entsprechend haben sie sich das Fehlverhalten ihres Personals in Erfüllung der Verträge wie eigenes Fehlverhalten zurechnen zu lassen. Grundlage hierfür ist § 278 BGB. Das Personal wird insofern „Erfüllungsgehilfe" genannt.
3. Eine regelwidrige Behandlung oder Schädigung bei der Behandlung begründet weiterhin eine deliktische Haftung. Auch im Rahmen der deliktischen Haftung wird Fehlverhalten des Personals dem Krankenhausträger zugerechnet.

Grundlage ist § 831 Abs. 1 Satz 1 BGB für die Haftung des Verrichtungsgehilfen. Verrichtungsgehilfe ist, wer von einem Geschäftsherrn zu einer Verrichtung bestellt worden ist. Schädigt der Verrichtungsgehilfe einen Dritten widerrechtlich, so haftet der Geschäftsherr dem Dritten für den Schaden.

Beispiel:
Das Krankenhaus Eisenbart GmbH beschäftigt Herrn Lux als Reinigungskraft. Herr Lux wischt den Flur ohne Gefahrenhinweise mit extra viel Seife. Ein Besucher gleitet auf dem noch feuchten Boden aus und schlägt schmerzhaft nieder.

Herr Lux ist hier Verrichtungsgehilfe, die Krankenhaus Eisenbart GmbH ist Geschäftsherrin und der Besucher ist Dritter.

Der Geschäftsherr hat grundsätzlich die Möglichkeit, die deliktische Haftung abzuwenden, wenn er belegt, dass er den Verrichtungsgehilfen gut ausgesucht und stets sinnvoll angeleitet hat, damit es nicht zu Schäden kommt. Diese Möglichkeit räumt § 831 Abs. 1 Satz 2 BGB ein. Insofern spricht man von Exkulpation (übersetzt „aus der Schuld heraus").

Da deliktische Haftung und vertragliche Haftung in der Regel zusammenfallen und es für die Haftung für den Erfüllungsgehilfen keine Exkulpation gibt, wird der Geschäftsherr bei Behandlungsfehlern letztlich in der Haftung bleiben.

02. Welche Organisationspflichten treffen den Krankenhausträger im Einzelnen?

1. Zuständigkeiten und Verantwortlichkeiten müssen genau bestimmt sein.
2. Mitarbeiter müssen sorgfältig ausgewählt, eingewiesen und überwacht werden.
3. Die Versorgung muss dem gebotenen Standard der Versorgungsstufe entsprechen.
4. Die Verkehrssicherungspflichten müssen eingehalten werden.

Beispiele:

Zu 1.:

Erfolgt ein Eingriff durch einen noch nicht hinreichend qualifizierten Assistenzarzt so muss ein Oberarzt oder ein Chefarzt die Aufsicht so führen, sodass er ständig verantwortlich eingreifen kann.

Es müssen hinreichend Anästhesisten vorgehalten werden, um Parallelnarkosen zu vermeiden.

Zu 2.:

Die Einhaltung der Modalitäten der Patientenaufklärung durch das Personal ist zu überwachen.

Zu 3.:

Das Krankenhaus muss eine Versorgung auf Facharztniveau für die angebotenen Behandlungsfelder vorhalten.

Zu 4.:

Hierzu zählt, dass die Funktionsfähigkeit der medizinischen Geräte unter Berücksichtigung der Medizinproduktebetreiberverordnung für den Einsatz sichergestellt ist.

Eine effiziente Krankenhaushygiene muss gewährleistet sein.einer Eigengefährdung von Kindern oder selbstmordgefährdeten Patienten muss begegnet werden.

2.2.2.3 Haftung des Arztes

01. In welche Haftungssystematik ist der Arzt eingebunden?

Ein Arzt haftet nach den allgemeinen Grundsätzen aus Vertrag und aus Delikt. Siehe hierzu die Ausführungen unter 2.2.2.1.

Er hat ebenso wie ein Krankenhaus die Verantwortung für seine Mitarbeiter zu tragen, die im Verhältnis zu ihm Erfüllungs- und Verrichtungsgehilfe sind. Siehe hierzu die Ausführungen unter 2.2.2.2.

02. Welchen Inhalt hat die ärztliche Schweigepflicht?

Der Inhalt der ärztlichen Schweigepflicht ergibt sich aus den Berufsordnungen der Ärztekammern. Diese beruhen auf der Musterberufsordnung für die deutschen Ärztinnen und Ärzte (MBO).

1. Ärzte haben über das, was ihnen in ihrer Eigenschaft als Arzt anvertraut oder bekannt gegeben worden ist zu schweigen (vgl. § 9 Abs. 1 MBO).

2. Ärzte haben ihre Mitarbeiter und Personen, die zur Vorbereitung auf den Beruf an der ärztlichen Tätigkeit teilnehmen, über die gesetzliche Pflicht zur Verschwiegenheit zu belehren und dies schriftlich festzuhalten (vgl. § 9 Abs. 3 MBO).

2. Ärzte sind zur Offenbarung befugt, soweit sie von der Schweigepflicht entbunden worden sind oder soweit die Offenbarung zum Schutze eines höherwertigen Rechtsgutes erforderlich ist. Gesetzliche Aussage- und Anzeigepflichten bleiben unberührt. Soweit gesetzliche Vorschriften die Schweigepflicht der Ärztin oder des Arztes einschränken, soll die Ärztin oder der Arzt die Patientin oder den Patienten darüber unterrichten (vgl. § 9 Abs. 2 MBO).

3. Wenn Ärzte gleichzeitig oder nacheinander dieselbe Patientin oder denselben Patienten untersuchen oder behandeln, so sind sie untereinander von der Schweigepflicht insoweit befreit, als das Einverständnis der Patientin oder des Patienten vorliegt oder anzunehmen ist (vgl. § 9 Abs. 4 MBO).

03. Wo findet die Schweigepflicht Berücksichtigung in sonstigen rechtlichen Zusammenhängen?

Beispiele:

1.	§ 203 StGB (Strafgesetzbuch)	Verletzung des Privatgeheimnisses. Wer unbefugt ein fremdes Geheimnis offenbart, das ihm als Arzt oder Zahnarzt anvertraut oder bekanntgeworden ist, wird mit Freiheitsstrafe oder mit Geldstrafe bestraft.
2.	§ 53 StPO (Strafprozessordnung)	Ärzte haben ein Zeugnisverweigerungsrecht im Strafverfahren.
3.	**Ausnahmen von der Schweigepflicht bedürfen der ausdrücklichen gesetzlichen Ermächtigung**	Ausnahmen gibt es im Infektionsschutzgesetz für die Meldung ansteckender Krankheiten oder für die Datenweitergabe zur Leistungsabwicklung für die gesetzliche Krankenversicherung.

Sollte durch die Verletzung der Schweigepflicht dem Berechtigten ein Schaden entstehen, könnte er diesen über § 823 Abs. 2 BGB ersetzt verlangen. Die Schweigepflicht stellt ein Schutzgesetz in diesem Sinne dar.

Die Schweigepflicht gilt auch bei einer Praxisübergabe. Nach § 10 Abs. 4 Satz 2 Musterberufsordnung der Ärzte dürfen die Patientendaten zur Einsichtnahme nur mit Einwilligung des Patienten an den Nachfolger weitergegeben werden.

04. Welche Bedeutung kommt der ärztlichen Aufklärung vor einem Eingriff zu?

Ärztliche Eingriffe verwirklichen ab einem gewissen Grad die Voraussetzungen der deliktischen Haftung nach § 823 Abs. 1 BGB. Es wird nämlich der Körper eines anderen vorsätzlich beeinträchtigt.

Eine deliktische Haftung scheitert daran, dass der Eingriff nicht rechtswidrig ist, wenn der Patient zuvor seine Einwilligung gegeben hat. Die Einwilligung ist ein Rechtfertigungsgrund.

Die Einwilligung ist aber nur dann wirksam, wenn der Patient vor dem Eingriff über die Art und die Risiken aufgeklärt worden ist. Die Aufklärung muss auf den Verständnishorizont des Patienten ausgerichtet sein.

Auf gängige Behandlungsalternativen mit anderen Risiken oder Erfolgsaussichten ist hinzuweisen. Die Aufklärung hat so rechtzeitig zu erfolgen, dass der Patient noch frei über den Eingriff entscheiden kann. Der zeitliche Abstand hängt von der Schwere des Eingriffs und der Dringlichkeit ab. Bei ambulanten Eingriffen kann die Aufklärung am Tag der Operation noch rechtzeitig sein. Bei nachhaltigen Eingriffen wird ein Vorlauf von mehreren Tagen für notwendig erachtet.

Weiterhin bezieht sich die Einwilligung nur auf Eingriffe, die nach den Regeln der Kunst vorgenommen werden. Liegt objektiv ein Behandlungsfehler vor, so scheitert die Haftung nicht an der Einwilligung des Patienten.

05. Welche Bedeutung kommt der medizinischen Behandlungsdokumentation zu?

Die Dokumentation dient dazu, die wesentlichen medizinischen Daten für Diagnose und Therapie vorzuhalten. Es ist nicht ihre Aufgabe, für Patienten Beweise für spätere Arztprozesse zu sichern.

Aus Unzulänglichkeiten in der Dokumentation sind daher allein keine Haftungsansprüche abzuleiten.

Jedoch können sie zur Verschiebung der Beweislast führen.

2.2.2.4 Haftung der Pflegekräfte und Beschäftigten in Gesundheitsberufen

01. Wie sind Pflegekräfte in die Haftungssystematik eingebunden?

Im Verhältnis zum Patienten treffen sie keine unmittelbaren Pflichten aus dem Vertrag. Ihr Fehlverhalten wird jedoch dem Arbeitgeber sowohl in ihrer Funktion als Erfüllungsgehilfe als auch als Verrichtungsgehilfe zugerechnet. Denkbar ist eine eigene deliktische Haftung, wenn fahrlässig der Pflegekraft Fehler unterlaufen.

02. Warum kann es vorkommen, dass Pflegekräfte in Arzthaftungsprozessen gemeinsam mit dem Krankenhaus verklagt werden?

Das Krankenhaus bzw. der Arzt trägt in vielen Bereichen die Beweislast für eine ordnungsgemäße Behandlung. Dieser Beweis kann auch über Zeugen geführt werden. Pflegekräfte könnten als Zeugen für das Krankenhaus bzw. den Arzt auftreten. Werden sie ebenfalls verklagt, so werden sie Prozesspartei und fallen als Zeugen für ihren Arbeitgeber weg.

2.2.2.5 Haftung bei fehlerhafter Dokumentation

Siehe 2.2.2.1 Rechtliche Grundverhältnisse, Fragen 5 und 6

2.2.3 Strafrechtlich relevante Bereiche

01. Welche Straftatbestände sind im medizinischen Bereich von besonderer Bedeutung?

1.	§ 203 StGB Verletzung des Privatgeheimnisses	Wer unbefugt ein fremdes Geheimnis offenbart, das ihm als Arzt oder Zahnarzt anvertraut oder bekanntgeworden ist, wird mit Freiheitsstrafe oder mit Geldstrafe bestraft.
2.	§ 216 StGB Tötung auf Verlangen	Ist jemand durch das ausdrückliche und ernstliche Verlangen des Getöteten zur Tötung bestimmt worden, so ist auf Freiheitsstrafe von sechs Monaten bis zu fünf Jahren zu erkennen
3.	§ 222 StGB Fahrlässige Tötung	Wer durch Fahrlässigkeit den Tod eines Menschen verursacht, wird mit Freiheitsstrafe bis zu fünf Jahren oder mit Geldstrafe bestraft.
4.	§ 223 StGB Körperverletzung	Wer eine andere Person körperlich misshandelt oder an der Gesundheit schädigt, wird mit Freiheitsstrafe bis zu fünf Jahren oder mit Geldstrafe bestraft.
5.	§ 239 StGB Freiheitsberaubung	Wer einen Menschen einsperrt oder auf andere Weise der Freiheit beraubt, wird mit Freiheitsstrafe bis zu fünf Jahren oder mit Geldstrafe bestraft.
6.	§ 263 StGB Betrug	Wer in der Absicht, sich oder einem Dritten einen rechtswidrigen Vermögensvorteil zu verschaffen, das Vermögen eines anderen dadurch beschädigt, dass er durch Vorspiegelung falscher oder durch Entstellung oder Unterdrückung wahrer Tatsachen einen Irrtum erregt oder unterhält, wird mit Freiheitsstrafe bis zu fünf Jahren oder mit Geldstrafe bestraft.
7.	§ 323c StGB Unterlassene Hilfeleistung	Wer bei Unglücksfällen oder gemeiner Gefahr oder Not nicht Hilfe leistet, obwohl dies erforderlich und ihm den Umständen nach zuzumuten, insbesondere ohne erhebliche eigene Gefahr und ohne Verletzung anderer wichtiger Pflichten möglich ist, wird mit Freiheitsstrafe bis zu einem Jahr oder mit Geldstrafe bestraft.

02. Welche wesentlichen Rechtsfolgen sind im Strafrecht vorgesehen?

1. Verhängung von Freiheitsstrafe

2. Geldstrafe

Eine Geldstrafe wird nach Tagessätzen bemessen. Ein Tagessatz beträgt mindestens fünf Euro und höchstens 360 €. Die Höhe eines Tagessatzes bestimmt sich nach der Höhe des Einkommens und des Vermögens des Täters (vgl. § 40 StGB).

3. Anordnung des Berufsverbots (§ 70 StGB).

Wird jemand wegen einer rechtswidrigen Tat, die er unter Missbrauch seines Berufs oder unter grober Verletzung der mit ihnen verbundenen Pflichten begangen hat, verurteilt, kann ihm das Gericht die Ausübung des Berufs verbieten.

2.2 Haftungsrecht

03. Was ist der Unterschied zwischen einer Strafanzeige und einem Strafantrag?

Mit der Strafanzeige wird der Staatsanwaltschaft oder der Polizei ein Sachverhalt zur Kenntnis gebracht, der nach Einschätzung des Anzeigenden eine Straftat verwirklichen könnte. Es ist eine Tatsachenmitteilung. Die Strafanzeige wird in der Regel mit dem Strafantrag kombiniert. Mit dem Antrag bringt der Erklärende weiterhin zum Ausdruck, dass er auch eine Strafverfolgung wünscht.

Beispiel:
Eine Körperverletzung ist strafbar. Das ergibt sich aus § 223 StGB. Die Staatsanwaltschaft nimmt aber die Strafverfolgung nur auf, wenn ein Strafantrag gestellt wird oder wenn ein öffentliches Interesse an der Strafverfolgung besteht. Dies ergibt sich für die Körperverletzung aus § 230 StGB.

Für schwere Straftaten ist hingegen kein Antrag erforderlich. Liegen Anhaltspunkte für die Begehung eines Mordes vor, so hat die Staatsanwaltschaft von Amts wegen das Verfahren zu führen.

04. Welches Prüfungsschema ist einer strafrechtlichen Beurteilung zugrunde zu legen?

Beispiel, am Tatbestand der Körperverletzung dargestellt:

Nach § 223 StGB wird mit Freiheitsstrafe bis zu fünf Jahren oder mit Geldstrafe bestraft, wer einen anderen körperlich misshandelt oder in der Gesundheit schädigt.

1. Objektiver Tatbestand	Eine andere Person muss körperlich misshandelt oder in der Gesundheit geschädigt worden sein.
2. Subjektiver Tatbestand	Der objektive Tatbestand wurde vorsätzlich verwirklicht. Der Täter wusste also was er tat und wollte es.
3. Rechtswidrigkeit	Es liegt kein Rechtfertigungsgrund vor.
4. Schuld	Es liegt kein Entschuldigungs- oder Schuldausschließungsgrund vor.

Zu 2.

Strafbar ist grundsätzlich vorsätzliches Verhalten. Fahrlässiges Verhalten ist nur dann strafbar, wenn der Gesetzgeber Fahrlässigkeit gesondert unter Strafe gestellt hat. Für den Bereich der Körperverletzung ist dies erfolgt. Nach § 229 StGB ist auch fahrlässige Körperverletzung strafbar.

Zu 3.

Die Strafbarkeit objektiv schädigenden Verhaltens wird bei Vorliegen von Rechtfertigungsgründen ausgeschlossen. Hier auf ist nur näher einzugehen, wenn der Sachverhalt Anhaltspunkte für einen Rechtfertigungsgrund bietet.

Rechtfertigungsgründe sind:

- Notwehr, § 32 StGB

Notwehr ist die Verteidigung, die erforderlich ist, um einen gegenwärtigen Rechtswidrigen Angriff von sich oder einem anderen abzuwehren (vgl. § 32 Abs. 2 StGB).

- Rechtfertigender Notstand, § 34 StGB

Der Rechtfertigung liegt eine Güterabwägung zugrunde. Die Verletzung eines Rechtsgutes ist zulässig, wenn damit eine Schädigung eines wertvolleren Rechtsgutes gebannt werden soll.

Beispiel:
Herr Mare droht zu ertrinken. Herr Auxilus sieht das. Herr Auxilus bricht das Auto des Herrn Repper auf, um an ein Seil zu gelangen, mit dem er Herrn Mare aus dem Wasser ziehen kann.

- Einwilligung

Tatbestandlich ist das Öffnen der Bauchdecke mit einem Skalpell eine gefährliche Körperverletzung. Die Einwilligung des Operierten rechtfertigt jedoch diese Maßnahme. Entsprechend ist dieser Eingriff nicht strafbar.

Die Einwilligung als Rechtfertigungsgrund setzt eine hinreichende geistige und sittliche Reife voraus, sodass der Betroffene die Tragweite des Eingriffs einschätzen und bewerten kann. Die Einwilligung darf nicht sittenwidrig sein. Die Einwilligung in die eigene Tötung oder die sinnlose Verstümmelung entfaltet keine Rechtfertigung.

- Mutmaßliche Einwilligung

Ist eine Behandlung dringend geboten und kann sich der Patient nicht erklären und kann die Erklärung nicht abgewartet werden, so kann eine mutmaßliche Einwilligung den Eingriff rechtfertigen. Der mutmaßliche Wille ist nach den bekannten individuellen Gegebenheiten des Patienten zu bestimmen. Wenn keine konkreten Anhaltspunkte bekannt sind, kann unterstellt werden, dass der Patient eine objektiv vernünftige Entscheidung treffen würde.

Zu 4.

Schuld bedeutet, dass die Tat verwerflich ist, da sich in ihr eine rechtlich tadelnswerte Gesinnung ausdrückt. Bei seelischer Störung des Täters kann sie beispielsweise nach § 20 StGB entfallen.

2.2.3.1 Strafrechtliche Bewertung von Tun und Unterlassen

01. Was sind echte Unterlassungsdelikte?

Grundsätzlich kann man sich nur durch verwerfliches Tun strafbar machen. In Einzelfällen drückt sich eine rechtswidrige Gesinnung in einem Nichthandeln – in einem Unterlassen – aus.

2.2 Haftungsrecht

Beschreibt der Gesetzgeber ein gebotenes Handeln und stellt er das Unterlassen dieses Handelns unter Strafe, so spricht man von einem echten Unterlassungsdelikt. Beispiel hierfür ist die Unterlassene Hilfeleistung nach § 323c StGB.

2.2.3.2 Garantenstellung bei Gesundheitsberufen

01. Welche Bedeutung hat eine Garantenstellung bei Strafbarkeit durch Unterlassen?

Wer eine besondere Verantwortung für den Schutz eines Rechtsgutes hat, macht sich strafbar, wenn er nicht alles Gebotene unternimmt, um einen Schadenseintritt abzuwenden.

Das Unterlassen von Schutzmaßnahmen steht hier einem zielgerichteten Handeln gleich.

Die besondere Verantwortung kann sich im ärztlichen Bereich ergeben aus der Übernahme der Behandlung oder aus vorangegangener Gefährdung.

Der Verantwortliche wird als Garant für den Nichteintritt einer Schädigung angesehen.

Beispiel:
Eine fahrlässige Körperverletzung wird nach § 229 StGB im Regelfall durch aktives Tun verwirklicht.

Eine Körperverletzung ist es auch, wenn ein behandelnder Arzt eine objektiv gebotene Untersuchung unterlässt, die Krankheit sich nicht behandelt verschlimmert und der Patient dadurch Schmerzen erleidet. Durch die Behandlungsübernahme ist der Arzt Garant dafür geworden, dass es zu keiner vermeidbaren Verschlimmerung kommt.

Die Begehung durch Unterlassen wird in § 13 StGB umschrieben.

2.2.3.3 Fahrlässigkeit

01. Was ist Fahrlässigkeit?

Fahrlässig handelt, wer in Kenntnis der maßgeblichen Umstände pflichtwidrig handelt, ohne eine Rechtsgutverletzung herbeiführen zu wollen.

2.2.3.4 Was ist Vorsatz?

01. Was ist Vorsatz?

Vorsatz bedeutet Wissen und Wollen der zum objektiven Tatbestand gehörenden Merkmale.

2.3 Heim- und Betreuungsrecht

01. Was ist Heimrecht?

Ausgehend vom Begriff des Heims, in dem Volljährige neben Unterkunft und Verpflegung auch Betreuung und Pflege erhalten, werden durch das Heimrecht im weitesten Sinne folgende Rechtsbeziehungen geregelt:

1. das Verhältnis des Heimträgers zum Bewohner
2. das Verhältnis des Bewohners zum Leistungsträger
3. das Verhältnis des Leistungsträgers zum Heimträger
4. das Verhältnis des Heimträgers zur Heimaufsicht.

Zu 1:

Der Bewohner und der Heimträger schließen einen zivilrechtlichen Vertrag. Das Verhältnis der Vertragsparteien ist wesentlich enger als bei einem Mietvertrag. Daher fand diese Rechtsbeziehung im Heimgesetz (HeimG) eine spezielle Ausprägung. Es enthielt die Regelung mietrechtlicher Aspekte. Kündigungsfristen wurden geregelt. Daneben wurden die Heimträger der besonderen staatlichen Aufsicht unterworfen. Die Überwachung der Heime sichert eine fachlich korrekte Versorgung und dient dem Schutz der Bewohner.

> Das bundeseinheitliche Heimgesetz wurde in Hinblick auf die mietrechtlichen Aspekte vom Wohn- und Betreuungsvertragsgesetz (WBVG) abgelöst.
>
> Die öffentlich-rechtlichen Aspekte des HeimG werden nach und nach von landesrechtlichen Vorschriften abgelöst. Bis zur Verabschiedung eigenen Landesrechts behält das HeimG regional in Hinblick auf die öffentlich-rechtlichen Aspekte Geltung.
>
> Die landesrechtlichen Vorschriften tragen unterschiedliche Namen. Baden-Württemberg verfügt über ein „Landesheimgesetz", in Hamburg gibt es für die Materie ein „Hamburgisches Wohn- und Betreuungsqualitätsgesetz", in Mecklenburg-Vorpommern wird auf das „Einrichtungsqualitätsgesetz" zurückgegriffen.

Zu 2:

Die Unterbringung in Heimen ist kostenintensiv. Die Finanzierung erfolgt nicht nur über die Bewohner. Die Mittel werden ebenso von der Pflegeversicherung und bei Bedürftigkeit über die Sozialhilfe aufgebracht. Welcher Leistungsträger sich in welchem Umfang an der Finanzierung im Einzelfall beteiligt, richtet sich insofern nach dem Sozialgesetzbuch Elftes Buch (SGB XI) für die Pflegeversicherung und nach dem Sozialgesetzbuch Zwölftes Buch (SGB XII) für die Sozialhilfe.

Zu 3:

Der Qualitätssicherung und der Kostentransparenz dient dazu, dass Leistungsträger grundsätzlich nur für solche Einrichtungen die Kosten übernehmen, mit denen sie eine Versorgungsvereinbarung und Vereinbarungen über die Entgelthöhe getroffen haben.

2.3 Heim- und Betreuungsrecht

Für die Pflegeversicherung ist das in den §§ 71 ff. SGB XI für die Sozialhilfe in den §§ 75 ff. SGB XII geregelt.

Zu 4:

Heimbewohner befinden sich tendenziell in einem besonderen Abhängigkeitsverhältnis zum Heim. Auf permanente Versorgung angewiesen, können sie sich gegebenenfalls nicht mehr aus eigener Kraft weder räumlich noch emotional entfernen. Daher ist der Staat gehalten darüber zu wachen, dass in den Einrichtungen angemessene Lebensbedingungen herrschen. Grundlage für die Überprüfung sind bzw. werden die „Landesheimgesetze" in Nachfolge des HeimG.

02. Was ist Gegenstand des Betreuungsrechts?

Gegenstand des Betreuungsrechts ist, dass sichergestellt wird, dass Erwachsene, die ihre Angelegenheiten nicht selbst regeln können, einen Vertreter zur Seite gestellt bekommen, der sich etwa darum kümmert, dass für den Betroffenen Sozialhilfe beantragt wird etc.

Die Voraussetzungen für die Einrichtung einer Betreuung sind im Bürgerlichen Gesetzbuch (BGB) geregelt in den §§ 1896 ff. BGB.

Über die Einrichtung einer Betreuung entscheidet das Amtsgericht, welches in dieser Funktion „Betreuungsgericht" genannt wird. Das Verfahren dort richtet sich nach dem Gesetz über das Verfahren in Familiensachen und in Angelegenheiten der freiwilligen Gerichtsbarkeit (FamFG). In den §§ 271 ff. FamFG sind beispielsweise Fragen der Anhörung des Betroffenen und sonstiger Beteiligter geregelt.

Die Gerichte werden unterstützt durch die Betreuungsbehörden. Auf der Grundlage des Betreuungsbehördengesetzes (BtBG) und der landesrechtlichen Ausführungsbestimmungen obliegt es ihnen beispielsweise an der Sachverhaltsaufklärung mitzuwirken, den Betroffenen für eine Untersuchung vorzuführen oder Betreuer zu gewinnen und zu beraten.

2.3.1 Betriebsvoraussetzungen eines Heims und Pflichten des Trägers

01. Was ist ein Heim im Sinne des Heimrechts?

Die Merkmale für ein Heim sind:

- Es wendet sich an ältere Menschen oder volljährige pflegebedürftige oder psychisch kranke oder behinderte Menschen,
- diesen Menschen wird Wohnraum überlassen,
- daneben wird ihnen Betreuung und Verpflegung zur Verfügung gestellt oder vorgehalten,

- die Einrichtung wird entgeltlich betrieben,
- die Einrichtung ist in ihrem Bestand von Wechsel und Anzahl der Bewohner unabhängig.

Rechtsgrundlagen:

für Baden-Württemberg	§ 1 LHeimG
für Bayern	Art. 2 PflWoqG
für Mecklenburg-Vorpommern	§ 2 EQG M-V
für Nordrhein-Westfalen	§ 2 WTG
aus dem HeimG	§ 1 Abs. 1 HeimG

02. Welche grundlegenden Anforderungen werden an den Betrieb eines Heimes gestellt?

Der Zweck des jeweiligen „Landesheimgesetzes" beschreibt gleichsam die Grundanforderungen an den Betrieb eines Heimes.

Zweck des „Landesheimgesetzes" in Hinblick auf die Bewohner ist es, die Würde der Bewohner bei größtmöglicher Selbstständigkeit zu wahren.

Rechtsgrundlagen:

für Baden-Württemberg	§ 2 LHeimG
für Bayern	Art. 1 PflWoqG
für Mecklenburg-Vorpommern	§ 1 Abs. 1 EQG M-V
für Nordrhein-Westfalen	§ 1 WTG
aus dem HeimG	§ 2 Abs. 1 HeimG

Daher muss die Einrichtung eine qualitativ angemessene Versorgung bieten. Als ein Indikator wird dafür eine hinreichende Ausstattung mit Fachkräften angesehen. Die Fachkräftequote muss mindestens 50 % betragen.

Rechtsgrundlagen:

für Baden-Württemberg	§ 6 Abs. 2 LHeimG
für Mecklenburg-Vorpommern	§ 3 EQG M-V
für Nordrhein-Westfalen	§ 12 WTG
auf Grundlage des HeimG	§ 5 Heimpersonalverordnung

Ein weiterer Indikator für angemessene Unterbringungsbedingungen ist die Größe und die Belegung der Zimmer. Ursprünglich fanden sich hierfür Regelungen in der Heimmindestbauverordnung, welche auf der Grundlage des Heimgesetzes erlassen wurde. So war für einen Wohnschlafraum für einen Pflegeplatz eine Mindestgröße von 12 Quadratmetern vorgesehen.

2.3 Heim- und Betreuungsrecht

Entsprechende Verordnungsermächtigungen finden sich auch in den „Landesheimgesetzen", die durch Landesverordnungen Konkretisierungen erfahren bzw. erfahren sollen.

Durchgängig ist es den Trägern einer Einrichtung und den Beschäftigen grundsätzlich verboten, Geld oder geldwerte Leistungen von Bewohnern über das Heimentgelt hinaus anzunehmen.

Rechtgrundlagen:

für Baden-Württemberg	§ 9 LHeimG
für Bayern	Art. 8 PflWoqG
für Mecklenburg-Vorpommern	§ 6 EQG M-V
für Nordrhein-Westfalen	§ 10 WTG
aus dem HeimG	§ 14 HeimG

Zu den Betriebsanforderungen eines Heimes gehört schließlich die dauerhafte wirtschaftliche Zuverlässigkeit.

Ein Heim muss die Inbetriebnahme mindestens drei Monate zuvor bei der Heimaufsicht anzeigen. In diesem Rahmen muss das Heim sein Finanzierungskonzept vorlegen, wozu in der Regel Versorgungs- und Leistungsvereinbarungen mit den Leistungsträgern (Pflegekassen, Sozialhilfeträger) gehören.

Rechtsgrundlagen:

für Baden-Württemberg	§ 7 LHeimG
für Bayern	Art. 4 PflWoqG
für Mecklenburg-Vorpommern	§ 4 EQG M-V
für Nordrhein-Westfalen	§ 7 WTG
aus dem HeimG	§ 12 HeimG

03. Was ist Gegenstand der Heimsicherungsverordnung?

Nach dem HeimG war es dem Träger einer Einrichtung grundsätzlich untersagt, von Bewohnern oder Bewerbern um einen Heimplatz Geld oder geldwerte Leistungen über das vereinbarte Heimentgelt hinaus anzunehmen.

Eine Ausnahme von diesem Grundsatz war, dass die Leistungen dem Bau, dem Erwerb, der Instandsetzung, der Ausstattung oder zum Betrieb des Heimes dienten. Auf der Grundlage des § 14 Abs. 3 HeimG erlassen, enthält die Heimsicherungsverordnung Regelungen dazu, wie der Finanzierungsbeitrag zu verwalten ist und die Rückzahlung bzw. Verrechnung mit anfallenden Heimentgelten gesichert wird.

Vergleichbare Regelungen finden sich im entsprechenden Landesrecht.

für Baden-Württemberg	§ 9 LHeimG
für Bayern	Art. 8 PflWoqG
für Mecklenburg-Vorpommern	§ 6 EQG M-V
für Nordrhein-Westfalen	§ 10 WTG

2.3.2 Heimvertrag

01. Für welche Einrichtungen sieht das Wohn- und Betreuungsvertragsgesetz (WBVG) Sonderregelungen vor?

Der Anwendungsbereich ist in §§ 1 und 2 WBVG geregelt.

Das Gesetz findet Anwendung auf

Verträge zwischen Unternehmern und volljährigen Verbrauchern	§ 1 Abs. 1 WBVG
über Wohnraum und die Erbringung von Pflege- und Betreuungsleistungen, die der Bewältigung eines durch Alter, Pflegebedürftigkeit oder Behinderung bedingten Hilfebedarfs dienen	§ 1 Abs. 1 WBVG

Ausgeschlossen sind Einrichtungen, in denen der Verbraucher sich nur vorübergehend aufhalten soll, was bei Krankenhäusern der Fall ist (s. § 2 WBVG).

02. Welche Besonderheiten sind in Hinblick auf Vertragsinhalt und -form nach dem WBVG zu beachten?

1.	Vor Vertragsschluss ist der Verbraucher in Schriftform in leicht verständlicher Weise über den Vertragsinhalt zu informieren. Hierzu zählen neben der Leistungsbeschreibung und der Aufschlüsselung des Entgelts auch die Ergebnisse der Qualitätsprüfung im Sinne des § 115 Abs. 1a SGB XI.	Vgl. § 3 WBVG
2.	Der Vertrag ist schriftlich abzuschließen.	§ 6 Abs. 1 Satz 1 WBVG
3.	Für den Fall der Verschlechterung des Gesundheitszustandes hat die Einrichtung grds. eine Anpassung der Leistungen anzubieten. Die Anpassungspflicht kann bei Vertragsschluss schriftlich ausgeschlossen werden.	Vgl. § 8 Abs. 4 WBVG
4.	Der Vertrag wird grundsätzlich auf unbestimmte Zeit geschlossen.	§ 4 Abs. 1 Satz 1 WBVG

2.3 Heim- und Betreuungsrecht

5.	Sicherheitsleistungen im Sinne einer Kaution kann der Unternehmer nur im Ausnahmefall verlangen. Von Verbrauchern, die Leistungen nach den §§ 42 und 43 SGB XI (Pflegeversicherung) in Anspruch nehmen oder denen Hilfe in Einrichtungen nach dem SGB XII (Sozialhilfe) gewährt wird, kann der Unternehmer keine Sicherheit verlangen.	Vgl. § 14 Abs. 4 Satz 1 WBVG
6.	Wird eine Erklärung zum Vertragsschluss von einem geschäftsunfähigen Verbraucher abgegeben, so gilt der Vertrag in Ansehen an bereits bewirkte Leistungen als wirksam. Eine Rückabwicklung findet nicht statt. Ansonsten hängt die Wirksamkeit des Vertrages von der Genehmigung des Bevollmächtigten oder Betreuers ab.	Vgl. § 4 Abs. 2 WBVG

03. Welche Besonderheiten sind bei der Bestimmung der Hauptleistungspflichten für Wohn- und Betreuungsverträge zu beachten?

Die Bestimmung der Hauptleistungspflichten – nämlich die Konkretisierung des Betreuungsinhaltes und die Höhe des Entgelts – obliegen nicht den Vertragsparteien bei der Mehrzahl der üblichen Heimverträge.

Die Mehrzahl der Bewohner in Pflegeheimen erhält Leistungen aus der gesetzlichen Pflegeversicherung und/oder Sozialhilfe.

Die Pflegeversicherung übernimmt nur Leistungen in Einrichtungen, mit denen ein Versorgungsvertrag besteht. In dem Versorgungsvertrag sind Art, Inhalt und Umfang der allgemeinen Pflegeleistungen festgelegt. Dies ergibt sich aus § 72 SGB XI.

Ebenso ist die Kostentragung im Rahmen der Sozialhilfe an eine Leistungsvereinbarung mit der Einrichtung geknüpft, die sich auf Inhalt, Umfang und Qualität der Leistung bezieht. Dies ergibt sich aus § 75 Abs. 3 SGB XII.

Weiterhin vereinbaren die Pflegeversicherungen und die Sozialhilfeträger mit den Einrichtungen die Höhe der Heimentgelte. Für den Bereich der Pflegeversicherung werden Pflegesatzvereinbarungen geschlossen und Entgelte für Unterkunft und Verpflegung vereinbart (vgl. §§ 85, 87 SGB XI).
Für den Bereich der Sozialhilfe werden Vergütungsvereinbarungen geschlossen (vgl. § 75 Abs. 3 SGB XII)

04. Wie wird der Vertrag dem sich ändernden Betreuungsbedarf angepasst?

1.	Der Unternehmer ist verpflichtet, dem Verbraucher eine Anpassung der Leistung anzubieten. Die Leistungspflicht des Unternehmers und die Zahlungspflicht des Verbrauchers ändern sich in dem Maße, wie der Verbraucher das Angebot zur Vertragsanpassung annimmt. Der Unternehmer kann diese Verpflichtung bei Vertragsschluss ausschließen, wenn eine Anpassung ihre Grenzen in dem Betreuungskonzept findet.	Vgl. § 8 Abs. 1 WBVG
2.	Der Unternehmer kann durch einseitige Erklärung den Vertrag anpassen, wenn der Verbraucher Leistungen nach dem SGB XI (Pflegeversicherung) oder nach dem SGB XII (Sozialhilfe) erhält.	§ 8 Abs. 2 WBVG

05. Welche Beendigungsmöglichkeiten sieht das WBVG vor?

1.	Befristung, soweit die Interessen des Verbrauchers nicht entgegenstehen.	Vgl. § 4 Abs. 1 Satz 2 WBVG
2.	Das Vertragsverhältnis endet mit dem Tod des Verbrauchers.	§ 4 Abs. 3 Satz 1 WBVG
3.	Kündigung durch den Verbraucher • Der Verbraucher kann den Vertrag spätestens am dritten Werktag eines Kalendermonats zum Ablauf des Kalendermonats kündigen; • innerhalb von zwei Wochen nach Beginn des Vertragsverhältnisses kann der Verbraucher jederzeit kündigen; • der Verbraucher kann den Vertrag aus wichtigem Grund jederzeit ohne Einhaltung einer Kündigungsfrist kündigen.	Vgl. § 11 Abs. 3 WBVG
4.	Der Unternehmer kann den Vertrag nur aus wichtigem Grund kündigen. Dies sind insbesondere • Betriebseinstellung, • der Unternehmer keine fachgerechte Anpassung der Betreuungsleistung vornehmen kann, • der Verbraucher seine vertraglichen Pflichten schuldhaft gröblich verletzt, • der Verbraucher mit beachtlichen Entgelten in Verzug ist. Die Kündigung muss schriftlich mit Begründung erfolgen.	Vgl. § 12 Abs. 1 WBVG

06. Was ist in Hinblick auf sonstige Vereinbarungen zu beachten?

Das WBVG ist ein Verbraucher- bzw. ein Bewohnerschutzrecht. Daher sind Vereinbarungen zwischen Heim und Bewohner – zwischen Unternehmer und Verbraucher – unwirksam, soweit vom WBVG zum Nachteil des Bewohners abgewichen wird.

2.3 Heim- und Betreuungsrecht

Die notwendigen Leistungen für die Betreuung von Bewohnern werden über die Leistungsvereinbarungen beschrieben und über die Pflegesätze abgegolten. Jenseits dessen kann eine Einrichtung Komfortleistungen für Unterbringung und Verpflegung und für zusätzliche pflegerisch-betreuende Leistungen abrechnen. Nach Maßgabe des § 88 Abs. 2 SGB XI muss dem eine schriftliche Vereinbarung mit dem Bewohner vorausgehen und den Leistungsträgern sind Leistungsangebot und Leistungsbedingungen vor Leistungsbeginn schriftlich mitzuteilen.

2.3.3 Mitwirkung der Heimbewohner

01. Was ist die sachliche Grundlage für die Mitwirkung der Bewohner?

Ziel der Betreuung von Menschen in Heimen ist ein Leben in Würde. Daraus ergibt sich der Anspruch, dass die Selbstständigkeit und Selbstbestimmung gewahrt wird. Baustein dafür ist die Mitwirkung der Bewohner.

02. Wie ist die Bewohnermitwirkung ausgestaltet?

Die landesrechtlichen Vorschriften zur Bewohnermitwirkung greifen das Mitwirkungskonzept des Heimgesetzes auf. Danach wählten die Bewohner einen Heimbeirat. Neben Bewohnern können auch Vertrauenspersonen in den Heimbeirat gewählt werden. Nicht gewählt werden können jedoch Mitarbeiter des Heims.

Der Heimbeirat ist zu beteiligen bei Angelegenheiten des Heimbetriebs wie Unterkunft, Betreuung, Heimordnung, Verpflegung und Freizeitgestaltung. Im Rahmen der Vergütungsvereinbarungen wird er gehört.

Kann kein Heimbeirat gebildet werden, bestellt die Heimaufsicht einen ehrenamtlichen Heimfürsprecher.

Rechtsgrundlagen:

für Baden-Württemberg	§ 5 LHeimG
für Bayern	Art. 9 PflWoqG
für Mecklenburg-Vorpommern	§ 7 EQG M-V
für Nordrhein-Westfalen	§ 6 WTG

2.3.4 Dokumentation

01. Worauf beziehen sich die Aufzeichnungspflichten und woraus ergeben sie sich?

Das Heim ist verpflichtet Aufzeichnungen zu fertigen insbesondere zu

- den persönlichen Angaben der Bewohner,
- freiheitsentziehende Maßnahmen,
- Pflegeplänen für die Bewohner und deren konkrete Umsetzung,
- Dienst- und Personalpläne,
- die Versorgung mit Arzneimittel für die Bewohner.

Die Verpflichtung ergibt sich aus:

für Baden-Württemberg	§ 8 LHeimG
für Bayern	Art. 7 PflWoqG
für Mecklenburg-Vorpommern	§ 5 EQG M-V
für Nordrhein-Westfalen	§ 9 WTG
aus dem HeimG	§ 13 HeimG

2.3.5 Überwachungsmöglichkeiten

01. Wer ist für die Heimaufsicht zuständig?

Die Zuständigkeit der Heimaufsicht richtet sich nach Landesrecht. In der Regel ist die Heimaufsicht bei den Landkreisen und den kreisfreien Städten angesiedelt.

02. Wie erfolgt die Überwachung der Pflegeeinrichtungen?

Die Überwachung ist ebenfalls landesrechtlich ausgestaltet. Grundsätzlich soll die Heimaufsicht die Einrichtungen jährlich überprüfen. Das kann auch unangemeldet erfolgen.

Rechtsgrundlagen:

für Baden-Württemberg	§ 10 LHeimG
für Bayern	Art. 11 PflWoqG
für Mecklenburg-Vorpommern	§ 8 EQG M-V
für Nordrhein-Westfalen	§ 18 WTG
aus dem HeimG	§ 15 HeimG

2.3.5.1 Auskunftspflichten des Heimträgers und der Heimleitung

01. Welche Informationen kann die Heimaufsicht einholen?

Auskunftspflichtig zum Betrieb sind zunächst der Betreiber und die Heimleitung unter Berücksichtigung auch der Dokumentationen.

Daneben kann die Heimaufsicht die Beschäftigten und die Bewohner befragen. Mit Einverständnis der Bewohner kann sie auch den Pflegezustand in Augenschein nehmen.

für Baden-Württemberg	§ 10 LHeimG
für Bayern	Art. 11 PflWoqG
für Mecklenburg-Vorpommern	§ 8 EQG M-V
für Nordrhein-Westfalen	§ 18 WTG
aus dem HeimG	§ 15 Abs. 2 HeimG

2.3.5.2 Überprüfungsmöglichkeiten durch die Heimaufsicht und medizinische Dienste

01. Was sind medizinische Dienste?

Der Medizinische Dienst der Krankenversicherung (MDK) hat die Aufgabe, für die Krankenkassen Gutachten zu erstellen und sie zu beraten. Weiterhin werden für die Pflegekassen Gutachten zur Pflegebedürftigkeit von Versicherten erstellt und der Medizinische Dienst übernimmt die Qualitätsprüfungen von Pflegeeinrichtungen für die Pflegekassen.

Die Einzelheiten sind in den §§ 275 SGB V und 18, 114 SGB XI geregelt.

02. Wie ist die Zusammenarbeit mit der Heimaufsicht angelegt?

Grundlage für die Zusammenarbeit ist § 117 SGB XI.

Danach sollen Heimaufsicht und MDK Überprüfungstermine abstimmen, Informationen austauschen und sich über notwendige Maßnahmen im Einzelfall verständigen.

2.3.6 Beratungsaufgaben der Heimaufsicht

01. An wen wendet sich die Beratung der Heimaufsicht?

Der Beratungsauftrag der Heimaufsicht ist weit ausgerichtet. Er wendet sich an Pflegebedürftige und Bewohner von Einrichtungen sowie ihre Angehörigen.

Ebenso soll die Heimaufsicht nicht nur repressiv überwachen, sondern auch die Betreiber von Einrichtungen bei Bedarf beraten, um Beanstandungen aktuell und in Zukunft zu vermeiden.

für Baden-Württemberg	§ 4 LHeimG
für Bayern	Art. 16 PflWoqG
für Mecklenburg-Vorpommern	§ 13 EQG M-V
für Nordrhein-Westfalen	§ 10 WTG
aus dem HeimG	§ 4 HeimG

2.3.7 Anordnungen zur Beseitigung von Mängeln

01. Welche Reaktionsmöglichkeiten stehen der Heimaufsicht zur Verfügung, wenn die Versorgung in einer Einrichtung Mängel aufweist?

1. Beratung bei Mängeln

   Sind in einem Heim Mängel festgestellt worden, so soll die zuständige Behörde zunächst den Träger über die Möglichkeiten zur Abstellung der Mängel beraten.

2. Beseitigungsanordnung bei Mängeln

   Duldet die Beseitigung eines Mangels keinen Aufschub oder hält die Heimaufsicht ihn für gravierend, kann die Behörde die Beseitigung anordnen. Hierbei handelt es sich um einen Verwaltungsakt.

3. Aufnahmestopp für neue Bewohner und Beschäftigungsverbot für bestimmte Mitarbeiter

4. Kommissarische Leitung

   Erweist sich die Heimleitung als nicht geeignet, kann deren Tätigkeit untersagt werden und der Betrieb wird provisorisch unter einer kommissarischen Leitung fortgesetzt.

5. Betriebsuntersagung

   Die Reaktionsmöglichkeiten der Heimaufsicht sind abgestuft und ermöglichen insofern eine dem Einzelfall angemessene Maßnahme.

für Baden-Württemberg	§ 11 ff. LHeimG
für Bayern	Art. 12 ff. PflWoqG
für Mecklenburg-Vorpommern	§ 9 ff. EQG M-V
für Nordrhein-Westfalen	§ 19 ff. WTG
aus dem HeimG	§ 16 ff. HeimG

2.3.8 bis 2.3.13 Betreuungsrecht[1]

01. Was ist Gegenstand des Betreuungsrechts?

Der Betreuer ist gesetzlicher Vertreter eines Volljährigen, der seine Angelegenheiten nicht selbst regeln kann.

Die Stellung der Betreuung ergibt sich aus folgenden Grundüberlegungen:

1. Grundsätzlich sind Volljährige willens und in der Lage, ihr Leben selbst zu gestalten.
2. Wo sie das nicht können, bestimmen sie einen Stellvertreter.
3. Sind Personen nicht in der Lage, ihre Angelegenheiten selbst zu gestalten, so ist der Staat verpflichtet, eine Interessenvertretung sicherzustellen. Der Staat ist dazu aufgerufen, da er nach Art. 1 GG die Würde des Menschen schützen muss.

So werden Minderjährige per Gesetz durch ihre Eltern vertreten. Insofern spricht man von gesetzlichen Vertretern. Fallen die Eltern als Vertreter aus, wird ein Vormund für das Kind eingesetzt. Der Vormund vertritt das Kind (vgl. § 1793 Abs. 1 Satz 1 BGB).

Für Erwachsene wird kein Vormund eingesetzt. Dem Erwachsenen wird ein Betreuer als Vertreter zur Seite gestellt. Dieser hat ebenfalls die Stellung eines gesetzlichen Vertreters.

02. Was sind die Voraussetzungen für die Einrichtung einer Betreuung?

Diese sind in § 1896 BGB benannt.

1.	Volljährigkeit	Abs. 1 Satz 1
2.	Beeinträchtigung des Volljährigen	Abs. 1 Satz 1
3.	Der Betroffene kann infolge der Beeinträchtigung seine Angelegenheiten nicht regeln.	Abs. 1 Satz 1
4.	Es muss eine beachtliche Gefährdung eigener oder fremder Interessen gegeben sein.	
5.	Die Interessen werden nicht durch einen Bevollmächtigten des Betroffenen wahrgenommen.	Abs. 2 Satz 1 und Satz 2
6.	Ein Antrag ist nur erforderlich bei Personen, die „lediglich" eine körperliche Behinderung haben und sich noch erklären können.	Abs. 1 S Satz 2

Zu 1.
Die Volljährigkeit grenzt den Adressatenkreis der Betreuung von dem Adressatenkreis der Vormundschaft ab.

Zu 2.
Anlass für die Betreuung ist, das eine körperliche Krankheit besteht oder eine körperliche, geistige oder seelische Behinderung.

---

[1] Die Kapitel 2.3.8 bis 2.3.13 des Rahmenplans wurden sinnvoll zusammengefasst.

Zu 3. und 4.

Die Beeinträchtigung muss dafür ursächlich sein, dass jemand seine Angelegenheiten nicht mehr selbst regeln kann. Verfassungskonform ist das aber so auszulegen, dass dem Betroffenen selbst oder Dritten beachtlicher Schaden droht.

Beispiel:
Rauchen gefährdet die Gesundheit und beruht in der Regel auf Nikotinabhängigkeit. Gleichwohl werden Raucher nicht scharenweise unter Betreuung gestellt, weil die Eingriffsschwelle noch nicht überschritten ist.

Beispiel:
Ein Vermieter will seinem psychisch kranken und geschäftsunfähigen Mieter kündigen. Hier braucht der Vermieter einen Ansprechpartner für den Zugang der Kündigung.

Zu 5.

Der Betreuer wird vom Staat, d. h. vom Betreuungsgericht eingesetzt. Um eine staatliche Intervention zu vermeiden, kann der Betroffene Dritte bevollmächtigen, seine Angelegenheiten zu regeln, für den Fall dass er selbst seine Angelegenheiten nicht mehr regeln kann. Diese Art der Ermächtigung wird Vorsorgevollmacht genannt. Wenn ein Bevollmächtigter eingesetzt ist, ist eine staatliche Intervention nicht mehr erforderlich.

Zu 6.

Das Betreuungsverfahren wird auf Antrag des Betroffenen oder von Amts wegen eingeleitet.

Den Antrag kann der Betroffene also nur selbst stellen.

Das Betreuungsgericht handelt von Amts wegen, wenn es aus irgendeiner Quelle erfährt, dass jemand alleine nicht mehr zu Recht kommt. Die Information kann aus dem sozialen Umfeld des Betroffenen kommen, von einem Krankenhaus, wo Entscheidungen für eine nicht ansprechbare Person anstehen oder beispielsweise vom Ordnungsamt.

03. Welche Bedeutung hat es, dass gem. § 1896 Abs. 1a BGB gegen den freien Willen des Betroffenen eine Betreuung nicht eingerichtet werden darf?

Diese Vorschrift weist lediglich darauf hin, dass Betreuungen nicht leichtfertig eingerichtet werden dürfen. Kann der Betroffene infolge psychischer Erkrankung keinen freien Willen mehr bilden, steht das einer objektiv notwendigen Betreuung nicht entgegen.

Kann der Betroffene hingegen einen freien Willen bilden, werden die Voraussetzungen des Abs. 1 von § 1896 BGB nicht gegeben sein.

2.3 Heim- und Betreuungsrecht

04. Welchen Umfang hat die Betreuung?

1. Der Betreuer ist gesetzlicher Vertreter des Betroffenen.

2. Diese Vertretung bezieht sich nur auf die Aufgabenkreise für die eine Betreuung im Einzelfall angeordnet durch das Gericht ist.

   Gängige Aufgabenkreise sind
   - Gesundheitssorge
   - Vermögenssorge
   - Vertretung gegenüber Behörden und Versicherungsträgern
   - Wohnungsangelegenheit
   - Aufenthaltsbestimmung.

3. Die Anordnung der Betreuung für sich gesehen beschränkt den Betroffenen grundsätzlich nicht in der Geschäftsfähigkeit. Er kann weiterhin neben dem Betreuer wirksam Erklärungen abgeben. Erklärungen sind jedoch unwirksam, wenn der Betroffene nach allgemeinem Maßstab geschäftsunfähig ist gem. § 104 Nr. 2 BGB.

   Eine weitere Einschränkung ergibt sich, wenn ein Einwilligungsvorbehalt für einen bestimmten Aufgabenkreis nach § 1903 BGB angeordnet ist. Dann wird der Betroffene auf den Status eines beschränkt Geschäftsfähigen zurückgeworfen. Jenseits eines Taschengeldes kann er nur mit Zustimmung des Betreuers wirksam Erklärungen abgeben.

4. Bei nachhaltigen und unumkehrbaren Entscheidungen hat der Betreuer eine Genehmigung des Gerichts einzuholen. Dazu zählen gefahrgeneigte ärztliche Eingriffe (§ 1904 BGB) freiheitsentziehende Maßnahmen (§ 1906 BGB) oder die Aufgabe der Mietwohnung (§ 1907 BGB).

   Eine Vielzahl von Genehmigungspflichten im Bereich der Vermögensbetreuung erwächst aus § 1908i BGB. So ist auch der Verkauf eines Grundstückes genehmigungspflichtig (vgl. § 1908i Abs. 1 Satz 1 in Verbindung mit § 1821 Abs. 1 Nr. 1 BGB).

5. Patientenverfügung, § 1901a BGB

   In einer Patientenverfügung hat ein Volljähriger für den Fall, dass er sich nicht mehr selbst äußern kann, festgelegt, dass bestimmte Untersuchungen seines Gesundheitszustandes, Heilbehandlungen oder ärztliche Eingriffe durchgeführt werden sollen oder untersagt sind.

   Der Betreuer hat die Umsetzung einer Patientenverfügung zu gewährleisten. Liegt keine Patientenverfügung vor, hat er den mutmaßlichen Willen des Betroffenen zu erforschen.

05. Welche wesentlichen Schritte gibt es bei der Einrichtung einer Betreuung?

1.	Einleitung	Antrag des Betroffenen oder von Amts wegen (siehe § 1896 Abs. 1 BGB)
		Bei Bedarf wird dem Betroffenen ein Verfahrenspfleger zur Seite gestellt (Siehe § 276 FamFG).
2.	Stellung des Betroffenen im Verfahren	Der Betroffene ist verfahrensfähig und er ist grundsätzlich persönlich anzuhören. Auch Angehörige können gehört werden (siehe §§ 278 f. FamFG).
3.	Sachverhaltsermittlung	Das Gericht hat grundsätzlich ein ärztliches Gutachten über die Notwendigkeit der Maßnahme einzuholen (siehe § 280 FamFG).
		Der Betroffene kann zur Durchführung der notwendigen Untersuchungen vorgeführt und zeitlich untergebracht werden (siehe §§ 283, 284 FamFG).
4.	Entscheidung	Die Entscheidung ergeht durch Beschluss des Betreuungsgerichts. Eine Überprüfung steht nach mindestens sieben Jahren an (siehe §§ 286, 294, 295 FamFG).

06. Wer kann als Betreuer eingesetzt werden?

1. Ehrenamtliche

Die Betreuung kann von Menschen aus dem persönlichen Umfeld des Betroffenen übernommen werden. Neben Angehörigen und Freunden kann die Betreuung auch durch sonstige Personen erfolgen, die sich ehrenamtlich sozial engagieren. Die Betreuung durch Ehrenamtliche soll der Regelfall sein.

2. Berufsbetreuer

3. Betreuungen über einen Betreuungsverein oder eine Betreuungsbehörde

07. Was wird bei der Auswahl der Betreuer berücksichtigt?

1. Die Vorschläge des Betroffenen für die Auswahl des Betreuers sind zu berücksichtigen. Das gilt auch für Vorschläge, die der Betroffen vor dem Betreuungsverfahren in einer Betreuungsverfügung gemacht hat (Vgl. § 1897 Abs. 4 und 5 BGB).

2. Berufsbetreuer sind nur einzusetzen, wenn sich kein Betreuer für die Person findet (vgl. § 1897 Abs. 6 BGB). Auch die Betreuung durch Betreuungsvereine und Betreuungsbehörden ist nachrangig.

08. Was ist Aufgabe der Betreuungsbehörde und wo ist sie angesiedelt?

1. Die Aufgaben der Betreuungsbehörde ergeben sich aus dem BGB und dem Betreuungsbehördengesetz (BtBG).

- Gewinnung und Unterstützung von Betreuern.
- Unterstützung des Betreuungsgerichtes.
- Die Betreuungsbehörde informiert das Betreuungsgericht von Fällen, in denen eine Betreuung erforderlich sein könnte.
- Sie unterstützt das Betreuungsgericht im Betreuungsverfahren. Falls ein Betroffener sich nicht freiwillig untersuchen lässt, um ein Gutachten über die Erforderlichkeit der Betreuung erstellen zu lassen, kann er von der Betreuungsbehörde vorgeführt werden.
- In Ausnahmefällen führt die Behörde Betreuungen, vgl. § 1900 Abs. 4 BGB.
- Überprüfung der Eignung von Berufsbetreuern, § 1897 Abs. 7 BGB.
- Aufklärung und Beratung zu Vollmachten und Betreuungsverfügungen.
- Die Aufgaben ergeben sich aus dem Betreuungsbehördengesetz (BtBG) sowie aus dem BGB und FamFG.

2. Die Zuständigkeit ergibt sich aus Landesrecht. Die landesrechtlichen Ausführungsgesetze zum Betreuungsbehördengesetz weisen in der Regel den Kreisverwaltungen und den kreisfreien Städten in der Regel die Aufgabe als Betreuungsbehörde zu.

09. Was sind Betreuungsvereine?

Betreuungsvereine sind rechtsfähig und in ihrer Aufgabe anerkannt. Ihre Mitarbeiter führen Betreuungen. Sie haben aber auch die Aufgabe ehrenamtliche Betreuer zu unterstützen und weiterzubilden und über Betreuungsverfügungen und Vorsorgevollmachten zu informieren (siehe § 1908 f. BGB).

2.4 Finanzierung von stationären, teilstationären und ambulanten Diensten

2.4.1 Sozialversicherungen

01. Mit welchen Mitteln organisiert der Staat die soziale Absicherung der Bürger?

1. Errichtung von Sozialversicherungen

Als die fünf Säulen der Sozialversicherung bezeichnet man

- die Krankenversicherung,
- die Pflegeversicherung,
- die Rentenversicherung,
- die Arbeitslosenversicherung und
- die gesetzliche Unfallversicherung.

Sie sind dadurch gekennzeichnet, dass Sie zumindest teilweise beitragsfinanziert sind (vgl. § 20 SGB IV).

2. Gewährung von Versorgung

Dort, wo der Staat eine wesentliche Ursache für eine Schädigung eines Bürgers gesetzt hat, sieht er sich veranlasst, die Folgen dieser Schädigung auszugleichen. Entsprechend kommt der Staat für die Folgen von Kriegsverletzungen nach dem Bundesversorgungsgesetz (BVG) auf.

3. Gewährung von Fürsorge

Menschen, die ihren Lebensunterhalt nicht aus eigener Kraft decken können, erhalten Fürsorgeleistungen. Im Zentrum stehen hier die Leistungen der Sozialhilfe nach dem SGB XII. Die Finanzierung erfolgt über Steuern.

02. Was ist kennzeichnend für die Sozialversicherung?

1. Die Beitragserhebung führt zu einem sozialen Ausgleich. Die Höhe der Beiträge hängt von der wirtschaftlichen Leistungsfähigkeit der Versicherten ab. Die Arbeitgeber tragen neben den Versicherten die Beiträge und der Staat beteiligt sich teilweise über Zuschüsse. Kinder sind beitragsfrei mitversichert oder werden bei der Leistungserbringung erhöhend berücksichtigt.

2. Es herrscht weitgehend das Versicherungspflichtprinzip. Dies stellt auf der einen Seite sicher, dass möglichst viele Personen eine Absicherung erfahren. Auf der anderen Seite stellt es sicher, dass auch möglichst viele Personen an der Beitragsaufbringung beteiligt sind.

2.4.1.1 Soziale Krankenversicherung, SGB V

01. Welche Versichertengruppen unterscheidet man in der gesetzlichen Krankenversicherung?

1.	**Versicherungspflichtige, gem. § 5 SGB V**	Hierzu zählen • die Beschäftigten (Arbeitnehmer) • Bezieher vieler Entgeltersatzleistungen • Studenten • Rentner in der Regel
2.	**Freiwillig Versicherte, gem. § 9 SGB V**	Personen, die sich überwiegend für eine Fortsetzung der Absicherung über die gesetzliche Krankenversicherung entschieden haben.
3.	**Familienversicherte, § 10 SGB V**	Ehegatten, Lebenspartner und Kinder ohne wesentliche eigene Einkünfte sind beitragsfrei familienversichert.

2.4 Finanzierung von stationären, teilstationären und ambulanten Diensten

Nicht in der gesetzlichen Krankenversicherung versicherungspflichtig sind Personen, die in alternative Absicherungssysteme eingebunden sind bzw. bisher keinen hinreichenden Beitrag zur solidarischen Finanzierung der Versicherung geleistet haben.

Beispiele:

1.	Beamte, 6 Abs.1 Nr.2 SGB V	Sie haben Anspruch gegen ihren Dienstherren auf teilweise Übernahme der Krankheitskosten (Beihilfe).
2.	Soldaten, § 6 Abs. 1 Nr. 2 SGB V	Sie haben Anspruch auf freie Heilfürsorge
3.	Personen, die nach Vollendung des 55. Lebensjahres versicherungspflichtig werden, § 6 Abs. 3a SGB V	Deren bisheriger Versicherungsverlauf muss im Wesentlichen in einer gesetzlichen Krankenversicherung erfolgt sein.
4.	Beschäftigte, deren regelmäßiges Jahresarbeitsentgelt über der Jahresarbeitsentgeltgrenze von 50.850 € liegt, § 6 Abs. 1 Nr. 1 SGB V (Wert für 2012)	Die Jahresarbeitsentgeltgrenze stellt eine Versicherungspflichtgrenze dar. Wessen Einkommen darüber liegt, kann sich entscheiden, ob er in eine gesetzliche Krankenversicherung geht oder sich bei einer privaten Krankenversicherung absichert. Für Altfälle liegt die Versicherungsgrenze niedriger. Die Versicherungspflichtgrenze wird jährlich aktualisiert.

02. Wonach bemisst sich die Höhe der Beiträge für beschäftigte Versicherte im Normalfall?

1. Grundberechnung für einen Monatslöhner

Bei durchgängiger Beschäftigung bemisst sich die Höhe der Beiträge je Monat nach dem Arbeitsentgelt für den Monat und dem allgemeinen Beitragssatz. Der allgemeine Beitragssatz beträgt 15,5 %. Bei einem monatlich gleichbleibenden Entgelt von 1.000 € fallen somit Krankenversicherungsbeiträge in Höhe von 155 € an.

Dieser Betrag wird wie folgt ermittelt:

Arbeitnehmeranteil: 1.000,00 € · 8,2 % =	82,00 €
Arbeitgeberanteil: 1.000,00 € · 7,3 % =	73,00 €
Summe	155,00 €

Der Beitragssatz gilt bundeseinheitlich für Beschäftigte, bei denen keine Besonderheiten vorliegen. Bei der Beitragsverteilung wird der allgemeine Beitragssatz um 0,9 Prozentpunkte vermindert. Hierfür hat der Versicherte allein aufzukommen. Den Rest tragen Arbeitgeber und Arbeitnehmer zu gleichen Teilen (14,6 % : 2 = 7,3 %). Grundlage sind die §§ 241 und 249 Abs. 1 SGB V.

Die Beiträge fließen über die Krankenkassen in einen Gesundheitsfonds, der den einzelnen Krankenkassen eine Pauschale je Versicherten zuweist. Der Gesundheitsfonds wird neben Beiträgen auch durch einen Zuschuss des Bundes gespeist (vgl. §§ 266, 271, 211 SGB V).

2. Kassenindividueller Zusatzbeitrag (§ 242 SGB V)

Kann eine Krankenkasse ihren Finanzbedarf nicht aus der Zuweisung decken, erhebt sie einen einkommensunabhängigen Zusatzbeitrag, der allein vom Mitglied zu tragen ist. Die Höhe bestimmt die Krankenkasse per Satzung. Um zu vermeiden, dass einzelne Versicherte durch den Zusatzbeitrag finanziell überfordert werden, findet ein komplexes Sozialausgleichsverfahren statt.

3. Wahltarife

Die einzelne Krankenkasse kann ihr Leistungsspektrum durch Wahltarife auffächern. Grundlage ist § 53 SGB V. Hierzu zählen beispielsweise

Vereinbarung eines Selbstbehaltes	Versicherte erhalten eine Prämie, wenn sie einen Teil der Versorgungskosten im Schadensfall selbst tragen.
Vereinbarung von Kostenerstattung	Statt Sachleistungen erhalten Versicherte eine Erstattung auf Rechnungen für Behandlungskosten.
Vereinbarung der Teilnahme an hausarztzentrierter Versorgung	Der Versicherte verpflichtet sich grundsätzlich zunächst den Hausarzt aufzusuchen und Fachärzte nach dessen Überweisung in Anspruch zu nehmen.

Bestimmten Versicherten, die nicht automatisch mit Krankengeldanspruch versichert sind, hat die Krankenkasse dies gegen gesonderte Beitragszahlung anzubieten.

03. Welche Bedeutung hat eine Beitragsbemessungsgrenze?

Die Beiträge werden prozentual auf die beitragspflichtigen Einnahmen erhoben. Somit steigt die Beitragslast mit steigenden Einnahmen. Der Gesetzgeber geht davon aus, dass trotz solidarischer Finanzierung der Beitragsaufwand für den einzelnen Versicherten und der Versicherungsschutz nicht gänzlich außer Verhältnis stehen sollen. Daher werden die Einnahmen nur bis zu einer bestimmten Höhe mit Beiträgen belegt. Die monatliche Beitragsbemessungsgrenze liegt bei 3.825 € in der Krankenversicherung.

Beispiel für einen Monatslohn:

Arbeitsentgelt	Beitragssatz	Beitragshöhe
Arbeitsentgelt 1.000 €	Beitrag bei 15,5 %	155,00 €
Arbeitsentgelt 2.000 €	Beitrag bei 15,5 %	310,00 €
Arbeitsentgelt 4.000 €	Beitrag bei 15,5 %	Eigentlich 620,00 €, da aber nur 3.825 € mit Beiträgen belegt werden: 592,88 €
Arbeitsentgelt 10.000 €	Beitrag bei 15,5 %	Eigentlich 1.550 €, da aber nur 3.825 € mit Beiträgen belegt werden: 592,88 €

2.4 Finanzierung von stationären, teilstationären und ambulanten Diensten

Arbeitnehmeranteil und Arbeitgeberanteil sind separat zu berechnen. Hierbei hat eine centgenaue Rundung zu erfolgen. Grundlage für die Beitragsbemessungsgrenze ist § 223 SGB V.

05. Was sind beitragspflichtige Einnahmen?

Der Kreis der beitragspflichtigen Einnahmen wird für verschiedene Versichertengruppen unterschiedlich bestimmt. Für Beschäftigte ist dies im Kern das Arbeitsentgelt.

Für freiwillig Versicherte, z. B. Selbstständige, sind grundsätzlich alle Einnahmen beitragspflichtig, somit z. B. auch Einnahmen aus Vermietung und Verpachtung etc. (vgl. §§ 226, 240 SGB V).

2.4.1.2 Gesetzliche Rentenversicherung, SGB VI

01. Welche großen Versichertengruppen gibt es in der gesetzlichen Rentenversicherung?

1.	Beschäftigte, § 1 Abs. 1 Nr. 1 SGB VI
2.	Selbstständige, deren Tätigkeit wesentlich auf der Verwertung der eigenen Arbeitskraft beruht, § 2 SGB VI
3.	Sonstige Versicherte wie Bezieher von bestimmten Entgeltersatzleistungen oder Pflegepersonen, § 3 SGB VI.

02. Wonach bemisst sich die Höhe der Beiträge für Beschäftigte im Normalfall?

Die Beitragsberechnung erfolgt nach dem gleichen System wie bei der Krankenversicherung.

1.	Beitragspflichtig ist das Arbeitsentgelt	§ 162 Nr. 1 SGB VI
	Die Beitragsbemessungsgrenze liegt bei 5.600 € monatlich (West)/4.800 € monatlich (Ost). (Wert 2012)	§ 159 SGB VI
	Eine Versicherungspflichtgrenze gibt es nicht.	
2.	Der Beitragssatz beträgt 19,6 %. Er wird per Rechtsverordnung festgelegt und laufend aktualisiert.	§ 160 SGB VI
3.	Die Beiträge werden grundsätzlich hälftig vom Arbeitgeber und Arbeitnehmer getragen.	§ 168 Abs. 1 Nr. 1 SGB VI

03. Beteiligt sich der Staat auch an der Finanzierung der Rentenversicherung?

1.	Eine Reihe von Versicherungsverhältnissen beruht auf dem Grundsatz des sozialen Ausgleichs und der sozialen Anerkennung. Dort übernimmt der Staat unmittelbar oder mittelbar Beiträge zur Rentenversicherung (vgl. für sonstige Versicherte §§ 166, 170 SGB VI9).
2.	Der Bund zahlt Zuschüsse zur allgemeinen Finanzierung der Rentenversicherung, § 213 SGB VI.

2.4.1.3 Gesetzliche Unfallversicherung, SGB VII

01. Wer ist in der gesetzlichen Unfallversicherung abgesichert?

Die gesetzliche Unfallversicherung sichert die Risiken „Arbeitsunfall" und „Berufskrankheit" ab. Damit sind zunächst Beschäftigte – also Arbeitnehmer – bei der Arbeit abgesichert.

Versichert sind aber auch Schüler während des Schulbesuchs und Pflegepersonen (zum Kreis der Versicherten siehe § 2 SGB VII).

02. Wonach bemessen sich die Beiträge für Beschäftigte?

1.	Beitragspflichtig sind allein die Unternehmer.	§ 150 Abs. 1 Satz 1 SGB VII
2.	Berechnungsgrundlage ist grundsätzlich das Arbeitsentgelt der Versicherten, höchstens wird das Zweifache der Bezugsgröße je Versicherten der Berechnung zugrunde gelegt. Weiterhin schlägt sich die Einordnung in einer Gefahrenklasse in der Höhe des Beitrags nieder.	§ 153 Abs. 1 und Abs. 2 SGB VII, § 85 Abs. 2 SGB VII § 153 Abs. 1 und § 157 SGB VII
3.	Die Höhe der Beiträge für den einzelnen Unternehmer wird ermittelt, indem der Finanzbedarf der Versicherung entsprechend der Arbeitsentgelte und der jeweiligen Gefahrenklassen nachträglich festgelegt wird. Hierauf sind Vorschüsse zu zahlen.	Vgl. §§ 152, 167, 164 SGB VII

2.4.1.4 Gesetzliche Pflegeversicherung, SGB XI

01. Welche Versicherungsgruppen unterscheidet man in der gesetzlichen Pflegeversicherung?

1.	Versicherungspflichtige sind die versicherungspflichtigen Mitglieder der gesetzlichen Krankenversicherung, § 20 Abs. 1 Satz 1 SGB XI.	Hierzu zählen • die Beschäftigten (Arbeitnehmer) • Bezieher vieler Entgeltersatzleistungen • Studenten • Rentner in der Regel
2.	Wer freiwilliges Mitglied der gesetzlichen Krankenversicherung ist, ist in der gesetzlichen Pflegeversicherung pflichtversichert (§ 20 Abs. 3 SGB XI).	
3.	Familienversicherte, § 25 SGB XI	Ehegatten, Lebenspartner und Kinder ohne wesentliche eigene Einkünfte sind beitragsfrei familienversichert.

2.4 Finanzierung von stationären, teilstationären und ambulanten Diensten

02. Wonach bemisst sich die Höhe der Beiträge für Beschäftigte im Normalfall?

Die Beitragsberechnung erfolgt für den Monatslöhner nach dem gleichen System wie bei der Krankenversicherung.

1.	Beitragspflichtig ist das Arbeitsentgelt	§ 57 Abs. 1 SGB XI
	Die Beitragsbemessungsgrenze liegt bei 3.825 € monatlich.	§ 55 Abs. 2 SGB XI
	Sie wird in gleicher Weise aktualisiert wie die Beitragsbemessungsgrenze in der GKV.	
2.	Der Beitragssatz beträgt 1,95 %. Von Kinderlosen wird nach Vollendung des 23. Lebensjahres ein Zuschlag in Höhe von 0,25 Prozentpunkten zusätzlich erhoben.	§ 55 SGB XI
3.	Die Beiträge werden grundsätzlich hälftig vom Arbeitgeber und Arbeitnehmer getragen. Der Beitragszuschlag für Kinderlose wird vom Versicherten allein getragen.	§ 58 SGB XI

2.4.2 Sozialhilfe, SGB XII

01. Welche Leistungen umfasst die Sozialhilfe und wann setzt sie ein?

Die Sozialhilfe umfasst (§ 8 SGB XII):

- Hilfen zum Lebensunterhalt
- Grundsicherung im Alter und bei Erwerbsminderung
- Hilfe zur Gesundheit
- Eingliederungshilfe für behinderte Menschen
- Hilfe zur Pflege
- Hilfe zur Überwindung besonderer sozialer Schwierigkeiten
- Hilfe in anderen Lagen

Die Sozialhilfe setzt ein, wenn eine Person ihren notwendigen Bedarf weder aus eigenem Einkommen und Vermögen noch durch Zuwendungen Dritter decken kann. Insofern spricht man vom Nachrang der Sozialhilfe (§ 2 SGB XII).

02. Welche formalen Voraussetzungen müssen erfüllt sein, damit die Kosten einer Leistung in einer Einrichtung vom Träger der Sozialhilfe übernommen werden?

Zwischen dem Träger der Einrichtung und dem Sozialhilfeträger müssen bestehen:

- eine Leistungsvereinbarung   zu Inhalt, Umfang und Qualität der Leistung
- eine Vergütungsvereinbarung
- eine Prüfungsvereinbarung   hinsichtlich Wirtschaftlichkeit und Qualität der Leistung

2.4.3 Hilfen für Menschen mit Behinderungen

01. Welche Funktion hat das SGB IX – Rehabilitation und Teilhabe behinderter Menschen – im System des Sozialgesetzbuches?

Die Rehabilitation und die Teilhabe von Menschen mit Behinderungen ist eine Querschnittaufgabe, die in den Leistungsbereich einer Vielzahl von Leistungsträgern fällt.

Beeinträchtigt ein Unfall die Erwerbsfähigkeit so kann für die medizinische Erstversorgung und die Rehabilitation die Unfallversicherung zuständig sein, wenn es sich um einen Arbeitsunfall handelt.

Ereignet sich der Unfall im Privatbereich, so kann die Rehabilitation dem Rentenversicherungsträger obliegen oder nachrangig der Krankenversicherung.

Das SGB IX gibt für die Vielzahl von denkbaren Leistungsträgern begriffliche Rahmenbedingungen vor. Teilweise werden die Leistungsvoraussetzungen konkretisiert.

Während im Bereich der Krankenversicherung die Leistungsvoraussetzungen zur medizinischen Rehabilitation in § 40 SGB V detailliert geregelt werden, begnügt sich die Rentenversicherung für Leistungen zur medizinischen Rehabilitation in § 15 SGB VI mit einem Verweis auf die Konkretisierungen in den §§ 26 bis 31 SGB IX.

02. Welche Leistungsgruppen unterscheidet man im Rahmen der Rehabilitation?

1.	Medizinische Rehabilitation	z. B. Versorgung mit Arznei- und Verbandmitteln
2.	Teilhabe am Arbeitsleben	z. B. berufliche Anpassung, sprich Umschulung
3.	Leistungen zur Teilhabe am Leben in der Gemeinschaft	z. B. heilpädagogische Förderung
4.	Unterhaltssichernde und ergänzende Leistungen	z. B. Krankengeld und Rehabilitationssport

Eine Übersicht zu den denkbaren Leistungen findet sich in § 29 Abs. 1 SGB I bzw. § 5 SGB IX.

Die Übersicht hat nur deklaratorische Bedeutung. Die konkreten Anspruchsvoraussetzungen ergeben sich aus den einschlägigen Fachgesetzen (SGB V usw.)

03. In welcher Rangfolge sind die einzelnen Leistungsträger einstandspflichtig?

Für den Fall, dass eine Leistung sachlich in den Zuständigkeitsbereich mehrerer Leistungsträger fallen kann, gibt es Kollisionsnormen in den einzelnen Fachgesetzen.

Für Leistungen der medizinischen Rehabilitation ist gem. § 40 Abs. 4 SGB V die Krankenversicherung grundsätzlich nur zuständig, wenn nicht Leistungen eines anderen Sozialversicherungsträgers möglich sind. Die Krankenversicherung ist also nachrangig zuständig.

Ein Mittel zur beschleunigten Klärung der Zuständigkeit findet sich in § 14 SGB IX.

Danach hat ein Rehabilitationsträger binnen zweier Wochen nach Eingang eines Antrags für Leistungen zur Teilhabe festzustellen, ob er für die Leistung zuständig ist. Stellt er fest, dass er nicht zuständig ist, hat er den Antrag unverzüglich dem nach seiner Auffassung zuständigen Leistungsträger den Antrag zuzuleiten.

04. In welchem Verhältnis stehen Leistungen zur Teilhabe zu Rentenleistungen?

Leistungen zur Teilhabe haben Vorrang vor Rentenleistungen, die bei erfolgreichen Leistungen zur Teilhabe nicht oder voraussichtlich erst zu einem späteren Zeitpunkt zu erbringen wären. Dies gilt während des Bezugs einer Rente entsprechend. Dies ergibt sich aus § 8 Abs. 2 SGB IX.

2.5 Steuerrecht

01. Was sind Steuern?

Steuern sind Geldleistungen, die nicht eine Gegenleistung für eine besondere Leistung darstellen und von einem öffentlich-rechtlichen Gemeinwesen zur Erzielung von Einnahmen allen auferlegt werden, bei denen der Tatbestand zutrifft, an den das Gesetz die Leistungspflicht knüpft; die Erzielung von Einnahmen kann Nebenzweck sein. Dies ist die Legaldefinition aus § 3 Abs. 1 Abgabenordnung (AO).

02. Welche anderen Arten von Abgaben gibt es?

Gebühren sind öffentliche Geldleistungen, die aus Anlass einer individuell zurechenbaren öffentlichen Leistung dem Gebührenschuldner auferlegt werden und dazu bestimmt sind, die Kosten für die öffentliche Leistung ganz oder teilweise zu decken.

Beiträge sind Geldleistungen, die zur vollen oder teilweisen Deckung des Aufwands einer öffentlichen Einrichtung von denjenigen erhoben werden, denen die Herstellung oder der Bestand der Einrichtung besondere Vorteile gewährt oder zumindest gewähren kann.

2.5.1 Steuerliche Bestimmungen der Gemeinnützigkeit in der Abgabenordnung

01. Welche Funktion hat die Abgabenordnung bei der Bestimmung der Gemeinnützigkeit?

Im Steuerrecht fungiert die Abgabenordnung als „allgemeiner Teil". Neben der übergreifenden Beschreibung des Verwaltungsverfahrens enthält sie auch die Definition einer Vielzahl von Fachbegriffen, auf die inhaltlich in den einzelnen Steuerfachgesetzen zurückgegriffen wird. Entsprechend sind die Voraussetzungen für die Anerkennung als steuerbegünstigt für die verschiedenen Steuerarten in den §§ 51 ff. AO geregelt.

02. Welche Grundvoraussetzungen müssen zur Anerkennung für die Verfolgung steuerbegünstigter Zwecke vorliegen?

1.	Es muss sich um eine Körperschaft im Sinne des Körperschaftsteuergesetzes handeln.
2.	Diese muss steuerbegünstigte Zwecke verfolgen: • gemeinnützige Zwecke • mildtätige Zwecke • kirchliche Zwecke.
3.	Die Tätigkeit muss sich ausschließlich und unmittelbar auf diese Zwecke beziehen.
4.	Selbstlosigkeit

Die Grundanforderungen sind in § 51 Abs. 1 AO benannt. Die Anforderung des selbstlosen Handelns ist bei der Umschreibung der einzelnen steuerbegünstigten Zwecke in den §§ 52 bis 54 AO benannt.

Üblicherweise werden gemeinnützige Zwecke in den Organisationsformen des eingetragenen Vereins, der Stiftung des Privatrechts und der Gesellschaft mit beschränkter Haftung verfolgt.

03. Benennen Sie wesentliche Steuervergünstigungen.

Körperschaft-steuer	§ 5 Abs. 1 Nr. 9 KStG	Von der Körperschaftsteuer sind befreit: Körperschaften, Personenvereinigungen und Vermögensmassen, die nach der Satzung, dem Stiftungsgeschäft oder der sonstigen Verfassung und nach der tatsächlichen Geschäftsführung ausschließlich und unmittelbar gemeinnützigen, mildtätigen oder kirchlichen Zielen dienen.
Gewerbesteuer	§ 3 Nr. 6 GewStG	Von der Gewerbesteuer sind befreit: Körperschaften, Personenvereinigungen und Vermögensmassen, die nach der Satzung, dem Stiftungsgeschäft oder der sonstigen Verfassung und nach der tatsächlichen Geschäftsführung ausschließlich und unmittelbar gemeinnützigen, mildtätigen oder kirchlichen Zielen dienen. Wird ein wirtschaftlicher Geschäftsbetrieb (...) unterhalten, ist die Steuerbefreiung insoweit ausgeschlossen.
Grundsteuer	§ 3 Abs. 1 Satz 1 Nr. 3b GrStG	Von der Grundsteuer sind befreit Grundbesitz, der von einer inländischen Körperschaft, Personenvereinigung oder Vermögensmasse, die nach der Satzung, dem Stiftungsgeschäft oder der sonstigen Verfassung und nach ihrer tatsächlichen Geschäftsführung ausschließlich und unmittelbar gemeinnützigen oder mildtätigen Zwecken dient, für gemeinnützige und mildtätige Zwecke benutzt wird.

2.5 Steuerrecht

Erbschaftsteuer und Schenkungsteuer	§ 13 Abs. 1 Nr. 16b ErbStG	Steuerfrei bleiben Zuwendungen an Körperschaften, Personenvereinigungen und Vermögensmassen, die nach der Satzung, dem Stiftungsgeschäft oder der sonstigen Verfassung und nach ihrer tatsächlichen Geschäftsführung ausschließlich und unmittelbar gemeinnützigen, mildtätigen oder kirchlichen Zielen dienen.
Umsatzsteuer	§§ 4, 12 UStG	Umsätze für genau bezeichnete Leistungen sind steuerfrei oder unterliegen nur dem ermäßigten Steuersatz.
	§ 4a UStG	Eine Steuervergütung für gezahlte Umsatzsteuer kann beantragt werden.
Einkommensteuer	§ 10 b EStG	Zuwendungen an steuerbegünstigte Körperschaften etc. können als Sonderausgaben steuerlich geltend gemacht werden.

2.5.2 Steuerbegünstigte Zwecke in der AO einschließlich Gemeinnützigkeit

01. Was kennzeichnet gemeinnütziges Handeln im Steuerrecht?

Eine Körperschaft verfolgt gemeinnützige Zwecke, wenn ihre Tätigkeit darauf gerichtet ist, die Allgemeinheit auf materiellem, geistigem oder sittlichem Gebiet selbstlos zu fördern.

Als Zwecke sind ausdrücklich unter anderem benannt:

- die Förderung der Jugend- und Altenhilfe,
- die Förderung von Kunst und Kultur,
- die Förderung des Denkmalschutzes und der Denkmalpflege,
- die Förderung des Sports (Schach gilt als Sport),
- die Förderung der Heimatpflege und Heimatkunde,
- die Förderung der Tierzucht, der Pflanzenzucht, der Kleingärtnerei, des traditionellen Brauchtums einschließlich des Karnevals, der Fastnacht und des Faschings.

Die Anerkennung weiterer Zwecke ist möglich. Die Definition des „gemeinnützigen Zwecks" erfolgt in § 52 AO.

02. Was kennzeichnet mildtätiges Handeln im Sinne des Steuerrechts?

Eine Körperschaft verfolgt mildtätige Zwecke, wenn ihre Tätigkeit darauf gerichtet ist, Personen selbstlos zu unterstützen,

1. die infolge ihres körperlichen, geistigen oder seelischen Zustandes auf die Hilfe anderer angewiesen sind oder
2. finanziell bedürftig sind.

Wann Bedürftigkeit vorliegt, wird in Anlehnung an das Sozialhilferecht bestimmt. (Vgl. § 53 AO).

03. Was kennzeichnet die Verfolgung kirchlicher Zwecke?

Eine Körperschaft verfolgt kirchliche Zwecke, wenn ihre Tätigkeit darauf gerichtet ist, eine Religionsgemeinschaft, die Körperschaft des öffentlichen Rechts ist, selbstlos zu fördern.

Zu diesen Zwecken gehören insbesondere die Errichtung, Ausschmückung und Unterhaltung von Gotteshäusern und kirchlichen Gemeindehäusern, die Abhaltung von Gottesdiensten, die Ausbildung von Geistlichen, die Erteilung von Religionsunterricht, die Beerdigung und die Pflege des Andenkens der Toten, ferner die Verwaltung des Kirchenvermögens, die Besoldung der Geistlichen, Kirchenbeamten und Kirchendiener, die Alters- und Behindertenversorgung für diese Personen und die Versorgung ihrer Witwen und Waisen. Dies ergibt sich aus § 54 Abgabenordnung.

04. Welche Anforderungen werden an eine selbstlose Tätigkeit gestellt?

Die Anforderungen werden in § 55 AO benannt. Hierzu zählt Folgendes:

- Eine Förderung oder Unterstützung geschieht selbstlos, wenn dadurch nicht in erster Linie eigenwirtschaftliche Zwecke – zum Beispiel gewerbliche Zwecke oder sonstige Erwerbszwecke – verfolgt werden.
- Mittel der Körperschaft dürfen nur für die satzungsmäßigen Zwecke verwendet werden. Dies schließt Gewinnausschüttungen oder Zuwendungen an die Mitglieder aus.
- Mittel müssen grundsätzlich zeitnah für den steuerbegünstigten, satzungsgemäßen Zweck eingesetzt werden. Eine zeitnahe Mittelverwendung ist gegeben, wenn die Mittel spätestens in dem auf den Zufluss folgenden Kalender- oder Wirtschaftsjahr für die steuerbegünstigten satzungsmäßigen Zwecke verwendet werden.
- Die Körperschaft darf keine Person durch Ausgaben, die dem Zweck der Körperschaft fremd sind oder durch unverhältnismäßig hohe Vergütungen begünstigen.
- Der Grundsatz der Kapitalbindung muss berücksichtigt werden. Ausscheidende Mitglieder dürfen lediglich den Wert ihrer Einlage zurückerhalten. Bei Auflösung oder Aufhebung der Körperschaft müssen darüber hinausgehende Mittel für den steuerbegünstigten Zweck verwandt werden oder einer anderen Körperschaft zur Verfolgung steuerbegünstigter Zwecke zufließen.

2.5 Steuerrecht

05. Was sind steuerlich unschädliche Betätigungen?

Eine Tätigkeit muss grundsätzlich ausschließlich, unmittelbar steuerbegünstigten Zwecken dienen und selbstlos sein.

§ 58 AO benennt Handlungen und Gegebenheiten, die einer Steuerbegünstigung nicht entgegenstehen.

Die Steuervergünstigung wird nicht dadurch ausgeschlossen, dass

- eine Stiftung einen Teil, jedoch höchstens ein Drittel ihres Einkommens dazu verwendet, um in angemessener Weise den Stifter und seine nächsten Angehörigen zu unterhalten, ihre Gräber zu pflegen und ihr Andenken zu ehren.

- eine Körperschaft ihre Mittel ganz oder teilweise einer Rücklage zuführt, soweit dies erforderlich ist, um ihre steuerbegünstigten satzungsmäßigen Zwecke nachhaltig erfüllen zu können.

- eine Körperschaft gesellige Zusammenkünfte veranstaltet, die im Vergleich zu ihrer steuerbegünstigten Tätigkeit von untergeordneter Bedeutung sind.

- eine Stiftung im Jahr ihrer Errichtung und in den zwei folgenden Kalenderjahren Überschüsse aus der Vermögensverwaltung und die Gewinne aus wirtschaftlichen Geschäftsbetrieben (§ 14 AO) ganz oder teilweise ihrem Vermögen zuführt.

06. Welche Bedeutung hat es, wenn ein wirtschaftlicher Geschäftsbetrieb unterhalten wird?

Ein wirtschaftlicher Geschäftsbetrieb ist eine selbstständige nachhaltige Tätigkeit, durch die Einnahmen oder andere wirtschaftliche Vorteile erzielt werden und die über den Rahmen einer Vermögensverwaltung hinausgeht. Die Absicht, Gewinn zu erzielen, ist nicht erforderlich (siehe § 14 Satz 1 und Satz 2 AO).

Schließt das Gesetz die Steuervergünstigung insoweit aus, als dass ein wirtschaftlicher Geschäftsbetrieb unterhalten wird, so verliert die Körperschaft die Steuervergünstigung für die dem Geschäftsbetrieb zuzuordnenden Besteuerungsgrundlagen (Einkünfte, Umsätze, Vermögen), soweit der wirtschaftliche Geschäftsbetrieb kein Zweckbetrieb (§§ 65 bis 68 AO) ist (vgl. § 64 Abs. 1 AO).

Was ein Zweckbetrieb ist, ist in § 65 AO definiert. Ein Zweckbetrieb ist gegeben, wenn

1. der wirtschaftliche Geschäftsbetrieb in seiner Gesamtrichtung dazu dient, die steuerbegünstigten satzungsmäßigen Zwecke der Körperschaft zu verwirklichen,

2. die Zwecke nur durch einen solchen Geschäftsbetrieb erreicht werden können und

3. der wirtschaftliche Geschäftsbetrieb zu nicht begünstigten Betrieben derselben oder ähnlicher Art nicht in größerem Umfang in Wettbewerb tritt, als es bei Erfüllung der steuerbegünstigten Zwecke unvermeidbar ist.

Weiterhin unterliegen wirtschaftliche Geschäftsbetriebe, die keine Zweckbetriebe sind nicht der Körperschaftsteuer und der Gewerbesteuer, wenn die Einnahmen einschließlich Umsatzsteuer 35.000 € pro Jahr nicht übersteigen. Dies ergibt sich aus § 64 Abs. 3 AO.

07. Welche Arten von Zweckbetrieben kennt die Abgabenordnung?
1. Einrichtungen der Wohlfahrtspflege, die mildtätige Zwecke verfolgen (§ 66 AO).
2. Krankenhäuser, die in hinreichendem Umfang der allgemeinen Versorgung dienen (§ 67 AO).
3. Sportliche Veranstaltungen eines Sportvereins sind ein Zweckbetrieb, wenn die Einnahmen einschließlich Umsatzsteuer insgesamt 35.000 € im Jahr nicht übersteigen (§ 67a AO).
4. Einzelne Eirichtungen wie Altenheime, Kindergärten, Jugendherbergen, Werkstätten für Menschen mit Behinderungen etc. nach Maßgabe des § 68 AO.

2.5.3 Gründung, Führung und Auflösung gemeinnütziger Körperschaften einschließlich steuerlicher Wirkung des Wegfalls des gemeinnützigen Zweckes

01. Wie erfolgt die Gründung einer gemeinnützigen Körperschaft?
1. Zunächst sind die Formalien für die Gründung der Körperschaft an sich zu beachten.

1.1 Eingetragener Verein

Der Verein erlangt Rechtsfähigkeit durch Eintragung in das Vereinsregister des Amtsgerichts. Die von mindestens sieben Mitgliedern vereinbarte Satzung muss mindestens den Zweck, den Namen und den Sitz enthalten, sowie den Entschluss, den Verein eintragen zu lassen. Vgl. §§ 21, 57, 56 BGB.

1.2 Stiftung

Die Stiftung wird errichtet, indem der Stifter schriftlich erklärt, dass ein Vermögen zur Erfüllung eines von ihm vorgegebenen Zweckes gewidmet wird. Weiterhin muss die Stiftung von dem Bundesland anerkannt werden, in dem die Stiftung ihren Sitz haben soll.

Die Erklärung des Stifters muss eine Satzung für die Stiftung enthalten mit Erklärungen zum Namen, Sitz, Zweck und Vermögen der Stiftung sowie zur Bildung des Vorstandes der Stiftung. Von dem jeweiligen Bundesland ist die Stiftung als rechtsfähig anzuerkennen, wenn die Formalien des Stiftungsgeschäfts gewahrt sind und die nachhaltige Erfüllung des Stiftungszwecks gesichert erscheint. Dies ergibt sich aus den §§ 80, 81 BGB.

2.5 Steuerrecht

In Hinblick auf die nachhaltige Erfüllung des Stifungszweckes muss das Stifungsvermögen hinreichende Erträge abwerfen, die über den Verwaltungskosten liegen. Die Erklärung zur Errichtung einer Stiftung kann auch in einem Testament erfolgen.

1.3 Gesellschaft mit beschränkter Haftung

Die GmbH bedarf eines in notarieller Form geschlossenen Gesellschaftsvertrages. Dieser muss die Firma, den Sitz, den Gegenstand, das Stammkapital und die Stammeinlage der Gesellschafter enthalten. Das Stammkapital beträgt für die normale Gesellschaft mit beschränkter Haftung 25.000 €. Die Gesellschaft mit beschränkter Haftung entsteht mit der Eintragung in das Handelsregister (vgl. §§ 2,3 und 11 GmbHG).

2. Steuerrechtliche Forderungen an die Satzung gem. §§ 60, 61 AO

Die Satzungszwecke und die Art ihrer Verwirklichung müssen so genau bestimmt sein, dass auf Grund der Satzung geprüft werden kann, ob die satzungsmäßigen Voraussetzungen für Steuervergünstigungen gegeben sind. Die Satzung muss insbesondere Angaben zum Zweck, der Selbstlosigkeit und der Kapitalbindung bei Auflösung enthalten.

02. Was ist bei der Führung zu beachten?

1. Die Führung der Körperschaft richtet sich zunächst nach dem Typ. Der Verein und die Stiftung werden vom Vorstand vertreten gem. § 26 bzw. gem. §§ 86, 26 BGB. Der Vorstand des Vereins unterliegt letztlich der Kontrolle der Mitglieder, dem Land obliegt die Aufsicht über Stiftungen.

   Die Gesellschaft mit beschränkter Haftung wird von einem Geschäftsführer vertreten. Die Person des Geschäftsführers wird von den Gesellschaftern bestimmt (§§ 38 Abs. 1, 6 GmbHG).

2. Die tatsächliche Geschäftsführung der Körperschaft muss auf die ausschließliche und unmittelbare Erfüllung der steuerbegünstigten Zwecke gerichtet sein und den Bestimmungen entsprechen, die die Satzung über die Voraussetzungen für Steuervergünstigungen enthält. Dies ergibt sich aus § 63 Abs. 1 AO.

3. Um zu Beginn der Tätigkeit schon Spendenbescheinigungen für Zuwendungen ausstellen zu können, muss die Körperschaft auf Grundlage der Satzung eine vorläufige Bescheinigung beim Finanzamt beantragen über die Anerkennung als steuerbegünstigte Einrichtung. Die vorläufige Bescheinigung wird befristet erteilt und nach Ablauf des Besteuerungsabschnitts durch den jeweiligen Steuerbescheid ersetzt.

03. Was ist bei der Auflösung zu beachten?

Dem Grundsatz der Kapitalbindung muss entsprochen werden. Allenfalls die Einlagen oder ihr Wert dürfen an die Gründer zurückfallen. Der überschießende Betrag ist zwecksentsprechend zu verwenden oder weiterzugeben.

04. Welche steuerliche Wirkung hat der Wegfall des steuerbegünstigten Zwecks?

Wird die satzungsgemäße Vermögensbindung für das Ende der Körperschaft nachträglich aufgehoben, so werden die Steuern für die letzten zehn Kalenderjahre so neu festgesetzt, als hätte keine Steuerbegünstigung bestanden. Im Einzelnen siehe § 61 Abs. 3 AO.

2.6 Sozialgesetzbuch (SGB)

2.6.1 Grundzüge der Entwicklung der Sozialgesetzgebung in Deutschland

01. Welche Absicherungssysteme gingen dem staatlichen Sozialsystem voraus und wo liegen die Grenzen?

1. Vermögensbildung und Versicherungen

Der Einzelne kann durch Sparen Rücklagen bilden, um für Krankheitsfälle oder Arbeitslosigkeit Vorsorge zu treffen. Dies setzt aber voraus, dass Einkommen vorhanden ist, das über den aktuellen Lebensbedarf hinausgeht. Ein Kapitalstock entsteht erst nach einer hinreichend langen Ansparphase.

Auch der Abschluss von Versicherungen setzt voraus, dass Einkommen vorhanden ist, das nicht für den aktuellen Lebensbedarf notwendig ist. Die Höhe der Prämien orientierte sich ursprünglich einzig nach dem abgedeckten Risiko. Beides stände einer Versicherung von vielen Geringverdienern entgegen.

2. Familie

Familienmitglieder stehen füreinander ein. Seinen Niederschlag hat das im Unterhaltsrecht des Bürgerlichen Gesetzbuches (BGB) gefunden. In einer mobilen Gesellschaft mit Kleinfamilien ist die Leistungsfähigkeit dieser Gemeinschaften nicht mehr hinreichend vorhanden. Das verheiratete Einzelkind könnte sich beispielsweise im ungünstigsten Fall zwei pflegebedürftigen Eltern und zwei pflegebedürftigen Schwiegereltern gegenübersehen.

3. Berufsständische Einrichtungen

Knappschaften und Zünfte sorgten in Bergbau und Handwerk für eine Absicherung oder Unterstützung der Berufsangehörigen und deren Familien. Hiervon würde heute nur noch ein kleiner Teil der Bevölkerung erfasst werden. Diese Systeme beruhen auch auf einer dauerhaften Verankerung in einem Berufszweig, die nicht mehr gegeben ist.

4. Kirche und Religionsgemeinschaften

Die „Versorgung von Armen und Alten" ist seit jeher Gegenstand mildtätiger Zuwendung der Kirche gewesen. Unabhängig von der Frage der heutigen Finanzkraft der Religionsgemeinschaften ist nur noch ein Teil der Bevölkerung konfessionell gebunden.

2.6 Sozialgesetzbuch (SGB)

5. Private Anteilnahme

Aufgrund der begrenzten finanziellen Möglichkeiten ist privates soziales Engagement immer nur als Insellösung zu sehen.

02. Was ist Anlass für die Schaffung eines staatlichen Sozialsystems?

Aus heutiger Sicht beruht das System auf dem Sozialstaatsprinzip des Grundgesetzes.

Die Anfänge eines „Sozialgesetzbuches" liegen in den gesellschaftlichen Umbrüchen infolge der Industrialisierung in Deutschland im 19. Jahrhundert. Große Bevölkerungsanteile zog es in die Industriegebiete. Bei schlechten Arbeits- und Lebensbedingungen bot die eigene Familie keine hinreichende Absicherung mehr für die Zuwanderer.

In der Folge sah man die Gefahr eines revolutionären Aufbegehrens der Arbeiterschaft. Indem der Staat ein System der staatlichen Kranken- und Unfallversicherung sowie der Absicherung im Alter und bei Erwerbsminderung begründete, sah er radikalisierenden Forderungen den Boden entzogen.

Die grundlegende Verantwortung des Gemeinwesens für die existenzielle Absicherung des Einzelnen wurde am 17.11.1881 in der kaiserlichen Botschaft herausgestellt.

Ab 1883 wurden die Krankenversicherung für Arbeitnehmer, die Unfallversicherung und die Rentenversicherung für Arbeiter eingeführt.

1927 trat die Arbeitslosenversicherung als eigener Zweig hinzu. Der wachsende Anteil älterer und pflegebedürftiger Menschen führte 1994 zum Entschluss, eine Pflegeversicherung zu errichten.

In den siebziger Jahren des vergangenen Jahrhunderts entstand der Anspruch, dass die soziale Absicherung des Bürgers statt in einer Vielzahl von Einzelgesetzen in einem „Sozialgesetzbuch" von ähnlicher Systematik wie das BGB geregelt sein sollte.

Den Rahmen gaben zunächst das Sozialgesetzbuch I und das Sozialgesetzbuch X vor. Die überarbeiteten Einzelgesetze sollten dort eingefügt werden. So wurde beispielsweise das Recht der Krankenversicherung aus der Reichsversicherungsordnung in das SGB V überführt. Die einstweilen noch zur Einordnung in das SGB anstehenden Gesetze kann man dem § 68 SGB I entnehmen.

2.6.2 Prinzipien der Sozialgesetzgebung

2.6.2.1 Pflichtversicherungsprinzip

01. Was besagt das Pflichtversicherungsprinzip?

Die Zugehörigkeit eines Versicherten zu einer Versicherung hängt nicht von seinem Willen ab. Die Zugehörigkeit zur Versicherung ergibt sich automatisch daraus, dass in seiner Tätigkeit oder seinen Lebensumständen bestimmte Merkmale gegeben sind, an deren Vorliegen das Gesetz die Versicherungspflicht knüpft. So ist die Krankenversicherungspflicht eines Arbeitnehmers an den Umstand geknüpft, dass er gegen Arbeitsentgelt beschäftigt ist. Dies beruht auf § 5 Abs. 1 Nr. 1 SGB V.

Das Pflichtversicherungssystem schließt nicht aus, dass Versicherungen auch freiwillig von genau umrissenen Personengruppen begründet werden können. Die Voraussetzungen für eine freiwillige Versicherung in der GKV werden in § 9 SGB V dargestellt.

02. Warum gibt es das Pflichtversicherungsprinzip?

1. Schutzbedürftigkeit

Eine Überlegung des Gesetzgebers ist, dass derjenige, der auf Versicherungsschutz angewiesen ist, über die Versicherungspflicht auch Zugang zu einer Versicherung bekommt. Der Bürger wird insofern als schutzbedürftig angesehen und eine Versicherung gewährt den notwendigen Schutz.

2. Finanzierungsbasis

Die Beiträge zu den Sozialversicherungen hängen weitgehend von der wirtschaftlichen Leistungsfähigkeit der Versicherten ab. Das Beitragsaufkommen für den einzelnen Versicherten entspricht daher nicht immer dem abgesicherten Risiko. Damit eine soziale Umverteilung erfolgen kann, müssen auch solche Personen in der Versicherung beitragspflichtig sein, die mehr einzahlen als sie an Leistungen abrufen werden. Um Zugriff auf deren Leistungsfähigkeit zu bekommen, muss man sie pflichtmäßig in die Versicherung einbeziehen.

2.6.2.2 Versorgungsprinzip

01. Was bedeutet Versorgungsprinzip im leistungsrechtlichen Sinne?

Sozialleistungen müssen geeignet sein, in der Summe die Aufgabe des Sozialgesetzbuches zu verwirklichen. Aufgabe von Sozialleistungen ist es dem Einzelnen ein menschenwürdiges Dasein zu sichern. Dies umfasst sowohl eine existenzielle Absicherung als auch ein bestimmtes Maß an freier Entfaltung der Persönlichkeit. Umschrieben wird die Aufgabe in § 1 Abs. 1 SGB I.

2.6 Sozialgesetzbuch (SGB)

02. In welchem Zusammenhang wird der Begriff der Versorgung noch verwandt?

Von Versorgung wird auch dort gesprochen, wo der Einzelne infolge staatlichen Handelns geschädigt wird und der Staat sich veranlasst sieht, den Nachteil auszugleichen.

Beispiel hierfür ist die Kriegsopferversorgung nach dem Bundesversorgungsgesetz (BVG). Da Kriege staatliche Auseinandersetzungen sind, erhalten Kriegsversehrte z. B. Prothesen.

2.6.3 Aktuelle Systeme der sozialen Sicherung in Deutschland

01. Welcher übergeordneten Systematik folgt die soziale Absicherung in Deutschland?

Nach Anlass und Zielsetzung lässt sich das System der sozialen Sicherung wie folgt gliedern:

Sozialversicherung	Soziale Entschädigung	Sozialhilfe	Soziale Förderung
- z. B. Krankenversicherung nach SGB V	z. B. Kriegsopferversorgung nach Bundesversorgungsgesetz	z. B. Sozialhilfe nach SGB XII	z. B. Kinder- und Jugendhilferecht nach SGB VIII
(§ 4 SGB I)	(§ 5 SGB I)	(§ 9 SGB I)	(§ 8 SGB I)

2.6.4 Aufbau, Grundzüge und Zuständigkeiten der Sozialgesetzbücher SGB I – XII

01. Welche Systematik liegt dem Aufbau des Sozialgesetzbuches zugrunde?

Die einzelnen Bücher des SGB sind thematisch gegliedert. Es gibt Bücher, die ausschließlich bestimmte Risikobereiche zum Gegenstand haben. So gibt es ein SGB V für die gesetzliche Krankenversicherung und ein SGB XII für die Sozialhilfe.

Weiterhin gibt es Bücher, die bei mehreren oder allen Leistungsträgern Berücksichtigung finden, weil übergeordnete Erwägungen dort niedergelegt sind. So legt das SGB X allgemein die Grundzüge des Verwaltungsverfahrens fest.

Zunächst gibt es Sozialgesetzbücher, die die Sozialversicherungen zum Gegenstand haben.

SGB V	Gesetzliche Krankenversicherung	Im Kern werden die Risiken Krankheit und Arbeitsunfähigkeit abgedeckt.
SGB XI	Soziale Pflegeversicherung	Das Risiko Pflegebedürftigkeit wird abgedeckt.

SGB VI	Rentenversicherung	Im Kern werden die Risiken „Alter" und Erwerbsminderung abgedeckt.
SGB III	Recht der Arbeitsförderung Arbeitslosenversicherung	Aus Sicht der Versicherten wird das Risiko Arbeitslosigkeit abgedeckt.
SGB VII	Gesetzliche Unfallversicherung	Die Risiken Arbeitsunfall und Berufskrankheit werden abgedeckt.

Die Versicherungen beruhen bei der Finanzierung auf Beitragszahlungen und knüpfen weitgehend an Versicherungspflicht aufgrund Beschäftigung an. Solche Aspekte sind einheitlich im SGB IV, Gemeinsame Vorschriften für die Sozialversicherung, geregelt.

Weiterhin gibt es Sozialgesetzbücher, die sich inhaltlich mit Fürsorgeleistungen befassen.

SGB II	Grundsicherung für Arbeitsuchende	In Zeiten der Erwerbslosigkeit erhalten Erwerbsfähige und ihr Familienverband Leistungen zur Sicherung des Lebensunterhalts; die Aufnahme einer Erwerbsfähigkeit wird unterstützt.
SGB XII	Sozialhilfe	

Das SGB IX hat die Rehabilitation von Menschen mit Behinderungen zum Gegenstand.

Rehabilitationsbedarf kann es aus einer Vielzahl von Gründen und in einer Vielzahl von Zusammenhängen geben. Er kann auf Krankheit, Arbeitsunfall etc. beruhen.

Wie eine Art allgemeiner Teil für sämtliche mit Rehabilitation befassten Leistungsträger gilt daher das SGB IX bei Fragen der Rehabilitation in Hinblick auf Begriffsbestimmungen und Leistungsbeschreibungen, soweit in den Fachgesetzen keine Sondervorschriften vorgesehen sind.

Der zweite Teil des Gesetzes hat arbeitsrechtlichen Charakter. Hieraus ergibt sich beispielsweise die Verpflichtung der Arbeitgeber zur Beschäftigung von Menschen mit Behinderungen oder der besondere Kündigungsschutz.

Das SGB VIII, Kinder- und Jugendhilfe, konkretisiert die Ansprüche von jungen Menschen auf Förderung und Chancengleichheit.

Sozialleistungen werden von Behörden gewährt. Das im SGB X, Sozialverwaltungsverfahren und Sozialdatenschutz, beschriebene Verwaltungsverfahren ist für alle Behörden verbindlich. Das SGB X hat damit ebenfalls die Funktion eines allgemeinen Teils.

Schließlich gibt es mit dem SGB I ausdrücklich einen Allgemeinen Teil. Hier finden sich für alle Bereiche der Verwaltung Einweisungsvorschriften und allgemeine Grundsätze.

Diese gelten einstweilen auch für die in § 68 SGB I aufgeführten Gesetze. Angestrebt ist das Bundesausbildungsförderungsgesetz etc. ebenso wie zuletzt das Bundessozialhilfegesetz in das SGB einzuordnen.

2.6.4.1 Soziale Rechte der Bürger

01. Für welche Bereiche sieht das Sozialgesetzbuch soziale Rechte vor?

Das SGB I benennt in den §§ 3 ff. soziale Rechte für die Bereiche:

- Bildungs- und Ausbildungsförderung,
- Sozialversicherung,
- Soziale Entschädigung bei Gesundheitsschäden,
- Minderung des Familienaufwands,
- Zuschuss für eine angemessene Wohnung,
- Kinder- und Jugendhilfe,
- Sozialhilfe und
- Teilhabe behinderter Menschen.

02. Welche Bedeutung hat die Benennung sozialer Rechte im SGB I?

Konkrete Rechte auf Sozialleistungen ergeben sich aus den jeweiligen Anspruchsgrundlagen in den Fachgesetzen. Die sozialen Rechte geben die Leitlinie für die Auslegung der Fachgesetze vor.

Beispiel: Im Rahmen der Sozialversicherung gibt es das Recht auf wirtschaftliche Sicherung bei Krankheit. (Siehe § 4 Abs. 2 Satz 1 Nr. 1 SGB I). Der Anspruch eines konkreten arbeitsunfähigen Beschäftigten ist aber aus § 44 SGB V abzuleiten.

2.6.4.2 Hilfen, Informationen, Antragstellung

01. Welche allgemeinen Informationspflichten gibt es seitens der Leistungsträger?

1.	Aufklärung, § 13 SGB I	Hierbei handelt es sich um eine allgemeine Information der Bevölkerung zu Rechten und Pflichten.
2.	Beratung, § 14 SGB I	Die Beratung bezieht sich auf die Information zu den Rechten und Pflichten in einem konkreten Einzelfall.
3.	Auskunft, § 15 SGB I	Insbesondere der Krankenversicherung kommt eine Lotsenfunktion zu, indem Sie über im Einzelfall bestehende Rechte und Pflichten informieren muss und den zuständigen Leistungsträger benennen soll.

02. Welche Hilfen sieht das SGB I vor, damit der Bürger seine Rechte umfassend geltend machen kann?

1.	§ 17 Abs. 1 Nr. 3 SGB I	Der Zugang zu Sozialleistungen ist möglichst einfach zu gestalten; allgemeinverständliche Antragsvordrucke sind zu verwenden.

2.	§ 16 Abs. 3 SGB I	Die Leistungsträger sind verpflichtet, darauf hinzuwirken, dass unverzüglich klare und sachdienliche Anträge gestellt werden und unvollständige Angaben ergänzt werden.
3.	§ 16 Abs. 2 SGB I	Anträge, die bei einem unzuständigen Leistungsträger eingehen, hat dieser unverzüglich an den zuständigen Leistungsträger weiterzuleiten. Maßgeblich ist der Eingang des Antrags beim ersten Leistungsträger.
4.	§ 42 SGB I	Ein Vorschuss kann erbracht werden, wenn ein Anspruch dem Grunde nach gegeben ist, die Höhe aber noch nicht feststeht.
5.	§ 43 SGB I	Vorläufige Leistungen können von einem Leistungsträger erbracht werden, wenn die Zuständigkeit zwischen mehreren Leistungsträgern streitig ist.
6.	§ 14 SGB IX	Rehabilitationsträger haben kurzfristig ihre Zuständigkeit für einen Rehabilitationsantrag zu klären.

03. Welche Bedeutung hat die Antragstellung für Sozialleistungen?

Leistungen werden weitgehend nur auf Antrag erbracht. Für die Versicherungszweige Kranken-/Pflege-/Renten- und Arbeitslosenversicherung ist das in § 19 Satz 1 SGB IV niedergelegt. Es ist aber auch denkbar, dass Leistungen von Amts wegen erbracht werden. Dies gilt für die Unfallversicherung gem. § 19 Satz 1 SGB IV. Ebenso soll die Sozialhilfe einsetzen, sobald ein Träger der Sozialhilfe erfährt, dass die Leistungsvoraussetzungen vorliegen.

Für Anträge sollen die einschlägigen Vordrucke verwandt werden (vgl. § 60 Abs. 2 SGB I).

Anträge auf Sozialleistungen können bereits mit Vollendung des fünfzehnten Lebensjahres gestellt werden. Insofern spricht man von Handlungsfähigkeit (vgl. § 36 SGB I).

2.6.4.3 Leistungen, Leistungsarten und Leistungsträger

01. Welche Leistungsarten unterscheidet man grundsätzlich?

Grundsätzlich werden erbracht

- Geldleistungen, z. B. Krankengeld bei Arbeitsunfähigkeit
- Sachleistungen, z. B. erhält ein Pflegebedürftiger ein spezielles Pflegebett leihweise von seiner Pflegeversicherung
- Dienstleistungen, z. B. Berufsberatung durch die Bundesagentur für Arbeit.

Die begriffliche Unterscheidung der Leistungsarten findet sich in § 11 SGB I.

2.6 Sozialgesetzbuch (SGB)

02. Wo kann man sich einen Überblick über die Vielzahl sozialer Leistungen verschaffen?

Im SGB I gibt es Einweisungsvorschriften. Die §§ 18 bis 29 SGB I führen sachlich gegliedert Leistungen auf und benennen die zuständigen Behörden.

Die Leistungen werden in diesem Zusammenhang nur deklaratorisch benannt. Konkrete Leistungsansprüche ergeben sich nur aus den einschlägigen Normen der Fachgesetze. So benennt § 21 Abs. 1 Nr. 1 g das Krankengeld als Leistung der Krankenkassen. Anspruchsgrundlage für einen konkreten Fall ist dann jedoch § 44 Abs. 1 SGB V.

03. Was sind Leistungsträger?

Leistungsträger sind die Körperschaften, Anstalten und Behörden, die in den §§ 18 bis 29 SGB I benannt sind. Die Definition von Leistungsträgern ergibt sich aus § 12 Satz 1 SGB I.

2.6.4.4 Sozialgeheimnis und Datenschutz (BDSG)

01. Was umfasst das Recht auf informationelle Selbstbestimmung?

Der Einzelne ist befugt, grundsätzlich über die Preisgabe und die Verwendung seiner persönlichen Daten zu bestimmen. Grundlage hierfür ist das allgemeine Persönlichkeitsrecht, welches aus den Art. 2 Abs. 1 in Verbindung mit Art. 1 Abs. 1 GG abgeleitet wird, also aus dem Recht auf freie Entfaltung der Persönlichkeit in Verbindung mit dem Anspruch auf Würde.

02. Welchen Anwendungsbereich hat das Bundesdatenschutzgesetz?

Der sachliche Anwendungsbereich ergibt sich aus § 1 Abs. 2 Bundesdatenschutzgesetz (BDSG).

Es gilt für die Erhebung, Verarbeitung und Nutzung von personenbezogenen Daten durch

Öffentliche Stellen des Bundes	Öffentliche Stellen der Länder, soweit sie Bundesrecht ausführen oder als Organe der Rechtsprechung tätig sind jenseits von Verwaltungsangelegenheiten und das Landesrecht keine Regelungen trifft.	Nicht-öffentliche Stellen

Soweit andere Rechtsvorschriften des Bundes auf personenbezogene Daten anzuwenden sind, gehen sie dem Bundesdatenschutzgesetz vor. Auf diesem Grundsatz aus § 1 Abs. 3 Satz 1 BDSG beruht, dass es für die Sozialverwaltung eigene Regelung für den Datenschutz gibt.

03. Was ist Zweck des Bundesdatenschutzgesetzes?

Zweck des Bundesdatenschutzgesetzes ist es, den Einzelnen davor zu schützen, dass er durch den Umgang mit personenbezogenen Daten in seinem Persönlichkeitsrecht beeinträchtigt wird (vgl. § 1 Abs. 1 BDSG).

Personenbezogene Daten sind Einzeldaten über persönliche oder sachliche Verhältnisse einer bestimmten oder bestimmbaren Person (vgl. § 3 Abs. 1 BDSG).

04. Wie wird der Datenschutz allgemein nach dem BDSG umgesetzt?

1.	Personenbezogene Daten dürfen nur erhoben, verarbeitet und genutzt werden, soweit das BDSG oder eine andere Rechtsvorschrift dies erlauben oder anordnen oder der Betroffene eingewilligt hat. Personenbezogene Daten sind grundsätzlich beim Betroffenen zu erheben.	§ 4 Abs. 1 und Abs. 2 BDSG
2.	Datenverarbeitungssysteme sind nach dem Grundsatz der Datenvermeidung und der Datensparsamkeit anzulegen	§ 3a BDSG
3.	Öffentliche und nicht öffentliche Stellen, die personenbezogene Daten automatisch verarbeiten haben einen Beauftragten für den Datenschutz zu bestellen, der auf die Einhaltung des Datenschutzes hinzuwirken hat.	§§ 4f und 4g BDSG
4.	Es ist dem bei der Datenverarbeitung eingesetzten Personal verboten, personenbezogene Daten unbefugt zu erheben, zu verarbeiten oder zu nutzen. Das Verbot besteht nach dem Ende der Beschäftigung fort.	§ 5 BDSG
5.	Der Betreiber hat Personal auf das Datengeheimnis zu verpflichten. Ebenso sind technische und organisatorische Maßnahmen zu treffen, um den Datenschutz zu wahren.	§§ 5, 9 BDSG

05. Welche Rechte hat der Einzelne grundsätzlich in Hinblick auf die über ihn gespeicherten Daten?

1. Recht auf Auskunft über die gespeicherten Daten auch in Hinblick auf den Zweck der Speicherung (§§ 19, 34 BDSG)
2. Recht auf Berichtigung, Löschung oder Sperrung bei falschen oder strittigen Datensätzen (§§ 20, 35 BDSG)

06. Was ist das Sozialgeheimnis?

Jeder hat Anspruch darauf, dass die ihn betreffenden Sozialdaten von den Leistungsträgern nicht unbefugt erhoben, verarbeitet oder genutzt werden (vgl. § 35 Abs. 1 Satz 1 SGB I).

2.6 Sozialgesetzbuch (SGB)

Sozialdaten sind Einzelangaben über persönliche und sachliche Verhältnisse einer bestimmten oder bestimmbaren natürlichen Person, die von einem Leistungsträger in Hinblick auf seine Aufgaben nach dem Sozialgesetzbuch erhoben, verarbeitet oder genutzt werden (vgl. § 67 Abs. 1 Satz 1 SGB X).

07. Ist der Datenschutz nach BDSG mit dem des Sozialgesetzbuches vergleichbar?

Das Sozialgesetzbuch greift in den §§ 67 ff. SGB X auf die gleichen Instrumente zurück wie das BDSG.

1.	Sozialdaten dürfen nur erhoben werden, wenn ihre Kenntnis zur Erfüllung einer Aufgabe der erhebenden Stelle erforderlich ist. Sozialdaten sind grundsätzlich beim Betroffenen zu erheben.	§ 67a Abs. 1 Satz 1 und Abs. 2 SGB X
2.	Datenverarbeitungssysteme sind nach dem Grundsatz der Datenvermeidung und der Datensparsamkeit anzulegen.	§ 78b SGB X
3.	Es sind technische und organisatorische Maßnahmen zu treffen, um den Datenschutz zu wahren.	§ 78a SGB X
4.	Die Übermittlung von Sozialdaten an Dritte ist nur aufgrund einer Ermächtigungsgrundlage zulässig. Davon gibt es anfangend mit den §§ 68 ff. SGB X eine Vielzahl. Beispielhaft sei § 67e SGB X für die Übermittlung zur Bekämpfung des Leistungsmissbrauchs, § 71 Abs. 1 Satz 1 Nr. 2 SGB X zur Durchführung des Infektionsschutzgesetzes angesprochen.	§ 67d SGB X

08. Welche Rechte hat der Einzelne grundsätzlich in Hinblick auf die über ihn gespeicherten Daten nach dem SGB X?

1. Recht auf Auskunft über die gespeicherten Daten auch in Hinblick auf den Zweck der Speicherung (§ 83 SGB X)

2. Recht auf Berichtigung, Löschung oder Sperrung bei falschen oder strittigen Datensätze (§ 84 SGB X)

09. In welchen Bereichen sind dem Recht auf informationelle Selbstbestimmung Grenzen gesetzt?

Beispielhaft seien folgende Bereiche benannt, in denen der Gesetzgeber Allgemeininteressen über Individualinteressen stellt.

- Das Gesetz zur Verhütung und Bekämpfung von Infektionskrankheiten sieht eine Vielzahl von Meldungen über und zu erkrankten Personen vor.
- Zwischen Leistungserbringern (Ärzte etc.) und Krankenkassen findet ein Datenaustausch statt (vgl. §§ 305 ff. SGB V). Dies dient der Kosten- und Leistungsabwicklung.
- An Dritte dürfen nach Maßgabe der §§ 67d ff. SGB X Sozialdaten weitergegeben werden.

2.6.4.5 Organisation und Selbstverwaltung der Leistungsträger

01. Wie ist grundsätzlich die Sozialverwaltung gegliedert?

Die Gliederung der Sozialverwaltung orientiert sich vornehmlich an den Aufgaben. Einen Überblick vermitteln die §§ 18 ff. SGB I.

Leistungen	Leistungsträger	Norm
Leistungen der Arbeitsförderung	Agentur für Arbeit	§ 19 SGB I
Leistungen der gesetzlichen Krankenversicherung	Ort-, Betriebs- und Innungskrankenkassen, landwirtschaftliche Krankenkassen, die Deutsche Rentenversicherung Knappschaft-Bahn-See und die Ersatzkassen	§ 21 SGB I
Leistungen der sozialen Pflegeversicherung	Die bei den Krankenkassen errichteten Pflegekassen	§ 21a SGB I
Leistungen der gesetzlichen Unfallversicherung	Gewerbliche und landwirtschaftliche Berufsgenossenschaften, Gemeindeunfallversicherungsverbände, Feuerwehr-Unfallkassen etc.	§ 22 SGB I
Leistungen der gesetzlichen Rentenversicherung	Deutsche Rentenversicherung Bund, Deutsche Rentenversicherung Knappschaft-Bahn-See, die Regionalträger für die allgemeine Rentenversicherung	§ 23 SGB I
Sozialhilfe	Kreise und kreisfreie Städte (Ausgestaltung erfolgt durch Landesrecht)	§ 28 SGB I

Für weitere Leistungsbereiche ergibt sich der zuständige Träger ebenfalls aus dem Gesetz.

Innerhalb der einzelnen Bereiche beruht die Gliederung häufig nach Branchen, Regionen und führt geschichtliche Entwicklungslinien fort.

So gibt es beispielsweise eine AOK Niedersachsen und eine AOK Bayern. Eine branchenspezifische Abgrenzung findet sich bei der gesetzlichen Unfallversicherung mit der Berufsgenossenschaft Nahrungsmittel und Gastgewerbe und der Verwaltungs-Berufsgenossenschaft.

Beispiel für eine historisch überkommene Gliederung ist die Rentenversicherung. Die Rentenversicherung gliedert sich in die Regionalträger der gesetzlichen Rentenversicherung und die Deutsche Rentenversicherung Bund und die Deutsche Rentenversicherung Knappschaft-Bahn-See als Bundesträger.

Die Regionalträger gehen auf die Landesversicherungsanstalten als Rentenversicherung für Arbeiter zurück. Die Deutsche Rentenversicherung Bund wurzelt in der Bundesversicherungsanstalt für Angestellte.

2.6 Sozialgesetzbuch (SGB)

02. Was bedeutet Selbstverwaltung?

Für die Erfüllung gemeinschaftlicher öffentlicher Aufgaben errichtet der Staat eigenständige Verwaltungsträger in der Rechtsform der Körperschaft des öffentlichen Rechts.

Die Körperschaften haben die übertragenen Aufgaben eigenverantwortlich unter staatlicher Aufsicht zu erfüllen.

Die betroffenen Bürger sind in die Organisation der Körperschaften durch Vertreter eingebunden. Überwiegend werden die Vertreter gewählt. Ihre Kernaufgaben sind der Beschluss der Satzungen sowie die Überwachung des Vorstandes, dem die laufenden Geschäfte obliegen.

Das Grundschema der Organisation von Sozialversicherungen ist in den §§ 29 ff. SGB IV niedergelegt. Es fächert sich dort in eine Vielzahl von Spielarten auf.

03. Was ist der Grund für die Selbstverwaltung bei Versicherungen?

1. Es gab bei Schaffung des staatlichen Versicherungssystems bereits genossenschaftlich organisierte Versicherungen. Hieran knüpfte man an.

2. Die Akzeptanz von Entscheidungen wird als höher eingestuft, wenn sich die Betroffenen mit der Institution der Entscheidungsträger identifizieren können und an ihnen teilhaben können.

2.6.4.6 Verankerung der Qualitätssicherung, speziell SGB V und SGB XI

01. Welche wesentliche Aspekte der Qualitätssicherung sind im Recht der gesetzlichen Krankenversicherung verankert?

Das Recht der gesetzlichen Krankenversicherung ist im SGB V geregelt. Die Versorgung der Versicherten hat auf allgemein anerkanntem Stand der medizinischen Erkenntnisse zu erfolgen. Sicherzustellen haben dies die Krankenkassen und die Leistungserbringer (vgl. § 70 Abs. 1 SGB V). Die Aspekte der Qualitätssicherung finden sich daher im Vierten Kapitel des SGB V ab § 69.

1. Richtlinien des Gemeinsamen Bundesausschusses, § 92 SGB V

Der Gemeinsame Bundesausschuss wird von der Kassenärztlichen Vereinigung, der Deutschen Krankenhausgesellschaft und dem Spitzenverband Bund der Krankenkassen gebildet. Die Richtlinien konkretisieren in einer Vielzahl von Leistungsfeldern, was eine ausreichende, zweckmäßige und wirtschaftliche Versorgung umfasst. Die Richtlinien beziehen sich auf die ärztliche Behandlung ebenso wie auf die Verordnung von Heil- und Hilfsmitteln, die Einführung von neuen Untersuchungs- und Behandlungsmethoden bis hin zu Qualitätssicherung im engeren Sinne und zu Schutzimpfungen. Die

Richtlinien sind sehr detailliert. So beschreibt die Heilmittelrichtlinie welche Heilmittel in welcher Häufigkeit bei welcher Erkrankung Anwendung findet.

2. Zulassung

Leistungserbringer dürfen grundsätzlich für gesetzlich Versicherte auf Kosten der Krankenkassen nur tätig werden, wenn sie in irgendeiner Form zugelassen worden sind. Die Zulassung erfolgt in Abhängigkeit von Ausbildungsstand und Ausstattung. Bei Ärzten erfolgt die Zulassung unter Beteiligung der Kassenärztlichen Vereinigungen und der Krankenkassen, wenn der Bewerber unter anderem hinreichend qualifiziert ist (vgl. §§ 95, 95a und 96 SGB V).

Soweit ein Krankenhaus nicht eine Hochschulklinik oder ein Plankrankenhaus nach dem Krankenhausplan eines Landes ist, bedarf es eines Versorgungsvertrages des Krankenhauses mit den Krankenkassen. (Vgl. § 108 SGB V).

Ergotherapeuten müssen für eine Zulassung neben der Ausbildung auch eine Praxisausstattung vorhalten. (vgl. § 124 Abs. 2 SGB V).

3. Fortbildungspflicht

Für Vertragsärzte ergibt sich diese aus § 95 d SGB V.

4. Bewertung von Untersuchungs- und Behandlungsmethoden, § 135 SGB V

Der Gemeinsame Bundesausschuss macht Vorgaben für die notwendige Qualifikation von Ärzten und die apparativen Anforderungen, um sachgerecht neue Methoden einzusetzen.

5. Überprüfungen der Kassenärztlichen Vereinigungen, § 136 SGB V

Die Kassenärztlichen Vereinigungen überprüfen die Qualität der vertragsärztlichen Versorgung.

6. Verpflichtung zur Qualitätssicherung, § 135a SGB V

Vertragsärzte etc. haben ein internes Qualitätsmanagement einzuführen und sich an einrichtungsübergreifenden Maßnahmen zu beteiligen.

7. Hilfsmittelverzeichnis, § 139 SGB V

Der Spitzenverband Bund der Krankenkassen erstellt ein Hilfsmittelverzeichnis. Es führt Hilfsmittel auf, die von der Leistungspflicht der Versicherung umfasst sind. In das Verzeichnis werden die Hilfsmittel auf Antrag aufgenommen, wenn sie eine hinreichende Funktionalität und Qualität aufweisen. Es dient den Beteiligten als Orientierung.

Das Hilfsmittelverzeichnis hat nicht den Charakter eines abschließenden Leistungskatalogs.

Dies hat das Bundessozialgericht festgestellt in der Entscheidung vom 10.04.2008 zum Aktenzeichen B 3 KR 8/07 R.

02. Welche wesentlichen Aspekte der Qualitätssicherung sind im Recht der gesetzlichen Pflegeversicherung verankert?

Die Verantwortung für die Qualität der Pflege trifft sowohl die Pflegekassen als auch den Träger einer Pflegeeinrichtung (vgl. § 112 Abs. 1 SGB XI).

1. Zulassung, § 72 SGB XI

Leistungserbringer dürfen grundsätzlich für gesetzlich Versicherte auf Kosten der Pflegekassen nur tätig werden, wenn sie in irgendeiner Form zugelassen worden sind.

Bei Pflegeheimen und Pflegediensten erfolgt dies durch einen Versorgungsvertrag zwischen dem Träger der Einrichtung und den Landesverbänden der Pflegekassen im Einvernehmen mit den Trägern der Sozialhilfe.
Der Abschluss eines Versorgungsvertrages setzt unter anderem voraus, dass die Einrichtung unter qualifizierter Leitung steht, sich verpflichtet ein Qualitätsmanagement einzuführen und Pflegestandards zu beachten.

2. Rahmenverträge, § 75 SGB XI

Der Inhalt der Pflegeleistungen wird über Rahmenverträge der Landesverbände der Pflegekassen mit den Vereinigungen der Träger der ambulanten und stationären Pflegeeinrichtung konkretisiert.

3. Qualitätssicherung, § 112 Abs. 2 SGB XI

Pflegeeinrichtungen sind verpflichtet, Maßnahmen zur Qualitätssicherung zu ergreifen, ein Qualitätsmanagement durchzuführen und Expertenstandards anzuwenden.

4. Qualitätsprüfungen, §§ 114 ff. SGB XI

Die Pflegeeinrichtungen werden vom Medizinischen Dienst der Krankenversicherung regelmäßig auf die Wirksamkeit der Pflege- und Betreuungsmaßnahmen überprüft. Die Prüfungen können darüber hinausgehen. Grundsätzlich sollen die Prüfungen unangemeldet erfolgen.
Die Ergebnisse der Überprüfungen sind von den Landesverbänden der Pflegekassen unter anderem kostenfrei im Internet zu veröffentlichen.

5. Pflegehilfsmittelverzeichnis, § 78 Abs. 2 SGB XI

Der Spitzenverband Bund hat im Pflegehilfsmittelverzeichnis Mittel zusammenzufassen, die von der Leistungspflicht der Pflegekasse umfasst sind. Das Hilfsmittelverzeichnis hat nicht den Charakter eines abschließenden Leistungskatalogs.
Dies hat das Bundessozialgericht festgestellt in der Entscheidung vom 15.11.2007 zum Aktenzeichen B 3 A 1 / 07 R.

6. Beratung bei Pflegegeldbezug, § 37 Abs. 3 SGB XI

Bezieher von Pflegegeld müssen der Pflegekasse regelmäßig belegen, dass die auf der Grundlage des Pflegegeldes erbrachte Pflege ordnungsgemäß erfolgt. Die Bestätigung kann durch einen Mitarbeiter einer Pflegeeinrichtung nach einem Hausbesuch erfolgen.

03. Ist Qualitätssicherung auf die gesetzliche Kranken- und Pflegeversicherung beschränkt?

Die Qualitätssicherung, letztlich der Erfolg des Leistungsaufwandes, ist das Anliegen jedes Leistungsträgers. Exemplarisch sei auf die Sozialhilfe verwiesen nach SGB XII. Kosten für Leistungen in stationären Einrichtungen werden nur übernommen, wenn mit der Einrichtung eine Leistungsvereinbarung zur Qualität getroffen ist (vgl. §75 Abs. 2 SGB XII).

Handlungsspezifische Qualifikationen

1. Sozial- und Gesundheitsökonomie
2. Rechtliche Bestimmungen im Sozial- und Gesundheitswesen
3. **Marketing im Sozial- und Gesundheitswesen**
4. Management im Sozial- und Gesundheitswesen

3. Marketing im Sozial- und Gesundheitswesen

Prüfungsanforderungen

Im Qualifikationsbereich „Marketing im Sozial- und Gesundheitswesen" soll der Prüfungsteilnehmer Kenntnisse der im Sozial- und Gesundheitswesen einsetzbaren Marketinginstrumente sowie der regionalen, nationalen und internationalen Marktsituation nachweisen. Darüber hinaus soll er die Besonderheiten in der Einschränkung der Werbung hinsichtlich des Standesrechts und der Gemeinnützigkeit sowie der Mittelbeschaffung darstellen können. Anhand von Praxisbeispielen sollen Marketingkonzepte erarbeitet werden.

Qualifikationsschwerpunkte (Überblick)

3.1 Marketing im Bereich sozialer Dienstleistung
- Bedeutung des Marketing für Einrichtungen im Sozial- und Gesundheitswesen
- Die soziale Organisation im Geflecht ihrer Außenbeziehungen

3.2 Grundlagen und Instrumente von Marketing und Werbung
- Marketingziele und -strategien
- Marketing-Mix
- Marketinginstrumente
- Marktanalysen, Marktsegmente, Bedarfsermittlung
- Mitbewerber, Produkt- und Leistungsvergleiche
- Markterschließung und -sicherung
- Werbeziele und Zielgruppen
- Werbebotschaft, Werbemittel, Werbeträger, Werbeerfolgskontrolle
- Wettbewerbsbeschränkungen (Verbote), standesrechtliche Beschränkungen

3.3 Marketing und Öffentlichkeit
- Öffentlichkeitsarbeit (Public Relation) als Teil des Marketings
- Erscheinungsbild – Image und Imagepflege
- Medieneinsatz und Medienarbeit
- Fundraising
- Social-Sponsoring

3.4 Wirkungsfelder des Sozialmarketing
- Einflussnahme auf der Ebene von Verbänden, politischen Instanzen und Parteien und Vereinigungen
- Aufbau von und Kooperation in Netzwerken

3.1 Marketing im Bereich sozialer Dienstleistung

3.1.1 Bedeutung des Marketing für Einrichtungen im Sozial- und Gesundheitswesen

3.1.1.1 Non-Profit-Organisationen

01. Was sind Non-Profit-Organisationen?

Non-Profit-Organisationen (NPO) sind Einrichtungen, deren Ziele sich am Gemeinwohl orientieren und die im Gegensatz zu privaten Unternehmen nicht auf Gewinnmaximierung ausgerichtet sind. Zu den Non-Profit-Organisationen zählen z. B. öffentlich-rechtliche und kirchliche Krankenhäuser, Hilfsdienste wie das Technische Hilfswerk (THW), das Deutsche Rote Kreuz, die Johanniter Unfallhilfe und andere.

02. Welche Bedeutung hat das Marketing im Sozial- und Gesundheitswesen?

Im Gesundheitsmarkt herrscht ein reger Wettbewerb, der deutlich schärfer wird. Non-Profit-Organisationen wollen eine möglichst große Bekanntheit, Reputation, gute Wirtschaftlichkeit und andere Erfolgsausweise gegenüber ihren Anspruchsgruppen erreichen.

Dabei gibt es auch einen Wettbewerb zwischen verschiedenen Non-Profit-Organisationen, ähnlich wie Konkurrenz zwischen Wirtschaftsunternehmen herrscht. Ein wichtiges Mittel, in diesem Wettbewerb ist das Marketing.

Die Auswirkungen des Wettbewerbs lassen sich z. B. an der Trägerschaft und der Bettenanzahl der Krankenhäuser in Deutschland erkennen.

- Im Jahr 2010 standen in insgesamt 2.065 Krankenhäusern Deutschlands 502.700 Betten für die stationäre Versorgung der Bevölkerung zur Verfügung. Der Anteil der Krankenhäuser in privater Trägerschaft, der bei Einführung der bundeseinheitlichen Krankenhausstatistik 1991 durch das Statistische Bundesamt noch bei 14,8 % lag, ist kontinuierlich angestiegen und hat sich bis 2010 mehr auf 32,9 % verdoppelt. Zurückgegangen ist im gleichen Zeitraum der Anteil öffentlicher Krankenhäuser von 46,0 % auf 30,5 %. Der Anteil freigemeinnütziger Krankenhäuser hat sich demgegenüber nur geringfügig geändert von 39,1 % auf 36,6 %.

- Anhand der seit 2002 für die öffentlichen Krankenhäuser nachgewiesenen Rechtsform zeigt sich, dass die Privatisierung weiter voranschreitet. Im Jahr 2009 wurden 59,1 % der öffentlichen Krankenhäuser in privatrechtlicher Form (GmbH, gGmbH) geführt. 2002 waren es mit 28,3 % nur knapp halb so viele. Demgegenüber sank der Anteil öffentlicher Krankenhäuser, die als rechtlich unselbstständige Einrichtungen (Eigenbetriebe, Regiebetriebe) betrieben werden auf 18,1 %. Im Jahr 2002 hatte ihr Anteil an allen öffentlichen Krankenhäusern noch 56,9 % betragen.

- Weil private Einrichtungen mit durchschnittlich 126 Betten zu den kleinen Krankenhäusern zählen, öffentliche Krankenhäuser mit durchschnittlich 378 Betten jedoch dreimal so groß sind, stand mit 48,7 % knapp die Hälfte aller Betten in öffentlichen, 34,7 % in freigemeinnützigen und lediglich 16,6 % in privaten Krankenhäusern. Dies bedeutet, dass jedes dritte Krankenhaus, aber nur jedes sechste Krankenhausbett in privater Trägerschaft ist.

Die Bedeutung des Non-Profit-Marketing im Gesundheitswesen in Deutschland lässt sich auch aus der Anzahl der Beschäftigten in den Krankenhäusern ablesen. Am 31.12.2009 wurden in den Krankenhäusern einschließlich der mit ihnen verbundenen Ausbildungsstätten knapp 1,1 Millionen Beschäftigte gezählt. Das waren 18.000 Personen bzw. 1,7 % mehr als im Vorjahr.

Die Zahl der „Vollkräfte im Jahresdurchschnitt" stieg um 10.300 bzw. 1,3 % auf 807.900 Vollkräfte. Diese Rechengröße wird gebildet, um dem individuellen Beschäftigungsumfang der Mitarbeiter Rechnung zu tragen, indem Teilzeit- und geringfügige Beschäftigungsverhältnisse auf die volle tarifliche Arbeitszeit umgerechnet werden.

Der Anteil der Teilzeit- und geringfügig beschäftigten hauptamtlichen Ärzte lag bei 16,3 % gegenüber dem Vorjahr 14,8 %. Im nichtärztlichen Dienst standen mit 44,4 % annähernd dreimal so viele Beschäftigte in einem Teilzeit- oder geringfügigen Beschäftigungsverhältnis. 2008 waren es noch 44,0 %.

(Quelle: Statistisches Bundesamt; Die Zahlen für 2010 sind vorläufig.)

03. Definieren Sie den Begriff des Social Marketing.

Das Non-Profit- bzw. Social Marketing umfasst die

- Analyse,
- Planung,
- Durchführung und
- Kontrolle

der internen und externen Aktivitäten, die durch eine Ausrichtung am Nutzen und den Erwartungen der Zielgruppen darauf abzielen, die finanziellen, mitarbeiterbezogenen und aufgabenbezogenen Ziele der Non-Profit-Organisation zu erreichen. Zielgruppen sind beispielsweise Leistungsempfänger, Kostenträger, Mitglieder, Spender oder die Öffentlichkeit.

04. Beschreiben Sie die Besonderheiten des Social Marketing.

Die Förderung der Interessen der Gesellschaft ist das primäre Ziel, während die Wirtschaftlichkeit eine notwendige Nebenbedingung ist.
- Die Produkte von Social Marketing-Organisationen lassen sich oftmals schwer definieren, zumal es sich neben Produkten und Dienstleistungen auch um immaterielle Güter wie Ideen oder Verhaltensänderungen handeln kann.

3.1 Marketing im Bereich sozialer Dienstleistung

- Der Austausch findet im Social Marketing in der Regel nicht nur auf der Ebene Produkte gegen Geld statt, sondern nimmt auch andere Formen an. Gesundheitliche Information im Austausch gegen Gebühren und Zeit sowie Aufmerksamkeit oder Verhaltensänderung, um eine bessere Gesundheit zu erreichen.

- Das Social Marketing konzentriert sich häufig nicht nur auf Individuen, sondern auch auf verschiedene Gruppen oder die ganze Gesellschaft. Das ist nötig, weil das Verhalten von Individuen sehr stark durch soziale Einflüsse mitbestimmt wird. Das gilt in besonderem Maße bei gesundheitlichem Verhalten.

- Die Nachfrage ist schwierig zu bestimmen, zumal den Zielgruppen ihr Bedarf häufig nicht bewusst ist. Oft stehen die Zielgruppen den angestrebten Verhaltensänderungen gleichgültig oder sogar mit Widerstand gegenüber. Dazu kommt, dass der Nutzen einer gesellschaftlich wünschenswerten Verhaltensänderung zwar manchmal individuell deutlich fühlbar, oft aber auch persönlich wenig handfest ist, sodass der Nutzen für das Individuum selbst weniger, sondern hauptsächlich für die Gesellschaft relevant ist. Dann ist der Nutzen schwierig zu personalisieren und zu quantifizieren.

3.1.1.2 Privatwirtschaftliche Unternehmen

01. Wie werden privatwirtschaftliche Unternehmen im Gesundheitswesen definiert?

Typischerweise wird bei erwerbswirtschaftlichen Unternehmen als oberstes Ziel die Erzielung von Gewinn angenommen. Das gemeinsame Ziel der Gewinnmaximierung darf nicht darüber hinwegtäuschen, dass private erwerbswirtschaftliche Unternehmen recht unterschiedliche Formen annehmen können. So kann es sich beispielsweise um einen kleinen Familienbetrieb oder um einen global agierenden börsennotierten Konzern handeln.

Diese Vielfalt wird auch im Krankenhauswesen beobachtet. Teilweise handelt es sich bei privaten Kliniken um kleine Krankenhäuser, die von einer einzigen Person gegründet wurden und von dieser auch geführt werden. Andererseits gibt es große private Krankenhauskonzerne, die in mehreren Ländern aktiv sind.

Verbünde privater Krankenhausträger in Deutschland sind oftmals überregional tätig. Die Zunahme an Verbünden hat mehrere Gründe. Von erheblicher Bedeutung ist die Einführung des Entgeltsystems auf Basis von Diagnosis Related Groups (DRG), das tendenziell dazu führt, dass Krankenhäuser nicht konkurrenzfähige Abteilungen schließen und vermehrt Kooperationen, Fusionen und Kompetenzbündelungen eingehen müssen.

Hinzu kommt, dass sich Krankenhäuser zusammenschließen, um u. a. ihre Marktmacht zu steigern. Die Privatisierung von Krankenhäusern wird überwiegend mit dem Wachstum großer privater Krankenhausverbünde in Verbindung gebracht. Dazu zählen z. B. Asklepios, Rhön-Klinikum, Helios und Fresenius oder Sana-Kliniken. Der wichtigste Vorteil, den private Klinikträger gegenüber öffentlich-rechtlichen und gemeinnützigen Kliniken besitzen, ist die leichtere Kapitalversorgung.

Es bleibt darauf hinzuweisen, dass auch öffentlich-rechtliche und gemeinnützige Krankenhäuser in private geführte Trägerformen überführt bzw. privatisiert werden können. Die Unterschiede zwischen formaler Privatisierung (Rechtsform) und materieller Privatisierung (Trägerstatus) ist gelegentlich schwierig festzustellen, zumal die Begriffe freigemeinnützig und privat nicht trennscharf sind.

02. Beschreiben Sie den Begriff des Business Marketing.

Business Marketing ist kommerzielles Marketing. Die Unternehmensziele lassen sich systematisieren in

- potenzialbezogene Ziele, z. B. Bekanntheitsgrad, Kundenzufriedenheit und Image,
- erfolgsbezogene Ziele wie Absatzmenge, Marktanteil, Anzahl der Kunden,
- wirtschaftliche Ziele wie z. B. Umsatz, Deckungsbeitrag, Gewinn, Rentabilität.

Das erweiterte Business Marketing ist bestrebt, im Rahmen der auf Gewinnerzielung ausgerichteten Unternehmenspolitik auch ökologische, soziale und ethische Aspekte zu berücksichtigen. Dadurch entsteht ein wohlfahrtsbedachtes Marketing. Es hat die Aufgabe, die Bedürfnisse, Wünsche und Interessen der Zielmärkte zu ermitteln und die gewünschten Befriedigungswerte wirkungsvoller und wirtschaftlicher anzubieten als die Konkurrenten. Dadurch soll die Lebensqualität der Gesellschaft gesichert oder erhöht werden.

Die Marketingpolitik soll einen Ausgleich zwischen Gewinn, Befriedigung der Kundenwünsche und gesellschaftlichen Interessen herbeiführen. Das wohlfahrtsbedachte Marketing hat daher das Ziel, neben wirtschaftlichen auch gesellschaftliche Interessen zu berücksichtigen. Dazu zählen neben sozialen und ethischen Aspekten auch Langfristigkeit und Nachhaltigkeit. Diese Auseinandersetzung mit gesellschaftlichen Zielen drückt sich in der Wahrnehmung einer „Corporate Social Responsibility" aus.

3.1.2 Die soziale Organisation im Geflecht ihrer Außenbeziehungen

01. Beschreiben Sie das sozialrechtliche Leistungsdreieck.

Personenbezogene soziale Dienstleistungen werden mehrheitlich über Vergütung, Kostenerstattung oder Förderung öffentlich-rechtlicher Kostenträger finanziert. Marketing hat daher in den Bereichen des Sozial- und Gesundheitswesens das sozialrechtliche Leistungsdreieck zu berücksichtigen, das von den folgenden Beziehungen geprägt ist:

- Leistungserbringer erbringen die Leistungen an Adressaten.
- Leistungsträger gewähren den Leistungserbringern einen Leistungsanspruch. Der Begriff Kostenträger wird synonym für Leistungsträger verwandt.
- Die Leistungsträger beauftragen einen Leistungserbringer, die sozialen Dienstleistungen an den Adressaten zu erbringen.

3.1 Marketing im Bereich sozialer Dienstleistung

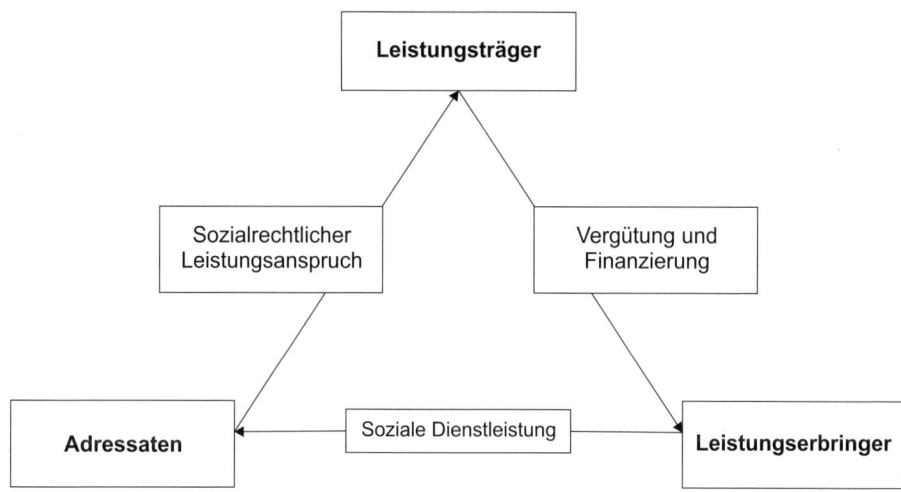

Sozialrechtliches Leistungsdreieck in Anlehnung an Christa

Das sozialrechtliche Leistungsdreieck kennzeichnet das Marktgeschehen, dem die meisten sozialen Organisationen ausgesetzt sind. Häufig konkurrieren jedoch die Leistungserbringer um die Aufträge der Leistungsträger. Märkte, auf denen die Leistungsträger das Leistungsmonopol besitzen, sind von den folgenden Beziehungen geprägt:

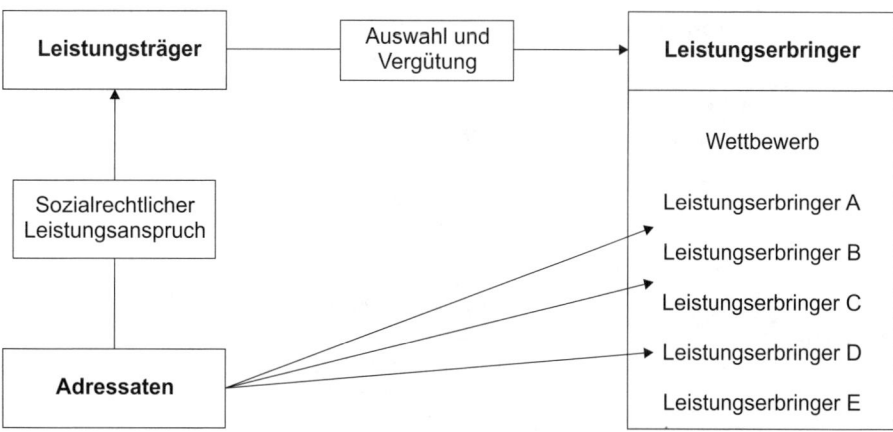

Beziehungsgefüge bei Monopolstellung des Leistungsträgers in Anlehnung an Christa

02. Nennen Sie die Anspruchsgruppen und deren Ziele in NGO-Organisationen.

Anspruchsgruppen		Ziele
intern	Eigentümer	• Unternehmenswert • Rendite, Gewinn, Erhaltung, Verzinsung und Wertsteigerung des investierten Kapitals • Existenzsicherung des Unternehmens/der Organisation • Selbstständigkeit, Entscheidungsautonomie • Kontrolle, Macht, Einfluss, Prestige • Entfaltung eigener Ideen und Fähigkeiten
	Top-Management	• Macht und sozialer Status • Selbstverwirklichung
	Mitarbeiter	• Einkommen, Arbeitsplatzsicherheit, Existenzsicherung • Sinnvolle Betätigung, Entfaltung der eigenen Fähigkeiten, Selbstverwirklichung • Status, Anerkennung, Prestige
extern	Kontrollorgane	• Erreichung des Unternehmens- und Organisationszwecks • Delegation
	Kunden (Versicherte und Patienten)	• Produktqualität, Preiswürdigkeit, Produktsicherheit • Identifikation mit den Produkten
	Lieferanten	• Günstige Konditionen
	Wettbewerber	• Marktmacht • Kooperation auf branchenpolitischer Ebene

Anspruchsgruppen	Ziele
Politik-, Wissenschafts- und Gesellschaftssystem	
Politik	• Machtausübung • Gesellschaftliche Wohlfahrt • Wirtschaftswachstum • Verteilungsgerechtigkeit • Konjunkturelle Stabilität • Aufgabenerfüllung
Behörden	• Einhaltung von Rechtsvorschriften/Normen • Niedriger Verwaltungsaufwand • Information • Kontrolle • Gemeinden, Kreise, Bezirke • Wohlfahrt der Einwohner • Unternehmensinvestitionen • Gewerbesteuereinnahmen
Interessengruppen (Ärzteverbände, Patientengruppen, Verbände der Pharmabranche)	• Mitglieder-Interessenvertretung • Wirtschaftliche Teilziele • Soziale Teilziele • Politische Teilziele

3.1 Marketing im Bereich sozialer Dienstleistung

Arbeitgeber der Kunden der aktuellen und potenziellen Versicherten und Patienten	• Produktivität der Mitarbeiter • Geringer Krankenstand • Motivation der Mitarbeiter/Konzentration auf die Arbeit • Soziale Leistungen als Teil des Arbeitgeber-Marketing
Wissenschaft (Medizin, Versorgungsforschung, Volks- und Betriebswirtschaftslehre, Management und Marketing)	• Fachliche Qualität • Hohe Input-, Prozess- und Outputqualität • Reputation • Hohe Ausbildungs- und Forschungsqualität • Nachfrage nach Absolventen • Fort- und Weiterbildung • Kooperationen, Förderung, Sponsoring
Kirchen, Religionsgemeinschaften, Philosophie/Ethik	• Ethische Forderungen • Gerechtigkeit • Soziale Verantwortung • Religiöse Forderungen in Einzelfragen, wie beispielsweise Geburtenkontrolle, Sterbehilfe oder Genetik
Medien	• Eigener Unternehmenswert des Mediums • Anzeigen- und Vertriebsumsatz • Reichweiten- und Auflagenzahlen • Öffentliches Interesse, Aufmerksamkeit • Interesse der Leser und Nutzer • Interessen der Werbekunden • Reputation für Themengebiete • „Stories" • Information
Öffentlichkeit und Gesellschaft	• Gerechte Zukunftssicherung • Offenlegung und Kontrolle wirtschaftlicher Tätigkeit • Offenlegung und Kontrolle der gesundheitlichen Versorgung • Gerechtigkeit • Förderung des Gemeinwohls • Gesellschaftliche Werte, Ethik- und Moralvorstellungen

03. Stellen Sie die Beziehungen der Anspruchsgruppen im Social Marketing grafisch dar.

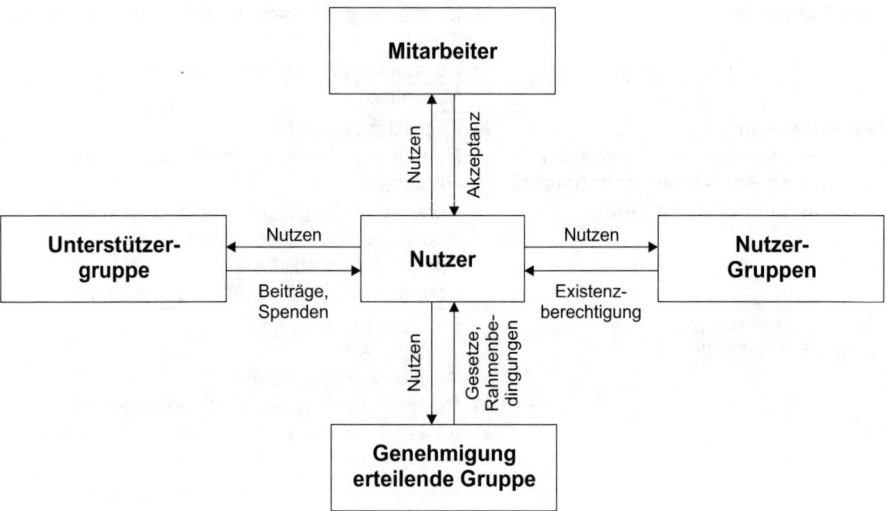

Beziehungen zwischen den Anspruchsgruppen im Social Marketing nach Beilmann

3.2 Grundlagen und Instrumente von Marketing und Werbung

3.2.1 Marketingziele und -strategien

01. Definieren Sie den Begriff Marketing.

In der Literatur existieren verschiedene Definitionen für Marketing. Die folgende Definition stammt von Roland Helm:

1. Ebene

Marketing ist als ein ganzheitlicher Prozess im Unternehmen definiert, der die Bedürfnisse der Nachfrager und das relevante Wettbewerbsangebot der Konkurrenten berücksichtigt, um alle Aktivitäten systematisch auf Grundlage aller Marktinformationen auszurichten, sodass die übergeordneten Unternehmensziele erreicht werden.

Diese Ebene umfasst Gesamtplanung und -steuerung des Unternehmens. Es wird danach gefragt, was das Unternehmen tun soll.

2. Ebene

Auf der Ebene des Leistungsangebots ist es erforderlich, mit den Nachfragern eine optimale Kundenbeziehung aufzubauen. Dies beinhaltet die Konzeption, Implementierung und Kontrolle des angebotenen Leistungsbündels von Produkt- und Leistungsmerkmalen, Preisen und Konditionen, Vertriebs- und Distributionskanälen sowie Kommunikationsstrategien.

Diese Ebene umfasst die Produkte und Leistungen des Unternehmens sowie insbesondere die konkrete Inhaltsgestaltung. Es wird danach gefragt, wie das Unternehmen es tun soll.

02. Beschreiben Sie den Rahmen der strategischen Analyse, in dem die Akteure des Marketing agieren.

Wettbewerbsvorteile werden erzielt, wenn gegenüber den relevanten Konkurrenzprodukten dauerhaft eine für den Kunden substanzielle und wahrnehmbar überlegene Leistung angeboten wird. Diese Leistungen müssen effizient erstellt werden.

Die Unsicherheit im Planungsprozess kann ein höchst unterschiedliches Ausmaß annehmen. Relevant ist das Denken in alternativ möglichen Szenarien. Dabei ist der Einfluss von Kombinationen möglicher Einflussfaktoren auf die Wahrscheinlichkeit der Zielerreichung mit einer bestimmten Strategie zu berücksichtigen.

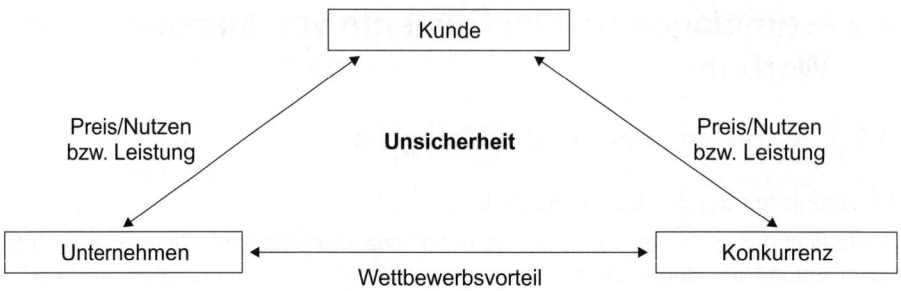

Strategisches Dreieck nach Helm

03. Stellen Sie die Prozessphasen der Marketingplanung grafisch dar.

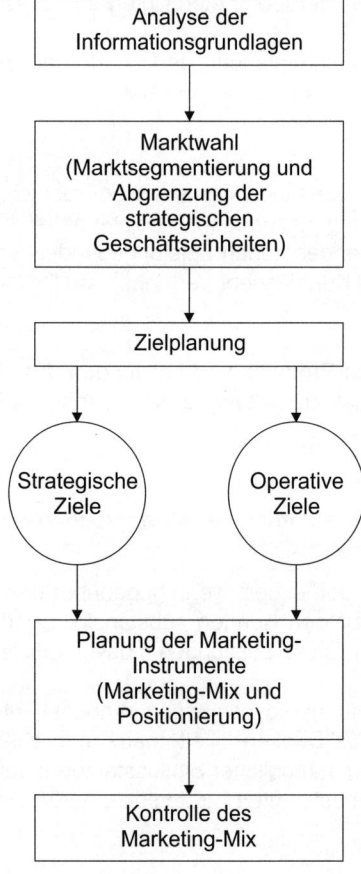

Prozessphasen der Marketingplanung nach Olbrich

3.2 Grundlagen und Instrumente von Marketing und Werbung

04. Was sind Marketingziele?

Marketingziele leiten sich aus den Unternehmenszielen ab und dürfen diesen nicht entgegenstehen. Außerdem müssen sie auf die Ziele anderer Unternehmensbereiche wie beispielsweise Produktion und Finanzierung abgestimmt sein. Marketingziele stellen den zentralen Ausgangspunkt für die Ableitung von Marketingstrategien und den Marketing-Mix dar.

Die Marketingziele besitzen für die Unternehmensziele eine grundlegende Bedeutung. Verfolgen Unternehmen markt- und kundenorientierte Strategien, besitzen Marketingziele eine wichtige Steuerungs- und Koordinationsfunktion im Unternehmen. Dabei legen die Unternehmen den Marketingzielen oftmals eine Marketing-Philosophie zugrunde.

05. Nennen Sie verschiedene Größen für die Formulierung von Marketingzielen.

Allgemeine Zielformulierungen	Relative Zielformulierungen
• Gewinn • Absatz • Umsatz • Deckungsbeitrag	• Marktanteile • Rentabilität • Wachstum • Profitabilität
Extremwertorientierte Zielformulierungen	**Anspruchsniveauorientierte Zielformulierungen**
• Absatzmaximierung • Rentabilitätsmaximierung • Gewinnmaximierung • Umsatzmaximierung	• Mindestabsatzmenge • Mindestumsatz • Mindestgewinn • Mindestdeckungsbeitrag

06. Was sind Marketingstrategien?

Marketingstrategien sind Handlungsprogramme, um bestimmte Marketingziele zu erreichen. Solche Marketingstrategien berücksichtigen die Wettbewerbsposition und die Bedürfnisse der Nachfrager sowie die bisherige Angebotspalette eines Unternehmens. Die Marketingstrategien dienen als Basis für den Marketing-Mix, in dem einzelne Marketinginstrumente miteinander kombiniert werden.

07. Nennen Sie Beispiele für verschiedene Marketingstrategien.

Marktdurchdringung (Penetration)

Beispiele:

- Erhöhung des Marktanteils
- Erhöhung der Produktverwendung
- Neukundengewinnung
- Kundengewinnung durch Abwerben (von Wettbewerbern)
- Markentreue

Markterschließung (Abschöpfung)

Beispiele:

- Erschließung neuer räumlicher Absatzgebiete
- Erschließung neuer Produktverwendungsgebiete
- Erweiterung des Produktsortiments
- Orientierung an neuen Zielgruppen

Produkt- und Dienstleistungsentwicklung

Beispiel:

- Entwicklung neuer Produkte und Dienstleistungen auf erschlossenen Märkten

Diversifikation

Beispiel:

- Entwicklung neuer Produkte und Dienstleistungen für neue Märkte

08. Wie lassen sich Marketingstrategien aus den Unternehmenszielen ableiten?

Die Ausgangsbasis für die Zielbildung ist in der Regel die Unternehmensvision. Sie sollte auf den aktuellen oder angestrebten Kernkompetenzen beruhen und weit genug in die Zukunft reichen, um grundsätzliche Inhalte kommunizieren zu können.

Die Unternehmensvision dient dazu, den nachgelagerten Zielbildungsprozessen und Strategien einem Rahmen zu geben. Die effiziente Umsetzung wird durch die Nachvollziehbarkeit der Planung und damit der Delegation auf die Mitarbeiter unterstützt. Die auf der Vision aufbauenden konkreten Zielsetzungen werden üblicherweise in einer Zielhierarchie abgebildet.

3.2 Grundlagen und Instrumente von Marketing und Werbung

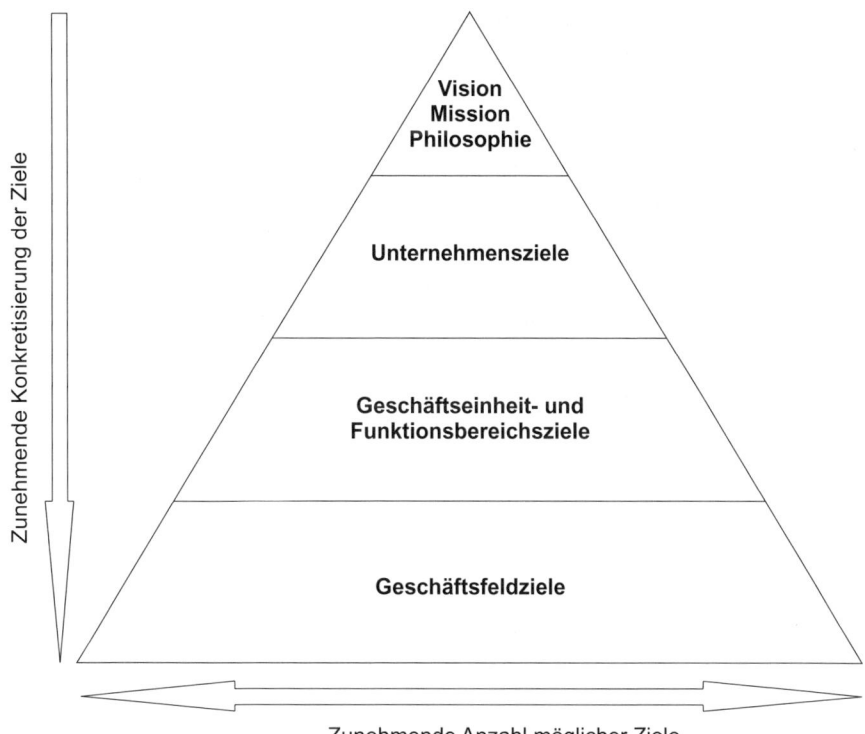

Zielhierarchie in Anlehnung an Helm

Aus der Darstellung ergibt sich, dass mit abnehmender Hierarchieebene die Marketingmaßnahmen immer detaillierter werden.

Der Zusammenhang von Zielen, Strategien und Instrumenten im Marketing lässt sich wie folgt beschreiben:

- Die Marketingziele legen die angestrebten Positionen fest. „Wo wollen wir hin?"
- Die Marketingstrategien definieren die Vorgehensweise. „Wie kommen wir dahin?"
- Der Marketing-Mix bestimmt die eingesetzten Instrumente. „Was setzen wir ein?"

09. Woraus leiten sich Strategien auf der Unternehmensebene ab?
- Philosophie
- Vision
- Mission

10. Erläutern Sie kurz den Leitrahmen eines Gesundheitsbetriebes.

Philosophie	Die Philosophie definiert die gemeinsamen Wertvorstellungen und historisch gewachsenen Verhaltensweisen und Regeln. Diese Grundsätze gelten zumeist den Mitarbeitern als Orientierungsrahmen für ihr Handeln. Zu den Kriterien solcher Unternehmensgrundsätze gelten Engagement, Verhaltensweisen und Grundsätze. Das Engagement stellt den Bezug zur Gesellschafts- und zur Wirtschaftsordnung her. Die Verhaltensweisen definieren das Handeln zwischen den unternehmensexternen Anspruchsgruppen wie beispielsweise Patienten, Angehörige und Einweiser, während die Grundsätze die Handlungen der unternehmensinternen Anspruchsgruppen bestimmen.
Vision	Die Vision ist stets auf die Zukunft gerichtet und umreißt den zukünftigen Unternehmenszweck. Zumeist steht ein Zeitraum von mehr als 10 Jahren im Mittelpunkt einer Vision. Visionen versuchen häufig Quantensprünge zu beschreiben oder heben den Pionieranspruch hervor, um die Visionsziele den Mitarbeitern als realisierbare Ziele zu verdeutlichen.
Mission	Die Mission konkretisiert die Leistungen, die Zielgruppen und die Grundkonzepte. Die Mission, die oftmals auch Leitbild genannt wird, wird in einem Mission Statement schriftlich festgehalten. Die Mission als Unternehmenszweck beinhaltet die Geschäftstätigkeit und definiert den Zweck.

11. Nennen Sie zwei Portfoliomodelle, aus denen sich konkrete Strategien ableiten lassen.

- Marktanteil-Marktwachstum-Portfolio
- Marktanteil-Marktwachstum-Profitabilitäts-Portfolio

12. Erläutern Sie kurz die beiden Portfoliomodelle.

Marktanteil-Marktwachstum-Portfolio
Die BCG-Matrix (benannt nach der Boston Consulting Group) ordnet die Dimensionen nach Marktwachstum und relativen Marktanteil. Das Marktwachstum ist die jährliche Rate des Wachstums der Nachfrage nach dem Leistungsangebot, während der relative Marktanteil den eigenen Umsatz im Vergleich zum führenden Wettbewerber darstellt.
Marktanteil-Marktwachstum-Profitabilitäts-Portfolio
Diese Matrix erweitert die BCG-Matrix um die Dimension Profitabilität/Gewinn, sodass mit den Dimensionen relativer Marktanteil und Marktwachstum insgesamt drei Dimensionen zur Verfügung stehen. Die Dimension Profitabilität/Gewinn ist in Relation zum „Cash Flow" und zum Return on Investment (ROI) zu sehen.

13. Stellen Sie die Marktanteil-Marktwachstum-Matrix und die Wettbewerbsvorteil-Marktattraktivitäts-Matrix grafisch dar und geben Sie eine Erläuterung. Welche Normstrategien lassen sich ableiten?

a) *Marktanteil-Marktwachstum-Matrix:*

Die Matrix wird in vier Quadranten eingeteilt. Auf der x-Achse wird der relative Marktanteil und auf der y-Achse das Marktwachstum abgetragen. In den vier Sek-

3.2 Grundlagen und Instrumente von Marketing und Werbung

toren werden die strategischen Geschäftseinheiten in verschiedene Positionen eingetragen. Es ergeben sich vier Gruppen:

- „Fragezeichen" besitzen einen kleinen Marktanteil in einem stark wachsenden Markt. Fraglich ist, ob weiter investiert wird oder nicht. Selektives Fördern gilt hier als Normstrategie.

- „Stars" sind ehemalige Fragezeichen, in die investiert wurde. Sie haben einen hohen relativen Marktanteil und befinden sich in einem Markt mit einem hohen Wachstum. Fraglich ist, ob weitere finanzielle Mittel investiert werden, um das Marktwachstum zu fördern und den relativen Marktanteil im Segment zu halten. Fördern und Investieren gelten hier als Normstrategien.

- „Cash Cows" sind ehemalige Stars, die über einen hohen Marktanteil verfügen, sich jedoch in einem Segment befinden, in dem der Markt stagniert oder schrumpft. Cash Cows generieren in der Regel hohe finanzielle Mittel, mit denen Fragezeichen und Stars finanziert werden. Halten und Ernten gelten hier als Normstrategien.

- „Poor Dogs" besitzen einen kleinen Marktanteil in einem gering wachsenden oder schrumpfenden Markt. Sie generieren keine finanziellen Mittel, die anderen strategischen Einheiten zur Verfügung gestellt werden können. Daher sollte desinvestiert werden, es sei denn, dass ein Versorgungsauftrag existiert, der einer Desinvestition entgegensteht. Desinvestieren und Liquidieren gelten hier als Normstrategien.

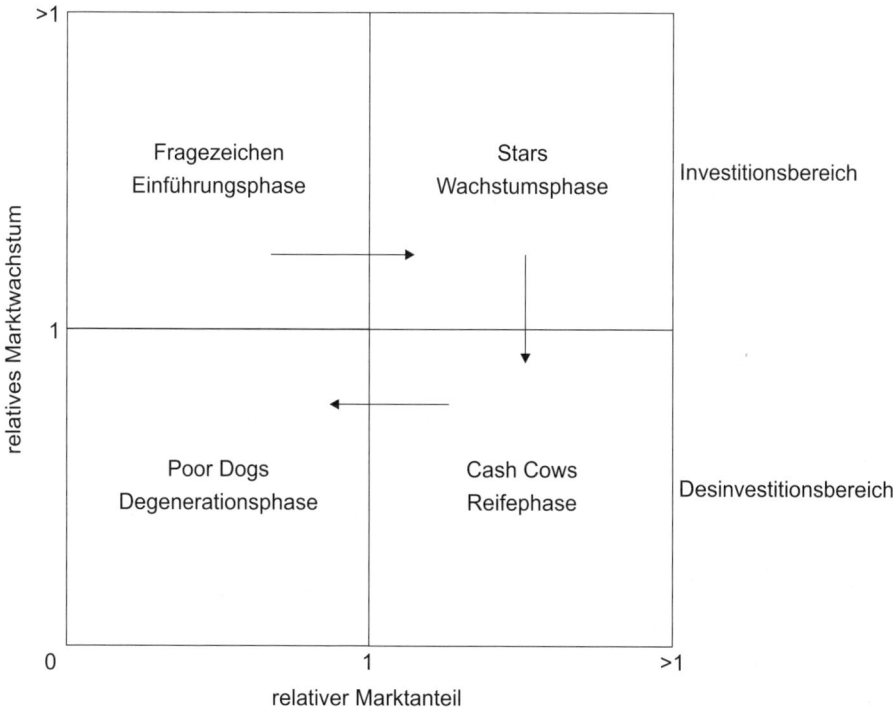

Marktanteil-Marktwachstum-Matrix (BCG-Matrix)

b) *Wettbewerbsvorteil-Marktattraktivitäts-Matrix (Strategic Business Planning Grid, SBPG bzw. McKinsey-Portfolio)*

Die Matrix wird in 6 Felder eingeteilt. Auf x- und y-Achse werden die Dimensionen relativer Wettbewerbsvorteil und Marktattraktivität abgetragen. In den 6 sich ergebenden Sektoren, die in stark, mittel und schwach differenziert sind, werden die strategischen Geschäftseinheiten in verschiedene Positionen eingetragen, aus denen sich 6 Gruppen des Portfolios mit unterschiedlichen Normstrategien ableiten.

Die resultierenden Normstrategien sind in der Grafik abgebildet. Die SBPG verdichtet die Daten der internen und externen Informationsbeschaffung. Aus den zahlreichen Bewertungskriterien wählt das Management diejenigen aus, die für die individuelle Portfolioerstellung wichtig sind.

Die Marktattraktivität kann sich aus den folgenden Kriterien zusammensetzen:

- Der Patienten- bzw. Versicherten-Mix spiegelt das Verhältnis von gesetzlich zu privat versicherten Patienten und Selbstzahlern wieder und übernimmt einen wichtigen Part bei der Marktattraktivität.
- Der Grad der Deregulierung des Marktes gibt Hinweise zur Attraktivität. Grundsätzlich ist ein wenig regulierter Gesundheitsmarkt attraktiver als ein regulierter Markt.
- Die Wettbewerbsintensität setzt sich aus den Faktoren Rivalitätsgrad, Markteintritt potenzieller Wettbewerber, Kundenmacht, Zulieferermacht, Einweisermacht sowie der Macht der Krankenkassen und Medien zusammen.
- Die Marktgröße und das Marktwachstum haben eine hohe Bedeutung, zumal größere Märkte mit größerem Wachstum deutlich attraktiver sind als kleine und langsame wachsende Märkte.
- Der Marktlebenszyklus und die Marktstabilität werden häufig berücksichtigt, weil nichtzyklische und stabile Märkte leichter bearbeitet werden können, wobei solche Märkte allerdings viele Konkurrenten anziehen.
- Die Skalen- und Erfahrungskurveneffekte bewirken sinkende Stückkosten bei steigenden Fallzahlen. Daher sind diejenigen Märkte attraktiver, in denen der Faktor Arbeit eine untergeordnete Rolle übernimmt.

Die Wettbewerbsvorteile können sich aus den folgenden Kriterien zusammensetzen:

- Die relative Qualität gibt Auskunft über die Potenzial- und Strukturqualität im Vergleich zu den Wettbewerbern. Die Ausgestaltung findet sich in der technisch-medizinischen Ausstattung, in den Räumlichkeiten und deren Ambiente, im medizinischen Personal und den Hygienestandards wieder. Aus einem höheren Quotienten ergibt sich ein Wettbewerbsvorteil.
- Die Positionierung und das Image generieren einen Wettbewerbsvorteil, wenn zwischen beiden eine große Übereinstimmung besteht. Beispielsweise besitzt ein negatives Image eine hohe Bedeutung für eine hoch spezialisierte Abteilung, sodass die negativen Auswirkungen in den medizinischen Bereich reichen.

3.2 Grundlagen und Instrumente von Marketing und Werbung

- Das Effizienzniveau verdeutlicht, dass prozessorientierte strategische Einheiten einen größeren Wettbewerbsvorteil besitzen als beispielsweise funktional ausgerichtete.
- Die Markterfahrung führt aufgrund besserer Kenntnis der Zielgruppen gegenüber den Wettbewerbern zu einem deutlichen Wettbewerbsvorteil.

Marktattraktivität	stark	mittel	schwach
hoch	Investition/ Wachstum	Investition/ Wachstum	Selektion (Nischen, Akquisition)
mittel	Investition/ Wachstum	Selektion (selektiv investieren)	Desinvestition/ Abschöpfung
niedrig	Selektion (Cash Flow)	Desinvestition/ Abschöpfung	Desinvestition/ Abschöpfung

relativer Wettbewerbsvorteil

Wettbewerbsvorteil-Marktattraktivitäts-Matrix (Strategic Business Planning Grid) nach Fink

14. Welche Probleme sind mit der Bewertung der Normstrategien der Portfoliomodelle verbunden? Geben Sie einen Überblick!

Bei der Erstellung einer BCG-Matrix sind insbesondere die folgenden Aspekte zu berücksichtigen:

- Die BCG-Matrix empfiehlt nur die grobe Richtung der Normstrategien. Zudem wird nur festgelegt, in welche strategischen Einheiten die finanziellen Mittel fließen, nicht jedoch in welche Strukturelemente und Prozesse.

- Die BCG-Matrix empfiehlt, strategische Einheiten zu erhalten, die einen hohen Cash Flow erwirtschaften und solche abzubauen, die nicht rentabel sind. Öffentliche Versorgungsaufträge können einem entsprechenden Vorgehen entgegenstehen, sodass „Poor Dogs" nicht abgebaut werden dürfen.

- Eine Abgrenzung zwischen medizinischen Fachgebieten und strategischen Einheiten ist wegen der bestehenden Interdependenzen oftmals nicht möglich, da beispielsweise Zusammenhänge zwischen der Orthopädie und Pädiatrie bzw. der Inneren Medizin und der Herzchirurgie bestehen. Die Zusammenhänge generieren Synergien, sodass der Abbau einzelner Einheiten die Wachstumspotenziale schrumpfen lässt.

- Die BCG-Matrix lässt ressourcenorientierte Ausgangspunkte unberücksichtigt, weil Fähigkeiten, Kompetenzen und Kapazitäten nicht im Zusammenhang analysiert werden.

- Das BCG-Konzept lässt zeitliche Effekte unberücksichtigt und betrachtet ausschließlich vergangenheitsorientierte Informationen. Die dynamische Entwicklung der Märkte hat aber eine hohe Bedeutung.

- Das Portfoliodenken befördert Egoismen, die von einzelnen Ressorts und Abteilungen geprägt werden, sodass ein effizientes Prozessmanagement erschwert wird.

- Die Logik der BCG-Matrix unterstellt, dass strategische Einheiten, die einen hohen relativen Marktanteil mit einem hohen Marktwachstum verbinden, regelmäßig eine hohe Profitabilität aufweisen, die einen hohen Cash Flow generieren und andere Einheiten subventionieren können.

  Dieser Zusammenhang ist nicht zwingend gegeben, zumal die Stückkosten bei zunehmendem Marktanteil nicht fallen, sodass strategische Einheiten mit hohem Marktanteil unprofitabel sein können. Beispielsweise könnte dieser Zusammenhang für Abteilungen gelten, die insbesondere ältere Menschen pflegen. Hinzu kommt, dass die Erstattungen der Krankenkassen und -versicherungen oftmals nicht kostendeckend sind, sodass aus einer Positionierung mit einem hohen Marktanteil finanzielle Probleme entstehen und die Aussagen der BCG-Matrix keine Gültigkeit mehr besitzen.

- Das DRG-System bedingt konstante Preise unabhängig von Auftragsvolumen und Kosten. Daher profitieren die angebotenen Leistungen nicht von einem hohen Marktanteil, weil die Fixkostendegressionseffekte infolge des höheren Auftragsvolumens und die mengeninduzierten Skaleneffekte nicht geringfügig rückwirken. Zudem werden DRGs bei besonders risikoreichen Patienten keine Kostendeckung erzielen, sodass Poor Dogs subventioniert werden müssen.

Am Marktanteils-Wettbewerbsvorteils-Portfolio wird im Wesentlichen die methodische Vorgehensweise kritisiert. Die Ermittlung der Koordinatenwerte entspricht dem Vorgehen bei Scoring-Modellen. Damit sind die folgenden Probleme verbunden:

- Eine vollständige Erfassung aller relevanten Marktfaktoren ist nicht möglich, sodass der Vollständigkeitsanspruch nicht eingelöst werden kann.

- Die relevanten Marktfaktoren müssen unabhängig voneinander sein, damit eine einzelne Bewertung erfolgen kann.

3.2 Grundlagen und Instrumente von Marketing und Werbung

- Es existieren keine einheitlichen Richtlinien für die Bewertung und bei der Gewichtung der Faktoren, sodass eine objektive Bewertung bei der Ermittlung der Koordinatenwerte nicht möglich ist. Die Zusammenfassung der Koordinatenwerte ist zudem fragwürdig, zumal sich die gemessenen Dimensionen additiv aus den einzelnen Faktoren zusammensetzen müssten. Diese Voraussetzung ist in der Realität nur selten gegeben.

15. Nennen Sie verschiedene Marketingstrategieprofile.

- Marktfeldstrategien
- Marktstimulierungsstrategien
- Marktparzellierungsstrategien
- Marktarealstrategien
- Marktverhaltensstrategien

16. Geben Sie einen tabellarischen Überblick über die Marketingstrategieprofile mit deren strategischer Festlegung und Option.

Ebene	Strategische Festlegung	Strategische Option
Marktfeldstrategie	Leistungs- und Marktkombination	Aktuelle oder neue Leistungen in aktuellen oder neuen Märkten
Marktstimulierungsstrategie	Marktbeeinflussung	Qualitäts- und Preiswettbewerb
Marktparzellierungsstrategie	Art und Grad der Differenzierung der Marktbearbeitung	Massenmarkt bzw. Marktsegmentierung
Marktarealstrategie	Marktraum	Lokale, regionale, nationale oder internationale Absatzpolitik
Marktverhaltensstrategie	Wettbewerbsverhalten	Offensives oder kooperatives Verhalten gegenüber Wettbewerbern

17. Erläutern Sie die möglichen Marktfeldstrategien.

Die möglichen Marktfeldstrategien werden durch vier Leistungs-Markt-Kombinationen beschrieben:

Leistung/Markt	aktuell	neu
aktuell	Marktdurchdringung	Marktentwicklung
neu	Leistungsentwicklung	Diversifikation

a) Marktdurchdringung

Ein Gesundheitsbetrieb bedient einen bestehenden Markt mit bereits vorhandenen Leistungen. Eine steigende Kapazitätsauslastung bewirkt effektivere Arbeitsabläufe und sinkende Fixkosten. Hinzu kommt, dass Marktvorteile gegenüber den Wettbewerbern abgesichert werden. Die optimale Ausschöpfung eines bestehenden Marktes kann wie folgt erreicht werden:

- Erhöhung der Leistungsverwendung beim Patienten, beispielsweise durch zusätzliche Gesundheitsvorsorgeprogramme
- Abwerben von Patienten der Wettbewerber
- Neukundengewinnung, beispielsweise durch das Angebot von Check-up-Programmen für junge Menschen.

b) *Marktentwicklung*

Der Gesundheitsbetrieb kann neue Verwendungszwecke für die angebotenen Leistungen schaffen oder neue Verwender gewinnen. Häufig werden neue Märkte geografisch erschlossen, indem Kooperationen mit Gesundheitsanbietern aus anderen Regionen erfolgen, wie beispielsweise bei Kreiskrankenhäusern und Rehabilitationskliniken. Hochgradig spezialisierte Operationen wie Transplantationen können internationalen Patienten angeboten werden. Variationen des Leistungsprogramms lassen sich erreichen, indem bewährte Behandlungsmethoden neu konfiguriert werden, sodass sie als Vorsorgeprogramme neue Zielgruppen ansprechen.

c) *Leistungsentwicklung*

Die Gesundheitsbetriebe entwickeln neue Leistungen für bestehende Märkte und Zielgruppen. Diese Strategie kommt häufig in stagnierenden Märkten vor, in denen ein Verdrängungswettbewerb anzutreffen ist. Leistungsentwicklungen erfolgen in drei Optionen:

- Leistungsverbesserungen
- Erweiterung des Leistungsspektrums
- Leistungsinnovation.

d) *Diversifikation*

Diversifikation ist die Aufnahme neuer Leistungen für einen noch nicht bearbeiteten Markt. Es werden drei Arten der Diversifikation unterschieden:

- Die horizontale Diversifikation ist die Erweiterung des Leistungsprogramms, bei der die Leistungsbreite ausgedehnt wird. Zwischen dem bisherigen und dem neuen Leistungsprogramm bestehen sachliche, funktionale oder produktionsbezogene Zusammenhänge. Das Ziel ist der Aufbau von Verbundeffekten, aus denen Synergien resultieren.
- Die vertikale Diversifikation umfasst die Ausweitung des Leistungsprogramms, die zu einer vor- oder nachgelagerten Stufe gehört. Beispielsweise wäre die Investition einer stationären Akutklinik in ein ambulantes OP-Zentrum eine Vorwärtsdiversifikation. Das Modell der „Integrierten Versorgung" ist ein Beispiel für eine Rückwärtsdiversifikation. Nachteilig ist, dass integrierte Gesundheitsversorger wie beispielsweise Gesundheitszentren im Marktbereich inflexibel werden und den Handlungsrahmen einschränken.

3.2 Grundlagen und Instrumente von Marketing und Werbung

- Bei einer lateralen Diversifikation besteht zwischen den alten und neuen Leistungs-Markt-Kombinationen kein Zusammenhang. Dazu zählen beispielsweise Restaurants, Friseur- und Kosmetikgeschäfte oder Shopping-Center innerhalb der Klinik. Hierbei geht es nicht um die Ausnutzung von Synergieeffekten, sondern um die Teilhabe an branchenfremdem Wachstum, um ggf. einem Wachstumsfall zu entrinnen.

18. Erläutern Sie die möglichen Marktstimulierungsstrategien.

Mit der Strategie wird entschieden, wie die Leistungsnachfrage durch die Patienten stimuliert werden soll. Es stehen zwei unterschiedliche Strategien zur Auswahl:

- Präferenzstrategien sind Qualitätsstrategien, die Leistungsvorteile bieten sollen, um sich in der gedanklichen Vorstellung der Patienten zu manifestieren.
- Preis-Mengen-Strategien haben das Ziel, Preisvorteile für die Patienten zu bieten. Der Preis soll als einzige Präferenz den Wettbewerb strukturieren.

19. Erläutern Sie die möglichen Marktparzellierungsstrategien.

Gesundheitsbetriebe entscheiden hier, welche Zielgruppen bedient werden sollen. Dabei ist zu klären, ob der gesamte Markt oder nur Teilmärkte angesprochen werden, bzw. ob das Marketing standardisiert oder differenziert durchgeführt wird. Hieraus ergeben sich vier Strategievarianten:

Differenzierung/ Abdeckung	vollständig	teilweise
undifferenziert	undifferenziertes Marketing	konzentriertes Marketing
differenziert	differenziertes Marketing	selektiv-differenziertes Marketing

Massenmarktstrategie (undifferenziertes Marketing)	Die Marktbearbeitung erstreckt sich über den Gesamtmarkt, um so viele Patienten wie möglich zu erreichen. Eine Segmentierung findet nicht statt. Dies ist beispielsweise bei Behandlungen der Vogelgrippe der Fall.
Konzentriertes Marketing	Die Marktbearbeitung erstreckt sich nur auf einen bestimmten Teil des Marktes, beispielsweise nur auf Frauen, Männer der Kinder, ohne dass weitere Segmentierungskriterien wie beispielsweise Einkommen etc. berücksichtigt werden. Verfahren für die gynäkologische Vorsorge sind hierfür ein Beispiel.
Differenziertes Marketing	Die Marktbearbeitung erstreckt sich auf den in Segmente eingeteilten Gesamtmarkt. Dabei werden alle erforderlichen Segmentierungskriterien berücksichtigt, um eine vollständige Marktdurchdringung zu erzielen und eine effiziente Bearbeitung der Unterschiede der Zielgruppen zu erreichen.
Selektiv-differenziertes Marketing	Der Gesamtmarkt wird in Segmente aufgeteilt, wobei nur einige Segmente bearbeitet werden. Dies ist beispielsweise bei einer hoch spezialisierten Privatklinik der Fall, die nur Prostatakrebs bei Männern behandelt.

20. Nennen Sie verschiedene Marktarealstrategien.

Gesundheitsbetriebe entscheiden über den geografischen Markt, auf dem die Leistungen angeboten werden. Grundsätzlich werden die folgenden Marktarealstrategien unterschieden:

- Nationale Marktarealstrategien:
  - lokale Markterschließung
  - regionale Markterschließung
  - überregionale Markterschließung
  - nationale Markterschließung
- Übernationale Marktarealstrategien
  - multinationale Markterschließung (ein oder wenige ausländische Märkte)
  - internationale Markterschließung (viele ausländische Märkte)
  - Weltmarkterschließung

21. Erläutern Sie die verschiedenen Marktverhaltensstrategien.

Die Gesundheitsbetriebe entscheiden, wie sie sich im Wettbewerb verhalten. Grundsätzlich sind vier verschiedene Ausrichtungen möglich:

Verhaltensdimensionen	innovativ	imitativ
Wettbewerb vermeiden	Ausweichstrategien	Anpassungsstrategien
Sich dem Wettbewerb stellen	Abhebungsstrategien	Kooperationsstrategien

Ausweichen	Ausweichstrategien richten sich an bestimmte Zielgruppen, deren Bedürfnisse durch die Wettbewerber nicht oder nicht vollständig bedient werden. Nischenstrategien eignen sich für kleine Kliniken mit einer hohen Spezialisierung, um innovative und zielgruppenrelevante Leistungen anzubieten.
Abheben	Abhebungsstrategien legen ein bestimmtes Leistungsprogramm für die Zielgruppen in Abgrenzung zu den Wettbewerbern fest. Die Positionierung soll zur Kundenbindung führen und durch einen offensiven Wettbewerb zum Abwerben von Patienten bei den Wettbewerbern führen.
Anpassen	Anpassungsstrategien verfolgen in der Regel die Marktführer, die zumeist die Marktregeln aufstellen, um ihre erreichte Marktposition zu behaupten. Das eigene Verhalten wird auf die Wettbewerber abgestimmt, die die Strategie des Marktführers imitieren. Anpassungsstrategien erfolgen zumeist solange, bis eine Schwächung der eigenen Position im Wettbewerb erfolgt.
Kooperieren	Kooperationsstrategien erfolgen, wenn die Gesundheitsbetriebe keine deutlichen komparativen Wettbewerbsvorteile erreichen können oder ihnen dazu die erforderlichen Ressourcen fehlen. Zu den Kooperationsstrategien zählen Unternehmensverbindungen, strategische Allianzen und Joint Ventures. Eine Reihe von Kooperationen wie das Belegarztmodell, Vertragsarztmodell, Praxiskliniken und Kooperationen mit Krankenkassen sind denkbar. Nachteilig bei den Kooperationen sind der mögliche Know-how-Abfluss, Instabilitäten und ein erhöhtes Konfliktpotenzial sowie Einbußen in der Autonomie.

3.2.2 Marketing-Mix

01. Nennen Sie die Instrumente des Marketing-Mix.
- Produktpolitik
- Preispolitik
- Kommunikationspolitik
- Distributionspolitik

02. Beschreiben Sie allgemein die Instrumente des Marketing-Mix.

Produktpolitik	Die Produktpolitik umfasst alle Entscheidungen über die zu vermarktenden Produkte und das aus ihnen bestehende Angebotsprogramm. Die Produktmarkierung steht für das Konzept des Markenartikels und erlaubt die Differenzierung im Wettbewerb sowie die Wiedererkennung bzw. die Identifizierung des Markenproduktes.
Preispolitik	Die Preispolitik umfasst Fragen zur Höhe der Produktpreise und die Form der Preisfestsetzung. Es können lineare Preise und Preisbündelungen definiert werden. Die Preispolitik muss im Kontext des gesamtunternehmerischen Handelns gesehen werden, zumal Abhängigkeiten zu den Bereichen Produktion und Finanzierung bestehen. In der Regel richten Unternehmen ihre Preise an den Kosten, der Nachfrage und den Konkurrenzpreisen aus.
Kommunikationspolitik	Die Kommunikationspolitik umfasst die Gestaltung der auf die Märkte gerichteten Informationen und der Informationskanäle. Die in hohem Maß gesättigten Märkte, die Produkthomogenität und das Leistungsüberangebot erfordern eine psychologische Differenzierung, die mit verschiedenen kommunikationspolitischen Maßnahmen erzielt wird.
Distributionspolitik	Die Distributionspolitik umfasst alle Entscheidungen, die die Übermittlung von materiellen und immateriellen Gütern betreffen. Die Planungsbereiche werden in die Planung der Warenverkaufsprozesse und die Planung der physischen Warenverteilungsprozesse unterteilt.

03. Beschreiben Sie die Marketinginstrumente für den Bereich des Gesundheitswesens.

Produktpolitik	Produktpolitik bezieht sich auf alle Aktivitäten, die auf die Produktgestaltung bzw. die Gestaltung der Dienstleistung Einfluss nehmen. Im Bereich der Medizin ist eine völlig freie Produktpolitik nicht möglich, z. B. bei der Entscheidung, ob die kardiologische Notfallversorgung nun zum Leistungsspektrum gehört oder nicht. Gestaltungsspielräume bestehen aber beispielsweise bei der Auswahl eines neuen internistischen Chefarztes, dessen fachliche Schwerpunkte in Übereinstimmung mit der Strategie der Klinik gesetzt werden können. Hinzu kommt, dass bestehende Versorgungsaufträge einer Akutklinik sich mit einer gewissen Vorlaufzeit ändern und neu verteilen lassen. Ambulante Behandlungen, die in einer Klinik angeboten werden sollen, können durch den Erwerb von Kassensitzen oder Ansprache bestimmter Fachärzte ebenfalls beeinflusst werden.

Preispolitik	Die Preise sind für medizinische Leistungen durch Fallpauschalen, DRGs, EBM und GOÄ oder Pflegesätze festgelegt und nur bedingt verhandelbar. Spielraum besteht hauptsächlich bei den Wahlleistungen, die über die normale Vergütung hinausgehen.

Möglichkeiten bestehen bei der Frage, ob sich eine Klinik als Basisdienstleister definiert oder ob ein Premiumsegment von Wahlleistungspatienten z. B. wohlhabende ausländische Selbstzahler bedient. Dies kann durch ein entsprechendes Angebot an Hotel- und Serviceleistungen gesteuert werden. So können beispielsweise zusätzliche Präventions- und Hotelleistungen eine individuelle Preisgestaltung ermöglichen.

Ohne hochwertige Produkte sind dauerhaft jedoch keine hohen Preise erzielbar, zumal offensichtliche Missverhältnisse zwischen Preis und Leistung den Patienten stets auffallen und zu Unglaubwürdigkeiten führen. Die Markenbildung soll Vertrauen wecken und ausstrahlen. |
| **Kommunikationspolitik** | Die Kommunikationspolitik bezeichnet die Aktivitäten und Maßnahmen, die dem Kunden vom Produkt berichten. Dazu zählen die klassische Information und die Werbung. Das Instrument der Public Relation (PR) wird gelegentlich mit den Maßnahmen der Kommunikationspolitik gleichgesetzt. Der synonyme Gebrauch ist jedoch hinfällig, weil die Public Relation sich nur mit der Beziehung zur Öffentlichkeit beschäftigen. Die Kundenkommunikation wäre demzufolge Relation oder Einweiserkommunikation. In großen Unternehmen finden sich zumeist Ansprechpartner für die Themen Marketing, Public Relation, interne Kommunikation und Investor Relation. |
| **Distributionspolitik** | Die Distributionspolitik löst die Frage, wie die Produkte den Kunden zur Verfügung gestellt werden. Der Bezug zur Medizin besteht darin, dass der Schwerpunkt der stationären Leistungserbringung primär in den Räumlichkeiten der Klinik zu sehen ist.

Bei der ambulanten Leistungserbringung besteht die Wahlmöglichkeit, ob ein klinikeigenes Medizinisches Versorgungszentrum (MVZ) auf dem Krankenhausgelände oder weit ab von den eigenen Einweisern positioniert werden soll. Darüber hinaus beschreibt die Distributionspolitik ebenfalls repräsentative Außendienstaktivitäten, zumal die stationäre Leistungserbringung durch das MVZ nach außen repräsentiert wird.

Suchen Vertreter einer Klinik Einweiser oder Kostenträger vor Ort auf, transportieren sie das Produkt zum Kunden. Zudem bestehen Möglichkeiten, die Distributionspolitik durch Kooperationen unter den Leistungserbringern auf den Klinikmarkt zu beziehen, wenn beispielsweise der Chefarzt eines Hauses im Rahmen einer Kooperation auch in anderen Krankenhäusern, die über keine eigenen entsprechenden Fachabteilungen verfügen, regelmäßigen interdisziplinären Konferenzen beiwohnt bzw. durchführt, sodass hier eine Distribution eigener Leistungen stattfindet, die nicht in den klinikeigenen Räumlichkeiten erbracht werden. |

04. Stellen Sie den Planungsprozess der Produktpolitik dar.

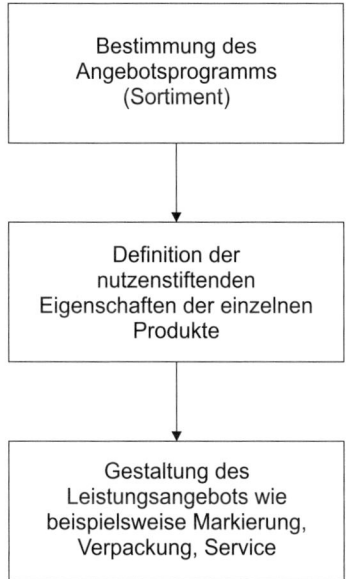

Planungsprozess der Produktpolitik nach Olbrich

05. Stellen Sie den Planungsprozess der Preispolitik dar.

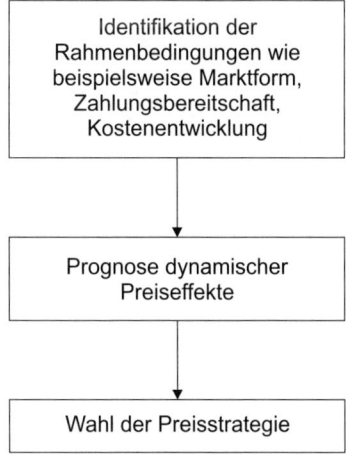

Planungsprozess der Preispolitik nach Olbrich

06. Stellen Sie den Planungsprozess der Kommunikationspolitik dar.

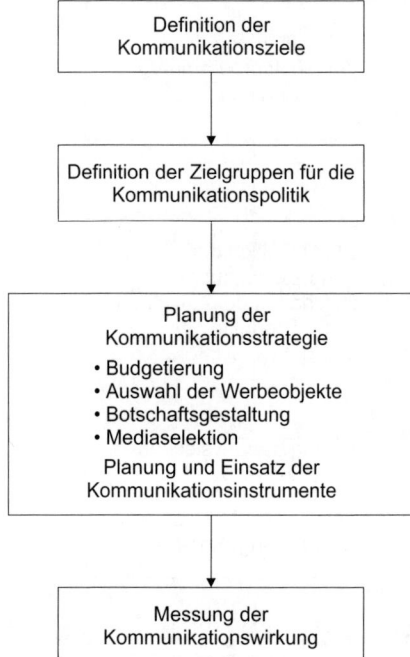

Planungsprozess der Kommunikationspolitik nach Olbrich

3.2 Grundlagen und Instrumente von Marketing und Werbung

07. Stellen Sie den Planungsprozess der Distributionspolitik dar.

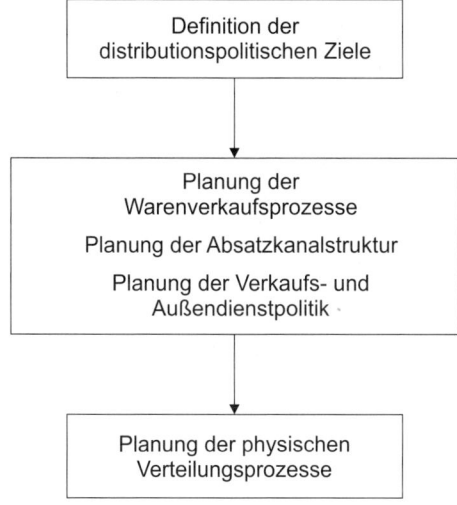

Planungsprozess der Distributionspolitik nach Olbrich

3.2.3 Marketinginstrumente

01. Nennen Sie mögliche Ziele der Produktpolitik.

Positionierung	Präferenzorientierte Marktsegmentierungsstrategien oder Massenmarktstrategien.
Design	Luxuriöse Ausstattung und Ambiente der Klinik dienen der komplexen Patientenansprache.
Verpackung	Bündelung einzelner Produkte zu einem Leistungsangebot. Häufig nehmen Patienten Leistungsbündel in Anspruch, wenn Wahlentscheidungen zwischen einzelnen Produkten getroffen werden können. Beispielsweise können Behandlungsprogramme mit Fitnessprogrammen verbunden werden.
Features	Features sind Leistungskomponenten für bestimmte Zielgruppen, ohne das Design und Qualität verändert werden. Beispielsweise Öffnungszeiten für Berufstätige.
Mitarbeiter	Reorganisationen und Schulungen schaffen Zusatznutzen für die Patienten.
Qualität	Die Qualität bezieht sich stets auf die durch den Patienten wahrgenommene Qualität. Hierzu können Zertifizierungen und Garantien z. B. auf Behandlungsergebnisse und Implantate sowie Prothesen den Nutzen steigern.
Markierung	Unverwechselbare Unternehmenspersönlichkeit, die die Patienten eindeutig einer Klinik zuordnen können.

Value Added Services	Wahl- und Hotelleistungen.
Beschwerdepolitik	Die aktive Nutzung dieses Instrumentes erlaubt die frühzeitige Wahrnehmung der Patientenbedürfnisse und -wünsche.

02. Nennen Sie Beispiele für mögliche Ziele der Produktpolitik.

- Exklusive Spitzenleistungsprodukte wie minimal invasive Operationsmethoden
- Standardverfahren in Diagnostik und Therapie
- Pionierleistungen in Diagnostik und Therapie
- Designgestaltung von Klinikräumen
- Spitzenleistungsprodukte für seltene Krankheiten
- Leistungsbündelung wie Operation, Rehabilitation und Fitness
- Markenaufbau als Servicemarke
- Markierung des Leistungsangebotes
- Zertifizierung der medizinischen und administrativen Leistungserstellung
- Prozessgestaltung bei der Leistungserstellung
- Wartezeitverkürzung
- Imagemaßnahmen durch PR-Maßnahmen
- Gewährung von Garantien auf Implantate, Prothesen und Behandlungsmaßnahmen

03. Nennen Sie Instrumente der Produktpolitik.

- Leistungsvariation, bei der medizinische Leistungen verändert werden.
- Leistungsinnovation, bei der medizinische Leistungen neu entwickelt werden.
- Leistungselimination, bei der medizinische Leistungen nicht mehr angeboten werden.

04. Welche Dimensionen werden von der Leistungsvariation angesprochen?

Potenzialdimension	Die Variation klärt die Frage, wie das Potenzial der Leistung genutzt werden kann, um den Patientennutzen zu steigern.
Prozessdimension	Die Variation klärt die Frage, wie der Prozess eine Leistung nutzen kann. Ein Beispiel ist ein Kinderspielzimmer im Wartebereich der Kinderklinik.
Ergebnisdimension	Die Variation soll das Leistungsergebnis verbessern. Ein Beispiel ist eine Nachuntersuchung, um das Behandlungsergebnis zu verbessern bzw. sicherzustellen.

05. Erläutern Sie die Möglichkeiten der Leistungsvariation.

Zusatzleistungen	Zusatzleistungen können zu einer Attraktivitätssteigerung der Kernleistungen führen, indem beispielsweise Präventions- oder Aufklärungsprogramme oder spezielle Gesundheitsprogramme für Männer oder Frauen angeboten werden, die zu einer emotionalen Patientenbindung führen.

3.2 Grundlagen und Instrumente von Marketing und Werbung

Einbeziehung des Leistungsempfängers	Die Leistungsdifferenzierung kann erfolgen, indem die Leistungen wie z. B. die häusliche Pflege oder Rehabilitation teilweise auf den Patienten übertragen wird. Andererseits können Leistungen wie beispielsweise ein Transportservice vom Flughafen oder Bahnhof zur Klinik vom Gesundheitsunternehmen übernommen werden, um die Wünsche und Bedürfnisse der Patienten zu befriedigen.
Automatisierung und Veredelung der Dienstleistung	Die Automatisierung erfolgt, indem Maschinen oder OP-Roboter die Aufgaben menschlicher Leistungsträger übernehmen. Wird die menschliche Leistungsfähigkeit gespeichert und vervielfältigt, spricht man von Veredelung. Dazu zählen E-Learning und Schulungsprogramme auf DVD.
Zeitliche Veränderung des Leistungsprozesses	Der Fokus liegt in der optimierten Gestaltung des patientenorientierten Zeitmanagements. Hierzu gehören die Transferzeit, die Abwicklungszeit, die Wartezeit und die Transaktionszeit. Die Transferzeit ist die Zeitspanne zwischen dem Transport und dem Ort der Leistungserbringung. Die Abwicklungszeit definiert den Zeitraum der administrativen Aufnahme wie beispielsweise Anmeldung, Zahlung der Praxisgebühr, Klärung von Versicherungsfragen. Bei Wartezeiten erfolgen keine Transaktionen, sodass die Patienten die Zeit im Wartezimmer verbringen. Die Transaktionszeit umfasst die Zeitspanne der medizinischen Leistungserbringung.

06. Nennen Sie Möglichkeiten der Leistungsinnovation.

Leistungsinnovationen dienen der Gewinnung neuer Patienten bzw. der Patientenbindung. Ideen können intern durch das Personal, die Beschwerdeabteilung und medizinische Forschungsabteilungen gewonnen werden, bzw. extern von Patienten, Angehörigen, Einweisern und Konkurrenten sowie Unternehmensberatern stammen.

Ideen, die ein hohes Potenzial zur Bedürfnisbefriedigung erzielen, werden in Entwürfen konkretisiert und wirtschaftlich bezüglich Machbarkeit und Finanzierung geprüft. Das Marketing konzentriert sich insbesondere auf die relevanten Zielgruppen wie Patienten und Einweiser.

07. Definieren Sie den Begriff der Leistungselimination.

Medizinische Leistungen und Zusatzleistungen werden eliminiert, um Ressourcen freizusetzen und nicht mehr rentable oder veraltete Angebote aus dem Leistungsprogramm zu streichen.

Die Gesundheitsbetriebe müssen Faktoren beachten, die eine Eliminierung ausschließen. Dazu zählen gesetzliche Vorschriften wie Versorgungsaufträge, soziale Gründe wie die Behandlung spezieller (seltener) Erkrankungen, Synergieeffekte wie Rettungsfahrten oder Krankentransporte oder Prestigegründe.

Das Management hat einerseits die Aufgabe, diese Faktoren nicht aus den Augen zu verlieren und andererseits die wirtschaftliche Situation zu berücksichtigen Zwischen beiden Aspekten muss abgewogen werden, damit ein bedürfnisgerechtes Leistungsangebot für Patienten und Einweiser erfolgt.

08. Nennen Sie mögliche Ziele der Preispolitik.

Ökonomische Ziele	• Kostendeckung • Kapazitätsauslastung • Bettenauslastung • Erlössteigerung • Gewinnsteigerung
Psychologische Ziele	• Imagepflege • Senkung des Kaufrisikos • Steigerung der Patientenzufriedenheit
Leistungen für breite Bevölkerungsschichten	• Marktentwicklungsstrategien
Änderungen des Verhaltens	• Aufklärungskampagnen • Gesundheitsberatung • Suchtberatung (z. B. Raucherentwöhnung)
Verbesserung der Lebensqualität	• Kindergarten • Kinderbetreuung • Fitness- und Gesundheitsprogramme

09. Geben Sie Beispiele für mögliche Instrumente der Preispolitik.

• Preisstabilisierung	• Preissenkung
• Preisanhebung	• Preisimageänderung
• Preiskontrolle	• Rabattvereinbarung
• Preisbündelung	• Zahlungseingang

10. Erläutern Sie unterschiedliche Strategien der Preispolitik.

Premiumstrategie	Die medizinischen Leistungen werden im obersten Preissegment angeboten. Beispiel: Privatklinik für Privatpatienten, die auf eine spezielle Operationsmethode spezialisiert ist.
Penetrationsstrategie	Die medizinischen Leistungen werden zu einem Preis angeboten, der unter dem Marktpreis der Wettbewerber liegt, um neue Patienten zu gewinnen.
Elastizitätsstrategie	Die Leistungen werden zu unterschiedlichen Preisen angeboten, um auf Nachfrageschwankungen gezielt zu reagieren. Beispiel: Die Preise im Parkhaus variieren während der Woche und am Wochenende, um die Nachfrage nach Parkraum auszugleichen.
Differenzierungsstrategie	Die Preisbeeinflussung hat das Ziel, die Nachfrage und die Auslastung der Kapazitäten zu steuern, um Leerkosten zu vermeiden. Dazu zählen unterschiedliche Preise für medizinische Leistungen, die tagsüber oder abends oder am Wochenende erbracht werden oder Unterschiede für Senioren, Studenten und Mitarbeiter.

3.2 Grundlagen und Instrumente von Marketing und Werbung

Bündelungsstrategie	Die Preisbeeinflussung soll die Kapazitäten besser auslasten, das Kaufrisiko senken und die Patientenzufriedenheit erhöhen. Dabei werden die einzelnen Leistungen zu Servicepaketen gebündelt. Denkbar wären OP-Leistungen, die mit einer anschließenden Rehabilitation beim gleichen Gesundheitsbetrieb angeboten werden.

11. Nennen Sie die Instrumente der Kommunikationspolitik.

- Öffentlichkeitsarbeit
- Event-Marketing
- Persönliche Kommunikation
- Mediawerbung
- Direktkommunikation
- Multimediakommunikation

12. Erläutern Sie mögliche Ziele der Kommunikationspolitik.

Kognitiv orientierte Ziele	Berührungs- und kontaktwirksames Marketing, Aufmerksamkeits- und Erinnerungswirkung.
Affektiv orientierte Ziele	Gefühlswirkung, um positive Emotionen bzw. Interesse zu wecken oder das Image zu verbessern.
Konativ orientierte Ziele	Auslösen bestimmter Handlungen, die das Informations- und Kommunikationsverhalten beeinflussen. Patienten sollen zum Weiterempfehlen angehalten werden.

13. Geben Sie Beispiele für mögliche Ziele der Kommunikationspolitik.

- Erzielen von Aufmerksamkeit durch Event-Marketing beim Tag der offenen Tür
- Steigerung des Bekanntheitsgrads durch Imagekampagnen
- Bessere Patientenbetreuung durch Patientenzeitungen im Wartezimmer
- Präventionsprogramme zur Raucherentwöhnung und Suchtberatung
- Intensivierung der Patientengespräche
- Erhöhen des Einfühlungsvermögens des medizinischen und pflegerischen Personals

14. Beschreiben Sie die Instrumente der Kommunikationspolitik und geben Sie Beispiele

Öffentlichkeitsarbeit	Im Rahmen der Öffentlichkeitsarbeit soll für Verständnis und Vertrauen in der Öffentlichkeit geworben werden. Sie umfasst die folgenden Maßnahmen:
	
	• Presse- und Medienarbeit
	  - Pressemitteilungen, Presseverteiler, Pressekonferenzen
	  - Krisenmanagement
	  - Imageanzeigen
	
	• Publikationen zu Medizin- und Gesundheitsthemen:
	  - Patienten- und Imagebroschüren
	  - Mitarbeiterzeitungen
	  - Klinik-TV und Klinik-Radio
	  - Imagefilme
	  - Geschäfts-, Jahres- und Abschlussberichte
	
	• Maßnahmen des persönlichen Dialogs:
	  - Pflege persönlicher Beziehungen zu Meinungsführern und Multiplikatoren wie Prominente, Behörden, Spendern, Sponsoren und Selbsthilfegruppen.

Event-Marketing	Event-Marketing soll emotionale Vor-Ort-Erlebnisse schaffen, um den Gesundheitsbetrieb für die Zielgruppe erlebbar und sympathisch zu machen. Oft stehen die Authentizität und die Exklusivität im Mittelpunkt, wenn finanzstarke Patienten für eine Privatklinik oder spezielle Behandlungsangebote gewonnen werden sollen. Events wie Tage der offenen Tür, medizinische Ringvorlesungen oder Informationsvorträge sowie Kunstausstellungen und Theater- wie Musikaufführungen sind denkbar.
Persönliche Kommunikation	Die persönliche Kommunikation umfasst alle Kontakte mit dem Personal in einer Face-to-Face-Situation. Dazu zählen Arzt-Patienten-Gespräche, Patientenaufnahme, Visite, Pflege, Notaufnahme etc.
Mediawerbung	Die Mediawerbung umfasst alle klassischen Werbemaßnahmen wie Anzeigenschaltung in den Printmedien, TV-, Radio- und Plakatwerbung. Oftmals werden relevante Medizinthemen in Fachmagazinen und Tages- oder Wochenzeitungen platziert. National agierende Klinikverbünde führen häufig gezielte Mediawerbemaßnahmen durch, um Imagestrategien zu verfolgen.
Direktkommunikation	Die Direktkommunikation umfasst den Versand von schriftlichem und personalisiertem Informationsmaterial sowie das Telefonmarketing.
Multimediakommunikation	Die Multimediakommunikation umfasst den Webauftritt, das Direct-E-Mailing, Blogging, Pod- und Videocasting. Die Telemedizin ist ebenfalls online durchführbar.

15. Beschreiben Sie die Aufgabe der Corporate-Identity-Politik im Rahmen der Kommunikationspolitik.

Die Corporate-Identity-Politik besitzt die Aufgabe, die Voraussetzungen für eine differenzierte und unverwechselbare Wahrnehmung des Gesundheitsbetriebes, seiner strategischen Einheiten und Leistungsangebote in Übereinstimmung zwischen dem Kommunikationsauftritt und dem Handeln des Unternehmens zu schaffen.

Dies wird erreicht, indem ein „Wir-Bewusstsein" bei den Zielgruppen und den Mitarbeitern geschaffen wird. Auf der operativen Ebene soll das Marketing die Einzigartigkeit des Gesundheitsdienstleisters herausstellen und vermitteln. Auf der strategischen Ebene soll die Kommunikation verbessert werden, indem die Kommunikationsbotschaft, die Kommunikationswirkung und Kommunikationsinstrumente integriert werden.

Zu den Instrumenten der Corporate-Identity-Politik zählen:

Corporate Design	Ziel ist die symbolhafte Identitätsvermittlung. Sie wird über das äußere Erscheinungsbild geschaffen. Dazu zählen: • Zeichen, Logo, Schrifttypen • Briefbögen, Onlineauftritte • Farbgebung, Formen • Architektur, Inneneinrichtung • Berufskleidung der Mitarbeiter
Corporate Communications	Ziel ist die einheitliche und widerspruchsfreie Kommunikation der Besonderheiten des Gesundheitsdienstleisters in Wort und Bild gegenüber seinen Zielgruppen. Die Corporate Language bezeichnet die gezielte und spezifische Sprachebene, mit der die Zielgruppen angesprochen werden.
Corporate Behavior	Ziel ist die Festlegung von Verhaltensmaßstäben, um die Identität des Gesundheitsdienstleisters den Zielgruppen auf der Verhaltensebene nachhaltig zu vermitteln. Die Corporate Philosophy spiegelt das Selbstverständnis und die Intention des Gesundheitsdienstleisters wider und bildet die grundlegende Werteebene des Unternehmens.

Die Corporate-Identity-Politik zielt auf interne und externe Wirkungen ab. Die Mitarbeiter sollen sich mit den Unternehmenszielen identifizieren, um eine bessere Koordination der unterschiedlichen Bereiche zu erzielen. Hinzu kommt die Imagewirkung gegenüber den Zielgruppen.

16. Nennen Sie mögliche Ziele der Distributionspolitik.

Versorgungsorientierte Zielgrößen	Aus Präsenz und Erreichbarkeit leiten sich Forderungen nach einem patientennahen und -freundlichen Standort ab.
	Hinzu kommt die patientenfreundliche Gestaltung des Patientenaufenthaltes in Warte-, Kranken- und Behandlungszimmern. Shuttle-Service und Krankentransporte garantieren die patientenfreundliche Beförderung.
	Terminierungssysteme, die ggf. auch online zur Verfügung stehen, erleichtern insgesamt den Zugang zu den medizinischen Leistungen.
Psychologisch orientierte Zielgrößen	Das Image des Absatzkanals kann gepflegt werden, wenn Patienten gezielt die speziellen medizinischen Behandlungsmethoden angeboten werden. Zudem kommt der Kooperationsbereitschaft eine hohe Bedeutung zu, zumal ein systematisches Einweisermanagement eine hohe Zuweisungsrate garantiert.

17. Nennen Sie Beispiele für Instrumente der Distributionspolitik.

- Einweiserakquisition
- Fokussierung auf bestimmte Einweisergruppen
- Geografische Konzentration der Distributionsaktivitäten
- Verkehrsanbindung, Shuttle-Service, besucherfreundliche Öffnungszeiten, Wohlfühlatmosphäre
- Teleservices
- E-Procurement
- Logistikkostensenkung

18. Beschreiben Sie die Möglichkeiten beim Einsatz der Distributionsinstrumente im Vertriebskanal.

Direkte Distribution	Die Mitarbeiter vom Chefarzt bis zum Pflegepersonal aus dem stationären und ambulanten Bereich übernehmen als Absatzorgane den direkten Vertrieb.
	Die ambulante Versorgung ist die Schnittstelle zwischen den Patienten und dem stationären Klinikbereich. Eine Push-Strategie führt die Patienten zu den medizinischen Leistungen des Gesundheitsbetriebes. Medizinvorträge, Präsentation an Gesundheitstagen und „Tagen der offenen Tür" sowie Messen und Kongresse sind weitere Distributionskanäle.

3.2 Grundlagen und Instrumente von Marketing und Werbung

Indirekte Distribution	Im Marketing gelten zumeist die niedergelassenen Ärzte als Einweiser und Absatzmittler. Dazu zählen auch Notärzte und das Rettungswesen. Belegärzte sind eher als Absatzhelfer anzusehen. Zudem übernehmen die Einweiser Aufgaben im Beratungs- und Genesungsprozess im Rahmen der Vor- und Nachsorge, sodass eine intensive Einbeziehung aller Absatzmittler in die Distributionspolitik erforderlich ist.
Kombinierte Distribution	Die kombinierte Distribution ergibt sich aus den Chancen der erhöhten Marktabdeckung und den Risiken infolge mangelnder Koordination.

3.2.4 Marktanalysen, Marktsegmente, Bedarfsermittlung

01. Nennen Sie das Ziel einer Marktanalyse.

Eine Marktanalyse hat das Ziel, die Umwelt als Planungsdeterminante einzubeziehen. Dabei wird zwischen der Wettbewerbsumwelt und der globalen Umwelt unterschieden.

Die Analyse der Wettbewerbsumwelt betrifft die Untersuchung der Konkurrenten, während sich die Analyse der globalen Umwelt auf die allgemeinen Rahmenbedingungen eines Wirtschaftsraumes bezieht, die Einfluss auf die Marktaktivitäten nehmen können. Demzufolge sind im Rahmen der Marktanalyse die relevanten Umweltfaktoren eines Unternehmens herauszufinden.

Die Analyse der Wettbewerbsumwelt umfasst insbesondere die Branchenanalyse nach Porter und die Stärken-/Schwächenanalyse (SWOT).

02. Nennen und beschreiben Sie die globalen Umweltfaktoren.

Politisch-rechtliche Umweltfaktoren	Maßnahmen, die weitgehend auf die Gesetzgebung zurückzuführen sind. Die Globalisierung erhöht die Bedeutung supranationaler Gesetze. Inländische und ausländische Unternehmen müssen sich den erlassenen Gesetzen und Rechtsverordnungen anpassen, sodass diese Bedingungen einen nicht zu unterschätzenden Stellenwert besitzen.
Ökonomische Umweltfaktoren	• Gesamtwirtschaftliche Entwicklung • Wachstumsgeschwindigkeit der einzelnen Märkte • Einkommensentwicklung der relevanten Zielgruppen
Sozio-kulturelle Umweltfaktoren	Einflussfaktoren, die gesellschaftliche Werte umfassen, wie beispielsweise kulturelle Normen oder Einstellungen. Bedeutsam sind z. B. die ökologieorientierte Produktgestaltung sowie umweltschonende Produktionsprozesse.

Technologische Umweltfaktoren	Technologische Veränderungen führen zu Chancen und Bedrohungen für ein Unternehmen. Daher haben Unternehmen oftmals Früherkennungssysteme eingesetzt, um Entwicklungen wie beispielsweise die Miniaturisierung, Laser- oder Gentechnologie rechtzeitig zu erkennen.

03. Nennen Sie politische und wirtschaftliche Faktoren im Gesundheitswesen und erläutern Sie die Rahmenbedingungen.

Gesundheitsreformen	Die Gesundheitsreformen der jüngeren Vergangenheit bedingen einen verstärkten Wettbewerb unter den Leistungserbringern. Dazu zählen insbesondere das GKV-Wettbewerbsstärkungsgesetz (GKV-WSG) und das Vertragsarztrechtänderungsgesetz.
Finanzsituation	Die finanzielle Situation zwingt die Krankenhäuser zu Maßnahmen auf der Erlös- und Kostenseite. Reine Kostensenkungsstrategien genügen nicht, zumal die Patienten bzw. Kostenträger zunehmend die Wahl zwischen mehreren Leistungserbringern haben. Hinzu kommen die Optionen der aus Sicht der Kostenträger kostengünstigeren und aus Sicht der Patienten weniger invasiven ambulanten Behandlung. Dies betrifft vermehrt Leistungen, die bislang stationär erbracht wurden. Darüber hinaus vernetzen sich die ambulanten Leistungserbringer und erhalten gegenüber den bislang übermächtigen Kliniken ein größeres Gewicht im Wettbewerb.
Selektives Kontrahieren	Das selektive Kontrahieren umfasst Vertragsabschlüsse über Leistungspakete, die direkt zwischen Kostenträgern und Leistungserbringern vereinbart werden. Kliniken müssen als Vertragspartner für Kostenträger attraktiv bleiben bzw. erst werden. Das selektive Kontrahieren selbst wird wahrscheinlich über den derzeitigen Umfang des § 140a SGB V hinausgehen und in Zukunft auch die stationäre Versorgung von Patienten umfassen.
Differenzierung	Bei gesetzlich festgelegten medizinischen Leistungen ist die Differenzierung über medizinische Mehrwerte oder durch nicht-medizinische Serviceleistungen möglich. Die Schaffung medizinischer Mehrwerte ist umstritten, zumal schon im Rahmen der gesetzlichen Versorgung jede sinnvolle medizinische Leistung zu erbringen ist. Bei den nicht-medizinischen Serviceleistungen entscheidet der Patient, ob er medizinisch überall gleich gut behandelt wird, bzw. über Qualität der Speisekarte die Klinikwahl.
Strukturen	Um von der Versicherung bis zum Krankenhaus alle gesundheitsbezogenen Leistungen aus einer Hand anzubieten, besteht die Möglichkeit bzw. im Gesundheitswesen die Sektoren Kostenträger und Leistungserbringer zu verlassen und gemeinsame Strukturen zu schaffen. Beispiele sind dafür Kooperationen zwischen Krankenhäusern und Krankenkassen, die bestimmte spezifische Krankenhausleistungen umfassen wie z. B. Herzoperationen.

3.2 Grundlagen und Instrumente von Marketing und Werbung

04. Nennen Sie Patientenfaktoren im Gesundheitswesen und erläutern Sie die Rahmenbedingungen.

Informiertheit	Die Patienten sind zunehmend besser über Krankheiten und Behandlungsmöglichkeiten informiert und hinterfragen auch die Kompetenz von Leistungserbringern. Die Ärzte als „Halbgötter in Weiß" werden in zunehmenden Maß als fehlbare Dienstleister angesehen.
Internetnutzung	Die aktive Internetnutzung findet immer weitere Verbreitung in allen Bevölkerungs- und Altersschichten. Wahrscheinlich ist für die ältere Bevölkerung in ländlichen Gegenden zwar künftig der Internetauftritt einer Klinik weniger entscheidend bei der Auswahl des Aufenthaltes als bei jüngeren Stadtbewohnern, dennoch liegt es im Trend, sich im Internet kundig zu machen.
Bewertungsportale	Das Web 2.0, das „MitmachWeb", in dem über Blogs, Foren, Communities und private Homepages Erfahrungen und Meinungen weitergegeben werden, betrifft zunehmend Kliniken. Es existieren beispielsweise Bewertungsportale von Patienten für Patienten, die sich speziell mit der Zufriedenheit von ambulanten und stationären Behandlungsmaßnahmen befassen. Solche Bewertungen werden wahrscheinlich auch von Kostenträgern bei der Auswahl von Ärzten für den Abschluss von Direktverträgen genutzt.
Kommerzielle Portale und Dienstleister	Kommerzielle Portale und Dienstleister ermöglichen Patienten und Einweisern zunehmend eine Vergleichbarkeit stationärer Leistungserbringer und steigern die Transparenz und den Wettbewerbsdruck.
Qualitätsinformationen	Die gesetzlich vorgeschriebenen Qualitätsinformationen stehen zunehmend in für medizinische Laien lesbarer Form zur Verfügung und erleichtern den Patienten die Suche nach Spezialisten für ihre Behandlung.

05. Was ist das Ziel einer Branchenanalyse nach Porter?

Die Branchenanalyse nach Porter analysiert die Wettbewerbskräfte, um zu untersuchen, wie stark die Auswirkungen für das eigene Unternehmen sind.

06. Nennen Sie die fünf Wettbewerbskräfte der Branchenanalyse nach Porter.

- Verhandlungsstärke der Abnehmer
- Verhandlungsstärke der Lieferanten
- Bedrohung durch neue Konkurrenten
- Bedrohung durch Ersatzprodukte
- Intensität der Rivalität unter den Wettbewerbern

07. Beschreiben Sie die fünf Wettbewerbskräfte der Branchenanalyse nach Porter.

Verhandlungsstärke der Abnehmer	Die Abnehmer können an die Lieferanten Forderungen stellen, die auf einem hohen Konzentrationsgrad oder einer hohen Preisempfindlichkeit basieren, wenn die Ausgaben einen hohen Anteil des Einkaufsbudgets ausmachen.
	Bei standardisierten Produkten können die Abnehmer zwischen den Anbietern wählen. Ein Lieferantenwechsel würde bei funktional gleichen Produkten keine Umstellungskosten verursachen. Differenzierte Produkte bedingen einen stärkeren Abhängigkeitsgrad. Zudem können die Abnehmer durch Rückwärtsintegration den Anbietern drohen.
Verhandlungsstärke der Lieferanten	Hierzu zählen die gleichen Aspekte, die bereits bei den Abnehmern aufgezählt wurden. Lieferanten können höhere Preise fordern bzw. das Qualitätsniveau senken, wenn die Preisforderungen nicht durchgesetzt werden können.
Bedrohung durch neue Konkurrenten	Potenzielle Konkurrenten erhöhen bei einem Markteintritt die Kapazitäten, sodass ein Preisverfall die Folge sein kann.
	Ein Markteintritt potenzieller Konkurrenten hängt im Wesentlichen von der Existenz und der Höhe der Markteintrittsbarrieren ab. Markteintrittsbarrieren sind Zugangsbeschränkungen beispielsweise in Form von Größenvorteilen.
Bedrohung durch Ersatzprodukte	Ersatzprodukte besitzen dieselben Funktionen wie etablierte Produkte und bieten oftmals ein besseres Preis- und Leistungsverhältnis an. Die Anbieter etablierter Produkte müssen daher die Käuferpräferenzen im Rahmen von Werbemaßnahmen für die eigenen Produkte erhöhen und bessere und geeignetere Produkte auf den Markt bringen. Solche Gegenmaßnahmen sind oftmals wegen der langen Produktentwicklungszeiten problematisch.
Intensität der Rivalität unter den Wettbewerbern	Die Marktsituation bedingt die Intensität der Rivalität unter den Wettbewerbern. Stagnierende Märkte führen meist zu einem starken Wettbewerb um vorhandene Marktanteile. Häufig findet ein Preiswettbewerb zwischen den Wettbewerbern statt, um sich der Produktdifferenzierung zu entziehen.

3.2 Grundlagen und Instrumente von Marketing und Werbung

Die Abbildung zeigt die fünf Elemente einer Branchenanalyse nach Porter:

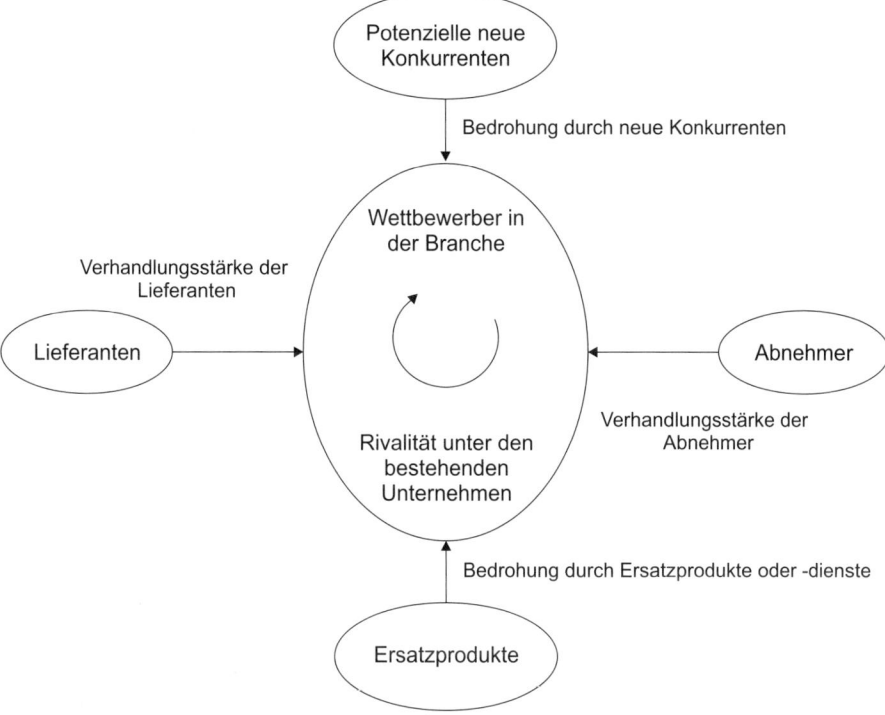

Die fünf Elemente einer Branchenanalyse nach Porter

08. Definieren Sie für das Gesundheitswesen eine Branchenanalyse, die auf dem Konzept von Porter aufbaut. Entwickeln Sie eine Grafik und erläutern Sie ihre Vorstellungen.

(Exemplarische Lösung)

In einer Branchenstrukturanalyse, die auf dem Konzept von Porter aufbaut, sind weitere Wettbewerbskräfte zu berücksichtigen. Eine mögliche regionale Gesundheitsbranche identifiziert acht Wettbewerbskräfte. Hierzu zählen:

- Rivalität innerhalb der Branche
- Bedrohungsgrad durch neue Marktteilnehmer
- Bedrohung durch Substitutions- und Komplementärleistungen
- Macht der Patienten
- Macht der Zulieferer
- Macht der Ein- und Zuweiser
- Macht der Krankenkassen und Kostenträger
- Macht der Medien

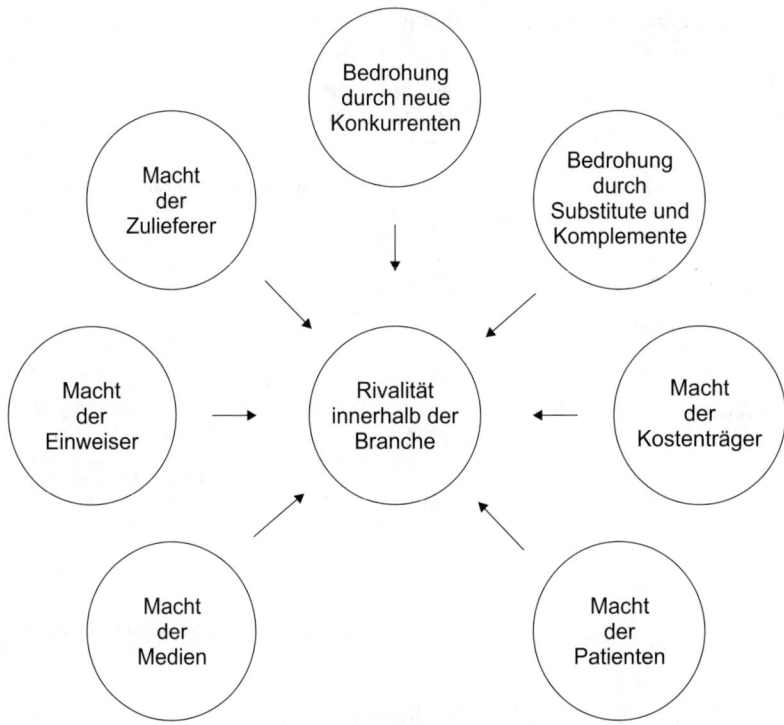

Regionale Branchenstrukturanalyse in Anlehnung an Porter, Besanko, Dranove, Shanley, Eiff

Rivalitätsgrad **Der Grad der Rivalität bestimmt die Rentabilität.**	Die Anzahl der Wettbewerber bestimmt den individuellen Gewinn und das Wachstum.
	Ein langsames Branchenwachstum intensiviert den Wettbewerb und umgekehrt.
	Eine fehlende Differenzierung führt zu einem Preiswettbewerb. Dies betrifft insbesondere die Anbieter privat zu zahlender Leistungen.
	Gesundheitsdienstleister mit heterogenen Wettbewerbsstrategien neigen weniger zur Kooperation, sodass der Wettbewerb zunimmt.
	Hohe Austrittsbarrieren bewirken, dass Geschäftsbereiche wie z. B. Orthopädie oder Neurochirurgie weiterhin existieren, obwohl keine positiven Ergebnisse mehr erzielt werden.

Bedrohung durch neue Konkurrenten **Neue Anbieter mindern Profitabilität und Preise, weil die Kapazitäten steigen.**	Skalen- und Erfahrungskurveneffekte werden für die Standardisierung und Preissenkungen genutzt.
	Mit dem Differenzierungsgrad steigt die Patientenzufriedenheit und Loyalität. Innovative Maßnahmen und Markenaufbau befördern die Leistungsdifferenzierung, sodass neue Konkurrenten abgeschreckt werden.
	Neue Geschäftsfelder erfordern einen hohen Kapitalbedarf, um neue Medizintechnik oder Diagnostikgeräte anzuschaffen. Hinzu kommen Umstellungskosten wie beispielsweise Schulungsmaßnahmen für die Mitarbeiter.
	Etablierte Gesundheitsdienstleister nutzen vorhandene Vertriebskanäle, während neue Wettbewerber umfangreiche Maßnahmen durchführen müssen, um Zugang zu den Vertriebskanälen zu erhalten.
	Etablierte Gesundheitsdienstleister besitzen Kostenvorteile, weil die durchschnittlichen Kosten geringer sind als die der neuen Wettbewerber. Gründe sind das Behandlungs-Know-how, der bevorzugte Zugang zu Einweisern, Kapitalgebern oder Medien.
	Die Politik bestimmt den Branchenzutritt mit zahlreichen Rechtsvorschriften, die zwingend von den Gesundheitsdienstleistern einzuhalten sind. Dazu zählen beispielsweise Versorgungsaufträge und Gewerbeordnungen.
Bedrohung durch Substituts- und Komplementärleistungen **Nachfrageschwankungen beeinflussen Substituts- und Komplementärleistungen.**	Substitutsangebote bergen die Gefahr der Minderung der Profitabilität. Zu den Substitutsgütern zählen: • ersetzende Leistungen • medizinische Substitutionsangebote (operativ vs. konservativ) • Minimal invasive Behandlungsangebote • Generika • Schulmedizin versus Alternativmedizin (TCM, Homöopathie) • Gesundheitsreisen • Selbsthilfegruppen • Medizin-Hotels • Medical Wellness, Medical Fitness
	Komplementärleistungen von neuen Wettbewerbern steigern den Patientennutzen. Konkurrenten besitzen mit der Marktteilnahme die Chance auf eine ergänzende Wertschöpfung. Zu Komplementärleistungen zählen: • Kooperationen mit Medizinprodukteindustrie und -handel • Kooperation mit Rehabilitationskliniken • Kooperationen mit regionalen Fitness-Studios • Kooperation mit ehemaligen Substitutionsanbietern Kooperationen erhöhen die individuelle Leistungsfähigkeit und generieren Verbundvorteile, mit denen der Patientennutzen positiv beeinflusst wird. Kooperationen von Kliniken, die im Kerngeschäft miteinander konkurrieren, sind in bestimmten Geschäftsfeldern denkbar.

Macht der Patienten **Die Profitabilität ist von der Anzahl der Patienten abhängig, die im Einzugsgebiet leben.**	Der Konzentrationsgrad der Patienten bestimmt die Intensität des Wettbewerbs. Eine sinkende Nachfrage führt bei privaten Gesundheitsdienstleistern oftmals zu Preisnachlässen.
	Medizinische Leistungen, die einen hohen Patientennutzen bringen, bedingen ein hohes Budget, das von den Patienten selektiv investiert wird. Die Patienten sammeln aktiv Informationen und reagieren empfindlich auf Preisunterschiede.
	Undifferenzierte Leistungen erhöhen die Austauschbarkeit und somit die Macht der Patienten. Daher bietet sich für das Marketing eine Differenzierungsstrategie beim Leistungsprogramm an.
	Eine hohe Leistungsqualität senkt die Preisempfindlichkeit der Patienten. Gesundheitsdienstleister, die im Rahmen der integrierten Versorgung kooperieren, können gegenüber den Krankenkassen höhere Preise durchsetzen.
	Eine hohe Markttransparenz erhöht den Verhandlungsspielraum. Hiervon sind insbesondere private Anbieter spezieller Gesundheitsleistungen betroffen, die privat zu zahlende Leistungen anbieten. Die Patientenmündigkeit hat eine hohe Bedeutung.
Macht der Zulieferer **Zulieferer schmälern die Rentabilität, wenn Ressourcen und Preise von ihnen kontrolliert werden.**	Der Konzentrationsgrad der Zulieferer bestimmt die Preisvorteile bzw. -nachteile für die Gesundheitsdienstleister. Einkaufskooperationen der Gesundheitsdienstleister erhöhen den Verhandlungsspielraum gegenüber den Zulieferern, um bessere Konditionen und günstigere Preise durchzusetzen.
	Zulieferer haben die Möglichkeit zur Vorwärtsintegration. Dabei werden vorgelagerte Geschäftsbereiche oder Kliniken von großen Medizinprodukte- oder -geräteherstellern aufgekauft, um sich ein Angebot für ihre Leistungen zu schaffen.
Macht der Zu- und Einweiser **Einweiser sind niedergelassene Ärzte, die für die Einweisung in Krankenhäuser zuständig sind, während Zuweiser privat organisierte Gesundheitsdienstleister empfehlen.**	Der Konzentrationsgrad der Ein- und Zuweiser beeinflusst das Ausmaß der Erwartungshaltung in Bezug auf Qualität und Patientenorientierung der Gesundheitsdienstleister.
	Qualität und Leistungsdifferenzierung stellen für die Einweiser die maßgeblichen Entscheidungskriterien dar, zumal die Patienten den Arzt wechseln werden, wenn sie mit den Leistungen unzufrieden sind.
	Ein- und Zuweiser haben die Möglichkeit zur Vorwärtsintegration, zumal große Gemeinschaftspraxen ambulante Leistungen anbieten können, die sonst nur von den örtlichen Krankenhäusern angeboten werden, sodass Marktanteile für Krankenhäuser verloren gehen.

3.2 Grundlagen und Instrumente von Marketing und Werbung

Macht der Krankenkassen und Kostenträger **Krankenkassen und Kostenträger interessieren die Kontrolle der Leistungen und die Koppelung der Beitragseinnahmen mit der Entwicklung der Krankenhausbudgets.**	Der Konzentrationsgrad der Krankenkassen in einer Region determiniert deren Macht gegenüber den Gesundheitsdienstleistern. Kleine Betriebskrankenkassen fusionieren oder werden von größeren Krankenkassen übernommen.
	Der Wert der medizinischen Leistungen bestimmt den Patientennutzen, sodass ein hoher Informationsbedarf resultiert, aus der eine hohe Preisempfindlichkeit folgt.
	Undifferenzierte Leistungen erhöhen die Auswechselbarkeit bei gleichzeitiger Vergleichbarkeit und folglich die Marktmacht der Krankenkassen und Kostenträger.
	Qualitativ hochwertige medizinische Gesundheitsleistungen erhöhen die Bereitschaft der Krankenkassen und Kostenträger, höhere Preise für die Leistungen zu zahlen. Dies betrifft beispielsweise Qualitätssteigerungen und Kooperationen im Rahmen der „Integrierten Versorgung" sowie der gezielte Markenaufbau in Premium-Segmenten.
Macht der Medien **Gesundheitsdienstleistungen sind Vertrauensgüter, deren Wert von der Berichterstattung der Medien abhängt. Übernahme- und Kooperationsverhandlungen profitieren direkt von positiven medialen Berichten.**	Konzentrationsgrad und Zusammensetzung der regionalen Medien determinieren die Abhängigkeit des individuellen Marketing.
	Standardisierte und undifferenzierte medizinische Leistungen wirken sich negativ auf die Verhandlungsmacht gegenüber den Medien aus, zumal die Medienvertreter Themen und Dienstleistungen favorisieren, die einen hohen Nutzen für ihre Zielgruppe stiftet.
	Qualität und Image bestimmen das Ausmaß der Medienpräsenz der Gesundheitsdienstleister.

09. Beschreiben Sie die Ziele einer Stärken-Schwächen-Analyse.

Das Ziel der Stärken- und Schwächen-Analyse ist der Vergleich der eigenen Ressourcen in Bezug zu den wichtigsten Wettbewerbern hinsichtlich der Stärken und Schwächen. Die Stärken-Schwächen-Analyse soll dabei die im Rahmen der Branchenanalyse gewonnenen Informationen hinsichtlich der Betrachtung der Konkurrenten vertiefen. Stärken sind Kompetenzen, die im Marktsegment einen eindeutigen Wettbewerbsvorteil darstellen. Fehlen wichtige Ressourcen liegt eine Schwäche beim Anbieter vor.

10. Stellen Sie exemplarisch ein Stärken-Schwächen-Profil grafisch dar.

Leistungsbeurteilungsgrößen	Beurteilung		
	schlecht	mittel	gut
Produktion und Entwicklung: • Medizinische Leistungserstellung • Forschung und Entwicklung • Technisches Potenzial	○		●
Management: • Führungssystem • Kompetenz der Führungskräfte • Potenzial der Mitarbeiter • Einkaufsmanagement • Marketing		●	○
Finanzierung: • Finanzsituation • Investitionssituation • Kostensituation • Erlössituation	●	○	
Finanzierung: • Vertriebswege • Distributionsorgane • Steuerung und Kontrolle		○	●

——————— Eigenes Unternehmen

---------- Stärkster Wettbewerber

Beispielhafte Darstellung eines Stärken-Schwächen-Profil eines Gesundheitsbetriebes

11. Was ist das Ziel einer Marktsegmentierung?

Die Anbieter von Produkten stehen im Regelfall keiner homogenen Anzahl von Käufern gegenüber, sondern mehreren Abnehmergruppen, die sich hinsichtlich ihrer Kaufmotive, Bedürfnisse und Reaktionen auf absatzpolitische Maßnahmen unterscheiden. Daher ist es für Unternehmen sinnvoll, die relevanten Märkte zu analysieren, um geeignete Marktsegmente für die anzubietenden Produkte und Dienstleistungen zu ermitteln.

Das Hauptziel einer Marktsegmentierung ist die Marktaufteilung in deutlich abgrenzbare und in sich homogene Teilmärkte. Dadurch soll die gezielte und effiziente Ansprache der Abnehmer ermöglicht werden, um die Marktpotenziale optimal auszunutzen. Unternehmen stehen dabei einer vergleichsweise kleineren Gruppe von Abnehmern gegenüber als eventuell die Konkurrenten, die sich auf dem Gesamtmarkt positionieren müssen.

3.2 Grundlagen und Instrumente von Marketing und Werbung

Die Marktsegmentierung bedingt eine geringere Wettbewerbsintensität und ermöglicht eine präzise Zielfestlegung für die Planung des Marketing-Mix. Darüber hinaus bietet die Marktsegmentierung die Identifikation von Marktlücken (Marktnischen). Hierdurch bieten sich Chancen für ein zukünftiges Marktwachstum. Die Abnehmer profitieren in der Regel durch die höhere Bedürfnisbefriedigung durch abgestimmte Produkte bzw. Preis-Leistungsangebote.

12. Nennen Sie Voraussetzungen und Anforderungen für eine erfolgreiche Marktsegmentierung.

a) Voraussetzungen für eine Marktsegmentierung:

- Heterogenität des Gesamtmarktes, die eine Marktsegmentierung sinnvoll erscheinen lässt, wenn es Käufer gibt, die unterschiedlich auf absatzpolitische Maßnahmen reagieren.

- Marktsegmente sollten in sich homogen sein, um einheitlich auf absatzpolitische Maßnahmen zu reagieren. Die verschiedenen Segmente sollten untereinander abgrenzbar sein.

- Die Marktsegmente sollten ein Marktpotenzial aufweisen, das den höheren Produktions-, Marketing- und Verwaltungsaufwand rechtfertigt.

- Die Marktsegmentierung sollte eine Identifikation homogener Nachfragergruppen zulassen.

b) Anforderungen an eine Marktsegmentierung:

- Die Anforderungen sollten einen Bezug zum Käuferverhalten aufweisen, die als Indikatoren für unterschiedliches Kaufverhalten gewertet werden können.

- Die Anforderungen sollten erfasst werden können, um dem Marktforschungsinstrumentarium zugänglich zu sein, damit eine Operationalisierung der Kriterien möglich ist.

- Die Anforderungen sollten eine zeitliche Stabilität aufweisen, um innerhalb eines definierten Zeitraumes ihre Aussagefähigkeit nicht zu verlieren. Die Marktsegmente müssen daher innerhalb einer gewissen Zeitspanne abschöpfbar sein. Leicht im Zeitablauf veränderbare Kriterien eignen sich in der Regel nicht für eine Marktsegmentierung.

13. Nennen Sie mögliche Marktsegmentierungskriterien und geben Sie Beispiele.

Geografische Kriterien	• Region bzw. Gebiete • Ortsgrößen • Postleitzahl bzw. Einzugsgebiet • Bevölkerungsdichte

Demografische Kriterien	• Alter • Geschlecht • Familiengröße • Familienzyklus (jung, ledig, verheiratet, Kinder etc.) • Einkommen bzw. Kaufkraft • Berufsgruppen • Ausbildung • Konfession • Nationale Herkunft
Psychografische Kriterien	• Lebensstil (niveauvoll, konventionell, aufgeschlossen) • Persönlichkeit
Verhaltensbezogene Kriterien	• Anlässe (Heirat, Geburt, Geburtstag, Tod etc.) • Nutzennachfrage (Qualität, Service, Wirtschaftlichkeit) • Verwenderstatus (Verwender, ehemalige Verwender etc.) • Verwendungsrate (stark, mittel, schwach) • Markentreue (ungeteilt, geteilt, gleichgültig) • Einstellung (positiv, gleichgültig, negativ)
Versicherung	• GKV (gesetzlich krankenversicherte Patienten) • PKV (privat krankenversicherte Patienten) • Zusatzversicherung (Wahlleistungen) • Selbstzahler • Integrierte Versorgung • IGEL-Leistungen
Morbidität	• gesund • verletzt • akut erkrankt • chronisch krank • pflegebedürftig
Einweiser	• Fachrichtung • Praxisgröße • Niederlassungsart • MVZ (Medizinisches Versorgungszentrum) • Einzel- oder Gemeinschaftspraxis
Behandlungsart	• konservativ • operativ • Kurzlieger • Langlieger • ambulant • stationär
Fachabteilung	• Chirurgie • Neurologie • Onkologie • weitere Abteilungen
Leistungen	• ICD (International Classification of Diseases) • OPS (Operationsschlüssel) • MDC (Major Diagnostic Categories) • Leistungsgruppe, beispielsweise Knie-OP oder Becken-OP etc.

3.2 Grundlagen und Instrumente von Marketing und Werbung

14. Welche Probleme ergeben sich aus einer Marktsegmentierung?

- Die Produktionskosten pro Produkteinheit steigen, wenn Unternehmen für Marktsegmente produzieren, die bedeutend kleiner sind als der Gesamtmarkt.

- Die Organisationskosten steigen, wenn zusätzliches Personal eingestellt werden muss, um die differenzierten Marketingaufgaben zu erledigen.

- Die Marktforschungskosten steigen, da die Marktsegmente permanent beobachtet werden müssen, um kontinuierliche und anspruchsvolle Marktuntersuchungen durchzuführen.

- Größere Unternehmen, die mit mehreren Produkten im gleichen Marktsegment bzw. in nicht deutlich getrennten Segmenten operieren, konkurrieren untereinander um Marktanteile.

- Fehler bei der Marktsegmentierung entstehen durch irrelevante Kriterien bei der Segmentierung oder durch die Spezialisierung auf mehrere Segmente. Dabei können Unternehmen ihr quantitatives bzw. qualitatives Leistungspotenzial überschätzen und die Kräfte verzetteln.

- „Oversegmentation" im Rahmen einer künstlichen und zu starken Aufspaltung des Marktes in einzelne Segmente. Das Potenzial des Marktsegmentes wird zu gering, um ökonomische Vorteile zu generieren.

- „Overconcentration" im Rahmen einer zu der starken Konzentration auf ein Segment. Das birgt die Gefahr, dass Randgruppen in Summe beträchtlich zum Umsatz beitragen könnten, jedoch das Produkt nicht kaufen, weil ihre Bedürfnisse nicht befriedigt werden.

15. Nennen Sie verschiedene Formen der Marktsegmentierung nach dem Grad der Individualisierung

- Massen-Marketing
- Zielgruppen-Marketing
- Nischen-Marketing
- Lokales Marketing
- Individuelles Marketing

16. Wie wird der Bedarf ermittelt?

Um die Bedürfnisse der Nachfrager bzw. Konsumenten befriedigen zu können, ist es erforderlich, dass die Unternehmen die Marktverhältnisse kennen. Das Beschaffen der entsprechenden Informationen ist die zentrale Aufgabe der Marktforschung. Dabei zählt insbesondere das Beschaffen von Informationen über die Bedürfnisse der Nachfrager und Konsumenten zu den Kernaufgaben.

17. Welche Faktoren bestimmen das Kaufverhalten der Nachfrager?

Interne Faktoren	• Wissen: Zustand der Informiertheit. • Involvement: Ausmaß an Betroffenheit bezüglich des subjektiven Kaufrisikos. • Einstellungen: Subjektiv wahrgenommene Eignung eines Produktes bzw. einer Dienstleistung zur Befriedigung eines Bedürfnisses.
Externe Faktoren	• Meinungsführer • Familienmitglieder • Mitglieder eines Buying-Center (Personen, die im organisatorischen Beschaffungsprozess eines Unternehmens unterschiedliche Rollen wahrnehmen.)

18. Welche Forschungsfelder stehen im Fokus der Marktforschung?

- Analyse der Einstellungen der Nachfrager und Konsumenten zu bereits auf dem Markt befindlichen bzw. noch in der Entwicklung befindlichen Produkten.
- Untersuchung des Informationsverhaltens von Nachfragern und Konsumenten vor einer Kaufentscheidung.
- Ermittlung der Entscheidungskriterien der Nachfrager und Konsumenten, die Kaufhandlungen auslösen.

19. Welche Informationsquellen stehen der Marktforschung zur Verfügung?

Informationsquellen in der Marktforschung sind sowohl Primär- als auch Sekundärquellen. Die Auswertung von Primärquellen dient der Beschaffung, Aufbereitung und Erschließung neuen Datenmaterials, während die Sekundärforschung sich mit der Verwendung bereits vorhandenen Datenmaterials befasst. Sekundärquellen sind beispielsweise amtliche Statistiken, Zeitschriften und Zeitungen oder Gutachten.

3.2.5 Mitbewerber, Produkt- und Leistungsvergleiche

01. Definieren Sie die Aufgaben der Konkurrenzanalyse.

Die Konkurrenzanalyse untersucht die Stärken und Schwächen der Konkurrenzunternehmen. Porter hat vier Kriterien formuliert, die für eine systematische Analyse der Konkurrenten stehen:

- Zukünftige Ziele des Konkurrenten
- Gegenwärtige Ziele des Konkurrenten
- Annahmen des Konkurrenten
- Fähigkeiten des Konkurrenten

3.2 Grundlagen und Instrumente von Marketing und Werbung

02. Beschreiben Sie die von Porter formulierten vier Kriterien der Konkurrenzanalyse.

Zukünftige Ziele	Aus dem Vergleich der Ziele des Konkurrenten mit der Wettbewerbsposition ergeben sich Aussagen, ob der Konkurrent mit den erzielten Ergebnissen zufrieden ist. Dies erlaubt Schlussfolgerungen, ob zukünftig mit einer Intensivierung der strategischen Umsetzung zu rechnen ist, sodass mögliche Strategiewechsel frühzeitig wahrgenommen werden können, um Maßnahmen zuvorzukommen oder abzufedern. Die Analyse sollte finanzielle und qualitative Ziele (Marketing, Investition, Technologie etc.) auf Gesamtunternehmensebene sowie auf der Geschäftsfeldebene umfassen.
Gegenwärtige Ziele	Die aktuellen Strategien beeinflussen die Regeln des Wettbewerbs, aus denen Gesundheitsunternehmen eigene Handlungsoptionen ableiten. Die Kenntnis der Strategien ist ein Schwerpunkt der Konkurrentenanalyse.
Annahmen	Die Analyse soll Aussagen liefern, aus denen hervorgeht, auf welchen Annahmen der Konkurrent die eigene Situation und die Branchenstruktur stützt. Hieraus lassen sich spezifische Verhaltensmuster ableiten, die historisch gewachsen sind bzw. Verpflichtungen, denen der Konkurrent nachkommt. Aus tradierten und irrationalen Vorstellungen ergeben sich oftmals Chancen zur strategischen Gestaltung.
Fähigkeiten	Erfolgreiche Strategien hängen von der Fähigkeit der Konkurrenten zur Umsetzung ab. Hieraus lassen sich Erkenntnisse zu den Stärken und Schwächen der Konkurrenten ableiten.

03. Welchen Zweck erfüllt die Wertschöpfungskette nach Porter?

Porter geht davon aus, dass Wettbewerbsvorteile durch die Gesamtheit der betrieblichen Unternehmensfunktionen geschaffen werden, sodass eine Analyse erforderlich ist, um alle Aktivitäten eines Unternehmens zu erfassen. Dabei werden primäre und unterstützende Aktivitäten unterschieden.

Die Aktivitäten sind die Summe aller anfallenden Tätigkeiten, sodass eine prozessorientierte Betrachtung erfolgt. Die Wertschöpfungskette ist eine grob strukturierte Darstellung des Unternehmens. Wertschöpfend sind daher die Prozesse, die einen Mehrwert schaffen. Ein Mehrwert entsteht durch die Kombination der Fähigkeiten des Personals und der materiellen Ressourcen. Die Differenz zwischen den Kosten der Aktivitäten und den erzielbaren Marktpreisen ergibt die Gewinnspanne.

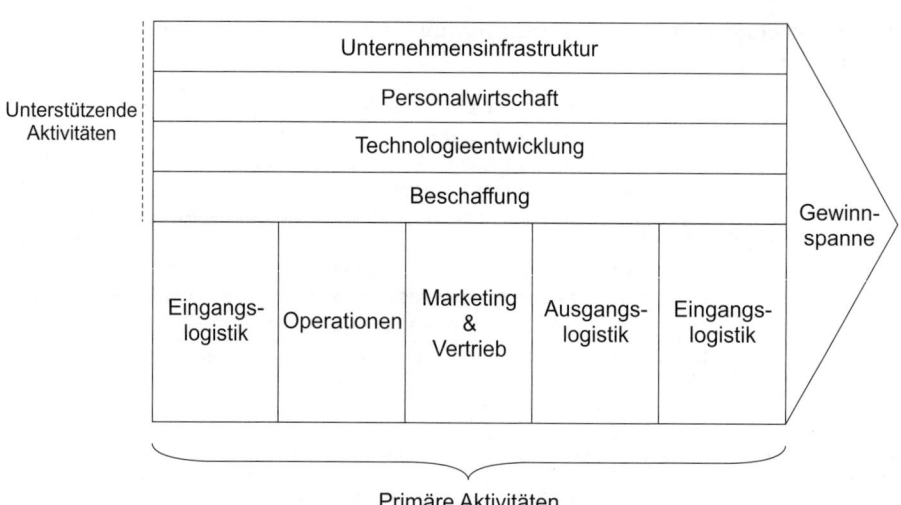

Wertschöpfungskette nach Porter

04. Wozu dient die Analyse der Wertschöpfungskette im Gesundheitswesen?

Die Analyse der Wertkette soll zur Identifikation von Wettbewerbsvorteilen führen. Die Wettbewerbsvorteile sind für ein Gesundheitsunternehmen insbesondere dann nachhaltig, wenn der wahrgenommene Patientennutzen kontinuierlich erhöht wird.

Daher kann die Wertschöpfungskette als Instrument zur Identifikation derjenigen Quellen des Patientennutzens dienen, die direkt von den Marketingaktivitäten abhängen. Das Marketing hat die Aufgabe, die Faktoren des medizinischen Leistungserstellungsprozesses herauszufinden, die den wahrgenommenen Patientennutzen steigern.

Der größte Nutzen für die Patienten besteht in der Heilung und Genesung, aber daneben existieren aber weitere Einflussfaktoren, wie beispielsweise exklusive Serviceleistungen oder das Ambiente einer Klinik.

05. Stellen Sie grafisch die Wertschöpfungskette eines Gesundheitsunternehmens dar.

Die Wertschöpfungskette von Porter muss den spezifischen Anforderungen eines Gesundheitsbetriebes angepasst werden. Die Darstellung zeigt die Wertkette einer Klinik. Die primären Prozesse richten sich nach dem administrativen und medizinischen Behandlungsverlauf der Patienten. Die weiteren Prozesse haben unterstützenden Charakter.

3.2 Grundlagen und Instrumente von Marketing und Werbung

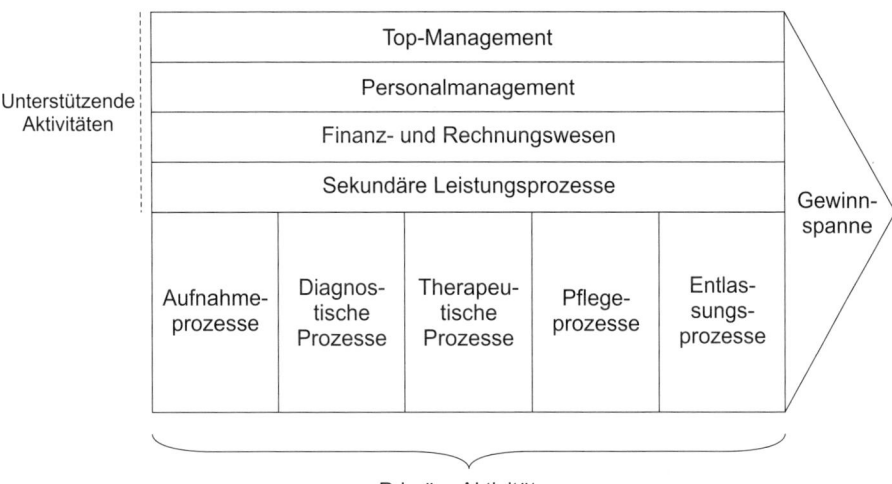

Wertschöpfungskette eines Gesundheitsdienstleisters in Anlehnung an Porter

06. Erläutern Sie das Konzept zur Analyse der strategischen Gruppen.

Um den von der Branchenstruktur bestimmten Handlungsrahmen der direkten Wettbewerber identifizieren zu können, werden die Unternehmen zu strategischen Gruppen zusammengefasst, die innerhalb einer bestimmten Branche ein homogenes strategisches Verhalten aufweisen.

Die Analyse berücksichtigt Faktoren wie Spezialisierungsgrad, Absatzkanalwahl, Kostenpositionen, den Grad der vertikalen Integration, Produkt und Technolgiequalität. Unternehmen der gleichen Branche, die ein unterschiedliches Verhalten aufweisen, werden einer anderen strategischen Gruppe zugeordnet.

07. Erstellen Sie eine Grafik der strategischen Gruppen innerhalb einer regionalen Branchenstruktur im Gesundheitswesen. Geben Sie die korrekten Bezeichnungen der Dimensionen an. Erläutern Sie die strategischen Gruppierungen.

Als strategische Dimensionen werden der Integrationsgrad der Vorsorgung und die Spezialisierung ausgewählt. Ein niedriger Versorgungsgrad beschränkt sich auf den Bereich der Akutversorgung, während ein hoher Versorgungsgrad alle Versorgungsstufen miteinander verkettet. Mittlere Versorgungsgrade verzahnen die Gesundheitsdienstleister mit vor- und nach gelagerten Gesundheitsanbietern. Die Spezialisierung bezieht sich auf die angebotenen Leistungen. Hohe medizinische Spezialisierungsgrade bedingen ein hohes medizinisches Know-how in Diagnostik und Therapie und verknüpfen sich mit einem exklusiven Patientenservice.

Grundversorger	Grundversorger verfügen über kein spezielles medizinisches Know-how oder patientenorientierte Services, zumal kein spezielles Leistungsprogramm angeboten wird. Zu den strategischen Zielen zählt die Kostenführerschaft, die durch ein Kostenmanagement erreicht wird. Eine hohe Auslastung der Kapazitäten ist für die strategische Gruppe besonders wichtig.
Versorger mit gemischtem Angebot	Neben der Grundversorgung werden auch Spezialleistungen angeboten, sodass sowohl die Grundversorger als auch die Medizinischen Spezialisten zu den direkten Wettbewerbern zählen. Die Vorhaltung von Ressourcen und nicht optimale Kostenstrukturen bedingen eine ungünstige Positionierung, die zu unterdurchschnittlichen Leistungen führen kann. Die Krankenhausplanung und das Selbstkostendeckungsprinzip schützen vor einem zu starken Wettbewerb.
Medizinische Spezialisten	Im Bereich der Diagnostik und Therapie weisen die Gesundheitsdienstleister ein hoch entwickeltes Innovationsverhalten und eine Fokussierung auf medizinische Spezialgebiete im Vergleich zu den Wettbewerbern auf. Die Technik und das medizinische Know-how zählen zu den wichtigsten Ressourcen. Eine marktbeherrschende Wettbewerbsposition innerhalb einer Region bietet hohe Wachstumschancen. Darüber hinaus können sich Medizincluster bilden, wenn verschiedene Gesundheitsunternehmen aus den Bereichen Medizintechnik, Biotechnik, Unternehmensberatung und Rehabilitation zusammenarbeiten. Die Clusterbildung schafft innovative Gesundheitsnetzwerke, die Verbundeffekte generieren, die zu Kostensenkungen und Mehrwertsteigerungen für die beteiligten Unternehmen führen.
Dienstleistungsspezialisten	Der Wettbewerb erfolgt über die Differenzierung von überdurchschnittlichen Hotelleistungen.
Versorger mit vorgelagerter Integration	Konzentration auf Kooperationen mit niedergelassenen Ärzten, Gemeinschaftspraxen und medizinischen Grundversorgern. Das strategische Ziel ist die geregelte Zuweisung von Patienten und folglich die Auslastung der Kapazitäten.
Versorger mit nachgelagerter Integration	Kooperationen mit Rehabilitationseinrichtungen und Einrichtungen zur Versorgung chronisch erkrankter Patienten (Disease Management). Diese strategischen Ziele verfolgen oftmals Gesundheitsdienstleister, die einen hohen Anteil geriatrischer Patienten aufweisen. Dadurch verkürzt sich die Verweildauer und die Kosten sinken. Zudem wird eine günstigere Verhandlungsposition gegenüber den Krankenkassen erreicht.
Vollständig integrierte Versorger	Die ambulante und stationäre Versorgung ist vollständig integriert. Daneben werden auch Versicherungsleistungen angeboten. Wettbewerbsvorteile generieren sich aus geregelten Patientenzuweisungen, der Schnittstellenoptimierung mit vor- und nachgelagerten Gesundheitsdienstleistern sowie durch die Senkung der Verweildauern.

3.2 Grundlagen und Instrumente von Marketing und Werbung

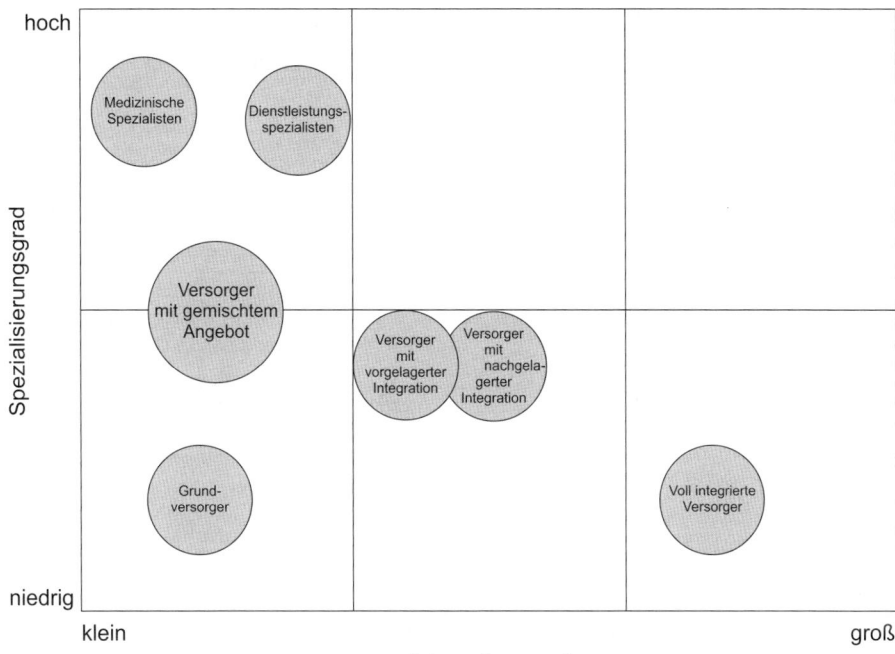

Strategische Gruppen nach Braun von Reinersdorff

Die gruppenspezifischen Ressourcen und Fähigkeiten stellen Mobilitätsbarrieren zwischen den Gruppen dar. Kernfähigkeiten sind dauerhaftes Wissen und Erfahrungen, die von den Wettbewerbern nur schwer imitiert werden können. Im Gesundheitswesen können das z. B. herzchirurgische Operationsverfahren, innovative Methoden der Intensivpflege oder exklusive Serviceprozesse für die Patienten sein.

Mit der Analyse der strategischen Gruppen können auch Randgruppen identifiziert werden, bei denen ein Wechsel in eine andere strategische Gruppe bevorsteht. Damit können zukünftige Konkurrenten erkannt werden. Aus den strategischen Trends der jeweiligen Gruppen ist das Abschätzen der Wettbewerbsintensität innerhalb und zwischen den Gruppen möglich. Aus der Gruppenzugehörigkeit sind die wahrscheinlichen Reaktionsmuster der Konkurrenten in Bezug auf bestimmte Marketingmaßnahmen vorhersagbar.

08. Wozu dient das Konzept des Produktlebenszyklus (PLZ) im Gesundheitswesen?

Im Mittelpunkt der Analyse von Produkten und Dienstleistungen stehen die Veränderungen z. B. des Umsatzes oder des Deckungsbeitrags im Zeitablauf. Die folgenden Annahmen liegen dem PLZ-Konzept zugrunde:

- Die Produkte und Dienstleistungen werden zeitlich begrenzt am Markt angeboten.
- Der Umsatz entwickelt sich s-förmig bis zum Sättigungspunkt und dem anschließenden Niedergang.
- Die Wendepunkte dienen der Abgrenzung zu den Phasen der Einführung, Wachstum, Reife und Niedergang.
- Die Deckungsbeiträge steigen in den frühen Phasen und sinken in den späteren Phasen.

Einführung	Der Umsatz beginnt infolge der wachsenden Nachfrage langsam zu steigen. Es gibt nur wenige oder keine Mittwettbewerber auf dem Markt. Kommunikationsmaßnahmen sollen einen hohen Bekanntheitsgrad erzielen.
Wachstum	Die Umsätze wachsen aufgrund des hohen Bekanntheitsgrades überproportional. Der hohe Cashflow zieht Wettbewerber auf den Markt. Die erwirtschafteten finanziellen Mittel werden in die Produktentwicklung investiert, um den Wettbewerb aktiv zu gestalten. Das Marketing zielt auf den Aufbau einer Markenbekanntheit, um mit dem Produkt oder der Dienstleistung eine Leistungsmarke zu positionieren.
Reife	Das Wachstum verlangsamt sich und stagniert schließlich. Das Marktvolumen ist ausgeschöpft, sodass keine neuen Wettbewerber in den etablierten Markt eintreten.
Niedergang	Die Umsätze und die Zahl der Wettbewerber sinken. Das Management muss abwägen, ob das Produkt eliminiert oder repositioniert werden soll.

Hinweis: In manchen Darstellungen zum Produktlebenszyklus finden sich 5 Phasen. In diesen Darstellungen ist zwischen der Reife- und der Niedergangsphase noch eine Sättigungsphase eingefügt. In der Sättigungsphase ist ein erster Umsatzrückgang zu verzeichnen. Ursache hierfür sind beispielsweise Substitutionsprodukte, die von den Wettbewerbern auf den Markt gebracht werden. Daher kommt es in der Sättigungsphase oftmals zu einem Verdrängungswettbewerb, der über Preiskämpfe ausgetragen wird.

3.2 Grundlagen und Instrumente von Marketing und Werbung

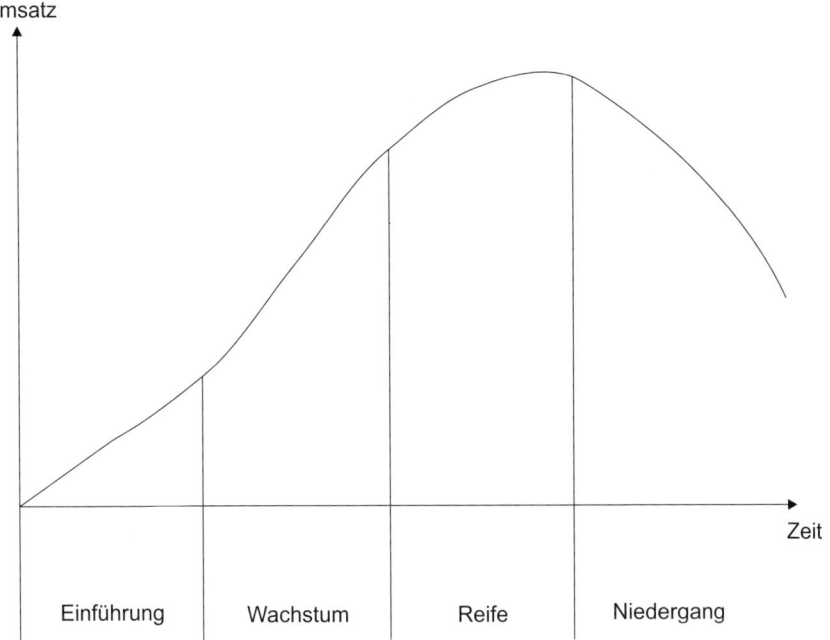

Kurve des Produktlebenszyklus mit 4 Phasen

Aus den verschiedenen Stadien des PLZs ergeben sich unterschiedliche Aufgaben des Marketing:

Stadium	Aufgabe
Einführung	Bekanntheitsgrad aufbauen und steigern.
Wachstum	Markenaufbau beginnen.
Reife	Produktdifferenzierung verstärken.
Niedergang	Produkteliminierung oder Repositionierung prüfen.

09. Wozu dient das Konzept der Erfahrungskurve im Gesundheitswesen?

Die Erfahrungskurve sagt aus, dass mit zunehmender Erfahrung bei Produktion und Marketing die Stückkosten eines Produktes oder einer Dienstleistung sinken. Die Unternehmensberatung „Boston Consulting Group" (BCG) stellte fest, dass die Verdopplung der kumulierten Produktionsmengen durch Erfahrungszuwächse zu einer Reduktion der inflationsbereinigten Stückkosten um 20 % bis 30 % führt. Zu den verantwortlichen Faktoren zählen:

- Lerneffekte
- Rationalisierung und Standardisierung
- Innovation und technischer Fortschritt.

Hieraus ergibt sich die Aufgabe des Marketing, als „First Mover" auf dem Markt aufzutreten, um schnell Marktanteile in überproportional wachsenden Märkten zu sichern, die in späteren Marktphasen genutzt werden können, um nachfolgende Wettbewerber duch Preissenkungen und erfahrungskurvenbedingten Produkt- und Leistungsverbesserungen unter Druck zu setzen. Dieser Zusammenhang wird auch komparativer Wettbewerbsvorteil genannt. Dem Marktführer ist es zudem möglich, die größeren finanziellen Mittel in neue Produkte zu investieren bzw. neue Märkte zu erschließen.

Gesundheitsbetriebe haben die Möglichkeit, die Prozessführerschaft zu erlangen und dauerhaft Marktführer zu werden, indem sie sich auf wenige Kernfähigkeiten und -leistungen konzentrieren. Krankenhäuser der Maximalversorgung können mit dieser Strategie Unterauslastungen der personellen, apparativen und physischen Kapazitäten vermeiden und die Fixkosten senken.

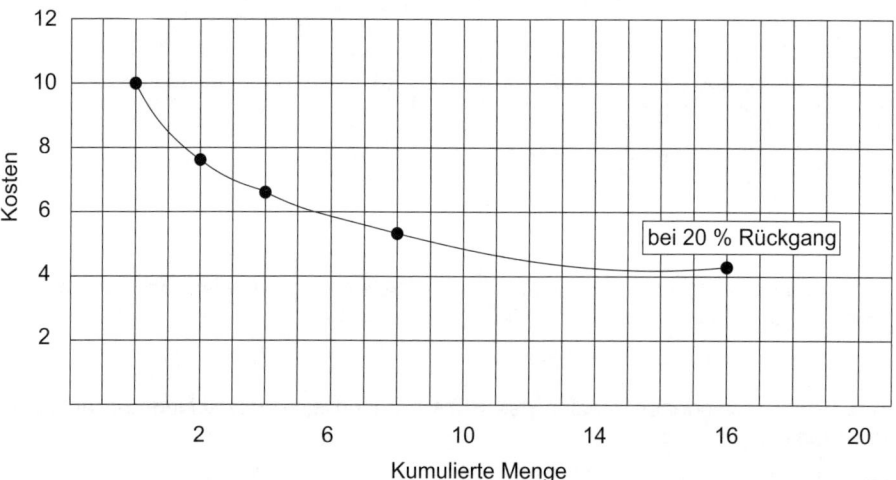

Erfahrungskurve nach Gälweiler

10. Definieren Sie die unterschiedlichen Vorteile der Erfahrungs-, Skalen- und Verbundeffekte.

Effekt	Kostenvorteil
Erfahrungseffekt	Reduktion der Stückkosten um 20-30 % durch die Verdopplung der kumulierten Produktionsmengen infolge von Erfahrungszuwächsen.
Skaleneffekt	Reduktion der Stückkosten durch größere Produktionsmengen, da sich der Fixkostenblock auf größere Mengen verteilt.
Verbundeffekt	Reduktion der Kosten durch gemeinsame Nutzung der vorhandenen Ressourcen bei der Produktion mehrerer Produkte.

11. Wie können Skalen- und Verbundeffekte durch das Marketing erzielt werden?

Im Marketing ermöglichen Werbe- und Vertriebsmaßnahmen den Aufbau von Skaleneffekten. Es kann sich jedoch auch der gegenteilige Effekt einstellen, z. B. durch Bürokratisierung, Schwerfälligkeit großer Gesundheitsdienstleister oder Ressourcenverknappung (F&E-Know-how, Personalmanagement, Managementkompetenz).

3.2 Grundlagen und Instrumente von Marketing und Werbung

Die wichtigsten Verbundeffekte generieren Gesundheitsdienstleister im Marketing durch die Markenführung. Dabei wird das Marken-Know-how für unterschiedliche Produkte und Dienstleistungen genutzt sowie die gemeinsame Entwicklung von Markenprodukten und -dienstleistungen betrieben. Die gemeinsame Nutzung von Ressourcen kann sich auf Marken, Vertriebskanäle, F&E-Leistungen, etc. beziehen.

12. Beschreiben Sie die Ziele einer SWOT-Analyse.

Die SWOT-Analyse hat das Ziel, die internen Stärken und Schwächen den externen Chancen und Risiken gegenüberzustellen. Dazu werden in einer Matrix die Stärken und Schwächen sowie die Chancen und Risiken der regionalen Umwelt eingetragen.

Die Situationsanalyse ist die komprimierte Zusammenfassung der aktuellen Situation, die die Ergebnisse der internen und externen Faktoren, der Marktsegmentierung und der Zielgruppenanalyse berücksichtigt.

Der Vorteil der SWOT-Analyse resultiert aus der übersichtlichen und integrierenden Darstellungsform, sodass die Entwicklung von Strategieoptionen einfach und direkt miteinander verknüpft werden kann. Nachteilig ist, dass keine Wahlkriterien zur Verfügung stehen, die entsprechend gewichtet sind. Daher fungiert die SWOT-Analyse eher als verdichtete Präsentation der Einzelanalysen. Abhängigkeiten und Wechselwirkungen können zu Trivialitäten oder Widersprüchen führen.

13. Stellen Sie exemplarisch die Matrix einer SWOT-Analyse eines Gesundheitsunternehmens dar.

Stärken:	Chancen:
• Innovatives Qualitätsmanagementkonzept • Einsatz von OP-Robotern	• Geringe Wettbewerbsintensität • Wenige Substitutionsanbieter
Schwächen:	Risiken:
• Fehlende Führungskompetenzen • Fehlendes Marketingkonzept	• Kein ausgebildetes Personal in der Region • Überalterung der Bevölkerung

14. Stellen Sie grafisch ein Konzept zur Integration der verschiedenen Analysemodelle dar, aus dem die Stärken und Schwächen sowie die Chancen und Risiken als Ergebnis hervorgehen.

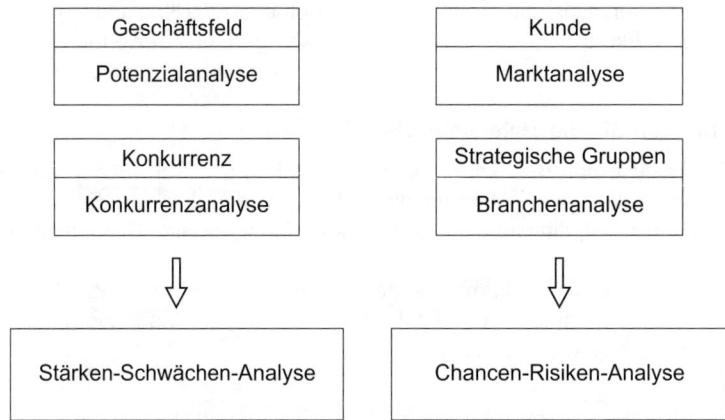

System zur strategischen Situationsanalyse

15. Was ist das Ziel einer Positionierung?

Das Ziel besteht darin, Produkte oder Dienstleistungen derart zu positionieren, dass bei den Nachfragern die kaufverhaltensrelevanten Eigenschaften aktiviert werden. Die Positionierung dient zusätzlich zur Darstellung der Struktur eines bestimmten Marktes, um die Anzahl und die Eigenschaften konkurrierender Produkte zu erfassen.

Die Erfassung der Marktstruktur zeigt die Anzahl und den Grad der wahrgenommenen Austauschbarkeit verschiedener Produkte. Damit verbunden sind die unterschiedlichen Ausprägungen der Wettbewerbsintensität. Hinzu kommt, dass die Positionierung Marktlücken aufdecken kann.

16. Erläutern Sie beispielhaft den Planungsprozess der Positionierung.

Bestimmung der relevanten Positionierungsobjekte	Zu Positionierungsobjekten zählen konkurrierende Produkte und Marken, die die Konsumenten zur Befriedigung eines bestimmten Bedarfes erwerben.
Ermittlung relevanter Bewertungsdimensionen	Die Bewertungsdimensionen berücksichtigen die relevanten Eigenschaften, die den Kaufentscheidungsprozess der Konsumenten beeinflussen. Faktoren können beispielsweise Preis, Qualität und Service sein.

3.2 Grundlagen und Instrumente von Marketing und Werbung

Ermittlung der Objektwahrnehmungen	Im Rahmen von Befragungen beurteilen die Nachfrager, in welchem Ausmaß die selektierten Positionierungsobjekte für die Kaufentscheidung relevante Eigenschaften aufweisen. Bei der dekompositionellen Messung werden die Objekte paarweise anhand wahrgenommener Ähnlichkeiten miteinander verglichen, während bei der kompositionellen Methode die relevanten Objekte hinsichtlich jeder Eigenschaft beurteilt werden.
Erstellung des Positionierungsraumes	Der Eigenschaftsraum wird anhand von Dimensionen abgebildet. Je nach Objekt werden unterschiedliche Dimensionen gewählt.
Interpretation des Objektraumes	Die Entfernungen zwischen den Objekten im Positionierungsraum geben Hinweise auf die Intensität der Wettbewerbsbeziehungen. Bei räumlich nahe zusammen liegenden Objekten werden die Produkte von den Nachfragern als ähnlich wahrgenommen, sodass diese leichter substituierbar sind. Bei räumlich weit auseinander liegenden Objekten ist die Substitutionsgefahr geringer. Die erfolgreiche Positionierung bedingt zumeist die Berücksichtigung von Marktsegmenten, zumal die Anzahl der Nachfrager innerhalb eines Marktes unterschiedlich verteilt sind.
Formulierung einer Positionierungsstrategie	Der Planungsprozess wird durch die Auswahl einer geeigneten Positionierungsstrategie abgeschlossen: • Restrukturierungsstrategie • Repositionierungsstrategie • Imitationsstrategie • Profilierungsstrategie

17. Erläutern Sie die unterschiedlichen Positionierungsstrategien.

Restrukturierungsstrategie	Restrukturierungsstrategien schaffen durch produkt- und kommunikationspolitische Maßnahmen neue Dimensionen, sodass neue Marktstrukturen entstehen.
Repositionierungsstrategie	Repositionierungsstrategien verringern die Entfernung zwischen einem Objekt und einem Marktsegment, durch Ändern der Eigenschaftskombination. Das GWB als Gesetz enthält die Legaldefinition zum Begriff der Markenware. Das GWB wurde im Bundesgesetzblatt vom Gesetzgeber veröffentlicht!
Imitationsstrategie	Imitationsstrategien positionieren Objekte in der Nähe erfolgreicher Produkte anderer Wettbewerber.
Profilierungsstrategie	Profilierungsstrategien positionieren Objekte derart, dass im Positionierungsraum eine Position eingenommen wird, die eine direkte Konkurrenz zu anderen Produkte vermeidet.

18. Welchen Problemen unterliegt die Positionierung?

Die Positionierung besitzt den Vorteil, dass die Wettbewerbsbeziehungen zwischen unterschiedlichen Produkten dargestellt werden, die die Wünsche und Einstellungen der Nachfrager berücksichtigt. Diesem Vorteil stehen einige Nachteile gegenüber:

1. Die Positionierung stellt ausschließlich die Ist-Situation dar und ist daher ein statisches Konzept. Veränderungen im Zeitablauf werden nicht berücksichtigt. Hinzu kommt, dass sich die kaufverhaltensrelevanten Eigenschaften eines Marktes ändern können und neue Dimensionen eine Strukturierung des Positionierungsraumes erfordern.

2. Das Konzept der Positionierung berücksichtigt ausschließlich Informationen, die die Einstellungen der Nachfrager bezüglich bereits existierender kaufverhaltensrelevanter Objekteigenschaften wiedergeben. Daher können Handlungsempfehlungen für die Entwicklung innovativer Produkte schwer abgeleitet werden, weil diese den Nachfragern nicht bekannt sind.

3. Die einzelnen Marktsegmente können stark differierende kaufverhaltensrelevante Eigenschaften der Objektwahl zugrunde liegen, sodass für die gleichen Objekte mehrere Positionierungsräume infrage kommen.

19. Definieren Sie den Begriff der Markenware.

Für den Begriff Markenware existiert im Gesetz gegen Wettbewerbsbeschränkungen (GWB) eine Legaldefinition. Markenwaren sind demnach „Erzeugnisse, deren Lieferung in gleichbleibender oder verbesserter Güte von dem preisempfehlenden Unternehmen gewährleistet wird und die selbst oder deren für die Abgabe an den Verbraucher bestimmte Umhüllung oder Ausstattung oder deren Behältnisse, aus denen sie verkauft werden, mit einem ihre Herkunft kennzeichnenden Merkmal (Firmen-, Wort- oder Bildzeichen) versehen sind.

Der Begriff Markenartikel wird gelegentlich als ein mit einer Marke versehenes Produkt mit hohem Bekanntheitsgrad, stabilem Qualitätsniveau, allgemeiner Erhältlichkeit und eindeutigem Produkt- und Absatzkonzept bezeichnet.

20. Was ist der Zweck einer Markierung?

Das Konzept des Markenartikels erlaubt einem Unternehmen die Differenzierung im Wettbewerb und erleichtert den Nachfragern die Wiedererkennung des Markenproduktes. Die Markenkonzeption soll den Nachfragern ermöglichen, sich mit dem Produkt zu identifizieren. Die Markenträgerschaft soll oftmals die Kompetenz und das Qualitätsbewusstsein des jeweiligen Unternehmens verdeutlichen. Hinzu kommt, dass der Preiswettbewerb durch einen Präferenzwettbewerb abgelöst werden soll. Dadurch lassen sich am Markt höhere Preise durchsetzen.

21. Erläutern Sie verschiedene Markentypen.

Marke	Eigennamen (Mars), Bilder, Symbole (Firmenlogo), Zahlenkombinationen (4711), Akronyme (Hanuta für Hasel-Nuss-Tafel) und Phantasieworte (Twix).
Produktmarke Einzelmarke Monomarke	Marken, die sich auf ein einzelnes Produkt beziehen, die unterschiedlich dargeboten werden können. Einzelmarken sind oftmals der Ausgangspunkt für Produktlinienmarken.
Produktlinienmarke	Kennzeichnung für Produkte, die durch eine gemeinsame Markenphilosophie verbunden sind. Beispielsweise Nivea Hair Care mit den Produktmarken Haarschaum, Haargel, Haarlack etc.
Sortimentsmarke	Sortimentsmarken bezeichnen die Gesamtheit von mehreren Produktlinien. Beispielsweise bezeichnet Niveau die Produktlinien Nivea Sun Care, Nivea Hair Care, Nivea Body Care und Nivea Face Care.
Dachmarke	Dachmarken sind mit einheitlichem Namen versehene Sortimentsmarken, z. B. Toyota oder Pelikan.
Tandemmarke	Gleichzeitige Nutzung einer Firmen- und Produktmarke.
Lizenzmarke	Marken, die gegen Entgelt anderen Unternehmen zur Nutzung für deren eigene Produkte angeboten werden. Beispielsweise die „Porschebrille" oder „Mickey-Mouse-Schulhefte".
Zweitmarke	Zweitmarken sind in der Regel qualitativ ausgereifte Produkte, die in Bezug zur Erstmarke vereinfachte Produkte, die einen Imagetransfer zwischen Markenartikel und Unternehmen vermeiden sollen. Häufig sollen Zielgruppen mit unterschiedlichen Preisvorstellungen angesprochen werden, sodass ein verdeckter Vertrieb stattfindet. Die Schaffung von Gegenpositionen zu den Handelsmarken ist ein weiterer Grund für die Entwicklung von Zweitmarken.
Handelsmarke	Marken, die von unabhängigen Herstellerunternehmen produziert und vom Handelsunternehmen mit einem individuellen Markenkonzept versehen werden. Beispielsweise werden oftmals Marken unter dem Label von Lidl, Penny oder Aldi vertrieben.
Gattungsmarke	Dieser Markentyp, auch „No-Name" genannt, ist durch eine Discountorientierung bezüglich Qualität, Preis und Verpackung geprägt.

Die Rechte der genannten Produkt- und Unternehmensnamen liegen beim jeweiligen Unternehmen bzw. Rechteinhaber/in.

22. Welche Problembereiche sind mit dem Konzept des Markenartikels verbunden?

Die Unübersichtlichkeit des heutigen Produktangebots mindert das Differenzierungspotenzial des Markenartikelkonzeptes erheblich. Produktkategorien wie Bier, Waschmittel oder Benzin sind nur noch über die Marketingkommunikation zu differenzieren („informatorische Produktdifferenzierung").

Der Vertrieb in Discountern, Warenhäusern und Verbrauchermärkten erfolgt häufig über Markenartikel zu „Lockvogelangeboten". Dabei kommt es zur Markenerosion, weil das Image des Markenartikels und die Positionierung im Markt Schaden nehmen. Dies wäre beispielsweise der Fall, wenn Uhren von Rolex bei Aldi angeboten werden würden.

Zusätzlich werden Güte- und Prüfzeichen zur Differenzierung eingesetzt, um Qualitätsmerkmale zu verdeutlichen. Die Masse der in Verkehr gebrachten Zeichen führt jedoch häufig zur Verunsicherung der Konsumenten, weil die Gütezeichen nicht ohne Weiteres nachprüfbar sind.

23. Welche Markenstrategien werden im Gesundheitswesen eingesetzt?

a) Verbundmarkenstrategien

Diesen Strategietyp kennzeichnet eine einheitliche Markierung für ein Gesundheitsunternehmen wie beispielsweise die Dachmarken „Helios-Kliniken" oder „Sana-Kliniken". Im Mittelpunkt dieser Strategie stehen die Merkmale und Nutzenversprechen des Klinikverbundes. Dadurch soll eine hohe Markenbekanntheit erzielt werden.

Zusätzlich ist die Markenausweitung möglich, über die eine nachhaltige Differenzierung gegenüber Nicht-Verbundskliniken betrieben wird, die wiederum zur regionalen und überregionalen Eingliederung neuer Kliniken führen kann. Vorteile sind positive Ausstrahlungseffekte und Rationalisierungspotenziale. Eine Markenidentität lässt sich jedoch nur schwer verwirklichen, zumal die jeweiligen Kliniken sehr unterschiedlich ausgestattet sein können, sodass sich eine nachhaltige Markenprofilierung schwierig gestaltet.

Nachteilig ist auch, dass segmentspezifische Besonderheiten der Patienten vernachlässigt werden und eine Einheitlichkeit der Markenidentität zwischen den Kliniken des Verbundes kaum zu erreichen ist. Darüber hinaus bergen Akquisitionen die Gefahr, dass eine Markenverwässerung bzw. Markenüberdehnung stattfindet, wenn die Markenidentität nicht kompatibel ist. Bleiben die Patientenerwartungen unerfüllt, droht die langfristige Schädigung der Verbundmarke über negative Halo-Effekte.

b) Unternehmensmarkenstrategien

Die Gesundheitsleistungen werden einheitlich über eine Dachmarke angeboten, sodass diese Markenstrategie im Dienstleistungssektor häufig verwendet wird, beispielsweise bei der Dachmarke „Charité". Problematisch ist die undifferenzierte Zielgruppenansprache, die umso schwieriger wird, je mehr strategische Einheiten sich unter der Dachmarke versammeln. Die Unterschiede werden nicht hinreichend berücksichtigt, sodass die realisierbaren Wertschöpfungsbeiträge der Teilmärkte für die Markenführungsaufgabe nicht ausgeschöpft werden. Zudem können qualitative Defizite einzelner Abteilungen zu Patientenunzufriedenheiten führen, die auf das Gesamtunternehmen rückwirken.

c) Abteilungsmarkenstrategien

Die Gesundheitsleistungen werden auf der Ebene der strategischen Einheiten angeboten. Die strategischen Einheiten werden mit ihrem Leistungsprogramm gezielt am Markt positioniert und profilieren sich, indem die patientenspezifischen Leistungen über eine differenzierte Zielgruppenansprache als Basis für eine Markenführung genutzt

3.2 Grundlagen und Instrumente von Marketing und Werbung

werden. Zudem profitieren die Leistungen vom Markenimage der strategischen Einheiten, sodass neue Produkte und Leistungen wie Diagnose, Therapie und Service einen Vertrauensvorschuss erhalten.

Vorteilhaft ist, dass die Marken autonom und flexibel geführt werden können. Voraussetzung für den Aufbau von Abteilungsmarkenstrategien ist jedoch, dass die strategischen Einheiten Wettbewerbsvorteile besitzen, die entsprechend kommuniziert werden. Nachteilig ist, dass kleine Kliniken diese Strategie wegen der hohen Kosten nicht nutzen können. Hinzu kommt, dass Qualitätsmängel im Leistungserstellungsprozess sich negativ auf den gesamten Leistungsprozess auswirken können.

d) Servicemarkenstrategien

Hierbei werden für die Leistungsprogramme der strategischen Einheiten eigene Servicemarken z. B. für minimal-invasive Behandlungsmethoden geschaffen und gezielt am Markt positioniert. Zumeist bietet sich eine Leistungsbündelung unterschiedlicher strategischer Einheiten in Servicezentren an z. B. in Zentren für Bandscheibenbehandlungen, Gelenkersatz oder onkologischen Behandlungsmethoden.

Dadurch lassen sich für interdisziplinäre Problemlösungen segmentspezifischer Bedürfnisse einzelne Servicemarken aufbauen und eine hohe Patientenbindung erreichen. Hinzu kommt, die Profilierung einer Klinik als medizinischer Innovator und Pionier.

Nachteilig ist, dass der Anbieter oftmals im Hintergrund und dem Patienten unbekannt bleibt. Zudem ist das Leistungsportfolio einer Klinik oft für ein sinnvolles betriebswirtschaftliches Marketing zu groß. Servicemarkenstrategien sollten daher nur gewählt werden, wenn Chancen zur Profilierung auf der Leistungsebene bestehen.

Dabei ist zu berücksichtigen, dass die Teilprozesse auf der Leistungsprozessebene schwer voneinander abzugrenzen sind, wie die Positionierung einer Diagnostikmarke und einer Therapiemarke im Rahmen von Bandscheibenbehandlungen eines neurochirurgischen Zentrums. Stehen nicht genügend Marktattribute zur Verfügung, um eine Servicemarke aufzubauen, ist der Aufbau einzelner strategischer Einheiten als Marke vorteilhafter.

e) Personenmarkenstrategien

Personenmarken bauen Personen des Gesundheitsbetriebes z. B. Chefärzte gezielt auf, um in der Öffentlichkeit ein Identitäts- und Imagemanagement zu führen. Dabei stehen die Interaktionen des Arztes mit den Patienten im Mittelpunkt, die über Charaktereigenschaften wie Menschlichkeit und Partnerschaftlichkeit kommuniziert werden.

Vorteilhaft ist die glaubwürdige, einzigartige und konstante Verkörperung des Leistungsversprechens sowie der Halo-Effekt auf andere Leistungen. Nachteilig ist die schwierige Kommunizierbarkeit der Kompetenzen, insbesondere durch das Werbeverbot für Ärzte. Hinzu kommen die personelle Fluktuation und die Ablehnung der Personenmarken durch die Ärzte aus berufsethischen Gründen.

3.2.6 Markterschließung und -sicherung

01. Definieren Sie den Begriff der Markterschließung.

Die Markterschließung ist im Marketing der innovativste Vorgang, weil neue Märkte geschaffen werden. Es werden neue Kundenbedürfnisse erkannt und ein entsprechendes Angebot geschaffen.

02. Nennen und beschreiben Sie die Strategien zur Markterschließung.

Market Pull	Neue Märkte entstehen infolge nachfrageorientierter Innovationen, die den potenziellen Kunden Problemlösungen als Summe aller entscheidungsrelevanten Produkt- und Leistungseigenschaften bieten sollen. Dazu ist eine systematische Marktforschung der individuellen Bedürfnisse erforderlich. Preiswürdigkeit, Qualität und Service stellen Teilleistungen dar.
Technology Push	Neue Märkte entstehen auch durch die Vermarktung von Innovationen aus den Forschungs- und Entwicklungsabteilungen der Unternehmen oder anderen Forschungseinrichtungen. Der neue Markt resultiert hier nicht aus einer Problemlösung, sondern durch die Anwendung der Innovationen auf Probleme. Dazu müssen die potenziellen Kunden vom Nutzen überzeugt werden. Die angebotsorientierten Innovationen sind meistens mit einem hohen Neuartigkeitsgrad versehen.

Zur Markterschließung gehört auch die Ausweitung des Absatzes. Die Absatzausweitung ist durch das Erhöhen des Absatzvolumens auf einem bisherigen Markt oder das Erschließen neuer Kundengruppen möglich. Es können neue Einsatzfelder und Verwendungszwecke entwickelt werden oder neue Absatzgebiete erschlossen werden. Die Absatzausweitung für Produkte und Leistungen ist grundsätzlich über die folgend genannten Optionen möglich:

- Marktausweitung:
  - Erhöhung der Verbrauchsintensität
  - Stimulierung des Ersatzbedarfs
  - Zurückdrängung von Substitutionsprodukten
  - Gewinnung neuer Kundenschichten
  - Entdeckung neuer Einsatzfelder
  - Erschließung neuer geografischer Absatzgebiete
- Gewinnung von Marktanteilen auf Kosten der Konkurrenten.

3.2 Grundlagen und Instrumente von Marketing und Werbung

03. Erläutern Sie verschiedene Basisstrategien, die der Markterschließung dienen können.

Kostenführerschaft	Das Ziel der Kostenführerschaft sind niedrige Kosten, ggf. durch hohe Ausbringungsmengen, die, in entsprechende Preise umgesetzt, einem Unternehmen ausreichende Gewinne ermöglichen.
Leistungsführerschaft	Die Leistungsführerschaft hat das Ziel, ein überlegenes Leistungsangebot bereitzustellen, das sich vom Angebot der Konkurrenten abhebt.

04. Welche Möglichkeiten existieren, um die Basisstrategien zu konkretisieren?

Innovationsorientierung	Eine gezielte und permanente Innovationstätigkeit erhält die Wettbewerbsfähigkeit, zumal die Markt- und Konkurrenzentwicklung vom Absatzprogramm abhängen kann. Hieraus resultieren Kundenbindungs- und Kosteneffekte, Imageeffekte und Monopolstellungen. Nachteilig sind hohe Markterschließungskosten und Imagerisiken („Kinderkrankheiten" neuer Verfahren, Kompatibilitätsmängeln, fehlende Akzeptanz).
Qualitätsorientierung	Eine hohe Qualität geht oftmals mit einem relativ verbundenen Preisniveau einher. Das Ziel der Qualitätsführerschaft umfasst als Quelle von Wettbewerbsvorteilen nicht absolute oder objektive Leistungsmerkmale, sondern ein Qualitätsniveau, das aus Nachfragersicht Präferenzen schafft und Kaufentscheidungen herbeiführt.
Markenorientierung und emotionale Positionierung	Eine Markierung bzw. emotionale Positionierung bietet sich an, wenn die Kunden mangels wahrnehmbarer Unterschiede die vorhandenen Alternativen nur schwer differenzieren, aufgrund der Komplexität schwer beurteilen oder produktleistungsbezogene Argumente nicht anführen können.
Kundennähe und Serviceorientierung	Kundennähe und Service haben das Ziel, durch die Präsenz und Nutzung von Kommunikationskanälen, die physische und psychische Distanz zu den Abnehmern zu verringern, um die Kundenbedürfnisse schneller zu erkennen und befriedigen zu können.
Sortimentsorientierung	Eine Sortimentsorientierung erfolgt durch Produkt- und Markt- oder selektive Spezialisierung. Die Produktspezialisierung hat das Ziel, ein abgegrenztes Angebot für die verschiedenen Zielgruppen anzubieten. Die Marktspezialisierung bietet einer bestimmten Zielgruppe ein umfangreiches Produktangebot an. Die selektive Spezialisierung verfolgt das Ziel, ausgewählten Zielgruppen verschiedene ausgewählte Produkte anzubieten.
Kostenorientierung	Die Strategie der Kostenorientierung beinhaltet die Weitergabe der Kostenvorteile an die Kunden, ggf. können die Preise unter den Stückkosten liegen, wenn eine schnelle Marktdurchdringung erreicht werden soll. Sie ist eine Alternative zur Marktsegmentierung, die ihrem Wesen nach kleinere Stückzahlen bedingt.

05. Definieren Sie den Begriff der Marktsicherung.

Die Marktsicherung kennzeichnet das Bemühen, eine hohe Wiederkaufswahrscheinlichkeit zu erreichen. Absatzsteigerungen dienen der Erfolgssicherung, zumal die Konkurrenten zumeist einen hohen Druck auf die Konsumenten ausüben. Weiterhin soll erreicht werden, dass die Konsumenten weitere Produkte und Dienstleistungsangebote erwerben und das Unternehmen weiterempfehlen.

Im Gesundheitswesen haben Betriebe beispielsweise ein hohes Interesse daran, dass die Einweiser vermehrt Patienten zuweisen, um Umsatzsteigerungen zu erzielen. Dies bedeutet, dass einerseits die Gesundheitsbetriebe die Einweiser direkt ansprechen müssen, um eine hohe Zuweisungsrate zu erreichen, und andererseits müssen sie eine hohe Qualität ihrer Gesundheitsleistungen gewährleisten, damit die Patienten den jeweiligen Gesundheitsbetrieb empfehlen und erneut aufsuchen.

06. Welche Maßnahmen werden im Rahmen der Marktsicherung eingesetzt?

Um zuverlässig eine hohe Erfolgssicherung und Kundenbindung zu erreichen, muss der angebotene Nutzen den individuellen Erwartungen der Konsumenten angepasst werden, um seine Zufriedenheit sicherzustellen. Dieses Ziel wird durch eine hohe Qualität und Preiswürdigkeit der angebotenen Produkte und Dienstleistungen erreicht.

- Das Anbieten von Produkt- und Dienstleistungssystemen erschwert Wettbewerbern die Übernahme bereits bestehender Geschäftsverbindungen.
- Eine Niedrigpreispolitik, die teilweise durch Kostendegression und hohe Produktivitätsraten erreicht wird, bewirkt eine Erfolgssicherung. Der Goodwill der Konsumenten geht jedoch verloren, wenn das Unternehmen das individuelle Angebot nicht intensiv bewirbt.
- Der Aufbau persönlicher Bindungen hat das Ziel, den Konsumenten emotional an den Anbieter zu binden und dadurch leichter Wiederholungskäufe zu erreichen. Dies hat den Vorteil, dass bei Beschwerden bzw. bei Unzufriedenheit die Konsumenten eher zur Artikulation neigen als zum Anbieterwechsel.

3.2.7 Werbeziele und Zielgruppen

01. Nennen Sie wichtige Zielgruppen im Gesundheitsmarkt.

- Patienten
- Besucher und Angehörige
- Ein- und Zuweiser
- Öffentlichkeit
- Mitarbeiter
- Krankenhausärzte
- Kooperationspartner
- Krankenkassen und Versicherungen

3.2 Grundlagen und Instrumente von Marketing und Werbung

02. Beschreiben Sie die Merkmale der Zielgruppe Ein- und Zuweiser.

Patienten erhalten durch den zuweisenden Arzt den Zugang zum Krankenhausmarkt. Bei den niedergelassenen Ärzten ihres Vertrauens äußern die Patienten ihr Bedürfnis nach Besserung des Gesundheitszustandes. Die ärztliche Kunst im Bereich der Diagnostik und der ambulant möglichen Therapien führt zur Differenzierung der Nachfrage nach einer durch den Mediziner definierten Krankenhausleistung.

Welches Krankenhaus empfohlen wird, hängt von der Sachkenntnis, den Informationen und Erfahrungen des jeweiligen Arztes ab. Zudem werden die Patienten immer autonomer in ihren Entscheidungen, z. B. in der Geburtshilfe und auch in anderen Fachrichtungen. Dennoch entscheidet in der Vielzahl der Krankenhauseinweisungen der niedergelassene Arzt, welches Krankenhaus im Rahmen der Behandlung seiner Patienten zum Zuge kommt.

Diese Entscheidung hängt von verschiedenen Faktoren, zu denen neben der medizinischen Qualität und die bisherigen Erfahrungen mit der Patientenzufriedenheit zählen. Weiterhin zählen dazu beispielsweise:

- Medizinische Qualität
- bisherige Patientenzufriedenheit
- kurzfristige und umfassende Information über Diagnostik, Therapie und Krankheitsverlauf
- Beteiligung an nachfolgenden Therapieentscheidungen
- eigene Konkurrenzsituation mit den ambulant tätigen Institutionen und Medizinern des Krankenhauses
- Erfahrungen mit Service und Informationsverhalten des Krankenhauses z. B. durch Fortbildungsveranstaltungen zu neuen Therapieformen oder das Telefonverhalten der Krankenhausärzte bei Rückfragen
- persönlichen Beziehungen zum Krankenhaus und den Krankenhausmedizinern wie Erfahrungen im Rahmen der Facharztweiterbildung als ehemaliger Kollege.

03. Beschreiben Sie die Merkmale der Zielgruppe Krankenhausärzte.

Im Rahmen der ambulanten Versorgung in Polikliniken und Medizinischen Versorgungszentren durch Krankenhausärzte wie beispielsweise durch Ermächtigungen, Notfallbehandlungen und Privatbehandlungen fragen die Krankenhausärzte eigene Krankenhausleistungen als Absatzmittler für ihre Patienten nach.

Hieraus ergeben sich Zielkonflikte, z. B. bei der Frage ob beispielsweise eine Krankenhausaufnahme überhaupt notwendig ist oder nur freie Kapazitäten vorhanden waren, bzw. ob die richtigen Leistungen in der richtigen Reihenfolge erbracht wurden oder ob die Unerfahrenheit des aufnehmenden Arztes den Behandlungsablauf bestimmt hat.

Die Krankenhausärzte stehen als Entscheider über die jeweilige Krankenhausleistung evtl. nicht im Mittelpunkt des Marketings, ihre vermittelte Kompetenz und Menschlichkeit gelten jedoch als zentrales Bewertungskriterium für die Patienten und andere Anspruchsgruppen.

04. Beschreiben Sie die Merkmale der Zielgruppe Patienten.

Die Patienten kommen in Ausnahmesituationen mit besonderen individuellen Bedürfnissen und Ansprüchen zum Gesundheitsdienstleister. Über die medizinischen Leistungen bestehen oftmals diffuse Vorstellungen. Arbeitsroutine und Arbeitsbelastung des medizinischen und administrativen Personals lassen ein individualisiertes Eingehen auf Patientenbedürfnisse oft nicht zu, sodass die Patienten in ein Ablaufschema gepresst werden, gegen das Widerstand aufgebracht wird. Dadurch können Patienten zum Störfaktor und weniger zum Hauptgrund der Bemühungen werden.

Das Marketing muss sich dieser Realität stellen. Einerseits muss auf die Einhaltung der Leitlinien und Verhaltensgrundsätze durch die Mitarbeiter geachtet und andererseits müssen die Ansprüche und Bedürfnisse der Patienten erfüllt werden. Hinzu kommt, dass manche Patienten das Ausmaß und die Qualität der medizinischen Leistung nicht beurteilen können. Die folgenden Schwerpunkte stehen im Fokus des Marketing:

- Information und Aufklärung über Diagnose, Maßnahmen, Heilungsprozess und Krankheitsprognose
- Eingehen auf Laienwissen und Diskussionsbereitschaft des medizinischen Personals; insbesondere chronisch Kranke sollten hinsichtlich ihrer Fachkompetenz nicht unterschätzt werden
- Zeit und persönliche Zuwendungen bei Angst und Unsicherheit
- Freundlichkeit und Höflichkeit (Begrüßung, persönliche Anrede, Verabschiedung etc., Umgang mit Wünschen oder Beschwerden)
- Vertrauen in den Organisationsgrad des Krankenhauses (Beschilderungen, Wartezeiten, Doppeluntersuchungen, widersprüchliche Auskünfte, Streit vor dem Patienten über Therapieentscheidungen oder Teamstreitigkeiten)
- Qualität der für Patienten beurteilbaren Faktoren (Einrichtung und Komfortelemente, Sauberkeit, Mahlzeiten etc.)
- Beurteilungs- und Beschwerdemanagement.

Die Patienten werden bei der Entscheidung für einen Gesundheitsdienstleister immer mündiger. In Internetforen werden die Vor- und Nachteile von einer Vielzahl von Patienten diskutiert, bewertet und ggf. mit einer Empfehlung versehen. Die Erfahrungen eines Krankenhausaufenthaltes werden mit dem einweisenden Arzt, dem Apotheker und den Nachbarn ausgetauscht.

Die Wirkung solcher Foren und Blogs auf den Ruf eines Krankenhauses wird zunehmend spürbar. In einigen Fachgebieten wie der Geburtshilfe oder auch in der Orthopädie wird die Patientenautonomie bei der Entscheidung immer wichtiger. Bei Privatpatienten

3.2 Grundlagen und Instrumente von Marketing und Werbung

bestehen oftmals verstärkte Leistungsansprüche hinsichtlich der zu erfüllenden Bedürfnisse und Erwartungen. Das Marketing hat das Ziel, die gewünschte Marktwahrnehmung zu generieren. Dabei steht die Organisation als Ganzes im Mittelpunkt der Bemühungen.

05. Beschreiben Sie die Merkmale der Zielgruppe Besucher und Angehörige.

In vielen Bereichen ähneln die Bedürfnisse der Besucher und Angehörigen denen der Patienten. Dies gilt vor allem für Bereiche wie Pädiatrie oder Intensivmedizin. Hier übernehmen die Angehörigen in vielen Fällen die Rolle des Patienten und verlangen in ihrer Ausnahmesituation ernst genommen und umfassend informiert zu werden.

Die Angehörigen haben das Bedürfnis, für ihren leidenden Verwandten die besten Versorgungsmöglichkeiten zu schaffen. Sorge, Angst, Trauer können hinzukommen. Die Motivationen können durch bisherige persönliche Versäumnisse und Schuldgefühle sogar verstärkt werden. Die Leistungsfähigkeit der behandelnden Mediziner und des Pflegepersonals wird vor diesem Hintergrund stark beansprucht, wenn mit Aggressionen und Unverständnis umgegangen werden muss. Die folgenden Faktoren sind für Besucher und Angehörige von Bedeutung:

- Führt mich die Beschilderung zu meinen Angehörigen?
- Sind die zuständigen Mitarbeiter telefonisch erreichbar?
- Grüßen mich auf den Fluren freundliche Mitarbeiter?
- Liegen hilflose alte Menschen in nicht gemachten Betten auf dem Flur vor der Röntgenabteilung?
- Ist das Haus gepflegt und sauber?
- Gibt es angenehme Aufenthaltsmöglichkeiten, Andachtsräume, Außenanlagen?

Gesundheitsdienstleister, die sich die Mühe machen, explizit die Besucher und Angehörigen ihrer Patienten zu befragen, können mit der Umsetzung von Anregungen nicht zu unterschätzende Wirkungen entfalten. Das Marketing bedient hier ggf. die potenziellen Patienten von morgen.

06. Beschreiben Sie die Merkmale der Zielgruppe Krankenkassen, Krankenversicherungen und Kostenträger.

Nicht die Kostenträger formulieren in der Regel den Bedarf, sondern die Patienten und insbesondere die einweisenden Ärzte. Erst mit der korrekten Abrechnung der medizinischen Leistungen werden die erbrachten Leistungen als bedarfsgerecht anerkannt. Hier liegt ein zentrales Gestaltungsfeld der Kostenträger, um Einfluss auf die Entwicklung des Krankenhausbedarfes und damit auf die Nachfrageseite zu nehmen.

Die Aufgabe des „Medizinischen Dienstes der Krankenversicherungen" (MDK) ist es, auf der Grundlage des medizinisch-technischen Fortschritts objektive und wissenschaftlich basierte Bewertungen vorzunehmen, um den Partnern der gesetzlichen Krankenkassen in Grundsatz- und Einzelfragen fachlich gleichrangig begegnen zu können.

Der MDK verfolgt andere Ziele als die angestellten Krankenhausärzte, die eine qualitativ gute, wissenschaftlich gesicherte, preiswerte und gleichwertige Versorgung sicher zu stellen haben, die unabhängig vom Wohnort und der gewählten Krankenversicherung ist.

Die gesetzlichen Krankenversicherungen haben im Sinne der Beitragsstabilität die politisch übertragene Verantwortung, die Beitragseinnahmen in die bestmögliche Versorgung ihrer Versicherten zu investieren. Dazu müssen die Leistungen in jedem individuellen Patientenfall ausreichend, zweckmäßig und wirtschaftlich sein. Aus diesen Zielen lassen sich wesentliche gutachterliche und beratende Handlungsfelder des MDK im Auftrag der Krankenversicherungen für den Krankenhausbereich ableiten.

Zu den Handlungsfeldern des MDK zählen:

- Notwendigkeit und Dauer einer Krankenhausbehandlung
- Verordnung von Arznei-, Verband-, Heil- und Hilfsmitteln
- Sozialmedizinische Begründung von Leistungsentscheidungen der Krankenkassen
- Vermeidung von unausgereiften oder unwirtschaftlichen Maßnahmen
- Qualitätssicherung in der ambulanten und der stationären Versorgung
- Beteiligung an der Weiterentwicklung der Vergütungssysteme
- Beurteilung der Wirksamkeit und Wirtschaftlichkeit neuer Untersuchungs- und Behandlungsmethoden (NUB).

Die Krankenversicherungen sind die Verhandlungspartner der Krankenhäuser zur Festlegung des jeweiligen individuellen Krankenhausbudgets, das sich aus den vereinbarten Leistungsmengen ergibt.

In den jährlich stattfindenden Verhandlungen werden die vereinbarten Leistungen mit den tatsächlich erbrachten verglichen, Folgerungen für die kommende Leistungsperiode gezogen und vertraglich fixiert. Diese Vereinbarungen haben unmittelbaren Einfluss auf die Erlössituation des Krankenhauses.

Eine weitere wichtige Aufgabe der Krankenversicherungen ist die Teilnahme an den Krankenhausplanungsverfahren der Länder im Rahmen der Selbstverwaltung. Diese Verfahren legen die Leistungsstruktur der Krankenhäuser wie beispielsweise Art und Größe der Fachabteilungen, besondere Leistungsschwerpunkte und Aufgaben etc. für einen Zeitraum von mehreren Jahren fest.

Die DRGs (Diagnosis Related Groups) in Deutschland haben zu einer stärkeren selektiven Beziehung zwischen einzelnen Gesundheitsdienstleistern und Krankenversicherungen geführt, z. B. durch beispielsweise Komplexversorgungsmodelle, Disease-Management-Programme und „Integrierte Versorgung". Diese Trends werden sich zukünftig auf der Grundlage einzelvertraglicher Vereinbarungen zwischen Gesundheitsdienstleistern und Kostenträgern für bestimmte Leistungen (Menge gegen Rabatt) verstärken.

3.2 Grundlagen und Instrumente von Marketing und Werbung

Eine Besonderheit bilden die Zusatzleistungen der privaten Krankenversicherungen bei Unterbringung und Komfort. Sie führen zu zusätzlichen Erlösen, die die Gesundheitsdienstleister als wichtige Einnahmequelle erkannt haben. Die Kliniken haben sich den Ansprüchen zu stellen, die durch die Bedingungen der Differenzierung zur Regelunterbringung von den privaten Versicherungen definiert werden.

07. Beschreiben Sie die Merkmale der Zielgruppe Öffentlichkeit.

Die Öffentlichkeit möchte die Gewissheit, im Bedarfsfall einen leistungsfähigen Gesundheitsdienstleister vor Ort zur Verfügung zu haben. Hinzu kommt beispielsweise die Verbundenheit mit dem Krankenhaus, in dem man selbst oder die Kinder geboren wurden. Hierin ist das öffentliche Interesse für die Qualität und Leistungsfähigkeit eines Gesundheitsdienstleisters begründet.

Es ist selten über erfolgreiche Behandlungen, Operationen und Heilungsverläufe zu lesen, häufig finden sich aber negative Presseberichte über die Qualität eines Krankenhauses. Klinik-Skandale, mangelnde Hygiene und verpfuschte Operationen finden stets ihren Weg in die Schlagzeilen, während die positive Presse sich meist auf gesundheitserzieherische Fragestellungen, Informationsveranstaltungen oder karitativer Aktivitäten (Singgruppe des Kindergartens, Spende des Bundesligavereins) konzentriert.

Gegenüber den Printmedien ist das Internet immer wichtiger geworden. In Foren, Selbsthilfegruppen und Blogs werden medizinische Themen diskutiert und die Erfahrungen mit Gesundheitsdienstleistern, Krankenhäusern und Ärzten ausgetauscht. Häufig finden sich mehr positive Berichte über eine Klinik als in der Presse, zumal sich viele Patienten nach einem guten Krankenhausaufenthalt zu Dank verpflichtet fühlen und dies auch öffentlich zeigen möchten. Das Marketing hat hier die Aufgabe einer positiven Darstellung in den Medien, wobei das Internet vermehrt die Möglichkeiten zur Gestaltung gibt.

08. Beschreiben Sie die Merkmale der Zielgruppe Kooperationspartner.

Gesundheitsdienstleister kooperieren mit unterschiedlichen Partnern, um die Zukunft des Gesundheitsbetriebes zu erhalten. Kooperationen wie z. B. das Belegarztsystem, die „Integrierte Versorgung", „Medizinische Versorgungszentren" und anderen Formen der ambulanten Leistungserbringung stellen zunehmend eine Option für die Gesundheitsbetriebe dar. Die Gesundheitsdienstleister müssen sich daher ihren potenziellen Kooperationspartnern als leistungsfähig und attraktiv im Markt präsentieren. Das Marketing hat daher in Abstimmung mit dem Management entsprechende Unternehmensstrategien für den Gesundheitsmarkt zu entwickeln, die zu einer erfolgreichen Kooperationskonzeption führen.

09. Beschreiben Sie die Merkmale der Zielgruppe Mitarbeiter.

Gesundheitsdienstleister erbringen eine persönliche Form der Dienstleistung. Die Leistungsfähigkeit eines Gesundheitsdienstleisters wird in hohem Maße vom Können und dem Engagement der ärztlichen und pflegerischen Mitarbeiter bestimmt. Das Fachpersonal ist daher einer der entscheidenden Zukunftsfaktoren eines Krankenhauses. Heute wird in den Medien häufig vom Ärztemangel und Pflegenotstand gesprochen.

Die Gesundheitsdienstleister können im Rahmen der Marktpositionierung auf die vorhandenen und die potenziellen Mitarbeiter Einfluss nehmen, zumal gute ärztliche und pflegerische Mitarbeiter einen strategischen Wettbewerbsvorteil darstellen. Ruf, Arbeitsbedingungen und Arbeitsklima sowie die Qualität der Medizin und Pflege gelten als gewichtige Faktoren für die Arbeitszufriedenheit der Mitarbeiter und die Attraktivität des Arbeitgebers. Das Marketing wirkt daher auch auf den Arbeitsmarkt.

10. Definieren Sie den Begriff des Patientenwerts.

Der Begriff Patientenwert wird als der Wert definiert, den die angebotene Leistung eines Gesundheitsbetriebs für den Patienten darstellt. Demzufolge bezeichnet der Patientenwert die Beziehung zwischen Preis und Leistung. Der Patientenwert kann einerseits durch Kostensenkungen und andererseits durch Steigerung des Patientennutzens erhöht werden.

Ein Weg, den Wert für den Patienten zu steigern, ist die Differenzierung im Vergleich zu den Wettbewerbern. Die Unterscheidbarkeit erzeugt einen wertschaffenden Unterschied bei den Zielpatienten. Eine Leistungsdifferenzierung ermöglicht die erhöhte Bereitschaft der Patienten, den Gesundheitsbetrieb weiterzuempfehlen. Zudem können Gesundheitsbetriebe ggf. höhere Preise am Markt gegenüber den Patienten und den Kostenträgern durchsetzen.

11. Nennen Sie Beispiele, um den Patientenwert zu steigern.

Steigerung der Klinikleistungen	Einsatz moderner medizinischer Verfahren, Zusatzleistungen wie Internet, Menü à la Carte, Telefon und Fernsehen
Steigerung des emotionalen Nutzens	Steigerung des Selbstwertgefühls durch moderne Operationsverfahren, Exklusivangebote, Ambiente, Architektur und Inneneinrichtung
Preisreduktion	Preisnachlässe für Selbstzahlerleistungen und Mitarbeiter, Kostenerstattung für die Anreise
Reduktion der Zeitkosten	Optimierte Warte-, Abwicklungs- und Transferzeiten
Reduktion der Transportkosten	Verkehrsführung auf dem Klinikgelände, Parkplatzmöglichkeiten
Risikoreduktion	Qualitäts- und Prozessmanagement, beispielsweise durch Qualitätsgarantien für Herzschrittmacher und Implantate

12. Welche Bedeutung haben die Einweiser für den Gesundheitsbetrieb?

Die niedergelassenen Ärzte fungieren als Einweiser bzw. übernehmen zumeist die Distribution der Patienten. Gesundheitsbetriebe sichern ihre wirtschaftliche Basis, wenn

3.2 Grundlagen und Instrumente von Marketing und Werbung

eine berechenbare und dauerhafte Auslastung ihrer Kapazitäten durch erhöhte Einweisungsraten gegeben ist. Intensivierte und verbesserte Beziehungen zu den Einweisern erhöht die Bettenauslastung und führt zu höheren Fallzahlen bzw. zu einem höheren Marktanteil.

Zu beachten ist, dass niedergelassene Ärzte auch Wettbewerber sein können, wenn große und spezialisierte Praxen ambulante Operationen und medizinische Untersuchungen durchführen, die ansonsten nur in den Kliniken angeboten werden.

Eine hohe Bedeutung haben Kooperationen, aus denen für Gesundheitsbetriebe und Einweiser Synergieeffekte erwachsen können, die für beide Seiten ökonomische Vorteile bringen. Dies ist beispielsweise möglich, wenn der niedergelassene Arzt die Großgeräte der Klinik nutzen kann. Der niedergelassene Arzt kann ein größeres Behandlungsspektrum bedienen und die Klinik profitiert, wenn die Patienten eingewiesen werden.

13. Nennen Sie Analysekriterien, um wichtige Einweiser für einen Gesundheitsbetrieb zu identifizieren.

Alter des niedergelassenen Arztes und die Nachfolgeregelung	Dieses Kriterium dient der Abschätzung des Einweiser-Lebenszyklus.
Emotionale Bindung des Einweisers an den Gesundheitsbetrieb	Hierunter fällt die emotionale Bindung des Einweisers zur Ausbildungsstätte, den Chefärzten und Kollegen.
Überschneidungsgrad bei Diagnose- und Therapievorstellungen	Die Modelle des „Clinical Pathways", des „Disease Managements", der „Integrierten Versorgung" etc. bieten Ansätze, um die Einstellung zu Diagnose- und Therapieeinheiten zu verbessern.
Räumliche Entfernung	Kurze Distanzen erleichtern die Kommunikation zwischen Einweisern und Kliniken, hinzu kommen Vorteile für die Patienten.
Vernetzung zwischen den Kooperationspartnern	Die IT-Vernetzung bietet vereinfachte administrative Verfahren wie beispielsweise EDV-Abrechnungsverfahren, Kapazitätsabfrage und Patientendaten, hinzu kommen die Möglichkeiten der Telemedizin.
Kooperationsart	Der Nutzen von Kooperationen steigt, wenn die Einweiser mit in den Behandlungsprozess eingebunden sind. Der Nutzungsgrad von Kapazitäten der Diagnostik- und Therapieressourcen gilt hierbei als wichtiger Indikator. Dazu zählen ambulante OP-Zentren, Röntgen-, CT- und PET-Geräte. Die Teilnahmebereitschaft an Konsilien, fachübergreifenden Arbeitsgruppen gelten als weitere Kriterien für eine Kooperationsbereitschaft.
Umsatz- und Rentabilitätsziele der Einweiser	Aus den Umsätzen und Renditen der Einweiser lassen sich die entstandenen Fallkosten und Fallerlöse der jeweiligen Klinik bzw. Abteilung ermitteln, indem entweder die Patienten den Einweisern zugeordnet werden oder die Zuordnung über den Anteil an den DRG-Gruppen erfolgt.

14. Welche Kriterien sind aus Sicht des Einweisers im Rahmen einer Kooperation mit einem Gesundheitsbetrieb bedeutsam?

- Erfahrungsberichte über die Anwendung neuer Therapieverfahren und ambulante Operationen
- Telefonische Ansprechpartner, um Fragen zur Einweisung und OP-Terminen zu klären
- Informationen über die technischen Gerätschaften
- Kostengünstige und dienstleistungsrelevante Labor- und Diagnoseangebote
- Qualität der Arztbriefe
- Fortbildungsveranstaltungen und fallspezifische Vorträge

3.2.8 Werbebotschaft, Werbemittel, Werbeträger, Werbeerfolgskontrolle

01. Zählen Sie die Elemente auf, die eine Werbebotschaft enthalten sollte.

1. Die Werbebotschaft soll die relevante Zielgruppe ansprechen.
2. Die Werbebotschaft soll den speziellen Produktnutzen darstellen („Consumer benefit").
3. Die Werbebotschaft soll den spezifischen Leistungsvorteil begründen und zum Handeln auffordern („Reason why").
4. Die Werbebotschaft soll eine klare Sprache und einen unverwechselbaren Stil umfassen („Tonality").

02. Erläutern Sie Sinn und Zweck der Botschaftsgestaltung.

Die Werbebotschaft soll die potenziellen Nachfrager auf das beworbene Objekt aufmerksam machen und sich von den direkten Wettbewerbern abheben, um Kaufhandlungen auszulösen.

Problematisch ist die latente Informationsüberlastung der potenziellen Nachfrager, die es häufig schwierig macht, die Adressaten der Werbebotschaft zu aktivieren. Die Aktivierung bestimmt das Ausmaß zur Aufnahme und Verarbeitung der Werbebotschaft. Je stärker die Aktivierung ist, desto größer ist die Bereitschaft der potenziellen Nachfrager, um eine Werbebotschaft aufzunehmen und zu verarbeiten.

03. Wie lässt sich der Grad der Aktivierung bestimmen?

Die Stärke des Involvements bestimmt den Grad der Aktivierung in der Werbung. Involvement ist die innere Beteiligung und das gedankliche Engagement sowie die damit verbundene Aktivierung, mit der potenzielle Nachfrager sich bestimmten Werbeaktivitäten zuwenden.

3.2 Grundlagen und Instrumente von Marketing und Werbung

04. Erläutern Sie die Formen des Involvements in einer Tabelle.

High-Involvement	Aktive, bewusste Auseinandersetzung der Konsumenten mit der Werbebotschaft. Die Kaufentscheidung hat für die Konsumenten eine hohe Bedeutung und ist mit einer intensiven Informationssuche und sorgfältigem Abwägen verbunden. Die Werbebotschaften verändern Meinungen und Einstellungen und lösen daraufhin Kaufentscheidungen aus.
Low-Involvement	Die Produkte, die für die Konsumenten eher von untergeordneter Bedeutung sind, werden ausprobiert bzw. ohne größeres Informationsinteresse regelmäßig gekauft. Der häufige Kontakt mit den Werbebotschaften wirkt sich positiv auf das Kaufverhalten aus, ohne dass Einstellungen nachhaltig verändert werden. In Kaufsituationen wird auf bekannte Produkte der Werbung zurückgegriffen.
Kognitive Dissonanz	Die Nachkaufdissonanz ist ein Zustand der Unsicherheit, der sich im Anschluss an risikobehaftete Kaufentscheidungen einstellt. Die Differenz aus der vorhandenen und sich entwickelnden Einstellung und dem vollzogenen Kaufverhalten ist die kognitive Dissonanz. Werbebotschaften der Nachkaufdissonanz zielen auf die erste Produktnutzung, um die Kaufentscheidungen zu bestätigen oder die Dissonanz zu verringern.

05. Beschreiben Sie die Formen aktivierender Reize.

Physisch intensive Reize	Die Aufmerksamkeit ergibt sich aus Form und Farbe oder die Größe einer Werbeanzeige sowie durch den gewählten Bildausschnitt, Kontrast und Prägnanz. Die Merkmale stechen den Betrachtern ins Auge und werden unübersehbar. Vorteilhaft ist die universale Einsetzbarkeit unabhängig von der Zielgruppe. Nachteilig ist, dass oftmals die Werbebotschaften keine weitergehende Verarbeitung erfahren.
Emotionale Reize	Gefühle und Bedürfnisse der Konsumenten werden angesprochen. Hierzu zählen Liebe, Glück, Geborgenheit, Vertrautheit, Freundschaft, Gesundheit, Erotik, Freiheit, Selbstverwirklichung, Neugier und Beschützerinstinkte. Hinzu kommen Gesichter und insbesondere Augen, die bei den Adressaten der Werbung emotional aktivierende Reize auslösen sollen. Es können auch Angst- und Schuldgefühle eingesetzt werden, um die Konsumenten zum Kauf bestimmter Produkte zu bewegen. Starke Emotionen lösen insbesondere das „Kindchenschema" und erotische Reize aus. Sie haben den Vorteil, dass sie sich kaum abnutzen.
Gedanklich-überraschende Reize	Sie stellen den Verstand bzw. die Sinne des Konsumenten vor unerwartete Aufgaben. Dazu zählen Bilder und Wörter, die verwundern und zum Nachdenken anregen. Häufig werden Widersprüche eingesetzt. Dabei sollten Wiedererkennungseffekte erhalten bleiben, um Vertrautes auf neue, überraschende Art und Weise darzustellen. Nachteilig ist, dass die Entschlüsselung der Werbebotschaft häufig schwierig ist und sich abnutzt.

06. Erläutern Sie die Risiken der Aktivierung bei der Gestaltung von Werbebotschaften.

Zu den Risiken der unterschiedlichen Aktivierungstechniken zählen:

Vampireffekt	Die aktivierenden Reize überlagern die Werbebotschaft. Die Werbebotschaft wird in den Hintergrund gerückt. Das Werbeobjekt wird vom Betrachter nicht mehr wahrgenommen und der Bezug zur Werbebotschaft geht verloren.
Bumerangeffekt	Die Werbebotschaft wird vollständig verfälscht, wenn die aktivierenden Reize nicht mit dem Werbeziel korrespondieren, sodass die Adressaten der Werbung von der Werbebotschaft und dem Werbeobjekt abgelenkt werden.
Irritationen	Aufdringliche, unglaubwürdige und nichtssagende Werbeinhalte lösen bei den Adressaten der Werbung eine Abwehrhaltung aus. Dazu zählen auch Reize, die ethisch-moralische Grenzen überschreiten.

07. Nennen Sie Instrumente der Kommunikationspolitik.

- Klassische Werbung
- Verkaufsförderung
- Öffentlichkeitsarbeit
- Persönlicher Verkauf
- Messen
- Sponsoring
- Product Placement
- Electronic Marketing

08. Beschreiben Sie den Einsatz der verschiedenen Instrumente der Kommunikationspolitik.

Klassische Werbung	Gezielter Versuch die potenziellen Nachfrager zu einem Verhalten zu bewegen, die den absatzpolitischen Zielen entsprechen. Das Ziel sind neben den Produktverkäufen auch vorgelagerte Prozesse, etwa um die Einstellung der Konsumenten zu verändern. Es werden Print- und elektronische Medien eingesetzt. Zu den Printmedien zählen Zeitschriften, Zeitungen, Außenwerbung in Form von Plakaten und Werbeaufdrucken. Radio, Fernsehen, Kino und das Internet zählen zu den elektronischen Medien, die die Konsumenten aktivieren sollen und multisensorische Wirkungen entfalten. Bei der Kinowerbung ist beispielsweise kein Zapping wie beim Fernsehen möglich. Die Möglichkeit eines Reaktanz- oder Fluchtverhaltens soll eingeschränkt werden.
Verkaufsförderung	Kurzfristige und unmittelbare Stimulierung des Absatzes. Dazu zählen Verköstigungen, Probe- oder Probierpackungen. Die Adressaten sind sowohl die Nachfrager als auch die Absatzorgane, die im Rahmen von Incentives zu Steigerungen im jeweiligen Aufgabenbereich angeregt werden sollen. Zusätzlich kann der Handel durch Sonderkonditionen, wie z. B. durch Werbekostenzuschüsse angeregt werden.

3.2 Grundlagen und Instrumente von Marketing und Werbung

Öffentlichkeitsarbeit	Die Unternehmenskommunikation soll das Vertrauen für das Unternehmen bei den Anspruchsgruppen stärken. Zu den Anspruchsgruppen bzw. „Stakeholder" zählen Lieferanten, Nachfrager, Anteilseigner, Mitarbeiter und Politiker sowie die Presse. Bei zu starken Gegensätzen zwischen den Anspruchsgruppen besteht kaum eine Möglichkeit, eine sinnvolle Öffentlichkeitsarbeit zu betreiben.
Persönlicher Verkauf	Akquisition von Kunden sowie das Erlangen von Aufträgen durch die direkte Einwirkung auf die Konsumenten. Die größte Verbreitung findet sich im Einzelhandel und im Investitionsgüterbereich. Entscheidend ist dabei die direkte Rückkopplung der jeweils anderen Marktseite, wodurch Wettbewerbsvorteile generiert werden und eine Bindung an den Verkäufer entsteht. Das Hauptproblem sind die Steuerungsprobleme hinsichtlich des Erfolgs der Verkaufsmaßnahmen. Zu den Einflussfaktoren zählen neben der Verkaufsbegabung, die Motivation, die Rollenwahrnehmung, Fachkenntnisse und Erfahrungen, die Zufriedenheit und der persönliche Background des Verkäufers. Weitere Probleme ergeben sich aus der Zurechenbarkeit von Verkaufserfolgen, zumal die Abschlüsse oftmals nicht unmittelbar getätigt werden, aber deren bloße Vorbereitung nur schwer zugerechnet werden kann.
Messen	Regelmäßige Veranstaltungen, um einem Publikum Produkte zu präsentieren. Nach Verschiedenartigkeit der Objekte werden Universal-, Fach- und Mehrbranchenmessen unterschieden. Sind die Messen auf konkrete Verkaufsabschlüsse ausgerichtet, ist eine Messe gleichzeitig ein distributionspolitisches Instrument.
Sponsoring	Beziehung zwischen Sponsor und Gesponsertem. Die Glaubwürdigkeit der Beziehung ist die entscheidende Voraussetzung erfolgreichen Sponsorings. Der Gesponserte erhält direkte monetäre Leistungen und bekennt sich als Gegenleistung zu seinem Sponsor. Der ökonomische Erfolg hängt oftmals von steuerlichen Aspekten ab, wie beispielsweise beim Soziosponsoring (Anerkennung der Gemeinnützigkeit des Gesponserten). Allgemein wird zwischen Sport-, Kultur-, Öko- und Soziosponsoring unterschieden.
Product Placement	Platzierung von zumeist Markenprodukten in Filmen und TV-Sendungen als reale Requisite. Das Ziel ist das Vermeiden bzw. Neutralisieren von Reaktanzen bei den Nachfragern (Abwehrverhalten der Konsumenten bzw. Zapping beim Fernsehen). Das Hauptproblem ist die wettbewerbsrechtliche Abgrenzung zur Schleichwerbung im öffentlich-rechtlichen TV-Bereich. In Kinofilmen bestehen häufig Probleme hinsichtlich der Glaubwürdigkeit und der eventuell von den Konsumenten empfundenen Aufdringlichkeit bei Verwenden der Markenprodukte.

Electronic Marketing	Grundlage ist die rasch fortschreitende Entwicklung im Bereich der computergestützten Informations- und Kommunikationssysteme. Computergestützte Datenbanken lassen eine effiziente Steuerung des Informationsflusses und eine schnelle Informationsverarbeitung zu. Die Erfolgspotenziale von Datenbanken liegen in der effizienten Ansprache der Adressaten und der Vermeidung von Streuverlusten. Das Internet kann insbesondere im Bereich Kundenbeziehungen eingesetzt werden, um Kontakte mit Kunden aufzunehmen und um Produkte bzw. das Unternehmen mittels Werbebanner zu präsentieren. Zusätzlich dient das Internet als Vertriebsweg durch den direkten Verkauf im Rahmen des Internetshoppings oder Internetauktionen. Darüber hinaus sind Marktforschungsumfragen oder auch das Beschwerdemanagement und Produktservice über das Internet möglich. Ein Vorteil des Internets ist die Zweiwege-Kommunikation, die es bei der klassischen Werbung nicht gibt. Die Standardisierung von Werbebotschaften ist eines der bedeutendsten Probleme, zumal schnell an kulturelle Grenzen gestoßen wird. Im Bereich des Electronic Marketing ist die Abgrenzung zwischen Kommunikations- und Distributionspolitik nicht möglich. Das „Electronic Commerce" hat hingegen den Schwerpunkt im Bereich der Distributionspolitik.

09. Auf welche Art und Weise lässt sich die Werbewirkung messen?

Die Messung der Werbewirkung lässt sich in zwei Gruppen unterteilen:

Pre-Tests	Test vor Anwendung des Werbemittels. Dabei werden apparative Methoden zur Messung der Aktivierung und Wahrnehmung der Testpersonen sowie Befragungen in Form von Einzel- und Gruppeninterviews durchgeführt. Das Ziel eines Pre-Tests ist beispielsweise die Ermittlung eines publikumswirksamen Anzeigendesigns.
Post-Tests	Testeinsatz nach Anwendung des Werbemittels. Der Unterschied zu den Pre-Tests besteht im Zeitpunkt der Durchführung. Das Ziel eines Post-Tests ist beispielsweise die Analyse der Erinnerungswirkung im Rahmen eines Recall-Tests.

Das Hauptproblem bei der Messung der Werbemittel ist die eindeutige Zuordnung der Maßnahmen zu den entsprechenden Wirkungen. Eine exakte Bestimmung ist daher oftmals nicht möglich.

3.2 Grundlagen und Instrumente von Marketing und Werbung

10. Erläutern Sie kurz verschiedene Methoden der Marktforschung.

Befragung	• Schriftliche Befragung • Telefonische Befragung • Persönliche Befragung	Standardisierte Befragungen gewährleisten eine hohe Vergleichbarkeit der erhobenen Informationen, während bei wenig strukturierten Befragungen der Interviewer einen verzerrenden Einfluss auf die Ergebnisse haben kann. Die Qualität der Ergebnisse hängt in der Regel von den Fragebögen ab, während freie Befragungen eher das Einfühlungsvermögen und die Lernfähigkeit des Interviewers erfordern.
Beobachtung	• Feldbeobachtungen • Laborbeobachtung	Feldbeobachtungen erfolgen unter realen Lebensumständen, während Laborbeobachtungen im Labor stattfinden. Feldforschung wird in der Marktforschung eher selten angewandt, weil nur äußerlich erkennbare Verhaltensaspekte ermittelt werden können. Laborforschungen versetzen Probanden in genau definierte Situationen, um die Einflüsse exakt zu messen, um die Verhaltensweisen zu registrieren. Die Laborforschung hat für die Marktforschung eine hohe Bedeutung.
Experimente	• Produkttests • Markttests	Produkttests erfolgen im Labor, um die Anmutungsqualität alternativer Produkt- und Werbekonzeptionen zu ermitteln. Markttests führen marktreife Produkte in einem Teilmarkt ein, um die Absatzreaktion zu messen.

3.2.9 Wettbewerbsbeschränkungen (Verbote), standesrechtliche Beschränkungen

01. Nennen Sie gesetzliche Regelungen, die die rechtlichen Rahmenbedingungen des Marketing im Gesundheitswesen definieren.

- Musterberufsordnung für Ärzte (MBOÄ)
- Heilmittelwerbegesetz (HWG)
- Telemediengesetz (TMG)
- Gesetz gegen den unlauteren Wettbewerb (UWG)
- Gesetz gegen Wettbewerbsbeschränkungen (GWB)

02. Beschreiben Sie den Inhalt der genannten gesetzlichen Regelungen.

Musterberufsordnung für Ärzte (MBOÄ)
Das MBOÄ regelt erlaubte Information und berufswidrige Werbung sowie die Eintragung in Verzeichnisse. Der inhaltliche Schwerpunkt ist der Grundsatz der sachlichen berufsbezogenen Information. Damit verbunden ist das Führen von Zusatzbezeichnungen und Tätigkeitsschwerpunkten.
Die Fürsorgepflicht verbietet den Gesundheitsdienstleistern, Konflikte mit dem ärztlichen Berufsrecht hervorzurufen. Irreführende, anpreisende und vergleichende Werbung ist untersagt. Das Werbeverbot bezieht sich ausschließlich auf berufswidrige Werbung. Das Ziel ist der Schutz des medizinisch unbedarften Laien und das Vermeiden einer Kommerzialisierung des Arztberufs. Im Rahmen der Musterberufsordnung finden sich weiterführende Erläuterungen und Auslegungen, z. B. auf der Homepage der Bundesärztekammer. Die Ausgestaltung der jeweiligen Berufsordnung obliegt den Landesärztekammern, sodass sich landes- bzw. kammerspezifische Unterschiede ergeben können.

Heilmittelwerbegesetz (HWG)
Das HWG ist ein Kerngesetz zur Regulierung von Medizinwerbung und behandelt die Werbung für Arzneimittel, Medizinprodukte, die Erkennung, Beseitigung oder Linderung von Krankheiten, Leiden, Körperschäden oder krankhaften Beschwerden bei Mensch oder Tier, operative plastisch-chirurgische Eingriffe, soweit sich die Werbeaussage auf die Veränderung des menschlichen Körpers ohne medizinische Notwendigkeit bezieht.
Geregelt werden im HWG die Angabepflicht bei Arzneimitteln, die Bedingungen für Zuwendungen und Werbegaben, die Orte der Werbung (für Fachkreise oder Laien) sowie die allgemeinen Rahmenbedingungen für Werbung außerhalb der Fachkreise (in § 11 des HWG).
§ 11 des HWG legt beispielsweise fest, dass nicht uneingeschränkt mit Personen in Berufskleidung geworben werden darf. Es darf nicht mit Gutachten, wissenschaftlichen und fachlichen Veröffentlichungen und mit der Wiedergabe der Krankengeschichte von Patienten geworben werden.
Hinzu kommen Verbote bzw. Einschränkungen, die sinngemäß auch für die Werbung außerhalb von Fachkreisen mit Fachsprache gelten:
- bildliche Darstellung von krankhaften Veränderungen des menschlichen Körpers durch „Vorher-Nachher-Bilder",
- Werbeaussagen, die geeignet sind, Angstgefühle hervorzurufen oder auszunutzen,
- Werbevorträge, mit denen ein Feilbieten oder eine Entgegennahme von Anschriften verbunden ist,
- Veröffentlichungen, deren Werbezweck missverständlich oder nicht deutlich erkennbar ist,
- Veröffentlichungen, die zur Selbstdiagnose bzw. Selbsttherapie anleiten,
- Dank-, Anerkennungs- oder Empfehlungsschreiben,
- Preisausschreiben oder Verlosungen,
- Abgabe von Mustern oder Proben von Arzneimitteln.

Telemediengesetz (TMG)
Das TMG beinhaltet Regelungen, zum Impressum von Internetseiten, zur Haftung für gesetzeswidrige Inhalte, zum Datenschutz und zur Herausgabe von Daten.
Gesetz gegen den unlauteren Wettbewerb (UWG)
Das UWG regelt die Verhältnisse von Wettbewerbern zueinander. Es dient anders als das HWG dem Schutz von Mitbewerbern und nicht von Verbrauchern oder Patienten. Im UWG finden sich Wettbewerbsbeschränkungen wegen vergleichender und irreführender Werbung. Hinzu kommen unmittelbare Unterlassungs- und Schadensansprüche gegen wettbewerbswidrige Werbung der Konkurrenten. Ziel des UWG ist das Unterbinden werblicher Aktivitäten, die unlauter sind. Dazu zählen beispielsweise: - Beeinträchtigung der freien Willensbildung durch Akquisition neuer Patienten durch Kundenfang, - Nötigung durch Ausübung physischen oder psychischen Zwangs, - Verlockung durch die Abgabe von Geschenken und Zuwendungen, - Vergleichende Werbung, - Behinderung anderer Unternehmen, - Verstoß gegen geltendes Recht.
Gesetz gegen Wettbewerbsbeschränkungen (GWB)
Das GWB bildet die Grundlage für alle kartellrechtlichen Belange und beschäftigt sich mit Monopolen, marktbeherrschenden Stellungen und Zusammenschlüssen, die insbesondere im Falle von Klinikübernahmen durch private Betreiber relevant sind.

3.3 Marketing und Öffentlichkeit

Hinweis: Das Thema findet sich lt. Rahmenplan auch in Kapitel 4.7.1

3.3.1 Öffentlichkeitsarbeit (Public Relation) als Teil des Marketing

01. Beschreiben Sie die Aufgabe der Öffentlichkeitsarbeit.

Nach dem Selbstverständnis der „Deutschen Public Relations Gesellschaft e.V." ist Öffentlichkeitsarbeit ein bewusstes und legitimes Bemühen um Verständnis sowie um Ausbau und Pflege von Vertrauen in der Öffentlichkeit auf der Grundlage systematischer Erforschung. Öffentlichkeitsarbeit wird auch Public Relations oder PR genannt, um den Beziehungscharakter der eingesetzten Instrumente hervorzuheben.

Public Relations zielt auf die Wirkungen im Sinne eines „Relationship Management" gegenüber den Anspruchsgruppen der Organisation. Grundsätzlich ist Öffentlichkeitsarbeit das Management von Kommunikationsprozessen von Organisationen und deren Bezugsgruppen, um Identität, Zielsetzungen und Interesse an Tätigkeiten und Verhaltensweisen nach innen und außen zu vermitteln.

02. Nennen Sie verschiedene Funktionen der Öffentlichkeitsarbeit.

- Sozialpolitische Positionen vertreten
- Hochschulpolitische Positionen vertreten
- Anwaltsfunktion für Patienten übernehmen
- Fachliche (wissenschaftliche) Standards legitimieren
- Öffentliche Finanzierung erleichtern

03. Welche Aufgaben besitzt die Öffentlichkeitsarbeit (PR) im Bereich des Gesundheitswesens?

Die Öffentlichkeitsarbeit im Gesundheitswesen hat die Aufgabe, mit sachlichen Informationen um Verständnis und Vertrauen bei den für die Gesundheitsbetriebe wichtigen Öffentlichkeiten zu werben.

Gesundheitsdienstleister bieten in der Regel medizinische Leistungen an, die ökonomisch gesehen, Vertrauensgüter darstellen. Die Patienten konsumieren diese Vertrauensgüter erst, wenn eine Vertrauensbasis in die medizinischen Leistungen vorhanden ist. Daher stellt die Öffentlichkeitsarbeit eine wichtige Aufgabe im Bereich des Marketing der Gesundheitsdienstleister dar.

Hinzu kommt, dass der Einsatz marketingpolitischer Instrumente im schärfer werdenden Wettbewerb zwischen den Gesundheitsdienstleistern immer bedeutender wird. Zusätzlich ist das Interesse der Patienten an Gesundheitsaufklärung und Neuerungen in medizinischen Bereichen ein nicht zu unterschätzender Faktor im Wettbewerb der Gesundheitsdienstleister.

04. Welche Maßnahmen können in der Öffentlichkeitsarbeit (PR) von Gesundheitsdienstleistern durchgeführt werden?

Presse- und Medienarbeit	Die Pressearbeit zielt auf die Zusammenarbeit mit Medienvertretern: • Presseverteiler • Pressemitteilungen • Pressekonferenzen • Redaktionsbesuche • PR-Anzeigen und Advertorials (redaktionelle Aufmachung einer Werbeanzeige) • Stellenanzeigen • Krisen-PR • Telefonaktionen • TV-Sendungen

3.3 Marketing und Öffentlichkeit

Publikationen	Medizin- und Gesundheitsthemen werden in Medien des Gesundheitsunternehmens publiziert: • Patienten- und Imagebroschüren • Mitarbeiterzeitungen • Hauszeitschriften • FAQ-Kataloge • Klinik-TV und Klinik-Radio • Imagefilme • Geschäfts-, Jahres- und Qualitätsberichte
PR-Dialog	Hierzu zählen der Aufbau und die Pflege persönlicher Beziehungen zu Meinungsführern und Multiplikatoren: • Prominente • Behörden • Politiker • Spender und Sponsoren • Selbsthilfegruppen • Lobbying

05. Nennen Sie Instrumente aus dem Bereich der Öffentlichkeitsarbeit.

- Event-Marketing
- Persönliche Kommunikation
- Mediawerbung
- Direktkommunikation
- Multimediakommunikation

Vgl. auch Kapitel 3.2

3.3.2 Erscheinungsbild – Image und Imagepflege

01. Welche Ziele werden mit dem Imageaufbau verbunden?

Das Ziel ist über den Bekanntheitsgrad eines Gesundheitsunternehmens hinaus, die Organisation konzeptionell mit einem positiven Image zu versehen. Wettbewerbsvorteile lassen sich deshalb erzielen, weil der Charakter bzw. die Persönlichkeit eines Produktes oder einer Dienstleistung entscheidender für den Markterfolg sein kann als technische Elemente oder Spezifikationen.

Image kann in seiner Gesamtheit als die Summe der subjektiven Einstellungen gegenüber einem Meinungsgegenstand wie beispielsweise Sachen, Personen, Themen oder Organisationen verstanden werden. Dabei sind die inneren Bereitschaften eines Individuums entscheidend, um auf bestimmte Reize positiv oder negativ zu reagieren.

02. Beschreiben Sie die Differenzierungen der Imagedimensionen.

Dimension	Potenzial
Kognitiv	• Wissensvermittlung • Erweckung von Interesse und Aufmerksamkeit • Bildung von Erinnerung
Affektiv	• Stimulierung von positiven Gefühlen • Stimulierung von Interessen und Wünschen
Konativ	• Stimulierung nachhaltig positiver Einstellungen • Auslösen von Kaufentscheidungen • Auslösen von Nutzungsverhalten

Die Imagedimensionen sind hinsichtlich von Kundenverhältnissen, Kostenträgern, Spendern und Patienten bis hin zur gesamten Öffentlichkeit anwendbar. Der Erfolg eines Rufes lässt sich an der Möglichkeit messen, ob Gesundheitsunternehmen ihre Anliegen kommunizieren bzw. als Meinungsführer sozialpolitische Diskussionen führen können. Eine Imagekonzeption mus folgende Faktoren berücksichtigen:

- Der Kenntnisstand über die Leistungen und Rahmenbedingungen der Gesundheitsbetriebe ist in der Öffentlichkeit, der Politik und bei den Patienten nicht durchgehend befriedigt.

- Damit soziale Dienstleistungen positiv wahrgenommen werden, ist die gefühlsmäßige Einstellung ein wichtiger Motor, um Gesundheitsunternehmen zu fördern.

- Positive Haltungen gegenüber den an sich negativen Sektoren des Gesundheitswesens lassen sich nicht ohne Weiteres kommunizieren, um die defensiven Einstellungen der Botschaftsempfänger in aktive Handlungen wie beispielsweise Spenden, ehrenamtliche Tätigkeiten etc. umzuwandeln.

03. Wie kann Image aufgebaut und gepflegt werden?

Die Einstellung gegenüber einem Objekt kann erst erfolgen, wenn das Objekt bekannt ist. Organisationen, die wegen ihrer geringen Größe oder einem geringen Etablierungsgrad nicht oder wenig bekannt sind, müssen zunächst eine Basis für die Imageprofilierung und Imagepflege schaffen.

Um ein positives Image aufzubauen, ist in der Regel ein mittelfristiger Zeitraum erforderlich. Dazu werden zumeist werbliche Aktivitäten entfaltet. Etablierte Organisationen haben die Aufgabe, das Image mit nachhaltigen Maßnahmen zu pflegen. Im Mittelpunkt der Aktivitäten stehen kommunikationspolitische Maßnahmen. Imageanalysen dienen dazu, die werblichen Aktivitäten den Einstellungen der Zielgruppe anzupassen oder zu verändern.

04. Welches Instrumentarium kann zum Imageaufbau und zur Imagepflege eingesetzt werden?

Dem Imageaufbau und der Imagepflege steht das vollständige Marketinginstrumentarium zu Verfügung. Interessant ist das Konzept der kommunikativen Leitidee, mit der

3.3 Marketing und Öffentlichkeit

eine Grundaussage über die Organisation oder die Marke formuliert wird und in der die erforderlichen Merkmale der Positionierung enthalten sind. Die Leitidee bzw. der Slogan kommuniziert in kurzer Art und Weise den Kern einer Botschaft.

05. Nennen Sie Beispiele für Leitideen bzw. Slogans aus dem Bereich des Sozial- und Gesundheitswesens.

Organisation	Slogan
Bundesfreiwilligendienst (BFD)	Zeit, das Richtige zu tun.
Arbeiter-Samariter-Bund (ASB)	Wir helfen hier und jetzt.
Johanniter Unfallhilfe	Aus Liebe zum Leben.
Deutscher Kinderschutzbund (DKSB)	Die Lobby für Kinder.
Deutsches Rotes Kreuz (DRK)	Aus Liebe zum Menschen.

06. Welche Aufgabe kommt dem Corporate Identity-Konzept bei der Öffentlichkeitsarbeit zu?

Der gezielte Einsatz einer „Corporate Identity Policy" schafft bei den Zielgruppen und den Mitarbeitern ein „Wir-Bewusstsein". Damit werden Identifikationspotenziale erschlossen. Hinzu kommt, dass der Gesundheitsdienstleister sowie seine strategischen Einheiten und medizinischen Leistungsangebote differenziert und unverwechselbar in der Öffentlichkeit wahrgenommen werden.

Daher zielen die Maßnahmen im Rahmen der Corporate Identity auf die Gestaltung und Vermittlung der Art und Einmaligkeit des Gesundheitsdienstleisters. Das Corporate Design, die Corporate Communication und das Corporate Behaviour als Instrumente einer CI-Politik sind miteinander abzustimmen, um Identität zu vermitteln und Vertrauen zu gewinnen. Zusätzlich kann die Koordination innerhalb eines Unternehmens verbessert und eine Basis für eine gezielte Markenführung geschaffen werden.

07. Welche Aufgabe fällt der Öffentlichkeitsarbeit (PR) im Krisenfall zu?

Krisenkommunikation wird immer dann notwendig, wenn über den Zeitpunkt einer Meldung nicht selbst entschieden werden kann, sondern ein Gesundheitsbetrieb durch äußere Umstände dazu gezwungen ist. Dies kann ein Brand sein, ein hochinfektiöser Patient oder ein prominenter Patient, der nach einem Unfall aufgenommen und behandelt wird. In anderen Fällen wird öffentlich, dass eine Klinik, eine Krankenkasse oder ein Gesundheitsbetrieb in eine drohende Insolvenz geraten ist oder einzelne Abteilungen geschlossen und Mitarbeiter entlassen werden müssen. Vereinfacht gesagt wird eine Krisenkommunikation stets dann notwendig, wenn in erster Linie eine Reaktion anstatt einer Aktion gefragt ist.

Bei Auftreten eines Krisenfalls müssen sich die Verantwortlichen in einem Krisenstab zusammensetzen, um die wesentlichen Inhalte abstimmen. Dazu zählen:
- Wer informiert?
- Wann, wie, wo und wer wird informiert?
- Wer muss bevorzugt bzw. kann gemeinsam informiert werden?
- Ist eine Pressekonferenz sinnvoll?
- Wer steht für Rückfragen zur Verfügung?
- Ist eine Hotline einzurichten?
- Was ist an Ursachen und Hintergründen bekannt?
- Was werden Journalisten wahrscheinlich fragen?
- Was sollte kommuniziert werden?
- Wo entstehen möglicherweise rechtliche Konsequenzen?
- Wie ist der Schutz eventuell betroffener Patienten zu wahren?

Die Entscheidung darüber, wann und in welchem Umfang informiert werden soll, ist dabei von grundsätzlicher Bedeutung. Jede Information, die von der Unternehmenskommunikation oder der Geschäftsführung als Erste herausgegeben wird, wird besser sein, als gegen bereits entstandene Gerüchte ankämpfen zu müssen. Die Mitarbeiter sind daher zwingend einzubinden. Die entscheidenden Fragen bei der Information sind:
- Was ist geschehen?
- Was sind Hintergründe?
- Warum ist es geschehen?
- Wo liegt ggf. ein eigenes Fehlverhalten vor?
- Was ist bereits unternommen worden?
- Was wird noch unternommen?

Zumeist verfügen Kliniken und Krankenhäuser über Krisen- und Notfallpläne oder Katastropheneinsatzpläne, die im Rahmen des Qualitätsmanagements gepflegt werden.

3.3.3 Medieneinsatz und Medienarbeit

01. Nennen Sie publikumswirksame kommunikative Instrumente der Öffentlichkeitsarbeit.

- Pressearbeit, Radio und TV
- Publikationen
- Öffentliche Veranstaltungen
- Kampagnen

3.3 Marketing und Öffentlichkeit

02. Beschreiben Sie die publikumswirksamen kommunikativen Instrumente der Öffentlichkeitsarbeit.

Pressearbeit, Radio und TV
Die Öffentlichkeitsarbeit hat Erfolg, wenn es gelingt, den Informationsbedarf der Medienvertreter zu decken. Die Attraktivität einer Nachricht einer sozialen Organisation für die Presse, Radio- und TV-Sender hängt davon ab, ob die Übertragung in Wort, Ton und Bild möglich ist. Fernsehreporter benötigen bewegte Bilder, während Radiojournalisten den Originalton benötigen. Zeitungsjournalisten werden beispielsweise oftmals nach Zeilen bezahlt, sodass gut aufbereitete Informationen helfen, Artikel schnell zu produzieren. Fachterminologie, komplizierte Satzstrukturen und wenig attraktive Gestaltungselemente sollten vermieden werden. Der Kontakt zu Redaktionen und freien Journalisten sollte selbstständig hergestellt und gepflegt werden. Redaktionen und freie Journalisten verfügen häufig über Datenbanken, die relevante Kontakte zu unterschiedlichen Organisationen enthalten. Die Aufnahme in einen solchen Pool erhöht die Möglichkeit, von einem Journalisten kontaktiert zu werden. Eine soziale Organisation kann ebenso einen Presseverteiler mit medienspezifischen Kontaktdaten aufbauen. Soziale Themen finden häufig in wenig ereignisreichen Zeiten eine Aufnahme in den Medien. Dies sind beispielsweise Feiertage wie Weihnachten und Ostern. Achtet die PR-Arbeit auf die richtigen Formate der jeweiligen Medien, erhöht dies die Wahrscheinlichkeit, von einer Redaktion wahrgenommen zu werden. Häufig erfolgt die Pressearbeit nicht nur über Pressemitteilungen, sondern auch über Pressekonferenzen. Sie benötigen in der Regel attraktive Themen oder finden aus aktuellem Anlass statt. Eine professionelle Planung trägt mit zum Erfolg einer solchen Veranstaltung bei. Im Zuge der Privatisierung von Rundfunk und Fernsehen wurden von staatlicher Seite Frequenzen freigegeben, die für karitative Zwecke genutzt werden können. Soziale Organisationen besitzen daher die Option, Funk- und Fernsehbeiträge zu entwickeln und zu senden. Soziale Initiativen und kirchliche Organisationen sind gelegentlich in Ballungsräumen über eigene Sender und Sendungen aktiv geworden. Die Ansprüche an Gestaltung und technische Ausrüstung ist jedoch sehr hoch, sodass kleine oder mittlere Gesundheitsunternehmen kaum ohne öffentliche Förderung die finanzielle Möglichkeit haben, eigene Sender und Sendungen zu etablieren.

Publikationen
Zu eigenen Publikationen zählen Jahresberichte der Organisation, Mitarbeiterzeitschriften und Handbücher. In Jahresberichten können die Leistungen des Gesundheitsunternehmens publikumswirksam dargestellt werden. Im Vorfeld der Konzeption lohnt sich eine Zielgruppenanalyse, um die Interessen und Anforderungen der Zielgruppe entsprechend berücksichtigen zu können. Die Mitarbeiter können mit Mitarbeiterzeitschriften in die interne Kommunikation eingebunden werden. Zusätzlich lassen sich die Instrumente der Corporate Identity einsetzen. Handbücher, die den spezifischen Fachinteressen einer Zielgruppe entsprechen, eignen sich gut als Instrument der fachinternen Öffentlichkeitsarbeit. Dazu zählen Publikationen wie beispielsweise Qualitätsberichte und Handbücher zur Suchtarbeit bzw. betrieblichen Gesundheitsförderung. Der fachliche Inhalt und eine professionelle Gestaltung sollen Anreize zum weiteren Befassen mit dem Thema geben.

Öffentliche Veranstaltungen
Öffentliche Veranstaltungen richten sich häufig an Fachvertreter oder prominente Personen aus Politik, Wissenschaft und Kultur. Zu den weiteren Maßnahmen der Öffentlichkeitsarbeit zählen die Präsenz auf den entsprechenden Tagungen und Veranstaltungen, der Aufbau von Nachbarschaften oder Quartiersgemeinschaften sowie die Präsenz auf Straßenfesten und Bürgerversammlungen oder Sportveranstaltungen.

Kampagnen
Kampagnen erfolgen durch den koordinierten Einsatz von Kampagnenmitteln und der Auseinandersetzung mit den spezifischen Interessen der Zielgruppe, um Veränderungen zu bewirken bzw. bestimmte Ziele zu erreichen. Einen hohen Bekanntheitsgrad haben Kampagnen verschiedener Umwelt- und Tierschutzorganisationen erreicht. Kampagnen unterscheiden sich von der Öffentlichkeitsarbeit dadurch, dass eine strategische Verzahnung von Öffentlichkeit und Politik erfolgt und Aufbau bzw. Ablauf eine zielgerichtete Dramaturgie erfahren. Die Voraussetzung für den Erfolg einer Kampagne ist der Wille zur Veränderung bei den Verantwortlichen und Mitarbeitenden. Um eine Kampagne zu realisieren, können in der Regel alle gängigen Medien mit direkter oder indirekter Ansprache eingesetzt werden. Eine Kampagnenflut sollte vermieden werden. Es empfiehlt sich eine selektive, integrative und konzentrierte Vorgehensweise. Der Erfolg kann von verschiedenen Faktoren abhängen: • Der Konflikt sollte von der Öffentlichkeit nachvollzogen werden können, bzw. es sollte sich um ein öffentlich bekanntes Problem handeln. • Die Interessen der Öffentlichkeit müssen betroffen sein. • Der Gegner muss leicht zu identifizieren sein. • Der Kampf sollte zwischen klein und groß stattfinden und nicht umgekehrt. • Die Kampagnenbotschaft sollte einfach und klar formuliert sein. • Das Ziel bzw. die Lösung sollte einfach und klar darzustellen sein. • Das Problem muss visuell darstellbar sein. • Die Medienvertreter müssen mit ausreichend Materialien wie beispielsweise Bilder, Informationen zu Hintergründen und Berichten ausgestattet sein. • Die Kampagnen brauchen einen hohen Nachrichtenwert für die Medienvertreter. • Die Botschaftsempfänger müssen die Möglichkeit haben, sich einzubringen, sich zu engagieren, zu handeln oder mitzumachen.

3.3.4 Fundraising

3.3.4.1 Zweckbindung

01. Definieren Sie den Begriff des Fundraising.

Fundraising gilt als die strategische Beschaffung von finanziellen Ressourcen, Sachwerten, Zeit und Know-how unter Einsatz marketingpolitischer Maßnahmen, um am Wohl der Allgemeinheit orientierte Ziele zu verwirklichen.

3.3 Marketing und Öffentlichkeit

02. Definieren Sie den Begriff der Spende.

Spenden sind freiwillige und unentgeltliche Wertabgaben in Form von Geld- oder Sachzuwendungen, die das geldwerte Vermögen des Spenders im Sinne eines Vermögensopfers reduzieren.

03. Welche Aufgaben hat der „Deutsche Spendenrat"?

Der „Deutsche Spendenrat e.V" versteht sich als Dachverband Spenden sammelnder gemeinnütziger Organisationen. Dem Verein gehören private und kirchliche Träger aus den Tätigkeitsbereichen der humanitären Hilfe sowie des Tier-, Arten- und Naturschutzes an. Der Verein sieht es als seine Aufgaben an, sowohl die Spendenbereitschaft in der Bevölkerung zu fördern als auch gegen unlautere Methoden der Spendenwerbung vorzugehen. Er betrachtet sich dabei als Instrument der freiwilligen Selbstkontrolle.

Die Mitgliedsorganisationen müssen sich in einer Selbstverpflichtungserklärung zur Einhaltung von über die Einhaltung geltenden Rechts hinausgehenden Mindeststandards verpflichten. Die Nichteinhaltung dieser Standards kann mit Sanktionen von Missbilligung und Rüge bis hin zum Ausschluss aus der Mitgliedsorganisation geahndet werden. Ab 2011 gelten die neuen Grundsätze des „Deutschen Spendenrates". In den Grundsätzen werden ethische, strukturell organisatorische Fragen festgelegt sowie Themen wie Rechnungslegung, Berichts- und Informationswesen beschrieben.

04. Welche Aufgaben hat das Deutsche Zentralinstitut für soziale Fragen?

Das „Deutsche Zentralinstitut für soziale Fragen" (DZI) ist eine unabhängige Institution mit Sitz in Berlin, die soziale und karitative Nichtregierungsorganisationen (NGO) in Deutschland auf die Verwendung ihrer Spendengelder seit 1991 prüft. Das DZI existiert seit 1893 als Stiftung bürgerlichen Rechts.

Im Wohlfahrtsarchiv werden Spendenorganisationen dokumentiert. Die Informationen werden wissenschaftlich ausgewertet und dienen als Basis zur Beantwortung der Anfragen von Privatpersonen, Unternehmen, Behörden und Medien. In der Funktion als Sammlungs-, Auskunfts- und Forschungsstelle kann die Stiftung Spenden sammelnde Organisationen jeglicher steuerbegünstigter Zielsetzung auf Einhaltung der von der Stiftung erarbeiteten Beurteilungskriterien prüfen und Dritten im Sinne der Verbraucherberatung Auskünfte erteilen. Mitglieder des DZI können Bundesländer, Gemeinden, Behörden und Verwaltungen, Fachhochschulen oder Fachbereiche von Hochschulen sowie Personen sein, die bereit sind, den Zweck des Vereins zu fördern. Das DZI gibt das Spenden-Siegel heraus.

05. Was ist das Spenden-Siegel?

Das Spenden-Siegel dient Spendern und allen weiteren Interessierten als Entscheidungshilfe hinsichtlich der Vertrauenswürdigkeit und Leistungsfähigkeit von Spenden sammelnden Organisationen. Das Spenden-Siegel wird seit 1992 vom „Deutschen Zentralinstitut für soziale Fragen" (DZI) herausgegeben. Die anerkannten Spenden-Siegel-Organisationen verpflichten sich auf eigene Initiative zur Einhaltung der Spenden-Siegel-Standards bzw. -Leitlinien und damit zu einer zweckgerichteten, sparsamen und wirksamen Mittelverwendung, zu einer aussagekräftigen und geprüften Rechnungslegung, zu einer klaren, wahren, offenen und sachlichen Werbe- und Öffentlichkeitsarbeit, zu wirksamen Kontroll- und Aufsichtsstrukturen sowie zur Transparenz gegenüber der Öffentlichkeit. Die Einhaltung der Standards wird vom DZI regelmäßig überprüft, das die benötigten Informationen von den Organisationen erhält und darüber hinaus weitere geeignete Informationsquellen in seine Entscheidung einbezieht.

06. Was sind die Voraussetzungen, um ein Spenden-Siegel des DZI zu erhalten?

Das Spenden-Siegel können rechtlich selbstständige Organisationen beantragen sowie eindeutig abgegrenzte, rechtlich unselbstständige Organisationen, Arbeitsbereiche oder Aktionen, die über einen eigenen Namen, eine eigene Satzung oder Aufgabenstellung, eigene Entscheidungsstrukturen, eine eigene Außendarstellung, ein eigenes Konto und eine eigene Rechnungslegung verfügen.

Die Organisationen müssen ihren Sitz in Deutschland haben und gemäß den §51 bis §68 Abgabenordnung (AO) als steuerbegünstigt anerkannt sein, bzw. im Sinne der Abgabenordnung gemeinnützigen, mildtätigen oder kirchlichen Zwecken dienen. Hinzu kommt, dass die Organisationen in der Öffentlichkeit um Spenden und Geldspenden in Höhe von mehr als 25.000 € pro Jahr werben.

07. Welche Institution erkennt die Steuerbegünstigung nach der Abgabenordnung an?

Die Finanzämter prüfen, ob Organisationen gemeinnützigen, mildtätigen oder kirchlichen Zwecken gemäß §52 bis §55 AO dienen, sodass Steuervergünstigungen zugestanden werden können. Gemeinnützige Organisationen fördern die Allgemeinheit, Mildtätigkeit setzt voraus, dass die Organisationen, Menschen selbstlos unterstützen, während kirchliche Organisationen als Religionsgemeinschaft des öffentlichen Rechts anerkannt sein müssen.

Zudem ist gemäß §55 AO eine Förderung oder Unterstützung nur möglich, wenn dies selbstlos geschieht und nicht in erster Linie eigenwirtschaftlichen, gewerblichen Zwecken oder sonstigen Erwerbszwecken dient. Dazu müssen die Organisationen eine Satzung haben, aus der der Zweck eindeutig hervorgehen muss. Hieraus folgt, dass das Spenden-Siegel des DZI keine zwingend notwendige Voraussetzung ist, damit Organisationen Steuervergünstigungen erhalten.

3.3 Marketing und Öffentlichkeit

08. Zählen Sie die zwingenden Voraussetzungen für Anerkennung einer Steuerbegünstigung durch die Finanzämter auf.

Förderung

- gemeinnütziger,
- mildtätiger oder
- kirchlicher Zwecke und
- Selbstlosigkeit

(vgl. auch Kapitel 2.5.1. Dort sind die steuerrechtlichen Grundlagen beschrieben)

3.3.4.2 Mittelverwendung und Kontrolle

01. Wie ist die Mittelverwendung geregelt?

Die Vorschriften zur Mittelverwendung ergeben sich insbesondere aus §55 AO:

- Organisationen müssen gemäß §55 Abs. 1 Nr. 5 AO ihre Mittel grundsätzlich zeitnah für ihre steuerbegünstigten satzungsmäßigen Zwecke verwenden. Verwendung in diesem Sinne ist auch die Verwendung der Mittel für die Anschaffung oder Herstellung von Vermögensgegenständen, die satzungsmäßigen Zwecken dienen. Eine zeitnahe Mittelverwendung ist gegeben, wenn die Mittel spätestens in dem auf den Zufluss folgenden Kalender- oder Wirtschaftsjahr für die steuerbegünstigten satzungsmäßigen Zwecke verwendet werden.

- Die Mittel der Organisationen dürfen gemäß §55 Abs. 1 Nr. 1 AO nur für die satzungsmäßigen Zwecke verwendet werden. Die Mitglieder oder Gesellschafter dürfen keine Gewinnanteile und in ihrer Eigenschaft als Mitglieder auch keine sonstigen Zuwendungen aus Mitteln der Körperschaft erhalten. Die Körperschaft darf ihre Mittel weder für die unmittelbare noch für die mittelbare Unterstützung oder Förderung politischer Parteien verwenden.

- Die Organisationen dürfen gemäß §55 Abs. 1 Nr. 3 AO keine Personen durch Ausgaben, die nicht dem Zweck der Organisation entsprechen oder durch unverhältnismäßig hohe Vergütungen begünstigen.

- Die Mitglieder dürfen bei ihrem Ausscheiden oder bei Auflösung oder Aufhebung der Organisation nicht mehr als ihre eingezahlten Kapitalanteile und den gemeinen Wert ihrer geleisteten Sacheinlagen zurückerhalten. Bei Auflösung oder Aufhebung der Organisation oder bei Wegfall ihres bisherigen Zwecks darf das Vermögen, soweit es die eingezahlten Kapitalanteile der Mitglieder und den gemeinen Wert der von den Mitgliedern geleisteten Sacheinlagen übersteigt, nur für steuerbegünstigte Zwecke verwendet werden. Diese Voraussetzung ist erfüllt, wenn das Vermögen einer anderen steuerbegünstigten Organisation oder juristischen Person des öffentlichen Rechts für steuerbegünstigte Zwecke übertragen wird.

02. Wie ist die Mittelverwendung geregelt, um ein Spenden-Siegel des DZI zu erhalten?

Organisationen müssen über Strukturen und Prozesse verfügen, die eine angemessene Planung, Durchführung und Kontrolle der Mittelverwendung gewährleisten. Die Mittel dürfen nur für die angegebenen Zwecke und die damit verbundenen notwendigen Werbe- und Verwaltungsausgaben eingesetzt werden.

Die Verwendung der Mittel folgt den Grundsätzen der Wirtschaftlichkeit und Sparsamkeit sowie dem Kriterium der größtmöglichen Wirksamkeit. Hinzu kommt, dass die Organisationen ihre Mittel ausschließlich für die in der Satzung festgelegten Zwecke einsetzen darf, dabei darf kein Missverhältnis zwischen den in der Satzung genannten Zwecken und den tatsächlich realisierten Vorhaben bestehen. Zusätzlich sind Maßnahmen gegen die Korruption bei der Mittelverwendung zu ergreifen und ein Konzept zur Korruptionsvorbeugung vorzulegen.

03. Welche rechtlich bindenden Kontrollmöglichkeiten existieren bei der Mittelverwendung?

Die tatsächliche Geschäftsführung der Organisationen muss gemäß § 63 AO auf die ausschließliche und unmittelbare Erfüllung der steuerbegünstigten Zwecke gerichtet sein und den Bestimmungen entsprechen, die die Satzung über die Voraussetzungen für Steuerbegünstigungen enthält. Dazu müssen die Organisationen Nachweise führen aus denen hervorgeht, dass die tatsächliche Geschäftsführung den Erfordernissen entspricht. Dies geschieht durch ordnungsmäßige Aufzeichnungen der Einnahmen und Ausgaben.

Hat eine Organisation Mittel angesammelt, ohne dass die Voraussetzungen einer steuerlich unschädlichen Betätigung des § 58 Nr. 6 und § 58 Nr. 7 AO vorliegen, kann das Finanzamt eine Frist für die Verwendung der Mittel setzen. Die tatsächliche Geschäftsführung gilt als ordnungsgemäß, wenn die Mittel innerhalb der Frist für steuerbegünstigte Zwecke verwendet werden.

04. Wie erfolgt die Kontrolle der Mittelverwendung unter staatlicher Aufsicht?

Eine behördliche Aufsicht über alle spendenempfangsberechtigten Organisationen existiert in Deutschland nicht.

Neben dem Spenden-Siegel des „Deutschen Zentralinstituts für soziale Fragen" (DZI) gibt es keine Kontrollmechanismen. Das DZI ist allerdings nicht unabhängig wie beispielsweise eine staatliche Aufsicht in anderen Bereichen (Bankenaufsicht etc.). Der „Deutschen Spendenrat" wird oftmals wegen seiner geringen Mitgliederzahl kritisiert. Vielerorts wurden von den Bürgern Spendenparlamente gegründet, um zu erfahren, wohin die Spenden fließen. Gelegentlich wird in den Medien über spektakuläre Vorfälle in Spendenorganisationen berichtet.

3.3 Marketing und Öffentlichkeit

3.3.4.3 Gütesiegel

01. Welche Funktionen übernehmen Gütesiegel im Fundraising?

Gütesiegel lassen sich für die Kommunikationspolitik sozialer Organisationen einsetzen, weil sich Eigenschaften wie Leistungsfähigkeit und Vertrauen bei den Zielgruppen bescheinigen lassen, zumal Gütesiegel für das Qualitätsmanagement die Funktion übernehmen, die Leistungspotenziale einer Organisation auf der Grundlage umfangreicher Überprüfungen zu bescheinigen. Qualitätsüberprüfungen basieren in der Regel auf konsensfähigen Kriterienkatalogen.

02. Nennen Sie Beispiele für Gütesiegel aus dem Bereich sozialer Organisationen.

Deutscher Kinderschutzbund (DKSB)	Blauer Elefant
Deutsches Rotes Kreuz (DRK)	DZI-Spenden-Siegel
Deutsche Lebensrettungsgesellschaft (DLRG)	Deutscher Spendenrat e.V.
Johanniter-Unfallhilfe	DZI-Spenden-Siegel

3.3.4.4 Steuerliche Relevanz

Hinweis: Das Thema findet sich lt. Rahmenplan ausführlich in Kapitel 2.5.1

01. Sind Spenden steuerlich abzugsfähig?

Spenden an gemeinnützige Organisationen und politische Parteien sind in Deutschland steuerlich abzugsfähig. Dabei werden die Spenden von den Privatpersonen als Sonderausgabe in der jährlichen Einkommensteuererklärung steuermindernd geltend gemacht.

Unternehmen können Spenden innerhalb einer festgesetzten Grenze vom Gewinn absetzen. Zuwendungen, zu denen Spenden und Mitgliedsbeiträge zählen, die zur Förderung steuerbegünstigter Zwecke im Sinne der §§ 52 bis 54 der Abgabenordnung dienen, können insgesamt bis zu 20 Prozent des Gesamtbetrags der Einkünfte bei Privatpersonen oder 4 ‰ der Summe der gesamten Umsätze und der im Kalenderjahr aufgewendeten Löhne und Gehälter als Sonderausgaben abgezogen werden.

02. Was ist die Voraussetzung der steuerlichen Abzugsfähigkeit?

Voraussetzung der steuerlichen Abzugsfähigkeit ist, dass die Zuwendungen an juristische Personen des öffentlichen Rechts oder an öffentliche Dienststellen, bzw. an nach

§ 5 Abs.1 1 Nr. 9 des Körperschaftsteuergesetzes (KStG) steuerbefreite Körperschaften, Personenvereinigungen oder Vermögensmassen erfolgen.

03. In welchem Fall sind Zuwendungen nicht steuerlich abzugsfähig?

Nicht abziehbar sind Mitgliedsbeiträge an Körperschaften, die den Sport, kulturelle Betätigungen, die in erster Linie der Freizeitgestaltung dienen, die Heimatpflege und Heimatkunde und Zwecke zur Förderung der Allgemeinheit im Sinne des § 52 Abs. 2 Satz 1 Nr. 23 Abgabenordnung (AO) fördern.

04. Sind die Zuwendungen der Unternehmen beim Sponsoring steuerlich als Spenden abzugsfähig?

Nein, die Zuwendungen der Unternehmen beim Sponsoring sind Aufwendungen des Sponsors bzw. Betriebsausgaben und demzufolge keine Spenden. Dies betrifft insbesondere Unternehmen, die als Sponsoren wirtschaftliche Vorteile erzielen wollen. Dazu zählt das Sichern und Erweitern des unternehmerischen Images und das Bewerben eigener Produkte sowie Dienstleistungen.

3.3.5 Social-Sponsoring

3.3.5.1 Abgrenzung gegenüber Spenden und Mäzenatentum

01. Definieren Sie den Begriff des Social-Sponsoring.

Social-Sponsoring ist das Sponsoring sozialer Organisationen durch Unternehmen der Erwerbswirtschaft. Innerhalb des Social-Sponsorings lassen sich „Public-Private-Partnerships" (PPP) entwickeln, sodass diese Form des Sponsorings als alternative Finanzierung zur staatlichen Förderung für soziale Organisationen interessante Möglichkeiten der Drittmittelbeschaffung eröffnet.

Public Private Partnerships (PPP) oder auch Öffentlich-Private-Partnerschaften (ÖPP) ermöglichen den Zugang zu privatem Kapital, aber auch zu Kompetenz und Know-how zur Unterstützung und Erfüllung staatlicher Aufgaben.

Social-Sponsoring verbessert die Aufgabenerfüllung in sozialen Bereichen durch die Bereitstellung von Finanz- und Sachmitteln oder Dienstleistungen durch Unternehmen, die damit direkt oder indirekt Wirkungen für ihre Unternehmenskultur, Marketing und Unternehmenskommunikation anstreben.

02. Definieren Sie den Begriff des Mäzenatentums.

Mäzenatentum ist die Förderung des Gemeinwohls aus uneigennützigen Motiven ohne Gegenleistung. Motive derartiger Handlungen der Mäzene sind die Selbstverpflichtung

3.3 Marketing und Öffentlichkeit

einer Person, einer Stiftung oder eines Unternehmens, wobei künstlerisch, sportliche oder sozialpolitische Interessen im Vordergrund stehen.

03. Definieren Sie den Begriff des Spendenwesens.

Beim Spendenwesen handelt es sich um Spendenaktionen, die von Unternehmen im Bewusstsein ihrer gesellschaftlichen Verantwortung geleistet werden. Aus betriebswirtschaftlicher Sicht hat die Spendenvergabe in erster Linie steuerliche Gründe.

04. Definieren Sie den Begriff des Sponsoring.

Das Mäzenatentum und das Spendenwesen sind nicht mit dem Sponsoring gleichzusetzen. Im Unterschied zum Mäzenatentum und Spendenwesen verbinden Unternehmen, die als Sponsoren auftreten, ihr Engagement mit Kommunikationszielen ihrer Organisation. Die Ziele des Sponsoring werden durch das Vereinbaren von Gegenleistungen mit dem Gesponserten erreicht. Das Sponsoring wird durch geeignete Kommunikationsinstrumente bekannt gemacht.

Sponsoring ist die Analyse, Planung, Umsetzung und Kontrolle sämtlicher Aktivitäten, die mit der Bereitstellung von Geld, Sachmitteln, Dienstleistungen oder Know-how durch Unternehmen und Institutionen zur Förderung von Personen oder Organisationen in den Bereichen Sport, Kultur, Soziales, Umwelt und Medien in Zusammenhang stehen. Dabei werden die Leistungen des Sponsors und des Gesponserten vertraglich geregelt. Ein Sponsoring kommt zustande, wenn für beide Seiten Vorteile entstehen.

05. Beschreiben Sie die Merkmale des Sponsoring.

Leistung und Gegenleistung	Sponsoring basiert auf dem Prinzip von Leistung und Gegenleistung. Dazu werden Fördermittel wie Geld, Sachmittel oder Dienstleistungen eingesetzt, um vom Gesponserten eine Gegenleistung zu erhalten. Oftmals bietet sich die werbewirksame Verwendung des Marken- oder Firmennamens des Sponsors an. Hinzu kommt die Möglichkeit, das Sponsoring kommunikativ im Rahmen der PR zu nutzen.
Fördergedanke	Dem Fördergedanken wird dadurch Rechnung getragen, dass sich der Sponsor inhaltlich mit den Aufgaben des Gesponserten identifiziert. Damit beabsichtigt der Sponsor ein Goodwill zu erreichen, wie es im Rahmen der Mediawerbung nicht möglich ist. Das Ausmaß der positiven Beeinflussung hängt im Wesentlichen von den Sponsoringaktivitäten und der Nutzung des Sponsoring für offensichtlich eigennützige Zwecke ab, wobei der Fördergedanke verdrängt wird.
Kommunikative Funktionen	Die kommunikativen Funktionen werden vom Gesponserten direkt erbracht und durch die Medien transportiert. Insofern stellt das Sponsoring ein Kommunikationsinstrument des Sponsors dar.
Systematischer Planungs- und Entscheidungsprozess	Sponsoring bedarf auf beiden Seiten Maßnahmen, die auf der Basis einer Situationsanalyse und Zielformulierung geplant, organisiert, durchgeführt und kontrolliert werden müssen.

Imagetransfer	Der Imagetransfer beim Sponsoring soll zu einem bestimmten Marken- oder Unternehmensimage beitragen. Das Sponsoring verknüpft die Botschaft einer Werbemaßnahme und das Kommunikationsmedium.
Integrierte Kommunikation	Sponsoring wird im Verbund mit anderen Marketing- und Kommunikationsinstrumenten eingesetzt. Damit ist das Sponsoring aus Unternehmenssicht ein Baustein der integrierten Kommunikation. Die Abgrenzung zu anderen Kommunikationsinstrumenten ist nicht immer möglich. In der Praxis sind Mischformen entstanden.

06. Welche Typen des Sponsoring kennen Sie?

Uneigennütziges Sponsoring

Hierbei stehen uneigennützige Motive im Vordergrund, die häufig in der Unternehmensphilosophie verankert sind. Das Engagement der Unternehmen wird gegenüber der Öffentlichkeit zurückhaltend kommuniziert. Diese Form des Sponsoring kommt bei der Förderung kultureller, sozialer und anderer nichtkommerzieller Institutionen vor. Die Förderung erfolgt durch die Unternehmen oder unternehmensspezifische Stiftungen.

Förderungsorientiertes Sponsoring

Bei dieser Form des Sponsorings dominiert der Fördergedanke gegenüber den kommunikativen Wirkungen. Bei einer Sponsorship ist die Nennung des Namens des fördernden Unternehmens nicht zwingend, zumeist aber erwünscht. Die Public Relation-Arbeit der Unternehmen bringt das Engagement der Öffentlichkeit näher, ohne dass eine systematische bzw. professionelle Planung vorliegt. Das förderungsorientierte Sponsoring erfolgt meist im sozialen, kulturellen oder Umweltbereich.

Klassisches Sponsoring

Die Sponsoren verlangen, beim Sponsoring namentlich genannt zu werden. Die Basis des Engagements bilden die kommunikativen Wirkungen. Dabei tritt das Fördermotiv des Sponsoring in den Hintergrund. Die Bedingungen der Leistungen und Gegenleistungen werden ausgehandelt und vertraglich geregelt. Das klassische Sponsoring ist durch die systematische Planung und strategische Ausrichtung des Engagements gekennzeichnet.

07. Welche Organisationen lassen sich durch Sponsoring fördern?

Unabhängige Institutionen im sozialen Bereich:

- Organisationen der Wohlfahrtspflege
- Engagements für bestimmte soziale Anliegen

Staatliche bzw. staatlich kontrollierte Einrichtungen:

- Krankenhäuser
- Gesundheitsämter
- Sozialämter
- Fürsorge- und Jugendämter
- Ortskrankenkassen

3.3 Marketing und Öffentlichkeit

Religiöse Institutionen:

- Kirchen
- Glaubensgemeinschaften
- Einrichtungen der Kirchen (Altersheime, Kindergärten)

Bildungspolitische und wissenschaftliche Institutionen:

- Volkshochschulen
- Fachhochschulen
- Universitäten
- Forschungsinstitutionen (Max-Planck-Gesellschaft, Robert-Bosch Stiftung)

3.3.5.2 Leistung und Gegenleistung

01. Beschreiben Sie allgemein die Logik von Leistung und Gegenleistung im Spendenwesen.

Spenden sind formal einseitige Vorgänge, bei denen finanzielle oder dingliche Transaktionen erfolgen, ohne dass der Spender materielle Gegenleistungen erhält. Ein monetärer Anreiz für eine Spende ist ggf. eine Spendenquittung.

Das Sponsoring unterscheidet sich wesentlich vom Begriff des Spendens in diesem Zusammenhang. Um Spenden zu realisieren, können oftmals neben dem obligatorischen Danken weitere Reaktionen stattfinden. Spendenmarketing hat die Aufgabe, den Spendern Gratifikationen anzubieten, die die mit einer Spende verbundenen Unannehmlichkeiten bzw. Kosten angemessen erscheinen lassen. Die folgenden Faktoren gelten, als Motivation zu spenden:

- Es besteht der Wunsch, Dissonanzen in Gestalt von Scham, Schuldgefühlen oder Defiziten zu reduzieren.
- Es besteht der Bedarf nach konkreter Nutzenstiftung.
- Spender nehmen die Notlage eines Menschen oder die Notsituation eines Landes, wie beispielsweise nach einem Erdbeben, wahr und möchten einen Ausgleich über persönliche Aktivitäten herstellen. Dabei können Schuldgefühle eine nicht unerhebliche Bedeutung erlangen.

02. Beschreiben Sie die Logik von Leistung und Gegenleistung im Sozial-Sponsoring.

Das Sozial-Sponsoring besteht im Wesentlichen aus einem Geschäft auf Gegenseitigkeit. Leistung und Gegenleistung sind detailliert festgelegt. Die Verpflichtungen zwischen Sponsor und Gesponsortem werden zumeist in einem Sponsoringvertrag schriftlich niedergelegt.

Sponsoren sind in der Regel Unternehmen der Erwerbswirtschaft bzw. bekannte Personen aus dem öffentlichen Leben, während zu den Gesponserten soziale Organisationen wie beispielweise öffentlich-rechtliche Gesundheitsbetriebe oder Organisationen in kirchlicher Trägerschaft zählen, aber auch Umweltschutz- und Hilfsorganisationen (Greenpeace, Deutsches Rotes Kreuz, Kinderschutzbund).

03. Welche Leistungen werden von Sponsoren zur Verfügung gestellt?

Mit Finanz-, Sachmitteln und der Bereitstellung von Dienstleistungen lassen sich drei Formen der Unterstützung unterscheiden:

- Finanzmittel sind die klassische Form der Sponsorenleistung, beispielsweise werden Hochschulen oder Kliniken finanzielle Mittel für gezielte Aktionen zur Verfügung gestellt.
- Unternehmen haben in der Regel die Möglichkeit, eigene Produkte zur Förderung einzusetzen, beispielsweise Notstromaggregate oder Computer. Für die empfangende Organisation stellen diese Sachmittel geldwerte Leistungen dar.
- Dienstleistungen bzw. die Vermittlung von Know-how werden vor allem in Bereichen der Administration, Organisation, Veranstaltungsmanagement und Logistik angeboten.

3.3.5.3 Funktionsweise des Sponsoring

01. Verdeutlichen Sie die Beziehungen und Interessenlagen der Beteiligten beim Sponsoring.

Die Entstehung und Verbreitung des Sponsoring in Deutschland zielt tendenziell darauf ab, die Freizeitinteressen der Bevölkerung für Zwecke der Marketing- und Unternehmenskommunikation verstärkt zu nutzen. Das „Magische Dreieck des Sponsoring" erklärt die Entstehung von Sponsorships:

3.3 Marketing und Öffentlichkeit

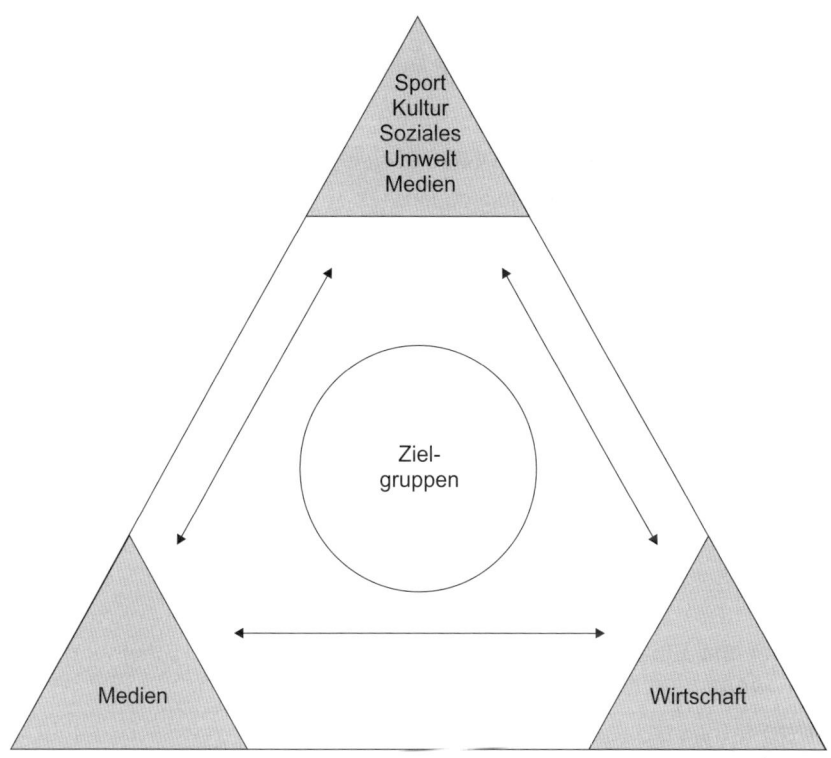

Magisches Dreieck des Sponsoring in Anlehnung an Bruhn

Die Organisationen aus den Bereichen Sport, Kultur, Soziales und Umwelt übernehmen Aufgaben, die finanzielle Aufwendungen erfordern. Das Sponsoring ist eine Möglichkeit, zusätzliche Finanzierungsquellen zu erschließen. Gesponsert werden z. B. Veranstaltungen und Sendungen, die infolge des hohen Publikumsinteresses mediale Wirkungen entfalten.

Die Medien orientieren sich an Einschaltquoten und Reichweiten, die die Interessen eines breiten Publikums ansprechen. Medienanbieter nutzen Ereignisse aus den Bereichen Sport, Kunst, Soziales und Umwelt, um ihre Zielgruppen zu erreichen und um sich gegenüber den Wettbewerbern zu profilieren und zu positionieren.

Der Einsatz des Sponsoring bietet Unternehmen die Gelegenheit, aufgrund des beim Publikum als positiv wahrgenommenen Umfeldes, das Image einer Marke oder des Unternehmens positiv zu beeinflussen. Das Sponsoring wird damit zum integrativen Bestandteil der Unternehmenskommunikation. Häufig werden innovative Formen der Kommunikation angewandt infolge veränderter Bedingungen auf der Seite der Kommunikationsempfänger. Die Informationsüberlastung, sinkendes Interesse an der Mediawerbung und Zapping erfordern innovative Konzepte.

02. Nennen Sie Faktoren, die die Verbreitung des Sponsoring negativ beeinflussen.

- Inflationierung der Sponsoren in bestimmten Bereichen und Formen des Sponsoring.
- Auswirkung rezessiver Tendenzen auf die Sponsoringbudgets
- Probleme bei der Wirkungsmessung und Erfolgskontrolle des Sponsoring.
- Widerstände bei bestimmten Zielgruppen.

03. Geben Sie einen Überblick der Aufgaben von Sponsoren und Gesponserten.

Sponsor	Gesponserter
• Suche nach zielgruppenadäquaten Tätigkeitsbereichen • Suchen nach medienwirksamen Themen und Veranstaltungen • Suche nach werbewirksamen Personen und Gruppen • Suche nach reichweitenstarken Sendungen	• Veranstaltungskonzepte • Organisationskonzepte • Suche nach Medienwirkungen • Suche nach Finanzierungsquellen

04. Zählen Sie Einteilungskriterien für unterschiedliche Erscheinungsformen des Sponsoring auf.

Sponsor	Gesponserter
• Art des Sponsors • Anzahl der Sponsoren • Art der Sponsorenleistung • Initiator des Sponsoring • Vielfalt des Sponsoring • Art der Nutzung	• Art der Gesponserten Individuen und Gruppen • Leistungsklasse des Gesponserten • Art der gesponserten Organisation • Art der gesponserten Veranstaltung • Art der Gegenleistung des Gesponserten

05. Beschreiben Sie die Erscheinungsformen des Sponsoring aus Sicht der Sponsoren.

Kriterien	Formen	Beispiele
Art der Sponsorenleistungen	• Geld • Sachmittel • Dienstleistungen	Beiträge an Sportvereine, Krankenhäuser, Bereitstellung von Fahrzeugen, Computer, etc. oder Know-how-Vermittlung.
Anzahl der Sponsoren	• Exklusiv-Sponsorships • Co-Sponsorship	Unternehmen ist alleiniger Sponsor, oder es beteiligen sich mehrere Unternehmen.
Art der Sponsors	• Leistungssponsoren • Unternehmen • Stiftungen	Bereitstellung von Sachmitteln wie z. B. OP-Roboter, Unternehmen oder unternehmenseigene Stiftungen fördern Projekte.

3.3 Marketing und Öffentlichkeit

Initiator des Sponsors	• Fremdinitiiertes Sponsoring • Eigeninitiiertes Sponsoring	Vereine, Initiativen oder Organisationen bieten Sponsorships an, bzw. Unternehmen sind alleiniger Initiator und Nutzer.
Vielfalt des Sponsors	• Konzentriertes Sponsoring • Differenziertes Sponsoring	Einsatz des Sponsoring in nur einem Bereich bzw. in unterschiedlichen Bereichen.
Art der Nutzung	• Isoliertes Sponsoring • Integriertes Sponsoring	Sponsoring wird getrennt oder zusammen mit anderen Kommunikationsinstrumenten genutzt.

06. Beschreiben Sie die Erscheinungsformen des Sponsoring aus Sicht der Gesponserten.

Kriterien	Formen	Beispiele
Art der Gegenleistung	• Werbung während einer Veranstaltung • Nutzung von Prädikaten • Einsatz der Gesponserten in der Unternehmenskommunikation	Erwähnungen in Pressemitteilungen, Lizenzen, Künstler im Unternehmen
Art der gesponserten Individuen und Gruppen	• Professionelle • Semi-Professionelle • Amateure	Berufssportler, Sportler mit Hauptberuf und Freizeitsportler
Leistungsklasse	• Breitenebene • Leistungsebene • Spitzenebene	Alltagskunst, Nachwuchswettbewerbe, Ausscheidungskämpfe, Spitzenkunst
Art der gesponserten Organisation	• Verbände • Vereine • Stiftungen • Öffentliche Organisationen • Gemeinnützige Organisationen	Förderung offizieller Verbände, Sport- und Kunstvereine, Kultur- und Umweltstiftungen, Hochschulen, Kliniken, Wohlfahrtsorganisationen
Art der gesponserten Veranstaltung	• Offizielle oder inoffizielle Veranstaltungen oder eigene Projekte des Sponsors	Nationale und internationale Wettbewerbe, Festivals, Stiftungslehrstühle an Universitäten

07. Welche Tätigkeitsfelder des Sozio-Sponsoring lassen sich im Sozial- und Gesundheitswesen unterscheiden?

- Gesundheitsvorsorge
- Behandlung von Krankheiten
- Rettungswesen
- Wohlfahrtspflege bestimmter Gruppen
- Integration benachteiligter Gruppen
- Katastrophenhilfe

08. Welche Formen des Sozio-Sponsoring lassen sich im Sozial- und Gesundheitswesen unterscheiden?

- Bereitstellung finanzieller Mittel zur Lösung sozialer Aufgaben
- Gründung eigener Stiftungen
- Bereitstellung von Sachmitteln, Dienstleistungen und Know-how zur Lösung sozialer Aufgaben
- Engagements bei Veranstaltungen mit sozialem Bezug
- Kooperationen mit Medien zur Förderung sozialer Anliegen
- Hochschul- und Kindergartensponsoring

3.3.5.4 Schritte zum Sponsoring

01. Stellen Sie den Planungsprozess des Sponsoring grafisch dar.

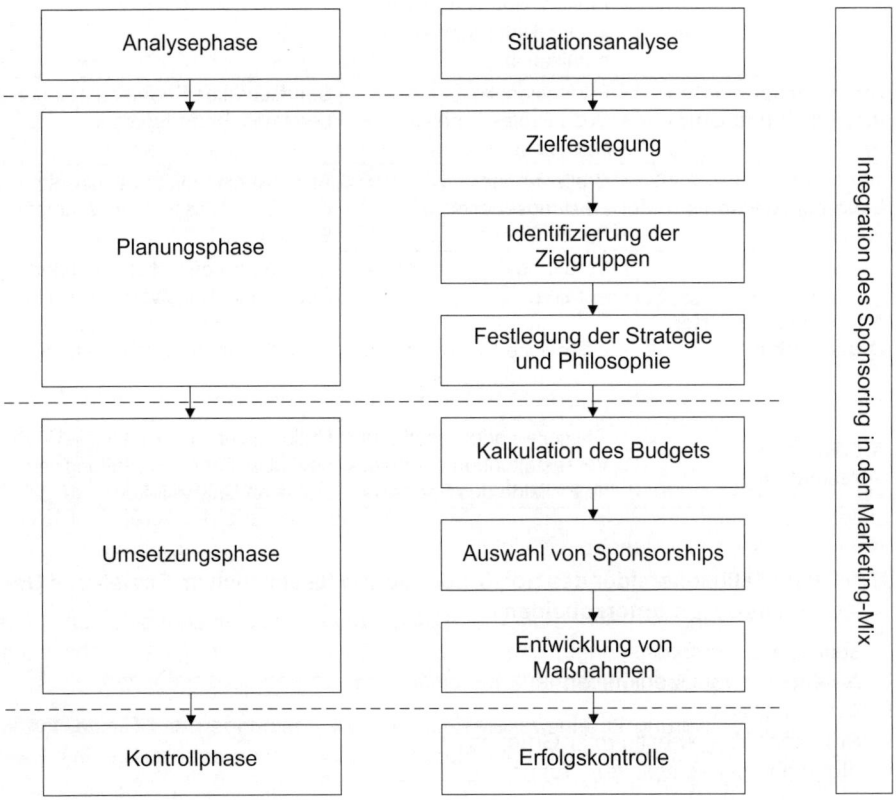

Planungsprozess des Sponsoring

3.3 Marketing und Öffentlichkeit

02. Beschreiben Sie die Inhalte der Situationsanalyse.

Ausgangspunkt einer effektiven Marketingentscheidung bildet die Situationsanalyse. Damit steht am Anfang ein systematischer sponsoringbezogener Planungsprozess, der Informationen und Daten gewinnen, analysieren und aufbereiten soll. Die Situationsanalyse umfasst einerseits die bisherigen Sponsoringaktivitäten und andererseits ist zu untersuchen, inwieweit ein Engagement in dem betreffenden Sponsoringbereich glaubwürdig aus der Unternehmensphilosophie abzuleiten ist. Zudem stehen die Kommunikationswirkungen im Fokus.

Die Situationsanalyse untersucht auch den Einsatz von Sponsoring durch die Wettbewerber und berücksichtigt die rechtlichen Rahmenbedingungen. Es werden der Markt, die Wettbewerber und Kunden sowie die Unternehmenssituation und umfeldrelevanten Entscheidungskriterien in die Beurteilung einbezogen. Das Ergebnis der Situationsanalyse ist die Beschreibung und Bewertung der internen und externen sponsoringbezogenen Kommunikationssituation.

Auf Basis des erfassten Zustandes leitet der Sponsoringplaner ab, welche Sponsoringziele anzustreben sind und welche kommunikationspolitischen Aktivitäten ergriffen werden. Hierbei geht es um die Frage, welche Botschaft an welche Zielgruppe mithilfe welcher Kommunikationsinstrumente zu richten ist.

Eine wichtige Analysemethode ist die SWOT-Analyse (Strengths-Weaknesses-Opportunities-Threats), mit der sich die Ist-Situation zum Zeitpunkt der Informationsermittlung abbilden lässt. Die SWOT-Analyse ist darauf ausgerichtet, die zusammengeführten Informationen aus der internen und externen Unternehmensanalyse auf das Wesentliche zu verdichten und strukturiert darzustellen.

03. Welche Ziele stehen im Fokus der Sponsoringplanung?

Aus den übergeordneten Zielen der Marketing- und Unternehmenskommunikation sowie der kommunikativen Positionierung des Unternehmens oder seiner Marken leiten sich die Sponsoringziele ab. Das Sponsoring umfasst psychologische und ökonomische Ziele, die entsprechend zu operationalisieren sind.

Ein erfolgreiches Sponsoring beinhaltet die Umsetzung vorgelagerter psychologischer Ziele. Dazu zählen die Steigerung des Bekanntheitsgrades und die Veränderung von Meinungen und Einstellungen der Zielgruppen gegenüber dem Unternehmen oder bestimmter Marken.

- Die Stabilisierung und Steigerung des Bekanntheitsgrades ist zentrales kommunikatives Ziel der Sponsoringmaßnahmen. Dies gilt insbesondere für ein Sponsoring mit einer breiten Medienresonanz wie beispielsweise Fernsehsendungen.
- Die Imageprofilierung ist ein weiteres Ziel, um die Meinungen und Einstellungen gegenüber dem Unternehmen oder Marken zu stabilisieren oder zu steigern. Der Imagetransfer überträgt das Image des Gesponserten auf den Sponsor durch das gemeinsame Auftreten im Rahmen der Sponsoringmaßnahmen.

- Das Ziel der Kundenbindung und -zufriedenheit im Sponsoring gewinnt zunehmend an Bedeutung. Häufig bildet die Kontaktpflege mit ausgewählten Kunden, Meinungsführern und Medienvertretern den Kern einer Veranstaltung. Vorteilhaft ist, dass Unternehmen verdeutlichen können, die Interessen und Freizeitaktivitäten ihrer Zielgruppe zu teilen, finanziell oder zumindest materiell zu unterstützen. Darüber hinaus bietet der zwischenmenschliche Kontakt die Möglichkeit, bei den Zielgruppen Vertrauen aufzubauen und die Beziehungsqualität positiv zu beeinflussen.

- Insbesondere für Leistungen, die erklärungsbedürftig und immateriell sind, stellt diese Art des Sponsoring eine Möglichkeit dar, über das Leistungsangebot des Unternehmens zu informieren, den Dienstleister zu personifizieren und auf diese Weise sowohl rationale als auch emotionale Akzeptanz bei den Kunden zu erlangen. Eine Beeinflussung des Unternehmensimages findet nicht nur durch die Übertragung von Imagemerkmalen des Gesponserten auf den Sponsor statt, sondern wird zusätzlich von den Dialogmöglichkeiten zwischen Sponsor und geladenen Gästen bestimmt.

- Das Sponsoring verbessert auch Beziehungen zu den eigenen Mitarbeitern, indem Aktivitäten oder Bereiche unterstützt werden, in denen sich deren Interessen widerspiegeln. Positive Wirkungen auf das Freizeitverhalten der eigenen Mitarbeitenden leisten wiederum einen Beitrag zur Verbesserung der Mitarbeitermotivation, die sich in verstärkter Kundenorientierung und besserem Serviceverhalten äußert.

Ökonomische Ziele als Oberziel des Erfolgs eines Sponsorings werden zumeist verfolgt, wenn die Produkte oder Dienstleistungen des Unternehmens in engem Bezug zum Sponsoringengagement stehen.

04. Stellen Sie die Erfolgskette des Sponsoring grafisch dar.

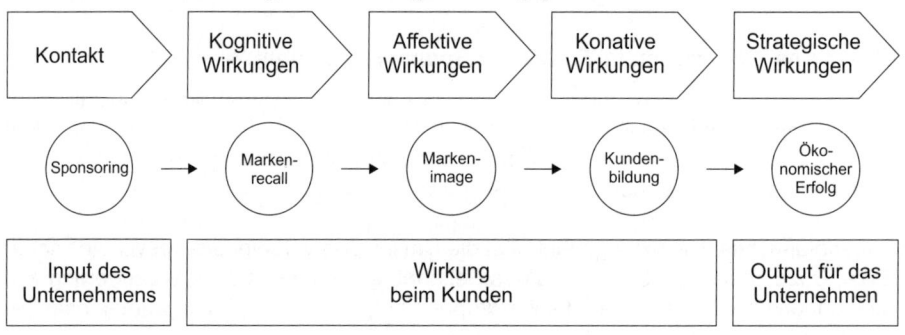

Erfolgskette des Sponsoring in Anlehnung an Bruhn

05. Nennen Sie die Zielgruppen des Sponsoring aus Sicht der Sponsoren und der Gesponserten.

Die Voraussetzung effektiven und effizienten Sponsoring ist die exakte Zielgruppenplanung. Dazu sind die entsprechenden Zielgruppen auszuwählen und hinsichtlich ihrer

3.3 Marketing und Öffentlichkeit

Einstellungen und Verhaltensweisen zu charakterisieren. Zudem sind die Sponsoringziele zu differenzieren.

Sponsoren
Unternehmen kommunizieren mit einer Vielzahl unterschiedlicher Zielgruppen. Im Einzelnen sind die folgenden Zielgruppen zu nennen: • Konsumenten • Handelspartner • Kapitalgeber • Lieferanten • Politiker • Verbandsvertreter aus den Bereichen Industrie, Handel und Handwerk • Verbraucherorganisationen • Unternehmensmitarbeiter • Meinungsführer und -multiplikatoren • Medienvertreter Unternehmen bietet das Sponsoring die Möglichkeit, spezifische Zielgruppen, die mit anderen Kommunikationsinstrumenten nur schwer erreichbar sind, anzusprechen.

Gesponserte
Der Gesponserte erreicht durch die Aktivitäten direkt oder indirekt verschiedene Zielgruppen, die für die potenziellen Sponsoren von Interesse sind. Diese Zielgruppen erfordern ebenfalls eine genaue Analyse, Bewertung und Berücksichtigung ihrer spezifischen Merkmale im Bereich des Sozial- und Gesundheitswesens. Allgemein lassen sich folgende Zielgruppen unterscheiden: • Aktive Personen und Teilnehmer, die sich selbst aktiv bei den sportlichen, kulturellen oder sozialen Ereignissen betätigen. • Besucher und passive Veranstaltungsteilnehmer wie beispielsweise bei Sportveranstaltung oder Kunstausstellungen. • Mediennutzer, die über die Print- oder elektronische Medien indirekt erreicht werden. Dazu zählen Zeitungsleser, Fernsehzuschauer, Rundfunkhörer oder Internetnutzer.

Die strategische Sponsoringplanung muss die Zielgruppen des Sponsors und des Gesponserten nach quantitativen und qualitativen Kriterien beschreiben. Dazu werden die Sponsoringaktivitäten und die zu erreichenden Zielgruppen identifiziert.

06. Beschreiben Sie, wie eine Sponsoringstrategie entwickelt wird.

Sponsoringstrategie ist die bewusste und verbindliche Festlegung der Sponsoringaktivitäten eines Unternehmens für einen längeren Zeitraum. Das Sponsoring und die Kommunikationsinstrumente müssen dabei an der Corporate Identity ausgerichtet werden. Dazu zählen die Festlegung, wer als Sponsor in der Öffentlichkeit auftritt sowie die Festlegung der Sponsoringbereiche. Die Sponsoringstrategie wird in Form von Grundsätzen, Leitlinien oder Philosophie festgehalten.

• Die Grobauswahl der Sponsoringbereiche umfasst die Entscheidung hinsichtlich der für das Unternehmen geeigneten Bereiche, Programme oder Medien. Hierbei werden Verbindungen zwischen den Sponsoringbereichen und den Produkten, den Zielgruppen oder dem Image eines Unternehmens geprüft.

- Feinauswahl der Sponsoringformen beinhaltet die Festlegung der Form der Förderung innerhalb des jeweiligen Sponsoringbereichs. Die Förderung von Einzelpersonen, Personengruppen, Projekten oder Veranstaltungen sind von spezifischen Entscheidungskriterien abhängig. Dazu zählen die bisherigen Erfolge, die voraussichtliche Medienpräsenz einer Veranstaltung oder Aktivitäten der Konkurrenz in dem entsprechenden Sponsoringbereich.

Damit die Sponsoringziele erreicht werden, ist sowohl eine Abstimmung mit der Kommunikationsstrategie des Unternehmens als auch eine inhaltliche Bestimmung der Schwerpunkte der Sponsoringstrategie notwendig.

Eine grobe Einteilung ist in die folgenden Kommunikationsstrategietypen möglich:

Bekanntmachungsstrategie	Ziel ist die Erhöhung von Bekanntheitswerten eines Unternehmens oder dessen Produkte bzw. Dienstleistungen.
Informationsstrategie	Ziel ist die Erhöhung von Bezeichnungs- und Eigenschaftskenntnissen sowie die Überzeugung von Produkteigenschaften und Serviceleistungen.
Imageprofilierungsstrategie	Ziel sind positive Einstellungen und ein klares, einzigartiges Image einer Unternehmens- oder Produktmarke durch Kommunikation spezieller Nutzendimensionen.
Konkurrenzabgrenzungsstrategie	Ziel ist die Profilierung und Abgrenzung gegenüber den Wettbewerbern hinsichtlich spezieller Nutzendimensionen.
Zielgruppenerschließungsstrategie	Ziel ist die spezifische Ansprache, mit der die Erschließung neuer oder bestimmter Zielgruppen angestrebt wird.
Beziehungspflegestrategie	Ziel ist der Aufbau und die Pflege von Kontakten und Beziehungen zu relevanten Zielgruppen, um die Kundenbindung zu steigern.

Die von einem Unternehmen angestrebte Sponsoringstrategie beinhaltet in Abhängigkeit von den Kommunikationszielen verschiedene inhaltliche Schwerpunkte in einzelnen Dimensionen. Die inhaltliche Bestimmung der Sponsoringstrategie ist ein komplexes Planungsproblem, zumal mehrere Entscheidungen gleichzeitig zu treffen sind. Es können sieben relevante Dimensionen unterschieden werden:

Sponsoringsubjekt	Festlegung des als Sponsor in die Öffentlichkeit tretenden Bezugssubjektes. Das Sponsoringsubjekt tritt entweder in Form eines Gesamtunternehmens, einer Produktlinie oder einzelner Produktmarken bzw. Dienstleistungsprogramme in den kommunikativen Mittelpunkt eines Sponsoringengagements.
Sponsoringzielgruppen	Bestimmung der anzusprechenden Zielgruppen des Unternehmens wie beispielsweise kunstinteressierte Frauen im Alter zwischen 30 und 50 Jahren, Meinungsführer, Händler. Grundsätzlich kommen sämtliche Zielgruppen der Unternehmens- und Marketingkommunikation infrage.

3.3 Marketing und Öffentlichkeit

Sponsoringbotschaft	Festlegung der zu kommunizierenden Botschaft. Beispielsweise in Form eines Namens, Logos, Slogans oder Emblems. Bei der Festlegung der Sponsoringbotschaft sind Botschaftsinhalt und Botschaftsgestaltung unternehmensspezifischen Beschränkungen unterworfen.
Gesponserter	Die Bestimmung des Gesponserten in (sachlich, personell, zeitlicher) Sicht.
Sponsoringmaßnahmen	Festlegung der Instrumente in Form von Werbeträgern und Werbemitteln des Sponsoringengagements wie beispielsweise Einladungen in die VIP-Lounge oder Verteilung von Produktproben).
Sponsoringareal	Entscheidung über das Sponsoringareal, bei dem die Sponsoringaktivitäten lokal, regional, national oder international ausgerichtet werden.
Sponsoringtiming	Entscheidung über die zeitliche Verteilung der Sponsoringaktivität. Das Sponsoringtiming umfasst die Festlegung des Zeitrahmens und die Intensität des Einsatzes der einzelnen Maßnahmen. Beispielsweise erfordert eine umfassende Imagekampagne eine andere zeitliche Gestaltung als die Maßnahmen zur Einführung eines neuen Produktes.

07. Zählen Sie Instrumente auf, die im Rahmen des Sponsoring eingesetzt werden.

Werbung	• Mailing (Werbebriefe und Beilagen) • Haustür- und Straßenansprachen • Telefonmarketing • Sammlungen mit Spendendosen • Patenschaftsmaterial • Zuwendungsbestätigungen • Anzeigen, Plakate • Spots in TV, Radio, Kino etc. • Beilagen, Einhefter in Zeitungen etc.
Digitale Medien	• Internetauftritt • Blogs • Foren
Publikationen	• Infomaterial über Projekte, Kampagnen etc. • Pressemitteilungen • TV- und Videodokumentationen • Broschüren zu Erbschaften, Nachlässen • Jahresberichte • Zeitschriften, Magazine etc. • Schul-, Lehr- und Bildungsmaterialien • Fachpublikationen, Fachbücher, Themenhefte, Ratgeber • Ausstellungsmaterial • Kalender

Veranstaltung	• Galaveranstaltungen • Benefizveranstaltungen, Tombolas, Lotterien etc. • Stände auf Messen, Kirchentagen • Werbekooperationen mit Firmen • Vorträge, Tagungsbeteiligungen • Journalistenreisen
Kontakte	• Gespräche unter Freunden und Bekannten über Spendenorganisationen und deren Hilfsprojekte • Unabhängige Presseberichterstattung über Hilfsprojekte • TV-Berichterstattung über Hilfsprojekte • Unabhängige Blogs und Foren im Internet

08. Wie wird das Budget einer Sponsoringstrategie geplant?

Die Planung des Sponsoringbudgets umfasst die Kalkulation und Verteilung des Budgets auf die einzelnen Sponsoringmaßnahmen. Hierzu sind die anfallenden Kosten der unternehmerischen Sponsoringaktivitäten zu erfassen. Idealerweise wird das Budget simultan zur Planung der Sponsoringmaßnahmen festgelegt. Budgetierungsprobleme treten insbesondere dann auf, wenn durch das Sponsoringengagement andere innerbetriebliche Budgets betroffen sind. Bei der Budgetierung sind die beiden folgenden Probleme zu beachten:

- Festlegung der Budgethöhe.

- Budgetverteilung in sachlicher und zeitlicher Hinsicht. Neben den Kosten der Einzelmaßnahmen sind weitere Kosten zu berücksichtigen. Dazu zählen:

  - Sachzuwendungen oder sonstige Leistungen, die der Gesponserte für die Gegenleistungen erhält.

  - Aktionsbudget zur Finanzierung der weiteren Sponsoringmaßnahmen wie beispielsweise Standaufbau oder Aktionen mit dem Handel.

  - Personalkosten umfassen die Kosten für den Einsatz eigener und unternehmensfremder Mitarbeiter, die die Sponsorship durchführen.

  - Kosten zur Kontrolle und Nachbereitung der Sponsorship, um beispielsweise die Wirkungen festzustellen oder Pressemitteilungen zu versenden.

  - Provisionen, die aus den Leistungen von Sponsoringagenturen, Vermittlern oder Beratern resultieren.

Die einzelnen Kostenbestandteile können nur grob geschätzt werden. Unternehmensbefragungen aus dem Jahre 2008 haben ergeben, dass 77,5 % der Aufwendungen direkt an die Gesponserten geflossen sind, während der Anteil zur Kommunikation und Maßnahmenumsetzung ca. 22,5 % beträgt (Bob Bomliz Group 2008).

Zusätzliche Kosten entstehen hauptsächlich durch Personalkosten. Die Provisionssätze von Agenturen, Beratern und Vermittlern betragen 15 %-20 % des Sponsoringetats. Hinzu kommt, dass 2 % des Budgets zur Erfolgskontrolle aufgewendet werden.

3.3 Marketing und Öffentlichkeit

09. Wie werden Sponsorships ausgewählt?

Unternehmen legen bei der Auswahl von Sponsorships häufig verbindliche Entscheidungskriterien zugrunde. Die folgenden Bewertungskriterien sind geeignet, um Sponsorships zu analysieren:

- Eigenschaften des Gesponserten wie beispielsweise Seriosität, Auftreten in der Öffentlichkeit und Professionalität.
- Organisatorischer Rahmen des Sponsorships wie beispielsweise Zeitpunkt, Ort und Infrastruktur
- Bekanntheitsgrad und Image des Gesponserten und bei Veranstaltungen die Zielgruppe des Unternehmens und des Gesponserten.
- Erfahrungen mit Sponsoring
- Umfang des Sponsorships
- Kooperationsbereitschaft des Gesponserten
- Gegenleistung des Gesponserten bzw. Nutzungsrechte wie beispielsweise Werberechte, Ausrüster- und Servicerechte, Lizenzrechte, Verwertungsrechte, Verkaufs- und Bewirtschaftungsrechte, Identifikationsrechte und Förderprädikate sowie die sich hieraus ergebenden Möglichkeiten
- Kosten des Sponsors für Sponsorship, den Gesponserten und die kommunikative Nutzung
- Auflagen und Pflichten für den Sponsor
- Risiken, die im Zusammenhang mit dem Sponsoring auftreten können, wie beispielsweise Krankheit, Verletzung, Fehlverhalten, Wetter und Absagen

10. Wie werden die einzelnen Sponsoringmaßnahmen entwickelt?

Die Einzelmaßnahmen der Sponsoringaktivitäten werden festgelegt, indem neben den Leistungen und Gegenleistungen, die rechtliche Gestaltung des Sponsorships und die Kostenkalkulation sowie ggf. die Auswahl von Sponsoringagenturen definiert werden.

Die Entwicklung von Sponsoringmaßnahmen ist ein systematisch geplanter Prozess, der zumeist mithilfe von Checklisten und Netzplänen unterstützt wird. Der Einsatz externer und interner Kommunikationsinstrumente und der Einsatz der personellen und organisatorischen Ressourcen müssen sorgfältig geplant werden. Die folgenden Kriterien können zur Auswahl von Einzelmaßnahmen herangezogen werden:

- Belegung verschiedener Medien und Werbemittel im Rahmen der Sponsorships, z. B. Plakatwerbung, Logo auf Eintrittskarten, Lautsprecherdurchsagen, Verteilung von Handzetteln, Einsatz von Fahnen, Bereitstellung von Ausrüstungsgegenständen, Schaltung von Zeitungs- und Zeitschriftenanzeigen.
- Pressearbeit von Gesponsertem und Sponsor vor, während und nach Veranstaltungen wie Pressemitteilungen, Pressekonferenzen und Pressemappen.

- Schaltung von Anzeigen und anderen Werbemitteln durch den Sponsor, um auf eine Veranstaltung und das Sponsorship aufmerksam zu machen.
- Bereitstellung von Produkten und Werbematerialien (z. B. Bilder, Sticker, Werbeartikel, Produktproben, Werbepräsente und Broschüren).
- „Hospitality" wie Einladung und Betreuung wichtiger Personen bei Veranstaltungen durch Einladung, Empfang, Betreuung, Bewirtung und Transport von Ehrengästen.
- Planung eigener Aktionen während und nach der Veranstaltung, z. B. Autogrammstunden, Auslosungen, Wettbewerbe und eigene Produktpräsentationen
- Durchführung von Verkaufsförderungsmaßnahmen, z. B. Preisausschreiben und Sonderangebotsaktionen bei der gesponserten Veranstaltung oder begleitend im Handel.
- Durchführung von handelsgerichteten Verkaufsförderungsmaßnahmen zur Einbeziehung der Groß- und Einzelhändler.
- Einbeziehung der Mitarbeitenden in die Sponsorships durch Einladungen oder andere Formen der Beteiligung.
- Maßnahmen zur Nachbereitung der Sponsorships wie beispielsweise Pressearbeit, Durchführung von Wirkungsmessungen und Kalkulation der Kosten-Nutzen-Relation.

Die Auswahl der Einzelmaßnahmen erfolgt in Abhängigkeit von der Größe der Sponsorships, deren relativer Bedeutung, der rechtlich vereinbarten Möglichkeiten und des zur Verfügung stehenden Budgets.

Je intensiver die Sponsoren die Sponsorships durch Einzelmaßnahmen nutzen, desto höher wird wahrscheinlich die Effizienz sein. Kleine und mittelständische Unternehmen verfügen nur selten über eine eigene Sponsoringabteilung, die die Detailabstimmung der Maßnahmen vornehmen kann. Die Zuständigkeit für das Sponsoring liegt zumeist bei den Marketing- und Werbeabteilungen.

11. Auf welche Art und Weise erfolgt die Erfolgskontrolle des Sponsoring?

Die Erfolgskontrolle des Sponsoring zielt auf die Analyse der kommunikativen Wirkungen und die Beurteilung der Kosten-Nutzen-Relationen. Die Wirkungskontrolle kann ggf. konzeptionelle Anpassungen bei später erfolgenden Sponsorships nach sich ziehen. Grundsätzlich besteht bei der Erfolgskontrolle das Problem der Wirkungsinterdependenzen bzw. der Wirkungszurechenbarkeit. Die Erfolgskontrolle unterscheidet drei Formen:

- Prozesskontrollen bei der Durchführung und Überwachung des Sponsorships.
- Effektivitätskontrollen hinsichtlich der Wirkungen nach psychologischen und ökonomischen Wirkungen.
- Effizienzkontrollen bezüglich der Kosten-Nutzen-Relationen

Ökonomische Wirkungen werden anhand der Umsatz- und Gewinnentwicklung gemessen. Die psychologischen Wirkungen zeigen sich anhand der affektiven, kognitiven

3.3 Marketing und Öffentlichkeit

und konativen Reaktionen der Zielpersonen. Hinzu kommt der zeitliche Horizont, der momentane und dauerhafte Sponsoringwirkungen unterscheidet. Die folgenden Messmethoden zur Wirkungskontrolle werden eingesetzt:

Art der Messmethode Kommunikationswirkung	Beobachtung	Befragung
Kognitive Wirkungen	• Blickaufzeichnung • Aufnahmeverhalten	• Recall-Tests • Recognition-Tests
Affektive Wirkungen	• Blickaufzeichnung • Apparative Verfahren	• Verbale und nonverbale Erlebnismessungen • Einstellungs- und Imageskalen • Imagery-Forschung
Konative Wirkungen	• Verhaltensregistrierung • On-Screen-Zeit	• Erinnertes Verhalten • Befragung nach Produktpräferenzen und Verhaltensabsichten

Das strategische Sponsoringcontrolling umfasst die folgenden Positionen:
- Überwachung der strategischen Positionierung
- Überprüfung der Planungsprämissen
- Prüfung der Kompatibilität von Zielen, Strategien und Maßnahmen

Das operative Sponsoringcontrolling dient der Erstellung von Planungs- und Kontrollkonzepten und zielt auf die Einhaltung der Erfolgsziele im kurzfristigen Bereich. Hierbei wird zwischen Prozess-, Effektivitäts- und Effizienzkontrollen unterschieden.

3.4 Wirkungsfelder des Sozialmarketing

3.4.1 Einflussnahme auf der Ebene von Verbänden, politischen Instanzen und Parteien und Vereinigungen

01. Nennen Sie wichtige Verbände und Körperschaften, die im Gesundheitsmarkt aktiv sind.

- Deutsche Krankenhausgesellschaft e.V. (DKG)
- Verband der Universitätsklinika Deutschlands e.V. (VUD)
- Verband der Krankenhausdirektoren Deutschlands e.V. (VKD)
- Verband der leitenden Krankenhausärzte Deutschlands e.V. (VLK)
- Bundesärztekammer (BÄK)
- Kassenärztliche Bundesvereinigung
- Deutscher Pflegerat
- Institut für das Entgeltsystem im Krankenhaus gGmbH (InEK)
- Gemeinsamer Bundesausschuss (G-BA)
- Bundesgeschäftsstelle Qualitätssicherung gGmbH (BQS)

02. Beschreiben Sie die Tätigkeitsbereiche der verschiedenen Verbände, Körperschaften und Instanzen.

Deutsche Krankenhausgesellschaft e.V. (DKG)
Die DKG ist der Zusammenschluss von Spitzen- und Landesverbänden der Krankenhausträger. In Zusammenarbeit mit staatlichen und sonstigen Institutionen des Gesundheitswesens fördert sie die Erhaltung und Verbesserung der Leistungsfähigkeit der Krankenhäuser. Die DKG
- fördert den Erfahrungsaustausch und unterstützt die wissenschaftliche Forschung auf dem Gebiet des Gesundheitswesens.
- bearbeitet Grundsatzfragen, die nicht nur einzelne Spitzen- und Landesverbände betreffen und unterrichtet die Öffentlichkeit.
- unterstützt staatliche Körperschaften und Behörden bei der Vorbereitung und Umsetzung von Gesetzen.
- vertritt die Interessen des deutschen Krankenhauswesens auf der europäischen und internationalen Verbandsebene. Dabei werden ausschließlich und unmittelbar gemeinnützige Zwecke verfolgt.
- unterstützt die Krankenhäuser in der Bundespolitik und setzt sich als Dachverband der Krankenhausträger für die Interessen und Belange der Krankenhäuser ein.
- ist Partner für Politik, Institutionen, Verbände und Wissenschaft.
Als Bundesverband steht die DKG für 28 Mitgliedsverbände von Krankenhausträgern: 16 Landesverbände, 12 Spitzenverbände. Mit dieser Trägervielfalt repräsentiert die DKG die gesamte Breite der Krankenhausinteressen. Gegründet wurde die DKG 1949.

3.4 Wirkungsfelder des Sozialmarketing

Verband der Universitätsklinika Deutschlands e.V. (VUD)

Ziel des VUD ist die Erhaltung der Verbindung von hochwertiger medizinischer Versorgung sowie erstklassiger Forschung und Lehre zum Nutzen der Patienten. Dafür müssen die Arbeitsbedingungen der Unikliniken so gestaltet sein, dass sie ihrem breiten Aufgabenspektrum auch in Zukunft gerecht werden können.

Der VUD sieht sich als Mittler zwischen Universitätsklinika und Gesetzgeber auf Landes- und Bundesebene. Dabei beharrt der Verband nicht auf den bisherigen Strukturen, sondern versteht sich als offen für Erfolg versprechende Regelungen, die dem Aufgabenverbund aus medizinischer Versorgung, Forschung und Lehre dienen.

Im Dialog mit staatlichen und anderen Institutionen setzt sich der VUD für schlankere Strukturen im Bereich der Hochschulmedizin ein. Dazu gehören die Reform der Träger- und Leitungsstrukturen in der Hochschulmedizin und eine Dienstrechtsreform für den ärztlich-wissenschaftlichen Dienst. Das Arbeitszeitrecht steht ebenso im Fokus der Aufmerksamkeit wie eine Reform der Investitionsfinanzierung nach dem Hochschulbauförderungsgesetz.

Weiteres wichtiges Thema für die Arbeit des VUD ist die Qualitätssicherung in den Unikliniken. Mit Blick auf die Mitglieder fungiert der Verband als Diskussionsplattform, als Ideengeber und als Mittler.

Verband der Krankenhausdirektoren Deutschlands e.V. (VKD)

Der Verband versteht sich als Nachfolge der vor mehr als 100 Jahren gegründeten Vereinigung der Verwaltungsvorstände der Krankenhäuser Deutschlands. Zumal der heutige Entwicklungspunkt nur noch wenig an das Krankenhaus von gestern erinnert, sieht sich der Verband in der Funktion als Gesprächspartner, der in der Lage ist, die verantwortlichen Mitarbeiter in den Krankenhäusern kompetent zu beraten und zusätzlich die gesundheits- und krankenhauspolitischen Belange der deutschen Krankenhäuser in der Öffentlichkeit offensiv zu vertreten.

Der Verband der Krankenhausdirektoren Deutschlands e.V. kann bis heute auf eine Vielzahl von Kongressen, Krankenhausfachmessen (INTERFAB, INTERHOSPITAL) und andere Fort- und Weiterbildungsveranstaltungen zurückblicken. Zudem ist der Verband einer der Träger des „Deutschen Krankenhausinstituts e.V.".

Verband der leitenden Krankenhausärzte Deutschlands e.V. (VLK)

Der VLK sieht sich als Zusammenschluss aller leitenden Krankenhausärzte, die verantwortungsvoll an der Gestaltung und Erhaltung eines leistungsfähigen, funktionierenden und patientenorientierten Krankenhauswesens mitwirken. Er fördert den intensiven Meinungs- und Erfahrungsaustausch zwischen seinen Mitgliedern in den 16 Landesverbänden. Dabei bringt der VLK Anregungen Erfahrungen in seine ständigen Gespräche mit allen wesentlichen im Gesundheitswesen tätigen Institutionen und Persönlichkeiten ein und vertritt die Interessen der leitenden Krankenhausärzte im politischen Umfeld und in der Öffentlichkeit.

Bundesärztekammer (BÄK)

Die Bundesärztekammer (Arbeitsgemeinschaft der Deutschen Ärztekammern) ist die Spitzenorganisation der ärztlichen Selbstverwaltung und vertritt die berufspolitischen Interessen der 429.926 Ärztinnen und Ärzte (Stand: 31.12.2009) in Deutschland. Als Arbeitsgemeinschaft der 17 deutschen Ärztekammern wirkt die Bundesärztekammer aktiv am gesundheitspolitischen Meinungsbildungsprozess der Gesellschaft mit und entwickelt Perspektiven für eine bürgernahe und verantwortungsbewusste Gesundheits- und Sozialpolitik.

Dabei stehen insbesondere die folgenden Tätigkeitsfelder im Fokus:

- Sicherung einer guten medizinischen Versorgung der Bevölkerung durch den ständigen Erfahrungsaustausch zwischen den Ärztekammern und der gegenseitigen Abstimmung ihrer Ziele und Tätigkeiten. Vermittlung des Meinungs- und Erfahrungsaustausches zwischen den Landesärztekammern.

- Pflege des Zusammengehörigkeitsgefühls aller in Deutschland tätigen Ärzte und ihre Beratung bei wichtigen Vorhaben auf dem Gebiet des Gesundheitswesens und des sozialen Lebens.

- Schaffung einer möglichst einheitlichen Regelung der ärztlichen Berufspflichten und Grundsätze für die ärztliche Tätigkeit auf allen Gebieten.

- Wahrung der beruflichen Belange der Ärzteschaft in Angelegenheiten, die über den Zuständigkeitsbereich eines Landes hinausgehen. Kontakte zur Bundesregierung und Bundesrat sowie zu den politischen Parteien.

- Vermittlung der Position der Ärzteschaft zu gesundheitspolitischen und medizinischen Fragen.

- Förderung der ärztlichen Fortbildung.

- Förderung der Qualitätssicherung.

- Herstellung von Beziehungen zur medizinischen Wissenschaft und zu ärztlichen Vereinigungen des Auslandes.

- Gestaltung der Regelungen zur Berufs- und Weiterbildungsordnung.

- Berufsordnung, um ethische und berufsrechtliche Pflichten der Ärzte untereinander und gegenüber den Patienten zu regeln. Darunter fällt beispielsweise die Schweigepflicht des Arztes.

- Weiterbildungsordnung, um die Inhalte, Dauer und Ziele der Weiterbildung und der Facharztbezeichnungen zu definieren.

3.4 Wirkungsfelder des Sozialmarketing

Kassenärztliche Bundesvereinigung (KVB)

Die KBV ist als Körperschaft des öffentlichen Rechts die politische Interessenvertretung der niedergelassenen Vertragsärzte und -psychotherapeuten. Zuständige Aufsichtsbehörde ist das Bundesministerium für Gesundheit.

Die KVB vertritt die Belange ihrer Mitglieder bei Gesetzgebungsverfahren gegenüber der Bundesregierung. Zu den gesetzlichen Aufgaben der Körperschaft gehören die Wahrnehmung der Rechte der niedergelassenen Mediziner gegenüber den Krankenkassen sowie die Sicherstellung und die Gewährleistung der vertragsärztlichen und -psychotherapeutischen Versorgung.

Als Einrichtung der ärztlichen Selbstverwaltung schließt die KBV Verträge mit dem GKV-Spitzenverband und anderen Sozialleistungsträgern ab. Dort werden die Grundsätze der vertraglichen Beziehungen zwischen den Partnern auf Landesebene festgelegt und Rahmenvorgaben für die Inhalte der Arznei- und Heilmittelvereinbarungen gemacht.

Die KBV gestaltet mit den Krankenkassen die bundesweit geltende Gebührenordnung der niedergelassenen Ärzte, den Einheitlichen Bewertungsmaßstab (EBM). Der Verband führt darüber hinaus das Bundesarztregister und wirkt im Bundesschiedsamt mit.

Im Gemeinsamen Bundesausschuss (G-BA) entscheidet die KBV zusammen mit den Vertretern der Krankenkassen über den Leistungskatalog der gesetzlichen Krankenversicherung. Bei diesen Verhandlungen verfolgt die Körperschaft stets das Ziel, Fortschritte in der Medizin den Patienten zugute kommen zu lassen. Die KBV informiert und unterstützt die KVen bei allen Fragen im Rahmen ihrer Zuständigkeit. Sie berät auch den Gesetzgeber auf dem Gebiet der Gesundheitspolitik.

Deutscher Pflegerat e.V. (DPR)

Seit 1998 stellt der DPR als Dachverband der bedeutendsten Pflegeberufsverbände (14 Mitgliedsverbände und ein Förderverband) das deutsche Pflege- und Hebammenwesen nach außen dar, koordiniert und steuert die politische Durchsetzung ihrer Ziele und fördert die berufliche Selbstverwaltung.

Oberstes Ziel des DPR ist der engagierte Einsatz für eine nachhaltige, qualitätsorientierte Versorgung der Bevölkerung: Pflege entwickeln und Qualität sichern. Mit diesem Anspruch beteiligt sich der DPR aktiv am gesundheitspolitischen Meinungsbildungsprozess für eine am Gemeinwohl ausgerichtete Gesundheits- und Sozialpolitik.

Deutsches Krankenhausinstitut e.V. (DKI)

Das DKI ist seit 1953 in den Bereichen Forschung, Bildung und Fortbildung im Krankenhaus- und Gesundheitswesen tätig. Es gestaltet Forschungsvorhaben, Studien und Untersuchungen. Träger sind die maßgeblichen Verbände und Institutionen der Krankenhauswirtschaft. Die Forschungstätigkeit ist dem DKI in Zusammenarbeit mit der Universität Düsseldorf zugeordnet. Aufgabe der DKI GmbH ist die Beratung von Krankenhäusern und die Durchführung von Seminaren und Konferenzen.

Institut für das Entgeltsystem im Krankenhaus gGmbH (InEK)

Die Spitzenverbände der Krankenkassen, der Verband der privaten Krankenversicherung und die Deutsche Krankenhausgesellschaft haben am 10. Mai 2001 das Institut für das Entgeltsystem im Krankenhaus (InEK GmbH) in der Rechtsform einer gemeinnützigen GmbH gegründet. Seit Juni 2007 firmiert das Institut unter InEK GmbH.

Die Gesellschafter der GmbH sind seit Dezember 2008 die Deutsche Krankenhausgesellschaft, der GKV-Spitzenverband und der Verband der privaten Krankenversicherungen. Das Institut unterstützt die Vertragspartner der Selbstverwaltung und die von ihnen gebildeten Gremien bei der gesetzlich vorgeschriebenen Einführung und kontinuierlichen Weiterentwicklung des DRG-Systems auf der Grundlage des § 17b KHG. Arbeitsfelder des DRG-Instituts sind:

- Medizin:
  - Fallgruppenpflege
    - Definition der DRG-Fallgruppen
    - Pflege der Basis-Fallgruppen
    - Pflege des Schweregrad-Systems
  - Kodierrichtlinien
    - Zusammenarbeit mit Institutionen/Gremien/Organisationen
    - Unterstützung anderer Staaten bei der Entwicklung, Einführung und Pflege pauschalierender Entgeltsysteme

- Ökonomie:
  - Kalkulation
  - Relativgewichte
  - Zu- und Abschläge
  - Entgeltsystem für psychiatrische und psychosomatische Einrichtungen
  - Einführung und Weiterentwicklung der DRG-Entgelte
  - Leistungsorientierte Investitionspauschalen
  - Kalkulation von Investitionsbewertungsrelationen

3.4 Wirkungsfelder des Sozialmarketing

Gemeinsamer Bundesausschuss (G-BA)

Der Gemeinsame Bundesausschuss (G-BA) ist ein Gremium der gemeinsamen Selbstverwaltung von Ärzten, Krankenhäusern und Krankenkassen. Während der Gesetzgeber den Rahmen vorgibt, ist es die Aufgabe der Selbstverwaltung, diesen Rahmen auszufüllen und für die alltagspraktische Umsetzung der gesetzlichen Vorgaben zu sorgen. Die gesetzliche Grundlage dafür findet sich in § 92 SGB V.

Die vom G-BA beschlossenen Richtlinien haben den Charakter untergesetzlicher Normen, das heißt, sie gelten für die gesetzlichen Krankenkassen, deren Versicherte und die behandelnden Ärzte sowie andere Leistungserbringer und sind für diese verbindlich.

Der G-BA bestimmt in Form von Richtlinien den Leistungskatalog der gesetzlichen Krankenversicherung (GKV) für mehr als 70 Millionen Versicherte und legt damit fest, welche Leistungen der medizinischen Versorgung von der GKV erstattet werden. Zudem regelt der G-BA die Qualitätssicherung des ambulanten und stationären Bereichs des Gesundheitswesens.

Der G-BA steht unter der Rechtsaufsicht des Bundesministeriums für Gesundheit (BMG). Die Beschlüsse des G-BA müssen dem Bundesministerium zur Prüfung vorgelegt werden. Erst bei einer Nichtbeanstandung durch das BMG werden sie im Bundesanzeiger veröffentlicht und damit rechtswirksam. Der G-BA ist keine nachgeordnete Behörde des BMG, sondern eine eigenständige juristische Person des öffentlichen Rechts.

Bundesgeschäftsstelle Qualitätssicherung gGmbH (BQS)

Das BQS-Institut ist eine unabhängige Einrichtung, die sich insbesondere auf die Darlegung von Versorgungsqualität im Auftrag verschiedener Partner im Gesundheitswesen spezialisiert hat. Es kombiniert dabei die wissenschaftlich fundierte Entwicklung von Qualitätsindikatoren mit einer praxisnahen Umsetzung in den einzelnen Projekten. Das Institut ist eine Einrichtung der Deutschen Krankenhausgesellschaft, der Spitzenverbände der Krankenkassen und der Bundesärztekammer unter Einbeziehung des Deutschen Pflegerats.

3.4.2 Aufbau von Kooperationen in Netzwerken

01. Was sind Netzwerke?

Netzwerke stellen auf die Realisierung von Wettbewerbsvorteilen ab. Die ökonomischen Aktivitäten meist rechtlich selbstständiger Organisationen werden langfristig koordiniert und die Bedingungen vertraglich geregelt. Daher sind Netzwerke das Ergebnis einer Unternehmensgrenzen übergreifenden Differenzierung und Integration wirtschaftlicher Aktivitäten.

02. Zählen Sie die Vorteile von Unternehmensverbindungen im Gesundheitswesen auf.

- Erhöhung der Patienten- und Kundenzufriedenheit
- Verbesserung der Patientenbefindlichkeit
- Senkung der Fallkosten
- Optimierung des Patientendurchlaufs (Kostensenkung)

- Erhöhung der Qualität der medizinischen und sozialen Versorgung der Patienten
- Verbesserung des Rufs und Aufbau eines Markenimages

03. Nennen Sie verschiedene Kooperationsvarianten.

Strategische Allianzen	Die Partner bleiben Wettbewerber im Kerngeschäft und behalten ihre Selbstständigkeit. Ziel ist die Senkung der Transaktionskosten bzw. die Marktschließung durch Know-how-Bündelung. Der Markteintritt neuer Wettbewerber soll verhindert und die Marktmacht gesteigert werden.
Netzwerke	Die Hersteller hoch spezialisierter komplementärer Produkte und Dienstleistungen schließen sich zusammen, um Systemlösungen für die Kunden zu entwickeln. Die Netzwerkpartner konzentrieren sich auf die jeweilige Kernkompetenz.
Outsourcing	Auslagerung operativer, dem Kerngeschäft nachgelagerter Aktivitätsfelder. Outsourcingfelder sind gut geeignet, um die Transaktionskosten zu senken.

04. Stellen Sie die Optionen in einem Netzwerk zu kooperieren für das Gesundheitswesen grafisch dar.

Beziehungen in Netzwerken des Gesundheitswesens nach von Eiff

3.4 Wirkungsfelder des Sozialmarketing

05. Beschreiben Sie die Schritte zum Aufbau eines Netzwerks.

Orientierung	• Markt und Trends erforschen • Auswirkungen sachlich abschätzen • Regionale Branchenstrukturanalyse (RBSA)
Strategische Analyse	• Strategische Position und Stoßrichtung bestimmen • Messlatte setzen • SWOT-Analyse
Anbahnung	• Ziele und Wege festlegen • Führungsstruktur • Sprachregelung
Integration	• Rahmenbedingungen schaffen • Änderungen herbeiführen • Führungspositionen besetzen • Aktionsprogramm realisieren
Erfolgskontrolle	• Neuorientierung standardisieren • Zielerreichung kontrollieren
Organisationsentwicklung	• Projektstatus beenden • Aufgaben auf die Linie übertragen • Personalführungsinstrumente umsetzen • Strategien und Aktionsprogramme weiterentwickeln

06. Beschreiben Sie die kritischen Erfolgsfaktoren einer Kooperation.

- Die strategische Standardisierung in Verbindung mit der Marktanalyse ermöglicht die Auswahl geeigneter Partner (Strategie-Fit) und ist Grundlage für die Kaufpreisfindung (Strategischer Mehrwert).

- In der Anbahnungsphase müssen Ziele definiert und das Management Positionen transparent in verhandlungsfähige Interessen transformieren.

- In der Fusionsphase müssen die Voraussetzungen der zukünftigen Führungsorganisation geklärt und die Funktionen und Personen festgelegt werden.

- Die Integrationsphase bindet die Mitarbeiter und Personalvertretungen gezielt in die Reorganisation bzw. Integration mit ein.

07. Beschreiben Sie die wichtigsten Unterschiede zwischen einer Kooperation im Rahmen einer strategischen Allianz, eines Netzwerks und Outsourcings.

Kooperationen		
Strategische Allianz	**Netzwerk**	**Outsourcing**
Partner:	Partner:	Partner:
• Wettbewerber im Kerngeschäft	• Anbieter komplementärer Güter	• Vertikale Leistungsverbindung
Ziele:	Ziele:	Ziele:
• Transaktionskosten	• Systemlösungen für die Kunden	• Konzentration auf das Kerngeschäft
• Markterschließung durch Know-how-Poolung	• Konzentration auf die Kernkompetenzen	• Vermeiden von Schnittstellen im Wertschöpfungsprozess
• Wettbewerber-Segmentierung	Erfolgsfaktoren:	
Erfolgsfaktoren:	• IT-Systeme	Erfolgsfaktoren:
• Klares Verständnis über die Coopetition-Struktur	• Managementkompetenz	• Kann-Geschäft ausgliedern
	• Steuerungssysteme	• Lastenheftfähigkeit

08. In welchen Phasen des Patientenversorgungsprozesses sind für ein Krankenhaus Unternehmensverbindungen sinnvoll?

- Kooperationen mit niedergelassenen Ärzten durch Investitionen in medizinisch-technische Geräte, damit die Patienten in das kooperierende Krankenhaus eingewiesen werden.

- Kooperationen, um die Leistungsprozesse im Krankenhaus zu unterstützen. Dies betrifft medizinische Berufsbilder wie Physiotherapeuten oder Logopäden etc., Sekundärdienstleister wie beispielsweise Röntgenpraxen sowie Tertiärdienstleister wie Logistik oder Wäscheservice.

- Kooperationen mit Nachsorgeeinrichtungen, um eine durchgängige Patientenbehandlung sicherzustellen, die auf der Grundlage abgestimmter Therapie- und Rehabilitationspläne basiert. Das Ziel ist die Qualitätssicherung auf der Basis gesicherter Behandlungsleitlinien und der Evidence Base Medicine.

09. Zählen Sie Faktoren auf, die das Funktionieren einer Kooperation sicherstellt!

- Abgestimmte Organisationsstrukturen und Leistungsprozesse im Sinne einer Wertschöpfungskette
- Gleichgerichtete Interessen
- Transparente Leistungserbringungs-, Vergütungs- und Kostenstrukturen
- Vereinbarungen bei geregelten Ausnahmesituationen
- Anreizsystem, um ein zielkonformes Leistungsverhalten sicherzustellen

Handlungsspezifische Qualifikationen

1. Sozial- und Gesundheitsökonomie
2. Rechtliche Bestimmungen im Sozial- und Gesundheitswesen
3. Marketing im Sozial- und Gesundheitswesen
4. Management im Sozial- und Gesundheitswesen

4. Management im Sozial- und Gesundheitswesen

Prüfungsanforderungen

Im Qualifikationsbereich „Management im Sozial- und Gesundheitswesen" soll der Prüfungsteilnehmer nachweisen, dass es das für die Betriebsführung notwendige Planungs-, Steuerungs- und Führungsinstrumentarium beherrscht. Er soll die Besonderheiten des externen und internen Rechnungswesens kennen sowie das damit in Zusammenhang stehende Controlling umsetzen können. Darüber hinaus soll er die Elemente des Projekt- und Qualitätsmanagements dienstleistungsspezifisch einsetzen.

Qualifikationsschwerpunkte (Überblick)

4.1 Spezifische Unternehmensformen
- Privatrechtliche Unternehmensformen
- Öffentlich-rechtliche Unternehmensformen
- Stiftungen und Fördervereine

4.2 Angewandte Planungs- und Steuerungstechniken
- Spezielle Organisationen in stationären Einrichtungen
- Organisationsformen in ambulanten Einrichtungen
- Pflegerische Organisationssysteme und Konzepte
- Kooperationskonzepte Netzwerke

4.3 Aktuelle Organisationsstrukturen und Organisationsentwicklung
- Grundformen der Aufbau- und Ablauforganisation
- Leistungserstellung und -dokumentation
- Outsourcing

4.4 Führungs- und Managementtechniken
- Führung und Zusammenarbeit im Sozial- und Gesundheitswesen
- Zusammenarbeit von ehrenamtlich und hauptamtlich Tätigen
- Organisationsentwicklung

4.5 Rechnungswesen und Controlling
- Besonderheiten der Buchführung und Bilanzierung
- Ausweis und Bewirtschaftung von Zuwendungsmitteln
- Kalkulation und Preisgestaltung der Leistungen
- Gesetzliche Verordnungen bei der Preisgestaltung (BpflV)
- Methoden der Budgetierung
- Kostenrechnung und Kalkulation in stationären Einrichtungen

4.6 Personalwesen
- Personalplanung
- Personalentwicklung und -förderung

4.7 Kommunikation und Informationstechniken
- Kundenorientierte Kommunikation
- Konflikte und Umgang mit Konflikten
- Informations- und Kommunikationssysteme
- Darstellung der Einrichtung und Leistung im Internet

4.8 Projektmanagement
- Projekt und Projektmanagement
- Projektorganisation
- Phasen und Methoden des Projektmanagements
- Einsatz der Datenverarbeitung im Projektmanagement

4.9 Qualitätsmanagement im Sozial- und Gesundheitswesen
- Anforderungen an das Qualitätsmanagement
- Qualitätsmanagementsysteme
- Dokumentation von Qualitätsmanagement und Zertifizierung
- Einführung eines QM-Systems in der Praxis

4.1 Spezifische Unternehmensformen

4.1.1 Privatrechtliche Unternehmensformen

01. Nennen Sie die privatrechtlichen Unternehmensformen.

Erwerbswirtschaftliche Unternehmen
- Einzelunternehmen

- Personengesellschaften
  - OHG – Offene Handelsgesellschaft
  - KG – Kommanditgesellschaft
  - GmbH & Co. KG
  - StG – Stille Gesellschaft
  - GbR – Gesellschaft bürgerlichen Rechts (BGB-Gesellschaft)
  - Partnerschaftsgesellschaft

- Kapitalgesellschaften
  - AG – Aktiengesellschaft
  - GmbH – Gesellschaft mit beschränkter Haftung

- Gemeinwirtschaftliche Unternehmen
  - Genossenschaften – eG
  - gGmbH – gemeinnützige Gesellschaft mit beschränkter Haftung
  - Verein

02. Erläutern Sie die erwerbswirtschaftlichen Unternehmensformen. Nennen Sie Vor- und Nachteile und gehen Sie auf die Bedeutung für das Gesundheitswesen ein.

Einzelunternehmen

Einzelunternehmen Bürgerliches Gesetzbuch (ggf. Handelsgesetzbuch)
Die Eigentümer von Einzelunternehmen sind natürliche Personen, die unbeschränkt auch mit ihrem Privatvermögen für die Verbindlichkeiten des Unternehmens haften. Der jeweilige Einzelunternehmer ist der alleinige Geschäftsführer, der seine Entscheidungen selbstständig trifft und nach außen vertritt. Das Eigenkapital erhöht bzw. vermindert sich unmittelbar durch Gewinne und Verluste. Das Gründungskapital ist variabel. Einzelunternehmen sind ggf. ins Handelsregister einzutragen, um die Kaufmannseigenschaft zu erlangen. Einzelunternehmen haben den Nachteil, dass der Eigentümer unbeschränkt haftet. Haftungsbeschränkungen können ausschließlich über einzelvertragliche Regelungen erzielt werden. Hinzu kommt, dass Kapitalerhöhungen, die ein Unternehmenswachstum ermöglichen, nur durch Fremdkapitalaufnahme oder die Umwandlung der Rechtsform möglich ist. In Deutschland gibt es nur wenige Krankenhäuser, die diese Rechtsform gewählt haben. Öffentliche Krankenhäuser können diese Rechtsform nicht wählen, weil Eigentümer stets eine natürliche Person sein muss. Arztpraxen hingegen werden oftmals als Einzelunternehmen geführt.

Personengesellschaften

OHG – Offene Handelsgesellschaft Handelsgesetzbuch (§ 105 HGB bis § 160 HGB)
Die Eigentümer einer OHG sind zwei oder mehr Personen, die unbeschränkt, unmittelbar und solidarisch mit ihrem Geschäfts- und Privatvermögen für die Verbindlichkeiten der Gesellschaft haften. Alle Gesellschafter sind zur Geschäftsführung und Vertretung berechtigt. Der Gesellschaftsvertrag kann einzelne Gesellschafter von der Geschäftsführung ausschließen. Das Gründungskapital ist variabel. Die OHG ist im Handelsregister einzutragen. Die OHG hat den Vorteil, dass die Kapitalbasis breiter als bei der Einzelunternehmung ist, da mehrere Gesellschafter Kapital in die Gesellschaft einbringen. Außerdem werden die Risiken von mehreren Gesellschaftern gleichzeitig getragen. Ein weiterer Vorteil der OHG ist, dass jeder Gesellschafter seine Stärken in die Gesellschaft einbringen kann, sodass individuelle Kompetenzen zusammengefasst werden können. Nachteilig ist, dass jeder Gesellschafter unbeschränkt und solidarisch mit seinem Privatvermögen haftet. Da eine OHG gemäß Handelsgesetzbuch den Betrieb eines Handelsgewerbes umfasst, können Krankenhäuser diese Rechtsform nicht annehmen. Zudem dürfen sich Kommunen nicht an Gesellschaften beteiligen, bei denen die Haftung unbeschränkt ist. Hinzu kommt, dass der Begriff der Gemeinnützigkeit an die Kapitalgesellschaften gebunden ist. Die unbeschränkte Haftung wirkt sich nachteilig auf die Erweiterungsmöglichkeiten der Kapitalbasis aus. Freiberufler können keine OHG gründen. Krankenhäuser besitzen die Möglichkeit, durch Gründung einer Tochtergesellschaft sich an einer OHG zu beteiligen.

4.1 Spezifische Unternehmensformen

KG – Kommanditgesellschaft
Handelsgesetzbuch (§ 161 HGB – § 177a HGB)

Die KG besitzt mindestens zwei Gesellschafter. Es ist zwischen Vollhaftern (Komplementären) und Teilhaftern (Kommanditisten) zu unterscheiden. Die Komplementäre haften unbeschränkt, mittelbar und solidarisach wie die Gesellschafter einer OHG, während die Haftung der Kommanditisten auf die Kapitaleinlage beschränkt ist. Alle Komplementäre sind zur Geschäftsführung und Vertretung berechtigt. Der Gesellschaftsvertrag kann einzelne Komplementäre von der Geschäftsführung ausschließen. Kommanditisten sind von der Geschäftsführung ausgeschlossen. Das Gründungskapital ist variabel. Die KG ist im Handelsregister einzutragen.

Der Vorteil einer KG ist, dass Haftungsbeschränkungen möglich sind. Ein Vollhafter ist zur Gründung einer KG ausreichend, während die Kommanditisten ausschließlich mit ihren Kapitaleinlagen haften. Die Erhöhung der Kapitalbasis gestaltet sich einfach, zumal Kommanditisten nur mit ihren Kapitaleinlagen haften. Zudem können die Eigentümer teilweise von der Geschäftsführung ausgeschlossen werden. Nachteilig ist die persönliche Haftung der Komplementäre. Freiberufler können keine KG gründen.

GmbH & Co. KG
GmbH-Gesetz/Handelsgesetzbuch

Der Nachteil der KG, dass zumindest eine Person Vollhafter sein muss, wird durch die Aufnahme einer GmbH als Komplementär ausgeglichen. Damit wird eine komplette Haftungsbeschränkung erreicht und der Status einer Personengesellschaft beibehalten. Diese Rechtsformwahl besitzt jedoch keine großen Vorteile gegenüber anderen Personengesellschaften bei der Erweiterung der Kapitalbasis, zumal Kreditunternehmen oftmals persönliche Bürgschaften verlangen.

StG – Stille Gesellschaft
Handelsgesetzbuch (§ 230 HGB – § 236 HGB)

Bei der stillen Gesellschaft bringen natürliche oder juristische Personen Kapital in Unternehmen anderer Personen ein und treten nicht nach außen in Erscheinung. Die Haftung ist auf die eingebrachte Kapitaleinlage beschränkt. Stille Gesellschafter sind grundsätzlich von der Geschäftsführung ausgeschlossen. Nachteilig ist, dass bei Personengesellschaften, bei denen stille Gesellschafter aufgenommen werden, zumindest eine Person Vollhafter sein muss. Stille Gesellschaften besitzen im Gesundheitswesen keine große Bedeutung.

GbR – Gesellschaft bürgerlichen Rechts (BGB-Gesellschaft)
Bürgerliches Gesetzbuch (§ 705 BGB – 740 BGB)

Die GbR vereinigt natürliche und/oder juristische Personen, die sich durch Gesellschaftsvertrag verpflichten, einen gemeinsamen Zweck zu fördern und vereinbarte Beiträge zu leisten. Eine GbR kann kein eigenes Handelsgewerbe betreiben. Die Gesellschafter einer GbR haften grundsätzlich unbeschränkt auch mit ihrem Privatvermögen für die Verbindlichkeiten der Gesellschaft. Auch Freiberufler können eine GbR gründen.

Die Bruchteilsgemeinschaft gemäß § 741 BGB – § 758 BGB entsteht im Unterschied zur BGB-Gesellschaft bzw. Gesellschaft bürgerlichen Rechts durch Vertrag oder kraft Gesetzes im Rahmen mehrheitlicher Interessenübereinstimmung.

Partnerschaftsgesellschaft
Partnerschaftsgesellschaft **Partnerschaftsgesetz (PartGG)**
Die Partnerschaftsgesellschaft bildet eine Sonderform der GbR und ist eine dauerhaft ausgelegte Gesellschaft von Freiberuflern. Die Partner haften unbeschränkt und grundsätzlich solidarisch für die Verbindlichkeiten der Gesellschaft. Die fehlerhafte Berufsausübung ist jedoch auf die Haftung derjenigen Partner reduziert, die mit der berufsmäßigen Auftragsdurchführung befasst waren. Reine Kapitalbeteiligungen oder die Beteiligung juristischer Personen an Partnerschaftsgesellschaften sind ausgeschlossen, sodass Krankenhäuser nicht Partner einer Partnerschaftsgesellschaft werden können. Partnerschaftsgesellschaften werden im Partnerschaftsregister eingetragen. Der Vorteil der Partnerschaftsgesellschaften ist in der beschränkten Haftung bei der Berufsausübung von Freiberuflern begründet. Heilberufe sind grundsätzlich freie Berufe. Definitionsgemäß zählen freie Berufe zu denjenigen Berufen, die auf der Basis besonderer beruflicher Qualifikation oder schöpferischer Begabung persönlich und eigenverantwortlich sowie fachlich unabhängig Dienstleistungen erbringen, die im Interesse eines Auftraggebers oder der Allgemeinheit durchgeführt werden. Ärzte können sich daher in gemeinschaftlichen Praxen zwecks gemeinsamer Berufsausübung zusammenschließen.

Kapitalgesellschaften

AG – Aktiengesellschaft **Aktiengesetz (AktG)**
Die AG besitzt als juristische Person eine eigene Rechtspersönlichkeit, nimmt Rechte und Pflichten wahr, erwirbt Eigentum und klagt vor Gericht bzw. wird verklagt. Die AG existiert unabhängig von natürlichen Personen. Das Gründungskapital beträgt mindestens 50.000 €. Das Eigenkapital setzt sich aus dem Grundkapital der Aktionäre und den Rücklagen zusammen. Die Kapitalbasis kann verbreitert werden, indem Aktien ausgegeben werden. Die Haftung beschränkt sich auf das Gesellschaftsvermögen. Die AG handelt durch ihre Organe. Die Geschäftsführung obliegt dem Vorstand, der Aufsichtsrat unterstützt und kontrolliert seine Arbeit. Die Hauptversammlung ist die Versammlung der Aktionäre. Sie wählt den Aufsichtsrat, soweit er nicht durch Arbeitnehmer bestimmt wird, entlastet den Vorstand und nimmt den Geschäftsbericht entgegen. Aktiengesellschaften werden ins Handelsregister eingetragen. Vorteilhaft ist die Stückelung der Aktien, sodass auch kleine Wertpapieranleger Eigentum an einer AG erwerben können. Dadurch erreichen AGs eine breite Kapitalbasis, die auch hohe Investitionen ermöglichen. Diese Kapitalsammlungsfunktion ist der Hauptvorteil der AG. Kapitalerhöhungen können relativ einfach durchgeführt werden, indem neue Aktien ausgegeben werden. Die Haftung ist auf den Wert der Aktien beschränkt, Aktien können leicht wieder veräußert werden. Die Trennung von Geschäftsführung und Eigentum ermöglicht eine weitgehende Professionalisierung des Managements. Als Nachteil der AG werden häufig die Mitbestimmungsrechte der Arbeitnehmer und die Publizitätspflichten genannt. Die AG ist eine häufige Rechtsform großer Unternehmen. In Deutschland kommt die Rechtsform bei kommerziellen Klinikketten und -verbünden vor. Auch Kommunen oder kirchlichen Trägern steht die Gründung von AGs offen.

4.1 Spezifische Unternehmensformen

GmbH – Gesellschaft mit beschränkter Haftung
GmbH-Gesetz (GmbHG)

Die GmbH besitzt als juristische Person eine eigene Rechtspersönlichkeit und kann Träger von Rechten und Pflichten sein. Sie haftet mit ihrem Gesellschaftsvermögen. Es gibt keine persönliche Haftung der Gesellschafter. Das Gründungskapital beträgt mindestens 25.000 €. Das Eigenkapital setzt sich aus den Kapitaleinlagen der Eigentümer und den Rücklagen zusammen. Die Übertragung der Kapitalanteile bedarf der notariellen Beurkundung.

Die Geschäftsführung ist an Weisungen der Gesellschafterversammlung gebunden. Ein Aufsichtsrat muss erst bei Gesellschaften mit mehr als 500 Arbeitnehmern gebildet werden. Aufsichtsräte überwachen die Geschäftsführung. GmbHs werden ins Handelregister eingetragen.

Vorteilhaft ist, dass die Gesellschafter nur bis zur Höhe ihres Kapitalanteils haften. Die Trennung zwischen Geschäftsführung und Eigentum ist möglich, aber bei kleinen GmbHs sind Geschäftsführer und Gesellschafter häufig identisch. Der Vorteil der beschränkten Haftung wird aufgehoben, wenn Fremdkapital erforderlich ist, um Investitionen durchzuführen, da Kreditinstitute of zusätzlich persönliche Bürgschaften oder Patronatserklärungen fordern.

GmbHs werden im Gesundheitswesen häufig bei Ausgründungen gebildet. Der Nachteil der nicht handelbaren Wertpapiere wird aufgehoben, wenn der Eigentümer das ausgründende Gesundheitsunternehmen bleibt. Ausgründungen können alle Bereiche der so genannten Hotelleistungen betreffen.

03. Erläutern Sie die gemeinwirtschaftlichen Unternehmensformen. Nennen Sie Vor- und Nachteile und gehen Sie auf die Bedeutung für das Gesundheitswesen ein.

eG – Genossenschaften
Genossenschaftsgesetz (GenG)

Genossenschaften besitzen als juristische Person eine eigene Rechtspersönlichkeit und können Träger von Rechten und Pflichten sein. Gründungsgenossen können sowohl natürliche als auch juristische Personen sein. Der Zweck einer Genossenschaft ist die wirtschaftliche Förderung der Genossen. Das Eigenkapital kann variabel gestaltet werden. Jedes Mitglied hat in der Generalversammlung eine Stimme. Die Satzung kann die Gewährung von Mehrstimmrechten vorsehen. Genossenschaften werden in das Genossenschaftsregister eingetragen.

In Deutschland wird derzeit kein Krankenhaus in der Rechtsform einer Genossenschaft betrieben. Häufig bilden Krankenhäuser Einkaufsgenossenschaften, um Einkaufsvorteile gegenüber Lieferanten zu erzielen.

gGmbH – gemeinnützige Gesellschaft mit beschränkter Haftung
GmbH-Gesetz, Abgabenordnung
Die gGmbH ist keine eigene Rechtsperson, sondern der Gesellschaft mit beschränkter Haftung wird das Wesen der Gemeinnützigkeit zugestanden. Gemeinnützig ist eine Körperschaft, wenn deren Tätigkeit darauf gerichtet ist, die Allgemeinheit auf materiellem, geistigem oder sittlichem Gebiet zu fördern. Die Anerkennung der Gemeinnützigkeit erfolgt durch die Finanzämter. Freigemeinnützig sind Gesundheitsunternehmen, die von Trägern der kirchlichen oder freien Wohlfahrtspflege, Kirchengemeinden, Stiftungen oder Vereinen unterhalten werden. Der Vorteil der Gemeinnützigkeit ist die Befreiung von der Körperschaftsteuer. Zudem dürfen Zuwendungsbestätigungen für Spender ausgestellt werden, die den Spender zur Absetzung der Spenden als Sonderausgaben bzw. Betriebsausgaben berechtigen.

Verein
Bürgerliches Gesetzbuch (§ 21 BGB – § 79 BGB)
Erläuterungen hierzu finden Sie in Abschnitt 4.1.3

4.1.2 Öffentlich-rechtliche Unternehmensformen

01. Welche öffentlich-rechtlichen Unternehmensformen kennen Sie?

- Regiebetriebe/Eigenbetriebe/Sondervermögen
- Körperschaften des öffentlichen Rechts
- Anstalten des öffentlichen Rechts
- Stiftungen/Stiftungen des öffentlichen Rechts

4.1 Spezifische Unternehmensformen

02. Erläutern Sie die öffentlich-rechtlichen Unternehmensformen. Nennen Sie Vor- und Nachteile und gehen Sie auf die Bedeutung für das Gesundheitswesen ein.

Regiebetriebe/Eigenbetriebe/Sondervermögen
Regiebetriebe sind nicht rechtsfähige Einrichtungen, die öffentlichen Verwaltungen nachgeordnet sind. Die organisatorische Ausgliederung erfolgt zumeist aus Gründen der Zweckmäßigkeit.
Unselbstständige Regiebetriebe sind Teil der öffentlichen Verwaltung. Das Budget ist Teil des öffentlichen Haushalts, für den die haushaltsrechtlichen Vorschriften gelten. Die Einnahmen und Ausgaben fließen unsaldiert in den Haushalt der öffentlichen Verwaltung. Daher werden diese Regiebetriebe auch Bruttobetriebe genannt. Der Verwaltungsleiter ist oftmals ein Beamter, der die Einhaltung der gesetzlichen Regelungen überwacht. Entscheidungen werden von der Verwaltung bzw. deren Gremien getroffen.
Selbstständige Regiebetriebe sind organisatorisch und finanziell selbstständig. Haushaltsrechtliche Vorschriften gelten meist nur bedingt. Die Einnahmen und Ausgaben fließen saldiert in den Haushalt der öffentlichen Verwaltung. Daher werden diese Regiebetriebe auch Nettobetriebe genannt. Den Regiebetrieben soll damit ein höheres Maß an Unabhängigkeit gewährt werden.
Gemeinden nennen selbstständige Regiebetriebe auch Eigenbetriebe, wenn sie ein ausgegliedertes Sondervermögen darstellen. Nicht rechtsfähige Einrichtungen des Bundes für besondere Aufgaben werden Sondervermögen des Bundes genannt. Krankenhäuser, die zum Eigentum der öffentlichen Verwaltung zählen, werden oft als Eigenbetriebe geführt.

Körperschaft des öffentlichen Rechts Anstalt des öffentlichen Rechts
Körperschaften und Anstalten des öffentlichen Rechts sind juristische Personen, die eine eigene Rechtspersönlichkeit besitzen. Sie unterhalten eigene Haushalte und besitzen gegenüber der öffentlichen Verwaltung eine relative große Unabhängigkeit. Die Organe der Körperschaften und Anstalten übernehmen die Vertretung nach außen. Die Gründung von Körperschaften und Anstalten sind Hoheitsakte des Staates.
Öffentliche Krankenhäuser sind Anstalten des öffentlichen Rechts, während beispielsweise Krankenkassen Körperschaften des öffentlichen Rechts sind. Der Unterschied besteht darin, dass die Leistungen von Anstalten des öffentlichen Rechts durch Nutzer in Anspruch genommen werden, hingegen die Teilnehmer der Körperschaften des öffentlichen Rechts stets Mitglieder sind. In Krankenhäusern nehmen die Nutzer medizinische Leistungen in Anspruch, während die Mitglieder der Krankenkassen Versicherungsleistungen empfangen.

Privatrechtliche Stiftung/Stiftungen des öffentlichen Rechts Bürgerliches Gesetzbuch (§ 80 BGB – § 88 BGB)
Erläuterungen hierzu finden Sie in Abschnitt 4.1.3.

03. Was sind Zweckbetriebe?

Nach der Definition in § 65 AO ist ein Zweckbetrieb gegeben, wenn der wirtschaftliche Geschäftsbetrieb in seiner Gesamtrichtung dazu dient, die steuerbegünstigten satzungsmäßigen Zwecke der Körperschaft zu verwirklichen.

Hinweis: Fragen zur Steuerbegünstigung finden Sie in Kapitel 2.5.2 Steuerbegünstigte Zwecke in der AO einschließlich Gemeinnützigkeit.

04. Was sind Tendenzbetriebe?

Tendenzbetriebe verwirklichen ideelle oder weltanschauliche Vorstellungen. In § 118 Betriebsverfassungsgesetz (BetrVG) werden Tendenzbetriebe definiert. Demnach dienen sie

- unmittelbar und überwiegend politischen, koalitionspolitischen, karitativen, erzieherischen, wissenschaftlichen oder künstlerischen Zwecken oder
- Zwecken der Berichterstattung oder Meinungsäußerung, auf die Art. 5 Abs. 1 Satz 2 Grundgesetz Anwendungen finden.

Das BetrVG findet keine Anwendung auf Religionsgemeinschaften und karitative Einrichtungen. Beschäftigte haben kein Recht, einen Betriebsrat zu wählen. Darüber hinaus entfällt die Bildung eines Wirtschaftsausschusses gemäß §§ 106, 110 BetrVG, die dem Betriebsrat in Unternehmungen und Betrieben mit mehr als 100 Beschäftigten das Recht einräumen, von der Geschäftsführung umfassend über die wirtschaftlichen Angelegenheiten unterrichtet zu werden.

In den anderen Tendenzbetrieben findet das BetrVG keine Anwendung, wenn die Eigenart des Unternehmens oder Betriebs dem entgegensteht.

05. Wodurch unterscheiden sich Zweckbetriebe und Tendenzbetriebe primär?

Die Einstufung als Zweckbetrieb hat steuerrechtliche, die als Tendenzbetrieb arbeitsrechtliche Folgen.

4.1.3 Stiftungen und Fördervereine

01. Welche Stiftungen bzw. Fördervereine kennen Sie?
- Eingetragene Vereine
- Stiftung des bürgerlichen Rechts
- Stiftung des öffentlichen Rechts

02. Erläutern Sie die Rechtsform des Vereins und der Stiftung. Nennen Sie Vor- und Nachteile und gehen Sie auf die Bedeutung für das Gesundheitswesen ein.

Privatrechtliche Stiftungen/Stiftungen des öffentlichen Rechts Bürgerliches Gesetzbuch (§ 80 BGB – § 88 BGB)
Privatrechtliche Stiftungen bzw. Stiftungen des bürgerlichen Rechts werden durch Stiftungsakte errichtet und sind durch die Zuwendung von Vermögenswerten entstandene Institutionen. Stiftungen haben grundsätzlich keine Mitglieder. Es gibt rechtsfähige und nicht-rechtsfähige Stiftungen. Bei nicht-rechtsfähigen Stiftungen wird das Stiftungsvermögen vom Stifter einem Treuhänder übertragen, der die Verwaltung übernimmt. In Deutschland existieren viele Krankenhäuser, die im Eigentum rechtsfähiger Stiftungen sind. Die staatliche Anerkennung einer Stiftung erfolgt durch die Stiftungsbehörde. Der Stiftungszweck muss in der Satzung eindeutig definiert sein und ist bis zur Auflösung der Stiftung unveränderlich. Damit kann eine natürliche Person, seinen Willen auch noch Jahrhunderte nach ihrem Ableben für folgende Generationen verbindlich vorgeben. Das Stiftungsvermögen muss den Zweck der Stiftung dauerhaft und nachhaltig aus den Vermögenserträgen verwirklichen können. Lediglich die Zinserträge dürfen zur Finanzierung des Stiftungszwecks genutzt werden. Das Stiftungskapital darf durch Zustiftung erhöht werden. Gemeinnützige, mildtätige und kirchliche Stiftungen sind zumeist steuerlich begünstigt. Die Geschäftsführung einer Stiftung dient allein dem Stiftungszweck und ist unabhängig von den Kapitalgebern. Die Kapitalmärkte stehen den Stiftungen zur Erhöhung des Stiftungsvermögens nicht zur Verfügung. Sonderformen sind Stiftungen des öffentlichen Rechts und die kirchlichen Stiftungen. Öffentlich-rechtliche Stiftungen werden vom Staat durch Rechtsverordnung errichtet. Das Stiftungsrecht des BGB ist hier nicht anwendbar. Kirchliche Stiftungen dienen kirchlichen Aufgaben. Die Anerkennung erfolgt über die Stiftungsbehörde, während die Aufsicht der dem Kirchenrecht unterliegenden Kirchenbehörde obliegt.

> **Verein/eingetragener Verein (e.V.)**
> **Bürgerliches Gesetzbuch (§ 21 BGB – § 79 BGB)**
>
> Vereine sind dauerhafte Zusammenschlüsse natürlicher oder juristischer Personen, die von gewählten Mitgliedern vertreten werden. Die Gründung eines Vereins bedingt mindestens sieben Gründungsmitglieder. Der Vereinszweck ist in einer Satzung festzulegen. Der eingetragene Verein ist als juristische Person rechtsfähig.
>
> Die Vereinsmitglieder haften nicht mit ihrem Privatvermögen für die Verbindlichkeiten des Vereins, sondern allein der Verein mit dem Vereinsvermögen. Vorstandmitglieder haften persönlich, wenn grobe Verstöße gegen Sorgfaltspflichten oder kaufmännische Pflichten vorliegen. Die Entscheidungsbefugnisse des Vereinsvorstands werden durch die Satzung festgelegt. Das oberste Organ ist die Mitgliederversammlung. Satzungsänderungen können nur mit einer Dreiviertelmehrheit beschlossen werden. Der Vereinszweck kann nur geändert werden, wenn alle Mitglieder zustimmen. Vereine, die in das Vereinsregister eingetragen sind, sind zumeist gemeinwirtschaftlich ausgerichtet.
>
> Ein großer Vorteil ist die Sympathie, die Vereinen in Deutschland entgegengebracht wird. In Vereinen wirken oftmals Mitglieder zusammen, die über viele verschiedene Kompetenzen verfügen, sodass der Verein in hohen Umfang davon profitieren kann. Zudem ermöglichen Vereine eine weitgehende Teilnahme der Mitglieder, die im Gesundheitswesen weit über die gesetzlich geregelten Mitbestimmungsrechte hinausgehen können.
>
> Vorteilhaft ist die klare Trennung von Kapital und Mitgliedern. Grundsätzlich benötigen Vereine Spenden, um sich Kapital zu beschaffen, sodass die Kapitalbasis in der Regel gering ist. Nachteilig gestaltet sich insbesondere die Entscheidungsfindung, zumal auf den Mitgliederversammlungen oftmals Gruppen auftreten, die Entscheidungen verhindern oder Maßnahmen verwässern.
>
> Im deutschen Gesundheitswesen besitzt nur der eingetragene Verein eine Bedeutung, zumal der nicht-rechtsfähige Verein keine juristische Person ist und die Akteure persönlich haften. In den letzten Jahren wurden viele Vereine in gemeinnützige Gesellschaften mit beschränkter Haftung umgewandelt, um die Probleme der Kapitalbeschaffung und Entscheidungsfindung lösen zu können.

4.2 Angewandte Planungs- und Steuerungstechniken

4.2.1 Grundlagen der Planung

01. Welche Bedeutung besitzt der Prozessgedanke im Gesundheitswesen?

Um den ständigen internen und externen Veränderungen im Gesundheitswesen gerecht zu werden, eignet sich der Prozessgedanke. Abläufe erhalten so eine Struktur, die mit der Organisationsstruktur abgestimmt werden kann.

In den Kernbereichen des Gesundheitswesens kommen überwiegend Prozesse wie klinische Behandlungspfade oder Pflegeprozesse vor. Es können aber auch administrative Prozesse wie die Patientenaufnahme, medizinische Dokumentation oder

4.2 Angewandte Planungs- und Steuerungstechniken

Leistungsabrechnung in Prozessen abgebildet werden, um das optimal abgestimmte Funktionieren einer Organisation zu gewährleisten. Im Rahmen des kontinuierlichen Verbesserungsprozesses (KVP) können die Prozesse permanent überprüft und angepasst werden.

Der Begriff „Organisation" hat zwei Bedeutungen. Einerseits besitzt ein Unternehmen eine Organisation andererseits ist ein Unternehmen eine Organisation. Die erste Aussage beschreibt den instrumentellen Organisationsbegriff, während die zweite den institutionellen Organisationsbegriff definiert. Um Prozesse gestalten zu können, ist es notwendig, auf den instrumentellen Organisationsbegriff abzustellen.

02. Definieren Sie den Begriff Prozess.

In der Literatur werden verschiedene Begriffsdefinitionen genannt. Hier sind zwei genannt:

1. Ein Prozess ist eine zusammenhängende Folge von Tätigkeiten, die einen Kundennutzen erzeugen. Der Prozess wird dabei in Zusammenhang mit Begriffen wie dynamisch und fließend, ganzheitlich und integriert, horizontal und kundenorientiert in Verbindung gebracht. Prozesse überdecken Zeiträume mit definiertem Anfang und Ende, innerhalb dessen eine Veränderung stattfindet. Die Folge der Tätigkeiten steht in einem inneren Zusammenhang.

2. Prozesse sind strukturierte Folgen von Verrichtungen, die in ziel- oder sinnorientierter Beziehung zueinander stehen und damit Eingangs- und Ausgangsgrößen aufweisen unter Beachtung zeitlicher Gegebenheiten und Erzielung eines Wertzuwachses. Dabei sind Prozesse als einzelne Tätigkeiten zu verstehen, die nach sachlichen, räumlichen und ähnlichen Kriterien differenziert werden. Verrichtungen sind Tätigkeiten, die der Aufgabenerfüllung dienen, bzw. auf eine Aufgabenerfüllung zielen.

Prozesse haben stets einen definierten Anfang und ein definiertes Ende, wobei die zeitliche Dimension als Durchlaufzeit eine bedeutende Rolle übernimmt. Letztlich ist der Wertzuwachs für ein Unternehmen entweder unmittelbar monetär messbar als Gewinn oder Erlös. Der Wertzuwachs kann demgegenüber auch der Erfüllung oder Steigerung des Kundennutzens dienen.

03. Beschreiben Sie die Grundidee der Prozessorganisation.

Die Grundidee der Prozessorganisation besteht darin, dass kundenorientierte Prozesse Gegenstand der Strukturierung von Unternehmen sind und so integrierte organisatorische Einheiten mit Prozessverantwortung geschaffen werden. Solche kundenorientierten Einheiten werden auch als Module bezeichnet und die Prozessorganisation als modulare Organisation.

An Schnittstellen treten zwei Probleme auf: Informationsprobleme und Kompetenzprobleme. Einerseits können Informationen bei der Übergabe unvollständig, ungenau, verändert oder verfälscht weitergegeben werden, andererseits lässt sich die Verantwortung nicht genau zuordnen, sodass gegenseitige Schuldzuweisungen zu erwarten sind.

Das Ziel der Prozessorganisation ist nicht die Abschaffung der Arbeitsteilung, sondern einer andere Art der Arbeitsteilung. Zusammenhängende Verrichtungen, Handeln, Entscheiden und Ausführen werden kundenorientiert zusammengefasst und einem Prozessverantwortlichen bzw. Team übertragen.

04. Nennen Sie die Vor- und Nachteile der Prozessorganisation.

Die Prozessorganisation bietet eine Reihe von Vorteilen. Die Identifikation mit innerbetrieblichen Funktionen, die eine Zusammenarbeit oft erschwert, wird abgelöst durch eine Orientierung am Gesamtunternehmen oder an überbetrieblichen Prozessen. Ganzheitliches Denken ist daher eine häufige Forderung im Zusammenhang mit der Prozessorganisation. Weitere Vorteile:

- Prozessbeschleunigung
- Kostensenkung
- Qualitätsverbesserung
- Stärkere Kundenorientierung
- Reduktion der Schnittstellenproblematik
- Verbesserung der Innovationsfähigkeit
- Motivationssteigerung der Mitarbeiter
- Übernahme von Gesamtverantwortung

Die Prozessorganisation hat unter Umständen dort Nachteile, wo die Spezialisierung sehr groß ist. Ausgewiesene Experten können bestimmte Aufgaben besser und kostengünstiger bearbeiten als Prozessverantwortliche oder Teammitglieder, die dafür nicht speziell ausgebildet wurden. Hinzu kommt, dass die Ausdehnung der Stellenaufgaben auf fachfremde Aktivitäten demotivierend wirken kann oder die Stelleninhaber überfordert werden.

05. Welche Prozessvarianten kennen Sie?

- Horizontale Varianten
  - Duale Aufteilung
  - Mehrteilige Aufteilung
- Vertikale Varianten
- Querschnittsbezogene Prozesse

06. Beschreiben Sie die genannten Prozessvarianten.

Horizontale Varianten
Duale Aufteilung
Eine duale Aufteilung erfolgt in Kernprozesse und Supportprozesse. Kernprozesse sind z. B. die Behandlung und Versorgung der Patienten durch die Ärzte und Pflegefachkräfte oder die Bereitstellung medizinischer und pflegerischer Leistungen. Supportprozesse wie Personal, Liquidität und Ressourcen unterstützen die Kernprozesse.
Mehrteilige Aufteilung
Bei der mehrteiligen Aufteilung sind unterschiedliche Konzepte denkbar. Beispielsweise unterscheiden Somerlatte und Wedekind konzeptionell aggregierte, differenzierungsfähige Leistungsprozesse (ADL): • Ressourcenbereitstellungsprozesse • Leistungserstellungsprozesse • Leistungsverwertungsprozesse Die SOS-Konzeption unterscheidet den Wertschöpfungsprozess wie folgt: • Steuerungsprozesse (Planung, Steuerung und Kontrolle) • Operative Prozesse (ausführende Prozesse der Leistungserstellung und -verwertung) • Serviceprozesse (Koordination und Unterstützung der obigen Primärprozesse) Es sind auch krankenhausspezifische Prozessvarianten möglich: • Basisprozesse • Funktionsprozesse • Fachabteilungsprozesse
Vertikale Varianten
Vertikale Varianten untergliedern einen Hauptprozess in differenzierte Teilprozesse. Der medizinische Behandlungsprozess kann neben dem Pflegeprozess und dem Verwaltungsprozess als Hauptprozess definiert werden. Der Hautprozess „medizinischer Behandlungsprozess" wird beispielsweise in einen stationären, operativen und therapeutischen Teilbehandlungsprozess gegliedert. Der Verwaltungsprozess wird in die Teilprozesse Patientenaufnahme, medizinische Kodierung und Leistungsabrechnung sowie Medizinisches Controlling aufgeteilt, während der Pflegeprozess in die Teilprozesse der Pflegemethoden zerlegt wird.

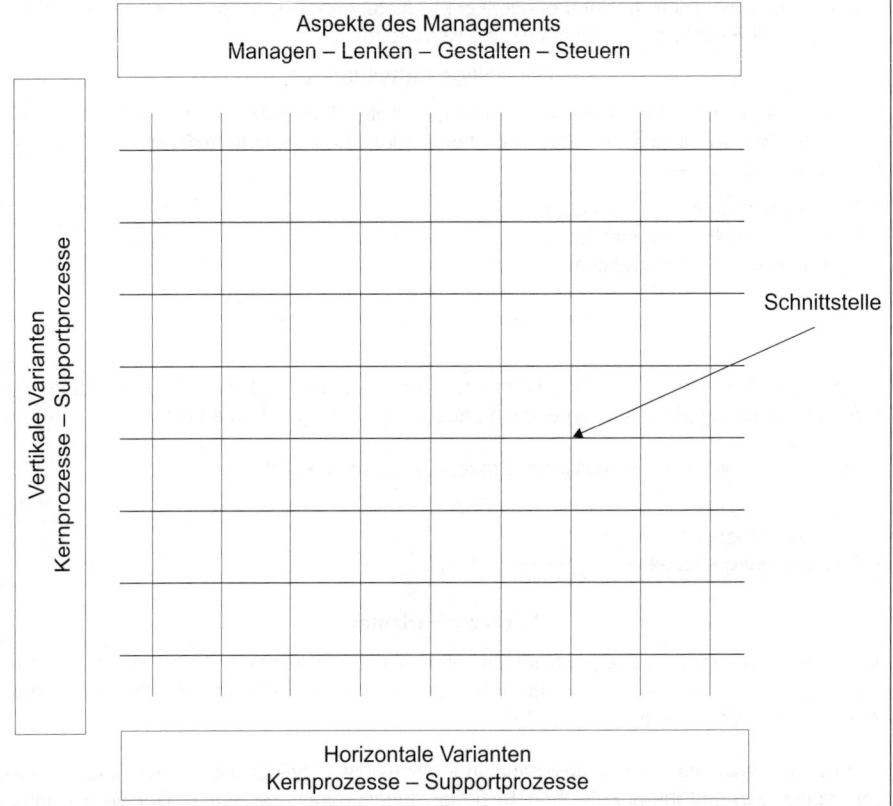

07. In welchen Fällen ist die Organisation einer Prozessstruktur sinnvoll?

Die organisatorische Strukturierung ist nur dann sinnvoll, wenn sie für Handlungen erfolgt, die für mehrere gleiche oder ähnliche Sachverhalte geschaffen werden. Eine Strukturierung wird ggf. nur dann möglich, wenn Ereignisse, Sachverhalte oder Handlungen zu regeln sind, die vorbestimmt oder vorhersehbar sind und die aufgrund ihrer Bedeutung geregelt sein müssen.

Die Bedeutung bezieht sich dabei auf Zeit sowie die Tragweite und Wirkung. Die zeitliche Bedeutung wird durch die Häufigkeit und die Wiederholungen charakterisiert, während die Tragweite Bedeutung für Menschenleben und wertmäßige Sachverhalte beschreibt.

4.2.2 Spezielle Organisationen in stationären Einrichtungen

01. Was ist ein Organigramm?

Organigramme stellen die Organisationsstruktur eines Unternehmens grafisch dar. Dabei werden insbesondere das Stellengefüge und die Leitungsbeziehungen des Unternehmens abgebildet.

In der Regel geben Organigramme die direkte Anordnung von Instanzen und Ausführungsstellen wieder. Das Ausmaß an Delegation an untergeordnete Organisationseinheiten ergibt sich indirekt aus der Leitungsspanne und der Leitungstiefe.

Die Leitungsspanne entspricht der Anzahl der direkt unterstellten Mitarbeiter, während die Leitungstiefe die Anzahl der Hierarchieebenen angibt. Je flacher die Hierarchie und je größer die Leitungsspanne gestaltet werden, desto größer ist das Ausmaß an Delegation an die unteren Organisationseinheiten und umgekehrt.

02. Nennen Sie die Bestimmungsfaktoren einer Organisationsstruktur.
- Spezialisierung
- Delegation
- Koordination

03. Beschreiben Sie die Bestimmungsfaktoren einer Organisationsstruktur.

Spezialisierung
Die Spezialisierung zerlegt die Unternehmensaufgaben in einzelne unterschiedliche Teilaufgaben. Dabei ist der Spezialisierungsgrad zu bestimmen und die Spezialisierungsart festzulegen.
Wird eine Aufgabe in viele unterschiedliche Teilaufgaben zerlegt, handelt es sich um eine hochgradige Spezialisierung. Spezialisierungsvorteile lassen sich durch die „Economies of Scale" erzielen, die eine Kostendegression bei höherer Ausbringungsmenge beschreibt. Ein Nachteil einer Spezialisierung ist die weitgehende Entfremdung der Arbeit sowie die Abneigung zur Übernahme von Verantwortung.
Die Spezialisierungsart wird nach Verrichtungen, Objekten und Rängen differenziert. Die Spezialisierung nach Verrichtungen ordnet Organisationseinheiten nach Funktionen wie beispielsweise Einkauf, Vertrieb oder Marketing, während eine Ordnung nach Objekten sich beispielsweise nach Produkten, Produktgruppen, Kunden oder Regionen richtet. Die Spezialisierung nach Rängen führt zur Trennung von Leitungs- und Ausführungsaufgaben. Damit kann beispielsweise eine Spezialisierung von Management- und Realisationsaufgaben vorgenommen werden.

Delegation

Durch Delegation werden Kompetenzen auf andere Personen oder Stellen übertragen. Die Zentralisation konzentriert die Kompetenzen auf die oberste Leitungsebene. Dies sind zumeist Entscheidungs- und Kontrollkompetenzen. Bei der Dezentralisation erfolgt eine weitgehende Kompetenzverlagerung in untergeordnete Hierarchieebenen.

Vorteile der Delegation:

- Die Instanzen werden entlastet.
- Das Wissen und Können der Mitarbeiter wird weitgehend genutzt.
- Die Mitarbeiter werden besser motiviert.
- Entscheidungen kommen schneller zustande und besitzen eine größere Flexibilität.
- Der Führungskräftenachwuchs wird gefördert.

Nachteile der Delegation:

- Es entstehen Kontrollprobleme.
- Die Mitarbeiter können überlastet und überfordert werden.
- Die Instanzen werden durch Macht- und Statusverluste demotiviert.
- Teilentscheidungen zeichnen sich durch Inkonsistenz aus.

Koordination

Durch Koordination werden Einzelaktivitäten abgestimmt, um eine gemeinsame Aufgabe zu erfüllen. Bei der Selbstkoordination nehmen die Mitarbeiter die Abstimmung selbst vor, während die Fremdkoordination die Abstimmung von außen vorgibt.

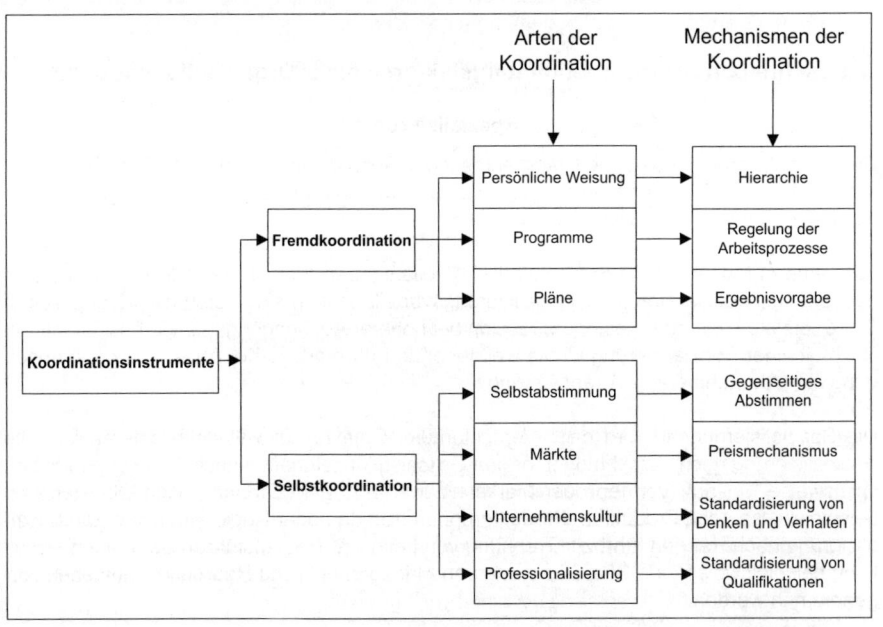

Instrumente der Fremd- und Selbstkoordination sowie deren Arten und Mechanismen.

4.2 Angewandte Planungs- und Steuerungstechniken

04. Beschreiben Sie die Organisationseinheiten, aus denen sich Organigramme zusammensetzen.

Instanz	Instanzen sind in der Regel Stellen der Linienorganisation, die fachliche und disziplinarische Leitungsbefugnisse besitzen. Dazu zählen direkte Entscheidungs- und Weisungsbefugnisse hinsichtlich der Aufgaben sowie den untergeordneten Mitarbeitern. Die fachlichen und disziplinarischen Leitungsbefugnisse können auch auf mehrere Instanzen verteilt werden.
Ausführungsstelle	Ausführungsstellen sind Stellen der Linienorganisation, die Aufgaben im Rahmen der betrieblichen Leistungen wahrnehmen. Die Aufgaben werden in der Regel auf Weisung der nächst höheren Instanz wahrgenommen. Ausführungsstellen besitzen meist keine Weisungsbefugnisse gegenüber anderen Mitarbeitern.
Abteilung	Abteilungen werden gebildet, indem mehrere Ausführungsstellen einer Instanz zugeordnet werden. Der Abteilungsleiter übernimmt die fachlichen und disziplinarischen Leitungsbefugnisse einer Instanz mit den dazugehörigen Entscheidungs- und Weisungsbefugnissen. Die Leitungsspanne ergibt sich aus der Anzahl der Mitarbeiter, die einem Abteilungsleiter direkt unterstellt sind.
Stab	Stabsstellen übernehmen unterstützende Funktionen für die Aufgabenerfüllung der Instanzen der Linienorganisation. Die wahrgenommenen Stabstätigkeiten dienen indirekt der Aufgabenerfüllung.
Ausschuss (Kollegien, Gremien)	Ausschüsse bzw. Kollegien oder Gremien werden durch folgende Merkmale näher charakterisiert: • Zusammenschluss von Mitarbeitern zur arbeitsteiligen Erreichung eines gemeinsamen Zieles. • Die Ausschussmitglieder kommen aus verschiedenen Bereichen des Unternehmens und unterschiedlichen Hierarchieebenen. • Keine interne formal-hierarchische Struktur • Es werden ausschließlich Sonder- oder Spezialaufgaben wahrgenommen. • Die Ausschussmitglieder arbeiten nur bei Bedarf während der Besprechungen und Konferenzen zusammen. • Die Ausschussarbeit ist zeitlich befristet. Beispiele für Ausschüsse sind Finanzausschüsse, Kontrollausschüsse etc.
Gruppen	Eine Gruppe wird durch eine überschaubare Zahl von Personen bzw. Mitarbeitern eines Unternehmens definiert, die eigenverantwortlich eine gemeinsame Aufgabe wahrnehmen. Die Koordination erfolgt weitgehend durch Selbstabstimmung. Dies kann beispielsweise eine Projektgruppe sein.

05. Nennen Sie die klassischen Formen der Organisationspraxis.

- Funktionale Organisation
- Divisionale Organisation
- Matrixorganisation

06. Beschreiben Sie den Unterschied zwischen der Primär- und Sekundärorganisation.

Die Primärorganisation bearbeitet Aufgaben, die dauerhaft erledigt werden müssen, während der Sekundärorganisation spezielle Aufgaben zugeordnet sind.

07. Stellen Sie beispielhaft die Organigramme eines allgemeinen Krankenhauses, der Kliniken eines Gesundheitskonzerns und eines Universitätsklinikums dar.

a) Beispiel für ein Organigramm eines Krankenhauses

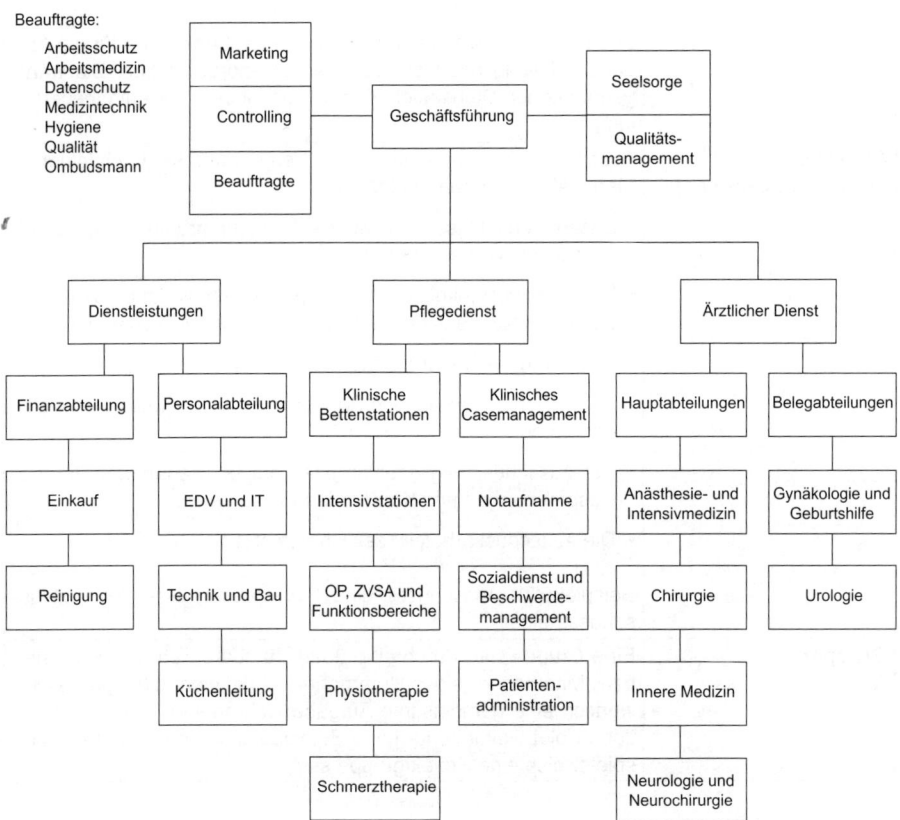

Organigramm eines Krankenhauses

4.2 Angewandte Planungs- und Steuerungstechniken 399

Sollte das Krankenhaus in der Trägerschaft einer Stiftung oder einer kirchlichen Religionsgemeinschaft stehen, so wäre über der Ebene des Vorstandes noch eine weitere Leitungsebene bzw. der Eigentümer oder Vorstand einzutragen.

b) Beispiel für ein Organigramm der Kliniken eines Klinikkonzerns

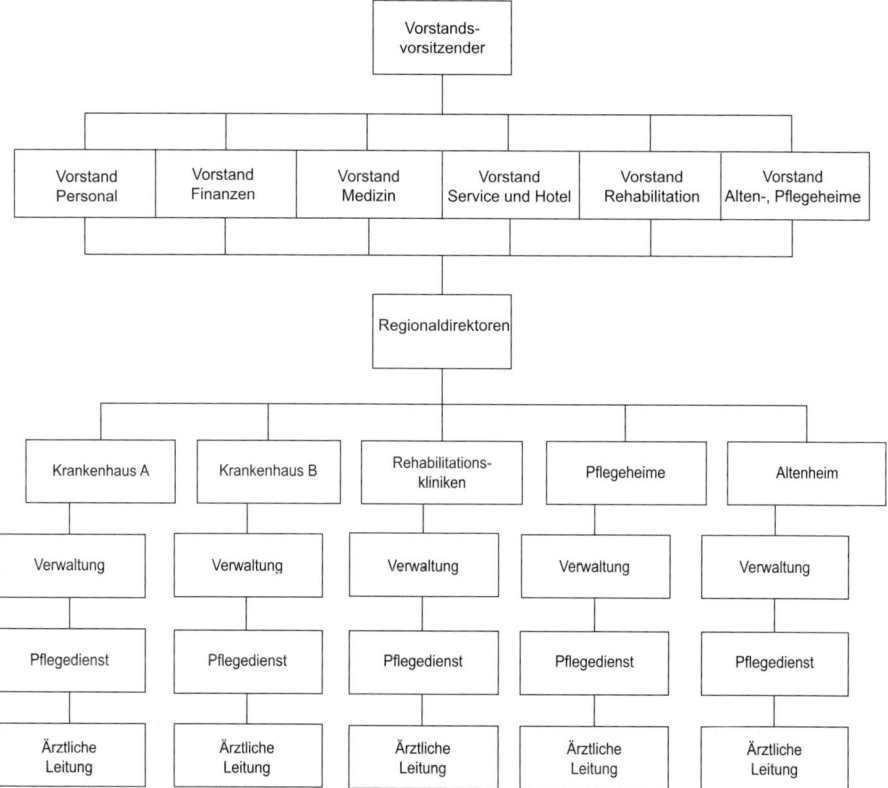

Organigramm von Kliniken eines Klinikkonzerns

c) Beispiel für ein Organigramm eines Universitätsklinikums

Aufsichtsgremien: Medizinsenat | Aufsichtsrat | Fakultätsrat

Geschäftsstelle Vorstand

- **Klinikumsleitung**
  - Ärztlicher Direktor
  - Kaufmännischer Direktor
  - Pflegedirektor
- **Fakultätsleitung**
  - Dekan
  - Prodekan Forschung
  - Prodekan Lehre

Kliniken:
- Zahn-, Mund- und Kieferheilkunde
- Diagnostische und interventionelle Radiologie
- Anästhesiologie und Intensivmedizin
- Chirurgie
- Unfall- und Wiederherstellungschirurgie
- Innere Medizin (Gastroenterologie, Nephrologie, Endokrinologie und Pneumologie)
- Dermatologie und Venerologie
- Onkologie und Hämatologie
- Neurologie und Neurochirurgie
- Psychiatrie und Psychotherapie
- Kinder- und Jugendpsychiatrie
- Herz-, Kreislauf- und Gefäßmedizin
- Tumormedizin
- Augenklinik
- HNO-Klinik
- Gynäkologie und Geburtshilfe
- Kinder- und Jugendmedizin
- Strahlentherapie und Nuklearmedizin

Verwaltung / Querschnittsbereiche:

Technik und Betriebe	Einkauf	Personal	IT und EDV	Revision	Personal
Apotheke	Finanzen	Controlling	Recht	Marketing	Projektmanagement

Institute
- Medizinische Psychologie
- Forschung
- Studienangelegenheiten
- Akademische Angelegenheiten und Internationales

Ausgründungen
- Klinische Laboratorien
- Reinigungs- und Wäscheservice
- Logistik
- Gastronomie
- Facility-Management
- Medizinisches Versorgungszentrum

Die hier vorgestellten Organigramme stellen ausschließlich Beispiele dar. In der Praxis finden Sie eine Vielzahl anderer Formen und Kombinationen. Insbesondere das Organigramm der Universitätsklinik ist stark vereinfacht.

4.2.3 Organisationsformen in ambulanten Einrichtungen

01. Stellen Sie beispielhaft die Organigramme eines ambulanten Pflegedienstes, eines Alten- und Pflegeheims sowie einer Rehabilitationsklinik dar.

a) Beispiel für ein Organigramm eines ambulanten Pflegedienstes

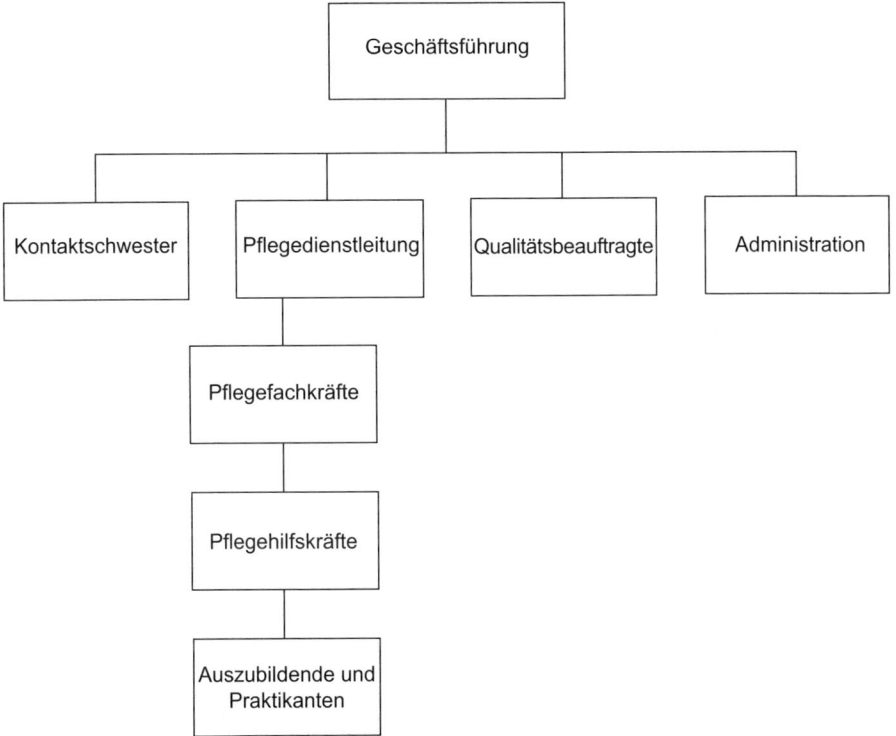

Organigramm eines ambulaten Pflegedienstes

b) Beispiel für ein Organigramm eines Altenheims

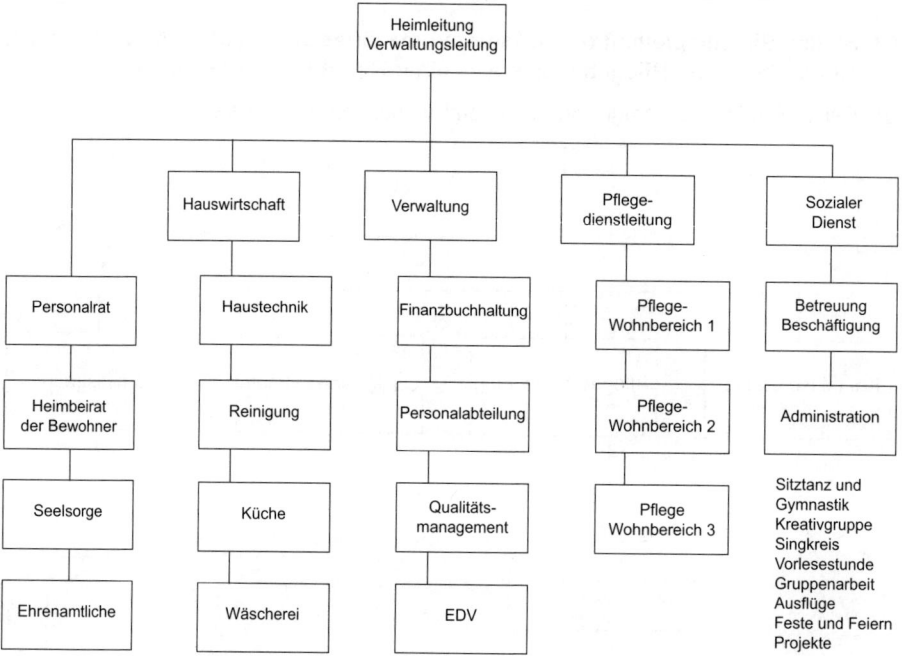

Organigramm eines Altenheims

4.2 Angewandte Planungs- und Steuerungstechniken

c) Beispiel für ein Organigramm einer Rehabilitationsklinik

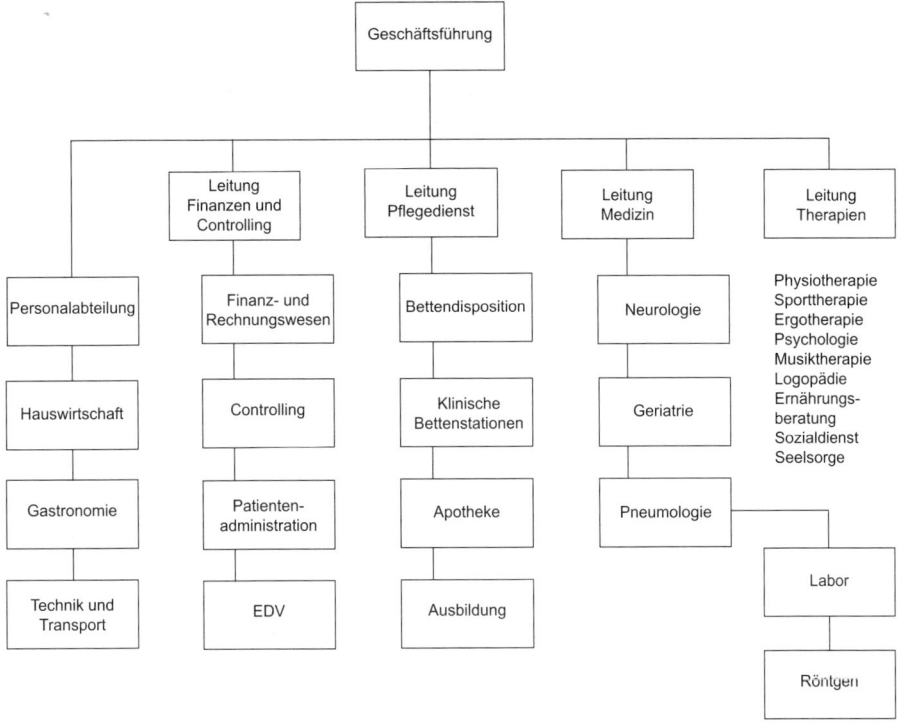

Organigramm einer Rehabilitationsklinik

Die hier vorgestellten Organigramme stellen Beispiele dar. In der Praxis finden Sie eine Vielzahl anderer Formen und Kombinationen.

4.2.4 Pflegerische Organisationssysteme

01. Wie können Pflegesysteme eingeteilt werden?

Pflegesysteme können nach Funktionen in Zimmer-, Gruppen-, Bereichs- sowie Bezugspflege (Primary Nursing) eingeteilt werden. Im Mittelpunkt steht ein patienten- bzw. personenorientierter Ansatz.

02. Definieren Sie den Begriff Funktionspflege.

Das Funktionspflegesystem ist die traditionelle Organisation pflegerischer Tätigkeiten. Dabei laufen alle Informationen über alle Patienten zur Stationsleitung, die Bindeglied zum ärztlichen Dienst und weiteren Berufsgruppen und Abteilungen ist.

Die Stationsleitung nimmt in der Regel an den ärztlichen Visiten teil, bei denen die diagnostischen und therapeutischen Abläufe koordiniert werden. Sie verteilt alle anfallenden Tätigkeiten an alle Pflegekräfte. Die Pflegekräfte sammeln Informationen, die sie von Patienten, Angehörigen und anderen Berufsgruppen erhalten, und geben der Stationsleitung eine Rückmeldung. Weiteren Verrichtungen, die für Patienten durchgeführt werden müssen, wie beispielsweise Blutdruckmessungen, Speisenversorgung oder Arzneimittelgabe, werden von der Stationsleitung geplant und koordiniert.

Der Vorteil der Funktionspflege besteht darin, dass eine klare hierarchische Aufgabenzuordnung erreicht wird und alle Informationen an einer Stelle zur Verfügung stehen.

Nachteilig ist, dass mit steigender Patientenzahl die Fehlerquote der Prozesssteuerung steigt. Hinzu kommt, dass die Stationsleitung, die einzelnen Patienten kaum kennt bzw. die Pflegekräfte kaum Kenntnis des Gesamtgeschehens der Leistungen an den jeweiligen Patienten erhalten. Probleme können daher lange unbemerkt bleiben. Dies kann zu schlecht abgestimmten Prozessen, unzufriedenen Patienten oder Qualitätsrisiken führen.

03. Beschreiben Sie den patientenorientierten Ansatz und nennen Sie die Varianten.

Die Nachteile der Funktionspflege haben dazu geführt, dass die Patientenversorgung stärker dezentralisiert und einzelnen Pflegekräften übertragen wird. Das Pflegesystem der Patientenorientierung besteht darin, dass die Pflegekräfte nicht mehr einzelne Verrichtungen bei allen infrage kommenden Patienten durchführen, sondern sie die Verantwortung für eine bestimmte Anzahl von Patienten und für alle anfallenden Aufgaben übertragen bekommen.

Die Umsetzung dieses Pflegeprinzips führt zu zahlreichen Varianten, die eine erhebliche Spannweite von bisher bestehenden Steuerungsfunktionen in der direkten Patientenbetreuung und Beibehaltung funktionaler Aspekte in der Organisation pflegerischer Tätigkeit bis hin zur vollständigen Verantwortungsübertragung an die jeweilige Pflegekraft aufweisen.

Einen Überblick gibt die nachfolgende Tabelle, die die Merkmale Verantwortung, Qualifikation und Kommunikation unterscheidet:

Organisationsform	Delegation der Verantwortung	Qualifikation	Kommunikation
Zimmerpflege	temporär	3-jährige Ausbildung plus Weiterbildung	vertikal zur Stationsleitung
Gruppenpflege	temporär	3-jährige Ausbildung plus Weiterbildung	horizontal im Team

Bereichspflege	temporär	3-jährige Ausbildung plus Weiterbildung	horizontal im Team
Bezugspflege	vollständig	Akademische Bachelorausbildung bzw. pflegerische Assistenzkräfte mit 1- und 2-jähriger Ausbildung.	horizontal im Team

In der Praxis werden die patientenorientierten Organisationsformen der Zimmer-, Gruppen- und Bereichspflege oftmals nur für den Frühdienst eingerichtet und beinhalten funktionale Aspekte. Bestimmte Verrichtungen werden weiterhin von einer Pflegefachkraft für alle Patienten durchgeführt. Pflegeprinzipien und Organisationsformen werden dabei nicht stringent kombiniert, sodass Misch- und Übergangsformen entstehen.

04. Definieren Sie den Begriff Zimmerpflege.

Im Rahmen der Zimmerpflege wird einer Pflegefachkraft eine Anzahl Zimmer mit den sich darin befindenden Patienten zugeteilt, für deren Pflege sie die Verantwortung übernehmen. Die Stationsleitung überträgt die Verantwortung temporär (von einer Schicht bis hin zu längeren Zeiträumen).

Bedingt durch die räumliche und personelle Begrenzung findet die Kommunikation in der Regel vertikal zur Leitung hin statt. Die Zimmerpflege findet sich häufig in der Pädiatrie und in intensivpflegerischen Bereichen.

05. Definieren Sie den Begriff Gruppenpflege.

Die Gruppenpflege erfolgt, indem kleinere Teams von Pflegenden gemeinsam mit der Gruppenleitung die Planung und Ausführung der Pflege für eine überschaubare Anzahl von Patienten übernehmen.

Da die Gruppenführung zu zahlreichen Zuteilungs- und Koordinierungsaufgaben auf Abteilungsebene führt, können kleinere Pflegeeinheiten mit 15 bis 20 Patienten kaum auf personelle Engpässe oder vermehrten Arbeitsanfall reagieren. Die Einführung der Gruppenpflege in den 1970er- und 1980er-Jahren sollte hierarchische und arbeitsteilige Organisationsprinzipien ablösen. In der Praxis ist diese Organisationsform nur noch selten anzutreffen.

06. Definieren Sie den Begriff Bereichspflege.

Die Bereichspflege unterteilt eine Station in mehrere Bereiche, die von den Pflegekräften weitgehend eigenverantwortlich betreut werden und die der Stationsleitung fachlich und disziplinarisch unterstellt sind. Die Bereiche umfassen in der Regel acht bis zwölf Patienten und sind oftmals nach baulichen Gesichtspunkten unterteilt.

07. Definieren Sie den Begriff der Bezugspflege.

Die Bezugspflege, auch als „Primary Nursing" bekannt, gewährleistet eine optimale personell kontinuierliche Patientenbetreuung. Dabei kommen vier bis acht Patienten in den Verantwortungsbereich der Primary Nurse, die von ausgebildeten Assistenzkräften unterstützt wird, um alle anfallenden Aufgaben zu bewältigen. Bei Abwesenheit der Primary Nurse erfolgt die Vertretung durch eine Associate Nurse, die ebenfalls eine erfahrene Pflegefachkraft ist.

08. Welche Qualifikation erfordert die Tätigkeit als Primary Nurse?

Eine Primary Nurse besitzt neben einer mehrjährigen Berufspraxis eine akademische Pflegeausbildung. Associate Nurses verfügen ebenfalls über eine akademische Ausbildung oder eine dreijährige Ausbildung mit spezifischer Fortbildung wie beispielsweise die Anleitung von Assistenzkräften etc.

In Deutschland verfügen die Absolventen von Bachelor-Studiengängen, die als Erstausbildung in der Pflege angelegt sind, über fundierte und qualifizierte Kenntnisse. Hinzu kommt, dass es auch Pflegefachkräften mit dreijähriger Ausbildung möglich ist, nach Fort- und Weiterbildungsmaßnahmen als Primary Nurse zu arbeiten.

09. Nennen Sie die Hauptmerkmale der Bezugspflege nach Ersser/Tutton.

- Verbindliche Verantwortung für die Pflege
- Kontinuität der Pflege
- Direkte Kommunikation
- Pflegeplanung und Durchführung aus einer Hand

10. Beschreiben Sie die Hauptmerkmale der Bezugspflege nach Ersser/Tutton.

Im Rahmen der verbindlichen Verantwortung werden die Anamnese-, Planungs- und Evaluationsschritte der Pflegeprozessmethode von der Primary Nurse selbst durchgeführt und die Ausführung der geplanten Maßnahmen von ihr verantwortet.

Die Kontinuität der Pflege wird von der Associate Nurse in Abwesenheit der Primary Nurse sichergestellt und die aufgestellte Planung nur in Notfällen geändert. Die Änderungen sind der Primary Nurse unverzüglich mitzuteilen.

Die direkte Kommunikation der Primary Nurse ermöglicht die Funktion als Schaltstelle für alle Informationen über den Patienten sowie die berufsgruppenübergreifende Kommunikation, die die Organisation aller diagnostischen und therapeutischen Maßnahmen mit einschließt.

Die Durchführung der pflegerischen Maßnahmen erfolgt unter maßgeblicher Beteiligung der Primary Nurse, die sie selbst durchführt, wenn eine hohe Qualifikation erforderlich ist. Bei routinemäßigen Aufgaben betreut die Primary Nurse die Assistenzkräfte und überprüft deren Arbeitsergebnisse. Der Vorteil ist eine verbesserte Informations-

4.2 Angewandte Planungs- und Steuerungstechniken

lage und optimierte Prozesssteuerung. Der vermehrte Kontakt mit den Patienten führt zum Aufbau einer vertrauensvollen Beziehung.

11. Beschreiben Sie die Vorteile der Bezugspflege.

Die Bezugspflegefachkraft übernimmt die Steuerung aller pflegerischen Prozesse für ihre Patienten, die in den Gesamtprozess der Leistungserstellung eingebunden werden. Dazu eignet sich das interdisziplinäre Entlassungsmanagement, das mit der frühzeitigen Feststellung des Versorgungsbedarfs über den Krankenhausaufenthalt hinaus beginnt und das für die Versorgungskontinuität sorgen soll.

Konzepte der integrierten Versorgung unterstützen diese Zielsetzung. Die Koordination der Prozesse im Krankenhaus erfolgt vermehrt über klinische Behandlungspfade („clinical pathways" oder „critical pathways"), die die Anteile und Schnittstellen der berufsübergreifenden Kooperationen klären.

12. Welche Modelle dienen der Einbindung der Pflegefachkräfte in die Prozessgestaltung?

Es existieren unterschiedliche Modelle, Pflegefachkräfte in die Prozessgestaltung einzubinden, die generell in einen zentralen und einen dezentralen Ansatz unterschieden werden.

Der Vorteil des zentralen Ansatzes ist das hohe Fachwissen für Fragen der Kooperation und des Schnittstellenmanagements sowohl intern als auch für die nachstationäre Versorgung. Nachteilig ist die Schaffung einer weiteren Schnittstelle.

Der Vorteil des dezentralen Ansatzes ist die bessere Kenntnis des individuellen Patientenfalls und die Betreuung durch eine Pflegefachkraft. Nachteilig ist das geringere Wissen in einzelnen Prozessen wie beispielsweise geringere sozialrechtliche Kenntnisse und geringere Erfahrungen eines differenzierten Assessments des poststationären Versorgungsbedarfs beim Entlassungsmanagement.

13. Welche Aufgaben übernimmt die Stationsleitung im Bezugspflegesystem?

Die Einführung des Bezugspflegesystems und der patientenorientierten Prozessgestaltung durch eine Primary Nurse ändert die Aufgaben der Stationsleitung. Bei Erfüllung der notwendigen Voraussetzungen ist die Delegation der Verantwortung für die Qualität der pflegerischen Leistung an die Bezugspflegekraft möglich, sodass Raum für Organisationskonzepte geschaffen wird, wenn die Stationsleitungen aus der direkten Patientenversorgung abgezogen werden. Häufig dienen diese Änderungen zur Zusammenlegung kleinerer Organisationseinheiten, um Personalengpässe besser auffangen zu können und um Sachmittel effektiv einzusetzen.

Zu den zentralen Aufgaben der Stationsleitung zählt die Personaleinsatzplanung, die im Zusammenhang mit dem Bezugspflegesystem die Patientendistribution mit einbezieht. Die neu aufgenommenen Patienten werden geeigneten Bezugspflegekräften zugeteilt. Dabei sollte die Dienstplangestaltung die Anwesenheitszeiten der Primary Nurse mit der Aufenthaltsdauer synchronisieren.

Eine weitere Aufgabe ist die fachliche Unterstüzung der Bezugspflegekräfte, die im Rahmen von Dokumentenanalysen, Pflegevisiten und Fallbesprechungen durch die Stationsleitung wahrgenommen wird. Hinzu kommen Kooperationsaufgaben mit dem ärztlichen Dienst und anderen Berufsgruppen und Abteilungen zur Koordination der Arbeitsabläufe und der patientenbezogenen Prozesse. Die Stationsleitung übernimmt auch Aufgaben der Materialbeschaffung sowie die Leitung und Begleitung bei innovativen Projekten wie beispielsweise der Einführung von Expertenstandards (Dekubitusprophylaxe, Sturzprophylaxe etc.) oder neuen EDV-Systemen.

Die Aufgaben der Stationsleitung gehen weit über das Tagesgeschäft hinaus. Das Pflegeteam muss begleitet und kontinuierlich weiterqualifiziert werden. Dazu gehört die Schaffung geeigneter Rahmenbedingungen zur kontinuierlichen Weiterentwicklung der Pflegeprozessmethode, der Dokumentation und des Pflegeorganisationssystems. In Abhängigkeit von Zielgruppe und Situation sind wissenschaftlich fundierte Pflegekonzepte einzuführen.

Dazu können Arbeitsgruppen durch die Pflegedienstleitung gebildet werden, die von pflegewissenschaftlich qualifizierten Pflegeexperten unterstützt werden. Viele pflegerische Konzepte finden sich als Themen der internen Qualitätsentwicklung wieder, die sich auf Expertenstandards stützen. Um diesen Anforderungen gerecht zu werden, ist vermehrt ein Hochschulabschluss mit dem Schwerpunkt Pflegewissenschaft und Pflegemanagement erforderlich.

4.2.5 Pflegerische Konzepte

01. Nach welcher Methode werden die Pflegeprozesse durchgeführt?

Der Kern der direkten Pflegekraft-Patient-Interaktion ist die Pflegeprozessmethode, die in § 3 Abs. 2 Satz 2 a KrPflG (Krankenpflegegesetz) und § 3 Abs. 2 Satz 2 b KrPflG geregelt ist. Die Pflegeprozessmethode ist der Standard der pflegerischen Arbeitsweise und Grundlage jeder Pflegeentwicklung.

02. Nennen Sie die einzelnen Schritte der Pflegeprozessmethode.

Schritte der Pflegeprozessmethode

1. Pflegeanamnese und -diagnose; Informationssammlung über Probleme und Ressourcen des Patienten
2. Festlegung von Zielen gemeinsam mit dem Patienten
3. Festlegung der entsprechenden Maßnahmen

4.2 Angewandte Planungs- und Steuerungstechniken

4. Durchführung der Maßnahmen
5. Evaluation; Bewertung des Erfolges der Maßnahmen im Vergleich zu den festgelegten Zielen
6. Anpassung von Zielen und Maßnahmen je nach Bedarf und Entwicklung des Falles

Mit dem Schritt 5 beginnt ein neuer Pflegezyklus, der an den Schritt 1 anknüpft. Der neue Pflegezyklus umfasst neue Informationen, die im Prozessverlauf erhoben wurden und die verwendet werden, um den neuen Pflegezyklus auf ein höheres Niveau zu heben.

03. Stellen Sie die Pflegeprozessmethode als Problemlösungs- und Beziehungsprozess in einer Grafik dar.

Pflegeprozessmethode nach Fiechter/Meier

04. Beschreiben Sie die einzelnen Schritte der Pflegeprozessmethode.

Die Pflegeanamnese erfasst im ersten Schritt alle wesentlichen Aspekte der funktionalen Einbußen, des Hilfebedarfs, der Qualitätsrisiken und der subjektiven Bedingungen zum Management der Krankheitsfolgen sowie die diagnostischen und therapeutischen Maßnahmen. Dabei werden Assessment-Instrumente wie pflegerische Expertenstandards zu Dekubitusrisiken, Schmerzmanagement etc. eingesetzt.

Die konzeptionelle Grundlage bildet häufig das Modell der Lebensaktivitäten, das von den Ressourcen des Patienten wie Funktionen, Interessen und Zielen ausgeht und Ziele und Qualitätsrisiken definiert. Einer fragmentierten Bestandsaufnahme nach Körperfunktionen wird durch Praxiskonzepte entgegengetreten, indem die spezifischen Besonderheiten der jeweiligen Patientengruppe erfasst werden. Dabei werden die Angehörigen als ggf. zukünftig pflegende Angehörige von Anfang an mit einbezogen, indem sie beispielsweise in Pflegetechniken geschult werden.

Die Praxiskonzepte basieren auf Forschungsergebnissen und theoretischen Ansätzen der Pflege oder Pflegetheorien. Die Pflegeanamnese wird durch die Pflegediagnosen ergänzt, die pflegerische Befunde systematisieren und elektronisch erfassen.

Häufige Pflegediagnosen betreffen Mobilitätsstörungen, Dekubitus, Kontinenzprobleme und Sturzgefahren. Viele pflegerische Probleme liegen im Bereich der Alltagskompetenz und beinhalten Verhandlungsprozesse mit den Patienten zur Problemlösung. Manche Pflegediagnosen gelten nur kurzfristig und sind raschen Veränderungen unterworfen, wenn beispielsweise Patienten vor größeren Operationen Angst haben.

Die Ziele und pflegerischen Interventionen des zweiten Schritts werden auf der Grundlage der Pflegeanamnese und -diagnose mit den Patienten und Angehörigen besprochen, ausgehandelt und festgelegt. Die Maßnahmenplanung im dritten Schritt richtet sich nach Praxiskonzepten und Pflegemethoden. Diese widmen sich bestimmten Zielgruppen oder Situationen.

Expertenstandards sind beispielsweise das Bobath-Konzept zur Rehabilitation von Schlaganfallpatienten, die basale Stimulation zur Wahrnehmungsförderung und andere. Spezifische Konzepte richten ihre Aufmerksamkeit auf bestimmte pflegerische Qualitätsrisiken wie Expertenstandards zur Dekubitus- und Sturzprophylaxe oder zum Schmerzmanagement. Die Praxiskonzepte und Expertenstandards sind auf den individuellen Patientenfall hin auszurichten. Die Durchführung der geplanten Maßnahmen im vierten Schritt, die Wirksamkeitsprüfung des fünften Schritts und ggf. deren Anpassung im sechsten Schritt beenden den Zyklus.

Die Pflegeprozessmethode benötigt eine individuelle und detaillierte Dokumentation, um die Angemessenheit der Ziele und die Wirksamkeitsprüfung der durchgeführten Maßnahmen zu ermöglichen und im Pflegeteam oder berufsgruppenübergreifend zu kommunizieren.

Die Maßnahmen werden von den Pflegefachkräften oder den Assistenzkräften durchgeführt, die von der verantwortlichen Pflegefachkraft betreut werden. Neben der Dokumentationsanalyse dienen Fallbesprechungen und Pflegevisiten dazu, mehrere Pflegeteammitglieder und die Patienten in die Evaluation einzubeziehen. Damit soll die Übergabe am Patientenbett die Kommunikation im Pflegeteam und die Einbeziehung der Patienten gefördert werden. Fallbesprechungen, die ggf. berufsgruppenübergreifend erfolgen, generieren bei komplexen Fällen angemessene Problemlösungen.

05. Welche Bedeutung hat die Pflegeprozessmethode für die Pflegefachkräfte in der Praxis?

Die Pflegefachkraft erhält die Verantwortung für die pflegerische Aufnahme und Betreuung und informiert den Patienten über Termine, Verfahren und zur Verfügung stehende Hilfen. Fähigkeiten, Probleme und Ressourcen sowie Bedarf und Bedürfnisse werden gemeinsam mit dem Patienten erkundet und die Erfordernisse der stationären Behandlung erörtert bzw. die Lösung individueller Probleme vereinbart.

Die Pflegefachkraft übernimmt darüber hinaus die Abstimmung der pflegerischen Maßnahmen und Hilfen mit der ärztlicher Diagnostik und Therapie, die die Pflegefachkraft unterstützen.

06. Was sind Expertenstandards? Geben Sie Beispiele.

Expertenstandards sind Pflegestandards, die als Mindeststandard in Einrichtungen des Gesundheitswesens gelten, die nach SGB IX abrechnen. Die Pflegestandards werden vom „Deutschen Netzwerk für Qualitätsentwicklung in der Pflege" (DNQP) nach einheitlichen Prinzipien entwickelt und veröffentlicht. Diese Pflegestandards werden dann „Nationale Expertenstandards" genannt.

Das Pflege-Weiterentwicklungsgesetz hat 2008 den § 113a SGB IX „Expertenstandards zur Sicherung und Weiterentwicklung der Qualität in der Pflege" im Sozialgesetzbuch eingefügt. Seitdem sind die Expertenstandards in der Pflege für alle Pflegekassen und deren Verbände sowie für die zugelassenen Pflegeeinrichtungen verbindlich. Derzeit gelten die Expertenstandards noch nicht für den Bereich des SGB V, der die Krankenhausversorgung umfasst.

Die folgenden Expertenstandards sind bisher veröffentlicht:

- Dekubitusprophylaxe in der Pflege
- Entlassungsmanagement in der Pflege
- Schmerzmanagement in der Pflege
- Sturzprophylaxe in der Pflege
- Förderung der Harnkontinenz in der Pflege
- Pflege von Menschen mit chronischen Wunden
- Ernährungsmanagement zur Sicherstellung und Förderung der oralen Ernährung in der Pflege

Geplant sind in nächster Zeit folgende Expertenstandards:

- Schmerzmanagement bei chronisch nicht-malignen Schmerzen
- Pflege von demenziell Erkrankten
- Medikamentenmanagement.

07. Definieren Sie den Begriff „klinischer Behandlungspfad" und nennen Sie dessen Synonyme.

Roeder u. a. (siehe Literaturverzeichnis) definieren den Begriff „klinischer Behandlungspfad" als „der im Behandlungsteam selbst gefundene berufsgruppen- und institutionsübergreifende Konsens für die beste Durchführung der gesamten stationären Behandlung unter Wahrung festgelegter Behandlungsqualität sowie unter Berücksichtigung der notwendigen und verfügbaren Ressourcen, ebenso unter Festlegung der Aufgaben sowie der Durchführungs- und Ergebnisverantwortlichkeiten. Der klinische Behandlungspfad steuert den Behandlungsprozess; gleichzeitig ist er das behandlungsbegleitende Dokumentationsinstrument und erlaubt die Kommentierung von Normabweichungen zum Zwecke fortgesetzter Evaluation und Verbesserung".

Diese Definition ist in zweierlei Hinsicht erweiterungsfähig. Einerseits sollten klinische Behandlungspfade in der Konzeptionsphase konsequent aus der Sicht des Patienten entworfen und ausgestaltet werden. Andererseits sollten klinische Behandlungspfade alle relevanten Behandlungsschritte jeweils indikationsbezogen abbilden, in optimaler Sequenz und nach dem neuesten Stand von Diagnostik und Therapie.

Auf diese Weise sollte es möglich sein, mehr als 75 % der Patienten eines Durchschnittskrankenhauses auf standardisierte Pfade zu „setzen" und entsprechend den definierten Routinen zu behandeln. Damit werden klinische Behandlungspfade zu einem unverzichtbaren Managementwerkzeug bei Standardindikationen.

In der Literatur werden folgende Synonyme für den Begriff klinischer Behandlungspfad genannt:

- Versorgungspfade
- Clinical Pathways
- Critical Pathways
- Medical Pathways
- Standard Operating Procedures
- Behandlungsschemata
- Indikationspfade
- Standardisierte Behandlungsabläufe
- Klinikleitlinien

4.2.6 Kooperationskonzepte mit vor- und nachgelagerten Organisationen und Netzwerken

01. Was ist unter dem Begriff Kooperation zu verstehen?

Eine Kooperation ist eine Zusammenarbeit zwischen mehreren Unternehmen, bei der die wirtschaftliche Selbstständigkeit lediglich in den von der Kooperation betroffenen Bereichen für die Dauer der Kooperation eingeschränkt wird, die rechtliche Selbstständigkeit der Kooperationspartner jedoch vollständig erhalten bleibt.

02. Welche Kooperationsstrategien kennen Sie?

- Horizontale Kooperationen
- Vertikale Kooperationen
- Diagonale Kooperationen

Neben den Kooperationsstrategien gibt es noch Integrationsstrategien.

03. Beschreiben Sie die Kooperationsstrategien.

Horizontale Kooperationsstrategien beinhalten eine Zusammenarbeit auf derselben Wertschöpfungsstufe. Krankenhäuser können beispielsweise mit Rehabilitationseinrichtungen kooperieren, indem nach der stationären Akutversorgung eine Verlegung in eine Reha-Einrichtung zur Anschlussheilbehandlung (AHB) stattfindet.

Außerdem können kleinere Krankenhäuser schwierige Fälle in das nahegelegene Universitätsklinikum verlegen, um den Patienten eine optimale Behandlung zu ermöglich. Selbstverständlich sind auch Kooperationen zwischen verschiedenen niedergelassenen Vertragsärzten möglich, indem die Patienten zu Fachkollegen überwiesen und behandelt werden, um den Patienten bestmöglich ambulant zu versorgen. Horizontale Kooperationen sind erfolgreich, wenn es den Partnern gelingt, patientenorientierte übergreifende Behandlungspfade zu etablieren.

Vertikale Kooperationen umfassen die Zusammenarbeit von Unternehmen mit vor- und nachgelagerten Wertschöpfungsstufen. Im Gesundheitswesen können beispielsweise niedergelassene Vertragsärzte mit nahegelegenen Krankenhäusern kooperieren, indem die Patienten in diese Kliniken eingewiesen werden. Für die Krankenhäuser entsteht ein Anreiz dieser Kooperationsform, weil eine Steigerung der Fallzahlen erreicht und damit die Zuweisung von Patienten erhöht wird.

Ebenso ist es möglich, dass stationäre Einrichtungen mit ambulanten Pflegediensten im Rahmen des Entlassungsmanagements kooperieren, die die Nachsorge für die Patienten übernehmen. Damit wird den Patienten eine optimale Abstimmung zwischen Krankenhausversorgung und häuslicher Pflege ermöglicht.

Im Mittelpunkt der vertikalen Kooperationen steht ein verbessertes Schnittstellenmanagement sowie die Optimierung der Behandlungsprozesse, die die Behandlungsqualität erhöhen soll.

Diagonale Kooperationen umfassen die Zusammenarbeit mit branchenfremden Partnern. Krankenhäuser können beispielsweise die eigenen Wertschöpfungsaktivitäten mit Partner aus der Industrie kombinieren, wenn neue technische Geräte erstmalig eingesetzt werden, die innovative Operationstechniken ermöglichen oder neu zugelassene Arzneimittel innovative Behandlungskonzepte erlauben.

	Stationär	Ambulant	Leistungserbringer im Gesundheitswesen
Stationär	Horizontale Kooperation	Vertikale Kooperation	
Ambulant	Vertikale Kooperation	Horizontale Kooperation	
Industrie-/Pharmaunternehmen			Diagonale Kooperation

Die Kooperationsstrategien zielen auf eine Zusammenarbeit zwischen zwei oder mehreren Unternehmen auf einem bestimmten Betätigungsfeld ab. Auf diese Art und Weise sollen Synergieeffekte für die kooperierenden Unternehmen erzielt werden. Die Synergieeffekte resultieren aus der Risiko- und Kostenteilung, bei der Wertschöpfung sowie im Kompetenztransfer. Ein weiterer Vorteil entsteht durch den gemeinsamen Einkauf von Sachmitteln.

04. Beschreiben Sie Formen der horizontalen Kooperation.

Horizontale Kooperationsformen sind

- Joint Venture und
- Strategische Allianz.

Bei einem *Joint Venture* wird eine rechtlich selbstständige Gesellschaft gegründet. Die Anteile an dem Gemeinschaftsunternehmen können unterschiedlich verteilt sein und werden im Gesellschaftsvertrag verbindlich geregelt. Im Rahmen von Joint Ventures wird oftmals der Zugang zu neuen Märkten ermöglicht. Sie ist die intensivste Form der Kooperation, die vor allem bei längerfristigen oder zeitlich unbegrenzten Partnerschaften zur Anwendung kommt. Aspekte der Risikoreduktion übernehmen eine wichtige Rolle bei der Entscheidungsfindung.

Strategische Allianzen sind Kooperationen, bei denen es nicht zur Gründung eines rechtlich selbstständigen Unternehmens kommt. Das Spektrum reicht von stillschweigender Abstimmung über mündliche Absprachen bis zu vertraglichen, präzisen schriftlichen Vereinbarungen. Strategische Kooperationen werden in der Regel unterschieden in gemeinschaftliche Aufgabenerfüllung und Funktionsspezialisierung.

Bei der gemeinschaftlichen Aufgabenerfüllung bündeln Unternehmen die Ressourcen, um durch Synergieeffekte bessere Ergebnisse zu erzielen. Bei der Funktionsspezialisierung teilen Unternehmen die zu leistenden Aufgaben unter sich auf.

4.2 Angewandte Planungs- und Steuerungstechniken

05. Beschreiben Sie Formen der vertikalen Kooperation.

Formen der vertikalen Kooperation sind

- Strategisches Netzwerk
- Virtuelles Unternehmen

Strategische Netzwerke sind langfristige, institutionelle Arrangements der Prozessoptimierung entlang der Wertschöpfungskette, bei denen ein führendes Unternehmen die Rolle des Koordinators einer relativ großen Zahl rechtlich selbstständiger, wirtschaftlich aber tendenziell abhängiger Zulieferer übernimmt.

Netzwerkarrangements können grundsätzlich vertikaler, horizontaler und diagonaler Natur sein. Der Begriff des strategischen Netzwerks wird jedoch primär vertikal verstanden. Die Grenzen der Unternehmen verschwimmen, zumal die faktische Autorität führender Unternehmen über die rechtlichen Grenzen deutlich hinausgeht. Dies kann zu Problemen bei der Wettbewerbsaufsicht oder der Interessenvertretung der Arbeitnehmer führen, weil deren Mitwirkungsmöglichkeiten verloren gehen.

Virtuelle Unternehmen sind zeitlich begrenzt kooperierende Netzwerke rechtlich selbstständiger Unternehmen, die ihre Kernkompetenzen in die gemeinsame Organisation einbringen. Die Institutionalisierung unterbleibt, weil die virtuellen Unternehmen nur auf Zeit eingerichtet werden.

In virtuellen Unternehmen werden in der Regel Projekte bearbeitet und auf modernste informations- und kommunikationstechnologische Infrastrukturen zurückgegriffen. Die strategische Bedeutung liegt in der hohen Flexibilität und in der optimalen Ressourcennutzung der beteiligten Unternehmen. Jedes Unternehmen kann sich auf seine Kernkompetenz spezialisieren.

06. Was bezwecken Integrationsstrategien?

Integrationsstrategien haben den Sinn, Wachstum durch Unternehmenszusammenschlüsse herbeizuführen. In der Regel erfolgt dies durch die Aquisition bzw. den Erwerb anderer Unternehmen („mergers and acquisitions" bzw. M&A).

Größere Krankenhäuser oder Universitätskliniken der Maximalversorgung können Pflegekrankenhäuser oder Reha-Einrichtung aufkaufen, um dort ihre stationär behandelten Patienten zu pflegen oder zu rehabilitieren. Der Vorteil der Aquisitionsstrategien sind die Fixkostendegressionseffekte („economies of scale") sowie Verbundeffekte in Form von Kompetenzen, die vorher nicht vorhanden waren („economies of scope").

Nachteilig ist, dass der Erwerb neuer Unternehmen nur schwer zu revidieren ist und ein höherer Kapitaleinsatz erforderlich ist als beispielsweise bei einer Kooperation. Zudem findet nur in begrenzten Umfang eine Risikoteilung statt. Hinzu kommt, dass kartellrechtliche Vorschriften zu beachten sind, da die Kartellbehörden den Zusammenschluss von Unternehmen verbieten können. Außerdem kann eine negative Öffentlichkeitswahrnehmung entstehen, wenn Unternehmen im Rahmen einer feindlichen Übernahme aufgekauft werden.

07. Was sind Institutsleistungen?

Von Institutsleistungen spricht man, wenn Krankenhäuser als Institution ambulante Leistungen erbringen. Hierunter fallen ambulante Leistungen, die die Krankenhäuser durch das angestellte ärztliche, pflegerische und therapeutische Personal als Vertragspartner und Leistungsschuldner erbringen. Entgelte für Institutsleistungen stehen den Krankenhäusern zu. Der Krankenhausträger haftet für die Erfüllung der Leistungen.

08. Klassifizieren Sie die Institutsleistungen entsprechend ihrer gesetzlichen Regelungen.

Keine Ermächtigung oder vertragliche Regelung erforderlich
• Notfallbehandlungen (Nothilfepflicht für nicht zugelassene Krankenhäuser und ärztlich geleitete Einrichtungen) • Krankenhaus-Sachleistungen – Leistungen der physikalischen Therapie – Heilmittel im Sinne des § 124 SGB V
Ermächtigung erforderlich
• Deckung der Unterversorgung § 116a SGB V • Hochschulambulanzen § 117 SGB V • Psychiatrische Institutsambulanzen § 118 SGB V • Sozialpädiatrische Zentren § 119 SGB V • Fachambulanzen und Polikliniken § 311 Abs. 2 SGB V
Vertragliche Regelungen erforderlich
• Ambulante ärztliche Behandlung im Rahmen der Durchführung strukturierter Behandlungsprogramme [Disease-Management-Programme (DMP)] § 137g SGB V, § 116b SGB V • Hochspezialisierte Leistungen sowie ambulante Leistungen zur Behandlung seltener Erkrankungen und Erkrankungen mit besonderen Krankheitsverläufen § 116b SGB V
Keine Zulassung durch den Zulassungsausschuss erforderlich
• Sterilisation und Schwangerschaftsabbruch § 24b SGB V, § 75 Abs. 9 SGB V in Verbindung mit § 13 Schwangerschaftskonfliktgesetz • Maßnahmen zur Durchführung künstlicher Befruchtungen § 27a SGB V in Verbindung mit § 121a SGB V

09. Nennen Sie gängige Kooperationskonzepte im Gesundheitswesen.

- Notfallbehandlung nach § 75 SGB in Verbindung mit § 323c StGB und § 2 Abs. 2 BMV-Ä
- Krankenhaus-Sachleistungen – Leistungen der physikalischen Therapie – Heilmittel im Sinne des § 124 SGB V
- Integrierte Versorgung nach § 140a Abs. 1 SGB V
- Disease-Management-Programme (DMP) nach § 137g SGB V
- Medizinische Versorgungszentren nach § 95 SGB V
- Fachambulanzen nach § 311 Abs. 2 SGB V

4.2 Angewandte Planungs- und Steuerungstechniken

- Ambulantes Operieren nach § 115b SGB V
- Hochspezialisierte Leistungen sowie ambulante Leistungen zur Behandlung seltener Erkrankungen und Erkrankungen mit besonderen Krankheitsverläufen nach § 116b SGB V
- Deckung der Unterversorgung nach § 116a SGB V
- Hochschulambulanzen nach § 117 Abs. 1 SGB V
- Psychiatrische Institutionsambulanzen nach § 118 SGB V
- Sozialpädiatrische Zentren nach § 119 SGB V
- Ambulante Leistungen zur künstlichen Befruchtung als Leistungen der Krankenhausbehandlung nach § 27a Abs. 1 SGB V
- Leistungen bei Schwangerschaftsabbruch und Sterilisation § 24b Abs. 1 SGB V
- Institutsleistungen außerhalb des Rechtes der gesetzlichen Versicherung

10. Beschreiben Sie gängige Kooperationskonzepte im Gesundheitswesen.

Notfallbehandlung nach § 75 SGB in Verbindung mit § 323c StGB und § 2 Abs. 2 BMV-Ä
Die Kassenärztlichen Vereinigungen haben die ambulante vertragsärztliche Versorgung sicherzustellen. Die Versicherten können unter den zur vertragsärztlichen Versorgung zugelassenen Ärzten, den medizinischen Versorgungszentren, den ermächtigten Ärzten, den ermächtigten und nach § 116b an der ambulanten Versorgung teilnehmenden ärztlich geleiteten Einrichtungen, den Eigeneinrichtungen der Krankenkassen nach § 140 Abs. 2 Satz SGB V, den nach § 72a Abs. 3 SGB V vertraglich zur ärztlichen Versorgung verpflichteten Ärzten und Zahnärzten, den zum ambulanten Operieren zugelassenen Krankenhäusern sowie den Einrichtungen nach § 75 Abs. 9 SGB V frei wählen. Die nicht an der vertragsärztlichen Versorgung teilnehmenden Ärzte und ärztlich geleiteten Einrichtungen dürfen nach § 76 Abs. 1 Satz 2 SGB V nur in Notfällen in Anspruch genommen werden. Die Notfallbehandlung ist nach § 323c StGB strafbewehrt, wenn bei Unglücksfällen oder gemeiner Gefahr oder Not keine Hilfe geleistet wird. Die Vergütung richtet sich nach der zuständigen Kassenärztlichen Vereinigung. § 85 SGB V schließt die Notfallbehandlung durch Nichtkassenärzte (Krankenhäuser) ein. Der Vergütungsanspruch der Krankenhäuser ergibt sich aus § 72 SGB V, § 76 SGB V und § 85 SGB V. Privatpatienten können im Einzelfall entscheiden, ob die persönliche Behandlung durch den Chefarzt in Anspruch genommen wird oder ob die Dienste des Krankenhauses als Institutsleistung in Anspruch genommen werden. Die Vergütung für die Behandlung von Privatpatienten richtet sich nach der Gebührenordnung für Ärzte (GOÄ). Bei den sonstigen Patienten richtet sich die Vergütung gemäß § 315 BGB und § 316 BGB nach dem Haustarif.

Krankenhaus-Sachleistungen – Leistungen der physikalischen Therapie – Heilmittel im Sinne des § 124 SGB V
Krankenhaus-Sachleistungen sind Heilmittel im Sinne des § 32 SGB V, § 124 SGB V und § 125 SGB V und werden als persönliche Dienstleistungen abgegeben. Zuzulassen sind: • Physikalische Therapie   • Podologische Therapie   • Stimm-, Sprech- und Sprachtherapie   • Ergotherapie   Heilmittel dürfen nur von zugelassenen Leistungserbringern abgegeben werden, die über die erforderliche Ausbildung und eine zur Führung der Berufsbezeichnung berechtigte Erlaubnis besitzen, über eine zweckmäßige und wirtschaftliche Praxisausstattung verfügen und die für die Versorgung der Versicherten geltenden Vereinbarungen anerkennen.   Keinen Anspruch auf Zulassung haben Masseure, medizinische Bademeister, Krankengymnasten, Sprachtherapeuten, Logopäden, Arbeits- und Beschäftigungstherapeuten. Die Zulassung ist eine öffentlich-rechtliche Entscheidung und im Sinne des § 31 SGB X ein Verwaltungsakt.   Krankenhäuser, Rehabilitationseinrichtungen und andere vergleichbare Einrichtungen sind zur Abgabe von Heilmitteln berechtigt, sofern die Leistungen durch Personen abgegeben werden, die die beruflichen Voraussetzungen nach § 124 Abs. 2 Nr. 1 SGB V erfüllen. Ein förmliches Zulassungsverfahren ist nicht erforderlich.   Heilmittel sind grundsätzlich auf der Grundlage vertragsärztlicher Verordnung zu erbringen. Der Spitzenverband der Krankenkassen und die für die Wahrnehmung der Interessen der Heilmittelerbringer maßgeblichen Spitzenorganisationen haben auf Bundesebene „gemeinsame Rahmenempfehlungen" nach § 125 Abs. 1 SGB V über die einheitliche Versorgung mit Heilmitteln abzuschließen, um bundesweit eine einheitliche, qualitativ hochwertige und wirtschaftliche Versorgung zu gewährleisten. Dabei sind die Heilmittel-Richtlinien nach § 92 Abs. 1 Satz 2 Nr. 2 SGB V zu berücksichtigen. Die Einzelheiten der Versorgung sowie über die Preise und deren Abrechnung werden zwischen den Landesverbänden der Krankenkassen, den Verbänden der Ersatzkassen mit Wirkung für ihre Mitgliedskassen mit den Leistungserbringern oder Verbänden vereinbart. Die vereinbarten Preise sind Höchstpreise.

Integrierte Versorgung nach § 140a Abs. 1 SGB V
Die „Integrierte Versorgung" nach § 140a Abs. 1 SGB V stellt ein wichtiges Kooperationskonzept der vertikalen Kooperation dar. Hierbei können die Krankenkassen Verträge mit niedergelassenen Vertragsärzten, Krankenhausträgern und „Medizinischen Versorgungszentren" oder deren Gemeinschaften abschließen, um die unterschiedliche Leistungssektoren übergreifende Versorgung ihrer Versicherten sicherzustellen.

Disease-Management-Programme (DMP) nach § 137g SGB V
Ein weiteres vertikales Konzept sind die „Disease-Management-Programme" (DMP) nach § 137g SGB V. Hierbei können die Krankenkassen gemäß § 116b SGB V mit zugelassenen Krankenhäusern, die an der Durchführung eines strukturierten Behandlungsprogramms nach § 137g SGB V teilnehmen, Verträge über ambulante ärztliche Versorgung abschließen, soweit die Anforderungen an die ambulante Leistungserbringung in den Verträgen zu den strukturierten Behandlungsprogrammen dies erfordern.

4.2 Angewandte Planungs- und Steuerungstechniken

Medizinische Versorgungszentren nach § 95 SGB V

Medizinische Versorgungszentren werden auf Grundlage des § 95 SGB V gegründet. Hierbei können fachübergreifend tätige ärztlich geleitete Einrichtungen gegründet werden, die an der vertragsärztlichen Versorgung teilnehmen. MVZ können dabei sowohl horizontal als auch vertikal kooperieren.

Der Erfolg der MVZ hängt oftmals von der Einbindung der niedergelassenen Ärzte ab. Hinzu kommt, dass Krankenhäuser oft teure, technische Leistungen in die MVZ verlagern, um sie weiterhin anbieten zu können.

MVZ können von allen Leistungserbringern gegründet werden, die aufgrund Ermächtigung, Zulassung oder Vertrag an der medizinischen Versorgung von gesetzlich versicherten Patienten teilnehmen. Dies können in der Regel neben Ärzten und Psychotherapeuten auch Apotheker, Krankenhäuser, Vorsorge- und Rehabilitationseinrichtungen sowie Heil- und Hilfsmittelerbringer sein.

Fachambulanzen nach § 311 Abs. 2 SGB V

Für Fachambulanzen nach § 311 Abs. 2 SGB V gelten die Vorschriften des SGB V, die sich auf die medizinischen Versorgungszentren nach § 95 Abs. 1 SGB V beziehen, entsprechend. Fachambulanzen sind ärztlich geleitete kommunale, staatliche und freigemeinnützige Gesundheitseinrichtungen einschließlich der Einrichtungen des Betriebsgesundheitswesens sowie diabetologische, nephrologische, onkologische und rheumatologische Ambulanzen, in dem sie am 31.12.2003 zur vertragsärztlichen Versorgung zugelassen sind. Die Leistungen der Fachambulanzen werden von den Kassenärztlichen Vereinigungen vergütet. Die Krankenkassen dürfen nach § 311 Abs. 5 SGB V besondere Verträge schließen.

Ambulantes Operieren nach § 115b SGB V

Das ambulante Operieren ist in § 115b SGB V geregelt. Krankenhäuser sind demnach zur ambulanten Durchführung der im ambulanten Katalog genannten Operationen und zu stationsersetzenden Eingriffen in den Leistungsbereichen zugelassen, in denen sie auch stationäre Krankenhausbehandlung erbringen und können unmittelbar tätig werden.

Die Vergütung erfolgt auf Basis des EBM. Eine Ermächtigung ist nicht erforderlich. Für die Zulassung reicht eine Mitteilung an die Krankenkasse auf Landesebene, die Kassenärztliche Vereinigung und den Zulassungsausschuss gemäß § 96 SGB V. Die Konkretisierung der Rahmenvorgaben erfolgt im dreiseitigen Vertrag nach § 115b Abs. 1 SGB V zwischen dem Spitzenverband der Krankenkassen, der Deutschen Krankenhausgesellschaft und der Kassenärztlichen Bundesvereinigung.

Hochspezialisierte Leistungen sowie ambulante Leistungen zur Behandlung seltener Erkrankungen und Erkrankungen mit besonderen Krankheitsverläufen nach § 116b SGB V

Hochspezialisierte Leistungen sowie ambulante Leistungen zur Behandlung seltener Erkrankungen und Erkrankungen mit besonderen Krankheitsverläufen nach § 116b SGB V können von den Krankenkassen, Landesverbänden der Krankenkassen und Verbänden der Ersatzkassen mit zugelassenen Krankenhäusern in Ergänzung zur vertragsärztlichen Versorgung vertraglich geregelt werden. Die vertraglich vereinbarten Leistungen werden unmittelbar von den Krankenkassen vergütet. Die Vergütung muss der Vergütung vergleichbarer vertragsärztlicher Leistungen entsprechen.

Deckung der Unterversorgung nach § 116a SGB V

Zur Deckung der Unterversorgung können vom Zulassungsausschuss gemäß § 96 SGB V zugelassene Krankenhäuser für die entsprechenden Fachgebiete in den Planungsbereichen, in denen der Landesausschuss der Ärzte und Krankenkassen Unterversorgung festgestellt haben, auf deren Antrag zur vertragsärztlichen Versorgung ermächtigt werden, soweit und solange dies zur Deckung der Unterversorgung erforderlich ist (§ 116a SGB V).

Hochschulambulanzen nach § 117 Abs. 1 SGB V

Ambulante Behandlungseinrichtungen der Hochschulkliniken nach § 117 Abs. 1 SGB V werden Hochschulambulanzen genannt. Die ärztlichen Tätigkeiten sind Dienstaufgabe der im Krankenhaus angestellten Mitarbeiter. Grundsätzlich darf jedermann die Hochschulambulanzen in Anspruch nehmen, soweit den Patienten vom zahlenden Sozialleistungsträger nicht durch Gesetz oder Vertrag besondere Bedingungen auferlegt sind.

Hochschulambulanzen dienen in erster Linie der Wahrnehmung der Aufgaben in Lehre und Forschung. Die Leistungen werden unmittelbar von den Krankenkassen vergütet. Die Vergütung wird gemäß § 120 Abs. 2 SGB V von den Landesverbänden der Krankenkassen und den Verbänden der Ersatzkassen mit den Hochschulen bzw. Hochschulkliniken, den Krankenhäusern oder den sie vertretenden Einrichtungen im Land vereinbart. Öffentlich geförderte Krankenhäuser haben einen Investitionsabschlag von 10 % hinzunehmen.

Psychiatrische Institutionsambulanzen nach § 118 SGB V

Die psychiatrischen Institutionsambulanzen werden entweder vom Zulassungsausschuss oder per Gesetz ermächtigt. Die psychiatrischen Krankenhäuser werden vom Zulassungsausschuss zur ambulanten, psychiatrischen und psychotherapeutischen Behandlung von Patienten nach § 118 Abs. 1 SGB V ermächtigt.

Krankenhäuser mit selbstständigen, fachärztlich geleiteten psychiatrischen Abteilungen mit regionaler Versorgungsverpflichtung nach § 118 Abs. 2 SGB V werden im Rahmen eines dreiseitigen Vertrages zwischen dem Spritzenverband Bund der Krankenkassen mit der Deutschen Krankenhausgesellschaft und der Kassenärztlichen Bundesvereinigung per Gesetz zur ambulanten Behandlung ermächtigt. Die Leistungen der psychiatrischen Institutsambulanzen werden unmittelbar von den Krankenkassen vergütet.

Sozialpädiatrische Zentren nach § 119 SGB V

Sozialpädiatrische Zentren sind nach § 119 SGB V medizinische Einrichtungen unter ärztlicher Leitung, die dem Ziel dienen, Schädigungen und Störungen bei Kindern, die zu Krankheiten führen können, durch Diagnostik, Therapie und soziale Eingliederung zu erkennen, zu verhindern, zu heilen oder in ihren Auswirkungen zu mildern.

Der Zulassungsausschuss ermächtigt die Sozialpädiatrischen Zentren nach § 119 Abs. 1 SGB V soweit und solange die Zentren notwendig sind, um eine ausreichende sozialpädiatrische Behandlung sicherzustellen. Die Leistungen werden unmittelbar von den Krankenkassen vergütet. Die Vergütung wird von den Landesverbänden der Krankenkassen und den Verbänden der Ersatzkassen mit den Krankenhäusern, den Trägern der Zentren oder den sie vertretenden Vereinigungen vereinbart.

4.2 Angewandte Planungs- und Steuerungstechniken

Ambulante Leistungen zur künstlichen Befruchtung als Leistungen der Krankenhausbehandlung nach § 27a Abs. 1 SGB V

Ambulante Leistungen zur künstlichen Befruchtung als Leistungen der Krankenhausbehandlung nach § 27a Abs. 1 SGB V umfassen medizinische Leistungen, die Schwangerschaften herbeiführen sollen. Die Krankenkassen dürfen Maßnahmen zur Herbeiführung einer Schwangerschaft nur durch:

- Vertragsärzte
- ermächtigte Ärzte
- ermächtigte ärztlich geleitete Einrichtungen oder
- zugelassene Krankenhäuser

erbringen lassen, denen die zuständige Behörde eine Genehmigung zur Durchführung der Maßnahmen nach § 121a Abs. 1 SGB V erteilt hat.

Dabei müssen die Maßnahmen bedarfsgerecht, leistungsfähig und wirtschaftlich durchgeführt werden, soweit die Ärzte über die notwendigen diagnostischen und therapeutischen Möglichkeiten verfügen. Ein Anspruch auf Genehmigung besteht nicht. Der Vergütung nach § 120 SGB V erfolgt nach den für Vertragsärzte geltenden Grundsätzen. Öffentlich geförderte Krankenhäuser haben einen Investitionsabschlag von 10 % hinzunehmen.

Leistungen bei Schwangerschaftsabbruch und Sterilisation

Versicherte haben gemäß § 24b Abs. 1 SGB V Anspruch auf Leistungen bei einer durch Krankheit erforderlichen Sterilisation und bei einem nicht rechtswidrigen Schwangerschaftsabbruch durch einen Arzt, der nur vorgenommen werden darf, wenn dieser in einer Einrichtung im Sinne des § 13 Abs. 1 Schwangerschaftskonfliktgesetzes erfolgt. Die Kassenärztlichen Vereinigungen sind nach § 75 Abs. 9 SGB V verpflichtet, mit Einrichtungen nach § 13 Schwangerschaftskonfliktgesetz Verträge über die ambulante Erbringung ärztlicher Leistungen bei Schwangerschaftsabbruch und Sterilisation nach § 24b SGB V zu schließen.

Die Leistungen sind außerhalb des Verteilungsmaßstabs zwischen den Kassenärztlichen Vereinigungen und den Einrichtungen nach § 13 Schwangerschaftskonfliktgesetz oder deren Verbänden entsprechend vereinbarter Sätze zu vergüten. Die ambulanten ärztlichen Leistungen ermächtigter ärztlich geleiteter Einrichtungen werden nach § 120 SGB V nach den für Vertragsärzte geltenden Grundsätzen vergütet. Öffentlich geförderte Krankenhäuser haben einen Investitionsabschlag von 10 % hinzunehmen. Die Vergütung kann pauschaliert werden.

Institutsleistungen außerhalb des Rechtes der gesetzlichen Versicherung

Krankenhäuser dürfen Institutsleistungen außerhalb des Rechts der gesetzlichen Krankenversicherung erbringen, soweit im Chefarztvertrag dem Chefarzt nicht jede ambulante Tätigkeit zugestanden wurde. Dies sind ambulante Leistungen für:

- Selbstzahler
- Kostenträger wie Beamtenkrankenkasse und Heilfürsorgeberechtigte
- Berufsgenossenschaftliche Heilbehandlung für die Unfallversicherungsträger
- sonstige Dritte.

Bei der Behandlung von Selbstzahlern werden die Krankenhäuser nicht durch gesetzliche Vorschriften eingeschränkt. Die ärztlichen Leistungen für Selbstzahler bedürfen keiner Zustimmung Dritter.

Die Kassenärztlichen Vereinigungen und die Kassenärztlichen Bundesvereinigungen haben gemäß § 75 Abs. 3 SGB V die ärztliche Versorgung von Personen sicherzustellen, die auf der Grundlage dienstrechtlicher Vorschriften über die Gewährung von Heilfürsorge einen Anspruch auf unentgeltliche ärztliche Versorgung haben, soweit die Erfüllung nicht auf andere Art und Weise gewährleistet ist.

Dies gilt entsprechend für ärztliche Untersuchungen zur Durchführung der allgemeinen Wehrpflicht sowie Untersuchungen zur Vorbereitung von Personalentscheidungen und betriebs- und fürsorgeärztliche Untersuchungen, die von öffentlich-rechtlichen Kostenträgern veranlasst werden. Auf dieser Grundlage haben die Kassenärztliche Bundesvereinigung und Kostenträger wie Bundeswehr, Bundespolizei, Zivildienst, Postbeamte spezielle Abkommen zur Sicherstellung der ärztlichen Versorgung abgeschlossen. Die für diese Kostenträger erbrachten Leistungen sind gemäß § 75 Abs. 3 SGB V so zu vergüten, wie die Ersatzkassen die vertragsärztlichen Leistungen vergüten.

Die Unfallversicherungsträger haben bei der Durchführung der Heilbehandlung alle Maßnahmen zu treffen, die eine möglichst frühzeitig nach dem Versicherungsfall einsetzende und sachgemäße Heilbehandlung und besondere unfallmedizinische oder Berufskrankheiten-Behandlung zu gewährleisten.

Um diesen gesetzlichen Auftrag zu erfüllen, sind nach § 34 Abs. 1 SGB VII und § 34 Abs. 2 SGB VII Ärzte und Krankenhäuser an der Durchführung der besonderen unfallmedizinischen Behandlung zu beteiligen, die dafür besonders qualifiziert und ausgestattet sind.

Die Verbände der Unfallversicherungsträger und die Kassenärztliche Bundesvereinigung schließen nach § 34 Abs. 3 SGB VII Verträge über die Durchführung der Heilbehandlung ab. Der Vertrag regelt insbesondere die Vergütung der Ärzte, die Abrechnung der ärztlichen Leistungen sowie die Pflicht der Ärzte zur Dokumentation, zur Mitteilung von Patientendaten und zu sonstigen Auskünften gegenüber den Unfallversicherungsträgern.

Nach Art und Schwere der Gesundheitsschäden sind die folgenden Verfahren zur Durchführung der Heilbehandlung im Rahmen der Akutversorgung entwickelt und mit der Kassenärztlichen Bundesvereinigung vereinbart worden:

- Durchgangsarztverfahren nach § 24 Vertrag Ärzte/Unfallversicherungsträger
- H-Arztverfahren nach § 30 Vertrag Ärzte/Unfallversicherungsträger
- Verletzungsartenverfahren nach § 37 Vertrag Ärzte/Unfallversicherungsträger.

Das Durchgangsarztverfahren regelt die Behandlung und Abrechnung eines Arbeitsunfalls, während H-Ärzte nur an der besonderen Heilbehandlung beteiligt sind. H-Ärzte werden ab 01.01.2011 nicht mehr neu zugelassen. Das H-Arztverfahren soll 2015 auslaufen.

Das Verletzungsartenverfahren stellt Unfallverletzte mit bestimmten schweren Verletzungen, die eine sofortige besondere unfallmedizinische Behandlung benötigen, in spezielle Krankenhäuser der Akutversorgung vor.

Die deutsche Krankenhausgesellschaft und die Unfallversicherungsträger und deren Verbände haben zur Abgrenzung der Krankenhauskosten vom ärztlichen Honorar einen besonderen Tarif zur Sachkostenabrechnung zwischen den am Krankenhaus tätigen Durchgangsärzten bzw. den von ihnen hinzugezogenen Ärzten und dem Krankenhaus vereinbart. Das Krankenhaus kann jedoch nur mit dem Unfallversicherungsträger direkt abrechnen, wenn dies im Chefarztvertrag geregelt, in den Anstellungsbedingungen vorgesehen, oder in anderer Art und Weise mit dem Krankenhausarzt vereinbart ist.

4.2 Angewandte Planungs- und Steuerungstechniken

Hieraus ergibt sich ein Rechtsverhältnis zwischen Krankenhaus und Unfallversicherungsträger. Die erbrachten berufsgenossenschaftlichen Leistungen werden den Unfallversicherungsträgern nach dem Gebührenverzeichnis des Vertrages Ärzte/Unfallversicherungsträger dem UV-GOÄ in Rechnung gestellt.

Die ambulante ärztliche Untersuchung und Behandlung von Patienten sonstiger Dritter und Gutachtertätigkeiten ist wie folgt geregelt. Gutachtertätigkeiten sind in der Regel den Chefärzten als Nebentätigkeit übertragen. Gutachten können von Staatsanwaltschaften, Gerichten und Versicherungen in Auftrag gegeben. Die Vergütung erfolgt nach dem Justizvergütungs- und -entschädigungsgesetz (JVEG).

Mit den übrigen Sozialleistungsträgern und sonstigen öffentlichen und privaten Einrichtungen, die als Zahlungspflichtige für ambulante Krankenhausleistungen auftreten, können die Krankenhäuser unbeschränkt Institutsverträge schließen, soweit sich die Vertragspartner nicht durch Vertrag mit den Kassenärztlichen Vereinigungen oder anderen ärztlichen Organisationen dieses Recht vorbehalten haben. Dies können Sozialhilfeträger, Versorgungsämter, private Rentenversicherungsträger und Unfallversicherungen sowie Lebensversicherungen sein.

4.2.7 Angehörige und Besucher

01. Welche Bedürfnisse haben Besucher und Angehörige beim Besuch einer Gesundheitseinrichtung bzw. -betriebes?

Besucher und Angehörige sind eine wichtige Anspruchsgruppe im Krankenhaus. Ihre Bedürfnisse ähneln denen der Patienten. Dies gilt insbesondere für Bereiche der Pädiatrie und Intensivmedizin. Die Angehörigen wollen in dieser Situation die Rolle des Patienten übernehmen und in der Ausnahmesituation ernst genommen und umfassend informiert werden. (Vgl. auch Kapitel 3.2.7, Frage 4).

Besucher und Angehörigen fallen oftmals viele einfache Dinge auf, die sonst im Krankenhausalltag untergehen. Befragungen können Krankenhäusern helfen, die Bedürfnisse dieser Anspruchsgruppe aufzudecken und das Nebensächliche offenbar werden zu lassen. Häufig entfalten diese einfachen Dinge eine bedeutende Wirkung auf die Beurteilung eines Krankenhauses. Vor diesem Hintergrund entsteht nicht selten die Frage, ob die Patienten, Besucher und Angehörige das Krankenhaus erneut im Krankheitsfall bemühen bzw. zum Patienten werden wollen.

02. Wie können die Krankenhäuser ihre Homepage zur Information nutzen?

Die Gesundheitseinrichtungen und -betriebe bieten oftmals auf ihrer Homepage Informationen, die speziell für die Zielgruppe der Angehörigen zugeschnitten sind. Dazu zählen beispielsweise Informationen zur Anreise und Lagepläne und zum Aufenthalt im jeweiligen Klinikum, Informationen zu den Krankenstationen, zum Essen, Sozialdiensten und Seelsorge, Fernsehen und Telefon. Hinzu kommen Informationen über spezielle medizinische Leistungen wie etwa bei Notfällen und das Äußern von Lob und Beschwerden.

4.3 Aktuelle Organisationsstrukturen und Organisationsentwicklung

4.3.1 Grundformen der Aufbau- und Ablauforganisation

Hinweis: Das Thema findet sich lt. Rahmenplan auch in Kapitel 4.9

4.3.1.1 Hotelleistungen

01. Welche Leistungen im Krankenhaus werden in der Regel zu den Hotelleistungen gezählt?

- Speiseversorgung und Catering
- Textil- und Wäscheversorgung
- Reinigung
- Facility Management
- Transport und Logistikdienstleistungen
- Sicherheitsdienste
- Medizintechnik (technische Instandhaltung)
- Sterilisation medizinischer Anlagen, Geräte, Instrumente und Werkzeuge

02. Beschreiben Sie die Hotelleistungen im Krankenhaus.

Speisenversorgung und Catering
Die Grundversorgung der Patienten erfolgt nach den Vorgaben der „Deutschen Gesellschaft für Ernährung e.V." (DGE). Unterschiedliche Patientengruppen benötigen spezielle Kostformen, die den Heilungsprozess therapeutisch fördern. Ernährungskonzepte sind: • Ausgewogene Ernährung nach den Vorgaben der DGE • Ernährungsberatung • Medizinische Sonderkostformen • Farbpunkte-Konzept Zu den Versorgungsarten, die heutzutage „State-of-the-Art" sind, zählen: • Individuelle und professionelle Speisenabfrage und -bestellung • Servicekräfte vor Ort auf der Station • Mobile Restaurants auf den Stationen • Selbstbedienungsbuffets • À la Carte-Service • Tablettierte Speisen für mobile Patienten • Erweitertes Bestellangebot wie Fruchtkörbe, Getränke und Zwischenmahlzeiten etc. • Sonderleistungen wie Zeitungen, Einkaufsservice

4.3 Aktuelle Organisationsstrukturen und Organisationsentwicklung

Die Klinikleitungen entscheiden unter betriebswirtschaftlichen und Wettbewerbsgesichtspunkten, ob das Verpflegungsmanagement in Eigenregie oder unter Mitwirkung von Dienstleistungsunternehmen erfolgt. Durch die externe Vergabe kann das Krankenhaus mit überschaubaren, kalkulierbaren, für einen festgelegten Zeitraum vertraglich geregelten Kosten arbeiten und hat nicht das bei Eigenleistung oftmals auftretende Problem verdeckter, nicht quantifizierbarer Kosten. Ein innovatives Instrument ist das Ertragsmanagement, das ernährungsrelevante Therapieformen in die Abrechnung des DRG-Systems integriert.

Textil- und Wäscheversorgung

Die Textil- und Wäscheversorgung umfasst einerseits die Bereitstellung von Wäscheprodukten für das Personal und Textilien innerhalb der Klinikgebäude und andererseits die Reinigung der wiederverwendbaren Textilien und Wäscheprodukten. Die Textil- und Wäscheversorgung ist ein häufig outgesourcter Bereich in den Kliniken.

Reinigung

Krankenhäuser haben besondere gesetzliche Regelungen und hygienische Richtlinien wie die Empfehlungen des Robert-Koch-Instituts (RKI) oder das Infektionsschutzgesetz zu beachten. Besonders sensibel sind Bereiche wie Intensivstationen und OP-Säale, die eine hohe Reinigungsqualität erfordert. Das Risiko der Keimverschleppung und somit die Risiken einer nosokomialen Infektion müssen dabei so gering wie möglich gehalten werden.

Dazu werden bestimmte Reinigungssysteme in vordefinierten Prozessabläufen eingesetzt, die sich an den Kernprozessen der jeweiligen Einrichtung orientiert. Daneben existieren auch andere regelmäßig durchgeführte Reinigungsarbeiten wie Grundreinigungen, Glas- und Fassadenreinigungen und Sonderreinigungen. Sonderreinigungen, die in kontaminierten Räumen mit hochgradigen Sicherheitsmaßnahmen erfolgt, werden oftmals durch staatlich geprüfte Desinfektoren durchgeführt.

Facility Management

Das Facility Management ist häufig recht unscharf definiert. Hierunter fallen das Gebäudemanagement (Haustechnik wie Klimaanlage, Heizung, Aufzugtechnik, Leitstand, etc.), die Produktionstechnik (Diagnose, Wartung und Instandhaltung) und kaufmännische Dienstleistungen (An- und Vermietung, Kosten- und Objektmanagement, Flächenoptimierung und Due Diligence, etc.) sowie das Energiemanagement.

Hinzu kommen die Kommunikationstechnik (Telefon und Fax, Satellitentechnik, Pager und Internet, etc.), die Sicherheitstechnik (Installation und Instandhaltung von Aufzugnotrufen, Brandmeldetechnik, Einbruchanlagen, Feuerlöschanlagen, Zutrittskontrollanlagen, etc.) und die Medizintechnik (Wartung aller Medizinprodukte, bei denen keine Garantie oder Wartungsverträge zum Tragen kommen.).

Die Betriebsorganisation ist individuell unterschiedlich. Gelegentlich werden alle tertiären Prozesse dem Facility Management zugeordnet, d. h. alle Unterstützungsprozesse, die nicht direkt oder indirekt dem Geschäftszweck der Gesundheitseinrichtung – der Heilung der Patienten – dienen.

Transport- und Logistikdienstleistungen

Zu den Logistikdienstleistungen eines Krankenhauses zählen interne und externe Patiententransporte, Wäschelogistik, Labortransporte, Sterilgutversorgung, Speisenversorgung, Postdienste, Medizin- und Pharmalogistik. Die informativen Prozesse bilden den Informationsfluss mit beispielsweise der Unterstützung von IT-Systemen.

Charakteristisches Merkmal der Logistik ist die Raum- und Zeitüberbrückung. Die Logistik hat eine hohe Bedeutung bei der Steuerung der materiellen und informationellen Flüsse im Krankenhaus und nimmt häufig eine Schlüsselstellung in Zusammenhang mit anderen Krankenhausbereichen wie der OP- und der Terminplanung ein.

Sicherheitsdienste

Die Sicherheitstechnik umfasst die Installation und Instandhaltung von Aufzugnotrufen, Brandmeldetechnik, Einbruchanlagen, Feuerlöschanlagen, Zutrittskontrollanlagen und anderen technischen Anlagen. Hinzu kommt die Sicherung der Gebäude und der Personen, die innerhalb der Gebäude arbeiten. Höchste Priorität hat die Vermeidung von Betriebsunterbrechungen, um die Patientenversorgung nicht zu gefährden.

Die Gebäudeautomation umfasst Sicherheits- und Alarmtechnik, Raumbeleuchtung, Klima und Lüftung, Kommunikations- und Unterhaltungstechnik, die über intelligente Gebäudefunktionen miteinander verbunden sind. Mit einer Software oder zentralen Leitstelle können Fehler im System schnell erkannt und behoben werden, um die Patientenversorgung sicherzustellen.

Medizintechnik (technische Instandhaltung)

Das medizinische Versorgung im Krankenhaus ist ohne Medizintechnik nicht denkbar. Der medizintechnische Service erfüllt als Dienstleistung den Versorgungsauftrag im Krankenhaus. Als Qualitätskriterien zählen Sicherheit, Effizienz, Innovation und Wirtschaftlichkeit. Der medizintechnische Service ist den engen rechtlichen Rahmenbedingungen des deutschen Medizinproduktegesetzes (MPG) unterworfen.

Alle Medizinprodukte im Krankenhaus müssen erfasst, kategorisiert und entsprechend den rechtlichen Vorgaben in definierter Verantwortung betrieben und instand gehalten werden. Das Medizinproduktbuch weist als Bestands- und Einweisungsverzeichnis alle Medizinprodukte eines Krankenhauses aus. Dabei unterliegen auch die medizintechnischen Komponenten der Informationstechnologie einschließlich Software und Netzwerken den Regeln der Medizintechnik. Die wesentliche operative Aufgabe der Medizintechnik ist die Instandhaltung. Eine schnelle und kompetente Unterstützung ist ein wichtiges Merkmal des medizintechnischen Service.

Sterilisation medizinischer Anlagen, Geräte, Instrumente und Werkzeuge

Aufbereitete Medizinprodukte wie OP-Instrumente oder wieder verwendbare Anästhesieinstrumente bedürfen einer eigenständigen Bewirtschaftungsform. Diese Medizinprodukte werden nach dem Gebrauch in Sterilisationsabteilungen aufbereitet und den internen Kunden erneut zur Verfügung gestellt.

4.3 Aktuelle Organisationsstrukturen und Organisationsentwicklung

Der medizinisch-technische Fortschritt sowie die Entdeckung neuer Krankheitserreger erhöhen die Anforderungen an die Aufbereitung von Medizinprodukten. Die gesetzlichen Regelungen haben ihren Niederschlag in § 4 Infektionsschutzgesetz und § 4 Medizinprodukte-Betreiberverordnung gefunden. Hinzu kommt, dass das Robert-Koch-Institut (RKI) allgemeingültige Vorgaben zur Aufbereitung von Medizinprodukten im Bundesgesundheitsblatt veröffentlicht hat.

Die detaillierte Ausführung von Einzelschritten der Medizinproduktaufbereitung erfolgt in DIN-Vorschriften. Die Sterilisation von Medizinprodukten ist in DIN EN ISO 14937 festgelegt. Die Anforderungen für die Reinigung und Desinfektion schreibt die prEN ISO 15883 vor. Im Zusammenhang mit § 135a SGB V und § 137 SGB V erfolgt die Etablierung eines Qualitätsmanagements, aus dem sich die Notwendigkeit zur Entwicklung eines QM-Systems ergibt, in dessen Rahmen alle aufbereiteten Medizinprodukte erfasst und spezifischen Aufbereitungsprozeduren zugeordnet werden.

§ 4 Medizinprodukte-Betreiberverordnung sieht für jedes Medizinprodukt jährliche Validierungsverfahren zur Erfolgsmessung der Reinigung, Desinfektion und Sterilisation vor. Die Sterilisation kann in zentraler oder dezentraler Form realisiert werden. Die zentrale Variante hat den Vorteil, dass der apparative und personelle Aufwand reduziert wird, hat aber den Nachteil, dass eine eigene Transportlogistik erforderlich ist.

03. Welche Bedeutung kommen den Hotelleistungen im Krankenhaus zu?

Auf die nicht-klinischen Dienste entfallen im Schnitt ca. 20 % der Gesamtkosten eines Krankenhauses. Dort sind in der Regel auch ca. 20 % der Mitarbeiter tätig mit einem Anteil von 50 % der Bereichskosten. Daher ist es eine große Herausforderung, die unterschiedlichen Leistungen qualitativ hochwertig und kostengünstig zu erbringen.

04. Nennen Sie die Optionen zur Leistungserbringung bei den nicht-klinischen Dienstleistungen.

- Interne Leistungserbringung
- Managementvertrag
- Tochtergesellschaft (Organschaft)
- Outsourcing

05. Beschreiben Sie die Vor- und Nachteile der Optionen zur Leistungserbringung bei den nicht-klinischen Dienstleistungen.

Interne Leistungserbringung
Ökonomisch sinnvoll ist die interne Leistungserbringung, wenn es gelingt, bei den Kernprozessen ausreichend Skalen- und Verbundeffekte zu erzielen. Klinikverbünde und Klinikketten besitzen eine vergleichsweise günstige Ausgangsposition, um solche Effekte zu realisieren.
Vorteil der internen Leistungserbringung ist der operative Zugriff, um Leistungsstandards und Verbesserungen durchzusetzen. Nachteilig ist die Managementbindung außerhalb des Kerngeschäfts eines Krankenhauses. Hinzu kommt, dass Wettbewerbsnachteile gegenüber externen Leistungserbringern durch eine niedrigere Produktivität oder ungünstige Tarifregelungen nur langsam oder gar nicht abgebaut werden können.

Managementverträge
Zwar werden die nicht-klinischen Dienstleistungen vom klinikeigenen Personal erbracht, aber die operative Führung erfolgt durch einen externen Dienstleister. Managementverträge verfolgen das Ziel, das Management-Know-how des externen Dienstleisters für die interne Leistungserbringung zu nutzen, um das vorhandene Personal effizienter einzusetzen. Die Problematik der Personal- und Kostenstrukturen lässt sich durch Managementverträge jedoch nicht beheben. Die möglichen Verbesserungen beschränken sich auf den operativen Bereich. Stringentere Organisationsabläufe führen zu Qualitäts- und Produktivitätssteigerungen und gelegentlich zu Effektivitätsgewinnen, wenn z. B. externe Abnehmer für die interne Speiseversorgung gewonnen werden können.

Tochtergesellschaft (Organschaft)
Tochtergesellschaften werden durch eine Mehrheitsbeteiligung (mindestens 51 % der Gesellschaftsanteile) eines Krankenhauses mit einem externen Dienstleister gegründet. Dabei bildet die umsatzsteuerliche Organschaft die Basis, damit die Servicegesellschaft keine Umsatzsteuer in Rechnung stellen muss. Die 19 % Umsatzsteuer entfallen, die im Falle eines Outsourcings an einen externen Dienstleister anfallen würden. Der Erfolg einer Servicegesellschaft hängt im Wesentlichen von der Personalstruktur ab, also von der Zusammenarbeit der in die Servicegesellschaft übergeleiteten Krankenhausmitarbeiter mit den vom externen Dienstleister abgestellten Mitarbeitern. Bei der Kalkulation unterschreiten die durchschnittlichen Personalkosten einer Servicegesellschaft oft die Kosten, die bei interner Leistungserbringung in einem Krankenhaus entstehen. Ein weiterer Vorteil ist die Möglichkeit der Nutzung des Know-hows des externen Dienstleisters, die zu Produktivitäts- und Qualitätsverbesserungen führen. Zudem steht die operative Führung des externen Dienstleisters in der Verpflichtung, entsprechende Qualifizierungsmaßnahmen bei den übergeleiteten Krankenhausmitarbeitern durchzuführen. Nachteil ist, dass das Krankenhaus infolge der Mehrheitsbeteiligung weiterhin in die Erbringung der nicht-klinischen Dienstleistungen involviert ist und damit Management- und Mitarbeiterkapazitäten außerhalb des Kerngeschäfts gebunden bleiben.

Outsourcing
Outsourcing ist die dauerhafte Auslagerung bisher intern erbrachter Leistungen an externe Dritte. Eine nähere Beschreibung des Begriffs finden Sie in Kapitel 4.4.3

4.3.1.2 Beschaffungsmanagement und -märkte

01. Welche Bedeutung hat die Beschaffung im Krankenhaussektor?

Das Deutsche Krankenhausinstitut (DKI) und die „A.T. Kearney Management Consultants" stellten bereits 2003 in einer Studie fest, dass das Einsparungspotenzial in deutschen Krankenhäusern bei 20 bis 25 % liegt. Dies entsprach einem Einsparvolumen

4.3 Aktuelle Organisationsstrukturen und Organisationsentwicklung

von 3,6 bis 4,5 Mrd. €. Hinzu kam, dass die Optimierung des Beschaffungsprozesses weitere Einsparungen von bis zu 20 % der Prozesskosten erzielen könnte. Dabei stellte der medizinische Bedarf mit 46 % des Beschaffungsvolumens den größten Kostenblock dar.

Auffällig war die große Zahl der Lieferanten, die insbesondere in Großkliniken eine hohe Komplexität der Beschaffung nach sich zieht. Allein durch die Standardisierung der eingesetzten Produkte und die Optimierung der Produktspezifikationen wurde ein Einsparpotenzial von 10 bis 15 % erwartet. Zudem wurde durch die Optimierung der Vertragsverhandlung und Vertragsgestaltung ein weiteres Einsparpotenzial von bis zu 10 % prognostiziert.

Hieraus leiteten sich verschiedene Entwicklungsperspektiven für die kommenden Jahre ab:

- Organisation von Einkaufsgemeinschaften, um die Einkaufsmacht der Krankenhäuser gegenüber den Lieferanten stärker zu nutzen. Insbesondere sollen Preisvorteile erzielt und das Leistungsspektrum auf die Logistik ausgedehnt werden. Die Beschaffungsprozesse sollen stark vereinfacht werden.

- Einführung von elektronischen Abwicklungssystemen (E-Procurement), um Effizienzsteigerungen zu erzielen, die jährlich in Deutschland ca. 2.500 Mannjahre in der Beschaffung einsparen würden.

- Einsatz von Schrankversorgung im OP-Bereich durch Fall- oder Programmwagen und elektronische Anforderungssysteme, um das Pflegepersonal zu entlasten und um die Prozesse elektronisch abzubilden.

- Entwicklung der Anbieter zu Systemlieferanten. Dabei sollte die Zahl der Anbieter infolge einer weitgehenden Standardisierung der Produktspezifikationen zurückgehen.

02. Was verstehen Sie unter strategischem Beschaffungsmanagement?

Das strategische Beschaffungsmanagement will interne und externe Erfolgspotenziale eröffnen und sichern. Die externen Erfolgspotenziale sollen durch ein Beziehungsmanagement bei Lieferanten gesichert werden. Dazu zählt die Lieferantensuche, die Vorauswahl von Neulieferanten, der Aufbau von Lieferanten-Abnehmer-Beziehungen, die Beziehungskontrolle und Lieferantensteuerung.

Damit diese Aufgaben erfüllt werden können, sind Informationen aus dem eigenen Unternehmen, über die Beschaffungsmärkte und der Lieferanten erforderlich. Sie werden durch ein strategisches Informationsmanagement zur Verfügung gestellt. Die strategische Beschaffungsplanung ist eng mit der Informationsversorgung verbunden. Die Gestaltung der internen Rahmenbedingungen kommt als weiterer Aufgabenkomplex des strategischen Beschaffungsmanagements hinzu.

03. Nennen Sie die Akteure des Beschaffungswesens im Krankenhaussektor.

- Krankenhausmanagement
- Einkäufer
- Anwender
- Lieferanten
- Einkaufsoperationen

04. Beschreiben Sie die Aufgaben der Akteure im Beschaffungswesen des Krankenhaussektors.

Krankenhausmanagement
Die jeweilige Beschaffungsstrategie wird vom Krankenhausmanagement als Richtlinie vorgegeben. Die Ziele müssen klar formuliert, gut kommuniziert und unternehmensweit akzeptiert werden. Die Beschaffungsrichtlinie regelt krankenhausweit die einheitliche Vorgehensweise von Einkauf, Materialwirtschaft und Logistik sowie Instandhaltung und Wartung. Der Erfolg des strategischen Beschaffungsmanagements setzt voraus, dass medizinische und ökonomische Ziele miteinander harmonieren. Das Management übernimmt auch die Aufgabe, die notwendigen Regeln und Prozesse einzuführen und durchzusetzen. Konflikte sollten durch klare und konsequente Lösungen bereinigt werden. Die grundsätzliche Entscheidung, ob ein krankenhausinterner strategischer Einkauf eingerichtet wird oder ob die Einkaufsaktivitäten in eine Einkaufskooperation eingebracht werden, trifft das Krankenhausmanagement.

Einkäufer
Der strategische Einkäufer ist das verbindende Element zwischen Markt und Anwender. Seine Aufgabe besteht im Verhandeln mit Lieferanten und dem Kommunikationsaustausch zwischen Lieferanten, Anwendern und internen Mitarbeitern im Unternehmen. Die sich ergebenden Optionen haben die Einkäufer zu prüfen und ggf. zusammen mit allen Beteiligten durchzusetzen. Die Einkäufer sind daher Gestalter, Netzwerker und Marktkenner zugleich.

Anwender
Der nachhaltige Erfolg im Einkauf erfordert das Einbinden der Anwender wie Ärzte, Pflege- und Funktionskräfte, zumal die Anwender zum Mitentscheider im strategischen Einkauf werden. Einerseits beeinflussen die Anwender die Bedarfsermittlung sowie die Produkt- und Lieferantenauswahl, ohne die Marktübersicht zu besitzen, andererseits fehlen mancherorts den strategischen Einkäufern die medizinisch-technischen Fachkenntnisse. Bei hoch spezialisierten Lieferanten stellen die Anwender weiterhin die wichtigste Zielgruppe dar.

Lieferanten

Die Geschäftsbeziehungen sind in zunehmendem Maße „Business-to-Business-Beziehungen", während traditionelle „Clinical-to-Business-Beziehungen" an Bedeutung verlieren. Ursache ist die Professionalisierung des Beschaffungswesens durch kaufmännisch versierte Einkaufskooperationen und wettbewerbsorientierte Krankenhäuser.

Handlungsfelder für das Beschaffungswesen ergeben sich auf der Lieferantenseite bei Innovationsführern und Systemanbietern sowie bei Kostenführern und Nischenanbietern. Die Produkte der Innovationsführer haben einen hohen Anteil an den Beschaffungskosten, sodass es erforderlich ist, alle Entscheider in die Vertriebsaktivitäten miteinzubeziehen.

Systemanbieter haben als Zielgruppe große Kliniken und Einkaufskooperationen, um individuell konfigurierte und hochwertige Leistungspakete anzubieten, die ein hohes Maß an Verbindlichkeit auf Krankenhausseite erfordern. Eine solche Verbindlichkeit erfordert einen optimierten Produkteinsatz, optimierte klinische Abläufe sowie die interne und -externe Logistikoptimierung.

Die Kostenführer nutzen als wichtigste Wettbewerbsparameter attraktive Preise und Konditionen, was große Absatzmengen erforderlich macht.

Im Sinne von wertschöpfenden Kundendienstleistungen bietet sich für Nischenspezialisten und Innovationsführer eine Erlösoptimierung durch Unterstützung von Kunden im Beziehungsmanagement zu Kostenträgern, Einweisern und Patienten an.

Die Praxis der Preissetzung auf der Lieferantenseite besteht darin, individuelle Nettopreise mit den Kunden für einen Lieferzeitraum ohne Abnahmeverpflichtung festzulegen. Dies führt zu signifikanten Nettopreisdifferenzen im Markt und Preissenkungen bei vielen Produktgruppen.

Einkaufskooperationen vergleichen bestehende Nettopreise im Verbund. Dadurch können neue Niedrigstpreise identifiziert werden. Sie gewinnen Spielräume für Nachverhandlungen mit den jeweiligen Lieferanten. Es ist zu erwarten, dass die Lieferanten bei den Verhandlungen die Nettopreise und Serviceleistungen an verbindliche Bedingungen knüpfen, z. B. Abnahmemengen, Langfristigkeit der Lieferverträge oder Breite des bezogenen Produktspektrums.

Einkaufskooperationen

Die Einkaufskooperationen stellen eine Option für Krankenhäuser dar, die Elemente des strategischen Einkaufs zu nutzen, wenn die kritische Größe eines Hauses nicht erreicht wird.

In Deutschland prägen zwei Arten von Einkaufskooperationen die Beschaffungslandschaft. Einerseits kooperieren die rechtlich selbstständigen Krankenhäuser innerhalb von Einkaufsgemeinschaften, andererseits sind eine Reihe privater und gesellschaftlich verflochtener Krankenhäuser miteinander verknüpft, die ihre Einkaufsfunktionen zentralisieren. Das Ziel der Einkaufskooperationen dient der Kostensenkung im Beschaffungswesen durch die Bildung von Einkaufsmacht.

Kleine und regionale Einkaufskooperationen tauschen Preis- und Produktinformationen aus, um das Einkaufsvolumen zu bündeln und günstigere Preise zu erzielen. Bei Einkaufskooperationen nach dem „Lead-Buyer-Prinzip" verhandelt dasjenige Krankenhaus, das für die jeweilige Warengruppe die höchste Kompetenz aufweist. Neben der Kostensenkung werden Einsparungen durch Lernkurveneffekte erzielt.

Verbindliche Einkaufskooperationen erfordern gesellschaftsrechtliche Verbindungen zwischen den Mitgliedern. Dies ist insbesondere bei den privaten Krankenhausgruppen der Fall. Bei den verbindlichen Einkaufskooperationen tritt eine zentrale Entscheidungsinstanz auf, die für die Gemeinschaft Verträge mit an Mengenzusagen gekoppelten Preisen und Konditionen mit den Lieferanten aushandeln.

Die unterschiedlichen Einkaufskooperationen haben sich 2008 zum „Bundesverband der Beschaffungsinstitutionen in der Gesundheitswirtschaft Deutschland e.V" (BVBG) zusammengeschlossen. Der Verband hat das Ziel, durch intelligente Lösungen innovative Behandlungsmöglichkeiten sicherzustellen und Produkte den Patienten zeitnah zur Verfügung zu stellen. Qualitätssteigerungen und Kostensenkungen werden dabei durch Prozessoptimierung in allen Versorgungsbereichen erreicht.

Zukünftig werden sich die Einkaufskooperationen zu Dienstleistungsunternehmen entwickeln, die den Mitgliedern zentrale Dienste wie beispielsweise die Bereitstellung der Werkzeuge für den strategischen Einkauf, das Durchführen von Ausschreibungen und direkte Vertragsverhandlungen mit Lieferanten sowie Beratungsleistungen anbieten. Dies setzt ein vernetztes E-Procurement zwischen den Mitgliedern voraus, damit auf krankenhausinterne Prozesse zugegriffen werden kann.

05. Welche Maßnahmen sollen gegenwärtig im Krankenhaussektor Einsparpotenziale induzieren und die Komplexität reduzieren?

- Standardisierung
- Prozessoptimierung

06. Beschreiben Sie die Maßnahmen zur Standardisierung und Prozessoptimierung.

Standardisierung

Durch Maßnahmen zur Standardisierung sollen Produkte, Lieferanten und Prozesse standardisiert vereinheitlicht werden. Die Grundlage einer Produktbereinigung ist die Bedarfsanalyse, die sich auf die Beschaffungsmenge, spezifische Beschaffenheiten der Produkte, Qualität und Service bezieht.

Die Reduzierung der Zahl der Lieferanten soll den Einkauf vereinfachen. Die Kriterien der Lieferantenauswahl sollten sich primär nach Preis, Produktqualität und Lieferzuverlässigkeit richten. Eine untergeordnete Bedeutung besitzen die Kriterien Sortimentsbreite und -tiefe, Servicepalette und elektronische Bestellabwicklung. Häufig wird eine ABC-Analyse durchgeführt, um die Zahl der Lieferanten zu reduzieren. Hinzu kommt, dass die Lieferanten zu Systemlieferanten entwickelt werden können, um Kostenvorteile zu generieren.

Ein weiteres Instrument sind so genannte „Capitation-Verträge", die die Lieferanten stärker in die wirtschaftliche Verantwortung einbeziehen. Dabei wird mit einem Lieferanten für einen bestimmten Artikel ein Budget vereinbart. Bei Budgetüberschreitung trägt der Lieferant bis zu einem gewissen Maß das Risiko.

4.3 Aktuelle Organisationsstrukturen und Organisationsentwicklung

> **Prozessoptimierung**
>
> Im Krankenhausbereich werden zunehmend Plattformen zum E-Procurement implementiert. Mit einem online-gestützten Einkauf sollen eine höhere Markttransparenz sowie die bessere Vernetzung mit den Lieferanten erzielt werden. Dazu sollen die IT-Systeme die papierbasierten Bestellanforderungen ersetzen, um Routinevorgänge zu beschleunigen, die Datenerfassung zu erhöhen und dadurch die Transparenz und Datenqualität zu erhöhen.
>
> Elektronische Abwicklungssysteme können die Effizienz erhöhen, indem Schrankversorgung und elektronische Anforderungssysteme eingeführt werden, um das Pflegepersonal zu entlasten. Hinzu kommt, dass die Materiallogistik erheblichen Einfluss auf die Abläufe und die Leistungsbereiche hat, auch hier bieten sich Einsparpotenziale.
>
> Beschaffungsprozesse wie das E-Procurement setzen einen elektronischen Katalog voraus, in dem die Artikel- und Lieferantenstammdaten korrekt angelegt und eingepflegt sind. Elektronische Anforderungssysteme entlasten von Beschaffungsaufgaben. Im Idealfall werden die erforderlichen Güter rechtzeitig zum Verbrauchszeitpunkt (JIT-Beschaffung) beschafft. Eine Automatisierung lässt sich durch Barcode-Scanner erreichen, die Schranksysteme direkt mit dem Beschaffungswesen vernetzt und Entnahmen erfasst und elektronisch weiterleitet.

4.3.1.3 Logistik im Krankenhaus

01. Definieren Sie den Begriff Logistik.

Der Begriff der Logistik dient der Beschreibung komplexer Waren- und Informationsströme. Logistikprozesse und -leistungen im engeren Sinne sind Transport, Umschlag (Be- und Entladung sowie Ein- und Auslagerung) sowie Lagerung und Kommissionierung (Auftragszusammenstellung). In der Literatur wird auch der Begriff TUL-Logistik genannt.

Diese Prozesse lassen sich durch Raumüberbrückung (Transport), Zeitüberbrückung (Lagerung) und Veränderung der Anordnung von Objekten (Kommissionierung) beschreiben. Logistik im weiteren Sinne umfasst auch Produktion, Beschaffung und Service.

02. Was ist die Kernaufgabe der Logistik?

Logistik hat die Aufgabe, das richtige Gut, zur richtigen Zeit, am richtigen Ort bereitzustellen und zwar in der richtigen Menge, in der richtigen Qualität und zu den richtigen Kosten.

03. Was wird unter dem Begriff Logistikmanagement verstanden?

Das „Council of Logistics Management" beschreibt sinngemäß das Logistikmanagement als den Prozess der Planung, Realisierung und Kontrolle des effizienten Fließens und Lagerns von Waren und Personen sowie der damit zusammenhängenden Informationen vom Liefer- bis zum Empfangsort entsprechend den Anforderungen der Kunden.

04. Nennen Sie die Bereiche, die zur Logistik im Krankenhaus zählen.

- OP-Logistik
- Transportlogistik
- Pharmazeutische Logistik
- Entsorgungsmanagement und Abfalllogistik

05. Erläutern Sie die Logistikbereiche im Krankenhaus.

OP-Logistik
Zu den wesentlichen Aufgaben der OP-Logistik zählen: • OP-Saal-Öffnungsdauer und OP-Kapazität • OP-Planung • OP-Wechselzeiten • Notfall-Integration • Materiallogistik Die OP-Saal-Öffnungsdauer bildet die Basis der OP-Logistik. Sie legt die Summe der Minuten an geplanten und vorgehaltener Öffnungszeit fest und bestimmt so die Kapazität. Die OP-Planung umfasst die Versorgung des OP-Saals mit Gütern, Personal und Patienten, den Transport der Patienten und die OP-Durchführung (Anästhesie und Operation). Die OP-Wechselzeiten bestimmen im Tagesablauf die zeitliche Terminierung der durchgeführten Operationen. Einerseits müssen die Patienten rechtzeitig eintreffen und andererseits die Anästhesie ohne Wartezeit beginnen, um Verzögerungen zu vermeiden. Nach Beendigung einer Operation erfolgt die Saalreinigung. Zu allen Zeitpunkten müssen die Operateure und Anästhesisten sowie das erforderliche Reinigungspersonal vor Ort sein. Die Notfall-Integration bedeutet die Vorhaltung von OP-Kapazitäten für Notfälle. Die Materiallogistik umfasst die Bereitstellung aller erforderlichen Materialien, die zur OP-Durchführung benötigt werden. Konsignationslager, die Lieferanten in den Räumen eines Klinikums unterhalten, um Medikamente und Medizinprodukte zur Verfügung zu stellen, vermeiden die kapitalbindende Lagerhaltung der Krankenhäuser. Hinzu kommt die Sterilisationslogistik, um die wieder verwendbaren Medizinprodukte aufzubereiten. Die Sterilisation von Medizinprodukten regelt die DIN EN ISO 14937 und die Reinigung und Aufbereitung die prEN ISO 15883. Dabei ist das Infektionsschutzgesetz (IfSG) und die Medizinprodukte-Betreiberverordnung (MPBetreibV) einzuhalten. OP-Koordinatoren und OP-Manager unterstützen häufig die OP-Prozesslogistik, um die effiziente Funktion des medizinischen Behandlungsablaufs sicherzustellen. OP-Koordinatoren bedienen das operative Tagesgeschäft, während OP-Manager für die strategische Ablauforganisation verantwortlich sind. Im OP-Bereich kommen regelmäßig Fall- oder Programmwagen zum Einsatz, um die Abläufe von der Versorgung bis zur Entsorgung von Instrumenten, der OP-Wäsche und den medizinischen Verbrauchsmaterialien zu organisieren.

4.3 Aktuelle Organisationsstrukturen und Organisationsentwicklung

Transportlogistik

Die Transportlogistik umfasst eine Reihe verschiedener Services im Krankenhaus:

- Patiententransporte
- Wäschelogistik
- Labortransporte
- Sterilgutversorgung (Instrumente, die der medizinischen Versorgung dienen)
- Speisenversorgung
- Postdienste
- Pharmazeutische Logistik

Grundsätzlich stellt sich die Frage, ob die Dienstleistungen extern oder intern erbracht werden und ob die Versorgung zentral oder dezentral erfolgt. Die Entscheidung muss auf Grundlage einer ökonomischen Kosten- und Nutzenanalyse getroffen werden.

Als wichtigster Erfolgsfaktor der Transportlogistik zählt die zentrale Koordinierungsstelle, die EDV-gestützt die Logistikprozesse steuert. Zu den Logistikprozessen zählen die Anforderungen einer Bestellung, Warenverbuchungen, Rechnungsbearbeitungen, Kostenzuordnungen und Anweisungen. Häufig dient ein Sachkosten- und Bedarfscontrolling dem Ziel der Kostenminimierung.

Pharmazeutische Logistik

Die pharmazeutische Logistik dient der optimalen Arzneimittelversorgung. Die richtigen Arzneimittel müssen zum richtigen Zeitpunkt, in der richtigen Dosierung und Zubereitung sowie in der richtigen Darreichungsform dem richtigen Patienten zugeführt werden.

Der Einkauf ist die Voraussetzung eines erfolgreichen pharmazeutischen Logistikprozesses. Zu den wesentlichen Kosten sparenden Zielen zählen Produktstandardisierung, Mengenbündelung und Lieferantenkonzentration.

Arzneimittelkommissionen treffen die Arzneimittelauswahl unter Berücksichtigung der Therapiesicherung sowie ökonomischer Aspekte. Die Vorratshaltung in der Apotheke erfolgt unter dem Aspekt der permanenten Lieferbereitschaft und gleichzeitigem Vermeiden von Fehlmengenkosten.

Die Arzneimittelversorgung erfolgt durch konventionelle oder automatische Kommissionierungsverfahren. Die konventionellen Verfahren werden manuell auf papierbasierten Bestellanforderungen oder EDV-gestützt vorgenommen, während automatische Verfahren in der Regel EDV-gestützt von Robotern und Automaten durchgeführt werden.

Die patientenbezogene Arzneimittelversorgung dient dem Abbau von Bedarfsstellenlagern auf den Krankenstationen. Dabei können automatisierte Unit-Dose-Medikationsprozesse zum Einsatz kommen, die Oralmedikationen patientenbezogen verpacken, barcodieren und mit Einnahmehinweisen versehen. Barcodes dienen dem Abgleich der Medikation mit den Patienten.

> **Entsorgungsmanagement und Abfalllogistik**
>
> Das Entsorgungsmanagement dient der Entsorgung des gewerblichen Abfalls und der gefährlichen Abfälle. Die Einteilung der Abfälle basiert auf der Abfallverzeichnisverordnung (AVV). Hinzu kommen weitere gesetzliche Regelungen und Vorschriften, die zwingend einzuhalten sind. Dazu zählt das Gefahrgutrecht (GGbefG), das Gefahrstoff- und Biostoffrecht (GefStoffV und BioStoffV) und das Wasserrecht (WHG) sowie die Arbeitsschutz- und Arbeitssicherheitsgesetze (ArbSchG und ASiG).
>
> Krankenhäuser haben
> - die Absenderpflichten der Gefahrgüter zu erfüllen,
> - Gefährdungsanalysen zu erstellen,
> - Umgangsvorschriften zu beachten und
> - die nach Wasserrecht anzuzeigenden Bereitstellungs- und Lagerflächen zu berücksichtigen, die die Abgrenzung von Wasser und Abfall umfasst.
>
> Zudem sind ergonomische Gesichtspunkte zu beachten und Verletzungsgefahren zu vermeiden. Kliniken haben einen Betriebsbeauftragten für Abfallwirtschaft nach der Abfallbetriebsbeauftragtenverordnung (AbfBetrVO) zu bestellen.
>
> Die Entsorgungslogistik stellt Restmüll- und Wertstoffbehälter zur Verfügung und legt für Sondermüll einen stoffspezifischen Standard fest oder nimmt eine Individualzuordnung vor. Der Transport der Abfälle wird über entsprechende Prozesse abgewickelt.
>
> Abfallwirtschaftskonzepte und abfallspezifische EDV-Systeme unterstützen sämtliche Prozesse von der Behälterbereitstellung bis zur Entsorgung. Es ist auch die Aufgabe des Entsorgungsmanagements bei den Müllerzeugern die Akzeptanz für die Umwelt und die Kosten zu erhöhen, um die Fehlabwurfquote zu verringern bzw. eine saubere Abfalltrennung zu erzielen.

06. Beschreiben Sie die Kernaufgaben der Krankenhauslogistik.

Die *Beschaffungslogistik* hat die Aufgabe, den medizinischen und nicht-medizinischen Sachbedarf sowie der Betriebsmittel zu befriedigen. Die Bandbreite reicht von Medikamenten, Verbänden und Spritzen bis zu CT-Geräten und Herz-Lungen-Maschinen.

Die *Produktionslogistik* dient der Planung, Steuerung und Kontrolle des Patientenflusses zwischen Aufnahme, Behandlung und Entlassung.

Die *Materiallogistik* als Oberbegriff der Beschaffungs- und Produktionslogistik umfasst beispielsweise auch die internen Transporte von Blutkonserven oder dringend benötigten medizinischen Materialien.

Die *Distributionslogistik* dient der Planung und Steuerung der Entlassung von Patienten. Dazu zählt die Erfassung frei werdender Bettenkapazitäten durch das Bettenmanagement.

Die *Entsorgungslogistik* beschäftigt sich mit dem Sammeln, Transportieren, Lagern sowie dem Beseitigen von Abfallstoffen. Dies geschieht ggf. nach krankenhausinterner oder externer Vorbehandlung. Dabei ist die Gefahr der Übertragung von Krankheiten auszuschließen.

4.3 Aktuelle Organisationsstrukturen und Organisationsentwicklung

Die *Transport- und Verkehrslogistik* dient der Beförderung von Gütern wie der Speisenversorgung, dem Wäscheservice, von Betten sowie Patienten im Rahmen eines Begleitservice zu Fuß oder mit Rollstuhl, Bett oder Ambulanzwagen. Es können beispielsweise auch Informationen wie Patientenakten (Handakten) oder Befunde transportiert werden.

07. Nennen Sie drei Bereiche der operativen Krankenhauslogistik, die von besonderer Praxisrelevanz sind.
- OP-Planung
- Patiententransporte
- Terminplanung

08. Beschreiben Sie die drei besonders relevanten Bereiche der operativen Krankenhauslogistik.

OP-Planung
Der OP-Bereich dient vielen Akutkrankenhäusern als größte Einnahmequelle, ist aber gleichzeitig der Hauptkostentreiber. Interdisziplinär agierende, hoch qualifizierte Mitarbeiter erbringen medizinische Leistungen, die die höchsten Erlöse bewirken.
Andererseits verursacht der OP-Bereich sehr hohe Personal- und Sachkosten. Die optimale Versorgung des OP-Bereichs mit medizinischen Gütern und der perfekte Transport bzw. Zuführung von Patienten besitzt eine entscheidende Bedeutung der wirtschaftlichen Sicherung eines Krankenhauses.
Eine zielgerichtete und effiziente OP-Planung durch quantitative Planungsmethoden kann die Wirtschaftlichkeit eines Krankenhauses bei gleichzeitig hoher Dienstleistungsqualität erhöhen. Instrumente sind Personaleinsatzplanung, Reihenfolgeplanung der Patienten, notfallmäßige Kapazitätsvorhalteplanung sowie JIT-Lieferung von Implantaten, Prothesen oder Organen. Die Lieferung Just-in-time, wird durch Konsignationslager unterstützt.

Patiententransporte
Patienten müssen zu den verschiedenen diagnostischen, therapeutischen und behandelnden Einrichtungen transportiert werden. Dabei sind Schiebetransporte mit Rollstühlen, fahrbaren Betten oder Liegen möglich. Ebenso Begleitung zu Fuß oder als Fahrtransport mit einem Ambulanzwagen. Häufig wird ein Großteil der Transporte während der Stoßzeiten vormittags abgewickelt.
Eine ineffiziente Transportorganisation hat massive Auswirkungen auf die Planung der nachgelagerten Organisationseinheiten, da Ressourcen verschwendet und Leerlaufzeiten verursacht werden, wenn die Patienten nicht rechtzeitig in den OP-Bereich gelangen. Sind die Patiententransporte unpünktlich, verschieben sich nachgelagerte Termine und die ursprüngliche Terminplanung wird hinfällig.

Stehen die Patienten nicht rechtzeitig termingemäß zur Verfügung, entstehen Verzögerungen, sodass die Planung aktualisiert werden muss. Im Krankenhaus sind die spezifischen Anforderungen noch komplizierter, zumal bei Aufträgen die Priorität, das Vorhandensein medizinischen Personals oder medizinischer Ausstattung während des Transports zu berücksichtigen sind. Hinzu kommen mögliche Sonderanforderungen an Fahrzeuge, wenn beispielsweise infektiöse Quarantänepatienten zu transportieren sind. Solche Nebenbedingungen komplizieren das Aufstellen von Transportrouten und -plänen.

Terminplanung

Die Terminplanung besitzt im Krankenhaus eine herausragende Bedeutung, zumal die Termine für sämtliche Untersuchungen festgelegt werden müssen. Sie umfasst auch die Patiententransporte, die OP-Vorbereitung der Patienten und die Eingriffe selbst.

Um eine hohe Termintreue zu erzielen, ist eine Terminkoordination aller Prozesse erforderlich. Die Terminplanung als logistische Komponente besitzt daher ein großes Optimierungspotenzial.

Die Terminplanung im Krankenhaus ist häufig sehr komplex. So hat die Krankenstation, einen Termin bei einer Funktionseinheit zu terminieren und einen Krankentransport zu bestellen. Dem Transportdienst kommt die Aufgabe zu, den Mitarbeiter für den Transport abzustellen, die Routen- und Zeitplanung aufzustellen und den Patienten zu transportieren. Die Funktionsstelle hat die Untersuchungsplanung vorzunehmen, um die Dauer der Untersuchung zu terminieren und einen Rücktransport zur Krankenstation sicherzustellen.

09. Definieren Sie den Begriff Lagerlogistik.

Lagerlogistik umfasst die Warenannahme, Lagerhaltung, Bestandsführung sowie Kommissionierung und Warenausgabe. Bei der Organisation der Lagerhaltung wird zwischen zentraler und dezentraler Lagerhaltung sowie ein- und mehrstufiger Lagerhaltung unterschieden.

Die *zentrale Lagerhaltung* bewahrt alle benötigten Produkte zentral in einem Zentrallager auf, während die *dezentrale Lagerhaltung* in vielen verschiedenen Gebäuden oder Gebäudekomplexen Lager unterhält. In Krankenhäusern ist häufig eine Pavillonstruktur zu finden. Die dezentralen Lager sind dabei unmittelbar an eine Bedarfsstelle gebunden und werden Bedarfsstellenlager oder Handlager genannt.

Eine *einstufige Lagerhaltung* liegt vor, wenn zwischen Anlieferung und Verbrauch der Güter nur eine Lagerstufe liegt. Bei *mehrstufiger Lagerhaltung* durchlaufen die zur Leistungserstellung benötigten Güter von der Anlieferung bis zum Verbrauch mehrere Lagerstufen. Beispielsweise werden die Güter im Zentrallager angeliefert und anschließend an mehrere Bedarfsstellenlager verteilt. Im Bedarfsstellenlager erfolgt die endgültige Verteilung der Güter zum Verbrauch.

10. Beschreiben Sie die Vor- und Nachteile der zentralen Lagerhaltung.

Die zentrale Lagerhaltung gewährleistet eine gute Übersicht über den Güterbestand, indem moderne EDV-Systeme genutzt werden und dadurch eine professionelle Erfassung der Zu- und Abgänge ermöglicht wird. Damit lassen sich Schwund und Verfall vermeiden.

4.3 Aktuelle Organisationsstrukturen und Organisationsentwicklung

Hinzu kommt, dass niedrigere Lagerbestände und eine geringere Anzahl von Bestellvorgängen, geringere Bestell- und Lagerhaltungskosten verursachen. Die zentrale Lagerhaltung ermöglicht die Nutzung automatisierter Lager-, Transport- und Handhabungstechniken, eine rationelle Flächen- und Raumnutzung und die Entlastung der Lagermitarbeiter von schweren körperlichen und gesundheitsgefährdenden Arbeiten. Darüber hinaus erlaubt eine zentrale Lagerhaltung die Nutzung von Synergieeffekten durch eine zentralisierte Ablauforganisation.

Nachteilig sind die Transportstrecken zwischen Lager- und Verbrauchsort. Dadurch ergeben sich längere Zugriffszeiten. Bei der dezentralen Lagerung ergibt sich eine geringere Transparenz über den tatsächlich verfügbaren Materialbestand.

Die Vorteile der rein zentralen und rein dezentralen Lagerhaltung lassen sich durch zweistufige Lagersysteme verknüpfen. Die Lösung besteht aus einem Zentrallager und dezentralen Lagern auf den Krankenstationen und den Funktionseinheiten als bedarfsstellengebundene Handlager oder als Lager zur Versorgung mehrerer Bedarfsstellen. Die Einrichtung einer zusätzlichen Lagerstufe ist aber mit einer Unterbrechung des Materialflusses verbunden, der zur Einplanung zusätzlicher Sicherheitsbestände führt.

11. Wie ist die Lagerhaltung im Krankenhaus organisiert?

Die Organisation der Lagerhaltung hängt zwingend von der Struktur eines Krankenhauses ab, insbesondere von der Größe, Anzahl der Betten, der Bauform bzw. der Anzahl der Gebäude und deren räumliche Anordnung.

Kleine und mittlere Krankenhäuser, die in einem einzigen Gebäudekomplex untergebracht sind, verfügen in der Regel über ein Zentrallager und mehrere Bedarfsstellenlager auf den Krankenstationen und den Funktionseinheiten. Die größeren Krankenhäuser, die eine Pavillionstruktur oder über mehrere Standorte verteilte Krankenhäuser haben, verfügen oft über mehrere dezentrale Lager. Die Großkliniken kombinieren oftmals alle Lagerformen wie Zentrallager, dezentrale Lager und Bedarfsstellenlager.

12. Beschreiben Sie die Aufgaben des Lagerbestandsmanagements.

Das Lagerbestandsmanagement oder „Inventory Management" legt die Bestellmengen und -zeitpunkte für definierte Bedarfszeitpunkte logistischer Systeme fest, um eine mengen- und termingerechte Versorgung mit Materialien und Gütern sicherzustellen.

13. Nennen Sie Faktoren, die eine optimale Beschaffungs- und Lagerhaltungspolitik beeinflussen.

Aus der Bestellmenge ergibt sich der Bestellzyklus, also die Zeit zwischen zwei Bestellungen. Dabei muss die Vorlaufzeit für eine Bestellung berücksichtigt werden, um zu vermeiden, dass der Bestand vor Eintreffen der bestellten Ware aufgebraucht ist.

Darüber hinaus muss ein Sicherheitsbestand vorgehalten werden, der als Schwankungsreserve zur Sicherung der Lieferfähigkeit dient, die bei hohen und unerwarteten Bedarfsschwankungen im Falle von Epidemien oder Katastrophen auftreten können.

Der Meldebestand ist der Bestand, bei dem eine Bestellung ausgelöst wird. Bei Materialien und Gütern, die für eine Nachlieferung zugelassen sind, müssen die Fehlmengen berechnet werden, die bei Eingang einer internen Bestellung nicht unmittelbar aus dem Lagerbestand zu decken sind, die aber nachgeliefert werden können.

4.3.2 Leistungserstellung und -dokumentation

4.3.2.1 Ärztliche Leistungen

01. Was fällt in den Bereich der ärztlichen Dokumentation?

Zur ärztlichen Dokumentation gehören die Sachverhalte, die den ärztlichen Verantwortungsbereich umfassen. Die ärztliche Dokumentation besteht aus der Verlaufsdokumentation, der Dokumentation der Aufklärung und der Dokumentation der Patientenentscheidungen. Die Ausführungen zur ärztlichen Dokumentation gelten auch für Psychotherapeuten und Zahnärzte.

02. Welche Bedeutung besitzt die ärztliche Dokumentation?

Dokumentationspflichtig sind ausschließlich die für die Diagnose und Therapie wesentlichen medizinischen Fakten in einer für den Fachmann hinreichend klaren Form. Eine medizinisch unübliche bzw. nicht erforderliche Dokumentation wird aus rechtlichen Gründen nicht empfohlen.

In der Regel sollten keine Routinemaßnahmen dokumentiert werden. Hier reicht grundsätzlich die schlagwortartige, technische Beschreibung oder ein zeichnerisches Symbol aus. Grundsätzlich ist nicht die Regel, sondern die Ausnahme zu dokumentieren.

Bei Operationen und Anästhesien sind die medizinischen Fakten wiederzugeben. Detaillierte Schilderungen werden erforderlich, wenn sonst der Operationsverlauf oder die angewandten Techniken nicht verständlich wird bzw. ein Abweichen von der üblichen Operationstechnik erforderlich wurde.

Auftretende Komplikationen und Abweichungen von der Norm sind grundsätzlich immer detailliert dokumentationspflichtig. Anfängeroperationen sind in der Regel genau aufzuzeichnen, zumal das Fehlen eines Operationsberichts über einen von einem Berufsanfänger selbstständig durchgeführten Eingriff die Beweissituation des geschädigten Patienten erschwert.

Erfahrene Chirurgen brauchen bei komplikationslos verlaufenden Routineeingriffen nur die Art, die Tatsache der Durchführung und die an der Operation beteiligten Personen

4.3 Aktuelle Organisationsstrukturen und Organisationsentwicklung

zu dokumentieren. Inhalt und Umfang der Dokumentation sollten sich grundsätzlich an den wesentlichen medizinischen und tatsächlichen Feststellungen orientieren.

Die Dokumentation ist Teil der dem Patienten geschuldeten Leistung aus dem Behandlungsvertrag. Die Krankenhausärzte, das Pflegepersonal und sonstige nichtärztliche Mitarbeiter werden als Erfüllungsgehilfen des Krankenhausträgers tätig. Darüber hinaus ergibt sich die Dokumentationspflicht aus dem Berufsrecht der Ärzte und aus speziellen Regelungen (Röntgenverordnung, Strahlenschutzverordnung, Transfusionsgesetz, Transplantationsgesetz und weitere).

Eine unzulängliche, lückenhafte oder unterlassene erforderliche Dokumentation kann zu Beweiserleichterungen bis hin zur Beweisumkehr zugunsten des Patienten führen. Dies betrifft den ärztlichen wie pflegerischen Teil der Dokumentation.

Die Dokumentation dient haftungsrechtlich der Beweissicherung bei Schadensfällen, leistungsrechtlich der Absicherung der Abrechnungsprüfungen durch den Medizinischen Dienst der Krankenversicherung (MDK) und den Aufbewahrungspflichten.

03. Wer ist für die ärztliche Dokumentation zuständig?

Der leitende Abteilungsarzt trägt die Gesamtverantwortung für die ärztliche Dokumentation und deren Durchführung sowie für die Zusammenführung der Dokumentationsteile zu einer Krankengeschichte. Dies gilt auch, wenn diese Verpflichtung nicht ausdrücklich im Dienstvertrag geregelt ist.

Die Verpflichtung zur Dokumentation besteht auch bei belegärztlichen Patienten. Der Belegarzt ist für die Dokumentation im Rahmen seiner Zuständigkeit verantwortlich. Daneben bestehen weiterhin die Dokumentationspflichten des Krankenhauses.

Die zuständige leitende Pflegekraft trägt die Verantwortung für die pflegerische Dokumentation. Die Leitung des therapeutischen Teams ist ebenfalls selbstständig für die Dokumentation der therapeutischen Maßnahmen verantwortlich. Auch in diesen beiden Bereichen trägt der leitende Abteilungsarzt die Pflicht, die inhaltliche Vollständigkeit der pflegerischen Dokumentation zu überprüfen.

Jeder Arzt trägt die Verantwortung für die Dokumentation seiner ärztlichen Anordnungen und deren Durchführung.

Die Dokumentation kann delegiert werden. Die dem Verantwortlichen obliegenden Dokumentationspflichten müssen nicht alle persönlich erfüllt werden. Für den Fall der Delegation müssen jedoch klare Anweisungen erteilt werden und es muss eine Kontrolle hinsichtlich der ordnungsgemäßen Ausführung erfolgen.

Wird die Dokumentation einer ärztlichen Anordnung delegiert, muss der anordnende Arzt die Dokumentation gegenzeichnen. Erfolgen umfangreiche medizinische Kodierungen durch medizinische Dokumentationsassistenten oder klinische Kodierer, trägt auch hier der leitende Abteilungsarzt die Verantwortung für die Ausführung dieser Aufgaben.

Eine Anordnung des Krankenhausträgers, durch die ärztlichen Mitarbeitern die Dokumentation und Verschlüsselung von Diagnosen und Prozeduren auferlegt wird, kann im Einzelfall der Mitbestimmung durch den Personalrat unterliegen.

04. Beschreiben Sie die Bestandteile der Verlaufsdokumentation.

Zur Verlaufsdokumentation zählen:

- Krankenblatt
- Befunde
- Verlaufskurven

Das *Krankenblatt* enthält die vom Patienten und den Angehörigen gemachten Angaben zur gesundheitlichen und sozialen Vorgeschichte, die momentane Medikation, die Angaben zu den aktuellen Beschwerden, die Befunde der Erstuntersuchung und weitere vom Arzt getroffene Feststellungen sowie alle sonstigen für den Krankheitsverlauf wichtigen Angaben. Dazu zählen ärztliche Beurteilungen, Diagnosen, Verdachtsdiagnosen, Hinweise zur Prognose und ärztliche Anordnungen und Maßnahmen.

Der Krankheitsverlauf ist durch zeitnahe Vermerke festzuhalten. Das Krankenblatt wird mit einer Epikrise (zusammenfassender Rückblick) oder einem Arztbericht abgeschlossen, der vom Arzt zu unterzeichnen ist.

Bei internen Verlegungen von Patienten werden die Behandlungsabschnitte mit einem Verlegungsbericht oder Resümee abgeschlossen, damit die jeweils aufnehmenden Krankenstationen über den Stand des bisherigen Behandlungsverlaufs und alle eingeleiteten Maßnahmen informiert sind.

Zu den *Befunden* zählen sämtliche während der Behandlung anfallenden Berichte und Untersuchungsergebnisse. Dies sind Laborbefunde, Röntgen-, EKG-, EEG und Ultraschallbefunde sowie histologische und mikrobiologische Befunde, Konsiliarberichte, OP-Berichte und Anästhesieprotokolle. Bei EEG, EKG-Aufzeichnungen und Ultraschallbildern u. Ä. reicht in Einzelfällen die Dokumentation der für die Befunderhebung bedeutsamen Einzelheiten. Bei Röntgenaufnahmen, Angiofilmen u. a. sind gemäß § 28 Abs. 1 Satz 1 RöV über jede Anwendung von Röntgenstrahlen Aufzeichnungen anzufertigen.

Bei den *Verlaufskurven* handelt es sich um zeitgerasterte Kurven oder Eintragungen von Körpertemperatur, Pulsfrequenz, Blutdruck, Sauerstoffsättigung u. a., sowie von richtungsweisenden Labor- und Röntgenbefunden bzw. anderen Untersuchungsergebnissen. Verlaufskurven sollen dem Arzt einen schnellen Überblick über das Krankheitsgeschehen verschaffen können und ersetzen bei detaillierter und lückenloser Führung einen Verlaufsbericht im Krankenblatt ganz oder teilweise.

Die Führung der Verlaufskurven fällt zwar in den Verantwortungsbereich des Arztes, wird jedoch häufig an das Pflegepersonal delegiert. Aus haftungs- und leistungsrechtlichen Gründen sind alle Unterlagen für die Nachvollziehung der konkreten Behandlungsfälle aufzubewahren. Die Aufbewahrung weiterer Unterlagen ist eine einzelfallabhängige Entscheidung, die der jeweilige Krankenhausträger im Rahmen seiner Risikoabwägung treffen muss.

4.3 Aktuelle Organisationsstrukturen und Organisationsentwicklung

05. Beschreiben Sie die Bestandteile der Dokumentation zur Aufklärung.

Aus haftungsrechtlichen Gründen, insbesondere zur Beweissicherung, sind die wesentlichen Punkte der Aufklärungsgespräche in knapper Form in die Krankenunterlagen einzutragen. Dabei dürfen vorformulierte Aufklärungsbögen angewandt werden, die jedoch individuelle Aufklärungsgespräche und dessen Dokumentation nicht ersetzen können.

Verzichtet ein Patient auf die Aufklärung, ist dies zu dokumentieren. Die Aufklärungsbögen sind von den Patienten zu unterschreiben. Um eine prozessfeste Dokumentation der ordnungsgemäßen Aufklärung zu gewährleisten, sind die kritischen Punkte in die Aufklärungsbögen einzutragen. Beigefügte Merkblätter sind auf Vollständigkeit zu überprüfen.

Vor dem Hintergrund, dass in Haftungsprozessen mangels Nachweismöglichkeit eines Behandlungsfehlers häufig Aufklärungsmängel geltend gemacht werden, empfiehlt sich die ordnungsgemäße Dokumentation der Aufklärung.

Die Adressaten der Dokumentation und der Einwilligung für ärztliche Eingriffe bei Minderjährigen sind grundsätzlich beide Elternteile bzw. Sorgeberechtigten, die die Zustimmung zu erteilen haben. Die Eltern dürfen sich gegenseitig ermächtigen, für den anderen Elternteil mit zu entscheiden.

Insbesondere sollte die Dokumentation der Aufklärung die möglichen Probleme in der postoperativen Phase festhalten. Dies ergibt sich aus den besonderen Aufsichts- und Überwachungspflichten. Hinzu kommt die Dokumentation der Entscheidungskriterien für die Durchführung bzw. Nichtdurchführung von Operationen. Dies können die Eingriffschwere, der Gesundheitszustand des Patienten und die Gewährung ausreichender ärztlicher und pflegerischer Versorgung nach der Entlassung des Patienten sein.

06. Nennen und beschreiben Sie die Bestandteile der Dokumentation der Patientenentscheidungen.

Alle von den Patienten getroffenen Entscheidungen und niedergelegte Erklärungen sind zu dokumentieren und müssen zur Krankenakte genommen werden. Verlassen die Patienten das Krankenhaus auf eigenen Wunsch und entgegen ärztlichem Rat, sollten die Hinweise auf die Konsequenzen des Behandlungsabbruchs unbedingt in der Krankenakte dokumentiert werden.

Die Dokumentation der Patientenentscheidungen umfasst auch alle Aufzeichnungen des Patienten in Patientenbriefen und Patientenverfügungen. Patientenverfügungen sind den Krankenunterlagen beizufügen, sofern der Verfügende im Krankenhaus behandelt wird.

07. Nennen Sie die Aufbewahrungspflichten und -fristen der behandlungsbezogenen Dokumente. Geben Sie deren jeweilige Rechtsgrundlage an.

Behandlungsbezogene Dokumente	Aufbewahrungspflicht	Rechtliche Grundlage
Behandlungsunterlagen:		
• Anamnese	30 Jahre	Aus Beweissicherungsgründen empfiehlt sich unter Berücksichtung der Verjährungsfristen des BGB grundsätzlich eine Aufbewahrungsfrist von 30 Jahren. (Nicht empfohlen ist die Aufbewahrung gemäß § 10 Abs. 3 MBO-Ä 1997. Demnach sind ärztliche Unterlagen für mindestens 10 Jahre nach Abschluss der Behandlung aufbewahrungspflichtig.)
• Aufnahmebogen		
• Aufklärungsbogen		
• Diagnostische Befunderhebung		
• Funktionsbefunde		
• Laborbefunde		
• Medikation		
• Ärztliche Anordnung zur Pflege		
• Arztbrief, Epikrise, Verlegungsbericht		
• EKG, EEG, CTG, Tokogramm		
• Histologische Untersuchungsbefunde		
• OP-Bericht, Anordnung zur Lagerung auf dem OP-Tisch		
• Rat zur Einholung von Spezialistenmeinungen		
• Ergebnisse konsiliarischer Untersuchungen		
Röntgenschutzunterlagen:		
• Röntgenbilder	10 Jahre	§ 28 Abs. 3 Satz 2 RöV
• Aufzeichnungen über Röntgenuntersuchungen gemäß § 28 Abs. 1 Satz 2 RöV.		
• Röntgenbilder und Röntgenaufzeichnungen von Personen, die noch nicht das 18. Lebensjahr vollendet haben.	Bis zur Vollendung des 28. Lebensjahres der betreffenden Person	§ 28 Abs. 3 Satz 3 RöV
Strahlenschutzunterlagen:		
• Aufzeichnungen nach § 85 Abs. 1 StrSchV über Untersuchungen (z. B. Szintigrafien).	10 Jahre	§ 85 Abs. 3 1. Halbsatz StrlSchV
• Aufzeichnungen über Behandlungen mit radioaktiven Stoffen oder ionisierenden Strahlen.	30 Jahre	§ 85 Abs. 3 2. Halbsatz StrlSchV und § 28 Abs. 3 Satz 1 RöV

4.3 Aktuelle Organisationsstrukturen und Organisationsentwicklung

Berufsgenossenschaftliche Verletzungsverfahren:		
• Ärztliche Unterlagen • Röntgenfilme	Mindestens 15 Jahre	Ziffer 4.12 der Anforderungen der gesetzlichen Unfallversicherung nach § 34 SGB VII (Verletzungsverfahren-VAV)
Durchgangsarztverfahren		
• Ärztliche Unterlagen einschließlich der Krankenblätter. • Röntgenaufnahmen	Mindestens 15 Jahre	Ziffer 5.6 der Anforderungen der gesetzlichen Unfallversicherung nach § 34 SGB VII zur Beteiligung am Durchgangsarztverfahren
Unterlagen hinsichtlich der Gewinnung von Blut und Blutbestandteilen:		
• Aufzeichnungen über Spenderentnahmen und verbundene Maßnahmen.	Mindestens 15 Jahre	§ 11 Abs. 1 Satz 2 TFG
• Immunisierungsprotokolle gemäß § 8 Abs. 3 TFG.	Mindestens 20 Jahre	§ 11 Abs. 1 Satz 2 TFG
• Aufzeichnungen im Zusammenhang mit der Vorbehandlung zur Blutstammzellseparation gemäß § 9 Abs. 1 TFG.	Mindestens 20 Jahre	§ 11 Abs. 1 Satz 2 TFG
• Angaben zur Spenderdokumentation zur Rückverfolgung.	Mindestens 30 Jahre (Nach Ablauf der Aufbewahrungsfrist sind die Dokumente zu vernichten oder zu löschen, sofern die Aufbewahrung nicht mehr erforderlich ist.)	§ 11 Abs. 1 Satz 2 TFG
• Blutdepots der Einrichtungen der Krankenversorgung, die ausschließlich für interne Zwecke Blutprodukte lagern und abgeben.	(Werden die Aufzeichnungen länger als 30 Jahre nach der letzten Spende des Spenders aufbewahrt, müssen die Dokumente anonymisiert werden.) Mindestens 30 Jahre	§ 11a TFG in Verbindung mit § 20 Abs. 2 AMWHV (Arzneimittel- und Wirkstoffherstellungsverordnung)

Unterlagen hinsichtlich der Anwendung von Blutprodukten:		
• Aufzeichnungen über die Anwendung von Blutprodukten. • Gentechnisch hergestellte Plasmaproteine zur Behandlung von Hämostasestörungen.	Mindestens 30 Jahre	§ 14 Abs. 3 Satz 1 TFG
• Aufzeichnungen, die ansonsten im Zusammenhang mit der Anwendung von derartigen Blutprodukten und gentechnisch hergestellt werden.	Mindestens 15 Jahre (Nach Ablauf der Aufbewahrungsfrist sind die Dokumente zu vernichten oder zu löschen, sofern die Aufbewahrung nicht mehr erforderlich ist.) (Werden die Aufzeichnungen länger als 30 Jahre nach der letzten Spende des Spenders aufbewahrt, müssen die Dokumente anonymisiert werden.)	§ 14 Abs. 3 Satz 1 TFG
Transplantationsunterlagen:		
• Aufzeichnungen über die Beteiligung nach § 4 Abs. 4 TPG im Zusammenhang mit der Zustimmung zur Organentnahme, sofern weder eine schriftliche Einwilligung noch ein schriftlicher Widerspruch des möglichen Organspenders vorliegt. • Aufzeichnungen zur Feststellung der Untersuchungsergebnisse nach § 5 Abs. 2 Satz 3 TPG. • Aufzeichnungen zur Aufklärung nach § 8 Abs. 2 Satz 3 TPG. • Aufzeichnungen zu in diesem Zusammenhang erforderlichen gutachtlichen Stellungnahmen nach § 8 Abs. 3 Satz 2 TPG. • Aufzeichnungen über die Dokumentation der Organentnahme, -vermittlung und -übertragung.	Mindestens 10 Jahre Die Aufzeichnungen und Dokumente nach § 15 TPG sind spätestens bis zum Ablauf des Folgejahres zu vernichten. Personenbezogene Daten sind innerhalb dieser Frist zu löschen.	§ 15 TPG

4.3 Aktuelle Organisationsstrukturen und Organisationsentwicklung

Unterlagen zum Verbleib und Bestand von Betäubungsmitteln:		
• Karteikarten • Betäubungsmittelbücher • EDV-Ausdrucke	3 Jahre von der letzten Eintragung an gerechnet	§ 13 Abs. 3 BtMVV (Betäubungsmittel-Verschreibungs-Verordnung)
Krankenhausapotheke:		
• Alle Aufzeichnungen über die Herstellung, Prüfung und Überprüfung der Arzneimittel im Krankenhaus sowie die Lagerung, Einfuhr, das Inverkehrbringen, den Rückruf und die Rückgabe von Arzneimitteln aufgrund eines Rückrufes. Hinzu kommen die Prüfzertifikate nach § 6 Abs. 3 Satz 2 ApBetrO und § 11 Abs. 2 Satz 1 ApBetrO.	Mindestens bis 1 Jahr nach Ablauf des Verfallsdatums, aber nicht weniger als 3 Jahre	§ 22 Abs. 1 ApBetrO
• Aufzeichnungen nach § 17 Abs. 6 Satz 1 Nr. 2, 2. Halbsatz ApBetrO über die Rückverfolgbarkeit zum jeweiligen Unterzeichner der Verschreibung in elektronischer Form bei Abgabe der Arzneimittel.	3 Jahre nach der letzten Eintragung	§ 22 Abs. 1b ApBetrO
• Aufzeichnungen nach § 17 Abs. 6a ApBetrO zum Zwecke der Rückverfolgung hinsichtlich des Erwerbs und der Abgabe von Blutzubereitungen, Blutsera, gentechnisch hergestellten Plasmaproteinen zur Behandlung von Hämostasestörungen.	Mindestens 30 Jahre	§ 22 Abs. 4 ApBetrO

4.3.2.2 Pflegerische Leistungen

01. Was fällt in den Bereich der pflegerischen Dokumentation?

Die pflegerische Dokumentation umfasst die verschiedenen Schritte des Pflegeprozesses bei der pflegerischen Versorgung. Dabei handelt es sich um bestehende und auftretende Pflegebedürfnisse, die pflegerische Krankenbeobachtung, die Verlaufsbeschreibung, die durchgeführten Maßnahmen und die Angaben zur subjektiven Befindlichkeit des Patienten. Die Dokumentation ist von der zuständigen Pflegefachkraft abzuzeichnen.

Die Pflegedokumentation umfasst die folgenden Schritte:

- Einschätzungsdokumentation/Assessment
- Planungsdokumentation
- Intervention
- Abschlussdokumentation

Der Dokumentationszeitpunkt richtet sich nach dem Zustand des Patienten und dem ausgeführten Pflegesystem. Im Rahmen der Funktionspflege und im intensivpflegerischen Bereich erfolgt die Dokumentation unmittelbar nach den erfolgten Maßnahmen und Beobachtungen.

In der Bezugspflege wird die Dokumentation in Abhängigkeit vom Zustand des Patienten bei Schichtende vorgenommen. Je aufwendiger die Pflege ist und je häufiger sich der Zustand des Patienten ändert, desto zeitnaher sollte die Dokumentation erfolgen.

02. Welche Bedeutung besitzt die pflegerische Dokumentation?

Die aus dem ärztlichen Bereich dargestellten Grundsätze gelten sinngemäß auch im Pflegebereich. Einer genauen Dokumentationspflicht unterliegen insbesondere über die normale Grundpflege hinausgehende und aus einem besonderen Pflegebedürfnis des Patienten resultierende Pflegemaßnahmen. Dies sind die Dekubituspflege, Sturzgefahren und weitere spezielle Pflegemaßnahmen. Dabei ist sowohl die Gefahrenlage als auch die angeordneten Vorbeugemaßnahmen zu dokumentieren.

03. Beschreiben Sie die Bestandteile der Einschätzungsdokumentation/Assessment.

Die Einschätzungsdokumentation bzw. das Assessment gliedert sich in die anamnestische und evaluierende Dokumentation.

Die Pflegeanamnese wird bei Aufnahme des Patienten erstellt und enthält die Angaben und Informationen des Patienten und der Angehörigen zur gesundheitlichen und sozialen Vorgeschichte sowie Informationen über den momentanen Gesundheitszustand und sich hieraus ergebende Schwerpunkte. Die Ergebnisse der körperlichen Inspektion und Risikoeinschätzungen unter Verwendung von Skalen (Dekubitus, Sturz) können Eingang in die Pflegeanamnese finden.

Die Pflegeevaluierung erfasst die regelmäßig durchgeführten oder situativ neuen Einschätzungen. Sie enthält neue oder ergänzende Informationen zum Patienten und der Angehörigen, den pflegefachlichen Beobachtungen und Ergebnissen der sich wiederholenden körperlichen Inspektionen und Risikoeinschätzungen.

04. Beschreiben Sie die Bestandteile der Planungsdokumentation.

Die Planungsdokumentation gliedert sich in die Dokumentation der Pflegeziele und geplanten Pflegemaßnahmen.

4.3 Aktuelle Organisationsstrukturen und Organisationsentwicklung

Die Pflegezieldokumentation enthält die Evaluierungszeitpunkte. Die Dokumentation der Pflegeziele richtet sich nach dem Ergebnis der Pflegeanamnese und Evaluierung und erfolgt oftmals in einem Pflegeplanungsbogen.

Die Dokumentation der geplanten Pflegemaßnahmen enthält die zur Erreichung der definierten Pflegeziele erforderlichen Maßnahmen, die durch pflegerische Anordnungen festgelegt werden. Die Dokumentation entspricht der Pflegezieldokumentation.

05. Beschreiben Sie die Bestandteile der Intervention.

Die Intervention gliedert sich in die Dokumentation der Krankenbeobachtung und der geleisteten bzw. nicht geleisteten Maßnahmen.

Die Dokumentation der Krankenbeobachtung umfasst neue oder ergänzende Information zum Patienten und der Angehörigen sowie atypische Verläufe und Reaktionen auf Pflegemaßnahmen oder Medikamente.

Die Dokumentation der durchgeführten Maßnahmen enthält die Angaben zu den konkret durchgeführten Handlungen, zu durchgeführten pflegerisch und ärztlich angeordneten Maßnahmen sowie zu nicht durchgeführten Maßnahmen, wenn die Mobilisation nicht möglich war oder eine Injektion verweigert wurde.

06. Beschreiben Sie die Bestandteile der Abschlussdokumentation.

Die Abschlussdokumentation entspricht dem Entlassungs- oder Verlegungsbericht. Darin sind alle pflegerelevanten Informationen zum Patienten und pflegerischen Verlauf enthalten. Die Dokumentation erfolgt auf Formularen und wird den Patienten mitgegeben. Kopien werden der Pflegedokumentation beigefügt. Bei internen Verlegungen erfolgt die Pflegedokumentation abschnittsweise über Resümees und Pflegeempfehlungen, die abzuschließen und zu unterzeichnen sind.

4.3.2.3 Therapeutische Leistungen

01. Was fällt in den Bereich der therapeutischen Dokumentation?

Die ärztlichen Anordnungen an das therapeutische Team sowie deren Durchführung ist zu dokumentieren. Die jeweiligen Therapeuten bestätigen in der Dokumentation die Durchführung der angeordneten Maßnahmen mit Handzeichen. In der Regel werden die durchgeführten Maßnahmen des therapeutischen Teams in die Verlaufskurven aufgenommen.

Zum therapeutischen Team zählen Physiotherapeuten, Ergotherapeuten, Logopäden, Stomatherapeuten, Diätassistenten, Beschäftigungstherapeuten, Musiktherapeuten und andere.

02. Welche Bedeutung besitzt die therapeutische Dokumentation?

Die aus dem ärztlichen und pflegerischen Bereich dargestellten Grundsätze gelten sinngemäß auch im therapeutischen Bereich.

4.4.3 Outsourcing

01. Definieren Sie den Begriff „Outsourcing".

Der Begriff „Outsourcing" wird aus den englischen Wörtern „outside", „resource" bzw. „using" und „resourcing" zusammengesetzt.

Outsourcing beschreibt die dauerhafte Auslagerung unternehmensintern erbrachter Leistungen mit einer Übertragung der Handlungsverantwortung und einer langfristigen Aufgabenverteilung an externe Dritte. Der Planungshorizont soll insbesondere die strategische Bedeutung betonen.

02. Nennen Sie die Formen des Outsourcing.

Beim internen Outsourcing bzw. Inhouse-Outsourcing werden Funktionsbereiche oder Geschäftsprozesse in eine neu gegründete Tochtergesellschaft eingebracht bzw. ausgegliedert. Outsourcing umfasst ebenfalls den Erwerb von Eigenkapitalanteilen existierender Unternehmen.

Externes Outsourcing ist die Auslagerung von Funktionsbereichen und Geschäftsprozessen an Unternehmen, die wirtschaftlich selbstständig und unabhängig sind.

4.3 Aktuelle Organisationsstrukturen und Organisationsentwicklung 451

Einen Überblick über die Formen des Outsourcing gibt die folgende Abbildung:

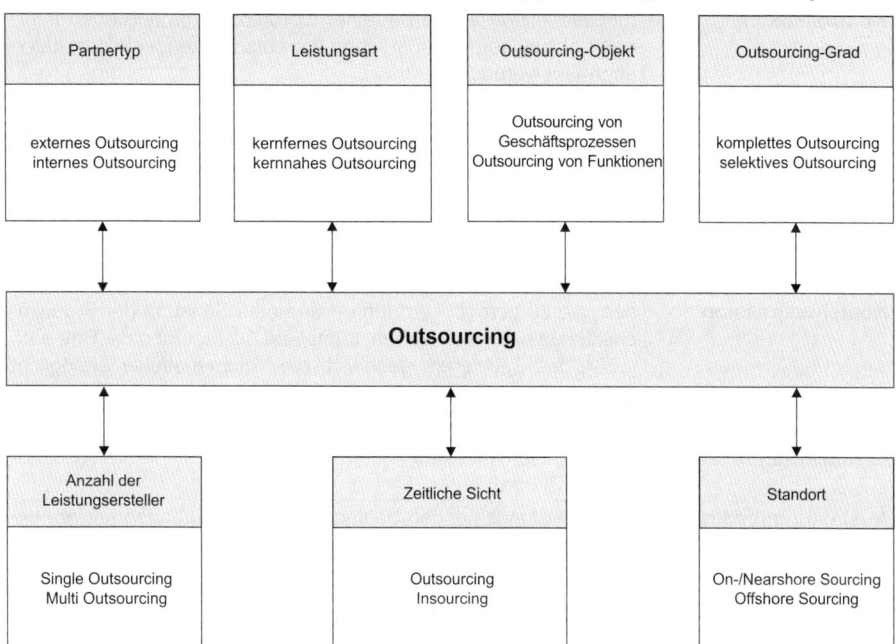

Formen des Outsourcing nach Hollekamp

Wird das Outsourcing zeitlich betrachtet, stehen die Übergänge im Mittelpunkt. Dabei wird der Beginn des externen Leistungsbezugs von Wertschöpfungspartnern als Outsourcing und bei Beendigung bzw. das Zurückholen als Insourcing bezeichnet.

Von Offshoring beim Outsourcing spricht man, wenn Prozesse in weiter entfernte Regionen wie China oder Indien ausgelagert werden, während das Nearshoring näher gelegene Länder wie Polen oder Tschechien umfasst.

03. Beschreiben Sie die Motive des Outsourcing.

Zu den Motiven des Outsourcing zählen einerseits operative als auch strategische Ziele. Die folgenden positiven Kostenwirkungen können durch ein Outsourcing auftreten:

Operative Ziele des Outsourcing	
Wettbewerbseffekte	Externe Leistungsersteller führen eine wettbewerbsbedingte Preisgestaltung durch, um sich erfolgreich am Markt zu profilieren. Das auslagernde Unternehmen profitiert von den niedrigeren Kosten bzw. den qualitativ höherwertigen Leistungen.
Lohnkosteneffekte	Externe Leistungsersteller können niedrigere Lohnkosten realisieren, die in Form von Kostenvorteilen weitergegeben werden.

Koordinations- und Kontrollkosten	Es fallen geringere Transaktionskosten bei marktbezogener Leistungserstellung an als bei einer hierarchisch organisierten internen Leistungserbringung, wenn die entsprechenden Kapazitäten abgebaut werden.
Kostenreagibilität	Outsourcing kann die Variabilisierung der Fixkosten erreichen, während bei der internen Leistungserstellung die Fixkosten stabil bleiben.
Kostentransparenz	Outsourcing erreicht eine höhere Transparenz der Leistungen und Preise, zumal Fixkosten zu den Gemeinkosten zählen, die häufig keinen Leistungen direkt zugerechnet werden können.
Volumenabhängige Kostendegression	Durch das Outsourcing können höhere Stückzahlen realisiert werden, die zu Lerneffekten führen und eine Senkung der Produktionskosten nach sich ziehen, zumal die Auslagerung die Betriebsgröße des Zulieferers generiert, die Volumeneffekte ermöglicht (Economies of Scale).
Synergieeffektbedingte Kostendegression	Die Kosten können bei Zusammenfassung unterschiedlicher Leistungen gesenkt werden, indem Synergieeffekte auftreten (Economies of Scope).
Auslastungsbedingte Kostendegression	Hohe Leistungsmengen bedingen eine Fixkostendegression, die die fixen Gesamtkosten der Kapazitäten auf eine größere Stückzahl verteilen.

Als weiteres wichtiges Ziel mit einer langfristigen Ausrichtung gelten die qualitativen und quantitativen Ziele der Leistungsverbesserung. Das auslagernde Unternehmen kann die spezialisierten Fähigkeiten des externen Leistungserstellers nutzen. Zu den Vorteilen bei den materiellen Leistungen zählen das Produkt- bzw. Produktions-Knowhow sowie der Einsatz geeigneter Werkstoffe, während bei den immateriellen Leistungen die spezifischen Fähigkeiten wie Know-how und Erfahrung der Fachkräfte zu nennen sind.

Bei der Risikoverlagerung durch ein Outsourcing versucht das auslagernde Unternehmen, die Verantwortung im Zusammenhang mit den zu erbringenden Leistungen an den externen Leistungsersteller abzugeben.

Zu den Risiken zählen:

- Schwankende Nachfrage
- Bedarf an zusätzlichen finanziellen Mitteln zur Investition
- Leistungsausfälle
- Nacharbeiten bei mangelnder Qualität
- Änderung der Leistungsanforderungen
- Schwierigkeiten bei der Lieferung
- Preissteigerung bei Vorprodukten

Eine Risikoverlagerung funktioniert jedoch nur, wenn der externe Leistungsersteller keine technischen Probleme bekommt oder insolvent wird.

Ein weiterer Vorteil in der größeren Flexibilität, da ein externer Leistungsersteller schneller auf Umweltveränderungen reagieren kann. Ein strategisches Ziel ist die Konzentra-

4.3 Aktuelle Organisationsstrukturen und Organisationsentwicklung

tion des auslagernden Unternehmens auf die Kernkompetenzen. Randaktivitäten werden ausgelagert und die frei werdenden Ressourcen für andere Aufgaben freigesetzt. Dadurch wird auch eine Reduzierung der Unternehmenskomplexität erzielt.

Als Nebeneffekt tritt die intensive Auseinandersetzung mit den eigenen Stärken und Schwächen auf, die zu einer Ausrichtung und Anpassung der Unternehmensvorgänge an veränderte organisatorische Rahmenbedingungen führt.

04. Nennen Sie die Risiken des Outsourcing.

Die potenziellen Kostenvorteile können zu Risiken werden, wenn das Outsourcing zu steigenden Gesamtkosten führt. Die folgenden Kostengrößen können durch ein Outsourcing steigen, z. B. fallen

- Transaktionskosten an, wenn Leistungen arbeitsteilig erstellt, ausgetauscht und über Schnittstellen übertragen werden. Je spezifischer die Leistungen sind, desto eher bietet sich die hierarchische Leistungserstellung im Vergleich zum Leistungsbezug am Markt an und umgekehrt. Hinzu kommt, dass Häufigkeit und Unsicherheit des Leistungsbezugs bedeutende Kosten verursachen können.

- einmalig Umstrukturierungskosten an, wenn im auslagernden Unternehmen Umstrukturierungsmaßnahmen erforderlich werden.

- einmalig Investitionskosten an, die durch die Kapazitätsausweitung des externen Leistungserstellers bedingt sind.

- Koordinationskosten an, die mit zunehmendem Auftragsvolumen des externen Leistungserstellers steigen. Die Auftragsaggregation bedingt dabei ein Wachstum der Betriebsgröße.

Zu den weiteren Risiken zählen falsch eingeschätze Kosten der eigenen Leistungserstellung. Einsparpotenziale können nur realisiert werden, wenn die entsprechenden Kapazitäten in dem Maße abgebaut werden wie sie durch das Outsourcing freigesetzt werden.

Es ist auch möglich, dass die Kosten des Fremdbezugs falsch beurteilt werden. Zudem besteht die Gefahr, dass es zu einer Leistungsverschlechterung kommt. Dabei spielt das Ausmaß der Abhängigkeit eine große Rolle, zumal die fremd vergebenen Leistungen oftmals nur unter hohen Kosten wieder in das eigene Unternehmen zurückgeholt werden können.

Als weiteres Kriterium bei Outsourcingentscheidungen gilt die emotionale Komponente, wenn eine Demotivation des Personals eintritt. Entlassungen führen zu einem schlechten Klima im Unternehmen.

Hinzu kommt, dass es zum Verlust von Wettbewerbsvorteilen kommt, wenn Leistungen extern vergeben werden, die zu den Kernkompetenzen des eigenen Unternehmens zählen. Outsourcingprojekte können zudem zu einem Imageverlust des Managements führen.

05. Welche arbeitsrechtlichen und medizinrechtlichen Konsequenzen kann ein Outsourcing von Dienstleistungsbereichen im Gesundheitswesen zur Folge haben?

Ob und welche rechtlichen Konsequenzen durch das Eingehen von Unternehmensverbindungen eintreten, hängt davon ab, welche Formen der Unternehmensverbindung gewählt werden. In der Regel ziehen Unternehmensverbindungen arbeitsrechtliche oder medizinrechtliche Konsequenzen nach sich, wenn diese Auswirkungen auf den Betrieb oder die Person des Arbeitgebers haben. Die bloße Übertragung von Unternehmensanteilen ist zumeist nicht mit arbeitsrechtlichen oder medizinrechtlichen Konsequenzen verbunden.

Man unterscheidet zwischen kollektiv-arbeitsrechtlichen und individual-arbeitsrechtlichen Konsequenzen. Die individual-arbeitsrechtlichen Folgen betreffen den einzelnen Arbeitnehmer, währen die kollektiv-arbeitsrechtlichen Folgen die Vertretungen der beschäftigten Arbeitnehmer sowie die Gruppe der Arbeitnehmer insgesamt erfassen.

(a) Unternehmensänderungen

Die Umstrukturierung eines Unternehmens nach dem Umwandlungsgesetz, d. h. Verschmelzung, Spaltung oder Vermögensübertragung, begründet das Recht des Betriebsrates des betroffenen Unternehmens auf umfassende Unterrichtung. Die jeweilige Mitarbeitervertretung ist über die Folgen der Umwandlung für die betroffenen Arbeitnehmer und ihre Vertreter (Betriebsrat, Jugend- und Auszubildendenvertretung) sowie über die vorgesehenen Maßnahmen durch die Unternehmensleitung zu unterrichten.

Die betroffenen Betriebsräte müssen beispielsweise darüber informiert werden, welche Betriebsteile auf andere Rechtsträger übergehen und ob mit dieser Umwandlung ein Wechsel in einen anderen Tarifbereich verbunden ist, bzw. ob Betriebsvereinbarungen enden.

Der Entwurf des gesellschaftlichen Umwandlungsvertrages ist spätestens einen Monat vor dem Tag der Anteilsinhaberversammlung jedes beteiligten Unternehmens dem zuständigen Betriebsrat zuzuleiten. Die rechtzeitige Zuleitung des Vertragsentwurfs ist eine Voraussetzung für die Eintragung in das Handelsregister und somit für das Wirksamwerden der Umwandlung zwingend erforderlich. Über diese Mitteilungspflichten hinaus bestehen keine speziellen arbeitsrechtlichen Konsequenzen.

(b) Betriebsänderungen

Unternehmensverbindungen, die zu Betriebsänderungen führen, haben weitreichende arbeitsrechtliche Konsequenzen, zumal bei Missachtung des Arbeitsrechts die Unternehmensverbindungen oder Umstrukturierungen vollständig rückgängig gemacht werden müssen. Einen Überblick der arbeitsrechtlichen Konsequenzen gibt die folgende Übersicht:

1. Unterrichtung des Betriebsrats gemäß § 111 BetrVG

Die Umwandlung eines Gesundheitsunternehmens oder die Vergabe von Werk- oder Dienstleistungsverträgen von vormals in eigenen Betriebsabteilungen verrichteten Dienstleistungen kann die Verpflichtung der Unternehmensleitung begründen, die Betriebsräte rechtzeitig und umfassend vor Durchführung der Maßnahmen zu informieren. Die Aufspaltung eines vormals einheitlichen Betriebs in mehrere Betriebe nach § 111 Satz 3 Nr. 3 BetrVG begründet eine Unterrichtungspflicht. Es ist bereits ausreichend, wenn verhältnismäßig kleine Betriebsteile einem anderen Arbeitgeber übertragen werden.

Ist die Betriebsabspaltung und deren Vergabe an ein externes Dienstleistungsunternehmen mit einem Personalabbau verbunden, begründet auch das entsprechende Unterrichtungspflichten, sofern in Betrieben mit mehr als 60 Arbeitnehmern 10 % zumindest aber mehr als 25 Arbeitnehmer betroffen sind. Die Vergabe von Dienstleistungen an Drittunternehmen begründet nach § 111 Satz 3 Nr. 4 BetrVG ebenfalls ein Unterrichtungsrecht des Betriebsrats.

Zeitpunkt, Form und Inhalt der Unterrichtung des Betriebsrats

Die Unternehmensleitung ist nach § 111 Satz 1 BetrVG zur Unterrichtung verpflichtet, wenn im Grundsatz feststeht, dass entsprechende Maßnahmen erfolgen. Die Unterrichtung kann formlos sein. Die Unternehmensleitung hat dem Betriebsrat gemäß § 80 Abs. 2 Satz 2 BetrVG sämtliche Unterlagen zur Verfügung zu stellen, die eine Bewertung der Betriebsänderung ermöglichen.

Im Wesentlichen hat die Unternehmensleitung die Gründe der Betriebsänderung darzulegen und den Inhalt und Verlauf zu beschreiben. Erfolgt die Fremdvergabe im Rahmen kleinerer Kooperationen, bei denen von Beginn an jedoch feststeht, dass der Umfang der Fremdvergabe permanent wachsen soll, besteht die Unterrichtungspflicht von Beginn an hinsichtlich der Gesamtmaßnahme. Rechtlich handelt es sich um eine einheitliche Betriebsänderung gemäß § 111 Satz 1 BetrVG.

Beratung mit dem Betriebsrat

Neben der Unterrichtungspflicht hat die Unternehmensleitung mit dem Betriebsrat über die Betriebsänderung gemäß § 111 BetrVG und § 112 BetrVG zu beraten. Die Beratung soll die Art und Weise der Betriebsänderung klären und Nachteile für die Arbeitnehmer mildern oder ausgleichen. Das Ziel der Beratung soll der Interessenausgleich sein. Die wirtschaftlichen Nachteile für die Arbeitnehmer sollen durch einen Sozialplan ausgeglichen werden. Sollte keine Einigung bezüglich des Interessenausgleiches oder des Sozialplans möglich sein, kann dies teilweise gemäß § 112 Abs. 2 BetrVG erzwungen werden.

Bei einer Nichteinigung können die Betriebsparteien zunächst den Vorstand der Bundesagentur für Arbeit anrufen und anschließend die Einigungsstelle gemäß § 112 Abs. 2 und 3 BetrVG um Vermittlung bitten. Scheitert der Vermittlungsversuch, kann ein Interessenausgleich nicht durch die Einigungsstelle oder das Arbeitsamt erzwungen werden.

Der Sozialplan kann allein von der Einigungsstelle und ggf. auch gegen den Willen der Unternehmensleitung aufgestellt werden. Der Unternehmensleitung steht in diesem Fall der Rechtsweg zu den Arbeitsgerichten offen. Dies ist ggf. nicht möglich, sofern es sich bei der Betriebsänderung nur um einen Personalabbau und nicht auch um eine Einschränkung der Betriebsorganisation und eine Einschränkung eines Betriebsteils handelt.

Die privilegierenden Regelungen des § 112a Abs. 1 BetrVG greifen nicht, wenn die im Gesetz genannte Mindestzahl der betroffenen Arbeitnehmer durch die jeweilige Maßnahme unterschritten wird, sodass die Aufstellung eines Sozialplans nicht erforderlich ist. Hinzu kommt, dass die Aufstellung eines Sozialplans entbehrlich wird, wenn der Gesundheitsbetrieb nach § 112a Abs. 2 BetrVG vor weniger als vier Jahren gegründet wurde.

Folgen fehlender oder unzureichender Unterrichtung
Unterrichtet die Unternehmensleitung den Betriebsrat nicht rechtzeitig oder vollständig vor einer Betriebsänderung, kann das Unternehmen verpflichtet werden, den betroffenen Arbeitnehmern entstehende Nachteile gemäß § 113 Abs. 3 BetrVG auszugleichen. Weitaus gravierender für das Gesundheitsunternehmen und das externe Dienstleistungsunternehmen ist jedoch die Tatsache, dass dem Betriebsrat ein Anspruch auf Unterlassung der jeweiligen Betriebsänderung nach § 111 Satz 1 BetrVG zustehen kann. Eine gerichtliche einstweilige Verfügung kann kurzfristig dem Gesundheitsunternehmen untersagen, Dienstleistungen extern zur vergeben, bzw. ein externes Dienstleistungsunternehmen innerhalb der betreffenden Betriebsabteilung tätig werden zulassen. Dadurch kann der Betriebsrat eine Kooperation zwischen dem Gesundheitsunternehmen und einem externen Dienstleistungsunternehmen verhindern.

2.	Unterrichtung des Wirtschaftsausschusses nach § 106 Abs. 2 und 3 BetrVG
	Die gegenüber dem Betriebsrat bestehenden Unterrichtungspflichten der Unternehmensleitung bestehen in gleichem Umfang gegenüber dem Wirtschaftsausschuss. Beide Gremien sind getrennt zu unterrichten. Die Unterrichtung des einen Gremiums ersetzt nicht die Unterrichtung des jeweils anderen.
3.	Betriebsratsmandate
	Betriebsänderungen bedingen oftmals auch Änderungen der Betriebsratsmandate, beispielsweise die Anzahl der freigestellten Betriebsratsmitglieder. Das Ausmaß der Änderungen hängt davon ab, welche betriebliche Organisation die Umstrukturierungen zur Folge haben.
4.	Übergang der Arbeitsverhältnisse nach § 613a BGB
	Die Ausgliederung einzelner Betriebsabteilungen oder die Abspaltung auf Tochterunternehmen stellt in der Regel einen Betriebsübergang dar. Dabei erwirbt das aufnehmende Unternehmen Eigentum an den Betriebsmitteln. Wichtig ist, dass das aufnehmende Unternehmen die Leitungsmacht über den Betrieb erhält und in der Lage ist, diesen fortzuführen. Die Art und Weise des Zustandekommenen ist unerheblich. Betriebsübergänge in diesem Sinne bedingen den Übergang der Arbeitsverhältnisse in das aufnehmende Unternehmen, das ggf. verpflichtet ist, die Arbeitnehmer nach den Bedingungen des vorherigen Arbeitgebers auf der Grundlage bestehender Tarifverträge oder Betriebsvereinbarungen weiterzubeschäftigen. Die Bestimmungen etwaiger Betriebsvereinbarungen bleiben bestehen, sofern das aufnehmende Unternehmen nicht seinerseits gültige Betriebsvereinbarungen zur jeweiligen Thematik besitzt. Die Regelungen etwaiger Tarifverträge bleiben ebenfalls bestehen, sofern für das aufnehmende Unternehmen kein anderer Tarifvertrag gültig ist. Die Kündigung von Arbeitnehmern wegen des Übergangs eines Betriebsteils ist unzulässig. Die betroffenen Mitarbeiter haben das Recht der Überleitung zu widersprechen und bleiben in diesen Fällen beim abgebenden Unternehmen.

(c) Mögliche medizinrechtliche Konsequenzen bei Kooperationen

Neben den genannten Bestimmungen können sich infolge medizinrechtlicher Bestimmungen weitere Konsequenzen aus Unternehmensverbindungen im Gesundheitswesen ergeben. Dies betrifft insbesondere Kooperationen zwischen verschiedenen Leistungserbringern der Krankenhausbehandlung nach SGB V wie beispielsweise der Kooperation zwischen Krankenhäusern und niedergelassenen Ärzten.

4.3 Aktuelle Organisationsstrukturen und Organisationsentwicklung

Demnach ist eine Tätigkeit als Vertragsarzt für die Kassenärztliche Vereinigung nach § 20 Abs. 1 Ärzte-ZV (Ärzte-Zulassungsverordnung) nicht mehr möglich, wenn der Arzt durch eine anderweitige Tätigkeit nicht mehr in ausreichendem Umfang für die Versorgung der Versicherten zur Verfügung steht. Das Bundessozialgericht hat 2002 entschieden, dass ein niedergelassener Arzt neben seiner vertragsärztlichen Tätigkeit nur im Umfang von wöchentlich 13 Stunden anderweitig tätig werden kann. Im Rahmen einer Kooperation zwischen Krankenhaus und niedergelassenen Arzt könnte dies die Entziehung der vertragsärztlichen Zulassung bedeuten, wenn der Arzt mehr als 13 Stunden wöchentlich anderweitig tätig ist.

06. Nennen Sie die Bereiche, die sich für ein Outsourcing im Krankenhaus regelmäßig anbieten.

Medizinischer Bereich
Blutbank, Dialyse, Labordiagnostik, Nuklearmedizin, Strahlentherapie, Pathologie, Physikalische Medizin und Therapie, Radiologie und Röntgendiagnostik (CT, MRT, PET,)
Medizinisch bedingte Ver- und Entsorgung
Zentralsterilisation, Zentraldesinfektion, Küche, Apotheke, Funktionsstellen wie medizinische Gaszentrale, Krankengeschichtenarchiv, medizinische Aufnahme, betriebsärztlicher Dienst, Strahlenschutz
Nicht-medizinisch bedingte Ver- und Entsorgung
Energiebereich (Dampf, Gas, Müllverbrennung, Notstrom, Strom, Wasserversorgung, Klimaanlage), Reinigungsdienst, Gärtnerei, Müllentsorgung, nicht-medizinische Werkstätten (Autowerkstätten, Elektrikerwerkstätten, Installateurwerkstätten, Maurerwerkstätte, Tischlerwerkstätte), Medizintechnik, Technisches Servicezentrum, Transport (Aufzüge, Rohrpostanlage, Hol- und Bringdienst, Krankentransport), Materialverwaltung (Einkauf, Inventarverwaltung, Materialmagazin), Wäscherei, Näherei, Funktionsstellen wie beispielsweise die Seelsorge und Kapelle
Verwaltungsbereich
Leitung (Ärztliche Leitung, Pflegeleitung, Verwaltungsleitung, Technischer Betriebsleiter), Personalverwaltung und -abrechnung, Rechnungswesen (Buchhaltung, Kassen, Kostenrechnung), EDV, Gebührenverwaltung und -verrechnung, Aufnahme und Entlassung, Bibliothek, Poststelle, Telefonzentrale
Nebenbereiche
Kindergärten, Land- und Forstwirtschaft, Gärtnereien, Ausbildungs- und Schuleinrichtungen (Ausbildungsstätten für den Krankenpflegefachdienst, den medizinischen-technischen Dienst, Hebammenakademien, etc.), Sport- und Freizeiteinrichtungen, Personalwohnungen, Garagen und Geschäfte, Nebeneinrichtungen wie Familienberatung, Fürsorge, Mutterberatung, Rettung, Sozialdienst, Jugend am Werk

4.4 Führungs- und Managementtechniken

4.4.1 Führung und Zusammenarbeit im Sozial- und Gesundheitswesen

01. Welche Gründe sprechen im Gesundheitswesen für den Erfolg moderner Managementtechniken?

Die Organisation der Gesundheitsbetriebe blieb bis in die jüngste Vergangenheit in erster Linie eine Verwaltungsaufgabe und weniger eine Managementaufgabe. Das Budget aus den zufließenden Mitteln und den anfallenden Kosten wurde verwaltet.

Die größte Herausforderung für die Gesundheitsbetriebe besteht derzeit darin, mit häufig unzureichenden Organisationsstrukturen und einer veralteten Infrastruktur die Wirtschaftlichkeit und Wettbewerbsfähigkeit herzustellen. Zusätzlich stellt sich das Problem, dass Führungsstrukturen und Führungspersonal diese Probleme nicht bewältigen können.

Heute müssen die Gesundheitsbetriebe wie Wirtschaftsunternehmen handeln und unternehmerische Risiken tragen. Dies erfordert ein hoch entwickeltes Management. Um diesem Wandel begegnen zu können, müssen die Gesundheitsbetriebe ihre Führungsstrukturen weiterentwickeln. Dafür stehen derzeit weder genügend hoch qualifizierte Manager zur Verfügung, noch erlauben es die Budgets, attraktive Gehälter anzubieten.

02. Welche Methoden werden heute überwiegend eingesetzt?

Führung über Ziele und Zielvereinbarungen ist zum unverzichtbaren Managementinstrument geworden, um der Situation im modernen Gesundheitsbetrieb mit seinen komplexen, sich häufig ändernden Markt- und Wettbewerbsanforderungen zu begegnen.

03. Wie lassen sich strategische Leitziele definieren?

Strategische Leitziele sind die hochwertige medizinische Versorgung und die Wirtschaftlichkeit des Gesundheitsbetriebs. Beide Ziele sind voneinander abhängig. Erst ein gleichmäßiger Fluss an Erlösen erlaubt eine kontinuierliche Kostendeckung. Umgekehrt sichert eine hochwertige medizinische Versorgung dauerhaft hohe Fallzahlen, ohne die ein wirtschaftlicher Gesundheitsbetrieb nicht möglich wäre.

Die Wirtschaftlichkeit ist abhängig vom Umfeld. Im Krankenhaussektor muss derzeit eine Umsatzrendite von mindestens 6 % bis 9 % erzielt werden. Hinzu kommt, dass Infrastrukturinvestitionen immer häufiger von den Gesundheitsbetrieben selbst finanziert werden müssen. Eine hochwertige Versorgung erfordert hohe Ergebnis- und Prozessqualität, die sich an einen komplikationsfreien Behandlungsverlauf und Betreuungsbedarf misst.

Diese strategischen Ziele erfordern einen kurzfristigen einjährigen Wirtschaftsplan und eine mittel- oder langjährige Planung mit drei- bis fünfjährigen Zeithorizont. Voraus-

4.4 Führungs- und Managementtechniken

setzung ist eine Operationalisierung der Ziele für den Gesundheitsbetrieb bzw. die nachgeordneten Organisationseinheiten. Möglich wird das durch einen rückgekoppelten Managementprozess, der die Vorgabe von Grobzielen top-down vorsieht. Die Detaillierung kann schrittweise bottom-up durch die Abteilungen verfeinert und bekräftigt werden.

04. Was sind Zielvereinbarungen?

Zielvereinbarungen verbinden das unternehmerische Wachstum mit dem Leistungswillen und dem Streben nach Selbstentfaltung. Betriebliche und persönliche Ziele werden nicht grundsätzlich als konfliktär angesehen.

Im Mittelpunkt steht die Möglichkeit, beide Ziele zu optimieren. Die Ziele sind daher nichts anderes als die zukünftiger Zustände bei Verhaltens- oder Leistungsgrößen. Das Instrument findet seinen Niederschlag im Führungsmodell des „Management by Objectives" (MbO).

05. Erläutern Sie die Ziele einer Zielvereinbarung.

Der Mitarbeiter erhält eine klare Vorstellung, welche Ziele in der nächsten Periode fachlich und persönlich erreicht werden sollen und welche Leistung von ihm erwartet wird. Durch die Beteiligung an der Zielfestlegung soll sich die Motivation und Identifikation des Mitarbeiters erhöhen. Dazu werden oftmals gleichzeitig Belohnungskriterien definiert.

06. In welchem Rahmen finden Zielvereinbarungsgespräche statt?

Zielvereinbarungen finden im Rahmen von Mitarbeitergesprächen statt. Vor Beginn formulieren Vorgesetzte und Mitarbeiter in Kenntnis des Operationsplans der nächsten Periode separat ihre Zielvorstellungen, die sich auf der fachlichen Ebene im Rahmen der Vorgaben der nächsthöheren Instanz bewegen müssen. Dabei besteht ein großer Spielraum, die Fähigkeiten und Fertigkeiten entsprechend der eigenen Einschätzung zu verbessern.

Auf kooperative Art und Weise vereinbaren Vorgesetzte und Mitarbeiter, welche Ziele erreicht werden sollen. Bei langfristigen Zielen sollen Zwischenergebnisse Soll-Ist-Vergleiche erleichtern.

07. Welche Probleme können sich bei der Zielformulierung ergeben?

Es dürfen nicht zu viele Ziele formuliert werden, sonst besteht das Problem der Priorisierung, d. h. dem Mitarbeiter ist nicht klar, welche Ziele vorrangig erreicht werden sollen. Hinzu kommt, dass oftmals nicht alle gleichzeitig verfolgt werden können.

Eine Beschränkung auf 4-8 Ziele ist realistisch.

08. Nennen Sie vier verschiedene Zielarten mit Beispiel.

Die folgenden Zielarten sind möglich:

- Wirtschaftliche Ziele, z. B. Senkung der Personalkosten um 5 %
- Mengenziele, z. B. Erhöhung der Fallzahl in der Orthopädie um 3 %
- Innovationsziele, z. B. Anschaffung eines Operationsroboters
- Persönliche Entwicklungsziele, z. B. Management-Zusatzausbildung

09. Was muss bei der Zielformulierung beachtet werden?

Die Beteiligten müssen die folgenden Leitgedanken beachten:

- Beschränkung auf Leistungsziele engt das Kreativitätspotenzial ein.
- Dem Mitarbeiter müssen Ressourcen zur Verfügung stehen.
- Würdigung der Leistungen im Rahmen der Zielschwierigkeit im Vergleich zu Kollegen.
- Bewertung der Ziele als objektiv schwierig oder leicht.
- Aus Gerechtigkeitsüberlegungen sind Leistungen im Kontext des üblicherweise zu Erwartenden zu sehen, sodass Schwierigkeitsgrade definiert werden müssen.
- Ziele müssen widerspruchsfrei und klar formuliert sein.

10. Stellen Sie die Vor- und Nachteile von Zielvereinbarungen gegenüber.

Vorteile	Die Mitarbeiter können nach ihren persönlichen Fähigkeiten optimal eingesetzt werden, sodass das Instrument zu beiderseitigen Nutzen eingesetzt werden kann. Negativen Entwicklungen wie der inneren Kündigung kann entgegengewirkt werden. Fehlleistungen werden durch regelmäßige Soll-Ist-Vergleiche vermieden. Die Unternehmensführung wird mit der Personalführung auf praktikable Art und Weise verzahnt. Erfolg bzw. Misserfolg kann dem einzelnen Mitarbeiter zugeordnet werden, sodass festgestellt werden kann, ob eine spezielle Fähigkeit oder eine Schwachstelle mit Handlungsbedarf besteht.
Nachteile	Die zeitliche Terminierung ist oftmals von beteiligten Personen und Institutionen abhängig, sodass ein Koordinierungsbedarf entsteht. Ein unausgewogenes Maß an herausfordernden und motivierenden bzw. realistischen und erreichbaren Zielen erzeugt Frustration bei den Mitarbeitern. Bei Vorgesetzten und Mitarbeitern ist hohe Flexibilität und Verantwortungsbewusstsein notwendig, um situationsbedingte Anpassungen vornehmen zu können.

11. Wie lassen sich Verbesserungspotenziale und Zielwerte für das operative Geschäft ableiten?

Produktivitätsreserven im Personalbereich	Die Personalkosten stellen den größten Kostenblock dar. Aus den Qualitätsberichten lassen sich Produktivitätsabweichungen feststellen. Beim medizinischen Personal bestehen teilweise erhebliche Produktivitätsunterschiede. Positiv ist, dass auch unwirtschaftliche Gesundheitsbetriebe mit Produktivitätssteigerungen aus eigener Kraft ihre Wettbewerbsfähigkeit wiedererlangen können.

4.4 Führungs- und Managementtechniken

Kostenniveau	Die durchschnittlichen Kosten lassen sich durch ein Normkosten-Benchmarking ermitteln. Diese Informationen dienen der Überprüfung der individuellen Leistungskraft der Gesundheitsbetriebe bzw. jeder Fachabteilung oder Funktion. Die Integration der Kosten- und Leistungsrechnung erlaubt Benchmarking-Vergleiche für die Personalkosten, den medizinischen Sachbedarf und die Infrastrukturkosten.
Ableitung von Zielwerten	Die durchschnittlichen erzielten Erlöse lassen sich ermitteln, indem das von den Krankenhäusern mit den Krankenkassen verhandelte Budget ersetzt wird. Dabei wird die Kostenbasis des Normkosten-Kalkulationsverfahren durch das Budget ersetzt. Die Rendite ergibt sich aus der Diskontierung des Budgets und der Kosten. Die Zielvorgaben der Unternehmensplanung lassen sich so in Zielwerte für die nachgeordneten Organisationseinheiten aufspalten. Diese Methodik eignet sich nicht für Kostenvergleiche der Infrastruktur bzw. der Personal- und Sachkosten. Diese Teilbereiche haben eine Kostenposition zu erreichen, die dem Marktniveau entspricht. Die Preise bei interner Leistungserstellung sollten nicht über den üblichen Marktpreisen liegen.
Optimierungspotenziale anhand von Richtwertkatalogen und Deckungsbeitragsrechnungen	Richtwertkataloge verschiedener Institutionen legen Soll-Zeitwerte für die Ausübung einzelner medizinischer und nicht-medizinischer Verrichtungen fest. Aus der Summierung der Richtzeiten werden die benötigten Personalkapazitäten errechnet. Diese Personalbemessung weist eine Reihe von Schwächen auf. Einerseits ist die Aktualität der Richtwerte nicht unbestritten, weil deren Erhebung zu weit in die Vergangenheit zurückliegt, andererseits sind die bewerteten Verrichtungen zu kleinteilig, um die genaue Anzahl der Verrichtungen abzuschätzen, sodass regelmäßig grobe Ungenauigkeiten auftreten. Hinzu kommt, dass eine bottom-up Personalbemessung auf Basis von Richtwerten nicht sinnvoll ist, zumal die ermittelten Soll-Personalausstattungen erfahrungsgemäß nicht realistisch sind. Der Einsatz von Deckungsbeitragsrechnungssystemen ist häufig nicht gerechtfertigt. Grund ist die zu komplizierte Verrechnungslogik, die kaum vermittelbar ist. Darüber hinaus können sich Ungerechtigkeiten ergeben. Im DRG-Konzept ist der Deckungsbeitrag bereits etabliert, aber eine weitere Detaillierung rechtfertigt den Aufwand erfahrungsgemäß nicht.

12. Welche Probleme ergeben sich aus der althergebrachten Organisationsform?

Die traditionelle Führungsorganisation mit ärztlichem Dienst, pflegerischem Dienst und Verwaltung erscheint heute als Auslaufmodell. Eine solche Organisation entspricht nicht mehr der spezifischen Situation moderner Gesundheitsbetriebe mit ihrer Größe und Komplexität. Die folgenden Probleme werden sichtbar

Chronische Überlastung der Leitungsfunktionen
Die Überlastungseffekte entstehen durch eine sehr große Führungsspanne, in der die Leitungen nur den Direktoren berichten, während die nachgeordneten Stellen in ihren operativen Handlungsspielräumen weitgehend eingeschränkt sind. Spannungen zeigen sich oftmals in Interaktionsproblemen.
Trennung von operativer und ökonomischer Verantwortung
Die Abteilungsleiter haben keinen Einfluss auf die Budgetgestaltung, obwohl sie alle relevanten Entscheidungen im Betrieb treffen. Anreize für gutes wirtschaftliches Verhalten und Sanktionsmechanismen fehlen. Die Verwaltung bevorzugt hingegen eine klare Kostenorientierung.
Fehlende Kundenorientierung im Servicebereich
Die Unterstützungsfunktionen wie Labor, Reinigung, Wäscherei etc. verselbstständigen sich und sind weit entfernt von einer Serviceorientierung am internen Kunden. Servicestandards sind nicht definiert.
Unzureichendes Schnittstellenmanagement
Die Kommunikation über Schnittstellen offenbart großes Konfliktpotenzial, zumal ein Konsens oftmals intensive, zeitaufwendige Abstimmungsgespräche erfordert. Entscheidungskompetenzen werden häufig den Mitarbeitern vorenthalten. Bei unüberbrückbaren Differenzen ist unklar, welcher Instanz Streitfälle zur Entscheidung vorgelegt werden sollen. Die Folge sind langwierige Konsultierungs- und Genehmigungsverfahren, die den Wettbewerb und die Wirtschaftlichkeit des Gesundheitsbetriebs einschränken.

13. Nennen Sie Gestaltungskriterien für eine moderne Führungsorganisation.

Die Handlungsgeschwindigkeit nimmt zu, wenn den Führungskräften auf den mittleren Ebenen auch Entscheidungskompetenzen zufallen. Die Entscheidungsqualität erhöht sich, zumal die Entscheider über hohe Sachkompetenzen aus dem Tagesgeschäft verfügen. Selbststeuerungsfähige Organisationseinheiten entstehen, die nebeneinander arbeiten und einen messbaren Beitrag leisten. Aus den neuen Führungsstrukturen entstehen offenere Organisationsstrukturen.

Die folgenden Gestaltungskriterien haben sich in der Praxis bewährt:

Delegation unternehmerischer Verantwortung auf Profit-Center bzw. Cost-Center-Ebene
Die Entscheidungsträger müssen eine große Nähe zum operativen Geschäft haben, um kompetente Entscheidungen treffen zu können. Entsprechend der Verantwortlichkeit muss die Ergebnisverantwortung beim Entscheider liegen, unabhängig davon, ob Geschäftsbereiche als Profit-Center oder Cost-Center geführt werden.
Übereinstimmung von Aufgaben, Kompetenzen und Verantwortlichkeiten
Die Verantwortlichen müssen über Entscheidungskompetenzen verfügen, um ihren Aufgaben gerecht zu werden. Die Übereinstimmung lässt sich nur herstellen, wenn die Zuständigkeitsbereiche eindeutig geregelt sind. Bei Konflikten müssen Deeskalationsmechanismen greifen, um konstruktive Lösungen zu ermöglichen.
Handhabbare Führungsspannen
Führungsrollen lassen sich eindeutig zuordnen, wenn die Führungsspannen nicht zu groß werden, zumal Schlüsselthemen wie Personalentwicklung oder operativer Durchgriff anderenfalls nicht angemessen strukturiert werden können.

4.4 Führungs- und Managementtechniken

Eindeutig definierte Auftraggeber-Auftragnehmer-Beziehungen
Die Abgrenzung zwischen Leistungsanbietern und Leistungsnachfragern bei internen Transaktionen vermeidet Fehlverteilung und -steuerung von Ressourcen. Die Leistungserbringung muss eindeutig den Leistungsnachfragern zugeordnet werden.

14. Nennen Sie Auswahlkriterien für geeignete Organisationsoptionen.

Die Verlagerung von Führungsverantwortung zieht eine Neuregelung der Führungsbeziehungen zwischen der ersten Ebene (Geschäftsführung) und den als Profit-Center bzw. Cost-Center geführten Geschäftseinheiten bzw. Organisationseinheiten der zweiten Ebene nach sich. Die Führungsaktivitäten der ersten Ebene konzentrieren sich in erster Linie an den folgenden Aufgabenschwerpunkten zu:

- Definition und Kongruenz der Ziele
- Vereinbarung verbindlicher Handlungspläne
- Verteilung der Personal- und Sachressourcen
- Transparentes Informations- und Berichtswesen.

Darüber hinaus müssen die Führungsbeziehungen der ersten Ebene der Geschäftsführung und der zweiten Ebene der Profit-Center und Cost-Center einen Rahmen erhalten. Dabei stehen die folgenden Schwerpunkte im Blick:

- Gestaltung des Dialogs
- Einflussnahme auf Führung und Entscheidungsfindung
- Bestimmung der Freiheitsgrade bei operativen und bereichsstrategischen Entscheidungen
- Bestimmung des bereichsübergreifenden Zusammenwirkens
- Etablierung von Konfliktmechanismen.

15. Stellen Sie mögliche Gestaltungsoptionen dar.

Option	
innerbetriebliche Holding	Divisionale Lösungen sollen eine Dezentralisierung von Führungsaufgaben und Zuständigkeiten erreichen. Die Geschäftsführung übernimmt die Investorenrolle und konzentriert sich auf die strategische Ausrichtung und die Wahrnehmung der Controllingaufgaben.
	Die Verantwortung liegt bei den dezentralen Organisationseinheiten. Bei Problemen in der Zielerreichung wird die Geschäftsführung eher einen Wechsel des Managements prüfen, als inhaltliche Lösungen zu suchen. Vorteilhaft ist, dass ein Gesundheitsbetrieb mit nur einem Geschäftsführer auskommt. Nachteilig ist, dass den Centern überlassen ist, sich selbst zu steuern und zu koordinieren. Daher besteht eine Tendenz zur Intransparenz und der Ausbildung von „Fürstentümern" bei führungsstarken Persönlichkeiten.

Option Serviceline-Modell	Die Führungsverantwortung der Center wird unmittelbar auf die oberste Führungsebene angesiedelt. Die Vorteile einer Spartenorganisation bestehen darin, dass sich die Verantwortlichen regelmäßig auf der Geschäftsführerebene treffen und sich über Ziele und Maßnahmen austauschen. Nachteilig ist, dass sich der Kreis der Geschäftsführer erheblich erweitert.
Option abgestuftes Führungsmodell	Das Führungsmodell soll die Vorteile einer Holdinglösung mit denen des Serviceline-Modells verbinden. Tendenziell werden die medizinischen Abteilungen holdingartig geführt. Die medizinischen Direktoren sind Mitglied der Geschäftsführung. Das Profit-Center wird selbstständig ergebnisverantwortlich geführt. Die operative Verantwortung der Administration ist regelmäßig unmittelbar der Geschäftsführungsebene zugeordnet.

16. Wie lassen sich Gesundheitsbetriebe mithilfe von Kennzahlen steuern?

Die Dezentralisierung der Führungsorganisation erweitert den Adressatenkreis des Berichtswesens. Profit-Center und Cost-Center werden zumeist über Zielvereinbarungen geführt und stellen eine wichtige innerbetriebliche Kundengruppe dar.

Die Gesundheitsbetriebe haben mittlerweile hohe Investitionen in sog. Krankenhaus-Informationssysteme (KIS) und Management-Informations-Systeme (MIS) getätigt. Auf diese Weise entstanden große Data-Warehouses, aus denen Berichte erstellt werden können.

Um informationsgerechte Kennzahlen zu generieren, sind die folgenden Maßnahmen unabdingbar:

1. Es müssen maßgeschneiderte, adressatengerechte Kennzahlensysteme eingerichtet werden. Dabei ist die Anpassung der verfügbaren Controlling-Standardsysteme häufig aufwendiger als die Einrichtung eigener „Controlling-Cockpits". Solche Kennzahlensysteme lassen sich PC-basiert mit normaler Office-Software und in enger Zusammenarbeit mit den Führungskräften aufbauen. Zielgruppen sind die Geschäftsführung, Mediziner und Pflegepersonal.

2. „Boundary Spanner" werden an der Nahtstelle zwischen betriebswirtschaftlichem und medizinischem Controlling einerseits und dem jeweiligen operativen Bereich andererseits eingesetzt. Ziel ist die Verbesserung des Informationsaustausches.

Dabei fungieren die betriebswirtschaftlich interessierten Mediziner als „Boundary Spanner", um dem Controlling in komprimierter Form die Ansprüche zu vermitteln. Hinzu kommt, dass sie das Coaching ihrer Fachkollegen in allen Controllingfragen übernehmen und die Chefärzte entlasten.

4.4 Führungs- und Managementtechniken

17. Nennen Sie Kriterien für eine anwenderorientierte Kennzahlendefinition.

Die Kennzahlen müssen

- an ein konkretes Unternehmensziel gekoppelt sein, damit nur relevante Kennzahlen definiert werden. Sonst besteht die Gefahr von Fehlsteuerungen.
- spezifischen Zielwerten zugeordnet sein, die sich systematisch aus dem konkreten Unternehmensziel ableiten lassen. Bei Abweichen der Zielwerte müssen rechtzeitig Gegenmaßnahmen eingeleitet werden.
- für die Akteure im Gesundheitsbetrieb unmittelbar handlungsrelevant sein, sodass ein eindeutiger und erkennbar nachvollziehbarer Zusammenhang zu den Leistungsbereichen hergestellt wird.
- von den Akteuren beeinflussbar sein, zumal sich die individuellen Leistungen der Mitarbeiter ansonsten nicht an den Zielvorgaben messen lassen.
- zeitnah und zuverlässig sein, weil anderenfalls die Leistungswirkung eingeschränkt wird.

4.4.2 Zusammenarbeit von ehrenamtlich und hauptamtlich Tätigen

01. Definieren Sie den Begriff hauptamtlich Tätige.

Die hauptamtliche Tätigkeit im sozialen Berufsfeld definiert alle Tätigkeiten von Menschen, die durch eine Ausbildung bzw. ein Studium zur Ausübung dieser Tätigkeit befähigt wurden. Es beinhaltet gegebenenfalls auch dem Berufsfeld entsprechende Fort- und Weiterbildungen.

02. Definieren Sie den Begriff ehrenamtliche Tätige.

Das Ehrenamt im sozialen Bereich wird durch Freiwilligkeit, Motivation und ggf. dem Aspekt der eigenen Betroffenheit, sowie die Begleitung hauptamtlicher Fachkräfte in der Ausübung der Tätigkeit definiert.

03. Nennen Sie Qualitätskriterien für die Zusammenarbeit von hauptamtlich und ehrenamtlich Tätigen.

Definition der Zusammenarbeit
Die hauptamtlichen und ehrenamtlichen Tätigkeitsfelder müssen definiert und voneinander getrennt inhaltlich formuliert werden.
Zuständigkeits- und Entscheidungskompetenzen
Bei sich überschneidenden Tätigkeitsfeldern müssen die Zuständigkeits- und Entscheidungskompetenzen transparent und deutlich abgegrenzt sein.

Partner
Hauptamtlich und ehrenamtlich Tätige sind Partner in ihren Tätigkeitsfeldern und ergänzen sich durch die ihren Tätigkeitsbereichen zugeordneten Aufgabenbereiche in ihren fachlichen Kompetenzen und Entscheidungen.
Keine Konkurrenz
Hauptamtlich und ehrenamtlich Tätige stehen in keiner Konkurrenz. Innerhalb der gewählten ehrenamtlichen Tätigkeit besteht keine Möglichkeit, in die Hauptamtlichkeit zu wechseln.
Begleitung
Professionelle Begleitung durch hauptamtlich Tätige darf nicht als hierarchisches Regulativ eingesetzt und vermittelt werden. Die professionelle Begleitung bietet methodische Instrumente zur Begleitung der ehrenamtlich Tätigen.
Rahmenbedingungen
Die professionelle Begleitung im Ehrenamt bietet neben den gesetzlichen und institutionellen Rahmenbedingungen auch Schutz im Ehrenamt. Hauptamtlich Tätige bieten den ehrenamtlich Tätigen Hilfen und Unterstützung in der Zusammenarbeit, um individuelle Fähigkeiten und Grenzen zu erkennen und vor Überforderung zu schützen.
Fachliches Wissen
Ehrenamtlich Tätige besitzen durch den individuellen Bezug zu ihrer ausgewählten Tätigkeit Kompetenzen, Selbstverantwortungs- und Entscheidungsmöglichkeiten, die über fachliches Wissen hinausgehen.

04. Nennen Sie Grundprinzipien ehrenamtlichen Engagements.

Die folgenden Grundprinzipien im Tätigkeitsfeld „soziales Engagement" können genannt werden:

- Information und Beratung
- Freiwilligkeit
- Unentgeltlichkeit bzw. keine finanzielle Entlohnung
- Altersunabhängig
- Risikoabsicherung, z. B. durch Unfall- oder Haftpflicht
- Qualifikation durch Schulung und Weiterbildung
- Begleitung durch professionelle Fachkräfte
- Grundkompetenz und eigene Betroffenheit
- Entscheidungskompetenz und Handlungskompetenz
- Verantwortlichkeit für sich und gegenüber den Bedürftigen.

4.4.3 Organisationsentwicklung

4.4.3.1 Innovationsmanagement

01. Was ist unter einer Innovation zu verstehen?

Innovationen sind neue Produkte oder Verfahren, die sich in Qualität und Ergebnis gegenüber dem ursprünglichen Ausgangszustand deutlich unterscheiden und wirtschaftlich nutzbar sind.

02. Warum sind Innovationen notwendig?

Die Gesundheitsbetriebe und seine bestimmenden Faktoren sind immer schnellerem Wandel unterworfen. Dabei verändern sich die technischen Möglichkeiten, das verfügbare Wissen und die Ansprüche und Wünsche der Wirtschaftssubjekte in einem bisher nicht gekannten Tempo.

Der Wettbewerb in der Gesundheitsbranche hat sich verschärft und die Ideen- und Innovationskonkurrenz ist zu einem bestimmenden Faktor geworden. Zwar spielten innovative Produkte und Verfahren schon in der Vergangenheit eine große Rolle, aber früher reichte eine gute Idee oft aus, um über Jahrzehnte Wettbewerbsvorteile zu generieren. Die veränderten Rahmenbedingungen bewirken heute einen Druck zur steten Innovation, um im Wissens- und Zeitwettbewerb zu bestehen.

03. Erläutern Sie den Begriff des Innovationsmanagements.

Management zeichnet sich dadurch aus, dass Strategien und Ziele definiert und verfolgt werden. Dabei werden Entscheidungen getroffen und Informationsflüsse bestimmt sowie soziale Beziehungen gestaltet, um auf die Beziehungspartner einzuwirken und getroffene Entscheidungen zu realisieren.

Diese prozessuale Sichtweise stellt den Entscheidungs- und Durchsetzungsaspekt in den Mittelpunkt. Innovationsmanagement ist demnach die dispositive bzw. leitende Gestaltung von Innovationsprozessen.

Innovationsmanagement ist zudem die Bewältigung von Komplexität. Die Komplexität wird wesentlich durch den Innovationsgrad bestimmt. Je höher der Grad der Neuartigkeit:

- desto unklarer die Kontur und Struktur des Innovationsproblems,
- desto höher die Unsicherheit der Erwartungen über Technik, Markt und Umfeld,
- desto schwieriger die Informationsbeschaffung und Wissensgenerierung sowie
- desto höher und intensiver die Konflikte und Widerstände.

04. Erläutern Sie die Schritte eines idealtypischen Innovationsprozesses.

Idee oder Initiative	Entschluss sich mit unbekannten Dingen zu beschäftigen. Dies kann Interesse, Neugier oder eine vage Vorstellung sein, unscharf abgegrenzte Neuerungen zu generieren, die wirtschaftlich erfolgreich sein könnten.
Entdeckung oder Beobachtung	Feststellung von Auffälligkeiten, Abhängigkeiten, Beziehungen oder neuen Stoffen und Abläufen.
Forschung	Theoretische Fundierung und empirische Überprüfung von Entdeckungen und Beobachtungen. Dabei werden kausale Ursachen und Wirkungen hergestellt und das Ausmaß der funktionalen Zusammenhänge festgestellt.
Entwicklung	Die Beobachtungen und Forschungsergebnisse werden in Konstruktionen, Versuchsanlagen und Prototypen realisiert. Das Ziel besteht darin, die theoretisch und empirisch fundierten Beziehungen wirtschaftlich nutzbar zu machen.
Erfindung	Anmeldung zum Patent oder Publikation der Innovationen mit exakt definierten Merkmalen und Eigenschaften.
Erstmalige Nutzung	Einführung in bestehende oder neue Märkte oder neuer Verfahren in den Betriebsablauf. Die Innovationen werden dabei erstmalig wirtschaftlich genutzt, sodass Investitionen unverzichtbar sind. Zielgruppenansprache und Öffentlichkeitspräsentationen dienen der Durchsetzung.
Laufende Nutzung	Serienproduktion, Großproduktion, Unternehmensexpansion, Erzielung von Kernkompetenzen und Wettbewerbsvorteilen.

05. Erläutern Sie die Einflussfaktoren auf das Innovationsmanagement.

Unternehmens- und Innovationshistorie	Bestimmende Faktoren sind das Alter der Unternehmung, die Erfahrung mit Innovationen und der Erfolg vorangehender Innovationsprojekte.
Projektkonkurrenz	Verteilungskonflikte entstehen, wenn konkurrierende Projekte auf die gleichen Ressourcen und Potenziale zurückgreifen.
Eigenschaften des Marktes	Der Begriff Markt steht sowohl als absatzwirtschaftliches Kriterium für den Wettbewerb, d. h. die Anzahl der Wettbewerber, deren Marktmacht und die Markteintrittsbarrieren, aber auch für Marktvolumen und Marktwachstum.
Eigenschaften des Umfeldes	Das gesellschaftliche, politische und soziale Umfeld spiegelt den rechtlichen Rahmen wieder, der den Aktionsraum des Innovationsmanagements eröffnet.
Eigenschaften der Technologie	Der Innovationsgrad spiegelt die Komplexität der Technologie wieder. Je leicht erklärbarer Innovationen sind, desto eher sind sie zu realisieren. Zudem ist die Geschwindigkeit bedeutend, die zum Durchbruch führt. Gelingt es, Industriestandards zu generieren, können hohe Profite erzielt werden. Hinzu kommt, dass die Zugänglichkeit zu Informationen und die Informationsverteilung erst Innovationen ermöglichen. Meinungsführer und deren Kommunikationsfähigkeit können sich als Förderer oder Gegner von Innovationen etablieren.

4.4.3.2 Innovationshemmnisse

01. Wodurch werden Widerstände gegen Innovationen ausgelöst?

Widerstände gegen Innovationen tragen die Merkmale eines Konfliktes. Er ist gekennzeichnet durch das das gleichzeitige Streben nach Veränderung und Erhaltung. Das Ausmaß dieser Veränderung bestimmt die Konfliktintensität.

02. Wo lassen sich im Unternehmensumfeld Widerstände gegen Innovationen ausmachen und wie kann ihnen begegnet werden?

1. Innerbetriebliche Widerstände sind Widerstände von Vorgesetzten, gleichgestellten Kollegen oder Untergebenen gegen den Innovationsprozess, die sich in Ressourcen-, Rollen- und Machtkonflikten ausdrücken. Solche Widerstände können durch den Einsatz hierarchischer Macht überwunden werden.

2. Zwischenbetriebliche oder marktspezifische Widerstände werden von den Marktpartnern getragen. Kunden lehnen Produktneueinführungen oder Lieferanten Veränderung bei den Vorleistungen ab. Marktkonflikte bzgl. Qualität, Preisen und Terminen sind die Folge. Diese Barrieren können durch Anreizgewährung überwunden werden.

3. Widerstände von Behörden und Prüfungsinstitutionen treten auf, wenn geltendes Recht oder Rechte Dritter verletzt werden. Institutionen neigen dazu, die Innovation aus der Perspektive vertrauter Lösungen zu beurteilen oder aus Angst vor den Konsequenzen abzulehnen. Diese Widerstände können durch Umsicht bei der Entscheidungsfindung oder durch gerichtliche Verfahren überwunden werden.

4. Der Widerstand von Protestgruppen kann nur schwer überwunden werden, zumal die Handlungen der Teilnehmer schwer zu kalkulieren sind. Zumeist versagt eine vorausschauende Konfliktregulierung, zumal die Argumentation, die Intensität und Dauer dieser Widerstände kaum abgeschätzt werden können. Aufgabe eines „Issue-Management" wäre das Beobachten des Unternehmensumfelds auf mögliche Protesthaltungen, um frühzeitig Gegenmaßnahmen einleiten zu können.

03. Wie offenbaren sich Widerstände gegen Innovationen und welche Wirkungen haben sie?

Widerstände gegen Innovationen treten auf höchst unterschiedliche Art und Weise auf. Nachfolgend werden Kriterien für fünf Erscheinungsformen genannt sowie drei Wirkungen, die Widerstände haben können:

Erscheinungsformen	Aktivitätsniveau	aktiv oder passiv
	Manifestation	offen oder verdeckt
	Wirkung	destruktiv oder konstruktiv
	Vorgehen	Direkt oder indirekt
	Legitimation	loyal oder opportunistisch
Wirkungen	verhindern verzögern verformen	

04. Klassifizieren Sie die Innovationshemmnisse in vier Kategorien.

Personale Hemmnisse	Organisatorische Hemmnisse
• Fehlende Kreativität • Bereichsdenken, Missgunst, Neid • Unzureichende Qualifikation der Mitarbeiter • Widerstände der betroffenen Mitarbeiter	• Innovationsfeindliches Umfeld • Verkrustete Kommunikationsstrukturen • Koordinationsprobleme bei der Umsetzung • Schlechtes Projektmanagement
Finanzielle Hemmnisse	**Technische/methodische Hemmnisse**
• Keine Anreize für die Mitarbeiter • Kein Anreizsystem oder Bonifikation • Finanzielle Engpässe bei der Realisierung • Kostenexplosion	• Kein Einsatz der Innovationen • Innovationen bereits überholt • Veraltete technische Ausstattung • Fehlende Methodenkompetenz

4.5 Rechnungswesen und Controlling

4.5.1 Besonderheiten der Buchführung und Bilanzierung

4.5.1.1 Anwendung der Krankenhaus-Buchführungsverordnung (KHBV)

01. Aus welchen Gründen ist eine Krankenhaus-Buchführungsverordnung (KHBV) notwendig?

Krankenhäuser unterliegen der Pflicht zur kaufmännischen Buchführung. Die Besonderheit der doppelten Buchführung resultiert daraus, dass dual finanzierte Krankenhäuser Steuermittel für Investitionen erhalten. Aus den Büchern der Buchführung muss eindeutig hervorgehen, in welcher Höhe Fördergelder investiert und wofür sie verwendet werden.

Die Krankenhaus-Buchführungsverordnung (KHBV) schreibt die einschlägigen Buchungsvorgänge vor. Die Buchungssätze entsprechen denen der Pflegebuchführungsverordnung. Die übrige Buchführung und entspricht jenen in Industrie- und Dienstleistungsbetrieben.

02. Welcher Kontenrahmen führt die Krankenhaus-Buchführungsverordnung (KHBV) durch?

Der Kontenrahmen ist in der Verordnung über die Rechnungs- und Buchführungspflichten von Krankenhäusern, zuletzt geändert am 25.05.2009, als Anlage 4 enthalten.

03. Benennen Sie die Kontenklassen des Kontenrahmens der Krankenhaus-Buchführungsverordnung.

Kontenrahmen für die Buchführung (Kontenklasse 0 – 8)
Kontenklasse 0: Ausstehende Einlagen und Anlagevermögen
Kontenklasse 1: Umlaufvermögen und Rechnungsabgrenzung
Kontenklasse 2: Eigenkapital, Sonderposten und Rückstellungen
Kontenklasse 3: Verbindlichkeiten und Rechnungsabgrenzung
Kontenklasse 4: Betriebliche Erträge
Kontenklasse 5: Andere Erträge
Kontenklasse 6: Aufwendungen
Kontenklasse 7: Aufwendungen
Kontenklasse 8: Eröffnungs- und Abschlusskonten

04. Nennen Sie den Kostenstellenrahmen für die Kosten- und Leistungsrechnung gemäß Anlage 5 KHBV.

Kostenstellenrahmen für die Kosten- und Leistungsrechnung
90 Gemeinsame Kostenstellen
900 Gebäude einschließlich Grundstück und Außenanlagen 901 Leitung und Verwaltung des Krankenhauses 902 Werkstätten 903 Nebenbetriebe 904 Personaleinrichtungen (für den Betrieb des Krankenhauses unerlässlich) 905 Aus-, Fort- und Weiterbildung 906 Sozialdienst, Patientenbetreuung 907 frei 908 frei 909 frei
91 Versorgungseinrichtungen
910 Speisenversorgung 911 Wäscheversorgung 912 Zentraler Reinigungsdienst 913 Versorgung mit Energie, Wasser, Brennstoffen 914 Innerbetriebliche Transporte 915 frei 916 frei 917 Apotheke/Arzneimittelausgabestelle (ohne Herstellung) 918 Zentrale Sterilisation 919 frei

92 Medizinische Institutionen

920 Röntgendiagnostik und -therapie
921 Nukleardiagnostik und -therapie
922 Laboratorien
923 Funktionsdiagnostik
924 Sonstige diagnostische Einrichtungen
925 Anästhesie, OP-Einrichtungen und Kreisszimmer
926 Physikalische Therapie
927 Sonstige therapeutische Einrichtungen
928 Pathologie
929 Ambulanzen

93 – 95 Pflegefachbereiche – Normalpflege

930 Allgemeine Kostenstelle
931 Allgemeine Innere Medizin
932 Geriatrie
933 Kardiologie
934 Allgemeine Nephrologie
935 Hämodialyse/künstliche Niere (alternativ 962)
936 Gastroenterologie
937 Pädiatrie
938 Kinderkardiologie
939 Infektion
940 Lungen- und Bronchialheilkunde
941 Allgemeine Chirurgie
942 Unfallchirurgie
943 Kinderchirurgie
944 Endoprothetik
945 Gefäßchirurgie
946 Handchirurgie
947 Plastische Chirurgie
948 Thoraxchirurgie
949 Herzchirurgie
950 Urologie
951 Orthopädie
952 Neurochirurgie
953 Gynäkologie
954 HNO und Augen
955 Neurologie
956 Psychiatrie
957 Radiologie
958 Dermatologie und Venerologie
959 Zahn- und Kieferheilkunde, Mund- und Kieferchirurgie

4.5 Rechnungswesen und Controlling

96 Pflegefachbereiche – abweichende Pflegeintensität
960 Allgemeine Kostenstelle 961 Intensivüberwachung 962 Intensivbehandlung 963 frei 964 Intensivmedizin 965 Minimalpflege 966 Nachsorge 967 Halbstationäre Leistungen – Tageskliniken 968 Halbstationäre Leistungen – Nachtkliniken 969 Chronisch- und Langzeitkranke
97 Sonstige Einrichtungen
970 Personaleinrichtungen (für den Betrieb des Krankenhauses nicht unerlässlich) 971 Ausbildung 972 Forschung und Lehre 973-979 frei
98 Ausgliederungen
980 Ambulanzen 981 Hilfs- und Nebenbetriebe 982-989 frei 99 frei

05. Nennen Sie Beispiele für die möglichen Kontierungen bei einer öffentlichen Investitionsfinanzierung.

Ein Krankenhaus hat im Freistaat Sachsen für die Erweiterung des Krankenhauses Fördermittel beantragt und erhält eine Zusage über 500.000 €. Die Fördermittel sollen für den Erweiterungsbau verwendet werden.

Die Buchung wird wie folgend kontiert:

1.	Buchung bei Bewilligung	
	Forderungen nach dem KHG	
	an Erträge nach dem KHG	500.000,00 €

Dieser Buchungssatz entsteht bei Bewilligung der Fördermittel durch das Bundesland Sachsen. Das Krankenhaus hat eine Forderung gegenüber dem Bundesland.

2.	Neutralisierung des Ertrags	
	Zuführung von Fördermitteln nach KHG zu Sonderposten oder Verbindlichkeiten	
	an Verbindlichkeiten nach dem KHG	500.000,00 €

Der Ertrag beeinflusst die Gewinn- und Verlust-Rechnung des Krankenhauses und würde den Gewinn erhöhen. Daher muss dieser Effekt neutralisiert werden, weil das Betriebsergebnis nicht von öffentlichen Fördermitteln beeinflusst werden darf. Krankenhäuser erzielen ihre Erlöse aus Fallpauschalen, Zusatzentgelten ambulanten Leistungen u. a. Daher erfolgt eine Aufwandsbuchung, um den Ertrag zu neutralisieren. Die Fördermittel werden Verbindlichkeiten gegenüber dem Freistaat, solange die Gelder nicht zweckgebunden verwendet werden. Nicht investierte Gelder sind ggf. dem Freistaat Sachsen zurückzuerstatten.

3.	Buchung bei Geldeingang	
	Guthaben bei Kreditinstituten	
	an Forderungen nach dem KHG	500.000,00 €

Bei Eingang der Fördermittel auf dem Bankkonto entstehen Forderungen nach dem Krankenhausgesetz.

4.	Buchung beim Kauf der Investitionsgüter	
	Betriebsbauten	
	an Guthaben bei Kreditinstituten	500.000,00 €

Beim Kauf der Investitionsgüter erfolgen die entsprechenden Buchungen auf das Konto der Bank und der Betriebsbauten des Krankenhauses.

5.	Buchung von Sonderposten	
	Verbindlichkeiten nach dem Krankenhausgesetz	
	an Sonderposten aus Fördermitteln nach dem KHG	500.000,00 €

Die Verbindlichkeiten sinken um 500.000,00 €, weil diese Gelder zweckgebunden investiert wurden. Die Sonderposten zeigen an, in welcher Höhe Steuergelder im Unternehmen gebunden sind.

Das Konto „Sonderposten aus Fördermitteln nach dem KHG" ist ein passives Bestandskonto. Dieses Konto zeigt an, wie viele Steuergelder im Anlagevermögen des Krankenhauses gebunden sind. Sonderposten ähneln dem Eigenkapital, zumal sie zeitlich wie das gezeichnete Kapital im Unternehmen gebunden und darauf keine Zinsen zu zahlen sind. In der Bilanz stehen die Sonderposten unter dem Posten Eigenkapital. Sie werden in der Bilanzanalyse diesem zugerechnet.

6.	Abschreibungsbuchung	
	Abschreibung auf Sachanlagen	
	an Betriebsbauten	25.000,00 €

Rechnerisch hat das Krankenhaus gegenüber dem Freisaat Sachsen keine Verbindlichkeiten mehr. Beim Jahresabschluss ist zu beachten, dass das steuerfinanzierte Anlagevermögen abgeschrieben wird.

7.	Neutralisierung des Abschreibungsaufwands	
	Sonderposten aus Fördermitteln nach dem Krankenhausgesetz	
	an Erträge aus der Auflösung von Sonderposten nach dem KHG	25.000,00 €

Die Aufwandsbuchung beeinflusst das Betriebsergebnis in der Gewinn-Verlust-Rechnung, in dem die Abschreibung durch eine Ertragsbuchung in gleicher Höhe zu neut-

4.5 Rechnungswesen und Controlling

ralisieren ist. Der Sonderposten vermindert sich um den Abschreibungsbetrag. Die gebundenen öffentlichen Fördermittel vermindern sich um den Betrag der Wertminderung der steuerfinanzierten Anlagevermögen. Sind die Anlagen vollständig abgeschrieben, wird der Sonderposten aufgelöst.

06. Stellen Sie die Aktiv- und Passivposten der Bilanz eines Krankenhauses, das eine Kapitalgesellschaft ist, entsprechend der Krankenhaus-Buchführungsverordnung dar.

1. Aktivseite

A. Ausstehende Einlagen auf das gezeichnete/festgesetzte Kapital
B. Anlagevermögen
    I. Immaterielle Vermögensgegenstände
        1. Selbst geschaffene gewerbliche Schutzrechte und ähnliche Rechte und Werte
        2. Entgeltlich erworbene Konzessionen, gewerbliche Schutzrechte und ähnliche Rechte und Werte sowie Lizenzen an solchen Rechten und Werten
        3. Geschäfts- oder Firmenwert
        4. Geleistete Anzahlungen
    II. Sachanlagen
        1. Grundstücke und grundstücksgleiche Rechte mit Betriebsbauten einschließlich der Betriebsbauten auf fremden Grundstücken
        2. Grundstücke und grundstücksgleiche Rechte mit Wohnbauten einschließlich der Wohnbauten auf fremden Grundstücken
        3. Grundstücke und grundstücksgleiche Rechte ohne Bauten
        4. Technische Anlagen
        5. Einrichtungen und Ausstattungen
        6. Geleistete Anzahlungen und Anlagen im Bau
    III. Finanzanlagen
        1. Anteile an verbundenen Unternehmen
        2. Ausleihungen an verbundenen Unternehmen
        3. Beteiligungen
        4. Ausleihungen an Unternehmen, mit denen ein Beteiligungsverhältnis besteht
        5. Wertpapiere des Anlagevermögens
        6. Sonstige Finanzanlagen
C. Umlaufvermögen
    I. Vorräte
        1. Roh-, Hilfs- und Betriebsstoffe
        2. Unfertige Erzeugnisse und unfertige Leistungen

        3. Fertige Erzeugnisse und Waren
        4. Geleistete Anzahlungen
    II. Forderungen und sonstige Vermögensgegenstände
        1. Forderungen aus Lieferungen und Leistungen
        2. Forderungen an Gesellschafter bzw. den Krankenhausträger
        3. Forderungen nach dem Krankenhausfinanzierungsrecht
        4. Forderungen gegen verbundene Unternehmen
        5. Forderungen gegen Unternehmen, mit denen ein Beteiligungsverhältnis besteht
        6. Sonstige Vermögensgegenstände
    III. Wertpapier des Umlaufvermögens
    IV. Schecks, Kassenbestand, Bundesbank- und Postgiroguthaben, Guthaben bei anderen Kreditinstituten
D. Ausgleichsposten nach dem KHG
    1. Ausgleichsposten aus Darlehensförderung
    2. Ausgleichsposten für Eigenmittelförderung
E. Rechnungsabgrenzungsposten
    1. Disagio
    2. Andere Abgrenzungsposten
F. Aktive latente Steuern
G. Aktiver Unterschiedsbetrag aus der Vermögensrechnung
H. Nicht durch Eigenkapital gedeckter Fehlbetrag

2. Passivseite

A. Eigenkapital
    1. Gezeichnetes/festgesetztes Kapital
    2. Kapitalrücklagen
    3. Gewinnrücklagen
    4. Gewinnvortrag/Verlustvortrag
    5. Jahresüberschuss/Jahresfehlbetrag
B. Sonderposten aus Zuwendungen zur Finanzierung des Sachanlagevermögens
    1. Sonderposten aus Fördermitteln nach dem KHG
    2. Sonderposten aus Zuweisungen und Zuschüssen der öffentlichen Hand
    3. Sonderposten aus Zuwendungen Dritter
C. Rückstellungen
    1. Rückstellungen für Pensionen und ähnliche Verpflichtungen
    2. Steuerrückstellungen
    3. Sonstige Rückstellungen
D. Verbindlichkeiten
    1. Verbindlichkeiten gegenüber Kreditinstituten
    2. Erhaltene Anzahlungen

4.5 Rechnungswesen und Controlling

3. Verbindlichkeiten aus Lieferungen und Leistungen
4. Verbindlichkeiten aus der Annahme gezogener Wechsel und Ausstellung eigener Wechsel
5. Verbindlichkeiten gegenüber Gesellschaftern bzw. dem Krankenhausträger
6. Verbindlichkeiten nach dem Krankenhausfinanzierungsrecht
7. Verbindlichkeiten aus sonstigen Zuwendungen zur Finanzierung des Anlagevermögens
8. Verbindlichkeiten gegenüber verbundenen Unternehmen
9. Verbindlichkeiten gegenüber Unternehmen, mit denen ein Beteiligungsverhältnis besteht
10. Sonstige Verbindlichkeiten

E. Ausgleichsposten aus Darlehensförderung
F. Rechnungsabgrenzungsposten
G. Passive latente Steuern

07. Stellen Sie die Gliederung der Gewinn- und Verlustrechnung eines Krankenhauses, das eine Kapitalgesellschaft ist, entsprechend der Krankenhaus-Buchführungsverordnung dar.

Gliederung der Gewinn- und Verlustrechnung:

1. Erlöse aus Krankenhausleistungen
2. Erlöse aus Wahlleistungen
3. Erlöse aus ambulanten Leistungen des Krankenhauses
4. Nutzungsentgelte der Ärzte
5. Erhöhung oder Verminderung des Bestandes an fertigen und unfertigen Leistungen
6. Andere aktivierte Eigenleistungen
7. Zuweisungen und Zuschüsse der öffentlichen Hand
8. Sonstige betriebliche Erträge
9. Personalaufwand
   a) Löhne und Gehälter
   b) Soziale Abgaben und Aufwendungen für Altersversorgung und für Unterstützung
10. Materialaufwand

Zwischenergebnis

11. Erträge aus Zuwendungen zur Finanzierung von Investitionen
12. Erträge aus der Einstellung von Ausgleichsposten aus Darlehensförderung und für Eigenmittelförderung
13. Erträge aus der Auflösung von Sonderposten/Verbindlichkeiten nach dem KHG und aufgrund sonstiger Zuwendungen zur Finanzierung des Anlagevermögens
14. Erträge aus der Auflösung des Ausgleichspostens für Darlehensförderung

15. Aufwendungen aus der Zuführung zu Sonderposten/Verbindlichkeiten nach dem KHG und aufgrund sonstiger Zuwendungen zur Finanzierung des Anlagevermögens

16. Aufwendungen aus der Zuführung zu Ausgleichsposten aus Darlehensförderung

17. Aufwendungen für die nach dem KHG geförderte Nutzung von Anlagegegenständen

18. Aufwendungen für nach dem KHG geförderte, nicht aktivierungsfähige Maßnahmen

19. Aufwendungen aus der Auflösung der Ausgleichsposten aus Darlehensförderung und für Eigenmittelförderung

20. Abschreibungen

    a) auf immaterielle Vermögensgegenstände des Anlagevermögens und Sachanlagen

    b) auf Vermögensgegenstände des Umlaufvermögens, soweit diese die im Krankenhaus üblichen Abschreibungen überschreiten

21. Sonstige betriebliche Abschreibungen

Zwischenergebnis

22. Erträge aus Beteiligungen

23. Erträge aus anderen Wertpapieren und aus Ausleihungen des Finanzanlagevermögens

24. Sonstige Zinsen und ähnliche Erträge

25. Abschreibungen auf Finanzanlagen und auf Wertpapiere des Umlaufvermögens

26. Zinsen und ähnliche Aufwendungen

27. Ergebnis der gewöhnlichen Geschäftstätigkeit

28. Außerordentliche Erträge

29. Außerordentliche Aufwendungen

30. Außerordentliches Ergebnis

31. Steuern

32. Jahresüberschuss/Jahresfehlbetrag

4.5.1.2 Anwendung der Pflege-Buchführungsverordnung (PBV)

01. Aus welchen Gründen ist eine Pflege-Buchführungsverordnung (PBV) notwendig?

Pflegeheime können ebenso wie Krankenhäuser öffentliche Fördermittel von den Bundesländern erhalten. Damit unterliegen sie der vom Gesetzgeber vorgeschriebenen Buchführungsverordnung bzw. der Pflege-Buchführungsverordnung (PBV).

4.5 Rechnungswesen und Controlling

02. Welche Besonderheiten sind in der Pflege-Buchführungsverordnung (PBV) berücksichtigt?

Verwahrgelder, die die Pflegeheime für die Bewohner verwalten, gibt es in anderen Gesundheitsbetrieben nicht. Hinzu kommt die öffentliche Investitionsfinanzierung. Regelungen für beide Bereiche haben ihren Niederschlag in der Pflege-Buchführungsverordnung (PBV) gefunden.

03. Welche Barbeträge verwalten die Pflegeheime?

Pflegeheimbewohner beziehen Barbeträge bzw. Taschengelder, die ihnen zur Verfügung stehen, um Güter und Dienstleistungen zu erwerben und um ggf. Praxisgebühren und Arzneimittelselbstbeteiligungen zu begleichen. Diese Barbeträge stammen aus den Mitteln der Pflegeheimbewohner (z. B. Renten), von ihren Angehörigen oder von der Sozialhilfe.

Üblicherweise werden die Barbeträge vom Pflegeheim aufbewahrt und auf Wunsch des Pflegebedürftigen oder des Betreuers ausgezahlt. Das Pflegeheim verwaltet die Barbeträge und übernimmt die Funktion einer Bank. Diese Barbeträge stehen den Pflegebedürftigen auch bei Schulden gegenüber dem Pflegeheim zu. Verrechnungen dürfen nicht mit ausstehenden Zahlungen erfolgen.

04. In welchen Büchern werden die Verwahrgelder verbucht?

Pflegeheime führen für alle Pflegeheimbewohner im Nebenbuch Verwahrgeldkonten, auf denen die Barbeträge bzw. Verwahrgelder gebucht werden. Die Verwahrgeldkonten werden im Hauptbuch zum Konto Verwahrgelder zusammengeführt. Das Konto Verwahrgelder ist ein Passivkonto und bildet die Verbindlichkeiten des Pflegeheimes gegenüber den Pflegeheimbewohnern ab. In der Bilanz steht es auf der Passivseite.

05. Nach welchem Kontenrahmen wird die Pflege-Buchführungsverordnung durchgeführt?

Der Kontenrahmen ist in der Verordnung über die Rechnungs- und Buchführungspflichten der Pflegeeinrichtungen, zuletzt geändert am 25.05.2009, als Anlage 4 enthalten.

06. Geben Sie die Buchungssätze für den Eingang der Rente und deren Verbuchung gemäß Pflege-Buchführungsverordnung für das folgende Beispiel an.

Herr W. hat die Pflegestufe II und dem Pflegeheim seine Rente in Höhe von 2.120 € abgetreten. Das Pflegeheim berechnet folgende Entgelte pro Tag:

1.	Pflegestufe II	61,50 €
2.	Unterkunft und Verpflegung	18,50 €
3.	Betriebsnotwendige Investitionsaufwendungen	13,80 €
4.	Ausbildungszuschlag	1,19 €

Zunächst sind die einzelnen Rechnungen für die Pflegekasse und den Pflegeheimbewohner Herrn W. zu berechnen:

1.	Rechnung an die Pflegekasse für Pflegestufe II		1.279,00 €
	Rechnung an Herrn W.		
1.	Pflegevergütung	61,50 € · 30 = 1.845,00 € abzgl. 1.279,00 € =	566,00 €
2.	Unterkunft und Verpflegung	18,50 € · 30 =	555,00 €
3.	Investitionsaufwendungen	13,80 € · 30 =	414,00 €
4.	Ausbildungszuschlag	1,19 € · 30 =	35,70 €
	Summe		1.570,70 €

Das monatliche Verwahrgeld ergibt sich aus der Differenz aus der Rente von Herrn W. und seinem Anteil am Pflegeheimentgelt: 2.120,00 € − 1.570,70 € = 549,30 €.

Die folgenden Buchungen haben gemäß der Pflege-Buchführungsverordnung zu erfolgen:

1.	**Eingang von Herrn Ws. Rente**	
	Bank	
	an Renteneingang	2.120,00 €
2.	**Rechnung für die Pflegekasse**	
	Forderungen an Pflegekasse	
	an Erträge aus Pflegestufe II	1.279,00 €
3.	**Rechnung des Pflegeheims an Herrn W.**	
	Forderungen an Bewohner	
	an Erträge aus Pflegestufe II	1.570,70 €
	an Erträge aus Unterkunft und Verpflegung	555,00 €
	an Erträge aus Berechnung von Investitionsaufwendungen gegenüber Bewohnern	414,00 €
	an sonstige Verbindlichkeiten gegenüber Sozialversicherungsträgern	35,70 €
4.	**Verwahrgeldgutschrift für Herrn W.**	
	Renteneingang	
	an Verwahrgeldkonto	549,30 €

07. Welche Buchungen erfolgen bei öffentlicher Investitionsfinanzierung?

Investitionen des Pflegeheimes aus Steuermitteln müssen in der Bilanz des Heimes sichtbar sein. Dies betrifft die Höhe der Investitionen bzw. den Betrag, der bereits verwendet wurde und den, der noch investiert wird. Die Buchungen des Pflegeheimes entsprechen denen eines Krankenhauses, das Fördermittel nach dem Krankenhausfinanzierungsgesetz (KHG) erhält.

08. Nennen Sie Beispiele für die möglichen Kontierungen bei öffentlicher Investitionsfinanzierung.

Ein Pflegeheim hat im Bundesland Nordrhein-Westfalen für die Erweiterung der Pflegestationen Fördermittel beantragt und erhält eine Zusage über 750.000,00 €. Die Fördermittel sollen zu gleichen Teilen für die Neugestaltung der Pflegezimmer, der Pflegebetten und der Diätküche verwendet werden.

Die Buchungen werden wie folgend kontiert:

1.	Buchung bei Bewilligung	
	Forderungen aus öffentlicher Hand	
	an Erträge aus öffentlicher Hand für Investitionen	750.000,00 €

Dieser Buchungssatz entsteht bei Bewilligung der Fördermittel durch das Bundesland Nordrhein-Westfalen. Das Heim hat eine Forderung gegenüber dem Bundesland.

2.	Neutralisierung des Ertrags	
	Zuführung von Fördermitteln zu Sonderposten oder Verbindlichkeiten	
	an Verbindlichkeiten aus öffentlicher Hand	750.000,00 €

Der Ertrag beeinflusst die Gewinn- und Verlust-Rechnung des Pflegeheimes und würde den Gewinn erhöhen. Daher muss dieser Effekt neutralisiert werden, weil das Betriebsergebnis nicht von öffentlichen Fördermitteln beeinflusst werden darf. Daher erfolgt eine Aufwandsbuchung, um den Ertrag zu neutralisieren. Die Fördermittel werden Verbindlichkeiten gegenüber dem Bundesland, solange die Gelder nicht zweckgebunden verwendet werden. Nicht investierte Gelder sind dem Bundesland zurückzuerstatten.

3.	Buchung bei Geldeingang	
	Bank	
	an Forderungen aus öffentlicher Hand	750.000,00 €

Bei Eingang der Fördermittel auf dem Bankkonto entstehen Forderungen aus öffentlicher Hand. Annahmegemäß werden 600.000,00 € investiert.

4.	Buchung beim Kauf der Investitionsgüter	
	Einrichtung und Ausstattung	
	an Bank	600.000,00 €

Beim Kauf der Investitionsgüter erfolgen die entsprechenden Buchungen auf das Konto der Bank und der Einrichtung und Ausstattung des Pflegeheimes.

5.	Buchung von Sonderposten	
	Verbindlichkeiten aus öffentlicher Förderung	
	an Sonderposten aus öffentlichen Fördermitteln	600.000,00 €

Die Verbindlichkeiten sinken um 600.000,00 €, weil diese Gelder zweckgebunden investiert wurden. Die Sonderposten zeigen an, in welcher Höhe Steuergelder im Unternehmen gebunden sind.

Werden die restlichen Gelder in Höhe von 150.000,00 € nicht investiert, stünde dieser Betrag auf der Passivseite der Bilanz als Verbindlichkeit. Damit wäre erkennbar, wie viele Fördergelder (noch) nicht investiert sind und dem Bundesland zurückzuzahlen wären. Würden die Fördergelder für neue technisch-medizinisch Gerätschaften verwendet werden, erhöhte sich der Bestand an Einrichtung und Ausstattung.

6.	Abschreibungsbuchung	
	Abschreibung auf Sachanlagen	
	an Einrichtung und Ausstattung	50.000,00 €

Rechnerisch hat das Pflegeheim gegenüber dem Bundesland Nordrhein-Westfalen keine Verbindlichkeiten mehr. Beim Jahresabschluss ist zu beachten, dass beschaffte Anlagegüter abgeschrieben werden.

7.	Neutralisierung des Abschreibungsaufwands	
	Sonderposten aus öffentlichen Fördermitteln	
	an Erträge aus der Auflösung von Sonderposten	50.000,00 €

Die Aufwandsbuchung beeinflusst das Betriebsergebnis in der Gewinn- und Verlustrechnung, in dem die Abschreibung durch eine Ertragsbuchung in gleicher Höhe zu neutralisieren ist. Der Sonderposten vermindert sich um den Abschreibungsbetrag. Die gebundenen öffentlichen Fördermittel vermindern sich um den Betrag der Wertminderung der angeschafften Anlagegüter. Sind die Anlagen vollständig abgeschrieben, wird der Sonderposten aufgelöst.

Bei Veräußerung von Anlagegütern, die über öffentliche Fördermittel beschafft wurden, sind die Erlöse der öffentlichen Hand zu erstatten. Buchungstechnisch werden die Erlöse den Verbindlichkeiten aus öffentlicher Förderung zugeschrieben.

4.5.2 Ausweis und Bewirtschaftung von Zuwendungsmitteln

01. Was bedeutet duale Finanzierung?

Investitionskosten werden von der öffentlichen Hand steuerfinanziert, während die laufenden Betriebskosten von den Krankenkassen und privaten Krankenversicherungen aus Beitragsmitteln bzw. den Patienten erstattet werden.

4.5 Rechnungswesen und Controlling

02. Welche Kliniken werden dual finanziert?

Dual finanziert werden Hochschulkliniken und Plankrankenhäuser, die gemäß § 108 SGB V Patienten der GKV versorgen dürfen.

Hochschulkliniken werden als Gemeinschaftsaufgabe aus dem Haushalt des Wissenschafts- und Kultusministeriums des jeweiligen Landes und aus Bundesmitteln gemäß dem Hochschulbauförderungsgesetz (HSchulBG) finanziert. Die Planung und Investitionskostenfinanzierung der Plankrankenhäuser übernehmen die Bundesländer gemäß dem Krankenhausfinanzierungsgesetz (KHG).

Nicht unter die Investitionskostenfinanzierung des Krankenhausfinanzierungsgesetzes (KHG) fallen die folgenden Krankenhaustypen:
- Hochschulkliniken
- Versorgungskrankenhäuser
- Vorsorge- und Rehabilitationskliniken
- Polizeikrankenhäuser
- Krankenhäuser im Strafvollzug
- Privatkliniken, in denen mehr als 40 % der Pflegetage auf Privatpatienten entfallen.

03. Welchem Zweck dient das Krankenhausfinanzierungsgesetz?

Das Krankenhausfinanzierungsgesetz soll gemäß § 1 Abs. 1 die wirtschaftliche Sicherung der Krankenhäuser herstellen, um eine bedarfsgerechte Versorgung der Bevölkerung mit leistungsfähigen Krankenhäusern zu gewährleisten und um zu sozial tragbaren Pflegesätzen beizutragen.

04. Wann haben die Krankenhäuser Anspruch auf öffentliche Mittel?

Krankenhäuser haben Anspruch auf öffentliche Mittel gemäß § 8 KHG, wenn sie in den Krankenhausplan eines Landes und in das Investitionsprogramm aufgenommen werden. Diese Krankenhäuser gelten definitionsgemäß als Plankrankenhäuser.

Krankenhäuser, die einen Versorgungsvertrag mit den Landesverbänden der Krankenkassen und den Verbänden der Ersatzkassen abgeschlossen haben, zählen nicht zu den Plankrankenhäusern (§ 108 Nr. 3 SGB V).

05. Wer stellt die Krankenhaus- und Investitionspläne auf?

Die Krankenhaus- und Investitionspläne werden von den Sozialministern der Bundesländer aufgestellt.

06. Was sind Investitionskosten?

Zu den Investitionskosten zählen die Kosten der Errichtung (Neubau, Umbau, Erweiterungsbau) von Krankenhäusern und der Anschaffung der zum Krankenhaus gehörenden Wirtschaftsgüter, ausgenommen der zum Verbrauch bestimmten Güter (Verbrauchsgüter) und die Kosten der Wiederbeschaffung der Güter des zum Krankenhaus gehörenden Anlagevermögens (Anlagegüter).

Den Investitionskosten gleichstehende Kosten sind die Entgelte für die Nutzung von Anlagegütern, die Zinsen, die Tilgung und die Verwaltungskosten von Darlehen, soweit sie zur Kreditfinanzierung aufgewandt worden sind

Nicht zu den Investitionskosten gehören die Kosten des Grundstücks, des Grundstückserwerbs und der Grundstückserschließung bzw. ihrer Finanzierung sowie die Kosten der Telematikinfrastruktur gemäß § 291a Abs. 7 Satz 4 SGB V.

07. Wie werden die Investitionskosten von den pflegesatzfähigen Kosten abgegrenzt?

Die Verordnung über die Abgrenzung der im Pflegesatz nicht zu berücksichtigenden Investitionskosten von den pflegesatzfähigen Kosten der Krankenhäuser (Abgrenzungsverordnung – AbgrV) definiert die Finanzierung der Gütergruppen im Rahmen der dualen Zuständigkeit zwischen Bundesland und Krankenversicherer.

Pflegesatzfähige Kosten sind Kosten, die von den Krankenkassen, den privaten Krankenversicherungen und Selbstzahlern finanziert werden. Den Krankenhäusern werden diese Kosten über die Fallpauschalen und Zusatzentgelte entgolten.

In der Abgrenzungsverordnung wird von pflegesatzfähigen Kosten ausgegangen, jedoch werden heute Fallpauschalen abgerechnet. Dies liegt daran, dass das Gesetz in den 1980er-Jahren entstanden ist.

08. Was wird in der Abgrenzungsverordnung (AbgrV) definiert?

Die Abgrenzungsverordnung definiert die Gütergruppen, die zur Leistungserbringung eines Krankenhauses eingesetzt werden, und ordnet den Gütergruppen die jeweilige Finanzierung im Rahmen der dualen Zuständigkeit zwischen Bundesländern und Krankenversicherern zu.

09. Definieren Sie die Gütergruppen der Abgrenzungsverordnung (AbgrV) und erläutern Sie die Finanzierungsmöglichkeiten.

Anlagegüter
Wirtschaftsgüter des zum Krankenhaus gehörenden Anlagevermögens mit einer Nutzungsdauer von mehr als drei Jahren. Dazu zählen auch Fahrzeuge, Lampen, Gehgestelle, Bücher und Projektionswände etc. Diese Investitionen werden im Rahmen des KHG von den Bundesländern übernommen.

4.5 Rechnungswesen und Controlling

Gebrauchsgüter
Anlagegüter des Krankenhauses mit einer durchschnittlichen Nutzungsdauer von weniger als drei Jahren. Dazu zählt Dienst- und Schutzkleidung, Narkosemasken, Spezialkatheter und Geschirr etc. Diese Kosten werden von den Bundesländern übernommen, wenn sie zur Erstausstattung eines Krankenhausneubaus gehören. Hinzu kommen die Kosten der Ergänzung von Anlagegütern, sofern diese wesentlich über die übliche Anpassung an die technische und medizinische Entwicklung hinausgehen. In allen anderen Fällen müssen diese Kosten aus den laufenden Einnahmen der Krankenhäuser finanziert werden.

Verbrauchsgüter
Wirtschaftsgüter, die durch den einmaligen Gebrauch aufgezehrt bzw. unverwendbar werden. Dazu zählen Spritzen, Medikamente und Verbände etc. Hinzu kommen die wiederbeschafften, abnutzbaren beweglichen Anlagegüter, die zu einer selbstständigen Nutzung fähig sind und deren Anschaffungs- und Herstellungskosten weniger als 150 € betragen. Verbrauchsgüter werden aus den laufenden Einnahmen der Krankenhäuser finanziert.

Kosten der Instandhaltung
Instandhaltungskosten dienen der Erhaltung und Wiederherstellung von Anlagegütern, wenn das Anlagegut nicht wesentlich in seiner Substanz, seinem Wesen und Nutzungsdauer verändert wird. Dazu zählen bauliche Einheiten wie Dach und Fassade, Gebäudeteile wie Fenster und Fliesen, betriebstechnische Anlagen und Einbauten wie Heizungsanlagen und Sanitärinstallationen sowie Außenanlagen wie Grünanlagen und Straßenbefestigungen. Instandhaltungskosten werden aus den laufenden Einnahmen der Krankenhäuser finanziert.

10. Geben Sie Beispiele für die Gütergruppen der Abgrenzungsverordnung (AbgrV).

Anlagegüter	• OP-Ausstattung • Diagnosegeräte • Betten
Gebrauchsgüter	• Blutdruckmessgeräte • Stethoskope
Verbrauchsgüter	• Medikamente • Einwegspritzen • Pflaster und Verbände • Mullbinden
Instandhaltung	• Renovierung der Notaufnahme • Dachreparaturen am Klinikum • Reparatur der Fahrstühle

11. Welche Arten der Investitionsförderung gibt es?

- Einzelförderung gemäß § 9 Abs. 1, 2 KHG
- Pauschalförderung gemäß § 9 Abs. 3 KHG

12. Definieren Sie die Einzelförderung gemäß § 9 Abs. 1, 2 KHG.

Alle Anlagegüter mit einer Nutzungsdauer von mehr als 15 Jahren fallen unter die Einzelförderung. Dazu zählen Neubauten, Einbauten, Großgeräte, aber auch die Schließung von Krankenhäusern oder Umgestaltung in Pflegeeinrichtungen.

Um eine Einzelförderung zu erhalten, müssen die Krankenhäuser einen Antrag beim Bundesland stellen. Ob Krankenhäuser antragsberechtigt sind, hängt davon ab, ob sie im Investitionsprogramm des jeweiligen Bundeslandes gemäß § 8 KHG aufgenommen sind. Die Investitionsanträge werden von den Landesministerien geprüft und genehmigt, sofern die geplanten Investitionen entsprechend dem Bedarfsplan erforderlich sind.

In der Realität werden Anträge auf Investitionsförderung oftmals abgelehnt, weil die Haushalte der Bundesländer Defizite aufweisen. Daraus ergibt sich eine Abhängigkeit der Krankenhäuser von der Haushaltslage. Hinzu kommt, dass häufig mehrere Jahre vergehen, bis Fördersummen ausgezahlt werden. Sollten Krankenhäuser die Investitionsvorhaben sofort realisieren, müssen Formen der Zwischenfinanzierung gefunden werden.

13. Definieren Sie die Pauschalförderung gemäß § 9 Abs. 3 KHG.

Alle Krankenhäuser, die im Krankenhausplan eines Bundeslandes aufgenommen sind, erhalten Mittel aus der Pauschalförderung, die ohne Antrag ausgezahlt werden. Die Höhe der Pauschalförderung bemisst sich nach Kriterien wie der Bettenzahl eines Krankenhauses oder der Notwendigkeit bestimmte Therapiemöglichkeiten vorzuhalten, z. B. Brandbetten.

Grundsätzlich sieht die Pauschalförderung vor, kurzfristige Anlagegüter mit einer Nutzungsdauer von 3 bis 15 Jahren zu finanzieren. Es ist den Krankenhäusern überlassen, die jährlich festgelegten Pauschalbeträge zu verwenden.

4.5.3 Kalkulation und Preisgestaltung der Leistungen

4.5.3.1 Entgeltsysteme für stationäre Leistungen (DRGs)

01. Welche stationären Vergütungsformen kennen Sie?

Klinikleistungen können mit Pflegesätzen oder mit DRG-Fallpauschalen abgerechnet werden. § 17b KHG schreibt seit 2004 vor, dass die Vergütung der allgemeinen Krankenhausleistungen mithilfe eines durchgängigen, leistungsorientierten und pauschalierten Vergütungssystems zu erfolgen hat. DRG bedeutet „Diagnosis related groups".

Hiervor ausgenommen sind psychiatrische und psychosomatische Kliniken, in denen noch die Bundespflegesatzverordnung (BpflV) gilt und tagesgleiche Pflegesätze abgerechnet werden. Für somatische Krankenhäuser ist das KHEntgG verpflichtend anzu-

4.5 Rechnungswesen und Controlling

wenden. Daher ist es von der Fachabteilungsstruktur eines Krankenhauses abhängig, ob die BpflV oder das KHEntgG verpflichtend anzuwenden ist.

02. Nennen Sie die Rechtsgrundlage für die Vergütung gemäß § 17b KHG.

Rechtsgrundlage bildet das Krankenhausentgeltgesetz (KHEntgG) und die Fallpauschalenverordnung (FPV).

Das KHEntgG regelt im Allgemeinen die Vergütung und deren Komponenten bzw. gibt die Vereinbarungsebene von Bund, Ländern bzw. einzelnen Krankenhäusern vor.

Die FPV konkretisiert die Vorschriften des KHEntgG. Sie enthält Berechnungsanweisungen und den jährlich bundesweit gültigen Fallpauschalenkatalog. Der GKV-Spitzenverband und der Verband der privaten Krankenversicherung sowie die Deutsche Krankenhausgesellschaft schließen jeweils für ein Kalenderjahr eine Fallpauschalenverordnung (FPV) ab. Die begrenzte Gültigkeitsdauer ist darauf zurückzuführen, dass sich infolge des medizinischen Fortschritts die Behandlungsspektren ändern können.

03. Welche stationären Leistungen werden nach dem KHEntgG abgerechnet?

Im KHEntgG werden stationäre Leistungen von Akutkrankenhäusern abgerechnet. Der Begriff Akutkrankenhaus wird synonym für die allgemeinen Krankenhäuser verwendet. Dieser Umstand ergibt sich aus der Krankenhaustypologie des Statistischen Bundesamtes. Demnach werden folgende Krankenhaustypen unterschieden:

- Allgemeine Krankenhäuser
- Krankenhäuser, die ausschließlich psychiatrische bzw. psychiatrische und neurologische Betten vorhalten
- Tages- und Nachtkliniken (vormals Sonderkliniken)
- Vorsorge- und Rehabilitationskrankenhäuser.

Vom KHEntgG ausgenommen sind ambulante Operationen gemäß § 115b SGB V und § 116b SGB V sowie vor- und nachstationäre Leistungen gemäß § 115a SGB V.

04. Definieren Sie den Begriff der „Allgemeinen Krankenhausleistungen.

Im § 2 KHEntgG findet sich eine Legaldefinition der allgemeinen Krankenhausleistungen. Krankenhausleistungen sind demnach Leistungen, die unter Berücksichtigung der Leistungsfähigkeit des Krankenhauses im Einzelfall nach Art und Schwere der Krankheit für die medizinisch zweckmäßige und ausreichende Versorgung des Patienten notwendig sind. Zu den allgemeinen Krankenhausleistungen zählen auch:

- Früherkennungsmaßnahmen
- Konsiliarisch veranlasste Maßnahmen
- Medizinisch erforderliche Mitaufnahme von Begleitpersonen
- Leistungen von Tumorzentren
- Frührehabilitation.

Grundsätzlich gehören Wahlleistungen und die Leistungen von Belegärzten nicht zu den allgemeinen Krankenhausleistungen.

§ 8 Abs. 1 KHEntgG sieht vor, dass die Vergütung der allgemeinen Krankenhausleistungen für alle Patienten auf die gleiche Art und Weise erfolgt, unabhängig davon, ob ein gesetzlicher oder ein privater Krankenversicherungsschutz besteht bzw. die Krankenhausleistungen selbst bezahlt werden.

05. Definieren Sie den Begriff der DRG-Fallpauschale.

DRG-Fallpauschalen vergüten alle allgemeinen Krankenhausleistungen, die während eines stationären Aufenthaltes in den individuellen Patientenfällen erbracht werden.

Die fallbezogenen DRG-Pauschalen basieren primär auf der Hauptdiagnose, die den Krankenhausaufenthalt verursacht hat und die vom behandelnden Arzt bei der Krankenhausbehandlung festgestellt wird. Die Klassifizierung in eine DRG-Fallpauschale beschreibt gleichzeitig den betroffenen Organbereich. Unterschieden wird zwischen bewerteten und unbewerteten DRGs.

Bei bewerteten DRGs wird der durchschnittliche Wert der Leistungen angegeben im Verhältnis zu allen anderen DRGs des Fallpauschalenkatalogs. Bei unbewerteten DRGs fehlen die Informationen zur genauen Bewertung, sodass eine individuelle Vereinbarung zwischen den Krankenhäusern und Krankenkassen zu erfolgen hat.

06. Definieren Sie den Begriff Zusatzentgelte.

Für spezielle Leistungen, Leistungskomplexe und Medikamente können Zusatzentgelte neben den DRG-Fallpauschalen abgerechnet werden. Die definierten Zusatzentgelte werden im Fallpauschalenkatalog vorgegeben bzw. können krankenhausindividuell vereinbart werden.

Zu den Zusatzentgelten zählen auch teilstationäre Zusatzentgelte wie beispielsweise Dialyseleistungen. Bei den Zusatzentgelten wird analog den DRG-Fallpauschalen zwischen bewerteten und unbewerteten Zusatzentgelten unterschieden, wobei feste Euro-Beträge im Katalog genannt werden.

07. Was sind NUB?

NUB steht für „Neue Untersuchungs- und Behandlungsmethoden". Gemäß § 6 Abs. 2 KHEntgG vereinbaren die Vertragsparteien nach § 11 KHEntgG für die Vergütung neuer Untersuchungs- und Behandlungsmethoden fallbezogene Entgelte oder Zusatzentgelte. Die mit den Fallpauschalen und Zusatzentgelten nach § 7 Satz 1 Nr. 1 und 2 KHEntgG noch nicht sachgerecht vergütet werden können und die nicht gemäß § 137c SGB V von der Finanzierung ausgeschlossen worden sind.

Vor der Vereinbarung einer gesonderten Vergütung haben die Krankenhäuser bis spätestens zum 31. Oktober eines jeden Jahres von den Vertragsparteien nach § 9

4.5 Rechnungswesen und Controlling

KHEntgG eine Information einzuholen, ob die neuen Methoden mit den bereits vereinbarten Fallpauschalen und Zusatzentgelten sachgerecht abgerechnet werden können.

08. Welche Bedeutung hat der DRG-Fallpauschalenkatalog?

Im DRG-Fallpauschalenkatalog werden alle abrechnungsfähigen allgemeinen Krankenhausleistungen abgebildet. Die Gliederung der Fallpauschalen erfolgt in die Hauptdiagnose-Kategorien (MDC), die mit Ausnahme der Fehler-DRGs und Prä-MDCs organbezogen aufgebaut und alphabetisch nummeriert sind.

Der Entgeltkatalog wird unterteilt in den Fallpauschalenkatalog, den Zusatzentgeltkatalog und die Abrechnungsbestimmungen. Die Kataloge unterteilen sich in Abschnitte, in denen eine bundeseinheitliche Bewertung vorliegt bzw. in denen eine bundeseinheitliche Bewertung fehlt.

Die Bewertung der DRGs erfolgt auf Basis der Werte im Verhältnis zum Aufwand, den die Leistungen im Verhältnis zum Durchschnitt aller im Fallpauschalenkatalog angegebenen Leistungen verursachen. Die unbewerteten Leistungen erfordern krankenhausindividuelle Vereinbarungen, die mit den Leistungsspektren der Krankenhäuser korrespondieren.

Die Abrechnungsbestimmungen definieren die Regeln zur Abrechnung der Fallpauschalen und Zusatzentgelte. Der Fallpauschalenkatalog wird auf Bundesebene kalenderjährlich weiterentwickelt und vereinbart. Das Institut für das Entgeltsystem im Krankenhaus (InEK) besitzt die dominierende Rolle bei der Weiterentwicklung des DRG-Fallpauschalenkatalogs zusammen mit den beteiligten Krankenhäusern.

09. Erklären Sie den Katalogeffekt.

Im Fallpauschalenkatalog werden die Entgelte jährlich neu vereinbart. Dabei wird die Bewertung und Definition der Entgelte verändert, sodass der direkte Vergleich der Leistungen unterschiedlicher Perioden nicht möglich ist.

Der Katalogeffekt beschreibt die Veränderung der Höhe der Bewertung der Fallpauschalen, die sich infolge der Zuordnung der gleichen Leistungsdaten zu Katalogen ergibt, die in unterschiedlichen Perioden gültig sind.

10. Was beschreiben die Begriffe Bewertungsrelation und Relativgewicht?

Die Begriffe Bewertungsrelation und Relativgewicht beschreiben denselben Sachverhalt. Mit ihnen wird die Relation der Wertigkeit beschrieben, die zwischen den Fallpauschalen besteht.

Die Relation der Wertigkeit einer Fallpauschale wird im Verhältnis zum Durchschnitt aller bewerteten Fallpauschalen dargestellt. Dabei erhalten schwere Fälle ein höheres Relativgewicht als leichte Fälle.

Die Bewertungsrelationen bilden die Basis für die Höhe der zu entrichtenden Vergütung der einzelnen Fallpauschalen. Die Kalkulation der Bewertungsrelationen führt das InEK auf Basis der Ergebnisse der bundeseinheitlichen Fallkostenkalkulation durch. Relativgewichte werden im Fallpauschalenkatalog grundsätzlich mit drei Nachkommastellen angegeben.

11. Was ist ein Basisfallwert?

Der Basisfallwert ist die Vergütung eines Entgeltes für eine Fallpauschale, die mit einem Relativgewicht von 1.000 bewertet ist. Von 2003 bis 2008 bestand für die Krankenhäuser die Möglichkeit, krankenhausindividuelle Basisfallwerte zu vereinbaren. Seit 2009 wird der Basisfallwert einheitlich auf Landesebene (Landesbasisfallwert) vereinbart.

12. Welche Differenzierungen des Case-Mix gibt es? Beschreiben Sie diese.

Case-Mix	Der Case-Mix gibt die Summe aller Bewertungsrelationen aller in einem Krankenhaus erbrachten Fallpauschalen an. Dies kann monatlich oder auch jährlich erfolgen.
Effektiver Case-Mix	Der effektive Case-Mix berücksichtigt zusätzlich zum Case-Mix die evtl. anzusetzenden Zu- oder Abschläge der oberen oder unteren Grenzverweildauer.
Case-Mix-Index	Der Case-Mix-Index ist der Quotient aus Case-Mix und Fallzahl.
Effektiver Case-Mix-Index	Der effektive Case-Mix-Index ist der Quotient aus effektivem Case-Mix und Fallzahl.

Der Case-Mix berechnet sich im folgenden Beispiel so:

Anzahl Fälle	Bewertungsrelation	Anzahl Fälle · Bewertungsrelation
181	1,123	203,263
451	3,018	1.361,118
Σ 632	Σ 4,141	Σ 1.564,381

Hieraus lässt sich der Case-Mix-Index berechnen:

$$\frac{1.564{,}381}{632} = 2{,}475$$

Bei einem Landesbasisfallwert von 3.000,00 € wird das DRG-Erlösbudget wie folgt berechnet:

$1.564{,}381 \cdot 3.000 = 4.693.143$

13. Was gibt die Verweildauer an?

Die Verweildauer gibt den Zeitraum an, den ein Patient im Krankenhaus stationär aufgenommen ist. Der Fallpauschalenkatalog unterteilt die Verweildauer in untere Grenzverweildauer (UGVD), mittlere Verweildauer (MGVD) und obere Grenzverweildauer (OGVD).

4.5 Rechnungswesen und Controlling

Beim Unterschreiten der unteren Grenzverweildauer bzw. Überschreiten der oberen Grenzverweildauer hat das Krankenhaus Ab- bzw. Zuschläge anzurechnen. Die mittlere Verweildauer gibt die durchschnittliche Verweildauer eines Patienten im Rahmen einer bestimmten Leistung an. Bei Unterschreiten der mittleren Verweildauer müssen die Krankenhäuser in Verlegungsfällen in andere Krankenhäuser Abschläge anrechnen.

14. Welche Bedeutung hat die Angabe der Haupt- und Nebendiagnosen bei der Abrechnung von DRG-Fallpauschalen?

Die Hauptdiagnose stellt nach Maßgabe der Deutschen Kodierrichtlinien die Diagnose dar, die für einen Krankenhausaufenthalt eines Patienten verantwortlich ist. Diese Vorgaben wurden von der Weltgesundheitsorganisation (WHO) entwickelt.

Die Hauptdiagnose bei Anwendung der Bundespflegesatzverordnung ist im Gegensatz dazu diejenige Diagnose, die den höchsten ökonomischen Aufwand verursacht hat.

Die Nebendiagnosen haben eine Bedeutung, weil sich der Schweregrad einer Fallpauschale erhöhen kann, sodass ein höheres Relativgewicht die Folge ist. Die Hauptdiagnose und die Angabe der behandlungsrelevanten Nebendiagnose nehmen daher einen entscheidenden Einfluss auf die Höhe der Vergütung. Die genaue Art und Weise der Verschlüsselung bzw. Kodierung der Diagnosen ist in den Deutschen Kodierrichtlinien (DKR) angegeben, die jeweils kalenderjährlich vereinbart werden. Dabei ist die jeweils gültige Version der ICD-10-GM (International Classification of Diseases, German Modification) anzuwenden, die ebenfalls kalenderjährlich erscheint.

15. Welche Bedeutung hat die Angabe der Operationen und Prozeduren bei der Abrechnung von DRG-Fallpauschalen?

Neben den Diagnosen sind die Operationen und Prozeduren zu verschlüsseln. Prozeduren beschreiben eindeutig definierte therapeutische oder diagnostische Maßnahmen.

Operationen und Prozeduren sind nach Maßgabe der OPS-301 SGB V (Operationen- und Prozedurenschlüssel) in der jeweils kalenderjährlich geltenden Version zu dokumentieren. Die Vorgaben, nach denen Operationen und Prozeduren zu verschlüsseln bzw. zu kodieren sind, ist den Deutschen Kodierrichtlinien zu entnehmen.

16. Was beschreiben Komplexitäten und Komorbiditäten?

§ 17b KHG regelt, dass das DRG-System neben der Zuordnung eines Falles zu einer DRG-Fallpauschale auch die Komplexitäten und Komorbiditäten abzubilden hat. Daher müssen sowohl die Komplikationen und besonders aufwendigen Leistungen, die bei einem vergleichsweise unauffälligen Krankheitsverlauf (Komplexitäten) nicht auftreten als auch Begleiterkrankungen (Komorbiditäten) berücksichtigt werden.

Der CCL-Wert (Complication and Comorbidity Level) dokumentiert den ökonomischen Aufwand, der sich aus den zusätzlichen Nebendiagnosen ergibt. Die kodierten Nebendiagnosen mit den zugeordneten CCL-Werten werden zum PCCL-Wert (Patient Clinical Complexity Level) zusammengeführt und dokumentieren den Schweregrad des individuellen Patientenfalls. Die PCCL-Werte sind in fünf Kategorien unterteilt:

PCCL-Wert 0	Keine Komplikation oder Komorbidität
PCCL-Wert 1	Leichte Komplikation oder Komorbidität
PCCL-Wert 2	Mäßig schwere Komplikation oder Komorbidität
PCCL-Wert 3	Schwere Komplikation oder Komorbidität
PCCL-Wert 4	Äußerst schwere Komplikation oder Komorbidität

Die PCCL-Werte bilden das Kriterium, nach denen die Fallpauschalen nach Schweregraden ökonomisch unterteilt werden. Daneben kann auch das Alter des Patienten oder die Dauer des Behandlungsfalles zu einer ökonomischen Differenzierung führen. Bis zu 9 Schweregrade pro Fallpauschale sind zu unterscheiden. Die Z-DRGs besitzen keinen Differenzierungsgrad.

17. Welchen Mitteilungspflichten haben die Krankenhäuser im Rahmen des DRG-Systems nachzukommen?

Mitteilungspflichten bestehen für die Krankenhäuser einerseits im Datenaustausch mit den Krankenkassen der GKV und andererseits in der Übermittlung von Krankenhaus- und DRG-Daten an das Institut für das Entgeltsystem im Krankenhaus (InEK).

Nach § 108 SGB V zugelassene Krankenhäuser haben den Krankenkassen der GKV-Patienten Informationen auf Grundlage des § 301 SGB V im Wege der elektronischen Datenübertragung oder maschinell verwertbar auf Datenträgern zu übermitteln. Die Krankenhäuser haben ggf. Abschläge wegen nicht gelieferter DRG-Daten gemäß § 21 KHEntgG i.V.m. § 5 der Vereinbarung über die Übermittlung von DRG-Daten in Höhe von 10 € hinzunehmen.

Die Aufnahmemitteilung mit den Angaben der Krankenversichertenkarte, der Aufnahmediagnose und der aufnehmenden Fachabteilung ist innerhalb von drei Tagen ab Aufnahmedatum der Krankenkasse zu übersenden. Spätestens nach drei Tagen hat die jeweilige Krankenkasse mitzuteilen, ob eine Kostenübernahme ausgestellt werden kann oder nicht.

Die Entlassungsmitteilung mit allen Behandlungsdiagnosen und OPS-Schlüssel sowie Nennung der Fachabteilungen muss spätestens nach drei Tagen nach Entlassung des Patienten aus dem Krankenhaus der Krankenkasse übermittelt werden.

Rechnungen sollten spätestens sieben Tage nach Entlassung der Krankenkasse übermittelt werden. Begründete Verlängerungsanzeigen müssen vor Ablauf der Kostenübernahmen vom Krankenhaus der Krankenkasse übersandt werden. Anforderungen der Krankenkasse bzgl. medizinischer Begründungen sind unverzüglich und ohne Verzögerung zu bearbeiten.

Die Mitteilungspflichten des § 301 SGB V nehmen einen großen Einfluss auf die Einhaltung der Zahlungsverpflichtungen der Krankenkassen. Störungen verursachen in

4.5 Rechnungswesen und Controlling

der Regel Zahlungsverzögerungen. Daher ist es eine wichtige Aufgabe eines Krankenhauses für einen komplikationslosen Ablauf des „§ 301 SGB V"-Prozesses Sorge zu tragen.

Dadurch wird den Krankenkassen auch die Einhaltung ihrer Zahlungsziele ermöglicht. Eine zeitnahe und korrekte Verschlüsselung der Diagnosen und OPS-Schlüssel ist für die Einhaltung der Fristen unabdingbar. Bei Änderung der Kodierung werden die entsprechenden Mitteilungen storniert und neu versandt. Fehlerhafte Datensätze dürfen von den Krankenkassen zurückgewiesen werden.

Die Mitteilungspflichten nach § 21 KHEntgG gegenüber dem Institut für das Entgeltsystem im Krankenhaus (InEK) dienen der Pflege und Entwicklung des DRG-Systems. Zum 31.03. jeden Jahres übermitteln die Krankenhäuser auf maschinenlesbaren Datenträgern, die in § 21 Abs. 2 KHEntgG genannten Krankenhaus- und DRG-Daten an die DRG-Datenstelle des InEK. Die Daten sind von den Krankenhäusern entsprechend geeigneter Festlegungen der DRG-Datenstelle zu übermitteln.

Die Vereinbarung über die Übermittlung von DRG-Daten ist nach § 21 Abs. 4 KHEntgG und § 21 Abs. 5 KHEntgG geregelt. Diese Vereinbarung wird zwischen der „Deutschen Krankenhausgesellschaft" und den Verbänden der GKV und PKV geschlossen. Für fehlerhaft angelieferte Datensätze haben die Krankenhäuser einen Abschlag von 10 € pro nicht akzeptierten Fall hinzunehmen. Der Abschlagsbetrag erhöht sich auf 15 € wenn das Krankenhaus bereits im Vorjahr Übermittlungspflichten verletzt hat.

18. Wie wird der Preis einer DRG-Fallpauschale berechnet?

Angenommen der Landesbasisfallwert beträgt 3.000 € und es wird die DRG-Fallpauschale B20B mit dem Relativgewicht 3,081 abgerechnet. (Siehe hierzu den Auszug aus dem Fallpauschalenkatalog 2011).

DRG	Partition	Bezeichnung	Bewertungsrelation bei Hauptabteilung
1	2	3	4
B20B	O	Kraniotomie oder große Wirbelsäulen-Operation mit komplexer Prozedur, Alter > 15 Jahre, mit intraoperativem neurophysiologischen Monitoring oder komplexer Diagnose	3,081

Das DRG-Entgelt des Krankenhauses wird wie folgt berechnet:

Wert der DRG-Fallpauschale = Bewertungsrelation der DRG · Landesbasisfallwert
9.243 = 3,081 · 3.000

19. Erklären Sie die Begriffe Minder- bzw. Mehrerlösausgleich.

Erbringt ein Krankenhaus mehr Leistungen als im Rahmen der Budgetvereinbarung mit den Kostenträgern vereinbart, müssen die für diese zusätzlichen Leistungen erzielten

Erlöse bzw. Mehrerlöse anteilig gemäß den gesetzlich vorgeschriebenen Ausgleichssätzen zurückgezahlt werden. Dabei erfolgt die Abwicklung der Mehrerlösausgleiche grundsätzlich über das Budget des Folgejahres.

Das KHRG ist die Grundlage für die dem DRG-System unterliegenden Krankenhäuser, sodass Mehrerlöse, die ab dem Kalenderjahr 2009 erzielt werden, über gesondert abrechnungsfähige Zu- und Abschläge abgewickelt werden. Bei Mindererlösen, wenn die Erlöse nicht die vereinbarte Budgethöhe erreichen, haben die Kostenträger den Krankenhäusern anteilig den Mindererlös zu erstatten.

20. Nennen Sie Strategien, die Krankenhäuser zur Gewinnerzielung anstreben können.

Der Gewinn ergibt sich aus der Differenz aus Erlösen und Kosten. Demnach lässt sich der Gewinn entweder über die Erlöse oder die Kosten beeinflussen. Einen Überblick der möglichen Strategien gibt die folgende Tabelle:

Erlöse	Überschreitung des Budgets durch Mengenerhöhungen (Anzahl der abgerechneten DRGs) und Erhöhung der Budgetsumme in zukünftigen Erlösverhandlungen mit den Kostenträgern.
	Aquisition von Vertragsärzten durch geeignete Marketingmaßnahmen, um möglichst viele Patienten zugewiesen zu bekommen, damit möglichst viele DRGs abgerechnet werden können.
Kosten	Senkung der Fixkosten. Der größte Fixkostenblock sind die Personalkosten, sodass geeignete Personalreduzierungen zur Senkung der Fixkosten führen. Dadurch erfolgt eine Fixkostendegression, die die Fixkosten pro DRG senken.
	Spezialisierung auf bestimmte medizinische Leistungen, um den Ressourcenverbrauch zu senken. Dadurch werden Reibungsverluste vermieden und die Verweildauer gesenkt. Bei frühzeitiger Entlassung werden dieselben Erlöse erzielt als wenn Patienten mehrere Tage länger bleiben und die variablen Kosten gesenkt. Die Betten können aber mit neuen Patienten belegt werden, für die die Krankenhäuser wiederum neue Erlöse erzielen.

21. Nennen Sie Nachteile des DRG-Systems.

Das DRG-System könnte zu einer übermäßigen und unerwünschten Senkung der Verweildauer führen. Bei zu früher Entlassung der Patienten sind die Erkrankungen möglicherweise noch nicht ausgeheilt und die Patienten müssen neu eingewiesen werden (Drehtüreffekt).

Andererseits könnten die Krankenhäuser dazu übergehen, den Behandlungsaufwand zum Nachteil der Patienten dramatisch stark zu minimieren. Damit sind höhere Risiken für die Patienten sowie höhere Kosten für die Kostenträger verbunden. Hinzu kommt, dass Krankenhäuser schwierige Patientenfälle, die einen langen Krankenhausaufenthalt erfordern, abweisen oder kurz nach ihrer Aufnahme in andere Krankenhäuser verlegen. Erhalten die Krankenhäuser für jeden Klinikaufenthalt ein Entgelt, wäre ein Splitting in mehrere Krankenhausaufenthalte möglich.

22. Nennen Sie Gegenmaßnahmen zu Nachteilen des DRG-Systems.

Bei Unterschreiten der unteren Grenzverweildauer haben die Krankenhäuser Abschläge hinzunehmen, sodass die Krankenhäuser keine ökonomischen Anreize haben, Patienten zu früh zu entlassen.

Bei Überschreiten der oberen Grenzverweildauer dürfen die Krankenhäuser Zuschläge zu den Fallpauschalen abrechnen, sodass die Krankenhäuser weniger einen Anreiz haben, schwierige Fälle, die lange Krankenhausaufenthalte erfordern, abzuweisen.

Wiederaufnahmeregelungen schaffen ökonomische Nachteile für Krankenhäuser, wenn Patienten zu schnell entlassen werden bzw. der Behandlungsaufwand pro Behandlungsfall zu gering gehalten wird.

Bei Wiederaufnahmen innerhalb der oberen Grenzverweildauer ab dem ersten Aufnahmedatum in dasselbe Krankenhaus darf nur eine Fallpauschale für beide Fälle abgerechnet werden. Die gleiche Regelung gilt, wenn Patienten aufgrund von Komplikationen, die im Zusammenhang mit der durchgeführten Krankenhausbehandlung des vorhergehenden Krankenhausfalls stehen, wieder in dasselbe Krankenhaus aufgenommen werden.

Ein Splitting in mehrere Behandlungsfälle wird durch Wiederaufnahmeregelungen vermieden, die die Partition einer DRG betreffen. Wird einem Patientenfall eine DRG zugeordnet, die der Partition „M" (medizinisch) oder „A" (andere) angehört, entlassen und binnen 30 Tagen ab Aufnahmedatum des ersten Krankenhausfalles in dasselbe Krankenhaus erneut aufgenommen, dann muss das Krankenhaus eine Fallzusammenführung vornehmen, wenn dem zweiten Krankenhausaufenthalt eine DRG der gleichen Hauptdiagnosegruppe mit der Partition „O" zugeordnet wird, sodass nur eine Fallpauschale abgerechnet werden darf.

Von den Wiederaufnahmeregelungen ausgenommen sind Fallpauschalen, die im Fallpauschalenkatalog eine Markierung in der Spalte 13 aufweisen (Ausnahme von Wiederaufnahme). Ausnahmen gelten für Neubildungen, Transplantationen und Beatmungen sowie HIV-Fallpauschalen. Es sind auch alle DRGs für Neugeborene und DRGs der MDC „Schwangere, Geburt und Wochenbett" ausgenommen.

Bei Verlegung von Patienten haben verlegende Krankenhäuser Abschläge hinzunehmen, wenn die mittlere Verweildauer nicht erreicht wird. Die Regelung gilt für die aufnehmenden Krankenhäuser bei verlegten Patienten entsprechend. Die volle Fallpauschale darf nur abgerechnet werden, wenn mindestens die mittlere Verweildauer erreicht ist.

Die Regelungen zur Verlegung sind auch relevant, wenn die zeitliche Differenz zwischen zwei Krankenhausaufenthalten eines Patienten in verschiedenen Krankenhäusern weniger als 24 Stunden beträgt. In diesen Fällen haben sich die Krankenhäuser so zu verhalten, als ob sie die Patienten verlegen würden. Tatsächlich wurden die Patienten jedoch von dem einen Krankenhaus erst nach Hause entlassen und dann von dem anderen Krankenhaus neu aufgenommen.

Von den Verlegungsregelungen ausgenommen sind Krankenhausfälle, wenn die Patienten im verlegenden Krankenhaus weniger als 24 Stunden zugebracht haben. Dabei muss das verlegende Krankenhaus die Verlegungsregelung anwenden, während das aufnehmende Krankenhaus keine Verlegungsabschläge hinnehmen muss, sollte die mittlere Verweildauer nicht erreicht werden. Hinzu kommt, dass bestimmte DRG-Fallpauschalen eine Markierung in der Spalte 12 aufweisen (Verlegungsfallpauschale). Verlegungsfallpauschalen sind von den Verlegungsregelungen ausgenommen.

Ein spezieller Fall der Wiederaufnahme bzw. Verlegung beschreibt die Regel zur Rückverlegung. Wird ein Patient von einem Krankenhaus verlegt und innerhalb von 30 Tagen ab dem Verlegungsdatum vom aufnehmenden Krankenhaus in das erste Krankenhaus zurückverlegt, ist zwingend die Fallzusammenführung vorzunehmen, sodass nur eine Fallpauschale abgerechnet werden darf. Hier sind auch die Fallpauschalen nicht ausgenommen, die eine Markierung in der Spalte 13 (Ausnahme von Wiederaufnahme) aufweisen.

Die Regel zur Rückverlegung ist auch anzuwenden, wenn Patienten mehrfach in verschiedene Krankenhäuser verlegt wurden. Bei den Regelungen zur Wiederaufnahme, Verlegung und Rückverlegung sind zwingend die Regelungen bei Unterschreiten und Überschreiten der Grenzverweildauer anzuwenden, sodass entsprechende Ab- oder Zuschläge entfallen.

23. Nennen Sie jeweils ein Beispiel, wie den Fehlanreizen des DRG-Systems in folgenden Fällen abgeholfen wird.

- Ab- und Zuschläge bei unterer und oberer Grenzverweildauer
- Fallzusammenführung bei gleicher Basis-DRG
- Fallzusammenführung bei Partitionswechsel
- Ausnahmeregel bei Wiederaufnahme
- Fallzusammenführung bei Rückverlegung
- Fallzusammenführung bei Komplikation
- Abschläge bei Verlegungsfallpauschalen

Beispiel 1: Unterschreiten der unteren Grenzverweildauer mit Abschlag					
DRG	Partition	Bezeichnung	Bewertungsrelation bei Hauptabteilung	Untere Grenzverweildauer	
				Erster Tag mit Abschlag	Bewertungsrelation pro Tag
B02B	O	Komplexe Kraniotomie oder Wirbelsäulen-Operation mit Strahlentherapie	7,834	8	0,610
Abrechnung der DRG B02B, der Landesbasisfallwert beträgt 3.000 €.					
Datum	Leistung	Belegungstage	Abrechnung		
07.02.2011	Aufnahme	1			
08.02.2011	Neurochirurgie	2			
09.02.2011	Entlassung	3	B02B ./. 7 Abschlagstage		
Berechnung der Abschlagstage und Erlösermittlung					
1. Abschlagstag	+ 1	- tatsächliche Verweildauer	= Abschlagstage		
8	+ 1	- 2	= 7		
Erlösberechnung: 3.000 € · [7,834 – (7 x 0,610)] = 10.692 €					

4.5 Rechnungswesen und Controlling

Die Formel für die Berechnung der Belegungstage bei Unterschreiten der unteren Grenzverweildauer ist in § 1 Abs. 3 FPV 2011 geregelt. Entlassungs- und Verlegungstage zählen hierbei grundsätzlich nach § 1 Abs. 7 FPV 2011 nicht zu den Belegungstagen, die bei der Berechnung zu berücksichtigen sind.

Beispiel 2: Überschreiten der oberen Grenzverweildauer mit Zuschlag					
DRG	Partition	Bezeichnung	Bewertungsrelation bei Hauptabteilung	Obere Grenzverweildauer	
				Erster Tag zusätzliches Entgelt	Bewertungsrelation pro Tag
D20A	O	Andere Strahlentherapie bei Krankheiten und Störungen des Ohres, der Nase, des Mundes und des Halses	1,339	19	0,157
Abrechnung der DRG D20A, der Landesbasisfallwert beträgt 3.000 €.					
Datum	Leistung	Belegungstage	Abrechnung		
01.03.2011	Aufnahme	1			
02.03.2011	Strahlentherapie	2			
...	...	...			
25.03.2011	Strahlentherapie	25			
26.03.2011	Entlassung	26	D20A + 7 Zuschlagstage		
Berechnung der Zuschlagstage und Erlösermittlung					
Tatsächliche Verweildauer	+ 1	- 1. Zuschlagstag	= Zuschlagstage		
25	+ 1	- 19	= 7		
Erlösberechnung: 3.000 € · [1,339 + (7 x 0,157)] = 7.314 €					

Die Formel für die Berechnung der Belegungstage bei Überschreiten der oberen Grenzverweildauer ist in § 1 Abs. 2 FPV 2011 geregelt. Entlassungs- und Verlegungstage zählen hierbei grundsätzlich nach § 1 Abs. 7 FPV 2011 nicht zu den Belegungstagen, die bei der Berechnung zu berücksichtigen sind.

Beispiel 3: Fallzusammenführung bei Wiederaufnahme innerhalb der oberen Grenzverweildauer					
DRG	Partition	Bezeichnung	Bewertungsrelation bei Hauptabteilung	Obere Grenzverweildauer	
				Erster Tag zusätzliches Entgelt	Bewertungsrelation pro Tag
B76G	M	Anfälle, ein Belegungstag oder ohne komplexe Diagnostik und Therapie	0,574	10	0,091

Abrechnung der DRG B76G, der Landesbasisfallwert beträgt 3.000 €

Datum	Leistung	Belegungstage	Abrechnung
10.03.2011	Aufnahme	1	1. Aufenthalt
11.03.2011	Entlassung	2	B76G
...	...	...	
13.03.2011	Wiederaufnahme	3	2. Aufenthalt
14.03.2011	Entlassung	4	B76G

Regel zur Fallzusammenführung und Erlösermittlung

Die Fallzusammenführung ist chronologisch vorzunehmen, wenn der Patient innerhalb der oberen Grenzverweildauer, bemessen nach der Zahl der Kalendertage ab dem Aufnahmedatum des ersten Krankenhausaufenthalts, wieder aufgenommen wird und für die Wiederaufnahme eine Einstufung in dieselbe Basis-DRG vorgenommen wird.

Im Beispiel wird die obere Grenzverweildauer nach 10 Kalendertagen bzw. am 19.03.2011 erreicht ab Aufnahmedatum des ersten Krankenhausaufenthalts. Die zweite Aufnahme liegt zeitlich innerhalb der oberen Grenzverweildauer des ersten Krankenhausaufenthalts und die abzurechnende DRG ist die gleiche Basis-DRG B76G. Daher sind beide Fälle zusammenzuführen und als ein Fall zu behandeln. Zu beachten ist auch, dass zumindest die untere Grenzverweildauer erreicht wird, anderenfalls wären Abschläge entsprechend Beispiel 1 zu berechnen. Entsprechendes gilt bei Überschreiten der oberen Grenzverweildauer gemäß Beispiel 2.

Erlösberechnung: 3.000 € · (0,574) = 1.722 €

Die Abrechnungsregel erfolgt nach § 2 Abs. 1 Nr. 1 FPV 2011 und § 2 Abs. 2 Nr. 2 FPV 2011. Die Fallzusammenführung wäre auch durchzuführen, wenn einer der beiden Aufenthalte einen anderen Schweregrad haben würde. Beispielsweise, wenn der zweite Aufenthalt in die DRG B76E fallen würde.

4.5 Rechnungswesen und Controlling

Beispiel 4: Fallzusammenführung bei Wiederaufnahme innerhalb 30 Tagen und Partitionswechsel

DRG	Partition	Bezeichnung	Bewertungsrelation bei Hauptabteilung	Obere Grenzverweildauer	
				Erster Tag zusätzliches Entgelt	Bewertungsrelation pro Tag
B76G	M	Anfälle, ein Belegungstag oder ohne komplexe Diagnostik und Therapie	0,574	10	0,091
B20D	O	Anfälle, ein Belegungstag oder ohne komplexe Diagnostik und Therapie	2,213	18	0,170

Abrechnung der DRG B76G bzw. B20D, der Landesbasisfallwert beträgt 3.000 €

Datum	Leistung	Belegungstage	Abrechnung
10.03.2011	Aufnahme	1	1. Aufenthalt
11.03.2011	Entlassung	2	B76G
...	...	...	
15.03.2011	Wiederaufnahme	3	2. Aufenthalt
...	...	...	
22.03.2011	Entlassung	10	B20D

Regel zur Fallzusammenführung und Erlösermittlung

Die Fallzusammenführung ist chronologisch vorzunehmen, wenn der Patient innerhalb von 30 Kalendertagen des ersten Krankenhausaufenthaltes wieder aufgenommen wird und innerhalb der Hauptdiagnosegruppe die erste DRG in die Partition „M" oder „A" fällt und die zweite DRG in die Partition „O".

Im Beispiel gehört die erste DRG der Partition „M" an und die zweite DRG der Partition „O". Beide DRGs gehören derselben Hauptdiagnosegruppe (MDC) an. Da die Wiederaufnahme innerhalb von 30 Tagen ab Aufnahmedatum des ersten Krankenhausaufenthalts fällt, sind beide Fälle zu einem einzigen Fall zusammenzuführen. Zu beachten ist auch hier, dass nach Fallzusammenführung zumindest die untere Grenzverweildauer erreicht wird, anderenfalls wären Abschläge entsprechend Beispiel 1 zu berechnen. Entsprechendes gilt bei Überschreiten der oberen Grenzverweildauer gemäß Beispiel 2. Die Zusammenführung soll hier in die DRG B20D führen.

Erlösberechnung: 3.000 € · 2,213 = 6.639 €

Die Abrechnungsregel erfolgt nach §2 Abs. 2 Nr. 1 FPV 2011 und §2 Abs. 2 Nr. 2 FPV 2011. Die Fallzusammenführung könnte auch den Schweregrad steigern, bedingt durch komplizierende Nebendiagnosen während der ersten Aufnahme. Beispielsweise könnte die Fallzusammenführung dann in die DRG B20B führen.

Beispiel 5: Keine Fallzusammenführung bei Wiederaufnahme aufgrund Ausnahmeregel					
DRG	Partition	Bezeichnung	Bewertungsrelation bei Hauptabteilung	Ausnahme von Wiederaufnahme
				Untere (obere) Grenzverweildauer
A01C	O	Lebertransplantation ohne Beatmung > 59 Stunden, ohne Transplantatabstoßung, ohne kombinierte Nierentransplantation	10,799	X
				8 (45)

Abrechnung der DRG A01C, der Landesbasisfallwert beträgt 3.000,00 €.

Datum	Leistung	Belegungstage	Abrechnung
01.03.2011	Aufnahme	1	1. Aufenthalt
...	...	...	
10.03.2011	Entlassung	10	A01C
...	...	...	
15.03.2011	Wiederaufnahme	11	2. Aufenthalt
...	...	...	
25.03.2011	Entlassung	21	A01C

Ausnahmeregel von Fallzusammenführung und Erlösermittlung

Bei Anwendung der Abrechnungsregel nach § 2 Abs. 1 Nr. 1 FPV 2011 und § 2 Abs. 2 Nr. 2 FPV 2011 wäre eine Fallzusammenführung vorzunehmen. Hinzu kommt jedoch, dass die Fallpauschale in Spalte 13 eine Markierung aufweist, die die Fallpauschale als Ausnahme von Wiederaufnahme auszeichnet. Daher erfolgt nach § 2 Abs. 1 Satz 2 FPV 2011 keine Fallzusammenführung.

Beide Aufenthalte sind separat mit jeweils einer DRG zu vergüten. Dabei sind die Regeln zur Anwendung der Ab- und Zuschläge bei Unter- und Überschreiten der unteren bzw. oberen Grenzverweildauer zwingend anzuwenden. In beiden Fällen wird die untere Grenzverweildauer von 8 Kalendertagen überschritten bzw. die obere Grenzverweildauer von 45 Kalendertagen nicht erreicht.

Erlösberechnung: 3.000 € · 10,799 = 32.397 € und 3.000 € · 10,799 = 32.397 €, insgesamt 64.794 €

4.5 Rechnungswesen und Controlling

Beispiel 6: Fallzusammenführung bei Wiederaufnahme aufgrund Rückverlegung trotz Ausnahmeregel

DRG	Partition	Bezeichnung	Bewertungsrelation bei Hauptabteilung	Ausnahme von Wiederaufnahme
				Untere (obere) Grenzverweildauer
A01C	O	Lebertransplantation ohne Beatmung > 59 Stunden, ohne Transplantatabstoßung, ohne kombinierte Nierentransplantation	10,799	X
				8 (45)

Abrechnung der DRG A01C, der Landesbasisfallwert beträgt 3.000 €

Datum	Leistung	Belegungstage	Abrechnung
01.03.2011	Aufnahme	1	1. Aufenthalt
...	...	...	
10.03.2011	Verlegung	10	A01C
...	...	...	
15.03.2011	Wiederaufnahme aus externem KH	11	2. Aufenthalt
...	...	...	
25.03.2011	Entlassung	21	A01C

Fallzusammenführung aufgrund Rückverlegung und Erlösermittlung

Beispiel 6 entspricht Beispiel 5, hat jedoch anstelle einer Entlassung nach dem ersten Krankenhausaufenthalt eine Verlegung in ein anderes Krankenhaus sowie die zweite Aufnahme eine Wiederaufnahme aus einem externen Krankenhaus. Dadurch ändert sich die Abrechnung dramatisch.

Die Anwendung der Regel nach § 3 Abs. 3 Satz 1 FPV 2011 erzwingt die Fallzusammenführung trotz der Markierung „Ausnahme von Wiederaufnahme". Die Rückverlegung fordert, dass ein Patient in weitere Krankenhäuser verlegt und innerhalb von 30 Kalendertagen ab Verlegungsdatum in dasselbe Krankenhaus zurückverlegt wird. Daher werden beide Fälle zu einem Fall zusammengeführt und mit nur einer DRG vergütet. Dabei sind die Regeln zur Anwendung der Ab- und Zuschläge bei Unter- und Überschreiten der unteren bzw. oberen Grenzverweildauer zwingend anzuwenden. Nach Fallzusammenführung ist die untere Grenzverweildauer von 8 Kalendertagen überschritten bzw. die obere Grenzverweildauer von 45 Kalendertagen nicht erreicht.

Erlösberechnung: 3.000 € · 10,799 = 32.397 € (Beispiel 5 ergibt als Erlös insgesamt 64.794 €)

Die Regel zur Rückverlegung gemäß § 3 Abs. 3 Satz 1 FPV 2011 ist zwingend ausnahmslos bei allen DRG-Fallpauschalen anzuwenden. Die Rückverlegung ist auch anzuwenden, wenn der Patient mehrmals zwischen verschiedenen Krankenhäusern verlegt wurde, aber innerhalb von 30 Tagen in das erste Krankenhaus zurückverlegt wird. Hinzu kommt, dass kombinierte Fallzusammenführungen und Wiederaufnahmen möglich sind. Dabei ist eine chronologische Prüfung vorzunehmen. Die Prüffrist ist immer die des ersten Falles, der die Fallzusammenführung auslöst.

Beispiel 7: Fallzusammenführung bei Wiederaufnahme aufgrund Komplikation				
DRG	Partition	Bezeichnung	Bewertungsrelation bei Hauptabteilung	Ausnahme von Wiederaufnahme
				Untere (obere) Grenzverweildauer
A01C	O	Lebertransplantation ohne Beatmung > 59 Stunden, ohne Transplantatabstoßung, ohne kombinierte Nierentransplantation	10,799	X
				8 (45)
Abrechnung der DRG A01C, der Landesbasisfallwert beträgt 3.000 €				
Datum	Leistung	Belegungstage	Abrechnung	
01.03.2011	Aufnahme	1	1. Aufenthalt	
...	...	...		
10.03.2011	Entlassung	10	A01C	
...	...	...		
15.03.2011	Wiederaufnahme	11	2. Aufenthalt	
...	...	...		
25.03.2011	Entlassung	21	A01C	
Ausnahmeregel von Fallzusammenführung und Erlösermittlung				
Beispiel 7 entspricht Beispiel 5, hat jedoch als Wiederaufnahmegrund eine medizinische Komplikation. Die Erlöswirkung ist entsprechend Beispiel 6 beachtlich. Die Anwendung der Abrechnungsregel nach § 3 FPV 2011 bedingt eine Fallzusammenführung, die wegen einer in den Verantwortungsbereich des Krankenhauses fallenden medizinischen Komplikation vorzunehmen ist. Trotzdem die Fallpauschale A01C in Spalte 13 eine Markierung aufweist, die die Fallpauschale als Ausnahme von Wiederaufnahme auszeichnet, ist eine Fallzusammenführung vorzunehmen und mit einer einzigen Fallpauschale zu vergüten. Dabei sind die Regeln zur Anwendung der Ab- und Zuschläge bei Unter- und Überschreiten der unteren bzw. oberen Grenzverweildauer zwingend anzuwenden. Im angeführten Beispiel wird die untere Grenzverweildauer von 8 Kalendertagen überschritten bzw. die obere Grenzverweildauer von 45 Kalendertagen nicht erreicht. Erlösberechnung: 3.000 € · 10,799 = 32.397 € (Beispiel 5 ergibt als Erlös insgesamt 64.794 €)				

Von der Fallzusammenführung bei Rückverlegung zu unterscheiden ist die Fallzusammenführung aufgrund der Komplikation. Die Rückverlegung ist sachlich durch die Verlegung begründet, während die Komplikation einen medizinischen Grund beinhaltet. Die Regel zur Komplikation gemäß § 2 FPV 2011 ist zwingend ausnahmslos bei allen DRG-Fallpauschalen anzuwenden.

4.5 Rechnungswesen und Controlling

Beispiel 8: Unterschreiten der Mittleren Grenzverweildauer bei Verlegung in ein anderes KH

DRG	Partition	Bezeichnung	Bewertungsrelation bei Hauptabteilung	Mittlere Verweildauer (Abschlag/ Tag bei externer Verlegung)
				Untere (obere) Grenzverweildauer
F41A	A	Invasive kardiologische Diagnostik bei akutem Myokardinfarkt mit äußerst schweren CC	1,938	12,4 (0,123)
				3 (25)

Abrechnung der DRG F41A, der Landesbasisfallwert beträgt 3.000 €.

Datum	Leistung	Belegungstage	Abrechnung
01.03.2011	Aufnahme	1	1. Aufenthalt
...	...	...	
05.03.2011	Entlassung	5	F41A ./. 8 Abschlagstage

Berechnung der Verlegungsabschläge und Erlösermittlung

Im Falle einer Verlegung in ein anderes Krankenhaus ist von dem verlegenden Krankenhaus ein Verlegungsabschlag nach § 3 Abs. 1 Satz 1 FPV 2011 vorzunehmen, wenn die im Fallpauschalen-Katalog ausgewiesene mittlere Verweildauer unterschritten wird.

Aufgerundete mittlere Verweildauer	- tatsächliche Verweildauer	= Abschlagstage
13	- 5	= 8

Erlösberechnung: 3.000 € · [1,938 − (8 × 0,123)] = 2.862 €

Ein anderes Ergebnis ergibt sich, wenn eine Verlegungsfallpauschale wie beispielsweise die DRG F36A angewandt wird, deren mittlere Verweildauer von 35,9 Kalendertagen zwar unterschritten wird, die DRG aber eine Markierung in Spalte 12 „Verlegungsfallpauschale" aufweist. Bei dieser Verlegungsfallpauschale und anderen Verlegungsfallpauschalen kommen dann keine Verlegungsabschläge zur Geltung, sodass die ursprüngliche Bewertungsrelation einer DRG angewandt werden kann.

24. Nennen Sie die Abrechnungsregelungen für teilstationäre Leistungen des DRG-Systems.

Das DRG-System vergütet gemäß § 6 FPV bzw. § 6 Abs. 1 Satz 1 KHEntgG teilstationäre Leistungen mit krankenhausindividuellen tagebezogenen Entgelten. Teilstationäre Leistungen werden ab Aufnahmedatum abgerechnet bzw. ab dem dritten Tag ab Überschreiten der abgerundeten mittleren Verweildauer einer zuvor abgerechneten DRG-Fallpauschale. Von der letztgenannten Regelung sind Leistungen der Onkologie, der Schmerztherapie, HIV und Dialysen ausgenommen.

25. Nennen Sie die Abrechnungsregeln für vor- und nachstationäre Leistungen des DRG-Systems.

Vor- und nachstationäre Aufnahmen erfolgen auf Grundlage des § 115a SGB V. Die vorstationäre Aufnahme dient der Verkürzung des folgenden stationären Aufenthaltes.

Dabei werden Voruntersuchungen wie Röntgen- und Blutbilder erstellt bzw. geklärt, ob eine stationäre Aufnahme notwendig ist.

Bei einer vorstationären Behandlung sind innerhalb von fünf Tagen vor der stationären Aufnahme ambulante Besuche an bis zu drei Tagen möglich. Für die vorstationäre Behandlung wird eine Pauschale abgerechnet, unabhängig davon, wie viele Tage ein Patient in Behandlung gewesen ist.

Die nachstationäre Behandlung dient der Sicherung des Behandlungserfolges. Bei nachstationären Behandlungen sind innerhalb von vierzehn Tagen nach der Entlassung ambulante Besuche an bis zu sieben Tagen möglich. Bei der nachstationären Behandlung wird jeder einzelne Behandlungstag bezahlt.

Bei Abrechnung einer DRG-Fallpauschale dürfen vorstationäre Aufnahmen nicht abgerechnet werden, während nachstationäre Aufnahmen zu vergüten sind, wenn die Summe aus vorstationären, stationären und nachstationären Behandlungstagen die obere Grenzverweildauer überschritten wird.

26. Was sind Belegärzte?

Belegärzte sind in der Regel niedergelassene Vertragsärzte einer Kassenärztlichen Vereinigung, die ihre Patienten in einem Krankenhaus stationär oder teilstationär behandeln. Die Rechtsgrundlage hier bilden der § 18 KHEntgG und § 121 SGB V.

Die Krankenhäuser stellen den Belegärzten für dessen Patienten Belegbetten zur Verfügung. Belegärzte sind grundsätzlich keine Angestellten des Krankenhauses und erhalten keine Vergütung.

27. Nennen Sie die Vorteile belegärztlicher Behandlungen.

Kostspielige Doppeluntersuchungen und Behandlungsbrüche aufgrund unterschiedlicher Therapiekonzepte im ambulanten und stationären Bereich werden vermieden. Hinzu kommt, dass die Patienten in der Arztpraxis und im Krankenhaus vom gleichen Arzt untersucht und behandelt werden.

Das Belegarztwesen hat die Aufgabe, Bruchstellen zwischen ambulanter und stationärer Versorgung zu vermeiden. Dreiseitige Verträge auf Landesebene gemäß § 115 SGB V zwischen Krankenkassen, Krankenhäusern und Vertragsärzten regeln die Förderung des Belegarztwesens.

28. Welche Verträge schließen Patienten bei Belegarztbehandlungen ab?

Belegpatienten schließen mit dem Belegarzt einen Behandlungsvertrag und mit dem aufnehmenden Krankenhaus einen Dienstvertrag ab. Der Vertrag mit dem Krankenhaus umfasst nur die Leistungen der Krankenpflege und der Hotelleistungen wie Unterkunft und Verpflegung.

4.5 Rechnungswesen und Controlling

29. Auf welcher Grundlage werden belegärztliche Leistungen abgerechnet?

Belegärztliche Leistungen werden für gesetzlich versicherte Patienten der GKV mit der Kassenärztlichen Vereinigung nach EBM („Einheitlicher Bewertungsmaßstab") abgerechnet. Privatpatienten erhalten ihre Abrechnung der Belegarztleistungen auf der Grundlage der GOÄ („Gebührenordnung für Ärzte") direkt vom Belegarzt.

Bei Anwendung der GOÄ haben die Belegärzte einen Abschlag von 15 % von den Gebühren der GOÄ hinzunehmen. Bei Operationen werden zwei Abrechnungen erstellt, eine vom Belegoperateur und die andere vom Beleganästhesisten.

30. Auf welcher Grundlage rechnen Belegkrankenhäuser ab?

Krankenhäuser stellen für ihre Leistungen den Krankenkassen bzw. den privaten Krankenversicherungen eine belegärztliche DRG in Rechnung. Der Fallpauschalenkatalog der FPV besitzt dafür einen eigenen Abschnitt, in dem die Bewertungsrelationen bei belegärztlicher Versorgung angegeben sind.

Diese Bewertungsrelationen sind ohne ärztliche Leistungen kalkuliert und umfassen nur die krankenpflegerischen Leistungen und die Hotelleistungen wie Raumnutzung, Diagnosegräte, Operationssaal etc. Belegärzte müssen gemäß § 19 KHEntgG dem Krankenhaus Kosten erstatten, wenn ärztliche Leistungen von angestellten Krankenhausärzten in Anspruch genommen werden.

31. Auf welcher Grundlage wird die Zuzahlung (Eigenbeteiligung) abgerechnet?

Die gesetzlich versicherten Patienten der GKV haben gemäß § 39 Abs. 4 Satz 1 SGB V bei Inanspruchnahme vollstationärer Krankenhausbehandlung eine Zuzahlung von kalendertäglich 10 € für längstens 28 Kalendertage pro Kalenderjahr zu zahlen.

Eine Befreiung von der Zuzahlung ist in sozialen Härtefällen oder bei chronisch Kranken möglich. Patienten haben in diesen Fällen einen Befreiungsantrag bei ihrer Krankenkasse zu stellen. Kinder und Jugendliche, die nicht das 18. Lebensjahr vollendet haben, sind von der Zuzahlung befreit.

Bei teilstationären Behandlungsmaßnahmen entfällt grundsätzlich die Zuzahlungspflicht. Nehmen Patienten im Anschluss an eine vollstationäre Krankenhausbehandlung Rehabilitationsleistungen in Anspruch, für die ebenfalls eine Zuzahlung zu entrichten ist, werden bereits gezahlte Zuzahltage gemäß § 39 Abs. 4 Satz 2 SGB V angerechnet.

Nach Einzug der Zuzahlung gemäß § 43b Abs. 1 SGB V haben die Krankenhäuser die gezahlten Beträge den jeweiligen Krankenkassen zu erstatten. Zahlt ein Versicherter trotz schriftlicher Aufforderung durch das Krankenhaus nicht, hat das Krankenhaus die Zuzahlung im Auftrag der Krankenkasse einzuziehen.

Die zuständige Krankenkasse erstattet dem Krankenhaus je durchgeführtem Verwaltungsverfahren eine angemessene Kostenpauschale nach § 43b Abs. 3 SGBV V, bzw.

trägt die dem Krankenhaus entstanden Kosten für Klagen von Versicherten gegen den Verwaltungsakt. Gelegentlich ziehen die Krankenkassen nicht geleistete Zuzahlungen bei den Patienten selbst ein.

32. Was wird landesvertraglich im Vertrag nach Maßgabe des § 112 SGB V geregelt?

Landesvertraglich sind nach Maßgabe des § 112 SGB V vertragliche Regelungen der Abrechnung zwischen Krankenkassen und Krankenhäusern möglich. Hier können Zahlungsfristen und bei Überschreiten der Zahlungsfristen die Erhebung von Verzugszinsen vertraglich geregelt werden.

Einen weiteren Regelungsbereich stellen die Behandlung von MDK-Fällen und das Erstellen von Korrekturrechnungen dar. Das ist insbesondere für die Krankenhäuser von Bedeutung, da es beim Ausgleich ihrer Rechnungen häufig zu Verzögerungen kommt. Zahlungsverzögerungen treten häufig auch ein, weil die Krankenhäuser den Mitteilungspflichten nach § 301 SGB V nicht nachkommen. Oft besitzen Krankenhäuser in den Bundesländern, in denen eine landesvertragliche Regelung nach § 112 SGB V existiert einen Vorteil gegenüber Krankenhäusern in Ländern, in denen kein solcher Vertrag abgeschlossen wurde.

33. Welche Aufgaben übernimmt der MDK (Medizinischer Dienst der Krankenversicherung) im Rahmen des DRG-Systems?

Die gesetzlichen Krankenkassen haben die Möglichkeit, Notwendigkeit und Dauer der Krankenhausbehandlungen zu überprüfen. Häufig wird bezweifelt, ob vollstationäre Maßnahmen notwendig waren, oder es werden ambulante Versorgungsformen für ausreichend erachtet.

Die Krankenkassen erteilen dem zuständigen MDK einen entsprechenden Gutachtenauftrag zur Überprüfung der DRG-Rechnung. Die Grundlage bildet § 275 SGB V. Prüfungen durch den MDK müssen spätestens sechs Wochen nach Rechnungserhalt eingeleitet werden. Dabei hat der MDK gemäß § 276 SGB V das Recht, die Räumlichkeiten des Krankenhauses zu betreten, um gutachterliche Stellungnahmen über Dauer und Notwendigkeit der stationären Maßnahmen zu erstellen.

Die Krankenkassen haben kein Recht, individuelle Krankenunterlagen ihrer Versicherten einzusehen, jedoch können sie ungerechtfertigt bezahlte Rechnungsbeträge auf Grundlage der MDK-Gutachten von den Krankenhäusern zurückfordern.

Gelegentlich widersprechen die Krankenhäuser den Stellungnahmen des MDK, sodass Verfahren bei den Sozialgerichten eingeleitet werden oder außergerichtliche Vergleiche erfolgen. Krankenhäuser können den Krankenkassen eine Aufwandspauschale von 300 € in Rechnung stellen, wenn die Prüfung des MDK keine Minderung des Rechnungsbetrages ergibt.

4.5 Rechnungswesen und Controlling

34. Wie wird mit Privatpatienten und Selbstzahlern abgerechnet?

Privat Versicherte erhalten ihre DRG-Rechnung direkt oder sie stimmen der direkten Abrechnung des Krankenhauses mit der Privatversicherung zu. Sie müssen dazu schriftlich ihre Einwilligung erteilen, dass den Privatversicherungen ihre medizinischen Daten zugeleitet werden.

Bei Patienten, die keinen Versicherungsschutz besitzen, bzw. bei Selbstzahlern dürfen Krankenhäuser eine angemessene Vorauszahlung verlangen. Zudem dürfen sie gemäß. § 8 Abs. 7 KHEntgG nach acht Tagen eine Abschlagszahlung fordern. Häufig verfügen Selbstzahler über keine ausreichenden finanziellen Mittel, sodass Anträge bei der „ARGE" oder den Sozialabteilungen durch das Krankenhaus gestellt werden müssen. Ein schnell reagierendes Forderungsmanagement kann Krankenhäuser vor Umsatzeinbußen schützen. Letztlich verbleiben die Erlösrisiken bei den Krankenhäusern, wenn keine Vergütung der Krankenhausleistungen erfolgen kann.

35. Nennen Sie weitere Formen der Vergütung des DRG-Systens nach dem Krankenhausentgeltgesetz (KHEntgG).

	Zu- und Abschläge allgemein
DRG-Systemzuschlag § 17b Abs. 5 KHG	Dieser Zuschlag von 1,13 € dient der Finanzierung des InEK und der Kliniken, die in Zusammenarbeit mit dem InEK bei der Kalkulation der Fallpauschalen mitwirken. Die Zuschläge werden an das InEK abgeführt.
G-BA-Systemzuschlag § 91 Abs. 2 SGB V i.V.m. § 139c SGB V	Dieser Zuschlag über 0,80 € dient der Finanzierung des Gemeinsamen Bundesausschusses (G-BA) und des Instituts für Qualität und Wirtschaftlichkeit.
QS-Zuschlag § 17b Abs. 1 KHG i.V.m. § 137 SGB V	Dieser Qualitätszuschlag über 0,59 € wird zwischen Kliniken, Land und Bund geteilt. Die Kliniken führen anteilig die Beiträge an die Institutionen der Qualitätssicherung von Land und Bund ab. Kommen die Krankenhäuser den Verpflichtungen zur Qualitätssicherung nicht nach, haben sie Abschläge hinzunehmen.
	Zu- und Abschläge nur für DRG-Krankenhäuser
Begleitperson § 17b Abs. 1 KHG i.V.m. § 2 Abs. 2 KHEntgG	In medizinisch begründeten Fällen dürfen Krankenhäuser für die Aufnahme von Begleitpersonen 45,00 € pro Tag abrechnen.
Ausbildungszuschlag § 17a Abs. 1 KHG	Der Ausbildungszuschlag dient der Finanzierung von Ausbildungsstätten in den Kliniken. Die Höhe des Zuschlages wird auf Landesebene vereinbart.
Sicherstellungszuschlag § 17b Abs. 1 KHG	Kliniken, die Ressourcen vorhalten, die wegen des geringen Versorgungsbedarfes mit Fallpauschalen nicht kostendeckend finanziert werden können, erhalten den Sicherstellungszuschlag. Dieser Zuschlag ist für 2011 nicht vereinbart.
Sanierungsabschlag § 8 Abs. 9 KHEntgG	Der Sanierungsbetrag der Krankenhäuser für die Krankenkassen beträgt zurzeit 0,5 % der Rechnungsbeträge für stationäre Krankenhausbehandlungen gesetzlich Krankenversicherter.

Die in der Tabelle genannten Zu- und Abschläge sind zwingend auf allen Krankenhausabrechnungen individuell anzugeben. Die Höhe der Zu- und Abschläge wird jährlich neu verhandelt.

Einen Sonderfall bilden Krankenhäuser, die nicht an der Notfallversorgung teilnehmen. Sie müssen einen Abschlag über 50 € hinnehmen. Zudem dürfen auch Abschläge wegen nicht gelieferter DRG-Daten gemäß § 21 KHEntgG i.V.m. § 5 der Vereinbarung über die Übermittlung von DRG-Daten in Höhe von 10 € vorgenommen werden.

Weitere Zuschläge existieren für die elektronische Gesundheitskarte, zur Finanzierung stationärer Kartenlesegeräte der Notfallambulanzen und eine Pauschale über 430 € für stationäre Kartenlesegeräte.

4.5.3.2 Wahlleistungen

01. Wie ist die Abrechnung von Wahlleistungen geregelt?

Der Begriff der Wahlleistung wird in § 2 Abs. 1 KHEntgG definiert. Demnach sind Wahlleistungen Krankenhausleistungen, die hinsichtlich ihres Leistungsumfanges nicht zwingend über die allgemeinen Krankenhausleistungen hinausgehen müssen, sondern lediglich in einer anderen Ausprägung zu erbringen sind.

In § 17 KHEntgG ist geregelt, dass neben den Entgelten der voll- und teilstationären Behandlung andere als allgemeine Krankenhausleistungen als Wahlleistungen gesondert berechnet werden dürfen, wenn die allgemeinen Krankenhausleistungen durch die Wahlleistungen nicht beeinträchtigt werden und die Berechnung zwischen Krankenhaus und Patient vereinbart wurde. § 17 Abs. 1 Satz 3 KHEntgG bestimmt, dass die Entgelte für Wahlleistungen in keinem unangemessenen Verhältnis zu den Leistungen stehen dürfen.

02. Welche Arten von Wahlleistungen gibt es?

Unterschieden wird zwischen ärztlichen Wahlleistungen und nicht-ärztlichen Wahlleistungen. Zu den ärztlichen Wahlleistungen zählt in der Regel die Chefarztbehandlung, während die nicht-ärztlichen Wahlleistungen hauptsächlich Zimmer-Zuschläge für gesondert berechenbare Unterkünfte umfassen. Daneben gibt es auch Zuschläge für Komfortleistungen wie beispielsweise Zeitungen, Wäscheservice und erweiterte Speisenangebote.

03. Wie werden wirksame Wahlleistungsvereinbarungen geschlossen?

Die Voraussetzung für die Wirksamkeit von Wahlleistungsvereinbarungen ist in § 17 Abs. 2 KHEntgG geregelt. Demnach müssen die Wahlleistungen vor ihrer Erbringung schriftlich vereinbart werden. Darüber hinaus ist der Patient vor Abschluss der Vereinbarung über die Höhe der Wahlleistungsentgelte und deren Inhalte zu informieren.

4.5 Rechnungswesen und Controlling

An die Informationen zur Höhe der Entgelte und deren Inhalte hat der Bundesgerichtshof (BGH) bereits 2004 konkrete Anforderungen gestellt:

- Inhaltliche Charakterisierung der wahlärztlichen Leistungen. Dabei muss zum Ausdruck kommen, dass ohne Rücksicht auf die Art und Schwere der Erkrankung die Behandlung durch die liquidationsberechtigten Ärzte sichergestellt werden soll. Zudem ist darauf hinzuweisen, dass die Patienten auch ohne Abschluss einer Wahlleistungsvereinbarung die notwendige medizinische Versorgung erhalten.

- Kurze Erläuterung der Preisermittlung der ärztlichen Leistungen nach GOÄ (Gebührenordnung für Ärzte). Dies umfasst die Leistungsbeschreibung anhand der Ziffern der GOÄ, der Bedeutung der Punktzahlen und Punktwerte sowie die Option, höhere Gebührensätze in Abhängigkeit von Schwierigkeit und Zeitaufwand abzurechnen. Hinzu kommt der Hinweis auf Gebührenminderungen gemäß § 6a GOÄ.

- Patienten sind ausdrücklich darauf hinzuweisen, dass die Vereinbarung von Wahlleistungen erhebliche finanzielle Mehrbelastungen nach sich zieht.

- Patienten sind darauf hinzuweisen, dass die Inanspruchnahme der ärztlichen Wahlleistungen sich zwingend auf alle an der Behandlung beteiligten liquidationsberechtigten Ärzte erstreckt.

- Patienten sind darauf hinzuweisen, dass die GOÄ auf Wunsch eingesehen werden kann, jedoch ist eine ungefragte Vorlage der GOÄ nicht zwingend erforderlich.

04. Nennen Sie die Vertragspartner der Wahlleistungsvereinbarungen.

Aus § 17 Abs. 1 Satz 1 KHEntgG ergibt sich, dass das Krankenhaus Vertragspartner des Patienten ist, obwohl die liquidationsberechtigten Ärzte bei Abschluss einer Wahlleistungsvereinbarung wirtschaftlich profitieren. Demnach sind Wahlleistungen nur solche Leistungen, die mit dem Krankenhaus als Vertragspartner vereinbart wurden. Vereinbarungen zwischen Patient und Arzt erfüllen diese Anforderungen nicht.

05. Wer hat die Wahlleistungen bei Chefarztbehandlung zu erbringen?

Die Wahlleistung Chefarztbehandlung muss zwingend vom Chefarzt erbracht werden. Der BGH hat in einer Grundsatzentscheidung 2007 definiert, dass die den Chefarzt prägenden Wahlleistungen seiner Disziplin persönlich und eigenhändig zu erbringen sind. Dies sind in der Regel die wesentlichen Entscheidungen betreffend der ärztlichen Diagnostik und Behandlung. Eine Möglichkeit zur Delegation folgt aus § 4 Abs. 2 Satz 2 GOÄ, wonach als eigene Leistungen des Arztes nicht nur die von ihm persönlich erbrachten Leistungen gelten, sondern auch die Leistungen, die unter seiner Aufsicht nach fachlicher Weisung erbracht werden.

06. Unterscheiden Sie Regelungen zur Delegation und Vertretung von Chefarztleistungen.

Die *Delegation* umfasst das Übertragen von weniger bedeutenden ärztlichen Leistungen auf nachgeordnete Mitarbeiter, während die *Vertretung* das Übertragen medizinischer Kernleistungen auf Stellvertreter umfasst.

Der BGH hat 2007 entschieden, dass formularmäßige Vertreterregelungen nur zulässig sind, wenn die Verhinderung zum Zeitpunkt des Vertragsabschlusses noch nicht feststeht. Dies muss mit den Patienten schriftlich vereinbart sein, um Gültigkeit zu erlangen. Im Falle vorgesehener Verhinderungen des Wahlarztes haben formularmäßige Vertretervereinbarungen keine Rechtswirksamkeit. Sie sind in Form von Individualabreden zwischen Arzt und Patient zu vereinbaren. Hinzu kommt, dass bei formularmäßigen Vereinbarungen nur der ständige ärztliche Vertreter des Wahlarztes gemäß § 4 Abs. 2 Satz 3 und § 4 Abs. 2 Satz 4 GOÄ als Stellvertreter fungieren kann.

07. Definieren Sie den Begriff der Wahlarztkette.

Vereinbarungen zu wahlärztlichen Leistungen erstrecken sich automatisch auf alle an der Behandlung beteiligten Ärzte innerhalb des Krankenhauses, sofern sie im Rahmen der stationären Behandlung liquidationsberechtigt sind. Darüber hinaus können die Wahlärzte eines Krankenhauses auch Leistungen von externen Ärzten und ärztlich geleiteten Einrichtungen außerhalb des Krankenhauses veranlassen.

Abrechnungsgrundlage ist die GOÄ, sofern die Leistungen von Ärzten erbracht wurden. Im Rahmen voll-, teil- sowie vor- und nachstationärer Leistungen sind die Gebühren um 25 % zu mindern. Belegärzte und andere niedergelassene Ärzte, die stationär tätig werden, mindern nur um 15 %.

08. In welchen Fällen dürfen nicht-ärztliche Wahlleistungen abgerechnet werden?

Die Abrechnungsfähigkeit der nicht-ärztlichen Wahlleistungen richtet sich nach dem individuellen Qualitätsstandard eines Krankenhauses. Demnach müssen besondere zusätzliche Leistungen vorliegen, die vergütet werden können. Zählen die Wahlleistungen zum Regelstandard eines Krankenhauses, dürfen sie nicht abgerechnet werden. Ist beispielsweise ein Krankenhaus ohnehin nur mit 2-Bettzimmern ausgestattet, können keine 2-Bettzimmer als Wahlleistung abgerechnet werden. Dies gilt bei anderen nicht-ärztlichen Wahlleistungen wie Computer, Internet, Telefon, Fax und Fernseher entsprechend.

Die Entgelte für Wahlleistungen dürfen gemäß § 17 Abs. 1 Satz 3 KHEntgG in keinem unangemessenen Verhältnis zu den Leistungen stehen. Der BGH hält Wahlleistungsentgelte für unangemessen hoch, wenn zwischen dem objektiven Wert der Wahlleistung und dem dafür zu entrichtenden Preis ein Missverhältnis besteht, wobei ein auffälliges Missverhältnis nicht erforderlich ist.

Der Deutschen Krankenhausgesellschaft und dem Verband der privaten Krankenversicherung gestattet der § 17 Abs. 1 Satz 4 KHEngG Empfehlungen für nicht-ärztliche Wahlleistungen. Eine Vereinbarung beider Institutionen ist 2002 zustande gekommen. Die Empfehlung unterscheidet zwischen Basispreisen für das Vorhalten von Leistungen für 1- und 2-Bettzimmer-Zuschläge und weiteren Komfortelementen. Je mehr Komfortelemente vorhanden sind, desto höher können Wahlleistungsentgelte ausfallen. Bei unangemessen hohen Entgelten erlaubt § 17 Abs. 1 Satz 5 KHEntgG dem Verband der privaten Krankenversicherung die Herabsetzung auf eine angemessene Höhe.

4.5.4 Gesetzliche Verordnungen bei der Preisgestaltung (BpflV)

01. In welchen Bereichen kommt die Bundespflegesatzverordnung (BpflV) zur Anwendung?

Seit 2003/2004 hat die Bundespflegesatzverordnung nur noch für psychiatrische und psychosomatische Krankenhäuser und Einrichtungen uneingeschränkte Gültigkeit.

02. Wie erfolgt die Abrechnung auf Grundlage der Bundespflegesatzverordnung (BpflV)?

Der Regelungsbedarf der Bundespflegesatzvereinbarung beschränkt sich auf die tagesgleichen Pflegesätze. Die Abrechnung der vor- und nachstationären Aufnahmen erfolgt auf Grundlage des § 115a SGB V. Dialysen gehören nach § 2 Abs. 2 BpflV nicht zu den allgemeinen Krankenhausleistungen.

03. Was sind tagesgleiche Pflegesätze?

Tagesgleiche Pflegesätze entgelten die Krankenhausleistungen mit Festbeträgen pro Aufenthaltstag eines Patienten. Die Abteilungspflegesätze eines Krankenhauses vergüten die medizinischen und pflegerischen Leistungen, während die Basispflegesätze die nicht-medizinischen Leistungen vergüten, z. B. Unterbringung, Verpflegung, Verwaltung etc.

04. Wie werden die tagesgleichen Pflegesätze abgerechnet?

Bei der Abrechnung wird jeder Belegungstag eines Patienten mit einem teil- oder vollstationären Basis- und Abteilungspflegesatz vergütet. Hiervon ausgenommen ist der Entlassungstag, der nur bei den teilstationären Aufnahmen mit abgerechnet wird.

05. Wie wird die Zuzahlung abgerechnet?

Die gesetzlich versicherten Patienten der GKV haben gemäß § 39 Abs. 4 Satz 1 SGB V bei der Inanspruchnahme vollstationärer Krankenhausbehandlung eine Zuzahlung von kalendertäglich 10 € für längstens 28 Kalendertage pro Kalenderjahr zu zahlen.

(Nähere Informationen finden Sie in Kap. Frage 4.5.3.1 Entgeltsysteme für stationäre Leistungen)

06. Welche Aufgaben übernimmt der MDK (Medizinischer Dienst der Krankenversicherung) im Rahmen der Bundespflegesatzverordnung?

Es gelten die gleichen Regelungen des § 275 SGB V wie im Rahmen des DRG-Systems (vgl. Kapitel 4.5.3.1 Entgeltsysteme für stationäre Leistungen).

07. Welche Mitteilungspflichten haben die Krankenhäuser bei Anwendung der Bundespflegesatzverordnung anzuwenden?

Wie im DRG-System gelten auch im Rahmen der Bundespflegesatzverordnung die Regelungen des § 301 SGB V. Bei der Datenübermittlung sind insbesondere die befristeten Kostenübernahmen der Krankenkassen von Bedeutung, zumal die teil- und vollstationären Leistungen kalendertäglich abgerechnet werden. Entsprechende Verlängerungsanträge sind vor Ablauf der Befristung mit Angabe der medizinischen Begründung den Kostenträgern elektronisch zu übermitteln. Da in den psychiatrischen Abteilungen die Patienten sich häufig sehr lange aufhalten, sollten die Krankenhäuser den Krankenkassen regelmäßig Zwischenabrechnungen für zeitlich abgegrenzte Abrechnungszeiträume übermitteln.

08. Welche Nachteile hat die Vergütungsregelung nach der Bundespflegesatzverordnung?

Die Abbildung der Krankenhausleistungen mit einheitlichen Pflegesätzen ist unzureichend, weil es einfachere und schwierigere Fälle gibt, die jedoch alle mit dem tagesgleichen Pflegesatz abgegolten werden.

Zudem sind zumeist die ersten Behandlungstage für die Krankenhausabteilungen am aufwendigsten, da oftmals umfangreiche diagnostische Maßnahmen eingeleitet werden. Bei fortschreitender Genesung der Patienten sinken die pflegerischen und medizinischen Aufwendungen. Die Vergütung ist jedoch bei Anwendung der tagesgleichen Pflegesätze an jedem Belegungstag gleich.

Die Krankenhäuser profitieren daher an möglichst langen Verweildauern der Patienten, weil die variablen Kosten pro weiteren Belegungstag der Patienten sinken. Bei Überschreiten des Budgets reichen ggf. die erzielten Mehrerlöse aus, um die geringeren variablen Kosten zu decken, sodass sich eine Ausdehnung der Verweildauern auch bei flexiblem Budget für die Krankenhäuser lohnen kann. Eine solche Verfahrensweise ist jedoch für das Behandlungsziel einer schnellen Genesung nicht sinnvoll.

Die Vergütungsregelung nach Bundespflegesatzverordnung ist nicht leistungsorientiert und kann zu einer Kostenerhöhung für die Krankenkassen führen. Ökonomische Überlegungen der Krankenhäuser im individuellen Zusammenhang mit der Behandlung von Patienten sind medizinisch nicht sinnvoll.

09. Wie sollen die Schwachstellen der Bundespflegesatzverordnung beseitigt werden?

Das Krankenhausfinanzierungsreformgesetz hat den § 17d KHG ins Krankenfinanzierungsgesetz eingeführt. Damit soll der Weg für die Einführung eines pauschalierenden Entgeltsystems für die bislang vom DRG-System ausgenommenen psychiatrischen und psychosomatischen Einrichtungen ermöglicht werden. Die Einführung des neuen Entgeltsystems ist für 2013 vorgesehen.

4.5 Rechnungswesen und Controlling

Analog zu den Vorgaben des DRG-Systems sollen tagesbezogene Pauschalen die tagesgleichen Pflegesätze ersetzen. Das Vergütungssystem soll den unterschiedlichen Behandlungsaufwand bestimmter medizinisch unterscheidbarer Patientengruppen abbilden und einen praktikablen Differenzierungsgrad aufweisen. Die Entgelte und Bewertungsrelationen werden bundeseinheitlich definiert. Ergänzend können bundeseinheitliche Zusatzentgelte vereinbart werden

Die Ausnahmeregelungen des § 17b KHG für Zu- und Abschläge, zu besonderen Einrichtungen und zur Prüfung von außerordentlichen Untersuchungs- und Behandlungsabläufen mit extrem hohen Kostenunterdeckungen gelten entsprechend. Das Gleiche gilt für die Übertragung der damit verbundenen Arbeiten sowie die Entwicklung und Pflege des neu zu schaffenden Entgeltsystems auf die Vertragsparteien auf Bundesebene. Erstmalig sollen die neuen Entgelte zum 30. September 2012 vereinbart werden. 2013 erfolgt dann die budgetneutrale Einführung.

10. Was besagt die flexible Budgetierung?

Die flexible Budgetierung nach § 12 BpflV enthält finanzielle Ausgleichsmechanismen. Bei Mehrerlösen von bis zu 5 % sind 85 % der Erlöse und bei Mehrerlösen über 5 % sind 90 % der Erlöse von den Krankenhäusern zu erstatten. Mindererlöse werden den Krankenhäusern zu 20 % ausgeglichen.

Die flexible Budgetierung im Rahmen der Mehr- oder Minderleistungen führt zu finanziellen Verlusten. Daher ist es aus Sicht der Krankenhäuser erforderlich, die jeweiligen Haushaltsjahre nach Plan abzuschließen, d. h. es sollte das vereinbarte Budget erlöswirksam realisiert werden.

11. Wie werden Budgets festgelegt?

Die Höhe der Pflegesätze wird auf Grundlage der Budgets festgesetzt. Die einzelnen Krankenhäuser und die Krankenkassen handeln die Budgets aus, die in der Regel ein Jahr im Voraus festgelegt werden. Das Budget errechnet sich nach folgender Formel:

$$\text{Budget} = \frac{\text{Pflegesatz} \cdot \text{geschätzte Fallzahl} \cdot \text{geschätzte durchschnittliche Verweildauer}}{\text{geschätzte Krankenhaustage (Belegung)}}$$

4.5.5 Methoden der Budgetierung

4.5.5.1 Externe Budgetierung

01. Welchem Zweck dient die externe Budgetierung?

Das externe Budget ist der Entgeltbetrag, der einem Krankenhaus als Ergebnis der Budgetvereinbarung für eine Periode, (in der Regel ein Kalenderjahr) zur Verfügung steht. Sie dient daher der Finanzierung eines Krankenhauses. Die Budgetverhandlungen und das resultierende externe Budget stehen für den wirtschaftlichen Erfolg eines Krankenhauses.

Die Aufgabe des Krankenhauscontrollings ist es, die notwendigen Informationen für die externe Budgetierung bereitzustellen, um das Management mit harten Fakten in der Budgetverhandlung mit den Krankenkassen zu unterstützen. Während des Jahres ist auf die Einhaltung des Budgets zu achten.

02. Welche Informationen werden für die Budgetverhandlungen benötigt?

Die Budgetverhandlungen werden primär auf Grundlage der Leistungsdaten eines Krankenhauses geführt. Hinzu kommt, dass für die noch nicht vereinbarten DRG-Fallpauschalen im Budget die Selbstkosten der Leistungen nachzuweisen sind. Krankenkassen verlangen von den Krankenhäusern häufig den Nachweis eines wirtschaftlichen Handelns, der mithilfe von Kostenanalysen geführt werden kann.

03. Welche Aufgaben übernimmt das Krankenhauscontrolling zwischen den Budgetverhandlungen im Rahmen der externen Budgetierung?

Das Krankenhauscontrolling überwacht die Einhaltung der Budgetvorgaben und unterstützt die Entscheidungsträger, bei der Erreichung der dem Budget zugrunde liegenden Sachziele.

Die Budgetüberwachung und Erlössteuerung erfordert den permanenten Vergleich von Kosten und Erlösen. Die Erlöse ergeben sich aus der Multiplikation des Case Mix mit dem jeweiligen Landesbasisfallwert. Der Landesbasisfallwert ist extern vorgegeben, sodass der Case Mix und die Kosten als Steuerungsgrößen verbleiben. Die Instrumente hierzu stellt die interne Budgetierung.

04. Welche Entscheidungsunterstützung kann das Krankenhauscontrolling geben?

Betriebswirtschaftlich optimal ist eine Verweildauer bis zu einem Zeitpunkt, an dem die Differenz aus Kosten und Erlösen maximal ist. Um eine Aussage über die Verweildauer treffen zu können, ist die Kenntnis der individuellen Plankostenkurven eines Krankenhauses bezüglich einer relevanten DRG notwendig.

Zu ihrer Berechnung muss das Krankenhauscontrolling die Kostenstruktur und die Reagibilität auf Auslastungsschwankungen kennen. Die Kostenstruktur zeigt das Verhältnis von fixen und variablen Kosten, während die Reagibilität den Kostenverlauf kennzeichnet.

Die folgende Abbildung zeigt beispielhaft die Plankosten des InEK und eines fiktiven Krankenhauses. Die Strecke A – A zeigt die Verweildauer, an dem das Krankenhaus den größtmöglichen Gewinn unter Berücksichtigung der individuellen Plankosten erwirtschaftet. Die Strecke B – B markiert die Verweildauer, an dem der größtmögliche Gewinn unter Berücksichtigung der Plankostenkurve des InEK erwirtschaftet wird.

4.5 Rechnungswesen und Controlling

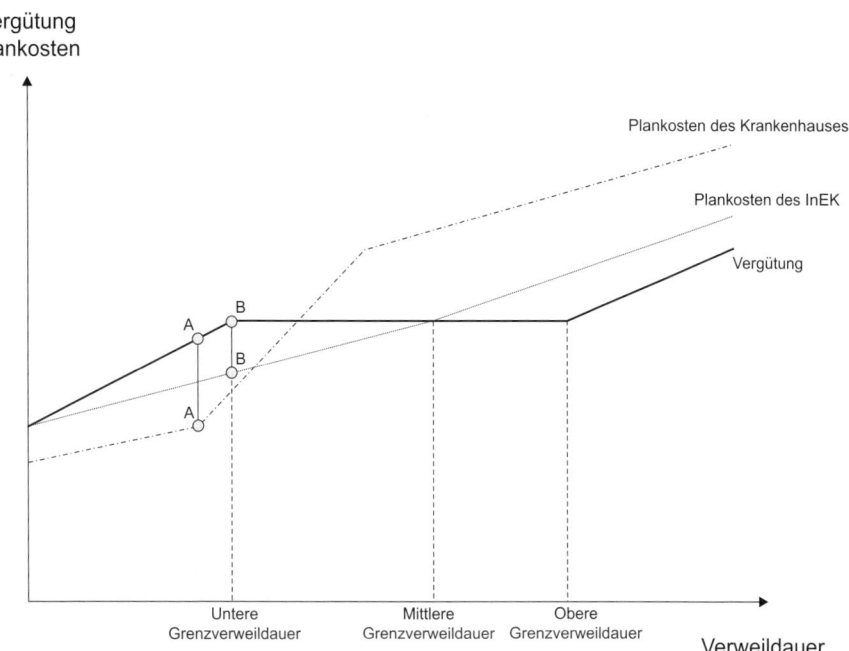

Vergütung und Plankosten in Abhängigkeit von der Verweildauer

Es ist unwahrscheinlich, dass bei jeder DRG eine angemessene Fallzahl vorhanden ist, die zumindest dem Break-even-Point (Schnittpunkt der Kurve der Vergütung und der Plankostenkurve des InEK) entspricht. In der Praxis werden vielmehr die Fallzahlen sowohl in der Gewinnzone als auch im Verlustbereich liegen. Die verlustbringenden DRGs erhalten dabei Subventionen von den gewinnbringenden DRGs.

Hinzu kommen die Opportunitätskosten. Sie können entstehen, wenn die Kapazitäten eines Krankenhauses ausgelastet sind und Kosten in Höhe der entgangenen Erlöse auflaufen, weil beispielsweise keine neuen Patienten aufgenommen werden können.

05. Warum kann die Ausdehnung der Verweildauer zu einer Fehlsteuerung führen?

Das Ziel eines Krankenhauses, maximale Erlöse durch Ausdehnung der Verweildauer eines Patienten zu erreichen, führt zu wenig rationalen Entscheidungen, zumal die Kostenseite vollständig ausgeblendet wird und keine Opportunitätskosten berücksichtigt werden.

Ein solches Vorgehen würden auch zu Konsequenzen bei den Krankenkassen führen, die MDK-Begutachtungen gemäß § 275 SGB V durchführen, um die Verweildauern zu überprüfen. Die Zuschläge bei Überschreiten der oberen Grenzverweildauer wären durch die festgestellten Fehlbelegungstage wieder zu streichen, sodass der Erlöseffekt langfristig nicht zum Tragen kommt.

06. Warum kann die Verkürzung der Verweildauer zu einer Fehlsteuerung führen?

Das Institut für das Entgeltsystem (InEK) kalkuliert die Bewertungsrelation eines durchschnittlichen Krankenhauses mit durchschnittlicher Plankostenkurve, sodass die Kosten exakt bei der mittleren Verweildauer gedeckt werden. Demnach liegt das Deckungsbeitragsmaximum bei der unteren Grenzverweildauer. Durch diese Festlegung könnten die Krankenhäuser versucht sein, die Verweildauer auf die untere Grenzverweildauer zu senken, um einen möglichst hohen Gewinn aus der Differenz von Erlösen und Kosten zu erzielen. Ein solches Vorgehen scheitert jedoch gleich aus mehreren Gründen:

- Die Kosten sind gerade zu Beginn einer Behandlung am größten und verringern sich, je länger die Behandlung dauert, zumal die Fixkosten unverändert bleiben und die variablen Kosten sinken. Die individuelle Kostenkurve eines Krankenhauses kann einen völlig anderen Verlauf haben als die durchschnittliche Plankostenkurve, die dem InEK als Berechnungsgrundlage dient, sodass erst eine interne Kostenanalyse Aufschluss gibt, zu welchem Zeitpunkt die Spanne zwischen Erlösen und Kosten am größten ist.

- Die Krankenkassen führen insbesondere bei Fällen, die eine Verweildauer nahe der unteren Grenzverweildauer aufweisen, MDK-Begutachtungen nach § 275 SGB V durch. Es wird unterstellt, dass die Patienten aus organisatorischen oder anderen nicht-medizinisch bedingten Gründen bis zum Erreichen der unteren Grenzverweildauer im Krankenhaus verbleiben, damit keine Abschläge von der Bewertungsrelation hingenommen werden müssen. Aus den Begutachtungen des MDK nach § 275 SGB V ergeben sich häufig Fehlbelegungstage, sodass die Krankenhäuser Abschläge von der Bewertungsrelation hinnehmen müssen.

- Die Entscheidung, Patienten nahe der unteren Grenzverweildauer zu entlassen, ist rein technisch begründet, während die medizinischen Aspekte vollständig ausgeblendet werden. Eine zu frühe Entlassung könnte die Wiederaufnahme zur Folge haben, sodass vom Krankenhaus entsprechende Fallzusammenführungen vorzunehmen sind, die in der Summe zu einem deutlich geringeren Erfolg unter Berücksichtigung der Gesamtkosten führen.

- Krankenhäuser können bei Komplikationen, die im Zusammenhang mit der Krankenhausbehandlung stehen, in die Haftung genommen werden, wenn Patienten einen Schaden erleiden. Das kann auch eine negative Wahrnehmung eines Krankenhauses in der Öffentlichkeit und in den Medien zur Folge haben, sodass sich künftige Patienten in andere Krankenhäuser einweisen lassen.

07. Auf welcher Grundlage werden Entgelt-, Budget- und Pflegesatzverhandlungen geführt?

Die Vorgaben zur Durchführung von Entgelt-, bzw. Budget- und Pflegesatzverhandlungen werden aus dem KHG in Verbindung mit dem KHEntgG abgeleitet. Dies gilt sowohl für die Entgeltverhandlungen im DRG-System als auch für die BpflV.

4.5 Rechnungswesen und Controlling

08. Beschreiben Sie den Verlauf der Entgelt-, bzw. Budget- und Pflegesatzverhandlungen.

Aufforderung zur Verhandlung
Die Verhandlungen sollen so rechtzeitig geführt werden, dass die Genehmigung der Vereinbarung vor Beginn des Vereinbarungszeitraumes erteilt werden kann. Die fehlenden Rahmenvorgaben ließen in den letzten Jahren die Umsetzung dieser Regel nicht zu, obwohl es unerlässlich ist, rechtzeitig zu den Verhandlungen aufzufordern. Die Aufforderung zur Verhandlung sollte durch das Krankenhaus schriftlich an die Vertragsparteien auf örtlicher Ebene gehen. In den letzten Jahren wurde regelmäßig unterjährig verhandelt, sodass die Aufforderung zur Verhandlung erst im Laufe des zur Verhandlung stehenden Vereinbarungszeitraumes erfolgte.

Strukturgespräch
Strukturgespräche sollen nach Aufstellung der internen Leistungsplanung und Strategieentwicklung für den Vereinbarungszeitraum aber vor Versand der Forderungsunterlagen an die Vertragsparteien erfolgen. Das Strukturgespräch dient der Vorklärung relevanter Sachverhalte wie geplanten Veränderungen in den Leistungsschwerpunkten und Leistungsumfängen. Sie können beispielsweise durch Chefarztwechsel eintreten oder durch Veränderungen der medizinischen Kapazitäten durch die Landeskrankenhausplanung. Signalisieren die Vertragspartner, dass die geplanten Veränderungen für nicht vereinbarungsfähig erachtet werden, kann die strategische Planung überdacht oder durch weitere Argumente untermauert werden.

Aufstellung der Forderung
Nach dem Strukturgespräch sind die Forderungsunterlagen nach Maßgabe der vorgegebenen Formulare zur AEB (Bereich der Psychiatrie zur LKA) sowie ergänzender Berechnungsschemata der Länder zu erstellen. Die Forderung umfasst die Leistungsplanung und die Berechnung der Ausgleiche sowie Zu- und Abschläge. Ein Schwerpunkt ist die Leistungsplanung, die auf Grundlage der Vorjahresleistungen bzw. des laufenden Vereinbarungszeitraumes unter Einbeziehung geplanter Leistungsveränderungen aufgestellt wird. Die Forderungsunterlagen sollten rechtzeitig aufgestellt, intern diskutiert und ggf. überarbeitet werden. Die aus den mit der Forderung an den Verhandlungspartner übermittelten Informationen sollen nachvollziehbar sein. Die Vertragspartner führen im Vorfeld eine systematische und inhaltliche Fehlerprüfung durch. Der Termin zur Übersendung der Forderungsunterlagen wird zwischen den Verhandlungspartnern abgestimmt und liegt in der Regel vier bis sechs Wochen vor dem Verhandlungstermin. Die Übersendung der Forderung erfolgt per E-Mail und in Papierform.

Interne Vorbereitung des Verhandlungstermins
Die internen Vorbereitungen dienen der Zusammenstellung ergänzender Unterlagen, die die Verhandlungspartner im Vorfeld der Verhandlung einfordern können. In der Regel ist es sinnvoll, ergänzende Kalkulationsunterlagen bzw. Informationen zur Leistungsentwicklung vorzubereiten, die beim Verhandlungstermin vorgelegt werden können.

Vor dem Verhandlungstermin sollte geprüft werden, ob für den Abschluss der Vereinbarung alle notwendigen Nachweise vorliegen. Zudem sollte das Krankenhaus eine Verhandlungslinie festlegen, um auf die Verhandlungsangebote der Verhandlungspartner reagieren zu können.

Verhandlungsverlauf

Beim Verhandlungstermin erläutert das Krankenhaus seine Forderung. Offene Fragen der Verhandlungspartner werden geklärt. Daran schließt sich eine getrennte Beratung der Verhandlungspartner und das erste Angebot der Kostenträger an. In der Regel erfolgen mehrere Auszeiten, damit die Vertragsparteien über die Annahme, Modifikation oder Ablehnung beraten können. Gesamtpakete können verschiedene Inhalte miteinander verbinden. Der Verhandlungsverlauf ist in einem Einigungs- oder Nichteinigungsprotokoll festzuhalten.

Einigung über die Entgelt-, bzw. Budget- und Pflegesatzvereinbarung

Nach der Einigung sind die Vereinbarungsunterlagen entsprechend den im Bundesland üblichen Mustervereinbarungen zu erstellen. Die unterzeichnete Vereinbarung ist nach Abschluss des Verfahrens bei der Genehmigungsbehörde zur Genehmigung einzureichen, die sie juristisch prüft. Die Vereinbarung tritt zu Beginn des Vereinbarungszeitraumes in Kraft bzw. bei unterjährigen Verhandlungen am ersten Tag des auf die Genehmigung folgenden Monats.

Nichteinigung über die Entgelt-, bzw. Budget- und Pflegesatzvereinbarung

Einigen sich die Vertragspartner nicht, kann das Scheitern der Verhandlungen erklärt und die Schiedsstelle angerufen werden. Eine vorläufige Vereinbarung ist zu schließen, wenn sich die Verhandlungspartner nur auf Einzelaspekte nicht einigen konnten, sodass nur die strittigen Sachverhalte von der Schiedsstelle entschieden werden.

Die Schiedsstelle entscheidet nur auf Antrag eines Verhandlungspartners. Der Antrag an die Schiedsstelle umfasst die Schilderung des Verhandlungsverlaufs und die Darstellung der Verhandlungsposition sowie die Argumentation der Forderung.

Der Antragsgegner erhält Gelegenheit zur Stellungnahme innerhalb einer von der Schiedsstelle gesetzten Frist. Der Antragsteller hält die Möglichkeit zur Erwiderung. Die Schiedsstelle gibt den Verhandlungstermin vor, der gemäß den gesetzlichen Vorgaben innerhalb von sechs Wochen nach Antragstellung anzuberaumen ist. Vor der Schiedsstellenentscheidung können sich die Vertragspartner zum Sachverhalt äußern. Die Schiedsstelle hat Gelegenheit, ergänzende Fragen zum Sachverhalt zu stellen.

Danach beginnt die Verhandlung innerhalb der Schiedsstelle, bei der die Verhandlungspartner nicht zugegen sind. Anschließend verkündet die Schiedsstelle ihre Entscheidung, ggf. nach einem Schlichtungsversuch. Die Entscheidung wird den Verhandlungspartnern schriftlich mitgeteilt und die Vereinbarungsunterlagen werden der Genehmigungsbehörde vorgelegt.

Sollte der Schiedsspruch nach Auffassung eines Verhandlungspartners nicht rechtskonform sein, kann ein Antrag auf Versagung der Genehmigung bei der Genehmigungsbehörde gestellt werden. Ist die Schiedsstellenentscheidung nicht rechtskonform, wird die Genehmigung versagt. Die Versagung wird mit der Rechtsauffassung der Genehmigungsbehörde begründet. Daraufhin hat die Schiedsstelle unter Beachtung der Rechtsauffassung der Genehmigungsbehörde erneut zu entscheiden.

4.5 Rechnungswesen und Controlling

09. Nennen Sie die Vereinbarungsinhalte der Entgelt-, bzw. Budget- und Pflegesatzverhandlungen auf der Grundlage des KHEntgG.

Aufstellung der Entgelte und Budgetermittlung (AEB) nach § 11 Abs. 4 KHEntgG	
E	Entgelte nach § 17b KHG
E1	Aufstellung der Fallpauschalen
E2	Aufstellung der Zusatzentgelte
E3	Aufstellung der krankenhausindividuellen Entgelte nach § 6 KHEntgG
E3.1	Fallbezogene Entgelte (DRGs)
E3.2	Zusatzentgelte
E3.3	Tagesbezogene Entgelte (besondere Einrichtungen, Tageskliniken, tagesbezogene DRGs)
B	Budgetermittlung
B2	Erlösbudget nach § 4 KHEntgG ab dem Kalenderjahr 2009
Zu- und Abschläge für Ausgleiche von Mehr- oder Mindererlösen	

10. Beschreiben Sie die Regelung der Ausgleiche für Mehr- und Minderleistungen.

Nach dem KHRG ist eine Mengenfreigabe für Erlöse nicht vorgesehen, sodass auf örtlicher Ebene entsprechende Vereinbarungen zu treffen sind. Bei Unter- oder Überschreiten der vereinbarten Erlösbeträge kommen gesetzlich vorgegebene Ausgleichsregelungen zum Tragen.

Die Ausgleiche werden auf Grundlage der Gesamtsummenvergleiche vorgenommen. Dabei werden alle summierten Erlöse der Vereinbarung betrachtet, sodass ein Ausgleich erst vorzunehmen ist, wenn die insgesamt erzielten Erlöse vom vereinbarten Erlösbudget abweichen. Dies hat den Vorteil, dass sich die Erlöse anteilig kompensieren können, wenn z. B. bei den DRG-Fallpauschalen Mehrerlöse erzielt werden und bei den Zusatzentgelten Mindererlöse.

Mehrerlöse sind anteilig im folgenden Vereinbarungszeitraum zurückzuzahlen. Der Ausgleichssatz beträgt 65 %. Ausnahmeregelungen gelten für Zusatzentgelte für Arzneimittel und Medikalprodukte, die lediglich zu 25 % zurückzuzahlen sind. Das Gleiche gilt für DRG-Fallpauschalen, die für Schwerverletzte, insbesondere polytraumatisierte Patienten und Schwerbrandverletzte vereinbart wurden. Hinzu kommt, dass auf örtlicher Ebene bei Fallpauschalen mit einem sehr hohen Sachkostenanteil und teuren Fallpauschalen mit schwer planbaren Leistungsmengen im Voraus ein abweichender Ausgleichssatz vereinbart werden soll.

Bei Mindererlösen gilt ein Ausgleichssatz von 20 %. Mindererlöse, die im Bereich der Arzneimittel und Medizinprodukte erzielt wurden, werden nicht ausgeglichen.

Die Abwicklung der Erlösausgleiche erfolgt jeweils im folgenden Jahr über separat zu vereinbarende Zu- bzw. Abschläge, die bei der Leistungsabrechnung gesondert angesetzt werden.

11. Lohnt sich der Mehrerlösausgleich bei Budgetüberschreitung für die Krankenhäuser?

Das Krankenhauscontrolling überwacht im Rahmen der externen Budgetierung den vereinbarten Case Mix. Überschreitet ein Krankenhaus den vereinbarten Case Mix am Jahresende, sind die Mehrerlöse zu 65 % den Krankenkassen zu erstatten, während das Krankenhaus 35 % der Erlöse einbehalten darf. Bei Mindererlösen beträgt der Ausgleich 20 %, der anteilig von den Krankenkassen erstattet wird, wenn das vereinbarte Budget nicht realisiert wird (vgl. Frage 10).

Die Annahme, dass eine Mengenausweitung zu einer Reduktion der Stückkosten und über Lerneffekte zu einem Anstieg der Qualität führt, bedeutet nicht automatisch, dass Krankenhäuser von den Budgetüberschreitungen profitieren. Ob mit den Mehrerlösen ein wirtschaftlicher Erfolg verbunden ist, hängt im Wesentlichen von den zusätzlichen Kosten ab.

Da Krankenhäuser nur unterdurchschnittlich von den Mehrerlösen profitieren, ist es wirtschaftlich sinnvoller, mögliche Mehrerlöse im Voraus zu prognostizieren und im Rahmen der Budgetverhandlungen mit den Krankenkassen zu vereinbaren.

Mengenausweitung und Qualitätssteigerung sind zwar politisch beabsichtigt, aber nicht nur die Quantität bzw. die Fallzahl ist für den Case Mix relevant, sondern auch die Fallschwere.

12. Wie berechnet sich das Erlösbudget B 2 nach § 4 KHEntgG seit dem Kalenderjahr 2009 in der Aufstellung der Entgelte und Budgetermittlung (AEB) nach § 11 Abs. 4 KHEntgG?

Nr.	Berechnungsschritte	Vereinbarung für das laufende Kalenderjahr	Vereinbarungszeitraum
	Ermittlung des Erlösbudgets:		
1	Summe der abzurechnenden Bewertungsrelationen		
2	· abzurechnender Basisfallwert nach § 10 Abs. 8 Satz 7 KHEntgG		
3	= Zwischensumme		
4	+ Zusatzentgelte nach § 7 Abs. 1 Satz 1 Nr. 2 KHEntgG		
5	= Erlösbudget		

Die Summe der effektiven Bewertungsrelationen umfasst alle im Kalenderjahr entlassenen Fälle einschließlich der Überlieger am Jahresbeginn.

Das Erlösbudget gilt einschließlich der Erlöse bei Überschreitung der oberen Grenzverweildauer, der Abschläge bei Unterschreitung der unteren Grenzverweildauer und der Abschläge bei Verlegungen.

4.5 Rechnungswesen und Controlling

13. Nennen Sie weitere relevante Regelungsbereiche im Rahmen der externen Budgetierung.

Krankenhäuser im Bereich der Bundespflegesatzverordnung (BpflV) haben eine Leistungs- und Kalkulationsaufstellung (LKA) zu erstellen. Die Leistungsaufstellungen enthalten die Informationen über die zu erbringenden Leistungen, die Kalkulationsaufstellungen die entsprechenden Kosteninformationen.

Die Formulare enthalten stets die Vereinbarungsdaten des Vorjahres, die Ist-Leistungen des Vorjahres zu Verhandlungsbeginn sowie die Forderung für das laufende Verhandlungsjahr bei Verhandlungsbeginn.

Teilweise verpflichtend sind zudem die folgenden Unterlagen:

- Die vom Jahresabschlussprüfer bestätigte Aufstellung für das abgelaufene Jahr über die Einnahmen aus dem Ausgleichsfonds und den in Rechnung gestellten Zuschlägen, über Erlösabweichungen zum vereinbarten Ausbildungsbudget und über die zweckgebundene Verwendung der Mittel gemäß § 17a Abs. 7 KHG.
- Die vom Jahresabschlussprüfer bestätigte Aufstellung über die Erlöse aus DRGs und bundeseinheitlich bewerteten Zusatzentgelten gemäß § 4 Abs. 3 Satz 10 KHEntgG.
- Die schriftliche Vereinbarung mit der Arbeitnehmervertretung über zusätzliches Pflegepersonal im Vergleich zum Bestand der entsprechend umgerechneten Vollkräfte sowie deren Veränderung.
- Nachweise für die korrekte Überweisung der Erlöse aus dem Systemzuschlag für den G-BA („Gemeinsamer Bundesausschuss") und das IQWIG („Institut für Qualität und Wirtschaftlichkeit im Gesundheitswesen") sowie der Zuschlagsanteile Bund und Land der externen Qualitätssicherung.
- Kalkulationsgrundlagen für hausindividuelle Entgelte

Optional sind ggf. die nachfolgenden Unterlagen:

- Aufstellung der vom InEK bewerteten NUBs inklusive der Kalkulationen
- Qualitätsstatistik nach BQS („Bundesgeschäftsstelle Qualitätssicherung")
- Konformitätserklärungen (Konformitätserklärungen sind schriftliche Erklärungen des Verantwortlichen nach Ablauf einer Konformitätsbewertung für ein Produkt bzw. die Erbringung einer Dienstleistung, beispielsweise für die Durchführung eines Bauchaortenaneurysmas.)
- Psych-PV-Daten (Verordnung über Maßstäbe und Grundsätze für den Personalbedarf in der stationären Psychiatrie)
- Obergrenzenschema
- Ausgleichsberechnungen des Vorjahres und testierte Ausgleichsberechnungen
- Leistungsplanung
- Hochrechnung der laufenden Leistungsdaten
- Tagesordnung

4.5.5.2 Interne Budgetierung

01. Welchem Zweck dient die interne Budgetierung?

Die interne Budgetierung dient der Koordinierung der betrieblichen Aktivitäten und umfasst die Entwicklung, Durchführung und Kontrolle des Budgets.

02. Wie erfolgt die Koordination durch interne Budgets?

Die internen Budgets stimmen die Pläne der verschiedenen Abteilungen ab. Dies betrifft die Planung der Leistungsmengen, der Kapazitätsanforderungen, der Verrechnungspreise und Erlösanteile sowie den Personalbedarf.

Die jeweiligen Fachabteilungen können zwar Patienten aufnehmen, verfügt die OP-Abteilung jedoch über zu wenig Kapazitäten, entstehen für die Patienten Wartezeiten. Solche organisatorischen Mängel im Ablauf wirken erlösmindernd, zumal die Krankenkassen Rechnungsprüfungen des MDK auf Grundlage des § 275 SGB V durchführen, um solche Fehlbelegungszeiten zu ermitteln.

Hinzu kommt, die Koordination der kurz-, mittel- und langfristigen Pläne damit die operativen und strategischen Budgets sicher aufgestellt werden können.

Die internen Budgets stellen das zentrale Lenkungsinstrument innerhalb eines Krankenhauses dar, nach der sich alle Unternehmensaktivitäten ausrichten.

03. Nennen Sie die Ziele der internen Budgetierung.

Die interne Budgetierung ist ein Konzept des Managements zur Reduktion der Komplexität. Sie verfolgt im Wesentlichen drei Ziele:

- Prognose zukünftiger Entwicklungen und damit Reduktion von Unsicherheit.
- Koordination der Teileinheiten und deren Handlungen.
- Motivation der Führungskräfte bzw. Ausrichtung des Leistungsverhaltens aller Beteiligten im Sinne der Gesamtunternehmensziele.

04. Beschreiben Sie die Grundmerkmale der Planung.

Grundmerkmale sind:

- Zukunftsbezogene Reflexion
- Gestaltungsorientierung
- Informationsverarbeitung
- Subjektivität
- Rationalität
- Zielausrichtung.

4.5 Rechnungswesen und Controlling

Die Planung versucht, das zukünftige Handeln zu antizipieren. Dies erfolgt durch einen vorausschauenden Entwurf anzustrebender Ziele und der zu ihrer Realisierung notwendigen Handlungen. Man strebt einen Erkenntnisgewinn an, um zukünftige Entwicklungen zu beeinflussen und die angestrebten Ziele unter Wirtschaftlichkeitsaspekten zu realisieren.

Durch die Planung erfolgt bewusst eine aktive Gestaltung des Geschehens, um Handlungsspielräume aufzubauen. Sie ist ein mehrere Personen umfassender Prozess der Informationsverarbeitung, durch den Handlungsalternativen gewonnen und geordnet werden.

Die an der Planung beteiligten Individuen verfügen über persönliche Erfahrungen und Wertvorstellungen, sodass die Planung subjektiv ist. Subjektivität ist nicht mit Willkür gleichzusetzen, da die Planungstätigkeit stets sachlogisch überprüfbar sein muss.

Planung ist geprägt durch Rationalität, durch bewusstes zielgerichtetes Denken und eine systematische Analyse.

Ein weiteres charakteristisches Merkmal der Planung sind die damit verbundenen Ziele. Sie ist kein Selbstzweck, sondern sie will Unsicherheiten einer ungewissen Zukunft abbauen, um den Unternehmensbestand zu sichern und konkret definierte Unternehmensziele mithilfe geeigneter Maßnahmen erreichen.

05. Beschreiben Sie die Funktionen der Planung.

Selektionsfunktion
Unternehmen sind einer Vielzahl von Umwelteinflüssen ausgesetzt, die das wirtschaftliche Handeln beeinflussen. Der Beitrag der Planung besteht darin, durch planerische Aktivitäten das Feld möglicher Handlungsalternativen auf eine Anzahl relevanter Handlungen zu reduzieren. Dabei besteht allerdings die Gefahr, relevante Tatbestände vorzeitig auszublenden. Neben der Selektion trägt die Planung durch die systematische Zerlegung von umfassenden Problemen in Teilprobleme zur Verringerung der Komplexitätshandhabung bei. Dabei ist die Differenzierung nach sachlichen und zeitlichen Aspekten denkbar. Damit wird die Transparenz der Planung erhöht.

Flexibilisierungsfunktion
Die vorausschauende, gestaltungsorientierte Problemanalyse bei der Planung schafft frühzeitig Handlungsmöglichkeiten, die beim Eintritt bestimmter Ereignisse ohne vorherige Planung nicht mehr realisierbar wären. Auf diese Weise wird Flexibilität geschaffen. Eine Voraussetzung ist, dass relevante Umwelteinflüsse wahrgenommen werden. Die Flexibilisierungsfunktion hängt von der Flexibilität der Planung ab: • Die Planung soll allgemeine Maßnahmen festlegen, die unter vielen denkbaren Bedingungen zielführend sind. • Eventualpläne werden auf Grundlage unterschiedlicher Prämissen aufgestellt. Es wird derjenige Plan realisiert, dessen Planungsprämissen den aktuellen Bedingungen am ehesten entsprechen. • Potenziell notwendige Anpassungen werden mit einbezogen, sodass Entscheidungen auf Basis eines verbesserten Informationsstands zu späteren Zeitpunkten problemnah getroffen werden können. Die planerischen Aktivitäten werden durch individuelles und organisatorisches Lernen begleitet, damit die Planungsgrundlagen, Ziele und Maßnahmen fortlaufend auf Gültigkeit überprüft werden und ggf. notwendige Anpassungen vorgenommen werden können.

Koordinationsfunktion
Die Leistungserstellung im Unternehmen vollzieht sich im Rahmen eines arbeitsteiligen Systems, sodass aufgrund der sachlichen und zeitlichen Abhängigkeiten der verschiedenen Teilbereiche eine Koordination erforderlich ist. Die Koordinationsleistungen der Planung erstrecken sich auf die Ziele und Maßnahmen sowie das Handeln der Beteiligten. Integrierte Gesamtpläne sollen die Komplexität reduzieren. Die Koordinationsleistungen erstrecken sich über den Planungsprozess und finden sich im Planungsergebnis wieder.

Motivationsfunktion
Die Motivationsfunktion der Planung setzt an dem Bestreben an, die Ziele zu einem möglichst hohen Grad zu erreichen. Die Effektivität des Unternehmens hängt im Wesentlichen davon ab, ob das Verhalten der Individuen und Gruppen auf gemeinsame bzw. übergeordnete Ziele ausgerichtet werden kann. Die Planung versucht den beteiligten Individuen konkrete Leistungsziele und Maßnahmen an die Hand zu geben, damit ihr Handeln auf die gemeinsamen Ziele hin ausgerichtet wird. Die Erfüllung hängt davon ab, inwieweit den persönlichen Bedürfnissen Rechnung getragen wird. Um eine Motivationswirkung zu erzielen, ist die Teilnahme der Betroffenen am Planungsprozess erforderlich. Die intensive Auseinandersetzung der Mitarbeiter führt zumeist zur Steigerung der Planungsqualität. Die aktive Teilnahme ist jedoch nur möglich, wenn die individuellen Zielsetzungen nicht bereits vorbestimmt sind.

06. Beschreiben Sie die Dimensionen der Planung.

Die *Inhaltsdimension* differenziert zwischen Zielen und Maßnahmen. Die Zielplanung umfasst die Analyse und Festlegung von angestrebten zukünftigen Zuständen. Die

4.5 Rechnungswesen und Controlling

Maßnahmenplanung setzt sich mit der Konkretisierung der daraus abzuleitenden operativen Tätigkeiten auseinander. Dabei werden die benötigten personellen, sachlichen und finanziellen Ressourcen ermittelt und zugeordnet.

Die *Sachdimension* differenziert nach Planungsebenen. Üblich ist die Einteilung in strategische und operative Planung. Die strategische Planung legt die zukünftigen Aktivitäten eines Unternehmens fest. Dazu werden in der Regel die Chancen und Risiken sowie die Stärken und Schwächen analysiert. Die operative Planung knüpft an die strategischen Planungen an und setzt die Zielsetzungen sachlich und zeitlich in operationale Ziele und Maßnahmen um. Die Pläne können in kurzfristig, mittelfristig und langfristig differenziert werden.

Die *Objektdimension* bezieht sich auf die organisatorischen Bereiche des Unternehmens. Dabei wird zwischen der Planung für das Gesamtunternehmen, die Geschäfts- und Funktionsbereich bzw. der Abteilungen unterschieden. Die Unterscheidung der Geschäftsbereiche in Produkte, Kunden und Regionen ist ebenfalls möglich.

07. Beschreiben Sie die verschiedenen Arten der Plankoordination.

Zeitliche Plankoordination

Flexible und starre Planung
Wird die Planung für mehrere Perioden in eine Folge von Teilplanungen zerlegt, die miteinander verknüpft sind, können zusätzliche Informationen zu einem späteren Zeitpunkt in die Planung einfließen. Stehen die Handlungsalternativen bereits zu Beginn der Planung fest, spricht man von einer starren Planung.

Rollende Planung
Die rollende Planung hat das Ziel, die Pläne für längere Zeiträume an den jeweils neuen Informationsstand anzupassen. Dabei gilt das Prinzip, dass zunächst wenig differenzierte Pläne in bestimmten Abständen in detaillierte Pläne überführt werden.
Bei einer rollenden Dreijahresplanung wird zunächst das erste Jahr detailliert geplant, während die beiden folgenden Jahre planerisch nur grob erfasst werden. Folgt das zweite Jahr, wird es in eine detaillierte Planung überführt. Dieses Verfahren setzt sich jedes Jahr weiter fort.

Revolvierende Planung
Die revolvierende Planung nimmt wie die rollende Planung Anpassungen vor. Der Unterschied besteht darin, dass nicht nur die bloße Fortschreibung der Pläne im Vordergrund steht, sondern stets die Frage gestellt wird, ob der gesamte Planungsansatz vor dem Hintergrund neuerer Daten noch plausibel ist. Damit wird ggf. die gesamte Planung überarbeitet.

Plankoordination gemäß Rangfolge

Horizontale Planung – Simultanplanung
Horizontale Koordinationen verknüpfen die Teilpläne der Geschäfts- und Funktionsbereiche miteinander. Eine Abstimmung ist deshalb erforderlich, da zwischen den Einzelmaßnahmen sachliche und zeitliche Abhängigkeiten bestehen.

Im Rahmen der Simultanplanung werden alle Variablen der Planung gleichzeitig erfasst und auf einen Gesamtplan ausgerichtet. In der Praxis ist dieses Konzept allerdings unrealistisch, weil sich nicht alle Abhängigkeiten gleichzeitig erfassen lassen.

Horizontale Planung – Sukzessivplanung

Die realistische Alternative zur Simultanplanung ist die Sukzessivplanung. Dabei werden die Teilpläne der unterschiedlichen Bereiche des Unternehmens aufeinander aufgebaut. Ausgangspunkt ist der Engpasssektor der Planung.

Vertikale Planung – Top-Down-Planung

Die Ziele werden zunächst für das Gesamtunternehmen formuliert und dienen den nachfolgenden Planungsbereichen als verbindliche Vorgaben. Die Geschäftsbereiche entscheiden, welche operationalen Teilziele und Maßnahmen abgeleitet werden müssen, um die Ziele des Gesamtunternehmens zu erreichen.

Die erarbeiteten Ziele werden immer weiter heruntergebrochen. Problematisch ist, dass der obersten Planungsebene häufig die Kenntnis der Ressourcen der nachfolgenden Planungsbereichen fehlt. Dieses Informationsdefizit kann durch Planungsstäbe behoben werden, führt aber häufig zu Akzeptanzproblemen, weil die Pläne der Teilbereiche zu wenig berücksichtigt werden.

Vertikale Planung – Bottom-Up-Planung

Die Bottom-Up-Planung erstellt Teilpläne auf der untersten Ebene, die den Ausgangspunkt der weiteren Planung darstellen. Damit sollen eine ausreichende Informationsbasis garantiert und die Mitarbeiter zu plankonformen Verhalten motiviert werden. Die Verdichtung der Teilpläne erfolgt bis zur obersten Planungsebene des Gesamtunternehmens. Problematisch ist der hohe Koordinationsaufwand, weil die unterschiedlichen Planungsperspektiven der Teilbereiche zusammengeführt werden müssen.

Vertikale Planung – Gegenstromverfahren

Das Gegenstromverfahren ist die Synthese aus Top-Down- und Bottom-Up-Planung. Die Top-Down-Planung gibt einen groben Rahmenplan vor, an den sich die nachfolgenden Planungsträger ausrichten. Der Rahmenplan wird auf Erreichbarkeit geprüft und in Form von Unterzielen bzw. Teilplänen zunehmend konkretisiert.

Nach dem Top-Down-Vorlauf beginnt der Bottom-Up-Rücklauf ausgehend von der untersten Ebene, um die Ziele und Teilpläne sukzessive zu einem Gesamtplan zu integrieren. Die Koordination erfolgt in der Regel über mehrere Planungsphasen.

08. Beschreiben Sie mögliche verhaltensbezogene Aspekte der Budgetierung.

In einer Organisation existieren oft gegensätzliche Interessen, die auf unterschiedlichen individuellen Werten, Einstellungen oder Motiven basieren können. Interessenskonflikte können auch organisationsbedingt auftreten, wenn beispielsweise die Bereichsleiter von Profit Centern die Gewinne auf Kosten des Gesamtunternehmensgewinns maximieren.

Andererseits besteht zwischen den verschiedenen dezentralen und zentralen Organisationseinheiten ein Informationsgefälle und eine ungleiche Informationsverteilung. Die ungleiche Informationsbasis eröffnet einen Spielraum für opportunistisches Verhalten.

4.5 Rechnungswesen und Controlling

Unterschiedliche Interessen führen zur Ausnutzung eines Informationsvorsprungs, Bildung von „budgetary slacks", und zu kurzfristigem Denken.

- „Budgetary slacks" beschreibt den Einbau stiller Reserven in das Budget, um sich zusätzliche Handlungsspielräume zu verschaffen. „Budgetary slacks" können durchaus sinnvoll sein, wenn mit den gebildeten Reserven unvorhergesehene Störungen ohne Budgetänderungen ausgeglichen werden können.
- Die operative Budgetierung umfasst in der Regel kurze Budgetperioden von bis zu einem Jahr. Organisationseinheiten können dazu verleitet werden, das Kostenbudget entgegen dem eigentlichen Bedarf voll auszuschöpfen, um nicht befürchten zu müssen, dass es in der nächsten Periode gekürzt wird. Aus gesamtunternehmerischer Perspektive ist ein solches Verhalten nicht sinnvoll.
- Die autoritäre Budgetierung kann demotivierend wirken, wenn die betroffenen Mitarbeiter in die Entscheidungsprozesse nicht mit einbezogen werden. Dies erschwert die Identifikation mit dem Unternehmen.

4.5.6 Kostenrechnung und Kalkulation in stationären Einrichtungen

4.5.6.1 Innerbetriebliche Leistungsverrechnung

01. Was bedeutet die Abkürzung KLEE?

KLEE steht für:

- Kostenrechnung
- Leistungsrechnung
- Erlösrechnung
- Ergebnisrechnung.

02. Beschreiben Sie die vier Elemente von KLEE.

Kostenrechnung
Kosten können als der bewertete sachzielbezogene Güterverbrauch einer Abrechnungsperiode definiert werden. Die Kostenrechnung wird in die folgenden Hauptrechnungen gegliedert: • Kostenartenrechnung • Kostenstellenrechnung • Kostenträgerrechnung • Kostenlenkung (Planung und Kontrolle). Die Anlage 4 der Krankenhaus-Buchführungsverordnung (KHBV) gibt die Mindestanforderungen an den Kontenplan vor. Es wird empfohlen die Kontenklassen als Kostenarten nach Artikelgruppen aufzugliedern, die durch ihren Wert oder ihre Anzahl einen hohen Kostenblock darstellen.

Für eine *Kostenträgerrechnung* im Rahmen des DRG-Systems empfiehlt sich eine detaillierte *Kostenartenrechnung*, damit in der Kostenträgerrechnung diese Kostenarten als Einzelkosten direkt den jeweiligen Fällen zugeordnet werden.

Die Grundlage der Kostenstellenrechnung bildet die Anlage 5 der Krankenhaus-Buchführungsverordnung (KHBV). Dieser Kostenstellenplan ist für jedes Krankenhaus verbindlich. Dabei ist in Abhängigkeit von der Struktur des jeweiligen Gesundheitsunternehmens die weitere Differenzierung erlaubt, jedoch eine weitergehende Zusammenfassung unzulässig.

Jede Kostenstelle mit bereichsbezogener Lenkungsfunktion sollte einen selbstständigen Verantwortungsbereich darstellen, damit eine eindeutige Beziehung zwischen Kostenstelle, Leistungen und Kosten hergestellt und eine eindeutige Zuordnung der Kosten möglich wird.

Die verursachungsgerechte Verteilung der Kosten ist sowohl auf der Grundlage gemessener Leistungen über die innerbetriebliche Leistungsverrechnung als auch ohne Leistungsmessung im Umlageverfahren möglich. Im Krankenhaus ist die Verrechnungspreisbildung häufig mit Schwierigkeiten verbunden, zumal die Kosten- und Leistungsdaten oftmals undifferenziert, unvollständig oder ungenau sind.

Kostenträger sind betriebliche Leistungen, die einen Güter- oder Leistungsverzehr ausgelöst haben. Dies können Absatzleistungen oder innerbetriebliche Leistungen sein. Als Kostenträger im Krankenhaus werden aus Sicht der Kostenrechnung die Leistungsempfänger verstanden, durch die die Kosten verursacht werden.

Krankenhausleistungen lassen sich jedoch nicht operationalisieren, sodass auf Größen wie Behandlungsfälle oder DRGs zurückgegriffen werden muss. Die Kostenträgerrechnung dient der Ermittlung von Angebotspreisen und der Bestimmung von Preisuntergrenzen. Dadurch wird die Steuerung des Leistungsprogramms ermöglicht. Dies betrifft insbesondere Krankenhausleistungen, die über DRGs vergütet werden. Hinzu kommt, dass zwischenbetriebliche Vergleiche ermöglicht werden, die Fragen zur Wirtschaftlichkeit oder zur Entscheidung zwischen Eigen- und Fremdfertigung beantwortet.

Die *Kostenträgerstückrechnung* ist eine einzelleistungsbezogene Rechnung, die die Zurechnung der Kosten auf die einzelnen Kostenträger vornimmt, um die Herstellungs- und Selbstkosten für die jeweilige Leistungseinheit zu berechnen. Dazu müssen die Kosten ermittelt werden, die bei der Herstellung und Verwertung einer Mengeneinheit eines Kostenträgers entstehen, damit diese mit den erzielbaren Preisen verglichen werden können. Die folgenden Hauptverfahren werden unterschieden:

- Divisionskalkulation einschließlich Äquivalenzziffernkalkulation
- Zuschlagskalkulation
- Kuppelkalkulation.

Im Rahmen der DRG-Kalkulation des InEK werden die fallbezogenen Behandlungskosten für die DRGs ermittelt, indem die Kosten- und Leistungsdaten aufbereitet werden. Bei der Kalkulation sind Abgrenzungstatbestände hinsichtlich nicht DRG-relevanter Kosten zu beachten.

Die *Kostenträgerzeitrechnung* stellt auf die Kosten einer Rechnungsperiode ab. Die kurzfristige Erfolgsrechnung (Betriebsergebnisrechnung) wird ermöglicht, wenn die Erlöse der verschiedenen Kostenträger den Kosten gegenübergestellt werden. Die Gegenüberstellung ermittelt nicht nur den Betriebserfolg, sondern auch seine Zusammensetzung, gegliedert nach Produktgruppen, Bereichen und Erfolgsquellen etc.

4.5 Rechnungswesen und Controlling

Mit dem Gesamtkostenverfahren auf Vollkostenbasis und dem Umsatzkostenverfahren auf Teilkostenbasis existieren zwei Varianten der kurzfristigen Erfolgsrechnung. Das Gesamtkostenverfahren verrechnet alle Kosten einer Periode und berücksichtigt die Bestandsveränderungen der Zwischen- und Endprodukte. Das Umsatzkostenverfahren verrechnet hingegen die Kosten der abgesetzten Produkte. Der Betriebserfolg wird auf Basis der Differenz zwischen den Erlösen und Selbstkosten der in einer Abrechnungsperiode abgesetzten Leistungen ermittelt.

Die *Kostenlenkung* beinhaltet die Kostenplanung und die Kostenkontrolle. Ein Plankostenrechnungssystem umfasst die Vorausrechnung (Plankostenermittlung), die Nachrechnung (Istkostenrechnung) und die Abweichungsanalyse. Es existieren folgende Konzepte zur Kostenplanung:

- Ableitung aus Vergangenheitswerten
- Schätzung durch Kostenplaner
- Ableitung aus externen Richtwerten
- Planung auf Grundlage analytischer Studien und Berechnungen.

Die *Kostenkontrolle* wertet die angefallenen Kosten aus. Das Ziel ist die Ermittlung derjenigen Kostenanteile, die aufgrund unwirtschaftlicher Aktivitäten innerhalb einer Kostenstelle aufgetreten sind. Diese Kosten sind vom Kostenstellenleiter zu verantworten. Es werden dabei echte bzw. unwirtschaftlichkeitsbedingte Kostenabweichungen und Verbrauchsabweichungen unterschieden.

Die Kostenkontrolle kann durchgeführt werden als:

- Zeitvergleich
- Soll-Ist-Vergleich (Ergebniskontrolle)
- Betriebsvergleich

Leistungsrechnung

Aufgabe der Leistungsrechnung ist die Ermittlung der sachzielbezogenen und bewerteten Leistungen. Sachzielbezogene Leistungen sind beispielsweise Krankenhausleistungen, die durch ein Entgelt vergütet werden. Erträge, die nicht sachzielbezogen erwirtschaftet wurden, dürfen nicht in die KLEE-Rechnung eingehen.

Der Leistungsbegriff umfasst eine mengenmäßige und eine wertmäßige Komponente. Der Mengenbegriff beschreibt die Leistungen als Kombination der Produktionsfaktoren, während der Wertbegriff auf das Ergebnis der Leistung und folglich den Erlös abstellt.

Die Leistung der Krankenhäuser besteht in der Verbesserung des Gesundheitszustandes der Patienten. Diese Primärleistungen sind jedoch nicht quantifizierbar, sodass die Leistung im Krankenhaus anhand der Zahl der Sekundärleistungen als Ergebnis der Betriebsmittelkombination gemessen wird. Zu den Sekundärleistungen zählen die diagnostischen, therapeutischen und pflegerischen Leistungen sowie die Versorgungsleistungen.

Die Leistungsrechnung erfasst als Informationsinstrument die bewerteten Güter und Dienstleistungen, die zur Erreichung des Betriebszwecks zu erstellen bzw. zu planen sind. Die Leistungserfassung sollte in der Regel am Ort des Verbrauchs erfolgen. Dabei dienen die betrieblichen Leistungen als Gegenstück zu den Kosten. Auf dieser Grundlage erhält das Leistungsgeschehen die notwendige Transparenz, die wegen des nicht direkt monetär quantifizierbaren Outputs benötigt wird.

Die Leistungen müssen den Kostenstellen eindeutig zurechenbar sein, damit die Kostenverantwortlichen eindeutige Entscheidungen treffen können. Bei komplexen Abläufen ist die Deckungsgleichheit von Kosten und Leistungen oftmals nur kostenträgerorientiert möglich, wie bei interdisziplinär belegten Krankenstationen mit unterschiedlichen Krankheitsbildern (Leistungen). Eine Alternative besteht darin, die Krankenstationen nach Prozesstiefe zu definieren bzw. nach der Pflegeintensität der Patienten zu strukturieren wie beispielsweise bei Low-Care-Stationen.

Erlösrechnung

Die Erlösrechnung erfasst und strukturiert alle durch die Erstellung und Verwertung von Leistungen zufließenden Werte. Entsprechend der Kostenrechnung lässt sich die Erlösrechnung untergliedern:

- Erlösartenrechnung
- Erlösstellenrechnung
- Erlösträgerrechnung.

Die Erlösartenrechnung unterscheidet spezifische Merkmale der Erlöse. Die Erlösarten entstehen durch ihre Betrachtungsweise, indem die Merkmale Güterentstehung, Sachziel und Bewertung konkretisiert werden.

Die Erlösstellenrechnung untergliedert sich in außer- und innerbetriebliche Rechnungen. Außerbetriebliche Erlösstellen rechnen die Erlöse den Erlösquellen oder Erlösträgern zu. Entsprechend den Kostenstellen sind den Erlösstellen einheitliche Verantwortungsbereiche mit homogenen Absatzbereichen zugeordnet. Die innerbetriebliche Erlösstellenrechnung erlaubt die Analyse von Teilbereichen des Gesundheitsunternehmens.

Die Erlösträgerrechnung rechnet dem Gesundheitsunternehmen zufließende Erlöse den Kalkulationsobjekten zu, für die sich diese direkt als Einzelerlöse erfassen lassen. Die Erlösstellenrechnung offenbart, welchen Unternehmensbereichen die erzielten Erlöse zugeordnet werden können.

Ergebnisrechnung

Das betriebliche Rechnungswesen unterscheidet das extern orientierte Jahresergebnis und das interne Ergebnis. Das externe Ergebnis zeigt den unternehmerischen Gesamterfolg als Überschuss der Erträge über die Aufwendungen, während das interne Ergebnis Erlöse und Kosten gegenüberstellt, um den unmittelbar aus der Leistungserstellung resultierenden Betriebserfolg darzustellen.

Die Zusammenführung der Daten im Rahmen der KLEE-Rechnung kann höchst unterschiedlich erfolgen. Die Qualität der Daten aus der Kosten- und Erlösrechnung bestimmt die Genauigkeit des Erfolgsausweises der Ergebnisrechnung.

03. Was ist das Ziel von KLEE?

KLEE verfolgt primär zwei Ziele, die sich ergänzen: Einerseits sind die Unternehmensprozesse in Kosten-, Leistungs-, Erlös- und Ergebnisgrößen abzubilden, andererseits hat KLEE die Aufgabe, die Planrealisation sowie Entscheidungs- und Verhaltensprozesse zu lenken. Damit erfüllt die KLEE-Rechnung die betriebsinternen Funktionen der Dokumentation, der Information, der Steuerung und Regelung sowie Lenkung.

4.5 Rechnungswesen und Controlling

04. Nennen Sie die krankenhausspezifischen Aufgaben der KLEE-Rechnung.

Die Anforderungen an die KLEE-Rechnung ergeben sich aus der Krankenhaus-Buchführungsverordnung (KHBV). Gemäß § 8 KHBV hat jedes Krankenhaus eine aus der Buchführung herzuleitende Kosten- und Leistungsrechnung zu führen, die die folgenden Aufgaben zu erfüllen hat:

- Betriebsinterne Steuerung
- Beurteilung der Wirtschaftlichkeit und Leistungsfähigkeit
- Ermittlung der Kosten- und Leistungsstruktur.

05. Erläutern Sie die krankenhausspezifischen Aufgaben der KLEE-Rechnung.

Betriebsinterne Steuerung
Ziele sind: - Planung des Leistungsspektrums nach Fach und Spezialität - Planung des Leistungsprogramms nach Art, Menge und Qualität - Kostenplanung auf der Grundlage der Leistungsplanung - Abstimmung des Budgets und Prüfung der Realisierbarkeit. Der Bedarf an Krankenhausleistungen muss ermittelt werden, um die notwendigen Ressourcen bereitstellen zu können. Das gelingt nur mit einer umfassenden Leistungserfassung und -dokumentation. Eine vollständige Kostenplanung kann erst anschließend erfolgen, zumal die geplanten Leistungen die Auslastung bestimmen, die wiederum die Kosten bestimmt. Die interne Leistungsplanung bildet dann die Grundlage für die Budgetverhandlungen mit den Krankenversicherungen und -verbänden für den jeweils folgenden Budgetzeitraum.

Beurteilung der Wirtschaftlichkeit und Leistungsfähigkeit
In der Literatur finden sich eine Vielzahl von Definitionen für die Wirtschaftlichkeit. In Anlehnung an das ökonomische Prinzip kann der Begriff Wirtschaftlichkeit definiert werden, als die Erreichung der medizinisch notwendigen und zweckmäßigen Leistungen mit dem geringst möglichen Mitteleinsatz. Rechnerisch wird die Wirtschaftlichkeit bestimmt, indem das Verhältnis zwischen der günstigsten Kostensituation (Soll-Kosten) und den tatsächlichen Kosten (Ist-Kosten) analysiert wird. Krankenhäuser arbeiten demnach wirtschaftlich, wenn sich die Ist-Kosten im Rahmen der Soll-Kosten bewegen. Um die Wirtschaftlichkeit beurteilen zu können, müssen Leistungen und Kosten quantifiziert werden. Die Teilbereiche, Leistungen und Produkte im Krankenhaus können dann nach dem Maßstab der Wirtschaftlichkeit beurteilt werden. Daher hat die KLEE-Rechnung entsprechend viele Teilinformationen zur Verfügung zu stellen. Im Rahmen interner und externer Betriebsvergleiche (Benchmarking) werden Kostentreiber aufgespürt, Abläufe optimiert und Leistungsschwerpunkte gesetzt, um die Leistungserstellungsprozesse zu optimieren und systematisch zu verbessern. Die Leistungsfähigkeit der Krankenhäuser zeigt sich in den Primär- und Sekundärleistungen bzw. der Behandlung der Patienten und den Leistungen der Diagnostik, Therapie, Pflege und Versorgung. Sie ist gekoppelt mit der Forderung nach wirtschaftlicher Leistungserbringung und der Beschränkung auf die medizinisch notwendigen und zweckmäßigen Leistungen.

Dargestellt werden die Leistungen in der Regel über die Fallpauschalen des DRG-Systems, die Pflegesätze nach der Bundespflegesatzverordnung, durch die vor- und nachstationären Entgeltformen sowie anhand der Gebührenziffern der Gebührenordnung für Ärzte (GOÄ) und des Einheitlichen Bewertungsmaßstabs (EBM).

Ermittlung der Kosten- und Leistungsstruktur

Das Krankenhausfinanzierungsgesetz schreibt die Finanzierung der Investitionskosten und der Betriebskosten der Krankenhäuser über das Budget und die Pflegesätze sowie durch die Vergütung für die vor- und nachstationäre Behandlung und das ambulante Operieren zwingend vor.

Anhand der Leistungs- und Kalkulationsaufstellung (LKA) und der Aufstellung der Entgelte und Budgetermittlung (AEB) müssen die Krankenhäuser die Kosten und Leistungen für den jeweils folgenden Budgetzeitraum genau ermitteln und planen. Die LKA richtet sich dabei nach den Vorschriften der Bundespflegesatzverordnung (BpflV), während die AEB den Vorschriften des Krankenhausentgeltgesetzes (KHEntgG) folgt. Das ermittelte bzw. geplante Budget vereinbaren die Krankenhäuser auf Landesebene anschließend mit den Verhandlungspartnern der Krankenversicherungen und -verbänden.

06. Erläutern Sie die Rechnungssystemvarianten der KLEE-Rechnung.

Istkostenrechnung

Die Istkostenrechnung erfasst und verrechnet die effektiv anfallenden Kosten. Hauptziel ist die Nachkalkulation, in der die erfassten Ist-Kosten der jeweiligen Abrechnungsperiode vollständig auf die Kostenträger verrechnet werden. So wird geklärt, wie viel die jeweiligen Produktionseinheiten effektiv gekostet haben. Die Nachkalkulation erfordert genaue Kalkulationssätze, die mithilfe einer gut ausgebauten Kostenstellenrechnung ermittelt werden können.

Normalkostenrechnung

Die Normalkostenrechnung ersetzt die schwankenden Ist-Kosten durch Durchschnittswerte. Dabei werden den Bezugsgrößen Kosten zugerechnet, die bei normalen Verhältnissen entstehen würden.

Der Vorteil ist, dass eingetretene oder prognostizierte Veränderungen der Kostenstruktur, z. B. Lohn- und Gehaltssteigerungen berücksichtigt werden können. Je größer die Korrekturen sind, desto mehr nähert sich die Normalkostenrechnung der Plankostenrechnung an.

Plankostenrechnung

Kennzeichen der Plankostenrechnung ist die differenzierte Vorausplanung der Gesamtkosten eines Unternehmens für eine bestimmte Planungsperiode nach Kostenarten, Kostenstellen und Kostenträgern.

Plankosten sind die vor Beginn einer Abrechnungsperiode auf der Grundlage der Kapazitäts- und Leistungsplanung unter Berücksichtigung des Wirtschaftlichkeitsprinzips angesetzten Kosten. Die Plankosten sind von den Prognose-, Vorgabe- und Budgetkosten abzugrenzen.

4.5 Rechnungswesen und Controlling

Prognosekosten sind die im Voraus geschätzten, anfallenden Kosten. Bei der aktiven Beeinflussung des künftigen Kostengeschehens werden die Plankosten zu Vorgabekosten. Der Budgetkostenansatz verfolgt die weitere Untergliederung und Dezentralisierung der Kostenvorgaben. Es existieren verschiedene Plankostenrechnungsvarianten:
- Prognosekostenrechnung
- Standardkostenrechnung
- Starre und flexible Plankostenrechnung.

Prognosekostenrechnung

Die Prognosekostenrechnung schätzt die für eine Planperiode zu erwartenden Ist-Kosten voraus. Das Ziel besteht darin, über die erwartenden Kosten einer Planperiode zu informieren. Bei Gegenüberstellung der geplanten Ist-Kosten mit den geplanten Ist-Erlösen wird die Prognose des zukünftigen Erfolgs einer Planperiode möglich. Die Prognoseerfolgsrechnung wird dann zu einem Instrument zur Planung des späteren Unternehmensprozesses auf den Führungsebenen des jeweiligen Unternehmens.

Standardkostenrechnung

Besitzen die Plankosten einen Budget-, Norm-, Richt- oder Vorgabecharakter, wird diese Rechnungsform als Standardkostenrechnung bezeichnet. Die Standardkostenrechnung dient als Instrument der Mitarbeitersteuerung.

Die geplanten Kosten werden als Standard vorgegeben, an dem die Planrealisation bzw. das Mitarbeiterverhalten gemessen wird. Äußere Kosteneinflüsse durch beispielsweise Festpreise müssen ausgeschaltet werden.

Starre und flexible Plankostenrechnung

Die Plankostenrechnung lässt sich in die starre und die flexible Plankostenrechnung untergliedern. Beide Varianten greifen hauptsächlich auf den Beschäftigungsgrad als einzige Kosteneinflussgröße zurück. Bei der starren Plankostenrechnung werden die Plankosten für eine bestimmte Planbeschäftigung einer Planperiode konstant gehalten, unabhängig davon, ob sich wesentliche Plandaten ändern.

Der Vorteil der starren Plankostenrechnung ist, dass durch die Planung sämtlicher Kostenarten die notwendigen Voraussetzungen für die Durchführung laufender Kostenkontrollen und die mittelfristigen Aufgaben der Kostenrechnung geschaffen werden. Die Aussagefähigkeit wird jedoch eingeschränkt, da die Abhängigkeit der Kosten vom Beschäftigungsgrad nicht berücksichtigt wird.

Den Nachteil der starren Plankostenrechnung gleicht die flexible Plankostenrechnung aus, indem die Plankosten in fixe und variable Bestandteile aufgespalten werden. Die Plan-Kosten werden in Form von Soll-Kosten für die jeweilige Istbeschäftigung bestimmt. Dabei werden den Kostenstellen keine festen Beträge mehr vorgegeben, sondern Kostenfunktionen, die aufzeigen sollen, wie sich die Kosten einer Kostenstelle in Abhängigkeit von der Beschäftigung verhalten.

Die flexible Plankostenrechnung kann auf Teil- oder Vollkostenbasis durchgeführt werden. Hauptziel der flexiblen Plankostenrechnung ist die intensive Wirtschaftlichkeitskontrolle.

07. Nennen Sie relevante umfangbezogene Systeme der Kostenrechnung im Krankenhaus.

- Vollkostenrechnung
  - Prozesskostenrechnung
- Teilkostenrechnung
  - Einstufige Deckungsbeitragsrechnung
  - Mehrstufige Deckungsbeitragsrechnung
  - Deckungsbeitragsrechnung mit relativen Einzelkosten
  - Grenzplankostenrechnung
- Zielkostenrechnung
  - Target Costing

08. Beschreiben Sie die einstufige Deckungsbeitragsrechnung.

Die einstufige Deckungsbeitragsrechnung gehört zu den Teilkostenrechnungen und verrechnet die Fixkosten en bloc. Der Deckungsbeitrag ergibt sich aus der Gegenüberstellung der Erlöse und der variablen Kosten.

Definitionsgemäß ist der Deckungsbeitrag der Erlösanteil, der zur Deckung der fixen Kosten bzw. zum Gewinn beiträgt. Deckungsbeiträge können Fallweise, für einzelne DRGs, Fachabteilungen oder ganze Krankenhäuser ermittelt werden. Die einstufige Deckungsbeitragsrechnung hat die folgenden Ziele:

- Kurzfristige Planung und Kontrolle des Periodenerfolgs
- Gewinnschwellenanalyse
- Artikel-/Erzeugnisdeckungsbeiträge der Planungsperiode
- Auswahl des Produktionsprogramms bzw. des Produktionsverfahrens
- Bestimmung unterer Preisgrenzen
- Kalkulation von Zusatzaufträgen
- Entscheidungsgrundlage zwischen Eigenfertigung oder Fremdbezug.

09. Beschreiben Sie die mehrstufige Deckungsbeitragsrechnung.

Die mehrstufige Deckungsbeitragsrechnung entwickelt die einstufige Deckungsbeitragsrechnung weiter, indem der Fixkostenblock weiter ausdifferenziert wird. Sie wird auch stufenweise Fixkostendeckungsrechnung genannt

Der Fixkostenblock wird auf die Ebene der Erzeugnisse, Gruppen von Erzeugnissen, Kostenstellen und Kostenbereiche heruntergebrochen. Die restlichen Fixkosten, die nicht durch Zuordnung verrechnet werden können, zählen zu den unternehmensbezogenen Fixkosten, die von allen Erzeugnisgruppen gemeinsam getragen werden müssen.

Die folgende Abbildung zeigt das mögliche Vorgehen zum Einsatz einer mehrstufigen Deckungsbeitragsrechnung im Gesundheitswesen unter DRG-Bedingungen:

4.5 Rechnungswesen und Controlling

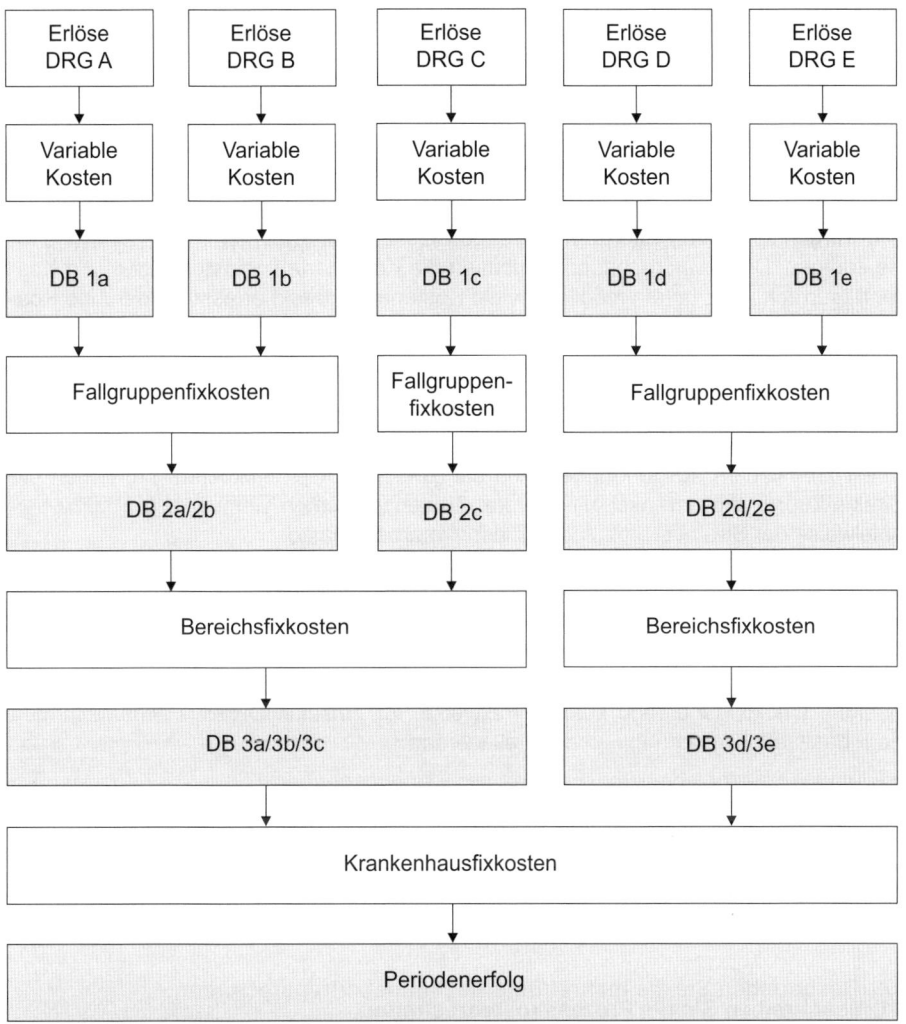

Stufenweise Deckungsbeitragsrechnung eines Gesundheitsunternehmens nach Preuß und Zapp/Torbecke

Der Vorteil der mehrstufigen Deckungsbeitragsrechnung zeigt sich bei der Planung von Profit Centern. Dabei können den Profit Centern über die Deckungsbeitragsrechnung alle verursachten Kosten zugerechnet und steuernde Zieldeckungsbeiträge vorgegeben werden.

Nachteilig ist, dass die Aufspaltung der Fixkosten ohne Schlüsselung auf Zuordnungsobjekte ausgesprochen individuell vorgenommen werden kann und die notwendigen Daten nicht immer in der richtigen Form vorliegen. Zudem sollten nicht zu viele Fixkostenebenen entstehen, damit der Überblick über die Deckungsbeitragsrechnung nicht verloren geht.

10. Beschreiben Sie die Deckungsbeitragsrechnung mit relativen Einzelkosten.

Die Deckungsbeitragsrechnung mit relativen Einzelkosten betrachtet sämtliche Kosten als Einzelkosten. Das Entscheidende ist, dass die Kosten auf die richtigen Objekte bezogen betrachtet werden. Es können Kostenstellen, Maschinen, Abteilungen oder Räume als Bezugsobjekte definiert werden, um alle Kosten und Erlöse mindestens einem Bezugsobjekt zurechnen zu können.

Die Zurechnung kann auch auf Basis des Gesamtunternehmens oder einer Periode erfolgen. Die Grundrechnung kombiniert die Kostenarten-, Kostenstellen und Kostenträgerrechnung, indem möglichst viele Kostenarten direkt erfasst werden und Kostenstellen und Kostenträger um weitere Bezugsgrößen wie Maschinen oder Räume erweitert werden.

Die Kostenarten werden nach dem Identitätsprinzip zugeordnet, um eine eindeutige Zuordnung zu begründen. Die Hierarchie der Bezugsgrößen ordnet jede Kostenart direkt zu. Hiervon ausgenommen sind die „unechten Gemeinkosten" bei denen die direkte Zuordnung unwirtschaftlich wäre. Zu den „unechten Gemeinkosten" zählt beispielsweise der Stromverbrauch der Bildschirmarbeitsplätze.

Bei der Deckungsbeitragsrechnung mit relativen Einzelkosten entfällt die Aufspaltung der Kosten in fixe und variable Bestandteile. Die Differenz zwischen den Erlösen und den direkt zugerechneten Kosten ergibt den Deckungsbeitrag. Übrig bleiben die nicht zugerechneten Gemeinkosten bzw. die Einzelkosten der nächsthöheren Hierarchieebenen. Deckungsbeiträge können Fallweise, für einzelne DRGs, Fachabteilungen oder das Gesamtunternehmen ermittelt werden.

Der Vorteil der Deckungsbeitragsrechnung mit relativen Einzelkosten ist das Vermeiden von Schlüsselungs- und Umlagenproblemen. Die Kostenzuordnung auf der jeweils verantwortlichen Ebene ermöglicht die gezielte Kostenlenkung. In der Praxis wird die Rechnung aber selten angewandt, weil die praktische Umsetzung hohe Anforderungen an die Datenverfügbarkeit stellt.

11. Beschreiben Sie die Prozesskostenrechnung.

Die Prozesskostenrechnung ist ein Kostenrechnungssystem, dass die Gemeinkosten von Vorgängen über Bezugsgrößen verrechnet, die sich an den Vorgangsmengen orientiert. Dadurch werden keine Einzelkosten verrechnet, sondern Folgen von Einzelleistungen, die zusammengefasst, einen Prozess bilden.

Merkmal der Gemeinkostenverrechnung ist, dass keine Kostenstellen oder ermittelbaren wertmäßigen Bezugsgrößen berücksichtigt werden, sondern Prozesse und deren Anzahl. Die folgenden Ziele stehen im Mittelpunkt der Prozesskostenrechnung:

- Transparenz im Gemeinkostenbereich durch Abbildung der Unternehmensprozesse
- Planung und Steuerung der Programm- und Preispolitik, Entscheidungen über Eigen- und Fremdfertigung
- Soll-Ist-Vergleiche zur Kontrolle der Wirtschaftlichkeit

4.5 Rechnungswesen und Controlling

Die Einführung einer Prozesskostenrechnung bedingt die Definition von Prozessen. Prozesse sind die definierte Abfolge von Verrichtungen, die zueinander in Beziehung stehen. Kostenstellenübergreifende Prozesse erfordern die Gestaltung von Teilprozessen, die definiert und ggf. grafisch dargestellt werden.

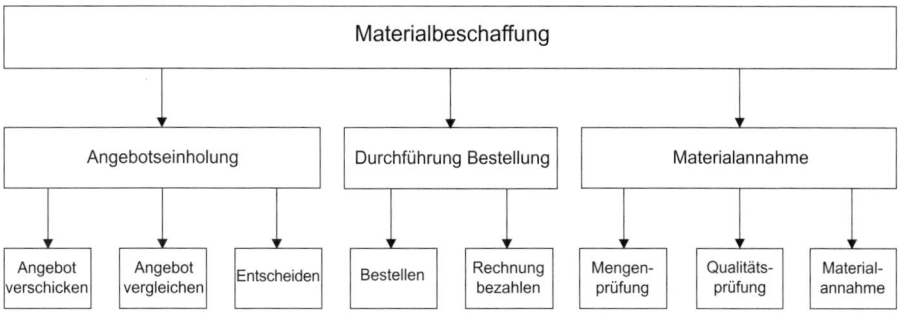

Prozesshierarchie am Beispiel der Materialbeschaffung

Die Prozesskostenrechnung beruht in der Regel auf den Mängeln der Zuschlagskalkulation. In Gesundheitsunternehmen, die stationäre Bereiche unterhalten, bietet es sich an, die Kosten der Leistungserstellungsprozesse heranzuziehen, zumal diese Kosten sich aus einem hohen Fixkostenanteil zusammensetzen.

Die Prozesskostenrechnung schafft durch die Tätigkeitsanalyse und Prozessbildung eine Leistungs- und Kostentransparenz in den Gemeinkostenbereichen, die im Rahmen des DRG-Systems enorm wichtig geworden ist.

12. Beschreiben Sie das System des Target Costing.

Das Target Costing wurde zuerst vom japanischen Unternehmen Toyota als Instrument zur Kostenplanung eingeführt und ist ein Bündel von Kostenplanungs-, Kostenkontroll- und Kostengestaltungsinstrumenten, die in den frühen Phasen der Produkt- und Prozessgestaltung eingesetzt werden, um die Kostenstrukturen frühzeitig mit Blick auf die Marktanforderungen beeinflussen zu können. Die Ziele des Target Costing sind:

- Stärkere Marktorientierung von Beginn der Produktentwicklung an.
- Unterstützung des produkt- und prozessorientierten Kostenmanagements in den weiteren Phasen des Produktlebenszyklus

Die Notwendigkeit zur Einführung eines Kostenmanagements in frühen Phasen des Produktlebenszyklus ergibt sich aus der Tatsache, dass häufig der überwiegende Teil der gesamten Produktlebenszykluskosten durch Entscheidungen in frühen Produktlebenszyklusphasen entstanden sind.

Im Mittelpunkt des Target Costing steht die Frage, wie viel ein Produkt kosten darf und nicht, was es kosten wird. Es existieren verschiedene Konzepte des Target Costing:

„Out of Company"	Die Ziel-Kosten werden aus dem Unternehmen heraus bestimmt.
„Out of Standard Costs"	Die Ist-Kosten bestehender Produkte werden zur Ableitung der Zielkosten genutzt.
„Out of Competitor"	Die Zielkosten werden anhand der Kosten der Konkurrenz festgelegt.
„Market into Company"	Reinform des Target Costing, bei der die Zielkosten von empirisch ermittelten Zielpreisen abgeleitet werden.
„Into and out of Company"	Kompromiss zwischen den Konzepten „Market into Company" und „Out of Company".

Das Konzept „Market into Company" soll näher betrachtet werden, zumal es die weiteste Verbreitung gefunden hat. Das Verfahren des Target Costing gliedert sich in drei Phasen:

- Zielkostenermittlung
- Zielkostenspaltung
- Zielkostenrealisierung.

1. Zielkostenermittlung

Der Zielpreis („target price") wird durch Marktforschung bzw. Analysen zu Kundenwünschen und Konkurrenz festgelegt. Der verbindliche Zielgewinn („target margin") wird aus der Umsatzrentabilität abgeleitet. Die vom Markt erlaubten Kosten („allowable costs") ergeben sich aus der Subtraktion des Zielgewinns vom Zielpreis.

Die vom Markt erlaubten Kosten sind den Produktstandardkosten („drifting costs") gegenüberzustellen. Produktstandardkosten sind diejenigen Kosten, die das Produkt bei Nutzung der vorhandenen Produktionstechnologien und -prozesse kosten würde.

2. Zielkostenspaltung

Um Maßnahmen zur Kostengestaltung finden zu können, werden die für das Gesamtprodukt definierten Zielkosten heruntergebrochen. Die Kosten verteilen sich sodann auf Funktionen, Komponenten oder Teile des Produkts. Es ergibt sich folgender Ablauf:

- Ermittlung, Gewichtung und Strukturierung der vom Markt geforderten Leistungsmerkmale oder Funktionen.
- Ermittlung des Beitrags der Produktkomponenten zur Funktionserfüllung bzw. ihrer relativen Bedeutung.
- Vergleich der relativen Bedeutung der Produktkomponenten zu den jeweiligen Kostenanteilen und Ermittlung des Zielkostenindexes als Maß für zu teure bzw. zu billige Komponenten.

3. Zielkostenrealisierung

Der Zielkostenindex und das Zielkostendiagramm geben Informationen über Ansatzpunkte für Verbesserungen der Komponenten und Kostensenkungen, um die angestrebten Zielkosten zu erreichen.

4.5 Rechnungswesen und Controlling

Liegt der relative Kostenanteil einer Produktkomponente deutlich über der relativen Marktbedeutung, ist diese Komponente zu teuer. Liegt der relative Kostenanteil einer Komponente deutlich unter der relativen Marktbedeutung, ist diese Komponente zu billig. Demzufolge berechnet sich der Zielkostenindex als Quotient aus relativem Kostenanteil und relativer Bedeutung. Die grafische Darstellung erfolgt im Zielkostendiagramm. Anhand dieser Informationen können Maßnahmen zur Kostensenkung bzw. Qualitätssteigerung ergriffen werden.

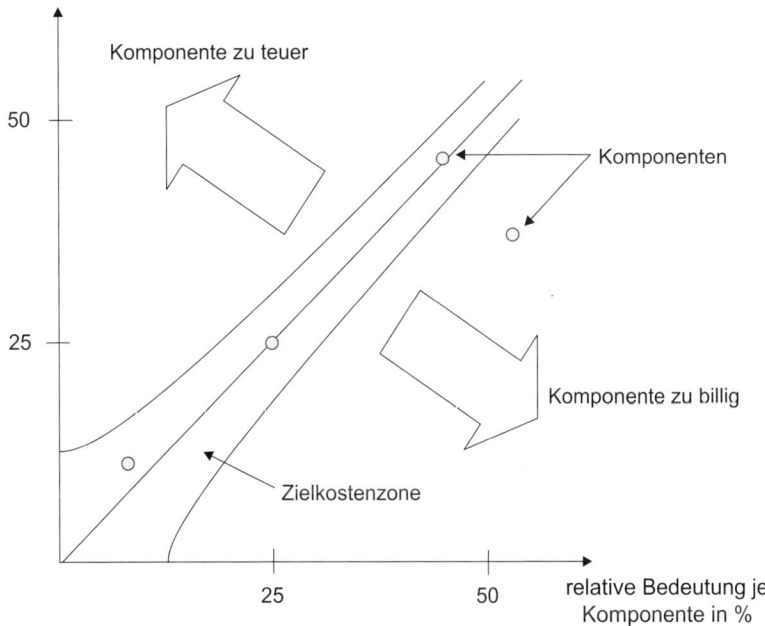

Zielkostenkontrolldiagramm

Um die Zielkostenrealisierung zu unterstützen, stehen Instrumente wie „klinische Behandlungspfade", „Kaizen" oder das „Total Quality Management" (TQM) zur Verfügung. Spezielle Instrumente zur Kostensenkung sind die Wertanalyse, die Prozesskostenrechnung und das Benchmarking.

Die Wertanalyse betrachtet Produkte bzw. die Komponenten als Gesamtheit von Funktionen, um die Frage zu klären, ob diese Produkte oder einzelne Funktionen kostengünstiger zu realisieren sind, als dies im Ausgangsstadium der Fall ist. Die Prozesskostenrechnung dient der Verbesserung der Kostentransparenz der indirekten Leistungsbereiche. Das Benchmarking vergleicht Produkte, Verfahren und Prozesse eines Unternehmens mit denen des „best-practice"-Unternehmens.

13. Auf welcher Grundlage erfolgt die DRG-Kalkulation?

Die Regeln zur Durchführung der DRG-Kalkulation geben das Institut für das Entgeltsystem im Krankenhaus, die Deutsche Krankenhausgesellschaft, der GKV-Spitzenverband" und der Verband der privaten Krankenversicherung vor. Dabei sind folgende Regelungsbereiche von Bedeutung:

- DRG-Fallpauschalen nach § 17b KHG
- Pauschaliertes Entgeltsystem Psychiatrie nach § 17d KHG
- Ausbildungskosten nach § 17a KHG
- Empfehlung für die Kalkulation von Zusatzentgelten.

14. Beschreiben Sie die Regelungsbereiche der DRG-Kalkulation des InEK.

Die jährliche Pflege und Weiterentwicklung des DRG-Systems nach § 17b KHG basiert auf den Kosten- und Leistungsdaten einer Stichprobe deutscher Krankenhäuser. Die Kostendaten werden dabei im Rahmen eines Ist-Kosten-Ansatzes auf Vollkostenbasis anhand der Vorschriften des Kalkulationshandbuches in den an der Kalkulation teilnehmenden Krankenhäusern einheitlich ermittelt.

Die Teilnahme an der Kalkulation ist freiwillig und wird gemäß § 17b Abs. 5 KHG in Abhängigkeit von Anzahl und Qualität der übermittelten Datensätze pauschaliert vergütet. Vor der Teilnahme an der Kalkulation ist der Abschluss einer „Vereinbarung über die Teilnahme an der Kalkulation für die Pflege und Weiterentwicklung des DRG-Systems" (Kalkulationsvereinbarung) erforderlich. Ein Anspruch auf Teilnahme an der Kalkulation besteht nicht.

Auch die Entwicklung des pauschalierenden Entgeltsystems für psychiatrische und psychosomatische Leistungen gemäß § 17d KHG basiert auf den Kosten- und Leistungsdaten einer Stichprobe deutscher Krankenhäuser. Die Vorgehensweise erfolgt analog dem DGR-System.

Nach den Vorgaben des § 17a Abs. 4b Krankenhausfinanzierungsgesetz (KHG) vereinbaren das Institut für das Entgeltsystem im Krankenhaus, die Deutsche Krankenhausgesellschaft, der GKV-Spitzenverband und der Verband der privaten Krankenversicherung jährlich Richtwerte als Basis für die Verhandlungen zur Finanzierung der Ausbildungskosten auf Landes- und Krankenhausebene.

Der Bundesvereinbarung sollen einerseits die Informationen aus der Datenlieferung gemäß § 21 KHEntgG und andererseits zusätzlich erhobene Kosteninformationen aus einer Stichprobe von Ausbildungsstätten zugrunde liegen. Die Teilnahme an der Ausbildungskostenkalkulation ist freiwillig. Gemäß § 17b Abs. 5 KHG wird für die erfolgreiche Teilnahme an der Ausbildungskostenkalkulation eine pauschalierte Vergütung gezahlt. Vor der Teilnahme an der Ausbildungskostenkalkulation ist der Abschluss einer Kalkulationsvereinbarung erforderlich.

Das Institut für das Entgeltsystem im Krankenhaus, die Deutsche Krankenhausgesellschaft, der GKV-Spitzenverband und der Verband der privaten Krankenversicherung

4.5 Rechnungswesen und Controlling

haben eine Empfehlung gemäß § 9 Abs. 1 Satz 1 Nr. 4 KHEntgG für die Kalkulation von Zusatzentgelten vereinbart. Die Hinweise betreffen ausschließlich die Kalkulation von Zusatzentgelten nach § 6 Abs. 1 KHEntgG sowie § 6 Abs. 2 KHEntgG und nicht die Kalkulation von fall- oder tagesbezogenen Entgelten.

Wird von den örtlichen Vertragsparteien ein krankenhausindividuelles Entgelt gemäß § 6 Abs. 2 KHEntgG oder gemäß § 6 Abs. 2a KHEntgG vereinbart, melden die an der Vereinbarung beteiligten gesetzlichen Krankenkassen Art und Höhe des Entgelts an die Vertragsparteien auf Bundesebene. Dabei sind auch die der Vereinbarung zugrunde liegenden Kalkulationsunterlagen und die vom Krankenhaus vorzulegende ausführliche Beschreibung der Methode zu übermitteln. Die Vertragsparteien auf Bundesebene haben das InEK damit beauftragt, die Meldungen stellvertretend in elektronischer Form anzunehmen.

15. Welchen Zweck verfolgt die DRG-Kalkulation auf der Grundlage des Kalkulationshandbuches?

Das Kalkulationshandbuch beschreibt als anwendungsorientierter Leitfaden die Methodik zur Kalkulation fallbezogener Behandlungskosten im Krankenhaus. Die auf diese Weise erzielten Kalkulationsergebnisse dienen der Pflege und Weiterentwicklung des DRG-Systems.

Für die an der Erhebung von Kostendaten zur Weiterentwicklung des DRG-Systems teilnehmenden Krankenhäuser stellen die im Handbuch beschriebenen Kalkulationsverfahren eine verbindlich umzusetzende Vorgabe dar.

16. An welchen methodischen Grundsätzen orientiert sich die Kalkulation des DRG-Systems im Kalkulationshandbuch?

Die Kostenzurechnung auf den Kostenträger „Behandlungsfall" folgt einem Vollkostenansatz auf Ist-Kostenbasis. Dabei werden alle Behandlungsfälle, Leistungen und Kosten des Krankenhauses einbezogen, die nach den geltenden rechtlichen Bestimmungen unter den Vergütungsrahmen des DRG-Systems fallen.

Vom DRG-System nicht erfasste Leistungs- und Kostenanteile sind aus der Kalkulationsbasis auszugliedern. Bezugszeitraum der Kalkulation ist ein abgeschlossenes Kalenderjahr (Datenjahr).

Die für die Kalkulation verwendeten Daten müssen sich aus dem testierten Jahresabschluss des Krankenhauses für das betreffende Datenjahr ableiten. Die Kostenzurechnung auf den Kostenträger unterscheidet zwischen Einzelkosten und Gemeinkosten.

Einzelkosten sind für teure Sachgüter entsprechend dem für den einzelnen Kostenträger dokumentierten Verbrauch, bewertet mit Anschaffungspreisen, zuzurechnen. Die Gemeinkostenzurechnung erfolgt über Bezugsgrößen, die für definierte Leistungsbereiche nach Kostenarten differenziert vorgegeben sind.

17. Beschreiben Sie die Vorgehensweise der Kalkulation des DRG-Systems im Kalkulationshandbuch.

Ausgangspunkt der Kalkulation sind die gemäß KHBV gegliederten Aufwandsarten in der Finanzbuchhaltung, die durch die Kostenstellenrechnung je Kostenstelle ausgewiesen werden.

Die Gesamtkosten des Krankenhauses werden sowohl in der Kostenartenrechnung als auch in der Kostenstellenrechnung um Kostenanteile bereinigt, die nicht im Zusammenhang mit in das DRG-System einbezogenen Leistungen stehen. Darüber hinaus ist ggf. durch Kostenumgliederungen eine Übereinstimmung zwischen dem für jede Kostenstelle ausgewiesenen Kosten- und Leistungsvolumen sicherzustellen.

Anhand der zwischen den Kostenstellen bestehenden Leistungsverflechtungen werden im Zuge der innerbetrieblichen Leistungsverrechnung (IBLV) die Kosten der „indirekten" Kostenstellen (erbringen keine Leistungen am Patienten) auf die „direkten" Kostenstellen (Leistungserbringung unmittelbar für Patienten) verteilt. Für dieses Verfahren gibt das Kalkulationsschema einheitlich anzuwendende Verrechnungsschlüssel vor.

Anschließend werden die Kosten der direkten Kostenstellen im Rahmen der Kostenträgerrechnung den Patienten zugeordnet, die Leistungen dieser Kostenstellen in Anspruch genommen haben. Einzelkosten für teure Sachgüter werden entsprechend der fallbezogenen Verbrauchsdokumentation zugerechnet.

Für die Gemeinkosten werden Kalkulationssätze je Leistungseinheit für die nach Kostenarten vorgegebenen Bezugsgrößen berechnet. Das Kalkulationsergebnis je Behandlungsfall wird in einer einheitlichen modularen Struktur aufbereitet. Die einzelnen Kostenmodule sind sowohl durch einen Kostenarten- als auch einen Kostenstellenbezug definiert. Daraus ergibt sich eine Matrixstruktur der Kosten.

4.5 Rechnungswesen und Controlling

18. Stellen Sie die Vorgehensweise der Kalkulation des DRG-Systems im Kalkulationshandbuch grafisch dar.

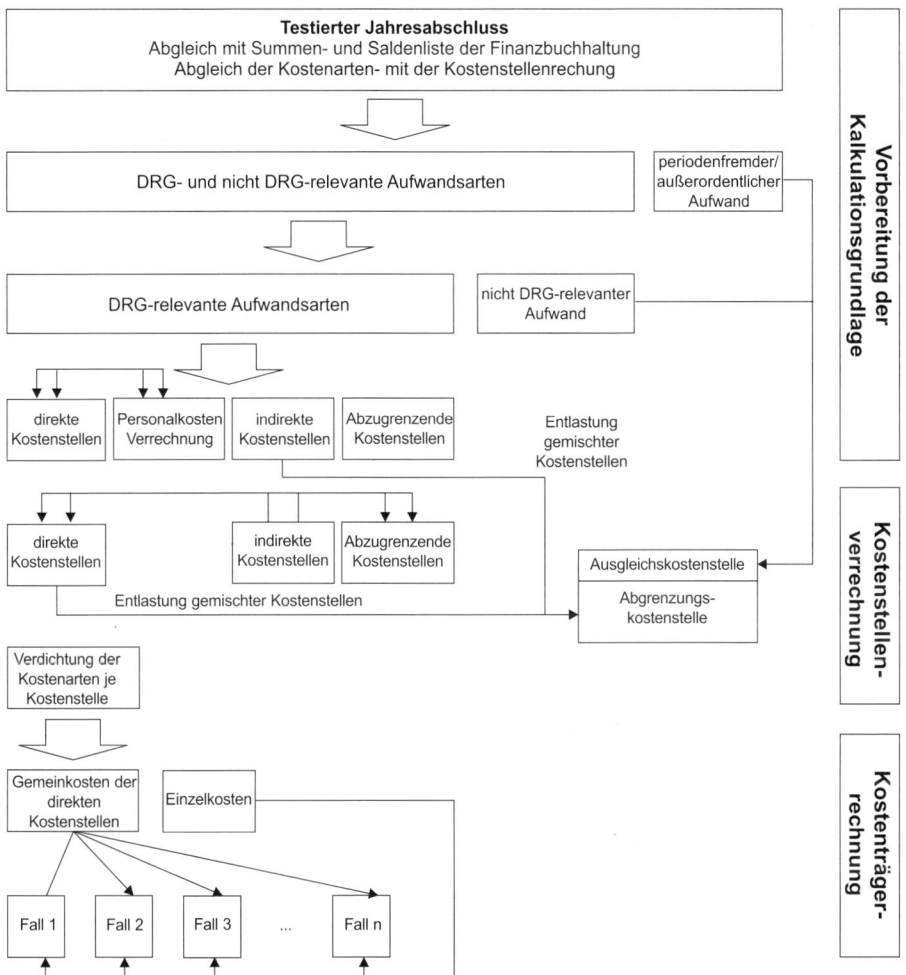

Übersicht der Kalkulationsschritte zur Ermittlung der DRG-relevanten Fallkosten

4.5.6.2 Statistik und Kennzahlen als unternehmenspolitisches Instrument

01. Welchem Zweck dient die Betriebsstatistik?

Die Betriebsstatik dient der Bereitstellung von Kennzahlen für die Koordination und Steuerung des Unternehmens. Kennzahlen sind dabei Messgrößen, die in verdichteter Form auf eine relativ einfache Art und Weise über einen betrieblichen Tatbestand Auskunft geben.

02. Nennen Sie ausgewählte Kennzahlen aus dem Krankenhausbereich.

	Kennzahlen
Medizincontrolling	• Fallzahlen • Top-DRGs • Top-Diagnosen • Verweildauer • Case Mix • Case Mix Index • Anzahl der MDK-Prüfungen und deren Ergebnisse • Abschläge bei Unterschreiten unterer Grenzverweildauer • Zuschläge bei Überschreiten oberer Grenzverweildauer • Wiederaufnahmerate • Anzahl der Fallzusammenführungen • Anzahl der Verlegungen • Anzahl der Jahresüberlieger • Anzahl der verschiedenen Zusatzentgelte • Anzahl der verschiedenen NUBs • Anzahl krankenhausindividueller Entgelte • Belegungstage nach Bundespflegesatzverordnung • Anzahl nicht-budgetrelevanter DRGs • Anzahl ausländischer Patienten • Fehlbelegungstage • OP-Auslastungsgrad • OP-Wechselzeiten • Bettenauslastung

Finanzcontrolling	• Erlöse
	• ABC-Analyse der DRGs
	• Fallkosten
	• Deckungsbeitragsrechnungen
	• Budgetabweichungen
	• Abweichungsanalysen
	• Bilanz- und G&V-Kennzahlen
	  - Liquiditätsrate
	  - Verschuldungsgrad
	  - Rentabilitätsberechnungen
	  - Renditeberechnungen
	  - Return on Investment (ROI)
	  - Working Capital
	• Zeitraum zwischen Entlassung und Zahlungsverbuchung
	• Forderungen inner- und außerhalb des Zahlungsziels
	• Anzahl der anhängigen Sozialgerichtsverfahren
	• Abgeschriebene Forderungen

4.5 Rechnungswesen und Controlling

Marketing- und Qualitäts- und Risikocontrolling	• Marktanteil des Gesundheitsunternehmens • Einweiserstruktur • Einweiserzufriedenheit • Patientenstruktur • Patientenzufriedenheit • Mitarbeiterzufriedenheit • Anzahl der eingereichten Verbesserungsvorschläge • Anzahl der internen und externen Beschwerden • Anzahl der Beinahefehler • Anzahl der unerwünschten Ereignisse • Klinische Behandlungspfade • Anzahl zertifizierter Unternehmensbereiche
Materialcontrolling	• Umschlagshäufigkeit • Umschlagsdauer • Durchschnittlicher Lagerbestand • Durchschnittliche Lagerkosten • Durchschnittliche Bestellkosten • Lieferantenanalyse • ABC-Analyse • XYZ-Analyse
Personalcontrolling	• Mitarbeiterzahl und -struktur • Anzahl der Auszubildenden • Fehlstundenstatistik • Urlaubsstatistik • Fluktuation • Anteil spezifischer Personalgruppen an Gesamtmitarbeiterzahl und -kosten • Fortbildungen
Investitions- und Anlagencontrolling	• Anlagenintensität • Amortisation • Nutzungsintensität • Auslastungsgrad • Wartungsintensität • Wartungskosten • Durchschnittliche Lebensdauer
Akademisches Controlling	• Anmeldung von Patenten • Zahl der Promotionen • Zahl der Habilitationen • Publikationen • Lehrintensität • Lehrevaluation • Anzahl der Studienanfänger • Anzahl der akademischen Abschlüsse • Weiterbildungsabschlüsse

4.6 Personalwesen

4.6.1 Personalplanung

4.6.1.1 Personalstellenberechnung und Personalschlüssel

01. Stellen Sie die originären Bereiche des Personalmanagements überblicksartig in einer Grafik dar.

Das Personalmanagement setzt sich aus den Instrumenten Personalbedarfsplanung, Personalbeschaffung, Personalentwicklung und -förderung sowie Personalfreisetzung zusammen.

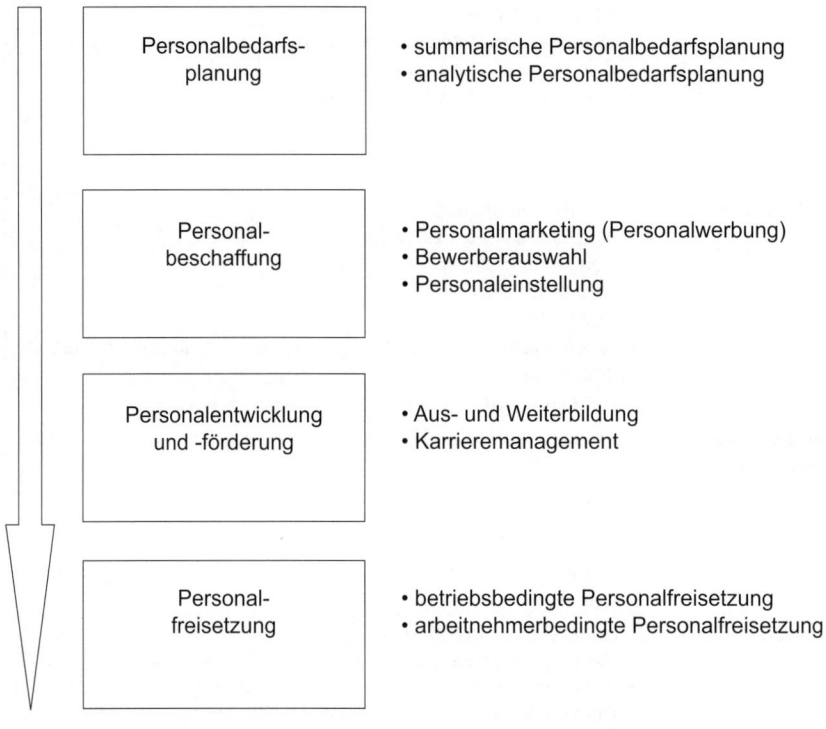

Personalbedarfsplanung und -deckung

02. Nennen Sie die Ziele der Personalbedarfsplanung.

Die Personalplanung ermittelt den aktuellen und zukünftigen Personal-Sollbestand, der zur Realisierung der Unternehmungsziele erforderlich ist. Sie ist Grundlage der Personalbeschaffung, -entwicklung und -freisetzung. Dabei werden insbesondere folgende Aspekte berücksichtigt:

4.6 Personalwesen

- Anzahl der benötigten Mitarbeiter
- Qualifikationen der benötigten Mitarbeiter
- Zeitpunkt, zu dem diese Mitarbeiter benötigt werden
- Ort, an dem diese Mitarbeiter benötigt werden.

Zu den Zielen der Personalplanung zählen:

- Erhöhung der Wirtschaftlichkeit mit möglichst geringem Personalbestand
- Leistungssicherung zur Vermeidung von Kapazitätsengpässen
- Anpassungsfähigkeit an Umweltbedingungen
- Innovationsfähigkeit
- Gewährleistung einer angemessenen und gleichmäßigen Arbeitsbelastung.

03. Beschreiben Sie die Methoden zur Feststellung des Personalbedarfs.

a) Summarische Methoden

Konzeptionelle Schlüsselzahlen	Die Personalplanung erfolgt auf der Grundlage politischer Vorstellungen externer Entscheidungsträger. Konzeptionelle Schlüsselzahlen werden insbesondere für personenbezogene Dienstleistungen vorgegeben, für die bestimmte Leistungs- und Betreuungsintensitäten angestrebt werden. Dazu zählen das Schul- und Hochschulwesen, die Sozialarbeit und die Krankenpflege. Beispielsweise hat die Vorgabe bestimmter Verhältnisse zwischen Professoren und Studierenden an einer Hochschule zumeist politische Zielsetzungen, sodass sich dieses Verfahren weitgehend einer betriebswirtschaftlichen Beurteilung entzieht.
Leitungsspannenmethode	Die Leitungsspannenmethode geht von der Existenz einer bestimmten Zahl von Mitarbeitern aus, die eine Führungskraft maximal bzw. optimal leiten und kontrollieren kann. Häufig wird eine Leitungsspanne von sechs Mitarbeitern als optimal angesehen. Mithilfe dieses Verfahrens kann die optimale Zahl der ausführenden Mitarbeiter geplant werden, wenn zuvor die Zahl der Führungskräfte festgelegt wurde. Umgekehrt lässt sich die Leitungsspannenmethode zur Bestimmung des Bedarfs an Führungskräften anwenden, wenn der Bedarf an ausführenden Mitarbeitern der untersten hierarchischen Ebene mithilfe analytischer Verfahren ermittelt wurde.
Statistische Methoden	Statistische Methoden der Personalplanung gehen von der Annahme aus, dass der Personalbedarf von bestimmten Leistungsgrößen wie Absatz, Umsatz, Produktion oder Kunden abhängig ist. Problematisch ist die Festlegung der Leistungsgrößen, die als Indikatoren den Personalbedarf bestimmen. Außerdem besteht nur zwischen einzelnen Leistungsgrößen und dem Personalbedarf derjenigen Organisationseinheiten ein funktionaler Zusammenhang, die für die Erstellung dieser Leistung verantwortlich sind.

Analogieschluss- methode	Die Analogieschlussmethode schließt aus dem Personalbestand einer vergleichbaren Unternehmung oder Organisationseinheit auf den eigenen Personalbedarf (Benchmarking). Häufig ergibt sich das Problem, vergleichbare Organisationseinheiten zu finden. Oftmals werden mathematisch-statistische Verfahren eingesetzt, um dieses Problem zu lösen.

b) Analytische Methoden

Die analytische Personalplanung erfolgt auf der Grundlage einer stellenbezogenen Personalbemessung, die auf detaillierten Aufgaben und Zeitstudien basiert. Dabei werden die Arbeitsprozesse analysiert und in gleichartige Tätigkeiten zerlegt.

Die durchschnittliche Bearbeitungszeit erfolgt durch die direkte Zeitmessung. Lerneffekte, Leistungsschwankungen und Arbeitsqualitäten werden nur eingeschränkt berücksichtigt. Die Häufigkeit der Tätigkeiten wird durch Statistiken und Beschreibungen ermittelt.

Zuletzt wird der Zeitbedarf für nicht regelmäßig anfallende und damit durch Aufgaben- und Zeitstudien nicht oder nur unter unvertretbar großem Kosten- und Zeitaufwand erfassbare Tätigkeiten geschätzt und in einem Zuschlagsfaktor zusammengefasst.

04. Welche Probleme ergeben sich in der Anwendung der beiden Methoden zur Personalbedarfsplanung?

Im Rahmen der Personalbedarfsplanung lässt sich der Personalbedarf aufgrund sich teilweise widersprechender Zielen weder objektiv noch exakt ermitteln, sodass das Ergebnis der Personalbemessung von den eingesetzten Verfahren abhängt.

Die summarischen Verfahren wenden Erfahrungs- und Richtwerte an, während die analytischen Verfahren bei den Stellen der Organisationseinheiten ansetzen. Ein Nachteil der summarischen Verfahren ist, dass sie auf vergangenheitsorientierten Daten basieren. Die analytischen Verfahren sind exakter, aber zeit- und kostenaufwendiger. Zudem fehlt häufig auch die Akzeptanz bei den Mitarbeitern.

Ein gravierender Nachteil ist, dass die analytische Personalbemessung sich auf Routinetätigkeiten beschränkt. Dispositive Tätigkeiten lassen sich nicht exakt messen. Hinzu kommt, dass die Personalreserve in Stoßzeiten und bei schwankender Anwesenheit der Mitarbeiter bei Urlaub oder Krankheit unzureichend erfasst wird.

Organisatorische und rechtliche Vorgaben werden von den analytischen Verfahren ebenfalls nicht erfasst. Das Ziel der analytischen Personalbedarfsplanung ist das Erreichen einer hohen Wirtschaftlichkeit. Leistungssicherung und die Gewährleistung einer gleichbleibenden und angemessenen Arbeitsbelastung lassen sich nur eingeschränkt realisieren. Ein Vorteil der umfangreichen Aufgaben- und Zeitstudien ist die Verbesserung der Aufbau- und Ablauforganisation.

05. Wie erfolgt die Personalbedarfsplanung in Gesundheitsbetrieben in Deutschland?

Die Personalbedarfsplanung erfolgte in Deutschland lange Zeit anhand von Anhaltezahlen der Deutschen Krankenhausgesellschaft e.V. Dabei wird die Patientenzahl in Relation zu den Mitarbeitern einer bestimmten Berufsgruppe gesetzt. Die Anhaltezahl von 1: 10 besagt, dass eine Pflegekraft zehn Patienten im Normaldienst versorgt.

In der Pflege wurden die Anhaltezahlen durch die Pflege-Personalregelung (PPR) abgelöst. Die PPR galt seit 1992 und sollte die Leistungen der Pflege transparent abbilden. Die PPR ermittelt auf Basis der Pflegebedürftigkeit der Patienten den Bedarf der Pflegenden. 1997 wurde die PPR wieder außer Kraft gesetzt, weil die Anwendung zu einem hohen Personalmehrbedarf geführt hätte. Zur internen Steuerung wird die PPR teilweise noch heute in Kliniken eingesetzt.

Im Rahmen der DRG-Kalkulation werden die Kosten des Pflegedienstes im Zuge einer gewichteten Bezugsgrößenkalkulation verteilt. Die Gewichte werden auf der Grundlage der PPR-Minuten gebildet. Gesundheitsbetriebe, die die PPR nicht anwenden, können der Kostenverteilung ein Pflegestufensystem zugrunde legen. Die DRG-Kalkulation hat den Nachteil, dass überwiegend kleinere und mittlere Krankenhäuser berücksichtigt werden, bei denen es oftmals Abweichungen vom Durchschnittswert gibt.

Die patientenorientierte Personalbedarfsplanung hat das Ziel, die Patientenbedürfnisse optimal zu erfüllen. Ein Personalüberhang infolge der Vorgabe des Leistungsprogramms durch die Landeskrankenhausplanung oder verschiedener qualitativer Faktoren wie beispielsweise Compliance, bauliche Funktionalitäten und Erfahrungen der Mitarbeiter ist oftmals unvermeidlich.

Der Personalbedarf muss daher regelmäßig auf der Grundlage verschiedenen Indikatoren überprüft werden. Dazu sind Kennzahlen des Personalmanagements mit Kennzahlen des Kerngeschäfts zu verknüpfen. Die folgende Tabelle stellt Kennzahlen zur Beurteilung der Effektivität der Personalausstattung vor:

Kennzahlen der Klinikbereiche	Personalmanagementkennzahlen
• Zufriedenheit und Beschwerden von Patienten • Fehler bei der Medikamentengabe • Dekubituspatienten • Schockpatienten • Herzstillstand und Reanimationen • Infektionen • Häufigkeit von Stürzen • Verlegungen auf Intensivstationen • etc.	• Überstunden • Mitarbeiterzufriedenheit • Fluktuationsrate • Krankheitsrate • Zeitarbeitskräfte • etc.

Zu beachten ist, dass jeder Patient, der dem optimalen Verhältnis von Patient zu Pflegekraft hinzugefügt wird, den Patientenoutcome verschlechtert. Der Personalbedarf kann optimal geplant werden, wenn es gelingt, die Indikatoren aus den Klinikbereichen mit Kennzahlen des Personalmanagements zu verknüpfen. Ist die Personalausstattung auf die Patientenbedürfnisse abgestimmt, verbessert sich der Patientenoutcome.

06. Wie erfolgt die Personalbedarfsplanung in Heimen in Deutschland?

Auf der Grundlage des Heimgesetzes (HeimG) wurden ergänzend Verordnungen erlassen. Eine davon ist die Heimpersonalverordnung (HeimPersV). In § 5 HeimPersV ist die Fachkraftquote geregelt. Demnach dürfen betreuende Tätigkeiten nur durch Fachkräfte oder unter angemessener Beteiligung von Fachkräften wahrgenommen werden. Hierbei muss mindestens einer, bei mehr als 20 nicht pflegebedürftigen Bewohnern oder mehr als vier pflegebedürftigen Bewohnern mindestens jeder zweite weitere Beschäftigte eine Fachkraft sein.

In Heimen mit pflegebedürftigen Bewohnern muss auch bei Nachtwachen mindestens eine Fachkraft ständig anwesend sein. Fachkräfte im Sinne der Heimpersonalverordnung müssen eine Berufsausbildung abgeschlossen haben, die Kenntnisse und Fähigkeiten zur selbstständigen und eigenverantwortlichen Wahrnehmung der von ihnen ausgeübten Funktion und Tätigkeit vermittelt. Dabei gelten Altenpflegehelferinnen und -helfer sowie Krankenpflegerhelferinnen und -helfer sowie vergleichbare Hilfskräfte nicht als Fachkräfte im Sinne der Heimpersonalverordnung.

07. Beschreiben Sie die Aufgaben der Personalbeschaffung.

Der Ausgangspunkt der Personalbeschaffung ist der durch die Personalbedarfsplanung ermittelte Netto-Personalbedarf in quantitativer, qualitativer, zeitlicher und räumlicher Hinsicht.

Die Personalbeschaffung umfasst alle Aktivitäten, die der bedarfsgerechten Personalgewinnung dienen. Dazu zählen, das Personalmarketing (Personalwerbung), die Bewerberauswahl und die Personaleinstellung. Im Zentrum des Personalmarketings steht die Entscheidung wie und wo die zukünftigen Mitarbeiter beschafft werden sollen. Bei der Bewerberauswahl wird das Anforderungsprofil der Stelle mit dem Eignungsprofil des Bewerbers verglichen. Die Personaleinstellung beschäftigt sich mit den rechtlichen Einstellungsformalitäten.

08. Beschreiben Sie den Begriff Personalmarketing.

Das Personalmarketing verfolgt das Ziel, die potenziellen Bewerber über das Unternehmen und die zu besetzende Stelle zu informieren, damit eine ausreichende Anzahl von geeigneten Bewerbern mit der erforderlichen Qualifikation gefunden werden kann.

4.6 Personalwesen

09. Nennen Sie die Vorteile der internen und externen Personalbeschaffung.

Vorteile der internen Personalbeschaffung	Vorteile der externen Personalbeschaffung
• Geringes Auswahlrisiko	• Große Auswahlmöglichkeiten
• Geringer Kosten- und Zeitaufwand	• Geringerer Weiterbildungsaufwand
• Gute Betriebskenntnis der Bewerber	• Keine Betriebsblindheit der Bewerber
• Erhalt unternehmungsspezifischer Qualifikationen	• Informationsgewinnung über andere Unternehmen
• Motivationswirkung und Senkung der Fluktuation durch Karriereperspektiven	• Förderung des Wettbewerbs infolge der Vermeidung Beförderungsautomatismen und Bildung von „Seilschaften"
• Stabilisierung der Personalstruktur	• Flexibilisierung der Personalstruktur

10. Beschreiben Sie die Methoden der Personalbeschaffung.

Interne Stellenausschreibungen	Interne Stellenausschreibungen erfolgen durch Aushänge an Schwarzen Brettern, Stellenanzeigen in der Mitarbeiterzeitung, über das Intranet oder E-Mails an spezifische Adressatengruppen.
	Gemäß § 93 BetrVG können die Betriebsräte verlangen, dass zu besetzende Arbeitsplätze allgemein oder für bestimmte Arten von Tätigkeiten vor ihrer Besetzung innerhalb des Betriebs ausgeschrieben werden. Positionen leitender Angestellter sind nach § 5 BetrVG hiervon ausgenommen.
	Manche Unternehmen akzeptieren nur Bewerbungen von Mitarbeitern, die eine bestimmte Zeit auf ihrer gegenwärtigen Position tätig sind, um dadurch die Personalstruktur zu stabilisieren. Vorteilhaft ist eine Regelung, die eine Frist festlegt, innerhalb derer erfolgreiche interne Bewerber die bisherige Stelle verlassen können, um zu vermeiden, dass Vorgesetzte die Versetzung von leistungsstarken Mitarbeitern hinauszögern.
	Interne Stellausschreibungen führen zu einem geringeren Auswahlrisiko und einem niedrigeren Kosten- und Zeitaufwand sowohl in der Auswahl- als auch für die Einarbeitungsphase. Zusätzlich werden die spezifischen Qualifikationen im Unternehmen gesichert und die Motivation der Mitarbeiter gesteigert.
	Diese Vorteile wirken vor allem dann, wenn die innerbetrieblichen Stellenausschreibungen und -besetzungen in die langfristige Karriereplanung integriert werden und die Unternehmen einen funktionierenden internen Arbeitsmarkt besitzen.
Empfehlung durch Mitarbeiter	Bewerber, die von Mitarbeitern empfohlen werden, verfügen oftmals über bessere Information über das Unternehmen und können besser beurteilen, ob die ausgeschriebene Position ihren Erwartungen entspricht. Dadurch steigt die Wahrscheinlichkeit, dass der empfohlene Bewerber das Stellenangebot annimmt und schnell im Unternehmen integriert werden kann.

	Die Gefahr einer Fluktuation zu Beginn der Beschäftigung ist in diesem Fall geringer. Hinzu kommt, dass Mitarbeiter nur Empfehlungen aussprechen, wenn sie die Bewerber für geeignet halten, um Reputationsverluste zu vermeiden. Das Personalmarketing kann auf diesem Wege Bewerber erreichen, die bei anderen Arbeitgebern tätig sind und nicht aktiv eine neue Position suchen. Nachteilig ist, dass die Gefahr besteht, das sich eine „Günstlingswirtschaft" entwickelt. Empfehlungen von Mitarbeitern werden häufig von kleinen und mittelständischen Unternehmen genutzt.
Stellenanzeigen in Zeitungen und Zeitschriften	Die Effizienz dieser Maßnahmen hängt von verschiedenen Faktoren ab: • Die inhaltliche Gestaltung zielt auf eine große Informations- und Aktionswirkung. Dabei werden das Unternehmen und die Position häufig exakt und detailliert beschrieben. Außerdem werden die erwarteten Voraussetzungen an die Bewerber bzw. das Bewerbungsprozedere genannt. • Die formale Gestaltung zielt auf eine hohe Aufmerksamkeitswirkung. Die Verwendung visueller Merkmale kann Unternehmensmerkmale wie die Unternehmenskultur vermitteln. • Die Medien müssen zielgruppenorientiert ausgewählt werden. Schalten von Stellenanzeigen in regionalen oder überregionalen Zeitungen bzw. in Zeitschriften bestimmter Branchen und Berufsgruppen. • Der Zeitpunkt der Stellenanzeige berücksichtigt mögliche Kündigungsfristen und Urlaubszeiten, in denen die Anzahl an Bewerbungen saisonal bedingt geringer ist als im Jahresdurchschnitt. Stellenanzeigen haben den Vorteil einer große Verbreitung. So lassen sich viele potenzielle Bewerber ansprechen, auch solche, die nicht aktiv auf der Suche nach einer neuen Stelle sind. Nachteilig sind die hohen Kosten und die kurze zeitliche Präsenz.
Bundesagentur für Arbeit	Die Bundesagentur für Arbeit (BA) unterstützt Unternehmen durch Ausbildungs- und Arbeitsvermittlung. Grundlage bildet § 3 SGB III. Die BA sammelt systematisch Stellenangebote und -gesuche und leitet diese jeweils an Unternehmen bzw. Arbeitssuchenden weiter. Beratung und Vermittlung sind kostenlos. Die Differenzierung am Arbeitsmarkt verlangt spezielle Dienste z. B. für Hochschulabsolventen, IT-Fachkräfte oder Ingenieure.
Hochschulmarketing (Campus Recruiting)	Der Vorteil des Hochschulmarketing ist das frühzeitige Erkennen geeigneter Bewerber, um sie in unternehmensnahen Situationen kennenzulernen.

4.6 Personalwesen

	Die potenziellen Bewerber können das Unternehmen und die Organisationskultur kennenlernen und ggf. ihr Studium an den Anforderungen des jeweiligen Unternehmens ausrichten. Nachteilig sind die hohen Kosten und der personelle Aufwand. Maßnahmen des Hochschulmarketing sind beispielsweise: • Fachvorträge in Seminaren und Vorlesungen • Unterstützung von Seminar- und Diplomarbeiten sowie Dissertationen • Besichtigungen und Praktika • Beteiligung an Absolventenmessen
Personalvermittler	Die Änderung des Arbeitsförderungsgesetzes im Jahre 1994 erweiterte die Betätigung von Personalvermittlern, die aufgrund des Vermittlungsmonopols der Bundesagentur für Arbeit vorher lediglich beratend und nur bei konkreten Aufträgen von Stellenanbietern und -suchenden tätig werden durften. Headhunter werden zumeist bei der Besetzung von Führungspositionen eingeschaltet. Vorteile sind, dass die suchenden Unternehmen zunächst anonym bleiben und auf Netzwerke der beauftragten Personalvermittler zurückgreifen können. Personalvermittler haben die Gelegenheit geeignet erscheinende Kandidaten direkt anzusprechen. Der gezielten Abwerbung von Mitarbeitern anderer Unternehmen sind wettbewerbs- und arbeitsrechtliche Grenzen gesetzt. Headhunting ist zumeist mit hohen Kosten verbunden.
Initativbewerbung	Unternehmen mit positivem Image und hohem Bekanntheitsgrad erhalten oftmals viele unaufgeforderte Bewerbungen. Solche Initiativbewerbungen erfolgen häufig durch Bewerber, die nach Abschluss der Schul- oder Hochschulausbildung erstmalig eine Stelle suchen. Die geringe Steuerbarkeit lässt das aktive und zielgerichtete Personalmarketing nur eingeschränkt zu.
Personalleasing	Im Rahmen des Personalleasings (Arbeitnehmerüberlassung Zeit- oder Leiharbeit) werden Mitarbeiter temporär von Zeitarbeitsfirmen zur Verfügung gestellt. Die Personalauswahl übernehmen die Zeitarbeitsfirmen, die die Gewähr übernehmen, dass die Mitarbeiter über das richtige Anforderungsprofil verfügen. Unternehmen können durch Personalleasing saisonal bedingten oder kurzfristig entstehenden Personalbedarf flexibel decken. Die Beschäftigungsrisiken liegen beim Zeitarbeitsunternehmen (Personalfreisetzung). Nachteilig sind der hohe Aufwand bei der Vermittlung unternehmensspezifischen Wissens und häufig soziale Probleme der Zeitarbeitnehmer, die sich infolge der temporären Beschäftigung im Unternehmen als Menschen zweiter Klasse fühlen. Zeitarbeit ist insbesondere bei angelernten technischen und kaufmännischen Mitarbeitern verbreitet, die nur über geringe berufliche Qualifikationen verfügen.

Electronic Recruiting	Das Electronic Recruiting hat mittlerweile eine große Bedeutung erlangt. Zwei Formen werden hierbei unterschieden:
	• Das externe Personalmarketing greift auf Jobbörsen zurück, die im Internet betrieben werden. Anbieter sind beispielsweise die Bundesagentur für Arbeit, Tages- und Wochenzeitungen sowie spezialisierte Internet-Portale.
	• Das Unternehmen veröffentlicht Stellengesuche auf ihrer eigenen Homepage.
	Oftmals kann beim Electronic Recruiting die Bewerbung entweder per E-Mail oder mithilfe standardisierter Formulare erfolgen. Standardisierte Formulare haben den Vorteil der schnelleren Bearbeitung, wenn eine große Anzahl von Bewerbungen eingeht. Individuelle Merkmale der Bewerber bleiben jedoch weitgehend unberücksichtigt.
	Vorteile des Electronic Recruiting sind seine hohe Aktualität, Verbreitung und Schnelligkeit und zudem komfortable Navigations- und Suchfunktionen im Internet. Die Stellenanzeigen werden von den Unternehmen kostengünstig, zielgruppenspezifisch und zum gewünschten Zeitpunkt freigeschaltet.
	Bewerber können die Stellenanzeigen orts- und zeitunabhängig studieren. Das Electronic Recruiting spricht auch latent wechselwillige Bewerber an, indem in Jobbörsen anonyme Profile angelegt werden können.
	Die Homepage der Unternehmen bietet die Gelegenheit zur Präsentation der Corporate Identity im Internet. Onlinespiele und Webassessments ermöglichen eine Eignungsdiagnose bzw. Selektion durch die Bewerber.

11. Beschreiben Sie die Ziele der Bewerberauswahl.

Im Auswahlverfahren sollen die Bewerber gefunden werden, deren Eignungsprofile mit den Anforderungsprofilen der zu besetzenden Stelle optimal übereinstimmt. Die Bewerberauswahl ist meist die kosten- und zeitintensivste Phase der Personalbeschaffung. Es stehen mehrere Verfahren der Eignungsdiagnose zur Verfügung.

Die Entscheidung für ein bestimmtes Bewerberauswahlverfahren verbindet sich mit den folgenden Zielen:

- Die zukünftige Arbeitsleistung eines Bewerbers soll möglichst exakt prognostiziert werden, sodass das Auswahlverfahren eine hohe Prognosevalidität aufweisen muss.
- Die Auswahlentscheidung darf nicht von subjektiven Eindrücken der beurteilenden Mitarbeiter abhängen, sodass das Auswahlverfahren eine hohe Zuverlässigkeit aufweisen muss.

4.6 Personalwesen

- Das Auswahlverfahren muss eine hohe Qualität besitzen, zumal die Zahl der Bewerbungen von der Akzeptanz des Auswahlverfahrens abhängt. Den Bewerbern müssen transparente Informationen über die erwarteten Anforderungen und Arbeitsbedingungen angeboten werden, um fundierte Entscheidungen zu ermöglichen.
- Das Auswahlverfahren muss rechtlich einwandfrei sein und keine Rechte der Bewerber verletzen. Dazu zählt insbesondere die Chancengleichheit. Richtlinien über die personelle Auswahl bei Einstellungen, Versetzungen, Umgruppierungen bedürfen nach § 95 BetrVG der Zustimmung des Betriebsrats.

12. Beschreiben Sie Kriterien, die bei der Bewerberauswahl eine bedeutende Rolle spielen.

a) Bewerbungsunterlagen

Die Auswahl der Bewerber beginnt mit der Analyse der schriftlichen Bewerbungsunterlagen. Sie umfassen in der Regel ein Anschreiben, Lebenslauf mit Lichtbild und eine Zusammenstellung der Schul-, Ausbildungs- und Arbeitszeugnisse, gelegentlich werden Referenzen mit aufgeführt.

Arbeitgeber sind gemäß § 630 BGB verpflichtet, Arbeitnehmern qualifizierte Arbeitszeugnisse auszustellen, sofern diese verlangt werden. Dabei sind die Arbeitszeugnisse in einer angemessenen Form zu verfassen. Arbeitszeugnisse haben folgende Bestandteile:

- Überschrift „Zeugnis" oder „Arbeitszeugnis"
- Name, Vorname, Geburtsdatum und Anschrift des Arbeitnehmers
- Dauer der Unternehmungszugehörigkeit mit zeitlichen Unterabschnitten bei Versetzungen oder Beförderungen
- Funktionsbezeichnungen und Beschreibungen der Tätigkeitsinhalte
- Beurteilung von Fachwissen, Leistungen, besonderen Erfolgen, Einsatzbereitschaft und Weiterbildungsaktivitäten
- Beurteilung des Verhaltens zu Vorgesetzten und Kollegen
- Gesamtbeurteilung (Zufriedenheitsformel)
- Schlussabsatz (Danke-Bedauern-Formel und Zukunftswünsche)
- Datum und Unterschrift einer für verbindliche Erklärungen des Arbeitgebers zuständigen Person.

Die Arbeitgeber sind bei der Erstellung von Arbeitszeugnissen zu wahrheitsgemäßen Aussagen verpflichtet. Der Wortlaut muss dabei von verständigem Wohlwollen geleitet sein.

Zeugnis-Codes drücken in verschlüsselter Form die Beurteilung des Arbeitgebers aus. Dies betrifft insbesondere die Zufriedenheitsformel. Formulierungen wie „Er hat seine

Aufgaben zu unserer vollsten Zufriedenheit erledigt." (Note: sehr gut) bis „Er hat seine Aufgaben im Großen und Ganzen zu unserer Zufriedenheit erledigt (Note: mangelhaft) sind üblich. Grammatikalisch nicht ganz korrekte Formulierungen dienen oftmals dazu, Konflikte zwischen Wahrheitsmäßigkeit und Wohlwollen zu umgehen.

b) Personalfragebogen

Unternehmen, die eine große Anzahl Bewerbungen erhalten, senden häufig Fragebögen an aussichtsreiche Bewerber, um offene Fragen zu beantworten und wichtige Daten in eine standardisierte Form zu bringen. Das Electronic Recruiting stellt Fragebögen häufig als Download auf der Homepage zur Verfügung.

Personalfragebögen bedürfen gemäß § 94 BetrVG der Zustimmung des Betriebsrats. Häufig werden zukunftsbezogene Fragen nach Zukunftsplänen oder angestrebten Positionen gestellt.

c) Einstellungsgespräche

Nach der Analyse der Bewerbungsunterlagen erfolgt eine Vorauswahl potenziell geeigneter Bewerber, mit denen Einstellungsgespräche geführt werden. In den Einstellungsgesprächen möchte sich das Unternehmen einen persönlichen Eindruck über den Bewerber und seine Persönlichkeitsmerkmale verschaffen.

Bei Einstellungsgesprächen kann es zu folgenden Problemen kommen:

Ähnlichkeitsphänomene	Tendenziell werden Bewerber besser bewertet, die der Herkunft des Beobachters ähneln.
Halo-Effekte	Die zu beurteilenden Persönlichkeitsmerkmale werden von einer einzigen positiven oder negativen Eigenschaft dominiert.
Primacy-Effekte	Die Bewerber werden nach dem ersten Eindruck bewertet, während die Folgebewertungen eher als Bestätigung der bereits getroffenen Bewertung dienen.
Kontrast-Effekte	Die Beurteilung der Bewerber wird durch das Auftreten unmittelbar zuvor befragter Bewerber beeinflusst.
Realnormierte Messungen	Bewerber werden beispielsweise in einer schwachen Gruppe als stark und in einer starken Gruppe eher durchschnittlich bewertet.

Die folgende Tabelle gibt einen Überblick über Offenbarungspflichten sowie Frage- und Verweigerungsrechten bei Einstellungsgesprächen:

	Offenbarungspflicht	Zulässige Frage und wahrheitsgemäße Antwort	Unzulässige Frage mit Verweigerungsrecht
Wettbewerbsverbot	Ja	Ja	Nein
Schwerbehinderung und chronische Krankheiten	Ja, wenn der Bewerber die vorgesehene Tätigkeit sonst nicht ausüben kann.	Ja, soweit für die Stelle von Relevanz.	Nein

4.6 Personalwesen

Beruflicher Werdegang (Zivildienst/ Wehrpflicht)	Nein	Ja	Nein
Schwangerschaft	Nein	Ja, bei befristeten Stellen.	Ja
Einkommen	Ja, wenn von Bedeutung	Ja, wenn diese Frage für die Eignung von Bedeutung ist.	Ja, wenn diese Frage für die Eignung nicht von Bedeutung ist.
Vorstrafen	Ja, in höheren Positionen.	Ja, soweit für die Position von Bedeutung.	Ja, wenn diese Frage für die Eignung nicht von Bedeutung ist.
Vermögensverhältnisse	Ja, bei Vertrauensstellungen	Ja, bei Vertrauensstellungen wie beispielsweise bei Bankkassierern.	Ja, wenn nicht von Bedeutung.
Religions- und Parteizugehörigkeit	Nein	Ja, bei konfessionellen Krankenhäusern und Kindergärten, religions- und parteigebundenen Verlagen.	Ja, wenn nicht von Bedeutung.
Gewerkschaftszugehörigkeit	Nein	Nein	Ja
Heiratsabsichten	Nein	Nein	Ja

Einstellungsgespräche werden in verschiedenen Formen geführt. Die folgende Tabelle gibt einen Überblick:

Strukturierte Auswahlverfahren	Den Bewerbern werden die gleichen Fragen mit gleichem Wortlaut in der gleichen Reihenfolge gestellt.
Freie Auswahlverfahren	Die Interviewer dürfen ihre Fragen frei formulieren und beliebige Themen ansprechen.
Halbstrukturierte Auswahlverfahren	Den Auswahlverfahren liegt ein Leitfaden vor, indem fest definierte Themengebiete vorgegeben sind.
Gruppenauswahlverfahren	Mehrere Bewerber werden gleichzeitig befragt.
Stressauswahlverfahren	Die psychische Belastbarkeit der Bewerber wird mithilfe provozierender Fragen überprüft.
Tiefenauswahlverfahren	Psychoanalytische Konzepte sollen die Einstellungen, Werte und Motive der Bewerber offenlegen.

Strukturierte und standardisierte Einstellungsgespräche erhöhen die Vergleichbarkeit der Bewerber und weisen in der Regel eine höhere Prognosevalidität auf. Freie Auswahlverfahren ermöglichen die Berücksichtigung individueller Besonderheiten und spontane Antworten. Dabei nimmt die Gefahr von Beobachtungs- und Beurteilungsfehlern zu, sodass bei zunehmendem Freiheitsgrad die Anzahl der am Einstellungsgespräch beteiligten Personen erhöht wird.

d) Testverfahren

Testverfahren basieren auf der Annahme, dass zwischen den formalen Kriterien und der zukünftigen Leistungsfähigkeit der Bewerber ein Zusammenhang besteht. Diese Zusammenhänge sollen durch verschiedene Testmethoden ermittelt werden. Testverfahren werden aufgrund der hohen Kosten zumeist in großen Unternehmen eingesetzt, die einen hohen Personalbedarf haben oder bei der Besetzung von Führungspositionen. Die folgenden Testtypen lassen sich unterscheiden:

- Persönlichkeitstest dienen der Erfassung konstanter und situationsunabhängiger Persönlichkeitsmerkmale wie Einstellungen, Werte und Interessen.
- Fähigkeitstest messen Leistung, Konzentrationsfähigkeit, Aufmerksamkeit und Intelligenz. Situative Fähigkeitstests wie Plan- und Rollenspiele sowie Gruppendiskussionen konfrontieren die Bewerber mit realistischen Situationen aus dem Arbeitsleben. Zusätzlich wird das soziale Verhalten beobachtet.

Das Assessment-Center ist eine Kombination verschiedener Testverfahren, die durch die folgenden Merkmale gekennzeichnet sind:

- Es werden mehrere Bewerber gleichzeitig beurteilt.
- Die Beurteilungen werden von mehreren Beurteilern wie Personalspezialisten, Vorgesetzten, Psychologen vorgenommen.
- Es werden eignungsdiagnostische Verfahren eingesetzt, die die zukünftige Leistungsfähigkeit ermitteln sollen.
- Ein Workshop dauert ein bis drei Tage.

Eine Übersicht über die gebräuchlichsten Methoden gibt die folgende Tabelle:

Analytisch-konzeptionelle Übungen	Die Übungen sollen helfen, das Entscheidungs- und Delegationsverhalten unter Zeitdruck einzuschätzen. Dazu zählt beispielsweise die Postkorb-Übung, bei der zahlreiche Dokumente nach ihrer Dringlichkeit zu ordnen sind. Dabei sollen Telefonate und Gespräche den Zeitdruck erhöhen und die Konzentration erschweren. Dadurch soll festgestellt werden, ob die Bewerber persönliche Interessen zugunsten des Unternehmens zurückstellen.
Präsentation	Bewerber müssen spontan oder nach kurzer Vorbereitungszeit über spezifische Themen referieren. Dadurch sollen die verbalen und non-verbalen Fähigkeiten und das Fachwissen sowie die Fähigkeit zum analytischen Denken getestet werden.
Gruppendiskussionen	Bewerber haben die Aufgabe, sich in eine spezifische Rolle (Führungskraft etc.) hineinzuversetzen und deren Position gegenüber anderen Bewerbern zu vertreten. Das Ziel ist die Beurteilung des Einfühlungs- und Überzeugungsvermögens sowie die soziale Kompetenz.
Rollenspiele	Bewerber übernehmen die Rolle eines bestimmten Aufgabenträgers, sodass unternehmensbezogene Situationen simuliert werden, z. B. Gehaltsverhandlungen, Kündigungsgespräche oder Kundenreklamationen.

4.6 Personalwesen

Planspiele	Mehrere Bewerber bilden zusammen ein fiktives Unternehmen und konkurrieren mit anderen Unternehmen auf einem simulierten Markt. Dadurch soll das Problemlösungs- und Entscheidungsverhalten und vor allem die Teamfähigkeit ermittelt werden. Hinzu kommt, die Testung der Lernfähigkeit der Bewerber.

Assessment-Center weisen eine hohe Systematik und standardisierte Beobachtungsinstrumente auf, die eine Vielzahl von Merkmalen der Bewerber erfassen, sodass diese Verfahren eine hohe Prognosevalidität besitzen. Nachteilig ist die Gefahr, dass sich Stereotype, Persönlichkeitsmodelle und latente Urteilskriterien herausbilden. Zudem weist das Verfahren eine Machtverlagerung von der Fach- zur Personalabteilung auf.

11. Beschreiben Sie die Aufgaben der Personaleinstellung.

Die Personaleinstellung umfasst den Abschluss des Arbeitsvertrages und die fachliche sowie die soziale Eingliederung der neuen Mitarbeiter.

Die Unterzeichnung des Arbeitsvertrages beendet den Prozess der Personalbeschaffung. Die Vereinbarung einer Probezeit ermöglicht den Unternehmen, das Verhalten der neuen Mitarbeiter zu beobachten, zumal die Regelungen des Kündigungsschutzes eingeschränkt sind und das Arbeitsverhältnis nach § 622 BGB mit einer zweiwöchigen Frist ohne Angabe von Gründen gekündigt werden kann. Dies gilt sowohl für neue Mitarbeiter als auch für die Unternehmen.

Die Eingliederung der neuen Mitarbeiter umfasst mehrere Maßnahmen:

- Die fachliche Einarbeitung ermöglicht das Kennenlernen der Arbeitsaufgaben und -anforderungen, wodurch es zu einem intensiven Kontakt zwischen den neuen Mitarbeitern, den Vorgesetzten und den Fachkollegen kommt.

- Es erfolgt eine Informationen über das Unternehmen. Dazu gehören Produkte, Strukturen und Prozesse. Häufig werden Handbücher eingesetzt. Die Unternehmenskultur kann nur durch persönliche Erfahrungen vermittelt werden.

- Mentoren tragen dazu bei, dass sich die neuen Mitarbeiter schnell sozial integrieren. Nachwuchskräfte können frühzeitig Karrieremöglichkeiten aufgezeigt werden. Hilfen beim Wohnortwechsel tragen maßgeblich zur privaten Integration der neuen Mitarbeiter und der Familien und deren Zufriedenheit bei.

Die Bedeutung der Eingliederung neuer Mitarbeiter ergibt sich aus der hohen Fluktuation in den ersten Wochen nach Aufnahme des neuen Arbeitsverhältnisses. Die Gründe dieser Frühfluktuation sind enttäuschte Erwartungen, Über- und Unterforderungen, Unklarheiten in der Rollenwahrnehmung und fehlendes Feedback durch die Führungskraft. Zudem nehmen die Aufstiegs- und Karrieremöglichkeiten, das Verhältnis zu Vorgesetzten und Kollegen sowie die Work-Life-Balance Einfluss auf die Entscheidung neuer Mitarbeiter, das Unternehmen kurzfristig wieder zu verlassen.

Hinweis: Die Personalentwicklung und -förderung ist in Kapitel 4.6.2 beschrieben.

12. Beschreiben Sie die Ursachen der Personalfreisetzung.

Eine Personalfreisetzung wird dann erforderlich, wenn die Personalbedarfsplanung einen Netto-Personalüberschuss oder Qualifikationsdefizite ermittelt, die nicht durch Maßnahmen der Arbeitsorganisation oder Personalentwicklung ausgeglichen werden können. Die Personalfreisetzung kann betriebsbedingte oder mitarbeiterbedingte Ursachen haben:

- Die betriebsbedingte Personalfreisetzung beseitigt eine Überdeckung des Personalbestands. Ursachen der Überdeckung sind konjunkturelle, saisonale oder strukturbedingte Absatzrückgänge, neue Produktions- und Kommunikationstechnologien, Schließung von Abteilungen oder Fusionen.

- Die mitarbeiterbedingte Personalfreisetzung beinhaltet verhaltens-, leistungs- und anforderungsbedingte Freisetzungen infolge nachlassender Arbeitsleistungen oder steigender qualitative Arbeitsanforderungen. Zu den verhaltensbedingten Ursachen zählen u. a. unentschuldigtes Fehlen, ständige Unpünktlichkeit, Alkoholmissbrauch, Leistungsverweigerung oder Straftaten. Diese Sachverhalte sind arbeitsrechtlich relevant und genau zu prüfen.

13. Zählen Sie die möglichen Maßnahmen der Personalfreisetzung auf.

14. Beschreiben Sie die einzelnen Maßnahmen der Personalfreisetzung.

Nichtverlängerung befristeter Arbeitsverträge

Eine einfache Maßnahme der Personalfreisetzung, die insbesondere bei zeitlich und finanziell begrenzter Projektarbeit, Vertretung, wirtschaftlicher Unsicherheit oder Saisonarbeit erfolgt. Die Befristung von Arbeitsverträgen muss in der Regel begründet sein, sodass die zeitliche Befristung eingeschränkt ist. Die Befristung ohne Vorliegen sachlicher Gründe ist eingeschränkt möglich. Regelungen zur Befristung von Arbeitsverträgen finden sich zumeist in den Tarifverträgen. Kettenarbeitsverträge sollen in der Regel vermieden werden.

4.6 Personalwesen

Nichtverlängerung oder Kündigung von Personalleasingverträgen

Einfache und schnell realisierbare Form der Personalfreisetzung, die in der Regel keine unmittelbar negativen Auswirkungen besitzt. Die Bedeutung könnte zukünftig zunehmen, sofern sich das Personalleasing weiter verbreitet.

Einstellungsstopp

Personalfreisetzung erfolgt in der Regel durch die zeitlich befristete Nutzung der natürlichen Fluktuation. Zur natürlichen Fluktuation zählen neben der Kündigung durch den Arbeitnehmer, das Erreichen des Pensionsalters, Invalidität und Tod. Dadurch frei werdende Stellen werden nicht ersetzt

- Generelle Einstellungsstopps gelten für alle Bereiche und Positionen und bieten das größte Einsparungspotenzial bei den Personalkosten. Sie sind aber ist ein weitgehend zufallsabhängiges, undifferenziertes und kaum steuerbares Instrument. Die Nichtbesetzung wichtiger frei werdender Positionen führt zwar zu Kosteneinsparungen, bewirkt aber gleichzeitig eine sinkende Produktivität. Zudem könnte diese Maßnahme sich negativ auf die Alters- und Qualifikationsstruktur der Belegschaft auswirken.

- Qualifizierte Einstellungsstopps erfolgen bei bestimmten Mitarbeitergruppen wie beispielsweise Fach- und Führungskräften oder Auszubildenden.

- Bei modifizierten Einstellungsstopps wird der Ersatzbedarf bei frei werdenden Stellen intensiv geprüft. Die entsprechenden Abteilungen müssen die Nachbesetzung frei werdender Stellen überzeugend begründen.

Kündigung

Einschneidendste Maßnahme der Personalfreisetzung, die infolge der negativen Folgen für die betroffenen Mitarbeiter meistens erst dann ergriffen wird, wenn anderweitige Maßnahmen sich als unzureichend erwiesen haben. Die Formen und der Ablauf von Kündigungen werden durch das Kündigungsschutzgesetz (KSchG) geregelt.

- Die einzelfallbezogene Personalfreisetzung beruht auf mitarbeiterbedingten Ursachen. Schutzbedürftige Gruppen wie beispielsweise Schwerbehinderte, Auszubildende, Schwangere, Mitarbeiter in Elternzeit sowie Mitglieder der Personalvertretungen, Wehr- und Zivildienstleistende genießen einen besonderen Kündigungsschutz.

Nach § 102 BetrVG ist der Betriebsrat vor jeder Kündigung zu hören. Der Arbeitgeber hat ihm die Gründe für die Kündigung mitzuteilen. Eine ohne Anhörung des Betriebsrats ausgesprochene Kündigung ist unwirksam.

Anschließend kann unter Berücksichtigung der Kündigungsfrist eine ordentliche Kündigung oder eine Änderungskündigung (§ 2 KSchG) ausgesprochen werden. Änderungskündigungen erfolgen im gegenseitigen Einvernehmen mit dem Wechsel auf eine Stelle mit anderen Anforderungsmerkmalen und einem meist geringeren Entgelt.

Aus wichtigen Gründen kann auch fristlos gekündigt werden, wenn die Fortsetzung des Arbeitsverhältnisses bis zum Ablauf der Kündigungsfrist dem Arbeitgeber nicht zugemutet werden kann (§ 626 BGB).

- Die gruppenbezogene Personalfreisetzung beseitigt einen kurzfristigen oder dauerhaften Personalüberhang.

- Bei kurzfristigen Personalüberhängen kann der Arbeitgeber Kurzarbeit anmelden (§ 169 SGB). Dabei zahlt die Bundesagentur für Arbeit 60 % (allgemeiner Leistungssatz) der Nettoentgeltdifferenz des Monats, in dem kurzgearbeitet wurde. Einen erhöhten Leistungssatz von 67 % erhalten Arbeitnehmer, mit einem Kinderfreibetrag von mindestens 0,5 (§ 178 SGB III). Kurzarbeit ist grundsätzlich auf sechs Monate begrenzt (§ 177 Abs. 1 SGB III). Bei außergewöhnlichen Verhältnissen auf dem Arbeitsmarkt kann die Bezugsdauer auf bis zu 24 Monate ausgedehnt werden (§ 182 Abs. 1 Nr. 3 SGB III).

- Bei dauerhaften Personalüberhängen kann der Arbeitgeber Kündigungen unter Berücksichtigung der gesetzlichen Kündigungsfrist aussprechen. Dabei wird zumeist mit den Mitarbeitervertretern im Voraus ein Sozialplan vereinbart. Bei der Auswahl der gekündigten Mitarbeiter müssen soziale Kriterien wie die Dauer der Betriebszugehörigkeit, das Lebensalter und Unterhaltspflichten sowie das Schwerbehindertenrecht berücksichtigt werden. Die Auswahl nach persönlichen Qualifikationen und Arbeitsleistungen der Mitarbeiter ist nicht möglich, zumal bei sozial ungerechtfertigten Kündigungen, die Kündigung unwirksam (§ 1 KSchG) ist.

Aufhebungsverträge

Mitarbeiter erhalten das Angebot, gegen Zahlung einer Abfindung freiwillig aus dem Unternehmen auszuscheiden. Damit werden langwierige Rechtsstreitigkeiten mit Personalvertretungen und Arbeitsgerichten vermieden. Diese Methode führt zu einer schnellen Reduzierung des Personalbestandes. Negative Auswirkungen für das Image eines Unternehmen sind erwartungsgemäß wegen der Konfliktintensität nicht zu befürchten. Nachteilig ist, dass vorwiegend qualifizierte Mitarbeiter Aufhebungsverträgen zustimmen, zumal die Aussichten auf einen neuen Arbeitsplatz gut sind.

Frühpensionierung

Der unmittelbare bzw. gleitende Übergang in den Ruhestand zusammen mit einer schrittweisen Reduzierung der Wochenarbeitszeit ist oftmals mit staatlichen Zuschüssen zur Altersrente oder zum reduzierten Arbeitsentgelt versehen. Die Altersteilzeit konnte letztmalig im Dezember 2009 förderungswürdig angetreten werden. Zur Zeit besteht eher der Trend, die Lebenarbeitszeit zu verlängern.

Ältere Mitarbeiter verfügen häufig über profundes Wissen, das nach der Pensionierung verloren geht. Der Wissensverlust kann reduziert werden, indem Mentorentätigkeiten insbesondere an ältere Mitarbeiter übertragen werden, um ihr Wissen systematisch weiterzugeben.

14. Definieren Sie den Begriff Outplacement.

Outplacement ist eine von Unternehmen finanzierte Dienstleistung für ausscheidende Mitarbeiter, die als professionelle Hilfe zur beruflichen Neuorientierung angeboten wird, bis hin zum Abschluss eines neuen Vertrages oder einer Existenzgründung. Basis bildet die Erkenntnis, dass eine aktive Unterstützung ausscheidender Mitarbeiters durch das Unternehmen beiden Seiten Vorteile bringt.

Outplacement hat folgende Ziele:

- Das Outplacement soll für das Unternehmen die mit einer Kündigung verbundenen Trennungskosten reduzieren. Dies gilt insbesondere für zeit- und kostenintensive Arbeitsgerichtsprozesse. Imageverluste in der Öffentlichkeit sowie negative Auswir-

4.6 Personalwesen

kungen auf die verbleibenden Mitarbeiter sollen vermieden werden. Abgangsinterviews im Rahmen des Outplacement ermöglichen die Nutzung der Kündigungen zur Schwachstellenanalyse.

- Die materiellen Lebensbedingungen sollen gesichert und psychisch-soziale Spannungen vermieden werden. Hinzu kommt, dass die berufliche Weiterentwicklung der Mitarbeiter durch das Angebot von Weiterbildungsprogrammen gefördert werden soll. Angekündigte Entlassungen werden manchmal hinausgezögert, um den Mitarbeitern in noch ungekündigter Stellung die Suche nach einem neuen Arbeitgeber zu erleichtern.

15. Welche Maßnahmen sind mit dem Outplacement verbunden?

Zunächst erfolgt eine „Entdramatisierung" der Kündigung durch eine gemeinsame Analyse, um die auslösenden Faktoren zu verarbeiten. Dadurch soll die Beendigung des Arbeitsverhältnisses normalisiert und in einer veränderten Arbeitswelt nicht als persönlicher Schicksalsschlag aufgefasst werden. Eine Trennungsstory soll als Rechtfertigung gegenüber Kollegen, Familie und Freunden sowie zukünftigen Arbeitgebern dienen. Die Praxis zeigt, dass die Scham häufig recht groß ist und Betroffene ihren Familien die Kündigung verschweigen.

Eine weitere Maßnahme des Outplacement ist die Prüfung der auf dem Arbeitsmarkt nachgefragten Qualifikationen sowie die Erarbeitung eines Stärken- und Schwächenprofils, damit es den freigesetzten Mitarbeitern erleichtert wird, ihre beruflichen Perspektiven und Möglichkeiten besser einzuschätzen und systematisch zu verfolgen.

Häufig werden die Mitarbeiter bei beim Aufbau von Kontakten und Referenzen unterstützt. Zusätzlich werden Kommunikationstrainings zur Vorbereitung auf Vorstellungsgespräche angeboten.

4.6.1.2 Dienstplangestaltung

01. Nennen Sie die Regelungsbereiche der Dienstplanung.

Dienstpläne koordinieren die Tätigkeit mehrerer am gleichen Tag arbeitenden Mitarbeitergruppen, sodass zu allen Tageszeiten die mindestens erforderliche Mindestanzahl an Arbeitskräften bei einer Dienststelle im Dienst ist.

Zu den besonderen Regelungsbereichen zählen die Arbeitszeiten, die Pausenregelungen, Schicht- und Wechselschichtpläne.

Bei der Erstellung von Dienstplänen sind Mutterschutz, Dienstbefreiungen, Elternzeiten, Tarifverträge und Arbeitsunfähigkeiten zwingend zu berücksichtigen. Hinzu kommen die spezifischen Wünsche der Mitarbeiter, die der Arbeitgeber nach Möglichkeit erfüllen soll, sofern keine dringenden betrieblichen Gründe entgegenstehen.

02. Nennen Sie die Erwartungen und Anforderungen der verschiedenen Personen und Berufsgruppen an einen Dienstplan.

Personal
• Berücksichtigung individueller und persönlicher Wünsche • Gerechtigkeit und Ausgeglichenheit • Berücksichtigung des Arbeitszeitgesetzes • Personaleinteilung, die nachvollziehbar sinnvoll ist • Arbeitnehmergerechte Diensteinteilung • Rechtzeitige Bekanntgabe • Übersichtlichkeit bei der Gestaltung • Einhaltung der Soll-Arbeitszeit • Mitbestimmungsrecht bei Änderungen

Häufige Beanstandungen des Personals
• Keine Berücksichtigung persönlicher Wünsche • Anzahl der Nachtdienste ist zu groß • Anzahl gleicher Dienste ist zu groß • Anzahl der Wochenenddienste ist zu groß • Anzahl der aufeinander folgende Dienste ist zu groß • Schaukeldienste • Feiertagsdienste • Dienstplangestaltung nach Sympathie und Antipathie • Mehrarbeit • Überstundenausgleich und Resturlaub werden vorgegeben • Freie Tage folgen nicht aufeinander • Kein Diensttausch möglich

Anforderungen der Leitung
• Sozialverträglichkeit • Hohe fachliche Abdeckung • Schichtabdeckung • Einhaltung der Ruhezeiten bei Wechselschichten • Beachtung der Urlaubsplanung • Zufriedenheit der Planung bei den Mitarbeitern • Berücksichtigung der persönlichen Wünsche der Mitarbeiter • Planung der Besprechungszeiten und Fortbildungen • Verteilung zuschlagspflichtiger Dienste • Rechtzeitige Erstellung und Bekanntgabe

Anforderungen des Management
• Einhaltung der vertraglich festgelegten Stundenzahl • Verfügbarkeit der Leitung und Stellvertretung während der Kernarbeitszeit • Aktuelle Dienstpläne • Einhaltung der Mindestbesetzung • Fristgerechte Fertigstellung • Namentliche Nennung des Verfassers • Anwendung von Dienstzeitenmodellen • Erkennbarkeit der Ausbildungsstände und Positionen • Einhaltung der einschlägigen Gesetze

4.6 Personalwesen

Anforderung des Personalmanagements
• Rechtliche Verbindlichkeit • Transparenz und Übersichtlichkeit • Eindeutig ersichtliches Stundenkontingent hinsichtlich der Überstunden und Mehrarbeit • Einhaltung gegebener Zeitrahmen für Termine und Abrechnungen • Nennung der verantwortlichen Ansprechpartner • Einhaltung von Urlaubsvorgaben und Urlaubsplanung • Übersichtlichkeit der Stundenplanung zwischen Soll und Ist • Durchsetzung der Verbindlichkeiten (Änderungen müssen von den Leitungen genehmigt werden.)

Anforderung der Personalvertretungen
• Einhaltung gesetzlicher Schutzbestimmungen • Einhaltung der Nachtruhe und Pausenregelung • Einhaltung des Urlaubsanspruchs • Einhaltung der Regel von 15 arbeitsfreien Sonntagen im Jahr • Dienstzeitenregelung • Überstunden • Arbeitsbefreiung bei beispielsweise Geburt und Tod nahestehender Verwandten • Einhaltung der Regelungen für Schwerbehinderte • Betriebliche Dienstplananweisung

Die Aufstellung erfolgte in Anlehnung an Schäfer/Jacobs.

03. Wie lange sind Dienstpläne aufzubewahren?

Dienstpläne sind Dokumente, die als Originaldokument mit allen Änderungen aufzubewahren sind. Die deutsche Rechtsliteratur kennt keine Vorschrift, aus der unmittelbar eine Aufbewahrungsfrist abgeleitet werden kann. Indirekte Hinweise ergeben sich aus dem Arbeitszeitgesetz, dem Medizinproduktegesetz und der Röntgenverordnung, aus denen sich höchst unterschiedliche Aufbewahrungsfristen von 2, 5 und 10 Jahren ergeben.

Träger, die sich gegen jeden möglichen Haftungsanspruch schützen wollen, müssen Dienstpläne 30 Jahre lang aufbewahren. Insbesondere kommt hier das Schuldrecht zum Tragen, nach dem Schädigungen an Leib, Leben und Gesundheit eine Verjährungsfrist von 30 Jahren hat.

04. Wie lange muss ein Dienstplan im Voraus bekannt gegeben werden?

Es gibt keine verbindliche Festlegung, aus der eindeutig hervorgeht, wie lange ein Dienstplan den Mitarbeitern im Voraus bekannt gegeben werden muss. Aus Motivationsgründen sollte er aber frühzeitig bekannt gegeben werden. In der Praxis hat es sich bewährt, Dienstpläne ca. 6 Wochen vorher auszuhändigen, damit die Mitarbeiter ihr Privatleben organisieren können.

Änderungen des Dienstplans ergeben sich oftmals erst kurzfristig, sodass dieses Hauptargument gegen eine frühzeitige Dienstplanung in der Regel nicht zum Tragen kommt. Eine Einigung mit der Personalvertretung vermeidet Streitigkeiten.

05. Nennen Sie Rechtsnormen, die Einfluss auf die Dienstplangestaltung nehmen.

- Arbeitszeitgesetz (ArbZG)
- Bildungsurlaubsgesetz
- Bundesfreiwilligendienst (BFD)
- Bundesurlaubsgesetz (BUrlG)
- Teilzeit- und Befristungsgesetz (TzBfG)
- Bundeselterngeld- und Elternzeitgesetz (BEEG)
- Pflegezeitgesetz (PflegeZG)
- Tarifverträge
- Jugendarbeitsschutzgesetz (JArbSchG)
- Mutterschutzgesetz (MuSchG)
- Personalvertretungsgesetze
- Schwerbehindertenrecht des SGB

06. Geben Sie einen Inhaltsüberblick über die genannten Rechtsnormen.

Arbeitszeitgesetz (ArbZG)
Das Arbeitszeitgesetz regelt die Arbeitszeit, die über den Beginn bis zum Ende der Arbeit ohne Ruhepausen definiert wird (§ 2 ArbZG). Die Regelarbeitszeit beträgt 8 Stunden täglich. Die Verlängerung der Arbeitszeit auf 10 Stunden ist möglich, sofern innerhalb von 6 Kalendermonaten oder innerhalb von 24 Wochen der Durchschnitt von 8 Stunden an Werktagen nicht überschritten wird (§ 3 ArbZG). Arbeitszeiten bei mehreren Arbeitgebern müssen zusammengerechnet werden.
Ruhepausen sind im Voraus festzulegen. Den Arbeitnehmern stehen 30 Minuten Pause bei mehr als 6 bis 9 Stunden Arbeitszeit zu und 45 Minuten bei mehr als 9 Stunden. Nach 6 und nach 9 Stunden muss der Arbeitnehmer eine Pause erhalten (§ 4 ArbZG). Die Ruhepause ist Freizeit des Mitarbeiters.
Die Dauer der Ruhezeit zwischen zwei Schichten beträgt 11 Stunden. In Gesundheitsbetrieben darf die Dauer der Ruhezeit auf 10 Stunden verkürzt werden (§ 5 ArbZG). Die Kürzungen der Ruhezeit durch die Inanspruchnahme während der Rufbereitschaft können zu anderen Zeiten ausgeglichen werden, wenn sie nicht mehr als die Hälfte der Ruhezeit betragen (§ 5 Abs. 3 ArbZG).
Bereitschaftsdienste gelten als Arbeitszeit. Die werktägliche Arbeitszeit der Nachtarbeit darf 8 Stunden nicht überschreiten. Eine Erhöhung auf 10 Stunden ist möglich, sofern innerhalb eines Kalendermonats oder innerhalb von 4 Wochen ein Durchschnitt von 8 Stunden erreicht wird (§ 6 Abs. 2 ArbZG). 15 Sonntage müssen pro Kalenderjahr beschäftigungsfrei bleiben (§§ 10 und 11 ArbZG). Verstöße gegen das ArbZG können mit Bußgeldern, bei Vorsatz oder bei beharrlicher Wiederholung mit Freiheits- oder Geldstrafe geahndet werden (§ 22 ArbZG und § 23 ArbZG). Diese letztgenannten Vorschriften gelten insbesondere für die Höchstarbeitszeiten, die Ruhepausen und die Mindestruhezeiten.

Bildungsurlaubsgesetz
Bildungsurlaub ist eine besondere Form des Urlaubs, die der beruflichen und politischen Weiterbildung dient. Der bezahlte Bildungsurlaub dient der Berufsbildung, der allgemeinen, politischen Bildung und gewerkschaftlichen Bildung. In den Bundesländern existieren dazu unterschiedliche gesetzliche Regelungen.

4.6 Personalwesen

In der Praxis nehmen nur wenige Arbeitnehmer ihren Bildungsurlaub in Anspruch. Hinzu kommt, dass in den Unternehmen häufig Konflikte entstehen, wenn Arbeitnehmer Bildungsurlaub in Anspruch nehmen wollen. Die Dauer der Freistellung beträgt in der Regel 10 Kalendertage innerhalb von zwei Kalenderjahren.

Bundesfreiwilligendienst

Das Gesetz über den Bundesfreiwilligendienst (BFDG) vom 28.04.2011 wurde im Bundesgesetzblatt am 02.05.2011 veröffentlicht. Die ersten BFDler konnten Ihren Dienst am 01.07.2011 antreten. Insgesamt hat die Bundesregierung 35.000 geförderte BFD Stellen eingeplant. Sie sollen mit dem Wegfall des Zivildienstes 35.000 FSJ-Stellen ergänzen und die Freiwilligenkultur in Deutschland sicherstellen. Im Bundesfreiwilligendienst sollen sich Frauen und Männer für das Allgemeinwohl engagieren, insbesondere im sozialen, ökologischen und kulturellen Bereich sowie im Bereich des Sports, der Integration und des Zivil- und Katastrophenschutzes.

Für eine Tätigkeit im Rahmen eines Bundesfreiwilligendienstes gelten sinngemäß die Arbeitsschutzbestimmungen, das Jugendarbeitsschutzgesetz und das Bundesurlaubsgesetz. Ebenso finden die sozialversicherungsrechtlichen Bestimmungen entsprechende Anwendung, die für die Jugendfreiwilligendienste nach dem Jugendfreiwilligendienstgesetz gelten. Hinzu kommen §3 Sonderurlaubsverordnung, §45 Abs. 3 Satz 1c Bundesversorgungsgesetz, §1 Abs. 1 Nr. 2h Verordnung über den Ausgleich gemeinwirtschaftlicher Leistungen im Straßenpersonenverkehr und §1 Abs. 1 Nr. 2h Verordnung über den Ausgleich gemeinwirtschaftlicher Leistungen im Eisenbahnverkehr.

Bundesurlaubsgesetz (BUrlG)

In §1 BUrlG definiert das Bundesurlaubsgesetz, dass jeder Arbeitnehmer Anspruch auf bezahlten Erholungsurlaub besitzt. Der Urlaub ist nach §7 Abs. 2 BUrlG zusammenhängend zu gewähren. Die Urlaubsansprüche betragen mindestens 24 Kalendertage (§24 BUrlG). Sonn- und Feiertage zählen nicht zu den Werktagen.

Der volle Urlaubsanspruch wird erstmalig nach 6 Monaten nach Ablauf der Probezeit erreicht (§4 BUrlG). Bei der Urlaubsplanung sind die Wünsche der Mitarbeiter zu berücksichtigen (§7 Abs. 1 BUrlG). Arbeitnehmern ist auf Antrag nach einer medizinischen Vorsorgemaßnahme bzw. nach einer Rehabilitation der Urlaub unmittelbar im Anschluss zu gewähren (§7 Abs. 1 BUrlG).

Der Urlaubsanspruch ist generell im laufenden Kalenderjahr zu gewähren. Eine Übertragung des Urlaubs auf das nächste Kalenderjahr darf nur erfolgen, wenn dringende betriebliche oder in der Person des Arbeitnehmers liegende Gründe dies rechtfertigen. Im Fall der Übertragung muss der Urlaub in den ersten drei Monaten des folgenden Kalenderjahrs gewährt und genommen werden (§7 Abs. 3 BUrlG):

- Bis 31. März des Folgejahres muss der Urlaub des alten Jahres angetreten sein.
- Bis 31. Mai des Folgejahres muss der Urlaub des alten Jahres angetreten sein, sollten dienstliche oder betriebliche Gründe sowie Arbeitsunfähigkeiten nicht gestatten, den Urlaub bis zum 31. März anzutreten.

Urlaub, der nicht innerhalb der Fristen angetreten wird, verfällt. Erkrankten Mitarbeitern während des Urlaubs, werden die durch ärztliches Zeugnis nachgewiesenen Krankheitstage nicht auf den Urlaub angerechnet (§7 BUrlG). Nach Ablauf des Urlaubs bzw. der Erkrankung müssen die Mitarbeiter die Arbeit wieder aufnehmen. Der nicht angerechnete Urlaub wird erneut festgesetzt. Urlaub, der wegen der Beendigung eines Arbeitsverhältnisses ganz oder teilweise nicht mehr gewährt werden kann, muss abgegolten werden (§7 Abs. 4 BUrlG).

Teilzeit- und Befristungsgesetz (TzBfG)

Das Teilzeit- und Befristungsgesetz regelt die Rechtsansprüche der Arbeitnehmer in Teilzeitarbeit gegenüber dem Arbeitgeber. Ziel ist die Förderung der Teilzeitarbeit und die Verhinderung von Diskriminierung teilzeitbeschäftigter Arbeitnehmer (§ 1 TzBfG).

Arbeitnehmer können 6 Monate nach Beginn des Arbeitsverhältnisses verlangen, dass die vereinbarte Arbeitszeit verringert wird (§ 8 Abs. 1 TzBfG). Der Arbeitgeber hat den Wünschen der Arbeitnehmer zuzustimmen, sofern nicht wichtige betriebliche Gründe entgegenstehen (§ 8 Abs. 4 TzBfG). Zudem muss der Arbeitgeber die Entscheidung über die Verringerung der Arbeitszeit dem Arbeitnehmer spätestens einen Monat vorher schriftlich mitteilen.

In § 13 TzBfG wird geregelt, dass sich mehrere Arbeitnehmer die Arbeitszeit eines Arbeitsplatzes teilen können. Arbeitsverträge dürfen befristet abgeschlossen werden, wenn sachliche Gründe vorliegen (§ 13 Abs. 1 TzBfG). Ohne sachlichen Grund ist die kalendermäßige Befristung bis zur Dauer von zwei Jahren möglich (§ 13 Abs. 2 TzBfG).

Bei Neueinstellungen darf die Befristung lediglich dreimal innerhalb von zwei Jahren verlängert werden. Arbeitnehmer, die das 52. Lebensjahr vollendet haben, dürfen ohne sachlichen Grund befristet eingestellt werden. Die Befristung ist dabei bis zu 5 Jahren zulässig. Kalendermäßig befristete Arbeitsverträge enden mit Ablauf der vereinbarten Zeit (§ 15 TzBfG). Befristet beschäftigte Arbeitnehmer sind angemessen an Aus- und Weiterbildungsmaßnahmen zu beteiligen, sofern keine betrieblichen Gründe entgegenstehen (§ 19 TzBfG).

Bundeselterngeld- und Elternzeitgesetz (BEEG)

Das Bundeselterngeld- und Elternzeitgesetz regelt die bessere Vereinbarkeit von Familie und Beruf. Dadurch ergeben sich erweiterte Möglichkeiten einer Teilzeitarbeit ohne Einschränkung des Erziehungsgeldes und eine höhere Attraktivität der Elternzeit für Väter.

Anspruch auf Elternzeit haben Arbeitnehmer, die Kinder in Obhut haben und mit ihnen in einem Haushalt leben, betreuen und erziehen (§ 15 Abs. 1 BEEG). Der Anspruch gilt bis zum vollendeten dritten Lebensjahr des Kindes. Die Zeit der Mutterschutzfrist nach § 6 Abs. 1 MuSchG (8 Wochen nach der Entbindung und 12 Wochen nach Früh- oder Mehrlingsgeburten) ist in der Regel anrechenbar.

Die Elternzeit darf lt. § 15 Abs. 3 BEEG anteilig von jedem Elternteil allein oder gemeinsam genommen werden. Dabei darf von jedem Elternteil während der Elternzeit bis zu 30 Wochenstunden gearbeitet werden. Der Arbeitnehmer kann während der Gesamtdauer der Elternzeit zweimal eine Verringerung der Arbeitszeit beanspruchen (§ 15 Abs. 6 BEEG).

Kündigungen dürfen während der Elternzeit nicht ausgesprochen werden mit Ausnahme besonderer Fälle (§ 18 BEEG). Arbeitnehmer und Arbeitnehmerinnen haben eine dreimonatige Kündigungsfrist einzuhalten, wenn das Arbeitsverhältnis zum Ende der Elternzeit gekündigt werden soll (§ 19 BEEG).

Pflegezeitgesetz (PflegeZG)

Das Pflegezeitgesetz regelt die Pflegezeiten von Arbeitnehmern. Arbeitnehmer können sich für eine begrenzte Zeitdauer ohne Entgeltfortzahlung von der Arbeit freistellen lassen oder in Teilzeit arbeiten, um pflegebedürftige Angehörige zu betreuen und zu versorgen, ohne dass dadurch das Arbeitsverhältnis gefährdet wird.

4.6 Personalwesen

Während der Pflegezeit besteht für Arbeitnehmer ein Sonderkündigungsschutz. Mitarbeiter können kurzzeitig bis zu 10 Tage der Arbeit fern bleiben, um nahe Angehörige zu betreuen oder zu pflegen (§ 2 PflegeZG). Die Pflegezeit ist dem Arbeitgeber unverzüglich mitzuteilen. Auf Verlangen des Arbeitgebers ist eine ärztliche Bescheinigung vorzulegen. Das Gehalt entfällt für diese Arbeitstage.

Die Mitteilung, dass die Pflegezeit in Anspruch genommen wird, ist dem Arbeitgeber spätestens 10 Tage vor Beginn schriftlich anzukündigen (§ 3 PflegeZG). Die Pflegezeit beträgt für jeden pflegebedürftigen Angehörigen längstens 6 Monate (§ 4 PflegeZG).

Während der Pflegezeit kann dem Arbeitnehmer nicht gekündigt werden (§ 5 PflegeZG). Für die Dauer der Pflegezeit kann ein Arbeitnehmer unter Angabe des sachlichen Befristungsgrundes befristet eingestellt werden (§ 6 PflegeZG). Der befristete Arbeitsvertrag kann innerhalb von zwei Wochen gekündigt werden, wenn die Pflegezeit vorzeitig endet. Das Kündigungsschutzgesetz ist in diesen Fällen nicht anzuwenden.

Tarifverträge

Tarifverträge sind Verträge zwischen Tarifvertragsparteien. Tarifvertragsparteien sind auf der Arbeitgeberseite entweder ein einzelner Arbeitgeber oder ein Arbeitgeberverband und auf Arbeitnehmerseite in der Regel eine Gewerkschaft.

Tarifverträge regeln die allgemeinen Arbeitsbedingungen. Dazu zählen neben Lohn- und Gehalt, Nebentätigkeiten, Entgeltfortzahlungen, Arbeitsunfähigkeiten, Versetzungen, Abordnungen, Zuweisungen, Arbeitszeiten, Teilzeitbeschäftigungen und Kündigungsfristen.

Wichtige Tarifverträge im Gesundheitswesen sind der TVöD (Beschäftigte des Bundes und der Kommunen), der TV-L (Beschäftigte der Länder) und der AVR (Kirchliche Träger und die Schwesternschaften des Roten Kreuzes). Viele Ärzte haben sich im Marburger Bund organisiert. Außerdem gibt es einen Tarifvertrag für Ärzte für die Länder und den Verband der Kommunen. Solche Tarifverträge haben beispielsweise die folgenden Regelungsinhalte:

- Bei Arbeitsunfähigkeit haben Arbeitnehmer deren voraussichtliche Dauer unverzüglich mitzuteilen. Dauert die Arbeitsunfähigkeit länger als drei Tage, müssen Arbeitnehmer eine ärztliche Bescheinigung vorlegen.
- Beschäftigte dürfen aus dienstlichen und betrieblichen Gründen versetzt oder abgeordnet werden. Das Arbeitsverhältnis besteht in diesen Fällen unverändert weiter.
- Vereinbarte Qualifizierungsmaßnahmen gelten als Arbeitszeit.
- Die Arbeitszeit kann je nach Tarifvertrag variieren. 39 Stunden beim Bund, 38,5 Stunden im Tarifgebiet West und 40 Stunden im Tarifgebiet Ost.
- Bei Wechselschichten oder Schichtarbeit darf sich die Arbeitszeit verlängern. Wechselschichten sind Tätigkeiten, die nach einem Schichtplan ausgeführt werden, der einen regelmäßigen Wechsel der Schichten vorsieht.
- Schichtarbeit ist der Wechsel des Beginns der täglichen Arbeitszeit von mindestens zwei Stunden.
- Bei Bereitschaftsdiensten außerhalb der Arbeitszeit haben sich die Arbeitnehmer an einem vom Arbeitgeber zu bestimmenden Ort aufzuhalten, wenn erwartungsgemäß Arbeit anfällt. Der Arbeitgeber ist daran gebunden, dass Arbeit anfällt, anderenfalls darf nur Rufbereitschaft angeordnet werden. Der Arbeitgeber darf Rufbereitschaft nur anordnen, wenn erfahrungsgemäß nur in Ausnahmefällen Arbeiten anfallen.

- Entsprechend den Tarifverträgen sollen vollbeschäftigte Angestellte, die mindestens ein Kind unter 18 Jahren haben oder einen nach ärztlichen Gutachten pflegebedürftigen Angehörigen betreuen, soweit keine dienstlichen oder betrieblichen Gründe entgegenstehen, einen Anspruch auf Teilzeitbeschäftigung haben. Häufig entstehen in den Betrieben durch die hohe Anzahl an Wünschen nach Teilzeitbeschäftigung Probleme.
- Kündigungen enden in der Probezeit nach Ablauf von zwei Wochen. Bei befristeten Arbeitsverträgen gelten die folgenden Kündigungsfristen:

Dauer des Arbeitsverhältnisses	Kündigungsfrist
Mehr als 6 Monate	4 Wochen zum Monatsende
Mehr als 12 Monate	6 Wochen zum Monatsende
Mehr als 24 Monate	3 Monate zum Monatsende
Mehr als 36 Monate	4 Monate zum Monatsende

Bei unbefristeten Arbeitsverträgen gelten die folgenden Kündigungsfristen:

Dauer des Arbeitsverhältnisses	Kündigungsfrist
Bis zum 1 Jahr	1 Monat zum Monatsende
Mehr als 1 Jahr	6 Monate zum Quartalsende
Mindestens 5 Jahre	3 Wochen zum Quartalsende
Mindestens 8 Jahre	4 Monate zum Quartalsende
Mindestens 10 Jahre	5 Monate zum Quartalsende
Mindestens 12 Jahre	6 Monate zum Quartalsende

Arbeitnehmer, die mindestens 15 Jahre Beschäftigungszeit im gleichen Betrieb erbracht und ihr 40. Lebensjahr vollendet haben, sind nur aus wichtigem Grund kündbar. Bei Beschäftigten, die aufgrund der alten BAT-Regelung unkündbar waren, gelten die Bestimmungen der Unkündbarkeit weiter.

Jugendarbeitsschutzgesetz (JArbSchG)

Jugendliche im Sinne dieses Gesetzes sind Mitarbeiter, die mindestens 15, aber noch nicht 18 Jahre alt sind. Die Dauer der Höchstarbeitszeit beträgt 8 Stunden pro Tag und höchstens 40 Stunden pro Woche (§ 8 JArbSchG).

Jugendliche haben Anspruch auf 30 Minuten Pause bei mehr als 4,5 bis 6 Stunden Arbeitszeit und auf 60 Minuten Pause bei mehr als 6 Stunden Arbeitszeit (§ 11 JArbSchG). Die Ruhezeit zwischen zwei Schichten beträgt bei Jugendlichen mindestens 12 Stunden.

Die Arbeitszeit der Jugendlichen beschränkt sich auf die Zeit zwischen 6 Uhr und 20 Uhr (§ 14 JArbSchG). In mehrschichtigen Betrieben dürfen Jugendliche bis 23 Uhr eingesetzt werden. Zudem dürfen Jugendliche nur an 5 Tagen in der Woche beschäftigt werden (§ 15 JArbSchG).

Die Ruhetage sollen aufeinanderfolgen. Mindestens zwei Samstage im Monat sollen beschäftigungsfrei bleiben, mindestens zwei Sonntage müssen beschäftigungsfrei bleiben (§ 16 JArbSchG). Jugendliche zwischen dem 17. und 18. Lebensjahr haben Anspruch auf mindestens 25 Urlaubstage (§ 19 JArbSchG). Beschäftigungsverbote gelten für besonders gefährliche Arbeiten (§ 22 JArbSchG).

4.6 Personalwesen

Mutterschutzgesetz (MuSchG)

Mütter im Sinne des Gesetzes sind werdende, stillende und nicht stillende Mütter. Die Regelungen gelten für den Arbeitgeber und Arbeitnehmerinnen.

Die werdenden Mütter haben dem Arbeitgeber ihre Schwangerschaft möglichst sofort bekannt zu geben (§ 5 MuSchG). Der Arbeitgeber hat zu beachten, dass die Mitteilung der werdenden Mütter Dritten nicht unbefugt bekannt gegeben wird. Dazu zählen in erster Linie die Beschäftigten. Die Weitergabe der Information an die Personalabteilung ist keine unbefugte Weiterleitung.

Beschäftigungsverbote gelten für Tätigkeiten, die eine Gefahr für die Gesundheit oder das Leben der Mutter und des Kindes darstellen (§ 3 Abs. 1 MuSchG und § 4 MuSchG). Darüber hinaus dürfen Schwangere nach Ablauf des 5. Schwangerschaftsmonats nicht ständig im Stehen Tätigkeiten verrichten. Regelmäßige Lasten von 5 kg und gelegentliche Lasten von mehr als 10 kg dürfen von Schwangeren nicht gehoben, bewegt oder befördert werden.

Bis 6 Wochen nach der Entbindung dürfen Mütter nicht beschäftigt werden (§ 3 Abs. 2 MuSchG). Früh- und Mehrlingsgeburten verlängern den Zeitraum auf 12 Wochen (§ 6 Abs. 1 MuSchG). Mütter, denen ein ärztliches Zeugnis bescheinigt, nicht voll leistungsfähig zu sein, dürfen keine Tätigkeiten verrichten, die ihre Leistungsfähigkeit übersteigen (§ 6 Abs. 2 MuSchG).

Die Stillzeit ist gemäß § 7 MuSchG Arbeitszeit. Stillenden Müttern ist mindestens zweimal täglich die erforderliche Zeit zum Stillen von täglich einer Stunde zu gewähren. Bei mehr als 8 Stunden Arbeitszeit verlängert sich die Stillzeit auf 90 Minuten.

Werdende Mütter dürfen keine Mehrarbeit übernehmen und nicht zwischen 20 Uhr und 6 Uhr oder an Sonntagen beschäftigt werden (§ 8 MuSchG).

Kündigungen sind während der Schwangerschaft und für die ersten vier Monate nach der Entbindung nicht möglich (§ 9 MuSchG), jedoch darf zum Ende der Schutzfrist gekündigt werden (§ 10 MuSchG).

Untersuchungen während der Schwangerschaft müssen als Arbeitszeit angerechnet werden (§ 16 MuSchG).

Personalvertretungsgesetze

Die Personalvertretungsgesetze (PersVG) regeln die Wahl, Zuständigkeit, Pflichten und Befugnisse der Personalvertretungen. Dazu zählen Personalräte, Gesamtpersonalräte und Hauptpersonalräte sowie die Jugend- und Auszubildendenvertretungen im öffentlichen Dienst. In den Bundesländern existieren unterschiedliche Personalvertretungsgesetze. Für die private Wirtschaft gilt das Betriebsverfassungsgesetz.

Für die Dienstplanung von Belang sind in jedem Fall die Freistellungen und Teilfreistellungen, damit die Mitglieder der Personalräte ihre Aufgaben wahrnehmen können.

Einigen sich Arbeitgeber und Arbeitnehmer nicht über eine Freistellung, kann die Einigungsstelle angerufen werden. Freistellungen und Teilfreistellungen führen nicht zur Kürzung der Bezüge.

Mitglieder der Personalräte genießen einen besonderen Kündigungsschutz, der über den Zeitraum der Mitgliedschaft im Personalrat hinausreicht.

Schwerbehindertenrecht (SGB IX)
Das Schwerbehindertengesetz regelt die Rehabilitation behinderter Menschen. Menschen gelten als behindert, wenn deren körperliche Funktion, geistige Fähigkeit oder seelische Gesundheit mit hoher Wahrscheinlichkeit länger als 6 Monate von dem für das Lebensalter typischen Zustand abweicht und aufgrund dessen die Teilhabe am Leben in der Gesellschaft beeinträchtigt wird (§ 2 Abs. 1 SGB IX).   Schwerbehinderte Menschen haben einen Behinderungsgrad von mindestens 50 % (§ 2 Abs. 2 SGB IX).   Der Behinderungsgrad wird durch ärztliche Gutachten festgestellt. Gemäß § 124 SGB IX sind Schwerbehinderte auf Antrag von Mehrarbeit freizustellen. Hinzu kommt, dass Schwerbehinderte gemäß § 125 SGB IX über 5 zusätzliche Urlaubstage verfügen können.

4.6.2 Personalentwicklung und -förderung

4.6.2.1 Mitarbeitergespräche

01. Nennen Sie Formen und Anlässe, bei denen Mitarbeitergespräche geführt werden.

Regelmäßige Gespräche	• Zielvereinbarungsgespräch • Ziel- und Arbeitsüberprüfung • Beurteilungsgespräch • Fördergespräche • Jahresgespräch
Anlassabhängige Gespräche	• Einführungsgespräch • Feedbackgespräch • Rückkehrgespräch • Disziplinar- und Abmahngespräch • Kündigungsgespräch • Abgangsgespräch • Unterweisungsgespräch • Delegationsgespräch
Sonderfälle	• Vorstellungsgespräch • Mitarbeiterbesprechung • Lehrgespräch

4.6 Personalwesen

02. Stellen Sie die Inhalte der genannten Formen der Mitarbeitergespräche vor.

Zielvereinbarungsgespräche	Durch Zielvereinbarungsgespräche erfährt der Mitarbeiter, welche Erwartungen der Fachvorgesetzte hat. Dabei soll über die konkreten Aufgaben bzw. Leistungsziele gesprochen werden, um Kommunikation und Motivation zu verbessern und um eine objektive Leistungsbeurteilung zu ermöglichen. Die Leistungsziele werden in der Regel konkretisiert, um sie messbar zu machen. Ziele, die in einer vergangenen Periode nicht erreicht wurden, werden analysiert, um die Gründe festzustellen. Folgender Ablauf ist möglich: • Besprechung der Bereichsziele • Darstellung der Anforderungen und Aufgaben • Vereinbarung über Ziele, Schwerpunkte, Prioritäten • Diskussion von Problemen bei der Zielerreichung • Analyse der Rahmenbedingungen • Überprüfen der Ressourcen • Notwendige Qualifizierungsmaßnahmen • Überprüfen der Kompetenzen • Zeitliche Kapazitäten • Finanzielle Mittel • Schriftliche Dokumentation der Zielvereinbarung
Ziel- und Arbeitsüberprüfung	Gespräche zur Ziel- und Arbeitsüberprüfung stellen die kontinuierliche Kommunikation zwischen dem Fachvorgesetzten und dem Mitarbeiter über Aufgaben und Fortschritte der Zielerreichung sicher. Der Fachvorgesetzte übernimmt Steuerung und Kontrolle mit Blick auf die Zielerreichung. Dabei soll die Unterstützung des Mitarbeiters durch den Fachvorgesetzten regelmäßig im erforderlichen Umfang erfolgen. Folgender Ablauf ist möglich: • Erörterung der einzelnen Ziele und Aufgaben • Maßnahmen zur Weiterentwicklung • Dokumentation der Maßnahmen
Beurteilungsgespräch	In Beurteilungsgesprächen sollen die Mitarbeiter nachvollziehbar erfahren, warum der Fachvorgesetzte bestimmte Leistungen und Verhaltensweisen als Stärke oder Schwäche beurteilt. Das Ziel der Beurteilungsgespräche sind Verhaltensänderungen und Leistungssteigerungen. Folgender Ablauf ist möglich: • Sichtweise des Mitarbeiters • Sichtweise des Fachvorgesetzten • Erkennen von Motiven, Bedürfnissen und Emotionen • Herausarbeiten übereinstimmender und abweichender Meinungen • Gesprächsabschluss mit Ergebnis

Förder- und Entwicklungsgespräche	Die Förderung der Mitarbeiter zählt zu den Führungsaufgaben der Fachvorgesetzten. Die Mitarbeiter streben nach Aufstieg und Weiterbildung, um neue Aufgabenbereiche, Kompetenzen und Verantwortung zu übernehmen. Dadurch wird die Unterstützung durch den Vorgesetzten erforderlich, damit die Mitarbeiter mit ihren Kenntnissen und Fähigkeiten den Anforderungen gerecht werden können. Hinzu kommt, dass neue und leistungsschwache Mitarbeiter durch Bildungsmaßnahmen unterstützt werden müssen, um den Anforderungen ihres Arbeitsplatzes gewachsen zu sein.
Jahresmitarbeitergespräche	Das Jahresmitarbeitergespräch fasst das Beurteilungsgespräch auf der Basis der vereinbarten Ziele, das Förder- und Entwicklungsgespräch und das Zielvereinbarungsgespräch für die folgende Periode zusammen. Dies hat den Vorteil, dass alle wichtigen Aspekte zusammenhängend in einem Gespräch erörtert werden können.
Einführungsgespräche	Einführungsgespräche werden bei neuen Mitarbeitern, Versetzungen und Beförderungen geführt. Ziel ist die Senkung der Fluktuationsrate und Vermeidung von Tendenzen hin zur inneren Kündigung, zumal das Verhältnis neuer Mitarbeiter zum Unternehmen insbesondere von den Eindrücken der ersten Zeit mitbestimmt wird. Den Mitarbeitern soll Orientierung gegeben und ein Zugehörigkeits- und Sicherheitsgefühl vermittelt werden. Folgender Ablauf ist möglich: • Vorstellung des Unternehmens • Führungsinstrumente • Regelungen zur Arbeitszeit, Datenschutz, Kunden etc. • Personalentwicklung • Betriebliche Leistungen • Betriebliche Einrichtungen • Umweltschutz • Betriebs- und Personalrat • Betriebsarzt • Telefonverzeichnis • Betriebsvereinbarungen • Informationen für Zivildienstleistende, Auszubildende, Trainees etc.
Feedbackgespräche (Kritik und Anerkennung)	Regelmäßige Feedbacks vermeiden Missverständnisse zwischen Fachvorgesetzten und Mitarbeitern. Das Besprechen von Leistungen, Fehlern und Erfolgen dient der besseren Kommunikation. Dabei sollen gute Leistungen der Mitarbeiter sichergestellt werden. Den Mitarbeitern wird die Chance gegeben, fehlerhaftes Verhalten zu korrigieren.
Rückkehrgespräche (Fehlzeitengespräche)	Rückkehrgespräche bzw. Fehlzeitengespräche sollen helfen, unangemessen hohe Fehlzeiten von Mitarbeitern zu verringern. Einerseits geht es um die Wiedereingliederung eines Mitarbeiters, und andererseits dient das Gespräch der Ursachenforschung, um bei ungerechtfertigten Fehlzeiten das Unternehmen vor wirtschaftlichem Schaden zu bewahren.

4.6 Personalwesen

Disziplinar- und Abmahngespräche	Anlass sind zumeist schwere Verfehlungen eines Mitarbeiters, die zu Ermahnungen, Abmahnungen mit Kündigungsandrohungen bzw. zur direkten Kündigung führen. Ein Kündigungsgespräch erfolgt zumeist, wenn Abmahnungen erfolglos geblieben sind. Abmahnungen gehen der Kündigung voraus. Zu den Inhalten zählen Verfehlungen des Mitarbeiters und deren arbeitsrechtlichen Konsequenzen.
Kündigungsgespräche	Das Kündigungsgespräch dient dem Aussprechen der Kündigung und Erläuterung der Gründe. Ggf können weitere Details wie z. B. Freistellungen geklärt werden. Möglicherweise kann der Arbeitgeber Unterstützung gewähren (Outplacement).
Abgangsgespräche	Abgangsgespräche werden geführt, wenn Mitarbeiter von sich aus gekündigt haben. Darin können die Fachvorgesetzten die Gründe der Kündigung erfahren. Das Abgangsgespräch kann vor Erstellung des Arbeitszeugnisses geführt werden.
Unterweisungsgespräche (Training-on-the-job)	Eine Aufgabe der Fachvorgesetzten ist das Unterweisen der Mitarbeiter. Die Unterweisung soll helfen, Fehler und Doppelarbeiten zu vermeiden.
Delegationsgespräche	Die Delegation abgegrenzter Kompetenzen und Verantwortlichkeiten zur selbstständigen Erledigung an Mitarbeiter dient der Entlastung der Fachvorgesetzten und größeren Zufriedenheit bei den Mitarbeitern. Dabei ist die Bereitschaft zur Aufgabenübernahme zu klären.
Vorstellungsgespräche	Vorstellungsgespräche werden mit Bewerbern und Bewerberinnen geführt und sind keine Mitarbeitergespräche. Im Vordergrund steht die Bewerberauswahl. Im Vorstellungsgespräch ist festzustellen, ob der Bewerber über das erforderliche Anforderungsprofil verfügt, bzw. ob persönliche Eigenschaften wie Teamfähigkeit vorhanden sind. Eine situative Gesprächsführung soll den Bewerber mit möglichst vielen praxisnahen Situationen konfrontieren. Folgender Ablauf ist denkbar: • Vorstellung des Unternehmens und der zu besetzenden Position • Werdegang des Bewerbers • Derzeitiges Aufgabengebiet • Zukünftiges Aufgabengebiet • Übereinstimmung von Anforderungsprofil und Eignungsprofil • Situative Fragestellungen • Fragen zum Unternehmen • Offene Fragen des Bewerbers • Abschließende Formalitäten
Mitarbeiterbesprechung	Mitarbeiterbesprechungen erfolgen regelmäßig oder aus aktuellen Anlässen. Ziel ist die gegenseitige Information, der Erfahrungsaustausch, das Lösen von Problemen, das Ausräumen von Meinungsverschiedenheiten oder die Schlichtung von Konflikten.
Lehrgespräche (Training-off-the-job)	Häufig werden die Fachvorgesetzten außerhalb der Arbeitsplätze als Trainer eingesetzt, um Mitarbeitern neue Qualifikationen zu vermitteln, die infolge des raschen technologischen Wandels und der Übernahme neuer, anspruchsvoller Aufgaben laufend angepasst werden müssen.

03. Nennen Sie die Ziele der Mitarbeiterbeurteilung.

Mitarbeiterbeurteilungen haben unterschiedliche Zielsetzungen.

- Als Instrument der Personalführung dienen sie der Verbesserung der Kommunikation zwischen Vorgesetzten und Mitarbeitern. Dabei werden die Leistungen der Mitarbeiter anerkannt und geben Anlass zu Leistungssteigerungen.

- Als Instrument der Personaleinsatzplanung dienen die Beurteilungen dazu, den Personaleinsatz zu optimieren und personalwirtschaftliche Maßnahmen zu kontrollieren.

- Mitarbeiterbeurteilungen unterstützen die Lohn- und Gehaltsfindung, damit eine leistungsgerechte Vergütung der Mitarbeiter erreicht wird.

- Als Instrument der Personalentwicklung dienen sie dazu, Mitarbeiter zu motivieren und das vorhandene Potenzial zu nutzen.

04. Welche Informationen werden im Beurteilungsgespräch gewonnen?

- Informationen zur Verbesserung der Personalführung:
  - Einschätzung der Vorgesetzten über Leistungen der Mitarbeiter
  - Einschätzung der Stärken und Schwächen der Mitarbeiter
  - Verbesserungsmöglichkeiten

- Informationen über die bisherigen Leistungen der Mitarbeiter zur Personaleinsatzplanung:
  - Förderung von Mitarbeitern
  - Nach Ablauf der Probezeit: Übernahme in unbefristete Arbeitsverhältnisse
  - Versetzungen
  - Erstellung von Arbeitszeugnissen
  - Freisetzung

- Informationen zur leistungsgerechten Lohn- und Gehaltsfindung:
  - Förderung von Leistungsgerechtigkeit
  - Schaffung finanzieller Anreize

- Informationen über die bisherigen Leistungen der Mitarbeiter am derzeitigen Arbeitsplatz und das zukünftige Leistungspotenzial, um ggf. Maßnahmen der Personalentwicklung durchzuführen:
  - Selektion förderungswürdiger Mitarbeiter
  - Definition des Bildungsbedarfs

05. Beschreiben Sie die Dimensionen der Mitarbeiterbeurteilung.

Die *Leistungsbeurteilung* betrachtet die Ist-Leistung eines Mitarbeiters, die in einer vergangenen Periode erbracht wurde. Zusätzlich wird das Verhalten bei der Leistungserbringung berücksichtigt. Das Leistungsverhalten und das Leistungsergebnis werden durch die Leistungsfähigkeit und die Leistungsbereitschaft bestimmt. Leistungsbeurteilungen werden oftmals zur Lohn- und Gehaltsfindung sowie zur Motivation und Förderung eines Mitarbeiters eingesetzt.

4.6 Personalwesen

Die *Potenzialbeurteilung* zielt auf die Erfassung der Eignung eines Mitarbeiters für zukünftige Aufgaben und die individuellen Möglichkeiten der Personalentwicklung und -förderung ab. Potenzialbeurteilungen werden häufig bei internen Stellenbesetzungen, zur Nachwuchsplanung und zur Bildungsbedarfsermittlung eingesetzt. Die folgenden Kriterien werden häufig herangezogen:

- Lernfähigkeit
- Neigungen und Abneigungen
- Selbstständigkeit
- Urteilsfähigkeit
- Kooperationsfähigkeit
- Belastbarkeit
- Durchsetzungsvermögen
- Auffassungsgabe
- Initiative
- Denken und Handeln bei unternehmerischen Belangen

Persönlichkeitsbeurteilungen haben das Ziel, die Persönlichkeit eines Mitarbeiters zu bewerten. Dazu ist ein hohes Maß an psychologischen Kenntnissen erforderlich. Die Bedeutung der Persönlichkeitsbeurteilung ist umstritten, zumal ein ursächlicher Zusammenhang zwischen der Persönlichkeit der Mitarbeiter und deren Leistungsverhalten nicht nachgewiesen ist.

06. Wann werden Mitarbeiterbeurteilungen durchgeführt?

Mitarbeiterbeurteilungen werden kontinuierlich und regelmäßig durchgeführt. Überwiegend werden einheitliche Bewertungsverfahren angewandt. Anlässe sind beispielsweise:

- Gehaltsgespräche
- Entwicklungsgespräche
- Zielvereinbarungsgespräche
- Jahresgespräche.

Anlassbedingte Mitarbeiterbeurteilungen erfolgen bei bestimmten Gelegenheiten. Die Vielzahl der möglichen Gründe lässt die Anwendung einheitlicher Bewertungsverfahren nicht zu. Anlässe sind beispielsweise:

- Beurteilung von Auszubildenden vor Ende der Ausbildung
- Beurteilung von Mitarbeitern vor Ablauf der Probezeit
- Versetzung und Beförderung
- Erstellung von Zwischen- oder Arbeitszeugnissen.

07. Beschreiben Sie den Nutzen der Mitarbeiterbeurteilung für Vorgesetzte, Mitarbeiter und Unternehmen.

Vorgesetzte	• Erfassung des Leistungsgrades der Abteilung • Auseinandersetzung mit der Leistung und dem Verhalten der Mitarbeiter • Erfassung der Stärken und Schwächen der Mitarbeiter • Erkennen notwendiger Korrekturen, die zur Leistungssteigerung beitragen • Ermittlung organisatorischer Schwachstellen • Konfliktvermeidung • Bildungsbedarfsermittlung
Mitarbeiter	• Feedback zu den erbrachten Leistungen einer Periode • Informationen über die Erwartungen der Vorgesetzten • Anerkennung der Leistungen • Fähigkeiten zur Selbsteinschätzung • Steigerung des Selbstvertrauens • Informationen über die eigenen Stärken und Schwächen • Möglichkeit die eigenen Leistungen zu verbessern • Analyse bei Nichterreichen von Zielen • Unterstützung, um Mängel auszugleichen
Unternehmen	• Information über den internen Arbeitsmarkt • Überblick über den Eignungs- und Leistungsgrad sowie die Einsatz- und Entwicklungsmöglichkeiten der Mitarbeiter • Optimierung des Personaleinsatzes • Lohn- und Gehaltsfindung • Bildungsbedarfsermittlung • Beitrag zur Verbesserung des Betriebsklimas hinsichtlich Offenheit und Vertrauen

08. Nennen Sie vier verschiedenen Formen der Mitarbeiterbeurteilung.

1. Vorgesetztenbeurteilung: Mitarbeiter beurteilen Vorgesetzte
2. Abwärtsbeurteilung: Vorgesetzte beurteilen untergebene Mitarbeiter
3. Selbstbeurteilung der Mitarbeiter
4. Kollegenbeurteilung zwischen Mitarbeitern

09. Beschreiben Sie die verschiedenen Formen der Mitarbeiterbeurteilung.

a) Vorgesetzte beurteilen ihre Mitarbeiter

Klassische Form der Mitarbeiterbeurteilung. Der direkte Vorgesetzte kann häufig zuverlässig beurteilen, ob und wie Mitarbeiter ihre Aufgaben erfüllen, zumal dem Vorgesetzten die Aufgabeninhalte und Leistungsziele bekannt sind bzw. die Art und Weise, wie an die Aufgaben herangegangen wird.

Die Beurteilungen werden in der Regel dem nächst höheren Vorgesetzten vorgelegt, um einen Überblick über die erfolgten Beurteilungen zu ermöglichen.

4.6 Personalwesen

b) Mitarbeiter beurteilen ihren Vorgesetzten

Die Mitarbeiter werden gebeten, die Führungseigenschaften und das Führungsverhalten des direkten Vorgesetzten zu beurteilen. In der Regel erfolgen Vorgesetztenbeurteilungen schriftlich mithilfe eines Standardfragebogens. Die Ergebnisse werden dem Vorgesetzten oftmals auf Mittelwerten basierend mitgeteilt. Erfolgreiche Beurteilungen bedürfen einiger wesentlicher Voraussetzungen:

- Offene Unternehmenskultur
- Schulung und Anonymität der Beurteiler
- Rückmeldung der Ergebnisse an die Vorgesetzten
- Einleitung von ggf. Folgemaßnahmen wie beispielsweise Coaching etc.
- Zielvereinbarungen.

c) Kollegen beurteilen Kollegen

Mitarbeiter der gleichen Hierarchiestufe beurteilen sich gegenseitig. Diese Variante kommt bei Teams und kleinen Arbeitsgruppen zum Einsatz, bei der oftmals formalisierte Verfahren mit vorgegebenen Beurteilungskriterien angewendet werden.

Ziele sind die Beurteilung der Leistungsergebnisse und -verhalten der vergangenen Periode sowie die Eignung für zukünftige Aufgaben. In der Praxis ist dieses Instrument bislang wenig verbreitet

d) Mitarbeiter beurteilen sich selbst

Mitarbeiter machen sich ein Bild von sich selbst. Das Selbstbild ist einem starken Einfluss der individuellen Wahrnehmung des Mitarbeiters unterworfen. Selbstbeurteilungen erheben in der Regel nicht den Anspruch, objektiv und realistisch zu sein. Die Selbstbeurteilung ist in der Praxis selten. Gelegentlich werden Bewerbern Selbstbeurteilungsbögen vorgelegt, bzw. Mitarbeitern gestattet, Vorformulierungen für ihre Arbeitszeugnisse vorzunehmen.

10. Nennen Sie Beispiele für Beurteilungskriterien.

Mitarbeiter	Führungskräfte
• Arbeitsmenge • Arbeitsqualität • Ausdrucksfähigkeit • Belastbarkeit • Engagement • Fachkenntnisse • Kollegialität • Kommunikationsfähigkeit • Kundenorientierung • Lernfähigkeit • Motivation • Selbstorganisation	• Überzeugungsfähigkeit • Führungsverhalten • Delegationsbereitschaft • Mitarbeiterförderung • Planung und Organisation

- Sorgfalt
- Teamfähigkeit
- Verantwortungsfähigkeit
- Zielstrebigkeit
- Zuverlässigkeit

11. Beschreiben Sie die verschiedenen Verfahren der Mitarbeiterbeurteilung.

Freie Beurteilung

Dem Beurteiler bleibt es überlassen, das Beurteilungsverfahren auszuwählen. Er bestimmt die Beurteilungskriterien und deren Gewichtung, die individuell auf die jeweiligen Mitarbeiter abgestimmt werden, um die Stärken und Schwächen zu erfassen.

Die subjektive und häufig unvollständige Wahl der Beurteilungskriterien lässt eine Vergleichbarkeit mit anderen Beurteilungen nicht zu. Eine Variante ist, die Beurteilungskriterien vorzugeben, dem Beurteiler die Formulierung jedoch freizustellen. Die Vergleichbarkeit hängt dann von der sprachlichen Ausdrucksfähigkeit ab.

Rangordnungsverfahren

Der Beurteiler bildet eine Rangordnung der Mitarbeiter hinsichtlich der Gesamtleistung oder einzelner Beurteilungskriterien. Die Rangordnung kennzeichnet die relative Position des Beurteilten zu anderen Beurteilten. Das Vorgehen ist sehr zuverlässig und wird unterstützend oder ergänzend in Kombination mit anderen Verfahren eingesetzt. Es können verschiedene Rangordnungsverfahren angewendet werden:

- Beim Concoursverfahren werden die zu beurteilenden Mitarbeiter in eine Rangordnung gebracht.

- Bei der Methode des Abschälens wird innerhalb der Rangordnung zunächst der erste und der letzte Platz, dann der zweite und der vorletzte Platz usw. belegt.

- Beim Verfahren der erzwungenen Verteilung orientiert sich die Vergabe der Rangplätze an der Normalverteilung. Dabei werden die zu beurteilenden Mitarbeiter einem Platz in der Rangordnung zugeordnet, sodass sich die Anzahl der Beurteilten in Prozent in der Rangordnung ablesen lässt.

- Bei der Paarvergleichsmethode wird jeder Mitarbeiter hinsichtlich des Beurteilungskriteriums mit jedem anderen Mitarbeiter verglichen. Die Rangordnung entsteht durch die Addition der Fälle, in denen ein Mitarbeiter besser als eine bestimmte Zahl anderer Mitarbeiter ist.

Einstufungsverfahren

Der Beurteiler erhält als Vorgabe die Beurteilungskriterien und eine Skalierung, um die qualitativen Merkmale verbal oder numerisch zu erfassen. Ein solches Vorgehen ist höchst praktikabel und objektiv, zumal Fehlerrisiken durch den Beurteilenden weitgehend ausgeschaltet werden.

Zu den Vorteilen zählen die gute Vergleichbarkeit zu anderen Beurteilungen und die Standardisierbarkeit. Das größte Problem ist die Auswahl geeigneter Beurteilungskriterien, die auf die Anforderungen des individuellen Arbeitsplatzes abzustimmen sind.

4.6 Personalwesen

Stellenbeschreibungen sind zumeist die Basis, um Anforderungsanalysen durchzuführen. Einstufungsverfahren werden in der Regel allgemeine Kriterienkataloge zugrunde gelegt, die auf alle Mitarbeiter angewendet werden. 10 bis 20 Kriterien ermöglichen aussagekräftige Beurteilungen.

Die Gewichtung misst den einzelnen Kriterien die Bedeutung in der Gesamtbewertung zu. Als Gewichtungsfaktoren werden Multiplikatoren oder Prozentanteile angewendet. Die Skalierung erfasst die verschiedenen Leistungsgrade der Beurteilten. In der Praxis werden 3er, 5er, 7er und 9er-Skalen eingesetzt. Die Skalen können numerisch (beispielsweise von 1 - 5), alphabetisch (beispielsweise von A bis E), grafisch skaliert oder mit Schulnoten versehen werden.

Zielorientierte Beurteilung
Die Mitarbeiter werden anhand von Zielen beurteilt. Maßstab und Schwerpunkt bilden die individuell vereinbarten Leistungsziele, die aus den Unternehmenszielen abgeleitet werden. Die zu erfüllenden Zielsetzungen legen den Ausgangspunkt fest. Die Skalierung richtet sich nach den Methoden entsprechend dem Einstufungsverfahren. Vorteile sind die aufgabenbezogene Beurteilung, die Formulierung von Leistungsstandards, die zuverlässigen arbeitsplatzbezogenen Informationen und die intensive Kommunikation zwischen Mitarbeitern und Vorgesetzten.

12. Beschreiben Sie die Stufen einer Mitarbeiterbeurteilung.

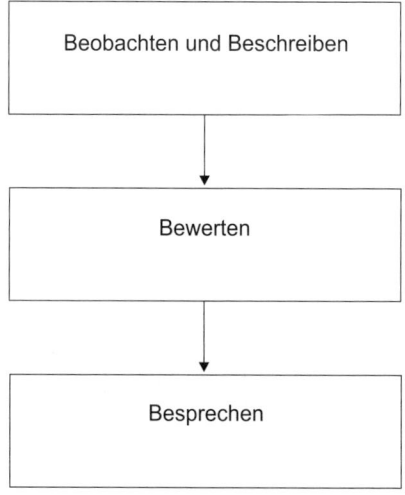

Stufen der Mitarbeiterbeurteilung

Beobachten und Beschreiben	Zu den Aufgaben der Vorgesetzten zählt die Beobachtung der Mitarbeiter, die regelmäßig und fortlaufend während eines Beurteilungszeitraumes durchzuführen ist. Beobachtet werden Arbeitsleistung und Arbeitsverhalten der Mitarbeiter, nach bestimmten Beurteilungskriterien. Eine zuverlässige Beobachtung beruht auf einer Vielzahl einzelner Beobachtungen, um Beurteilungsfehler auszuschließen.

Bewerten	Das Bewerten umfasst das Auffinden geeigneter Bewertungsmaßstäbe, zumal die Gefahr besteht, Werturteile abzugeben, die auf eigenen Vorstellungen beruhen. Zu beurteilen ist die Eignung der Mitarbeiter oder eine bestimmte Aufgabe. Formulierungshilfen in Beurteilungsbögen oder Handouts erleichtern die spätere Urteilsfindung.
Besprechen	Das Besprechen dient der Akzeptanz des Beurteilungsverfahrens durch den Beurteilten. Leistungsergebnisse und Leistungsverhalten werden kommuniziert, um die Erwartungen des jeweils anderen kennenzulernen. Damit werden Transparenz und Nachvollziehbarkeit des Verfahrens sichergestellt.

13. Welchen Zweck erfüllen Beurteilungsbögen?

Beurteilungsbögen enthalten die Bewertungsmaßstäbe und Beurteilungskriterien für den Beurteiler, um das Beurteilen zu erleichtern. Der Vorteil der gebundenen Beurteilung ist die gute Vergleichbarkeit unterschiedlicher Beurteilungen. Nach der Beurteilung werden die Ergebnisse schriftlich festgehalten.

14. Welche Beurteilungsfehler können auftreten?

a) Persönlichkeitsbedingte Beurteilungsfehler

Eindruck	Der Ersteindruck erfolgt in der Regel unter einer verstärkten Gefühlsbeteiligung.
Vorurteile	Vorurteile verkörpern Verallgemeinerungen und stellen nicht auf die individuelle Persönlichkeit des Beurteilten ab. Zudem können Vorurteile durch Dritte aufgrund vorausgegangener Beurteilungen entstehen,
Sympathie oder Antipathie	Sympathien und Antipathien beim Beurteilenden beeinflussen die Beurteilung unterbewusst und führen zu falschen Ergebnissen.
Projektionsfehler	Beurteilende projizieren ihre eigenen Fähigkeiten, Stärken und Schwächen in die Mitarbeiter und legen persönliche Maßstäbe den Beurteilungen zugrunde, sodass durchschnittlich besser bewertete Beurteilungen die Folge sein können.
Bezugspersonenfehler	Beurteilende übernehmen die Vorstellungen ihrer Vorgesetzten und verfälschen ihre eigenen Urteile.

b) Wahrnehmungsverzerrungen

Halo-Effekt	Mitarbeiter werden hinsichtlich eines Merkmals besonders positiv bzw. negativ bewertet, sodass der Beurteilende hieraus Rückschlüsse auf das Gesamtbild des Mitarbeiters zieht.
Recency-Effekt	Beurteilende legen erst kürzlich erbrachte Leistungen den Bewertungen zugrunde, sodass die Leistungen des vorhergehenden Zeitraums unterbewertet werden. Hieraus kann eine Unter- oder Überbewertung des Mitarbeiters entstehen.
Kleber-Effekt	Beurteilende orientieren sich an der bisherigen beruflichen Laufbahn des Mitarbeiters, sodass ausschließlich vorangegangene Beurteilungen berücksichtigt werden.

4.6 Personalwesen

Hierarchie-Effekt	Beurteilende bewerten Mitarbeiter höherer Hierarchiestufen besser als ‚Mitarbeiter unterer Hierarchiestufen. Akademische Titel und Auszeichnungen können zu einem ähnlichen Effekt führen.
Selektive Wahrnehmung	Beurteilende nehmen das Geschehen nur teilweise wahr. Dadurch wird einzelnen Vorfällen in der Bewertung größeres Gewicht verliehen.

c) Beurteilungsverfälschungen

Beurteilende manipulieren bewusst ihr Urteil, sodass es zu Verfälschungen der Beurteilung kommen kann. Beurteilungsverfälschungen können die folgenden Ursachen haben:

- Beurteilende begünstigen oder benachteiligen Mitarbeiter aufgrund persönlicher Interessen.
- Beurteilende verwehren Mitarbeitern berufliche Weiterbildungsmöglichkeiten, damit diese der Abteilung erhalten bleiben.
- Beurteilende loben Mitarbeiter über alle Maßen, um die eigene Position nicht zu gefährden.
- Beurteilende wollen ein gutes Image aufrechterhalten.
- Beurteilende fürchten sich vor Konsequenzen, die sich aus den Beurteilungen ergeben können.
- Mitarbeiter sollen nicht demotiviert werden und es soll eine konfliktfreie Zone geschaffen werden.

d) Fehlerhafte Beurteilungsverfahren

Die Ursachen fehlerhafter Beurteilungsverfahren resultieren aus der Auswahl falscher Beurteilungskriterien oder Fehler bei der Einführung der Verfahren. Das soziale Umfeld, private Umstände und betriebliche Faktoren können Verhaltensänderungen bei Beurteilenden und Beurteilten hervorrufen. Die Kenntnis der Fehlerquellen mindert die Fehleranfälligkeit.

15. Welche Anforderungen müssen Mitarbeiterbeurteilungen genügen?

Akzeptanz	Akzeptanz bei den Mitarbeitern ist eine wichtige Voraussetzung, damit eine Mitarbeiterbeurteilung erfolgreich ist.
Praktikabilität	Aufwand und Nutzen müssen in angemessenem Verhältnis zueinander stehen. Die Einwände der Mitarbeiter müssen vorher ausgeräumt werden und die Ziele der Mitarbeiterbeurteilung feststehen. Häufig werden Schulungen für die Mitarbeiter bzw. die Vorgesetzen angeboten, z. B. über Gesprächstechniken oder die Vermeidung von Beurteilungsfehlern.
Objektivität	Es soll ein Höchstmaß an objektiven Urteilen der Beurteiler erzielt werden. Selektive Wahrnehmungsprozesse beim Urteilen durch den Beurteiler können grundsätzlich nicht völlig ausgeschaltet werden. Beurteiler sollten negative Einflüsse wie beispielsweise Zeitdruck vermeiden, sich gut vorbereiten und keine voreiligen Urteile treffen.

4.6.2.2 Qualifizierungsmöglichkeiten

01. Definieren Sie den Begriff der Personalentwicklung.

Die Personalentwicklung umfasst alle planmäßigen und zielgerichteten Maßnahmen der Aus- und Weiterbildung sowie des Karrieremanagements. Dazu zählen alle Maßnahmen, die der individuellen beruflichen Entwicklung und Förderung der Mitarbeiter dienen und die ihnen unter Beachtung ihrer persönlichen Interessen und Bedürfnisse die notwendige Qualifikation vermitteln.

Die Personalentwicklung umfasst sowohl die Vermittlung, Erweiterung und Vertiefung von Fachwissen, Fähigkeiten und Einstellungen als auch das Umsetzung in konkretes Verhalten.

02. Welche Ziele strebt die Personalentwicklung an?
- Verbesserung der Leistungs- und Wettbewerbsfähigkeit des Unternehmens
- Anpassung der Qualifikation der Mitarbeiter an veränderte Arbeitsanforderungen
- Erhöhung der Flexibilität der Mitarbeiter
- Steigerung der Mitarbeiterzufriedenheit und -loyalität
- Verbesserung des Unternehmensimages
- Sicherung eines qualifizierten Mitarbeiterstammes
- Befriedigung individueller Bedürfnisse und bildungspolitischer Ansprüche

03. Welche Methoden stehen der Personalentwicklung zu Verfügung? Beschreiben Sie diese stichwortartig.

into-the-job	• Berufsausbildung • Trainee-Programm • Anlernausbildung
along-the-job	• Einsatz als Assistent, Stellvertreter oder Nachfolger
on-the-job	• Systematische Unterweisung • Qualifikationsfördernde Aufgabengestaltung (job enlargement, job enrichment, job rotation) • Projektarbeit
near-the-job	• Lernstatt (Lernen und Werkstatt) • Qualitätszirkel • Planspiele (realitätsnahe Entscheidungssituation)
off-the-job	• Vorträge, Fallstudien, Rollenspiele • E-Learning, Computerbased Trainings (CBT), Mobile Learning, Web-based Training (WBT) • Corporate Universities (Universitäre Bildungsakademien) • Outdoor-Training (Bergsteigen, Klettern etc.)
out-of-the-job	• Ruhestandsvorbereitung • Outplacement (ggf. Bewerbungstrainings)

4.6 Personalwesen

04. Wie kann die Effizienz der Personalentwicklungsmaßnahmen gemessen werden?

Die hohen Kosten der Personalentwicklung ist der Anlass, dass deren Effizienz besonders intensiv geprüft wird. Die Effizienzmessung im Rahmen eines Bildungscontrollings umfasst im Wesentlichen die folgenden Maßnahmen:

- Subjektive Zufriedenheitskontrolle, bei der die Inhalte, Methoden, Trainer und Materialien bewertet werden.
- Lernerfolgskontrolle im Rahmen einer Vorher-Nachher-Messung, um den tatsächlichen Lernerfolg der Teilnehmer zu überprüfen.
- Transfererfolgskontrolle, die durch Selbst- und Fremdeinschätzung der Verhaltensänderungen am Arbeitsplatz erfolgt.
- Impactkontrolle, die die Wirkungen der Personalentwicklungsmaßnahmen hinsichtlich der Ziele der Teilnehmer und des Unternehmens erfasst. Dazu zählen Kennzahlen wie beispielsweise die Fluktuationsrate, Arbeitsproduktivität etc., aber auch Werthaltungen und Einstellungen der Mitarbeiter.

05. Nennen Sie die wesentlichen Inhalte, die mit der Aus- und Weiterbildung verbunden sind.

Die Aus- und Weiterbildung wird dann erforderlich, wenn zwischen den Arbeitsanforderungen und dem Eignungsprofil der Mitarbeiter Differenzen auftreten, die nicht durch Personalbeschaffungsmaßnahmen ausgeglichen werden können. Dabei lassen sich drei Ebenen unterscheiden:

Vermittlung von Fachwissen	• Wissen über das Unternehmen, wie Produkte, Prozesse etc. • Wissen über die Umwelt wie Zulieferer, Wettbewerber, Kunden etc. • Kenntnisse betriebswirtschaftlicher und technischer Funktionen, Prozesse und Methoden
Erweiterung von Fähigkeiten	• Methodische Fähigkeiten, beispielsweise die Anwendung von Methoden und Techniken auf praktische Probleme. • Analytische Fähigkeiten, beispielsweise konzeptionelles Denken, Organisationsfähigkeiten, Auffassungsvermögen, Kritikfähigkeit. • Soziale Fähigkeiten, beispielsweise die Fähigkeit, Ideen und Gefühle zu kommunizieren, effizient in Gruppen zu arbeiten sowie Motivieren und Führen von Mitarbeitern. • Interkulturelle Kompetenz, beispielsweise die Fähigkeit zur effizienten Kommunikation und Interaktion mit Angehörigen anderer Kulturen.
Bildung neuer Einstellungen	• Respekt gegenüber abweichenden Meinungen und Ansichten. • Toleranz und permanentes Lernen. • Denken in größeren zeitlichen und räumlichen Dimensionen. • Offenheit gegenüber neuen Erkenntnissen und sozialem Wandel.

06. Aus welchen Gründen wird die Fort- und Weiterbildung in stationären Bereichen des Gesundheitswesens immer bedeutender?

Heute steigt das medizinische und pflegerische Wissen enorm schnell an. Hinzu kommt, dass die Menschen immer älter werden und die Anzahl der Schwerstkranken steigt. Dies führt zu erhöhten Anforderungen für die Pflegenden.

Da die dreijährige Ausbildung nicht mehr ausreicht, um mit diesen Entwicklungen mithalten zu können, werden Weiterbildungsmaßnahmen erforderlich. Die folgenden Veränderungen charakterisieren den heutigen Wandel:

- Medizinisch-technische Innovationen im Gesundheitswesen
- Wirtschaftliches Handeln im Umgang mit Ressourcen
- Moderne Informationstechnologien
- Qualitätsanforderungen durch Qualitätssysteme
- Einführung moderner Pflegesysteme

Im Rahmen der Weiterbildung soll das Fachwissen erweitert und die beruflichen Kompetenzen verbessert werden. Dabei werden die folgenden Schwerpunkte gebildet:

- Erhöhung der Pflegequalität
- Erhalt der Berufszufriedenheit
- Integration pflegewissenschaftlicher und medizinischer Erkenntnisse in den Pflegealltag
- Gesundheitsförderung für die Mitarbeiter
- Einarbeitung neuer Mitarbeiter.

Die Professionalisierung der Pflege bedingt eine universitäre Ausbildung der Lehrkräfte und Pflegedienstleitungen. Zukünftig müssen vermehrt pflegewissenschaftliche Erkenntnisse professionell vermittelt werden. Zudem müssen die Führungs- und Organisationsqualitäten erweitert und sicher beherrscht werden.

07. Was ist der Unterschied zwischen Fortbildung und Weiterbildung?

Die Fortbildung dient dem Auffrischen und Vertiefen der erworbenen beruflichen Kenntnisse und Fähigkeiten. Zudem werden die bereits gewonnenen Qualifikationen dem aktuellen Wissenschaftsstand angepasst.

Die Weiterbildung dient der Förderung der beruflichen Qualifikationen, die mit Abschlussprüfungen abgeschlossen werden und zumeist die Erlaubnis umfassen, eine Berufsbezeichnung zu führen. Dies kann beispielsweise die Anästhesie- und Intensivfachkraft sein oder die Pflege im Operationsdienst.

4.6 Personalwesen

08. Nennen Sie verschiedene Fort- und Weiterbildungsmaßnahmen aus dem stationären Bereich des Gesundheitswesens.

Fortbildungsmaßnahmen

• Qualifikation für Praxisanleiter
• Didaktische Qualifikationen für Lehrende
• Study Nurse/Research Nurse
• Fortbildung zu Pflegethemen:
  - Notfall
  - Überwachung
  - Atmung, nichtinvasive Beatmung
  - Wund- und Stomaversorgung
  - Sozial- und Methodenkompetenz
  - Behandlungssituationen neurologischer Erkrankungen und der Wahrnehmung
  - Behandlungssituationen von Erkrankungen der Atemwege und des Herz-Kreislaufs
• Hygienefachkraft
• Strahlenschutzkurs

Weiterbildungsmaßnahmen
• Weiterbildung Anästhesiepflege • Weiterbildung Intensivpflege • Pädiatrische Intensivpflege • Onkologische Fachweiterbildung • Pflege im Operationsdienst • Pflege in Notfallaufnahmen und -ambulanzen • Weiterbildung zum Sterilisationsassistenten/zur Sterilisationsassistentin • Weiterbildung psychiatrische Pflege

09. Beschreiben Sie verschiedene Gesundheitsberufe und deren Ausbildungsinhalte, Ausbildungsdauer und Abschlüsse.

Operationstechnische Assistenten (OTA)	Die dreijährige OTA-Ausbildung erfolgt nach den Richtlinien der Deutschen Krankenhausgesellschaft (DKG) und soll die Auszubildenden befähigen, Patienten fachkundig unter Berücksichtigung ihrer psychischen und physischen Situation während des OP- bzw. Funktionsabteilungsaufenthaltes zu betreuen. Die Ausbildung wird mit einem Examen abgeschlossen. Der Beruf der OTA ist bislang ohne staatliche Anerkennung.
Anästhesietechnische Assistenten (ATA)	Die dreijährige ATA-Ausbildung erfolgt nach den Empfehlungen der Deutschen Krankenhausgesellschaft (DKG) zur Ausbildung und Prüfung von OTAs. Die Ausbildung soll die ATAs befähigen, die Anästhesisten bei der Durchführung der Narkoseverfahren zu unterstützen. Die Abschlussprüfung erfolgt in der Regel nach internen Richtlinien der jeweiligen Berufsfachschule, weil die Ausbildung bislang weder von der Deutschen Krankenhausgesellschaft (DKG) noch staatlich anerkannt ist.

Gesundheits- und Krankenpfleger/in **Gesundheits- und Kinderkrankenpfleger/in**	Die dreijährige Ausbildung soll die Auszubildenden befähigen, Patienten in jedem Lebensabschnitt, der durch Krankheit oder Behinderung beeinträchtigt ist, zu unterstützen. Die Pflegeausbildung wird durch das Krankenpflegegesetz (KrPflG) geregelt. Der erfolgreiche Abschluss der staatlichen Prüfung erlaubt die Führung der Berufsbezeichnung „Gesundheits- und Krankenpfleger". Die Weiterbildung zur Fachkrankenschwester für Anästhesie- und Intensivpflege ist ebenso möglich wie die akademische Weiterbildung im Rahmen der Pflegewissenschaft, Pflegepädagogik oder Pflegemanagement, die mit Diplom, Bachelor oder Master abgeschlossen werden können. Im universitären Bereich der Pflegewissenschaften ist die Promotion zum „Dr. rer. cur" (rerum curae) möglich. Zudem ist die Weiterbildung zum OTA bzw. ATA möglich, um im OP-Bereich Tätigkeiten übernehmen zu können.
Altenpfleger/in	Altenpfleger genießen eine dreijährige Ausbildung, die befähigen soll, alte Menschen im Rahmen der ambulanten Pflege beispielsweise durch Sozialstationen in deren Wohnung oder stationär in Alten- und Pflegeheimen sowie in Rehakliniken, Tagesstätten, in geriatrischen Krankenhäusern zu betreuen. Die Altenpflegeausbildung ist durch das Altenpflegegesetz bzw. die Altenpflege-Ausbildungs- und Prüfungsverordnung (AltPflAPrV) geregelt. Der erfolgreiche Abschluss der staatlichen Prüfung erlaubt die Führung der Berufsbezeichnung „Altenpfleger". Fort- und Weiterbildungen zum Lehrer für Pflegeberufe, zur Verantwortlichen Pflegefachkraft nach § 80 SGB XI, zur Geprüften Fachkraft zur Leitung einer Pflege- und Funktionseinheit, zur Geprüften Fachkraft Gerontopsychiatrie, oder Fachaltenpfleger für Psychiatrie und Pflegedienstleitung sind möglich. Zusätzlich werden Studiengänge in Pflegemanagement, Pflegepädagogik und Pflegewissenschaften angeboten, die mit Diplom, Bachelor oder Master abgeschlossen werden. Die Weiterbildung zum Fachwirt im Sozial- und Gesundheitswesen ist ebenfalls möglich
Medizinische Fachangestellte (ehemals Arzthelferin)	Die Ausbildung zur Medizinischen Fachangestellten (MFA) dauert drei Jahre und soll dazu befähigen eine Vielzahl an Aufgaben, die je nach Fachrichtung, Größe und Schwerpunkt einer Arztpraxis oder dem betrieblichen Arbeitsgebiet eines Labors, Krankenhauses oder anderen medizinischen Versorgungseinrichtungen eine große Spannweite haben kann, zu übernehmen.

4.6 Personalwesen

	Der Beruf der Medizinischen Fachangestellten (bis 2006 Arzthelferin) ist in der Verordnung über die Berufsausbildung zur Medizinischen Fachangestellten vom 26. April 2006 geregelt. Die Weiterbildung zur Fachwirtin für ambulante medizinische Versorgung und zur Arztfachhelferin ist möglich. Auf Leitungs- und Spezialfunktionen auf der mittleren Führungsebene bereiten Weiterbildungen wie beispielsweise die der Praxismanagerin vor.
Diätassistent/in	Diätassistenten genießen eine dreijährige schulische Ausbildung, die grundlegende Kenntnisse der Ernährung des gesunden Menschen sowie diätetische Therapien bei verschiedenen Erkrankungen vermittelt. Die Ausbildung wird durch eine staatliche Examensprüfung abgeschlossen und erlaubt die Führung der Berufsbezeichnung Diätassistent/in. Die Ausbildung ist in der Diätassistenten Ausbildungs- und Prüfungsverordnung (DiätAss APrV) bzw. im Gesetz über den Beruf der Diätassistentin und des Diätassistenten (DiätAssG) geregelt. Die akademische Weiterbildung im Rahmen eines Bachelorstudiums ist möglich.
Orthoptist/Orthoptistin	Orthoptisten genießen eine dreijährige schulische Ausbildung, die grundlegende Kenntnisse, Fähigkeiten und Fertigkeiten zur Teilnahme an präventiven, diagnostischen und therapeutischen Maßnahmen bei Störungen des Sehens vermittelt. Die Ausbildung wird durch ein staatliches Examen abgeschlossen und erlaubt das Führen der Berufsbezeichnung „Orthoptistin". Die Ausbildung ist in der Ausbildungs- und Prüfungsverordnung für Orthoptistinnen und Orthoptisten (OrthoptAPrV) bzw. im Gesetz über den Beruf der Orthoptistin und des Orthoptisten (OrthoptG) geregelt. Die akademische Weiterbildung im Rahmen eines Bachelorstudiums ist möglich.
Physiotherapeut/in	Physiotherapeuten genießen eine dreijährige Ausbildung, die mit einer staatlichen Prüfung zum „Physiotherapeuten" abgeschlossen wird. In der Ausbildung werden die physiotherapeutischen Befunderhebungen und die Patientenbehandlungen in allen medizinischen Fachrichtungen erlernt. Die Ausbildung ist in der Ausbildungs- und Prüfungsverordnung für Physiotherapeuten (PhysTh-AprV) geregelt. Im Gesetz über die Berufe in der Physiotherapie Masseur- und Physiotherapeutengesetz (MPhG) und über die Ausübung der Berufe des Masseurs, des Masseurs und medizinischen Bademeisters und des Krankengymnasten ist die Berufsordnung definiert. Die akademische Weiterbildung im Rahmen eines Bachelorstudiums ist möglich.

Logopäden	Die dreijährige Ausbildung zum Logopäden vermittelt den Auszubildenden Kenntnisse und Fähigkeiten zur Prävention und Therapie von Sprach-, Sprech-, Stimm- und Hörbeeinträchtigungen. Die Ausbildung gemäß Ausbildungs- und Prüfungsordnung (LogAPrO) wird durch eine staatliche Prüfung abgeschlossen, die erlaubt, die Berufsbezeichnung „Logopäde" zu führen. Die Berufsordnung ist im Gesetz über den Beruf des Logopäden (LogopG) zu finden. Logopädie kann auch mit einem Bachelor im Rahmen eines Fachhochschulstudiums abgeschlossen werden.
Ergotherapeuten	Die dreijährige Ausbildung zum Ergotherapeuten vermittelt den Auszubildenden Kenntnisse und Fähigkeiten, um Patienten zu beraten, zu behandeln und zu fördern, die durch eine physische oder psychische Erkrankung, durch eine Behinderung oder durch eine Entwicklungsverzögerung in ihrer Selbstständigkeit und Handlungsfähigkeit beeinträchtigt bzw. von Einschränkungen bedroht sind. Die Ausbildung gemäß Ausbildungs- und Prüfungsverordnung für Ergotherapeutinnen und Ergotherapeuten (Ergotherapeuten-Ausbildungs- und Prüfungsverordnung – ErgThAPrV) wird durch eine staatliche Prüfung abgeschlossen, die erlaubt, die Berufsbezeichnung „Ergotherapeut" zu führen. Die Berufsordnung ist im Gesetz über den Beruf der Ergotherapeutin und des Ergotherapeuten (ErgThG) definiert. Ergotherapie kann auch mit einem Bachelor im Rahmen eines Fachhochschulstudiums abgeschlossen werden.
Podologe	Die zweijährige Ausbildung zum Podologen vermittelt den Auszubildenden Kenntnisse und Fähigkeiten, um medizinische Fußpflegemaßnahmen durchzuführen. Die Ausbildung gemäß Ausbildungs- und Prüfungsverordnung für Podologinnen und Podologen (PodAPrV) wird durch eine staatliche Prüfung abgeschlossen, die es erlaubt, die Berufsbezeichnung „Podologe" zu führen. Die Berufsordnung ist im Gesetz über den Beruf der Podologin und des Podologen (Podologengesetz – PodG) definiert. Ein Studium in diesem Berufsfeld ist derzeit nicht möglich.
Zytologieassistenten	Die zweijährige Ausbildung zum Zytologieassistenten vermittelt den Auszubildenden Kenntnisse und Fähigkeiten, um in der Früherkennung von Krebskrankheiten tätig zu werden, zumeist in zytologischen Laboren von Kliniken oder Frauenarztpraxen. Die Ausbildung erfolgt in der Regel nach den Richtlinien des jeweiligen Bildungsträgers. Der Beruf ist bislang ohne staatliche Anerkennung. Ein Studium ist ebenfalls nicht möglich.

4.6 Personalwesen

Medizinisch-technische Laboratoriumsassistenten	Medizinisch-technische Laboratoriumsassistenten (MTLA oder MTA-L) führen zur Krankheitsvorsorge, -erkennung und -behandlung Laboruntersuchungen von Körperflüssigkeiten und -gewebe durch. Die Rechtsgrundlage der dreijährigen Ausbildung ist in der Ausbildungs- und Prüfungsverordnung für technische Assistenten in der Medizin (MTA-APrV) geregelt. Die Weiterbildung zur Fachassistentin für klinische Chemie, Fachassistentin für Virologie, Fachassistentin für Molekularbiologie, Fachassistentin für Mikrobiologie, Fachassistentin für Histologie oder Fachassistentin für Hämatologie ist möglich. Zudem kann ein Hochschulstudium im Bereich der Molekularmedizin oder Medizintechnik erfolgen, das mit Bachelor abgeschlossen wird.
Medizinisch-technische Radiologieassistenten	Die dreijährige Ausbildung zur Medizinisch-technischen Radiologieassistentin (MTRA oder MTA-R) soll dazu befähigen, auf ärztliche Anweisung radiologische Untersuchungsverfahren wie Röntgenaufnahmen sowie Strahlentherapien durchzuführen, um krankhafte Veränderungen des menschlichen Körpers zu erkennen und zu behandeln. Die Ausbildung gemäß der Ausbildungs- und Prüfungsverordnung für technische Assistenten in der Medizin (MTA-APrV) wird durch eine staatliche Prüfung abgeschlossen. Die Weiterbildung zur Fachassistentin für radiologische Diagnostik, für Radioonkologie oder für Nuklearmedizin ist ebenso möglich wie ein Hochschulstudium im Bereich Medizintechnik oder medizinische Physik, das mit einem Bachelor abgeschlossen wird.
Medizinisch-technische Assistenten – Funktionsdiagnostik	Die dreijährige Ausbildung zum Medizinisch-technischen Assistenten für Funktionsdiagnostik (MTAF) soll dazu befähigen, Patienten nach ärztlichen Anweisungen mithilfe medizinischer Geräte zu untersuchen und zu messen. Dazu zählen beispielsweise die Hörfähigkeit, der Gleichgewichtssinn, Herz- oder Hirnströme und Lungenfunktion. Die staatliche Abschlussprüfung wird auf Grundlage der Ausbildungs- und Prüfungsverordnung für technische Assistenten in der Medizin (MTA-APrV) durchgeführt. Die Weiterbildung zum Fachassistenten für radiologische Diagnostik oder für Radioonkologie ist möglich. Zudem kann ein Hochschulstudium im Bereich Medizintechnik, das mit einem Bachelor abgeschlossen wird, erfolgen.
Medizinisch-technische Assistenten (MTA)	Medizinisch-technischer Assistent (MTA) ist die Sammelbezeichnung für die Berufsbilder der technischen Assistenten in der Medizin. Darunter fallen die folgenden Ausbildungsberufe: • Medizinisch-technischer Assistent-Funktionsdiagnostik • Medizinisch-technischer Laboratoriumsassistent • Medizinisch-technischer Radiologieassistent

Hebamme/Entbindungspfleger	Die dreijährige Ausbildung zur Hebamme bzw. zum Entbindungspfleger soll dazu befähigen, werdende Mütter während der Schwangerschaft und bei der Entbindung zu betreuen und Mütter und Kinder nach der Geburt zu versorgen. Hebammen und Entbindungspfleger arbeiten hauptsächlich in Geburtsabteilungen von Krankenhäusern, in Hebammenpraxen und Geburtshäusern. Das Berufsbild ist im Gesetz über den Beruf der Hebamme und des Entbindungspflegers (Hebammengesetz – HebG) sowie für die Ausbildung in der Ausbildungs- und Prüfungsverordnung für Hebammen und Entbindungspfleger niedergelegt. Die Weiterbildung zur Pflegedienstleiterin oder Stationsleiterin in der Kranken-, Alten- und Kinderkrankenpflege ist möglich. Zusätzlich kann ein Hochschulstudium im Bereich Pflegemanagement mit einem Bachelor abgeschlossen werden.
Kardiotechniker	Die Weiterbildung zum staatlich geprüften Kardiotechniker soll dazu befähigen, selbstständig und eigenverantwortlich technische Aufgaben bei der Durchführung von Operationen im Herz-Lungen-Bereich zu übernehmen. Auf Intensivstationen überwachen Kardiotechniker medizinische Geräte und den Zustand von Patienten. In Büros werden Messdaten ausgewertet und protokolliert. Kardiotechniker arbeiten hauptsächlich in Krankenhäusern, Arztpraxen und kardiologischen Labors, sind aber auch in medizinischen Forschungs- und Entwicklungseinrichtungen beschäftigt. Die Hersteller von medizintechnischen Geräten bieten weitere Tätigkeitsmöglichkeiten. Die staatliche Prüfung wird auf Grundlage der Ausbildungs- und Prüfungsordnung für Kardiotechnikerinnen und Kardiotechniker und dem Gesetz über Medizinalfachberufe durchgeführt. Die Ausbildung wird von zumeist privaten Bildungseinrichtungen in Vollzeitform durchgeführt. Die Weiterbildung ist in den Bereichen elektrische Messtechnik, Strahlenschutz und Technologiemanagement möglich. Zudem kann die Prüfung zum Industrie-Betriebswirt abgelegt werden. Zusätzlich kann ein Hochschulstudium in den Bereichen Medizintechnik oder Feinwerktechnik mit einem Bachelor abgeschlossen werden.

Die Ausbildung in den genannten Gesundheitsberufen erfolgt – außer bei der Medizinischen Fachangestellten – in Berufsfachschulen, die entweder eine staatliche Anerkennung genießen oder zumindest von der „Deutschen Krankenhausgesellschaft" (DKG) anerkannt sind.

4.6 Personalwesen

Die Auszubildenden werden von Ärzten, Pflegewirten, Praxisanleitern und examinierten Fachkräften ausgebildet. Lehrkraft für die Pflegeberufe wird man durch die Weiterbildung, die auf der dreijährigen Ausbildung aufbaut oder durch ein Studium.

Berufsfachschulen der Gesundheitsberufe unterrichten in der Regel ganztags. Die Auszubildenden haben Praktika durchzuführen, um die Ausbildung erfolgreich abschließen zu können.

Die teilweise hohen Ausbildungskosten der Berufsfachschulen sind zumeist förderungswürdig. Im universitären Bereich wie beispielsweise der Pflegewissenschaften ist die Promotion zum „Dr. rer. cur" (rerum curae) möglich.

Neben den hier genannten Berufen existiert noch eine Vielzahl weiterer Ausbildungsmöglichkeiten zu Berufen im Gesundheitswesen. Einige werden hier aufgezählt (alle aufgezählten Berufe kommen natürlich auch in männlicher Form vor):

- Staatlich geprüfte Techniker Fachrichtung Medizintechnik
- Medizinische Dokumentationsassistentin
- Fachangestellte für Medien- und Informationsdienste Fachrichtung Medizinische Dokumentation
- Medizinische Dokumentarin
- Physiklaborantin
- Physikalisch-technische Assistentin
- Pharmazeutisch-technische Assistentin
- Biologielaborantin
- Staatlich geprüfte Biologisch-technische Assistentin
- Staatlich geprüfte Chemisch-technische Assistentin.

10. Definieren Sie den Begriff des Karrieremanagements.

Das Karrieremanagement zählt neben der Aus- und Weiterbildung zur Personalentwicklung. Hierbei geht es um die möglichst effiziente Nutzung zur Verwirklichung der Unternehmens- und Mitarbeiterziele. Unternehmen bieten den Mitarbeitern berufliche Aufstiegsmöglichkeiten an, die mit unterschiedlichen Anforderungen, Kompetenzen und Verdienstmöglichkeiten verbunden sind.

- Das mitarbeiterorientierte Karrieremanagement ermittelt die Anforderungen der einzelnen Stellen, die mit den bestehenden Qualifikationen der Stelleninhaber verglichen werden, um eventuelle Entwicklungslücken aufzuzeigen. In fachlicher Hinsicht werden Führungskarrieren, Fachkarrieren und Projektkarrieren unterschieden.
- Das unternehmungsorientierte Karrieremanagement richtet sich an der gesamten Belegschaft aus. Ziel ist eine an der Unternehmensstrategie orientierte Personalstruktur.

4.6.2.3 Psychologische Begleitung

01. Nennen Sie die Ziele der betrieblichen Gesundheitsförderung.

Das Ziel der betrieblichen Gesundheitsförderung ist die Krankheits- und Unfallverhütung sowie der Erhalt und die Förderung des Wohlbefindens der Mitarbeiter. Dadurch soll der Arbeitnehmer in die Lage versetzt werden, bei bestmöglichem Befinden seine volle Leistungsfähigkeit dem Unternehmen zur Verfügung zu stellen. Demzufolge dient die betriebliche Gesundheitsförderung Arbeitnehmern und Arbeitgebern.

Die Gesundheitsförderung umfasst neben technischen Aspekten, Fragen der Betriebsorganisation, der soziale Beziehungen, von Umwelteinflüssen und von psychischen Belastungsfaktoren (Mobbing).

Erkenntnisse zu den Risikobereichen eines Unternehmens lassen sich insbesondere aus den betriebsbezogenen Datenquellen der Krankenkassen zur Arbeitsunfähigkeit, innerbetrieblichen Gefährdungsanalysen, Arbeitsplatzbeschreibungen, Unfallanzeigen, Begehungen, Daten der Berufsgenossenschaft, Mitarbeiterbefragungen und dem Erfahrungswissen der Mitarbeiter ziehen.

02. Aus welchen Gründen ist eine betriebliche Gesundheitsförderung notwendig?

2,4 Millionen Erwerbstätige (6,3 %) litten 2007 unter arbeitsbedingten Gesundheitsbeschwerden (Arbeitskräfteerhebung des Robert Koch Instituts 2007). Häufigste Beschwerden sind Beschwerden des Bewegungsapparates wie beispielsweise Rückenleiden, Beschwerden an Schultern, Nacken, Händen sowie Probleme mit Hüfte, Beinen und Füßen, gefolgt von psychischen Erkrankungen wie Stress oder Beklemmungen.

Ältere Menschen betreffen Beschwerden des Bewegungsapparates zumeist stärker als jüngere. Lebenserwartungs- und Mortalitätsstatistiken weisen aus, dass die Gesellschaft in Deutschland aus naturwissenschaftlicher Sicht gesünder geworden ist. Dennoch gibt es viele Menschen, die rauchen, die adipös sind und sich zu wenig bewegen. 60 % der männlichen und 50 % der weiblichen deutschen Bevölkerung sind gemäß dem Body-Mass-Index übergewichtig. Der Alkoholkonsum ist ebenfalls auf hohem Niveau und betrifft immer mehr jüngere Menschen.

03. Wie definiert die WHO (Weltgesundheitsorganisation) den Gesundheitsbegriff?

Gesundheit wird von der WHO als Zustand des vollkommenen körperlichen, sozialen und geistigen sowie seelischen Wohlbefindens und nicht nur als das Freisein von Krankheit und Gebrechen beschrieben.

4.6 Personalwesen

04. Definieren Sie Grundbegriffe des Gesundheitsmanagements.

Belastung	Belastung ist die Gesamtheit aller erfassbaren und von außen auf den Menschen einwirkenden Einflüsse. Der Begriff wird wertfrei verwandt und ist beschreib- bzw. messbar.
Fehlbelastung	Fehlbelastung ist die negative Form des Belastungsbegriffs. Synonyme sind die Begriffe „Stressor" und „Risikofaktoren".
Beanspruchung	Beanspruchung ist die unmittelbare Auswirkung der psychischen Belastung im Individuum in Abhängigkeit der aktuellen Voraussetzungen und Bewältigungsstrategien. Der Begriff wird wertfrei verwandt.
Beanspruchungsfolgen	Beanspruchungen stellen unmittelbare Auswirkungen der Belastungen dar, hingegen beziehen sich Beanspruchungsfolgen auf mittel- und langfristige Auswirkungen (psychisch, physisch, kognitiv, emotional und behavioral). Es werden positive und negative Beanspruchungsfolgen unterschieden.
Ressourcen	Der Ressourcenbegriff fasst persönliche, soziale und organisationale Faktoren zusammen. Diese sind in der Lage die Intensitäts- und Dauergrenze die von außen einwirkenden Fehlbelastungen zu puffern, sofern die Grenzen nicht überschritten werden.

05. Was wird unter Gesundheitskompetenz verstanden?

Gesundheitsgerecht verhalten, können sich nur Menschen, die kompetent sind. Kompetenz vereinigt Wissens-, Verhaltens- und Einstellungskomponenten im Sinne des Dürfens, Könnens und Wollens.

Daher ist Gesundheitskompetenz die Erwartung, sich selbstwirksam mit Gesundheitsproblemen erfolgreich auseinandersetzen zu können.

06. Was wird unter Salutogenese verstanden?

Salutogenese (Gesundheitsentwicklung) bezeichnet ein Konzept, das sich auf Faktoren und dynamische Wechselwirkungen bezieht, die zur Entstehung (Genese) und Erhaltung von Gesundheit führen. Salutogenese versteht Gesundheit nicht als Zustand, sondern als Prozess.

07. Erläutern Sie die Vorteile des betrieblichen Gesundheitsmanagements aus Sicht des Unternehmens und der Mitarbeiter.

Vorteile für die Unternehmen	Vorteile für die Mitarbeiter
• Die Leistungsfähigkeit der Mitarbeiter wird erhalten und die Fach- und Führungskompetenz im Zusammenhang des demografischen Wandels und des Fachkräftemangels gesichert.	• Die Arbeits- und Beschäftigungsfähigkeit wird durch Steigerung der psychischen und physischen Leistungsfähigkeit und durch einen gesunden Lebensstil im Zusammenhang mit dem Anforderungswandel in der Arbeitswelt erhalten.

- Abbau, Verkürzung und Verhinderung von Fehlzeiten durch Reintegrations-Modelle und durch Entwicklung effektiver Behandlungsabläufe vor dem Hintergrund der Zunahme von chronischen und Lifestyle-Erkrankungen.

- Steigerung der Personalbindung, Reduktion der Fluktuation und Steigerung des Images durch Förderung von Identifikation, Motivation und Betriebsklima steigert die Produktivität.

- Kostenreduktion durch Einbindung der sozialen Sicherungssysteme und Refinanzierung durch die Sozialgesetzgebung.

- Abbau von Risikofaktoren, um die Lebensqualität und Agilität durch kombinierte Gesundheitsprogramme zu erhalten.

- Stärkung sozialer Ressourcen zur Entlastung und Unterstützung durch kompetente Hilfe und praktizierte Work-Life-Balance.

- Unterstützung in Not- und Krisensituationen zur Sicherung der Arbeitskraft und Verhinderung verschleppter Erkrankungen.

08. Nennen Sie Rechtsgrundlagen, aus dem sich das betriebliche Gesundheitsmanagement ableitet.

Allgemeines Gleichbehandlungsgesetz (AGG)
Ziel ist das Verhindern oder Beseitigen von Benachteiligungen aus Gründen der Rasse bzw. ethnischen Herkunft, des Geschlechts, der Religion oder Weltanschauung, der Behinderung, des Alters oder der sexuellen Identität. Das Thema Gesundheit wird beispielsweise indirekt im Zusammenhang mit der altersgerechten Gestaltung von Arbeitsplätzen berührt.

Arbeitsschutzgesetz (ArbSchG)
Das Gesetz dient der Verbesserung der Sicherheit und der Gesundheit der Beschäftigten bei der Arbeit. Es betrifft alle Gefährdungen der Arbeitswelt, die zu Personenschäden führen können. Nach dem Gesetz sind Arbeitgeber verpflichtet, Gesundheitsgefahren am Arbeitsplatz zu ermitteln und abzubauen. Dazu gehören sowohl körperliche als auch psychische Belastungen.

Arbeitssicherheitsgesetz (ASiG)
Das Gesetz schreibt den Arbeitgebern die qualifizierte Unterstützung beim Arbeitsschutz und bei der Unfallverhütung durch die Bestellung von Betriebsärzten, Sicherheitsingenieuren und anderen Fachkräften für Arbeitssicherheit vor. Daneben werden die Pflichten zur Gründung eines Koordinationsgremiums des innerbetrieblichen Arbeitsschutzes und des Arbeitsschutzausschusses geregelt. Damit werden die grundsätzlichen Strukturen der Organisation eines wirksamen betrieblichen Gesundheitsschutzes festlegt.

Arbeitsstättenverordnung (ArbStättV)
Die Verordnung dient der Sicherheit und dem Gesundheitsschutz der Beschäftigten beim Einrichten und Betreiben von Arbeitsstätten. Dabei werden sicherheitstechnische, arbeitsmedizinische und Hygiene-Regeln für die Einrichtung und den Betrieb von Arbeitsstätten berücksichtigt. Dazu zählt auch der Nichtraucherschutz. Es werden die Anforderungen an Arbeits-, Pausen-, Bereitschafts- und Sanitärräume geregelt. Dies betrifft die Beleuchtung, Belüftung und Raumtemperatur.

4.6 Personalwesen

Arbeitszeitgesetz (ArbZG)

Das Gesetz regelt Arbeits-, Pausen- und Erholungszeiten zum Schutz der Gesundheit und Flexibilisierung der Arbeitszeit. Sonntage und staatlich anerkannte Feiertage werden als Arbeitsruhetage definiert. Die Nachtarbeit wird ebenfalls mit einbezogen. Das Gesetz bietet einen weiten Spielraum in der Vereinbarung flexibler Arbeitszeiten.

Betriebsverfassungsgesetz (BetrVG)

Das BetrVG regelt die Beteiligungsrechte von Betriebs- und Personalräten. Der Betriebsrat besitzt Mitbestimmungsrechte bei der Regelung des Gesundheitsschutzes und der Unfallverhütung. Als Mitglied des Arbeitsschutzausschusses sind die Betriebsräte an der Koordination des Arbeitsgesundheitsschutzes beteiligt. Dazu zählen beispielsweise die Überwachung der Einhaltung der Regelungen des Gesundheitsschutzes, die Mitbestimmung bei Maßnahmen der Unfallverhütung und des Gesundheitsschutzes, bei der Gestaltung der Arbeitsplätze sowie die eingeschränkte Mitbestimmung bei Arbeitsleistung und Erleichterung des Arbeitsablaufs sowie der Einführung neuer Arbeitsmethoden.

Bildschirmarbeitsverordnung (BildscharV)

Das Gesetz behandelt die Gestaltung von Bildschirmarbeitsplätzen. Es umfasst einen ganzheitlichen Ansatz, der neben den technischen Mindestanforderungen an Bildschirmgeräten sowie Gestaltungsrichtlinien am Arbeitsplatz und Umgebung auch die Softwareergonomie und die Arbeitsorganisation berücksichtigt. Das Ziel ist die Reduzierung von psychomentalen und kognitiven Belastungen, und nicht nur ausschließlich das Sehvermögen oder körperlicher Probleme.

Bürgerliches Gesetzbuch (BGB)

Das BGB umfasst privatrechtliche Aspekte beim betrieblichen Gesundheitsschutz im Rahmen des § 618 BGB, indem die Arbeitgeber zu Schutzmaßnahmen verpflichtet werden.

Deklaration der Menschenrechte

Die Menschenrechtscharta der Vereinten Nationen legt mit der Resolution 217 A III im Artikel 23 das Recht auf Arbeit, auf freie Berufswahl und auf gerechte und befriedigende Arbeitsbedingungen fest.

Gefahrstoffverordnung (GefstoffV)

Die Verordnung befasst sich mit dem Schutz vor Gefahrstoffen. Dies umfasst Gefährdungen durch physikalisch-chemische und toxische Eigenschaften von Stoffen sowie durch Eigenschaften im Zusammenhang mit bestimmten Tätigkeiten. Typische Eigenschaften sind hoch entzündliche, giftige, ätzende oder onkogene bzw. krebserregende Substanzen wie beispielsweise die Arbeit mit Asbest.

Grundgesetz (GG)

Die Legitimation für Gesundheitsschutz ist im Grundgesetz verankert. In Artikel 2 GG ist das Grundrecht auf Leben und körperliche Unversehrtheit festgeschrieben.

Jugendarbeitsschutzgesetz (JarbSchG)
Kinderarbeitsschutzverordnung (KindArbSchV)
Der Arbeitsschutz umfasst das Verbot, Kinder und Jugendliche für unangemessene Arbeiten zu beschäftigen, zumal sich Überforderungen und Schädigungen sich insbesondere auf Heranwachsende negativ auswirken.
Das Jugendarbeitsschutzgesetz und die Kinderarbeitsschutzverordnung (KindArbSchV) schaffen die rechtlichen Voraussetzungen, um Kinder und Jugendliche vor Gefahren am Arbeitsplatz zu schützen. Themenfelder sind insbesondere die Arbeitszeit (40 Stunden bei einer 5-Tage-Woche, Arbeitsbeginn frühestens um 6 Uhr, Arbeitsende spätestens um 20 Uhr), Pausengestaltung, Urlaubsanspruch, Schichtzeit, gesundheitliche Betreuung, Verbot der Übernahme gefährdenden Arbeiten, Verbot der Akkordarbeit.

Mutterschutzgesetz (MuSchG)
Das Gesetz zum Schutz erwerbstätiger Mütter enthält Vorschriften zur Gestaltung des Arbeitsplatzes, die aus Sicht der betrieblichen Gesundheitsförderung von Bedeutung sind. Ergänzt wird das Mutterschutzgesetz durch die Verordnung zum Schutze der Mütter am Arbeitsplatz (MuSchArV).

Sozialgesetzbuch (SGB)
Das SGB stellt eine wichtige rechtliche Grundlage für den Arbeitsgesundheitsschutz dar. Hierin wird die Finanzierung betrieblicher Gesundheitsmaßnahmen festgeschrieben. Es regelt die Primärprävention und Selbsthilfe durch die gesetzlichen Krankenkassen, die Prävention arbeitsbedingter Gesundheitsgefährdungen, Arbeitsunfälle und Berufskrankheiten, die Zusammenarbeit zwischen Unfallversicherung und Krankenkassen, Ursachenforschung, die Mitwirkung der Rentenversicherungsträger bei der betrieblichen Gesundheitsförderung bzw. die Prävention arbeitsbedingter Gesundheitsgefährdungen und die Rehabilitation und Teilhabe behinderter Menschen, die für das Disability Management wichtig ist.

09. Beschreiben Sie die Handlungsfelder der betrieblichen Gesundheitsförderung.

Individuum	Gesundheitsbildung, medizinisch-psychische Betreuung, Coaching, Training auf psycho-sozial-emotionaler Ebene und auf Aufgabenebene, Mobbing- und Suchtprävention, Kompetenzprofiling etc.
Organisation	Führung, Integration der betrieblichen Gesundheitsförderung in das Zielsystem des Unternehmens, Unternehmenskultur und Werte, Vertrauenskultur, Ressourcen, gesundheitsförderliches Vergütungssystem, Personalstruktur etc.
Arbeitsbedingungen	Gewährleistung von Sicherheitsstandards, Expositionsreduktion, Ergonomie, Arbeitsinhalte (Handlungsspielraum), Arbeitszeitgestaltung, Arbeitsorganisation etc.
Umwelt	Familienfreundlichkeit, Work-Life-Balance, Sozialberatung, psychosoziale Betreuung, Freizeit- bzw. Urlaubsmanagement, soziale Verantwortung etc.

4.6 Personalwesen

10. Nennen Sie Probleme und deren Abhilfen für Unternehmen der Gesundheitsbranche, die den Bereich der betrieblichen Gesundheitsförderungen betreffen.

Probleme	Abhilfen
Verletzungsgefahr infolge defekter medizinischer Geräte, Pflegehilfsmittel oder Einrichtungsgegenstände	• Ausschluss vom Gebrauch • Umgehende Reparatur der Geräte, Hilfsmittel und Gegenstände
Rückenprobleme infolge falsch eingerichteter Bildschirmarbeitsplätze bzw. im Umgang mit Patienten	• Schaffung von ergonomischen Arbeitsplätzen • Präventionsprogramme wie beispielsweise die Rückenschule • Ausbildung in Rücken schonenden Arbeitsweisen wie beispielsweise Kinästhetik • Einsatz entlastender Pflegehilfsmittel
Einsatz elektrischer Geräte	• Überprüfungen nach Medizinproduktegesetz und Medizinprodukte-Betreiberverordnung • Überprüfung der elektrischen Geräte durch Fachpersonal • Aussortieren defekter elektrischer Geräte
Einsatz von Gefahrenstoffen wie beispielsweise Lösungsmitteln, Gasen oder Zytostatika etc.	• Fortbildungen über den Umgang mit Gefahrenstoffen nach der Gefahrenstoffverordnung • Einsatz von Schutzeinrichtungen bei der Verwendung von Zytostatika • Entsorgung von Gefahrenstoffen
Mobbing als Prozess systematischer Erniedrigungen eines Menschen	• Aufklärung der Mitarbeiter und Führungskräfte • Unterbinden der Mobbinghandlungen • Unterstützung durch Vorgesetzte, Betriebs- bzw. Personalrat • Kein Personalabbau auf der Grundlage von Mobbing • Betriebsvereinbarung zum Thema Mobbing
Schlafstörungen, Verdauungsprobleme, Verspannungen, Magenprobleme, Rückenprobleme, Stress, Ärger, Nervosität, Angst, Konzentrationsschwächen, chronische Müdigkeit und Erschöpfung	• Gleichmäßige Verteilung von Nachtarbeit auf die Mitarbeiter • Schaffung ergonomischer Grundlagen bezüglich psychischer Arbeitsbelastungen • Fortbildungen zum Thema Stressbewältigung • Mitbestimmung der Mitarbeiter • Anerkennung der Leistungen der Mitarbeiter • Gutes Betriebsklima • Vermeidung von Über- und Unterforderungen • Vermeidung sozialer Isolation der Mitarbeiter • Ernährungsberatung • Abbau von Zeitdruck • Gestaltung der Arbeitsorganisation durch abwechselnde Tätigkeiten, Autonomie der Mitarbeiter und Vermeiden von Monotonie
Krankheitsübertragung	• Einhaltung einschlägiger Hygienevorschriften
Überlange Arbeitszeiten	• Beachtung der Vorschriften des Arbeitszeitgesetzes
Brand- und Katastrophengefahr	• Fortbildungsmaßnahmen zu Brandgefahren • Auslage der Brandschutzvorschriften

11. Nennen Sie Gesundheitstools, die im Rahmen des betrieblichen Gesundheitsmanagements eingesetzt werden.

Tools für die Psyche	
• Optimierter Umgang mit Konflikten, emotionalen Dissonanzen und Belastungen der Arbeitsorganisation • Reflektion der Stressfaktoren • Erlernen und Einsetzen systematischer Präventions- und Entspannungstechniken	• Aufstellen von Verhaltensregeln • Schaffen von Räumen der Bewegung und Ruhe • Arbeitszeitmodelle • Arbeitspausenmodelle
Tools für den Körper	
• Information und Sensibilisierung hinsichtlich Ernährung und Bewegung	• Optimierung der Ernährungs- und Bewegungsangebote
Wissenstools	
• Erweiterung der individuellen Gesundheitskompetenzen • Aktivierung der Austauschbereitschaft	• Informations- und Kommunikationsmanagement • Erweiterung der Möglichkeiten des Erfahrungsaustausches • Ermöglichung des Austausches zwischen Wissenschaft und Praxis
Motivationstools	
• Entwicklung persönlicher Ressourcen der Mitarbeiter • Feedback durch Experten zu Gesundheitsthemen	• Berücksichtigung von Gesundheitsaspekten und Mitarbeiterorientierung in Organisationsstrukturen und Führungsprinzipien beispielsweise in Workshops.
Verhaltenstools	
• Sensibilisierung zur Selbstverantwortung Erkennen und Umgehen mit persönlichen Risiken	• Tertiäre Beratungsangebote und Programme wie beispielsweise „Psychosoziale Beratungen".

4.6.2.4 Konfliktmanagement

Hinweis: Das Thema findet sich lt. Rahmenplan auch in Kapitel 4.7.2

01. Definieren Sie den Begriff „sozialer Konflikt".

Soziale Konflikte sind Spannungssituationen, in denen zwei oder mehr Personen, die voneinander unabhängig sind, versuchen, scheinbare oder tatsächliche unvereinbare Handlungspläne zu verwirklichen und sich dabei ihrer Gegnerschaft bewusst sind.

4.6 Personalwesen

02. Nennen Sie die Voraussetzungen und Ursachen von Konflikten in Organisationen.

Abhängigkeiten und Interessensgegensätze führen zu Konflikten in Organisationen. Damit gehören Konflikte zu dem Wesen von Organisationen. Abhängigkeiten entstehen aus der innerbetrieblichen Arbeitsteilung. Interessengegensätze der Konfliktparteien resultieren aus individueller Bedürfnisbefriedigung und dem Streben nach individuellen Zielen.

03. Erläutern Sie den Begriff des Konfliktmanagements.

Konfliktmanagement umfasst Strategien und Lösungsansätze, die den konstruktiven Umgang mit Konflikten ermöglichen sollen. Demnach richten sich die Interventionen im Wesentlichen auf den Konfliktprozess, um den Konflikt in eine wohlwollende Richtung zu lenken.

Vorstellungen, Einstellungen und Verhaltensweisen der Konfliktparteien sollen verändert werden, um den Kreislauf der Aggression zu durchbrechen. Mit Blick auf die Ziele einer Organisation sollten die vorhandenen Abhängigkeiten und Interessensgegensätze entsprechend beeinflusst werden. Demnach ist Konfliktmanagement entweder auf die Gestaltung der Beziehungen zwischen den Konfliktparteien oder auf deren Verhaltenssteuerung gerichtet.

Konfliktlösung ist als Intervention zu verstehen, die die Konfliktsituation positiv beeinflusst, um eine Deeskalation des Konflikts zu erreichen.

04. Nennen Sie verschiedene Formen des Konfliktmanagements.
- Mediation
- Harvard-Konzept
- Jeder-gewinnt-Methode

05. Was ist Mediation?

Die Mediation bietet Hilfen und Unterstützung bei der Einigung von Konfliktparteien. Sie ist eine häufig angewendete Methode des Konfliktmanagements. Die Methode wird in der Regel freiwillig eingesetzt, um im Konflikt zu intervenieren, Lösungen zu finden und unterstützend und helfend zu vermitteln.

Ein Mediator steht vor der Aufgabe, für alle Parteien dasselbe Verständnis aufzubringen. Das Ziel der Mediation ist das Erarbeiten einer Win-Win-Situation bzw. das Erreichen eines Konsens der Konfliktparteien, damit Vereinbarungen über das weitere Verfahren abgeschlossen werden.

06. Was sind die Ziele einer Mediation?

- Reduzieren oder Beseitigen der Kommunikationsbarrieren, die einer effektiven Beendigung des Konfliktes entgegenstehen, um eine konstruktive Konfliktlösung zu erzielen.
- Anerkennen gemeinsamer „Un-Werte" durch die Konfliktparteien, sodass die weiteren Aktionen die „Un-Werte" vermeiden.
- Erlernen wirkungsvoller Verhandlungstechniken, um ggf. zeitliche Engpässe zu überwinden.
- Einigen der Konfliktparteien auf die Kontrolle steuerbarer Faktoren, die als Basis der gegenseitigen Duldung und Koexistenz erforderlich sind.

07. Beschreiben Sie den Ablauf einer Mediation.

Einführung und Orientierung
Klärung des Auftrags und Ablaufs der Mediation sowie der Rolle des Mediators. Hinzu kommt, dass eine individuelle Mediationsvereinbarung abgeschlossen wird. Die Prä-Mediationsphase besteht aus Vorgesprächen, der Konfliktanalyse und der Durchführungsplanung.
Darlegung der Sichtweisen und Erarbeitung der regelungsbedürftigen Themen
Die Konfliktparteien stellen Ihre Sichtweisen und Standpunkte dar. Die relevanten Themen werden gesammelt und vorläufig bewertet. Anschließend werden Übereinstimmungen und Meinungsverschiedenheiten festgehalten und für die Mediation eine Reihenfolge festgelegt.
Konflikterhellung
Die für die Problembearbeitung erforderlichen Informationen werden zusammengetragen und die unterschiedlichen Sichtweisen des Konflikts dargelegt. Ausgehend von den verschiedenen Positionen werden Bedürfnisse und Interessen dargelegt, um Grundlagen für eine Entscheidungsfindung zu erarbeiten.
Konfliktlösung
Ideen werden gesammelt und zu Lösungsvorschlägen verarbeitet. Denkbare Konfliktregelungen werden geprüft, erörtert und bewertet. Vorläufige Vereinbarungen werden entworfen und ggf. erprobt.
Abschlussvereinbarung
Die Konfliktparteien einigen sich auf Lösungsvorschläge. Die verschiedenen Konfliktlösungen werden in einer Abschlussvereinbarung zusammengefasst und schriftlich festgehalten.

In der Umsetzungsphase werden die vereinbarten Konfliktlösungen überprüft, um ggf. erforderliche Korrekturen einzuarbeiten.

08. Welche Gesprächstechniken in der Mediation entschärfen Konflikte?

Um Konflikte zu entschärfen, existiert eine Vielzahl von Gesprächstechniken. Es lassen sich *non-transformative* Gesprächstechniken und *transformative* Techniken unterscheiden.

Non-transformative Techniken berühren den Konflikt nicht, sondern sollen die weitere Eskalation verhindern und eine konstruktive Weiterführung der Auseinandersetzung ermöglichen.

4.6 Personalwesen

Transformative Techniken greifen in den Konflikt ein und verändern die Sichtweise des Konfliktes oder die Einstellung zum Konflikt. Sie können auf diese Weise den Konflikt deeskalieren.

- Non-transformative Techniken:
  - Aktives Zuhören
  - Paraphrasieren (Wiederholen des Gehörten mit eigenen Worten.)
  - Ich-Botschaften
  - Meta-Dialog (Gespräche auf eine abstrakte, allgemeine Ebene heben.)
  - Zielorientierung
- Transformative Techniken:
  - Perspektivenwechsel (Probleme durch eine andere Brille betrachten.)
  - Feedback
  - Konstruktives Umformulieren (Übersetzen destruktiver in konstruktive Aussagen.)

09. Nennen Sie die Stufen bzw. Grundmuster der Konfliktlösung.

Das Ziel einer Intervention in der Mediation ist in der Regel ein Konsens. Sollte ein Konsens nicht möglich sein, wird zumindest der Kompromiss zu erreichen versucht.

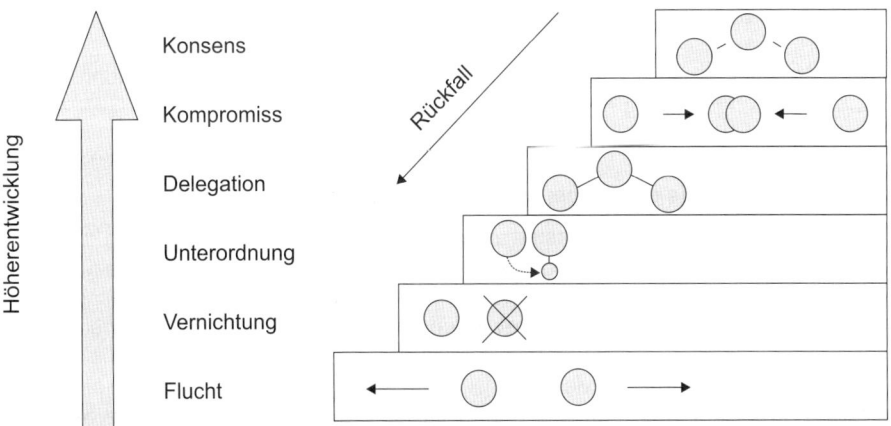

Stufen der Konfliktlösung nach Schwarz

10. Beschreiben Sie das Harvard-Konzept.

Das Ziel des Harvard-Konzepts ist die Trennung der Sachebene von der Beziehungsebene, der Ausgleich von Interessen und die Suche nach Entscheidungsalternativen, bei der neutrale Beurteilungskriterien verwendet werden sollten. Um eine Win-Win-Situation zu erreichen, gilt es, die folgenden Prinzipien zu beachten:

Sachbezogene Diskussion	Abwägen von Interessen
Suchen nach Optionen	Erbringen von Beweisen

Zu den Eckpfeilern des Harvard-Konzepts zählen:

Menschen	Trennung von Sache und Beziehung.
Interessen	Das Erkennen der wechselseitigen Interessen steht im Mittelpunkt.
Optionen	Entscheidungsalternativen sollten vor der Entscheidung entwickelt werden.
Kriterien	Neutrale Beurteilungskriterien werden verwendet, damit das Ergebnis auf objektiven Entscheidungsprinzipien aufbaut.

Das aktive Zuhören hat beim Verhandeln eine hohe Bedeutung. Die Qualität des Zuhörens ist für den Erfolg von Verhandlungen oftmals ein kritischer Faktor. Zudem sollte das richtige Fragenstellen gelernt werden. Die Verhandlungen sollten in einem entspannten Umfeld bzw. Klima stattfinden.

In den sachlich geführten Verhandlungen sollen Probleme sofort angesprochen werden. Die Verhandlungspartner sollten sich nicht unter Druck setzen lassen, um eine Einigung zu erzielen. Die Verhandlungen sollten ggf. unterbrochen werden, bis sie sachlich weitergeführt werden können.

Bei persönlichen Angriffen eines Verhandlungspartners soll auf sachliche Aspekte hingewiesen werden, um die Verhandlungen auf diese Ebene zurückzuführen. Das Harvard-Konzept unterscheidet zwischen zwei Kommunikations-Ebenen.

Dazu zählt die Ebene der Sachinhalte bzw. der zu verhandelnden Übereinkunft und der der Verhandlungsführung bzw. der Meta-Ebene.

11. Beschreiben Sie die „Jeder-gewinnt-Methode".

Die „Jeder-gewinnt-Methode" basiert auf der Vorstellung, dass den Konflikten konkurrierende Bedürfnisse der beteiligten Konfliktparteien zugrunde liegen, die auszuhandeln sind. Demzufolge werden Konflikte gelöst, wenn die Bedürfnisse derart ausgehandelt werden, dass alle Konfliktparteien gewinnen und eine Win-Win-Situation erreicht wird.

Das Ziel der „Jeder-gewinnt-Methode" ist daher eine Lösung, die die jeweiligen Bedürfnisse der Konfliktpartner berücksichtigt. Hieraus ergeben sich Vorteile wie beispielsweise das Ermöglichen schnellerer und besserer Entscheidungen, herzlicheren Beziehungen zwischen den Konfliktpartnern und ein höherer Verpflichtungsgrad.

4.7 Kommunikation und Informationstechniken

Hinweis: Das Thema findet sich lt. Rahmenplan auch in Kapitel 4.8.4

4.7.1 Kundenorientierte Kommunikation

Hinweis: Das Thema findet sich lt. Rahmenplan auch in Kapitel 3.3

4.7 Kommunikation und Informationstechniken

01. Nennen Sie die Zielgruppen des Gesundheitswesens, die eine kundenorientierte Kommunikation notwendig machen.

- Zuweisende Ärzte und Ärztinnen
- Krankenhausärzte
- Kostenträger und Krankenversicherungen
- Patienten
- Besucher und Angehörige
- Öffentlichkeit
- Mitarbeiter
- Medizinische Kooperationspartner

02. Beschreiben Sie die Ansprüche und Bedürfnisse der jeweiligen oben genannten Anspruchsgruppe.

Zuweisende Ärzte/Ärztinnen
• In der überwiegenden Zahl der Krankenhauseinweisungen entscheidet der niedergelassene Arzt, in welches Krankenhaus Patienten eingewiesen werden. Welches Krankenhaus empfohlen wird, hängt von der Sachkenntnis, den Informationen und Erfahrungen des jeweiligen Arztes ab. • Zielgerichtete Kommunikation kann daher eine existenzielle Bedeutung für das Marketing der Krankenhäuser besitzen. → Nähere Informationen zur Zielgruppe finden Sie in Kapitel 3.2.7 in Antwort auf Frage 2.

Krankenhausärzte
Krankenhausärzte der ambulanten Versorgung weisen auch Patienten in das eigene Krankenhaus ein. Hieraus können sich Konflikte mit den Kostenträgern ergeben. Daher ist eine intensive Kommunikation erforderlich. → Nähere Informationen zur Zielgruppe finden Sie in Kapitel 3.2.7 in Antwort auf Frage 3.

Kostenträger
Die Kostenträger können in der Regel den Bedarf an Gesundheitsleistungen nicht wie Patienten oder Zuweiser steuern. Mit Erhalt der Leistungsabrechnungen der Krankenhäuser erkennen die Kostenträger die erbrachten Leistungen als bedarfsgerecht an. Die Kostenträger besitzen die Option den MDK (Medizinischer Dienst der Krankenversicherung) einzuschalten, um die Leistungsabrechnungen der Krankenhäuser hinsichtlich der gewährten medizinischen Leistungen zu überprüfen. → Nähere Informationen zur Zielgruppe finden Sie in Kapitel 3.2.7 in Antwort auf Frage 6.

Patienten
Die Patienten kommen in einer Ausnahmesituation mit individuellen Bedürfnissen und Ansprüchen ins Krankenhaus. Von den Krankenhausleistungen haben sie meist diffuse Vorstellungen. Da ihnen in der Regel das entsprechende Fachwissen fehlt, um die medizinischen und pflegerischen Leistungen zu beurteilen, ergibt sich ein hieraus hoher Bedarf an zielgruppengerechter Kommunikation. → Nähere Informationen zur Zielgruppe finden Sie in Kapitel 3.2.7 in Antwort auf Frage 4.

Besucher und Angehörige

Die Angehörigen wollen in ihrer Ausnahmesituation ernst genommen und umfassend informiert werden. Sie haben das Bedürfnis, für ihre Verwandten die besten Versorgungsmöglichkeiten zu schaffen. Sorge, Angst und Trauer können hinzukommen, was eine intensive Kommunikation notwendig macht.

→ Nähere Informationen zur Zielgruppe finden Sie in Kapitel 3.2.7 in Antwort auf Frage 5.

Öffentlichkeit

Das öffentliche Interesse an der Qualität und Leistungsfähigkeit ist häufig recht groß. Sie möchte die Gewissheit, im Bedarfsfall einen leistungsfähigen Gesundheitsdienstleister vor Ort zur Verfügung zu haben. Meldungen über erfolgreiche Operationen und Heilungsverläufe sind häufiger geworden, während negative Meldungen zumeist über Krankenhausskandale verbreitet werden. Ein wichtiges Kommunikationsmedium ist das Internet geworden.

→ Nähere Informationen zur Zielgruppe finden Sie in Kapitel 3.2.7 in Antwort auf Frage 7.

Mitarbeiter

Qualifiziertes Fachpersonal ist ein entscheidender Zukunftsfaktor für die Krankenhäuser. Schlagwörter wie Ärztemangel und Pflegenotstand gehören zum Alltag der Gesundheitsbetriebe. Fähige und kompetente Mitarbeiter zählen zu den strategischen Wettbewerbsvorteilen. Der Ruf einer Klinik, die Arbeitsbedingungen und das Arbeitsklima sind weitere Faktoren hinsichtlich der Attraktivität eines Krankenhauses als Arbeitgeber.

→ Nähere Informationen zur Zielgruppe finden Sie in Kapitel 3.2.7 in Antwort auf Frage 9.

Medizinische Kooperationspartner

Viele Krankenhäuser kooperieren mit Belegärzten, Medizinischen Versorgungszentren, Einrichtungen der integrierten Versorgung und anderen Formen der ambulanten Leistungserbringung. Es ist eine professionelle Kommunikation erforderlich, um sich als leistungsfähiger und attraktiver Partner zu präsentieren.

→ Nähere Informationen zur Zielgruppe finden Sie in Kapitel 3.2.7 in Antwort auf Frage 8.

4.7.2 Konflikte und Umgang mit Konflikten

Hinweis: Das Thema findet sich lt. Rahmenplan auch in Kapitel 4.6.2.4

4.7.2.1 Konfliktauffassung

01. Was ist ein Konflikt?

Konflikte sind zwischenmenschliche Phänomene, die ein Sachproblem mit einem Beziehungsproblem verbinden.

4.7 Kommunikation und Informationstechniken

02. Wie entstehen Konflikte?

Konflikte entstehen, wenn Menschen zusammenwirken und gemeinsame Ziele verfolgen. Zu Differenzen kommt es, wenn die Beteiligten unterschiedliche Interessen haben. Blockieren sich die Akteure gegenseitig, entsteht eine angespannte Situation. Dadurch entsteht potenziell ein Konflikt.

4.7.2.2 Konfliktursachen

01. Nennen Sie fünf Arten von Konflikten.

- Sachverhaltskonflikte
- Interessenkonflikte
- Beziehungskonflikte
- Wertekonflikte
- Strukturkonflikte

02. Beschreiben Sie die fünf verschiedenen Arten von Konflikten.

- *Sachverhaltskonflikte:* Sachverhaltskonflikte werden durch mangelhafte oder falsche Informationen bzw. durch unterschiedliche Interpretation dieser Informationen hervorgerufen.

- *Interessenkonflikte:* Interessenkonflikte basieren auf unterschiedlichen Interessenlagen. Bei einem Nachbarschaftskonflikt haben beispielsweise ein Ladenbesitzer und ein Hauseigentümer einen Konflikt wegen des Zustellens der Garageneinfahrt. Der Ladenbesitzer hat ein Interesse, dass möglichst viele Kunden mit Ihrem Auto direkt vor seinem Laden parken, während der Hauseigentümer Interesse an einem freien Zugang von seiner Garage zur Straße hat.

- *Beziehungskonflikte:* Beziehungskonflikte haben ihre Ursache in Problemen, die emotionaler Natur sind.

- *Wertekonflikte:* Wertekonflikte entstehen, wenn Personen verschiedene Wertevorstellungen und Grundsätze haben.

- *Strukturkonflikte* werden nicht auf Differenzen zwischen Personen zurückgeführt, sondern auf Differenzen zwischen strukturellen Gegebenheiten. Beispielsweise besteht zwischen der Pflege und der Verwaltung ein Spannungsfeld, weil unterschiedliche Prioritäten verfolgt und andere Ziele gesetzt werden. Strukturkonflikte können nicht immer vollständig aufgelöst werden, da keine endgültigen Lösungen existieren.

4.7.2.3 Auswirkung von Konflikten

01. Sind Konflikte grundsätzlich als negativ zu werten?

Nein. Spannungen und konstruktiv ausgetragene Konflikte können Teil substanzieller Arbeitsbeziehungen der Mitarbeiterinnen und Mitarbeiter sein. Werden die Ressourcen

Zeit und Geld um konkurrierende Ziele und Interessen auf einen gemeinsamen Nenner gebracht, werden Konflikte zu einem wichtigen Teil der Unternehmenskultur.

02. Zählen Sie Nutzen auf, die Konflikte haben können.
- Konflikte weisen auf Probleme hin.
- Konflikte lösen Veränderungen aus.
- Konflikte vertiefen Beziehungen.
- Konflikte stärken den Gruppenzusammenhalt.

Eine Bedingung, um Nutzen aus Konflikten zu ziehen, ist die konstruktive Konfliktbearbeitung.

03. Welche Risiken sind mit Konflikten verbunden?

Konflikte sind mit hohen wirtschaftlichen Risiken verbunden, wenn sie zu Machtkämpfen eskalieren oder in „kalte Konflikte" übergehen, die eine Betriebsorganisation über Jahre lähmen kann.

Je höher die Konflikte in der Organisation eines Unternehmens angesiedelt sind, desto höhere Kosten können entstehen. Ungelöste Probleme oder eskalierende Konflikte wirken zumeist in mehrere Bereiche und Abteilungen hinein.

04. Nennen Sie vier negative Auswirkungen von Konflikten.
- Stress und Belastung der Mitarbeiterinnen und Mitarbeiter
- Zersplitterung von Teams
- Unproduktiver Zeitaufwand
- Fluktuation und Krankenstände

05. Beschreiben Sie vier negative Auswirkungen von Konflikten.

Stress und Belastung der Mitarbeiterinnen und Mitarbeiter
Konflikte erleben die Mitarbeiterinnen und Mitarbeiter als Stress, zumal sie mit Ängsten, Aggression, mangelnder Wertschätzung, Überforderung und ähnlichen Gefühlen einhergehen. Produktivitätsverluste entstehen und mittelfristig machen sich Demotivation, innere Kündigung und Gleichgültigkeit unter den Mitarbeitern breit.

Zersplitterung von Teams
Rivalen werden abgewertet und Anhänger aufgewertet. Es bilden sich Gruppen von Insidern und Outsidern. Infolge passiven oder aggressiven Kommunikationsverhaltens gehen sich Kollegen aus dem Weg oder beleidigen sich.
Im schlimmsten Fall kann es zu feindseligem oder sogar kriminellem Verhalten kommen, wodurch psychische Schäden bei Mitarbeitern oder materielle Schäden für das Unternehmen verursacht werden.

4.7 Kommunikation und Informationstechniken

Unproduktiver Zeitaufwand

Die Austragung von Konflikten nimmt erhebliche Teile der Arbeitszeit in Anspruch. Mitarbeiterinnen und Mitarbeiter kommunizieren und spekulieren über Ursachen und Zusammenhänge des Konflikts, bzw. suchen nach Informationen, Schuldigen oder Anhängern, schmieden Pläne und schädigen sich und andere.

Fluktuation und Krankenstände

Langfristige Konflikte führen zu hohem Krankenstand. Psychische Dauerbelastungen schlagen sich in physischen Krankheiten nieder. Nationale und internationale Studien schätzen, dass bei 90 % der Kündigungen durch den Arbeitgeber und bei mindestens 50 % der Kündigungen durch die Arbeitnehmer chronisch ungelöste Konflikte zu den Ursachen zählen. Kündigungen sowie Rekrutierungen und Schulungen neuer Mitarbeiterinnen und Mitarbeiter verursachen hohe Kosten.

---

06. Definieren Sie Mobbing als spezielle Konfliktform.

Mobbing sind negative oder feindselige Handlungen am Arbeitsplatz, die gegen eine bestimmte Person gerichtet sind und über einen längeren Zeitraum vorkommen.

07. Klassifizieren Sie häufige Mobbing-Handlungen.

Mobbing-Handlungen lassen sich wie folgt klassifizieren:

- Angriffe auf die Kommunikationsmöglichkeiten
  - Betroffene werden in Gesprächen permanent unterbrochen
  - Betroffene werden permanenter Kritik unterzogen

- Angriffe auf die sozialen Beziehungen
  - Keine Kommunikation mit den Betroffenen
  - Ausgrenzung

- Angriffe auf das soziale Ansehen
  - Betroffene werden lächerlich gemacht
  - Betroffene werden hinter deren Rücken herabgewürdigt

- Angriffe auf die Qualität der Berufs- und Lebenssituation
  - Vergabe sinnloser Aufgaben an Betroffene
  - Keine Zuweisung adäquater Aufgaben an Betroffene

- Angriffe auf die Gesundheit
  - Vergabe von gesundheitsschädlichen Arbeiten an Betroffene
  - Betroffenen wird Gewalt angedroht

08. Nennen Sie Ursachen und Auswirkungen des Mobbings.

Ursachen des Mobbings sind strukturelle Faktoren wie starre Hierarchien, unklare Ziele oder hoher Zeitdruck, aber auch mangelnde Führungskompetenzen der Vorgesetzten, Bevorzugung einzelner Personen, mangelnde Kommunikation und Feedback.

Mobbing führt bei den Betroffenen zu erheblichen psychischen und physischen Beeinträchtigungen, die sich in unspezifischen Stresssymptomen äußern und bleibende Schäden verursachen können.

09. Beschreiben Sie Handlungsoptionen gegen Mobbing.

Führungskräfte haben eine arbeitsrechtliche Fürsorgepflicht, die auch die Gesundheit der Mitarbeiterinnen und Mitarbeiter betrifft. Sie müssen daher das Mobbing aktiv unterbinden und beim Auftreten für Konsequenzen sorgen.

Probleme sollten frühzeitig und direkt angesprochen werden, um Verbündete zu suchen und Vorgesetzte und Betriebsrat zu informieren, damit ein menschlicher und moralischer Rückhalt aufgebaut werden kann.

Betroffenen wird häufig empfohlen, Mobbing-Tagebücher zu führen, in denen die Mobbing-Handlungen notiert werden. Dies dient beispielsweise vor dem Arbeitsgericht als Beweismittel und verdeutlicht Zusammenhänge.

4.7.2.4 Konfliktablaufmodell

01. Stellen Sie das Konfliktmodell von Glasl grafisch dar.

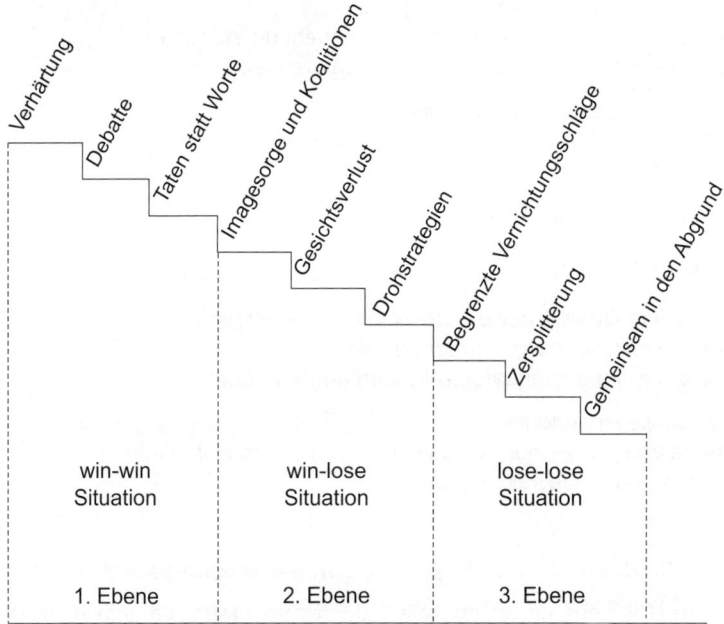

Konflikteskalation nach Friedrich Glasl

4.7 Kommunikation und Informationstechniken

02. Beschreiben Sie das Modell der Konflikteskalation nach Glasl in seinem Ablauf.

	1. Ebene (win-win-Situation)
1. Stufe Verhärtung	Konflikte beginnen mit Spannungen, die nicht als Konflikte wahrgenommen werden. Bei Konflikten werden die Meinungen fundamentaler.
2. Stufe Debatte	Konfliktgegner überlegen sich Strategien, um Beteiligte mit Argumenten zu überzeugen. Meinungsverschiedenheiten führen zum Streit. Beteiligte werden unter Druck gesetzt.
3. Stufe Taten statt Worte	Konfliktgegner erhöhen den Druck auf Beteiligte, um eigene Meinungen durchzusetzen. Es wird nicht mehr kommuniziert und Konflikte verschärfen sich.
	2. Ebene (win-lose-Situation)
4. Stufe Imagesorge und Koalition	Konfliktgegner suchen nach Mitkämpfern und Anhängern. Rivalen werden denunziert. Konflikte wollen gewonnen werden, damit der Rivale verliert.
5. Stufe Gesichtsverlust	Der Rivale soll durch Unterstellungen vernichtet werden. Vollständiger Vertrauensverlust. Der Gesichtsverlust bedeutet das Ende der moralischen Glaubwürdigkeit.
6. Stufe Drohstrategien	Die Konfliktgegner versuchen durch Drohungen, die Situation zu kontrollieren. Forderungen sollen durch Macht unter Androhung von Sanktionen und Veranschaulichung des Sanktionspotenzials durchgesetzt werden.
	3. Ebene (lose-lose-Situation)
7. Stufe Begrenzte Vernichtungsstrategien	Der Rivale gilt nicht mehr als Mensch. Begrenzte eigene Schäden werden als Gewinn wahrgenommen, wenn der Schaden des Rivalen größer ist.
8. Stufe Zersplitterung	Die Konfliktgegner versuchen, den Rivalen durch Vernichtungsaktionen nachhaltig zu zerstören.
9. Stufe Gemeinsam in den Abgrund	Die Konfliktgegner kalkulieren die eigene Vernichtung ein, um den Rivalen endgültig zu besiegen.

4.7.2.5 Konfliktintervention und Lösungsstrategien

01. Definieren Sie den Begriff des Konfliktmanagements.

Konfliktmanagement ist die Feststellung, Steuerung und Regelung von Konflikten durch spezifische Konfliktbearbeitungsformen.

→ vgl. Kapitel 4.6.2.4, Frage 3

02. Nennen Sie die Grundformen des Konfliktmanagements.
- Trennende Maßnahmen
- Personenbezogene Maßnahmen
- Sachbezogene Maßnahmen
- Integrierende Maßnahmen

03. Erläutern Sie die Grundformen des Konfliktmanagements.

Trennende Maßnahmen
Die Konfliktgegner sollen getrennt werden, um dem Konflikt die Grundlage zu entziehen. Dies kann die Kündigung oder die interne Versetzung von Mitarbeitern sein. Diese klassische Form des Konfliktmanagements soll schnell und effektiv Konflikte beseitigen. Konfliktbeteiligte können sich dem Konfliktfeld auch durch Abkapselung oder innere Kündigung entziehen.   Trennende Maßnahmen haben sich bewährt, wenn das individuelle Verhalten eines Mitarbeiters erheblich von der Unternehmenskultur abweicht bzw. wenn das Unternehmen „die Notbremse ziehen muss". Manchmal löst eine Trennung den Konflikt nicht, sondern verschärft ihn, zumal Konflikte auch vor dem Arbeitsgericht ausgetragen werden.   Bei systemimmanenten Konflikten, die stets wieder entstehen, ist es ratsam, integrierende Formen der Konfliktbewältigung zu wählen, zumal die Probleme dann nicht in den Personen liegen, sondern in der Struktur der Organisation zu suchen sind.

Personenbezogene Maßnahmen
Lösungen werden auf der individuellen Ebene gesucht, indem persönliche Gespräche geführt werden oder Coaching angeboten wird. Lassen sich Konflikte nicht durch Gespräche bereinigen, wird oftmals dazu übergegangen, Schuldige und Verantwortliche zu suchen. Dabei werden Widersprüche häufig in Kategorien wie „richtig" und „falsch" oder „gut" und „böse" eingeordnet.   In der beruflichen Praxis haben jedoch Konflikte viele Einflussfaktoren wie beispielsweise organisatorische Rahmenbedingungen, Gewohnheiten, Machtstrukturen und Ressourcen, sodass nicht nur unterschiedliche Persönlichkeitsstrukturen eine Rolle spielen.   Gespräche und Coaching haben sich bewährt, um persönliche Strategien in bestimmten Konfliktsituationen zu entwickeln. Nachteilig an diesen personenbezogenen Maßnahmen ist, dass keine einvernehmlichen Lösungen mit anderen Konfliktbeteiligten gesucht werden.

Sachbezogene Maßnahmen
Lösungen werden auf organisatorischer oder technischer Ebene gesucht. Fehler werden analysiert, um Regeln, Vorgaben oder Richtlinien zu erstellen, die zukünftige Konflikte vermeiden sollen.   Engpässe infolge knapper Ressourcen stellen eine weitere Ursache von Konflikten dar. Die Erweiterung der Ressourcen kann künftigen Konflikten vorbeugen, indem beispielsweise größere Büroräumlichkeiten zur Verfügung gestellt werden oder mehr Personal eingestellt wird.   Sachbezogene Methoden bewähren sich, wenn Konflikte auf unklare Vorgaben oder Anweisungen zurückzuführen sind. Vorteilhaft ist, dass die Beteiligten sich nicht auf eine Auseinandersetzung einlassen müssen. Liegen dem Konflikt tiefere persönliche oder unternehmenskulturelle Ursachen zugrunde, scheitern die Problemlösungsversuche oftmals. Hinzu kommt, dass selbst klare Regelungen nicht für alle Einzelfälle definiert werden können.

4.7 Kommunikation und Informationstechniken

Integrierende Maßnahmen
Konfliktlösungen sollen durch die gemeinsame, zusammenführende Auseinandersetzung der Beteiligten gefunden werden. Dies können klärende Gespräche, Teamentwicklung oder Mediation sein. Dabei soll die direkte Kommunikation die Rahmenbedingungen verbessern, um Blockaden abzubauen und die Interaktion zu verbessern.
Übergeordnete Ziele sollen dazu beitragen, dass die Konfliktparteien gezwungen werden, miteinander zu kooperieren, weil der Erfolg von der gemeinsamen Zielerreichung abhängt. Dabei werden die wechselseitigen Abhängigkeiten neu definiert, die oftmals die Voraussetzung für Konflikte sind.
Gespräche sind die einfachste Form der Auseinandersetzung mit einem Problem. Viele Konflikte können dadurch gelöst werden. Die Mediation wird erforderlich, wenn die Beteiligten sich beispielsweise durch Vorhaltungen tiefer in den Konflikt verstricken, ohne dass Lösungen gesucht werden.
Der Vorteil integrierender Maßnahmen besteht darin, dass den Problemen und Konflikten auf den Grund gegangen wird, um anschließend Lösungen zu generieren. Hinzu kommt, dass durch die Gespräche die gestörte Kommunikation wieder hergestellt wird. Dies führt häufig zu einem besseren Zusammenhalt und insgesamt einem besseren Betriebsklima.

04. Bilden Sie die Formen der Konfliktbearbeitung in einem Diagramm ab.

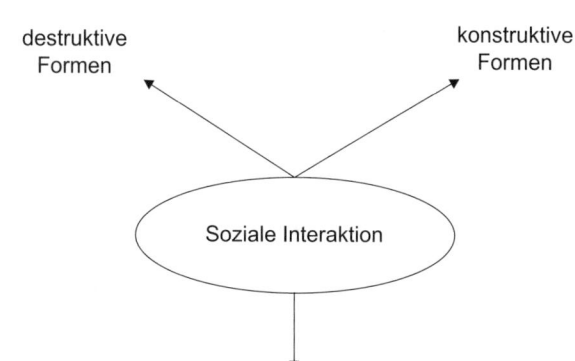

Formen der Konfliktbearbeitung

05. Nennen Sie die Formen der destruktiven Konfliktbearbeitung.

- Negative Verhinderung
- Verzögerung
- Vermeidung
- Verdrängung
- Unterdrückung
- Flucht
- Aufgezwungene Konfliktlösungen

06. Beschreiben Sie die Formen der destruktiven Konfliktbearbeitung.

Negative Verhinderung
Konfliktbeteiligte zeigen Verhaltensweisen, die entgegen den eigenen Vorstellungen Erwartungen offenbaren, um einen Konflikt nicht aufkommen nicht anhalten zu lassen.

Verzögerung
Stehen befriedigende Konfliktlösungen nicht in Aussicht, wird es erträglicher mit dem Konflikt zu leben. Konflikten werden emotional oder gedanklich Erträge zugesprochen, indem die Kosten bei Fortbestehen des Konflikts geschätzt werden gegenüber denen, die durch eine Konfliktlösung entstehen. Verzögerungstaktiken werden auch angewandt, um Zeit zu gewinnen, Allianzen zu bilden oder Informationen zu sammeln oder Lösungsszenarien aufzustellen. Varianten der Verzögerung bestehen darin, vereinbarte Lösungen anzuerkennen, sich jedoch nicht daran zu halten oder auf die Resignation der Konfliktbeteiligten zu bauen, bis der Gewöhnungsprozess zur Anpassung der Erwartungen führt.

Vermeidung
Vermeidungsstrategien treten auf, wenn die Konfliktbeteiligten negative Konsequenzen befürchten, bzw. wenn sie erwarten, dass im Konflikfall Belohnungen gestrichen werden. Vermeiden bedeutet daher, negative Konsequenzen zu vermeiden oder in den Genuss positiver Konsequenzen zu kommen.

Verdrängung
Individuelle Verdrängung tritt auf, wenn negative Gedanken ausgeblendet und durch positive Gedanken überlagert werden. Kollektive Verdrängung betrifft Gruppen. Die Verdrängungsmechanismen werden aktiv oder passiv unterstützt. Die Konfliktverdrängung findet ihren Ausgangspunkt im sog. „group thinking", indem beispielsweise in Gruppen nicht Problemlösungen, sondern positive Emotionen priorisiert werden. Neben Gruppen betrifft dieser Effekt auch Institutionen, Organisationen und Gesellschaften.

Unterdrückung
Bei Maßnahmen der Unterdrückung werden Konflikte durch den Einsatz machtpolitischer Instrumente nicht zugelassen. Dadurch wird die Anerkennung und Bewältigung von Konflikten aktiv verhindert. Häufig werden Drohungen oder Sanktionen eingesetzt, um beispielsweise nicht gewünschtes Verhalten zu bestrafen. In Personaldiskussionen besitzt oftmals die Konfliktkonformität als Entscheidungskriterium eine große Rolle.

4.7 Kommunikation und Informationstechniken

Flucht
Bei der Flucht werden soziale Systeme oder bestimmte Bereiche von Individuen verlassen, um negativen Konsequenzen auszuweichen. Dazu zählen politisch-motivierte, individuelle oder kollektive Massenfluchten und bestimmtes gesellschaftliches Verhalten wie Fahrerflucht oder die Flucht in Krankheit. Auch die Flucht in Aufgaben, die eine Belohnung versprechen, ist denkbar.

Aufgezwungene Konfliktlösungen
Aufgezwungene Konfliktlösungen können als Minimalvereinbarungen gelten, die Konflikte (vorübergehend) entschärfen, aber stets die Gefahr in sich bergen, in anderer (erweiterter) Form erneut aufzutreten, soweit durch die Zwangsmaßnahmen keine Verhaltensveränderungen stattfinden.

07. Nennen Sie Maßnahmen der konstruktiven Konfliktbearbeitung.

- Mediation (vgl. Kapitel 4.6.2.6, Frage 6 bis 8)
- Moderation
- Supervision (vgl. Kapitel 4.7.2.6)
- Coaching (vgl. Kapitel 4.7.2.6)
- Teamentwicklung

08. Welches Ziel hat die Moderation?

Die Moderation soll durch Strukturierung und Visualisierung Gruppenarbeitsprozesse unterstützen. Dies können beispielsweise Strategieentwicklungen, Problemanalysen oder Planungen sein. Moderatoren sind in der Regel Prozessverantwortliche, die die Gesprächsleitung übernehmen. Dabei werden Mittel wie Gesprächsregeln, Feedback oder Paraphrasieren eingesetzt. Im Gegensatz zur Mediation steht bei der Moderation nicht die Konfliktbearbeitung im Vordergrund, sondern das Erreichen eines Sachziels.

09. Welches Ziel hat die Teamentwicklung?

Die Teamentwicklung dient der Formung einer Gruppe von Individuen zu einem Team. Berater formen die Gruppe zu einem effektiven und arbeitsfähigen Team. Dabei werden aber gruppendynamische Prozesse durchlaufen, die ein Team lähmen oder sprengen können, bevor das Ziel erreicht wird. Dies sind beispielsweise Machtkämpfe, Koalitionen oder Normenkonflikte.

In der Regel dient die Teamentwicklung der Verbesserung der Kommunikation, der Kooperation und der Beziehungen zwischen den Teammitgliedern, aber auch der Identitätsfindung des Teams. Die Teamentwicklung macht die Beteiligten zu einer arbeits- und konfliktfähigen Gruppe.

Bei bestehenden Konflikten sollte eher die Mediation angewandt werden, zumal sich Konflikte noch verschärfen können. Die Teamentwicklung stellt eher ein Instrument zur Konfliktprävention dar.

10. Aus welchen Gründen ist eine Konfliktprophylaxe sinnvoll?

Konflikte verursachen aus mehreren Gründen Kosten in Unternehmen und Organisationen. Stress oder emotional bedingte Kosten entstehen, wenn durch Konflikte Arbeitszeiten verloren gehen oder es zu durch krankheitsbedingten Ausfallzeiten kommt. Zeitlich bedingte Kosten entstehen, wenn es zu Verzögerungen kommt. Weitere Kosten werden durch Fehlentscheidungen, Fehlinvestitionen oder unnötige Ausgaben aber auch durch Kundenverluste infolge interner Konflikte verursacht. Opportunitätskosten entstehen, wenn Ressourcen nicht genutzt werden.

11. Nennen Sie Maßnahmen, um Konfliktpotenziale abzubauen.

- Abbau von Spannungen und sozialen Störungen
- Veränderung der sozialen Struktur
- Klare Ziele und Kompetenzstrukturen
- Verringerung von Nullsummensituationen
- Gelebte Gerechtigkeitskultur
- Steuerung von internen Koalitionen
- Frühzeitiger Dialog bei erlebten Störungen
- Erweiterung der eigenen Dialogfähigkeit

12. Beschreiben Sie die Maßnahmen zum Abbau von Konfliktpotenzialen.

Abbau von Spannungen und sozialen Störungen
Individuen nehmen ihre Mitmenschen häufig verkürzt oder in Form von Stereotypen wahr. Eine eigene Dynamik entsteht, wenn bestimmte Erwartungen nicht erfüllt werden. Die differenzierte Wahrnehmung und kritische Selbstbeurteilung bildet dabei ein wichtiges Instrument für die Führungskraft.
Generell müssen sich Führungskräfte fragen, ob ihre Wahrnehmung repräsentativ oder nur auf einen Ausschnitt bezogen sind und ob positive Rückmeldungen gegeben werden, wenn die Leistungen erwartungsgemäß erfüllt wurden. Negative Kommentare Dritter sollten ignoriert werden, um zu zeigen, dass der sozialen Beeinflussbarkeit Grenzen gesetzt sind.

Veränderung der sozialen Struktur
Die räumliche Trennung oder Versetzung von Mitarbeiterinnen und Mitarbeitern stellt oftmals eine preiswerte Lösung für Unternehmen und Organisationen dar. Stabile und gegen Individuen gerichtete Vorurteile lassen soziale Interventionstechniken in der Praxis häufig scheitern.

Klare Ziele und Kompetenzstrukturen
Klare betriebliche und persönliche Zielplanungen und Meilensteine dienen einer transparenten, gelebten Unternehmenskultur und dem Abbau von Konfliktpotenzialen. Während in großen Unternehmen die Anwendung von Zielsystemen üblich ist, haben kleine und mittelständische Unternehmen oder Non-Profit-Organisationen solche Instrumente häufig (noch) nicht eingesetzt.

4.7 Kommunikation und Informationstechniken

Verringerung von Nullsummensituationen
Die Spieltheorie beschreibt Nullsummenspiele als Situationen, in denen die aufsummierten Gewinne und Verluste der Akteure gleich null sind. Das Ziel von Führungskräften ist der Abbau solcher Nullsummensituationen, damit die Motivation der Mitarbeiterinnen und Mitarbeiter steigt. Transparenz und gelebte Gerechtigkeit bei der Vergabe von Karrierepositionen, Belohnungen wie Aufmerksamkeit oder das Einbringen eigener Ideen helfen, Konflikte zu reduzieren.

Gelebte Gerechtigkeitsstruktur
Zu den idealen Gerechtigkeitsmerkmalen einer gelebten Unternehmenskultur zählen: • Offenheit und Kritikfähigkeit • Kundenorientierung • Hohe aber erfüllbare Leistungserwartungen • Anerkennung und Vertrauen • Begründung von Ausnahmeregelungen • Kompetenz als Machtkriterium • Lernbereitschaft und -fähigkeit • Vorrang der Geschäftsprozesse vor Abteilungsprozessen • Humor und Ambiente • Feiern von Erfolgen

Steuerung von internen Koalitionen
Die Koalitionsbildung spielt in Unternehmen eine bedeutende Rolle. Interne Netzwerke als informeller Machtfaktor haben den Vorteil kurzer Wege und schneller Entscheidungen. Nachteilig ist, dass Netzwerke Macht aufbauen können und Entscheidungen getroffen werden, ohne dass die eigentliche Sache berücksichtigt wird. Die Koalitionsbildung ist in der Regel nicht zu verhindern, kann jedoch eingedämmt werden, wenn die Unternehmenskultur auf Gerechtigkeit angelegt ist, Entscheidungsprozesse rational und transparent nachvollziehbar sind, die Prozessoptimierung alle beteiligten Akteure berücksichtigt und die Koalitionsmacht von den Vorgesetzten nicht anerkannt wird.

Frühzeitiger Dialog bei erlebten Störungen
Führungskräfte erleben Störungen nicht zufällig, sondern verbinden sie mit möglichen Ursachen. Konfliktreduzierendes Potenzial besitzt die frühzeitige Ansprache solcher Störungen als Vermutung und nicht in Form einer Tatsachenbeschreibung, um die möglichen Folgen zu beschreiben. Damit kann die Führungskraft gegenüber den Mitarbeitern/innen um Verständnis für zukünftige Entscheidungen werben.

Erweiterung der eigenen Dialogfähigkeit
Führungskräfte können ihre eigene Dialogfähigkeit weiterentwickeln, z. B. durch folgende Punkte: • Aktives Zuhören • Missverständnissen vorbeugen • Bedeutungsinhalte veröffentlichen • Nachfragen • Zwischenergebnisse kommunizieren

- Ironie und Sarkasmus ausschließen
- Beispiele und Analogien einsetzen
- auf Pauschalierungen und Killerphrasen verzichten
- erst neu denken, dann sprechen
- für Entspannung sorgen
- Gespräch auf Augenhöhe
- mit den Emotionen der Anderen umgehen lernen.

4.7.2.6 Supervision und Coaching

01. Erläutern Sie die Begriffe Supervision und des Coaching.

Supervision und Coaching konzentrieren sich auf die personenbezogene Beratung in Organisationen. Beide Interventionsmethoden weisen die gleichen Abläufe, Gesprächstechniken und Settings (Raumeinteilung, Sitzordnung usw.) für Einzel- und Gruppenanwendungen auf. Der wichtigste Unterschied sind die damit verbundenen Ziele.

Die Supervision bezieht sich eher auf den Umgang mit dem Bestehenden und die Stärkung, um mit den Anforderungen des Alltags klarzukommen. Das Coaching betont mehr die persönliche Entwicklung, die Stärkung für den Umgang mit zukünftigen Aufgaben, Anforderungen und schwierigen Entscheidungen.

Im Englischen ist der Supervisor der Vorgesetzte mit Anleitungs- und Kontrollfunktion. Oftmals werden im Rahmen der Ausbildung von medizinischen, Sozial- und Pflegeberufen Supervisor eingesetzt. Dabei werden praktische Erfahrungen unter fachlicher Anleitung und Kontrolle gemacht. Korrekturen und Überprüfungen werden häufig negativ wahrgenommen, sodass die Lernenden allzu leicht eher Misstrauen gegenüber dieser Maßnahme entwickeln. Dies führt dazu, dass in der Praxis die Supervisionsangebote, die in vielen sozialen Einrichtungen und Organisationen üblich sind, nur mit Vorbehalten angenommen werden.

Im Englischen ist der Coach mit einem Trainer vergleichbar, der mit fachlichem Rat beispielsweise bei sportlichen Wettkämpfen zur Seite steht. Der Coach agiert aus der Überlegenheit des Expertenwissens und betrachtet dieses Beziehungsgefälle zum Gecoachten als wirksamen Teil der Kooperation.

Die inflationäre Verwendung des Begriffs Coaching hat dazu geführt, dass viele Erscheinungen mit dem Coaching verbunden werden. Dazu zählen sportliche Modeerscheinungen wie das Nordic-Walking-Coaching, das Beziehungs-Coaching oder das Job-Coaching. Viele dieser Beratungen sind als nicht professionell einzustufen.

4.7 Kommunikation und Informationstechniken

02. Nennen Sie allgemeine Kennzeichen der Supervision und des Coachings.

Interaktive, personenzentrierte Vorgänge der Prozessberatung:

- Interaktiv bedeutet, dass möglichst kein Autoritätsgefälle in der Beratungsbeziehung aufkommen darf. Supervisor und Coach liefern keine Lösungsvorschläge, sondern fördern den Prozess der Lösungsfindung.

  Personenzentriert bedeutet, dass die beteiligten Personen, deren Befindlichkeiten und Beziehungen zueinander mehr im Focus stehen als fachliche Inhalte.

  Prozessberatung beinhaltet bedeutungsvolle Vorgänge, die sich nicht an konkreten Ergebnissen messen lassen.

Freiwilligkeit und Vertrauen:

- Voraussetzung ist die gegenseitige Akzeptanz, die ihrerseits ein weitgehendes gegenseitiges Verständnis voraussetzt. Die Grundsätze der Freiwilligkeit und Vertrauen verhindern, dass jemand zwangsweise supervidiert oder zwangsgecoacht wird.

Transparente Interventionen:

- Die Annahme der Beratung vermittelt Einblicke in das Geschehen und die Hilfe zur Selbsthilfe, indem Selbstreflexion, -bewusstsein und -verantwortung gefördert werden. Die professionelle Hilfe dient nicht als „Reparaturanstalt für suboptimal funktionierende" Mitarbeiter.

Theoriegeleitete und anerkannte Konzepte:

- Empfehlenswert ist eine spezielle Ausbildung im Sinne einer psychologischen Basisqualifikation, aber auch eine Beziehung zum Beratungsumfeld wie beispielsweise der Pflege oder Medizin. Coaches und Supervisoren sollten über eine hohe Schnittmengenqualifikation verfügen.

Professionelle Hilfe für bestimmte Zielgruppen:

- In sozialen Einrichtungen herrschen meist andere Verhältnisse und Arbeitsbedingungen wie in Industrie oder Handel. Das Angebot ist infolge der zu fördernden Selbstverantwortung der Gecoachten und Supervidierten prinzipiell zeitlich begrenzt. Die Supervision kann allerdings auch zu dauerhaften Kommunikationsbeziehungen führen. Die Gefahr der Abhängigkeit darf nicht unterschätzt werden.

03. Nennen Sie stichwortartig wichtige Einstellungen von Supervisoren und Coaches.

Supervisoren und Coaches lassen sich meist von folgenden Grundwerten leiten:

- Zuhören und wahrnehmen wollen.

- Die Fähigkeit, sich vom eigenen Bezugsrahmen zu lösen und auf Sichtweisen, Ziele, Ressourcen und Lösungen der Klienten einzugehen.

- Die Betrachtung der Klienten als Experten ihrer eigenen Lösungen.
- Die Förderung von Unabhängigkeit und Eigeninitiative der Klienten.

04. Nennen Sie kurz die Inhalte von Supervision und Coaching.

Ziele	Die Zielerreichung steht am Ende der einzelnen Sitzungen oder der Prozesse.
Lösungen	Lösungen sind die Vorwegnahme der idealen oder wenigstens bevorzugten Zukunft. Es wird die Frage beantwortet, wie die Zukunft sein wird, wenn alles zufriedenstellend gelöst wurde.
Vorboten	Erste Anzeichen und Zeichen helfen bei der Suche nach Unterschieden. Dabei werden die Fragen beantwortet, was, wann und unter welchen Umständen wunschgemäß funktioniert.
Ressourcen	Ressourcen sind in erster Linie die Fähigkeiten der Klienten, die der Zielerreichung dienen.
Skalen	Skalen helfen, Unterschiede messbar zu machen, damit die nächsten Schritte erfolgen können.
Perspektivenwechsel	Perspektivenwechsel zielen auf unterschiedliche Standpunkte, um Unterschiede zu erkennen und den Blick auf andere Ressourcen und Lösungen zu lenken. Dabei kann die Erfahrung anderer Menschen in ähnlichen Situationen helfen.

05. Unterscheiden Sie verschiedene Methoden der Supervision und des Coachings.

Bei beiden Methoden geht es um die Fragen, die den Klienten gestellt werden. Dabei unterscheiden sich die Prozessberater (Counselors) von Fachberatern (Advisors).

Prozessberater unterstützen die Klienten mit gezielten Fragen, damit eigene Antworten gefunden werden, während Fachberater Antworten auf die Fragen der Klienten geben.

06. Schildern Sie kurz den Ablauf einer Einheit in Supervision und Coaching.

a) Einzelgespräch

Einzelgespräche sollten in einem hellen und luftigen Raum stattfinden. Eine anderweitige Nutzung muss ausgeschlossen sein. Teeküchen, Aufenthaltsräume oder Büros sind ungeeignet, damit Störungen vermieden werden. Tische können hilfreich sein, wenn es gilt, etwas aufzuschreiben, zu zeichnen oder aufzustellen. Sitzgruppen, mit bequemem Sessel sind der ideale Ort, um Einzelgespräche zu führen.

Die Teilnehmer sollten sich nicht in einer Chef-Mitarbeiter-Position gegenübersitzen. Die Sessel sollten über Eck bzw. in einem stumpfen Winkel stehen. Schreibmaterialien helfen, Ideen aufzuzeichnen.

Nach dem Platznehmen folgt die Bekanntmachung. Man sollte gut vorbereitet ins Einzelgespräch gehen und wissen, worüber gesprochen werden soll. Fragen, Anregungen

4.7 Kommunikation und Informationstechniken

und Beispiele sollen die Gesprächsteilnehmer in die Lage versetzen, Gesprächsgegenstände und Situationen neu einzuschätzen. Damit eröffnet sich die Gelegenheit, offen für neue Lösungsoptionen zu werden.

Die folgenden Sitzungen erörtern oft, ob das Neue in der Praxis hilfreich gewesen war. Daher ist es empfehlenswert, Aufzeichnungen zu führen, aus denen hervorgeht, was ausprobiert wurde und was sich bewährt hat.

Die Dauer eines Einzelgesprächs beträgt in der Regel 45 bis 60 Minuten. Die Beratung sollte am Anfang eine höhere Frequenz aufweisen. Anfangs kann es sinnvoll sein, sich zweimal die Woche zu treffen, während später Frequenzen von 3 bis 6 Wochen möglich sind.

Bei Supervisionen können die Sitzungen auf Dauer angelegt sein, während beim Coaching die Anzahl der Sitzungen meist 15 bis 20 nicht überschreitet. Dabei sind die Übergänge jedoch fließend.

b) Gruppensitzung

Auch Gruppensitzungen müssen in geeigneten Räumen stattfinden. Die Raumgröße ist der Gruppengröße anzupassen. Zu kleine Räume fördern Aggressivität und Konflikte, zu große Räume erschweren Kontakt, Aktivität und Beteiligung. Arbeitsfähige Supervisionen bestehen aus 5 bis 12 Personen bei einer Raumgröße von 3 bis 4 m^2 pro Person.

Die Sitzordnung sollte kreisförmig sein, sodass die Abstände der Teilnehmer gleich groß sind. Nach dem Platznehmen, folgt die Bekanntmachung. Die Teilnehmer verständigen sich auf die Art und Weise, wie sich untereinander angesprochen wird. Eine Vorstellrunde entfällt, es sei denn, die Gruppenteilnehmer stammen aus völlig unterschiedlichen Bereichen.

Die Anliegen sollten gut vorbereitet eingebracht werden, zumal nicht angesprochene Aspekte oftmals aus Zeitmangel nicht mehr behandelt werden. Teilnehmer, die zunächst nur beobachten wollen, sollten ihren Wunsch kommunizieren.

Neben den Fragen der Gruppenleitung führen zumeist die Fragen der Teilnehmer zur Erweiterung des Erfahrungshorizontes. Das Bestreben anderen Teilnehmern zu helfen, kann ebenfalls zu wichtigen Erkenntnissen führen. Verschiedene Gesprächsführungstechniken, können ausprobiert werden. Die Dauer der Gruppensitzungen beträgt in der Regel 90 bis 180 Minuten. Die Sitzungen sollten mit einer Frequenz von 2 bis 4 Wochen wiederholt werden.

4.7.3 Informations- und Kommunikationssysteme

4.7.3.1 Datenmanagement und Datenaustausch im Krankenhaus

01. Erläutern Sie die Aufgaben des Informations- und Datenmanagements.

In der Literatur werden die Begriffe Datenmanagement und Informationsmanagement häufig synonym gebraucht. Grundsätzlich sind drei Bereiche zu unterscheiden:

- Strategisches Informationsmanagement
- Taktisches Informationsmanagement
- Operatives Informationsmanagement

Das strategische Informationsmanagement betrachtet die Informationsverarbeitung als Ganzes und muss sich an den Zielen des Unternehmens auszurichten. Es entscheidet insbesondere über wesentliche Entwicklungen und Projekte und legt das jährliche IT-Budget fest.

Teilkomponenten der Informationsverarbeitung werden im Rahmen des taktischen Informationsmanagements eingeführt. Dies geschieht zumeist im Rahmen von Projekten, die initiiert und überwacht werden müssen.

Das operative Informationsmanagement verantwortet die Steuerung der Betriebsorganisation der Informationssysteme in den Krankenhäusern und Gesundheitsbetrieben. Dazu zählen die Konzeption der operativen Aufgaben, die Planung und Überwachung der Aktivitäten.

02. Definieren Sie den Begriff Krankenhausinformationssystems (KIS).

Krankenhausinformationssysteme sind die Gesamtheit aller Einheiten und Beteiligten, Menschen und Maschinen, die in Krankenhäusern in informationsverarbeitenden Prozessen Daten erheben, verändern und auswerten.

Die vielfältigen Anforderungen, die an ein KIS-System gestellt werden, können heute nicht mehr nur von einer Software oder einem Anbieter erfüllt werden, zumal sich die notwendige Spezialisierung in den Teilgebieten nicht mehr nur von einem Anbieter zu realisieren lässt.

03. Beschreiben Sie die Notwendigkeit für den Einsatz eines Krankenhausinformationssystems (KIS).

Transparenz für das betrieblichen Management
Effektives und effizientes, betriebliches Management ist in der Regel ausschließlich auf Basis einer Deckungsbeitragsrechnung möglich. Die Datengewinnung erfolgt aus den detaillierten Angaben der individuellen Behandlungen, die ausschließlich über ein flächendeckend eingesetztes KIS gewonnen werden können. Außerdem haben Krankenhäuser weitreichende Nachweis- und Datenübermittlungspflichten zu erfüllen

4.7 Kommunikation und Informationstechniken

Umsetzung neuester medizinischer Erkenntnisse in die Praxis

Der klinische Alltag erfordert in der Regel die rasche Umsetzung der neuesten medizinischen Erkenntnisse. Die Verfügbarkeit der Daten und Informationen durch elektronische Medien ist ohne entsprechende Unterstützung durch moderne Informationstechnologien nicht zu gewährleisten. Es werden auf die individuelle Behandlungssituation abgestellte Rechercheinstrumente benötigt, die dem Arzt im KIS bzw. in entsprechenden medizinischen Datenbanken vorhandene Informationen direkt und unmittelbar zur Verfügung stellen.

Standardisierung und Effizienz der Organisation

Die krankenhausinternen Leitlinien und die organisatorische Koordination können ohne unterstützende IT-Funktionen nicht wirtschaftlich umgesetzt werden. Die komplexen Prozesse werden nur durch IT-gestütztes Termin- und Ressourcenmanagement, Workflowmanagement und Behandlungsmanagement beherrschbar.

Teilnahme an der integrierten Versorgung

Krankenhausinformationssysteme sind die Voraussetzung für den Aufbau einer Gesundheitstelematik (eHealth). Ein effizientes und vernetztes Gesundheitswesen kommt daher ohne leistungsfähige Krankenhausinformationssysteme nicht aus.

---

04. Zählen Sie die strategischen Ziele eines Krankenhausinformationssystems (KIS) auf.

- Unterstützung des Managements
- Optimierung der Erlössituation
- Transparenz der Kosten und Leistungen
- Rationalisierung der administrativen Vorgänge
- Effizienzsteigerung der medizinischen Organisations- und Entscheidungsprozesse
- Verkürzung der Durchlaufzeiten (Untersuchungsaufträge, Operationen, Verweildauer der Patienten)
- Sicherstellung eines kontinuierlichen Qualitätsmonitorings
- Unterstützung der diagnosebezogenen Standardisierung medizinischer Kernbehandlungsprozesse
- Sicherstellung eines Informationsangebots für Patienten, Personal und Öffentlichkeit im Rahmen des Internets und Intranets
- Verbesserung der Kooperation und Koordination mit externen Partnern
- Elektronische Krankenakte

05. Zählen Sie die operativen Ziele eines Krankenhausinformationssystems (KIS) auf.

Einnahmentransparenz	Sicherstellung der Abrechnung und Erfüllung der Nachweispflichten zur Verbesserung der Liquidität
Transparenz des Krankengutes	Verfügbarkeit einer Basisdokumentation und einer einheitlichen Kodiersoftware für Diagnosen
Kostentransparenz	Nutzung operativer Systeme in Materialwirtschaft, Personalwirtschaft, Technik, Küche etc.
Leistungstransparenz und Handlungstransparenz	Flächendeckende Leistungserfassung
Transparenz der Ressourcenverwendung	Deckungsbeitragsrechnung und Prozesskostenrechnung (Personal, Sachmittel, medizinischer Bedarf usw. für Fallgruppen)
Organisationstransparenz und Dokumentationstransparenz	Verfügbarkeit medizinischer Organisations- und Dokumentationssysteme für die Fachabteilungen und Leistungsbereiche
Transparenz des Krankenhauses für alle Anspruchsgruppen	Verfügbarkeit eines internen Informationsmediums wie eines Intranets bzw. Webauftritts für die Zielgruppen

06. Zählen Sie die Vorteile eines Krankenhausinformationssystems (KIS) auf.

- Ganzheitliche Sicht auf die Patientenbehandlung
- Förderung der Zusammenarbeit und Beitrag zur Berufsgruppenintegration
- Entlastung des medizinischen Personals von Doppelarbeiten und administrativem Overhead
- Schneller Zugriff auf frühere Behandlungsfälle und Krankendokumentationen
- Schneller Zugriff auf aktuelles medizinisches Wissen
- Effektivere Koordination durch elektronische Terminplanung und zeitnahe Steuerung der betrieblichen Prozesse
- Kontinuierliches Qualitätsmonitoring
- Steigerung der Behandlungsqualität
- Vermeidung unnötiger Untersuchungen
- Auskunft über entstandene Kosten
- Kosteneinsparung
- Steigerung der Patientenzufriedenheit
- Steigerung der Attraktivität des Krankenhauses für zuweisende Ärzte, Patienten und die Öffentlichkeit
- Wettbewerbsvorteile durch adäquates Leistungsangebot und schnellere Reaktion auf Marktveränderungen
- Aufbau einer Informationsbasis für die Forschung im Bereich der klinischen Epidemiologie und Gesundheitsökonomie

4.7 Kommunikation und Informationstechniken

07. Was ist ein KISS-System?

KISS-Systeme bauen auf den KIS-Systemen auf. Werden Informationen des KIS-Systems herangezogen, um Prozesse auf der Grundlage vorheriger Planung und Definition zu steuern, werden die Systeme KISS bzw. Krankenhausinformations- und -steuerungssysteme genannt.

08. Stellen Sie beispielhaft und schematisch die Funktionsweise eines KISS-Systems in einer Grafik dar.

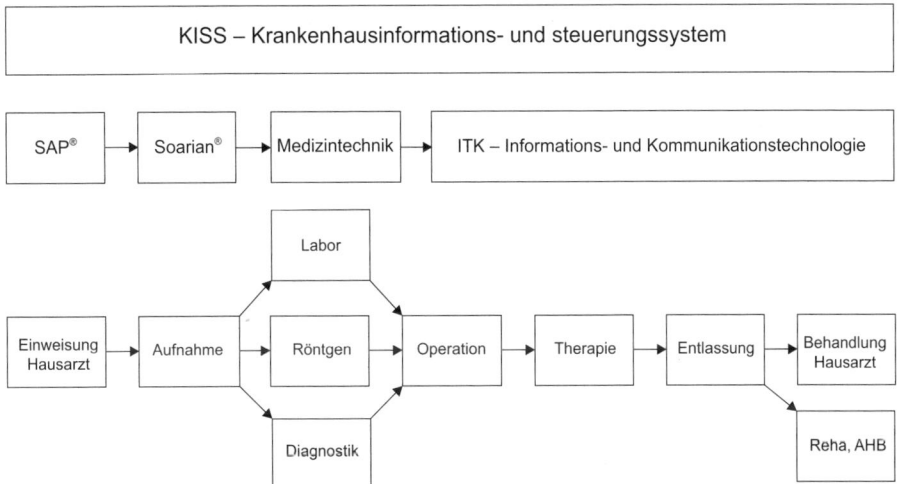

KISS – Krankenhausinformations- und steuerungssystem

SAP®	Unternehmensinformationssystem, in dem alle geschäftsrelevanten Bereiche Krankenhauses zusammengefasst betrachtet werden.
Medizintechnik	Die Medizintechnik kombiniert die Technik mit den medizinischen Kenntnissen der Ärzte, Pflegekräfte und weiterer medizinisch-orientierter Berufe, um Diagnostik, Therapie, Krankenpflege, Rehabilitation und Lebensqualität der Patienten zu verbessern.
ITK	Informations- und Kommunikationstechnologien (IKT) zum Austausch von Information und zur Kommunikation.
Soarian®	System zur Steuerung administrativer und klinischer Arbeitsabläufe. Soarian umfasst auch die elektronische Krankenakte.

4.7.3.2 Datensicherheit und Sicherheitskonzepte

01. Grenzen Sie die Begriffe Datensicherheit, Sicherheitskonzepte und Datenschutz voneinander ab.

Datensicherheit	Die Datensicherheit umfasst alle Maßnahmen, die vor Verlust, Beschädigung oder technischer Verfälschung von Daten schützen.

Sicherheitskonzepte	Sicherheitskonzepte schützen Daten. Unterschieden wird zwischen böswilligen Angriffen (Security) und Sicherheit vor menschlichem oder technischem Versagen (Safety).
Datenschutz	Datenschutz bezeichnet den Schutz des Einzelnen vor dem Missbrauch personenbezogener Daten. Das Datenschutzrecht knüpft am Persönlichkeitsrecht und der garantierten Privatsphäre gemäß Art. 1 Abs. 2 GG und Art. 2 Abs. 2 GG an Das Bundesverfassungsgericht hat hieraus das Recht auf informationelle Selbstbestimmung abgeleitet, damit sichergestellt ist, dass eine Person jederzeit die Kontrolle und die Bestimmung darüber hat, welche Informationen über sie an wen weitergegeben werden.

02. Nennen Sie die Anforderungen, denen die Datensicherheit genügen muss.

Vertraulichkeit	Informationen können nur von den befugten Personen eingesehen werden.
Verfügbarkeit	Die Informationen stehen in angemessener Zeit zur Verfügung.
Integrität	Die Informationen bleiben stets richtig und vollständig.
Zurechenbarkeit	Änderungen von Informationen können den Urhebern der Änderung zugerechnet werden.
Authentizität	Die Systembenutzer sind stets diejenigen, für den er sich bzw. sie sich ausgeben.

03. Nennen Sie Ziele einer Sicherheitslinie.

- Unternehmenswichtige IT-Systeme sind jederzeit verfügbar.
- Alle Systeme werden vor einem Zugriff durch Unbefugte geschützt.
- Die Anforderungen an die ärztliche Schweigepflicht werden eingehalten.
- Kosten für die Geschäftsprozesse werden optimiert.
- Schadensfälle durch nicht gesicherte IT-Systeme werden vermieden.

04. Nennen Sie Schutzbedarfskategorien eines Informationssicherheitsmanagements.

- Normal: Schadensauswirkungen sind begrenzt und überschaubar.
- Hoch: Schadensauswirkungen können beträchtlich sein.
- Sehr hoch: Schadensauswirkungen können ein existenziell bedrohliches Ausmaß erreichen.

05. Nennen Sie mögliche Schäden durch Datenmissbrauch.

- Verstöße gegen Gesetze, Vorschriften oder Verträge
- Beeinträchtigung des informationellen Selbstbestimmungsrechts
- Beeinträchtigung der persönlichen Unversehrtheit
- Beeinträchtigung der betrieblichen Aufgabenerfüllung
- Negative Innen- oder Außenwirkung
- Finanzielle Schäden

4.7 Kommunikation und Informationstechniken

06. Beschreiben Sie exemplarisch die Folgen in den drei Schutzbedarfskategorien der in Frage 5 genannten Fälle.

Schadensszenarien	Normaler Schutzbedarf	Hoher Schutzbedarf	Sehr hoher Schutzbedarf
Verstöße gegen Gesetze, Vorschriften oder Verträge	Keine arbeits- und strafrechtlichen Folgen für die Arbeitnehmer.	Bei Verstößen mit geringen Auswirkungen für das Krankenhaus hat der beteiligte Arbeitnehmer mit arbeits- und strafrechtlichen Folgen zu rechnen.	Bei massiven Verstößen müssen beteiligte Arbeitnehmer mit drastischen arbeits- und strafrechtlichen Konsequenzen rechnen.
Beeinträchtigung des informationellen Selbstbestimmungsrechts	Geringe Auswirkungen bei Bekanntwerden anonymisierter Daten.	Bei Bekanntwerden anonymisierter Daten wäre mit deutlichen Auswirkungen für den Betroffenen zu rechnen.	Bei Bekanntwerden medizinischer Daten ist mit Existenz bedrohenden Auswirkungen für den Betroffenen zu rechnen.
Beeinträchtigung der persönlichen Unversehrtheit	Ein Verlust beeinträchtigt die Unversehrtheit des Patienten nicht.	Ein Datenmissbrauch oder -verlust beeinträchtigt die Unversehrtheit des Patienten nur in geringem Maße.	Ein Datenverlust führt zu deutlichen Verzögerungen im Behandlungsprozess und zu erheblichen Beeinträchtigungen in der persönlichen Unversehrtheit.
Beeinträchtigung der Aufgabenerfüllung	Der Betrieb ist bei Nichtverfügbarkeit zwar beeinträchtigt, aber ein Ausfall von > 3 Tagen wird toleriert.	Ein Systemausfall zwischen 12 und 36 Stunden kann toleriert werden.	Die tolerable Zeitspanne für einen Ausfall beträgt weniger als 12 Stunden.
Negative Innen- oder Außenwirkung	Probleme bei der Datenverarbeitung führen zu keinem Imageverlust.	Das Bekanntwerden von EDV-Problemen kann zu einem Ansehensverlust führen.	Existenz bedrohende Auswirkungen bei der Veröffentlichung und Missbrauch von Patienten- und Personaldaten.
Finanzielle Schäden	Ein geringer finanzieller Schaden ist tolerierbar.	Der finanzielle Schaden hat deutliche Auswirkungen.	Der finanzieller Schaden bedroht die Existenz des Krankenhauses.

07. Nennen Sie die Bereiche, die bei der IT-Sicherheit unterschieden werden.
- Physikalische Sicherheit
- Logische Sicherheit
- Administrative Sicherheit
- Organisatorische Sicherheit

08. Beschreiben Sie die unterschiedlichen Bereiche der IT-Sicherheit.

Physikalische Sicherheit

Die physikalische Sicherheit umfasst alle Bereiche, die einen direkten oder indirekten Einfluss auf die Verfügbarkeit der Hardware haben kann. Dazu zählen:

- Redundante Server
- Redundante Rechenzentren (Ausweichzentren)
- Redundante Stromversorgung
- Redundante Netzwerkanbindungen für unternehmenskritische Anwendungen
- Zutrittssicherung zu Rechenzentren und Netzwerk-Verteilerräumen
- Klimatisierung der Technikräume
- Schutz der Technikräume vor Naturkatastrophen wie Hochwasser oder Sturmschäden

Logische Sicherheit

Sicherheit der Daten und Informationen, die von den Datenverarbeitungssystemen im Klinikum verwaltet werden. Dazu zählen die folgenden Maßnahmen:

- Datensicherung und Lagerung dieser Daten in getrennten Gebäuden
- Sicherung sensibler Daten vor unberechtigter Einsichtnahme und Verfälschung sowie die Sicherstellung der Identität der Kommunikationspartner
- Absicherung der mobilen Datenträger. Sicherung durch die Verschlüsselung von WAN- und WLAN-Verbindungen, Telemedizin-Verbindungen, Fernwartungsverbindungen, Kommunikationsdaten mit Einweiserportalen, externen Videokonferenzen und VoIP-Telefongespräche
- Speicherung von Anwenderdaten auf zentralen Fileservern mit regelmäßiger Datensicherung
- Speicherung der System- und Konfigurationsdaten von Clients, Servern und aktiven Netzkomponenten auf speziellen Servern
- Dokumentation der Infrastruktur in einer Configuration Management Data Base, die bei einem Störfall schnell Informationen über die betroffenen Bereiche liefert
- Stets aktuelle Virenscanner auf Clients, Servern und rechnerbasierten Medizingeräten
- Firewall zur Absicherung des Internets bzw. zur Sicherung sensibler Subnetze
- Regelmäßiges, zeitnahes Updating
- Austausch von Default- und Trivialpasswörtern
- Vermeidung von Diensten, die nicht sicher eingesetzt werden können

Administrative Sicherheit

Berechtigungskonzepte sind wesentlicher Bestandteil der administrativen Sicherheit. Sie legen fest, auf welche Daten die Nutzer zugreifen dürfen. In der Regel existieren nebeneinander mehrere Systeme, für die individuelle Berechtigungskonzepte erstellt und gepflegt werden müssen.

Über Metadirectories erhalten die Nutzer die Zugriffsberechtigung auf Endgeräte, während weitere Systeme mit eigenen Berechtigungskonzepten den Zugriff auf Krankenhausinformationssysteme, Operationsdokumentationssysteme, Laborsysteme etc. regeln. Diese Vielfalt erfordert einen hohen Organisationsaufwand. Jedes dieser IT-Systeme gewährleistet die Datensicherheit auf mehr oder weniger umfangreiche Art und Weise. Sicherheitslücken können nicht ausgeschlossen werden.

4.7 Kommunikation und Informationstechniken

Hinzu kommt, dass viele Medizinsysteme dem Medizinproduktegesetz (MPG) unterliegen. Änderungen an den von den Herstellern festgelegten Konfigurationen und Konstellationen der Zertifizierung führt zum Verlust der Zulassung. Damit würden sich die Hersteller im Schadensfall der Haftung entziehen.

Medizinsysteme haben häufig einfache Berechtigungskonzepte. Accounts werden für die Administration und die Bedienung vergeben. Die Vergabe eines Passwortes für alle Bediener ist nicht sinnvoll, da die Sicherheit durch bekannte Passwörter nicht garantiert werden kann, wenn beispielsweise Mitarbeiter das Unternehmen verlassen.

Ein hohes Sicherheitsniveau kann nur erreicht werden, wenn die Systeme mit einer zuverlässigen Nutzerverwaltung ausgestattet sind. Dies ist beispielsweise bei elektronischen Patientenakten der Fall. Im Idealfall wird die Benutzerverwaltung auf Metadirectories ausgelagert, um den Mitarbeitern individuelle Berechtigungen zu entziehen bzw. zu vergeben.

Organisatorische Sicherheit

Die organisatorische Sicherheit erfordert die Erstellung einer Sicherheitsleitlinie. Dafür müssen die wesentlichen Prozesse eines Krankenhauses definiert werden, um die Auswirkungen zu bewerten, falls es zu Störungen kommt. Bei dieser Einstufung wird insbesondere auch die Abhängigkeit der Verfügbarkeit des zugrunde liegenden IT-Systems bewertet.

Hinzu kommt die sicherheitsrelevante Sensibilisierung der Mitarbeiter im Umgang mit schützenswerten Daten. Beispielsweise dürfen sensible Unternehmensdaten nicht an unberechtigte Dritte weitergegeben oder unsichere Kommunikationsmedien verwendet werden

Das Management trägt die Verantwortung dafür, dass das Sicherheitskonzept im Unternehmen nicht durch Ausnahmeregelungen für bestimmte Mitarbeiter unterlaufen wird. Es sollten keine privaten Computer verwendet werden, zumal eine IT-Abteilung weder sicherstellen kann, dass die Virenscanner aktuell sind, noch verhindern kann, dass Nutzer unwissend schädliche Software ins Kliniknetz einspeisen oder sich aus dem Internet herunterladen. Sicherheitslücken entstehen auch dadurch, dass mit privaten Geräten auch Patientendaten unbemerkt aus dem Hause geschafft werden können

Durch eine lediglich lokale Datenspeicherung können Daten unwiederbringlich verloren gehen, weil keine Sicherung auf den Fileservern des Krankenhauses stattfindet.

09. Welche Maßnahmen umfasst die Notfallversorgung?

Die Notfallvorsorge umfasst Maßnahmen, die zur Wiederherstellung der Betriebsbereitschaft nach dem Ausfall eines IT-Systems führen oder diese im Vorfeld verhindern. Für denkbare Störfälle im IT-Bereich werden Handlungsanweisungen festgelegt und technische Lösungen vorbereitet bzw. installiert.

10. Nennen Sie Normen zur Zertifizierung der Datensicherheit.

ISO/IEC-27001	Die Norm spezifiziert die Anforderungen für Herstellung, Einführung, Betrieb, Überwachung, Wartung und Verbesserung eines dokumentierten Informationssicherheits-Managementsystems unter Berücksichtigung der Risiken innerhalb der gesamten Organisation. Die Norm wurde auch als DIN-Norm veröffentlicht.

BS 7799-2:2002	Die Norm stellt die Spezifikation für ein Informations-Sicherheits-Management-System (ISMS) dar. Dieses Management-System fügt sich in eine Reihe anderer, internationaler Management-Systeme (ISO 9001, ISO 14001, ISO 20000) ein. Der Standard wurde im Jahr 2005 als ISO 27001 international genormt.
BSI-Standards zur Informationssicherheit	BSI steht für das Bundesamt für Sicherheit in der Informationstechnik. Die Sicherheitsbehörde hat sich das Ziel gesetzt, die IT-Sicherheit in Deutschland auf einen modernen Stand zu bringen. Hierzu zählt auch das E-Government.
DIN NIA-01-27	Die Norm stellt ein IT-Sicherheitsverfahren dar, um Normen für allgemeingültige Methoden und Techniken für die IT-Sicherheit bzw. die Sicherheit in der Informationstechnik zu erarbeiten. International wird die Aufgabe vom Normungskomitee ISO/IEC JTC 1/SC 27 – Information Technology-Security Techniques in Zusammenarbeit von ISO und IEC wahrgenommen. Entsprechend ISO/IEC JTC 1/SC 27 ist sowohl der Schutz von Information als auch der Schutz der Informations- und Kommunikationstechnik für die Arbeit nach DIN NIA-01-27 relevant. Hier finden sich allgemeingültige Methoden, Techniken und Orientierungshilfen zur IT-Sicherheit sowie technische Aspekte zum Schutz der Privatsphäre.

4.7.3.3 Datenschutz

Hinweis: Informationen finden sich lt. Rahmenplan auch in den Kapiteln:
2.2.2.3, 2.2.2.4, 2.2.2.5 und 2.6.4.4

01. Welche Bereiche umfasst der Datenschutz?

Der Datenschutz umfasst die Bestellung eines betrieblichen Datenschutzbeauftragten, die Datensicherheit und den materiell-rechtlichen Datenschutz.

02. Nennen Sie die gesetzliche Grundlage des Datenschutzes in Deutschland.

Die gesetzliche Grundlage des Datenschutzes bilden das Bundesdatenschutzgesetz (BDSG) und die Datenschutzgesetze der Länder.

Eine Sonderstellung besitzen die öffentlich-rechtlichen Religionsgemeinschaften, die weder unter das Bundesdatenschutzgesetz noch unter die Landesdatenschutzgesetze fallen. Die römisch-katholische Kirche hat zur Erfüllung des Datenschutzes die „Anordnung über den kirchlichen Datenschutz" erlassen und die Synode der Evangelischen Kirche in Deutschland das „Datenschutzgesetz der Evangelischen Kirche in Deutschland".

4.7 Kommunikation und Informationstechniken

03. Auf welcher Grundlage werden Datenschutzbeauftragte bestellt?

Öffentliche und nicht-öffentliche Stellen, die personenbezogene Daten automatisiert verarbeiten, haben nach § 4f Abs. 1 BDSG einen Datenschutzbeauftragten zu bestellen. § 2 BDSG definiert den Begriff der öffentlichen Stelle ungeachtet ihrer Rechtsform. Zu nicht-öffentlichen Stellen nach § 2 Abs. 4 Satz 1 zählen natürliche oder juristische Personen, Gesellschaften und andere Personenvereinigungen des privaten Rechts. Nehmen diese hoheitliche Aufgaben der öffentlichen Verwaltung wahr, sind sie insoweit als öffentliche Stellen im Sinne des BDSG anzusehen.

Öffentliche Stellen haben spätestens bei Beginn der Datenverarbeitung einen Datenschutzbeauftragten zu bestellen, auch wenn die personenbezogenen Daten nicht automatisiert verarbeitet werden.

Die nicht-öffentlichen Stellen müssen spätestens innerhalb eines Monats nach Beginn ihrer Tätigkeit einen Datenschutzbeauftragten bestellen, wenn nach § 4f Abs. 1 Satz 1 BDSG in der Regel höchstens neun Personen ständig mit der automatisierten Verarbeitung personenbezogener Daten beschäftigt sind oder wenn personenbezogene Daten auf andere Weise erhoben, verarbeitet oder genutzt werden und in der Regel mindestens 20 Personen beschäftigt sind.

Ist eine Vorabkontrolle gemäß § 4d Abs. 5 Satz 2 Nr. 1 BDSG erforderlich, wenn besondere Arten personenbezogener Daten im Sinne des § 3 Abs. 9 BDSG verarbeitet werden, wie im Krankenhausbereich die Patientendaten, muss ein Datenschutzbeauftragter unabhängig von der Zahl der mit der automatisierten Verarbeitung beschäftigten Personen bestellt werden.

04. Welchen Anforderungen muss ein Datenschutzbeauftragter genügen?

Datenschutzbeauftragte müssen nach § 4 f Abs. 2 BDSG die zur Erfüllung der Aufgaben erforderliche Fachkunde und Zuverlässigkeit besitzen. Die erforderliche Fachkunde umfasst das allgemeine datenschutzrechtliche Grundwissen. Dazu zählen die Kenntnis der betriebswirtschaftlichen Zusammenhänge und Grundkenntnisse über Verfahren und Techniken der automatisierten Datenverarbeitung.

Darüber hinaus muss der Datenschutzbeauftragte die Organisation und die Funktionen der Dienststelle kennen und sich einen Überblick über die Fachaufgaben verschaffen, zu deren Erfüllung personenbezogene Daten verarbeitet werden. Der Begriff der Zuverlässigkeit zielt auf die persönliche Integrität, die sich auf die charakterliche Zuverlässigkeit und auf die besonderen Anforderungen bezieht.

Grundsätzlich darf nach § 4f Abs. 2 Satz 2 BDSG auch ein externer Datenschutzbeauftragter berufen werden. Einerseits wird in der einschlägigen Literatur die Auffassung vertreten, dass externe Datenschutzbeauftragte im Krankenhaus keine Kenntnis von Patientendaten erhalten dürfen, die der ärztlichen Schweigepflicht unterliegen, sodass folglich externe Datenschutzbeauftragte ihrer Kontrollfunktion und Überwachungsfunktion nicht nachkommen können. Andersseits unterliegen nach § 4f Abs. 4 BDSG Datenschutzbeauftragte der Verschwiegenheitspflicht, sodass auch Nicht-Mediziner Kenntnisse von Patientendaten erhalten dürfen.

05. In welchen Fällen ist die Kündigung des Beschäftigungsverhältnisses eines Datenschutzbeauftragten zulässig?

Die Kündigung des Beschäftigungsverhältnisses mit einem Datenschutzbeauftragten ist nur zulässig, wenn wichtige Gründe vorliegen, die eine fristlose Kündigung nach sich ziehen. Bei Abberufung eines Datenschutzbeauftragten ist die Kündigung nach Ablauf eines Jahres ab Abberufung zulässig.

06. Welche Folgen hat eine nicht ordnungsgemäße Berufung eines Datenschutzbeauftragten?

Wird ein Datenschutzbeauftragter nicht bestellt, obwohl die notwendigen Voraussetzungen vorliegen, oder ist er nicht in der vorgeschriebenen Weise bzw. in der genannten Frist bestellt, erfüllt dies den Bußgeldtatbestand des § 43 Abs. 1 Nr. 2 BDSG. Verstöße können mit bis zu 50.000 € geahndet werden.

Dies gilt sowohl für öffentliche als auch für nicht-öffentliche Stellen, wenn der Verpflichtung nicht nachgekommen wird oder der Datenschutzbeauftragte nicht die notwendige Fachkunde bzw. Zuverlässigkeit besitzt.

Die Aufsichtsbehörde kann gemäß § 38 Abs. 5 Satz 3 BDSG die Abberufung verlangen, wenn der Datenschutzbeauftragte nicht die Fachkunde oder Zuverlässigkeit besitzt.

Die Verletzung der ärztlichen Schweigepflicht erfüllt zudem den Straftatbestand des § 203 StGB.

07. Welche Sicherheitsmaßnahmen zum Datenschutz werden im Bundesdatenschutzgesetz genannt?

Der Datenschutz durch technische und organisatorische Maßnahmen ist in § 9 BDSG geregelt. In der Anlage zu § 9 Satz 1 BDSG werden die wesentlichen Details genannt.

Zutrittskontrolle	Verwehrung des Zutritts von Unbefugten zu Datenverarbeitungsanlagen, mit denen personenbezogene Daten verarbeitet oder genutzt werden.
Zugangskontrolle	Verhinderung, dass Datenverarbeitungssysteme von Unbefugten genutzt werden können.
Zugriffskontrolle	Gewährleistung, dass die zur Benutzung eines Datenverarbeitungssystems Berechtigten ausschließlich auf die ihrer Zugriffsberechtigung unterliegenden Daten zugreifen können und dass personenbezogene Daten bei der Verarbeitung, Nutzung und nach der Speicherung nicht unbefugt gelesen, kopiert, verändert oder entfernt werden können.
Weitergabekontrolle	Gewährleistung, dass personenbezogene Daten bei der elektronischen Übertragung oder während ihres Transports oder ihrer Speicherung auf Datenträger nicht unbefugt gelesen, kopiert, verändert oder entfernt werden können, und dass überprüft und festgestellt werden kann, an welche Stellen eine Übermittlung personenbezogener Daten durch Einrichtungen zur Datenübertragung vorgesehen ist.

4.7 Kommunikation und Informationstechniken

Eingabekontrolle	Gewährleistung, dass nachträglich überprüft und festgestellt werden kann, ob und von wem personenbezogene Daten in Datenverarbeitungssysteme eingegeben, verändert oder entfernt worden sind.
Auftragskontrolle	Gewährleistung, dass personenbezogene Daten, die im Auftrag verarbeitet werden, nur entsprechend den Weisungen des Auftraggebers verarbeitet werden können.
Verfügbarkeitskontrolle	Gewährleistung, dass personenbezogene Daten gegen zufällige Zerstörung oder Verlust geschützt sind.
Trennung von zu unterschiedlichen Zwecken erhobenen Daten	Gewährleistung, dass zu unterschiedlichen Zwecken erhobene Daten getrennt verarbeitet werden können.

08. Welche Folgen drohen, wenn die Sicherheitsmaßnahmen zum Datenschutz nicht ergriffen werden?

Sollten die nach dem BDSG erforderlichen Maßnahmen nicht ergriffen werden, droht nach § 43 Abs. Abs. 3 BDSG ein Bußgeld bis zu 50.000 € Die Aufsichtsbehörde hat nach § 38 Abs. 5 BDSG das Recht, die im Rahmen des § 9 BDSG genannten Anforderungen anzuordnen und Maßnahmen zur Beseitigung etwaiger technischer oder organisatorischer Mängel zu treffen.

09. Welche Kategorien personenbezogener Daten gibt es im Krankenhaus?

In Krankenhäusern werden drei Kategorien personenbezogener Daten erhoben, verarbeitet und genutzt.

- Patientendaten
- Mitarbeiterdaten bzw. Personaldaten und
- Daten von Dritten wie beispielsweise von Besuchern

Bei Patientendaten werden allgemeine personenbezogene Daten und Gesundheitsdaten unterschieden.

10. Was sind personenbezogene Daten?

Personenbezogene Daten sind nach § 3 Abs. 1 BDSG Einzelangaben über persönliche oder sachliche Verhältnisse einer bestimmten oder bestimmbaren natürlichen Person (Betroffener).

Alle Informationen über persönliche und sachliche Verhältnisse zählen zu den Daten zur Person des Betroffenen. Dazu gehören auch personenbezogene Sachverhalte wie Tonaufzeichnungen, biometrische Daten, Stimmprofile und genetische Fingerabdrücke. Dies ist insbesondere für Krankenhäuser relevant, weil Röntgenbilder angefertigt und Blutbilder erstellt werden sowie ärztliche und pflegerische Dokumentationen erfolgen.

Finanzielle, berufliche, wirtschaftliche und gesundheitliche Daten von Betroffenen zählen ebenfalls zu den personenbezogenen Daten.

11. Welche personenbezogenen Patientendaten dürfen Krankenhäuser erheben?

Die Erhebung personenbezogener Patientendaten ist zweckgebunden. Daten dürfen gemäß § 28 BDSG nur erhoben, verarbeitet und genutzt werden, soweit dies für die Begründung, Durchführung oder Beendigung eines rechtsgeschäftlichen Schuldverhältnisses mit dem Betroffenen erforderlich ist.

Daten dürfen auch zur Wahrung berechtigter Interessen des Krankenhauses erhoben werden, sofern dies erforderlich ist und annahmegemäß das schutzwürdige Interesse des Betroffenen an dem Ausschluss der Verarbeitung oder Nutzung der Daten nicht überwiegt.

Öffentliche Krankenhäuser dürfen nach § 13 Abs. 1 BDSG personenbezogene Daten erheben, wenn dies zur Aufgabenerfüllung notwendig ist. Die Zweckbindung umfasst auch die Erhebung von Daten sonstiger natürlicher Personen, die beispielsweise ein Krankenhaus als Besucher aufsuchen. Gesundheitsdaten von Patienten gehören zu den besonderen personenbezogenen Daten nach § 3 Abs. 9 BDSG.

12. Welche Mitarbeiter- bzw. Personaldaten dürfen Krankenhäuser erheben?

Die personenbezogenen Daten von Mitarbeitern dürfen nach § 32 Abs. 1 BDSG nur zum Zwecke des Beschäftigungsverhältnisses erhoben, verarbeitet oder genutzt werden, soweit dies für die Begründung oder Beendigung eines Beschäftigungsverhältnisses notwendig ist.

13. Welche Daten zählen zu den besonderen personenbezogenen Daten?

Zu den besonderen personenbezogenen Daten gehören insbesondere sensible Gesundheits- und Patientendaten, deren Erhebung, Verarbeitung und Nutzung in Krankenhäusern eine besondere Bedeutung hat.

Hierbei spielen vier Regelungsbereiche eine Rolle:
- Externe Abrechnung ärztlicher Leistungen
- Zweckgebundene Verarbeitung zur Gesundheitsversorgung
- Reichweite der ärztlichen Schweigepflicht
- Auftragsdatenverarbeitung

14. Beschreiben Sie die vier Regelungsbereiche besonderer personenbezogener Daten.

Externe Abrechnung ärztlicher Leistungen
Sollten Krankenhäuser Patientendaten zum Zwecke der Abrechnung an privatärztliche Abrechnungsstellen übermitteln, müssen die Betroffenen ihre Einwilligung erteilen. Gemäß § 4a Abs. 3 BDSG muss die Einwilligung ausdrücklich darauf hinweisen, dass sie sich auf die besonderen personenbezogenen Daten des § 3 Abs. 9 BDSG bezieht. Die Weitergabe von Patientendaten, die der ärztlichen Schweigepflicht unterliegen, ist nach der Rechtsprechung des BGH unzulässig, wenn die Betroffenen nicht ausdrücklich eingewilligt haben.

4.7 Kommunikation und Informationstechniken

Zweckgebundene Verarbeitung zur Gesundheitsversorgung

Das Erheben und Nutzen von besonders sensiblen personenbezogenen Patientendaten gemäß § 3 Abs. 9 BDSG ist nur zulässig, wenn die Erhebung zum Zwecke der Gesundheitsvorsorge, der medizinischen Diagnostik, der Gesundheitsversorgung und Behandlung notwendig ist. Die Verarbeitung der Patientendaten darf nur durch Personal erfolgen, das einer Geheimhaltungspflicht unterliegt. Für öffentliche Krankenhäuser gilt die Maßgabe des § 13 Abs. 2 Nr. 7 BDSG.

Reichweite der ärztlichen Schweigepflicht

Nach § 39 BDSG dürfen personenbezogene Daten, die von der zur Verschwiegenheit verpflichteten Stelle in Ausübung ihrer Berufs- oder Amtspflicht zur Verfügung gestellt worden sind, nur für den Zweck verarbeitet und genutzt werden, für den sie sie erhalten hat. Dabei hat die zur Verschwiegenheit verpflichtete Stelle einer Übermittlung an eine nicht-öffentliche Stelle einzuwilligen.

In der Regel sind die Krankenhäuser die verantwortliche Stelle im Sinne des § 3 Abs. 7 BDSG, die personenbezogene Daten für sich erheben, verarbeiten oder nutzen bzw. diese durch andere im Auftrag vornehmen lässt. Für andere Zwecke dürfen die personenbezogenen Daten nur verarbeitet oder genutzt werden, wenn die Änderung des Zwecks durch ein besonderes Gesetz zugelassen ist.

Dieser Zweckbindung unterliegen nicht nur Ärzte, sondern auch Betriebs- und Personalräte. Das Erheben, Verarbeiten und Nutzen von personenbezogenen Daten nach § 28 Abs. 7 Satz 2 BDSG durch Personen, die keiner Schweigepflicht im Sinne des § 203 Abs. 1 und 3 StGB unterliegen, ist nur zulässig, wenn ein Arzt hierzu befugt wäre.

Die Übermittlung sensibler personenbezogener Daten an Verrechnungsstellen, Inkassounternehmen oder Dienstleister zur Archivierung von Patientenakten ist auf der Grundlage des § 28 Abs. 7 BDSG unzulässig. Verstöße können nach § 43 BDSG mit Bußgeldern Abs. 3 BDSG bis zu 300.000 € belegt werden.

Auftragsdatenverarbeitung

In § 11 BDSG ist das Erheben, Verarbeiten und Nutzen von personenbezogenen Daten im Auftrag geregelt (Outsourcing). Dabei ist der Auftraggeber für die Einhaltung der Vorschriften verantwortlich. Personenbezogene Gesundheitsdaten unterliegen demnach sowohl der ärztlichen Schweigepflicht und den Bestimmungen des Bundesdatenschutzgesetzes als auch den strafrechtlichen Vorschriften des § 203 StGB.

Die Abrechnung ärztlicher Leistungen durch privatärztliche Abrechnungsstellen ist ohne Einwilligung des Patienten unzulässig, ebenso die Vergabe von Schreibarbeiten oder Archivierung von Patientenakten an externe Dienstleister. Die Rechtsprechung des BGH verneint die Zulässigkeit einer stillschweigenden Einwilligung zur Übermittlung von Patientendaten und Befunde an externe Stellen durch den Abschluss von Behandlungsverträgen.

Die Patienten müssen eine zutreffende Vorstellung von der Bedeutung und Tragweite einer Einwilligung haben, die eine Übermittlung nach sich zieht. Insbesondere der Anlass und die Zielsetzung einer Schweigepflichtentbindung müssen zweifelsfrei geklärt sein und die Patienten über die Art und den Umfang der Übermittlung unterrichtet werden.

Die Unterrichtung erfordert detaillierte und präzise Erläuterungen, wenn die Abrechnung, die elektronische Archivierung von Patientendaten einschließlich Befunden und Röntgenbildern davon betroffen sind.

15. Was wird unter dem Begriff Lizenzmanagement verstanden?

Das Lizenzmanagement umfasst technische und rechtliche Regelungen, die überprüfen, welche Software in den Kliniken genutzt wird und ob die zur Nutzung notwendigen Lizenzen oder Nutzungsrechte vom jeweiligen Softwarerechteinhaber vorliegen.

16. Welche Gefahren drohen, wenn keine Lizenzen vorliegen?

Nach § 97 UrhG können Unterlassungs-, Auskunfts- und Schadensersatzansprüche geltend gemacht und ein Strafverfahren eingeleitet werden.

Eine Unterlizenzierung liegt vor, wenn für die im Gesundheitsunternehmen eingesetzte Software nicht genügend Lizenzen vorhanden oder die Lizenzen abgelaufen sind. Die Unterlizenzierung ist nach § 106 UrhG strafbar.

4.7.4 Darstellung der Einrichtung und Leistung im Internet

01. Welche Anforderungen haben Kliniken zu erfüllen, wenn sie sich im Internet präsentieren?

Die Krankenhäuser haben den Anforderungen und Informationspflichten des § 5 TMG zu genügen.

02. Welche Informationen haben die Krankenhäuser bei einer Präsentation gemäß § 5 TMG bereitzustellen?

Die Krankenhäuser haben die Informationen leicht erkennbar, unmittelbar erreichbar und ständig verfügbar zu halten.

Zu den Informationen, die bereitgestellt werden müssen, zählen nach § 5 Abs. 1 Nr. 1 TMG der Name und die Anschrift unter dem die Einrichtung niedergelassen ist und bei juristischen Personen zusätzlich die Rechtsform, den Vertretungsberechtigten, und sofern Angaben über das Gesellschaftskapital gemacht werden, die Höhe des Stamm- oder Grundkapitals. Hinzu kommen Angaben, die eine schnelle Kontaktaufnahme und unmittelbare Kommunikation ermöglichen. Dies schließt die Angabe gemäß § 5 Abs. 1 Nr. 2 TMG der E-Mail-Adresse ein.

Sollte eine behördliche Zulassung erforderlich sein, müssen nach § 5 Abs. 1 Nr. 3 TMG Angaben zur Aufsichtsbehörde erfolgen sowie gemäß § 5 Abs. 1 Nr. 4 TMG die Registernummer, unter der das Unternehmen im Handelsregister, Vereinsregister, Partnerschaftsregister oder Genossenschaftsregister eingetragen ist. Bei einer privaten Gesellschaft ist zusätzlich die Umsatzsteueridentifikationsnummer nach § 139 AO anzugeben.

Letztlich muss gemäß § 5 Abs. 1 Nr. 5 TMG die Kammer, der die leitenden Ärzte eines Klinikums angehören, angegeben werden sowie die gesetzliche Berufsbezeichnung und die Bezeichnung der berufsrechtlichen Regelungen.

4.7 Kommunikation und Informationstechniken　　　　　　　　　　　　　　　　637

03. Inwieweit kann ein Klinikum bei der Bereitstellung von Internetanschlüssen in die Haftung genommen werden?

Sollten Patienten und Mitarbeitern die Möglichkeiten der Nutzung des Internets eingeräumt werden, kann das Klinikum bei rechtswidrigem Surfverhalten in die Haftung genommen werden. Dies gilt insbesondere für die Verletzung von Urheber-, Marken- und anderen Schutzrechten.

Schutzrechtsverletzungen können sich aus rechtswidrig erworbenen urheberrechtlich geschützten Materialien ergeben wie beispielsweise Musik, Filme, Computerprogramme oder Computerspiele in rechtswidrigen Filesharing-Systemen.

Die Störerhaftung bedeutet, dass Kliniken, ohne Täter oder Teilnehmer zu sein, vom jeweiligen Rechtsinhaber auf Unterlassung einer Schutzrechtsverletzung verklagt werden können. Ein Schadensersatzanspruch setzt voraus, dass die Verantwortlichen des Klinikums gemäß § 97 Abs. 2 UrhG und § 14 Abs. 6 MarkenG vorsätzlich oder fahrlässig gehandelt haben.

04. Welche Nutzen können Krankenhäuser mit einer Präsentation im Internet erreichen?

Auf einer Homepage können die Einrichtung, die medizinische Leistungsfähigkeit und die Kontaktmöglichkeiten vorgestellt werden. Häufig informieren sich Patienten, Angehörige und Einweiser über die Angebote der Kliniken zunächst im Internet. Diese Informationssuche geht über die Telefonnummern und den Anfahrtsweg bis zum Leistungsspektrum der Klinik.

Beispielsweise können der Qualitätsbericht nach § 137 SGB V oder der Kompetenzreport im Internet veröffentlicht werden, um der Öffentlichkeit, den Patienten und Einweisern Daten zur Verfügung zu stellen. Daher sollte bei der Erstellung von Qualitätsberichten und Kompetenzreporten auch Wert auf die Gestaltung der Berichte Wert gelegt werden. Weitere Informationen und Krankenhausnachrichten können die Darstellung im Internet abrunden.

Patienten nutzen häufig einschlägige Informationsportale oder Blogs, um sich über die Leistungen der Kliniken und die Zufriedenheit der Patienten zu informieren und auszutauschen. Daher können negative Bewertungen einen erheblichen Einfluss auf die Bereitschaft potenzieller Patienten nehmen, sich in eine Klinik einweisen zu lassen. Zwar können die Patientenforen nur wenig in Form von Gegendarstellungen beeinflusst werden, aber Kliniken können über das Internet die Kommunikation mit den relevanten Zielgruppen aufnehmen.

05. Wie sollte eine Homepage gestaltet werden?

Die Gestaltung einer Homepage folgt wichtigen inhaltlichen und gestalterischen Anforderungen:

- Übersichtlicher Aufbau, Corporate Design, einfache Navigation, kurze Browserladezeiten und Aktualität der Informationen.
- Allgemeine Informationen zur Geschichte und Vision der Einrichtung, aktuellen Veranstaltungen, Kontaktdaten, Anfahrtsdaten, Anbindung der öffentlichen Verkehrsmittel und Parkmöglichkeiten, Namen und Telefonnummern der Ansprechpartner.
- Informationen über einen Krankenhausaufenthalt sowie für Besucher und Angehörige. Checklisten und Hinweise für Patienten bei einer Krankenhausaufnahme, Besuchsregelungen und Informationen zu den Wahlleistungen.
- Medizinische und pflegerische Informationen der Fachabteilungen, Behandlungen, Therapien und Heilverfahren, Forschungsergebnisse, Fachbeiträge und Veröffentlichungen von Mitarbeitern.
- Downloadbereich für wichtige Informationen, Dokumente und Broschüren
- Zusätzliche Informationen für Einweiser, Studenten, Mitarbeiter, Bewerber und die Öffentlichkeit.

06. Was bedeutet Suchmaschinenoptimierung?

Eine Homepage kann sich nur optimal präsentieren, wenn sichergestellt ist, dass die potenziellen Nutzer den Auftritt auch finden. Daher ist ein vorderer Platz in den diversen Suchmaschinen wichtig.

Eine Suchmaschinenoptimierung funktioniert auf Basis der inhaltlichen Texte. Daher muss geprüft werden, ob die Texte die richtigen Wortkombinationen enthalten, um von den Suchmaschinen gefunden zu werden. Externe Dienstleister leisten Unterstützung. Die Optimierung sollte permanent erfolgen.

4.8 Projektmanagement

4.8.1 Projekt und Projektmanagement

4.8.1.1 Definition

01. Was ist ein Projekt?

Das Deutsche Institut für Normung (DIN) hat den Projektbegriff und das Projektmanagement in DIN 69 901 definiert. Nach dieser Definition zeichnen sich Projekte durch die folgenden Merkmale aus:

Zielvorgabe	Projekte werden durch bestimmte spezifische und hinreichend definierte Zielvorgaben bei Beginn der Projektplanung festgelegt.
Finanzielle Begrenzung	Projekte haben ein festgelegtes Projektbudget, dessen Einhaltung durch eine projektbegleitende Kostenkalkulation überwacht wird.

4.8 Projektmanagement

Personelle Begrenzung	Projekte zeichnen sich durch ein fachübergreifendes, interdisziplinäres Team mit zugeordneten Einzelaufgaben aus.
Projektspezifische Organisation	Projekte sind durch verschiedene Ebenen der Projektorganisation gekennzeichnet. Dies betrifft Projektaufbau, Projektablauf und Projektsteuerung.
Einmaligkeit	Projekte umfassen neuartige Aufgaben und sind durch einen einmaligen Ablauf gekennzeichnet.

02. Nennen Sie jeweils vier Beispiele für Vorhaben, die als Projekt definiert sind und solche, die nicht als Projekt definiert werden.

Die folgenden Vorhaben werden als Projekte definiert:

- Einsatz einer neuen Patientenabrechnungssoftware
- Einführung eines neuen Betriebskonzepts in der Psychiatrie
- Einrichtung eines neuen Patientenwartebereichs im Zentralklinikum

Die folgenden Vorhaben werden nicht als Projekte definiert:

- Einführung eines Vertragsmanagements im Einkauf
- Verkauf von Bäckereiprodukten im klinikeigenen Coffee-Shop
- Verkauf von Zeitungen im Klinikkiosk
- Einkauf von Medikamenten bei einem Pharmazulieferer.

03. Was ist Projektmanagement?

Projektmanagement umfasst die systematische Vorgehensweise zur Koordination der Prozesse innerhalb eines Projekts.

4.8.1.2 Begründung für den Einsatz von Projektmanagement

01. Was bedeutet Projektmanagement?

Das Managen eines Projektes bedeutet, die komplexe Aufgabe der Projektabwicklung unter Berücksichtigung der Projektbedingungen systematisch zu koordinieren und das Projekt zu steuern.

02. Nennen Sie die Hauptaufgaben des Projektmanagements.

Planung

- Situationsanalyse und Zielfestsetzung
- Aufbau einer Projektorganisation

Organisation

- Ressourcen- und Kostenplanung
- Erstellung eines Strukturplans und Ablaufplanung

Steuerung

- Führen und Zusammenarbeiten
- Controlling

03. Worin unterscheiden sich Projektmanagement und Projektarbeit?

Projektmanagement

- Organisatorische Abwicklung der Lösungsprozesse
- Planung, Steuerung und Koordination der Ressourcen

Projektarbeit

- Fachliche und technische Aufgabenbearbeitung (Problemlösung)
- Problemabgrenzung, Entwerfen von Alternativlösungen sowie deren Bewertung und Auswahl bis zur inhaltlichen Konkretisierung.

04. Beschreiben Sie den Projektmanagement-Zyklus.

- Planung: Anpassung und Aktualisierung der bei Projektbeginn aufgestellten Teilpläne während der gesamten Projektlaufzeit.
- Organisation: Erstellung einer Aufbauorganisation und Ablaufplanung
- Steuerung: Controlling sämtlicher Rahmenbedingungen wie Zeit, Kosten und Qualität

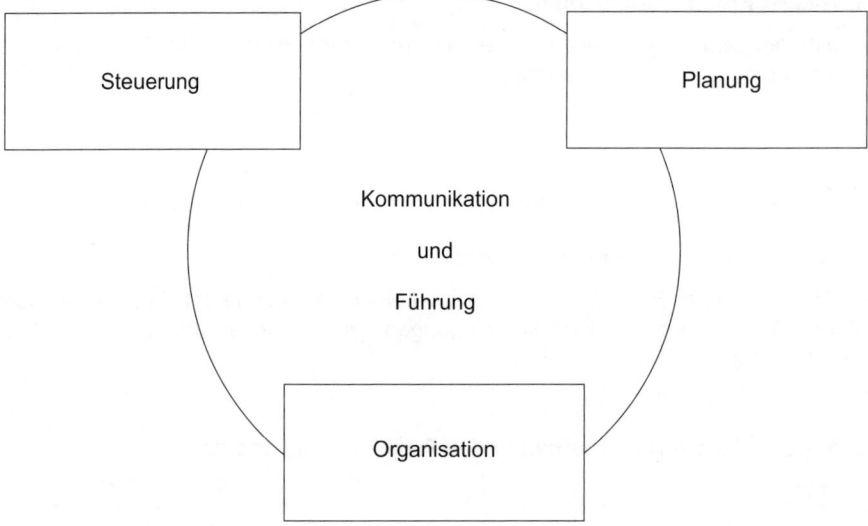

Projektmanagement-Zyklus

4.8.1.3 Erfolgsfaktoren des Projektmanagements

01. Definieren Sie den Begriff Projekterfolg.

Ein Projekterfolg liegt vor, wenn die vom Auftraggeber gewünschten Ziele mit den vorgesehenen Mitteln innerhalb der vorgegebenen Zeit in der erforderlichen Qualität erreicht werden.

02. Unterscheiden Sie harte und weiche Erfolgskriterien.

Harte Kriterien	Qualität Zeit Kosten	Die Qualität bestimmt das Projektergebnis, das zu erreichen ist und den Projektzielen entsprechen muss.
		Die Zeit wird durch die festgesetzten Anfangs- und Endtermine bestimmt. Projekterfolg liegt vor, wenn alle Termine eingehalten wurden.
		Personal- und Sachkosten bestimmen das finanzielle Budget. Der Input wird im Vorfeld eines Projekts festgelegt und sollte nicht überschritten werden.
Weiche Kriterien	Zufriedenheit der Projektbeteiligten Wirtschaftlichkeit der Lösungen	

03. Skizzieren Sie das magische Dreieck des Projektmanagements.

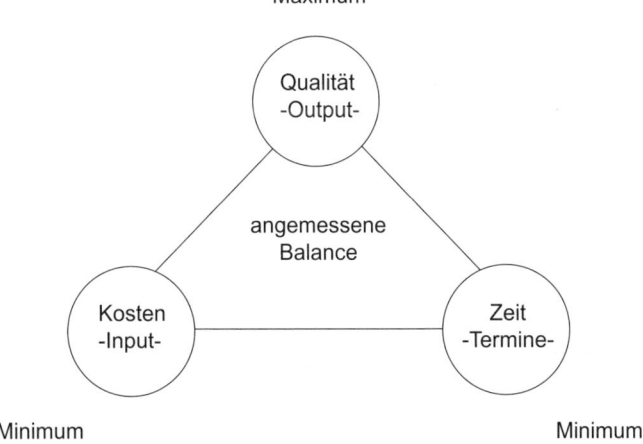

Magisches Dreieck des Projektmanagements

4.8.1.4 Rahmenbedingungen

01. Unterscheiden Sie interne und externe Projekte.

Externe Projekte sehen einen Kundenauftrag vor, der eine Leistung für einen externen Auftraggeber beinhaltet. Interne Projekte sind unternehmensweite Vorhaben. Dabei erfolgen im Gegensatz zu externen Projekten der Projektanstoß und die Zielformulierung betriebsintern.

02. Nennen Sie Einteilungskriterien für Projekte.

Inhalt	• Investitionsprojekte • F&E-Projekte • IT-Projekte	• Bau einer neuen Kinderklinik • Entwicklung eines neuen Kernspintomographen • Neue Homepage
Grad der Einmaligkeit	• Pionierprojekte • Potenzialprojekte	• Studienprogramm zum Einsatz eines innovativen Behandlungskonzeptes • Neubau von OP-Sälen
Auftraggeber	• Interne Projekte • Externe Projekte	• Reorganisationsprojekte • Interims-Management zur Reorganisation einer externen Klinik
Reichweite	• Internationale Projekte • Nationale Projekte • Konzernprojekte	• Neubau einer Kinderklinik in Nigeria • Einführung eines Mitarbeiterraumes mit Schlüsselfunktion • Mitarbeiterbefragung zur Messung der Zuriedenheit
Branche	• Dienstleistungsunternehmen • Industrie • Institutionen	• Schulungsprogramme • Entwicklung neuer Medikamente • Prüfungen der Ärztekammer

4.8.2 Projektorganisation

4.8.2.1 Ablauforganisation

01. Nennen Sie die verschiedenen Projektphasen.
- Definitionsphase
- Planungsphase
- Durchführungsphase
- Abschlussphase

4.8 Projektmanagement

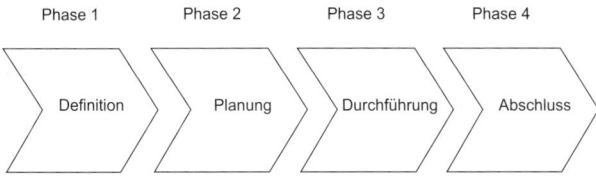

Projektphasen bei internen und externen Projekten

Die Entscheidung eines Auftraggebers ein Projekt durchzuführen, gehört nicht zu den Projektphasen.

02. Beschreiben Sie die vier Projektphasen.

Definitionsphase	In dieser Phase wird das Projekt vorbereitet. Es existieren noch keine klaren Projektvorstellungen, sodass es erforderlich ist, das Projekt konkret zu definieren.
Planungsphase	In dieser Phase werden Ziele definiert und Teilpläne zur Zielerreichung erstellt.
Durchführungsphase	Umsetzung der Projektplanung. Es erfolgt sowohl die Steuerung des Projektteams als auch der inhaltlichen, finanziellen und zeitlichen Rahmenbedingungen.
Abschlussphase	Testphase, Präsentation und Abnahme, Abschlussbericht, Teamauflösung.

4.8.2.2 Aufbauorganisation

01. Aus welchen Gründen ist eine Projektrahmenorganisation notwendig?

Die Projektrahmenorganisation dient der Integration der Projektarbeit. Dies ist auf unterschiedlichen Wegen möglich. Ein Projekt kann eine eigene Projektorganisation erfordern oder zwischen den verschiedenen Fachabteilungen aufgeteilt werden. Manche Unternehmen verzichten auf eine eigene Struktur für die Projektrahmenorganisation.

02. Welche grundlegenden Projektorganisationen sind möglich?

Für die Dauer eines Projektes kann eine eigene Projektorganisation aufgebaut werden oder das Projekt wird in der bestehenden Linienorganisation abgewickelt.

03. Worin liegt der Unterschied zwischen der Projektorganisation und der Linienorganisation.

	Projektorganisation	Linienorganisation
Zeitlich	temporär	permanent
Orientierung	Projektziel	wiederkehrende Aufgaben
Mitarbeiter	interdisziplinäres Team	je nach Organisationseinheit Spezialisten einer Fachrichtung

04. Welche Rahmenorganisationsformen für die Abwicklung von Projekten gibt es?

- Reine Projektorganisation
- Stablinienprojektorganisation
- Matrix-Projektorganisation

05. Definieren Sie die drei Projektrahmenorganisationsformen und nennen Sie Vorteile, Nachteile und die Einsatzmöglichkeiten.

Projektart	Reine Projektorganisation
Definition	Diese Projektorganisation wird parallel zur Aufbauorganisation gebildet. Die Projektmitglieder werden aus Fachabteilungen versetzt oder Experten rekrutiert und einem Projektleiter unterstellt. Die Projektmitglieder bilden eine neue, zeitlich begrenzte Organisationseinheit.
Vorteile	Die straffe Arbeitsform ermöglicht dem Projektleiter eine schnelle Reaktion auf Störungen im Projekt. Hohe Mitarbeiteridentifikation mit dem Projekt.
Nachteile	Nach Auflösung des Projektteams müssen neue Einsatzmöglichkeiten für die Mitarbeiter gefunden werden. Dies wird umso problematischer je länger ein zeitlich begrenztes Projekt dauert. Sachmittel und Mitarbeiter können einen hohen Kostendruck verursachen. Das Herauslösen von Experten kann zu Problemen in den Abteilungen führen.
Einsatz	Einsatz bei überwiegend größeren Projekten, die eine eindeutige Zuweisung von Verantwortlichkeiten erfordern.

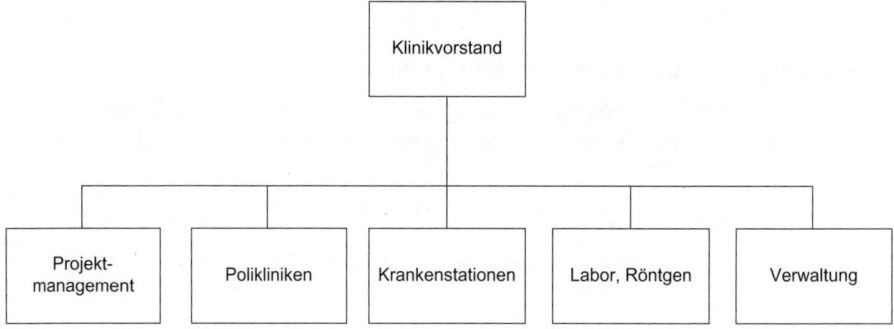

Reine Projektorganisation

4.8 Projektmanagement

Projektart	Stablinienprojektorganisation
Definition	Projektmitglieder verbleiben in den Fachabteilungen. Der Projektleiter hat beratende oder vorbereitende Funktion und keine Entscheidungs- oder Weisungsbefugnis. Sie bleibt den Fachabteilungsleitern vorbehalten. Der Projektleiter plant als Projektkoordinator den Projektverlauf in fachlicher, terminlicher und kostenmäßiger Hinsicht und empfiehlt Maßnahmen, über die die Fachbereichsleiter entscheiden.
Vorteile	Geringe organisatorische Veränderungen im Unternehmen. Mitarbeiter werden lediglich für den Projekteinsatz abgestellt und verbleiben in den Fachabteilungen, sodass eine hohe Flexibilität des Mitarbeitereinsatzes gewährleistet ist. Entscheidungs- und Weisungsbefugnisse verbleiben bei den Fachbereichsleitern.
Nachteile	Der Projektleiter hat lediglich eine Koordinationsfunktion ohne Entscheidungs- und Weisungsbefugnisse reduziert, sodass ein straffes Projektmanagement schlecht möglich ist. Hinzu kommt, dass der Projektleiter die Projektmitarbeiter permanent motivieren muss, da die Gefahr besteht, dass sich niemand für die Projektziele verantwortlich fühlt.
Einsatz	Eignung für kleinere Projekte, die ein externer Projektleiter steuert.

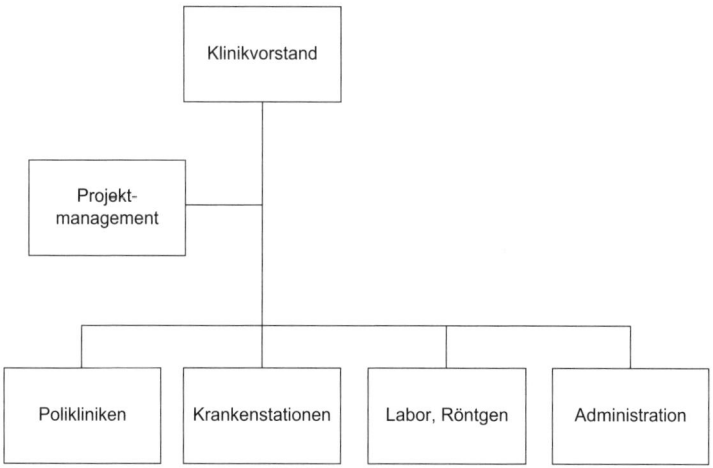

Stablinienprojektorganisation

Projektart	Matrix-Projektorganisation
Definition	Mischung aus reiner Projektorganisation und Stablinienprojektorganisation, in der die Linienorganisation um eine zusätzliche Instanz ergänzt wird. Der Projektleiter hat Entscheidungs- und Weisungsbefugnisse. Die Projektmitglieder verbleiben zwar in den Fachabteilungen, aber die Weisungsbefugnisse werden hinsichtlich der Projektziele aufgeteilt, sodass Projektleiter und Fachbereichsleiter sich abstimmen müssen.
Vorteile	Der Projektleiter gibt die Arbeitsschritte und die Zeitplanung vor, sodass die übrigen Stellen reagieren müssen. Flexibler Personaleinsatz.
Nachteile	Die gleichzeitige Unterstellung der Projektmitglieder zwischen Projektleiter und Fachbereichsleiter birgt ein Konfliktpotenzial in sich, da es zu Interessenskonflikten kommen kann.

Einsatz	Einsatz sowohl bei kleineren als auch bei größeren Projekten. Mögliche Interessenskonflikte erfordern eine übergreifende Personaleinsatzplanung im Unternehmen.

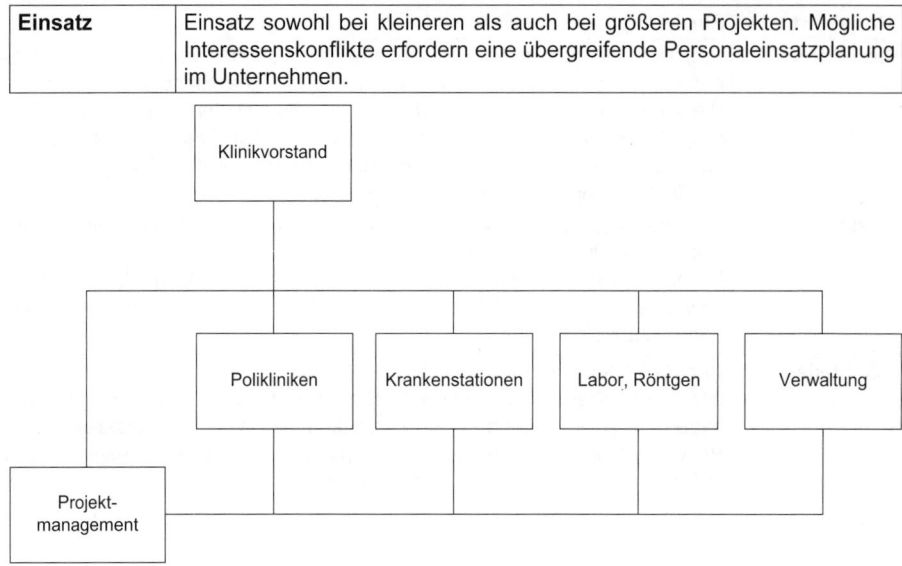

Matrix-Projektorganisation

06. Erläutern Sie die Aufgaben der verschiedenen Projektinstanzen.

Auftraggeber	Erteilung des konkreten Projektauftrages durch einen internen oder externen Auftraggeber.
Projektleiter	Verantwortung für Projektorganisation und das Erreichen der Projektziele. Der Projektleiter entscheidet über die Auswahl der Projektmitglieder und die Budgetverteilung. Die Projektleitung erfordert ein hohes Maß an fachlicher, methodischer und sozialer Kompetenz sowie Teamfähigkeit und Konfliktbereitschaft.
Projektteam	Die Auswahl der Projektmitglieder übernimmt der Projektleiter in Abstimmung mit den Fachbereichsleitern. Die erfolgreiche Teamarbeit ist Voraussetzung für das Gelingen des Projekts. Ein Team sollte sich ergänzen und die Mitarbeiter müssen zueinander passen.
Projektmanagementstab Lenkungsausschuss	Diese Entscheidungsgremien bei Großprojekten dienen der Projektleitung, Koordination und Kontrolle von mehreren Projekten sowie als Verbindungs- bzw. Schlichtungsgremium. Sie setzen sich z. B. aus Mitgliedern der Geschäftsleitung, Projektmanager und Projektleiter zusammen.

07. Wozu dient die Projektakte?

Die Projektakte wird bei Projektbeginn angelegt und dient der Dokumentation. Hier werden Pläne, Berichte, Protokolle und alle weiteren Dokumente abgelegt. Das Ziel der Projektdokumentation ist ein nachvollziehbarer Projektverlauf bis zur Erreichung des Projektziels.

4.8 Projektmanagement

08. Nennen Sie Beispiele für Inhalte einer Projektakte.

- Projektzielblatt
- Kostenplan
- Qualitätsplan
- Präsentationsmappen
- Problembeschreibungen
- Statusberichte
- Ressourcenplanung
- Sitzungsprotokolle
- Pflichtenheft
- Lastenheft
- Ablauf- und Terminplan
- Abschlussbericht
- Projektstrukturplan

4.8.3 Phasen und Methoden des Projektmanagements

Hinweis: Das Thema findet sich lt. Rahmenplan auch in Kapitel 4.2.1

4.8.3.1 Definitionsphase

01. Erläutern Sie die Aufgaben in der Definitionsphase vor dem Projektstart.

Problemanalyse	Vor Projektstart ist die Problembeschreibung notwendig. Wenn Ist-Zustand und Soll-Zustand erfasst worden sind, wird das Ziel definiert. Die Ursachenanalyse untersucht das Problem, sodass Lösungen generiert werden können.
Entscheidung zur Projektdurchführung	Der Auftraggeber des Projekts erteilt die Freigabe zur Projektdurchführung oder das Projekt wird abgelehnt.
Präzisierung der Projektziele	Projektziele werden nach den Zielkomponenten Sachziel, Terminziel und Kostenziel konkretisiert. Sachziele beziehen sich auf die inhaltlich zu erreichenden Projektergebnisse und Termin- und Kostenziele auf die Rahmenbedingungen. Hieraus lässt sich eine Zielhierarchie bilden, aus denen sich Grobziele, Unterziele und operationale Ziele ableiten. Unterziele und operationale Ziele werden auch Zwischen- oder Teilziele genannt. Bedeutende Teilziele werden als Meilensteine bezeichnet und mit der Terminplanung verknüpft. Generell sollten Zielformulierungen eindeutig, erreichbar, prüfbar und lösungsneutral sein. Im Projektzielblatt werden alle Ziele schriftlich niedergelegt.

Projektauftrag	Im Projektauftrag wird definiert, warum das Projekt durchgeführt wird und welches die spezifischen qualitativen bzw. quantitativen Projektziele sind. Hinzu kommen die Angaben zur personellen Aufteilung und zur Budgethöhe. Das Lastenheft (DIN 69905) dient der Zusammenstellung der Anforderungen des Auftraggebers hinsichtlich der Ziele und des Liefer- und Leistungsumfangs. Im Pflichtenheft (DIN 69905) sind die vom Auftragnehmer erarbeiteten Realisierungsvorhaben dokumentiert.
Projektorganisation	Ist der Projektauftrag erteilt, erfolgt die Entscheidung über die Projektrahmenorganisation. Dies kann eine Projektorganisation, eine Stablinienprojektorganisation oder eine Matrix-Projektorganisation sein.
Kick-Off-Meeting	Die Startveranstaltung dient der Bekanntgabe des Projektauftrags, der Ziele, Inhalte, Termine und deren Rahmenbedingungen. Das Projektteam kann sich erstmalig kennenlernen und motivieren. Hinzu kommen die Aufgaben- und Rollenverteilung im Projekt und die Klärung der weiteren Vorgehensweise. Die Vereinbarung von Spielregeln im Projektteam klärt die Kommunikationsformen im Team und mit Außenstehenden, die Organisation und Verhaltensweisen während der Projektsitzungen.

03. Erläutern Sie die Analysetechniken, die bei der Projektplanung eingesetzt werden können.

Interviews	Interviews dienen der Konkretisierung von Problemen. Sie müssen gut vorbereitet und inhaltlich strukturiert sein, um auswertbare Informationen zu erhalten.
Fragebögen	Fragebögen werden vorformuliert und zu Themenkomplexen geordnet. Antwortmöglichkeiten sind in der Regel vorgegeben, z. B. gut – mittel – schlecht. Der Aufwand zur Erstellung eines Fragebogens darf nicht unterschätzt werden. Begleitschreiben erläutern Aufgabe und Handhabung des Fragebogens. Erinnerungsschreiben dienen dazu, eine hohe Rücklaufquote zu erhalten.
Ursachen-Wirkungs-Diagramme	Das Ursachen-Wirkungsdiagramm oder auch Fischgrät- oder Tannenbaum-Diagramm wird zumeist für die Problemanalyse eingesetzt, die strukturiert den möglichen Ursachen zugeordnet werden.

4.8 Projektmanagement

04. Skizzieren Sie beispielhaft ein Ursachen-Wirkungs-Diagramm.

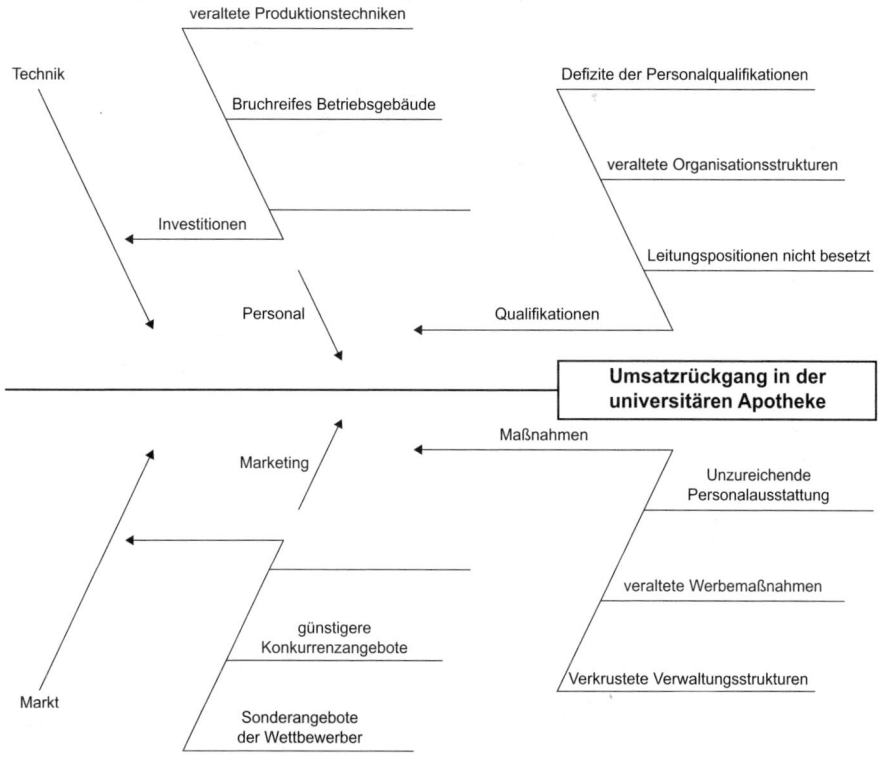

Ursache-Wirkungs-Diagramm (Fischgrät-Diagramm)

05. Skizzieren Sie beispielhaft ein Projektzielblatt.

Projektzielblatt			
Projektname:			
Auftraggeber:		Projektleiter:	
Grobziel:			
Unterziel:			
Zwischenziele:			
Meilensteine:			
Anmerkungen zur Zielbeschreibung:			
Projektstart:		Projektende:	
Budget:			
Datum:			
Unterschrift Auftraggeber		Unterschrift Projektleiter:	

4.8.3.2 Planungsphase

01. Welche Instrumente und Methoden stehen in der Planungsphase zur Verfügung?

- Arbeitspakete
- Projektstrukturplan
- Ablauf- und Terminplanung
- Ressourcenplan
- Kostenplan
- Qualitätsplan

02. Erläutern Sie die Instrumente und Methoden der Planungsphase.

Arbeitspakete	Die Aktivitätenliste umfasst alle Maßnahmen zur Erreichung der Projektziele. Die Aktivitäten werden zu Arbeitspaketen zusammengefasst, die die Grundbausteine eines Projekts bilden und Voraussetzung für das Projekt-Controlling sind.
Projektstrukturplan	Der Projektstrukturplan (DIN 69901) stellt die komplexen Projektstrukturen übersichtlich und hierarchisch geordnet dar. Die Arbeitspakete werden systematisch strukturiert, um Transparenz für alle Projektbeteiligten zu schaffen. Eine Ordnung der Arbeitspakete nach den Projektphasen Konzeption, Durchführung und Implementierung ist möglich.
Ablauf- und Terminplanung	Die Ablaufplanung dokumentiert die logische und zeitliche Abfolge des Projekts. Aus den Arbeitspaketen des Projektstrukturplans wird eine Vorgangsliste erstellt, aus denen sich die logischen Abhängigkeiten zwischen den Arbeitspaketen ergeben. Die Vorgangsliste erfasst auch die personellen, fachlichen und terminlichen Abhängigkeiten, die die Grundlage der Terminplanung bilden. Der Terminplan bestimmt den zeitlichen Projektablauf und gibt Anfang und Ende des Projekts wieder. Daneben werden auch Randbedingungen wie Wartezeiten, Feiertage etc. erfasst.
Ressourcenplan	Im Ressourcenplan werden die Personal- und Sachressourcen zusammengestellt. Die Ressourcen müssen in ausreichender Qualität und Menge, zur richtigen Zeit und am richtigen Ort zur Verfügung stehen. Um eine korrekte Aufwandsschätzung durchführen zu können, ist eine Bedarfsermittlung, die Feststellung der verfügbaren Kapazitäten, sowie ein Vergleich zwischen Ist und Soll notwendig.
Kostenplan	Das Hauptziel des Kostenplans ist die Ermittlung der gesamten Projektkosten. Bei externen Projekten bilden die geplanten Projektkosten die Grundlage der Angebotskalkulation. Die Kostenplanung erfolgt zumeist auf Grundlage der Kosten- und Leistungsrechnung, um den genauen Aufwand für die eingesetzten Personalressourcen und Sachmittel zu schätzen. Der Kostenplan dient auch dem Projektcontrolling.

Qualitätsplan	Der Qualitätsplan legt die Qualitätskriterien sowie die Methoden geeigneter Qualitätssicherungsmaßnahmen fest. Hinzu kommt die Festlegung, wie die Qualitätsziele gemessen und bewertet werden und welche Ergebnisse zu welchen Zeitpunkten erreicht sein sollen.

03. Skizzieren Sie beispielhaft die systematischen Schritte der Planungsphase.

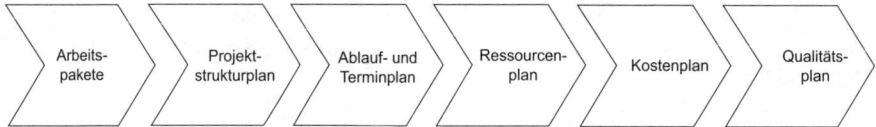

Sechs Schritte der Planungsphase

04. Wie lässt sich eine Aktivitätenliste erstellen?

Die einzelnen Aktivitäten lassen sich gut mithilfe des Mind Mapping darstellen und ordnen. Mind Mapping heißt wörtlich übersetzt „Gedankenkartierung". Mind Maps eignen sich hervorragend, um Ideen in assoziativer Form zu sammeln und visualisiert in eine strukturierte Form zu überführen. Dabei steht in der Mitte der Mind Map der Hauptbegriff, von dem sich aus Äste und Zweige zu Assoziationsketten ausbreiten.

05. Skizzieren Sie beispielhaft eine Mind Map.

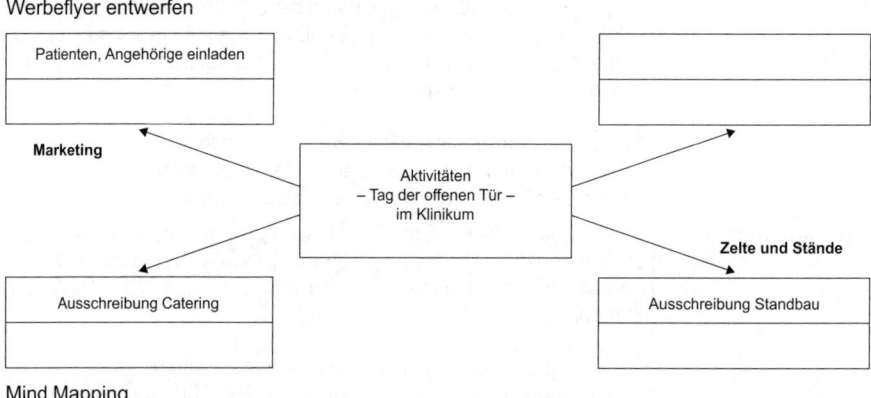

Mind Mapping

06. Welche Darstellungsformen von Projektstrukturplänen gibt es?

- Organigramm
  - Liste
  - Objektorientierte Darstellung
  - Funktionsorientierte Darstellung
- Mind Map

4.8 Projektmanagement

07. Skizzieren Sie beispielhaft die verschiedenen Darstellungsformen der Projektstrukturpläne.

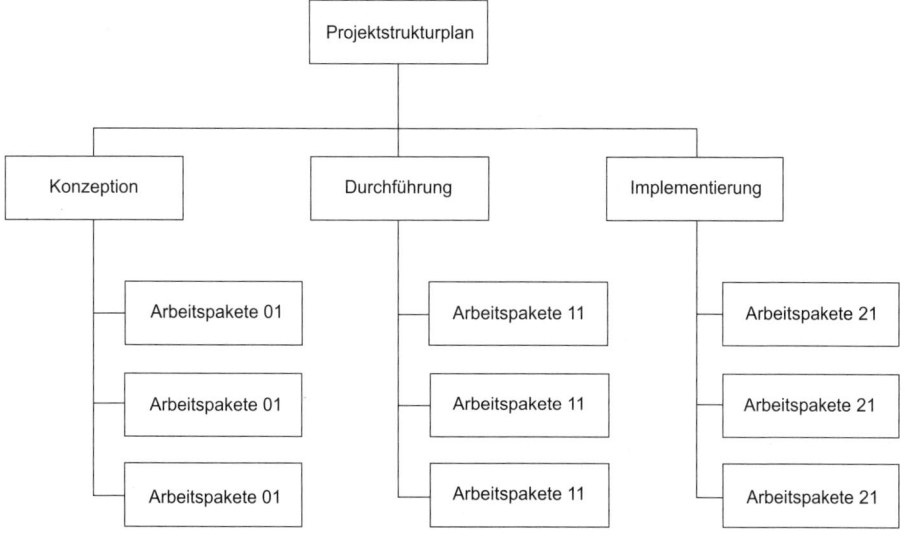

Funktionsorientierter Projektstrukturplan als Organigramm

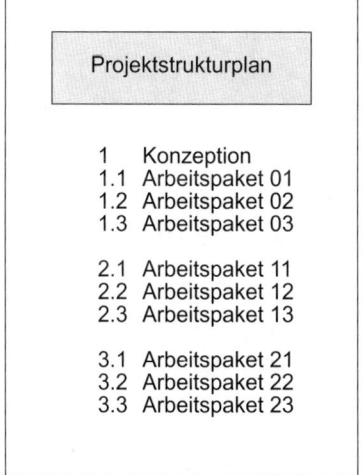

Projektstrukturplan als Liste

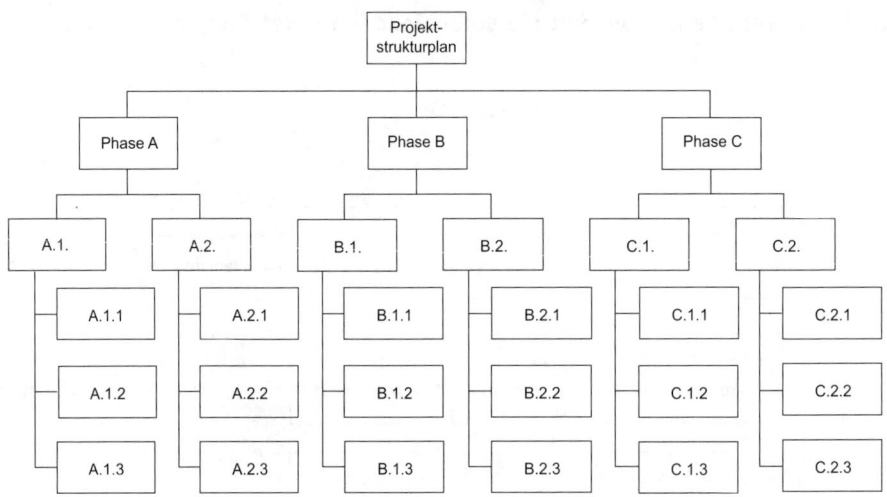

Hierarchieebenen eines Projektstrukturplans

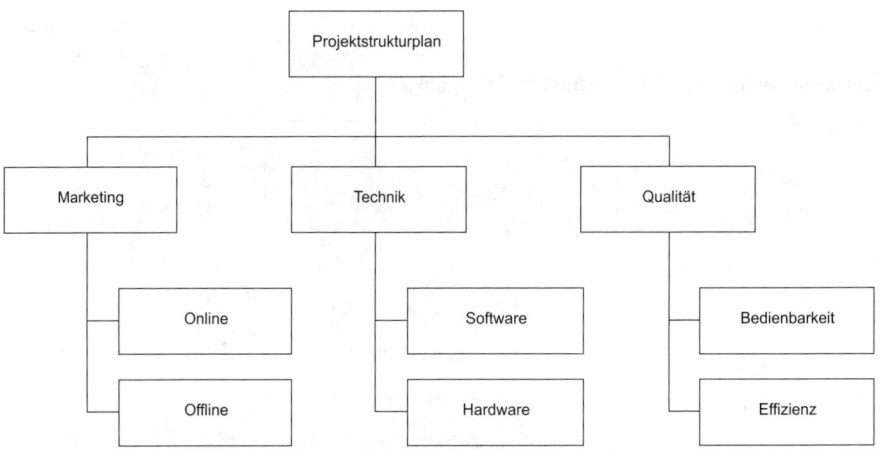

Objektorientierter Projektstrukturplan als Organigramm

08. Wie werden Projektstrukturpläne erstellt?

Projekte werden entweder nach der Top-Down-Methode oder der Bottom-Up-Methode geplant.

Bei der Top-Down-Methode beginnt man mit der Planung von oben nach unten. Der Vorteil ist, dass die Planung exakt auf bestimmte Zielgrößen hin erfolgen kann. Nachteilig ist, dass sich alle Teilprojekte und Arbeitspakete diesen Vorgaben unterordnen müssen.

Bei der Bottom-Up-Methode beginnt man mit der Planung von unten nach oben. Vorteilhaft ist die große Genauigkeit und Planungssicherheit. Nachteil ist der große Erhebungsaufwand und die Gefahr, den Fokus auf bestimmte Zielgrößen hin zu verlieren.

4.8 Projektmanagement

09. Wie erfolgt die Ablauf- und Terminplanung?

Die Arbeitspakete des Projektstrukturplans ergeben eine Vorgangsliste. Die Arbeitspakete werden weiter untergliedert und die logischen Abhängigkeiten ermittelt. Es muss geklärt werden, welche Arbeitspakete abgeschlossen sein müssen, bevor nachfolgende begonnen werden können.

Aus der Vorgangsliste kann mithilfe der Netzplantechnik ein Netzplan entworfen werden, der die Grundelemente des Projektablaufs enthält. Die Kette der Vorgänge, die keine zeitlichen Puffer aufweisen, wird als kritischer Weg bezeichnet.

Es ist auch möglich ein Balkendiagramm bzw. Gantt-Diagramm anstelle eines Netzplans zu erstellen. Durch den zunehmenden Softwareeinsatz bei der Durchführung von Projekten wird die Meilensteinplanung zumeist mit Balkendiagrammen dargestellt.

10. Skizzieren Sie eine Vorgangsliste und einen Netzplan.

Vorgangs-Nr.	Vorgangsbezeichnung	Vorgänger	Nachfolger	Vorgangsdauer

Struktur einer Vorgangsliste

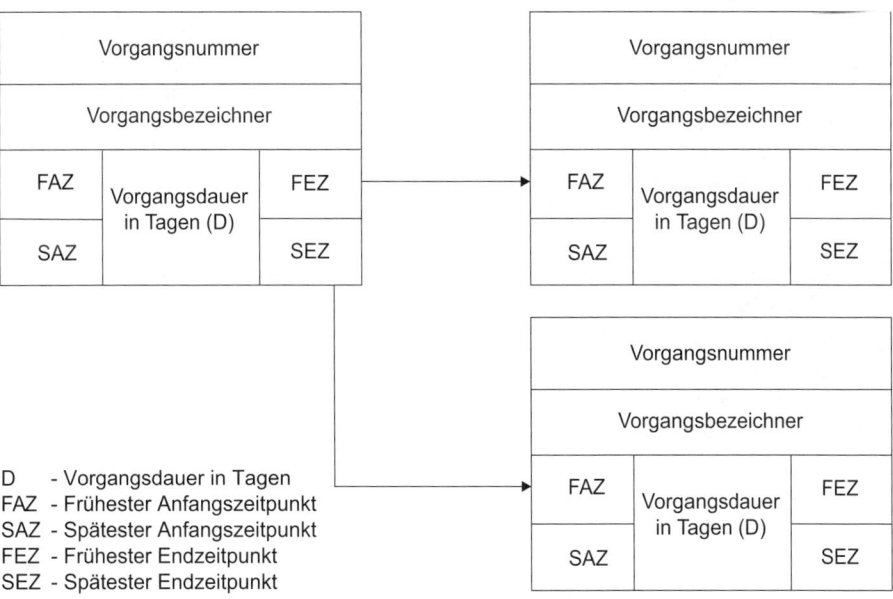

D - Vorgangsdauer in Tagen
FAZ - Frühester Anfangszeitpunkt
SAZ - Spätester Anfangszeitpunkt
FEZ - Frühester Endzeitpunkt
SEZ - Spätester Endzeitpunkt

Vorgangsknoten mithilfe der Netzplantechnik

11. Zeigen Sie die vier Schritte der Aufwandsschätzung für die Ressourcenplanung.

- 1. Schritt : Bedarfsermittlung
  Auflistung der Personal- und Sachmittelressourcen aus den Arbeitspaketen
- 2. Schritt : Ermittlung verfügbarer Ressourcen
  Ermittlung der tatsächlich verfügbaren Personal- und Sachmittelressourcen
- 3. Schritt : Vergleich Ist-Soll
  Vergleich der benötigten Projektressourcen mit dem geplanten Soll. Zu Abweichungen kommt es oftmals aufgrund von Personalfehlzeiten, konkurrierenden Projekten, Urlaub oder Krankheit.
- 4. Schritt : Ausgleichsmaßnahmen
  Bei Abweichungen zwischen den Ist- und Soll-Ressourcen bieten sich verschiedene Ausgleichsmaßnahmen an:
  - Zeitliche Verschiebung der Vorgänge
  - Verlängerung der Vorgänge
  - Teilung der Vorgänge

4.8.3.3 Durchführungsphase

01. Beschreiben Sie die Durchführungsphase.

In der Durchführungsphase übernimmt der Projektleiter als Manager die Aufgabe der Projektsteuerung. Um die Projektziele wie Sach-, Kosten- und Terminziele einzuhalten, muss eine professionelle Steuerung des Projekts erfolgen. Dafür stehen dem Projektleiter verschiedene Instrumente zur Überwachung, Steuerung und Lenkung zur Verfügung. Die Projektsteuerung umfasst alle Maßnahmen, um den Projektverlauf mit der Planung in Einklang zu bringen.

02. Welche Instrumente und Methoden stehen in der Durchführungsphase zur Verfügung?

- Projektcontrolling
- Teamführung
- Qualitätssicherung
- Projektdokumentation

4.8 Projektmanagement

03. Erläutern Sie Instrumente und Methoden in der Durchführungsphase.

Projektcontrolling	Das Projektcontrolling dient der Aufdeckung von Abweichungen von der ursprünglichen Planung. Der Begriff Controlling umschreibt nach DIN 69904 die Prozesse und Regeln, die innerhalb des Projektmanagements zur Sicherung des Erreichens der Projektziele beitragen. Soll-Ist-Vergleiche stellen die Abweichungen der Ist-Werte von Soll-Größen zu bestimmten Terminen fest. Die laufende Projektüberwachung dient der Feststellung von Abweichungen, der Analyse der Ursachen und der Einleitung von Gegenmaßnahmen. Die Aufwandserfassung überwacht die Zeit, Kosten und Qualität im Projekt. Die Meilenstein-Analyse dient zur Überwachung des Projektfortschritts. Voraussetzung ist ein realistischer Terminplan.
Teamführung	Die Teamführung beschäftigt sich mit der Art und Form der Führung um ein Projekt erfolgreich abzuwickeln. Ein Projektteam benötigt unterschiedliche Fachkompetenzen der Mitarbeiter und sich ergänzende Mitarbeitertypen. Idealerweise passt ein Projektleiter seinen Führungsstil den Rahmenbedingungen an. Außerdem sind Teamfähigkeit, Verhandlungsgeschick, Integrität und Diplomatie erforderlich. Eine gemeinsame Projektkultur schafft eine klare Aufgabenverteilung, Verantwortungsbewusstsein, bessere Kommunikation. Schuldzuweisungen sollten vermieden werden. Ein gutes Klima fördert die Motivation, die Identifikation und Akzeptanz im Projekt.
Qualitätssicherung	Die Qualitätsziele werden durch regelmäßige Qualitätssicherungsmaßnahmen überwacht. Die Qualitätssicherung wird als projektbegleitende Maßnahme verstanden, die mit dem ersten Tag des Projekts beginnt und mit der Übergabe der Projektergebnisse endet. Gängige Techniken der Qualitätssicherung sind die Erstellung von Statusberichten, die Durchführung von Tests und fachlichen Reviews.
Projektdokumentation	Die Projektdokumentation dient der Information aller Projektbeteiligten. Das Projektinformationssystem wird gemäß DIN 69901 als Gesamtheit der Einrichtungen und Hilfsmittel und deren Zusammenwirken bei Erfassung, Weiterleitung, Be- und Verarbeitung, Auswertung und Speicherung der Projektinformation definiert. Ein systematisches Informationsmanagement stellt den ständigen Zugriff auf wichtige Dokumente sicher. Ein Projektinformationssystem kann Komponenten wie Berichtsplan, Informationsverteiler, Projektakte, Dokumentenmanagement, Kommunikationssoftware und Projektportale beinhalten. Die Prozessdokumentation dokumentiert den Projektverlauf, die Projektdokumentation, die Projektergebnisse. Die Projektakte enthält Projektplan, Projekthandbuch und Projektdokumentation. Die Erstellung digitaler Ordner bietet sich an.

04. Skizzieren Sie exemplarisch eine Meilenstein-Trend-Analyse.

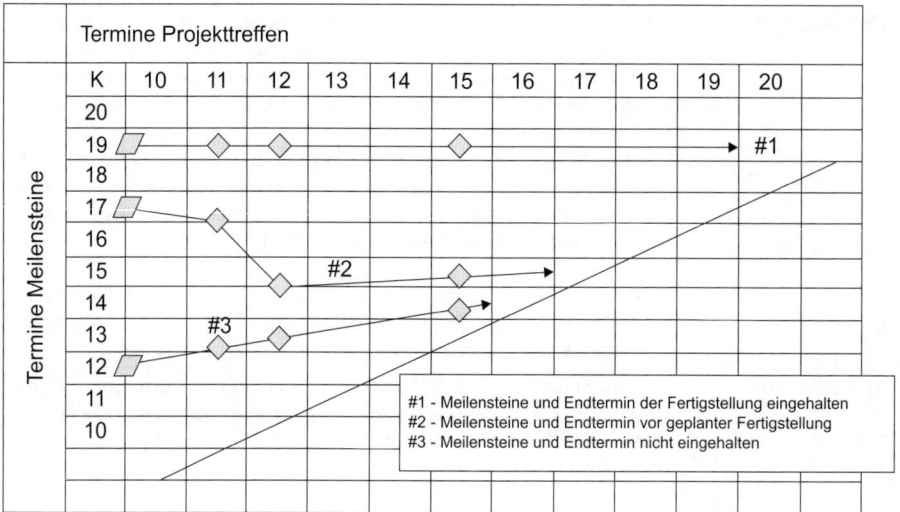

Meilenstein-Trend-Analyse (MTA)

05. Skizzieren Sie mögliche Führungsstile im Projektmanagement in einer Grafik.

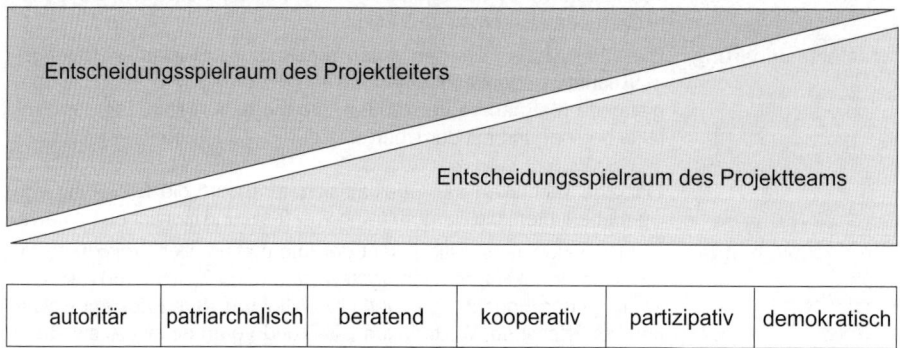

Führungsstile im Projektmanagement

06. Beschreiben Sie die verschiedenen Führungsstile und erläutern Sie, welche für das Projektmanagement geeignet sind.

| Autoritärer Führungsstil | Die Entscheidungskompetenz liegt allein beim Projektleiter. Die Mitarbeiter sind lediglich ausführende Organe. Dieser Stil eignet sich nicht für die Projektarbeit, weil aktive Mitarbeiter notwendig sind. |

4.8 Projektmanagement

Patriarchalischer Führungsstil	Die Entscheidungskompetenz liegt allein beim Projektleiter, aber er versucht, die Mitarbeiter von der Richtigkeit seiner Entscheidungen zu überzeugen. Kompetenz und Kreativität der Mitarbeiter werden nicht genutzt. Dieser Stil eignet sich ebenfalls nicht für die Projektarbeit.
Beratender Führungsstil	Die Entscheidungskompetenz liegt allein beim Projektleiter, aber Diskussionen sind erlaubt, um die Akzeptanz der Entscheidungen durch die Mitarbeiter zu erhöhen. Die mögliche Einflussnahme gestattet, das Potenzial der Mitarbeiter zu nutzen. Der Projektleiter tritt sehr bestimmend auf, sodass die Mitarbeiter nur auf nachfolgende Entscheidungen Einfluss nehmen können. Dieser Stil eignet sich bedingt für die Projektarbeit, wenn der Projektleiter alle Entscheidungen allein treffen kann und eine Beteiligung der Mitarbeiter nur formal zulassen will.
Kooperativer Führungsstil	Kompetenz und Kreativität werden durch die Mitarbeiter eingebracht, sodass die Identifikation mit der Projektarbeit deutlich erhöht wird. Bei Entscheidungen, die den Vorstellungen der Mitarbeiter nicht entsprechen, werden Erklärungen notwendig. Dieser Stil eignet sich gut für die Projektarbeit.
Partizipativer Führungsstil	Das Team entwickelt Vorschläge, um Problemlösungen zu erarbeiten. Der Projektleiter entscheidet gemeinsam mit dem Projektteam, welche Vorschläge umgesetzt werden. Der Projektleiter gibt Entscheidungskompetenzen ab und setzt Vertrauen in die Fähigkeiten der Mitarbeiter. Dieser Stil eignet sich gut für die Projektarbeit.
Demokratischer Führungsstil	Der Projektleiter überlässt den Mitarbeitern vollständig die Entscheidungsfindung und legt den Entscheidungsspielraum fest. Er übernimmt die Moderation, ohne sich inhaltlich einzumischen. Voraussetzung ist eine hohe Fachkompetenz der Mitarbeiter. Dieser Stil eignet sich gut für die Projektarbeit.

07. Nennen Sie die unterschiedlichen „Mitarbeitertypen" im Projektteam.

Sammler	Strukturiert und trägt Informationen zusammen.
Ideenschleuder	Produziert ständig neue Ideen ohne konkrete Umsetzung.
Stratege	Entwickelt gut durchdachte neue Ideen, generiert Konzepte.
Prototyper	Interesse an praktischen Neuerungen, erzeugt aus Konzepten konkrete Ergebnisse.
Kraftmotor	Antreiber von Prozessen, häufig unkoordiniert und unstrukturiert.
Arbeitspferd	Umsetzungsorientiert, wenig eigene Gedanken.
Detaillist	Bedenkenträger, weicht ungern von Bekanntem ab.
Helfer	Ausführer von Aufgaben, wenig eigene Anregungen.

08. Nennen Sie drei Techniken der Qualitätssicherung im Projektmanagement.
- Erstellung von Statusberichten
- Durchführung von Tests
- Durchführung von fachlichen Reviews

09. Wozu dienen Statusberichte?

Statusberichte sind periodisch erstellte Berichte zum Projektverlauf und Teil der Projektdokumentation. Die Projektmitglieder informieren regelmäßig über den Arbeitsstand und künftige Entwicklungen.

Gegenüber der Meilenstein-Trend-Analyse dokumentiert der Statusbericht den Projektfortschritt detaillierter und wird als Grundlage für die Qualitätssicherung herangezogen.

10. Wozu dienen Tests?

Bei Projekten ist die Durchführung von unterschiedlichen Tests ein Hauptbestandteil der Qualitätssicherung. Es gibt manuelle Tests mit Testpersonen und automatisierte Tests. Tests dienen oft als Probelauf für die Zulassung von Produkten oder Verfahren. Bei Softwareprojekten kann beispielsweise der Walk-Through-Test durchgeführt werden, bei dem Testpersonen die Funktions- und Leistungsfähigkeit eines Programms prüfen.

11. Was sind fachliche Reviews?

Reviews dienen der Prüfung der Arbeitsergebnisse. Mit ihrer Hilfe können Fehler identifiziert und Verstöße gegen Standards, Spezifikationen und Pläne aufgedeckt werden. Dadurch können der Entwicklungsprozess und der Projektverlauf verbessert und korrigiert werden.

12. Wie werden fachliche Reviews durchgeführt?

- 1. Schritt: Planung

  Der Projektleiter wählt das Review-Team aus und bestimmt Ort und Zeit der Sitzung. Die erforderlichen Unterlagen werden zusammengestellt und eine Einladung an die Teilnehmer verteilt.

- 2. Schritt: Vorbereitung

  Die Gutachter bearbeiten das Prüfobjekt und notieren, Fragen, Unklarheiten und Fehler. Der Projektleiter kann den Aufwand pro Gutachter begrenzen, indem jedem Prüfer bestimmte Aspekte zugeordnet werden.

- 3. Schritt: Sitzung

  Das Ziel der Review-Sitzung ist es, möglichst viele Fehler und Probleme zu identifizieren, um zu einer umfassenden Beurteilung zu gelangen. Es sollen keine Problemlösungen erarbeitet werden, sondern die Ergebnisse müssen vollständig und richtig erfasst werden.

- 4. Schritt: Entscheidung

  Die vom Review-Team festgestellten Befunde werden in eine Mängelliste aufgenommen. Es wird entschieden, ob das Prüfobjekt, ohne Änderungen akzeptiert oder überarbeitet wird. Je nach Gewichtung der Mängel sollte nach erfolgter Korrektur eine neue Review-Sitzung oder eine Freigabe erfolgen.

4.8 Projektmanagement

13. Beschreiben Sie die Komponenten eines Projektinformationssystems.

Berichtsplan	Der Projektleiter legt fest, welche Berichte in welchen Zeitabständen zu erstellen sind. Dies können Projektstatusberichte, Monats- und Quartalsbericht, Arbeitspaketberichte oder Abnahmeprotokolle etc. sein.
Informationsverteiler	Adresslisten mit Kontaktdaten, E-Mail-Verteilerlisten, die alle Mitarbeiter im Mail-Client speichern sowie Ablagekörbe, die regelmäßig zu leeren sind.
Projektakte	Die Projektakte enthält alle Projektdokumentationen.
Dokumentenmanagement	Das Projektteam muss einheitliche Werkzeuge anwenden, um Dokumente und Tabellen zu erstellen. Es muss geregelt werden, wer auf welche Dokumente zugreifen, aktualisieren und lesen darf. Die Datenspeicherung in der Projektakte sollte einheitlich erfolgen, sodass eine Namenskonvention für Verzeichnisse und Dokumente zu definieren ist.
Kommunikationssoftware	Die Kommunikation sollte durch einheitliche Tools erfolgen, um Adressen, E-Mails, Termine etc. zu verwalten.
Projektportal	Unternehmen richten bei Großprojekten oftmals ein Projektportal im Intranet ein, um die projektinterne Kommunikation zu unterstützen. Projektportale enthalten oft auch allgemeine und öffentlich zugängliche Informationen.

4.8.3.4 Projektabschlussphase

01. Beschreiben Sie die Projektabschlussphase.

Der Projektabschluss ist nach DIN 69905 das formale Ende eines Projekts und besteht in der Beendigung aller Tätigkeiten, die mit dem Projekt im Zusammenhang stehen.

Die Projektergebnisse werden dokumentiert dem Auftraggeber zur Nutzung übergeben.

02. Nennen Sie die verschiedenen Komponenten des Projektabschlusses.

- Präsentation der Projektergebnisse
- Erstellung des Abschlussberichts
- Abschlussbesprechung
- Übergabe und Abnahme der Projektergebnisse
- Regelung der Projektnachbetreuung
- Auflösen der Projektorganisation

03. Erläutern Sie die Komponenten des Projektabschlusses.

Präsentation der Projektergebnisse	Die Präsentation der Projektergebnisse erfolgt als Abschlusspräsentation für den Auftraggeber einschließlich der Dokumentation in Berichtsform. Der mündliche Vortrag wird durch verschiedene Medien unterstützt, z. B. Powerpoint. Der Projektabschlussbericht wird als schriftliches Dokument oder in digitaler Version weitergegeben.
Erstellung des Abschlussberichts	Der Abschlussbericht enthält regelmäßig die folgenden Gliederungspunkte: Beschreibung der Ausgangslage, einschl. Problemdefinition, Definition der Projektziele und des Projektauftrags, Vorstellung der Projektpartner und des Projektteams, Darstellung des methodischen Vorgehens im Projektverlauf, Vorstellung der Projektergebnisse, Ausblick.
Abschlussbesprechung	Die Projektabschlussbesprechung dient dem Verständnis des Projektverlaufs aus Sicht der verschiedenen Beteiligten. Die gemeinsame Reflexion und gegenseitiges Feedback stehen im Mittelpunkt. Projektleiter und Auftraggeber müssen sich verständigen, wer die Moderation übernimmt.
Übergabe und Abnahme der Projektergebnisse	Unter Projektübergabe versteht man das Weiterleiten der Dokumentation des Projektergebnisses, des Projektverlaufs und des Abschlussberichts. Die Abnahme ist die rechtsverbindliche Annahme der Projektergebnisse durch den Auftraggeber. Die Abnahme sollte in schriftlicher Form festgehalten werden.
Regelung der Projektnachbetreuung	Mit dem Projektergebnis gehen oftmals organisatorischen Veränderungen einher, sodass während der Projektlaufzeit festzulegen ist, wer zukünftig Verantwortung trägt. Häufig treten Rückfragen an das ursprüngliche Projektteam auf, sodass Ansprechpartner für die Nachbetreuungsphase benannt werden müssen. Vereinbarungen hierüber sollten schriftlich festgehalten werden.
Auflösen der Projektorganisation	In der Projektnachbesprechung als interne Abschlussbesprechung kommen alle Teammitglieder noch einmal zusammen, um rückblickend den Verlauf und Erfolg des Projekts und die Leistungen der Teammitglieder zu würdigen. Häufig werden vom Projektleiter Einzelgespräche mit jedem Mitarbeiter geführt.

04. Wie sieht der idealtypische Ablauf einer Abnahme eines Projekts aus?

1. Vorstellung des Produkts oder Verfahrens mit allen Funktionalitäten
2. Umfangreicher Testlauf durch ausgewählte Mitarbeiter oder Testpersonen
3. Dokumentation von Mängeln und Abweichungen von vereinbarten Zielen
4. Erstellung einer Liste mit Nachbesserungsmaßnahmen
5. Abstimmung weiterer Arbeitsschritte
6. Erstellung eines Abnahmeprotokolls

4.8.4 Einsatz der Datenverarbeitung im Projektmanagement

01. In welche Kategorien lassen sich Softwareprodukte einteilen?

- Software für Einzelprojekteinsätze
- Software für Mehrprojekteinsätze
- Softwareprodukte für die Integration in die unternehmensweite Planung (ERP)

02. Nennen Sie zwei Softwareprodukte für Einzelprojekteinsätze, erläutern Sie deren Einsatzmöglichkeiten.

Microsoft Office von Microsoft Cooperation	Die aktuelle Version ist Project 2010. Neben der Einzelplatzversion gibt es für die Anbindung an den Microsoft-Project-Server eine professionelle Version.
	In Microsoft Project Client werden die Projekte dezentral verwaltet. Die zentrale Verwaltung der Projekte erfordert den Microsoft-Project-Server oder eine andere Integrationsplattform. Durch die Anbindung an den Microsoft-Project-Server kann eine Vielzahl von Enterprise-Project-Management (EPM)-Anforderungen in Anspruch genommen werden.
	Microsoft Project ist Bestandteil der Office-Familie und lässt sich sowohl server- als auch clientseitig mit Software von Drittanbietern in andere IT-Systeme integrieren. Grundlage von MS Project ist die Netzplantechnik. MS Projekt unterstützt insbesondere das Termin- und Ressourcenmanagement sowie die Projektüberwachung.
Open Workbench von Computer Associates	Die aktuelle Version ist OWB 1.1.6 (2008). Die Open Workbench ist eine frei verfügbare Software. Sie unterstützt das Projektmanagement durch die grafische Aufbereitung des Projektablaufs. Dies erfolgt wahlweise über Gantt-Darstellungen, über Netzplandarstellungen oder über individuell einstellbare Abwandlungen.
	Open Workbench ermittelt Informationen über kritische Pfade. Über die Autoplan-Funktion kann der Projektplan automatisiert optimiert werden. Für den unternehmensweiten Einsatz mit zentraler Datenbank benötigt ein Nutzer kostenpflichtige Projekt- und Portfoliomanagement-Systeme. Bei geschicktem Vorgehen ist begrenzt ein Multiprojektmanagement möglich.
	Open Workbench erstellt Abweichungsanalysen aus einer Planbasis. Je nach Anwendung werden über Kosten- und Terminabweichungen oder Ressourcen-Überlastungen Berichte erstellt. Grafisch komplexe Projektdarstellungen wie Erledigungsgrad, Übereinstimmung mit der ursprünglichen Planung etc. sind ebenfalls möglich.

03. Beschreiben Sie zwei Softwareprodukte für Mehrprojekteinsätze und erläutern Sie deren Einsatzmöglichkeiten.

Projektron BCS **von Projektron GmbH**	Die aktuelle Version ist 6.16 (2010). Projektron BCS ist eine kommerzielle webbasierte Projektmanagementsoftware für das Einzel- und Multiprojektmanagement. Die Software wird schwerpunktmäßig in IT-Projekten eingesetzt. Neben Möglichkeiten zur Projektkoordination bietet die Software auch Funktionen zur Dokumentation und zum Projekt-Controlling. Die Projektplanung wird durch einen Assistenten unterstützt. Dabei kann der Anwender auf einen Vorlagenordner zugreifen, indem Standardprojekte abgelegt sind. Für Entwicklungsprojekte gibt es ebenfalls einen Assistenten. Nach dem Anlegen der Projektstruktur folgen die Zeitplanung sowie die Aufwandsplanung. Dabei wird die Auslastung der Mitarbeiter berücksichtigt. Auch Personal- und Sachkosten können geplant werden. Verschiedene Auswertungen und Diagramme zum zeitlichen Projektverlauf, zu Aufwand und Kosten zeigen mögliche Termin- oder Budgetüberschreitungen. Schnittstellen ermöglichen die Integration in bestehende IT-Umgebungen und den Datenaustausch mit Drittsystemen.
A-Plan **von brainpool software**	Die aktuelle Version ist A-Plan 2010 (2010). A-Plan ist eine Software für die Projekt- und Ressourcenplanung, die sich als Alternative zu konventionellen Projektmanagementprogrammen sieht, die für kleinere und mittelgroße Projekte zu aufwendig und komplex sind. Das Programm verfügt zwar über alle wesentlichen Funktionen eines Projektmanagementprogrammes, verzichtet aber bewusst auf Features, deren sinnvoller Einsatz entsprechende Vorkenntnisse benötigt. Hierzu gehört die automatische Optimierung des Projektablaufes und des Ressourceneinsatzes. Ein optionales Modul ermöglicht die Berücksichtigung von Ist-Zeiten, die wahlweise auch über eine universelle Schnittstelle von anderen Programmen übernommen werden können. Alle laufenden Projekte werden in einer gemeinsamen Datenbank gespeichert. Je nach Anzahl gleichzeitiger User kann hierfür Microsoft Access oder Microsoft SQL-Server bzw. MySQL eingesetzt werden. Ein Datenaustausch mit Microsoft Project und die Synchronisation mit Microsoft Outlook ist möglich. Seit 2009 steht A-Plan in einer Freeware-Variante zur Verfügung.

04. Nennen Sie zwei Softwareprodukte für die Integration in die unternehmensweite Planung (ERP), erläutern Sie deren Einsatzmöglichkeiten.

Clarity von CA, Inc.	Die aktuelle Version ist CA Clarity PPM v12. Clarity bietet integrierte IT-Portfolio-Planung, Projekt-, Risiko-, Ideen- und Veränderungsmanagement, Ressourcenplanung sowie Zeit- und Kostenmanagement. Als Datenbank werden entweder Microsoft SQL Server oder Oracle eingesetzt. Clarity besteht aus einer oder mehreren Anwendungsinstanzen und Hintergrundprozessen, einer Administrationsschnittstelle sowie einem Prozess, der für Multicasting verantwortlich ist und den Einsatz auf vernetzten Computern ermöglicht. Clarity besteht aus mehreren Modulen, wobei das Projekt- und Ressourcenmanagement Kernmodule sind und ein weiteres Modul zur finanziellen Abrechnung genutzt wird.
Controlling of Projects von SMC GmbH	Die aktuelle Version ist Controlling of Projects v5.0 (2010). Controlling of Projects ist eine web-basierte, kommerzielle Multiprojektmanagementsoftware für die Planung und Steuerung von Projekten und sonstigen betrieblichen Aufgaben. Es bietet ein Ressourcen- und Budget-Management und unterstützt den gesamten Projektzyklus von der Planung, Controlling, Steuerung bis zur Kostenplanung und -kontrolle und Abrechnung. CoP ist trotz der großen Funktionsvielfalt leicht zu bedienen und benötigt keine umfangreichen Schulungsmaßnahmen. CoPTrack ist in der Basisversion kostenfrei.

4.9 Qualitätsmanagement im Sozial- und Gesundheitswesen

Hinweis: Das Thema findet sich lt. Rahmenplan auch in den folgenden Kapiteln: 1.2.4; 2.6.4.6 und 4.3.1

4.9.1 Anforderungen an das Qualitätsmanagement

4.9.1.1 Begriffe

01. Was ist Qualität?

Qualität leitet sich aus dem lateinischen Wort „qualitas" ab und bezieht sich neutral auf die Beschaffenheit oder wertend auf die Güte oder den Wert eines Gegenstandes.

02. Wie leitet sich das Qualitätsmanagement im SGB V ab?

§ 70 SGB V verpflichtet die Krankenkassen und Leistungserbringer unter der Überschrift „Qualität, Humanität und Wirtschaftlichkeit", eine bedarfsgerechte und gleichmäßige, dem allgemein anerkannten Stand der medizinischen Erkenntnisse entsprechende Versorgung der Versicherten und Patienten zu gewährleisten.

Hinzu kommt, dass die Versorgung ausreichend und zweckmäßig sein muss, das Maß des Notwendigen nicht überschreiten darf und in der fachlich gebotenen Qualität sowie wirtschaftlich erbracht werden muss. Geeignete Maßnahmen haben auf eine humane Krankenbehandlung hinzuwirken.

03. Wie leitet sich das Qualitätsmanagement im SGB XI ab?

Der § 2 SGB XI stellt darauf ab, dass die Leistungen der Pflegeversicherung den Pflegebedürftigen helfen sollen, trotz des Hilfebedarfs ein Leben zu führen, das der Würde des Menschen entspricht. Den Wünschen der Pflegebedürftigen soll angemessen und leistungsgerecht entsprochen werden.

04. Welches Ziel hat das Qualitätsmanagement?

Qualitätsmanagement dient der Optimierung einer Kosten-Nutzen-Relation und zielt nicht zwangsläufig auf höherwertige Produkte oder Maßnahmen ab, sondern stellt die Erreichung eines vorgegebenen Qualitätsstandards sicher.

05. Wie werden Qualitätssicherung und Qualitätsmanagement definiert?

Qualitätssicherung wird im § 135a SGB V als Prozess definiert, der insbesondere das Ziel hat, die Ergebnisqualität der erbrachten Leistungen zu verbessern.

Qualitätsmanagement definiert sich im § 135a SGB V als interne Maßnahme der Leistungserbringer, die der Sicherung der Qualität dient.

Die einschlägige Fachliteratur definiert die Begriffe Qualitätssicherung und Qualitätsmanagement häufig nicht trennscharf.

06. Wie werden grundsätzliche Anforderungen an ein Qualitätsmanagement im SGB V definiert?

Der § 135a SGB V schreibt die Einführung und Weiterentwicklung eines Qualitätsmanagementsystems und die Teilnahme an Maßnahmen der Qualitätssicherung vor. Die Anforderungen an ein einrichtungsinternes Qualitätsmanagement sind im Bundesanzeiger Nr. 242 vom 22.12.2005 bekannt gemacht worden. Der Bekanntmachung liegt die Vereinbarung gemäß § 137 Abs. 1 Satz 3 Nr. 1 SGB V aufgrund des Beschlusses des Gemeinsamen Bundesausschusses (G-BA) nach § 91 Abs. 7 SGB V zugrunde. Sie nennt die grundsätzlichen Anforderungen an ein einrichtungsinternes Qualitätsmanagement für nach § 108 SGB V zugelassene Krankenhäuser (Hochschulkliniken, Plankrankenhäuser, Krankenhäuser mit Versorgungsauftrag).

Demnach dürfen die Krankenhäuser ihr Qualitätsmanagementsystem frei auswählen. Vorgeschrieben ist das Prinzip des umfassenden Qualitätsmanagementsystems, das die folgenden Elemente umfasst:

- Patientenorientierung
- Verantwortung und Führung
- Wirtschaftlichkeit
- Prozessorientierung
- Mitarbeiterorientierung und -beteiligung
- Zielorientierung und Flexibilität
- Fehlervermeidung und Umgang mit Fehlern
- Kontinuierlicher Verbesserungsprozess.

Diese Elemente sollen mit der Verpflichtung zur ethischen, moralischen und humanitären Werteorientierung verknüpft werden (Qualitätskultur).

07. Wie wird der Gemeinsame Bundesausschuss gebildet?

Der Gemeinsame Bundesausschuss (G-BA) wird gemäß § 91 Abs. 1 SGB V durch die Kassenärztlichen Vereinigungen, die Deutsche Krankenhausgesellschaft und den Spitzenverband der Krankenkassen (GKV) gebildet. Er beschließt gemäß § 92 Abs. 1 Nr. 13 SGB V die zur Sicherung der ärztlichen Versorgung erforderlichen Richtlinien zur Qualitätssicherung.

08. Erläutern Sie die verschiedenen Qualitätsdimensionen.

Als Qualitätsdimensionen bzw. Ansatzpunkte für eine Verbesserung werden Struktur-, Prozess- und Ergebnisqualität unterschieden.

- Die Strukturqualität bezieht sich auf die Ausstattungsmerkmale eines Gesundheitsbetriebs. Dabei ist sind Anzahl und Qualifikation des Personals aufgrund der Personalintensität der Dienstleistungen im Gesundheitswesen am Wichtigsten.

  Die in § 70 SGB V genannte Humanität hängt im Wesentlichen von der Zuwendung und der Professionalität der medizinisch und pflegerisch erbrachten Leistungen des Personals ab. Dies setzt hohe Qualitätsstandards an die Betriebsausstattung (Operationssäle, Krankenstationen etc.) voraus.

- Die Prozessqualität umschreibt die Leistungserstellung. Dies setzt einen reibungslosen Behandlungsablauf und dessen Koordination und Steuerung voraus. Die Zusammenarbeit der Berufsgruppen (Funktionsdienst, Operateure, Stationsärzte etc.) muss geplant und gesteuert werden, um organisatorische Brüche zu vermeiden.

  Zur Sicherung der Prozessqualität werden „clinical pathways" (klinische Pfade) angewandt, um auf jeder Stufe des Leistungserstellungsprozesses den Akteuren entsprechende Aufgaben zuzuweisen. Diese strukturierten Behandlungsabläufe sollen den Patienten eine optimale Versorgung gewähren.

- Die Ergebnisqualität bezieht sich auf das Ausmaß der Heilung und Linderung der Krankheiten der behandelten Patienten. Bestimmte Indikatoren geben Aufschluss über die Ergebnisse des medizinischen und pflegerischen Handelns, da Heilung nicht immer möglich und Linderung schwer messbar ist. Häufige Indikatoren sind:
  - Häufigkeit von Dekubitus
  - Sterblichkeit
  - Überlebensdauer
  - Rückfallhäufigkeit.

Häufig werden Befragungen durchgeführt, um die Ergebnisqualität zu messen. Die Patientenzufriedenheit stellt primär auf den Behandlungserfolg ab, aber auch die Servicequalität stellt einen nicht zu unterschätzenden Wettbewerbsfaktor dar.

4.9.1.2 Qualitätsberichte

01. Auf welcher gesetzlichen Grundlage sind Qualitätsberichte zu erstellen?

Seit 2005 müssen deutsche Krankenhäuser gemäß § 137 SGB V alle zwei Jahre einen Qualitätsbericht erstellen. Als zugelassene Krankenhäuser gelten die in § 108 SGB V definierten Krankenhäuser (Hochschulkliniken, Plankrankenhäuser, Krankenhäuser mit Versorgungsauftrag).

02. Welche Ziele werden mit den Qualitätsberichten gemäß § 137 SGB V verfolgt?

- Entscheidungshilfe für Versicherte und Patienten im Vorfeld der Krankenhausbehandlung.
- Orientierungshilfe für Vertragsärzte und Krankenkasse bei Einweisung und Weiterbetreuung der Patienten.
- Transparente Darstellung der Leistungen und Qualität der Krankenhäuser.

03. Welche Struktur weisen die Qualitätsberichte gemäß § 137 SGB V auf?

A	Allgemeine Struktur- und Leistungsdaten	Kontaktdaten, Organisationsstruktur, Fallzahlen, fachabteilungsübergreifende Versorgungsschwerpunkte bzw. medizinisch pflegerische Leistungsangebote etc.
B	Struktur- und Leistungsdaten der Fachabteilungen	Versorgungsschwerpunkte, Fallzahlen der Abteilungen, Hauptdiagnosen und Prozeduren.
C	Qualitätssicherung	Teilnahme an der externen vergleichenden Qualitätssicherung (BQS-Verfahren) und nach anderen Qualitätssicherungsverfahren sowie Mindestmengenverordnung.
D	Qualitätsmanagement	Ausformulierung der Qualitätspolitik und -ziele, Aufbau eines einrichtungsinternen Qualitätsmanagements und dessen Instrumente, laufende Projekte und Bewertung des Qualitätsmanagements.

4.9 Qualitätsmanagement im Sozial- und Gesundheitswesen

4.9.1.3 Externe Qualitätssicherung

01. Wodurch unterscheiden sich externe und interne Qualitätssicherung?

Externe Qualitätssicherung umfasst gesetzliche Verpflichtungen, die den Gesundheitsbetrieben rechtlich bindend vom Gesetzgeber vorgeschrieben sind.

Internes Qualitätsmanagement kennzeichnet alle Maßnahmen der Gesundheitsbetriebe, vorgeschriebene oder freiwillig gesetzte Qualitätsziele zu erreichen.

02. Was ist BQS?

BQS ist die Abkürzung für Bundesgeschäftsstelle Qualitätssicherung (BQS). BQS ist ein unabhängiger Dienstleister für die externe Qualitätssicherung im Gesundheitswesen. Gesellschafter sind die Spitzenverbände der gesetzlichen Krankenkassen (GKV), der Verband der privaten Krankenversicherung (PKV), die Bundesärztekammer (BÄK) und die Deutsche Krankenhausgesellschaft (DKG) unter Mitwirkung des Deutschen Pflegerates (DPR).

03. Erläutern Sie die Aufgaben des BQS?

Die Bundesgeschäftsstelle Qualitätssicherung (BQS) wird vom G-BA beauftragt, die externe Qualitätssicherung inhaltlich weiterzuentwickeln und organisatorisch umzusetzen. Die Umsetzung erfolgt durch Lenkungsgremien, Geschäftsstellen und Arbeitsgruppen auf der Ebene der Länder.

Die BQS überwacht Behandlungsergebnisse und führt Vergleiche durch. Bei auffälligen Abweichungen eines Krankenhauses in einem oder mehreren Leistungsbereichen erfolgen strukturierte Dialoge zwischen Experten der Landesarbeitsgruppen für Qualitätssicherung und dem Krankenhaus. Dadurch sollen Verbesserungspotenziale aufgezeigt werden. Die Ergebnisse der externen Vergleiche sollen in das krankenhausinterne Qualitätsmanagement einfließen.

04. Zeigen Sie grafisch die Abhängigkeiten des BQS-Verfahrens.

```
    ┌─────────────────────────┐
 ┌─▶│ Bundeskuratorium         │◀─┐
 │  │ Qualitätssicherung       │  │            ┌──────────────────────────┐
 │  └─────────────────────────┘  │            │ BQS                      │
 │            ▲                   │            │ Bundesgeschäftsstelle    │       ┌──────┐
 │            │                   ├───────────▶│ Qualitätssicherung gGmbH │       │ Bund │
 │  ┌─────────────────────────┐  │            └──────────────────────────┘       │      │
 │  │ Bereiche/Fachgruppen/Fächer │◀─┘                                             └──────┘
 │  └─────────────────────────┘
 │
 │  ┌─────────────────────────┐
 ├─▶│ Lenkungsgremien          │◀─┐
 │  └─────────────────────────┘  │            ┌──────────────────────────┐
 │            ▲                   │            │ LQS                      │
 │            │                   │            │ Landesgeschäftsstelle    │       ┌──────┐
 │  ┌─────────────────────────┐  ├───────────▶│ Qualitätssicherung gGmbH │       │ Land │
 │  │ Valide Daten/Arbeitsgruppen │◀─┘          └──────────────────────────┘       └──────┘
 │  └─────────────────────────┘                          ▲
 │            ▲                                           │
 │            │                                           │                        ┌───────────┐
 │  ┌────────────────────────────────────────────────────┴────┐                  │ Krankenhaus│
 └──│                     Krankenhäuser                        │                  └───────────┘
    └─────────────────────────────────────────────────────────┘
```

BQS-Verfahren – Organe der externen Qualitätsicherung

4.9.2 Qualitätsmanagementsysteme

4.9.2.1 Total Quality Management (TQM)

01. Wofür steht TQM?

TQM steht für Total Quality Management und gilt als umfassendes Qualitätskonzept. TQM soll alle Bereiche einer Organisation, also Kunden, Lieferanten und Mitarbeiter, in das Qualitätsmanagementsystem einbinden.

02. Welches Ziel hat TQM?

Total Quality Management erklärt die Qualität zur zentralen Führungsaufgabe. Das Konzept soll alle Berufsgruppen und Hierarchieebenen sowie alle Prozesse einbinden. Die ständige Qualitätsverbesserung soll die Kosten senken und Kundenzufriedenheit schaffen, aus der sich wiederum Wettbewerbsvorteile ergeben.

03. Auf welche Grundprinzipien baut TQM auf?

- Qualität ist oberstes Unternehmensziel
- Vorbildfunktion der Geschäftsführung
- Förderung der Fähigkeiten der Führungskräfte
- Strategische Qualitätspolitik
- Datensammlung und -aufbereitung
- Planung von Zielen und Maßnahmen
- Mitarbeiterorientierung
- Mitbestimmung und Entscheidungskompetenz
- Kundenorientierung
- Kundenzufriedenheit steigern
- Integration der Lieferanten
- Null-Fehler-Ansatz
- Kontinuierlicher Verbesserungsprozess (Kaizen)
- Prozessorientierung
- Lean Management
- Benchmarking: Von Anderen lernen
- Qualitätscontrolling
- Verbesserungspotenziale erkennen und nutzen

04. Welche Kernpunkte stehen im Zentrum des TQM-Ansatzes?

Kernpunkte des TQM-Ansatzes sind die Qualität als oberstes Unternehmensziel, die Vorbildfunktion der Geschäftsführung und das Streben nach kontinuierlicher Verbesserung.

Im TQM-Ansatz wird oftmals der japanische Begriff „Kaizen" genannt. „Kaizen" steht für die ständige Veränderung zum Besseren, d. h. kein Tag vergeht in einer Organisation ohne Verbesserung. Ein wichtiger Bestandteil der Kaizen-Philosophie ist die Standardisierung, zumal sichergestellt sein muss, dass nach jeder Verbesserung der neue Zustand erhalten bleibt. Dieser Zustand wird zum neuen Qualitätsstandard erhoben.

Der TQM-Ansatz basiert darauf, dass alle am Prozess Beteiligten für die Fehler verantwortlich sind. Das Ziel liegt im Erreichen von null Fehlern.

4.9.2.2 Kooperation für Transparenz und Qualität im Gesundheitswesen (KTQ)

01. Wofür steht KTQ?

KTQ bedeutet Kooperation, Transparenz und Qualität im Gesundheitswesen. Das Projekt KTQ startete in Tübingen 1997 als Machbarkeitsstudie mit einem Rahmenvertrag zwischen dem Verband der Angestellten-Krankenkassen, dem Verband der Arbeiter-Ersatzkassen und der Bundesärztekammer. Die Grundidee von KTQ war die Entwicklung eines krankenhausspezifischen Zertifizierungsverfahrens mit Punktevergabe. Die Gründung der KTQ-GmbH erfolgt 2001.

02. Welches sind die Zielgruppen von KTQ?

KTQ ist auf die speziellen Anforderungen in den Bereichen Krankenhäuser, Arztpraxen und medizinische Versorgungszentren, Rehabilitationseinrichtungen, ambulante und stationäre Pflegeeinrichtungen, Hospize und alternative Wohnformen ausgelegt. Ziel der Zertifizierung ist die Verbesserung und Optimierung von Prozessen innerhalb der Patientenversorgung.

03. Wer sind die Partner von KTQ?

KTQ-Gesellschafter sind die folgenden Verbände:

- Bundesärztekammer – Arbeitsgemeinschaft der deutschen Ärztekammern
- Bundesverband der Innungskrankenkassen
- BKK – Bundesverband
- Deutsche Rentenversicherung – Knappschaft-Bahn-See
- Spitzenverband der landwirtschaftlichen Sozialversicherung
- AOK-Bundesverband
- Deutsche Krankenhausgesellschaft e.V.
- Deutscher Pflegerat e.V.
- Hartmannbund – Verband der Ärzte Deutschlands e.V.
- Verband der Ersatzkasse (Vdek)

04. Welche Kategorien sieht der KTQ-Katalog vor?

Die Kriterien zur Qualitätssicherung sind in sechs Kategorien zusammengefasst, die im Rahmen der Zertifizierung von Einrichtungen des Gesundheitswesens abgefragt werden, um Aussagen über die Qualität der Prozessabläufe in der medizinischen Versorgung treffen zu können:

1. Patientenorientierung (Patienteninformation zum Behandlungsablauf)
2. Mitarbeiterorientierung (Fortbildung, Vorschlagswesen)
3. Sicherheit (Hygiene)
4. Informationswesen (Datenschutz, Dokumentation)
5. Führung (Leitbild, Organisation)
6. Qualitätsmanagement (Patientenzufriedenheitsmessungen)

05. Wie läuft das KTQ-Bewertungsverfahren ab?

Das KTQ-Bewertungsverfahren umfasst die folgenden Schritte:

1. Selbstbewertung des Krankenhauses
2. Anmeldung zur Fremdbewertung bei einer KTQ-Zertifizierungsstelle
3. Fremdbewertung durch ein KTQ-Visitorenteam
4. Zertifizierung
5. Veröffentlichung des KTQ-Qualitätsberichts

06. Welche Aufgabe haben die Visitoren?

Die Visitationen werden durch drei Visitoren durchgeführt, die aus dem ärztlichen, dem pflegerischen und dem kaufmännisch-verwalterischen Bereich stammen.

07. Auf welche Art und Weise erfolgt die KTQ-Bewertung?

Aus den Kategorien Patientenorientierung, Mitarbeiterorientierung, Sicherheit, Informationswesen, Führung, Qualitätsmanagement leiten sich weitere Unterkategorien und Kriterien ab. Die Bewertung dieser Kriterien basiert auf dem PDCA-Zyklus (Plan-Do-Check-Act). KTQ sieht den folgenden vierstufigen Zyklus vor:

- Planphase: Ziel und Prozessplanung sowie Regelung der Verantwortlichkeiten.
- Do-Phase: Umsetzung des Qualitätsmanagementsystems.
- Check-Phase: Kontrollphase, in der Kennzahlen und Ergebnisse mit Blick auf den Plan und die Umsetzung nachzuweisen sind.
- Act-Phase: Definition und Realisierung der Erkenntnisse aus der vorgehenden Check-Phase.

Zur Bewertung werden für diese vier Phasen Punkte vergeben, die sich zu einer Gesamtpunktzahl pro Kriterium addieren.

08. Nennen Sie Vor- und Nachteile des KTQ-Modells.

Vorteile	Nachteile
• Speziell für Gesundheitsinstitutionen entwickeltes Modell • Struktur-, Prozess- und Ergebnisqualität stehen im Vordergrund • Selbst- und Fremdbewertung ist möglich • Peer-Review-Verfahren	• Keine obligatorische Bewertung der medizinischen Ergebnisqualität und Angemessenheit der Leistungen. • Zertifizierung nur für gesamtes Krankenhaus • Keine Evaluation der Kosten-Nutzen-Relation

4.9.2.3 Qualität und Entwicklung in Praxen (QEP) und proCumCert (pCC)

01. Unterscheiden Sie KTQ und proCumCert (pCC).

Bei proCumCert handelt es sich um eine konfessionelle Zertifizierungsgesellschaft, die auf Initiative des Katholischen Krankenhausverbands (KKVD) gemeinsam mit dem Deutschen Evangelischen Krankenhausverband (DEKV) und den Wohlfahrtsverbänden Caritas (DCV) und Diakonie (DWdEKD) sowie deren Versicherungsgesellschaft Ecclesia gegründet wurde. Die Deutsche Gesellschaft zur Zertifizierung von Managementsystemen ist ein weiterer Gesellschafter.

Das Zertifizierungsverfahren der pCC für Krankenhäuser entspricht dem KTQ, deren Katalog um Qualitätskriterien erweitert wurde, die die kirchlichen Krankenhäuser in besonderem Maße prägen:

- Trägerverantwortung
- Sozialkompetenz im Umgang mit Patienten und Mitarbeitern
- Spiritualität
- Verantwortung gegenüber der Gesellschaft.

02. Wofür steht QEP?

QEP steht für Qualität und Entwicklung in Praxen und wurde von der Kassenärztlichen Vereinigung für Arzt-, Psychotherapeutenpraxen und MVZ entwickelt.

Die gesetzliche Grundlage bilden die §§ 135 und 137 SGB V. Demnach ist einrichtungsintern ein Qualitätsmanagement einzuführen und weiterzuentwickeln, so wie es die verpflichtenden Maßnahmen des Gemeinsamen Bundesausschuss (G-BA) Qualitätssicherung und die grundsätzlichen Anforderungen an ein Qualitätsmanagement bestimmen. Die Qualitätsmanagement-Richtlinien des G-BA sind zum 01.01.2006 in Kraft getreten. Zu beachten ist, dass keine Pflicht zur Zertifizierung besteht.

QEP orientiert sich an den Abläufen und Rahmenbedingungen von Praxen. Die Qualitätsziele richten sich an:

- Patientenversorgung
- Patientenrechte und Patientensicherheit
- Mitarbeiter und Fortbildung
- Praxisführung und -organisation
- Aufgaben der Qualitätsentwicklung.

Das QEP ähnelt bei Zertifizierung dem KTQ-Verfahren. Der Fremdbewertung durch externe Visitoren geht eine Selbstbewertung der Praxen voraus. Bei Einhaltung der Qualitätsvorgaben wird eine Zertifizierung durch eine der Zertifizierungsstellen erteilt.

4.9.2.4 European Foundation für Quality Management (EFQM)

01. Wofür steht die Abkürzung EFQM?

EFQM ist ein Total-Quality-Management-Modell und steht für European Foundation für Quality Management. EFQM ist eine gemeinnützige Organisation, die ihren Sitz in Brüssel hat. Die Gründung der Organisation erfolgte 1988.

Der EFQM Excellence Award (EEA) soll im Konkurrenzkampf der Weltmärkte zur Erhöhung der europäischen Wettbewerbsfähigkeit führen. Der Excellence-Ansatz betrachtet Unternehmen, die Kernkompetenzen einsetzen, um frühzeitig zukünftige Kundenwünsche aufzunehmen und umzusetzen.

4.9 Qualitätsmanagement im Sozial- und Gesundheitswesen

Der EEA zeichnet jedes Jahr Organisationen aus, die ein TQM (Total Quality Management) umgesetzt haben. Voraussetzung ist der Gewinn eines nationalen Qualitätspreises. Für Deutschland ist dies der Ludwig-Erhard-Preis. Eine Zertifizierung erfolgt, wenn ein Unternehmen sich um den deutschen bzw. den europäischen Qualitätspreis beworben hat.

02. Auf welchen acht Grundkonzepten basiert das EFQM-Modell?
- Ausrichtung auf den Kunden
- Führung und Zielkonsequenz
- Management mittels Prozessen und Fakten
- Mitarbeiterentwicklung und -beteiligung
- Kontinuierliches Lernen, Innovation und Verbesserung
- Entwicklung von Partnerschaften
- Soziale Verantwortung

Diese Konzepte können sich verändern, wenn sich excellente Organisationen weiterentwickeln und verbessern. Der Input bewährter „best-practices" stellt sicher, dass das Modell einen dynamischen Charakter erhält.

03. Welche Kriterien bilden die Grundstruktur von EFQM?
Die Grundstruktur besteht aus fünf Befähigerkriterien, die Elemente der Struktur- und Prozessqualität umfassen, sowie aus den Ergebniskriterien der Ergebnisqualität. Die Befähiger lassen sich als Ursache, die Ergebnisse als Wirkung bezeichnen. Die Resultate werden im Sinne des Regelkreises durch Innovation und Lernen an die sie verursachenden Befähigermerkmale gekoppelt.

04. Nennen Sie die Befähiger- und Ergebniskriterien.

Befähigerkriterien	- Führung - Mitarbeit - Politik und Strategie - Partnerschaften und Ressourcen - Prozesse
Ergebniskriterien	- Mitarbeiterbezogene Ergebnisse - Kundenbezogene Ergebnisse - Gesellschaftsbezogene Ergebnisse - Wichtige Ergebnisse der Organisation

05. Auf welchem Prinzip baut das EFQM-Modell auf?
Das wichtige Prinzip des EFQM-Modells ist die Selbstbewertung, die auf verschiedene Methoden basieren kann. Dies kann die Fragebogenmethode, ein Workshop oder ein Standardformular sein. Die aufwendigste Methode ist die Simulation, die auf der RADAR-Bewertungsmethode basiert.

RADAR ist ein logisches Konzept zur Überprüfung der jeweiligen Befähiger- und Ergebniskriterien. RADAR setzt sich aus den folgenden Anfangsbuchstaben zusammen:

- R   - Result   - Ergebnisse
- A   - Approach   - Vorgehen
- D   - Deployment   - Umsetzung
- A   - Assessment   - Bewertung
- R   - Review   - Überprüfung

Die Bestimmung der Ergebnisse, die der Strategie- und Politikprozess eines Unternehmens erzielen soll, steht am Anfang. Konkrete Planungsschritte dienen der Realisierung der anvisierten Ziele. Die Umsetzung der Ziele folgt in der dritten Stufe. Daran schließt sich die Bewertung und Überprüfung der Ergebnisse an, aus denen sich zukünftige Verbesserungspotenziale ableiten lassen.

Die Befähiger- und Ergebniskriterien werden zur Beurteilung gewichtet. Die RADAR-Bewertungsmatrix bewertet jedes Teilkriterium prozentual. Die Gesamtpunktzahl ergibt sich aus der Addition der Punkte für alle neun Kriterien. Maximal möglich sind 1.000 Punkte.

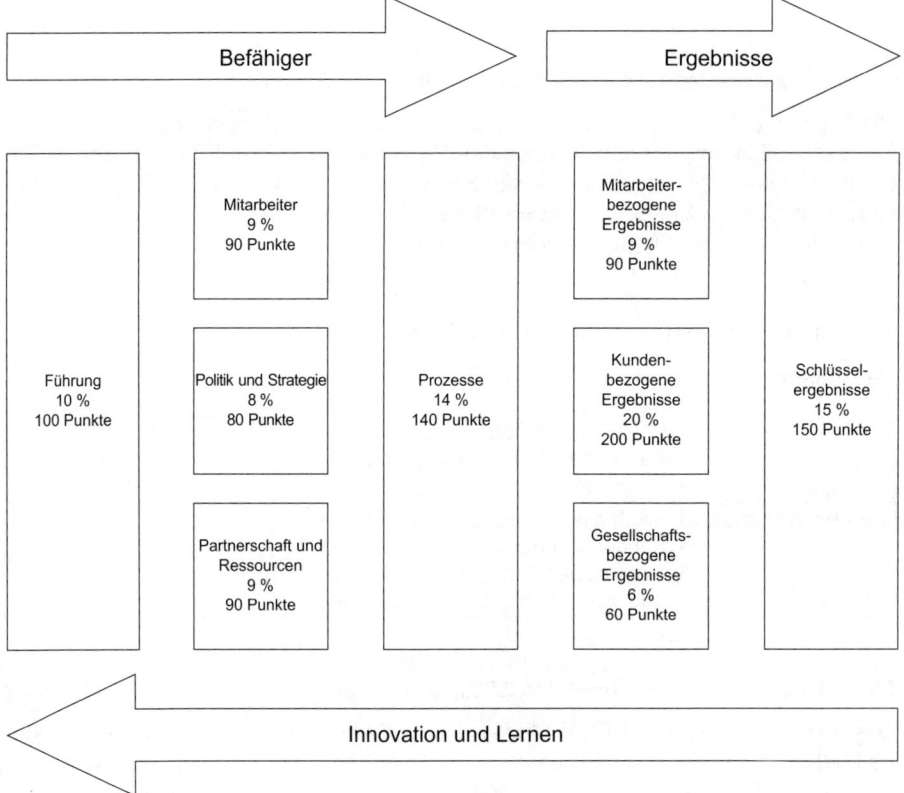

Bewertungsmatrix des EFQM-Modells

06. Nennen Sie Vorteile und Nachteile des EFQM-Modells.

Vorteile	Nachteile
• Umfassendes Qualitätsmodell	• Unzureichende Standardisierung
• Anreize durch Qualitätspreise	• Ergebnisqualität und Angemessenheit der Leistungen
• Ergebnisorientierung im Managementbereich	• Zertifizierung nur für gesamtes Krankenhaus
• Hohe Akzeptanz durch Selbstbewertung	• Keine Evaluation der Kosten-Nutzen-Relation
• Kostengünstig	
• International	

4.9.2.5 QM-Systeme nach der DIN EN ISO 9000 ff.

01. Was bedeutet DIN EN ISO?

- DIN – Deutsches Institut für Normung
- EN – Europäische Norm
- ISO – International Organization für Standardization

02. Geben Sie einen Überblick, aus welchen Teilen die 9000er Normenfamilie besteht.

DIN EN ISO 9000:2005	Grundlage von QM-Systemen Begriffe des Qualitätsmanagements
DIN EN ISO 9001:2008	Anforderungen an ein QM-System
DIN EN ISO 9004:2000	Leitfaden zur Leistungsverbesserung
DIN EN ISO 19011:2002	Leitfaden für die Auditierung von Qualitätsmanagementsystemen und Umweltmanagementsystemen

Die erste Zahl kennzeichnet die Norm, die zweite Zahl das letzte Jahr einer Änderung.

03. Stellen Sie grafisch die Bausteine der DIN EN ISO 9000er Normenfamilie und ihren Bezug zueinander dar.

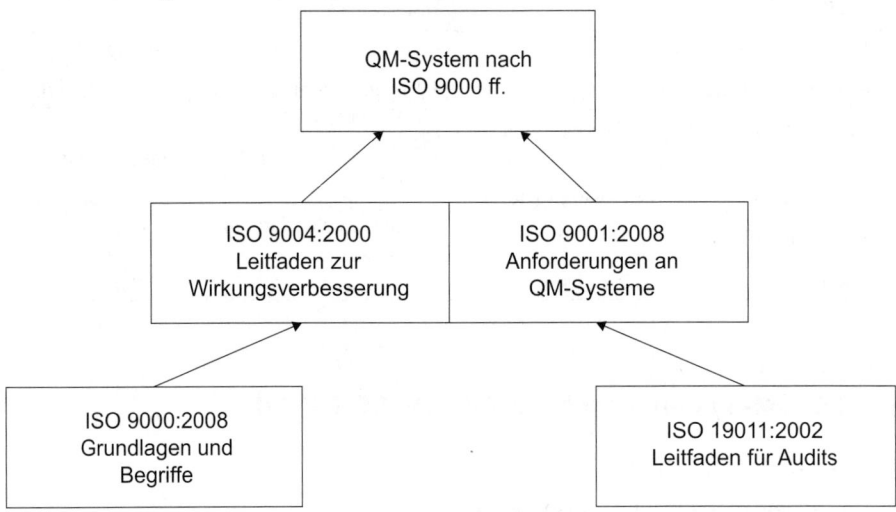

Bausteine der 9000er Normenfamilie und ihr Bezug zueinander

04. Nennen Sie die Grundsätze eines QM-Systems nach DIN EN ISO 9000:2008.

Kundenorientierung	Organisationen hängen von ihren Kunden ab und sollten gegenwärtige und zukünftige Forderungen ihrer Kunden erkennen, verstehen und deren Anforderungen erfüllen sowie versuchen, diese zu übertreffen.
Führung	Führungskräfte schaffen die Übereinstimmung von Zweck und Ausrichtung der Organisation. Sie sollten das interne Umfeld schaffen und erhalten, in dem sich alle Personen voll und ganz für die Erreichung der Ziele der Organisationen einsetzen können.
Einbeziehung aller Personen	Auf allen Ebenen machen Personen das Wesen einer Organisation aus, und ihre vollständige Einbeziehung ermöglicht es ihre Fähigkeiten zum Nutzen der Organisation einzusetzen.
Prozessorientierter Ansatz	Ein erwünschtes Ergebnis lässt sich effizienter erreichen, wenn Tätigkeiten und dazugehörige Ressourcen als Prozess geleitet und gelenkt werden.
Systemorientierter Managementansatz	Erkennen, verstehen, leiten und lenken von miteinander in Wechselbeziehung stehenden Prozessen als System tragen zur Effektivität und Effizienz der Organisation beim Erreichen der Ziele bei.
Ständige Verbesserung	Die ständige Verbesserung der Gesamtleistung der Organisation stellt ein permanentes Ziel der Organisation dar.
Sachbezogener Ansatz zur Entscheidungsfindung	Effektive Entscheidungen beruhen auf der Analyse von Daten und Informationen.

4.9 Qualitätsmanagement im Sozial- und Gesundheitswesen

Lieferantenbeziehungen zum gegenseitigen Nutzen	Eine Organisation und ihre Lieferanten sind voneinander abhängig. Beziehungen zum gegenseitigen Nutzen erhöhen die Wertschöpfungsfähigkeit beider Seiten.

05. Welche Norm ist die Grundlage einer Zertifizierung?

Um eine Zertifizierung zu erlangen, muss eine Organisation ein QM-System nach der Norm DIN EN ISO 9001:2008 aufbauen. Es können einzelne Abteilungen oder das Unternehmen als Ganzes zertifiziert werden. Das QM-System muss dokumentiert, realisiert, aufrechterhalten und die Effektivität ständig verbessert werden.

Die DIN EN ISO 9001:2008 ist ein prozessorientierter Ansatz, der das systematische Erkennen und Handhaben von Prozessen innerhalb einer Organisation sowie ihren wechselseitige Wirkungen behandelt. Die DIN EN ISO 9000 und die DIN EN ISO 9004 sind dagegen nicht zertifizierbar.

06. Nennen Sie die acht Hauptkriterien der DIN EN ISO 9001:2008.

1. Anwendungsbereich
2. Normative Verweisungen
3. Begriffe
4. Anforderungen an das QM-System
5. Verantwortung der Leitung
6. Management von Ressourcen
7. Produktrealisierung
8. Messung, Analyse und Verbesserung

07. Erläutern Sie kurz die Hauptkriterien (4) bis (8) der DIN EN ISO 9001:2008.

Anforderungen an das QM-System	Erstellung und Pflege eines QM-Handbuches
Verantwortung der Leitung	Disposition der Aufgaben und Verantwortlichkeiten der Unternehmensführung
Management von Ressourcen	Einsatz, Ausbildung und Qualifikation der Mitarbeiter, des Gebäudemanagements und der apparativen Ausstattung
Produktrealisierung	Beschreibung der Kernprozesse, d. h. der direkten Leistungen an den Patienten, Definition der Leistungen und das Leistungsniveau, Kommunikation mit den Patienten.
	Beschaffungsprozess, das Bereitstellen der Materialien und Ressourcen, einschließlich Umgang mit Patienteneigentum.
Messung, Analyse und Verbesserung	Kontrolle des Ist-Zustandes durch interne Audits und Messungen sowie die Analyse der Effektivität der Prozesse.
	Der QM-Beauftragte analysiert die Daten und ermittelt Abweichungen und Verbesserungspotenziale, die der Unternehmensführung in einem Bericht präsentiert wird.

	Eine hohe Gewichtung haben Vorbeuge- und Korrekturmaßnahmen im Umgang mit Fehlern und die Lenkung fehlerhafter Produkte.
	In Gesundheitsbetrieben wird überprüft, ob ein standardisiertes Verfahren des Fehlermanagements vorhanden ist. Risiken müssen erkannt und Strategien nachgewiesen werden, wie mit Beinahe-Zwischenfällen („critical incidents") umgegangen wird.
	In Reviews werden die Ergebnisse der Fehleranalyse, Verbesserungsmaßnahmen und die Ergebnisse aus den Qualitätszirkeln dokumentiert.

08. Stellen Sie grafisch das Prozessmodell nach DIN EN ISO 9001:2008 dar.

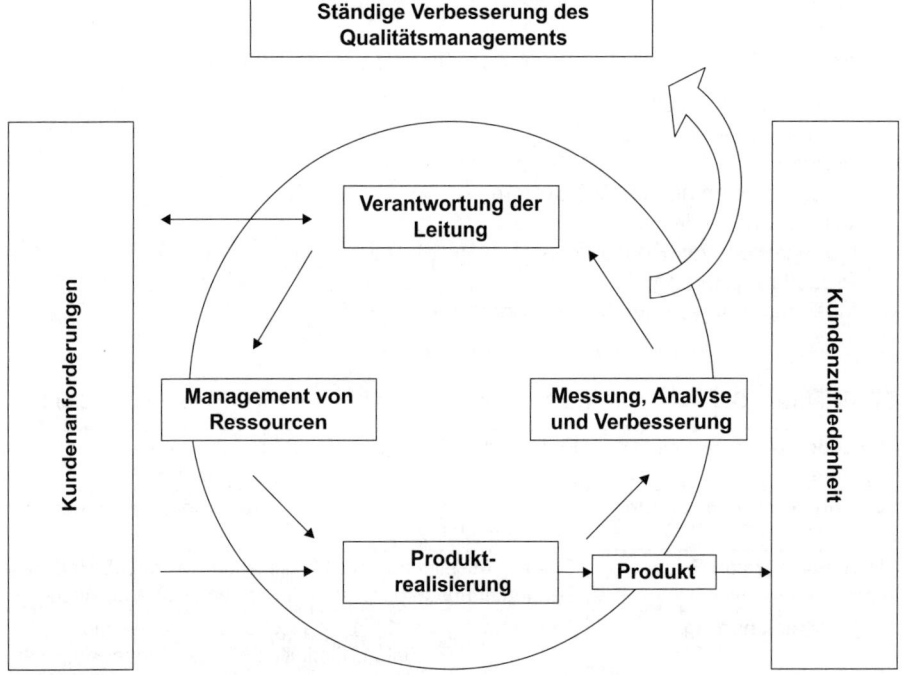

Das Prozessmodell nach DIN EN ISO 9001:2008

09. Erläutern Sie die DIN EN ISO 9004:2000.

Die DIN EN ISO 9004 ist ein eigenständiger Leitfaden zur Leistungsverbesserung einer Organisation. Diese Norm ist im Aufbau identisch mit der Norm DIN EN ISO 9001, enthält aber zusätzliche Empfehlungen zur Umsetzung von deren Anforderungen an ein QM-System.

Beide Normen bilden daher ein konsistentes Paar. Die Anwendung der DIN EN ISO 9004 setzt die Erfüllung der Forderung nach DIN EN ISO 9001 voraus, zumal dies die Minimalanforderungen an ein QM-System darstellen.

Nach der DIN EN ISO 9004 soll die Leistung des nach ISO 9001 zertifzierten QM-Systems im Rahmen des geforderten „Kontinuierlichen Verbesserungsprozesses" (KVP) weiterentwickelt werden. Wesentlich ist die Ausweitung der Kunden und ihrer Anforderungen bzw. Zufriedenheit auf alle Anspruchsgruppen, die in der Norm als „interessierte Parteien" bezeichnet werden.

Bei Umsetzung ihrer Empfehlungen im Sinne der Anforderungen steht die DIN EN ISO 9004 den Bewertungskriterien der EFQM inhaltlich nach. Strukturell unterscheiden sich die DIN EN ISO 9004 und EFQM. Daher kann die DIN EN ISO 9004 als Leitfaden dazu dienen, ein QM-System auf Basis der DIN EN ISO 9001 in ein System des „Total Quality Management" (TQM) zu überführen.

10. Was regelt die DIN EN ISO 19011:2002.

Diese Norm regelt detailliert die Planung, Durchführung und Dokumentation bei Audits. Die Auditorenbewertungen werden ebenfalls beschrieben.

4.9.3 Dokumentation von Qualitätsmanagement und Zertifizierung

01. Warum ist eine Dokumentation notwendig?

Die Anwendung der Normen nach DIN EN ISO 9000 ff. verlangt, dass das QM-System den erwähnten Regeln entsprechen muss. Daher muss eine umfangreiche Dokumentation geführt werden, um diesen Nachweis zu erbringen. Das zentrale Dokument ist das Qualitätshandbuch, in dem die Organisation und ihre Qualitätspolitik beschrieben werden.

02. Wozu dient das Qualitätshandbuch?

Das Qualitätshandbuch dokumentiert die Organisation, ihre Qualitätspolitik und die Kernprozesse. Hinzu kommen Organigramme zur Unternehmens- und QM-Struktur sowie Funktionsbeschreibungen, insbesondere zur Funktion des QM-Beauftragten.

Schritte, die einer näheren Definition bedürfen, werden in Arbeitsanweisungen beschrieben. Hinzu kommen alle Formulare und die QM-Dokumentation der IT. Das Handbuch ist das QM-Nachschlagewerk für alle Mitarbeiter. Das Qualitätshandbuch kann nach verschiedenen Systemen gegliedert sein.

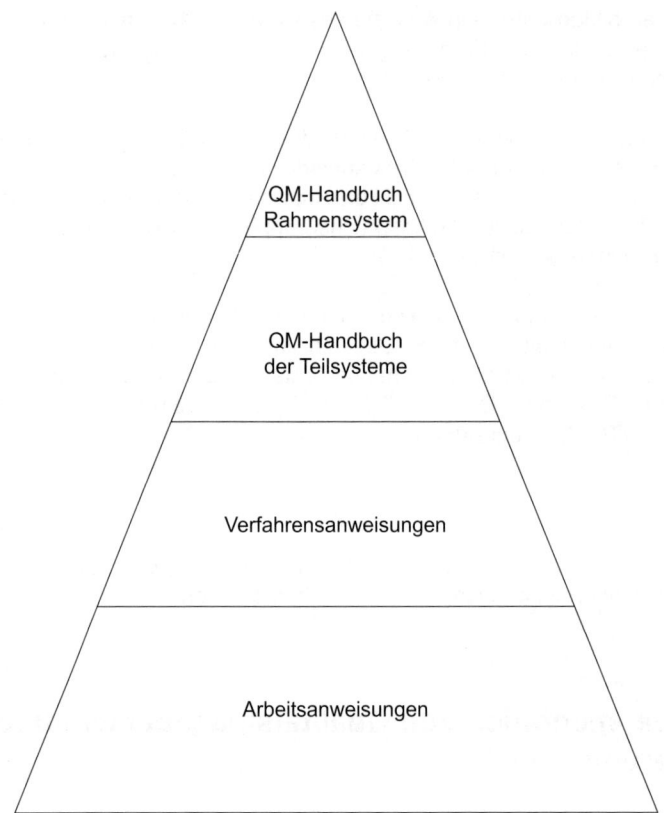

Aufbau eines QM-Handbuchs

03. Nennen Sie ein Beispiel für die Gliederung eines QM-Handbuchs.

Eine Möglichkeit der Gliederung lehnt sich an die DIN EN ISO 9001:2008 an:

1. Vorwort
2. Benutzerhinweise
3. Überblick über die Organisation – Prozessmodell, Organisationsstrukturen
4. QM-System
5. Verantwortung der Leitung
6. Management von Ressourcen
7. Produktrealisierung
8. Messung, Analyse, Verbesserung
9. Glossar

04. Welche Angaben sind in einem QM-Handbuch (QMH) zwingend erforderlich?

- Qualitätspolitik
- Qualitätsziele
- Unternehmensprofil und Leistungsspektrum
- QM-System
- Organigramm der Organisation und des Qualitätsmanagements
- Stellen- und Funktionsbeschreibungen
- Prozesslandschaft
- Angaben zur Kundenorientierung und interner Kommunikation
- Dokumentation des QM-Systems sowie Lenkung von Dokumenten und Aufzeichnungen
- Lieferanten und Partnerschaften
- Angaben zur Schulung und Fortbildung
- Benutzerhinweise und Glossar

05. Wie wird ein QM-System überprüft?

Die Übereinstimmung eines QM-Systems mit den Forderungen der DIN EN ISO 9001:2008 wird durch Audits überprüft.

06. Was sind Audits?

Audits sind systematische und unabhängige Untersuchungen, um festzustellen, ob die qualitätsbezogenen Aufgaben und die damit zusammenhängenden Ergebnisse den geplanten Vorgaben entsprechen. Es wird untersucht, ob die Vorgaben effizient und effektiv umgesetzt werden, um so die Qualitätsziele zu erreichen.

Dazu erarbeiten die Auditoren im Vorfeld oftmals Checklisten, um die allgemein gehaltenen Forderungen der Norm den betrieblichen Umständen anzupassen. Die Planung und Durchführung der Audits muss der DIN EN ISO 19011:2002 entsprechen. Interne Audits finden innerhalb einer Organisation statt, für die in der Regel Auditpläne erstellt werden.

07. Welche Regeln gelten für Audits?

Jede Organisationseinheit, jeder Prozess sowie jede Forderung der DIN EN ISO 9001:2008 muss mindestens einmal jährlich überprüft werden. Ein interner Auditor darf keine Organisationseinheiten auditieren, in der er seine Haupttätigkeit ausführt. Einen Auditor dürfen bei Hinweisen auf Mängel keine negativen Konsequenzen erwarten. Häufig werden externe Auditoren beauftragt.

08. Warum werden Auditberichte erstellt?

Auditoren erstellen nach einem Audit einen Auditabschlussbericht. Liegen Anzeichen vor, dass Forderungen der Qualitätsnorm nicht erfüllt werden, kann ein Termin vereinbart werden, bis zu dem das Problem behoben sein muss. Bei größeren Abweichungen werden Nachaudits durchgeführt, um die Konformität mit der Norm herzustellen. Dabei wird die Effektivität der Korrekturmaßnahmen überprüft.

Die Auditberichte werden vom QM-Beauftragten gesammelt und ausgewertet. Damit gehen sie in die jährlichen Reviews ein, die der QM-Beauftragte mit der Unternehmensführung durchführt. In diesen Reviews werden die Erfahrungen aus den internen Audits besprochen und die zukünftigen Qualitätsziele festgelegt. Damit entspricht dieses Verfahren dem PDCA-Zyklus.

09. Warum externe Audits durchgeführt?

Externe Audits werden von Zertifizierungsstellen durch zertifizierte Auditoren durchgeführt. Externe Audits sollen die Angaben in der Dokumentation stichprobenartig überprüfen. Die wichtigsten Audits sind die Zertifizierungs-, Überwachungs- und Verlängerungsaudits bzw. Re-Zertifizierungsaudits.

Externe Audits erfordern eine zeitintensive Vorbereitung und dauern je nach Größe der zu auditierenden Organisation 1 bis 3 Tage. Häufig ist es unmöglich, die gesamte Organisation zu überprüfen, sodass die internen Auditoren die verlängerten Arme der externen Auditoren sind.

Die externen Auditoren erstellen ebenfalls einen Auditbericht, der mit dem QM-Beauftragten und der Unternehmensführung besprochen wird. Häufig finden sich Anzeichen für Qualitätsverbesserungen bzw. für ein effektiveres Qualitätsmanagementsystem.

4.9 Qualitätsmanagement im Sozial- und Gesundheitswesen

10. Zeigen Sie grafisch den idealtypischen Ablauf eines Zertifizierungsverfahrens.

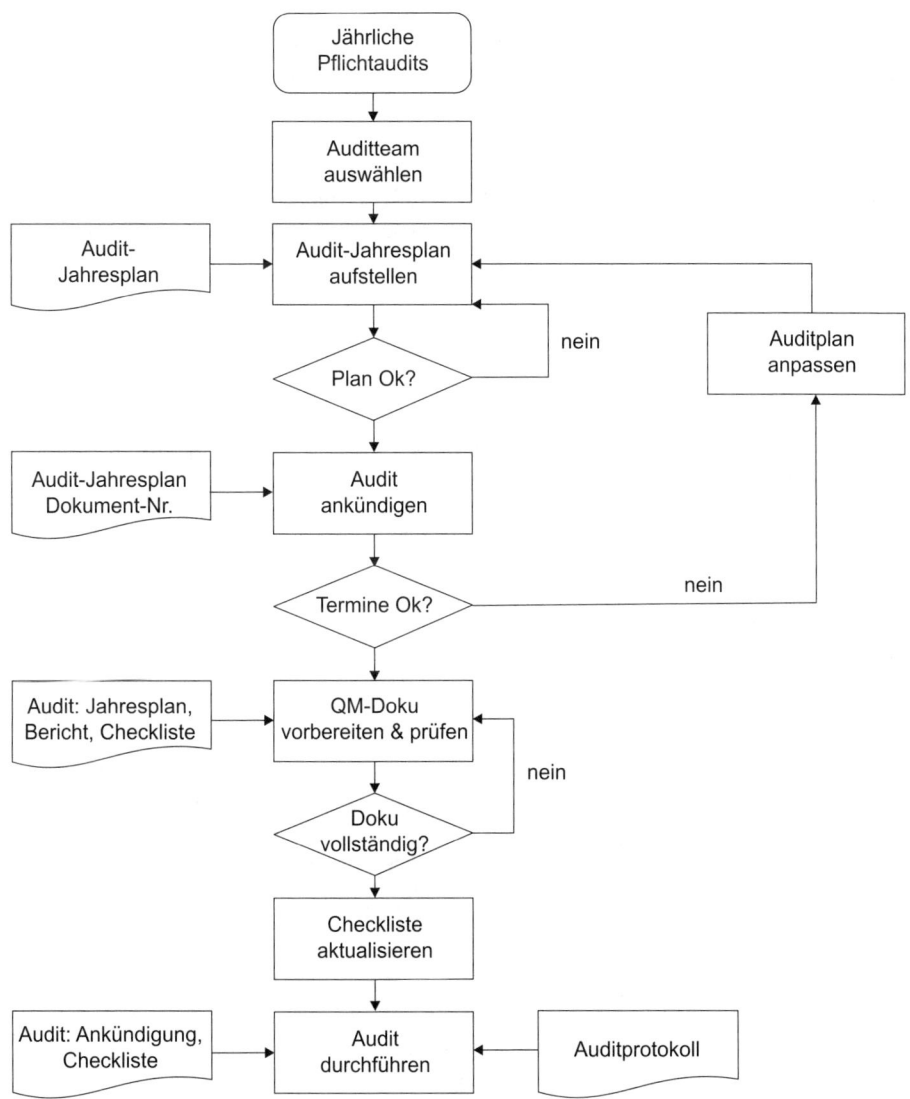

Idealtypischer Verlauf einer Auditdurchführung

11. Wie wird eine Organisation zertifiziert?

Eine Organisation stellt den externen Auditoren die gesamte QM-Dokumentation zur Verfügung. Oftmals finden sich bereits im Vorfeld Anzeichen auf Mängel, die noch vor dem eigentlichen Audit behoben werden können. Manchmal wird auch ein Voraudit durchgeführt.

Das Zertifizierungsaudit dient im Anschluss der Überprüfung, ob die Normenanforderungen erfüllt sind. Bei positivem Ergebnis wird von der Zertifizierungsstelle ein Zertifikat ausgestellt.

12. Wie lange sind die ausgestellten Zertifikate gültig?

Ein Zertifikat ist drei Jahre gültig. Jährlich wird ein Überwachungsaudit durchgeführt und alle drei Jahre ein Verlängerungsaudit.

4.9.4 Einführung eines QM-Systems in der Praxis

01. Geben Sie einen Überblick über die idealtypischen Phasen bei der Einführung eines QM-Systems.

Unternehmenspolitik	Ziele des Qualitätsmanagements
Qualitätspolitik	Definition der Qualitätspolitik
Zielsetzung des QM-Systems	Definition der Ziele (Zertifizierung)
Projektvorbereitung	• Auswahl des Zertifizierers • Meilensteine
Projektstart	• Qualitätsplanung • Funktionen • Dokumentation (Handbuch, Prozesse, Arbeitsanweisungen)
Projektdurchführung	• Instrumente und Verfahren zur Qualitätssicherung und -analyse • Kennzahlendefinition • Analyse des IST-Zustandes • Definition des Soll-Zustandes • Instrumente zur Qualitätslenkung und -verbesserung • Schulungsplan
Beginn der Umsetzung	• Schulung • Interne Audits • Erprobung • Korrekturen und Anpassungen
Umsetzung	• Zertifizierungsaudits • Korrekturen und Anpassungen
Nutzung	• QM-System leben und verbessern • Qualitätscontrolling • Laufende interne Audits • Management-Review • Überwachungs- und Rezertifizierungsaudits • Anschlussprojekte zur Qualitätsverbesserung

4.9 Qualitätsmanagement im Sozial- und Gesundheitswesen

02. Nennen Sie die Ziele des Qualitätsmanagements.

Im Fokus der Zieldefinition des Qualitätsmanagements stehen die folgenden Aspekte:

Kundenorientierung	Ermittlung der Bedürfnisse der Zielgruppe mit dem Ziel, Kundenzufriedenheit zu erzielen. Anspruchsgruppen sind Patienten, Kostenträger, Einweiser und Mitarbeiter.
Mitarbeiterorientierung	Realisierung einer hohen Behandlungsqualität durch das Zusammenwirken der verschiedenen Berufsgruppen. Hinzu kommen eine gezielte Personalentwicklung sowie Qualitätskonferenzen und Qualitätszirkel.
Prozessorientierung	Der Patient muss als Kunde verstanden werden. Der Behandlungsablauf von der Aufnahme über die Behandlung bis zur Entlassung ist mit einer konkreten Zielsetzung festzulegen.
Interne Strukturen	Aus den internen Unternehmensstrukturen lassen sich kontinuierliche Qualitätsverbesserungen ableiten. Kosteneinsparungen und eine hohe Kosteneffizienz sind weitere Aspekte.
Präventives Fehler- und Risikomanagement	Qualitätsmanagement besitzt einen präventiven Charakter. Im Vordergrund stehen Fehlervermeidung, die Suche nach Fehlerursachen sowie ihre Beseitigung.
Kontinuierliche Verbesserung	Qualitätsmanagement hat stets das Ziel, Behandlungsabläufe kontinuierlich zu verbessern. Dies kann durch Qualitätsverbesserungsprojekte oder durch die Vereinbarung zu erreichender Qualitätsziele erfolgen.

03. Welche Ziele sollen mit der Qualitätspolitik erreicht werden?

Qualitätspolitik ist entsprechend der Norm EN ISO 9000:2005 die Darlegung der umfassenden qualitätsbezogenen Absichten und Anweisungen einer Organisation, wie sie durch die Unternehmensleitung formell ausgedrückt wird.

Qualitätspolitik formuliert daher die Ziele einer Organisation. Die Qualitätspolitik setzt den Rahmen für die Grundsätze des Unternehmens, die Ziele und das Qualitätsmanagementsystem. Damit verbunden ist oftmals die Formulierung einer Unternehmensvision als Ausdruck des Selbstverständnisses der Organisation.

Beim Abstecken der Qualitätsziele stehen folgende Überlegungen im Vordergrund:
- Verbesserung der Dienstleistungsqualität
- Erfüllung der Kundenwünsche
- Prozessoptimierung und geringere Fehleranfälligkeit
- externe Kommunikation
- interne Kommunikation
- Kostensenkung.

Grundsätzlich sollten sich diese Leitlinien an Unternehmensstrategien ausrichten. Die Ziele sollen verständlich formuliert werden, sodass praktisch danach gehandelt werden kann und sie entsprechend kommuniziert werden können.

04. Welche Maßnahmen erfolgen bei der Projektvorbereitung?

Sollte die Geschäftsführung keine Erfahrungen im Umgang mit dem Qualitätsmanagement besitzen, haben Berater oftmals eine entscheidende Bedeutung. Sie bringen ihr persönliches Wissen und ihre Erfahrungen in die Organisation ein, um zur Prozessoptimierung beizutragen.

Bei der Auswahl eines Zertifizierers gilt, dass die Ergebnisse der Überprüfungen nur verbindlich sind, wenn die Zertifizierer von einer akkreditierten Stelle entsandt wurden und ihrerseits als Zertifizierer akkreditiert oder zertifiziert sind.

Zertifizierer sind in der Regel Personen, die von einer externen Organisation entsendet werden, um eine Überprüfung bzw. Bewertung des QM-Systems vorzunehmen und ggf. die Ausstellung eines Zertifikates zu empfehlen.

05. Wonach richtet sich die Qualitätsplanung?

Die Qualitätsplanung richtet sich an den Dimensionen:

- Strukturqualität
- Prozessqualität
- Ergebnisqualität.

Das Ergebnis der Qualitätsplanung ist eine Dokumentation, die die Ziele des QM-Systems und den Weg der Zielerreichung darstellt. Häufig werden als Kriterien Soll-Werte festgelegt.

06. Welche Funktionen im Qualitätsmanagement gibt es?

Funktionen stellen die Umsetzung und laufende Entwicklung eines QM-Systems sicher. Folgende Funktionen stehen im Fokus:

Qualitätsbeauftragter	Der Qualitätsbeauftragte trägt die Verantwortung für das QM-System einer Organisation. Häufig wird eine eigene Stelle geschaffen. Die Aufgabe des QB liegt in der Koordination und Steuerung der QM-Aktivitäten. Um Unabhängigkeit zu gewährleisten, sollte der QB kein Mitglied der Geschäftsführung sein, aber Einfluss auf das Management besitzen und eigenständig Entscheidungen im Rahmen des QM treffen können.
Interne Auditoren Assessoren	Mitarbeiter, deren Aufgabe die Durchführung von internen Audits zur Überprüfung der Erfüllung der Anforderungen eines QM-Modells, insbesondere der DIN EN ISO 9000 ff. ist. Interne Assessoren haben ähnliche Aufgaben in Bezug auf TQM-Modelle.
Mitarbeiter mit speziellen Aufgaben	Mitarbeiter können Aufgaben in der Qualitätskontrolle, bei Schulungsmaßnahmen oder die Teilnahme an Qualitätszirkeln übernehmen.

4.9 Qualitätsmanagement im Sozial- und Gesundheitswesen

Berater	Berater bringen ihr persönliches Wissen und Erfahrungen in die Organisation ein, um die Prozesse zu optimieren.
Zertifizierer	Zertifizierer werden von externen Organisationen entsendet, um eine Überprüfung bzw. Bewertung des QM-Systems vorzunehmen und ggf. die Ausstellung eines Zertifikates zu empfehlen.

07. Wie und welche Dokumente werden bei Einführung eines QM-Systems erfasst?

Bei Einführung eines QM-Systems empfiehlt sich die Sammlung aller Dokumente der Abteilungen des Unternehmens. Veraltetete und überflüssige Dokumente können aussortiert werden. Die relevanten Dokumente sind einer Dokumentenlenkung zu unterwerfen.

Die Dokumentenlenkung ist nach DIN EN ISO 9001:2008 definiert. Demnach sind Dokumente alle Aufzeichnungen, die ausgeübte Tätigkeiten oder erreichte Ergebnisse nachweisen. Die Prüfung, Freigabe und Inkraftsetzung der Dokumente ist frühzeitig zu klären. Hinzu kommt, dass die Verteilung, die Ungültigkeitserklärung und Revisionen genau zu definieren sind, um sicherzustellen, dass keine veralteten oder ungültigen Versionen im Umlauf sind. Häufig erleichtern Dokumentenlenkungs-Softwaresysteme diese Tätigkeiten. Zu den Dokumenten zählen:

- Qualitätshandbuch
- Qualitätsmanagementpläne
- Spezifikationen zu Anforderungen
- Arbeitsanleitungen
- Dienstanweisungen
- Leitlinien
- Aufzeichnungen über Tätigkeitsnachweise.

08. Welche Instrumente und Verfahren werden zur Qualitätssicherung eingesetzt?

Dokumentation	Die prozessnahe Dokumentation ist die Basis aller folgenden Analysen und Maßnahmen. Ein Handlungsbedarf wird im Rahmen des „Kontinuierlichen Verbesserungsprozesses" umgesetzt. Die Dokumentation von Zwischenfällen, Ereignissen und Komplikationen ist ein wichtiger Schritt bei der Aufdeckung von Schwachstellen und Fehlerquellen. Sie kann als erster Schritt hinsichtlich eines „Critical Incident Reporting" (CIR) gelten.
Supervising	Supervising beschreibt den Einsatz entsprechend ausgebildeter Supervisoren zur Überwachung der Arbeit einer bestimmten Gruppe von Mitarbeitern und zu deren Anleitung.
Debriefing	Nachbesprechung

Medical Audit/ Peer Review	Im klinischen Bereich werden im Zuge von Audits Krankengeschichten stichprobenartig auf Vollständigkeit und Schlüssigkeit überprüft sowie die durchgeführten diagnostischen, therapeutischen und pflegerischen Maßnahmen hinsichtlich ihrer Indikation und ihrer Wirkung beurteilt. So sollen eventuelle Fehler aufgedeckt und deren Ursachen analysiert werden. Die daraus gewonnenen Erkenntnisse sollen in das Wissen der gesamten Organisation einfließen. Da diese Audits durch gleichgestellte Ärzte erfolgen, nennt man sie auch „Peer Reviews". Der Ausdruck Peer bezeichnet einen gleichgestellten Mitarbeiter oder Kollegen. Bei Zweifeln an Unvoreingenommenheit werden Reviews manchmal durch Kollegen aus anderen Häusern durchgeführt. Der entscheidende Unterschied zum Debriefing ist, dass hier kein Dialog zwischen den Auditoren und dem behandelnden Arzt zustande kommt, sondern die Krankengeschichten anonymisiert untersucht werden.

09. Welche Instrumente können zur Qualitätslenkung und -verbesserung eingesetzt werden?

Kontinuierlicher Verbesserungsprozess (KVP)	KVP basiert auf der Annahme, dass auf jeden PDCA-Zyklus ein weiterer folgt, dessen Ausgangsbasis für die Planung jedoch auf einem höheren Qualitätsniveau beruht. Oft wechseln sich PDCA-Zyklen mit SDCA-Zyklen ab. Das S steht für „Standardize". Das Erreichte soll standardisiert und in den betrieblichen Alltag übernommen werden, bevor der nächste Schritt zur Verbesserung folgt. Dies ist vor allem bei umfangreicheren Innovationen unbedingt erforderlich.
Kaizen	Gemäß der Philosophie des Kaizen weist die laufende Optimierung des Bewährten den Weg zum Erfolg. Dabei wird davon ausgegangen, dass der wirtschaftliche Erfolg das Ergebnis von Produkten und Dienstleistungen ist, die mit ausgezeichneter Qualität höchste Kundenzufriedenheit erzielen.
Betriebliches Vorschlagswesen	Das betriebliche Vorschlagswesen (BVW) ist ein Kernelement jedes QM-Systems. Es dient der Verbesserung der Qualität, der Innovation und der Motivation der Mitarbeiter. Das BVW bietet die Möglichkeit, die Erfahrungen der Mitarbeiter auf einer geregelten Basis dem Qualitätsmanagement zugänglich zu machen. Hier können die offenen Kundenwünsche genauso weitergegeben werden wie Probleme und Fehlerquellen. Häufig wissen die Mitarbeiter besser als das Management, wie die Anforderungen der Kunden zu erfüllen sind oder wie Probleme ausgeräumt werden können.

4.9 Qualitätsmanagement im Sozial- und Gesundheitswesen

	Das Vorschlagswesen ist ebenso geeignet, aus Ideen der Mitarbeiter neue Produkte und Dienstleistungen zu machen.
Qualitätszirkel	Qualitätszirkel sind eine Form der Gruppenarbeit innerhalb eines Unternehmens. Qualitätszirkel dienen als Instrumente zur Förderung des Qualitätsbewusstseins. Die tief greifenden strukturellen Änderungen, die für eine Implementierung von Qualitätszirkeln nötig sind, müssen langfristig geplant und verfolgt werden. Sie sind daher ein Bestandteil der Planung zur Einführung von Qualitätsmanagement.
Fehlermanagement	In den meisten Organisationen wird bei Auftreten eines Fehlers nach dem Schuldigen gesucht, um diesen zu bestrafen – bis hin zu einer sofortigen Beendigung des Arbeitsverhältnisses. Die Ursache des Fehlers wird nur in Ausnahmefällen geklärt. Positives Fehlermanagement im Sinne eines wirksamen Qualitätsmanagements bedarf daher einer positiven Fehlerkultur. Das Ishikawa-Diagramm: Ziel des Ishikawa-Diagramms ist es, anhand einer an die Gräten eines Fisches erinnernden Grafik die Ursachen von Fehlern zu ermitteln und zu visualisieren. Die deutschen Ausdrücke sind Fischgräten-Diagramm und Ursache-Wirkungs-Diagramm. Ähnliche Verfahren sind die Fehlerbaum-Analyse und die Failure Mode and Effects Analysis (FMEA). Critical Incident Reporting: In der Vergangenheit wurde der Patientensicherheit als wesentliches Qualitätsmerkmal eines Behandlungsprozesses nicht die notwendige Beachtung geschenkt. Ein kritisches Element zur Erhöhung der Sicherheit ist die Schaffung einer Sicherheits- und Fehlerkultur mit dem Effekt, dass Fehler identifiziert, Ursachen abgeklärt und darauf basierend Maßnahmen zur künftigen Verhinderung dieser Fehler ergriffen werden. Damit wird das Risiko eines neuerlichen Auftretens desselben Fehlers reduziert. Solche Maßnahmen können daher auch dem Risikomanagement zugeschlagen werden. Dabei wird das Risiko eines Fehlers aus der Wahrscheinlichkeit seines Auftretens und dem (potenziell) daraus resultierenden Schaden abgeleitet. Das Ziel des Critical Incident Reporting ist es, durch Meldungen kritischer Ereignisse durch die Mitarbeiter, die auch nur beinahe zu einer Gefährdung oder gar zu einem Schaden eines Patienten geführt haben, an das Gesamtsystem zu berichten und dadurch das Risiko eines neuerlichen Auftretens des kritischen Ereignisses zu verringern.

	Beim Critical Incident Reporting spielt im Gegensatz zur klassischen Fehleranalyse der tatsächliche Schadenseintritt eine untergeordnete Rolle. CIR liegt die Erkenntnis zugrunde, dass die wichtigen Vermeidungsstrategien sich auch aus sog. Beinahe-Zwischenfallen (Incidents) ableiten lassen.
Benchmarking	Benchmarking ist der kontinuierliche Prozess, Produkte, Dienstleistungen an den stärksten Mitbewerbern oder denjenigen Organisationen, die als besser angesehen werden, zu messen. Benchmarking ist ein zielgerichteter, kontinuierlicher Prozess, bei dem die Vergleichsobjekte möglichst branchenunabhängig untersucht werden. Dabei werden Unterschiede ermittelt, sowie Ursachen und Möglichkeiten zur Verbesserung gesucht.

10. Was versteht man unter Qualitätskosten?

Qualitätskosten sind diejenigen Kostenbestandteile, die zur Sicherstellung der Qualität bzw. zu deren kontinuierlicher Verbesserung erforderlich sind. Hinzu kommen jene Kostenelemente, die zur Beseitigung bereits aufgetretener Qualitätsmängel erforderlich sind. Nach traditioneller Auffassung wird differenziert zwischen:

- Fehlerverhütungskosten (Präventionskosten)
- Prüfkosten
- Fehlerkosten.

11. Was soll mit dem Qualitätscontrolling erreicht werden?

Qualitätscontrolling hat den Anspruch, die durch das Qualitätsmanagement bzw. dessen Maßnahmen verursachten Kosten zu erkennen und zu steuern.

Die traditionellen Kostenrechnungssysteme sind im Allgemeinen nicht auf die speziellen Bedürfnisse des Qualitätsmanagements ausgerichtet, sodass die wesentliche Aufgabe des Qualitätscontrollings darin besteht, ergänzend zum bestehenden Kostenrechnungssystem eine Qualitätskostenrechnung aufzubauen, mit deren Hilfe in sämtlichen Unternehmensbereichen die jeweiligen Qualitätskosten erfasst und ausgewiesen werden. Dazu werden in der Regel Kennzahlen verwendet.

12. Nennen Sie einige Beispiele für Kennzahlen aus dem Qualitätscontrolling.

- Kosten des QM-Systems/Umsatz
- Fehlerkosten
- Fehler zum Zeitpunkt t_0/Fehler zum Zeitpunkt t_n
- Arbeitszeit zur Fehlerkorrektur/Arbeitszeit
- Kosten für Schulungen
- Patientenzufriedenheit Zeitpunkt t_0/Patientenzufriedenheit Zeitpunkt t_n
- Kosteneinsparungen durch BVW/Kosten für BVW

Klausurtypischer Teil – Aufgaben

1. Prüfungsfach: Sozial- und Gesundheitsökonomie

1.1 Bedeutung der Gesundheit für die Volkswirtschaft

01. Gesundheitsbegriff

Begründen Sie, warum es keinen einheitlichen und allgemeinverbindlichen Gesundheitsbegriff gibt.

02. Definitionsmonopol

a) Wer hat das Definitionsmonopol in Bezug auf Krankheit?
b) Welche Leistungsansprüche kann der Patient stellen?

03. Einflussfaktoren auf die Gesundheit

a) Warum können persönliche Veranlagungen des Menschen ein Gesundheitsrisiko oder eine Gesundheitsressource sein?
b) Was verstehen Sie unter einem Protektivfaktor?

04. Gesundheitszustand

Nennen Sie sechs Indikatoren zur Einschätzung des Gesundheitszustandes der Bevölkerung?

a) Welche Bedeutung hat diese Einschätzung für die Volkswirtschaft?
b) Lässt sich die Leistungsfähigkeit des Gesundheitssystems mithilfe dieser Indikatoren einschätzen?

05. Informationsasymmetrien

Informationsasymmetrien sind auf dem Gesundheitsmarkt besonders hoch. Erläutern Sie, durch welche Maßnahmen diese relativiert werden können.

06. Wirtschaftliche Folgen von Arbeitsunfähigkeit

Jährlich entstehen durch Arbeitsunfähigkeit hohe Kosten. Erläutern Sie die möglichen wirtschaftlichen Folgen von Arbeitsunfähigkeit.

07. Prüfung der Arbeitsunfähigkeit

a) Wie kann der Arbeitgeber die Arbeitsunfähigkeit eines Arbeitnehmers überprüfen lassen?

b) Welche Zweifel des Arbeitgebers sind gerechtfertigt?

08. Das Sozialbudget

Das Sozialbudget gibt jährlich einen Überblick über das Leistungsspektrum und die Finanzierung der sozialen Sicherung in Deutschland. Erläutern Sie, welche Aspekte dabei unberücksichtigt bleiben.

09. Sozialleistungsquote

Erläutern Sie die Sozialleistungsquote.

10. Rechensysteme

Zur Quantifizierung umfasst die Gesundheitsberichterstattung des Bundes (GBE) drei Rechensysteme. Grenzen Sie diese voneinander ab.

11. Heil- und Hilfsmittel

Grenzen Sie Heil- und Hilfsmittel gegeneinander ab.

12. Preissteuerung bei Arzneimitteln

Erläutern Sie die Möglichkeiten der Preissteuerung bei Arzneimitteln.

13. Vorteile der Bürgerversicherung

Erläutern Sie mögliche Vorteile einer Bürgerversicherung.

14. Nachteile der Bürgerversicherung

Erläutern Sie mögliche Nachteile einer Bürgerversicherung.

15. Vorteile der Gesundheitsprämie

Erläutern Sie mögliche Vorteile einer Gesundheitsprämie.

16. Nachteile der Gesundheitsprämie

Erläutern Sie mögliche Nachteile einer Gesundheitsprämie.

1. Prüfungsfach: Sozial- und Gesundheitsökonomie

17. Informations- und Behandlungsrechte
Welche Informations- und Behandlungsrechte hat der Patient?

18. Suchthilfe
Erläutern Sie die Position der Suchthilfe innerhalb der Selbsthilfe.

19. Prävention und Selbsthilfe
Erläutern Sie die Bedeutung der Selbsthilfe im Rahmen von Prävention.

20. Daseinsvorsorge
Erläutern Sie, warum staatliche Daseinsvorsorge nötig ist.

1.2 Sozial- und Gesundheitspolitik im Wirtschaftssystem der Bundesrepublik Deutschland

01. Kinder- und Jugendhilfe
Begründen Sie die sozialpolitische Notwendigkeit der Kinder- und Jugendhilfe.

02. Jobcenter
Seit 2010 arbeiten nach Art. 91e GG Bund, Länder und Kommunen auf dem Gebiet der Grundsicherung für Arbeitssuchende in gemeinsamen Einrichtungen zusammen. Welche Aufgaben nehmen diese Jobcenter wahr?

03. Bundesversicherungsamt
Das Bundesversicherungsamt unterstützt das Bundesministerium für Arbeit und Soziales. Welche Aufgaben nimmt das Amt wahr?

04. Krankenhausaufsicht
Welche Institution überwacht den ordnungsgemäßen Betrieb von Krankenhäusern und welche Aufgaben werden von ihr noch erfüllt?

05. Satzungsleistungen der Krankenkassen
Die Leistungen der gesetzlichen Krankenversicherung sind im SGB V als gesetzlicher Leistungskatalog vorgeschrieben. Können darüber hinaus noch Leistungen gewährt werden?

06. Ambulante Behandlungen

Erläutern Sie, unter welchen Voraussetzungen ambulante Behandlungen in Krankenhäusern erbracht werden können.

07. Bevölkerungsentwicklung

Erläutern Sie die Faktoren, die Einfluss auf die Bevölkerungsentwicklung nehmen.

08. Morbiditätsbezogene Indikatoren

Die Indikatoren „Todesursachen" und „gesunde Lebensjahre" nehmen Bezug auf die Morbidität. Erläutern Sie diese Indikatoren.

09. Altersquotient

Im Jahr 2020 wird eine erwerbsfähige Bevölkerung von 47.636 Personen und eine Bevölkerung von über 65 Jahren mit 18.654 Personen erwartet. Legt man das Renteneintrittsalter von 67 Jahren zu Grunde, so sind es 49.723 erwerbsfähige Personen und 16.567 die sich im Rentenalter befinden. Berechnen Sie die Altersquotienten (Altenquotienten) und erläutern Sie ihre Ergebnisse.

10. Erwerbsquote

2010 hatte Deutschland 81.757.000 Einwohner. Die Anzahl der Arbeitnehmer betrug 36.018.000, die der Selbstständigen 4.488.000 und die der Erwerbslosen 2.946.000. Berechnen Sie die Erwerbsquote und erläutern Sie diese. Unterscheiden Sie die Erwerbstätigen und Erwerbsfähigen voneinander.

11. Pflegebedarf

Im Zuge des demografischen Wandels wird ein Anstieg des professionellen Pflegebedarfes erwartet. Begründen Sie diese Aussage.

12. Wirtschaftlichkeitsgebot

Im Gesundheitswesen ist das Wirtschaftlichkeitsgebot zu beachten. Sind wirtschaftliche Kriterien in der Gesundheitsversorgung unethisch?

1.3 Struktur des Sozial- und Gesundheitswesens

01. Gliederung der Gesundheitsversorgung

Gliedern Sie die Bereiche der Gesundheitsversorgung.

02. Arztwahlfreiheit

Grundsätzlich haben gesetzlich Versicherte, die sich nicht zu vertraglichen Einschränkungen entschlossen haben, nach § 76 SGB V Arztwahlfreiheit in der ambulanten Versorgung. Welche Ärzte sind davon ausgenommen?

03. Ambulante vertragsärztliche Versorgung

Der Marktzutritt zur ambulanten vertragsärztlichen Versorgung ist staatlich stark reglementiert. Erläutern Sie die staatlich gesetzten Marktschranken.

04. Frührehabilitation

Von Krankenhäusern werden auch Leistungen zur Frührehabilitation erbracht. Begründen Sie die Notwendigkeit.

05. Krankenhauseinweisung

Es ist ein starker Anstieg der Krankenhauseinweisungen bei Hochaltrigen zu beobachten. Welche Folgen sind zu erwarten?

06. Rehabilitation

Die Rehabilitationsträger gewähren durch unterhaltssichernde und ergänzende Leistungen. Welche Leistungen sind das im Einzelnen?

07. Pflege

Die Anforderungen an die Pflege steigen. Begründen Sie diese Aussage!

08. Rettungsdienste

Folgeschäden durch Unfälle sind für den Patienten sehr belastend und verursachen volkswirtschaftliche Kosten. Welche beiden Maßnahmen verringern die Gefahr von Folgeschäden für Notfallpatienten?

09. Ausgleichsabgabe

Was verstehen Sie unter der Ausgleichsabgabe? Von welcher Einrichtung wird sie erhoben und wie wird sie verwendet?

10. Compliance

Erläutern Sie Non-Compliance Verhalten von Patienten bei Arzneimitteltherapien. Könnte eine Zuzahlung eine Verhaltensänderung bewirken?

11. Naturalrabatte

Naturalrabatte wurden im Zuge des Arzneimittelversorgungs-Wirtschaftlichkeitsgesetz verboten. Erläutern Sie die Notwendigkeit des Verbotes.

12. Medizinisches Versorgungszentrum und Ärztehaus

Erläutern Sie, wie sich ein Medizinisches Versorgungszentrum und ein Ärztehaus voneinander unterscheiden. Findet dort eine sektorenübergreifende Versorgung statt?

13. Bundeszuschüsse zur Sozialversicherung

Nach Art. 120 GG trägt der Bund die Zuschüsse zu den Lasten der Sozialversicherung. Welche Zweige der Sozialversicherung erhalten Bundeszuschüsse? Welche Bedeutung haben diese Zuschüsse?

14. Umlage und Kapitaldeckungsverfahren

Erläutern Sie, wie sich das Umlageverfahren und das Kapitaldeckungsverfahren voneinander unterscheiden. In welchen Bereichen werden diese Verfahren angewandt?

15. Äquivalenzprinzip

Erläutern Sie das Äquivalenzprinzip. In welchen Bereichen der sozialen Sicherung wird es angewandt?

1.4 Die Rolle des Staates

01. Gesundheitsämter

Haben die Gesundheitsämter auch kurative Aufgaben? Begründen Sie ihre Aussage.

02. Sozialpolitik

Ziel der Sozialpolitik ist es die Chancengleichheit zu verbessern. Wie kann das durch staatliche Förderung erreicht werden? Nennen Sie dazu zwei Beispiele und erläutern sie diese.

03. Solidaritätsprinzip

Beschreiben Sie die Elemente des Solidarausgleichs in der gesetzlichen Krankenversicherung.

04. Belastungsgrenzen

Um eine finanzielle Überlastung von Versicherten zu vermeiden, wurden Belastungsgrenzen für Zuzahlungen eingeführt.
a) Wann gilt die Belastungsgrenze als überschritten?
b) Welche Bedingungen sind damit für chronisch Kranke verbunden?

05. Fürsorgeverpflichtung

Erläutern Sie das Prinzip staatlicher Fürsorge. Welches Prinzip begrenzt diese?

06. Sozialleistungsmissbrauch

Die Einführung der elektronischen Gesundheitskarte wurde bereits 2004 beschlossen. Erläutern Sie, wie die elektronische Gesundheitskarte den Leistungsmissbrauch verringern kann.

1.5 Akteure im Sozial- und Gesundheitswesen

01. Apparategemeinschaft

Erläutern Sie den Begriff Apparategemeinschaft und nennen dafür zwei Beispiele. Nennen Sie Vor- und Nachteile einer Apparategemeinschaft.

02. Bedarfsplanung ambulanter vertragsärztlicher Versorgung

a) Welche Institution führt die Bedarfsplanung der vertragsärztlichen Versorgung durch?
b) Welche Faktoren sind bei der Bedarfsplanung zu berücksichtigen?
c) Können die Kassenärztlichen Vereinigungen einen Arzt zur Niederlassung in einem unterversorgten KV-Bezirk verpflichten?

03. Zentren

In größeren Krankenhäusern werden verstärkt Zentren gebildet. Nennen Sie die Gründe und drei Beispiele.

04. Pflegerische Leistungen

Frau Müller betreut ihre 80-jährige pflegebedürftige Mutter. Zurzeit kann sie diese aufgrund eigener Krankheit nicht pflegen. Eine Unterstützung aus dem eigenen Umfeld ist nicht möglich. Welche pflegerischen Leistungen kann Frau Müller erhalten, um die Pflege für ihre Mutter sicherzustellen.

05. Notfallrettung

Es wird die wachsende Zahl der Krankentransporte beklagt. Könnte für den Rettungsdienst auch ein Taxi eingesetzt werden?

06. Krankentransport

Welche Transportleistungen werden von den Krankenkassen übernommen?

07. Beratung

Die 80-jährige Mutter von Frau Müller wird nach einem Schlaganfall aus der Rehabilitationsklinik als pflegebedürftig entlassen. Nennen Sie drei Institutionen, von denen Frau Müller Beratungsleistungen in Anspruch nehmen kann. Zu welchen Themen sollte Frau Müller sich von diesen beraten lassen?

08. Bettenbedarf

Berechnen Sie den Bettenbedarf für eine Planungsregion. Die Planungsregion hat 1.000.000 Einwohner. Die Krankenhaushäufigkeit beträgt 2.000 Fälle bezogen auf 10.000 Einwohner, die Verweildauer liegt bei 10 Tagen und der Bettennutzungsgrad bei 80 %. Wie verändert sich der Bettenbedarf, wenn die Verweildauer um einen Tag sinkt?

09. Trägerschaft

Mit Beginn der 90er-Jahre wurden viele Krankenhäuser in eine private Trägerschaft überführt. Erläutern Sie drei mögliche Gründe dafür.

10. Rehabilitationsleistungen

Die Leistungsstruktur der Rehabilitation ist sehr unübersichtlich. Geben Sie zwei Gründe dafür an. Nennen Sie drei Heilmittel, die von Vorsorge- und Rehabilitationseinrichtungen angeboten werden.

11. Pflegeheime

Erläutern Sie vier Gründe, die alte Menschen veranlassen, in ein Pflegeheim überzusiedeln.

12. Heimkosten

Erläutern Sie, welche Kosten von Pflegeheimen berechnet werden.

13. Ärztlicher Notdienst

Erläutern Sie, welche Leistungen durch den ärztlichen Notdienst zu erbringen sind.

14. Krankenversicherung

Berechnen Sie den Sozialausgleich bei einem durchschnittlichen Zusatzbeitrag von 18 € bei

a) beitragspflichtige Einnahmen von 900 € und einem kassenindividuellen Zusatzbeitrag von 18 €.

b) beitragspflichtige Einnahmen von 800 € und einem kassenindividuellen Zusatzbeitrag von 20 €.

c) Warum wird für den Sozialausgleich der durchschnittliche Zusatzbeitrag zugrunde gelegt?

15. Soziale Pflegeversicherung

Was verstehen Sie unter teilstationärer Pflege? Welche Leistungen werden bei teilstationärer Pflege von der Pflegeversicherung gewährt?

16. Gesetzliche Rentenversicherung

Welche Bedeutung hat das Entgeltpunktesystem für die Rentenberechnung?

17. Gesetzliche Unfallversicherung

Erläutern Sie, weshalb die gesetzliche Unfallversicherung eine Sonderstellung innerhalb der Sozialversicherung einnimmt. Auf welcher Grundlage werden die Beiträge ermittelt?

18. Selbstverwaltung

Erläutern Sie den Begriff der Vertreterversammlung. In welchen Bereichen des Sozial- und Gesundheitswesens gibt es sie? Nennen Sie drei wesentliche Aufgaben.

19. Sicherstellungsauftrag

Nach §75 SGB V sind die Kassenärztlichen Vereinigungen zur Sicherstellung der vertragsärztlichen Versorgung gegenüber den Krankenkassen verpflichtet. Sie übernehmen die Gewähr, dass die Versorgung den gesetzlichen und vertraglichen Erfordernissen entspricht.

Nennen Sie zwei Versorgungsformen die den Sicherstellungsauftrag einschränken. In welchem Rahmen tun sie das? Wodurch wurde der Sicherstellungsauftrag erweitert?

1.6 Finanzierung

01. Duale und monistische Krankenhausfinanzierung

Erläutern Sie, wie sich duale und monistische Krankenhausfinanzierung voneinander unterscheiden.

02. Fallpauschalenvereinbarung

Es wird behauptet die Einführung des DRG-Systems führt zu „blutigen Entlassungen". Welche Mechanismen der Fallpauschalenvereinbarung wirken dem entgegen?

03. Einzelfallprüfung

Seit Einführung des DRG-Systems hat die Einzelfallprüfung durch den MDK deutlich zugenommen. Erläutern Sie zwei Probleme, die sich daraus für die Krankenhäuser ergaben. Durch welche Maßnahme können unnötige Prüfungen vermieden werden?

04. Vertragsärztliche Vergütung

Eine Folge der angebotsinduzierten Nachfrage ist die Einkommenssteigerung auf der Grundlage einer Mengenausdehnung. Welche Maßnahmen innerhalb der vertragsärztlichen Vergütung wirken dem entgegen? Unterliegen privatärztliche Leistungen einer Mengenbegrenzung?

05. Regelleistungsvolumina

Berechnen Sie das Regelleistungsvolumen von Herrn Dr. Mustermann.
Fallzahl des Herrn Dr. Mustermann 1.800 im Quartal
durchschnittliche Fallzahl der Arztgruppe 900
Fallwert der Arztgruppe 40 €
Altersfaktor in der Praxis von Herrn Dr. Mustermann 1,1

06. Schwellenwert

Nach GOÄ werden die ärztlichen Leistungen vom einfachen bis zum dreieinhalbfachen Gebührensatz vergütet. Erläutern Sie die Bedeutung des Schwellenwertes in diesem Zusammenhang.

07. Private Krankenversicherung

Zur Vermeidung einer Beitragsatzsteigerung im höheren Lebensalter werden in der privaten Krankenversicherung Altersrückstellungen gebildet. Welche Folgen hat das für Personen mit einem hohen Eintrittsalter? Wann sind Beitragssatzsteigerungen nicht vermeidbar?

08. Versicherungsleistung

Erläutern Sie, wie Art und Umfang der Versicherungsleistung die Beitragshöhe der privaten Krankenversicherung beeinflussen.

09. Berufsunfähigkeit

Die Absicherung einer Berufsunfähigkeit gewinnt zunehmend an Bedeutung. Grenzen Sie Berufsunfähigkeit und Erwerbsminderung voneinander ab.

1.7 Internationale Entwicklungen

01. Europäische Gesundheitspolitik

Welche Bedeutung hat das Subsidiaritätsprinzip für die europäische Gesundheitspolitik?

02. Verantwortung der Mitgliedsstaaten

Die Verantwortung für die Versorgung und Organisation des Gesundheitswesens bleibt bei den Mitgliedsstaaten der europäischen Union. Geben Sie zwei Regeln an, die diesbezüglich berücksichtigt werden müssen. Wann können diese eingeschränkt werden?

03. Europäische Sozialcharta

Die 1965 in Kraft getretene Europäische Sozialcharta ist im Bereich der wirtschaftlichen und sozialen Rechte das Gegenstück zur Europäischen Menschenrechtskonvention. Unterbindet die Sozialcharta Diskriminierung?

04. Europäischer Gerichtshof

Die Europäische Sozialcharta sieht keine Sanktionen bei Pflichtverletzungen vor. Erläutern Sie, zu welchem Zweck der Europäische Gerichtshof (EuGH) die Europäische Sozialcharta nutzt.

05. Transplantationsrichtlinie

In der Bundesrepublik warten rund 12.000 Menschen auf ein Spenderorgan. So versterben ca. 1.000 Menschen aufgrund des Organmangels. Welche EU-Richtlinie soll zukünftig Verbesserungen bewirken? Handelt es sich dabei um eine Unterstützung des Organhandels?

06. Leistungsinanspruchnahme im europäischen Ausland

a) Welche Behandlungen im Ausland bedürfen einer Genehmigung durch die Krankenkasse?

b) Welche Vorsorge- und Rehabilitationsleistungen werden für Mütter und Väter im Ausland erbracht?

07. Grenzen der Leistungsinanspruchnahme im Ausland

Die Anzahl der Behandlungen im Ausland nimmt zu. Welche Gründe könnten im Zusammenhang mit der Behandlung älterer Menschen dagegen sprechen?

08. Aufgaben der Weltgesundheitsorganisation

Pandemien gefährden nicht nur die Bevölkerung eines Landes. Welche Aufgaben hat die WHO in diesem Zusammenhang?

2. Prüfungsfach: Rechtliche Bestimmungen im Sozial- und Gesundheitswesen

2.1 Öffentliches Gesundheitsrecht

01. Grundrechte

Auf welche Grundrechte lassen sich folgende gesetzliche Regelungen stützen?

§ 10 SGB V	Kinder von Mitgliedern sind familienversichert	
§ 2 Abs. 3 SGB XI	Pflegebedürftige sollen auf ihren Wunsch stationäre Leistungen in einer Einrichtung erhalten, in der sie durch Geistliche ihres Glaubens betreut werden können.	
§ 1904 Abs. 1 BGB	Betreuer bedürfen einer betreuungsgerichtlichen Genehmigung, wenn sie in ärztliche Eingriffe einwilligen wollen, bei denen die Gefahr besteht, dass der Betreute stirbt.	
§ 72 Abs. 3 Satz 1 SGB XI	Ein Anspruch auf Abschluss eines Versorgungsvertrages besteht, soweit und solange eine Pflegeeinrichtung bestimmte Qualitätsanforderungen erfüllt.	
§ 15 Abs. 3 Satz 1 HeimG	Zur Verhütung dringender Gefahr für die öffentliche Sicherheit und Ordnung können Räume, die dem Hausrecht eines Bewohners unterliegen, jederzeit von der Heimaufsicht betreten werden.	

02. Merkmale des Gemeinwesens/Sozialstaat

Herr Nemo ist Vorsitzender der XYZ-Partei. Er wünscht sich insgesamt eine effizientere Verwaltung in Deutschland, die sich auf die wesentlichen Staatsaufaufgaben konzentriert. Daher erwägt er, die Bundesländer und die Kommunalverwaltungen aufzulösen und eine bundeseinheitliche Zentralverwaltung mit Sitz in Bielefeld aufzubauen. Angesicht der maroden Staatsfinanzen sollen Fürsorgeleistungen abgeschafft werden. Hinreichend sei eine allgemeine staatliche Ordnungs- und Verkehrsverwaltung.

Wären entsprechende Maßnahmen nach einem Wahlsieg umsetzbar?

03. Sozialcharta

Nennen Sie vier deutsche Gesetze, die die gleiche Zielsetzung wie die Europäische Sozialcharta haben.

04. Verwaltungsakt (1)

Die Heimaufsicht des Kreises überprüft die vollstationäre Pflegeeinrichtung Abendrot GmbH. Die Bewohner können bei Einzug eigene Möbel mitbringen. Nach dem Ableben verbleiben die Möbel häufig im Haus, da die Erben sie nicht abholen. Die Heimleitung hat daher beschlossen, in den Etagenfluren noch schöne, brauchbare Sitzmöbel aufzustellen.Die Heimaufsicht ordnet die sofortige Entfernung an, weil die Möbel die Fluchtwege verengen. Handelt es sich dabei um einen Verwaltungsakt?

Wie kann sich die Einrichtung dagegen im ersten Schritt wehren?

05. Verwaltungsakt (2)

Die Kreisverwaltung kauft für ihre Heimaufsicht ein Elektroauto, damit die Mitarbeiter gut zu den Einrichtungen kommen, die überprüft werden sollen. Das Auto bleibt aber ständig liegen. Kann der entnervte Landrat per Verwaltungsakt beim Autohaus die Nachlieferung eines funktionierenden Autos anfordern?

06. Verwaltungsakt (3)

Weshalb entfaltet ein Widerspruch gegen einen sozialrechtlichen Beitragsbescheid grundsätzlich keine aufschiebende Wirkung?

07. Rechtsmittel

Welcher Instanzenzug ist für verwaltungsrechtliche Streitigkeiten vorgegeben?

08. Medizinprodukte (1)

Handelt es sich bei den nachfolgenden Gegenständen um ein Medizinprodukt?
1. Defibrillator
2. menschliches Blut
3. Taschenmesser

Geben Sie auch die Vorschrift an, auf die Sie Ihre Antwort stützen.

2. Prüfungsfach: Rechtliche Bestimmungen im Sozial- und Gesundheitswesen

09. Medizinprodukte (2)

Herr Pekunia importiert billige, gebrauchte Röntgengeräte aus Laos. In der praktischen Anwendung weisen die Geräte im Dauerbetrieb eine gesundheitsgefährdende Strahlung auf. Den abnehmenden Ärzten versichert Herr Pekunia, dass ihnen allenfalls der Betrieb der Geräte untersagt werden könnte, wenn es mal auffallen sollte. Bis dahin hätten sich die Geräte mehrfach amortisiert.

Ist diese Risikoeinschätzung nach dem MPG zutreffend? Begründen Sie Ihre Antwort auch unter Benennung der einschlägigen Normen.

10. Arzneimittel (1)

Was ist Sinn des AMG?

11. Arzneimittel (2)

Dürfen Arzneimittel zu Dopingzwecken in Verkehr gebracht werden?

12. Arzneimittel (3)

Was bedeutet Verschreibungspflicht und wie ist der Begriff zur Apothekenpflicht abzugrenzen. Begründen Sie Ihre Antwort auch unter Benennung der einschlägigen Normen.

13. Arzneimittel (4)

Welche Bedeutung hat die Einordnung eines Arzneimittels als verschreibungspflichtig für die Versorgung gesetzlich Versicherter?

14. Betäubungsmittel (1)

Welche Gruppen von Betäubungsmitteln unterscheidet man grundsätzlich?

15. Betäubungsmittel (2)

Was ist im Hinblick bei der Verschreibung von Betäubungsmitteln zu beachten?

16. Betäubungsmittel (3)

Hinnerk Mommsen baut für den Eigenverbrauch Pflanzen an, aus denen sich nicht verkehrsfähige Betäubungsmittel herstellen lassen. Er hofft mit der nächsten Ernte seinen Jahresbedarf einlagern zu können. Auf einem Internetportal hat er gelesen, dass man sich nämlich als Selbstnutzer nicht strafbar macht.

Ist das Vertrauen Hinnerks berechtigt? Begründen Sie Ihre Antwort auch unter Benennung der einschlägigen Normen.

17. Hygieneverordnung

Welche Schritte sind für die Lebensmittelhygiene nach dem HACCP-Prinzip vorgegeben?

2.2 Haftungsrecht

01. Haftungsgrundlagen

Was sind die gesetzlichen Haftungsgrundlagen für die an der Behandlung beteiligten Personen, wenn ein Patient zu Schaden kommt?

1.	Niedergelassener Arzt für eigenes Tun	
2.	Arzthelfer	
3.	Angestellter Arzt im Krankenhaus	

02. Zivilrechtliches Anspruchsinhalt

Worauf ist die zivilrechtliche Haftung gerichtet?

03. Garantenstellung

Worauf begründet sich eine strafrechtliche Garantenstellung im Medizinrecht?

04. Straftatbestände

Werden durch das folgende Verhalten Straftatbestände verwirklicht und welcher Strafrahmen ist dafür ggf. grundsätzlich vorgegeben?

1. Frau Eickel ist sterbenskrank. Sie bittet ihren Hausarzt, ihr Leiden zu beenden. Ihr Hausarzt verabreicht ihr wunschgemäß ein tödliches Mittel.
2. Herr Wanne ist sterbenskrank. Dr. Eisenbart verabreicht ihm auf seinen Wunsch ein starkes Schmerzmittel, das sein Leiden in den letzten Stunden lindern soll. Nebenwirkung des Mittels ist, dass Herr Wanne früher sterben wird als ohne das Mittel.
3. Frau Siegen begibt sich kurz vor Praxisschluss in die Praxis von Dr. Veneficus. Frau Siegen klagt über starke Schmerzen im Bauchbereich, welche auf einen Blinddarmdurchbruch hindeuten. Dr. Veneficus hat jedoch Opernkarten für diesen Abend und rät Frau Siegen ohne Untersuchung, sich eine Wärmflasche auf den Bauch zu legen und nur noch leicht zu essen. Frau Siegen verstirbt. Bei ordnungsgemäßer Untersuchung wäre sie lebensrettend operiert worden.

4. Dr. Gladius stellt bei einer Nachuntersuchung fest, dass er bei der letzten Operation im Bauchraum diverse Metallhaken vergessen hat, was zu irreparablen Schäden geführt hat. Der Patient leidet Schmerzen. Herr Gladius fürchtet ein Verfahren wegen Körperverletzung. Er verabreicht dem Patienten ein Kreislaufmittel, das diesen wie beabsichtigt tötet.

2.3 Heim- und Betreuungsrecht

01. Heimbegriff

Was ist ein Heim im Sinne dieser Weiterbildung?

02. Heimaufsicht (1)

Was ist Aufgabe der Heimaufsicht?

03. Heimaufsicht (2)

Mit welcher Institution arbeitet die Heimaufsicht bei der Qualitätsüberwachung zusammen?

04. Heimvertrag (1)

In welcher Form ist ein Heimvertrag zu schließen?

05. Heimvertrag (2)

Wie unterscheiden sich die Kündigungsmöglichkeiten für einen Heimvertrag für Verbraucher und Unternehmer?

06. Heimvertrag (3)

Nach § 14 Abs. 4 WBVG kann der Unternehmer von einer Reihe von Bewohnern keine Sicherheit verlangen. Worin liegt das sachlich begründet?

07. Anpassung des Heimentgeltes

Welche Möglichkeit hat ein Heim, wenn sich der Pflegebedarf erhöht, der Bewohner aber keinen Antrag auf eine höhere Pflegestufe stellen will?

08. Betreute

Wer gehört zur Zielgruppe der rechtlich Betreuten?

09. Vorsorgevollmacht (1)

Welche Bedeutung hat die Vorsorgevollmacht für das Betreuungsverfahren? Nennen Sie auch die maßgebliche Vorschrift.

10. Vorsorgevollmacht (2)

Führt eine Vorsorgevollmacht dazu, dass der Vollmachtgeber letztlich dem Bevollmächtigten ausgeliefert ist?

11. Betreuerauswahl

Zum Betreuer darf nicht bestellt werden, wer in einem Heim arbeitet, in dem der Betreute wohnt. Diese Vorgabe macht § 1897 Abs. 3 BGB. Weshalb ist das so?

12. Stellung des Betreuers

Welche formale Stellung hat ein Betreuer?

13. Führung der Betreuung (1)

Nach dem Tod ihres Gatten ist Frau Liber Operetten von Franz Lehar zugetan. Sie möchte sich eine Aufführung von „Die lustige Witwe" in der Staatsoper ansehen.
Frau Liber hat eine gute Rente, jedoch hat sie keinen Zugriff auf ihr Girokonto.
Ihr Betreuer will ihr hierfür kein Geld zur Verfügung stellen. Er will das Geld sparen, falls Frau Liber mal ins Heim muss. Außerdem könne man sich Operetten – wenn man es denn partout tun müsse – auch auf einem Kultursender im Fernsehen ansehen.

Ist der Ansatz des Betreuers richtig? Begründen Sie Ihre Antwort auch unter Benennung der maßgeblichen Norm.

14. Führung der Betreuung (2)

Herr Restis ist Betreuer von Herrn Mayer. Nach einer Drogenkarriere hat sich Herr Mayer nun wieder stabilisiert und könnte selbst ein bescheidenes Leben führen.

Ergibt sich für Herrn Restis nun Handlungsbedarf? Begründen Sie Ihre Antwort auch unter Benennung der maßgeblichen Norm.

2.4 Finanzierung von stationären, teilstationären und ambulanten Diensten

01. Beschäftigung
Welche Bedeutung hat der Begriff der „Beschäftigung" für die Organisation der Sozialversicherungen?

02. Beitragsbemessung (1)
Wie drückt sich in der Beitragsbemessung der Solidaritätsgedanke aus?

03. Beitragsbemessung (2)
Was unterscheidet eine Beitragsbemessungsgrenze von einer Versicherungspflichtgrenze?

04. Beitragsbemessung (3)
Welche Gestaltungsmöglichkeiten haben gesetzliche Krankenversicherungen bei der Beitragsgestaltung?

05. Beitragsbemessung (4)
Was ist eine Bezugsgröße?

2.5 Steuerrecht

01. Abgaben
Worin unterscheiden sich Steuern von Gebühren und Beiträgen? Nennen Sie jeweils ein Beispiel für Gebühren und Beiträge.

02. Steuerbegünstigte Zwecke
Welche steuerbegünstigten Zwecke gibt es?

03. Gemeinnützigkeit
Herr Flores will einen Kleingartenverein gründen. Er möchte, dass der Verein als gemeinnützig anerkannt wird. Herr Umbra hält diese Idee für abwegig. Kleingärtnerei sei Privatsache. Dem Staat könne es gleichgültig sein, ob jemand Rasen mähen will oder nicht.

Hat Herr Flores grundsätzlich Aussicht darauf, dass sein Vereinszweck als gemeinnützig anerkannt wird?

04. Organisationsform
Ist es denkbar, dass eine gemeinnützige Organisation dem Handelsrecht unterliegt?

05. Selbstlosigkeit
Der Verein Kalte Platte e.V. hat sich laut Satzung zum Ziel gesetzt, Obdachlose zu unterstützen. Die jährlichen Einnahmen hauptsächlich aus Spenden belaufen sich auf 3,2 Millionen Euro.

Um eine ordnungsgemäße Verwaltung sicherzustellen, hat der Verein einen Manager eingestellt, der auch Mitglied des Vorstandes ist. Sein Jahresentgelt beträgt 1,1 Millionen Euro.

Außerdem richtet der Verein für die örtlichen Mitglieder eine Weihnachtsfeier aus. Der Aufwand für die Mitglieder, deren Jahresbeitrag 400 € beträgt, beläuft sich auf 7,50 € je Teilnehmer. Hierfür werden rund 1.500 € aufgewandt.

Schließlich wurden in den letzten Jahren jährlich 800.000 € zurückgelegt, um freie Mittel zu haben, falls mit einem Einbrechen der Konjunktur die Zahl der Obdachlosen sprunghaft steigen sollte.

Erstmals damit befasst, zweifelt der Steuerberater an, dass der Verein noch als mildtätig eingestuft werden kann. Sind seine Bedenken begründet? Begründen Sie Ihre Antwort auch unter Benennung der einschlägigen Normen.

06. Zweckbetrieb
Wie lautet die Legaldefinition von Zweckbetrieb? Nennen Sie zwei Beispiele für mögliche Zweckbetriebe.

Geben Sie auch die Normen an, auf die Sie Ihre Antwort stützen.

2.6 Sozialgesetzbuch

01. Entwicklung der Sozialgesetzgebung (1)
Auf welche Entwicklung geht die Sozialgesetzgebung in Deutschland zurück?

2. Prüfungsfach: Rechtliche Bestimmungen im Sozial- und Gesundheitswesen

02. Entwicklung der Sozialgesetzgebung (2)

Welches ist der jüngste Zweig der Sozialversicherung und worauf ist die Einrichtung wesentlich zurückzuführen?

03. Sozialer Ausgleich

Nennen Sie drei Elemente aus dem Bereich der Gesetzlichen Krankenversicherung, die Ausdruck des Solidaritätsgedankens sind.

04. Prinzipien der Sozialgesetzgebung

Wie unterscheiden sich Versicherungsprinzip, Versorgungsprinzip und Fürsorgeprinzip grundsätzlich in der Finanzierung?

05. Soziale Rechte/Zuständigkeit (1)

Herr Agricola ist Landwirt. Beim Tanz in den Mai bricht er sich ein Bein und kann daher einstweilen seinen Hof nicht bewirtschaften. Kann er grundsätzlich darauf hoffen, dass ihm seine Krankenkasse eine Betriebshilfe finanziert? Begründen Sie Ihre Antwort auf der Grundlage des SGB I.

06. Soziale Rechte/Zuständigkeit (2)

Herr Agricola ist Landwirt. Bei der Versorgung der Milchkühe stürzt er im Stall. Er bricht sich ein Bein und kann daher seinen Hof nicht bewirtschaften. Kann er grundsätzlich darauf hoffen, dass die gesetzliche Unfallversicherung eine Betriebshilfe finanziert? Begründen Sie Ihre Antwort auf der Grundlage des SGB I.

07. Soziale Rechte/Zuständigkeit (3)

Nennen Sie den wesentlichen Unterschied bei den vorausgegangenen beiden Fallbeispielen.

08. Soziale Rechte/Zuständigkeit (4)

Herr Schmitz ist alleinerziehend. Er kommt mit seiner pubertierenden Tochter nicht mehr zurecht. Kann er grundsätzlich auf Hilfestellung auf der Grundlage des SGB hoffen? Begründen Sie Ihre Antwort auf der Grundlage des SGB I.

09. Aufbau des Sozialgesetzbuches

Frau Mater ist schwanger. Sie möchte eine Haushaltshilfe. Anspruchsgrundlage für eine Haushaltshilfe bei Schwangerschaft ist § 199 der Reichsversicherungsordnung (RVO). Ihr Wunsch wird von der Krankenkasse telefonisch abgelehnt. Frau Mater möchte eine schriftliche Begründung. Diese stehe ihr nach dem SGB X zu.

Der Sachbearbeiter erklärt ihr, dass das SGB X nur für Leistungen nach dem Sozialgesetzbuch gelte. Und sie wolle ja Leistungen nach der Reichsversicherungsordnung. Ist diese Aussage richtig?

10. Antrag

Welche Bedeutung hat der Antrag

- in der Sozialversicherung und
- im Rahmen der Sozialhilfe nach dem SGB XII?

11. Hilfen

Herr Malat beantragt nach einem Unfall eine berufliche Rehabilitationsmaßnahme bei seinem Rentenversicherungsträger. Nach sieben Monaten erhält er die Mitteilung, dass der Antrag an die Unfallversicherung weitergeben worden sei. Rehabilitationsbedarf bestehe vermutlich, aber die Rentenversicherung sei nicht zuständig, dies ergebe sich sachlich bereits aus den bei Antragstellung vorgelegten Unterlagen.

Ist dies Vorgehen korrekt? Begründen Sie Ihre Antwort auch unter Angabe der Vorschrift, auf die Sie die Antwort stützen.

12. Leistungen der gesetzlichen Krankenversicherung (1)

Welche Leistungen sieht die gesetzliche Krankenversicherung nach dem SGB V im Überblick vor?

13. Leistungen der gesetzlichen Krankenversicherung (2)

Frau Baum, Jahrgang 1950, kommt ins Krankenhaus. Sie ist bei der IKK Nord-Süd krankenversichert. Im Krankenhaus befindet sie sich vom 01.12.2010 bis 31.12.2010.

In welchem Umfang hat sie Zuzahlungen zu erbringen? Begründen Sie Ihre Antwort ausführlich auch unter Angabe der Normen, auf die Sie Ihre Antwort stützen.

14. Leistungen der gesetzlichen Rentenversicherung (1)

Welche Rentenarten sieht die Rentenversicherung überblickartig vor?

15. Leistungen der gesetzlichen Rentenversicherung (2)

Welche Arten von Erwerbsminderungsrenten unterscheidet man?

2. Prüfungsfach: Rechtliche Bestimmungen im Sozial- und Gesundheitswesen

16. Leistungen der gesetzlichen Rentenversicherung (3)

Für welche Leistungsgruppen erbringt die gesetzliche Rentenversicherung Rehabilitationsleistungen?

17. Leistungen der sozialen Pflegeversicherung (1)

Herr Kandel will mit festgestellter Pflegestufe in häuslicher Umgebung gepflegt werden. Welche Leistungen sieht die soziale Pflegeversicherung hierfür grundsätzlich vor? Benennen Sie auch die jeweiligen Anspruchsgrundlagen.

18. Leistungen der sozialen Pflegeversicherung (2)

Wonach bestimmt sich der Umfang der Pflegesachleistungen?

19. Leistungen der sozialen Pflegeversicherung (3)

Kurzzeitpflege und teilstationäre Pflege sind im Gesetz systematisch zwischen vollstationärer Pflege und Leistungen bei häuslicher Pflege angeordnet.
Ist diese Systematik stimmig?

20. Leistungen der gesetzlichen Unfallversicherung

Welche Leistungen der gesetzlichen Unfallversicherung entsprechen den Kernleistungen der gesetzlichen Krankenversicherung?

21. Sozialhilfe/Pflegeversicherung

Der Leistungskatalog der Sozialhilfe in § 8 SGB XII umfasst auch Leistungen zur Pflege. Welche Bedeutung hat dies im Verhältnis zur sozialen Pflegeversicherung?

22. Datenschutz

Herr Oberfohna ist verheiratet, doch hat seine Gattin die Scheidung eingereicht. Herr Oberfohna hat gearbeitet, während sie als Hausfrau tätig war. Im Rahmen der Scheidung werden die erworbenen Rentenanwartschaften ausgeglichen.

Da er nicht einsieht, dass seine Gattin einen Teil seiner Rentenanwartschaften erhält, will er keine Auskunft geben und untersagt auch der gesetzlichen Rentenversicherung, unter Verweis auf das Datengeheimnis Auskunft zu erteilen.

Kann er damit den Versorgungsausgleich verhindern? Begründen Sie Ihre Antwort auch unter Bezeichnung der maßgeblichen Normen.

23. Selbstverwaltung

Welches sind die Kerninstrumente der Selbstverwaltung?

Die in manchen Versicherungszweigen stattfinden Sozialwahlen und die Regelung der eigenen Angelegenheiten durch Satzung.

24. Qualitätssicherung

Benennen Sie die beiden Kerninstrumente der Qualitätssicherung aus Sicht der sozialen Pflegeversicherung?

3. Fach: Marketing im Sozial- und Gesundheitswesen

3.1 Marketing im Bereich sozialer Dienstleistung

01. Sozialmarketing

Charakterisieren Sie den Begriff des Sozialmarketing und nennen Sie dessen Aufgaben.

02. Dienstleistungen und Sachgüter

Beschreiben Sie den Unterschied zwischen Dienstleistungen und Sachgütern.

03. Sozialmärkte, erwerbswirtschaftliche Märkte

Charakterisieren Sie die Beziehungen zwischen Kunden und Unternehmen in Sozialmärkten und erwerbswirtschaftlichen Märkten.

04. Sozialmarkt, Rechtsformen

Wie lässt sich der Sozialmarkt unter rechtlichen Aspekten einteilen?

05. Marktsegmentierung, Leistungsbereiche

Das Marketing segmentiert Märkte in verschiedene Segmente, um zielgruppengerecht vorzugehen. Welche Leistungsbereiche existieren auf dem Sozialmarkt?

06. Existenz- und Substanzerhaltung auf Sozialmärkten

Die Existenz- und Substanzerhaltung sozialer Organisationen erfordert nachhaltige Maßnahmen, um auf dem Sozialmarkt bestehen zu können. Beschreiben Sie Aufgaben, die Organisationen auf Märkten zu bewältigen haben.

07. Motive des Profit- und Social-Marketing

Charakterisieren Sie jeweils die Motive des Profit- und des Social-Marketing.

08. Austauschbeziehungen auf Märkten für Gesundheitsleistungen

Skizzieren Sie die Austauschbeziehungen eines erwerbswirtschaftlichen Marktes und eines Marktes für Gesundheitsleistungen grafisch. Erläutern Sie die Grafiken.

09. Sozialmarkt und Leistungsfinanzierung

Charakterisieren Sie den Sozialmarkt hinsichtlich der Leistungsfinanzierung.

3.2 Grundlagen und Instrumente von Marketing und Werbung

01. Ziele von Marketingstrategien

Das Kennzeichen von Marketingstrategien ist das langfristige und planvolle Vorgehen, um definierte Marketingziele zu erreichen. Erläutern Sie allgemein Ziele von Marketingstrategien.

02. Ökonomische und psychologische Motive von Marketingzielen

Differenzieren Sie Marketingziele sozialer Einrichtungen nach ökonomischen und psychologischen Kriterien und geben Sie jeweils Beispiele an, wie ökonomische und psychologische Motive miteinander verknüpft werden können!

03. Normstrategien des Marktwachstums-Marktanteils-Portfolios

Die BCG-Matrix ist ein Portfolio des strategischen Managements, um den Zusammenhang zwischen Produktlebenszyklus und Kostenerfahrungskurve zu verdeutlichen. Zählen Sie mögliche Normstrategien auf, die sich aus den Gruppen des Marktwachstums-Marktanteils-Portfolios ergeben.

04. Zusatz- und Serviceleistungen

Das Marketing von Dienstleistungen der Sozial- und Gesundheitsbetriebe ist oftmals bestrebt, Kundenmehrwerte zu schaffen. Nennen Sie Zusatz- und Serviceleistungen, die Unternehmen des Sozial- und Gesundheitswesens (beispielsweise Krankenhäuser, Rehabilitationskliniken oder Alten- und Pflegeheime) anbieten können.

05. Marketing-Mix

Welche allgemeinen Aufgaben besitzt der Marketing-Mix und welche Instrumente können eingesetzt werden?

06. Instrumente der Kommunikationspolitik

In größeren Einrichtungen des Sozial- und Gesundheitswesens existieren Abteilungen, die sich der Unternehmenskommunikation widmen und vielschichtige Aufgaben erledigen. Nennen Sie Instrumente der Kommunikationspolitik und geben Sie Beispiele.

3. Fach: Marketing im Sozial- und Gesundheitswesen

07. Kriterien der Qualitätsdimensionen

Erläutern Sie die Kriterien der Qualitätsdimensionen von Dienstleistungen.

08. Unternehmenskommunikation

Die Kommunikation erfolgt in Einrichtungen des Sozial- und Gesundheitswesens oftmals durch Abteilungen, die über ein spezialisiertes Know-how verfügen. Nennen Sie mögliche Formen der internen und externen Kommunikation am Beispiel einer Rehabilitationsklinik.

09. Produkt-Markt-Matrix nach Ansoff

Stellen Sie die Produkt-Markt-Matrix nach Ansoff dar und erläutern Sie detailliert die einzelnen Strategien, die innerhalb dieses Portfolios vorgesehen sind.

10. Geschäftsfeldspezifische Optionen

Beschreiben Sie die geschäftsfeldspezifischen Optionen am Beispiel einer sozialen Einrichtung im Gesundheitswesen. Orientieren Sie sich dabei an der Matrix nach Ansoff.

11. Produktlebenszyklus

Beschreiben Sie die allgemeinen Annahmen, von denen das Konzept des Produktlebenszyklus ausgeht und grenzen Sie die Phasen ab.

12. Kriterien der Marktsegmentierung

Welches Ziel verfolgt die Marktsegmentierung? Nennen Sie Kriterien, um einen Gesamtmarkt in Segmente zu unterteilen und geben Sie Beispiele.

13. Distribution von Dienstleistungen

Die Distribution von Dienstleistungen im Sozial- und Gesundheitswesen erfordert kundengerechte Informationen für potenzielle Zielgruppen. Nennen Sie die Informationswege

- einer Beratungsstelle,
- eines ambulanten Pflegedienstes und
- eines Kreiskrankenhauses.

14. Marktanalyse

Sie sollen eine Marktanalyse für eine soziale Einrichtung erstellen.

a) Beschreiben Sie die Faktoren, die bei der Analyse zu berücksichtigen sind.
b) Geben Sie mögliche interne und externe Informationsquellen an.

15. SWOT-Analyse

Die SWOT-Analyse steht in der Betriebswirtschaft für die Analyse der Stärken, Schwächen, Chancen und Risiken eines Unternehmens. Erläutern Sie allgemein die Ziele einer SWOT-Analyse.

16. Beurteilungskriterien einer SWOT-Analyse

Die SWOT-Analyse ist ein strategisches Managementwerkzeug, um im Bereich des Marketing Programme, Instrumente oder Strategien zu überprüfen. Nennen Sie mögliche allgemeine Vergleichskriterien, die als Beurteilungskriterien für eine SWOT-Analyse geeignet sind.

17. Operative und strategische Marketing-Controllinginstrumente

Erläutern Sie kurz die

a) operativen und
b) strategischen

Marketing-Controllinginstrumente.

18. Internetauftritt

Das Internet findet eine immer stärkere Verbreitung in allen Bevölkerungsschichten. Dies ermöglicht den Einrichtungen des Sozial- und Gesundheitswesens eine zielgruppengerechte Ansprache. Beschreiben Sie, welche Aspekte bei der Planung eines Internetauftritts berücksichtigt werden sollten und nennen Sie die möglichen Nutzer eines Internetauftritts.

19. Ehrenamt und Personalgewinnung

Die Personalbeschaffung gewinnt durch die demografische Entwicklung eine immer größere Bedeutung. Zeigen Sie für den Bereich des Ehrenamts, welche systematischen Maßnahmen in der Personalplanung erforderlich werden, um ehrenamtliche Tätige für das Krankenhaus zu gewinnen.

20. Ziele der Werbung

Welche allgemeinen und spezifischen Ziele verfolgt die Werbung? Geben Sie hierzu an, welche Funktionen die Werbung erfüllen sollte.

21. Werbemittel, Werbeträger

Erläutern Sie den Unterschied zwischen Werbemitteln und Werbeträgern und nennen Sie Beispiele.

22. Kennzahlen zur Erfolgsmessung des Marketing

Marketingmaßnahmen bedürfen der Kontrolle. Definieren und kategorisieren Sie Kennzahlen, die zur Messung des Erfolgs von Werbemitteln eingesetzt werden.

23. Marketingpartner

Einrichtungen des Sozial- und Gesundheitswesens kooperieren häufig mit anderen Gesundheitsbetrieben, um Synergieeffekte zu nutzen. Dadurch können Wettbewerbsvorteile entstehen und ggf. die Kosten bei der Neukundengewinnung gesenkt werden.

Nennen Sie mögliche Marketingpartner, um den Bekanntheitsgrad einer Spezialklinik für Orthopädie und Chirurgie zu steigern.

24. Kundenkarte

Eine ländliche Gemeinde hat im Kreiskrankenhaus eine Abteilung für Physiotherapie finanziert, die von Patienten, Mitarbeitern und Anwohnern genutzt werden soll. Neben der Krankenbehandlung stehen Fitness-Angebote zur Verfügung. Die Leitung des Kreiskrankenhauses überlegt, ob für den externen Kundenkreis eine Kundenkarte angeboten werden soll.

Beschreiben Sie die Vor- und Nachteile einer Kundenkarte.

25. Fremdvergabe von Projekten und Dienstleistungen

Einrichtungen des Sozial- und Gesundheitswesens vergeben oftmals spezielle Aufträge an externe Dienstleister, die ein hohes Maß spezifischen Know-hows erfordern, die im eigenen Unternehmen nicht vorhanden sind.

Zeigen Sie die systematische Vorgehensweise bei der Fremdvergabe von Projekten und Dienstleistungen an externe Unternehmen.

26. AIDA

Erläutern Sie, was man in der Werbung unter der AIDA-Formel versteht. Geben Sie ein selbst gewähltes Beispiel.

27. Beschwerdemanagement

Das Beschwerdemanagement soll Maßnahmen ableiten, die zu einer Steigerung der Kundenzufriedenheit führen. Formulieren Sie den Prozessablauf des Beschwerdemanagements und erläutern Sie, welche Ziele mit einem Beschwerdemanagement verfolgt werden.

28. Kundenzufriedenheit

Die Kundenzufriedenheit besitzt einen hohen Stellenwert im Marketing. Kundenzufriedenheitsmessungen erfolgen im Rahmen der Marketingforschung. Nennen Sie für Einrichtungen des Sozial- und Gesundheitswesens Maßnahmen, mit der sich die Kundenzufriedenheit messen lässt.

29. Kundenreaktionen

Die Marktforschung untersucht das Verhalten der Kunden. Dabei ist von besonderer Bedeutung, welche Probleme dazu geführt haben, dass Patienten mit den Leistungen eines Gesundheitsbetriebes unzufrieden sind.

Welche Reaktionen können durch unzufriedene Kunden bzw. Patienten ausgelöst werden?

30. Fragebogengestaltung

Sie arbeiten seit kurzen als Referent in der Unternehmenskommunikation einer großen privaten Klinikkette. Der Pressesprecher kommt auf Sie zu und bittet Sie, ein Konzept aufzustellen, um die Kundenzufriedenheit in den verschiedenen Kliniken zu messen. Hierzu ist ein Fragebogen zu entwerfen. Bei der Fragebogengestaltung ergeben sich die folgenden Fragen:

a) Welche Inhalte werden im Fragebogen abgefragt?
b) Welche Frageformen verwenden Sie?
c) Welche Fragebogenkonstruktionen sollten Sie vermeiden bzw. beachten?
d) Welche statistischen Methoden setzen Sie zur Auswertung ein?
e) Wen informieren Sie über die Ergebnisse?

3.3 Marketing und Öffentlichkeit

01. Ziele der Öffentlichkeitsarbeit

Welche Ziele kann die Öffentlichkeitsarbeit (Public Relation) einer sozialen Einrichtung haben?

3. Fach: Marketing im Sozial- und Gesundheitswesen

02. Unternehmensinterne Ziele der Öffentlichkeitsarbeit

Die Öffentlichkeitsarbeit ist ein Teil des Marketing der Sozial- und Gesundheitsbetriebe. Eine wichtige Anspruchsgruppe für PR-Arbeit sind auch die eigenen Mitarbeiter. Nennen Sie in diesem Zusammenhang die internen Ziele der Öffentlichkeitsarbeit.

03. Aufgaben und Funktionen der Öffentlichkeitsarbeit

Erläutern Sie die Aufgaben der Öffentlichkeitsarbeit und kategorisieren Sie deren Funktionen.

04. Kenntnisse der Mitarbeiter in der Öffentlichkeitsarbeit

Die Mitarbeiter der Unternehmenskommunikation müssen über vielfältige Fachkenntnisse und persönliche Erfahrungen verfügen, die sie in die Lage versetzen, allen anfallenden Aufgaben der Öffentlichkeitsarbeit gerecht zu werden.

Erläutern Sie kurz, welche Erfahrungen und Kenntnisse die Mitarbeiter besitzen müssen, die in Unternehmen für die Öffentlichkeitsarbeit verantwortlich sind.

05. Instrumente der Öffentlichkeitsarbeit

Die Öffentlichkeitsarbeit verfügt über ein vielfältiges Instrumentarium. Welche Instrumente können im Rahmen der PR eingesetzt werden?

06. Strategische und funktionelle Aufgaben der Öffentlichkeitsarbeit

Welche strategischen und funktionellen Aufgaben muss die Öffentlichkeitsarbeit erfüllen? Geben Sie individuelle Beispiele aus dem Bereich des Sozial- und Gesundheitswesens.

07. Negatives Image in der Öffentlichkeit

Welche Folgen kann ein negatives Image in der Öffentlichkeit für Unternehmen des Sozial- und Gesundheitswesens haben. Geben Sie hierzu jeweils Beispiele!

08. Runder Tisch

In den Medien wird oftmals über den Einsatz von „Runden Tischen" berichtet. Erläutern Sie die Aufgaben und Ziele eines „Runden Tisches" und geben Sie Beispiele.

09. Projektvergabe der Öffentlichkeitsarbeit

Ein privater Krankenhausträger des Sozial- und Gesundheitswesens beabsichtigt, für die Eröffnung einer neuen Privatklinik die Öffentlichkeitsarbeit einer professionellen

Public Relations-Agentur zu übertragen. Welche Argumente sprechen für bzw. gegen die Vergabe eines solchen Auftrags?

10. Corporate Identity (CI)

Charakterisieren Sie die Corporate Identity (CI) eines Unternehmens und geben Sie Beispiele.

11. Kommunikation mit Anwohnern psychiatrisch, forensischer Kliniken

Beschreiben Sie allgemein Aktivitäten, die die Kommunikation mit den Anwohnern einer psychiatrischen und forensischen Klinik fördern können, da deren Patienten bei Anwohnern oftmals Ängste auslösen.

12. Organisationen von Pressekonferenzen

Sie werden von der Geschäftsleitung beauftragt, eine Pressekonferenz zu organisieren. Der Pressesprecher kommt zu Ihnen und bittet Sie, die Kriterien zu nennen, die bei der Vorbereitung der Pressekonferenz zu berücksichtigen sind.

Erläutern Sie sachlogisch den Prozessablauf bei der Organisation einer Pressekonferenz.

13. Pressemappe

Sie sind Mitarbeiter der Pressestelle einer Einrichtung des Sozial- und Gesundheitswesens. Sie haben eine Pressekonferenz durchgeführt und eine Pressemappe erstellt.

Wozu dient eine Pressemappe? Nennen Sie die Inhalte einer Pressemappe und erläutern Sie ggf. deren Bestandteile!

14. Krisenkommunikation der Öffentlichkeitsarbeit

Die Öffentlichkeitsarbeit im Gesundheitssektor ist besonders bei kritischen Ereignissen gefragt. Erläutern Sie Maßnahmen von Gesundheitsunternehmen, um im Krisenfall die Kommunikation sicherzustellen. Welche Fragen sind in diesem Zusammenhang zu beantworten?

15. Fundraising und Sponsoring

Fundraising und Sponsoring besitzen für viele Unternehmen des Sozial- und Gesundheitssektors einen hohen Stellenwert. Charakterisieren Sie den Unterschied zwischen Fundraising und Sponsoring.

3. Fach: Marketing im Sozial- und Gesundheitswesen

16. Quellen des Fundraising und Sponsoring

Beim Fundraising und Sponsoring nutzt man unterschiedliche Quellen, um finanzielle Mittel zu beschaffen. Nennen Sie die verschiedenen Quellen bzw. Zielgruppen.

17. Erschließung von Fundraisingquellen

Der neu eingestellte Fundraiser des Unternehmens, in dem Sie angestellt sind, kommt zu Ihnen und bittet Sie, ein Konzept zu entwerfen, wie Fundraisingquellen zukünftig erschlossen werden können. Erläutern Sie die operativen und strategischen Optionen, um Fundraisingquellen zu erschließen.

18. Leitlinien bei der Vergabe des Spenden-Siegels

Erläutern Sie die Prüfkriterien bzw. Leitlinien des „Deutschen Zentralinstituts für soziale Fragen" (DZI) bei der Vergabe des Spenden-Siegels.

19. Vertrauenswerbung im Fundraising

Sozial- und Gesundheitseinrichtungen werben mit ihrer PR-Arbeit um öffentliches Vertrauen. Nennen Sie Maßnahmen, die geeignet sind das Vertrauen von potenziellen Spendern zu gewinnen.

20. Spender und Motive

Das Fundraising teilt die Spender und deren Motive in Kategorien auf. Zählen Sie mögliche Förderer und deren Motive für Mäzene, Spender und Sponsoren auf.

21. Spendenpyramide

Das Fundraising bewertet methodisch in der Praxis den Wert der Spender und Förderer für das betreffende Unternehmen. Skizzieren Sie die „Spendenpyramide" und erläutern Sie deren Erklärungswert.

22. Spenderpflege

Sie wurden in der Fundraisingabteilung eines großen Gesundheitsdienstleisters eingestellt. Ihr Vorgesetzter kommt auf Sie zu und bittet Sie, Maßnahmen zu kategorisieren, um eine sinnvolle Spenderpflege zu etablieren. Wie können profitable Kundenbeziehungen aufgebaut werden? Welche Instrumente werden dabei eingesetzt?

23. Beantragung von Fördergeldern

Das Fundraising einer Sozialeinrichtung plant, zusätzliche monetäre Fördergelder bei verschiedenen Privatstiftungen einzuwerben. Nennen Sie Kriterien, die bei der Beantragung von Fördergeldern regelmäßig anzugeben sind.

24. Mittelverwendung

a) Erläutern Sie die steuerlichen Regelungen der Mittelverwendung in gemeinnützigen Einrichtungen des Sozial- und Gesundheitswesens.

b) Welche Ausnahmen von der zeitnahen Mittelverwendung gibt es?

3.4 Wirkungsfelder des Sozialmarketing

01. Lobbyarbeit

Die Sozial- und Gesundheitsbetriebe sind in Deutschland häufig in Verbänden organisiert. Beschreiben Sie den Begriff und die Aufgaben der Lobbyarbeit!

02. Negative Öffentlichkeitswahrnehmung der Lobbyarbeit

Die Medien berichten oftmals über politische Missstände in der Politik durch regierungsnahe Verbände. Inwieweit wird die Lobbyarbeit in diesem Zusammenhang in der Öffentlichkeit negativ wahrgenommen?

4. Fach: Management im Sozial- und Gesundheitswesen

4.1 Spezifische Unternehmensformen

01. Kriterien der Rechtsformwahl

Bei der Gründung von Unternehmen werden zahlreiche Grundsatzentscheidungen getroffen. Erläutern Sie in diesem Zusammenhang die Kriterien, die die Wahl der Rechtsform maßgeblich beeinflussen.

02. Rechtsgrundlagen bei GmbH-Gründung

Der Gesetzgeber hat im GmbH-Gesetz die Rechtsgrundlagen geschaffen, die zwingend bei einer GmbH-Gründung einzuhalten sind. Erläutern Sie die Voraussetzungen einer GmbH-Gründung.

03. Begründung einer Rechtsformwahl

Die öffentliche Hand schreibt den Auftrag aus, ein neues Krankenhaus zu errichten. Dazu soll ein Joint Venture mehrerer Unternehmen gegründet werden. Bewerbungen werden ausschließlich in der Rechtsform einer GmbH angenommen. Erläutern Sie die Gründe für diese Rechtsformwahl.

04. Haftungsrisiken, GmbH-Geschäftsführer

Erläutern Sie hierzu allgemein die möglichen Haftungsrisiken eines GmbH-Geschäftsführers.

05. Unternehmensnachfolge bei Gesellschaftertod

Die Unternehmensnachfolge nimmt eine bedeutende Stellung innerhalb des Gesellschaftsrechts ein. Erläutern Sie die möglichen Änderungen bei einer GmbH nach dem Tod eines Gesellschafters.

06. Gesellschaftervertrag

Der Gesellschaftervertrag ist ein wichtiges Instrument der Gesellschafter zur Gestaltung der Geschäftsführung. Welche Optionen bestehen für einen Gesellschafter, sich aus dem Tagesgeschäft einer GmbH zurückzuziehen, ohne den Einfluss auf die Geschäfte zu verlieren?

07. Unternehmergesellschaft

Erläutern Sie die Rechtsform einer Unternehmergesellschaft (UG). Gliedern Sie ihre Ausführungen nach den folgenden Kriterien:

- Firmenname
- Gründungsaufwand
- Stammkapital
- Gewinnverwendung.

08. BGB-Gesellschaft und Partnerschaftsgesellschaft

Erläutern Sie die gesetzlichen Regelungen zur Gründung einer Gesellschaft bürgerlichen Rechts (GbR) sowie einer Partnerschaftsgesellschaft. Gliedern Sie ihre Ausführungen nach:

- Gründung
- Geschäftsführung
- Haftung
- Gewinnverteilung
- Auflösung.

09. Partnerschaftsgesellschaft

Die Partnerschaftsgesellschaft wird häufig als Unterfall der BGB-Gesellschaft genannt. Dennoch unterscheiden sich beide Unternehmensformen in einigen wesentlichen Aspekten. Nennen Sie die wesentlichen Vorteile einer Partnerschaftsgesellschaft (PartG).

10. Aktiengesellschaft und Gesellschaft mit beschränkter Haftung

Erläutern Sie die gesetzlichen Regelungen zur Gründung einer Aktiengesellschaft (AG) und einer Gesellschaft mit beschränkter Haftung (GmbH). Gliedern Sie ihre Ausführungen nach:

- Gründung
- Geschäftsführung
- Haftung
- Gewinnverteilung
- Auflösung.

11. Kommanditgesellschaft und offene Handelsgesellschaft

Erläutern Sie die gesetzlichen Regelungen zur Kommanditgesellschaft und zur Offenen Handelsgesellschaft. Gliedern Sie ihre Ausführungen nach:

- Gründung
- Geschäftsführung
- Haftung
- Gewinnverteilung
- Auflösung.

4. Fach: Management im Sozial- und Gesundheitswesen

12. Stiftung und stille Gesellschaft

Erläutern Sie die gesetzlichen Regelungen zur Gründung einer Stiftung und einer stillen Gesellschaft! Gliedern Sie ihre Ausführungen nach:

- Gründung
- Geschäftsführung
- Haftung
- Gewinnverteilung
- Auflösung.

4.2 Angewandte Planungs- und Steuerungstechniken

01. Erfolg der Organisationsgestaltung

Die Ablauforganisation beeinflusst die Kosten und somit den wirtschaftlichen Erfolg eines Unternehmens. Nennen Sie Maßnahmen, die die Ablauforganisation eines Krankenhauses bei Einführung eines diagnosebasierten Fallpauschalensystems (DRG) verbessert.

02. Spartenorganisation

Beschreiben Sie allgemein die Vor- und Nachteile einer Spartenorganisation.

03. Matrixorganisation

Ein privater Krankenhausträger betreibt mehrere Einrichtungen an einem Ort. Dazu zählen ein Kreiskrankenhaus, eine Rehabilitationsklinik, eine Seniorenresidenz und eine Einrichtung des betreuten Wohnens. Die Funktionsbereiche Logistik, Facility und Gastronomie sollen als Matrixorganisation angelegt werden. Erstellen Sie ein Organigramm für diese Matrixorganisation.

04. Stabsstellen

Stabsstellen sind Elemente der Aufbauorganisation. Erläutern Sie allgemein die Aufgaben von Stabsstellen.

05. Stablinienorganisation

Die Stablinienorganisation bzw. das Stabliniensystem ist eine um Stabsstellen erweiterte Form des Ein-Linien-Systems. Nennen Sie die Vorteile einer Stablinienorganisation.

06. Probleme von Stabsstellen

Die verschiedenen organisatorischen Gestaltungsoptionen sind oftmals durch bestimmte Vor- und Nachteile gekennzeichnet. Dieses Kennzeichen trifft auch auf Stabsstellen zu. Welche Probleme können Stabsstellen innerhalb einer Organisation hervorrufen?

07. Aufbauorganisation

Ein ambulanter Pflegedienst bietet verschiedene Leistungen an. Dazu zählen:

- Grundpflege bei Schwer- und Langzeitkranken,
- Behandlungspflege nach ärztlicher Verordnung und Versorgung nach Operationen
- Hauswirtschaftliche Versorgung und Betreuungsdienste.

Die Pflegedienstleitung beabsichtigt, in wenigen Monaten weitere Leistungen anzubieten. Dazu gehört:

- Pflegeberatung und -anleitung
- Gesprächskreis für pflegende Angehörige.

Skizzieren Sie die neue Aufbauorganisation des ambulanten Pflegedienstes.

08. Kooperationsbeziehungen von Stabsstellen

Ein freigemeinnütziges Gesundheitsunternehmen will eine Stabsstelle einrichten. Das Unternehmen betreibt in einer deutschen Großstadt ein MVZ, eine Facharztklinik und einen ambulanten Pflegedienst. Das Unternehmen besitzt eine Einlinienorganisation. Nennen Sie die Kooperationsbeziehungen der neuen Stabsstelle.

09. Integrierte Versorgung

Das Konzept der „Integrierten Versorgung" soll eine stärkere Vernetzung verschiedener Fachdisziplinen und Sektoren fördern. Erläutern Sie die Aspekte der „Integrierten Versorgung"!

10. Kooperationspartner

Sie sollen der Geschäftsführung eines Kreiskrankenhauses Vorschläge unterbreiten, welche Kooperationspartner für die Klinik infrage kommen könnten. Zählen Sie verschiedene potenzielle Partner auf.

4.3 Aktuelle Organisationsformen und Organisationsentwicklung

4.3.1 Grundformen der Aufbau- und Ablauforganisation

01. Hotelleistungen

Hotelleistungen sollen einerseits eine Versorgung auf hohem Niveau gewährleisten und andererseits die individuelle Behandlung sowie die Gastlichkeit sicherstellen. Zählen Sie die Bereiche und Leistungen auf, die im Krankenhaussektor den Hotelleistungen zugeordnet werden.

02. Leistungserbringung nicht-klinischer Leistungen

Effizient organisierte Arbeitsabläufe sollen zu wettbewerbsfähigen Strukturen führen, die nachhaltig den dauerhaften Erfolg moderner Gesundheitsbetriebe sicherstellen. Kategorisieren Sie die möglichen Formen zur Leistungserbringung nicht-klinischer Leistungen im Krankenhaussektor und nennen Sie die Vor- und Nachteile.

03. Logistik im Gesundheitswesen

Die Logistik im Gesundheitswesen gilt oftmals als Schlüsselfaktor, zumal die Leistungen hohe Kosten verursachen. Welche Maßnahmen sollen im Logistikbereich zu hohen Einsparpotenzialen beitragen und die Komplexität reduzieren? Erläutern Sie diese Maßnahmen.

04. Logistikbereich im Krankenhaus

Nennen Sie die verschiedenen Logistikbereiche in einem Krankenhaus und beschreiben Sie deren Aufgaben.

05. Lagerhaltung

Die Lagerhaltung bindet Kapital. Erläutern Sie die Aspekte, die bei der Lagerhaltung zu berücksichtigen sind und zur Senkung der Kapitalbindungskosten beitragen können.

06. Zentrale Lagerhaltung

Große Gesundheitsbetriebe stehen vor der Entscheidung, in welcher Form sie ihre Lagerhaltung betreiben, um die Versorgung der Verbrauchsstellen optimal zu gewährleisten. Nennen Sie in diesem Zusammenhang die Vor- und Nachteile eines großen Zentrallagers.

4.3.2 Leistungserstellung und -dokumentation

01. Dokumentation, Krankenakte

Die Krankenakten dokumentieren alle Leistungen, Behandlungsmaßnahmen, pflegerische, diagnostische, therapeutische und operative Maßnahmen. Aus welchen Bestandteilen setzt sich die Dokumentation zusammen?

02. Ärztliche und pflegerische Krankenaktendokumentation

Ärzte und Pflegekräfte tragen eine hohe Verantwortung für die Dokumentation. Nennen Sie Funktionen der ärztlichen und pflegerischen Dokumentation.

03. Anforderungen der ärztlichen und pflegerischen Dokumentation

Welchen Anforderungen muss eine ärztliche bzw. pflegerische Dokumentation genügen? Nennen Sie die zwingend einzuhaltenden Bestimmungen und erläutern Sie die Folgen einer fehlerhaften Dokumentation.

4.3.3 Outsourcing

01. Vorteile des Outsourcing

Outsourcing bezeichnet die Auslagerung bzw. Abgabe von Aufgaben oder Unternehmensstrukturen an Dritte. Nennen Sie

a) die Vor- und
b) die Nachteile

des Outsourcing in einer Gesundheitseinrichtung.

02. Auswahl von Outsourcingpartnern

Eine wichtige Entscheidung ist die Auswahl des richtigen Outsourcingpartners. Beschreiben Sie die Aspekte, die bei der Auswahl eines Outsourcingpartners vom auslagernden Unternehmen zu berücksichtigen sind.

03. Outsourcing von Bereichen im Gesundheitswesen

Einrichtungen des Gesundheitswesens besitzen zahlreiche Bereiche, die sich für ein Outsourcing generell eignen. Nennen Sie Bereiche von Gesundheitseinrichtungen, die ausgelagert werden können.

4.3.4 Angehörige und Nachbarn

01. Handlungsfelder zwischen Pflegekräften und Angehörigen im ambulanten Bereich.

Das Handlungsfeld zwischen Pflegekräften und Angehörigen im ambulanten Pflegebereich ist ein Schwerpunkt der Service- und Dienstleistungsqualität. Nennen Sie Optionen, die Pflegekräfte eines ambulanten Pflegedienstes besitzen, um die Angehörigen eines Schwerstkranken individuell zu unterstützen.

02. Konflikte im Spannungsverhältnis von Pflegekräften und Angehörigen

Aus dem Handlungsfeld zwischen Pflegekräften und Angehörigen erwachsen oftmals Konflikte. Nennen Sie mögliche Konflikte, die zwischen Angehörigen und Pflegekräften eines ambulanten Pflegedienstes entstehen können.

03. Pflegequalität und Verhältnis von Pflegekräften und Angehörigen

Konflikte aus dem Spannungsverhältnis von Pflegekräften und Angehörigen bedürfen einer besonderen Behandlung, da die Kommunikation und Pflegequalität in Mitleidenschaft gezogen werden können. Nennen Sie Maßnahmen, um die Pflegequalität und das Verhältnis von Pflegekräften und Angehörigen insgesamt zu verbessern.

4.4 Führungs- und Managementtechniken

4.4.1 Führung und Zusammenarbeit im Sozial- und Gesundheitswesen

01. Leitbilder

Leitbilder spiegeln das Selbstverständnis und die Grundprinzipien von Organisationen wider. Definieren Sie ein Leitbild für eine Einrichtung des Sozial- und Gesundheitswesens. Welche Kriterien sind dabei zu berücksichtigen?

02. Zielvereinbarungen

Zielvereinbarungen dienen in der modernen Unternehmensorganisation als Führungsinstrument. Erläutern Sie, was Zielvereinbarungen sind.

03. Vor- und Nachteile von Zielvereinbarungen

Der Einsatz von Zielvereinbarungen als Führungsinstrument ist mit Vor- und Nachteilen verbunden, sodass die Geschäftsleitung abwägen muss, ob ein Einsatz sinnvoll ist. Nennen Sie die Vor- und Nachteile.

04. Traditionelle Organisationsformen und moderne Führungsorganisationen

Die Organisationstheorie unterscheidet zwischen traditionellen Organisationsformen und modernen Führungsorganisationen. Nennen Sie die Probleme der traditionellen Organisationsformen, die zwischen ärztlichem, pflegerischem und administrativem Dienst unterscheiden und zeigen Sie Gestaltungskriterien für eine moderne Führungsorganisation auf.

05. Cost-Center und Profit-Center

Die Geschäftsführung besitzt in der Organisationsgestaltung verschiedene Optionen, um die Führungsbeziehungen zu gestalten. Beschreiben Sie geeignete Organisationsoptionen für die Neuregelung der Führungsbeziehungen zwischen der Geschäftsführung und der Leitung von Cost-Centern bzw. Profit-Centern.

06. Kennzahlen

Kennzahlen sind Maßzahlen, die der Quantifizierung wirtschaftlicher Sachverhalte dienen. Wie können moderne Gesundheitsbetriebe mittels Kennzahlen gesteuert werden?

07. Definition von Kennzahlen

Die Betriebswirtschaft nutzt Kennzahlen zur Beurteilung von Unternehmen. Sie werden unter anderem eingesetzt, um Geschäftsprozesse messbar zu machen. Nennen Sie Kriterien, um Kennzahlen zu definieren.

4.4.2 Zusammenarbeit von ehrenamtlich und hauptamtlich Tätigen

01. Ehrenamt und Hauptamt

Ehrenamt und Hauptamt besitzen in der Praxis gelegentlich ähnlich gelagerte Aufgabenfelder, die Außenstehende nicht wahrnehmen. Dennoch existieren Kriterien, die den Unterschied zwischen beiden Tätigkeiten wesentlich bestimmen. Unterscheiden Sie die Tätigkeit ehrenamtlicher und hauptamtlicher Mitarbeiter.

02. Personelle Maßnahmen beim Ehrenamt

Der Einsatz ehrenamtlicher Mitarbeiter bedarf bestimmter personeller Maßnahmen, um den Erfolg garantieren zu können. Welche Besonderheiten sind beim Einsatz von Ehrenamtlichen zu beachten?

4. Fach: Management im Sozial- und Gesundheitswesen

03. Prinzipien des Ehrenamtes

Das Ehrenamt wird durch bestimmte Prinzipien geprägt. Nennen Sie die Prinzipien des ehrenamtlichen Engagements.

4.4.3 Organisationsentwicklung

01. Innovation

Definieren Sie den Begriff der Innovation.

02. Widerstände gegen Innovationen

Der Erfolg von Innovationen wird oftmals an den Widerständen gemessen bzw. daran, ob sich Innovationen in der Praxis durchsetzen lassen. Wodurch werden Widerstände gegen Innovationen ausgelöst?

03. Gegenmaßnahmen zu Widerständen gegen Innovationen

Widerstände gegen Innovationen sind in der realen Unternehmensorganisation weit verbreitet. Welche Formen von Widerständen kennen Sie? Erläutern Sie mögliche Gegenmaßnahmen.

04. Drei-Phasen-Modell von Curt Lewin

Das Drei-Phasen-Modell von Curt Lewin ist ein einfaches Modell, das soziale Veränderungen in gesellschaftlichen Gruppen beschreibt. Erläutern Sie das Konzept.

05. Innovationshemmnisse

Innovationshemmnisse stellen in der Unternehmensrealität Barrieren bei der Einführung, Realisierung und Durchsetzung von Innovationen dar. Kategorisieren Sie verschiedene Innovationshemmnisse und geben Sie jeweils Beispiele.

4.5 Rechnungswesen und Controlling

01. Wirtschaftlichkeitsprüfung, Abschreibung

Das Akutkrankenhaus „Schönes Wetter" plant, einen Shuttlebus zu beschaffen, der Besucher und Patienten über das Klinikgelände befördern kann. Dazu werden die folgenden beiden Angebote eingeholt:

- Elbe-Bus:
  - Anschaffungskosten: 75.000,00 €
  - Jährliche Inspektion: 1.350,00 €
  - Verbrauch 9,5 Liter auf 100 km, ein Liter Diesel kostet 1,32 €
  - Verschleiß 4,25 € auf 100 km
- Weser-Bus:
  - Anschaffungskosten: 85.000,00 €
  - Jährliche Inspektion: 1.600,00 €
  - Verbrauch 8 Liter auf 100 km, ein Liter Diesel kostet 1,32 €
  - Verschleiß 3,75 € auf 100 km

a) Berechnen Sie die variablen und fixen Kosten für beide Fahrzeuge. Berücksichtigen Sie eine lineare Abschreibung bei einer Nutzungsdauer von fünf Jahren für beide Fahrzeuge.

b) Berechnen Sie die Gesamtkosten und die Kosten je gefahrenen Kilometer bei einer Fahrleistung von 25.000 km und 35.000 km.

c) Aus welchen Gründen ergeben sich unterschiedliche Kostensätze bei den verschiedenen Fahrleistungen?

d) Aus welchem Grund könnte das Akutkrankenhaus Schönes Wetter eine degressive Abschreibungsmethode wählen, wenn ein Abschreibungssatz von 25 % berücksichtigt wird?

e) Wann wäre der Übergang von der degressiven zur linearen Abschreibung sinnvoll? In welchem Abschreibungsjahr wäre dies der Fall?

02. DRG-Abrechnung

Die DRGs bemessen die Entgelte im Einzelfall nach den Umständen eines Behandlungsfalles. Im konkreten Fall liegt Ihnen der folgende Auszug aus dem Fallpauschalenkatalog vor:

DRG	Partition	Bezeichnung	Bewertungsrelation bei Hauptabteilung
1	2	3	4
B21A	O	Implantation eines Neurostimulators zur Hirnstimulation, Mehrelektrodensystem, ohne Sondenimplantation	10,533

Mittlere Verweildauer	Untere Grenzverweildauer		Obere Grenzverweildauer		Externe Verlegung
	Erster Tag mit Abschlag	Bewertungsrelation/Tag	Erster Tag mit Abschlag	Bewertungsrelation/Tag	
5	6	7	8	9	10
15,5	4	0,411	26	0,093	0,125

4. Fach: Management im Sozial- und Gesundheitswesen

a) Erklären Sie, aus welchen Größen sich die DRGs ergeben.

b) Erläutern Sie die Bedeutung der unteren und oberen Grenzverweildauer.

c) Berechnen Sie die Entgelthöhe, wenn der Patient 2 Tage unterhalb der unteren Grenzverweildauer bzw. 5 Tage nach Überschreiten der oberen Grenzverweildauer aus dem Krankenhaus entlassen wird. Der Barwert beträgt 3.000,00 €.

03. Kostenrechnung, Wirtschaftlichkeit von Mehrarbeit

Sie sind Controller in einem Krankenhaus der Maximalversorgung. Der kaufmännische Leiter des Medizinischen Versorgungszentrums übergibt Ihnen die folgenden Kostendaten:

- Personalkosten für den ärztlichen Dienst 3.000.000,00 €
- Personalkosten für den pflegerischen Dienst 1.500.000,00 €
- Personalkosten für die Administration 175.000,00 €
- Die Abschreibung der medizinischen technischen Geräte erfolgt linear über 8 Jahre. Die Anschaffungskosten der medizinischen technischen Geräte betragen 12.500.000,00 €
- Der ärztliche und pflegerische Dienst erbringt jeweils 60.000 Arbeitsstunden.
- Die variablen Kosten betragen 0,01525 je GOÄ-Punkt.
- Das MVZ erbringt medizinische Leistungen im Wert von 85.000.000 Punkten jährlich.

a) Berechnen Sie die fixen Kosten und gesamten Kosten je GOÄ-Punkt.

b) Das MVZ könnte Leistungen für eine große Gemeinschaftspraxis im Wert von 17.500.000 Punkten durchführen. Um diese Aufgaben zu übernehmen, stehen die folgenden Optionen zur Auswahl:

- Anordnung von Mehrarbeit, die für die Berufsgruppen mit jeweils 50 % Zuschlag berechnet werden. Dazu fallen 5.000 Überstunden für den ärztlichen Dienst und 8.000 Überstunden für den pflegerischen Dienst an.

- Stellenbesetzung mit neuen Mitarbeitern, für die Kosten über 800.000,00 € anfallen.

Berechnen Sie die Kosten je zusätzlichem Punkt für beide Alternativen.

04. Benchmarking

Der Referent der Landeskrankenhausgesellschaft übergibt Ihnen die folgenden Daten zweier Mitgliedskrankenhäuser:

- Krankenhaus Elbe Wetter:
  - 2.500 Fälle mit einem Relativgewicht von 0,75
  - 3.000 Fälle mit einem Relativgewicht von 1,2
  - 4.500 Fälle mit einem Relativgewicht von 1,75

  Die gesamten Kosten betragen 37.380.000,00 €

- Krankenhaus Weser Sonne:
  - 1.500 Fälle mit einem Relativgewicht von 0,5
  - 2.250 Fälle mit einem Relativgewicht von 0,85
  - 2.750 Fälle mit einem Relativgewicht von 1,25
  - 3.500 Fälle mit einem Relativgewicht von 1,4

  Die gesamten Kosten betragen 39.600.000,00 €

Berechnen Sie für den Referenten die folgenden Werte:

a) Case-Mix
b) Case-Mix-Index
c) Basisfallwert (Baserate)

05. Break-even-Point, Bettenauslastung, Investitionsfinanzierung

Das Landeskrankenhaus Schöne Heide verfügt über 175 stationäre Bettenplätze in der Psychiatrie. Davon entfallen 50 Betten auf die Kinder- und Jugendpsychiatrie. Die variablen Kosten pro Bettenplatz betragen 55 €, in der Kinder- und Jugendpsychiatrie 75 €. Die Bettenplätze werden zum Preis von 180,00 € angeboten, Kinder- und Jugendpsychiatrie 225,00 €. Die fixen Kosten betragen jährlich 1.080.000,00 € bzw. 252.000 € in der Kinder- und Jugendpsychiatrie.

a) Berechnen Sie die Anzahl der Pflegetage pro Monat, bei denen der Break-even-Point erreicht wird.

b) Wie hoch ist die Bettenauslastung der Abteilungen im Break-even-Point?

c) Wie viele Pflegetage müssten zusätzlich erreicht werden, um eine Investition zu finanzieren, die monatlich 45.000,00 € kostet.

06. Äquivalenzziffernrechnung

In der Kantine werden drei verschiedene Menüs in folgendem Verhältnis angeboten:

- 25 % Pizza
- 45 % Fisch
- 30 % Grillplatte

Der Arbeitsaufwand für die Essenszubereitung wird mittels Äquivalenzziffern bewertet:

- 0,50 Pizza
- 1,00 Fisch
- 1,75 Grillplatte

Insgesamt werden 25.000 Arbeitsstunden in der Kantine erbracht. Die Gesamtkosten des Küchenpersonals betragen 375.000 €.

a) Berechnen Sie die mit den Äquivalenzziffern gewichteten Stunden der verschiedenen Menüs und die gewichteten Gesamtstunden.

b) Berechnen Sie die mit den Äquivalenzziffern gewichteten Stundensätze der Menüs.

c) Berechnen Sie die gewichteten Gesamtkosten der einzelnen Menüs.

07. Kosten- und Leistungsrechnung

In einem Krankenhaus entstehen für eine chirurgische DRG Kosten in Höhe von 1.200.000 für den ärztlichen Dienst. Die geleisteten Operationsminuten für die Chirurgen betragen 8.000 Minuten im Jahr.

a) Berechnen Sie die Kosten pro Operationsminute für den chirurgischen Dienst.

b) In 35 % der Fälle dauert eine OP durchschnittlich 100 Minuten, während in 65 % der Fälle eine OP durchschnittlich 208 Minuten dauert.
   - Wie viele Operationen wurden im Jahr durchgeführt?
   - Berechnen Sie die Operationskosten der Chirurgen für beide Fälle.

08. Gewinn- und Deckungsbeitragsrechnung

Die urologische Privatklinik Heide erbringt regelmäßig die DRGs A und B.

DRG A wird 125 Mal durchgeführt.

- 7.000 € Erlöse
- 2.000 € fixe Kosten
- 3.000 € variable Kosten

DRG B wird 175 Mal durchgeführt.

- 6.000 € Erlöse
- 1.500 € fixe Kosten
- 3.000 € variable Kosten

a) Berechnen Sie den Gewinn der jeweiligen DRG und den Gesamtgewinn.

b) Berechnen Sie den Deckungsbeitrag der jeweiligen DRG und den Gesamtdeckungsbeitrag.

09. Beköstigungstage, Kostenrechnung

Eine Rehabilitationsklinik verfügt über 250 Bettenplätze, die im Jahresdurchschnitt an 360 Tagen zu 80 % belegt sind. Die Essenszubereitung erfolgt über die hauseigene Küche. Die Gesamtkosten der Küche betragen 450.000 € und die variablen Kosten je Tag und Patient 4 €.

a) Berechnen Sie durchschnittliche Anzahl an Beköstigungstagen pro Tag.
b) Berechnen Sie die Gesamtkosten je Tag und Patient.
c) Berechnen Sie die Fixkosten je Tag und Patient.

10. Beköstigungstage, Kostenrechnung, Fremdvergabe

Die Küche eines Kreiskrankenhauses hat jährlich 75.000 Beköstigungstage. Die durchschnittlichen Kosten eines Beköstigungstages betragen 11 €. Der Geschäftsführung werden nun die beiden folgenden Angebote vorgelegt:

- Auslagerung der Küche an ein Cateringunternehmen, das für die Verpflegung der Patienten 9,75 € pro Beköstigungstag berechnet.

- Belieferung einer Rehabilitationsklinik in der Nachbarschaft im Umfang von 25.000 Beköstigungstagen. Die variablen Kosten betragen 3,50 € pro Tag und Patient, während die fixen Kosten sich auf 45.000 € belaufen. Der Erlös beträgt 9 € pro Beköstigungstag und Patient.

a) Berechnen Sie die Durchschnittskosten pro Beköstigungstag und Patient der Rehabilitationsklinik.

b) Berechnen Sie die Durchschnittskosten pro Beköstigungstag und Patient des Kreiskrankenhauses und der Rehabilitationsklinik.

c) Berechnen Sie den Gewinn durch die zusätzliche Belieferung der Rehabilitationsklinik.

d) Welche der beiden angebotenen Optionen sollte die Geschäftsführung auswählen? Begründen Sie Ihre Meinung.

4.6 Personalwesen

4.6.1 Personalplanung

01. Stellenbesetzung

Eine bedeutende Aufgabe des Personalwesens ist die Besetzung frei gewordener Sollstellen oder neu geschaffener Planstellen im Unternehmen. Nennen Sie interne und externe Möglichkeiten der Stellenbesetzung. Welche Vorteile sind damit verbunden?

4. Fach: Management im Sozial- und Gesundheitswesen

02. Stellenbeschreibungen

Mit der Stellenbeschreibung werden die Inhalte von Stellen im Unternehmen definiert. Zählen Sie die Inhalte auf, die eine Stellenbeschreibung enthalten sollte.

03. Demografischer Wandel und Auswirkungen auf das Personalmanagement

Erläutern Sie die wesentlichen Aspekte des demografischen Wandels in Deutschland! Nennen Sie jeweils Beispiele zu den Auswirkungen auf das Personalmanagement.

04. Arbeitszeitflexibilisierung

Erläutern Sie die Aspekte der Arbeitszeitflexibilisierung. Welche Arbeitsflexibilisierungslösungen stehen zur Verfügung? Erläutern Sie die jeweiligen Lösungen.

05. Personaleinstellung, Eingliederung neuer Mitarbeiter

Erläutern Sie die Aspekte, die bei der Eingliederung neu eingestellter Mitarbeiter eine wesentliche Rolle im Einstellungsprozess spielen. Welche Folgen kann eine ineffektive Einarbeitung haben?

06. Dienstpläne

Dienstpläne koordinieren die Tätigkeiten mehrerer am gleichen Tag beschäftigter Arbeitnehmer. Nennen Sie fünf rechtliche Bestimmungen, die bei der Gestaltung von Dienstplänen beachtet werden müssen.

07. Analyse von Dienstplänen

Unternehmen führen oftmals Analysen von Dienstplänen durch, um die Personalbereitstellung zu optimieren. Welche rechtlichen, formalen und unternehmensrelevanten Aspekte können zur Analyse von Dienstplänen eingesetzt werden?

08. Anforderungen an Dienstplanformulare

Dienstplanformulare werden von Prüfungsinstitutionen und -behörden überprüft bzw. dienen ggf. bei gerichtlichen Auseinandersetzungen als Beweismittel. Welchen Anforderungen müssen Dienstplanformulare genügen, um von externen Prüfinstitutionen als Dokument anerkannt zu werden?

4.6.2 Personalentwicklung und -förderung

01. Gesprächsführung mit Fragen

Erläutern Sie allgemein die Aspekte der Gesprächsführung mithilfe von Fragen. Nennen Sie mögliche Frageformen und geben Sie hierzu jeweils Beispiele!

02. Feedbackgespräche

Feedbackgespräche dienen der Kommunikation zwischen Vorgesetzten und Mitarbeitern. Erläutern Sie, welche Ziele mit Feedbackgesprächen verfolgt werden und welche Inhalte zur Sprache kommen.

03. Beurteilungsgespräche

Mitarbeitergespräche sind ein Instrument, an dem die Beteiligten regelmäßig oder bei Bedarf spezifische Inhalte besprechen. Nennen Sie die Formen von Mitarbeitergesprächen und erläutern Sie deren Ziele!

04. Kritische Rückmeldungen in Mitarbeitergesprächen

Mitarbeitergespräche sind in der Regel darauf ausgelegt, dass beide Seiten einen Gewinn daraus erzielen. In der Praxis kann dieses Ziel oft nicht erreicht werden. In welcher Form können Mitarbeiter negativ auf kritische Rückmeldungen reagieren und wie verhält sich eine Führungskraft dann darauf?

05. Personalentwicklung

Die Personalentwicklung umfasst Maßnahmen der Bildung, Förderung und Organisationsentwicklung. Nennen Sie mögliche Ziele der Personalentwicklung auf der Seite des Unternehmens und der Seite der Mitarbeiter.

06. Erstellung eines Konzeptes zur Personalentwicklung

Erläutern Sie die Vorgehensweise bei der Erstellung eines Konzepts zur Personalentwicklung.

07. Qualifikationsfördernde Maßnahmen

Die Förderung der Qualifikationen von Mitarbeitern nimmt in der Personalentwicklung einen breiten Raum ein. Beschreiben Sie verschiedene qualifikationsfördernde Maßnahmen.

4. Fach: Management im Sozial- und Gesundheitswesen

08. Vor- und Nachteile des Fernunterrichts

Fernunterricht wird zunehmend in der Personalentwicklung eingesetzt. Welche Vor- und Nachteile hat Fernunterricht?

4.7 Informations- und Kommunikationstechniken

4.7.1 Konflikte

01. Ursachen von Konflikten

Kategorisieren Sie die möglichen Ursachen von Konflikten in einer Übersicht.

02. Moderation

Moderatoren sind Personen, die lenkend in die Kommunikation eingreifen. Nennen Sie die Aufgaben eines Moderators während einer Moderation.

03. Auswirkungen von Konflikten

Konflikte bauen ein breites Spannungsfeld auf. Welche Auswirkungen können Konflikte im beruflichen Umfeld haben?

04. Supervision und Coaching

Supervision ist die Beratung einzelner Teams, Gruppen oder Organisationen, während das Coaching die lösungs- und zielorientierte Begleitung einzelner Personen ist. Nennen Sie die Ziele der Supervision und des Coachings!

05. Voraussetzungen der Supervision bzw. des Coachings

Kategorisieren Sie die Voraussetzungen für eine effektive Supervision bzw. ein effektives Coaching und erläutern Sie die definierten Kategorien!

4.7.2 Informations- und Kommunikationssysteme

01. Aufgaben von Datenschutzbeauftragten

Datenschutzbeauftragte wirken auf die Einhaltung der Datenschutzbestimmungen hin. Welche Aufgaben haben Datenschutzbeauftragte in Behörden bzw. nicht-behördlichen Organisationen?

02. Datenschutz

Datenschutz ist der Schutz vor dem Missbrauch personenbezogener Daten. Erläutern Sie, welche Aufgaben der Datenschutz hat. Kategorisieren Sie den Schutzbedarf personenbezogener Daten und geben Sie Beispiele.

03. Datenerhebung im Gesundheitswesen

Das Bundesdatenschutzgesetz (BDSG) regelt zusammen mit den Datenschutzgesetzen der Länder und anderen bereichsspezifischeren Regelungen den Umgang mit personenbezogenen Daten, die in IT-Systemen oder manuell verarbeitet werden. Erläutern Sie, welche Daten im Sinne des Bundesdatenschutzgesetzes im Gesundheitswesen erhoben werden dürfen.

04. Datenschutzverletzungen im Gesundheitswesen

Der Schutz personenbezogener Daten nimmt im Gesundheitswesen eine besonders bedeutende Rolle ein. Nennen Sie Beispiele, die Datenschutzverletzungen für Patienten des Gesundheitswesens nach sich ziehen können.

05. Maßnahmen gegen Spam-Mails

Spam-Mails sind unerwünschte elektronisch übertragene Nachrichten, die den Empfängern unverlangt zugestellt werden. Dies kann zu nachhaltigen Störungen des Betriebsablaufs führen, wenn sich Viren und Trojaner im unternehmensinternen Kommunikationsnetz ausbreiten. Nennen Sie konkrete Maßnahmen, mit denen die Flut von Spam-Mails eingeschränkt werden kann!

06. IT-Sicherheit

Die IT-Sicherheit wird in verschiedenen Kategorien definiert. Nennen Sie Kriterien der IT-Sicherheit und geben Sie jeweils Beispiele.

4.8 Projektmanagement

01. Projektcontrolling

Das Projektcontrolling beschreibt alle Tätigkeiten, die erforderlich sind, um Projekte über die Projektlaufzeit zu steuern. Erklären Sie die Schritte des Projektcontrolling anhand eines Beispiels.

02. Projektmanagement-Zyklus

Der Projektleiter überwacht im Zusammenhang mit dem Projektcontrolling die Projektleistungen. Erläutern Sie, aus welchen Aufgaben der Projektmanagement-Zyklus besteht.

03. Kick-Off-Veranstaltungen

Nach abgeschlossener Planung werden in der Regel Kick-Off-Veranstaltungen angesetzt. Welche Aufgabe kommt einer Kick-Off-Veranstaltung zu? Nennen Sie die Themen, die regelmäßig zu behandeln sind.

04. Definition von Vorhaben als Projekte

Die DIN-Norm definiert die Kriterien, nach denen Vorhaben als Projekte gelten. Nennen Sie die Kriterien, durch die Projekte definiert werden und geben Sie jeweils drei Beispiele, die Vorhaben als Projekte ausweisen bzw. die nicht als Projekte definiert werden.

05. Projektstrukturplan

Projektstrukturpläne gliedern Projekte in plan- und kontrollierbare Teilaufgaben. Entwerfen Sie einen Projektstrukturplan für einen „Tag der offenen Tür" eines Kreiskrankenhauses.

06. Projektphasen

Projekte werden methodisch in verschiedene Phasen aufgeteilt. Erläutern Sie die einzelnen Projektphasen.

07. Projektakte

Die Projektakte enthält alle wesentlichen Dokumentationen, die bei der Projektplanung und -durchführung eine Rolle spielen. Zählen Sie die Bestandteile einer Projektakte auf.

4.9 Qualitätsmanagement im Sozial- und Gesundheitswesen

01. Qualitätsmanagementsysteme im Überblick

Die Praxis kennt verschiedene Qualitätsmanagementsysteme. Erläutern Sie die Ziele der folgenden Modelle:

- TQM
- KTQ
- pCC
- QEP
- EFQM

02. Qualitätsmanagementsysteme als Methode der Unternehmensführung

Qualitätsmanagementsysteme sind ein Mittel der Unternehmensführung, um ein systematisches Qualitätsmanagement in Organisationen einzuführen. Nennen Sie die Elemente eines umfassenden Qualitätsmanagementsystems.

03. Qualitätsdimensionen

Die Qualität ist im Qualitätsmanagement über verschiedenen Dimensionen definiert. Erläutern Sie die einzelnen Qualitätsdimensionen für eine Akutklinik. Geben Sie jeweils zwei Beispiele an.

04. Qualitätsmanagementsysteme nach DIN EN ISO 9000:2008

Qualitätsmanagementsysteme werden nach der DIN EN ISO 9000:2008 normiert. Nennen Sie die Grundsätze eines Qualitätsmanagementsystems nach dieser Norm.

05. Audits im Qualitätsmanagement

Im Zusammenhang mit dem Qualitätsmanagement werden oftmals Audits genannt. Was sind Audits? Unterscheiden Sie interne und externe Audits.

06. Instrumente zur Qualitätslenkung und -verbesserung

Welche Instrumente kann ein Qualitätsmanagement zur Qualitätslenkung und Verbesserung einsetzen?

07. Beschwerdemanagement

Erläutern Sie die Aspekte eines Beschwerdemanagements im Krankenhaus und nennen Sie die Erfolgsfaktoren.

08. Fehlermanagement

Erläutern Sie die verschiedenen Aspekte eines Fehlermanagements im Gesundheitswesen.

09. Aufgaben der Fehleranalyse, SHELL-Modell

Erläutern Sie die Aufgaben einer Fehleranalyse im Rahmen des Fehlermanagements. Nennen Sie die Schrittfolge bei der Fehleranalyse und erläutern Sie das SHELL-Modell.

10. Betriebliches Vorschlagswesen

Erläutern Sie die Aspekte des betrieblichen Vorschlagswesens. Nennen Sie in diesem Zusammenhang auch dessen Ziele.

11. PDCA-Zyklus

Der Abrechnungsabteilung eines Krankenhauses der Maximalversorgung ist aufgefallen, dass die Behandlungsverträge und Wahlleistungsverträge, die aus der Patientenaufnahme kommen, in der Regel nur unvollständig ausgefüllt und häufig nicht unterschrieben sind. Die Folge ist, dass die Patienten private Abrechnungen der Chefärzte und die Komfortleistungen nicht zahlen. Beschreiben Sie mittels des PDCA-Zyklus, welche Verfahrensschritte das Krankenhaus einleiten sollte.

Lösungen

1. Prüfungsfach: Sozial- und Gesundheitsökonomie

1.1 Bedeutung der Gesundheit für die Volkswirtschaft

01. Gesundheitsbegriff

Das Verständnis von Gesundheit lässt sich nicht nur anhand von objektiven Kriterien bestimmen.

- Was als behandlungsbedürftig angesehen wird, ist auch gesellschaftlichen und historischen Normen unterworfen, die sich im Zeitverlauf verändern. Wurde früher der „Zappelphilipp" als pädagogisches Problem angesehen, ist er heute ein medizinisches Phänomen, das als eine Aufmerksamkeitsdefizit-Hyperaktivitätsstörung diagnostiziert und als behandlungsbedürftig eingestuft wird.
- Gesundheit wird in den verschiedenen Kulturkreisen unterschiedlich interpretiert. Bestimmte Werte haben in Gesellschaften eine unterschiedliche Bedeutung. So gilt in China die Einschränkung der Füße als Merkmal von Privilegiertheit. Im Gegensatz dazu würde dies in westlichen Ländern zu einer Behandlung aufgrund der Einschränkung der normalen Funktion der Füße führen.
- Gesundheit und Krankheit sind schwer voneinander abzugrenzen. Die Übergänge sind oft fließend von einem allgemeinen Unwohlsein bis zu Funktionsstörungen.
- Das Verständnis wird mitbestimmt durch den medizinischen Fortschritt. So war Kleinwüchsigkeit früher keine Krankheit. Heute ist sie aufgrund des Fortschritts in der Medizin in einigen Fällen behandelbar.
- Individuelle Wahrnehmung und professionelle Einschätzung der Gesundheit können sehr stark differieren. So können sich Patienten auch bei ungünstigen Laborwerten noch gesund fühlen. Der Arzt hingegen sieht schon einen Behandlungsbedarf.

02. Definitionsmonopol

a) Der Arzt bestimmt, was im Einzelfall als Krankheit anerkannt wird. Dazu stellt er beim Patienten eine Diagnose.

b) Die Diagnose führt dann zu Leistungsansprüchen seitens des Patienten:
  - Feststellung der Arbeitsunfähigkeit und Krankschreibung
  - Entgeltfortzahlung durch den Arbeitgeber
  - Krankenversicherungsleistungen:
    - Krankenbehandlung, Krankengeld, Rehabilitation
  - Rehabilitationsleistungen

03. Einflussfaktoren auf Gesundheit

Jeder Mensch hat unterschiedliche Anlagen. Diese können eine gute Voraussetzung für eine normale Entwicklung liefern. Der Mensch verfügt aber nicht nur ausschließlich über Gesundheitsressourcen, er trägt auch Gesundheitsrisiken in sich. Diese müssen sich nicht sofort zeigen. Sie können auch erst unter bestimmten Umweltbedingungen auftreten. Die Verteilung von Ressourcen und Risiken in einer Population ist unterschiedlich.

Gesundheitsressourcen	Physische Veranlagungen	Gesundheitsrisiken
Geordnetes Zusammenspiel der normalen Funktions- und Stoffwechselabläufe. Die positive Entwicklung des Individuums wird unterstützt.	Disposition: erworbene oder angeborene Bereitschaft des Organismus auf Einflüsse zu reagieren	Krankheiten die genetisch festgelegt sind oder unter bestimmten Umweltbedingungen auftreten
starkes Immunsystem	Konstitution: anlagebedingtes anatomisches und physiologisches Funktions- und Leistungsgefüge	schwaches Immunsystem
Gesundheitsressourcen	**Psychische Veranlagungen**	**Gesundheitsrisiken**
z. B. Selbstvertrauen Zuversicht	Persönlichkeitseigenschaften	starke Stressreaktion auf z. B. kritische Lebensereignisse

Protektivfaktor: Neutralisiert oder kompensiert den Risikofaktor z. B. Selbsthilfefähigkeit und trägt so zur Gesunderhaltung bei.

04. Gesundheitszustand

Indikatoren zur Einsätzung des Gesundheitszustandes der Bevölkerung sind:

- Lebenserwartung, Zuwachs an gesunden Lebensjahren, Todesursachen, Säuglings- und Kindersterblichkeit, Krankenhaustage sowie
- die subjektive Bewertung der eigenen Gesundheit durch das Individuum.

Die Indikatoren sind Entscheidungsgrundlage für die

- Bedarfsfeststellung, um dann die erforderlichen Kapazitäten zu planen.
- Schaffung von Regelungen zur Verteilung der Ressourcen auf das Gesundheitswesen oder auf die anderen Sektoren.

Die Leistungsfähigkeit des Gesundheitssystems lässt sich anhand dieser Indikatoren nur bedingt einschätzen. Andere Einflüsse, wie das Gesundheitsverhalten (Ernährung, Bewegung und Konsum, schädliche Substanzen u. Ä.) nehmen auch Einfluss auf den Gesundheitszustand, sind aber nicht oder nur zu einem geringen Teil auf das Gesundheitssystem zurückzuführen.

1. Prüfungsfach: Sozial- und Gesundheitsökonomie

05. Informationsasymmetrien

Die Patienten haben folgende Möglichkeiten:

- Einholen einer Zweitmeinung bei einem anderen Arzt.
- Inanspruchnahme von Beratungen.
- Nutzung von Gesundheitsinformationen im Internet und in der Presse.
- Information bei Selbsthilfegruppen

Durch informationsfördernde Maßnahmen lassen sich die Informationsdefizite nicht vollständig überwinden. Hinzu kommt, dass der Patient aufgrund seiner Krankheit in seiner Informations- und Entscheidungsfreiheit eingeschränkt ist, z. B. durch Bewusstlosigkeit.

06. Wirtschaftliche Folgen von Arbeitsunfähigkeit

Kosten für den Arbeitgeber:

- Lohnfortzahlung für den arbeitsunfähigen Arbeitnehmer
- eventuell zusätzliche Kosten für Krankheitsvertretungen und deren Einarbeitung bzw. Schulung.

Kosten für die Krankenkassen:

- Krankengeldzahlungen
- Behandlungskosten.

Rehabilitationsträger:

- Rehabilitationsmaßnahmen

Gesamtwirtschaftliche Kosten:

- Produktionsausfallkosten (Lohnkosten)
- Rückgang der Arbeitsproduktivität (Bruttowertschöpfung).

Wenn der Arbeitnehmer aufgrund von Krankheit dauerhaft nicht in der Lage ist, seinen Lebensunterhalt durch Erwerbstätigkeit zu verdienen, so entstehen Kosten durch Frühberentung:

- Erwerbsminderungsrenten der gesetzlichen Rentenversicherung
- Verletztenrenten der gesetzlichen Unfallversicherung
- Ruhegehalt bei Dienstunfähigkeit aus der Beamtenversorgung.

07. Prüfung der Arbeitsunfähigkeit

a) Zweifelt der Arbeitgeber an der Arbeitsunfähigkeit des Arbeitnehmers, so kann dieser nach § 275 Abs.1 Nr. 3b SGB V den medizinischen Dienst der Krankenkassen einschalten, um dies überprüfen zu lassen. Dazu muss er sich vor Ablauf der Arbeitsunfähigkeitsbescheinigung mit der Krankenkasse in Verbindung setzen.

b) Zweifel sind gerechtfertigt, wenn

- der Arbeitnehmer auffällig häufig oder häufig für eine kurze Dauer arbeitsunfähig ist.
- der Arbeitnehmer häufig an einem Arbeitstag am Beginn oder am Ende einer Woche arbeitsunfähig ist.
- die Feststellung der Arbeitsunfähigkeit durch einen Arzt erfolgte, der durch die Häufigkeit der Ausstellung von Arbeitsunfähigkeitsbescheinigungen auffällig geworden ist.

Der medizinische Dienst erstellt dazu eine gutachtliche Stellungnahme.

08. Das Sozialbudget

Das Sozialbudget informiert nur über den finanziellen Einsatz (Input) dabei werden folgende Faktoren vernachlässigt:

- Das Ergebnis (Output) der Sozialausgaben.
- Die Wirksamkeit und Qualität der Sozialpolitik.

Das Sozialbudget lässt nicht den Rückschluss zu, je höher die Sozialausgaben desto besser die Lebensbedingungen der Bevölkerung. Hohe Sozialausgaben können auch ein Hinweis auf unzureichende Effektivität und Effizienz sein.

09. Sozialleistungsquote

Der Absolutbetrag (Sozialbudget) wird ins Verhältnis zum Bruttoinlandsprodukt gesetzt, so erhält man die Sozialleistungsquote. Sie gibt den prozentualen Anteil der Sozialausgaben am Bruttoinlandsprodukt wieder.

- Vergleich mit Vergangenheitswerten
- Vergleich mit anderen Ländern

Die Vergleiche sind möglichst unter Berücksichtigung der Arbeitslosenquote anzustreben, weil diese auch die sozialpolitische Bedarfsänderung widerspiegelt.

10. Rechensysteme

- **Gesundheitsausgabenrechnung:** Dort werden nur die Ausgaben für den Endverbrauch von Gesundheitsleistungen und die öffentlichen Investitionen im Gesundheitswesen erfasst. Nachrichtlich werden separat die Leistungen des erweiterten Gesundheitsbereiches ausgewiesen. Dazu gehören öffentlich finanzierte Forschung, Einkommensleistungen sowie die Aus- und Weiterbildung in medizinischen und paramedizinischen Berufen.
- **Krankheitskostenrechnung:** Sie zeigt, wie stark die deutsche Volkswirtschaft durch bestimmte Krankheiten und deren Folgen belastet wird.

- **Gesundheitspersonalrechnung:** Sie liefert Angaben über die Anzahl und Struktur der Beschäftigten im Gesundheitswesen. Die Beschäftigten werden nach Berufen, Einrichtungen, Beschäftigungsart (Vollzeit, Teilzeit, geringfügige Beschäftigung) Alter und Geschlecht zugeordnet.

11. Heil- und Hilfsmittel

- **Heilmittel** sind Anwendungen, die durch einen Therapeuten persönlich erbracht werden, wie Physiotherapie, Ergotherapie, Logopädie und Podologie. Der Heilmittelkatalog gibt vor, bei welchen Diagnosen welche Mengen abgegeben werden dürfen. Die Heilmittel unterliegen der Budgetierung.

- **Hilfsmittel** sind sächliche medizinische Leistungen, wie Seh- und Hörhilfen, Inkontinenzhilfen, Hilfsmittel zur Kompressionstherapie, Stoma-Artikel und Einlagen. Die Hilfsmittelrichtlinien regeln, welche Hilfsmittel zu Lasten der GKV verordnet werden dürfen. Sie unterliegen nicht der Budgetierung.

12. Preissteuerung bei Arzneimitteln

- **Zwangsrabatte:** Der Hersteller ist verpflichtet den Krankenkassen einen Rabatt nach Vorgabe des Gesetzgebers prozentual auf den Abgabepreis zu gewähren.

- **Rabattverträge:** Arzneimittelhersteller und Krankenkassen vereinbaren einen Preisnachlass für ein Arzneimittel in einem Vertrag.

- **Preistopp:** Staatliches Verbot für den Hersteller ab einem bestimmten Zeitpunkt die Arzneimittelpreise im Rahmen der GKV zu erhöhen. Privat Versicherte müssen Preiserhöhungen hinnehmen.

- **Festbeträge:** Arzneimittel die dieselben Wirkstoffe, pharmakologisch-therapeutisch vergleichbare Wirkstoffe oder eine therapeutisch vergleichbare Wirkung haben, werden in Gruppen zusammengefasst. Für diese Arzneimittelgruppen werden Erstattungsobergrenzen festgelegt.

- **Aut-idem:** Regelung: Der Apotheker ist zur Abgabe eines preisgünstigen Medikaments aus der gleichen Wirkstoffgruppe verpflichtet, wenn der Arzt dies nicht ausdrücklich ausgeschlossen hat.

13. Vorteile der Bürgerversicherung

- **Senkung der Lohnnebenkosten:** Aufgrund der Einbeziehung anderer Einkunftsarten und der gesamten Wohnbevölkerung in das Versicherungssystem könnten die Beitragssätze sinken. Die derzeit privat Versicherten weisen bei einem überdurchschnittlich hohen Einkommen eine geringe Leistungsinanspruchnahme auf, sodass sich hier ein zusätzlicher Entlastungseffekt ergibt.

- **Beitragsgerechtigkeit:** Die Einbeziehung aller Einkommensarten führt zu mehr Gerechtigkeit zwischen den Versicherten mit gleichem Gesamteinkommen.

- **Reduktion der Risikoselektion:** Weil die Beiträge sich nicht nach dem Krankheitsrisiko richten, sind die Krankenkassen nicht bestrebt eine Auswahl ihrer Versicherten nach ihrem Gesundheitszustand zu betreiben.

- **Stärkung der Binnennachfrage:** Bei den unteren Einkommensgruppen und Familien werden die größten Entlastungen erwartet. Diese weisen eine höhere Konsumneigung auf. Sie werden den Zuwachs an Nettoeinkommen für Konsum verwenden und somit die konjunkturelle Entwicklung stärken.

- **Erhaltung von Solidarität:** Stärkung der Solidargemeinschaft durch weitere Mitglieder.

14. Nachteile einer Bürgerversicherung

- **Steigender Verwaltungs- und Kontrollaufwand:** Um die Kapitaleinkünfte zu ermitteln müssen die Finanzämter miteinbezogen werden. Das zieht erhebliche Verwaltungskosten nach sich.

Die Einkünfte der Selbstständigen können nur über die Einkommenssteuerveranlagung erfasst werden. Bei der Ermittlung des steuerpflichtigen Einkommens lässt das derzeitige Steuersystem große Gestaltungsspielräume zu, sodass bei einer geschickten Darstellung der Einkommenssituation es zu einem günstigen Krankversicherungsschutz kommen kann. Das wirft Gerechtigkeitsprobleme gegenüber Lohneinkommensbeziehern auf. Es ist auch ungeklärt, welche Beiträge von Selbstständigen im Falle von Verlusten erhoben werden sollen.

- **Verzögerte Wirksamkeit der Beitragssenkung:** Bezieher hoher Einkommen können aufgrund von Übergangsregelungen in der PKV verbleiben und es gibt zu wenig Neuverträge, die zur Bürgerversicherung verpflichtet sind. Deshalb kann eine Beitragssatzsenkung nicht sofort möglich sein.

15. Vorteile der Gesundheitsprämie

- **Entkoppelung der Versicherungsbeiträge von den Löhnen:** Die Gesundheitsprämien werden unabhängig vom Arbeitsentgelt gezahlt. Das betrifft die Beitragshöhe und auch den Beitragseinzug. Steigende Löhne führen dann nicht mehr automatisch zu steigenden Beiträgen bei Arbeitnehmern und Arbeitgebern. Die Unternehmen werden von den Lohnnebenkosten entlastet. Die Abhängigkeit von konjunkturellen Schwankungen wird aufgehoben.

- **Vermeidung von sozialen Härten:** Zuschüsse aus dem Steuerhaushalt werden bei Überforderung eines Haushaltes gewährt, um unzumutbare Härten zu vermeiden.

16. Nachteile der Gesundheitsprämie

- **Unsolidarische Beitragserhebung:** Geringverdiener zahlen die Prämie in gleicher Höhe wie Besserverdienende. Die Besserverdienenden werden entlastet und Geringverdiener und Familien werden stärker belastet.

- **Aufgabe der paritätischen Finanzierung:** Da Arbeitgeber an der Finanzierung des Gesundheitssystems nicht mehr beteiligt sind, haben sie auch kein Interesse mehr an kostensenkenden Strukturreformen im Gesundheitswesen. Der Druck der Arbeitgeberseite auf die Politik hinsichtlich einer Beitragsstabilität würde entfallen.

- **Abhängigkeit vom Staatshaushalt:** Problematisch wird es, wenn die Transferleistungen in einer Rezession aufgebracht werden müssen. Hohe Arbeitslosigkeit und die Zunahme von sozialen Notlagen lassen auch ein geringeres Steueraufkommen erwarten. Es besteht die Gefahr, dass die Steuerzuschüsse nach Kassenlage bemessen werden.

- **Verschärfung der Risikoselektion:** Die Krankenkassen würden stärker um junge und gesunde Versicherte konkurrieren, weil nur geringe Ausgaben pro Versicherten auch eine niedrige Prämie erlauben.

17. Informations- und Behandlungsrechte

Informationsrechte	Behandlungsrechte
• verständliche Aufklärung und sorgfältige Information über die Behandlung sowie deren Kosten und der Leistungspflicht der GKV • Aufklärung bei Anwendung neuer Behandlungsmethoden über Nutzen und Risiken • ärztliche Zweitmeinung • Einsicht durch den Patienten in Befunde, Ergebnisse und in die Dokumentation	• freie Arztwahl und Entscheidungsfreiheit über die Durchführung einer Behandlung • Wahlfreiheit bei zugelassenen Krankenhäusern (evtl. Mehrkosten) • qualifizierte und sorgfältige Behandlung • Gewährleistungsrecht bei prothetischer Versorgung • qualifizierte Pflege und Versorgung • Mitwirkung des Patienten an der Behandlung • Einsichtsrecht in die Krankenunterlagen • Vertraulichkeit und Datenschutz • Kostenübernahme durch die Krankenkasse

Der Patient hat das Recht, dass seine Aufklärung und seine Einwilligung zur Behandlung dokumentiert werden. Der Arzt schuldet dem Patienten nicht den Behandlungserfolg aber er ist dafür verantwortlich, dass die Behandlung kunstgerecht durchgeführt wird.

18. Suchthilfe

Die Professionalisierung der Suchthilfe macht die Selbsthilfe nicht überflüssig.

Sie ist ein eigener Bereich innerhalb der Selbsthilfe. Die Zusammenschlüsse richten sich nach:

- der Art des Krankheitsbildes
- dem Suchtstoff
- Betroffene oder Angehörige.

Die Deutsche Hauptstelle für Suchtfragen unterstützt mit Informationen die Gruppen, Verbände, Suchtkliniken und Suchtberatungsstellen.

19. Prävention und Selbsthilfe

Der Besuch einer Selbsthilfegruppe führt zur Reduktion der individuellen Belastungen und Risiken und wirkt gesundheitsförderlich.

- **Primärprävention:** Sie beginnt beim Gesunden durch Krankheitsverhütung. So kann durch frühzeitiges Bearbeiten von schwerwiegenden Lebensereignissen (Arbeitslosigkeit, Trauer um einen Angehörigen, Einsamkeit) in den Gruppen einer Somatisierung entgegengewirkt werden.
- **Sekundärprävention:** Krankheitsfrüherkennung
- Der Wiedereintritt einer Krankheit wird verhindert oder das gesundheitsschädigende Verhalten wird reduziert.
- **Tertiärprävention:** Verhütung einer Krankheitsverschlechterung sowie das Auftreten von Komplikationen. Sie ist vor allem für chronisch kranke Menschen wichtig wie z. B. für Rheumatiker.

20. Daseinsvorsorge

- Wissen um die Angewiesenheit der Menschen auf bestimmte Leistungen.
- Erfahrung, dass die freien Kräfte des Marktes die benötigten Leistungen nicht immer in der gewünschten Quantität, Qualität, Verlässlichkeit und Zugänglichkeit und Bezahlbarkeit erbringen können.
- Verantwortung des Staates Defizite zu vermeiden bzw. auszugleichen.

Der Sozialstaat muss diese Leistungen nicht selbst erbringen. Er kann auch das Ergebnis vorgeben.

1.2 Sozial- und Gesundheitspolitik im Wirtschaftssystem der Bundesrepublik Deutschland

01. Kinder- und Jugendhilfe

Die Entfaltungsmöglichkeiten von Kindern und Jugendlichen und ihre materiellen Lebensgrundlagen werden entscheidend durch die Lebensumstände der Eltern sowie durch deren Erziehungsbereitschaft und -fähigkeit bestimmt.

Die Entwicklungschancen können im Vergleich zu anderen Kindern beeinträchtigt sein bei:

- Kindern und Jugendlichen ohne Eltern
- Kindern und Jugendlichen mit nur einem für sie sorgenden Elternteil
- wirtschaftlich schwachen Eltern
- sorgeunfähigen oder überforderten Eltern

1. Prüfungsfach: Sozial- und Gesundheitsökonomie

Die Kinder- und Jugendhilfe (SGB VII) soll Benachteiligungen vermeiden oder abbauen, Beratung und Unterstützung gewährleisten und vor Gefahren schützen.

02. Jobcenter

Es werden Leistungen mit dem Ziel erbracht, die Hilfebedürftigkeit von Erwerbslosen zu verringern bzw. zu beenden:

- Sicherung des Lebensunterhaltes durch ALG II und eventuell benötigten Mehrbedarf
- Beratung und Vermittlung in Arbeit
- Unterstützung der Eigenbemühungen des Kunden bei der Arbeitssuche
- Gewährung von Eingliederungszuschüssen für Arbeitgeber
- Trainingsmaßnahmen oder Bildungsgutscheine für die Weiterbildung
- Beschäftigungspakete für ältere Arbeitnehmer
- Schuldnerberatung
- psychosoziale Betreuung und Suchtberatung.

Der Bund kann zulassen, dass eine begrenzte Anzahl von Gemeinden (Optionskommunen) die Jobcenter allein betreiben.

03. Bundesversicherungsamt

- Rechtsaufsichtsbehörde für die überregional tätigen Renten-, Unfall-, Kranken- und Pflegeversicherungsträger
- Durchführung des morbiditätsorientierten Risikostrukturausgleiches
- Zulassung von Disease-Management-Programmen
- Zahlung eines Mutterschaftsgeldes
- Verwaltung des Gesundheitsfonds
- Finanzausgleich in der sozialen Pflegeversicherung

04. Krankenhausaufsicht

Die Krankenhausaufsicht überwacht den ordnungsgemäßen Betrieb der Krankenhäuser. Sie wird von den Gesundheitsämtern, Landesgesundheitsämtern und/oder den Landesämtern für Gesundheit und Soziales übernommen. Die Zuständigkeit ist in den Bundesländern unterschiedlich geregelt. Von der zuständigen Behörde werden die Besichtigungen durchgeführt und Einsicht in die Unterlagen der Krankenhäuser genommen:

- Zustand der Gebäude
- Hygiene
- Versorgung der Patienten
- Sicherheitsfragen.

Medizinische Sachverhalte werden von den Kammern der Heilberufe geklärt.

05. Satzungsleistungen der Krankenkassen

Durch Satzungsleistungen können die Krankenkassen das gesetzlich vorgeschriebene Leistungsspektrum erweitern. Diese Leistungen sind in den Satzungen der gesetzlichen Krankenkassen festgeschrieben. Es liegt im Ermessen der Krankenkassen, welche Satzungsleistungen sie anbieten wollen. Diese Leistungen dürfen nicht im Widerspruch zum gesetzlichen Leistungskatalog stehen. Für die Satzungsleistungen gilt ebenso das Wirtschaftlichkeitsgebot, wie für die Pflichtleistungen. Folgende Leistungen können angeboten werden:

- zur Prävention und Selbsthilfe
- zusätzliche Leistungen zur häuslichen Krankenpflege (Dauer, Umfang)
- Kostenübernahme für alternative Heilmethoden
- erhöhte Zuschüsse zur Rehabilitation
- Zuschüsse zu Vorsorgekuren.

06. Ambulante Behandlungen

Ambulante Behandlungen können in Krankenhäusern durchgeführt werden:

In einer Ausnahmesituation, wenn die ambulante Versorgung nicht sichergestellt ist, wird der Krankenhausarzt durch den Zulassungsausschuss nach § 116 SGB V dazu ermächtigt. Die Ermächtigung ist zeitlich befristet. Bei Unterversorgung wird nach § 116a SGB V das gesamte Krankenhaus zur ambulanten Versorgung zugelassen.

Krankenhäuser können im Rahmen des Kataloges für hochspezialisierte Leistungen, seltene Erkrankungen und bei besonderen Krankheitsverläufen nach § 116b ambulante Behandlungen erbringen. Sie werden durch den Krankenhausplan dazu bestimmt. Krankenhäuser können im Rahmen von Disease-Management-Programmen ambulante Behandlungen durchführen.

Die DKG, der GKV-Spitzenverband und die KBV haben den Katalog ambulant durchführbarer Operationen und sonstiger stationsersetzender Eingriffe gemäß § 115b SGB V verabschiedet. Im Rahmen dieses Kataloges sind die Krankenhäuser zum ambulanten Operieren berechtigt.

07. Bevölkerungsentwicklung

- **Geburtenrate:** Bestimmt die Zunahme einer Population in einer Region durch die Anzahl der Geburten. Berechnet werden die Geburtenziffern.
- **Sterberate:** Bestimmt den Rückgang einer Population in einer Region durch die Anzahl der Gestorbenen. Berechnet werden die rohe Sterberate, die Säuglings- oder Kindersterblichkeit.
- **Alter und Geschlecht** bilden die Bevölkerungsstruktur ab und beeinflussen Geburten- und Sterberaten.

- **Zu- und Abwanderung:** räumliche Mobilität von Personen über Staatsgrenzen hinweg (internationale Migration). Der Wanderungssaldo wird für einen Zeitraum berechnet. Bei positvem Wanderungssaldo steigt die Bevölkerungszahl. Das Wachstum der Bevölkerung eines Gebietes errechnet sich aus der Differenz von Geborenen und Gestorbenen eines Jahres zuzüglich des Wanderungssaldos.

08. Morbiditätsbezogene Indikatoren

Todesursachen: Die Sterbefälle werden nach ihrer Todesursache in der Todesursachenstatistik erfasst. Die Todesursachen sind nach Alter, Geschlecht und Familienstand aufgeschlüsselt. Die Todesbescheinigungen der Ärzte sind die Basis für diese Statistik. Sie erlaubt Rückschlüsse auf Krankheiten.

Gesunde Lebensjahre: Er misst die Anzahl der Jahre, die einer Person in einem bestimmten Alter voraussichtlich ohne Beeinträchtigungen durch Krankheiten oder Behinderungen bleiben. Er ist ein Indikator der Gesundheitserwartung und wird bei Geburt und im Alter von 65 Jahren ermittelt. Für die Berechnung werden zwei Komponenten berücksichtigt:

- Mortalitätsstatistiken
- Daten zu Selbsteinschätzung von Behinderung.

Eine Ausweitung der gesunden Lebensjahre führt zu einer Verbesserung der Lebensqualität, einer Senkung der individuellen Krankheitskosten aber auch zu einer Senkung der gesamtgesellschaftlichen Gesundheitsausgaben. Er gilt als zuverlässiger Indikator für die Überwachung der Gesundheit als Produktivitäts- und Wirtschaftsfaktor.

09. Altersquotient

$$\text{Altersquotient} = \frac{\text{Alte} > 65 \cdot 100}{\text{Erwerbsfähige} < 65}$$

$$\text{Altersquotient 65 Jahre:} \quad \frac{18.654}{47.636} = 0{,}392 \cdot 100 = 39{,}2$$

$$\text{Altersquotient 67 Jahre:} \quad \frac{16.567}{49.723} = 0{,}333 \cdot 100 = 33{,}3$$

Im Jahr 2020 stehen 100 Erwerbsfähige 39,2 Rentnern gegenüber. Legt man das Renteneintrittsalter von 67 Jahren zu Grunde, so verringert sich der Altersquotient um 5,9. Es stehen der Volkswirtschaft mehr ältere Erwerbsfähige zur Verfügung. Je geringer der Altersquotient, umso leichter fällt es der erwerbstätigen Generation die Rentner mitzuversorgen.

10. Erwerbsquote

Die Erwerbsquote = Anteil der Erwerbspersonen in % > 15 Jahre bis zum Renteneintrittsalter an der Gesamtbevölkerung

Erwerbspersonen: 36.018.000 + 4.488.000 + 2.946.000 = 43.452.000

$$\text{Erwerbsquote} = \frac{43.452.000 \cdot 100}{81.757.000} = 53,1\ \%$$

Der Anteil der Erwerbspersonen an der Gesamtbevölkerung beträgt 53,1 %. Sie erlaubt einen Vergleich mit den Vorjahren oder mit anderen Ländern. Sie wird unabhängig von der Qualifikation erhoben. Problematisch an der Berechnung ist, dass der Beschäftigungsumfang (Teilzeit oder Vollzeit) keine Rolle spielt.

Erwerbsfähige: Bevölkerung eines Landes im erwerbsfähigen Alter von 15 bis 65 (67) Jahre unabhängig davon, ob sie einer Erwerbstätigkeit nachgehen oder diese anstreben.

Erwerbstätige: Bevölkerung eines Landes, die als Arbeitnehmer oder als Selbstständige beziehungsweise als mithelfende Familienangehörige eine auf wirtschaftlichen Erwerb ausgerichtete Tätigkeit ausüben. Personen mit mehreren Beschäftigungsverhältnissen werden nur einmal erfasst.

11. Pflegebedarf

- Aufgrund der Zunahme von Hochaltrigkeit stellen sich auch chronische Erkrankungen und Multimorbidität ein. Diese lassen eine Pflege unausweichlich werden und professionelle Unterstützung ist oft unvermeidbar.
- Aufgrund des Geburtenrückganges stehen weniger Kinder oder andere Angehörige als Pflegepersonen zur Verfügung.
- Zunehmende berufliche Mobilität lässt sich schwer mit einer Pflegesituation vereinbaren.
- Berufstätige Frauen entfallen als Pflegepersonen.
- Das Zusammenleben von mehreren Generationen unter einem Dach wird nicht mehr angestrebt. Somit ist die gegenseitige Unterstützung in der Pflege nicht mehr selbstverständlich.

12. Wirtschaftlichkeitsgebot

Die Erbringung von einer Gesundheitsleistung darf nicht von ihren Kosten abhängig gemacht werden. So darf beispielsweise die Behandlung eines akuten Abdomens beruhend auf einer Appendixruptur verbunden mit hohen stationären Kosten nicht von diesen abhängig gemacht werden. So verhält es sich auch bezüglich der Verteilung von Gesundheitsleistungen auf verschiedene Personen. Ein Patient mit Diabetes mellitus, Herzinfarkt, Schlaganfall und distaler Radiusfraktur kann nun keine neue Vollprothese mehr bekommen, weil die Kosten für seine bisherigen Behandlungen schon hoch genug waren. Ein anderer Patient hingegen kann noch Gesundheitsleistungen erhalten, weil sein Ressourcenverbrauch noch nicht so hoch war. Ein Leistungsausschluss wäre in diesen Fällen unethisch, weil auch für den Arzt die Verpflichtung zur Hilfeleistung besteht. Andererseits sind die Leistungserbringer verpflichtet unter mehreren Behandlungsmöglichkeiten bezogen auf den gesamten Behandlungsprozess die kostengünstigste Alternative zu wählen.

Bezogen auf die Strukturen im Gesundheitswesen soll die Effizienz als ökonomische Größe herangezogen werden. Darunter wird das Verhältnis zwischen dem erreichten Ergebnis und den eingesetzten Ressourcen verstanden. So sind die Versorgungsabläufe zu optimieren und eine kostengünstige Produktion der Gesundheitsgüter ist zu realisieren. Auch das Vergütungssystem muss Anreize schaffen, die Effizienz in der Versorgung begünstigen. In Anbetracht der Knappheit der Güter ist ein effizienter Umgang unter ethischen Gesichtspunkten ein Gebot der Verteilungsgerechtigkeit.

1.3 Struktur des Sozial- und Gesundheitswesens

01. Gliederung der Gesundheitsversorgung

Prävention: Vorbeugung kann in speziellen Einrichtungen (Präventionskliniken) aber in allen anderen Versorgungsbereichen stattfinden.		Betriebliche Gesundheitsförderung
Primärversorgung: niedergelassene Leistungserbringer oder deren Angestellte	**Akutversorgung:** stationär in Krankenhäusern	Arzneimittelversorgung durch Apotheken und Versandapotheken
ambulante Rehabilitation in Reha-Zentren	**stationäre** Rehabilitation in Rehabilitationskliniken	
ambulante Pflege: Pflegedienste, Pflegeperson	**Stationäre Pflege:** Heime	

02. Arztwahlfreiheit

Alle Ärzte, die nicht zur ambulanten vertragsärztlichen Versorgung zugelassen sind:

- Privatärzte
- Ärzte des MDK
- Ärzte des Sozialmedizinischen Dienstes der Rentenversicherung
- Krankenhausärzte
- Ärzte mit Kontrollaufgaben beim Gesundheitsamt.

03. Ambulante vertragsärztliche Versorgung

- Zulassung zum Studium wird durch einen Numerus clausus geregelt. Einige Universitäten führen einen Eignungstest durch.

- Bundeseinheitliche Approbationsordnung
- Niederlassungsbeschränkungen durch Zulassungsregelungen zur vertragsärztlichen Versorgung
- Regulierung von Anstellung und Filialbildung

04. Frührehabilitation

Mit der Rehabilitation soll so früh wie möglich begonnen werden, um Folgeerkrankungen und Behinderung zu vermeiden. So sind die Leistungen der Frührehabilitation in den Fallpauschalenkatalog aufgenommen worden und nach § 39 SGB V Bestandteil der allgemeinen Krankenhausleistungen.

05. Krankenhauseinweisung

- Die apparative und personelle Ausstattung der Akutkrankenhäuser wird den speziellen Bedürfnissen der hochaltrigen Patienten nicht gerecht.
- Die Folgen sind hohe Wiedereinweisungsquoten.
- Die hohen Krankheitskosten für die Hochbetagten sind nicht mit dem entsprechenden Nutzen verbunden.
- Hier können Spezialeinrichtungen bessere Behandlungsergebnisse erzielen.

06. Rehabilitation

Unterhaltssichernde Leistungen sind:

- **Krankengeld:** Wird an versicherte Mitglieder gezahlt. Ausgenommen davon sind, Familienversicherte, Studenten, Praktikanten, Rentner, Selbstständige ohne Wahlerklärung und geringfügig Beschäftigte.
- **Versorgungskrankengeld:** Soldaten und Beamte des Bundesgrenzschutzes
- **Verletztengeld:** bei Arbeitsunfällen und Berufskrankheiten
- **Übergangsgeld:** Es überbrückt einkommenslose Zeiten während der Teilnahme an Rehabilitationsmaßnahmen.
- **Ausbildungsgeld:** Wird an behinderte Menschen, die eine Ausbildung oder eine berufsvorbereitende Maßnahme absolvieren, gezahlt.
- **Unterhaltsbeihilfe:** Wird an Geschädigte, die vor dem Wehr- oder Zivildienst noch keine berufliche Tätigkeit ausgeübt haben, gezahlt.

Beiträge und Beitragszuschüsse zur/zum

- Krankenversicherung
- Unfallversicherung
- Rentenversicherung

- Arbeitslosenversicherung
- Pflegeversicherung
- ärztlich verordnetem Rehabilitationssport und
- ärztlich verordnetem Funktionstraining in Gruppen
- Reisekosten
- Betriebs- oder Haushaltshilfe und
- Kinderbetreuungskosten.

07. Pflege

- Die Anzahl der multimorbiden und psychisch kranken Menschen steigt.
- Der Dokumentations- und Verwaltungsaufwand nimmt zu.
- Die gesetzlichen Anforderungen, die die Einrichtungen zur Umsetzung von Qualität und Vorgaben in der Pflege verpflichten, werden umfangreicher.
- Das Ziel der Selbstbestimmtheit des Pflegebedürftigen stellt andere Anforderungen an die Einrichtungen und an das Pflegepersonal.
- Es kommt zur einer Arbeitverdichtung und somit zu steigenden Belastungen für das Pflegepersonal.
- Die Entwicklung neuer medizinischer Techniken macht es erforderlich, dass die Aus- und Weiterbildung mit diesen Entwicklungen Schritt hält

08. Rettungsdienste

- sofortige lebensrettende Maßnahmen am Unfallort
- möglichst kurze Eintreffzeiten des Rettungsdienstes

09. Ausgleichsabgabe

Eine Ausgleichsabgabe ist von privaten und öffentlichen Arbeitgebern zu zahlen, wenn sie die in §77 SGB IX festgelegte Beschäftigungsquote für schwerbehinderte Menschen nicht erfüllen. Betriebe, die weniger als 20 Arbeitnehmer beschäftigen sind von dieser Regelung ausgenommen. Die Ausgleichsabgabe ist kein Ersatz für die Erfüllung der Beschäftigungsverpflichtung.

Die Höhe der Ausgleichsabgabe richtet sich nach dem Grad der Unterschreitung der Pflichtquote für den Betrieb. Zwischen 105 € und 260 € werden monatlich berechnet. Die Beträge sind jährlich an das Integrationsamt zu überweisen. Das Integrationsamt ist auch zuständig für die Mittelverwendung.

Arbeitgeber können ihre Ausgleichsabgabe auch dadurch erfüllen, indem sie an Behindertenwerkstätten Aufträge vergeben.

Die Abgabe soll einen Ausgleich gegenüber Arbeitgebern schaffen, die ihre Beschäftigungsquoten erfüllen. So erhalten diese Arbeitgeber Leistungen für:

- den gesetzlichen Zusatzurlaub des behinderten Arbeitsnehmers
- den behindertengerechten Arbeitsplatz
- technische Arbeitshilfen.

Des Weiteren fließen Mittel aus der Ausgleichsabgabe in den Ausgleichfons. Aus diesem Fonds werden zweckgebundene Mittel zur Förderung der Teilhabe schwerbehinderter Menschen am Arbeitsleben vergeben.

10. Compliance

Jede absichtliche oder unabsichtliche Abweichung von den ärztlichen Therapieanweisungen wird als Non-Compliance bezeichnet.

Der Patient:

- löst das Rezept nicht ein
- nimmt die Medikamente nicht regelmäßig
- hortet die Medikamente.

Der Arzt erhält nur in den seltensten Fällen Informationen über das Non-Compliance Verhalten des Patienten. Den Therapieverlauf kann er so schlecht einschätzen.

Die Verhaltenssteuerung des Patienten durch Zuzahlungen ist wenig belegt. Müssen ältere oder einkommensarme Personen hohe Zuzahlungen leisten, so wird befürchtet, dass das Rezept nicht eingelöst wird.

11. Naturalrabatte

Beim Kauf von Arzneimitteln erhielten die Apotheken zusätzlich kostenlose Arzneimittel von den Herstellern oder Großhändlern. Die Apotheken konnten diese Medikamente zu dem normalen Preis weiterverkaufen und erzielten so höhere Gewinne. Die Hersteller erreichten dadurch, dass ihre Produkte bevorzugt abgegeben wurden. Die Rabatte kamen aber weder den Patienten zu Gute, noch senkten sie die Ausgaben der GKV, sie erhöhten nur die Einkommen der Apotheker.

12. Medizinisches Versorgungszentrum und Ärztehaus

In einem Ärztehaus können sich Einzelpraxen, Gemeinschaftspraxen und Praxisgemeinschaften gleicher oder unterschiedlicher Fachrichtungen ansiedeln. Sie sind organisatorisch selbstständig, befinden sich aber in einem Gebäude. Jede Praxis rechnet eigenständig mit der KV ab. Der Begriff Ärztehaus ist nicht durch Gesetz definiert.

Dagegen ist ein Medizinisches Versorgungszentrum (MVZ) als fachübergreifende ärztlich geleitete Einrichtung eine eigene Teilnahmeform der ambulanten ärztlichen Versorgung, deren Grundlage im SGB V geregelt ist. Jeder Leistungserbringer im System der gesetzlichen Krankenversicherung kann ein MVZ gründen. Die Abrechnung mit der KV erfolgt unter einer gemeinsamen Abrechnungsnummer.

1. Prüfungsfach: Sozial- und Gesundheitsökonomie

Weder im Ärztehaus noch im MVZ findet automatisch eine sektorenübergreifende Versorgung statt. Beteiligt sich ein Krankenhaus, eine Vorsorge- oder Rehabilitationsklinik an einem MVZ, so ist eine sektorenübergreifende Versorgung gegeben. Das UVZ und die Praxen des Ärztehauses können durch Beteiligung an integrierten Versorgungsverträgen oder Disease-Management-Programmen eine sektorenübergreifende Versorgung realisieren.

13. Bundeszuschüsse zur Sozialversicherung

Nach Art. 120 GG trägt der Bund die Zuschüsse zu den Lasten der Sozialversicherung. Diese werden aus Steuergeldern gezahlt:

- gesetzliche Krankenversicherung
- gesetzliche Rentenversicherung
- Arbeitslosenversicherung
- Teilbereich der gesetzlichen Unfallversicherung.

Die Bundeszuschüsse werden zur Finanzierung der versicherungsfremden Leistungen verwandt. Es handelt sich dabei um Aufgaben, die im gesamtgesellschaftlichen Interesse liegen. Diese sollen von den Steuerzahlern und nicht von den Beitragzahlern getragen werden. Eine Kürzung dieser Zuschüsse würde zu einer Reduzierung der Leistungen führen. Die Bundeszuschüsse stellen eine Abweichung vom Prinzip der Beitragsfinanzierung der Sozialversicherung dar.

14. Umlage und Kapitaldeckungsverfahren

Die geleisteten Beiträge dienen der Finanzierung der Versicherungsleistungen im gleichen Zeitraum. Somit wird eine Umverteilung von den Beitragszahlern zu den Leistungsempfängern vorgenommen. Entsprechend den kalkulierten Ausgaben werden die Beiträge festgesetzt. Wenn die Ausgaben nicht mehr gedeckt werden können, kann es zu Beitragssatzerhöhungen kommen.

Zur Finanzierung der Leistung in der gesetzlichen Unfallversicherung erfolgt die Erhebung der Beiträge retrospektiv im Umlageverfahren. Dazu werden die Ausgaben am Jahresende auf die beitragspflichtigen Unternehmer umgelegt.

Beim Kapitaldeckungsverfahren wird aus Beiträgen und Zinsen, soweit diese nicht der Schadensabdeckung dienen, ein Kapitalstock angespart. So können Beitragssatzerhöhungen abgefedert und zukünftige Ansprüche des Versicherten abgedeckt werden.

Umlageverfahren	Kapitaldeckungsverfahren
gesetzliche Krankenversicherung	private Krankenversicherung
gesetzliche Rentenversicherung	private Pflegeversicherung
Arbeitslosenversicherung	Riester-Rente
gesetzliche Pflegeversicherung	private und betriebliche Altersversorgung

15. Äquivalenzprinzip

Es gilt der Grundsatz der Gleichwertigkeit der von Beitragszahlungen und empfangenen Leistungen. Die Leistungsansprüche richten sich nach der Höhe der eingezahlten Beiträge.

In der privaten Krankenversicherung müssen Personen mit einem hohen Morbiditätsrisiko auch höhere Beiträge zahlen als Personen mit einem geringen Morbiditätsrisiko, weil diese voraussichtlich auch mehr Leistungen in Anspruch nehmen werden. Ähnlich verhält es in der privaten Pflegeversicherung. Durch die beitragsfreie Mitversicherung der Kinder zeigt sich allerdings eine Hinwendung zum Solidaritätsprinzip.

In der gesetzlichen Rentenversicherung ergibt sich der Rentenanspruch des Versicherten durch die Anzahl der im Laufe des Erwerbslebens angesammelten Entgeltpunkte. Je höher das Einkommen, je mehr Entgeltpunkte können erworben werden und je höher wird die Rente in der Ruhestandsphase sein. Für Pflichtversicherte ist das nur bis zur Beitragsbemessungsgrenze möglich.

1.4 Die Rolle des Staates

01. Gesundheitsämter

Die Gesundheitsämter nehmen Aufgaben im Rahmen des öffentlichen Gesundheitsdienstes und des Infektionsschutzgesetzes wahr. Sie erfüllen aber keine kurativen Aufgaben. Diese werden von den niedergelassenen Ärzten und Krankenhäusern übernommen. Die Gesundheitsämter sind nicht in die Bedarfsplanung des ambulanten und stationären Sektors integriert.

02. Sozialpolitik

Es werden Mittel aus den öffentlichen Haushalten bereitgestellt, um eine bestimmte Leistung zu fördern.

- Der Ausbau der Kindertagesbetreuung wird im Rahmen der Kinder- und Jugendhilfe forciert. Hier soll Chancengleichheit einerseits durch eine Reduktion der Benachteiligung von Kindern aus bildungsfernen Schichten verwirklicht werden. Andererseits verbessert sich der Zugang zur Erwerbsbeteiligung von Müttern.

- Nach Altersvermögensgesetz wird der Aufbau einer privaten Altersversorgung in Form einer Riester-Rente durch staatliche Zuschüsse gefördert. Um die Chancengleichheit für Familien zu verbessern, erhalten diese höhere Zulagen.

03. Solidaritätsprinzip

- **Schadensausgleich:** Die Beiträge der Versichertengemeinschaft dienen der Begleichung der Schäden ihrer Mitglieder. So wird ein Ausgleich zwischen den gesunden und kranken Versicherten praktiziert.

1. Prüfungsfach: Sozial- und Gesundheitsökonomie

- **Risikoausgleich:** Die Beitrage werden unabhängig vom individuellen Krankheitsrisiko bzw. Gesundheitszustand erhoben.

- **Altersausgleich:** Die zumeist höheren Leistungsausgaben der älteren Versicherten werden von den jüngeren und gesünderen Versicherten mitgetragen. So kommt es zu intergenerativen Ausgleich.

- **Einkommensausgleich:** Die Beiträge werden nach der ökonomischen Leistungsfähigkeit erhoben. So zahlen Versicherte mit höherem Einkommen auch höhere Beiträge. So wird ein Ausgleich zwischen hohen und niedrigen Einkommen ermöglicht.

- **Familienlastenausgleich:** Nichterwerbstätige Ehepartner und deren Kinder werden beitragsfrei mitversichert. Auf diese Weise soll eine Umverteilung zwischen den Alleinstehenden und den Familien realisiert werden.

Der freie Zugang zu medizinisch notwendigen Leistungen soll ermöglicht werden.

04. Belastungsgrenzen

Die geleisteten Zuzahlungen des Haushalts überschreiten die Belastungsgrenze von 1 % der Bruttoeinnahmen zum Lebensunterhalt.

- Nachweis der Dauerbehandlung (in einem Jahr mindestens einmal pro Quartal) durch den Arzt

- Teilnahme an einem DMP

- Pflegebedürftigkeit ab Pflegestufe II

- Behinderungsgrad oder Erwerbsminderung von mindestens 60 %

- therapiegerechtes Verhalten.

Jüngere Versicherte sollen sich zu Früherkennungsuntersuchungen beraten lassen, um bei Eintritt einer chronischen Erkrankung die verminderte Belastungsgrenze in Anspruch nehmen zu können.

05. Fürsorgeverpflichtung

Um Bedürftigen ein menschenwürdiges Leben zu gewährleisten erhalten diese Transferleistungen vom Staat. Der Leistungsumfang entspricht der besonderen Lage des Bedürftigen und dem gesetzlichen Leistungsanspruch. In diesem Zusammenhang wird die Bedürftigkeit geprüft.

Die Leistungen werden aus dem allgemeinen Steueraufkommen finanziert. So findet eine Umverteilung von den wohlhabenden Gruppen zu den bedürftigen Gruppen in der Gesellschaft statt. Der Staat sorgt für sozialen Ausgleich und stellt soziale Sicherheit her. Die staatliche Fürsorge wird durch das Subsidiaritätsprinzip eingeschränkt. Der Staat greift erst dann ein, wenn die Individuen zur Selbsthilfe nicht mehr in der Lage sind und von keiner anderen Stelle Unterstützung erwarten.

06. Sozialleistungsmissbrauch

- Durch das Foto auf der Kartenoberfläche kann verhindert werden, dass unversicherte Personen durch die Nutzung fremder Karten Leistungen in Anspruch nehmen.
- Der Abrechnungsbetrug durch einen Leistungserbringer kann durch die notwendige Einwilligung des Patienten mittels der Persönlichen Identifikationsnummer (PIN) reduziert werden.

1.5 Akteure im Sozial- und Gesundheitswesen

01. Apparategemeinschaft

Diese Kooperationsform ist auf die gemeinschaftliche Nutzung einer medizinisch-technischen Infrastruktur durch Ärzte ausgerichtet. Beispiele für eine Apparategemeinschaft sind die gemeinschaftliche Nutzung eines Elektrokardiogramms (EKG) oder eines Röntgengerätes.

Vorteile	Nachteile
Aufteilung von Investitions- und Betriebskosten	Koordination der Nutzungszeiten
Risikoverteilung, bessere Auslastung	Abstimmungskosten

02. Bedarfplanung ambulanter vertragsärztlicher Versorgung

Die Bedarfsplanung ist Aufgabe der Kassenärztlichen Vereinigung. Dies geschieht im Einvernehmen mit den Landesverbänden der Krankenkassen und den Verbänden der Ersatzkassen. Zu berücksichtigen sind die folgenden Faktoren:

- Bevölkerungszahl
- Arztgruppen
- Demografiefaktor
- Krankheitsgeschehen
- Leistungsinanspruchnahme
- räumliche Grundlagen.

Eine Verpflichtung zur Niederlassung in einem unterversorgten KV-Bezirk ist nicht möglich. Die Kassenärztlichen Vereinigungen können nur Anreize schaffen, die einer Unterversorgung in dem Bezirk entgegenwirken.

03. Zentren

Gründe:

- interdisziplinäre Bündelung von medizinischen Kompetenzen
- gemeinsame Nutzung von Ressourcen
- die Zentrumsleitung erhält Budgetverantwortung
- Förderung der Zentrenbildung im Rahmen der Krankenhausplanung

Beispiele: Neurologisches Zentrum, Herzzentrum, Onkologisches Zentrum

1. Prüfungsfach: Sozial- und Gesundheitsökonomie

04. Pflegerische Leistungen

Frau Müller kann ihre Mutter in einem Pflegeheim für eine Kurzzeitpflege unterbringen. Diese kann dort vier Wochen gepflegt werden.

Wenn Frau Müller ihre Mutter in häuslicher Umgebung belassen möchte, kann sie eine Verhinderungspflege für die Mutter beantragen. Wichtig ist, dass Frau Müller ihre Mutter schon sechs Monate gepflegt hat. Dann kann die Verhinderungspflege von vier Wochen auch in Anspruch genommen werden. Die Mutter kann in häuslicher Umgebung durch eine Ersatzpflegeperson (Pflegedienst/Angehöriger) gepflegt werden.

Frau Müller kann bei Inanspruchnahme der Kurzzeitpflege durch eine anschließende Verhinderungspflege eine Verlängerung der Unterstützung bewirken.

05. Notfallrettung

Ein Taxi ist kein Rettungsmittel. Die Patienten sind mit einem Rettungswagen, Notarztwagen oder einem Rettungshubschrauber zu transportieren. In einem Taxi können lebensrettende Sofortmaßnahmen nicht in ausreichendem Maße durchgeführt werden.

06. Krankentransport

Folgende Transportleistungen werden von den Krankenkassen bei medizinischer Notwendigkeit übernommen:

- Transport bei stationären Versorgungsleistungen, medizinisch notwendige Verlegungen in andere Krankenhäuser.

- Rettungsfahrten, auch wenn keine stationäre Aufnahme erforderlich ist.

- Fahrten von Kranken, die während der Fahrt einer fachlichen Betreuung oder der besonderen Ausstattung eines Krankentransportwagens bedürfen.

- Fahrten von Kranken zu einer ambulanten Behandlung, ambulanten Operation oder zu einer vor- oder nachstationären Behandlung, wenn dadurch eine an sich gebotene vollstationäre oder teilstationäre Krankenhausbehandlung vermieden oder verkürzt wird.

Fahrten zu ambulanten Behandlungen können nur in Ausnahmefällen von der Krankenkasse nach vorheriger Genehmigung übernommen werden.

07. Beratung

Frau Müller kann sich von folgenden Institutionen beraten lassen:

- **Sozialdienst der Rehabilitationsklinik:** ambulante Weiterbehandlung, Wohnraumanpassung, Hilfsmittel, Wahl der Unterstützung im häuslichen Umfeld oder Vorschläge zu Pflegeeinrichtungen, Anträge, Unterstützung bei der Durchsetzung von Sozialleistungsansprüchen

- **Pflegestützpunkte:** zur Auswahl und Inanspruchnahme von Sozialleistungen
- **Krankenversicherung:** Leistungen der Kranken- und Pflegeversicherung, Medikamente

08. Bettenbedarf

$$\text{Bettenbedarfsformel von Hill/Burton:} \quad \frac{E \cdot KH \cdot VD}{1.000 \cdot BN \cdot 365}$$

$$\frac{1.000.000 \cdot 2.000 \cdot 10}{10.000 \cdot 365 \cdot 0{,}80} = 6.849{,}3 \text{ Bettenbedarf}$$

$$\frac{1.000.000 \cdot 2.000 \cdot 9}{10.000 \cdot 365 \cdot 0{,}80} = 6.164{,}4 \text{ Bettenbedarf}$$

Der Bedarf reduziert sich in der Region um 684,9 Betten.

09. Trägerschaft

- Aufgrund der schwierigen Finanzsituation der öffentlichen Haushalte können die finanziellen Lasten der Krankenhäuser nicht weiter getragen werden.
- Aufgrund der Reduktion von Fördermitteln konnten notwendige Investitionen nicht getätigt werden.
- Die öffentlichen Krankenhäuser konnten sich nur schwer auf den zunehmenden Wettbewerbsdruck durch das neue Vergütungssystem einstellen.

10. Rehabilitationsleistungen

Hilfsmittel:

- unterschiedliche Zugangsvoraussetzung bei hoher Trägervielfalt
- Vielfalt der möglichen Rehabilitationsleistungen
- Krankengymnastik, Sprachtherapie, Ergotherapie

11. Pflegeheime

- Es kommt zu einer erheblichen Verschlechterung des Gesundheitszustandes.
- Die Wohnverhältnisse erweisen sich bei eingetretener Pflegebedürftigkeit als ungeeignet.
- Es besteht der Wunsch nach geregelter Versorgung und Betreuung sowie nach besserer sozialer Einbindung.
- Der alte Mensch möchte den Angehörigen, der Nachbarschaft oder Freunden nicht zur Last fallen.

12. Heimkosten

Nach § 43 SGB XI werden die Kosten für die Grund- und Behandlungspflege sowie die soziale Betreuung von der Pflegeversicherung entsprechend den Pflegestufen übernommen. Die gesamten Kosten werden dadurch zumeist nicht abgedeckt. So hat der Pflegebedürftige auch einen Eigenanteil zu leisten.

Die Kosten für die Unterbringung und Verpflegung sind von den Bewohnern selbst zu tragen. Die betriebsnotwendigen Investitionskosten sind den Bewohnern gesondert in Rechnung zu stellen. Heime, die eine öffentliche Förderung erhalten, dürfen nur den Teil der nicht durch die Förderung abgedeckt wird auf die Bewohner umlegen. Einrichtungen, die keine Förderung erhalten, können die Investitionskosten vollständig umlegen. Für Pflegebedürftige, die Sozialhilfe erhalten, ist der Sozialhilfeträger zuständig. Pflegeheime können zusätzliche pflegerische Leistungen und Komfortleistung für Unterbringung und Verpflegung mit den Bewohnern vereinbaren. Diese sind vom Bewohner selbst zu tragen.

13. Ärztlicher Notdienst

- Versorgung von Patienten außerhalb der Sprechstundenzeiten.
- Versorgung von Patienten, deren Behandlung nicht auf den nächsten Werktag verschoben werden kann.
- Kann der Patient aufgrund der Erkrankung nicht in die Praxis kommen, so sind auch Hausbesuche durchzuführen.
- Es sind Sofortmaßnahmen zu ergreifen. Die Weiterbehandlung erfolgt am nächsten Werktag in der hausärztlichen Praxis.

14. Krankenversicherung

a) 2 % von 900 € = 18 € Ein sozialer Ausgleich ist nicht erforderlich.

b) 2 % von 800 € = 16 €
18 € − 16 € = 2 € Sozialausgleich

c) Der Versicherte soll einen Anreiz erhalten, sich eine Krankenkasse zu suchen die auch gut wirtschaftet. Würden sehr hohe kassenindividuelle Zusatzbeiträge durch den Sozialausgleich finanziert werden, so würde dieser Anreiz entfallen.

15. Soziale Pflegeversicherung

Teilstationäre Pflege bedeutet für den Pflegedürftigen, dass dieser sich für einen Teil des Tages in einer Einrichtung aufhält. Nach § 41 SGB XI hat der Pflegebedürftige Anspruch auf eine Tages- oder Nachtpflege einschließlich der sozialen Betreuung. So können Angehörige oder andere Pflegepersonen entlastet werden.

Die Leistungen richten sich nach den Pflegestufen. Wird neben der teilstationären Pflege noch Pflegesachleistung oder ein Pflegegeld in Anspruch genommen, so darf der für die Pflegestufe veranschlagte Höchstbetrag nicht überschritten werden.

16. Gesetzliche Rentenversicherung

Für die im Laufe des Erwerbslebens eingezahlten Beiträge vergibt der Rentenversicherungsträger Entgeltpunkte. Die Summe der Entgeltpunkte bildet die Grundlage für die Rentenhöhe des Versicherten.

Ein Entgeltpunkt ergibt sich für das Kalenderjahr folgendermaßen:

$$\frac{\text{Sozialversicherungspflichtiges Arbeitseinkommen des Versicherten}}{\text{Durchschnittseinkommen aller Versicherten}}$$

Auch Ausbildungs- und Schwangerschaftszeiten werden in Form von Anrechnungszeiten berücksichtigt. Diese werden zur Rentenberechnung in Entgeltpunkte umgewandelt.

Die angesammelten Entgeltpunkte werden mit dem aktuellen Rentenwert und dem Rentenartfaktor multipliziert. Der Rentenartfaktor bestimmt das Sicherungsziel z. B. Altersrenten oder Hinterbliebenenrenten. Die Versicherungsdauer wird durch den Zugangsfaktor berücksichtigt. Dieser richtet sich nach dem Alter bei Rentenbeginn oder dem Eintritt des Todes.

Durch dieses System soll sichergestellt werden, dass in der Rentenbezugsphase eine ähnliche Einkommensposition für den Versicherten besteht wie in der Erwerbsphase.

17. Gesetzliche Unfallversicherung

Grundsätzlich werden in der Sozialversicherung die Beiträge möglichst paritätisch geleistet und die Versicherten sind an der Beitragszahlung beteiligt. In der gesetzlichen Unfallversicherung werden die Beiträge allein von den Arbeitgebern gezahlt. Für die Arbeitnehmer besteht Beitragsfreiheit.

Der Beitrag ergibt sich nach § 167 SGB VII aus:

- der Summe der zu berücksichtigenden Arbeitsentgelte
- der Gefahrenklasse der Unternehmen
- dem Beitragsfuß.

18. Selbstverwaltung

Die Vertreterversammlung ist ein Organ der Selbstverwaltung der Sozialversicherung. Sie setzt sich aus den Vertretern der Arbeitgeber und der Versicherten zusammen. Über die Zusammensetzung entscheiden die Versicherten und Arbeitgeber in der Sozialwahl. In der gesetzlichen Renten- und Unfallversicherung werden jeweils Vertreterversammlungen gewählt.

1. Prüfungsfach: Sozial- und Gesundheitsökonomie

Die Vertreterversammlung der Kassenärztlichen Vereinigungen (KV) sowie der Ärztekammern sind ein Organ ärztlicher Selbstverwaltung. Die Mitglieder der KV (niedergelassene Ärzte/Psychotherapeuten) wählen ihre Vertreterversammlung. Die Mitglieder der Ärztekammer wählen ebenso eine Vertreterversammlung

Aufgaben der Vertreterversammlung:

- Sie beschließt die Satzung und sonstiges autonomes Recht.
- Sie vertritt die Körperschaft öffentlichen Rechts gegenüber dem Vorstand.
- Sie stellt den Haushaltsplan fest.

Die Vertreterversammlungen verstehen sich als Parlament ihrer Interessengemeinschaften. Im Rahmen der Selbstverwaltung der Sozialversicherung und der ärztlichen Selbstverwaltung haben die unterschiedlichen Vertreterversammlungen noch weitere Aufgaben.

19. Sicherstellungsauftrag

- Integrierte Versorgung
- hausarztzentrierte Versorgung

Die Einschränkung des Sicherstellungsauftrags entspricht dem Anteil der Patienten, die an diesen Verträgen teilnehmen. Der Sicherstellungsauftrag geht im Umfang der Verträge auf die Krankenkassen über. Gegen einen Aufwendungsersatz an die KV können die Krankenkassen den diesen Versorgungsaufträgen zuzurechnenden ärztlichen Notdienst bereit stellen lassen.

Die Sicherstellung der Versorgung der im Basistarif privat Versicherten ist eine Erweiterung des Sicherstellungsauftrags.

1.6 Finanzierung

01. Duale und monistische Krankenhausfinanzierung

Bei der monistischen Krankenhausfinanzierung würden Betriebskosten und Investitionskosten ausschließlich von den Krankenkassen finanziert werden.

Bei der dualen Krankenhausfinanzierung wird aus zwei unterschiedlichen Quellen finanziert. Die Investitionskosten werden vom Land übernommen und die Betriebskosten werden von den Benutzern (Krankenversicherung/Selbstzahlern) getragen.

02. Fallpauschalenvereinbarung

- Durch Vorgabe einer fallbezogenen unteren Grenzverweildauer und den damit verbundenen Abschlägen soll eine vorzeitige Entlassung vermieden werden.

- Die mittlere Verweildauer führt zu einer optimalen Vergütung des Leistungsfalls. Die Krankenhäuser sind bestrebt die mittlere Verweildauer einzuhalten.

03. Einzelfallprüfung

- Erheblicher Personal- und Arbeitsaufwand im Rahmen der Prüfung bei den Krankenhäusern,
- für die zu prüfenden Fälle kommt es zu einer Verzögerung des Zahlungseingangs bei den Krankenhäusern.

Werden keine Fehler bei der Rechnungsprüfung festgestellt, so sind die Krankenkassen zur Zahlung einer Aufwandspauschale pro Fall verpflichtet.

04. Vertragsärztliche Vergütung

Einführung für jede Arztpraxis im Rahmen der vertragsärztlichen Versorgung:
- Regelleistungsvolumina
- Qualitätsgebundene Zusatzvolumen

Reduktion von: freien Leistungen

Privatärztliche Leistungen werden nach GOÄ abgerechnet. Die GOÄ sieht keine Budgetierung vor. Diese Leistungen können ohne Mengenbegrenzung abgerechnet werden.

05. Regelleistungsvolumina

$$\frac{x}{150\,\%} = \frac{900}{100\,\%} = 1.350 \qquad 1.350 \text{ Fälle} \cdot 40\,€ = 54.000\,€$$

$$\frac{1.350}{150\,\%} = \frac{x}{170} = 1.530 - 1.350 = 180 \text{ Fälle Abstaffelung des Preises um 25 \%}$$

$$30\,€ \cdot 180 = 5.400\,€$$

$$\frac{1.530}{170\,\%} = \frac{x}{200} = 1.800 - 1.530 = 270 \text{ Fälle Abstaffelung des Preises um 50 \%}$$

$$20\,€ \cdot 270 = 5.400\,€$$

$$54.000\,€ + 5.400 + 5.400 = 64.800 \cdot 1{,}1$$
$$= 71.280\,€ \text{ beträgt das Regelleistungsvolumen im Quartal.}$$

06. Schwellenwert

Für durchschnittliche Leistungsfälle können die Ärzte für ihre Leistungen den Mindestsatz 1,0 bis zum Schwellenwert 2,3 ansetzen. Eine Überschreitung des Schwellenwertes ist nur gestattet, wenn die Besonderheiten des Behandlungsfalls dies rechtfertigen. Der Arzt ist verpflichtet, dies zu begründen. Weiterhin sorgt der Schwellenwert dafür, dass aufwendige Leistungsfälle entsprechend vergütet werden und die Entwicklung zu einer Einheitsgebühr vermieden wird.

07. Private Krankenversicherung

Personen mit einem hohen Eintrittsalter müssen hohe Beiträge bezahlen. Wenn keine Altersrückstellung durch eine Mitgliedschaft in der private Krankenversicherung (PKV) angespart wurden, müssen diese nachberechnet werden. Dies führt zwangsläufig zu hohen Beiträgen. Für ältere Personen lohnt sich dann ein Beitritt zur PKV nicht mehr.

Beitragssatzsteigerung, die nicht vermieden werden können:

- medizinisch-technischer Fortschritt, der mit steigenden Kosten verbunden ist.
- Veränderung der Zins- und Kapitalmarkterträge,
- massive Abwanderung von Versicherten,
- Veränderung der gesetzlichen Rahmenbedingungen hinsichtlich des Zugangs zur privaten Krankenversicherung.

08. Versicherungsleistung

- **Vollschutz:** Eine Krankheitsvollversicherung wird von den Versicherungsunternehmen in unterschiedlichem Umfang angeboten.
- **Ergänzender Schutz:** Für einzelne Leistungsarten, wie beispielsweise für Zahnbehandlungen, wird von den Versicherungsunternehmen eine Zusatzversicherung angeboten.

09. Berufsunfähigkeit

In der gesetzlichen Rentenversicherung wird zwischen *teilweiser* und *voller Erwerbsminderung* unterschieden. Es werden daraufhin die entsprechenden Renten gezahlt.

Die volle Erwerbsminderung erlaubt keine Tätigkeit von mindestens drei Stunden. Die teilweise Erwerbsminderung erlaubt keine Tätigkeit von mindestens 6 Stunden.

Auch wenn der bisherige Beruf nicht mehr ausgeübt werden kann, muss das nicht eine Erwerbsminderung zur Folge haben. Der Betroffene kann auch eine andere Tätigkeit ausüben. Der Berufsschutz wurde 2001 aufgegeben.

Bei Arbeitsunfällen und Berufskrankheiten zahlt die gesetzliche Unfallversicherung eine Verletztenrente bei einer Erwerbsminderung von 20 %.

Die *Berufsunfähigkeit* ist Teil der privaten Absicherung. Personen, die ihren zuletzt ausgeübten Beruf aufgrund von gesundheitlichen Beeinträchtigungen voraussichtlich auf Dauer nicht mehr ausführen können, gelten als berufsunfähig.

1.7 Internationale Entwicklungen

01. Europäische Gesundheitspolitik

Die Mitgliedsstaaten der Europäischen Union (EU) sind für die Gestaltung ihrer Gesundheitssysteme verantwortlich. Die EU soll die Politik der Mitgliedsstaaten ergänzen, ihre Zusammenarbeit fördern und wenn erforderlich unterstützen. So greift die EU nur dann ins gesundheitspolitische Geschehen ein, wenn die Angelegenheiten auf nationalstaatlicher Ebene nicht gelöst werden können.

02. Verantwortung der Mitgliedsstaaten

- Das nationale Recht darf nicht im Widerspruch zu den Wettbewerbsregeln stehen.
- Das nationale Recht darf nicht im Widerspruch zu den Binnenmarktfreiheiten stehen

Eine Einschränkung ist möglich, wenn zwingende Erfordernisse des Allgemeinwohls geschützt werden sollen.

03. Europäische Sozialcharta

Die Europäische Sozialcharta verbietet die Diskriminierung hinsichtlich der Rasse, der Hautfarbe, des Geschlechts, der Religion, der Sprache, der politischen Anschauung, der nationalen oder sozialen Herkunft, des Gesundheitszustandes und familiären Verpflichtungen. Das gilt auch für Wanderarbeiter, soweit diese sich rechtmäßig im Hoheitsgebiet der Vertragsstaaten aufhalten.

04. Europäischer Gerichtshof

Bei Auslegung der Gemeinschaftsverträge hat der Europäische Gerichtshof Bezug auf die Europäische Sozialcharta genommen. Die Europäische Sozialcharta erfüllt die Funktion einer Orientierungs- und Interpretationshilfe hinsichtlich sozialpolitischer Fragestellungen in der Europäischen Union.

05. Transplantationsrichtlinie

Die EU-Transplantationsrichtlinie wurde 2010 vom Europäischen Parlament beschlossen. Eine Umsetzung wird im Jahr 2012 angestrebt.

Durch einen Aktionsplan soll die Spendebereitschaft gefördert werden.

Verbesserungen durch die EU-Transplantationsrichtlinie:

- Qualitäts- und Sicherheitsstandards
- Verhinderung der Übertragung der Erreger von Krankheiten wie Aids und Hepatitis
- den grenzüberschreitenden Austausch von Organen.

Die Gewährleistung der Rückverfolgbarkeit von jedem transplantierten Organ soll zur Bekämpfung des Organhandels beitragen.

Eine der möglichen Folgen des Organmangels ist der Organhandel durch Gruppen des organisierten Verbrechens. Organhandel ist illegal und durch Gesetz verboten. Menschen aus den ärmsten Schichten in den Entwicklungs- oder Schwellenländern verkaufen ihre Organe.

Der Organhandel kann mit Menschenhandel verbunden sein. Grundrechte wie die menschliche Würde und körperliche Unversehrtheit werden hier verletzt. Eine Organspende hingegen ist nicht durch Umsatzinteressen motiviert.

06. Leistungsinanspruchnahme im europäischen Ausland

a) • Stationäre Behandlungen im Krankenhaus, außer in Notfällen
 • ambulante und stationäre Vorsorge- und Rehabilitationsmaßnahmen

b) Die rechtlichen Grundlagen zur Durchführung von Vorsorge- und Rehabilitationsleistungen für Mütter und Väter sind im Ausland nicht gegeben. Diese Leistungen sind in den dortigen Versicherungssystemen nicht vorgesehen.

07. Grenzen der Leistungsinanspruchnahme im Ausland

- Patienten haben Verständigungs- oder Vertrauensprobleme
- hoher Zeitaufwand durch An- und Abreise zum Behandlungsort und mögliche Wartezeiten

08. Aufgaben der Weltgesundheitsorganisation

- Weltweite Koordinierung von nationalen und internationalen Ämtern und Organisationen
- Organisation eines weltweiten Warndienstes (Phasen eins bis sechs) mit Reisewarnungen für Krisengebiete
- Koordinierung und Unterstützung von Präventivmaßnahmen, insbesondere beim Aufbau von möglichst effizienten Gesundheitssystemen in armen Ländern
- Förderung medizinischer Forschung auf dem Gebiet der übertragbaren Krankheiten

2. Prüfungsfach: Rechtliche Bestimmungen im Sozial- und Gesundheitswesen

2.1 Öffentliches Gesundheitsrecht

01. Grundrechte

§ 10 SGB V	Kinder von Mitgliedern sind familienversichert	Art. 6 GG Schutz von Ehe und Familie
§ 2 Abs. 3 SGB XI	Pflegebedürftige sollen auf ihren Wunsch stationäre Leistungen in einer Einrichtung erhalten, in der sie durch Geistliche ihres Glaubens betreut werden können.	Art. 4 GG Glaubensfreiheit
§ 1904 Abs. 1 BGB	Betreuer bedürfen einer betreuungsgerichtlichen Genehmigung, wenn sie in ärztliche Eingriffe einwilligen wollen, bei denen die Gefahr besteht, dass der Betreute stirbt.	Art. 2 Abs. 2 GG Freiheit der Person
§ 72 Abs. 3 Satz 1 SGB XI	Ein Anspruch auf Abschluss eines Versorgungsvertrages besteht, soweit und solange eine Pflegeeinrichtung bestimmte Qualitätsanforderungen erfüllt.	Art. 12 GG Berufsfreiheit Art. 14 GG Eigentumsgarantie
§ 15 Abs. 3 Satz 1 HeimG	Zur Verhütung dringender Gefahr für die öffentliche Sicherheit und Ordnung können Räume, die dem Hausrecht eines Bewohners unterliegen, jederzeit von der Heimaufsicht betreten werden.	Art. 13 GG Unverletzlichkeit der Wohnung

02. Merkmale des Gemeinwesens/Sozialstaat

Die Erwägungen von Herrn Nemo sind nicht mit verfassungsrechtlichen Vorgaben für das Gemeinwesen vereinbar.

Die Bundesrepublik Deutschland ist ein Bundesstaat gem. Art. 20 Abs. 1 GG. Dies setzt die Existenz mehrerer Bundesländer voraus und verbietet zumindest einen Zentralstaat.

Ebenso ist in Art. 20 Abs. 1 GG das Sozialstaatsprinzip niedergelegt. Insofern ist der Staat nach Art. 1 Abs. 1 Satz 2 GG auch verpflichtet, die Würde der Menschen zu schützen. Eine Abschaffung von Fürsorgeleistungen insgesamt ist daher nicht möglich.

Die Prinzipien der Art. 1 und 20 GG lassen sich auch nicht aus der Verfassung streichen. Art. 79 Abs. 3 GG verbietet deren Änderung. Die kommunale Selbstverwaltung ist in Art. 28 Abs. 2 Satz 1 GG garantiert. Hier besteht somit keinerlei Handlungsspielraum.

03. Sozialcharta

Beispiele:

- Mutterschutzgesetz
- Arbeitszeitgesetz
- SGB XII – Sozialhilfe
- SGB IX – Rehabilitation und Teilhabe behinderter Menschen

04. Verwaltungsakt (1)

Es handelt sich bei der Anordnung um einen Verwaltungsakt im Sinne des § 35 VwVfG (landesrechtliche Vorschriften würden gleich lauten). Es ist eine Entscheidung einer Behörde zur Regelung eines Einzelfalls auf dem Gebiet des öffentlichen Rechts mit Außenwirkung.

Die Heimaufsicht ist eine Behörde. Sie trifft eine Entscheidung zur Regelung eines Einzelfalls, nämlich die Entfernung von Möbeln. Die Entscheidung hat Außenwirkung. Angesprochen ist die Abendrot GmbH. Die Entscheidung erfolgt in Umsetzung öffentlichen Rechts. Die Heimaufsicht ist in diesem Beispiel auf der Grundlage der landesrechtlichen Bestimmungen öffentlich-rechtlich zur Gefahrenabwehr tätig.

Der erste Rechtsbehelf gegen einen Verwaltungsakt ist ein Widerspruch.

05. Verwaltungsakt (2)

Dies ist nicht möglich. Ein Verwaltungsakt ergeht in Umsetzung öffentlichen Rechts. Der Fahrzeugbeschaffung liegt ein Kaufvertrag zugrunde. Das Nachlieferungsverlangen beruht also nicht auf öffentlichem Recht. Daher ist der Landrat nicht befugt, einen Verwaltungsakt zur Durchsetzung seines Anspruches zu erlassen.

06. Verwaltungsakt (3)

Die öffentliche Hand ist auf laufenden Mittelzufluss angewiesen. Würde bereits ein Widerspruch, der im Ergebnis nicht begründet ist, die Durchsetzbarkeit der öffentlich-rechtlichen Forderung hindern, wäre die Liquidität gefährdet, sollten flächendeckend Widersprüche eingelegt werden.

07. Rechtsmittel

Verwaltungsgericht → Oberverwaltungsgericht → Bundesverwaltungsgericht

08. Medizinprodukte (1)

1. Der Defibrillator ist ein Medizinprodukt. Dies ergibt sich aus §3 Nr. 1 a MPG. Er ist vom Hersteller dazu bestimmt, Krankheiten bei Menschen zu behandeln.
2. Menschliches Blut gehört gem. §2 Abs. 5 Nr. 3 MPG grundsätzlich nicht zu den Medizinprodukten.
3. Das Taschenmesser ist kein Medizinprodukt. Zwar mag es im Einzelfall zur Behandlung einer akuten Gefahr chirurgisch einsetzbar sein. §3 Nr. 1 MPG setzt jedoch voraus, dass es vom Hersteller zur Krankenbehandlung bestimmt ist. Hieran fehlt es.

09. Medizinprodukte (2)

Die Einschätzung ist nicht richtig. Die Ärzte würden sich strafbar machen. Nach §4 Abs. 1 Nr. 1 MPG ist es verboten, Medizinprodukte in Betrieb zu nehmen, wenn der begründete Verdacht besteht, dass die Sicherheit der Patienten oder Anwender gefährdet ist.

Ein Verstoß gegen das Verbot ist nach §40 MPG strafbar. Sieht man hierin eine Handlung aus Eigennutz, so handelt es sich um einen besonders schweren Fall im Sinne des §40 Abs. 3 Satz 2 Nr. 3 MPG. Hierauf steht eine Freiheitsstrafe von einem bis fünf Jahren.

10. Arzneimittel (1)

Qualität, Wirksamkeit und Unbedenklichkeit von Arzneimitteln sollen im Interesse von Menschen und Tieren gesichert werden. Dies ergibt sich aus §1 AMG.

11. Arzneimittel (2)

Dies ist gem. §6a AMG unzulässig.

12. Arzneimittel (3)

Verschreibungspflicht bedeutet, dass per Rechtsverordnung bestimmte Arzneimittel an Endverbraucher nur abgegeben werden dürfen, wenn eine ärztliche, zahnärztliche oder tierärztliche Verordnung vorliegt. Das ergibt sich aus §48 Abs. 1 AMG.

Apothekenpflicht bedeutet hingegen lediglich, dass die Abgabe von Arzneimitteln nur über Apotheken erfolgen darf. Grundlage ist §43 Abs. 1 AMG.

13. Arzneimittel (4)

Die Einordung hat Auswirkungen auf den Leistungsumfang. Im Grundsatz haben Versicherte nur Anspruch auf Arzneimittel, die verschreibungspflichtig sind. Dies ergibt sich aus § 34 Abs. 1 Satz 1 SGB V.

14. Betäubungsmittel (1)

nicht verkehrsfähige Betäubungsmittel	Anlage I zu § 1 Abs. 1 BtMG
verkehrsfähige, aber nicht verschreibungsfähige Betäubungsmittel	Anlage II zu § 1 Abs. 1 BtMG
verkehrsfähige und verschreibungsfähige Betäubungsmittel	Anlage III zu § 1 Abs. 1 BtMG

15. Betäubungsmittel (2)

Die Verschreibung muss auf besonderen Vordrucken erfolgen und darf nur bestimmte Mengen von verschreibungsfähigen Betäubungsmitteln umfassen.

16. Betäubungsmittel (3)

Das Vertrauen Hinnerks in die Aussage auf der Internetseite ist nicht berechtigt.

Der Anbau von Betäubungsmitteln ist strafbar gem. § 29 Abs. 1 Satz 1 Nr. 1 BtMG. Allenfalls kann die Staatsanwaltschaft von der Verfolgung absehen, wenn er zum Eigengebrauch in geringen Mengen geschieht. Grundlage dafür ist § 31 Abs. 1 Satz 1 BtMG. Da Hinnerk aber seinen Jahresbedarf einlagern will, handelt es sich nicht mehr um eine geringe Menge. Daher besteht noch nicht einmal die Aussicht auf ein Absehen von Strafe.

17. Hygieneverordnung

1. Ermittlung von Gefahren
2. Bestimmung der kritischen Kontrollpunkte
3. Festlegung von Grenzwerten für diese kritischen Kontrollpunkte
4. Festlegung und Durchführung effizienter Verfahren zur Überwachung der kritischen Kontrollpunkte
5. Festlegung von Korrekturmaßnahmen
6. Festlegung von regelmäßig durchgeführten Verifizierungsverfahren zur Durchführung der Kontrollen
7. Erstellung von Dokumenten und Aufzeichnungen zur Kontrolle

2.2 Haftungsrecht

01. Haftungsgrundlagen

1.	Niedergelassener Arzt für eigenes Tun	vertraglich nach § 280 Abs. 1 BGB deliktisch nach § 823 Abs. 1 BGB
2.	Arzthelfer	selbst deliktisch nach § 823 Abs. 1 BGB daneben haftet der Arzt für ihn als Erfüllungsgehilfe vertraglich nach §§ 280 Abs. 1 und 278 BGB weiterhin kann der Arzt für ihn als Verrichtungsgehilfe deliktisch haften nach § 831 BGB
3.	Angestellter Arzt im Krankenhaus	selbst deliktisch nach § 823 Abs. 1 BGB daneben haftet das Krankenhaus für ihn als Erfüllungsgehilfe vertraglich nach 280 Abs. 1 und 278 BGB weiterhin kann das Krankenhaus für ihn als Verrichtungsgehilfe deliktisch haften nach § 831 BGB

02. Zivilrechtlicher Anspruchsinhalt

Die zivilrechtliche Haftung zielt auf Schadensersatz in Geld bzw. Schmerzensgeld ab.

03. Garantenstellung

Die Garantenstellung beruht auf der Übernahme der Behandlung, welches die Verpflichtung mit sich bringt, einen Schaden vom Patienten aktiv abzuwenden.

04. Straftatbestände

1. Es liegt eine Tötung auf Verlangen gem. § 216 StGB vor. Hierauf steht eine Freiheitsstrafe von sechs Monaten bis fünf Jahren.
2. Tatbestandlich liegt eine Körperverletzung vor. Die wirksame Einwilligung des Patienten rechtfertigt jedoch die Maßnahme, die nicht auf eine Lebensverkürzung gerichtet ist.
3. Es liegt eine fahrlässige Tötung vor gem. § 222 StGB. Hierauf steht eine Freiheitsstrafe bis zu fünf Jahren.
4. Dr. Gladius begeht einen Mord. Er tötet einen Menschen zur Verdeckung einer Straftat und heimtückisch. Auf Mord steht gem. § 211 StGB lebenslange Freiheitsstrafe.

2.3 Heim- und Betreuungsrecht

01. Heimbegriff

Ein Heim ist eine auf Dauer angelegte Einrichtung, in der Volljährige Unterkunft sowie Verpflegung erhalten und in wesentlichem Umfang Betreuung entgeltlich erfahren.

02. Heimaufsicht (1)

Es soll sichergestellt werden, dass die Bewohner von Heimen eine qualitativ angemessene Versorgung erhalten unter Wahrung der Würde und mit Förderung der Selbstbestimmung.

03. Heimaufsicht (2)

Die Überprüfung der Pflegequalität obliegt weiterhin dem Medizinischen Dienst der Krankenversicherung, die für die Pflegekassen tätig ist.

04. Heimvertrag (1)

Ein Heimvertrag ist in schriftlicher Form zu schließen. (§ 6 Abs. 1 WBVG)

05. Heimvertrag (2)

Der Unternehmer kann nur bei einem wichtigen Grund kündigen. Der Verbraucher hingegen kann beliebig zunächst fristlos und später am Monatsanfang zum Monatsende kündigen.

Die Einzelheiten ergeben sich aus den §§ 11, 12 WBVG.

06. Heimvertrag (3)

Die dort angesprochenen Bewohner erhalten stationäre Leistungen der Pflegeversicherung oder über die Sozialhilfe. Damit wird ein Großteil des Heimentgelts wirtschaftlich von Behörden aufgebracht. Das Zahlungsausfallrisiko bei diesen Bewohnern ist damit geringer als bei einer Mietwohnung.

07. Anpassung des Heimentgeltes

Das Heim kann den Bewohner schriftlich auffordern, eine höhere Pflegestufe zu beantragen. Hiervon informiert es auch die Pflegekasse sowie ggf. den Sozialhilfeträger. Erfolgt kein Höherstufungsantrag, so kann das Heim nach einer bestimmten Frist den höheren Pflegebetrag abrechnen.

Die Einzelheiten ergeben sich aus § 87a Abs. 2 SGB XI.

2. Prüfungsfach: Rechtliche Bestimmungen im Sozial- und Gesundheitswesen

08. Betreute

Volljährige, die infolge Krankheit oder körperlicher, geistiger oder seelischer Behinderung ihre Angelegenheiten nicht selbst besorgen können (vgl. § 1896 Abs. 1 BGB).

09. Vorsorgevollmacht (1)

Das Merkmal der Erforderlichkeit der Betreuung im Sinne von § 1896 Abs. 2 Satz 1 und 2 BGB fällt weg.

Mit der Vorsorgevollmacht hat der Betroffene einen Vertreter eingesetzt. Bezieht sich die Vorsorgevollmacht auf einen Lebensbereich, den der Betroffene nicht selbst regeln kann, und nimmt der Vertreter die Vertretung sinnvoll wahr, so ist es nicht erforderlich, dass der Staat einen Betreuer einsetzt.

10. Vorsorgevollmacht (2)

Ein Bevollmächtigter hat einen größeren Entscheidungsspielraum als ein Betreuer, da er nicht der ständigen Aufsicht des Betreuungsgerichts unterliegt. Bei existenziellen Entscheidungen bedarf er aber ebenso wie ein Betreuer der Genehmigung des Gerichts. Diese Bereiche sind im Gesetz ausdrücklich benannt. Hierzu gehört etwa die Genehmigung der Einwilligung zu einem gefährlichen ärztlichen Eingriff. Das ergibt sich aus § 1904 Abs. 5 BGB.

11. Betreuerauswahl

Der Betreuer hat die Interessen des Betroffenen zu vertreten. Diese Interessen hat er gegebenenfalls auch gegenüber dem Heim streitig zu vertreten. In diesem Falle müsste sich der Betreuer gegen seinen Arbeitgeber oder Kollegen wenden und damit eigene Interessen gefährden. Mit dem Ausschluss dieser Personengruppe soll ein sich abzeichnender Interessenskonflikt verhindert werden.

12. Stellung des Betreuers

Er ist gerichtlicher und außergerichtlicher Vertreter des Betroffenen (vgl. § 1902 BGB).

13. Führung der Betreuung (1)

Der Ansatz ist falsch.

Betreuungen sind so zu führen, dass den Wünschen des Betroffenen entsprochen wird, soweit dies dessen Wohl nicht zuwiderläuft. Dies ergibt sich aus § 1901 Abs. 2 BGB.

Frau Liber hat den Wunsch in die Staatsoper zu gehen. Es ist nicht ersichtlich, dass ihr das körperlich schadet. Auch kann sie es sich finanziell leisten. Es läuft also nicht dem Wohl von Frau Liber zuwider. Daher ist ihrem Wunsch zu entsprechen.

14. Führung der Betreuung (2)

Herr Restis muss das Betreuungsgericht auf die Möglichkeit der Aufhebung der Betreuung hinweisen. Dies ergibt sich aus § 1901 Abs. 5 BGB.

2.4 Finanzierung von stationären, teilstationären und ambulanten Diensten

01. Beschäftigung

Grundsätzlich führt die Aufnahme einer Beschäftigung zum Versicherungsschutz in allen fünf Zweigen der Sozialversicherung. Damit wird ein Großteil der Bevölkerung in den Schutzbereich einbezogen. Der wesentlichen Finanzierung dient es, dass auf die Arbeitsentgelte Beiträge zu zahlen sind.

02. Beitragsbemessung (1)

- Die Beitragshöhe ist an die Höhe der beitragspflichtigen Einnahmen geknüpft.
- Kinder sind bei der gesetzlichen Kranken- und Pflegeversicherung beitragsfrei mitversichert.
- Der Arbeitgeber beteiligt sich an den Beiträgen bzw. trägt sie allein.

03. Beitragsbemessung (2)

Die Beitragsbemessungsgrenze legt fest, bis zu welchem Einkommen für versicherte Personen Beiträge anteilig abgezogen werden. Sie gibt es in der gesetzlichen Kranken-, Pflege-, Renten und Arbeitslosenversicherung. Sachlich gibt es die Deckelung auch in der gesetzlichen Unfallversicherung.

Die Versicherungspflichtgrenze steuert, welche Personen verpflichtend in einer gesetzlichen Versicherung versichert sind. Personen, deren Entgelt die Grenze nicht übersteigt, sind versicherungspflichtig Die Versicherungspflichtgrenze in diesem Sinne gibt es in der gesetzlichen Kranken- und Pflegeversicherung.

04. Beitragsbemessung (3)

Gestaltungsspielraum gibt es bei den Wahltarifen im Sinne von § 53 SGB V.

Über die Ausgabengestaltung kann die Krankenkasse die Erhebung eines kassenindividuellen Zusatzbeitrags vermeiden oder freie Mittel für Prämienzahlungen erwirtschaften.

2. Prüfungsfach: Rechtliche Bestimmungen im Sozial- und Gesundheitswesen

05. Beitragsbemessung (4)

Die Legaldefinition von Bezugsgröße findet sich in § 18 SGB IV. Sie bezeichnet das Durchschnittsentgelt in der gesetzlichen Rentenversicherung im vorvergangenen Jahr.

Dadurch, dass der Wert jährlich aktualisiert wird, ist er ein Maß für die Einkommensentwicklung von Beschäftigten.

In der gesetzlichen Krankenversicherung beispielsweise wird ein Mindesteinkommen der Beitragsberechnung unterstellt, das sich an der Bezugsgröße orientiert.
(Zur Vertiefung: § 240 SGB V)

Ebenso werden Rentenversicherungsbeiträge für ehrenamtlich Pflegende in Anlehnung an die Bezugsgröße ermittelt.
(Zur Vertiefung: § 166 Abs. 2 SGB VI)

2.5 Steuerrecht

01. Abgaben

Steuern dienen der allgemeinen Staatsfinanzierung. Gebühren sind die Gegenleistung für eine konkrete öffentliche Leistung, Beiträge sind die Gegenleistung für die Möglichkeit, eine besondere Einrichtung zu nutzen.

Für die Ausstellung eines Reisepasses wird eine Gebühr erhoben. Eine Leistung steht einer Gegenleistung gegenüber. Krankenversicherungsbeiträge sind zu zahlen allein für die Möglichkeit, aus der Versicherung Leistungen zu bekommen.

02. Steuerbegünstigte Zwecke

Die Abgabenordnung unterscheidet gemeinnützige, mildtätige und kirchliche Zwecke (vgl. § 51 Abs. 1 Satz 1 AO).

03. Gemeinnützigkeit

Herr Flores hat grundsätzlich Aussicht auf eine Anerkennung. Die Kleingärtnerei gehört zu den anerkannten Zielen gem. § 52 Abs. 2 Satz 1 Nr. 23 AO.

04. Organisationsform

Das ist denkbar. Auch eine GmbH kann gemeinnützige Zwecke verfolgen. Die GmbH ist eine Handelsgesellschaft, für die deshalb das Handelsgesetzbuch anzuwenden ist. Dies ergibt sich aus § 13 Abs. 3 GmbHG und § 6 Abs. 1 Handelsgesetzbuch.

05. Selbstlosigkeit

Die tatsächliche Geschäftsführung verfolgt nicht hinreichend den steuerbegünstigten Zweck.

Jeder steuerbegünstigte Zweck muss selbstlos verfolgt werden.

Die Selbstlosigkeit ist nicht mehr gegeben, wenn unverhältnismäßig hohe Vergütungen gezahlt werden. Dies ergibt sich aus § 55 Abs. 1 Nr. 3 AO. Bei Einnahmen von 3,2 Millionen € ist die Vergütung des Managers mit 1,1 Millionen € unverhältnismäßig hoch pro Jahr.

Weiterhin müssen Mittel zeitnah eingesetzt werden. Dies ergibt sich aus § 55 Abs. 1 Nr. 5 AO. Eine zeitnahe Verwendung ist nicht gegeben bei jahrelangem Aufsparen. Auch liegt kein Ansparen im Sinne von § 58 Nr. 6 AO vor, da kein konkretes Ansparziel ersichtlich ist.

Unschädlich ist jedoch die Weihnachtsfeier, da sie gem. § 58 Nr. 8 AO im Vergleich zu dem steuerbegünstigten Zweck von untergeordneter Bedeutung ist.

06. Zweckbetrieb

Die Legaldefinition befindet sich in § 65 AO.

Ein Zweckbetrieb ist gegeben, wenn

1. der wirtschaftliche Geschäftsbetrieb in seiner Gesamtrichtung dazu dient, die steuerbegünstigten satzungsmäßigen Zwecke der Körperschaft zu verwirklichen,
2. die Zwecke nur durch einen solchen Geschäftsbetrieb erreicht werden können und
3. der wirtschaftliche Geschäftsbetrieb zu nicht begünstigten Betrieben derselben oder ähnlicher Art nicht in größerem Umfang in Wettbewerb tritt, als es bei Erfüllung der steuerbegünstigten Zwecke unvermeidbar ist.

Altenheime und Kindergärten etc. gem. § 68 Nr. 1 a und b AO sind Zweckbetriebe.

2.6 Sozialgesetzbuch

01. Entwicklung der Sozialgesetzgebung (1)

Die Industrialisierung führte zum Bruch mit den bisherigen sozialen Sicherungssystemen und brachte neue Gefährdungen breiter Bevölkerungsgruppen durch schlechte Arbeits- und Wohnbedingungen.

2. Prüfungsfach: Rechtliche Bestimmungen im Sozial- und Gesundheitswesen

02. Entwicklung der Sozialgesetzgebung (2)

Der jüngste Zweig der Sozialversicherung ist die Pflegeversicherung.

Mit zunehmender Lebenserwartung ist das Risiko gestiegen, dass individuell eine Phase der Pflegebedürftigkeit eintritt. Da die Zahl der älteren Menschen steigt, zeichnet sich ein wachsender Bedarf an Pflegeleistungen ab, der die Finanzkraft des Einzelnen übersteigen kann. Daher ist der Pflegebedarf zumindest teilweise solidarisch mitzufinanzieren.

03. Sozialer Ausgleich

- Kinder sind grundsätzlich beitragsfrei familienversichert.
- Die Höhe der Beiträge hängt von der wirtschaftlichen Leistungsfähigkeit des Mitglieds ab.
- Der Arbeitgeber beteiligt sich an den Beiträger der Beschäftigten.

04. Prinzipien der Sozialgesetzgebung

Versicherungen werden durch Beiträge finanziert oder zumindest mitfinanziert. Versorgungs- und Fürsorgeleistungen werden über Steuern finanziert.

05. Soziale Rechte/Zuständigkeit (1)

Ja. Zu den Leistungen der Krankenversicherung bei Krankheit gehört gem. § 21 Abs. 1 Nr. 2 f SGB I auch die Betriebshilfe für Landwirte.

06. Soziale Rechte/Zuständigkeit (2)

Ja. Zu den Leistungen der Unfallversicherung gehört gem. § 22 Abs. 1 Nr. 7 SGB I auch die Betriebshilfe für Landwirte.

07. Soziale Rechte/Zuständigkeit (3)

Maßgeblich für die Zuständigkeit ist, in welchem Zusammenhang ein schädigendes Ereignis eingetreten ist. In Fall 05 handelt es sich um einen privaten Unfall, was die Zuständigkeit der Krankenversicherung begründet. Bei Fall 06 handelt es sich um einen Arbeitsunfall, was die Zuständigkeit der gesetzlichen Unfallversicherung begründet.

08. Soziale Rechte/Zuständigkeit (4)

Er kann auf Leistungen hoffen. Zu den Leistungen der Kinder- und Jugendhilfe gehört gemäß § 27 Abs. 1 Nr. 4 SGB I auch die Hilfe bei der Erziehung.

09. Aufbau des Sozialgesetzbuches

Die Aussage ist so falsch. Nicht nur Gesetze, die den Namen Sozialgesetzbuch führen, gehören zu dem Gesamtwerk. Als besonderer Teil des Sozialgesetzbuches gelten auch benannte Gesetze mit anderen Titeln. Hierzu zählt die Reichsversicherungsordnung gem. § 68 Nr. 3 SGB I. Daher ist für die Verwaltungsverfahren auch das SGB X anzuwenden.

10. Antrag

Die Leistungen der gesetzlichen Kranken- und Rentenversicherung werden nur auf Antrag erbracht. Gleiches gilt für Leistungen nach dem Recht der Arbeitsförderung und der sozialen Pflegeversicherung.

Die Leistungen der gesetzlichen Unfallversicherung werden hingegen von Amts wegen erbracht. Dies ist übergreifend in § 19 SGB IV geregelt.

Die Leistungen der Sozialhilfe sollen dagegen einsetzen, sobald die Behörde Kenntnis davon hat, dass die Voraussetzungen hierfür gegeben sind. Lediglich die Leistungen bei Grundsicherung und bei Erwerbsminderung werden auf Antrag gewährt. Grundlage hierfür ist § 18 SGB XII.

11. Hilfen

Das Verhalten der Behörde ist nicht richtig. Über die Zuständigkeit hat ein Rehabilitationsträger binnen zwei Wochen ab Antragstellung zu entscheiden. Verstreicht die Frist ungenutzt, kann er den Antrag nicht mehr weitergeben und hat den Rehabilitationsbedarf unverzüglich festzustellen. Grundlage hierfür ist § 14 Abs. 1 Satz 1 und Abs. 2 SGB IX.

12. Leistungen der gesetzlichen Krankenversicherung (1)

Die Leistungsarten sind teilweise überblickartig in § 11 Abs. 1 SGB V aufgeführt. Die gesetzliche Krankenversicherung umfasst Leistungen

- zur Verhütung von Krankheiten, Empfängnisverhütung, bei Sterilisation und Schwangerschaftsabbruch
- zur Früherkennung von Krankheiten
- zur Behandlung von Krankheiten
- des persönlichen Budgets (nach § 17 Abs. 2 bis 4 des SGB IX).

Hinzu treten Rehabilitationsleistungen und Krankengeld.

13. Leistungen der gesetzlichen Krankenversicherung (2)

Frau Baum hat eine Zuzahlung in Höhe von 280 € zu erbringen. Nach § 39 Abs. 4 Satz 1 in Verbindung mit § 61 Satz 2 SGB V haben Versicherte, die das 18. Lebensjahr vollendet haben, für jeden Tag der vollstationären Krankenhausbehandlung eine Zuzahlung in Höhe von 10 € zu erbringen, längstens für 28 Kalendertage je Kalenderjahr.

Frau Baum ist versichert. Sie hat das 18. Lebensjahr vollendet und befindet sich in vollstationärer Krankenhausbehandlung. Die Zuzahlung setzt ein am 01.12.10, dem Aufnahmetag. Der Zuzahlungszeitraum geht mit maximal 28 Tagen bis zum 28.12. 2010. Bei einem Zuzahlungsbetrag von täglich 10 € ergibt sich somit eine Zuzahlung von 280 €

14. Leistungen der gesetzlichen Rentenversicherung (1)

Die Rentenversicherung gewährt Renten

- wegen Alters
- wegen verminderter Erwerbsfähigkeit
- wegen Todes.

Die Zusammenfassung befindet sich in § 33 Abs. 1 SGB VI.

15. Leistungen der gesetzlichen Rentenversicherung (2)

Man unterscheidet Renten wegen voller Erwerbsminderung und Renten wegen teilweiser Erwerbsminderung.

Jemand ist voll erwerbsgemindert, wenn er nicht mindestens drei Stunden täglich unter den üblichen Bedingungen des allgemeinen Arbeitsmarktes erwerbstätig sein kann. Eine teilweise Erwerbsminderung liegt vor, wenn jemand nicht mindestens sechs Stunden, aber mehr als drei Stunden, täglich unter den üblichen Bedingungen des allgemeinen Arbeitsmarktes tätig sein kann. Die Unterscheidung ergibt sich aus § 43 SGB VI.

16. Leistungen der gesetzlichen Rentenversicherung (3)

Die gesetzliche Rentenversicherung erbringt Leistungen in den Gruppen

- medizinische Rehabilitation
- Leistungen zur Teilhabe am Arbeitsleben
- unterhaltssichernde und andere ergänzende Leistungen.

Dies ergibt sich aus § 6 Abs. 1 Nr. 4 in Verbindung mit § 5 Nr. 1 bis 3 SGB IX.

17. Leistungen der sozialen Pflegeversicherung (1)

- Pflegesachleistungen, § 36 SGB XI
- Pflegegeld für selbstbeschaffte Pflegehilfe, § 37 SGB XI
- Kombination von Pflegegeld und Pflegesachleistung, § 38 SGB XI

- Häusliche Pflege bei Verhinderung der Pflegeperson, § 39 SGB XI
- Pflegehilfsmittel, § 40 SGB XI

18. Leistungen der sozialen Pflegeversicherung (2)

Der Umfang der Pflegesachleistungen bestimmt sich nach der Pflegestufe. Die Pflegestufe ergibt sich wiederum aus dem zeitlichen Umfang der notwendigen Pflege.

Die Einzelheiten sind in § 15 Abs. 3 SGB XI dargestellt.

19. Leistungen der sozialen Pflegeversicherung (3)

Bei der teilstationären Pflege erfolgt ein Teil der Betreuung daheim. Lediglich tagsüber oder nachts wird der Betroffene andernorts versorgt. Auch die Kurzzeitpflege soll in weitem Umfang eine Versorgung daheim ermöglichen, indem in häuslicher Umgebung nicht abgedeckte Zeiten überbrückt werden.

Die Leistungen der sozialen Pflegeversicherung sind somit systematisch angeordnet. Ausgehend von der häuslichen Pflege, die Vorrang hat, führt der Weg über die „teilweise häusliche Pflege" zur vollstationären Pflege.

20. Leistungen der gesetzlichen Unfallversicherung

Der Krankenbehandlung entspricht bei der Unfallversicherung die Heilbehandlung nach §§ 27 ff. SGB VII. Diese umfasst insbesondere ärztliche Behandlung, Hilfsmittel und Krankenhausbehandlung.

Dem Krankengeld entspricht das Verletztengeld nach §§ 45 ff. SGB VII.

21. Sozialhilfe/Pflegeversicherung

Die Leistungen der Pflegeversicherung sollen einen Beitrag zur Deckung des Pflegeaufwandes leisten. Es wird nicht der Anspruch erhoben, dass die Kosten insgesamt gedeckt werden. Die Pflegeversicherung wird insofern auch Teilkaskoversicherung genannt.

Der nicht durch Leistungen der Pflegeversicherung oder durch Einkommen oder Vermögen gedeckte Teil ist daher bei Bedürftigkeit über die Sozialhilfe zu finanzieren.

(Hinweis: Der Gedanke der „Teilkaskoversicherung" schlägt sich in § 1 Abs. 4 SGB XI nieder.)

22. Datenschutz

Er wird die Datenweitergabe durch die Rentenversicherung nicht verhindern können. Es besteht für die Durchführung des Versorgungsausgleichs eine Übermittlungsbefugnis nach §§ 67d, 74 Satz 1 Nr. 1b SGB X.

23. Selbstverwaltung

Die in manchen Versicherungszweigen stattfindenden Sozialwahlen und die Regelung der eigenen Angelegenheiten durch Satzung.

24. Qualitätssicherung

Über den Abschluss von Versorgungsverträgen werden leistungsfähige Leistungserbringer zugelassen, die sich zu bestimmten Leistungsinhalten verpflichten.

Die Einhaltung der Leistungsinhalte wird unter Einschaltung des MDK überprüft. Die Nichteinhaltung kann durch Kündigung des Versorgungsvertrages und Kürzung der Entgelte sanktioniert werden. Auch werden negative Ergebnisse veröffentlicht.

(Hinweis: Einzelheiten ergeben sich aus § 115 SGB XI zu dem Umgang mit dem Prüfungsergebnis.)

3. Fach: Marketing im Sozial- und Gesundheitswesen

3.1 Marketing im Bereich sozialer Dienstleistung

01. Sozialmarketing

Das Sozialmarketing umfasst die Analyse, Planung, Durchführung und Kontrolle der internen und externen Aktivitäten sozialer Organisationen, die durch die konsequente Ausrichtung am Nutzen und den Erwartungen der Anspruchsgruppen (Leistungsempfänger, Kostenträger, Mitglieder, Spender, Öffentlichkeit) zur Lösung sozialer Fragen beitragen.

Zu den hauptsächlichen Aufgaben zählen:

- Erfüllung öffentlicher Aufträge
- Bedarfsdeckung gesellschaftlich erforderlicher Produkte und Leistungen
- Sozialpolitik
- Legitimation der jeweiligen Einrichtung
- Veränderungen gesellschaftlicher Werte und Normen
- Schaffung gesellschaftlicher Akzeptanz für die Produkte und Leistungen
- Erkennen sozialpolitisch relevanter Probleme.

02. Dienstleistungen und Sachgüter

a) Dienstleistungen

Dienstleistungen sind selbstständige bzw. produktbegleitende Leistungen, die einen Nutzen stiften.

Dienstleistungen werden erbracht an

- Personen, z. B. Schulung, Beratung, Behandlung, Freizeitgestaltung sowie
- Sachen, z. B. Reparatur, Transport oder Behandlung.

Das Wesen von Dienstleistungen lässt sich an verschiedenen Ebenen charakterisieren:

- *Potenzialebene*: Fähigkeit und Bereitschaft zur Erbringung einer Dienstleistung.

  Dienstleistungen sind durch die geistigen, körperlichen und technologischen Fähigkeiten des Dienstleistungsanbieters charakterisiert. Beispielsweise verfügen Ärzte über Wissen und Erfahrungen spezieller Operationsmethoden, die zu bestimmten Zeitpunkten eingesetzt werden.

- *Prozessebene*: Tätigsein im Sinne der Erstellung einer Dienstleistung

  Erbringung und Inanspruchnahme einer Dienstleistung erfolgen in der Regel synchron.

- *Ergebnisebene*: Ergebnis der dienstleistenden Tätigkeit

  Dienstleistungen sind immaterielle und nicht greifbare Güter, die in der Regel nicht lagerfähig sind. Beispielsweise lässt sich eine stationäre Krankenhausbehandlung nicht lagern oder Operationen nicht im Voraus erbringen.

b) Sachgüter

Sachgüter lassen sich durch verschiedene Kriterien charakterisieren:

- *Materialität*

  Materiell verfügbare Güter lassen sich besitzen, lagern und transportieren bzw. sind körperlich vorhanden.

- *Verfügbarkeit*

  Freie Güter (z. B. Sauerstoff in der Luft) können von jedem Menschen konsumiert werden, während knappe Güter (z. B. Autos, Immobilien) nicht in ausreichendem Maße zur Verfügung stehen.

- *Ausschließbarkeit und Rivalität*

  Bei vielen Gütern ist es möglich, Personen von der Nutzung auszuschließen. Rivale Güter sind dadurch gekennzeichnet, dass der Konsum eines Gutes durch einen Konsumenten den Konsum desselben Gutes durch einen anderen Konsumenten be- oder verhindert.

- *Verwendungszweck*

  Produktionsgüter werden von Unternehmen zur Herstellung anderer Güter oder Dienstleistungen eingesetzt, während Konsumgüter von den Haushalten ge- oder verbraucht werden.

- *Nutzungsdauer*

  Gebrauchsgüter werden mehrfach genutzt (z. B. Röntgengerät), während Verbrauchsgüter nur einmal genutzt werden (z. B. Medikamente).

03. Sozialmärkte, erwerbswirtschaftliche Märkte

- Erwerbswirtschaftliche Märkte
  - Unternehmen und Kunden stehen in einer direkten Leistungsbeziehung.
  - Die angebotenen Leistungen werden nach Art, Menge, Umfang und Qualität klassifiziert.
  - Die Leistungserstellung begründet in der Regel einen Zahlungsanspruch des Leistungserbringers gegenüber dem Leistungsempfänger.
  - Die Höhe der Entgelte richtet sich in der Regel nach Angebot und Nachfrage.

- Sozialmärkte
  - Die Leistungsbezieher sind überwiegend nicht die Kostenträger.

3. Fach: Marketing im Sozial- und Gesundheitswesen

- Die Leistungspreise werden zwischen den Einrichtungen und Kostenträgern in einem speziellen Verfahren festgelegt und richten sich ausdrücklich nicht nach Angebot und Nachfrage.
- Zu den Kostenträgern auf Sozialmärkten zählen die Krankenkassen und Krankenversicherungen, die Bundesagentur für Arbeit, die Sozialämter, Berufsgenossenschaften etc.
- Die Leistungsbezieher finanzieren ihren Leistungsanspruch, indem Steuern und Versicherungsbeiträge gezahlt werden, die sich oftmals nach der Höhe des Einkommens richten.
- Einrichtungen, die auf Sozialmärkten agieren, besitzen oftmals die Möglichkeit, Fördermittel und Spender zu gewinnen, um zusätzliche finanzielle Mittel zu erhalten.

04. Sozialmarkt, Rechtsformen

Auf dem Sozialmarkt treten Anbieter in unterschiedlicher Trägerschaft auf:

- Kommunale Einrichtungen
- (Frei-)gemeinnützige Einrichtungen und Körperschaften
- Körperschaften und Anstalten des öffentlichen Rechts
- Stiftungen und Vereine
- Privatrechtlich organisierte Unternehmen.

Die Einrichtungen können auch danach unterschieden werden, ob eine

- gewerbliche bzw. freiberufliche Gewinnorientierung vorliegt oder ob
- gemeinnützige, mildtätige bzw. kirchliche Zwecke verfolgt werden.

05. Marktsegmentierung, Leistungsbereiche

- Stationäre und ambulante Krankenversorgung
- Ambulante Pflegedienste
- Psychosoziale Einrichtungen (Drogenberatung, Sozialdienste)
- Rettungsdienst und Notfallversorgung
- Physiotherapie, Logopädie, Ergotherapie
- Kinderhorte
- Sozialstationen
- Alten- und Pflegeheime
- Betreutes Wohnen
- Rehabilitation u. a.

06. Existenz- und Substanzerhaltung auf Sozialmärkten

- Produktion und Leistungserstellung:
  - Dienstleistungen
  - Sachgüter

- Ressourceneinsatz:
  - Personalplanung und Kostenplanung
  - Controlling
- Management:
  - Personalführung
  - Organisations- und Prozessgestaltung
- Finanzierung:
  - Kostenträger
  - Leistungsträger
  - Budgetplanung
- Marktanalyse:
  - Bekanntheitsgrad und Image
  - Produktmerkmale (Alleinstellungsmerkmale etc.)
  - Marketing-Mix

07. Motive des Profit- und Social-Marketing

- Profit-Marketing
  - Renditesteigerung
  - Gewinnerzielung
  - Umsatzsteigerung
  - Steigerung des Bekanntheitsgrades des Unternehmens, der Produkte etc.
  - Markterschließung
  - Erweiterung des Marktvolumens
  - Zielgruppenansprache
  - Kapazitätssteigerungen
  - Kostensenkung („Economies of Scale")
  - Kostendeckung
  - Imageaufbau
  - Markierung

- Social-Marketing
  - Förderung gesellschaftlicher oder politischer Interessen; Gewinnerzielung ist notwendige Nebenbedingung
  - Aufklärung über ausgegrenzte Randgruppen (HIV-Kranke)
  - Unterstützung gesetzlicher Vorhaben
  - Kampf gegen die Armut (Brot für die Welt, Entwicklungshilfe, Patenschaften)
  - Kampagnen, um soziale Ziele zu erreichen („Red Nose Day")
  - Gesellschaftliche Appelle („Keine Macht den Drogen, dem Alkohol" etc.)
  - Forderung von Steuererleichterungen für umweltschonende Maßnahmen (Staubfilter in Abgasanlagen)

08. Austauschbeziehungen auf Märkten für Gesundheitsleistungen

- Erwerbswirtschaftliche Märkte

Märkte sind der Ort, an dem Güter, Dienstleistungen und Rechte ausgetauscht werden. Erwerbswirtschaftliche Märkte sind durch das Zusammentreffen von Angebot und Nachfrage gekennzeichnet, das die Preise der Güter bestimmt.

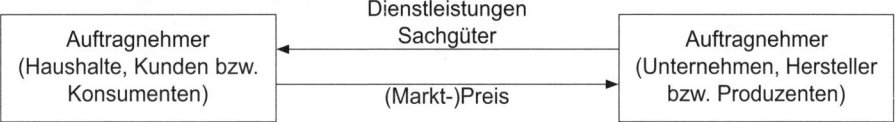

- Märkte für Gesundheitsleistungen

Das sozialrechtliche Leistungsdreieck ist kennzeichnend für das Marktgeschehen, dem die meisten sozialen Organisationen ausgesetzt sind.

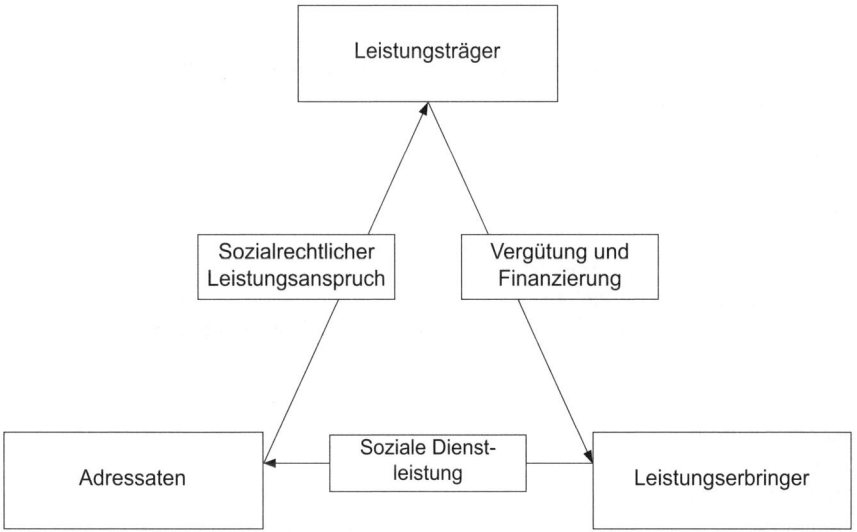

09. Sozialmarkt und Leistungsfinanzierung

Sozialmarkt: Die Angebote richten sich nach der Nachfrage der potenziellen Kunden, die die Leistungen aus eigenen Mitteln bestreiten. Der Gesetzgeber überprüft hier überwiegend nur die Einhaltung der rechtlichen Vorschriften. In diesem Teilmarkt darf ein gewinnorientiertes Marketing betrieben werden, sofern nicht spezielle Wettbewerbsbeschränkungen gelten. Die Regelungen gegen den unlauteren Wettbewerb sind zwingend einzuhalten.

Leistungsfinanzierung: Die Angebote richten sich nach den Leistungsträgern und -empfängern. Die Kunden bzw. die Patienten nehmen die Leistungen in Anspruch. Die Zahlung der Leistungen erfolgt durch die Leistungsträger wie beispielsweise durch Krankenkassen, Krankenversicherungen, Berufsgenossenschaften, Pflegeversicherungen und Sozialkassen etc.

3.2 Grundlagen und Instrumente von Marketing und Werbung

01. Ziele von Marketingstrategien

Marketingstrategien sind Handlungsprogramme, um bestimmte Ziele zu erreichen, die sich aus den Unternehmenszielen ableiten und diesen nicht entgegenstehen dürfen. Marketingziele stellen den zentralen Ausgangspunkt für die Ableitung von Marketingstrategien bzw. für den Marketing-Mix dar. Zu den Zielen von Marketingstrategien zählen beispielsweise:

- Generierung von Wettbewerbsvorteilen
- Optimale Kapazitätsauslastung und Ressourceneinsatz
- Erhöhung des Bekanntheitsgrades
- Langfristige Sicherung des Unternehmenserfolges
- Differenzierung im Wettbewerb

02. Ökonomische und psychologische Motive von Marketingzielen

a) Ökonomische Ziele:

- Marktanteil
- Rendite
- Profitabilität
- Umsatz-, Ertragswachstum
- Kostensenkung und Gewinnsteigerung
- Maximierung des Deckungsbeitrags
- Kapazitätsauslastung (Bettenbelegung, OP-Auslastung, Leistungsinanspruchnahme)

b) Psychologische Ziele:

- Bekanntheitsgrad
- Image
- Corporate Identity
- Kompetenz
- Vertrauen bei Leistungsbeziehern und Patienten
- Vertrauensbildung in der Öffentlichkeit
- Wahrnehmung der Einrichtung in der Öffentlichkeit
- Patienten- bzw. Kundenzufriedenheit

c) Verknüpfung ökonomischer und psychologischer Ziele:

- Die Zufriedenheit bei den Kunden stärkt das Vertrauen in Kompetenzen und Leistungsfähigkeit der Einrichtung, sodass die Patienten sie weiterempfehlen werden und der Auslastungsgrad steigen wird.

- Ein hoher Bekanntheitsgrad erreicht viele potenzielle Patienten, die sich über die Einrichtung im Bedarfsfall informieren und als erste Anlaufstelle nutzen, sodass die Fallzahl (Bettenauslastung) und der Marktanteil steigen. Langfristig wird ein höherer Deckungsbeitrag über steigende Umsätze erzielt, der die Rendite erhöht.

- Ein positives Image verbindet sich mit einem Empfinden der Patienten in die Leistungsfähigkeit, sodass die Leistungsinanspruchnahme steigt und dadurch ein höherer Umsatz erzielt wird.

03. Normstrategien des Marktwachstums-Marktanteils-Portfolios

Die möglichen Normstrategien im Portfolio richten sich nicht nach der Punktzahl, sondern nach ökonomischen Optionen, die die Wissenschaft für sinnvoll hält.

- Question Marks (Fragezeichen)
  - Investition
  - Selektives Investieren
- Stars
  - Investition
  - Selektives Investieren
  - Desinvestition
  - Abschöpfen
- Cash Cows (Milchkühe)
  - Desinvestition
  - Abschöpfen
  - Selektives Investieren
- Poor Dogs (arme Hunde)
  - Selektion („Cash Flow")
  - Investition
  - Selektives Investieren
  - Desinvestition
  - Abschöpfen

Bei der Auswahl von Normstrategien im konkreten Fall ist darauf zu achten, ob sich das Produkt bzw. die Leistung in der Wachstumsphase oder Degenerationsphase befindet, bzw. ob primäre Gewinne oder Verluste erwirtschaftet werden sowie ob der Deckungsbeitrag ausreichend ist, um die (variablen) Kosten zu decken.

04. Zusatz- und Serviceleistungen

- Dauerparkplätze und Tiefgarage für Mitarbeiter
- Kostenlose Parkplätze für die Patienten
- Kindergarten
- Betreuung der Kinder während der Behandlung
- Dolmetscherleistungen in verschiedenen Sprachen
- Persönliche Betreuung von Patienten aus dem Ausland
- Informationen auf der Homepage (abrufbare PDF-Dateien)
- Zimmerleistungen (Telefon, Internet, Radio, Zeitung)
- Erweitertes Speisenangebot

- Shuttlebus
- Telefonische Erreichbarkeit außerhalb der Öffnungszeiten
- Begleitung der Patienten durch Ehrenamtliche (Unterhaltung, Einkaufen etc.)
- Hohe Termintreue und kurze Wartezeiten

05. Marketing-Mix

Der Marketing-Mix umfasst alle Maßnahmen, die die Nachfrage nach den Produkten und Dienstleistungen der jeweiligen Einrichtung steigert. Dazu werden die Instrumente Produkt-, Preis-, Kommunikations- und Distributionspolitik eingesetzt. Beim Einsatz müssen die Bedürfnisse und Wünsche der Kunden bzw. Patienten berücksichtigt werden.

06. Instrumente der Kommunikationspolitik

1. Öffentlichkeitsarbeit

- Presse- und Medienarbeit:
  - Pressemitteilungen
  - Presseverteiler
  - Pressekonferenzen
  - Krisenmanagement
  - Stellenanzeigen
- Publikationen zu Medizin- und Gesundheitsthemen:
  - Patienten- und Imagebroschüren
  - Mitarbeiterzeitungen
  - Klinik-TV und -Radio
  - Imagefilme
  - Geschäfts-, Jahres- und Abschlussberichte
- Maßnahmen des persönlichen Dialogs: Aufbau und Pflege persönlicher Beziehungen zu Meinungsführern und Multiplikatoren wie Prominenten, Behörden, Spendern, Sponsoren, Selbsthilfegruppen.

2. Event-Marketing

- Schaffung emotionaler Vor-Ort-Erlebnisse:
  - Tag der offenen Tür
  - Medizinische Ringvorlesungen
  - Informationsvorträge
  - Kunstausstellungen
  - Theater- und Musikaufführungen

3. Persönliche Kommunikation

- Face-to-Face-Situationen:
  - Arzt-Patienten-Gespräche
  - Patientenaufnahme
  - Visite

3. Fach: Marketing im Sozial- und Gesundheitswesen

- Pflege
- Notaufnahme

4. Mediawerbung

- Anzeigenschaltung in den Printmedien
- TV- und Radiowerbung
- Plakatwerbung
- Medizinthemen in Fachmagazinen, Tages- und Wochenzeitungen

5. Direkte Kommunikation

- Versand schriftlichen und personalisierten Informationsmaterials
- Telefonmarketing
- Verbrauchermessen
- Flyer

6. Multimediakommunikation

- Online-Webauftritt
- Direct-E-Mailing
- Blogging
- Pod- und Videocasting
- Telemedizin

07. Kriterien der Qualitätsdimensionen

Die Einteilung von Dienstleistungskriterien erfolgt durch die folgenden fünf Qualitätsdimensionen (nach Parasuraman/Zeithaml/Berry):

- Annehmlichkeit des spürbaren Umfeldes („Tangibles"):

Hierzu zählt das äußere Erscheinungsbild des Dienstleistungsortes, insbesondere die Ausstattung der Räume sowie das Erscheinungsbild bzw. Auftreten des Personals.

- Zuverlässigkeit („Reliability"):

Diese Dimension umschreibt die Fähigkeit des Dienstleistungsunternehmens, die versprochenen Leistungen auch auf dem versprochenen Niveau erfüllen zu können (z. B. Aussagekraft der Beratungsgespräche).

- Reaktionsfähigkeit („Responsiveness"):

Hierunter ist die Fähigkeit des Dienstleistungsanbieters zu verstehen, auf den spezifischen Bedarf und die Wünsche der Kunden einzugehen und sie erfüllen zu können. Diese Dimension umfasst sowohl die generelle Bereitschaft als auch die Geschwindigkeit der Reaktion (z. B. Art und Umfang der angebotenen Spezialbehandlung).

- Leistungskompetenz („Assurance"):

Der Kompetenzaspekt rückt die grundsätzliche Fähigkeit des Anbieters zur Erbringung der Dienstleistung in den Vordergrund, insbesondere sind darunter das Wissen, die Höflichkeit und die Vertrauenswürdigkeit der Mitarbeiter zu fassen.

- Einfühlungsvermögen („Empathy"):

Die Empathiefähigkeit umfasst die Fähigkeit des Unternehmens, auf individuelle und spezifische Situation einzugehen (z. B. individuelle Terminvereinbarungen, spezifische Beratungsleistungen, Verhalten bei Todesfällen).

Hieraus lassen sich drei zugrunde liegende Qualitätsdimensionen ableiten:

- Sachliche Qualitätsdimensionen:
  - Pünktlichkeit
  - Zuverlässigkeit
  - Genauigkeit
  - Vollständigkeit der Dienstleistung
- Persönliche Qualitätsdimensionen:
  - Offenheit
  - Ehrlichkeit
  - Freundlichkeit der Mitarbeiter
- Zwischenmenschliche Qualitätsdimensionen:
  - Entgegenkommen
  - Flexibilität
  - Einfühlungsvermögen
  - Fairness des Personals im Umgang mit den Kunden

08. Unternehmenskommunikation

a) Interne Kommunikation gegenüber Patienten

- Broschüren
- Fragebögen zum Gesundheitsstatus
- Zufriedenheitsmessungen
- Sozialdienst
- Begleitung durch ehrenamtlich Tätige
- Seelsorge
- Vernissagen
- Konzerte und Musikveranstaltungen
- Lesungen
- Zeitungen und Radio
- Veranstaltungen zu spezifischen Gesundheitsthemen
- Wellness- und Fitness-Angebote
- Cafeteria

b) Interne Kommunikation gegenüber Mitarbeitern

- Intranet
- Mitarbeiterzeitung
- Schwarze Bretter
- Teambesprechungen
- Personalversammlungen

c) Externe Kommunikation bei Zuweisern, Sozialdiensten, Krankenkassen, Krankenhäusern, Presse und Öffentlichkeit

- Flyer
- Patientenbroschüren
- Plakatwerbung
- Website
- „Tag der offenen Tür"
- Veranstaltungen zu speziellen Gesundheitsthemen
- Veranstaltungen zu Aus-, Fort- und Weiterbildung

09. Produkt-Markt-Matrix nach Ansoff

Die möglichen Marktfeldstrategien werden durch vier Leistungs-Markt-Kombinationen beschrieben. Die Produkt-Markt-Matrix nach Ansoff besitzt das folgende Aussehen:

Leistung/Markt	aktuell	neu
aktuell	Marktdurchdringung	Marktentwicklung
neu	Produkt-, Leistungsentwicklung	Diversifikation

a) Marktdurchdringung

Die Marktdurchdringung beinhaltet die Bearbeitung eines bestehenden Marktes mit bereits vorhandenen Leistungen. Die optimale Ausschöpfung eines bestehenden Marktes kann erfolgen durch:

- Erhöhung der Leistungsverwendung beim Patienten
- Abwerben von Patienten der Wettbewerber
- Neukundengewinnung.

b) Marktentwicklung

Die Marktentwicklung schafft neue Verwendungszwecke für bereits angebotene Leistungen oder gewinnt neue Verwender.

- Erschließung neuer Absatzmärkte
- Bearbeitung neuer Marktsegmente
- Akquisition von Wettbewerbern.

c) Produkt- oder Leistungsentwicklung

Die Produkt- oder Leistungsentwicklung basiert auf neuen Leistungen für bestehende Märkte und Zielgruppen. Leistungsentwicklungen erfolgen in drei Optionen:

- Leistungsverbesserungen
- Erweiterung des Leistungsspektrums
- Leistungsinnovation.

d) Diversifikation

Diversifikation ist die Aufnahme neuer Leistungen, die in keinen Zusammenhang mit dem bisherigen Leistungsprogramm stehen und auf einem noch nicht bearbeiteten Markt angeboten werden. Es werden drei Arten der Diversifikation unterschieden:

- Horizontale Diversifikation (z. B. ambulant/stationär)
- Vertikale Diversifikation (z. B. Krankenhausversorgung/Facharztpraxis)
- Laterale Diversifikation (z. B. Krankenhausversorgung/Schule/Kindergarten).

10. Geschäftsfeldspezifische Optionen

Optionen am Beispiel einer Rehabilitationsklinik:

- Marktdurchdringung

    Noch stärkere Konzentration auf den bestehenden Markt für Rehabilitationsleistungen (weitergehende Spezialisierung).

- Marktentwicklung

    Es wird ein neuer Markt erschlossen, indem eine geriatrische Abteilung eröffnet wird, die Rehabilitationsleistungen aus dem bestehenden Programm anbietet.

- Produkt- oder Leistungsentwicklung

    Konzeptionell werden neue Leistungen auf dem bestehenden Markt angeboten, indem z. B. neue Therapie- und Behandlungsmethoden in das Leistungsprogramm aufgenommen werden, die in der Rehabilitation eine Innovation darstellen.

- Diversifikation

    Die anzubietenden Leistungen stehen in keinem Zusammenhang mit dem Leistungsprogramm der Rehabilitationsklinik. Es sind verschiedene Formen denkbar, wie beispielsweise der Bau eines Pflegeheimes für geriatrische Patienten, Gründung eines ambulanten Pflegedienstes zur Nachbetreuung der Rehabilitanden oder Kooperation mit einem örtlichen Wellness- und Fitness-Unternehmen.

11. Produktlebenszyklus

Anhand des Produktlebenszyklus werden Produkte und Dienstleistungen analysiert. Dabei stehen die Umsatzveränderungen im Zeitablauf im Mittelpunkt. Beispielsweise lässt sich das über die Zeit darstellen. Die folgenden Annahmen liegen dem Produktlebenszyklus zugrunde:

3. Fach: Marketing im Sozial- und Gesundheitswesen

- Produkte und Dienstleistungen werden zeitlich begrenzt am Markt angeboten.
- Umsatz steigt s-förmig bis zum Sättigungspunkt und sinkt anschließend wieder
- Der Produktlebenszyklus lässt sich in die Phasen Einführung, Wachstum, Reife, Sättigung und Niedergang einteilen.
- Die Deckungsbeiträge steigen in den anfänglichen Phasen und sinken in den späteren Phasen.

Idealtypisch lassen sich die Phasen des Produktlebenszyklus folgendermaßen beschreiben:

- Einführung: Langsames Umsatzwachstum, wachsende Nachfrage. Auf dem Markt existieren wenige bis keine Wettbewerber. Die Marketingkommunikation zielt auf einen hohen Bekanntheitsgrad der Produkte und Dienstleistungen.
- Wachstum: Überproportionales Wachstum der Umsätze, hoher Bekanntheitsgrad. Der hohe Cashflow lockt Wettbewerber auf den Markt. Die Überschüsse werden in die Produktentwicklung investiert. Das Marketing zielt auf den Aufbau einer Marke.
- Reife: Verlangsamendes bis stagnierendes Wachstum. Neue Wettbewerber treten nicht mehr in den Markt ein, weil das Marktvolumen bereits ausgeschöpft ist.
- Sättigung: Umsätze beginnen zu schrumpfen, weil Substitutionsprodukte auf dem Markt sind. Verdrängungswettbewerb wird über Preiskämpfe ausgetragen.
- Niedergang: Umsatz und Anzahl der Wettbewerber sinkt. Das Management wägt zwischen Elimination und Repositionierung ab.

12. Kriterien der Marktsegmentierung

Die Marktsegmentierung verfolgt das Ziel, einen Gesamtmarkt hinsichtlich der Marktreaktion in intern homogene und untereinander heterogene Marktsegmente aufzuteilen, um eine zielgruppenadäquate Marktbearbeitung zu ermöglichen.

Beispiele für Segmentierungskriterien:

Geografische Kriterien	- Region bzw. Gebiete (Bund, Land, Bezirk, Stadt, Gemeinde) - Ortsgrößen (1.000, 10.000, 100.000, 1.000.000 Einwohner) - Postleitzahl bzw. Einzugsgebiet - Bevölkerungsdichte
Demografische Kriterien	- Alter (Kind, Teenager, Heranwachsender, Erwachsener, Senior) - Geschlecht - Familiengröße - Familienzyklus (jung, ledig, verheiratet, Kinder etc.) - Einkommen bzw. Kaufkraft (hoch, mittel, niedrig) - Berufsgruppen (Arbeiter, Angestellter, Akademiker) - Ausbildung - Konfession (evangelisch, katholisch, moslemisch) - Nationale Herkunft (Europa, Asien, Afrika, Amerika, Australien)

Psychografische Kriterien	• Lebensstil (niveauvoll, konventionell, aufgeschlossen) • Persönlichkeit (verschlossen, interessiert, aufgeschlossen, offen)
Verhaltensbezogene Kriterien	• Anlässe (Heirat, Geburt, Geburtstag, Tod etc.) • Nutzennachfrage (Qualität, Service, Wirtschaftlichkeit) • Verwenderstatus (Verwender, ehemalige Verwender etc.) • Verwendungsrate (stark, mittel, schwach) • Markentreue (ungeteilt, geteilt, gleichgültig) • Einstellung (positiv, gleichgültig, negativ)
Versicherung	• Gesetzliche Krankenversicherung (AOK, BKK, DAK, BG etc.) • Krankenversicherung (Allianz, Debeka, etc.) • Zusatzversicherung (Arzt, Zimmer, Komfort, Service) • Selbstzahler • Integrierte Versorgung • IGEL-Leistungen
Morbidität	• gesund • verletzt • akut erkrankt • chronisch krank • pflegebedürftig • palliativ
Einweiser	• Fachrichtung • Praxisgröße • Niederlassungsart • MVZ (Medizinisches Versorgungszentrum) • Einzel- oder Gemeinschaftspraxis
Behandlungsart	• konservativ • operativ • Kurzlieger • Langlieger • Notfall • ambulant • stationär • vorstationär • nachstationär
Fachabteilung	• Chirurgie • Neurologie • Onkologie • und weitere Abteilungen
Leistungen	• ICD (International Classification of Diseases) • OPS (Operationsschlüssel) • MDC (Major Diagnostic Categories) • Leistungsgruppe, beispielsweise Knie-OP, Becken-OP etc.

13. Distribution von Dienstleistungen

- Beratungsstelle:
  - Flyer
  - Broschüren über den Pflegedienst und das Leistungsangebot

3. Fach: Marketing im Sozial- und Gesundheitswesen

- Internetpräsenz bzw. Website
- Telefonische Beratungshotline
- Präventionsberatung
- Zielgruppe vor Ort aufsuchen

- Pflegedienst:

  - Flyer
  - Broschüren über den Pflegedienst und das Leistungsangebot
  - Werbebriefe an die Haushalte der Umgebung
  - Telefonische Beratungshotline
  - Informationsabende und Veranstaltungen für potenzielle Patienten und Angehörige
  - Kooperationen mit Sozialdiensten und Krankenhäusern
  - Internetpräsenz bzw. Website

- Kreiskrankenhaus:

  - Informationen für Einweiser und Zuweiser
  - Broschüren über die Einrichtung und das Leistungsangebot
  - Internetpräsenz bzw. Website
  - Pressemitteilungen für Journalisten, Pressekonferenzen
  - Kampagnen in Zeitungen, Radio und Fernsehen
  - Veranstaltungen zu speziellen Gesundheitsthemen
  - Allgemeine Öffentlichkeitsarbeit (Public Relation)
  - Fortbildungsangebote für niedergelassene Ärzte
  - „Tag der offenen Tür"

14. Marktanalyse

a) Allgemeine Faktoren:

- Politisch-rechtliche Umweltfaktoren

  Maßnahmen, die weitgehend auf die Gesetzgebung zurückzuführen sind. Anpassungsmaßnahmen an die geltenden Gesetze und Rechtsverordnungen, um Rechtsstreitigkeiten zu vermeiden.

- Ökonomische Umweltfaktoren

  Gesamtwirtschaftliche Entwicklung, Wachstum des relevanten Marktes, Einkommensentwicklung der relevanten Zielgruppen

- Sozio-kulturelle Umweltfaktoren

  Einflussfaktoren, die gesellschaftliche Werte umfassen, wie beispielsweise kulturelle Normen oder Einstellungen sowie auch Erfahrungen der relevanten Zielgruppe.

- Technologische Umweltfaktoren

  Chancen und Risiken der technologischen Veränderungen. Monitoring, um den neuesten Entwicklungen und Innovationen zu folgen.

Spezifische Faktoren des Gesundheitswesens

- Gesundheitsreformen

  Gesundheitsreformen verstärken in der Regel den Wettbewerb unter den Leistungserbringern (GKV-Wettbewerbsstärkungsgesetz, Vertragsarztrechtänderungsgesetz).

- Finanzsituation

  Die finanzielle Situation zwingt die Einrichtungen des Sozial- und Gesundheitswesen zu teilweise drastischen Maßnahmen auf der Erlös- und Kostenseite. Kunden und Kostenträger haben zunehmend die Wahl zwischen mehreren Leistungserbringern. Darüber hinaus vernetzen sich die Leistungserbringer und erhalten gegenüber kleineren Einrichtungen ein größeres Gewicht.

- Selektives Kontrahieren

  Vertragsabschlüsse über Leistungspakete, die direkt zwischen Kostenträgern und Leistungserbringern vereinbart werden.

- Differenzierung

  Bei gesetzlich festgelegten medizinischen Leistungen ist die Differenzierung über medizinische Mehrwerte oder durch nicht-medizinische Serviceleistungen möglich. Bei nicht-medizinischen Serviceleistungen entscheidet der Patient, ob die medizinischen Leistungen überall gleich gut sind.

- Strukturen

  Im Gesundheitswesen besteht der Trend die klassischen Sektoren Kostenträger und Leistungserbringer zu verlassen, um gemeinsame Strukturen zu schaffen.

b) Informationsquellen

- Interne Informationsquellen:
  - Betriebsstatistik (Einzugsgebiet, Einweiser und Zuweiser, Kapazitätsauslastung)
  - Mitarbeiter (berufliche Erfahrung, Praktikabilität von Innovationen)
  - Buchhaltung (Kosten, Zahlungsmoral der Kostenträger)
  - Qualitätsmanagement (Qualitätsberichte, Beschwerden, betriebliches Vorschlagswesen)

- Externe Informationsquellen:
  - Statistisches Bundesamt (Wirtschaftsentwicklung, Einkommensentwicklung)
  - Bundesministerium für Gesundheit (rechtliche Entwicklung auf dem Gesundheitsmarkt, Entscheidungen der Sozialgerichte)
  - Wettbewerber (Benchmarking, Leistungsangebot der Mitwettbewerber)
  - Medien (Berichte, Wissenschaftstrends, Branchenreports)
  - Kunden (Befragungen, Zufriedenheitsanalysen)

15. SWOT-Analyse

Das Ziel der SWOT-Analyse ist die Bewertung der eigenen Ressourcen im Vergleich zu den wichtigsten Wettbewerbern nach Stärken und Schwächen. Stärken sind Kompetenzen, die einen eindeutigen Wettbewerbsvorteil gegenüber den wichtigsten Konkurrenten darstellen. Fehlen bestimmte Ressourcen, wie beispielsweise spezifische Forschungsergebnisse oder der Zugang zu bestimmten Zulieferern und Vertriebskanälen, bedeutet das eine Schwäche des Unternehmens.

Die Chancen- und Risiken-Analyse betrachtet die externen Umfeldfaktoren, denen ein Unternehmen ausgesetzt ist. Ziel ist das Erkennen aktueller Trends, die Einfluss auf die Leistungsgestaltung eines Unternehmens nehmen. Diese umfassen politische, rechtliche, ökonomische, sozio-kulturelle und technologische Faktoren.

16. Beurteilungskriterien einer SWOT-Analyse

- Preise der Leistungen
- Anzahl der Mitarbeiter und deren Qualifikationen
- Höhe der Personalkosten
- Fluktuationsrate
- Höhe der Aufwendungen aus Lieferungen und Leistungen
- Qualität der Produkte und Leistungen
- Quantität und Qualität der eingegangenen Beschwerden
- Bekanntheitsgrad und Image in der Öffentlichkeit
- Kapitalausstattung und Vermögen
- Kapazitätsauslastungsgrad
- Schulden und Verschuldungsgrad
- Leistungsangebote im Vergleich zu den Wettbewerbern
- Anzahl der direkten Wettbewerber
- Technik und Equipment
- Organisations- und Entscheidungsstrukturen
- Anzahl der Geschäftsführungsmitglieder

17. Operative und strategische Marketing-Controllinginstrumente

a) Operative Marketingcontrollinginstrumente

- Beschwerdemanagement (Quantität und Qualität von Beschwerden)
- Kundenzufriedenheit (Umfragen und Beobachtungen der Mitarbeiter)
- Ombudsmann (Quantität und Qualität unerwünschter Ereignisse)
- Qualitätsreport
- Strukturelle Kennzahlen:
  - Fachkraftquote
  - Ausbildungsqualität der Mitarbeiter
  - Fluktuation
  - Gehaltsverteilung
  - Urlaubs- und Krankheitsquote
  - Aus-, Fort- und Weiterbildung

- Patientenzahlen
  - Qualität der Leistungsfähigkeit
  - Verweildauer
  - Quantität und Qualität der Leistungsinanspruchnahme

b) Strategische Marketing-Controllinginstrumente

Portfoliomodelle	Darstellung von Marktanteil, -wachstum, -attraktivität und Wettbewerbsvorteile
Marktanalysen	Beschreibung der relevanten Umwelt- und Unternehmensfaktoren
Branchenanalysen	Analyse der Gewinnerwartungen
Konkurrenzanalyse	Analyse der Wettbewerber
SWOT-Analyse	Darstellung der Stärken und Schwächen sowie der Chancen und Risiken
Positionierung	Profilieren der Marke (Produkt), sodass die Zielgruppe das Angebot zu erwerben wünscht und sich von allen anderen (Wettbewerbs-) Angeboten unterscheidet.
Segmentierung	Einteilung des Marktes in geeignete Segmente für die Leistungen und Produkte
Strategische Gruppen	Identifizierung des Handlungsrahmens der direkten Wettbewerber
Wertschöpfungskette	Identifikation von Wettbewerbsvorteilen im Unternehmen
Produktlebenszyklus	Betrachtung der zeitlichen Veränderungen des Marktanteils von Produkten und Dienstleistungen und Ableitung von Strategien
Erfahrungskurve	Sinken der Stückkosten bei zunehmendem Erfahrungshorizont

18. Internetauftritt

a) Planungsaspekte

- Domainname
- Auffindbarkeit der Domain in Suchmaschinen
- Zugriffszeiten auf die Domain
- Informationsbedürfnisse der Zielgruppen:
  - Patienten und Angehörige
  - Einweiser und Zuweiser
  - Öffentlichkeit und Medien
  - Mitarbeiter
  - Krankenversicherungen, Institutionen und Ämter
- Navigation, Gestaltung, Bilder
- Corporate Identity
- Darstellung im Webbrowser

3. Fach: Marketing im Sozial- und Gesundheitswesen

- Fremdsprachliches Angebot
- Externe Links
- Erreichbarkeit und Ladezeiten
- Disclaimer und Impressum
- Technische und personelle Voraussetzungen des Internetauftritts
- Pflege des Internetauftritts

b) Nutzer

- Patienten und Angehörige
- Einweiser und Zuweiser
- Krankenversicherungen und Krankenkassen
- Ämter und Institutionen
- Fachleute und Experten
- Mitarbeiter
- Journalisten und Pressemitarbeiter
- Kooperationspartner der Einrichtung
- Externe Einrichtungen des Sozial- und Gesundheitswesens

19. Ehrenamt und Personalgewinnung

- Aufgabenkatalog

  Die Aufgaben der Ehrenamtlichen sind im Rahmen einer Stellenbeschreibung festzulegen. Dies betrifft auch die Entscheidungsbereiche.

- Öffentlichkeitswerbung

  Die Suche nach Ehrenamtlichen muss medienwirksam gestaltet werden. Dazu müssen Stellenausschreibungen erstellt werden. Interessenten werden durch Flyer oder Anzeigen angesprochen.

- Eignungsprüfung

  Die Bewerber müssen auf ihre persönlichen und fachlichen Fähigkeiten hin überprüft werden.

- Anreizgestaltung

  Es müssen Anreize geschaffen werden, um das Interesse der Ehrenamtlichen zu wecken, z. B. Fahrtkostenzuschuss, kostenloser Parkraum, Möglichkeit zur Selbstverwirklichung.

- Aus- und Weiterbildung

  Bei der Einstellung von Ehrenamtlichen sollte eine Probezeit vereinbart werden. Für die Einarbeitungsphase ist festzulegen, welche Mentoren die Ehrenamtlichen begleiten; ggf. werden Feedbackgespräche erforderlich.

- Begleitung durch Hauptamtliche

  Ehrenamtliche und Hauptamtliche arbeiten gemeinsam und sollen sich ergänzen. Dazu sind die jeweiligen Kompetenzen und Wirkungsfelder zu definieren, damit sich keine Überschneidungen ergeben, die zu Konflikten führen können.

20. Ziele der Werbung

- Allgemeine Werbeziele:
  - Bekanntmachungsfunktion
  - Informationsfunktion
  - Vertrauensbildungsfunktion
  - Angebotsunterstützungsfunktion

- Spezifische Werbeziele:
  - Ansprache der relevanten Zielgruppe
  - Positionierung
  - „Consumer Benefit" → Nutzenversprechen
  - „Reason Why" → Leistungsvorteile herausstellen und zu Handlungen auffordern
  - „Tonality" → Atmosphäre

21. Werbemittel, Werbeträger

Werbemittel betreffen die konkrete Ausgestaltung der Werbebotschaften in Form von Plakaten, Anzeigen, Fernsehspots und Werbebriefen. Werbeträger sind die Medien zur Informationsübermittlung, z. B. Zeitungen und Zeitschriften, Fernsehen, Radio, Internet, etc.

22. Kennzahlen zur Erfolgsmessung des Marketing

- Werbeerfolg

  Der Werbeerfolg setzt die Aufwendungen einer Werbeaktion in Relation zur Umsatzsteigerung.

- Rücklaufquote

  Die Rücklaufquote misst den Anteil der Zielgruppe, der auf eine Werbeaktion reagiert hat.

- Verkaufserfolg

  Der Verkaufserfolg stellt den betriebswirtschaftlichen Erfolg durch die Gewinnung neuer Kunden fest. Die Anzahl der Neukunden wird in Relation zur Anzahl der Werbeadressen gesetzt.

- Nettoreichweite

  Prozentsatz der Zielgruppe, die innerhalb des relevanten Zeitraumes mindestens einmal mit der Werbebotschaft in Kontakt kommt.

- Verbreitung

  Größe der Zielgruppe, die mit einem bestimmten Werbeträger in Kontakt kommen können.

- Kontakthäufigkeit

  Anzahl der Kontakte, die die Mitglieder der Zielgruppe mit dem Werbeträger innerhalb eines bestimmten Zeitraumes haben.

23. Marketingpartner

- Zuweiser und Einweiser
- Krankenhäuser und Rehabilitationseinrichtungen
- Medizinische Versorgungszentren (MVZ)
- Sanitätshäuser und Seniorenshops
- Therapie- und Pflegeeinrichtungen
- Ambulante Pflegedienste
- Lieferanten und Zulieferer
- Spender und Sponsoren
- Prominente Meinungsführer
- Politische Meinungsführer
- Kirchliche Gemeinden
- Journalisten und Pressemitarbeiter
- Zeitungen, Radio und Fernsehen

24. Kundenkarte

a) Vorteile einer Kundenkarte

- Für die Kunden
  - Zusatzleistungen, Vergünstigungen oder geldwerte Vorteile
  - Kostenersparnis
- Für das Unternehmen
  - Kundenbindung und Kundengewinnung
  - Besserer Kundenservice
  - Bessere öffentlichen Wahrnehmung
  - Speziellere Marketingmaßnahmen sind möglich
  - Höherer Auslastungsgrad des Unternehmens
  - Höherer Umsatz (und höherer Gewinn) durch wiederholte Inanspruchnahme der Leistungen
  - Gewinnung personenbezogener Daten

b) Nachteile einer Kundenkarte

- Hemmschwelle bei Mitarbeitern bei bevorzugter Behandlung von Kunden mit Kundenkarte
- Negatives Image bei Kunden ohne Kundenkarte
- Höherer organisatorischer und finanzieller Aufwand
- Öffentlichkeitswirkung ist schwer zu prognostizieren

25. Fremdvergabe von Projekten und Dienstleistungen

- Aufgaben und Anforderungen definieren.
- Notwendiges Profil des externen Dienstleisters festlegen.
- Budget planen.
- Potenzielle infrage kommende Dienstleister feststellen (Kriterien können Tätigkeitsschwerpunkte, Referenzen und Verfügbarkeit sein).

- Vorgespräche, um Leistungspakete abzustimmen.
- Präsentation der Konzepte verschiedener Dienstleister.
- Festlegung der Rahmenbedingungen und der konkreten Vertragsmerkmale.
- Konkrete Angebote und Vertragsverhandlungen.
- Auswahl des am Besten geeigneten externen Dienstleisters.
- Auftragserteilung.

26. AIDA

AIDA ist eine Formel, die konzeptionell die Wirkungen beschreibt, die eine zielgruppenkonforme Werbung haben sollte.

A	Attention	Aufmerksamkeit erregen
I	Interest	Interesse wecken
D	Desire	Wünsche, Drang erwecken, Handlungen oder Aktivitäten durchzuführen
A	Action	Handlungen, Aktivitäten herbeiführen

Beispiel Zahnarztwerbung	
Attention	„Auch in Zukunft kraftvoll zubeißen!" (Wiedererkennung)
Interest	Professionelle Zahnarztbehandlung garantiert gesunde Zähne.
Desire	Identifikation mit Gesundheit, Jugendlichkeit und gesunden Zähnen.
Action	Gang zum Zahnarzt.

27. Beschwerdemanagement

- Beschwerdestimulierung

Ziel des Beschwerdemanagement ist es, verärgerte Leistungsempfänger dazu zu bewegen, ihre Unzufriedenheit dem Unternehmen gegenüber zu äußern, da der größere Anteil der potenziellen Beschwerdeführer ihre Anliegen dem Unternehmen nicht mitteilt, sondern im Bedarfsfall die Leistungen anderer Anbieter in Anspruch nimmt.

- Beschwerdeannahme

Die Mitarbeiter müssen über die Beschwerdewege und -bearbeitung informiert sein, da der Erstkontakt der Mitarbeiter gegenüber den Beschwerdeführern von entscheidender Bedeutung für den weiteren Verlauf ist. Dabei ist eine schnelle und strukturierte Erfassung (mündlich, telefonisch, schriftlich, online) im Rahmen eines standardisierten Beschwerdeerfassungsformulars hilfreich.

- Beschwerdebearbeitung

Bearbeitungsablauf und Zeitstandards für die Bearbeitung sollten genau definiert sein. Dazu sind Prozessverantwortliche zu benennen. Die Beschwerdeführer erhalten eine Eingangsbestätigung, ggf. einen Zwischenbescheid und eine abschließende Antwort. Auf die Nachvollziehbarkeit der aufeinander abfolgenden Maßnahmen sollte dringend geachtet werden.

3. Fach: Marketing im Sozial- und Gesundheitswesen

- Beschwerdeauswertung

  Regelmäßige Auswertungen sollten aussagefähig sein und Mitarbeitern sowie Vorgesetzten präsentiert werden. Kategorien legen Fehlerschwerpunkte fest, um deren Ursachen besser analysieren zu können. Das Ziel ist die aktive Nutzung der erfassten Beschwerdeinformationen, um gezielte Verbesserungsmaßnahmen einzuleiten.

- Beschwerdecontrolling

  Das Beschwerdecontrolling dient der Messung der Wirksamkeit des Beschwerdemanagements. Es umfasst folgende Elemente:

  - Daten zur Beschwerdestimulierung
  - Beschwerdeanzahl
  - Qualitätsziele und Kennzahlen
  - Bearbeitungsgeschwindigkeit (Kalendertage vom Eingang bis zur abschließenden Beantwortung der Beschwerde)
  - Zufriedenheit der Beschwerdeführer mit dem Beschwerdemanagement
  - Patientenbefragungen
  - Weiterempfehlungsraten für die Arbeitsbereiche der jeweiligen Einrichtung

28. Kundenzufriedenheit

- Interviews mit Patienten, Angehörigen und Kunden sowie Mitarbeitern.
- Ausgabe von Fragebögen bei Entlassung bzw. Abschluss der Therapie, die anonymisiert abgegeben werden können.
- Aufstellen von Briefkästen bzw. Kummerkästen, um Raum für persönliche Anmerkungen zu schaffen.
- Durchführung wissenschaftlich fundierter Befragungen von Kunden und Patienten, die Leistungen der Einrichtung in Anspruch genommen haben.
- Durchführung von Mitarbeiterbefragungen.
- Auswertung der Informationen und Daten des Beschwerdemanagement, um Problembereiche zu identifizieren.

29. Kundenreaktionen

- Kunden und Patienten nehmen Leistungen anderer Anbieter in Anspruch und gehen der Einrichtung verloren.
- Unzufriedenheit der Kunden und Patienten führt zur Störung der sozialen Interaktion. Die Leistungsempfänger werden zu „Problemkunden".
- Die Patienten sprechen keine Empfehlungen bezüglich der Leistungsfähigkeit der Einrichtung aus. Positive und negative Erfahrungen der Kunden kompensieren sich.
- In Schadensfällen entstehen Prozess- und Gerichtskosten und ggf. Schadensersatzzahlungen.
- Negative Wahrnehmung in der Öffentlichkeit bzw. Imageverlust.

30. Fragebogengestaltung

a) Frageboheninhalte

- Demografische Daten der Patienten
- Grund der Leistungsinanspruchnahme bzw. des Aufsuchens der Einrichtung
- Daten zum Besuch der Einrichtung (Empfehlung, Zuweisung, Notfall, selbst etc.)
- Angaben zur Zufriedenheit:
- Leistungen (medizinisch, pflegerisch, administrativ)
- Verweildauer
- Beschwerden
- Personal (Ärzte, Pflege, Aufnahme, Administration)
- Atmosphäre (Ängste, Bildwelten wie Eingangshalle, Wegweiser, Kunst, Raucherplätze, Mülleimer, etc.)
- Vorschläge und Wünsche

b) Frageformen

- Ja/Nein-Fragen
- Offene Fragen (Beantwortung bleibt den Patienten überlassen.)
- Halb-offene Fragen (Eine Antwort ist richtig.)
- Fragen mit Antwortvorgaben (Multiple Choice)
- Skalierungen (z. B. Schulnoten 1 bis 6 oder 1 bis 10)

c) Fragekonstruktionen

- Verwendung eindeutiger Begriffe
- Keine zu langen und zu komplexen Fragen
- Vermeidung hypothetischer Fragen
- Keine doppelte Stimuli und Verneinungen
- Keine Unterstellungen und suggestiven Fragen
- Vermeidung von Fragen, bei denen die Befragten nicht über ausreichendes Wissen verfügen
- Verwendung von Fragen mit eindeutigem zeitlichem Bezug
- Verwendung von überschneidungsfreien Antwortkategorien
- Kontext einer Frage soll nicht auf deren Beantwortung ausstrahlen

d) Statistische Methoden

- Arithmetisches Mittel
- Häufigkeitsverteilung
- Streuungsmaße
- Intervallschätzungen
- Wahrscheinlichkeiten
- Klumpenbildung und Clustering

e) Ergebnisbenachrichtigung

- Geschäftsführung
- Führungskräfte
- Patienten, Angehörige

- Mitarbeiter
- Öffentlichkeit
- Netzwerkpartner
- Kostenträger
- Institutionen und Behören, Ämter, etc.

3.3 Marketing und Öffentlichkeit

01. Ziele der Öffentlichkeitsarbeit

- Darstellung der Einrichtung in der Öffentlichkeit
- Beziehungspflege zwischen Unternehmen und gemeinnützigen Institutionen, Kunden, Patienten, Spendern, Mitarbeitern
- Steigerung des Bekanntheitsgrades und Aufbau eines positiven Images
- Aufbau einer Corporate Identity
- Vertrauensbildung und Kundengewinnung
- Erzeugung von Sympathie und Verständnis
- Information über die Aktivitäten der Einrichtung
- Legitimation der Einrichtung
- Gewinnung von Meinungsführern

02. Unternehmensinterne Ziele der Öffentlichkeitsarbeit

- Information der Mitarbeiter über alle aktuellen Entwicklungen (Veränderungen, Personaleinstellungen und -entlassungen, finanzieller Gestaltungsrahmen der Einrichtung etc.)
- Erhöhung der Motivation und Identifikation
- Unterstützung der Aus- und Weiterbildungsaktivitäten
- Darstellung einer flexiblen Arbeitszeitgestaltung (Teilzeitarbeit, Elternzeit, etc.)
- Förderung von Aktivitäten bei Sommerfesten, Weihnachtsfeiern, runden Geburtstagen und Jubiläen

03. Aufgaben und Funktionen der Öffentlichkeitsarbeit

Die Maßnahmen der Öffentlichkeitsarbeit zielen nicht auf den unmittelbaren Absatzerfolg, sondern versuchen, durch die Schaffung einer günstigen Ausgangslage die Basis für erfolgreiche Einzelmaßnahmen zu legen.

Öffentlichkeitsarbeit übernimmt die folgenden Aufgaben:

- Information

    Information der relevanten Zielgruppen über Ziele, Zweck und Leistungen der jeweiligen Einrichtung.

- Image

  Aufbau und Pflege eines positiven Images in der öffentlichen Wahrnehmung.

- Führung

  Beeinflussung der Öffentlichkeit bei der Positionierung der Einrichtung auf dem relevanten Markt.

- Kommunikation

  Vermittlung von Kontakten und Verständigung zwischen der Einrichtung und den Zielgruppen (Institutionen, Behörden, Ämter, Patienten, Kunden etc.).

- Existenz- und Substanzerhaltung

  Darstellung zur Legitimation und Glaubwürdigkeit der Einrichtung in der Öffentlichkeit.

- Sozialpolitik

  Teilnahme an politischen und fachspezifischen Diskussionen zu sozialen Problemlagen. Hierzu zählt auch die Lobbyarbeit.

04. Kenntnisse der Mitarbeiter in der Öffentlichkeitsarbeit

- Medienerfahrung (Vorhandensein von persönlichen Kontakten zu wichtigen Medienvertretern.)
- Gespür für Themen bzw. Erkennen von relevanten Trends in der Branche
- Dienstleistungsorientierung
- Verbindlichkeit und Glaubwürdigkeit durch sympathisches und kompetentes Auftreten
- Erkennen von Marktveränderungen und wirtschaftlichen Zusammenhängen
- Durchführung professionell organisierter Veranstaltungen und Pressekonferenzen mit Medieneinsatz

05. Instrumente der Öffentlichkeitsarbeit

Presse- und Medienarbeit	Die Pressearbeit zielt auf die Zusammenarbeit mit Medienvertretern: • Presseverteiler • Pressemitteilungen • Pressekonferenzen • Redaktionsbesuche • PR-Anzeigen und Advertorials (redaktionelle Werbetexte) • Stellenanzeigen • Krisen-PR • Telefonaktionen • TV-Sendungen

Publikationen	Medizin- und Gesundheitsthemen werden in Medien des Gesundheitsunternehmens publiziert: • Patienten- und Imagebroschüren • Mitarbeiterzeitungen • Hauszeitschriften • FAQ-Kataloge • Klinik-TV und Praxis-Radio • Imagefilme • Geschäfts-, Jahres- und Qualitätsberichte
PR-Dialog	Aufbau persönlicher Beziehungen zu Meinungsführern und Multiplikatoren: • Prominente • Behörden • Politiker • Spender und Sponsoren • Selbsthilfegruppen • Lobbying

06. Strategische und funktionelle Aufgaben der Öffentlichkeitsarbeit

Strategische Funktionen der Öffentlichkeitsarbeit von Unternehmen und Einrichtungen im Sozial- und Gesundheitswesen sind:

- Vertretung sozialpolitischer Positionen
- Vertretung hochschulpolitischer Positionen
- Übernahme der Anwaltsfunktion für Patienten
- Legitimation fachlicher (wissenschaftlicher) Standards
- Erleichterung der öffentlichen Finanzierung.

Funktional gesehen, erfüllt die Öffentlichkeitsarbeit die folgenden Aufgaben:

Information	Ausbau und Pflege von Vertrauen in der Öffentlichkeit. Gesundheitsaufklärung und Information zu medizinischen Innovationen.
Image	Beeinflussung der Darstellung der Einrichtung in der Öffentlichkeit.
Führung	Positionierung der Einrichtung im relevanten Markt.
Kommunikation	Kommunikation zwischen der Einrichtung und den jeweils relevanten Zielgruppen.
Existenzerhaltung	Legitimation und Erfordernis der Einrichtung
Sozialpolitik	Aufmerksamkeit für sozialpolitische Themen wecken sowie Beteiligung an fachlichen (wissenschaftlichen) und politischen Diskussionen, die in der Öffentlichkeit stattfinden

Beispiele	
Information	• Patientenbroschüren • Flyer • Werbefilm über die Einrichtung

Image	• Darstellung erfolgreicher Therapieoptionen und Behandlungen • Sponsoringmaßnahmen • Prominenten Meinungsführer, karitativ tätige Wohlhabende
Führung	• Pressearbeit (Radio, Fernsehen, Journalisten) • Veranstaltung von Fort- und Weiterbildungen bzw. Kongressen
Kommunikation	• Gremien, Mitwirkung in der Landesvertretung der Krankenhausgesellschaft • Netzwerke • Kooperationen mit Einweisern, Kliniken und Pflegediensten
Existenzerhaltung	• Morbiditätsstatistiken • Teilnahme an der örtlichen Notfallversorgung • Versorgung spezieller Patienten (z. B. Schwerstbrandverletzte)
Sozialpolitik	• Mitwirkung an der jeweiligen Interessenvertretung • Politische Lobbyarbeit • Krankenhausgesellschaft • Ärztekammer • Kassenärztliche Vereinigung

07. Negatives Image in der Öffentlichkeit

- Reputationsverlust
  - Verschlechterung der finanziellen Basis
  - Vorwurf des Missmanagements
- Mangelnde Akzeptanz in der Öffentlichkeit
  - Bundesfreiwillige und ehrenamtliche Mitarbeiter lassen sich nur schwer akquirieren.
  - Vertrauensverlust in der Bevölkerung
  - Verlust der Legitimierung der Einrichtung
- Kompetenzverlust
  - Leistungsfähigkeit und Qualität werden infrage gestellt.
  - Hochleistungsträger („High Potentials") verlassen das Unternehmen
- Mitarbeiterfluktuation
  - Verlust der Wertschätzung führt zu innerer Kündigung und Arbeitsplatzwechsel
  - Erschwertes Personalmanagement
- Schlechtes Betriebsklima
  - Störung der sozialen Beziehungen
  - Fehlende Identifikation der Mitarbeiter mit dem Unternehmen
- Kunden bzw. Patienten nehmen andere Angebote in Anspruch:
  - Erhöhung der Anzahl von Beschwerden
  - Unzufriedenheit mit den Leistungen und den Mitarbeitern
  - Keine Empfehlungen bzw. Weiterempfehlungen seitens der Kunden

- Umsatz- und Gewinneinbußen
    - Verringerte Deckungsbeiträge
    - Kostenexplosion
    - Gefahr der Privatisierung bei öffentlichen Einrichtungen
    - Insolvenzgefahr
- Kritik aus Politik und Trägerschaft
    - Unternehmensentscheidungen werden zunehmend kritisiert.
    - Aktivitäten stehen vermehrt im Fokus der öffentlichen Diskussion.
    - Auswechselung des Managements
- Spender, Sponsoren und Fördermittel bleiben aus:
    - Spenden gehen zurück.
    - Sponsorenverträge werden gekündigt bzw. nicht verlängert.
    - Fördermaßnahmen bleiben aus bzw. Zuwendungen werden nicht bewilligt.
    - Chronische Unterfinanzierung von spendenfinanzierten Zusatzangeboten.
- Wettbewerber treten auf den Markt
    - Ungünstige Marktposition (Austragung des Wettbewerbs über das Image)

08. Runder Tisch

„Runde Tische" dienen oftmals der Bewältigung von Krisen. Dabei kommen Teilnehmer unterschiedlicher Bereiche und Vertreter verschiedener Institutionen gleichberechtigt zusammen, um kooperativ und auf freiwilliger Basis Kompromisse zu erarbeiten.

Themen in Deutschland sind beispielsweise die Gewaltprävention, sexueller Kindesmissbrauch, Charta zur Betreuung schwerstkranker und sterbender Menschen und Missbrauch bei Heimerziehung in den 50er- und 60er-Jahren.

„Runde Tische" nehmen die folgenden Aufgaben wahr:

- Vernetzung von Expertenwissen und Bildung einer gemeinsamen Wissensbasis
- Erkennen gesellschaftlicher Bedürfnisse
- Sprachrohr für (diskriminierte) Randgruppen
- Ausgestaltung der öffentlichen Diskussion und Kommunikation
- Effizienzsteigerungen (Erkennen von Synergieeffekten).

09. Projektvergabe der Öffentlichkeitsarbeit

Pro	Contra
• Hohes Maß an Professionalität • Eindeutiges Projektmanagement • Klarer Zeitplan bei der Abwicklung • Überblick über die Kosten • Keine interne Personalbindung	• Hohe Kosten • Bezug zum Unternehmen fehlt • Bezug zur Zielgruppe fehlt • Koordinierungs- und Abstimmungsaufwand (Schnittstellenproblematik) • Kosten für die Auswahl des richtigen Partners • Kostenintensive Nachverhandlungen bei unklaren Regelungen oder Absprachen

10. Corporate Identity (CI)

Der gezielte Einsatz einer „Corporate Identity Policy" schafft bei den Zielgruppen und den Mitarbeitern ein „Wir-Bewusstsein" und erschließt Identifikationspotenziale. Das führt dazu, dass Gesundheitsdienstleister und deren medizinischen Leistungsangebote differenziert und unverwechselbar in der Öffentlichkeit wahrgenommen werden.

Daher zielen die Maßnahmen im Rahmen der Corporate Identity auf die Vermittlung der Einmaligkeit des Gesundheitsbetriebs. Operativ steht die Botschaft und Wirkung im Fokus.

Das Corporate Design, die Corporate Communication und das Corporate Behaviour als Instrumente einer CI-Politik müssen aufeinander abgestimmt werden, um Identität zu vermitteln und Vertrauen zu gewinnen.

Corporate Identity-Policy		
Corporate Design (Erscheinungsbild)	Corporate Communication (Kommunikation)	Corporate Behaviour (Verhalten)
Logo Farben Schriftzeichen Kleidung Design und Architektur	Werbeanzeigen Broschüren Website Presse Slogans	Führungsethik Unternehmenskultur Werte und Normen Leitbild Public Relation

11. Kommunikation mit Anwohnern psychiatrisch, forensischer Kliniken

- Vorstellung der Klinikarbeit am „Tag der offenen Tür"
- Aufklärung zu Erkrankungen in Psychiatrie und Forensik in den örtlichen Medien
- Veranstaltungsprogramm zu Themenschwerpunkten der Psychiatrie und Forensik
- Erläuterung der Sicherheitsmaßnahmen
- Ansprache von Eltern, Schulen und Kindergärten
- Einrichtung einer Hotline, um Hilfen anzubieten

3. Fach: Marketing im Sozial- und Gesundheitswesen

12. Organisationen von Pressekonferenzen

a) Vorbereitung

- Festlegung des Themas

  Prüfung der Aktualität und der Relevanz für die Medien. Verbindliche Abstimmung mit den internen Teilnehmern.

- Presseverteiler für die Einladung

  Freie Journalisten, Lokalpresse, nationale und ggf. internationale Medien, Fachmedien, Radio, Fernsehen, Online-Medien.

- Einplanung weiterer Teilnehmer

  Fachverbände, Meinungsführer, Politiker, Abgeordnete des Wahlkreises, Kommunalpolitiker

- Festlegung des Budgets:

  Prüfung der Örtlichkeit hinsichtlich der Verfügbarkeit, Kosten und Raumausstattung, Zahl der Plätze, Anfahrt und Parkplätze.

- Planung des Termins:

  Zeit- und Ablaufplan erstellen, Einladung rechtzeitig versenden, Erinnerungsmails.

- Persönliche Rücksprache mit den wichtigsten Pressevertretern:

  Vorab-Pressemitteilung erstellen und ggf. aktualisieren, Pressemappen erstellen, aktuelles Bildmaterial zur Verfügung stellen.

- Werbemittel und Catering:

  Give-aways wie Kugelschreiber, Notizblöcke etc. bereitstellen, Catering bestellen, Präsentationsmittel, Licht und Ton bereit stellen, ggf. Tischkarten (für das Podium) bestellen, Schilder und Wegweiser besorgen.

b) Durchführung

- Unmittelbar vor und während der Pressekonferenz

  Team-Briefing am Morgen und letzte Absprachen mit der Geschäftsleitung, Ausschildern des Ortes,

- Raumvorbereitung

  Raum herrichten (Beschallung, Stühle, Tische, Technik), ggf. Internetzugang, Computer und Telefon einrichten.

- Catering

  Aufbau rechtzeitig vor Beginn der Pressekonferenz und Abbau erst nach Abreise des letzten Gastes

- Einlass besetzen

  Anwesenheitsliste mit den Kontaktdaten erfassen und aktualisieren, Auslage der Pressemappen und ggf. weiterer erforderlicher Materialien, pünktlicher Beginn, Zeit einplanen, um Rückfragen zu beantworten, Interviewwünsche mit der Geschäftsführung vorsehen, Troubleshooting.

c) Nachbereitung

- Persönliche, telefonische Erreichbarkeit des Pressesprechers herstellen, Abbau.
- Pressemitteilungen versenden an alle anwesenden und nicht anwesenden eingeladenen Teilnehmer.
- Interne Auswertung

Ablauf und Inhalt bewerten, Evaluierung (Presseclipping, quantitative und qualitative Dokumentation).

13. Pressemappe

Eine Pressemappe dient Journalisten als zentrales Arbeitsmittel für ihre Arbeit. Daher sollte sie ansprechend aber nicht werbend sein. Die Corporate Identity muss gewährleistet sein. In der Regel sollten nur die relevanten Fakten aufgeführt werden.

Eine Pressemappe sollte die folgenden Bestandteile aufweisen:

- Anschreiben
- Pressetext

Pressetexte werden häufig in sowohl in Kurz- als auch in Langform verfasst. Neben den sachlichen Informationen sollten die speziellen Besonderheiten des Themas und der Presseinformationen enthalten sein.

- Unternehmensinformationen und ggf. den Personenporträts:

Firmen- und Personenporträts in Kurz- und Langform

- Pressespiegel:

Bereits vorhandene Pressestimmen dürfen in der aktuellen Pressemappe nicht fehlen, damit die Journalisten möglichst umfassend informiert werden.

- Bilder und Fotos:

Bereitstellung in hoher Qualität. Nennung des Fotografen. Hinweis „Abdruck frei".

- Elektronische Medien:

USB-Sticks, CD oder DVD mit der elektronisch gespeicherten Pressemappe

- Kontaktdaten des Pressesprechers und der Unternehmenskommunikation

Eine Pressemappe sollte nicht nur die wesentlichen Fakten und Informationen zusammenfassen, sondern auch ansprechend gestaltet sein, um ein möglichst hohes Interesse bei den Journalisten zu wecken. Bei Erstkontakten zu Medienvertretern sollte ggf. der Postweg gewählt werden, während bei bestehenden Kontakten auch der Versand per E-Mail erfolgen kann.

14. Krisenkommunikation der Öffentlichkeitsarbeit

Gesundheitsbetriebe wie Kliniken, Pflegeeinrichtungen und Krankenhäuser sollten im Regelfall über Krisen- und Notfallpläne oder Katastropheneinsatzpläne verfügen, die im Rahmen des Qualitätsmanagements zertifiziert werden. Die Mitarbeiter werden zumeist durch Übungen geschult, damit im Krisenfall die richtigen Entscheidungen getroffen werden.

Im Ernstfall kommen die Verantwortlichen als Krisenstab zusammen, um die wesentlichen Fragen zu entscheiden:

- Wer informiert?
- Wann, wie, wo und wer wird informiert?
- Wer muss bevorzugt bzw. kann gemeinsam informiert werden?
- Ist eine Pressekonferenz sinnvoll?
- Wer steht für Rückfragen zur Verfügung?
- Ist eine Hotline einzurichten?
- Was ist an Ursachen und Hintergründen bekannt?
- Was werden Journalisten wahrscheinlich fragen?
- Was sollte kommuniziert werden?
- Wo entstehen möglicherweise rechtliche Konsequenzen?
- Wie ist der Schutz eventuell betroffener Patienten zu wahren?

Die Entscheidung darüber, wann und in welchem Umfang informiert werden soll, ist besonders wichtig, weil alle Informationen, die vom Unternehmen zuerst herausgegeben werden, besser sind, als das Ankämpfen gegen entstandene Gerüchte.

Die entscheidenden Fragen bei der Information sind:

- Was ist geschehen?
- Was sind die Hintergründe?
- Warum ist es geschehen?
- Wo liegt ggf. ein Fehlverhalten vor?
- Was ist bereits unternommen worden?
- Was wird noch unternommen?

15. Fundraising und Sponsoring

- Fundraising

    Unter Fundraising versteht man die strategische Beschaffung von finanziellen Mitteln, Sachwerten, Zeit und Know-how, um am Gemeinwohl orientierte Ziele zu verwirklichen.

- Sponsoring

    Unternehmen treten als Sponsoren auf, um ihr Engagement mit den definierten Kommunikationszielen ihrer Organisation zu verknüpfen. Die Ziele des Sponsoring werden durch das Vereinbaren von Gegenleistungen mit dem Gesponserten erreicht. Die Sponsorship wird durch geeignete Kommunikationsinstrumente öffentlich bekannt gemacht.

16. Quellen des Fundraising und Sponsoring

- Private Spender, Förderer und Kunden
- Wohltätige Prominente, Mäzene und wohlhabende Privatpersonen
- Unternehmen als Spender, Mäzene, Sponsoren, Marketing- und Vertriebspartner
- Merchandising, Events und Veranstaltungen
- Gewinnspiele, Medienarbeit, Anzeigen und Plakate
- Gewinnung von Ehrenamtlichen und Bundesfreiwilligen (BFD)
- Stiftungen und fördernde Institutionen wie beispielsweise Kirchen, Lions-Club, Rotary-Club
- EU-Fördermittel und zu verteilende Bußgelder

17. Erschließung von Fundraisingquellen

- Entwicklung eines Leitbildes

Das Leitbild oder die Mission sind die Grundlage für alle Planungsvorhaben und dienen als Entscheidungsgrundlage bzw. als roter Faden. Mit der Zielformulierung werden die Richtung vorgegeben und Grenzen definiert.

- Analyse der Umwelt

Nicht-kommerzielle Organisationen befinden sich in einem dynamischen Umfeld. Es gilt, Veränderungen frühzeitig wahrzunehmen und entsprechend zu reagieren. Vereine und Organisationen sichern damit ihr Überleben.

- Interne Analyse

Bevor Fundraising betrieben wird und potenzielle Spender und Sponsoren angesprochen werden, müssen die eigenen Stärken und Schwächen erkannt werden. Organisationen, die ihr Profil und Image kennen, können sich richtig am Markt positionieren und sich langfristig behaupten.

- Entwicklung einer Fundraising-Strategie

Fundraising-Strategien bedürfen einer Planung, die die Ziele festlegt. Ergebnisse sind zu überprüfen und ggf. Verbesserungen vorzunehmen.

- Markterschließung

Die Mittelbeschaffung bedarf genauer Marktkenntnisse, wer bereit ist zu spenden bzw. Zeit und Wissen zur Verfügung zu stellen.

- Maßnahmen und Methoden

Fundraising-Methoden reichen vom Spendenbrief bis zum Sponsoringkonzept. Manche Methoden sind mit einfachen Mitteln umzusetzen, andere bedürfen einer langen Vorbereitung.

3. Fach: Marketing im Sozial- und Gesundheitswesen

- Bindungsstrategien

  Die Kunst besteht darin, Spender, Mitglieder und Förderer langfristig an die Organisation zu binden, um den dauerhaften Erfolg zu sichern.

- Erfolgskontrolle

  Die Wirkung und der Erfolg der durchgeführten Maßnahmen sind zu kontrollieren, um erforderliche Anpassungen vornehmen zu können.

18. Leitlinien bei der Vergabe des Spenden-Siegels

Das „Deutsche Zentralinstitut für soziale Fragen" (DZI) orientiert sich bei der Vergabe des Spenden-Siegels an den folgenden Prüfkriterien und Leitlinien:

- Zielsetzung

  Die Organisation befolgt Recht und Gesetz, achtet die Menschenrechte und natürlichen Lebensgrundlagen und folgt ihrer eigenen Satzung. Ihre Ziele und Tätigkeitsbereiche sowie die grundlegenden Funktionen und Aufgaben der Organe stellt die Organisation eindeutig und verständlich in ihrer Satzung dar.

- Leitung und Aufsicht

  Die Organisation verfügt über angemessene Leitungs- und Aufsichtsstrukturen, in denen eindeutig geregelt ist, wer zu Entscheidungen und Vertretungen befugt ist. Durch die klare Trennung von Leitung und Aufsicht werden beide Funktionen wirksam wahrgenommen und Interessenkonflikte vermieden.

- Werbung und Öffentlichkeitsarbeit

  Die Organisation informiert klar, wahr, sachlich und offen über ihr Anliegen, ihre Struktur und ihre Arbeit. Sie achtet die Würde der Betroffenen, setzt die Umworbenen nicht unter Druck und verhält sich fair gegenüber anderen Organisationen.

- Mittelverwendung

  Die Organisation verfügt über Strukturen und Prozesse, die eine angemessene Planung, Durchführung und Kontrolle der Mittelverwendung gewährleisten. Sie setzt ihre Mittel nur für die angegebenen Zwecke und die damit verbundenen notwendigen Werbe- und Verwaltungsausgaben ein. Die Verwendung der Mittel folgt den Grundsätzen der Wirtschaftlichkeit und Sparsamkeit sowie dem Kriterium der größtmöglichen Wirksamkeit.

- Vergütungen

  Bei der Vergütung ihrer festen und freien Mitarbeiter sowie Organmitglieder berücksichtigt die Organisation ihren Status der Gemeinnützigkeit, die Qualifikation und Verantwortung der jeweiligen Position und bewegt sich im branchenüblichen Rahmen. Erfolgsabhängige Vergütungen im Bereich der Mittelbeschaffung werden nur unter bestimmten Voraussetzungen geleistet.

- Rechnungslegung und Prüfung

  Die Organisation legt bis spätestens zwölf Monate nach Ablauf eines Geschäftsjahres eine vollständige, aussagekräftige und geprüfte Rechnungslegung über das Geschäftsjahr vor.

- Transparenz

  Die Organisation berichtet offen und umfassend über ihre Arbeit, Strukturen und Finanzen. Sie beantwortet Anfragen und Beschwerden zeitnah und sachgerecht. Die Organisation unterhält eine Website und veröffentlicht spätestens zwölf Monate nach Abschluss ihres Geschäftsjahres einen aussagekräftigen Jahresbericht. Website und Jahresbericht sind klar und verständlich gestaltet und haben einen der Komplexität der Organisation angemessenen Umfang. Die Organisation legt dem DZI alle Unterlagen vor und erteilt ihm alle Auskünfte, die es ermöglichen, die Einhaltung des Spenden-Siegel-Standards zu prüfen.

19. Vertrauenswerbung im Fundraising

Die verschiedenen Aktionen sprechen potenzielle Förderer an, um Mittel zu beschaffen. In Abhängigkeit von der Strategie, personellen Kapazitäten, Bekanntheitsgrad der Organisation und Höhe des Budgets stehen verschiedene Maßnahmen zur Verfügung, um mit den unterschiedlichen Zielgruppen in Kontakt zu treten. Im Allgemeinen empfiehlt es sich, einen Mix verschiedener Aktivitäten anzustreben, um von einzelnen Gebermärkten unabhängig zu werden.

Maßnahmen sind:

- Spendenbriefe, Mailing-Packages
- Persönliche Gespräche
- Sammlungen
- Benefizveranstaltungen, TV-Galas
- Tombolas, Auktionen, Flohmärkte, Basare, Kuchentheken
- Know-how-Verkauf
- Gutscheine
- Lizenzen
- Hamburger Spendenparlament
- Merchandising
- Charity Shops
- Altgut-Sammlungen
- Online-Fundraising und E-Mail-Marketing
- Spendenportale
- Handy- und Hotlinespenden, Telefonmarketing
- Sponsoring
- Public Relation (Kampagnen in Zeitungen, Radio und Fernsehen)
- Bußgeldmarketing
- Lotterien
- Kreditkarten (Affinity Credit Cards)
- Ereignis-Spenden (Jubiläum, Begräbnis)

- Patenschaften
- Stiftungen
- EU-Fördermittel
- Upgrading (Dauerspenden)
- Großspendermarketing
- Erbschaftsmarketing
- Capital Campaigns
- Hochschul-Fundraising

20. Spender und Motive

	Mäzene	Spender	Sponsoren
Förderer	• Stiftungen • Wohlhabende Privatpersonen	• Privatpersonen • Unternehmen	• Unternehmen • Prominente
Fördermotive	• Stiftungszweck • Uneigennützigkeit	• Steuervorteile • Betroffenheit • Mitleid	• Imagegewinn • Multiplikationsfunktion • Steuerliche Absetzbarkeit der Aufwendungen

21. Spendenpyramide

Die Spendenpyramide besitzt das folgende Aussehen:

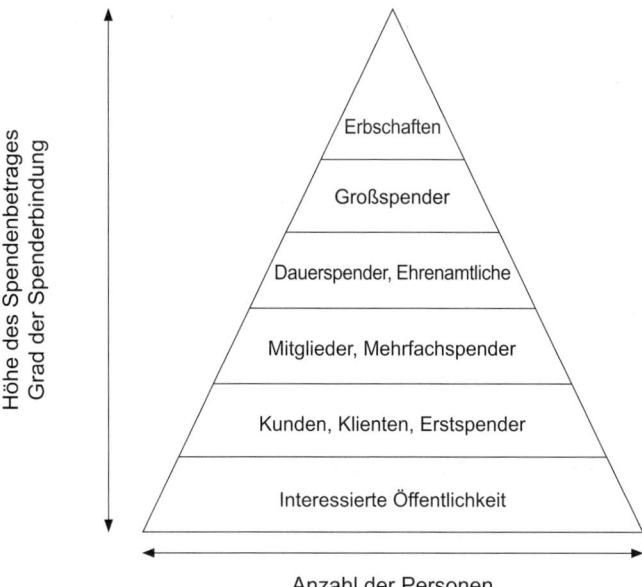

Die Basis der Spenderpyramide bildet die interessierte Öffentlichkeit. Prinzipiell haben alle Interessierten das Potenzial zu Erstspendern zu werden.

Kunden, Klienten und Erstspender haben bereits die Dienste der Organisation in Anspruch genommen und einen persönlichen Bezug zu den Angeboten. Mehrfachspender und Mitglieder haben bereits mehrmals gespendet und andere Menschen dazu bewegt, ebenfalls zu spenden.

Dauerspender und Ehrenamtliche haben mehr als einmal auf Fundraising-Maßnahmen wie Spendenbriefe oder Veranstaltungen reagiert. Großspender bringen die Wertschätzung der Arbeit einer Organisation durch die Höhe ihrer Spenden zum Ausdruck. Erbschaften sind das Höchstmaß an Spenderbindung. Häufig sind die Spender von der Mission und Seriosität der Organisation überzeugt und ihr verbunden.

22. Spenderpflege

Das „Customer Relationship Management" (CRM) ist eine kundenorientierte Unternehmensphilosophie, die mithilfe moderner Informations- und Kommunikationstechnologien versucht, profitable Kundenbeziehungen durch ganzheitliche und differenzierte Marketing-, Vertriebs- und Servicekonzepte langfristig aufzubauen und zu festigen.

Zu den Basisangeboten, die zum Standard einer Spenden empfangenden Organisation gehören, zählen:

- Information über die Organisation, ihre Mitglieder und Finanzorganisation
- Transparenz der zweckgebundenen Verwendung der Spenden
- Informationen über die aktuelle Entwicklung und zukünftige Perspektiven
- Würdigung des Engagements und Dankbarkeit
- Einhaltung der Datenschutzbestimmungen und Sicherheitsbedürfnisse der Spender

Zu den Instrumenten des CRM zählen:

- Dankschreiben und telefonischer Dank:
  - Veröffentlichung des Spendernamens
  - Kleine Geschenke und Einladungen zu Veranstaltungen
  - Verleihung von Abzeichen und Medaillen
  - Offizielle Ehrentitel
  - Persönliche Besuche
  - Feiern und Festlichkeiten

- Mitgliedschaften:
  - Kundenkarten
  - Mitgliederzeitungen
  - Förderverein (Freundeskreise) zur Mittelbeschaffung
  - Telefonmarketing
  - Beschwerdemanagement
  - Patenschaften
  - Spendenclubs

3. Fach: Marketing im Sozial- und Gesundheitswesen

- Großspendermarketing (Mäzene, prominente Wohltätige und Wohlhabende)
- Capital Campaign (Kapitalkampagnen, Großspendenkampagnen)
- Erbschaften und Schenkungen (Definition von Stammspendern)
- Ehrenamtliche

23. Beantragung von Fördergeldern

- Träger:

Rechtsform, Sitz, Satzung, Geschäftsführung, etc.

- Projektidee

Beschreibung der Idee, die Angaben zur Zielgruppe und den Zielen enthält.

- Projektinhalt:

Leistungs- bzw. Angebotsbeschreibung, anzuwendende Methoden, Raum- und Personalbedarfsplanung (Mitarbeiterqualifikationen)

- Zeitplan

Projektförderungen werden in der Regel zeitlich begrenzt, sodass eine genaue Zeitplanung zu erstellen ist, die sich mit der Vorbereitung, Planung und Durchführung auseinandersetzt. Das Projekt darf erst begonnen werden, wenn eine verbindliche Zusage zur Projektförderung vorliegt.

- Sachkosten

Budgetplanung, die die Kosten der Investitionen, zum Betrieb und der Sachausstattung enthält.

- Personalkosten

Personaleinsatzplanung (Anzahl der erforderlichen Voll- und Teilzeitkräfte) und Personalkosten.

24. Mittelverwendung

a) Regelungen zur Mittelverwendung

- Die Mittel müssen gemäß § 55 Abs. 1 Nr. 5 AO grundsätzlich zeitnah für steuerbegünstigte satzungsmäßige Zwecke verwendet werden. Verwendung in diesem Sinne ist auch die Anschaffung oder Herstellung von Vermögensgegenständen, die satzungsmäßigen Zwecken dienen. Eine zeitnahe Mittelverwendung ist gegeben, wenn die Mittel spätestens in dem auf den Zufluss folgenden Kalender- oder Wirtschaftsjahr für die steuerbegünstigten satzungsmäßigen Zwecke verwendet werden.
- Die Mitglieder oder Gesellschafter dürfen keine Gewinnanteile und in ihrer Eigenschaft als Mitglieder auch keine sonstigen Zuwendungen aus Mitteln erhalten. Die Mittel dürfen weder für die unmittelbare noch für die mittelbare Unterstützung oder Förderung politischer Parteien verwendet werden.

- Personen dürfen gemäß § 55 Abs. 1 Nr. 3 AO nicht durch Ausgaben, die nicht dem Zweck der Organisation entsprechen, durch unverhältnismäßig hohe Vergütungen begünstigt werden.

- Die Mitglieder dürfen bei ihrem Ausscheiden oder bei Auflösung oder Aufhebung der Organisation nicht mehr als ihre eingezahlten Kapitalanteile und den gemeinen Wert ihrer geleisteten Sacheinlagen zurückerhalten. Bei Auflösung oder Aufhebung der Organisation oder bei Wegfall ihres bisherigen Zwecks darf das Vermögen, soweit es die eingezahlten Kapitalanteile der Mitglieder und den gemeinen Wert der von den Mitgliedern geleisteten Sacheinlagen übersteigt, nur für steuerbegünstigte Zwecke verwendet werden. Diese Voraussetzung ist erfüllt, wenn das Vermögen einer anderen steuerbegünstigten Organisation oder juristischen Person des öffentlichen Rechts für steuerbegünstigte Zwecke übertragen wird.

b) Ausnahmen von der zeitnahen Mittelverwendung

Die folgenden Ausnahmen sind in § 58 Abs. 1 Nr. 11 a-d AO geregelt:

- Zuwendungen von Todes wegen, wenn der Erblasser keine Verwendung für den laufenden Aufwand der Körperschaft vorgeschrieben hat.

- Zuwendungen, bei denen der Zuwendende ausdrücklich erklärt, dass sie zur Ausstattung der Körperschaft mit Vermögen oder zur Erhöhung des Vermögens bestimmt sind.

- Zuwendungen aufgrund eines Spendenaufrufs der Körperschaft, wenn aus dem Spendenaufruf ersichtlich ist, dass Beträge zur Aufstockung des Vermögens erbeten werden.

- Sachzuwendungen, die ihrer Natur nach zum Vermögen gehören.

3.4 Wirkungsfelder des Sozialmarketing

01. Lobbyarbeit

Lobbyarbeit verfolgt in der Regel das Ziel auf Entscheidungsprozesse politischen Einfluss zu nehmen. Dazu gehören

- Issue-Management, um Problemlagen frühzeitig zu erkennen, damit die Option bestehen bleibt, die öffentliche Diskussion nachhaltig zu beeinflussen.

- Erarbeitung von Lösungen und Kompromissen, die sich an den Zielen des Lobbyisten orientieren. Hierzu ist es erforderlich, dass Grenzen festgelegt werden, ab denen ein Entgegenkommen signalisiert wird, um den politischen Entscheidungsprozess nicht eskalieren zu lassen. Zudem können Maximalforderungen selten politisch oder sozial umgesetzt werden.

- Kontaktaufnahme und Beziehungspflege zu den politischen Entscheidungsträgern zwecks persönlicher Ansprache und Aktivierung im Sinne des Lobbyisten.

3. Fach: Marketing im Sozial- und Gesundheitswesen

- Veranstaltungsmanagement, um ein öffentliches Forum zu bilden, in dem Arbeitskreise, Hearings, Hintergrundgespräche und Beziehungspflege betrieben werden und damit die eigenen Forderungen durchgesetzt werden können. Ein Vorteil ist auch, dass die Anwesenden persönlich angesprochen werden können, um den eigenen Positionen und Forderungen Nachdruck zu verleihen.

- Aktivierung der betroffenen Zielgruppen in der Öffentlichkeit, um politischen Druck auf die Entscheidungsträger auszuüben bzw. die Zielgruppe im Sinne des Lobbyisten zu manipulieren.

02. Negative Öffentlichkeitswahrnehmung der Lobbyarbeit

Der Lobbyarbeit wird häufig vorgeworfen, dass politische und soziale Entscheidungen entgegen den Bedürfnissen und Wünschen einer Mehrheit im Sinne einer Minderheit beeinflusst werden und Lobbyisten ökonomisch von ihrer Arbeit profitieren zumal die Kosten dann von der Mehrheit getragen werden.

Ursache dafür ist, dass die Bevölkerungsmehrheit nicht organisiert ist, um ihre politischen Positionen und Forderungen durchzusetzen. Gegensatz Allgemeininteressen – Partikularinteressen. Häufig wechseln auch politische Entscheidungsträger auf der Landes- und Bundesebene ihre Stellung, um eine Position in einem Verband oder einem Unternehmen zu übernehmen.

Vom Deutschen Bundestag wird eine öffentliche Liste geführt, in der Verbände und deren Vertreter registriert sind. Die Bundesregierung schließt eine politische Einflussnahme von Verbänden aus. Hingegen gelten die Pharmaindustrie und die Energiewirtschaft als Branchen mit besonders großer Lobbymacht in Berlin.

4. Fach: Management im Sozial- und Gesundheitswesen

4.1 Spezifische Unternehmensformen

01. Kriterien der Rechtsformwahl

- Entscheidungsautonomie

  Der Vorstandsvorsitzende einer AG oder der Geschäftsführer einer GmbH hat weitreichendere Entscheidungskompetenzen als beispielsweise ein Verwaltungsleiter eines Krankenhauses. Häufig werden die Entscheidungskompetenzen im Gesellschaftsvertrag geregelt, wie z. B. bei der OHG und der KG. Bei diesen Personengesellschaften können Gesellschafter auch teilweise von der Geschäftsführung ausgeschlossen werden.

- Kontrollmöglichkeiten

  Gesellschaften unterliegen in der Regel einer Kontrolle. Bei Aktiengesellschaften wird der Vorstand vom Aufsichtsrat kontrolliert, bei GmbHs durch die Gesellschafterversammlung oder, wenn vorhanden, durch den Aufsichtsrat. Körperschaften oder Anstalten des öffentlichen Rechts werden von politischen Institutionen kontrolliert. Auch Kommanditisten der KG üben ein Kontrollrecht aus.

- Gewinn- und Verlustverteilung

  Aktiengesellschaften verteilen Gewinne durch Dividendenausschüttungen an die Aktionäre. Bei Personengesellschaften kann die Gewinnverteilung durch Gesellschaftsvertrag geregelt werden. Ansonsten kommen die Regelungen des HGB zum tragen. Bei Verlusten von GmbHs besteht teilweise eine Nachschusspflicht zur Deckung des Kapitalbedarfs, während die Aktionäre nicht zur Verlustbeteiligung herangezogen werden können. Komplementäre einer KG und OHG-Gesellschafter haften für Schulden der Gesellschaft mit ihrem gesamten Geschäfts- und Privatvermögen.

- Arbeitnehmermitbestimmung

  Für Kapitalgesellschaften gelten die Mitbestimmungsregelungen des Drittelbeteiligungsgesetzes (DrittelbG), wenn sie mehr als 500 Mitarbeiter beschäftigen. Bei mehr als 2.000 Mitarbeitern gelten die weiterreichenden Mitbestimmungsregelungen des Mitbestimmungsgesetzes (MitBestG). Für Montanbetriebe gelten die Mitbestimmungsregelungen im Montan-Mitbestimmungsgesetz (MontanMitbestG). Es gilt für Montanbetriebe (Bergbau, Eisen, Stahl), die mehr als 1.000 Mitarbeiter beschäftigen. Die Arbeitnehmermitbestimmung kann durchbrochen werden, wenn Unternehmen aufgespalten werden (Betriebsspaltung).

- Haftungsbeschränkung

  Die verschiedenen Unternehmensformen kennen unterschiedliche Haftungsregelungen. Einzelunternehmer, Komplementäre einer KG und Gesellschafter einer OHG sind Vollhafter. Kommanditisten, Aktiengesellschaften und GmbHs haften nur mit ihrem Gesellschaftsvermögen. Eine Haftung der Gesellschafter, die über den Verlust der Einlage hinausgeht, ist ausgeschlossen.

- Kapitalbeschaffung

  Aktiengesellschaften finanzieren sich durch die Ausgabe von Aktien; GmbHs, Offene Handelsgesellschaften und Kommanditgesellschaften durch die Einlagen der Gesellschafter.

- Kreditwürdigkeit

  Die Kreditwürdigkeit hängt stark von den Haftungsregelungen und der Eigenkapitalbasis der Gesellschafter einer Personengesellschaft ab. Sowohl bei Personen- als auch bei Kapitalgesellschaften bestimmen die Sicherheiten maßgeblich die Finanzierungsmöglichkeiten durch Kredite.

02. Rechtsgrundlagen bei GmbH-Gründung

Der Gesellschaftsvertrag muss notariell beurkundet werden (§ 2 GmbHG). Im Gesellschaftsvertrag müssen die Firma, der Sitz der Gesellschaft, der Gegenstand des Unternehmens, die Höhe des Stammkapitals und die Stammeinlagen-Anteile der Gesellschafter festgelegt werden.

Das Stammkapital muss mindestens 25.000 € betragen (§ 5 Abs. 1 GmbHG). Der Nennbetrag jedes Geschäftsanteils muss auf volle Euro lauten. Ein Gesellschafter kann bei Gründung mehrere Geschäftsanteile übernehmen. Die Summe der Nennbeträge aller Geschäftsanteile muss mit dem Stammkapital übereinstimmen.

Die Bezeichnung Gesellschaft mit beschränkter Haftung (GmbH) ist zwingend im Firmennamen zu führen. Die Gesellschaft ist beim zuständigen Amtsgericht ins Handelsregister einzutragen (§ 7 Abs. 1 GmbHG). Die Eintragung ins Handelsregister ist öffentlich bekannt zu machen.

03. Begründung einer Rechtsformwahl

- Gründungsaufwand

  Eine GmbH kann relativ einfach gegründet werden.

- Gewinnverteilung

  Gesetzlich erfolgt die Gewinnverteilung nach der Höhe der Stammeinlagen, vertraglich sind aber auch andere Verteilungsschlüssel und -formen möglich. Beispielsweise könnten die Gewinne anteilig nach dem Maß der jeweiligen Aufwendungen verteilt werden.

- Haftungsbeschränkung

  Eine Haftungsbeschränkung im Rahmen eines Joint Venture ist nur durch eine Kapitalgesellschaft möglich.

4. Fach: Management im Sozial- und Gesundheitswesen

- Entscheidungsmöglichkeiten

Bei dem Projekt zur Errichtung eines Krankenhauses können die Leitungsbefugnisse gleichberechtigt verteilt werden. Zudem sind individuelle Beschränkungen der Leitungsbefugnisse hinsichtlich der jeweiligen Kompetenzen möglich, die per Gesellschaftsvertrag geregelt sein müssen.

- Kontrollmöglichkeiten

Die Kontrolle der Gesellschaft erfolgt über die Gesellschafterversammlung. Die Beschlussfassung in Gesellschaftsangelegenheiten erfolgt nach der Mehrheit der abgegebenen Stimmen. Jeder Euro eines Gesellschaftsanteils gewährt eine Stimme. Die öffentliche Hand kann die Mehrheit der Gesellschaftsanteile übernehmen und auf diese Art und Weise maßgeblich Einfluss auf die Geschäftsführung nehmen.

04. Haftungsrisiken, GmbH-Geschäftsführer

- Buchführung und Bilanzierung

Der GmbH-Geschäftsführer hat eine ordnungsgemäße Buchführung und Bilanzierung sicherzustellen. Pflichtverletzungen führen zu Schadensersatzansprüchen von Gläubigern und Gesellschaftern sowie zu strafrechtlichen Konsequenzen.

- Steuern

Lohn- und Umsatzsteuervoranmeldungen müssen monatlich abgegeben werden. Die einbehaltene Lohnsteuer der Arbeitnehmer muss korrekt an das Finanzamt abgeführt werden. Pflichtverletzungen führen zu strafrechtlichen und vermögensrechtlichen Konsequenzen.

- Sozialversicherungen

Die beschäftigten Arbeitnehmer sind bei den Sozialversicherungsträgern anzumelden und die Beiträge der Arbeitslosen-, Kranken-, Pflege- und Rentenversicherung den betreffenden Krankenversicherungen zu überweisen. Pflichtverletzungen haben die persönliche Haftung des Geschäftsführers und strafrechtliche Konsequenzen zur Folge.

- Insolvenz

Bei Überschuldung und Zahlungsunfähigkeit bzw. drohender Zahlungsunfähigkeit hat der Geschäftsführer rechtzeitig einen Antrag auf Eröffnung eines Insolvenzverfahrens zu eröffnen. Bei Verschleppung eines Insolvenzverfahrens drohen strafrechtliche Konsequenzen. Für unrechtmäßige Zahlungen im Insolvenzverfahren haftet der Geschäftsführer persönlich gegenüber der Gesellschaft bzw. sie erfüllen ggf. Betrugs- und Straftatbestände des Insolvenzrechts.

- Vertrauens- und Vertretungshaftung

Geschäftsführer besitzen gegenüber der Gesellschaft eine besondere Vertrauensstellung. Hieraus können Haftungsansprüche der Gesellschaft entstehen, wenn besondere Umstände das Vertrauensverhältnis verletzen wie beispielsweise besonders riskante bzw. für die Gesellschaft nachteilige Geschäfte.

- Vorverlagerte Haftung:

  Erfolgen Zahlungen an die Gesellschafter, die zur Insolvenz bzw. Zahlungsunfähigkeit der Gesellschaft führen, kann die Haftung des Geschäftsführers vorverlagert werden, sofern dies aus Sicht einer sorgfältigen Geschäftsführung ersichtlich sein konnte.

05. Unternehmensnachfolge bei Gesellschaftertod

Mögliche Vorgehensweisen:

- Die Erben übernehmen die Gesellschaftsanteile und nehmen ihre gesellschaftsvertraglichen Rechte in Anspruch, bzw. die Erben können ihre Anteile verkaufen.

- Bei Verkauf der Gesellschaftsanteile durch die Erben kommt ein neuer Gesellschafter hinzu, der die Geschäfte fortführt. Ist fraglich, wem die Gesellschaftsanteile nach dem Tode eines Gesellschafters zufallen, weil zunächst keine Erben auffindbar sind, kann eine Nachlassverwaltung vom Amtsgericht eingerichtet werden.

- Die verbleibenden Gesellschafter erwerben die Gesellschaftsanteile des verstorbenen Gesellschafters und verteilen die Anteile unter sich.

06. Gesellschaftervertrag

Der Gesellschafter kann einem Geschäftsführer die Aufgaben übertragen und sich im Gesellschaftsvertrag Kontrollrechte vorbehalten.

07. Unternehmergesellschaft

Firmenname	Der Firmenname muss zwingend den Zusatz „Unternehmergesellschaft" oder UG (haftungsbeschränkt) enthalten. Der Zusatz UG darf auch beibehalten werden, wenn das Mindeststammkapital von 25.000 € erreicht ist.
Gründungsaufwand	Bei Beschränkung auf drei Gesellschafter und nur einem Geschäftsführer ist die Gründung gemäß §2 Abs. 1a GmbHG vereinfacht, sofern keine Abweichungen vom Musterprotokoll für die Gründung einer Einpersonengesellschaft auftreten. Der Geschäftsführer ist von den Beschränkungen des §181 BGB befreit (Insichgeschäft).
Stammkapital	Das Stammkapital muss mindestens 1 € betragen. Ist das Mindeststammkapital von 25.000 € noch nicht erreicht, dürfen Gewinne nicht voll ausgeschüttet werden. 25 % des Jahresüberschusses müssen in eine gesetzliche Rücklage eingestellt werden, bis das Stammkapital eine Höhe von 25.000 € erreicht hat.
Gewinnverwendung	Gesetzlich gilt eine Ausschüttungssperre (Thesaurierungspflicht). Bei Verstößen wie beispielsweise überhöhten Geschäftsführergehältern oder vollen Gewinnausschüttungen bestehen Erstattungsansprüche der Gesellschafter.

08. BGB-Gesellschaft und Partnerschaftsgesellschaft

	GbR	Partnerschaft
Gründung	Übereinstimmende Willenserklärungen, kein Mindestkapital erforderlich, Einlagen erfolgen durch Geld-, Sach- und Dienstleistungen, kein Handelsgewerbe (dies würde zur OHG oder KG führen).	Angehörige freier Berufe schließen sich zur gemeinsamen Berufsausübung zusammen. Dies erfolgt durch übereinstimmende Willenserklärungen. Mitglieder können nur natürliche Personen sein. Der Partnerschaftsvertrag ist schriftlich zu fixieren. Die Gesellschaft wird ins Partnerschaftsregister eingetragen.
Geschäftsführung	Nach § 709 Abs. 1 BGB im Zweifel gemeinschaftliche Geschäftsführung aller Gesellschafter. Beschränkung auf einzelne oder mehrere Gesellschafter durch Gesellschaftsvertrag gemäß § 710 ff. BGB ist möglich.	Gesellschaft folgt dem Grundsatz der Einzelvertretungsbefugnis jedes Gesellschafters. Gesamtvertretung kann durch Partnerschaftsvertrag vereinbart werden.
Haftung	In der Regel gesamtschuldnerische Haftung der Gesellschafter, Haftungsbeschränkung auf das Gesellschaftsvermögen durch Vereinbarung mit den Gläubigern bzw. Einschränkung der Vertretungsmacht darauf, dass sie sich nur auf Verbindlichkeiten erstreckt, für die das Gesellschaftsvermögen haftet, ist möglich.	Die Partner und das Partnerschaftsvermögen haften grundsätzlich gesamtschuldnerisch für die Verbindlichkeiten der Gesellschaft. Die Haftung für berufliche Fehler beschränkt sich gemäß § 8 Abs. 2 PartGG auf diejenigen Partner, welche mit der Bearbeitung des Auftrages befasst waren.
Gewinnverteilung	Im Zweifel gleiche Anteile an Gewinnen und Verlusten ohne Rücksicht auf Art und Größe der Gesellschafterbeiträge gemäß § 722 BGB.	Die Aufteilung des Gewinns und des Verlusts ist üblicherweise im Partnerschaftsvertrag geregelt.
Auflösung	Kündigung bzw. Tod eines Gesellschafters, übereinstimmende Willenserklärungen aller beteiligten Gesellschafter, Gesellschaften, die zeitlich befristet eingegangen worden sind, Unmöglichkeit der Zweckerreichung, Insolvenz der Gesellschaft, Kündigung durch Pfändungspfandgläubiger, Vereinigung aller Gesellschaftsanteile in einer Hand.	Beschluss der Partner, Insolvenz, gerichtliche Entscheidung, bzw. bei Partnerschaften, die zeitlich befristet eingegangen worden sind.

09. Partnerschaftsgesellschaft

- Beschränkte Haftung bei der Berufsausübung von Freiberuflern
- Steigerung der unternehmerischen Leistungsfähigkeit
- Synergieeffekt bei mehreren Geschäftspartnern
- Partnerschaft bleibt nach Ausscheiden eines Partners bestehen
- Vereinfachte Buchführungsvorschriften (Einnahmen-Überschussrechnung)

10. Aktiengesellschaft und Gesellschaft mit beschränkter Haftung

	AG	GmbH
Gründung	50.000 € Mindestgrundkapital, Mindestnennbetrag von Nennbetragsaktien 1 €. Eintragung ins Handelsregister erforderlich. Bei Stückaktien muss der anteilige Betrag einer einzelnen Aktie auf das Grundkapital mindestens 1 € betragen.	25.000 € Mindeststammkapital, der Nennbetrag jedes Geschäftsanteils muss auf volle Euro lauten. Eintragung ins Handelsregister erforderlich.
Geschäftsführung	Geschäftsführung durch den Vorstand, bei mehreren Vorstandsmitgliedern im Zweifel gemeinschaftliche Geschäftsführung, abweichende Bestimmungen sind in der Satzung zulässig, Bestellung der Vorstandsmitglieder durch den Aufsichtsrat ist auf maximal 5 Jahre beschränkt (Wiederwahl ist zulässig).	Geschäftsführung erfolgt durch die Geschäftsführer, die durch die Gesellschafterversammlung bestellt werden, im Zweifel Gesamtgeschäftsführung.
Haftung	Die Haftung ist begrenzt auf das Gesellschaftsvermögen. Nach Eintragung der Gesellschaft keine persönliche Haftung der Gesellschafter. Aktionäre haften mit ihrer Einlage.	Für Verbindlichkeiten haftet nur die Gesellschaft mit ihrem Vermögen. Die persönliche Haftung der Gesellschafter entfällt bzw. ist auf die Höhe der Einlage beschränkt. Die Vereinbarung von Nachschusspflichten ist jedoch beschränkt und unbeschränkt möglich.
Gewinnverteilung	Der Gewinn der Aktionäre richtet sich nach ihren Anteilen am Grundkapital, ggf. sind abweichende Bestimmungen in der Satzung zulässig. Grundlage der Gewinnverteilung bildet der Jahresabschluss, über die Gewinnverwendung beschließt die Hauptversammlung auf Vorschlag des Vorstandes.	Im Zweifel nach Gesellschaftsanteilen.

4. Fach: Management im Sozial- und Gesundheitswesen

Auflösung	Zeitablauf, Hauptversammlungsbeschluss (mindestens mit 75-prozentiger Mehrheit), Eröffnung des Insolvenzverfahrens bzw. rechtskräftiger Beschluss über die Ablehnung des Insolvenzverfahrens, Löschung der Gesellschaft wegen Vermögenslosigkeit,	Zeitablauf, Gesellschafterbeschluss mit mindestens 75-prozentiger Mehrheit, rechtskräftige Ablehnung des Insolvenzverfahrens, Gerichtsurteil bei Unmöglichwerden der Zweckerreichung, behördliche Verfügung bei Gefährdung des Gemeinwohls, rechtskräftige Verfügung des Registergerichts.

11. Kommanditgesellschaft und offene Handelsgesellschaft

	KG	OHG
Gründung	Vorliegen eines Handelsgewerbes, kein Mindestkapital vorgeschrieben, Eintragung ins Handelsregister erforderlich. Kommanditisten müssen nicht bekannt gemacht werden.	Vorliegen eines Handelsgewerbes, kein Mindestkapital vorgeschrieben, Eintragung ins Handelsregister erforderlich.
Geschäftsführung	Im Zweifel Einzelgeschäftsführung bzw. durch Gesellschaftsvertrag begründete Gesamtgeschäftsführung durch Komplementäre, Kommanditisten sind von der Geschäftsführung ausgeschlossen.	Im Zweifel Einzelgeschäftsführung sämtlicher Gesellschafter, vertragliche Vereinbarung der Gesamtgeschäftsführung durch mehrere oder alle Gesellschafter ist möglich.
Haftung	Komplementäre haften unbeschränkt, unmittelbar und gesamtschuldnerisch, Kommanditisten haften nur bis zur Höhe ihrer Einlage.	Gesellschafter haften unbeschränkt unmittelbar und gesamtschuldnerisch.
Gewinnverteilung	Im Zweifel Verzinsung der Kapitalanteile mit 4 %, Restgewinnverteilung erfolgt in angemessenem Verhältnis. Andere Verteilung kann vertraglich geregelt werden.	Im Zweifel Verzinsung der Kapitalanteile mit 4 %, Restgewinnverteilung erfolgt nach Zahl der Gesellschafter, Verlust wird ebenfalls nach Zahl der Gesellschafter verteilt. Andere Verteilung kann vertraglich geregelt werden.
Auflösung	Zeitablauf, Beschluss der Gesellschafter, Eröffnung des Insolvenzverfahrens, gerichtliche Entscheidung und andere Gründe. Bei Tod eines Kommanditisten wird die Gesellschaft mit den Erben fortgesetzt, gesellschaftsvertragliche Abweichungen sind möglich.	Zeitablauf, Beschluss der Gesellschafter, Eröffnung des Insolvenzverfahrens, gerichtliche Entscheidung.

12. Stiftung und stille Gesellschaft

	Stiftung	Stille Gesellschaft
Gründung	Stiftungsgeschäft durch einseitige Willenserklärung des Stifters, die unter Lebenden oder von Todes wegen erfolgen kann (rechtsfähige Stiftung). Stifter kann das Stiftungsvermögen einem Treuhänder übergeben (nicht-rechtsfähige Stiftung). Die meisten Stiftungen werden in privatrechtlicher Form errichtet und dienen gemeinnützigen Zwecken. Das Stiftungsgeschäft hat schriftlich zu erfolgen und bedarf der Anerkennung durch die Stiftungsbehörde. Steuerbegünstigung ist möglich.	Einlage des stillen Gesellschafters geht in das Vermögen des Hauptgesellschafters ein und stellt kein Gesellschaftsvermögen dar. Es ist keine Eintragung ins Handelsregister möglich.
Geschäftsführung	Geschäftsführung erfolgt durch einen Vorstand oder einen bzw. mehrere Geschäftsführer.	Geschäftsführung und Vertretung erfolgen durch den Inhaber des Handelsgeschäfts.
Haftung	Beschränkung auf das Stiftungskapital.	Teilhabe des stillen Gesellschafters am Verlust besteht nur bis zum Betrag der geleisteten Einlage. Aus den im Betrieb abgeschlossenen Geschäften ist allein der Inhaber verpflichtet. Ausschluss von der Verlustbeteiligung ist zulässig.
Gewinnverteilung	Gewinne gehen ins Stiftungskapital ein und werden Eigenkapital.	Im Zweifel angemessener Anteil des stillen Gesellschafters, Ausschluss von der Verlustbeteiligung ist möglich, nicht jedoch von der Beteiligung am Gewinn.
Auflösung	Die Stiftung ist im deutschen Recht das einzige Rechtsinstitut, mit dem eine natürliche Person es erreichen kann, ihren Willen auch noch Jahrhunderte nach ihrem Ableben für nachfolgende Generationen verbindlich zu machen. Eine Stiftung bedarf einer ausreichenden Vermögensausstattung, um dauerhaft und nachhaltig den Stiftungszweck zu verfolgen.	Der Tod des stillen Gesellschafters ist kein Auflösungsgrund. Zeitablauf, Beschluss der Gesellschafter, Eröffnung des Insolvenzverfahrens, gerichtliche Entscheidung und andere Gründe.

4. Fach: Management im Sozial- und Gesundheitswesen

4.2 Angewandte Planungs- und Steuerungstechniken

01. Erfolg der Organisationsgestaltung

- Gestaltung von klinischen Behandlungspfaden („clinical pathways")
- Optimierung der interdisziplinären (berufsgruppenübergreifenden) Zusammenarbeit
- Optimierung des Pflegesystems (Pflegeprozessmethode)
- Zuteilung von Ressourcen auf die Fachbereiche

02. Spartenorganisation

Die divisionale Organisation wird auch als Geschäftsbereichsorganisation, Spartenorganisation oder Objektorganisation bezeichnet.

a) Vorteile

- Hohe Autonomie
- Hohe Motivation durch weitgehende Selbstbestimmung
- Marktnähe und Flexibilität
- Entlastung der Unternehmensführung durch Delegation
- Förderung unternehmerischen Denkens (Entrepreneurship)
- Führungskräftenachwuchs erhält die Gelegenheit zur Entwicklung unternehmerischer Fähigkeiten
- Erleichterung von Reorganisationen der Unternehmensstruktur

b) Nachteile

- Förderung von Spartenegoismen (Verlust von Synergieeffekten)
- Funktionen existieren parallel (Führungspositionen, Verwaltung)
- Eignung nur für große Unternehmen
- Gefahr der Unwirtschaftlichkeit bei zu kleinen Unternehmen
- Gefahr mangelnder Kooperationsbereitschaft
- Interessenskonflikte zwischen Unternehmensführung und Sparte
- Konkurrenz zwischen den Sparten um Kunden
- Verrechnungspreise zwischen den Sparten

03. Matrixorganisation

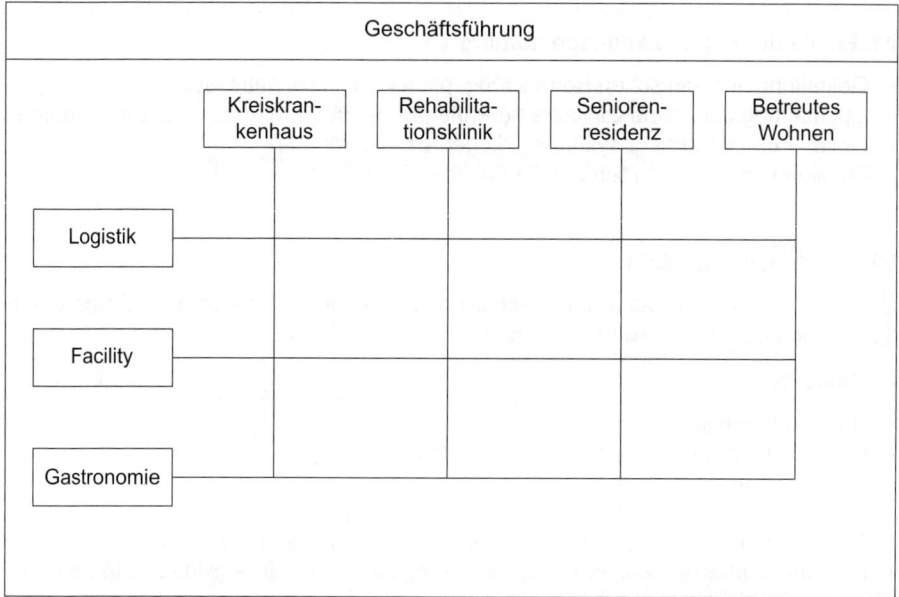

04. Stabsstellen

Stäbe haben im Allgemeinen keine Leitungsbefugnis und werden daher auch als Leistungshilfsstellen bezeichnet. Zu den primären Aufgaben von Stäben zählen:

- Analyse von Entscheidungsproblemen
- Beschaffung von Informationen
- Erarbeitung von Lösungsvorschlägen.

Die Entscheidungen der Linieninstanzen werden vorbereitet und unterstützt.

05. Stablinienorganisation

Vorteile der Stablinienorganisation sind:

- Verfügbarkeit von Expertenwissen bei Entscheidungen der Instanzen
- Entscheidungen werden schneller und besser vorbereitet
- Schneller Informationsfluss
- Entlastung der Linie bei speziellen Fragen
- Einfache Gestaltung der Kompetenzen.

06. Probleme von Stabsstellen

- Inhaber der Stabsstellen sind Spezialisten in ihrem Fachgebiet und der Instanz überlegen, besitzen aber keine Weisungsbefugnisse (Kompetenzstreitigkeiten).

4. Fach: Management im Sozial- und Gesundheitswesen

- Empfehlungen der Stäbe werden nicht oder mangelhaft umgesetzt.
- Stäbe nutzen ihre speziellen Fachkenntnisse zu informellen Entscheidungskompetenzen (Missbrauch des Informationsvorsprungs des Stabs).
- Stelleninhaber von Stabsstellen haben Probleme beim Aufstieg in der Hierarchie, weil der Wechsel in die Linie auf Schwierigkeiten stößt.
- Stäbe sind nur Spezialisten in ihrem jeweiligen Fachgebiet.

07. Aufbauorganisation

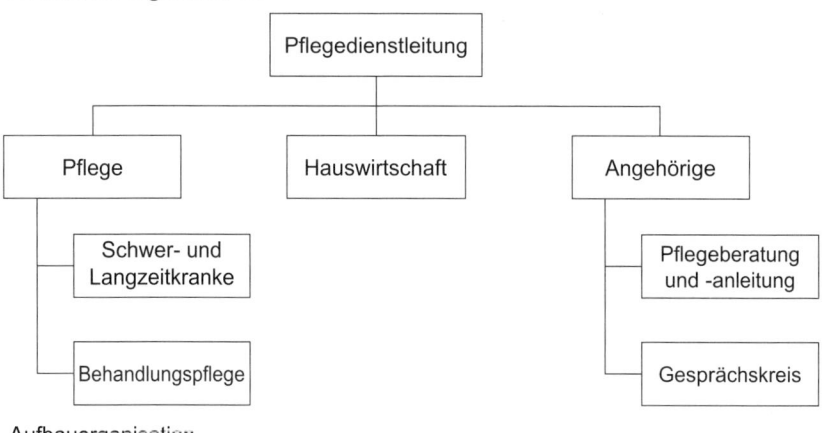

Aufbauorganisation

08. Kooperationsbeziehungen von Stabsstellen

Die Stabsstelle unterhält Kooperationsbeziehungen zu

- Geschäftsführung
- Führungskräfte des MVZ, der Facharztklinik und dem ambulanten Pflegedienst
- Interne Kunden:
  - Mitarbeiter
  - Belegärzte
  - Patienten und Angehörige
- Externe Kunden:
  - Zertifizierer und Auditoren
  - Bundesgeschäftsstelle Qualitätssicherung (BQS)
  - Externe Qualitätssicherung (EQS)
  - Kassenärztliche Vereinigung
  - Ärztekammer
  - Krankenhausgesellschaft
  - Krankenkassen und private Krankenversicherungen

09. Integrierte Versorgung

Die „Integrierte Versorgung" nach § 140a Abs. 1 SGB V ist ein wichtiges Kooperationskonzept der vertikalen Kooperation. Hierbei können die Krankenkassen Verträge mit niedergelassenen Vertragsärzten, Krankenhausträgern und „Medizinischen Versorgungszentren" oder deren Gemeinschaften abschließen, um die unterschiedliche Leistungssektoren übergreifende Versorgung ihrer Versicherten sicherzustellen. Dabei werden die Leistungsbereiche der ambulanten, stationären und rehabilitativen Versorgung abgedeckt.

Die Patienten profitieren in hohem Maße von den Vorteilen der „Integrierten Versorgung". Die zeitliche Sicherstellung der Versorgung nach einer Entlassung aus dem Krankenhaus vermeidet wiederholte Aufenthalte. Die gezielte Auswahl von Gesundheitspartnern stellt sicher, dass eine qualitativ hochwertige Nachbetreuung gewährleistet wird. Zudem wird innerhalb der Kooperation die Kommunikation zwischen dem Krankenhaus und den nachgeordneten Einrichtungen sichergestellt und geordnet.

10. Kooperationspartner

- Niedergelassene Zuweiser
- Stationäre Pflegeeinrichtungen
- Ambulante Pflegedienste
- Rehabilitationskliniken (ambulant und stationär)
- Geriatrische Rehabilitationskliniken
- Einrichtungen des betreuten Wohnens
- Altenheime, Seniorenresidenzen

4.3 Aktuelle Organisationsformen und Organisationsentwicklung

4.3.1 Grundformen der Aufbau- und Ablauforganisation

01. Hotelleistungen

- Speiseversorgung und Catering
- Textil- und Wäscheversorgung
- Reinigung
- Facility Management
- Transport und Logistikdienstleistungen
- Sicherheitsdienste
- Medizintechnik (technische Instandhaltung)
- Sterilisation medizinischer Anlagen, Geräte, Instrumente und Werkzeuge

02. Leistungserbringung nicht-klinischer Leistungen

a) Interne Leistungserbringung

- Erzielen von Verbundeffekten
- Durchsetzen von Leistungsstandards und Verbesserungen
- Nachteilig ist die Bindung des Managements außerhalb des Kerngeschäftes

b) Managementverträge

- Einsatz externen Management-Know-hows zur effizienteren Nutzung des vorhandenen Personals
- Qualitäts- und Produktivitätssteigerungen durch stringentere Organisationsabläufe

c) Tochtergesellschaft (Organschaft)

- Umsatzsteuerliche Organschaft lässt die Umsatzsteuer entfallen
- Kostendämpfung durch Überleitung von Mitarbeitern, sodass die durchschnittlichen Personalkosten geringer sind als bei interner Leistungserbringung (Personalkosten des externen Dienstleisters liegen unter den Kosten des öffentlichen Dienstes)
- Qualifizierungsmaßnahmen erfolgen durch die externen Dienstleister
- Nachteilig ist die Bindung von Management- und Mitarbeiterkapazitäten

d) Outsourcing

- Qualitative und quantitative Leistungsverbesserung
- Nutzung spezialisierter Fähigkeiten bzw. Know-how externer Dienstleister
- Kostendämpfung (Lohn-, Koordinations- und Kontrollkosten)
- Risikoverlagerung der Verantwortung an den externen Dienstleister
- Erhöhung der Flexibilität bei Umweltveränderungen
- Konzentration auf das Kerngeschäft und Auslagerung von Randaktivitäten
- Reduzierung der Unternehmenskomplexität
- Gefahr der Insolvenz des externen Dienstleisters
- Gefahr der Unzuverlässigkeit des externen Dienstleisters
- Hohes Abhängigkeitspotenzial (Rückholbarkeit ist nur unter hohen Kosten möglich)
- Einsparpotenziale beim Outsourcing von nicht-klinischen Leistungen werden durch die Kosten des Fremdbezugs kompensiert
- Demotivation des Personals führt zur Verschlechterung der externen Leistungsqualität
- Gescheiterte Outsourcingprojekte führen zum Imageschaden
- Outsourcingpartner neigt zu opportunistischem Verhalten

03. Logistik im Gesundheitswesen

a) Standardisierung

Maßnahmen zur Standardisierung sollen die Komplexität reduzieren, indem Produkte, Lieferanten und Prozesse vereinheitlicht werden. Zudem sollen so genannte „Capitation-Verträge" die Lieferanten stärker in die Verantwortung im Sinne einer Teilung der wirtschaftlichen Risiken einbinden.

b) Prozessoptimierung

In zunehmendem Maße werden Plattformen zum E-Procurement eingerichtet. Der online-gestützte Einkauf soll eine höhere Markttransparenz und eine bessere Vernetzung mit den Lieferanten ermöglichen und so Einsparpotenziale generieren. Dazu sollen die IT-Systeme die papierbasierten Bestellanforderungen ersetzen, um Routinevorgänge zu beschleunigen, die Datenerfassung zu erhöhen und dadurch die Transparenz erweitern.

04. Logistikbereich im Krankenhaus

a) OP-Logistik:

Die Hauptaufgaben der OP-Logistik sind:

- Organisation der OP-Saal-Öffnungsdauer und OP-Kapazität
- OP-Planung
- OP-Wechselzeiten
- Notfall-Integration
- Materiallogistik

b) Transportlogistik:

Die Transportlogistik umfasst in der Regel die folgenden Servicebereiche:

- Patiententransporte
- Wäschelogistik
- Labortransporte
- Sterilgutversorgung
- Speisenversorgung
- Postdienste
- Pharmazeutische Logistik

c) Pharmazeutische Logistik

Aufgabe der pharmazeutischen Logistik ist die optimale Arzneimittelversorgung. Die richtigen Arzneimittel müssen zum richtigen Zeitpunkt, in der richtigen Dosierung und Zubereitung sowie in der richtigen Darreichungsform dem richtigen Patienten zugeführt werden.

4. Fach: Management im Sozial- und Gesundheitswesen

d) Entsorgungsmanagement und Abfalllogistik:

Das Entsorgungsmanagement dient der Entsorgung des gewerblichen Abfalls und der gefährlichen Abfälle. Die Einteilung der Abfälle basiert auf der Abfallverzeichnisverordnung (AVV). Hinzu kommen weitere gesetzliche Regelungen und Vorschriften, die zwingend einzuhalten sind, z. B. das Gefahrgutrecht (GGbefG), das Gefahrstoff- und Biostoffrecht (GefStoffV und BioStoffV) und das Wasserrecht (WHG) sowie die Arbeitsschutz- und Arbeitssicherheitsgesetze (ArbSchG und ASiG).

05. Lagerhaltung

Bedarfsplanung	• Planung des durchschnittlichen Verbrauchs der verschiedenen Materialien
Schwankungsreserve (Mindestbestand)	• Fehlmengen verursachen zusätzliche Kosten, um die Lieferfähigkeit zu erhalten.
Bestellzyklus	• Optimaler Bestellzyklus zur Minimierung der Bestell- und Lagerkosten
Bestellmenge	• Minimierung der Einkaufspreise • Günstige Bestellkonditionen
Lagerbestand	• Senkung der Kapitalbindung, Zinsen und Opportunitätskosten durch Abbau eines zu hohen Bestandes. • Vermeiden von Lagerzeiten, die zum Verfall der Materialien führen.
Organisation	• Gestaltung der Lagerformen wie Zentrallager, dezentrale Lager und Bedarfsstellenlager in Abhängigkeit von der Größe und Bauart der Einrichtung bzw. der dadurch entstehenden Kosten
Zuständigkeiten	• Benennung der verantwortlichen Ansprechpartner
Prozessmanagement	• Gestaltung der logistischen Abläufe • Aufdecken von Optimierungsgelegenheiten
IT-Support	• E-Procurement (Koppelung der Bestellvorgänge und -abwicklung mit den Zulieferern) • Übersicht über alle Lager einer Einrichtung und den Lagerbestand
Logistik	• Touren- und Streckenplanung • Kostenreduzierung durch intelligente Verteilungsintervalle

06. Zentrale Lagerhaltung

- Vorteile:
  - Übersicht über den Lagerbestand mittels EDV
  - Professionelle Erfassung der Zu- und Abgänge
  - Vermeiden von Schwund und Verfallen von Materialien
  - Hohe Verfügbarkeit und Lieferfähigkeit (Puffer)
  - Zentrale Verantwortlichkeit bei logistischen Fragen
  - Niedrige Lagerbestände

- Geringe Anzahl von Bestellvorgängen
- Geringe Bestell- und Lagerkosten
- Nutzung automatisierter Lager-, Transport- und Handhabungstechniken (rationelle Flächen- und Raumnutzung)
- Entlastung des Personals der Bedarfsstellen mit logistischen Tätigkeiten
- Nutzung von Synergieeffekten durch eine zentralisierte Ablauforganisation

• Nachteile:

- Häufige Transporte zwischen Lager und Verbrauchsort verursachen hohe Kosten
- Häufige Bedienung von Bedarfsstellen, die nur geringe Bestände vorhalten
- Einschränkung der Flexibilität
- Verlängerte Zugriffszeiten bei bestimmten Materialien

4.3.2 Leistungserstellung und -dokumentation

01. Dokumentation, Krankenakte

• Ärztliche Dokumentation:

- Diagnosen und Therapien
- Angeordnete Maßnahmen
- Anästhesien und Operationen

• Verlaufsdokumentation:

- Krankenblatt
- Befunde
- Verlaufskurven

• Dokumentation der Aufklärungen
• Dokumentation der Patientenentscheidungen
• Pflegerische Dokumentation

- Einschätzungsdokumentation/Assessment
- Planungsdokumentation
- Intervention
- Abschlussdokumentation

• Therapeutische Dokumentation

02. Ärztliche und pflegerische Krankenaktendokumentation

• Rechtliche Verpflichtung zur Dokumentation

Die Dokumentationspflicht ergibt sich aus dem Behandlungsvertrag, dem Berufsrecht der Ärzte und den spezialgesetzlichen Regelungen (Röntgenverordnung, Strahlenschutzverordnung, Transfusionsgesetz, Transplantationsgesetz etc.)

4. Fach: Management im Sozial- und Gesundheitswesen

- Beweissicherung bei Schadensfällen
- Dokument zur Qualitätssicherung
- Kommunikations- und Informationsmedium der an der Behandlung beteiligten Ärzte und Pflegekräfte
- Darstellung der ärztlichen und pflegerischen Leistungen
- Leistungs- und Kostennachweis bei Abrechnungsprüfungen

03. Anforderungen der ärztlichen und pflegerischen Dokumentation

- Zeitnahe, nachvollziehbare und dokumentenechte Dokumentation
- Einsichtsrecht des Patienten
- Einhaltung bestehender Datenschutzregelungen
- Einheitliches Dokumentationssystem
- Archivierung (Beachtung der Aufbewahrungsfristen)

Eine ungenügende, lückenhafte oder unterlassene Dokumentation führt zu Beweiserleichterungen bis hin zur Beweisumkehr zu Gunsten des Patienten und zu Lasten des jeweiligen Gesundheitsbetriebes. Dies betrifft sowohl den ärztlichen als auch den pflegerischen Teil der Dokumentation. Prüfungen des MDK führen oftmals zu Abrechnungskürzungen der Krankenkassen, weil nicht nachgewiesen werden kann, ob Leistungen tatsächlich erbracht wurden. Es wird nach dem Prinzip vorgegangen, was nicht dokumentiert ist, wurde nicht erbracht.

4.3.3 Outsourcing

01. Vor- und Nachteile des Outsourcing

a) Vorteile des Outsourcing

- Qualitative und quantitative Leistungsverbesserung
- Kostensenkung beim auslagernden Unternehmen
- Konzentration auf die Kernkompetenzen
- Übersichtlichere Organisationsgestaltung und -abläufe
- Einfachere Steuerung von Prozessen
- Übertragung der Personalverantwortung an externe Leistungsersteller (einschließlich der tarifvertraglichen Regelungen)
- Nutzung der speziellen Fähigkeiten externer Leistungsersteller
  - Produkt- und Produktions-Know-how
  - Einsatz besserer Werkstoffe
  - Know-how und Erfahrung der Fachkräfte

- Risikoverlagerung an externe Leistungsersteller
  - Schwankende Nachfrage
  - Bedarf an zusätzlichen investiven finanziellen Mitteln
  - Leistungsausfälle
  - Nacharbeiten bei mangelnder Qualität
  - Änderung der Leistungsanforderungen
  - Schwierigkeiten bei der Lieferung
  - Preissteigerung bei Vorprodukten

b) Nachteile des Outsourcing

- Kostenrisiken
  - Kosten des arbeitsteiligen Leistungserstellungsprozesses (Schnittstellen)
  - Umstrukturierungskosten im auslagernden Unternehmen
  - Koordinationskosten mit zunehmendem Auftragsvolumen
- Mögliche Fehleinschätzung der Kosten des Fremdbezugs
- Verschlechterung des Betriebsklimas bei Personalabbau
- Leistungen, die zu den Kernkompetenzen zählen, werden ausgelagert (Verlust von Wettbewerbsvorteilen bzw. Kostenvorteilen)
- Kein Einfluss auf die Leistungsfähigkeit (Quantität und Qualität) des externen Leistungserstellers
- Opportunistisches Verhalten des externen Leistungserstellers
- Imageverlust des Managements bei gescheiterten Outsourcingprojekten

02. Auswahl von Outsourcingpartnern

- Gewährleistung des erforderlichen Datenschutzes
- Effektivität und Effizienz der Leistungsbeziehungen
- Langfristige Stabilität der Geschäftsbeziehungen
- Risikoteilung der Geschäftsrisiken
- Kompetenz, Flexibilität und Leistungsfähigkeit des Geschäftspartners
- Möglichkeit des Zurückholens ausgelagerter Bereiche, wenn die Leistungserwartungen nicht erfüllt werden. Ein Zurückholen kann auch erforderlich werden, wenn das Personal in hohem Maße demotiviert wird.

03. Outsourcing von Bereichen im Gesundheitswesen

- Medizinischer Bereich:
  - Blutbank
  - Dialyse
  - Labordiagnostik

4. Fach: Management im Sozial- und Gesundheitswesen

- Nuklearmedizin
- Strahlentherapie
- Pathologie
- Physikalische Medizin und Therapie
- Radiologie und Röntgendiagnostik (CT, MRT, PET)

• Medizinische Ver- und Entsorgung:

- Zentralsterilisation
- Zentraldesinfektion
- Küche
- Apotheke
- Krankengeschichtenarchiv
- Aufnahmedienst
- Betriebsarzt
- Strahlenschutz

• Nicht-medizinisch bedingte Ver- und Entsorgung:

- Energiebereich (Dampf, Gas, Müllverbrennung, Notstrom, Strom, Wasserversorgung, Klimaanlage)
- Reinigungsdienst
- Gärtnerei
- Müllentsorgung
- Werkstätten (Auto-, Elektriker-, Installateur-, Maurer-, Tischlerwerkstätten)
- Medizintechnik und Instandhaltung
- Technisches Servicezentrum
- Transport (Aufzüge, Rohrpostanlage, Hol- und Bringdienst, Krankentransport)
- Materialverwaltung (Einkauf, Inventarverwaltung, Materialmagazin)
- Wäscherei und Näherei
- Seelsorge und Kapelle

• Verwaltungsbereich:

- Personalverwaltung und -abrechnung
- Rechnungswesen (Buchhaltung, Kasse, Kostenrechnung)
- Rechenzentrum und EDV
- Gebührenverwaltung und -verrechnung
- Verwaltungsstellen (Bibliothek, Poststelle, Telefonzentrale)

• Nebenbereiche:

- Landschaftspflege und Gärtnerei
- Ausbildungs- und Schuleinrichtungen (Ausbildungsstätten für den Krankenpflegefachdienst, den medizinischen-technischen Dienst, Hebammenakademien, etc.)
- Sport- und Freizeiteinrichtungen
- Personalwohnungen
- Garagen und Geschäfte
- Einrichtungen wie Familienberatung, Fürsorge, Mutterberatung, Rettung, Sozialdienst

4.3.4 Angehörige und Nachbarn

01. Handlungsfelder zwischen Angehörigen und Pflegekräften im ambulanten Bereich.

- Sozialberatung (Hilfe bei Anträgen)
- Beratung in Fragen zur Pflegeversicherung und Leistungsfinanzierung
- Pflegeberatung und Pflegeanleitung
- Gesprächskreise für pflegende Angehörige
- Betreuungsnachmittage für Pflegebedürftige
- Seelsorgerische Begleitung bei kirchlichen Sozialstationen
- Fahrdienste, Hauswirtschaft, Mahlzeitendienst
- Einsatz ehrenamtlicher Helfer

02. Konflikte im Spannungsverhältnis von Angehörigen und Pflegekräften

a) Sicht der Angehörigen:

- Angebliche Mängel der Pflegequalität
- Pflegebedarf des Pflegebedürftigen wird nicht gedeckt
- Fehlende Wertschätzung für die Laienpflege der Angehörigen durch die Pflegekräfte

b) Sicht der Pflegekräfte:

- Angehörige stehen in Konkurrenz zu den professionellen Pflegekräften
- Leistungen der Pflegekräfte werden zu wenig von den Angehörigen nachgefragt
- Qualitätsverlust der Pflege

03. Pflegequalität und Verhältnis von Pflegekräften und Angehörigen

- Regelmäßige Gespräche und Nachmittage mit den Angehörigen
- Beschwerdemanagement
- Pflegevisite
- Mediation
- Supervision und Coaching (Sensibilisierung im Umgang mit Angehörigen)

4.4 Führungs- und Managementtechniken

4.4.1 Führung und Zusammenarbeit im Sozial- und Gesundheitswesen

01. Leitbilder

Im Leitbild legt eine Organisation schriftlich und verbindlich fest:

- Wer sie sein will.
- Was sie (sein und erreichen) will.

4. Fach: Management im Sozial- und Gesundheitswesen

- Wie sich ihre Mitglieder verhalten sollen.
- Wie sie gesehen werden will.

Ein Leitbild sollte die folgenden Kriterien inhaltlich thematisieren:

- Verhalten der Organisation gegenüber Kunden und Mitarbeitern
- Therapie-, Pflege-, Betreuungs- und Behandlungskonzepte
- Philosophie, Vision, Mission
- Unternehmensethische, ökologische, ökonomische und soziale Prinzipien
- Führung und Zusammenarbeit der Mitarbeiter
- Wirtschaftlichkeit der Leistungserbringung
- Unternehmensspezifische Besonderheiten

Beispiele für Leitbilder:

- Wir stehen für eine zukunftsorientierte Medizin für alle.
- Wir bieten eine patientennahe, menschliche Krankenversorgung auf höchstem wissenschaftlichen Niveau und überprüfen die Qualität unserer Arbeit regelmäßig.
- Wir verstehen uns als lernende Organisation.
- Wir beteiligen uns als Lehrer und Lernende an Aus-, Weiter- und Fortbildung.
- Wir schaffen Rahmenbedingungen, um Familie und Beruf besser zu vereinbaren.
- Unsere Administration versteht sich als Dienstleister zur Unterstützung aller Institutionen.
- Unsere Leistungen sind messbar und transparent.

02. Zielvereinbarungen

Zielvereinbarungen erfolgen im Rahmen eines Mitarbeitergesprächs. Dabei formulieren Vorgesetzte und Mitarbeiter gemeinsam, welche Ziele erreicht und wie sie gemessen werden sollen. Das Instrument der Zielvereinbarung findet vor allem im Führungsmodell des „Management by Objektives" (MbO) seinen Niederschlag.

03. Vor- und Nachteile von Zielvereinbarungen

a) Vorteile

- Optimaler Einsatz der Mitarbeiter entsprechend der persönlichen Fähigkeiten
- Vermeiden von Fehlleistungen durch Soll-Ist-Vergleiche
- Verzahnung der Unternehmensführung mit der Personalführung
- Vermeiden innerer Kündigungen
- Zuordnen von Erfolgen und Misserfolgen einzelner Mitarbeiter
- Aufdecken von Schwachstellen, für die ein Handlungsbedarf besteht
- Aufdecken spezieller Fähigkeiten der Mitarbeiter

b) Nachteile

- Koordinierungsbedarf und hoher zeitlicher Aufwand
- Frustration und Lethargie bei Mitarbeitern durch Ziele, die nicht erreicht werden können bzw. nicht herausfordernd sind
- Hohe Flexibilität und Verantwortungsbewusstsein bei den beteiligten Personen erforderlich

04. Traditionelle Organisationsformen und moderne Führungsorganisationen

Die traditionelle Führungsorganisation siedelt Unternehmensentscheidungen konzentriert auf der Direktionsebene an, während moderne Führungsorganisationen selbststeuerungsfähig sind. Die Entscheidungsqualität wird erhöht, weil die Entscheider über hohe Kompetenzen aus dem Tagesgeschäft verfügen.

a) Probleme traditioneller Organisationsformen:

- Chronische Überlastung der Leitungsfunktionen
- Trennung von operativer und ökonomischer Verantwortung
- Fehlende Kundenorientierung im Servicebereich
- Unzureichendes Schnittstellenmanagement

b) Gestaltungskriterien moderner Organisationsformen:

- Delegation unternehmerischer Verantwortung auf Cost-Center- und Profit-Center-Ebene
- Übereinstimmung von Aufgaben, Kompetenzen und Verantwortlichkeiten
- Handhabbare Führungsspannen
- Eindeutig definierte Auftraggeber- und Auftragnehmer-Beziehungen

05. Cost-Center und Profit-Center

- Innerbetriebliche Holding

  Divisionale Lösungen dezentralisieren Führungsaufgaben und Zuständigkeiten. Dabei übernimmt die Geschäftsführung die Investorenrolle und konzentriert sich auf die Unternehmensstrategien und das Controlling. Die Verantwortung wird dezentralisiert. Vorteil dieser Option ist, dass ein einzelner Geschäftsführer häufig ausreicht. Nachteil ist, dass eine gewisse Tendenz zur Intransparenz besteht.

- Serviceline-Modell

  Die Führung der Center wird der obersten Führungsebene zugeordnet, sodass eine Spartenorganisation entsteht. Vorteil ist der regelmäßige Austausch der Geschäftsführer über Ziele und Maßnahmen. Nachteil ist der oftmals große Teilnehmerkreis von verschiedenen Geschäftsführern.

4. Fach: Management im Sozial- und Gesundheitswesen

- Abgestuftes Führungsmodell

Diese Option verbindet die Vorteile der Holdinglösung mit denen des Serviceline-Modells. Die medizinischen Abteilungen werden holdingartig geführt, während die medizinischen Direktoren zur Geschäftsführung zählen. Die Profit-Center werden selbstständig und ergebnisverantwortlich geführt, während die operative Verantwortung der Administration unmittelbar der Geschäftsführungsebene zugeordnet wird.

06. Kennzahlen

- Etablierung maßgeschneiderter und adressatengerechter Kennzahlensysteme
- Einrichtung von Controlling-Cockpits
- Aufbau von PC-basierten Kennzahlensystemen zusammen mit den Führungskräften
- Entwicklung von Kennzahlen für die Zielgruppen Geschäftsführung, Mediziner und Pflegepersonal
- Einsatz von „Boundary Spanner" an der Nahtstelle zwischen betriebswirtschaftlichem und medizinischem Controlling sowie dem jeweiligen operativen Bereich, um den Informationsaustausch zu verbessern.

„Boundary Spanner" sind betriebswirtschaftlich interessierte Mediziner, die dem Controlling in komprimierter Form ihre Ansprüche vermitteln. Hinzu kommt, dass sie das Coaching der Fachkollegen in allen Controllingfragen übernehmen und die Chefärzte entlasten.

07. Definition von Kennzahlen

- Koppelung der Kennzahlen an konkrete Unternehmensziele, um Fehlsteuerungen zu vermeiden.
- Zuordnen der Kennzahlen zu spezifischen Zielwerten, die systematisch aus konkreten Unternehmenszielen abgeleitet werden. Beim Abweichen von Zielwerten müssen Gegenmaßnahmen erfolgen.
- Handlungsrelevanz der Kennzahlen für die Akteure, um eindeutige und erkennbar nachvollziehbare Zusammenhänge zu den Leistungsbereichen herzustellen.
- Beeinflussbarkeit der Kennzahlen durch die Akteure, um die individuellen Leistungen der Mitarbeiter an den Zielvorgaben zu messen.
- Kennzahlen müssen zeitnah und zuverlässig sein, weil anderenfalls die Wirkung eingeschränkt wird.

4.4.2 Zusammenarbeit von ehrenamtlich und hauptamtlich Tätigen

01. Ehrenamt und Hauptamt

- Hauptamtliche Mitarbeiter im Gesundheitsbetrieb besitzen in der Regel eine Ausbildung bzw. haben ein Studium absolviert, das sie zur Ausübung der beruflichen Tätigkeit befähigt. Dies umfasst auch entsprechende Fort- und Weiterbildungen.
- Das Ehrenamt im sozialen Umfeld wird durch Freiwilligkeit, Motivation und ggf. dem Aspekt der eigenen Betroffenheit geprägt. Schulung und Qualifizierung sowie die Begleitung erfolgt durch hauptamtliche Fachkräfte.

02. Personelle Maßnahmen beim Ehrenamt

- Prüfung der persönlichen Eignung
- Schulung, Einarbeitung und Begleitung bei den Tätigkeiten
- Prüfung und Kommunikation von Aufwandsentschädigungen
- Führung durch Motivation
- Abgrenzung der Tätigkeiten von hauptamtlich Beschäftigten
- Ergänzung hauptamtlich und ehrenamtlich Beschäftigter
- Förderung individueller Kompetenzen
- Selbstverantwortungs- und Entscheidungsmöglichkeiten

03. Prinzipien des Ehrenamtes

- Information und Beratung
- Freiwilligkeit
- Unentgeltlichkeit
- Altersunabhängig
- Risikoabsicherung, z. B. durch Unfall- oder Haftpflicht
- Qualifikation – Schulung – Weiterbildung
- Begleitung durch professionelle Fachkräfte
- Grundkompetenz und eigene Betroffenheit
- Entscheidungskompetenz und Handlungskompetenz
- Verantwortlichkeit für sich und gegenüber den Bedürftigen

4.4.3 Organisationsentwicklung

01. Innovation

Innovationen definieren sich als neue Produkte oder Verfahren, die sich in Qualität und Ergebnis gegenüber einem ursprünglichen Ausgangszustand bedeutend unterscheiden und wirtschaftlich nutzbar sind. Dagegen stellen Inventionen Erfindungen dar.

4. Fach: Management im Sozial- und Gesundheitswesen

02. Widerstände gegen Innovationen

Widerstände gegen Innovationen werden durch eine Konfliktsituation ausgelöst. Gegenstand ist ein gleichzeitiges Streben nach Veränderung und Erhaltung.

03. Gegenmaßnahmen zu Widerständen gegen Innovationen

- Innerbetriebliche Widerstände lassen sich durch den Einsatz hierarchischer Macht überwinden.
- Zwischenbetriebliche oder marktspezifische Widerstände werden durch Anreizgewährung überwunden.
- Widerstände von Behörden und Prüfungsinstitutionen werden durch Umsicht bei der Entscheidungsfindung oder durch gerichtliche Verfahren überwunden.
- Der Widerstand von Protestgruppen ist schwer kalkulierbar, sodass eine prospektive Konfliktregulierung häufig scheitert, zumal die Argumentation, die Intensität und Dauer kaum abgeschätzt werden können.

04. Drei-Phasen-Modell von Curt Lewin

- Auftauen („Unfreezing")

Das Auftauen ist das Vorbereiten einer Veränderung. Dazu werden Pläne mitgeteilt und die von den Änderungen betroffenen Personen in die Diskussion mit einbezogen, um sie zu unterstützen und ihnen Zeit einzuräumen, sich auf die Veränderung vorzubereiten. Die Auftauphase ist das „Weichwerden" einer Organisation im Hinblick auf die zukünftigen, kommenden Veränderungen.

- Bewegen („Changing")

Das Bewegen umfasst das Durchführen der Veränderungen. Die Einführung wird durch die verantwortlichen Leiter direkt gesteuert und überwacht. Das Training der Betroffenen soll die Wirkungen verstärken. Das Verhaltensspektrum reicht von Ablehnung, passiver Anpassung, aktiver Teilnahme bis zur Frustration.

- Einfrieren („Freezing")

Das Einfrieren dient dem Stabilisieren der erreichten Veränderungen. Die neuen Prozesse müssen sich vollständig in die Organisation und die Abläufe einpassen. Das natürliche „Dazugehören" eines Prozesses innerhalb einer Organisation ist ein wichtiges Kriterium für den Erfolg einer Veränderung. Hinzu kommt, dass über die Einführungsphase hinaus die Prozesse überwacht und kontrolliert werden, um das Funktionieren und Aufrechterhalten sicherzustellen.

05. Innovationshemmnisse

- Personale Hemmnisse
    - Fehlende Kreativität
    - Bereichsdenken, Missgunst, Neid

- Erforderliche Qualifikationen fehlen
- Unzureichende Qualifikation der Mitarbeiter
- Widerstände der betroffenen Mitarbeiter

- Organisatorische Hemmnisse
  - Innovationsfeindliches Umfeld
  - Unzureichendes Schnittstellenmanagement
  - Verkrustete Kommunikationsstrukturen
  - Koordinationsprobleme bei der Umsetzung
  - Schlechtes Projektmanagement

- Finanzielle Hemmnisse
  - Keine Anreize für die Mitarbeiter
  - Kein Anreizsystem oder Bonifikation
  - Banken gewähren keine Kredite zur Finanzierung
  - Finanzielle Engpässe bei der Realisierung
  - Kostenexplosion

- Technische oder methodische Hemmnisse:
  - Kein Einsatz der Innovationen
  - Innovationen sind bereits überholt
  - Veraltete technische Ausstattung
  - Innovationen sind unwirtschaftlich
  - Fehlende Methodenkompetenz

4.5 Rechnungswesen und Controlling

01. Wirtschaftlichkeitsprüfung, Abschreibung

a) Berechnung der variablen und fixen Kosten unter Berücksichtigung der linearen Abschreibung:

- Elbe-Bus:

Variable Kosten:

$1{,}32 \,€ \cdot 9{,}5 = 12{,}54 \,€$

$12{,}54 \,€ + 4{,}25 \,€ = 16{,}79 \,€$ Kosten pro 100 km

Fixe Kosten:

$$\frac{75.000 \,€}{5} = 15.000 \,€$$

$15.000 \,€ + 1.350 \,€ = 16.350 \,€$ Kosten pro Jahr

4. Fach: Management im Sozial- und Gesundheitswesen

- Weser-Bus:

  Variable Kosten:

  $1{,}32\ € \cdot 8 = 10{,}56\ €$

  $10{,}56\ € + 3{,}75\ € = 14{,}31\ €$ Kosten pro 100 km

  Fixe Kosten:

  $$\frac{85.000\ €}{5} = 17.000\ €$$

  $17.000\ € + 1.600\ € = 18.600\ €$ Kosten pro Jahr

b) Berechnung der Gesamtkosten und der Kosten je gefahrenen Kilometer:

- 25.000 km Fahrleistung:

  Elbe-Bus:

  $16{,}79\ € \cdot 25.000\ \text{km} = 419.750\ €$

  $419.750\ € + 16.350\ € = 436.100\ €$ Gesamtkosten pro Jahr

  $$\frac{436.100\ €}{25.000\ \text{km}} = 17{,}44\ €\ \text{pro gefahrenen Kilometer}$$

  Weser-Bus:

  $14{,}31\ € \cdot 25.000\ \text{km} = 357.750\ €$

  $357.750\ € + 18.600\ € = 376.350\ €$ Gesamtkosten pro Jahr

  $$\frac{376.350\ €}{25.000\ \text{km}} = 15{,}05\ €\ \text{pro gefahrenen Kilometer}$$

- 35.000 km Fahrleistung:

  Elbe-Bus:

  $16{,}79\ € \cdot 35.000\ \text{km} = 587.650\ €$

  $587.650\ € + 16.350\ € = 604.000\ €$ Gesamtkosten pro Jahr

  $$\frac{604.000\ €}{35.000\ \text{km}} = 17{,}26\ €\ \text{pro gefahrenen Kilometer}$$

  Weser-Bus:

  $14{,}31\ € \cdot 35.000\ \text{km} = 500.850\ €$

  $500.850\ € + 18.600\ € = 519.450\ €$ Gesamtkosten pro Jahr

  $$\frac{519.450\ €}{35.000\ \text{km}} = 14{,}84\ €\ \text{pro gefahrenen Kilometer}$$

c) Die unterschiedlichen Kostensätze pro gefahrenen Kilometer und pro Jahr ergeben sich aus den Fixkosten, die trotz unterschiedlicher Fahrleistungen in absoluter Höhe gleich bleiben und bei höheren Fahrleistungen auf die mehr gefahrenen Kilometer verteilen.

d) Entscheidung zur Abschreibungsmethode:

Eine andere Abschreibungsmethode als die lineare könnte gewählt werden, weil höhere Abschreibungsbeträge pro Jahr entfallen und als Aufwand verbucht werden können. Abschreibungen gehen in die Gewinn- und Verlust-Rechnung ein und mindern den Gewinn vor Steuern, sodass ggf. geringere Steuern gezahlt werden müssen.

Jahr	Lineare Abschreibung		Arithmetisch-Degressive-Abschreibung	
	Elbe-Bus	Weser-Bus	Elbe-Bus	Weser-Bus
1	15.000,00	17.000,00	25.000,00	28.333,33
2	15.000,00	17.000,00	20.000,00	22.666,66
3	15.000,00	17.000,00	15.000,00	17.000,00
4	15.000,00	17.000,00	10.000,00	11.333,33
5	15.000,00	17.000,00	5.000,00	5.666,66
Summe	75.000,00	85.000,00	75.000,00	85.000,00

e) Sollen möglichst hohe Abschreibungsbeträge gewählt werden, ist beim Elbe-Bus (Weser-Bus) bis einschließlich dem 2-ten Jahr (3-ten Jahr) die arithmetisch-degressive Abschreibungsmethode zu wählen. Danach kann zur linearen Abschreibung übergangen werden.

Hinweis: Die geometrisch-degressive Abschreibungsmethode ist seit dem 31.12.10 nicht mehr erlaubt.

02. DRG-Abrechnung

a) Berechnung von DRGs:

Die Fallpauschalen werden jeweils von dem die Leistung erbringenden Krankenhaus nach dem am Tag der voll- oder teilstationären Aufnahme geltenden Fallpauschalen-Katalog und den dazu gehörenden Abrechnungsregeln abgerechnet. Die Höhe der DRGs bemisst sich nach der für diesen Fall im Fallpauschalen-Katalog ausgewiesenen Bewertungsrelation, die mit dem Basisfallwert multipliziert wird.

b) Obere und untere Grenzverweildauer

Ist die Verweildauer von nicht verlegten Patienten kürzer als die untere Grenzverweildauer, ist für die bis zur unteren Grenzverweildauer nicht erbrachten Belegungstage einschließlich des im Fallpauschalen-Katalog ausgewiesenen ersten Tages ein Ab-

4. Fach: Management im Sozial- und Gesundheitswesen

schlag von der Fallpauschale vorzunehmen. Die Höhe des Abschlags je Tag wird ermittelt, indem die für diesen Fall im Fallpauschalen-Katalog ausgewiesene Bewertungsrelation mit dem Basisfallwert multipliziert wird.

Ist die Verweildauer eines Patienten oder einer Patientin länger als die obere Grenzverweildauer, wird für den dafür im Fallpauschalen-Katalog ausgewiesenen Tag und jeden weiteren Belegungstag des Krankenhausaufenthalts zusätzlich zur Fallpauschale ein tagesbezogenes Entgelt abgerechnet. Dieses wird ermittelt, indem die für diesen Fall im Fallpauschalen-Katalog ausgewiesene Bewertungsrelation mit dem Basisfallwert multipliziert wird.

c) Entgelthöhe bei Unter- und Überschreiten der unteren und oberen Grenzverweildauer:

Berechnung der Entgelthöhe für 2 Tage unterhalb der UGVD:

- Schritt 1: Berechnung des DRG-Entgelts:

    3.000 € · 10,533 = 31.599 €

- Schritt 2: Berechnung des Abschlagsbetrages:

    2 · 0,411 · 3.000 € = 2.466 €

- Schritt 3: Berechnung der tatsächlichen Entgelthöhe:

    31.599 € − 2.466 € = 29.133 €

Berechnung der Entgelthöhe für 5 Tage oberhalb der OGVD:

- Schritt 1: Berechnung des DRG-Entgelts:

    3.000 € · 10,533 = 31.599 €

- Schritt 2: Berechnung des Zuschlagsbetrages:

    5 · 0,093 · 3.000 € = 1.395 €

- Schritt 3: Berechnung der tatsächlichen Entgelthöhe:

    31.599 € + 1.395 € = 32.994 €

03. Kostenrechnung, Wirtschaftlichkeit von Mehrarbeit

a) Berechnung der Gesamtkosten und Fixkosten je GOÄ-Punkt:

Personalkosten:

3.000.000 € + 1.500.000 € + 175.000 € = 4.675.000 €

Abschreibungssatz:

$$\frac{12.500.000\ €}{8} = 1.562.500\ €$$

Variable Kosten:

$$85.000.000\ € \cdot 0{,}01525\ € = 1.296.250\ €$$

Gesamtkosten:

$$4.675.000\ € + 1.562.500\ € + 1.296.250\ € = 7.533.750\ €$$

Berechnung der Gesamtkosten je GOÄ-Punkt:

$$\frac{7.533.750\ €}{85.000.000} = 0{,}08863\ €$$

Fixkosten:

$$4.675.000\ € + 1.562.500\ € = 6.237.500\ €$$

Berechnung der Fixkosten je GOÄ-Punkt:

$$\frac{6.237.500\ €}{85.000.000} = 0{,}07338\ €$$

b) Berechnung der Kosten je zusätzlichem GOÄ-Punkt bei Mehrleistungen:

Anordnung von Mehrarbeit:

Stundensatz der Ärzte

$$\frac{3.000.000\ €}{60.000} = 50\ €$$

$$50\ € \cdot 0{,}5 = 25\ €$$

$$50\ € + 25\ € = 75\ €$$

Stundensatz der Pflege:

$$\frac{1.500.000\ €}{60.000} = 25\ €$$

$$25\ € \cdot 0{,}5 = 12{,}50\ €$$

$$25\ € + 12{,}50\ € = 37{,}50\ €$$

4. Fach: Management im Sozial- und Gesundheitswesen

Gesamtkosten für Ärzte und Pflege:

$$5.000\ \text{€} \cdot 75\ \text{€} = 375.000\ \text{€}$$

$$8.000\ \text{€} \cdot 37,50\ \text{€} = 300.000\ \text{€}$$

$$375.000\ \text{€} + 300.000\ \text{€} = 675.000\ \text{€}$$

Kosten je zusätzlichem GOÄ-Punkt:

$$\frac{675.000\ \text{€}}{17.500.000} = 0,03857\ \text{€}$$

$$0,03857\ \text{€} + 0,01525\ \text{€} = 0,05382\ \text{€}$$

Einstellung neuer Mitarbeiter:

Fixkosten je GOÄ-Punkt:

$$\frac{800.000\ \text{€}}{17.500.000} = 0,04571\ \text{€}$$

Kosten je zusätzlichem GOÄ-Punkt:

$$0,04571\ \text{€} + 0,01525\ \text{€} = 0,06096\ \text{€}$$

04. Benchmarking

a) Berechnung Case-Mix:

Elbe Wetter

$$2.500 \cdot 0,75 = 1.875$$

$$3.000 \cdot 1,20 = 3.600$$

$$4.500 \cdot 1,75 = 7.875$$

$$1.875 + 3.600 + 7.875 = 13.350\ \text{Case-Mix}$$

Weser Sonne:

$$1.500 \cdot 0,50 = 750$$

$$2.250 \cdot 0,85 = 1.912,5$$

$$2.750 \cdot 1,25 = 3.437,5$$

$$3.500 \cdot 1,40 = 4.900$$

$$750 + 1.912,5 + 3.437,5 + 4.900 = 11.000\ \text{Case-Mix}$$

b) Berechnung des Case-Mix-Index:

Elbe Wetter:

$$\frac{13.350}{2.500 + 3.000 + 4.500} = 1{,}335 \text{ Case-Mix-Index}$$

Weser Sonne:

$$\frac{11.000}{1.500 + 2.250 + 2.750 + 3.500} = 1{,}1 \text{ Case-Mix-Index}$$

c) Berechnung des Basisfallwerts (Baserate):

Elbe Wetter:

$$\frac{37.380.000}{13.350} = 2.800 \text{ € (Basisfallwert)}$$

Weser Sonne:

$$\frac{39.600.000}{11.000} = 3.600 \text{ € (Basisfallwert)}$$

05. Break-even-Point, Bettenauslastung, Investitionsfinanzierung

a) Berechnung des Break-even-Point:

Anzahl der Bettenplätze in den Abteilungen:

$$175 - 50 = 125 \text{ Bettenplätze in der Erwachsenenabteilung}$$

50 Betten in der Kinder- und Jugendpsychiatrie
125 Betten in der Erwachsenenpsychiatrie

Berechnung der variablen Kosten:

$$55 \text{ €} \cdot 125 = 6.875 \text{ € pro Tag (Erwachsenenpsychiatrie)}$$

$$75 \text{ €} \cdot 50 = 3.750 \text{ € pro Tag (Kinder- und Jugendpsychiatrie)}$$

Berechnung der fixen Kosten:

$$\frac{1.080.000}{12 \cdot 30} = 3.000 \text{ € (Erwachsenenpsychiatrie)}$$

$$\frac{252.000}{12 \cdot 30} = 700 \text{ € (Kinder- und Jugendpsychiatrie)}$$

4. Fach: Management im Sozial- und Gesundheitswesen

Berechnung der Gesamtkosten:

$$3.000\ € + 6.875\ € = 9.875\ €\ \text{(Erwachsenenpsychiatrie)}$$

$$700\ € + 3.750\ € = 4.450\ €\ \text{(Kinder- und Jugendpsychiatrie)}$$

Berechnung der Anzahl kostendeckender Pflegetage (Break-even-Point):

$$\frac{9.875\ €}{180\ €} = 54{,}86 \approx 55\ \text{Pflegetage}$$

$$\frac{4.450\ €}{225\ €} = 19{,}\overline{7} \approx 20\ \text{Pflegetage}$$

b) Bettenauslastung:

$$\frac{55}{125} \cdot 100 = 44\ \%\ \text{(Erwachsenenpsychiatrie)}$$

$$\frac{20}{50} \cdot 100 = 40\ \%\ \text{(Kinder- und Jugendpsychiatrie)}$$

c) Zusätzliche Pflegetage bei Investition:

Zusätzliche tägliche Kosten der Investition:

$$\frac{45.000\ €}{30} = 1.500\ €$$

Zusätzliche Pflegetage der Erwachsenenpsychiatrie:

$$\frac{9.875\ €}{125\ €} = 79\ €$$

$$(180\ € - 79\ €) \cdot x = 1.500\ €$$

$$x = 14{,}85\ €$$

Es werden zusätzlich 15 Pflegetage erforderlich.

Zusätzliche Pflegetage der Kinder- und Jugendpsychiatrie:

$$\frac{4.450\ €}{50\ €} = 89\ €$$

$$(225\ € - 89\ €) \cdot x = 1.500\ €$$

$$x = 11{,}03\ €$$

Es werden zusätzlich 12 Pflegetage erforderlich.

06. Äquivalenzziffernrechnung

a) Berechnung der gewichteten Stunden der Menüs und gewichteten Gesamtstunden:

Menüs	Arbeitsstunden	Äquivalenzziffern	Gewichtete Stunden
Pizza	25.000 · 0,25 = 6.250	0,50	3.125
Fisch	25.000 · 0,45 = 11.250	1,00	11.250
Grillplatte	25.000 · 0,30 = 7.500	1,75	13.125
		Gewichtete Gesamtstunden:	27.500

b) Berechnung der gewichteten Stundensätze der einzelnen Menüs:

Berechnung des durchschnittlichen Kostensatzes:

$$\frac{375.000\,€}{25.000} = 15\,€$$

Berechnung der gewichteten Stundensätze der einzelnen Menüs:

15 € · 0,50 = 7,50 € (Pizza)

15 € · 1,00 = 15 € (Fisch)

15 € · 1,75 = 26,25 € (Grillplatte)

c) Berechnung der gewichteten Kosten der einzelnen Menüs:

3.125 · 7,50 € = 23.437,50 € (Pizza)

11.250 · 15 € = 168.750,00 € (Fisch)

13.125 · 26,25 € = 344.531,25 € (Grillplatte)

07. Kosten- und Leistungsrechnung

a) Berechnung der Kosten pro Operationsminute:

$$\frac{1.200.000\,€}{8.000} = 150\,€ \text{ Kosten pro Operationsminute}$$

b) Berechnung der Anzahl jährlicher Operationen:

$$\frac{8.000\,\text{min} \cdot 0,35}{100\,\text{min}} = 28 \text{ Operationen}$$

$$\frac{8.000\,\text{min} \cdot 0,65}{208\,\text{min}} = 25 \text{ Operationen}$$

28 + 25 = 53 Operationen jährlich

4. Fach: Management im Sozial- und Gesundheitswesen

c) Berechnung der jeweiligen Operationskosten:

$$100 \text{ min} \cdot 28 \cdot 150 \text{ €} = 420.000 \text{ €}$$

$$208 \text{ min} \cdot 25 \cdot 150 \text{ €} = 780.000 \text{ €}$$

$$420.000 \text{ €} + 780.000 \text{ €} = 1.200.000 \text{ €} \text{ (Gesamtkosten)}$$

08. Gewinn- und Deckungsbeitragsrechnung

a) Gewinn der DRGs und Gesamtgewinn:

$$\text{Gewinn DRG A} = (7.000 \text{ €} - 2.000 \text{ €} - 3.000 \text{ €}) \cdot 125 = 250.000 \text{ €}$$

$$\text{Gewinn DRG B} = (6.000 \text{ €} - 1.500 \text{ €} - 3.000 \text{ €}) \cdot 175 = 262.500 \text{ €}$$

$$\text{Gesamtgewinn} = 250.000 \text{ €} + 262.500 \text{ €} = 512.500 \text{ €}$$

b) Deckungsbeitrag der DRGs und Gesamtdeckungsbeitrag:

$$\text{Gewinn DRG A} = (7.000 \text{ €} - 3.000 \text{ €}) \cdot 125 = 500.000 \text{ €}$$

$$\text{Gewinn DRG B} = (6.000 \text{ €} - 3.000 \text{ €}) \cdot 175 = 525.000 \text{ €}$$

$$\text{Gesamtgewinn} - \text{DB} = 500.000 \text{ €} + 525.000 \text{ €} = 1.025.000 \text{ €}$$

09. Beköstigungstage, Kostenrechnung

a) Berechnung der durchschnittlichen Beköstigungstage:

$$250 \cdot 0{,}80 = 200 \text{ Beköstigungstage}$$

b) Berechnung der Gesamtkosten:

$$\frac{450.000 \text{ €}}{360 \cdot 200} = 6{,}25 \text{ €}$$

c) Berechnung der Fixkosten:

$$6{,}25 \text{ €} - 4 \text{ €} = 2{,}25 \text{ €}$$

10. Beköstigungstage, Kostenrechnung, Fremdvergabe

a) Berechnung der Durchschnittskosten pro Tag und Patient:

$$\frac{45.000 \text{ €}}{25.000 \text{ Tage}} = 1{,}80 \text{ €/Tag}$$

b) Durchschnittskosten pro Tag und Patient des Krankenhauses und der Rehabilitationsklinik:

Durchschnittliche Kosten eines Beköstigungstages:

$$3{,}50\ € + 1{,}80\ € = 5{,}30\ €$$

$$\frac{75.000\ \text{Tage} \cdot 11\ € + 25.000\ \text{Tage} \cdot 5{,}30\ €}{25.000\ \text{Tage} + 75.000\ \text{Tage}} = 9{,}58\ €$$

c) Berechnung des Gewinns bei Belieferung der Rehabilitationsklinik:

$$9{,}00\ € - 3{,}50\ € - 1{,}80\ € = 3{,}70\ €\ \text{Gewinn pro Tag und Patient}$$

$$\text{Gesamtgewinn} = 25.000\ \text{Tage} \cdot 3{,}70\ € = 92.500\ €$$

d) Die Geschäftsführung des Kreiskrankenhauses sollte die Rehabilitationsklinik beliefern. Einerseits sind die Kosten pro Beköstigungstag und Patient mit 9,58 € niedriger als bei Belieferung durch das Cateringunternehmen, die 9,75 € pro Beköstigungstag und Patient verlangen. Anderseits wird durch die Belieferung der Rehabilitationsklinik ein Gewinn erwirtschaftet, der bei Belieferung durch das Cateringunternehmen nicht anfallen würde.

4.6 Personalwesen

4.6.1 Personalplanung

01. Stellenbesetzung

Internes Personalmarketing	Externes Personalmarketing
• Interne Stellenausschreibungen • Empfehlung der Mitarbeiter	• Anzeigen in Zeitungen und Zeitschriften • Bundesagentur für Arbeit • Empfehlung der Mitarbeiter • Hochschul-Marketing (Campus Recruiting) • Personalvermittler • Initiativbewerbung • Personal-Leasing • Electronic Recruiting

4. Fach: Management im Sozial- und Gesundheitswesen

Vorteil des internen Personalmarketing	Vorteil des externen Personalmarketing
• Geringes Auswahlrisiko • Geringer Kosten- und Zeitaufwand • Gute Betriebskenntnis der Bewerber • Erhalt unternehmungsspezifischer Qualifikationen • Motivationswirkung und Senkung der Fluktuation durch Karriereperspektiven • Stabilisierung der Personalstruktur	• Große Auswahlmöglichkeiten • Keine Betriebsblindheit der Bewerber • Informationsgewinnung über andere Unternehmen • Förderung des Wettbewerbs infolge der Vermeidung von Beförderungsautomatismen und Bildung von „Seilschaften" • Flexibilisierung der Personalstruktur

02. Stellenbeschreibungen

- Stellenbezeichnung (Aufgaben- und Funktionsbeschreibung)
- Tätigkeitsbeschreibung, Entscheidungsbefugnisse, Stellvertretung
- Abteilungszugehörigkeit, Filiale, Gruppe (organisatorische Einordnung)
- Erforderliche fachliche und persönliche Qualifikationen
- Vergütung, Arbeitszeit und Einsatzorte

03. Demografischer Wandel und Auswirkungen auf das Personalmanagement

a) Folgen des demografischen Wandels:

- Der Bevölkerungsrückgang verknappt das Arbeitskräftepotenzial und führt zu möglichen Personalengpässen.
- Durchschnittsalter und Generationenvielfalt der Belegschaften nehmen zu.

Beispiele:

- Steigende Anzahl älterer Arbeitskräfte in den Unternehmen.
- Begrenztes Angebot zur Frühpensionierung und Altersteilzeit (Finanzierung).
- Arbeitnehmer gehen in einem höheren Lebensalter in Rente.
- Personalmarketing wird erschwert und es wird schwieriger, junge Arbeitskräfte zu rekrutieren.
- Fach- und Führungsstellen können nicht mit qualifizierten Arbeitskräften besetzt werden.
- Ältere Arbeitnehmer können nicht 1:1 gegen junge Arbeitskräfte ausgetauscht werden.

b) Herausforderungen für die Unternehmen:

- „War for Talents": Verstärkter Wettbewerb um junge, gut ausgebildete Fach- und Führungskräfte.

- Wertschöpfungsverluste infolge des Mangels an qualifizierten Arbeitskräften.
- Alterung der Belegschaft gefährdet Innovationsfähigkeit und Produktivität der Unternehmen im Wettbewerb.
- Nutzbarmachung der steigenden Alters- und Generationenvielfalt im Gesamtunternehmen und Arbeitsteams.
- „Prinz-Charles-Effekt": Stärker werdende Überlappung der Lebensphasen der Mitarbeiter.
- Gefahr des substanziellen Wissens- und Erfahrungsverlustes durch Übergang von wesentlichen Altersgruppen in den Ruhestand.
- Beispiele:
    - Das steigende Pensionseintrittsalter bedingt, dass die Arbeitskräfte länger arbeitsfähig sein müssen.
    - Arbeitnehmer sollten in körperlich und psychisch belastenden Berufen und Stellen so eingesetzt werden, dass sie auch in älteren Lebensphasen gesund und leistungsfähig bleiben.
    - Steigende Fluktuation bei besonders qualifizierten Arbeitskräften.
    - Personalmarketing zwecks Rekrutierung junger Hochleistungsträger („High-Potentials").
    - Erhöhung der Betriebsbindung.
    - Innovations- und Wettbewerbsfähigkeit müssen langfristig erhalten bleiben, um den Unternehmensbestand nicht zu gefährden.
    - Demografiemanagement in Form generationaler Führung, um Wettbewerbsvorteile zu generieren.

c) Aufgaben des Personalmanagements (Personalentwicklungsmaßnahmen):
- Betriebliche Gesundheitsförderung
- Flexibilisierung der Arbeits- und Arbeitszeitgestaltung:
    - Telearbeit
    - Jobsharing
    - Arbeitszeit
- Demografische Analyse der Altersstruktur
- Entwicklung generationengerechter Personalentwicklungsmaßnahmen:
    - Weiterbildung
    - Job Enrichment
    - Job Rotation
- Entwicklung des Wissenstransfers zwischen jüngeren und älteren Arbeitnehmern:
    - Tandems
    - Patenschaften

4. Fach: Management im Sozial- und Gesundheitswesen

- Mentoren
- Altersgemischte Teams

- Entwicklung von Instrumenten zum Erhalt der Arbeitsfähigkeit
- Entwicklung von Anreizsystemen zur Mitarbeitergewinnung und -rekrutierung
- Unternehmensmarke als attraktiver Arbeitgeber
- Fach- und Führungskräftenachwuchsförderung
- Hochschul-Recruting
- Familien- und frauenfreundliche Arbeitsplätze

04. Arbeitszeitflexibilisierung

Flexible Arbeitszeit bedeutet Arbeitszeitlösungen, die hinsichtlich der Lage und Dauer der Arbeitszeit von der Normarbeitszeit abweichen. Abweichungen können täglich, wöchentlich oder monatlich auftreten. Der Beginn und das Ende sowie die Pausenregelungen unterliegen ggf. der Mitbestimmung durch den Betriebs- oder Personalrat. Die Arbeitszeitgestaltung soll die Interessen der Mitarbeiter und die Ziele des Unternehmens gleichzeitig berücksichtigen, damit eine Win-Win-Situation entsteht.

Die Aufgabe des Arbeitszeitmanagements ist es, die Ressource Personal optimal zu nutzen und personellen Leerlauf zu vermeiden, um insbesondere schwankende Kapazitätsauslastungen auszugleichen, die mit starren Arbeitszeiten nur schwer aufzufangen sind.

Die Arbeitszeitplanung beeinflusst die Kapazitätsplanung, die Arbeitsorganisation, den Personaleinsatz und -bedarf. Einerseits bewirkt die Arbeitszeitflexibilisierung, dass die Mitarbeiter zeitlich souveräner werden, aber andererseits steht dem Flexibilisierungsinteresse des Arbeitgebers das Interesse der Arbeitnehmer nach Planbarkeit der Freizeiten sowie nach selbstbestimmter Flexibilität gegenüber.

Es stehen die folgenden Arbeitsflexibilisierungslösungen zur Verfügung:

Teilzeitarbeit	Verkürzung der Arbeitszeit gegenüber vergleichbarer Vollzeitbeschäftigung.
Geringfügige Beschäftigung	Das regelmäßige Arbeitsentgelt übersteigt nicht 400 €
Mehrarbeit (Überstunden)	Mitbestimmungspflichtige Arbeitszeit, die über die Regelarbeitszeit hinausgeht.
Schichtarbeit	Arbeitszeit mit versetzter Lage und unterschiedlicher oder gleicher Dauer.
Gleitzeit	Lage und Dauer der täglichen Arbeitszeit dürfen frei gewählt werden. Zumeist wird mit der Kernarbeitszeit die notwendige Anwesenheitszeit festgelegt.
Jobsharing	Arbeitsteilige Nutzung eines Arbeitsplatzes. Die Regelarbeitszeit wird auf zwei oder mehr Personen aufgeteilt.

Abrufarbeit	Mitarbeiter halten sich auf kurzfristigen Abruf bereit. Eine bestimmte Lage der Arbeitszeit ist nicht vereinbart. Mitarbeitern ist die Lage der Arbeitszeit rechtzeitig im Voraus mitzuteilen. Zudem ist der Mitarbeiter wöchentlich mindestens für 10 Stunden zu beschäftigen.
Altersteilzeit	Verkürzung der individuellen Arbeitszeit als Ausgleiten in den Ruhestand, die gestuft und periodisch vereinbart wird.
Vertrauensarbeitszeit	Festlegung eines Arbeitsvolumens, die vom Mitarbeiter in Lage und Dauer in Abstimmung wählbar ist.
Arbeitszeitkonto	Erfassung und Verrechnung geleisteter und geschuldeter Arbeitszeiten je Beschäftigten für festgelegte Ausgleichszeiträume. Hierfür sind in der Regel Vereinbarungen bzw. Betriebsvereinbarungen erforderlich.
Arbeitszeitgruppen	Mitarbeitergruppen, für die die gleichen Arbeitszeitmodelle gelten, die sich von denen anderer Arbeitnehmer unterscheiden.
Produktivzeit	Regelung, die bei Gruppenarbeit oder Zielvereinbarungen angewendet wird und als Quotient aus Soll-Zeit zu Ist-Zeit ermittelt wird. Ist dieser Quotient größer 1, entspricht die Gruppenproduktivität der Zielsetzung nicht. Ist nicht ausreichend Arbeit für alle Gruppenmitglieder verfügbar, regelt die Gruppe selbst, wie verfahren wird, um dennoch die Zielsetzung der Produktivzeit zu erfüllen.
Baukastensystem	Mitarbeiter bzw. Teams stellen ihre Arbeitszeitmodelle individuell zusammen.
Sabbatical	Gewährung zusammenhängender, meist längerfristiger Freizeitphasen, beispielsweise zum Ausgleich von Zeitguthaben oder als unbezahlte Freistellung von Arbeit.

05. Personaleinstellung

Die Eingliederung der neuen Mitarbeiter in den betrieblichen Prozess umfasst mehrere Maßnahmen:

- Die fachliche Einarbeitung durch Mentoren ermöglicht das Kennenlernen der Arbeitsaufgaben und -anforderungen, wodurch es zu einem intensiven Kontakt zwischen den neuen Mitarbeitern, den Vorgesetzten und den Fachkollegen kommt. Hierbei werden häufig Zielvereinbarungen eingesetzt, die die Lernerfolge und die systematische Einführung in das Unternehmen dokumentieren.

- Die Informationen über das Unternehmen erfolgen begleitend im Rahmen der fachlichen Einarbeitung. Dazu gehören Produkte, Strukturen und Prozesse. Häufig werden Handbücher eingesetzt, die in die Betriebs- und Arbeitsordnung bzw. die Qualitätsmaßnahmen einführen. Die Unternehmenskultur kann nur durch persönliche Erfahrungen und Kontakte vermittelt werden.

- Die soziale Integration erfolgt zumeist durch die Mentoren, die den neuen Mitarbeitern ihre Kollegen, Vorgesetzten und weiteren wichtigen Unternehmensmitarbeitern persönlich vorstellen, um ein Kennenlernen zu ermöglichen. Nachwuchskräften

4. Fach: Management im Sozial- und Gesundheitswesen

können frühzeitig Karrieremöglichkeiten aufgezeigt werden. Hilfen beim Wohnortwechsel tragen maßgeblich zur privaten Integration der neuen Mitarbeiter und der Familien bei. In großen Unternehmen werden neue Mitarbeiter häufig zu einem „Willkommensempfang" eingeladen.

Bei mangelnder Einarbeitung kann es zu einer hohen Fluktuation in den ersten Wochen nach Aufnahme des neuen Arbeitsverhältnisses kommen.

06. Dienstpläne

- Arbeitszeitgesetz (ArbZG)
- Teilzeit- und Befristungsgesetz (TzBfG)
- Jugendarbeitsschutzgesetz (JArbSchG)
- Pflegezeitgesetz (PflegeZG)
- Tarifverträge

07. Analyse von Dienstplänen

Rechtliche Aspekte:

- Überprüfung der gesetzlichen Bestimmungen
- Umsetzung der geltenden tariflichen Regelungen
- Betriebsvereinbarungen
- Arbeitszeiten
- Ruhezeiten und -pausen

Formale Aspekte:

- Eignung der Dienstpläne als Dokument
- Fristgerechte Fertigstellung
- Namentliche Nennung des Verfassers
- Rechtzeitige Erstellung und Bekanntgabe
- Nennung der verantwortlichen Ansprechpartner
- Gültigkeit der Unterschriften
- Vollständigkeit, Transparenz und Übersichtlichkeit

Unternehmensrelevante Aspekte:

- Überstunden und Mehrarbeit
- Zeitrahmen für betriebliche Termine und Abrechnungen
- Einhaltung der Urlaubsplanung
- Übersichtlichkeit der Stundenplanung zwischen Soll und Ist
- Durchsetzung der Verbindlichkeiten
- Genehmigungen der Leitung bei Dienstplanänderungen
- Häufigkeit von Dienstplanänderungen
- Schichtabdeckung

08. Anforderungen an Dienstplanformulare

- Nennung der Einrichtung und jeweiligen Abteilung
- Zeitraum, für den der Dienstplan gültig ist
- Namen der Mitarbeiter
- Erkennbarkeit der Ausbildungsstände und Positionen der Mitarbeiter
- Stundenübertrag
- Geplante Ausfallzeiten
- Soll-Arbeitszeit und -planung
- Ist-Arbeitszeit
- Überstunden und Mehrarbeit
- Eintragung der Übergabezeiten und Dienstbesprechungen
- Unterschrift der für die Dienstplangestaltung verantwortlichen Ansprechpartner
- Datum des Inkrafttretens
- Legende

4.6.2 Personalentwicklung und -förderung

01. Gesprächsführung mit Fragen

a) Gesprächssteuerung mit Fragen

Fragen sind in Gesprächen, vielfältig einsetzbare und wirksame Instrumente. Sie können ihre Absichten unterstützen oder vereiteln. Generell gibt es keine richtigen und falschen Fragen, sondern sie sind von der individuellen Gesprächssituation abhängig.

Der Fragende muss sich überlegen, was er bewirken und erreichen will, bzw. erkennen, worin das Ziel des Gesprächs besteht. Hieraus ergibt sich, dass der Fragende die aktive Rolle im Gespräch übernimmt und der Gefragte reagieren muss.

b) Frageformen

Offene Fragen	Gesprächsöffnend, sodass der Gefragte nachdenken und seine Sicht darstellen kann, ggf. können Alternativen entwickelt werden. Die Fragen fordern zum Erzählen auf, sodass ein stockendes Gespräch wieder in Gang kommt.
Geschlossene Fragen	Beschränkung auf Ja oder Nein, geschlossene Fragen drängen zu einer Entscheidung. Ein ausschweifender Redefluss kann durch geschlossene Fragen das Thema stärker eingrenzen und das Gespräch neu fokussieren.
Alternativfragen	Dem Gefragten wird ermöglicht, zwischen mehreren Alternativen zu entscheiden bzw. ihm wird die Vielfalt der Möglichkeiten bewusst.
Hypothetische Fragen	Der Blickwinkel des Gefragten wird erweitert, sodass neue kreative Ideen entwickelt werden können.

4. Fach: Management im Sozial- und Gesundheitswesen

Präzisierungsfragen	Dringen auf Anschaulichkeit, bei zu frühem Fragen könnte die Gefahr bestehen, vom eigentlichen Thema abzulenken.
Suggestivfragen	Frage drängt durch eine Behauptung dem Gefragten eine Antwort auf.
Rhetorische Fragen	Behauptungen in Frageform, auf die keine wirkliche Antwort erwartet wird.
Motivierende Fragen	Die motivierende Wirkung hängt von der Authentizität der Frage ab, ob sie als echt oder manipulativ empfunden wird.
Begründungsfragen	Häufig bestehen Schwierigkeiten zwischen einer Begründung und einer Rechtfertigung zu unterscheiden, sodass Gefragte leicht erschrecken können.

c) Beispiele:

Offene Fragen	Beginnen stets mit einem Fragewort: „wie, wer, was, wann, womit, warum".
Geschlossene Fragen	„Können Sie im März 2012 zur Messe nach Frankfurt fahren?"
Alternativfragen	„Wollen Sie Montag oder Donnerstag die Spätschicht übernehmen?"
Hypothetische Fragen	„Einmal angenommen, Sie wären für die Abteilung verantwortlich, was würden Sie dann ändern?"
Präzisierungsfragen	„Wann genau beginnen Sie ihre Fortbildung?"
Suggestivfragen	Sie sind doch mit dem Änderungsvertrag einverstanden?"
Rhetorische Fragen	„Sie wollen ihren Arbeitsplatz verlieren?"
Motivierende Fragen	„Wie beurteilen Sie als Wissenschaftler die wirtschaftlichen Rahmendaten?"
Begründungsfragen	„Warum haben Sie den Einspruch gegen die Rechnung abgelehnt?"

02. Feedbackgespräche

Regelmäßige Feedbacks vermeiden Missverständnisse von Vorgesetzten und Mitarbeitern. Ziel ist das Sicherstellen der Leistungen der Mitarbeiter und die Verbesserung der Kommunikation. Den Mitarbeitern wird die Chance gegeben, fehlerhaftes Verhalten zu korrigieren. Feedbackgespräche haben in der Regel die folgenden Inhalte:

- Leistungen
- Erfolge
- Fehler
- Kommunikationsbeziehungen

03. Beurteilungsgespräche

- Vorgesetzte beurteilen ihre Mitarbeiter

Der direkte Vorgesetzte beurteilt, in welchem Maß Mitarbeiter ihre Aufgaben erfüllen.

- Mitarbeiter beurteilen ihren Vorgesetzten

Die Mitarbeiter beurteilen die Führungseigenschaften und das Führungsverhalten ihres direkten Vorgesetzten

- Kollegen beurteilen Kollegen

Mitarbeiter der gleichen Hierarchiestufe beurteilen sich gegenseitig.

- Mitarbeiter beurteilen sich selbst

Mitarbeiter machen ein Bild von sich selbst. Selbstbeurteilungen erheben in der Regel nicht den Anspruch, objektiv und realistisch zu sein.

04. Kritische Rückmeldungen in Mitarbeitergesprächen

a) Reaktionen von Mitarbeitern:

- Verharmlosung
- Ablehnen der Verantwortung
- Rechtfertigungen
- Schuldzuweisungen
- Gegenangriff und Ablenkungsmanöver
- Flüchten in die Opferrolle
- Kritik wird persönlich verletzend aufgenommen
- Drohen

b) Reaktionen von Führungskräften:

- Von der emotionalen Ebene auf die Sachebene wechsel
- Kritik sachlich formulieren
- Drohungen zurückweisen
- Unsachliche Argumente verwerfen
- Auf Lösungen konzentrieren

05. Personalentwicklung

a) Unternehmensziele:

- Verbesserung der Leistungs- und Wettbewerbsfähigkeit
- Anpassung der Mitarbeiterqualifikationen an veränderte Anforderungen
- Erhöhung der Flexibilität und Motivation der Mitarbeiter
- Steigerung der Mitarbeiterzufriedenheit und -loyalität

4. Fach: Management im Sozial- und Gesundheitswesen

- Verminderung der Fluktuation
- Verbesserung des Unternehmensimages
- Sicherung eines qualifizierten Mitarbeiterstammes
- Befriedigung individueller Bedürfnisse und bildungspolitischer Ansprüche
- Förderung unternehmenskultureller Normen

b) Mitarbeiterziele:

- Erhöhung der Arbeitsplatzsicherheit
- Motivation
- Entwicklung neuer Fähigkeiten und Qualifikationen
- Karriereförderung
- Selbstverwirklichung

06. Erstellung eines Konzeptes zur Personalentwicklung

- Analyse der momentanen und zukünftigen Anforderungen an die Mitarbeiter.
- Bedarfsanalysen, die den Entwicklungsbedarf der Mitarbeiter aus den strategischen Zielen des Unternehmens ableiten.
- Konzeption und Durchführung von Personalentwicklungsmaßnahmen auf der Grundlage von Lehr-Lern-Prinzipien und Instrumenten zur beruflichen Kompetenzentwicklung.
- Förderung von Lerntransfer (Transfermanagement)
- Evaluation der Personalentwicklung.

07. Qualifikationsfördernde Maßnahmen

- Job enlargement

   Arbeitserweiterung, beispielsweise wird einem Mitarbeiter, der für einen bestimmten Bereich zuständig ist, ein weiterer Bereich übertragen, der qualitativ auf dem gleichen Anforderungsniveau liegt.

   Beispiel: Ein Mitarbeiter der Patientenabrechnung, übernimmt auch Aufgaben im Medizin-Controlling in der Verhandlung mit dem MDU und der Krankenversicherung bezüglich der Kodierung der Patientenfälle.

- Job enrichment

   Arbeitsbereicherung, beispielsweise wird die bisherige Tätigkeit eines Mitarbeiters um Bereiche erweitert, die höhere Eigenverantwortung erfordern.

   Beispiel: Ein Mitarbeiter der Patientenaufnahme erstellt nun auch die Abrechnungen für die Patienten und Krankenversicherungen.

- Job rotation

   Arbeitsplatzwechsel, beispielsweise rotieren die Mitglieder eines Arbeitsteams innerhalb einer vorgegebenen Zeitperiode auf ihren Stellen.

   Beispiel: Teamarbeit in der Patientenadministration, Wechsel zwischen Aufnahme, Abrechnung und Buchhaltung.

08. Vor- und Nachteile des Fernunterrichts

a) Vorteile

- Möglichkeit des wiederholten Bearbeitens des Lehrmaterials
- Kein Verdienstausfall während der Lehrzeit
- Steuerliche Absetzbarkeit der Weiterbildung
- Flexible Gestaltung der Lernzeit
- Kein Arbeitszeitausfall im Unternehmen

b) Nachteile

- Isolation des Lernenden und erschwerte Selbstmotivation
- Lernzeit ist Freizeit des Lernenden
- Persönlicher fachlicher Austausch ist seltener möglich
- Kurse sind häufig nicht flexibel, um ausreichend auf unerwartete Verständnisfragen oder Reaktionen des Lernenden einzugehen

4.7 Informations- und Kommunikationstechniken

4.7.1 Konflikte

01. Ursachen von Konflikten

Sachverhalte	Sachverhalte werden durch mangelhafte oder falsche Informationen bzw. durch unterschiedliche Interpretation dieser Informationen verzerrt dargestellt.
Interessen	Die Betroffenen verfolgen jeweils gegensätzliche Interessen.
Beziehungen	Die Probleme der Betroffenen liegen auf der emotionalen Ebene.
Werte	Die Betroffenen besitzen unterschiedliche Wertvorstellungen.
Strukturen	Es bestehen Differenzen zwischen strukturellen Organisationen. Dabei setzen die beteiligten Positionen verschiedene Prioritäten und verfolgen gegensätzliche Ziele.

02. Moderation

Aufgaben des Moderators sind:

- Aktives Zuhören
- Analyse der Situation und Problemdefinition
- Gesprächssteuerung
- Aufzeigen von Lösungsmöglichkeiten
- Neutralität
- Abschlussvereinbarung (sofern möglich)

4. Fach: Management im Sozial- und Gesundheitswesen

03. Auswirkungen von Konflikten

- Mitarbeiter erleben im beruflichen Alltag zusätzliche Belastungen und Stress.
- Prozessteams zersplittern und unter den Mitarbeitern bricht Streit aus.
- Die berufliche Arbeitszeit wird unproduktiv verwendet, um den Konflikt auszutragen und die Ursachen zu kommunizieren.
- Hohe Fluktuation und Krankenstände in der Belegschaft.
- In extremen Fällen münden Konflikte in Mobbinghandlungen.

04. Supervision und Coaching

Supervision	Coaching
• Entwicklung und Vertiefung von Handlungskompetenzen • Bewertung beruflicher Situationen • Verbesserung des Betriebsklimas, Kooperation und Arbeitseffizienz • Steigerung der Professionalität • Aufdecken komplexer Beziehungsgeflechte • Analyse von Interaktionsdynamiken	• Beratung bei aktuellen Problemstellungen • Konfliktvorbeugung und -bewältigung • Deeskalation in Krisensituationen • Entwicklung zielführender Handlungsstrategien • Förderung neuer Sichtweisen und Handlungsoptionen • Feedback

05. Voraussetzungen der Supervision bzw. des Coachings

Interaktivität	Die Beziehungen dürfen nicht durch ein Autoritätsgefälle geprägt werden.
Personen im Zentrum der Beratung	Die betroffenen Personen erfahren vermehrt Zuwendung als dass fachliche Inhalte gefördert werden.
Freiwilligkeit und Vertrauen	Die Beratungsbeziehungen können nur funktionieren, wenn die Beteiligten sich gegenseitig akzeptieren und vertrauen.
Transparente Interventionen	Die Beratung deckt berufliche Situationen auf und soll Hilfen zur Selbsthilfe geben. Es werden Selbstreflexion, Selbstbewusstsein und Verantwortung gefördert.
Anerkannte Konzepte	Die angewandten Methoden können von anderen Supervisoren und Coaches nachvollzogen werden. Die Konzepte sind allgemein anerkannt.
Hilfen für bestimmte Zielgruppen	Die Beziehungen sind in der Regel zeitlich begrenzt. Bei dauerhaften Kommunikationsbeziehungen besteht die Gefahr der Abhängigkeit.

4.7.2 Informations- und Kommunikationssysteme

01. Aufgaben von Datenschutzbeauftragten

- Einhaltung von Datenschutzbestimmungen überwachen
- Sensibilisieren der Mitarbeiter für den Datenschutz durch Schulungen
- Erstellen von Dienstanweisungen für den Datenschutz
- Überwachen der korrekten Anwendung der EDV
- Beraten und unterstützen aller Fachbereiche in Fragen des Datenschutzes
- Freigeben neuer IT-Anwendungen
- Durchführen interner Audits zum Thema Datenschutz
- Aufdecken von Gefahren in der Datensicherung

02. Datenschutz

Der Datenschutz stellt das Recht auf informationelle Selbstbestimmung sicher. Der Datenschutz durch technische und organisatorische Maßnahmen ist in § 9 BDSG geregelt. In der Anlage zu § 9 Satz 1 BDSG werden die folgenden Details genannt:

Zutrittskontrolle	Unbefugte haben keinen Zugriff auf die EDV.
Zugangskontrolle	Unbefügte können die EDV nicht für ihre Zwecke missbräuchlich nutzen.
Zugriffskontrolle	Vergabe von individuellen Zugriffsrechten für die EDV.
Weitergabekontrolle	Unbefugte können keine Daten lesen, kopieren, verändern oder löschen.
Eingabekontrolle	Datenänderungen können nachträglich überprüft werden.
Auftragskontrolle	Daten werden ausschließlich im Sinne des Auftraggebers verarbeitet.
Verfügbarkeitskontrolle	Daten sind vor Zerstörung und Verlust geschützt.
Trennung von zu unterschiedlichen Zwecken erhobenen Daten	Behörden dürfen Daten nicht austauschen oder ohne gesetzliche Grundlage keine gemeinsamen Datenbanken bilden.

03. Datenerhebung im Gesundheitswesen

Es werden drei Kategorien personenbezogener Daten erhoben, verarbeitet und genutzt. Dazu zählen

- Patientendaten,
- Mitarbeiterdaten und
- Daten von Dritten, wie beispielsweise von Besuchern.

Bei Patienten werden allgemeine personenbezogene Daten und Gesundheitsdaten unterschieden.

4. Fach: Management im Sozial- und Gesundheitswesen

Personenbezogene Daten sind nach Maßgabe des § 3 Abs. 1 BDSG Einzelangaben über persönliche oder sachliche Verhältnisse einer bestimmten oder bestimmbaren natürlichen Person (Betroffener). Dazu gehören auch personenbezogene Sachverhalte wie Tonaufzeichnungen, biometrische Daten, Stimmprofile und genetische Fingerabdrücke. Dies ist insbesondere für Einrichtungen im Gesundheitswesen relevant, weil z. B. Röntgenbilder angefertigt und Blutbilder erstellt werden sowie ärztliche und pflegerische Dokumentationen erfolgen. Finanzielle, berufliche und wirtschaftliche Daten von Betroffenen zählen ebenfalls zu den personenbezogenen Daten.

Die Erhebung personenbezogener Patientendaten ist zweckgebunden. Daten dürfen gemäß § 28 BDSG erhoben, verarbeitet und genutzt werden, soweit dies für die Begründung, Durchführung oder Beendigung des rechtsgeschäftlichen oder rechtsgeschäftsähnlichen Schuldverhältnisses mit dem Betroffenen erforderlich ist.

Daten dürfen auch zur Wahrung berechtigter Interessen der Gesundheitseinrichtungen erhoben werden, sofern dies erforderlich ist und annahmegemäß das schutzwürdige Interesse des Betroffenen an dem Ausschluss der Verarbeitung oder Nutzung der Daten nicht überwiegt. Öffentliche Krankenhäuser dürfen nach § 13 Abs. 1 BDSG diese Daten erheben, wenn dies zur Aufgabenerfüllung notwendig ist.

Die Zweckbindung umfasst auch die Erhebung von Daten sonstiger natürlicher Personen, die beispielsweise ein Krankenhaus als Besucher aufsuchen. Gesundheitsdaten von Patienten gehören zu den besonderen personenbezogenen Daten nach § 3 Abs. 9 BDSG.

04. Datenschutzverletzungen im Gesundheitswesen

- Kündigung durch den Arbeitgeber
- Soziale Ausgrenzung und Isolation im familiären Umfeld
- Vertrauensverlust bei Kollegen, Freunden und in der Familie
- Verlust der Kreditwürdigkeit gegenüber Banken (Kündigung von Krediten)

05. Maßnahmen gegen Spam-Mails

- Sperren von unsicheren Seiten im Internet
- Beschränkung der Weitergabe der E-Mail-Adressen durch die Mitarbeiter
- Einrichtung eines Spam-Filters im Netzwerk
- Tägliche Aktualisierung des Spam-Filters auf lokalen Rechnern
- E-Mail-Adresse in Gästebüchern nicht hinterlegen
- Deaktivieren von Catch-all-Adressen
- Bestimmte E-Mail-Adressen sperren
- Links in Spam-E-Mails nicht aktivieren
- Vermeiden von maschinenlesbaren E-Mail-Adressen im Internet
- Angabe einer zentralen E-Mail-Adresse als Ansprechpartner

06. IT-Sicherheit

a) Physikalische Sicherheit:

- Redundante Server
- Redundante Rechenzentren (Ausweichzentren)
- Redundante Stromversorgung
- Redundante Netzwerkanbindungen unternehmenskritischer Anwendungen
- Zutrittssicherung zu Rechenzentren und Netzwerk-Verteilerräumen
- Klimatisierung der Technikräume
- Schutz der Technikräume vor Hochwasser oder Sturmschäden

b) Logische Sicherheit:

- Datensicherung und -lagerung in getrennten Gebäuden
- Sicherung sensibler Daten vor unberechtigtem Zugriff
- Sicherstellung der Identität der Kommunikationspartner
- Datenspeicherung auf zentralen Fileservern
- Speicherung der System- und Konfigurationsdaten von Clients, Servern und aktiven Netzkomponenten auf speziellen Servern
- Dokumentation der Infrastruktur zur schnellen Bereinigung von Störfällen
- Virenscanner auf Clients, Servern und rechnerbasierten Medizingeräten
- Firewall zur Absicherung des Internets und sensibler Subnetze
- Regelmäßiges, zeitnahes Updating der Software
- Austausch von Default- und Trivialpasswörtern
- Vermeidung von unsicheren Diensten

c) Administrative Sicherheit:

- Berechtigungskonzepte (Vergabe von Zugriffsberechtigungen)
- Einhaltung des Medizinproduktgesetzes (MPG) bei den Medizinsystemen

4.8 Projektmanagement

01. Projektcontrolling

Das Projektcontrolling hat die Aufgabe, Abweichungen vom Plansoll festzustellen. Dazu müssen Termine, Kosten und Ergebnisse im Projekt permanent überwacht werden. Idealtypisch erfolgt das Projektcontrolling in der folgenden Reihenfolge:

- Erfassen der Ist-Werte
- Abweichungsanalyse durch Soll-Ist-Vergleich
- Analyse der Ursachen
- Einleiten von Gegenmaßnahmen
- Vornahme von Plananpassungen

4. Fach: Management im Sozial- und Gesundheitswesen

Sollten Abweichungen festgestellt werden, muss ggf. das Projekt den neuen Bedingungen angepasst werden. Der Projektfortschritt kann mittels der Meilenstein-Trend-Analyse überprüft werden.

Beispiel:

Dem Beschwerdemanagement eines Klinikums ist aufgefallen, dass Patienten vermehrt Abrechnungen zugesandt werden, die zwar eine private Krankenversicherung besitzen, aber keinen wahlärztlichen Behandlungsvertrag unterschrieben haben und demzufolge nicht als Privatpatienten der liquidierenden Chefärzte geführt werden. Das Projektmanagement des Klinikums wurde von der Klinikleitung angewiesen, einen neuen Aufnahmeprozess zu installieren. Das Projektcontrolling hat die Aufgaben, die Einführung des neuen Prozesses zu überwachen.

02. Projektmanagement-Zyklus

Der Projektmanagement-Zyklus besteht aus der Steuerung, Planung und Organisation von Projekten. Dazu zählen:

- Steuerung
  - Führen und Zusammenarbeiten
  - Controlling
- Planung
  - Situationsanalyse und Zielfestsetzung
  - Aufbau einer Projektorganisation
- Organisation
  - Ressourcen- und Kostenplanung
  - Erstellung eines Strukturplans und Ablaufplanung

03. Kick-Off-Veranstaltungen

Kick-Off-Veranstaltungen dienen dem Start von Projekten. Dazu werden die beteiligten Projektmitarbeiter eingeladen. Gelegentlich werden Kick-Off-Veranstaltungen auch genutzt, um das Projekt den Mitarbeitern bekannt zu geben, für die das Projekt maßgeblich bestimmt ist und später an den Projektentwicklungen arbeiten.

Kick-Off-Veranstaltungen umfassen folgende Themen:

- Bekanntgabe von Projektauftrag, Projektzielen, Projektinhalten und Terminen
- Gegenseitiges Kennenlernen und Motivation des Projektteams
- Verteilung der Aufgaben im Projekt
- Klärung der weiteren Vorgehensweise
- Vereinbarung von Spielregeln im Projektteam
- Klärung der Kommunikationsformen im Projektteam und mit Außenstehenden
- Organisation und Verhaltensweisen in den Projektsitzungen

04. Definition von Vorhaben als Projekte

- Zielvorgabe
- finanzielle Begrenzung
- personelle Begrenzung
- projektspezifische Organisation
- Einmaligkeit

Die folgenden Vorhaben werden als Projekte definiert:

- Restaurierung der Kantine
- Durchführung eines „Tages der offenen Tür" im Krankenhaus
- Implementierung eines klinischen Behandlungspfades im Klinikum

Die folgenden Vorhaben werden nicht als Projekte definiert:

- Einkauf von Medizinprodukten in den USA
- Merchandising im Krankenhaus
- Wöchentliche Klavierkonzerte im Atrium eines Klinikums

05. Projektstrukturplan

Projektplanung	Public Relation	Programmplanung	Ablaufplanung
Bildung eines Projektteams	Ankündigung in der Presse	Begrüßung durch die Krankenhausleitung	Klärung von Sicherheitsfragen
Festlegung des Etats	Einladungen an Presse, Mitarbeiter, Patienten, Angehörige und Ehrengäste	Planung von Krankenhausführungen	Entwurf eines Notfallplans (Sanitäter)
Festlegung des Termins	Informationsmaterial	Kinderbetreuung	Bereitstellung von Räumlichkeiten
Einbinden der Mitarbeiter und des Personalrats	Pressekonferenz, Presseverteiler und Pressemappe	Musikalische Darbietungen	Bereitstellung des erforderlichen Klinikpersonals
Klärung von Versicherungsfragen	Bereitstellung von Fotografen	Bewirtung der Gäste	Festlegen der Speisen und Getränkeauswahl

06. Projektphasen

Definitionsphase	Das Projekt wird vorbereitet. Dabei ist eine genaue Definition und Beschreibung des Projekts erforderlich.
Planungsphase	Um die Aufgaben des Projekts erfüllen zu können, sind Teilpläne zu erstellen. Häufig werden Projektstrukturpläne entworfen. Meilensteine legen die Solltermine zu bestimmten Zeitpunkten fest. Es ist auch festzulegen, welche Qualitätsziele erreicht werden sollen.

4. Fach: Management im Sozial- und Gesundheitswesen

Durchführungsphase	Die Projektplanung wird umgesetzt. Das Projektteam muss gesteuert werden und die inhaltlichen, finanziellen und zeitlichen Vorgaben sind im Rahmen eines Projektcontrolling zu analysieren. Der Projektfortschritt wird mittels der Meilenstein-Trend-Analyse kontrolliert. Bei Abweichungen sind ggf. Anpassungen vorzunehmen.
Abschlussphase	Die Projektentwicklung wird der Unternehmensleitung präsentiert. Die Abnahme erfolgt schriftlich. Zu den abschließenden Aufgaben zählen der Abschlussbericht und die Auflösung des Projektteams. In besonderen Fällen muss geklärt werden, wer die Projektnachbetreuung übernimmt. Gelegentlich werden Nachbesserungen notwendig, sodass das Projektteam erst zu einem späteren Zeitpunkt aufgelöst wird als ursprünglich geplant.

Die Entscheidung, überhaupt ein Projekt zu installieren, zählt nicht zum Projekt selbst, da das Management solche strategischen Unternehmensentscheidungen fällt.

07. Projektakte

- Ablauf- und Terminplan
- Abschlussbericht
- Arbeitspakete
- Kostenplan
- Lastenheft
- Pflichtenheft
- Präsentationsmappen
- Problembeschreibungen
- Projektstrukturplan
- Projektzielblatt
- Qualitätsplan
- Ressourcenplanung
- Sitzungsprotokolle
- Statusberichte

4.9 Qualitätsmanagement im Sozial- und Gesundheitswesen

01. Qualitätsmanagementsysteme im Überblick

- TQM

    Im TQM-Modell (Total Quality Management) nimmt die Qualität im Unternehmen eine zentrale Stellung ein. Das Modell bindet alle Berufsgruppen und Hierarchieebenen sowie alle Prozesse ein, um die Zufriedenheit und den Nutzen der externen und internen Kunden zu steigern. So werden Wettbewerbsvorteile generiert. Das TQM-Modell ist branchenübergreifend einsetzbar.

- KTQ

  KTQ (Kooperation für Transparenz und Qualität im Gesundheitswesen) dient in Krankenhäusern, Arztpraxen und medizinischen Versorgungszentren, Rehabilitationseinrichtungen, ambulanten und stationären Pflegeeinrichtungen, Hospizen und alternativen Wohnformen der Verbesserung und Optimierung von Prozessen bei der Patientenversorgung.

- pCC

  Das pCC-Modell (proCumCert) der konfessionellen Zertifizierungsgesellschaft orientiert sich an dem KTQ-Verfahren. Zusätzlich werden weitere Qualitätskriterien in das pCC-Modell einbezogen wie beispielsweise die Trägerverantwortung, Sozialkompetenz im Umgang mit Patienten und Mitarbeitern, Spiritualität und die Verantwortung gegenüber der Gesellschaft.

- QEP

  QEP (Qualität und Entwicklung in Praxen) zielt auf die qualitative Verbesserung der Prozesse und Bedingungen in Arztpraxen. Zu den Qualitätszielen zählen die Patientenversorgung, Patientenrechte und Patientensicherheit, die Mitarbeiter und deren Fortbildung, die Praxisführung und -organisation sowie Aufgaben der Qualitätsentwicklung.

- EFQM

  EFQM (European Foundation für Quality Management) ist ein TQM-Modell. Das EFQM-Modell baut auf verschiedenen Konzepten wie beispielsweise Ausrichtung auf den Kunden, Führung und Zielkonsequenz, Management mittels Prozessen und Fakten, Mitarbeiterentwicklung und -beteiligung, kontinuierliches Lernen, Innovation und Verbesserung, Entwicklung von Partnerschaften und soziale Verantwortung auf. Diese Konzepte verändern sich, wenn sich exzellente Organisationen entwickeln und weiter verbessern. Das Benchmarking (best-practices) soll sicherstellen, dass das EFQM-Modell einen dynamischen Charakter erhält.

02. Qualitätsmanagementsysteme als Methode der Unternehmensführung

- Patientenorientierung
- Verantwortung und Führung
- Wirtschaftlichkeit
- Prozessorientierung
- Mitarbeiterorientierung und -beteiligung
- Zielorientierung und Flexibilität
- Fehlervermeidung und Umgang mit Fehlern
- Kontinuierlicher Verbesserungsprozess

03. Qualitätsdimensionen

Die folgenden Qualitätsdimensionen werden unterschieden:

- Strukturqualität
- Prozessqualität
- Ergebnisqualität.

Die Strukturqualität orientiert sich an der Ausstattung und Personal. Dazu zählen die Personalqualifikationen und die Betriebsausstattung der Operationssäle, Krankenstationen, Zimmern etc.

Die Prozessqualität konzentriert sich auf die Leistungserstellung. Dazu zählt beispielsweise das Konzept der klinischen Behandlungspfade („clinical pathways") und die krankenhausinterne Patientenlogistik, um die Abläufe zu optimieren bzw. um ggf. Wartezeiten vor Operationen oder beim Röntgen zu vermeiden.

Die Ergebnisqualität bezieht sich auf das Ausmaß der Heilung und Linderung von Krankheiten. Indikatoren wie beispielsweise Sterblichkeit, Überlebensdauer, Dekubitushäufigkeit geben Auskunft über die Ergebnisse der medizinischen und pflegerischen Arbeit.

04. Qualitätsmanagementsysteme nach DIN EN ISO 9000:2008

- Kundenorientierung
- Führung
- Einbeziehung aller Betroffenen
- Prozessorientierter Ansatz
- Effektive und effiziente Managementprozesse
- Ständige Verbesserung
- Effektive Entscheidungsfindung
- Lieferantenbeziehungen zum beiderseitigen Nutzen

05. Audits im Qualitätsmanagement

Audits erfolgen in der Regel durch Qualitätsbeauftragte und werden systematisch und unabhängig durchgeführt, um zu untersuchen, ob die qualitätsbezogenen Aufgaben und die daraus resultierenden Ergebnisse den geplanten Vorgaben des Qualitätsmanagements entsprechen.

Die Auditoren erstellen im Vorfeld eines Audits oftmals Checklisten, um die geforderten Normen der betrieblichen Realität anzupassen. Die Planung und Durchführung der Audits muss der DIN EN ISO 19011:2002 entsprechen.

Interne Audits finden innerhalb einer Organisation statt, während externe Audits in der Regel durch zertifizierte Auditoren durchgeführt werden. Diese externen Auditoren werden durch akkreditierte Zertifizierungsstellen zertifiziert.

06. Instrumente zur Qualitätslenkung und -verbesserung

- Kontinuierlicher Verbesserungsprozess (KVP)
- Kaizen
- Betriebliches Vorschlagswesen
- Qualitätszirkel
- Fehlermanagement
  - Beschwerdemanagement
  - Ishikawa-Diagramm (Fischgrät-Diagramm)
  - Fehlerbaum-Analyse
  - Failure Mode and Effects Analysis (FMEA)
  - Critical Incident Reporting
- Benchmarking

07. Beschwerdemanagement

Das Beschwerdemanagement ist Bestandteil des Fehlermanagements, um Verbesserungspotenziale im Unternehmen auszuschöpfen. Es werden Patientenbeschwerden, Beinahefehler und Arzthaftungsfälle erfasst, die die klinischen Prozesse weiterentwickeln und Behandlungen im Krankenhaus sicherer machen.

Der Erfolg eines Beschwerdemanagements hängt von verschiedenen Faktoren ab. Dazu zählen:

- Kompetente Ansprechpartner
- Erreichbarkeit (persönlich, telefonisch, elektronisch)
- Schnelle Reaktion auf Beschwerden
- Schnelle Entscheidungen und konkrete Aussagen
- Einhalten von Zusagen
- Eingehen auf die Wünsche der Patienten
- Unkomplizierte Problemlösung
- Information über die Abwicklung (ggf. Zwischenstand)

08. Fehlermanagement

Aus aufgetretenen Fehlern sollen die Mitarbeiter lernen. Leider ist oftmals zu beobachten, dass in vielen Organisationen beim Auftreten von Fehlern nach dem Schuldigen gesucht wird, um diesen zu bestrafen. Im Extremfall kann diese Haltung zur sofortigen Beendigung eines Arbeitsverhältnisses führen. Problematisch ist hierbei, dass die Fehlerursache meist ungeklärt bleibt.

Das Fehlermanagement bedarf daher einer positiven Fehlerkultur. Die Mitarbeiter sollen zu einer offenen und positiven Einstellung gegenüber Fehlern ermutigt werden, damit sich jeder verantwortlich fühlt und mithilft, zukünftige Fehler aktiv zu vermeiden.

Die erstmalige Bekanntgabe von Fehlern kann in Einrichtungen des Gesundheitswesens anonym und sanktionsfrei erfolgen, sodass alle Betroffenen einen Beitrag leisten, um Prozesse zu verbessern. Dies erhöht die Motivation der Mitarbeiter und steigert Produktivität und Qualität der erbrachten Leistungen. Ein Fehlermanagement soll auch die Patienten- und Mitarbeiterzufriedenheit erhöhen.

09. Aufgaben der Fehleranalyse, SHELL-Modell

Die Fehleranalyse ermöglicht das Aufdecken der Ursachen unerwünschter Ereignisse und Arzthaftungspflichtfälle. Das Ziel der Fehleranalyse ist das bessere Verständnis der Prozesse, die hinter den aufgetretenen Fehlern stehen, um anschließend Verbesserungsvorschläge zu generieren.

Die Schritte der Ursachenanalyse und Maßnahmenplanung werden wie folgt strukturiert:

- Aufdecken der Grundlagen des Falles
- Fallbeschreibung
- Definition des Ziels der Analyse
- Begehung am Ort des Ereignisses
- Ist-Prozessbeschreibung
- Beschreibung und Gewichtung der fehlerhaften Vorgänge
- Beschreibung und Gewichtung der ursächlichen Faktoren
- Beschreibung und Gewichtung der möglichen Abwehrmechanismen bzw. der Verbesserungsmaßnahmen
- Ableitung von Empfehlungen zur besseren Fehlerprävention
- Optionale Beschreibung der idealen Soll-Prozesse

Das Shell-Modell teilt die fehlerhaften Vorgänge und Fehler begünstigenden Faktoren in die folgenden vier Bereiche (Shell-Kategorien) ein:

S : Software = Prozessorganisation
H : Hardware = Technik und materialmobile Strukturen
E : Environment = Arbeitsplatz und immobile Strukturen
L-L : Lifeware-Lifeware = Mensch und Menschen, Individuen und Teams

Die SHELL-Kategorien sind nicht immer eindeutig abgrenzbar, erscheinen aber als brauchbares Denkmodell für eine differenzierte und rationale Analyse von Fehlerursachen und Verbesserungsmaßnahmen.

10. Betriebliches Vorschlagswesen

Das betriebliche Vorschlagswesen dient der Qualitätsverbesserung, der Leistungsinnovationen und der Mitarbeitermotivation. Zu den Zielen eines BVV zählen:

- Verbesserung der Versorgungsqualität der Patienten
- Verbesserung der Arbeitsbedingungen der Mitarbeiter
- Erhöhung der Mitarbeiterzufriedenheit
- Vereinfachung von Arbeitsabläufen, -methoden und -verfahren
- Optimierung der Kommunikations- und Informationsflüsse
- Entbürokratisierung
- Erhöhung der Arbeitssicherheit und Minderung von Unfallgefahren
- Einsatz Ressourcen schonender Verfahren
- Abfallvermeidung
- Steigerung der Entsorgungsqualität
- Förderung des Umwelt- und Gesundheitsschutzes
- Kostensenkung durch Material- und Energieeinsparungen

Die Ziele und Maßnahmen dienen der Erhöhung der Wirtschaftlichkeit.

11. PDCA-Zyklus

Beispielhafter PDCA-Zyklus:

a) Plan

Der Plan ist die Verbesserung der Qualität der Behandlungs- und Wahlleistungsverträge, die aus der Patientenaufnahme kommen. Nur dann begleichen die Privatpatienten Abrechnungen ohne Einwendungen.

b) Do

Etablierung eines Qualitätszirkels, der die Mitarbeiter der Patientenaufnahme schult und informiert. Zudem wird ein Bearbeitungsschema erstellt, nach dem sich die Mitarbeiter zu richten haben, um eine korrekte Patientenaufnahme durchzuführen.

c) Check

Im Abstand von drei bis vier Wochen werden die Mitarbeiter der Abrechnung befragt, um die Ergebnisse zu evaluieren.

d) Act

Sollten die Verträge immer noch unvollständig bearbeitet werden, müssen die Mitarbeiter erneut geschult werden, ggf. werden Mitarbeitergespräche erforderlich, um mögliche Fehlerursachen aufzudecken.

Literaturhinweise

Basisliteratur

aap Implantate AG, Geschäftsbericht 2009, Berlin 2009

Bäcker, Gerhard, Sozialpolitik und soziale Lage in Deutschland: Grundlagen, Arbeit, Einkommen, Band 1 Grundlagen, Einkommen und Finanzierung, 4. Auflage

BARMER GEK, BARMER GEK Report 2010, Schwäbisch Gmünd 2010

Berth, Wer Kinder hat wird älter, Süddeutsche 6/2008

Birkner, B./Lüttecke, H./Gürtler, J.: Kaufmann/Kauffrau im Gesundheitswesen: Lehrbuch zur berufsspezifischen Ausbildung, 4. Auflage 2011

BKK Bundesverband, BKK Gesundheitsreport 2010 – Gesundheit in einer älter werdenden Gesellschaft, Essen 2010

Bundesvereinigung Deutscher Apothekerverbände: Die Apotheke – Zahlen, Daten, Fakten, Berlin 2009

BKK Bundesverband (Hrsg.) Kreis, Bödeker, BKK Gesundheitlicher und ökonomischer Nutzen betrieblicher Gesundheitsförderung und Prävention Zusammenstellung der wissenschaftlichen Evidenz, Essen 2003

Bundesamt für Bevölkerungsschutz und Katastrophenhilfe: Handbuch betriebliche Pandemieplanung, Bonn 2007

Bundesagentur für Arbeit, Frauen und Männer am Arbeitsmarkt im Jahr 2010, Nürnberg 2011

Bundesagentur für Arbeit, Ältere am Arbeitsmarkt, Nürnberg 2010

Bundesanstalt für Arbeitsschutz und Arbeitsmedizin, im Auftrag des Bundesministerium für Arbeit und Soziales, Sicherheit und Gesundheit bei der Arbeit 2009, Dortmund/Berlin/Dresden 2011

Bundesministerium für Gesundheit, Nachhaltigkeit in der Finanzierung der sozialen Sicherungssysteme - Bericht der Kommission, Berlin 2003

Bundesministerium für Gesundheit, Informationsblatt zu den Zuzahlungsregelungen der GKV, 2011

Bundesministerium des Innern, Demographiebericht – Bericht der Bundesregierung zur demographischen Lage und zur künftigen Entwicklung des Landes, Berlin 2011

Bundesministerium für Wirtschaft und Technologie(Hrsg.), Henke, Troppens, Braeseke, Dreher, Merda: Innovationsimpulse der Gesundheitswirtschaft – Auswirkungen auf Krankheitskosten, Wettbewerbsfähigkeit und Beschäftigung, Berlin 2011

Busch, Duki, Kalytta, Roscher, Stressmanagement, Heidelberg 2009

Bühren, Astrid; Voderholzer, Ulrich; Schulte-Markwort, Michael; Loew, Thomas H.; Neitscher, Friedrich; Hohagen, Fritz; Berger, Mathias Psychische Erkrankung: Alle Fachgebiete sind erfordert, Ärzteblatt, Ausgabe Mai 2008

Deutsche Rentenversicherung Bund, Rentenversicherung in Zahlen 2011, Berlin 2011

Brandel, Huber (Hrsg.) Dirnberger, Schneider, Wölfel, Praxiswissen für Kommunalpolitiker, 3 Auflage

Dirnberger, Schneider, Wölfel, Praxiswissen für Kommunalpolitiker, Brandl, Huber, Walchshöfer, 3. Auflage

DIW (Hrsg.) Hornschild, Raab, Weiss, Die Medizintechnik am Standort Deutschland – Chancen und Risiken durch technologische Innovationen, Auswirkungen auf und durch das nationale Gesundheitssystem sowie potentielle Wachstumsmärkte im Ausland, Berlin 2005

Eurostat, Europa in Zahlen – Eurostat Jahrbuch, Luxemburg 2008

Gemeinsamer Bundesausschuss: Bedarfsplanungs-Richtlinie, 2010

Gabler: Wirtschaftslexikon, soziale Schicht, http://wirtschaftslexikon.gabler.de/Archiv/57703/soziale-schicht-v3.html (12.10.2011)

Gabler: Kompakt-Lexikon Wirtschaft, Wiesbaden 2010

GKV-Spitzenverband, Leitfaden zur Selbsthilfeförderung, Berlin 2009

GKV-Spitzenverband, Kennzahlen der gesetzlichen Krankenversicherung, Berlin 2010

Graschi, Weissenberger, http://www.i2k-services.de/resources/Pharmadistribution+nach+der+15.+AMG+Novelle.pdf (20.09.2011)

Grimmelt Andre, Pandemie Herausforderung für das Risikomanagement von Unternehmen, Norderstedt 2009

Gunther, Entwicklung eines Risikomodells für das Auftreten von Hauttumoren anhand des bayerischen Hautkrebs-Screeningprogrammes unter Berücksichtigung der Kosten-Nutzen-Relation, München 2011

Hajen, Paetow, Schuhmacher, Gesundheitsökonomie – Struktur, Methoden Praxis, Stuttgart 2010, 5. Auflage

Hofer, Moser-Siegmeth, Soziale Isolation älterer Menschen, Wien 2010

Institut für das Entgeltsystem im Krankenhaus: Weiterentwicklung des G-DRG-Systems für das Jahr 2011 Klassifikation, Katalog und Bewertungsrelationen Teil I: Projektbericht, Siegburg 2010

Institut für Arbeit und Technik (Hrsg.) v. Bandemer/Salewski/Schwanitz Die Internationalisierung der Gesundheitswirtschaft: Was kommt nach Medizintechnik und Pharmaindustrie? Gelsenkirchen 2009

Kasl, Cobb (1966) *zitiert nach Waller* (1996) Gesundheitswissenschaft. Eine Einführung in Grundlagen und Praxis. Kohlhammer, Stuttgart 1996, 2. Auflage

Koch/Kuschinsky, Handbuch des Rettungswesens, 1998

Kölking, DRG und Strukturwandel in der Gesundheitswirtschaft, Stuttgart 2007

Kommission der europäischen Gemeinschaften, Mitteilung an den europäischen Rat und das europäische Parlament, EU-Strategie über Maßnahmen zur Bekämpfung des akuten Fachkräftemangels im Gesundheitswesen der Entwicklungsländer 2005, S. 3

Konrad-Adenauer-Stiftung (Hrsg.) Henry-Huthmacher, Hoffmann, Familienreport 2005, Sankt Augustin, 2006

Kötting, May, http://www.pharmazeutische-zeitung.de/index.php?id=32572(10.11.2011)

Krause, B/Krause, G.: Die Prüfung der Fachwirte – Wirtschaftsbezogene Qualifikationen, 3. Auflage 2011

Lampert/Althammer, Lehrbuch der Sozialpolitik, 8. Auflage, Berlin Heidelberg 2007

Maucher, Das Krankenhaus im World Wide Web, Hamburg 2010

Müller, Europäisches Pharmamarketing, Wiesbaden 2005

Nationale Kontakt- und Informationsstelle zur Anregung und Unterstützung von Selbsthilfegruppen (NAKOS), http://www.nakos.de (20.10.2011)

Plötz, Kleine Arzneimittellehre, Heidelberg 2007, 5. Auflage

Presse- und Informationsstelle der Universität Münster, Kruse, Zu Risiken und Nebenwirkungen – Münstersche Studie soll Arzneitherapie von Alten- und Pflegeheimbewohnern verbessern, Münster 2011

Robert Koch Institut: Gesundheitsberichterstattung des Bundes, Sterblichkeit, Todesursachen und regionale Unterschiede, Heft 52, Berlin 2011

Schmähl, Soziale Sicherung: ökonomische Analysen, Verlag für Sozialwissenschaften, Wiesbaden 2009

Siegrist, Dragano, Berufliche Belastungen und Gesundheit, in Soziologie der Gesundheit, Köln 2006, Sonderheft 46

Simon, Das Gesundheitssystem in Deutschland, Bern 2010, 3. Auflage

Schwabe, Paffrath, Arzneimittelverordnungsreport 2010, Heidelberg 2010

SPECTARIS Deutscher Industrieverband für optische, medizinische und mechatronische Technologien, Branchenbericht, Berlin 2009

Spitzenverbände der Krankenkassen: Gemeinsame Empfehlung der Spitzenverbände der Krankenkassen zu leistungsrechtlichen Umsetzungsfragen hier: Vorsorge- und Rehabilitationsleistungen im Ausland, 2005

Statistisches Bundesamt: Demografischer Wandel in Deutschland Auswirkungen auf Krankenhausbehandlungen und Pflegebedürftige im Bund und in den Ländern Wiesbaden 2010, Heft 2

Statistisches Bundesamt, Gesundheit – Ausgaben, Wiesbaden 2011, Fachserie 12, Reihe 7.1.1

Statistisches Bundesamt: Gesundheit – Grunddaten der Krankenhäuser, Wiesbaden 2011, Fachserie 12, Reihe 6.1.1 Wiesbaden 2011

Statistisches Bundesamt, Gesundheit Personal 2000-2009,13, Wiesbaden 2010

Statistisches Bundesamt: http://www.destatis.de/kontakt/ Durchschnittliche und fernere Lebenserwartung nach ausgewählten Altersstufen (12.11.2011)

Statistisches Bundesamt, Gesundheit Krankheitskosten 2008, Wiesbaden 2010 Fachserie 12, Reihe 7.2

Statistisches Bundesamt: Pflegestatistik 2009, Wiesbaden 2010

Statistisches Bundesamt, Wirtschaft und Statistik , 11/2010

Statistisches Bundesamt, Statistisches Jahrbuch, Wiesbaden 2011

Statistisches Bundesamt, 12., koordinierte Bevölkerungsvorausberechnung, Wiesbaden 2009

Statistisches Bundesamt, Bevölkerungs- und Haushaltsentwicklung
im Bund und in den Ländern, Wiesbaden 2011, Heft 1

Stikklas, Lehrbuch Fachwirt/in im Sozial- und Gesundheitswesen, Bern 2009

Verband der Ersatzkassen, Gemeinsames Rundschreiben 2011 zur Förderung der Selbsthilfebundesorganisationen nach § 20c SGB V, Berlin 2010

Wabnitz, Medizinprodukte als Hilfsmittel in der gesetzlichen Krankenversicherung, Berlin, Heidelberg 2009

Wydler, Kolip, Abel, Salutogenese und Kohärenzgefühl, Weinheim/ München 2010, 4. Auflage

Marketing

Helm, R.: Marketing: Strategische Analyse und marktorientierte Umsetzung, 8. Auflage 2009

Kahl, S./Mittelstaedt, L.: Strategisches Klinikmarketing – Grundlagen – Konzepte – Instrumente, 1. Auflage 2007

Olbrich, R.: Marketing: Eine Einführung in die marktorientierte Unternehmensführung, 2. Auflage 2006

Papenhoff, M./Platzköster, C.: Marketing für Krankenhäuser und Rehakliniken: Marktorientierung & Strategie, Analyse & Umsetzung, Trends & Chancen, 1. Auflage 2010

Stachel, K.: Patientenorientierte Krankenhausführung: Beiträge des Personalmanagements zur Markenbildung und Kundenorientierung von Krankenhäusern, 1. Auflage 2008

Fundraising, Spenden & Sponsoring

Baier, C.: Fundraising – Ein Wegweiser für Stiftungen und den Non-Profit-Bereich, 1. Auflage 2008

Bär, M./Borcherding, J./Keller, B.: Fundraising im Non-Profit-Sektor: Marktbearbeitung von Ansprache bis Zuwendung, 1. Auflage 2010

Bruhn, M.: Sponsoring: Systematische Planung und integrativer Einsatz, 5. Auflage 2010

Fabisch, N.: Fundraising – Spenden, Sponsoring und mehr, 2. Auflage 2006

Fundraising-Akademie: Fundraising: Handbuch für Grundlagen, Strategien und Methoden, 4. Auflage 2008

Management

Bea, F.X./Göbel, E.: Organisation: Theorie und Gestaltung, 4. Auflage 2010

Behrendt, I./König, H.-J./Krystek, U.: Zukunftsorientierter Wandel im Krankenhausmanagement Outsourcing, IT-Nutzenpotenziale, Kooperationsformen, Changemanagement, 1. Auflage 2009

Debatin, J.F./ Ekkernkamp, A./Schulte, B.: Krankenhausmanagement: Strategien, Konzepte, Methoden, 1. Auflage 2010

DKG: Die Dokumentation der Krankenhausbehandlung – Hinweise zur Durchführung, Archivierung und zum Datenschutz, 3. Auflage 2007

Fleßa, S.: Grundzüge der Krankenhaussteuerung, 1. Auflage 2008

Hauschildt, J.: Innovationsmanagement, 5. Auflage 2011

Kraus, G./Westermann, R.: Projektmanagement mit System: Organisation, Methoden, Steuerung, 4. Auflage 2010

Salfeld, R./Hehner, S./Wichels, R.: Modernes Krankenhausmanagement: Konzepte und Lösungen, 2. Auflage 2009

Schmidt-Rettig, B.: Krankenhaus-Managementlehre: Theorie und Praxis eines integrierten Konzepts, 1. Auflage 2008

Stachel, K.: Patientenorientierte Krankenhausführung: Beiträge des Personalmanagements zur Markenbildung und Kundenorientierung von Krankenhäusern, 1. Auflage 2008

Von Eiff, W./Klemann, A.: Unternehmensverbindungen: Strategisches Management von Kooperationen, Allianzen und Fusionen im Gesundheitswesen, 2. Auflage 2005

Rechnungswesen und Controlling

Debatin, J.F./ Ekkernkamp, A./Schulte, B.: Krankenhausmanagement: Strategien, Konzepte, Methoden, 1. Auflage 2010

Hentze, J./ Kehres, E.: Krankenhaus-Controlling: Konzepte, Methoden und Erfahrungen aus der Krankenhauspraxis, 4. Auflage 2010

InEK GmbH: Fallpauschalenkatalog, 1. Auflage 2011

InEK GmbH: Kodierrichtlinien, 1. Auflage 2011

Keun, F./Prott, R.: Einführung in die Krankenhaus-Kostenrechung: Anpassung an neue Rahmenbedingungen, 7. Auflage 2009

Schirmer, H.: Krankenhaus-Controlling: Handlungsempfehlungen für Krankenhausmanager, Krankenhauscontroller und alle mit Controlling befassten Führungs- und Fachkräfte in der Gesundheitswirtschaft, 4. Auflage 2010

Schmidt-Rettig, B.: Krankenhaus-Managementlehre: Theorie und Praxis eines integrierten Konzepts, 1. Auflage 2008

Tuschen, K.-H./Trefz, U.: Krankenhausentgeltgesetz: Kommentar; mit einer umfassenden Einführung in die Vergütung stationärer Krankenhausleistungen, 2. Auflage 2010

Zapp, W./Oswald, J.: Controllinginstrumente für Krankenhäuser, 1. Auflage 2009

Kommunikations- und Informationstechnologie

Behrendt, I./König, H.-J./Krystek, U.: Zukunftsorientierter Wandel im Krankenhausmanagement Outsourcing, IT-Nutzenpotenziale, Kooperationsformen, Changemanagement, 1. Auflage 2009

Gocke, P./Debatin, J.F.: IT im Krankenhaus: Von der Theorie in die Umsetzung, 1. Auflage 2011

Schlegel, H.: Steuerung der IT im Klinikmanagement: Methoden und Verfahren, 1. Auflage 2010

Personalwesen

Bechtel, P./Friedrich, D./Kerres, A.: Mitarbeitermotivation ist lernbar

Bruch, H./Kunze, F./Böhm, S.: Generationen erfolgreich führen: Konzepte und Praxiserfahrungen zum Management des demographischen Wandels

Holtbrügge, D.: Personalmanagement, 4. Auflage 2010

Krause, B./Krause, G.: Die Prüfung der Personalfachkaufleute, 8. Auflage 2010

Mentzel, W./Grotzfeld, S./Haub, C.: Mitarbeitergespräche: Mitarbeiter motivieren, richtig beurteilen und effektiv einsetzen; [Mitarbeiter- und Teamgespräche richtig führen], 9. Auflage 2010

Mitarbeiter in Gesundheitseinrichtungen motivieren, führen und coachen, 1. Auflage 2010

Proksch, S.: Konfliktmanagement im Unternehmen: Mediation als Instrument für Konflikt- und Kooperationsmanagement am Arbeitsplatz, 1. Auflage 2010

Scherm, E./Süß, S.: Personalmanagement, 2. Auflage 2010

Schwarz, G.: Konfliktmanagement: Konflikte erkennen, analysieren, lösen, 8. Auflage 2010

Stachel, K.: Patientenorientierte Krankenhausführung: Beiträge des Personalmanagements zur Markenbildung und Kundenorientierung von Krankenhäusern, 1. Auflage 2008

Weibler, J.: Personalführung, 1. Auflage 2001

Pflegemanagement

Kerres, A./Seeberger, B.: Gesamtlehrbuch Pflegemanagement, 1. Auflage 2005

Lieb, N.: Pflegemanagement als Beruf: Anforderungen und Aufgaben leitender Pflegekräfte im Krankenhaus, 1. Auflage 2010

Schäfer, W./Jacobs, P.: Praxisleitfaden Stationsleitung: Handbuch für die stationäre und ambulante Pflege, 3. Auflage 2009

Recht

Beck-Texte: SGB V (Öffentliches Gesundheitswesen) und SGB IX (Rehabilitation und Teilhabe behinderter Menschen)

Bundesministerium für Arbeit und Soziales: Übersicht über das Sozialrecht, Ausgabe 2010

Dau, D.H./Düwell, F.J./Joussen, J.: Sozialgesetzbuch IX: Rehabilitation und Teilhabe behinderter Menschen; Lehr- und Praxiskommentar, 3. Auflage 2011

Kamps, Norbert: Grundlagen der Hilfsmittel- und Pflegehilfsmittelversorgung, 2009

Klunzinger, E.: Grundzüge des Gesellschaftsrechts, 15. Auflage 2009

Klunzinger, E.: Grundzüge des Handelsrechts, 14. Auflage 2011

Kruse, J./Hänlein, A.: Sozialgesetzbuch V: Gesetzliche Krankenversicherung; Lehr- und Praxiskommentar, 3. Auflage 2009

Münzel, H./Zeiler, N.: Krankenhausrecht und Krankenhausfinanzierung, 1. Auflage 2010

Quaas, Michael; Zuck, Rüdiger: Medizinrecht, 2. Aufl. 2008

Schauhoff, Stephan: Handbuch der Gemeinnützigkeit, 3. Aufl. 2010

Qualitätsmanagement

Ertl-Wagner, B./Steinbrucker, S./ Wagner, B.C.: Qualitätsmanagement & Zertifizierung: Praktische Umsetzung in Krankenhäusern, Rehakliniken und stationären Pflegeeinrichtungen, 1. Auflage 2009

Hellmich, C.: Qualitätsmanagement und Zertifizierung im Rettungsdienst: Grundlagen – Techniken – Konzepte – Umsetzung, 1. Auflage 2010

Schmidt, S.: Das QM-Handbuch: Qualitätsmanagement für die ambulante Pflege, 2. Auflage 2010

Stichwortverzeichnis

A
ABC-Analyse 432
Abfalllogistik 436
Abgaben 231
Abgabenordnung 231, 346
Abgabenverwaltung 178
Abgangsgespräche 575
Abgrenzungsverordnung 484
Ablauforganisation 642
Abmahnspräche 575
Abrechnung 508
Abrechnungsbestimmungen 489
Abrechnungsfähigkeit 510
Abschlussdokumentation 449
Abschlussphase 642
Abschreibung 474, 482
Abteilung 397
Aktiengesellschaft 381
Aktivitätenliste 652
Aktivseite 475
Allgemeines Gleichbehandlungsgesetz (AGG).. 596
Altenheim 402
-, Organigramm 402
Altenpfleger/in 588
Ambulantes Operieren 419
Analogieschlussmethode 548
Analysephase 358
Analysetechniken 648
Anfechtungsklage 184
Angehörige 423
Angst 599
Anlagegüter 484
Anschlussrehabilitation 99
Anspruchsgruppe 423
Anspruchsgruppen 262, 264
Antrag 244
Anwender 430
Apothekenpflicht 188
Arbeit 35
Arbeitgeberanteil 225
Arbeitnehmeranteil 225
Arbeitnehmerüberlassung .. 553
Arbeitslosenversicherung ... 223
Arbeitspakete 651
Arbeitsschutzgesetz (ArbSchG) 596
Arbeitssicherheit 44
Arbeitssicherheitsgesetz 596
Arbeitsstättenverordnung ... 596
Arbeitsunfähigkeit 41
Arbeitsunfallgeschehen 43
Arbeitsverhältnis 559

Arbeitsvertrag 559
Arbeitszeitgesetz (ArbZG) . 566, 597
Arbeitszeugnis 555
Arbitragehandel 60
Ärger 599
Arten 508
Arzneimittel 58, 188
Arzneimittelauswahl 435
Arzneimittellimitationen 59
Arzneimittelkommissionen .. 435
Arzneimittelversorgung 108, 435
Assessment-Center 558
Associate Nurses 406
Audits 683
Aufbauorganisation 643
Aufbewahrungsfrist 565
Aufbewahrungspflichten 444
Aufenthaltsbestimmung 221
Aufgaben 356
-, Gesponserte 356
-, Sponsoren 356
Aufhebungsverträge 562
Aufklärung 202, 243, 443
Aufklärungsmängel 443
Aufnahmestopp 218
Auftragsdatenverarbeitung . 635
Aufwandsbuchung 474
Aufwandspauschale 506
Ausführungsstelle 395, 397
Auskunft 243
Auskunftpflichten 217
Ausschuss 397
Auswahlkriterien 463

B
Balkendiagramm 655
Barbeträge 479
Barcodes 435
Barcode-Scanner 433
Basisfallwert 490
Bedarf 303
Bedarfsanalyse 432
Bedarfsverwaltung 178
Befruchtung, künstliche 421
Befunde 442
Begriff 350
Behandlungsdokumentation 203
Behandlungsfehler 197, 443
Behandlungspfad 412
Behandlungsunterlagen 444
Behindertenversorgung 141

Behindertenwerkstätten 141
Beiträge 231
Beitragsbemessungsgrenze 226
Beitragssatz 225
Belastung 608
Belastungsgrenzen 123
Belegarztbehandlungen 504
Belegärzte 504
Belegarztwesen 504
Belegbetten 504
Belegkrankenhäuser 505
Benchmarking 531, 539, 692
Beratung 243
Bereitschaftsdienste 566
Berufsbetreuer 222
Berufsgenossenschaftliche Verletzungsverfahren 445
Berufsverbot 204
Berufung 183
Beschaffung 428
Beschaffungslogistik 436
Beschaffungsmanagement 428, 429
Beschaffungsrichtlinie 430
Beschaffungsstrategie 430
Beschaffungswesen 430
Beschäftigungsniveau 51
Beschluss 183
Bestandsführung 438
Besucher 423
Betätigungen 235
Betäubungsmittel 193
Betäubungsmittelverschreibungsverordnung ... 193
Betreuung 219
Betreuungsbehörde 222
Betreuungsbehördengesetz (BtBG) 209
Betreuungsverein 222, 223
Betriebliches Vorschlagswesen 690
Betriebsabspaltung 455
Betriebsänderungen 454
Betriebsparteien 455
Betriebsrat 455, 561
Betriebsräte 454
Betriebsratsmandate 456
Betriebsstatistik 543
Betriebsuntersagung 218
Betriebsverfassungsgesetz 597
Betriebsvergleich 529, 531
Betrug 204

Stichwortverzeichnis

Beurteilungsbögen............. 582
Beurteilungsfehler.............. 582
Beurteilungsgespräch......... 573, 576, 884
Beurteilungskriterien........... 579
Beurteilungsverfälschungen............... 583
Bevölkerung........................ 38
Bevölkerungsstruktur............ 86
Bewältigungsressourcen...... 34
Beweiserleichterung........... 199
Beweislast......................... 198
Beweissicherung................ 443
Bewerberauswahl............... 554
Bewerbungsunterlagen....... 555
Bewertungsrelationen........489, 490, 505
Bewohnermitwirkung.......... 215
Beziehungskonflikte............ 607
Bezugspflege............. 406, 448
Bilanz................................. 475
Bildschirmarbeitsverordnung........... 597
Bildung................................ 35
Bildungsurlaubsgesetz....... 566
Bonusprogramme................ 64
Botschaftsgestaltung.......... 330
Bottom-Up-Planung............ 526
Boundary Spanner.............. 464
Branchenanalyse................ 295
Branchenanalyse nach Porter.............. 293, 295
Budgetary slacks................ 527
Budgetermittlung................ 520
Budgetierung....... 513, 522, 526
Budgets.............................. 513
Budgetüberschreitung........ 520
Budgetverhandlungen........ 514
Bundesärztekammer............ 54
Bundesausschusses........... 249
Bundesbehörden.................. 77
Bundesdatenschutzgesetz............ 245, 630
Bundeselterngeld- und Elternzeitgesetz (BEEG). 568
Bundesfreiwilligendienst..... 567
Bundesgeschäftsstelle Qualitätssicherung (BQS) 669
Bundespflegesatzverordnung (BpflV).......... 486
Bundesurlaubsgesetz (BUrlG)................ 567
Bundesversorgungsgesetz. 241
Bundeszuschuss................ 144
Bürgerliches Gesetzbuch... 597
Business Marketing............ 260
Business-to-Business-Beziehungen.............. 431

C

Capitation-Verträge............. 432
Catering............................. 424
CE-Kennzeichnung............ 186
Chefarztbehandlung........... 509
Clinical-to-Business-Beziehungen.................. 431
Coaching................... 615, 618
Compliance....................... 109
Concoursverfahren............. 580
Controlling-Cockpits........... 464
Corporate-Identity-Politik.... 289
Corporate Social Responsibility................ 260
Cost-Center-Ebene............. 462
Council of Logistics Management.................. 433
critical pathways................ 407

D

Data-Warehouses............... 464
Daten................................. 633
Datenmissbrauch............... 626
Datenschutz........ 245, 625, 630
Datenschutzbeauftragte..... 631
Datensicherheit.......... 625, 629
Datenübertragung.............. 492
Datenverarbeitung............. 663
Debriefing.......................... 689
Deckungsbeitragsrechnungen.................... 461
Definitionsphase................ 642
Delegation......... 395, 396, 509
Delegationsgespräche........ 575
Demografie.......................... 83
Diagnosis Related Groups.. 326
Dialogfähigkeit................... 617
Diätassistent/in.................. 589
Dienstaufsichtsbeschwerde 185
Dienstleistungen......... 244, 427
-, nicht-klinische................ 427
Dienstpläne....................... 565
Dienstplangestaltung......... 563
Digitale Medien.................. 363
DIN EN ISO....................... 677
Disease-Management-Programme................... 416
Distributionslogistik............ 436
Distributionspolitik....... 283, 290
Divisionskalkulation............ 528
Dokumentation.. 216, 410, 440, 689
Dokumentationszeitpunkt... 448
Dokumentenlenkung.......... 689
DRG-Fallpauschale.... 488, 491
DRG-Fallpauschalenkatalog..... 489
DRG-Kalkulation................ 540
DRG-Rechnung................. 507
DRGs................................. 326
Drogenkonsumraum.......... 193
Durchführungsphase.. 642, 656
Durchgangsarztverfahren............ 422, 445
DZI.................................... 345

E

EBM................................... 505
EFQM................................ 674
Eigenbeteiligung................ 505
Eigenbetriebe..................... 387
Eignungsdiagnose............. 554
Einheitlicher Bewertungsmaßstab....... 505
Einigungsstelle.................. 455
Einkäufer........................... 430
Einkaufskooperationen...... 431
Einkommensteuer.............. 233
Einnahmen........................227
-, beitragspflichtige............ 227
Einrichtungen............. 238, 401
-, ambulante...................... 401
-, berufsständische............ 238
Einsatz der Distributionsinstrumente im Vertriebskanal................ 290
-, Direkte Distribution......... 290
-, Indirekte Distribution....... 291
-, Kombinierte Distribution .. 291
Einsparpotenziale.............. 432
Einstellungsgespräche 556, 557
Einstellungsstopp............... 561
Einstufungsverfahren......... 580
Einweiser........................... 328
Einweisungsvorschriften..... 245
Einwilligung....................... 206
Einwilligungsvorbehalt....... 221
Einzelförderung................. 486
Einzelgespräch.................. 620
Einzelpraxis....................... 125
Einzelunternehmen............ 381
Electronic Recruiting.......... 554
Entgeltkatalog.................... 489
Entgeltsysteme.................. 486
Entlassungsmitteilung........ 492
Entscheidungsgremien........ 69
Entscheidungsunterstützung................ 514
Entsorgungslogistik............ 436
Entsorgungsmanagement............ 434, 436
E-Procurement.................. 433
Erbschaftsteuer und Schenkungsteuer......... 233

Erfahrungskurve 311, 312
Erfolgskriterien................... 641
Erfüllungsgehilfe 199
Ergebnisrechnung 530
Ergotherapeuten................ 590
Erholungsurlaub 567
Erlösartenrechnung 530
Erlöse 494
Erlösstellenrechnung 530
Erlösträgerrechnung 530
Ernährungskonzepte 424
Erwerbsfähigkeit 230
Erwerbsquote 87
Ethikkommission.................. 54
Europäische Union 163
European Foundation für
  Quality Management 674
Expertenstandards 408, 410, 411

F
Fachambulanzen 419
Fachaufsichtsbeschwerde .. 185
Fachkrankenhäuser............ 127
Facility Management .. 424, 425
Fähigkeitstest 558
Fahrlässigkeit 207
Fallpauschalenkatalog........ 489
Fallpauschalenverordnung
  (FPV) 487
Familie 238
Familienversicherte 224
Feedbackgespräche 883
Fehlabwurfquote................. 436
Fehlanreize 496
Fehlsteuerung.................... 516
Fernunterricht 886
Fertigarzneimittel........ 189, 190
Festbetragsarzneimittel 61
Feststellungsklage 184
Finanzämter....................... 346
Fixkosten 534, 535
Fixkostenblock 534
Flexibilisierungsfunktion 524
Flexibilität 452
Fluktuation 552, 609
Fördermittel 480, 481, 482
Forderung 241
-, soziale 241
Fördervereine 388
Formen aktivierender
  Reize 331
Fortbildungsmaßnahmen.... 587
Fortbildungspflicht 250
Fragebögen 648
Freiheitsberaubung............ 204
Freiheitsstrafe 204

Fremdbezug 453
Fremdkoordination............. 396
Frühpensionierung............. 562
Führungsorganisation........ 462
Führungsspannen.............. 462
Führungsstil....................... 658
-, autoritärer 658
-, beratender 659
-, demokratischer............... 659
-, kooperativer................... 659
-, partizipativer 659
-, patriarchalischer 659
Führungsstile..................... 658
Fundraising 344, 349
-, Begriff............................ 344
-, Gütesiegel 349
Funktionspflege 403, 404
Fürsorge 224
Fürsorgebereiche 74

G
Gantt-Diagramm 655
Garantenstellung 207
Gebietskörperschaften 121
Gebrauchsgüter................. 485
Gebühren.......................... 231
Gebührenordnung für Ärzte 505
Geburtenrückgang............... 83
Geburtenziffer 83
Gedankenkartierung 652
Gefährdungsanalysen 436
Gefahrgüter 436
Gefahrstoffverordnung
  (GefstoffV) 597
Gegenstromverfahren........ 526
Gegenvorstellung 185
Geldleistungen............. 80, 244
Geldstrafe 204
Gemeinkosten 542
Gemeinnützigkeit 231, 233
Generationengerechtigkeit ... 88
Genese 595
Genossenschaften............. 381
Gesamtkostenverfahren 529
Geschäftsbetrieb 235
Gesellschaft 31
Gesellschaft
  bürgerlichen Rechts
  (BGB-Gesellschaft) 381
Gesellschaft mit
  beschränkter Haftung 381
Gesetzgebungskompetenz... 76
Gesetz gegen den unlauteren
  Wettbewerb (UWG) . 335, 337
Gesetz gegen Wett-
  bewerbsbeschränkungen
  (GWB) 335, 337

Gesponserte 361
Gesundheit 29
Gesundheitsämter 121
Gesundheitsausgaben......... 47
Gesundheitsausgaben-
  rechnung 48
Gesundheitsberufe 587
Gesundheitsbetriebe 464
Gesundheitsdienstberufe..... 51
Gesundheitsentwicklung..... 595
Gesundheitsfonds.............. 225
Gesundheits-
  förderung 45, 594, 598
Gesundheitshandwerker...... 51
Gesundheitskompetenz..... 595
Gesundheitsmanagement .. 595
Gesundheitsmarkt 38, 257
Gesundheitsschutz 44
Gesundheitssorge 221
Gesundheitssystem 79
Gesundheitstools............... 600
Gesundheitsversorgung 116
Gesundheitswesen 259
-, privatwirtschaftliche
  Unternehmen................. 259
Gesundheitszustand............ 38
Gewerbesteuer 232
Gewinnerzielung................ 494
Gewinnmaximierung 259
Gewinn- und
  Verlust-Rechnung.... 473, 481
Gleichheit.......................... 175
GOÄ 505
Grenzverweildauer 496
Grundgesetz (GG)............. 597
Grundrechte 175, 176
Grundsicherung 229
Grundsteuer 232
Gruppen 397
Gruppenpflege.................. 404
Gruppensitzung 621
Gütergruppen 484

H
HACCP-Grundsätze 194
Haftung 195, 637
Haftungsanspruch 565
Handlungsfähigkeit............ 244
Harvard-Konzept 601
H-Arztverfahren 422
Hauptdiagnose-Kategorien
  (MDC)............................ 489
Hebamme 592
Heilmittel 418
Heilmittelwerbegesetz
  (HWG) 336
Heimaufsicht..................... 216

Heimbeirat 215
HeimG 208
Heimgesetz 208
Heimpersonalverordnung ... 210
Heimsicherungsverordnung 211
Herkunft 32
Hilfsmittel 54
Hilfsmittelverzeichnis 250
Hochschul-
  ambulanzen 416, 417, 420
Hochschulkliniken 483
Homepage 637
Hotelleistungen 424
Humanitätsprinzip 73
Humankapital 41

I
Image 340
-, Leitideen 341
-, Slogans 341
Imageaufbau 339, 340
Imagedimensionen 340
-, affektiv 340
-, kognitiv 340
-, konativ 340
Imagepflege 340
Indikationspfade 412
Industrialisierung 239
Informationsasymmetrien 39
Informationsmanagement... 622
Informations- und Kommuni-
  kationstechniken 886
Inhaltsdimension 524
Innovation 467
Innovations-
  hemmnisse 469, 470
Innovations-
  management 467, 468
Innovationsprozesses 468
Instanz 395, 397
Institutionsambulanzen 420
Institutsleistungen 416
Instrumente der
  Produktpolitik 284
Instrumente des
  Marketing-Mix 279
-, Distributionspolitik 279
-, Kommunikationspolitik 279
-, Preispolitik 279
-, Produktpolitik 279
Integrationsämter 107
Integrationsstrategien . 413, 415
Interessenkonflikte 607
Interviews 648
Investitions-
  finanzierung 480, 481
Investitionsförderung 485

Investitions-
  kosten 453, 483, 484
Investitions-
  kostenfinanzierung 483
Investitionspauschalen 153
Investitionspläne 483
Investitions- und Anlagencont-
  rolling 545
Ist-Kosten 531

J
Jahresarbeitsentgelt-
  grenze 225
Jeder-gewinnt-Methode 601
JIT-Beschaffung 433
Joint Venture 414
Jugendarbeitsschutzgesetz
  (JarbSchG) 570, 598

K
Kaizen 671, 690
Kalkulationshandbuch 541
Kalkulationsschema 542
Kapitalgesellschaften 381
Kardiotechniker 592
Karrieremanagement 593
Kassenarten 143
Kassenärztliche
  Vereinigungen 417
Katalogeffekt 489
Kausalität 197, 198
-, haftungsausfüllende 198
-, haftungsbegründende 197
Kennzahlen 464, 543, 544, 692
Kennzahlendefinition 465
Kick-Off-Meeting 648
Kinderarbeitsschutzverordnung
  (KindArbSchV) 598
Kirche 238
Klage 183
KLEE 527
Klinikkonzern 399
-, Organigramm 399
Klinikleitlinien 412
Kommanditgesellschaft 381
Kommunikationspolitik 282,
  287, 288, 332
-, Instrumente 287, 288, 332
Kommunikations-
  strategietypen 362
-, Bekanntmachungs-
  strategie 362
-, Beziehungspflege-
  strategie 362
-, Imageprofilierungs-
  strategie 362
-, Informationsstrategie 362

-, Konkurrenzabgrenzungs-
  strategie 362
-, Zielgruppenerschließungs-
  strategie 362
Komorbiditäten 491
Kompetenzen 462
Komplexitäten 491
Konflikt 606
Konfliktablaufmodell 610
Konfliktauffassung 606
Konfliktbearbeitung 613, 614
Konflikte, Ursachen 886
Konflikteskalation 611
Konfliktintervention 611
Konfliktlösung 603
Konfliktmanagement... 600, 611
Konfliktpotenziale 616
Konfliktprophylaxe 616
Konfliktursachen 607
Konkurrenzanalyse 304, 305
Konsignationslager 437
Kontakte 364
Kontenklassen 471
Kontenrahmen 470, 479
Kontierungen 473
Kontinuierlicher
  Verbesserungsprozess 690
Kontrolle der
  Mittelverwendung 348
Kontrollphase 358
Konzentrationsschwächen.. 599
Konzept
  des Markenartikels 317
-, Lockvogelangebote 318
-, Markenerosion 318
-, Problembereiche 317
Konzept des Produktlebens-
  zyklus (PLZ) 309
-, Einführung 310
-, Niedergang 310
-, Reife 310
-, Sättigungsphase 310
-, Wachstum 310
Konzept zur Analyse der
  strategischen Gruppen 307
Kooperation 375, 376, 413
Kooperationen 456
Kooperationskonzepte 416
Kooperationsstrategien 413
Kooperationsvarianten 374
Koordination 395, 396
Koordinationsfunktion 524
Koordinationsinstrumente... 396
Koordinationskosten 453
Körperschaft des
  öffentlichen Rechts 387
Körperschaften 368

Körperschaftsteuer 232
Körperverletzung 204
Kosten 494
Kostenerstattungsprinzip 80
Kostenführer 431
Kostenkontrolle 529
Kostenlenkung 529
Kostenniveau 461
Kostenplan 651
Kostenrechnung 527
Kostenstellenrahmen 471
Kostenstellenrechnung 528
Kostenträger 421, 605
Kostenträgerrechnung 528
Kostenträgerstückrechnung 528
Kostenträgerzeitrechnung .. 528
Kostenzurechnung 541
Krankenblatt 442
Krankenhaus 398
-, Organigramm 398
Krankenhausärzte 605
Krankenhaus-
  aufnahmevertrag 196
Krankenhaus-
  Buchführungsverordnung 470
Krankenhauscontrolling 514,
  520
Krankenhausentgelt-
  gesetz (KHEntgG) ... 487, 507
Krankenhausfinanzierung ... 152
Krankenhaus-
  finanzierungsgesetz 483
Krankenhausfinanzierungs-
  reformgesetz 512
Krankenhaus-Informations-
  systeme (KIS) 464, 622
Krankenhausleistungen 487
Krankenhauslogistik 436
Krankenhausmanagement . 430
Krankenhaus-
  Sachleistungen 416, 418
Krankenhaussektor 55, 428
Krankenhausträger 136
Krankenhaustypen 483, 487
Krankenhausvertrag 196
Krankenstände 609
Krankentransport 130
Kranken-
  versicherung.... 143, 223, 224
Krankheit 29
Krankheitskostenrechnung ... 50
Krankheitsspektrum 37
KTQ 671
KTQ-Bewertungsverfahren. 672
KTQ-Katalog 672
Kundenorientierung 462
Kündigung 214, 561

Kündigungsfrist 561, 570
Kündigungsgespräche 575
Kündigungsschutzgesetz.... 561
Kuppelkalkulation 528
Kur 100
Kurve des Produktlebens-
  zyklus mit 4 Phasen 311

L
Lagerbestands-
  management 439
Lagerhaltung 438, 439
Lagerung 433
Landesbasisfallwert.... 490, 493
Landesbehörden................. 79
Lead-Buyer-Prinzip 431
Lebenserwartung................ 84
Lebensmittelhygiene-
  verordnung 194
Lebensunterhalt 229
Leerlaufzeiten 437
Lehrgespräche 575
Leiharbeit........................... 553
Leistungen, pflegerische..... 447
Leistungsabrechnung 156
Leistungsanbieter 167
Leistungsbeurteilung 576
Leistungselimination 285
-, Begriff 285
Leistungserstellung............ 440
Leistungsinnovation 285
Leistungsklage 184
Leistungsprozesse............. 393
Leistungsträger 245
Leistungsvariation.............. 284
Leistungsvereinbarung 229
Leistungsverrechnung 542
Leistungsverwaltung 178
Leitrahmen eines
  Gesundheitsbetriebes 270
-, Mission 270
-, Philosophie 270
-, Vision 270
Leitungsfunktionen 462
Leitungsspannenmethode.. 547
Leitziele 458
Lenkungsverwaltung 178
Lernerfolgskontrolle 585
Linienorganisation 644
Lizenzmanagement 636
Logistik 433
Logistikdienstleistungen 426
Logopäden 590
Lohnkosteneffekte 451
Lösungsansätze 601
Lösungsstrategien 611
Low-Care-Stationen 530

M
Magenprobleme................. 599
Management by Objectives 459
Managementtechniken 458
Mängel............................... 218
Markenartikel 316
Markenstrategien 318
-, Abteilungsmarken-
  strategien 318
-, Gesundheitswesen......... 318
-, Personenmarken-
  strategien 319
-, Servicemarken-
  strategien 319
-, Unternehmensmarken-
  strategien 318
-, Verbundmarken-
  strategien 318
Markentypen 317
-, Dachmarke 317
-, Einzelmarke 317
-, Gattungsmarke 317
-, Handelsmarke 317
-, Lizenzmarke 317
-, Marke 317
-, Produktlinienmarke 317
-, Produktmarke 317
-, Sortimentsmarke 317
-, Tandemmarke 317
-, Zweitmarke 317
Markenware 316
-, Begriff 316
Marketing 257, 265
Marketinginstrumente
  für den Bereich des
  Gesundheitswesens 279
-, Distributionspolitik 280
-, Kommunikationspolitik.... 280
-, Preispolitik 280
-, Produktpolitik 279
Marketing-Mix 279
Marketingstrategien 267
-, Abschöpfung 268
-, Diversifikation .. 268, 275, 276
-, Leistungs-
  entwicklung. 275, 276
-, Marktdurchdringung 267, 275
-, Marktentwicklung..... 275, 276
-, Markterschließung 268
-, Penetration 267
-, Produkt- und Dienst-
  leistungsentwicklung 268
-, Unternehmensvision....... 268
-, Zielhierarchie 268, 269
Marketingstrategieprofile 275
-, Marktarealstrategien 275
-, Marktfeldstrategien......... 275

-, Marktparzellierungs-
strategien............... 275
-, Marktstimulierungs-
strategien............... 275
-, Marktverhaltens-
strategien............... 275
Marketingziele............ 267
-, Formulierung........... 267
Markierung................ 316
-, Zweck.................. 316
Marktanalyse.............. 291
-, Ziel................... 291
Marktanteil-Marktwachstum-
Matrix (BCG-Matrix)..... 271
Marktarealstrategien...... 278
Marktattraktivität........ 272
Markterfahrung............ 273
Markterschließung..... 320, 321
-, Basisstrategien........ 321
-, Market Pull............ 320
-, Technology Push........ 320
Marktfeldstrategien....... 275
Marktforschung........ 304, 335
-, Forschungsfelder....... 304
-, Informationsquellen.... 304
-, Methoden............... 335
Marktgröße................ 272
Marktlebenszyklus......... 272
Marktparzellierungs-
strategien............... 277
Markt-
segmentierung. 300, 301, 303
-, Anforderungen.......... 301
-, Formen................. 303
Markt-
segmentierungskriterien.. 301
Marktsicherung............ 322
-, Begriff................ 322
-, Maßnahmen.............. 322
Marktstabilität........... 272
Markt-
stimulierungsstrategien... 277
-, Präferenzstrategien.... 277
-, Preis-Mengen-
Strategien............... 277
-, Qualitätsstrategien.... 277
Marktverhaltensstrategien.. 278
-, Abhebungsstrategien.... 278
-, Anpassungsstrategien... 278
-, Ausweichstrategien..... 278
-, Kooperationsstrategien... 278
Marktversagen............. 41
Marktwachstum............. 272
Marktwirtschaft........... 72
Materialbeschaffung....... 537
Materialcontrolling....... 545
Materiallogistik.......... 436

Mäzenatentum.............. 350
Mäzene.................... 350
MDK............... 217, 325, 326
MDK-Begutachtungen........ 515
Mediation............. 601, 615
Medizinische
Fachangestellte.......... 588
Medizinischer Dienst der
Krankenversicherung..... 217,
325, 506
Medizinische
Versorgungszentren....... 419
Medizinisch-technische
Assistenten.............. 591
Medizinisch-technische
Assistenten – Funktions-
diagnostik............... 591
Medizinisch-technische
Laboratoriumsassistenten 591
Medizinisch-technische
Radiologieassistenten.... 591
Medizinprodukt-
aufbereitung............. 427
Medizinprodukte....... 53, 185
Medizinprodukte-
Betreiberverordnung...... 187
Medizintechnik.... 55, 424, 426
Mehrerlösausgleich.... 493, 520
Mehrprojekteinsätze....... 664
Meilensteinplanung........ 655
Meilenstein-Trend-Analyse. 658
Menschenwürde............. 175
Methode................... 408
Microsoft Office.......... 663
Mietwohnung............... 221
Mildtätigkeit............. 234
Minder.................... 493
Mind Mapping.............. 652
Mitarbeiterbesprechung.... 575
Mitarbeiter-
beurteilung....... 576, 580, 581
Mitarbeitergespräche. 459, 572,
573, 884
Mitarbeitertypen.......... 659
Mitteilungs-
pflichten....... 492, 493, 512
Mittelverwendung..... 347, 348
Mobbing................... 599
Mobbing-Handlungen........ 609
Moderation................ 615
Monomarke................. 317
Motivationsfunktion....... 524
Musterberufsordnung für
Ärzte (MBOÄ)............. 335
Musterberufsordnung für
die deutschen Ärztinnen
und Ärzte (MBO).......... 201

Mutterschutz-
gesetz (MuSchG).... 571, 598

N

Nachfrager................ 304
-, Kaufverhalten.......... 304
Nachhaltigkeitsrücklage... 68
Nebendiagnose............. 491
Nebenwirkungen............ 190
Nervosität................ 599
Netto-Personalüberschuss. 560
Netzplantechnik........... 655
Netzwerkarrangements...... 415
Netzwerke......... 373, 415, 374
Neue Untersuchungs- und
Behandlungsmethoden... 488
Nichtigkeit............... 181
Nischenanbieter........... 431
Non-Profit-Organisationen... 257
Notfallbehandlung..... 416, 417
Notfall-Integration....... 434
Notfallrettung............ 105
Notfallversorgung......... 629
Notstand.................. 206
NUB....................... 488

O

Objektdimension........... 525
Offenbarungspflichten..... 556
Offene Handelsgesellschaft 381
Öffentlichkeitsarbeit... 337, 338,
339, 341, 342
-, Aufgabe................ 337
-, CI-Politik............. 341
-, Corporate Behaviour.... 341
-, Corporate
Communication........... 341
-, Corporate Design....... 341
-, Corporate Identity..... 341
-, Corporate
Identity-Konzept......... 341
-, Funktionen............. 338
-, Instrumente............ 339
-, kommunikative
Instrumente............. 342
Öffentlichkeits-
arbeit (PR)......... 338, 341
Öffentlich-Private-
Partnerschaften (ÖPP).... 350
Open Workbench........... 663
Operationen............... 491
OP-Kapazitäten............ 434
OP-Logistik............... 434
OP-Planung................ 434
OP-Saal-Öffnungsdauer..... 434
OP-Wechselzeiten.......... 434
Oralmedikationen.......... 435

Ordnungsverwaltung 178
Organigramm............ 395, 397
Organisation 639
Organisationseinheiten....... 397
Organisations-
  entwicklung............. 424, 467
Organisationspflichten........ 200
Organisationspraxis............ 398
Organisationsstruktur . 395, 424
Originalpräparat................... 58
Orthoptist/Orthoptistin......... 589
OTC-Arzneimittel................ 190
Outplacement 563
Outsourcing 428, 450

P

Paarvergleichsmethode...... 580
Partner............................... 466
Passivseite 476
Patienten 68, 605
Patientendaten 634
Patientendistribution 407
Patientenentscheidungen... 443
Patientenfaktoren im
  Gesundheitswesen......... 293
-, Bewertungsportale 293
-, Informiertheit 293
-, Internetnutzung 293
-, Kommerzielle Portale
  und Dienstleister............ 293
-, Qualitätsinformationen 293
Patientenrechte 69
Patiententransporte 437
Patientenverfügung 221
Patientenverfügungen 443
Patientenwert............. 328, 328
Pauschalförderung 486
Personal 564
Personalbedarf 547
Personalbedarfs-
  planung................... 546, 550
Personal-
  beschaffung..... 546, 550, 551
Personalcontrolling 545
Personaldaten 634
Personal-
  einsatzplanung 407, 437
Personaleinstellung 559
Personal-
  entwicklung..... 572, 584, 884,
  885
-, along-the-job 584
-, Erstellung
  eines Konzeptes............. 885
-, into-the-job 584
-, Mitarbeiterziele 885
-, near-the-job 584

-, off-the-job 584
-, on-the-job 584
-, out-of-the-job 584
Personal-
  entwicklungsmaßnahmen 585
Personalfragebogen 556
Personalfreisetzung.... 546, 560
Personalleasing 553
Personalmarketing............. 550
Personalplanung................ 546
Personalüberhänge 562
Personal-
  vertretungsgesetze......... 571
Personengesellschaften 381
Persönlichkeits-
  beurteilungen.................. 577
Persönlichkeitstest............. 558
Pflege 229
Pflegeanamnese................ 448
Pflegebedürftige 103
Pflege-
  Buchführungsverordnung 479
Pflegediagnosen................ 410
Pflegedienste.....................401
-, Organigramm 401
Pflegedienstleitung 408
Pflegedokumentation......... 448
Pflegeevaluierung.............. 448
Pflegefachkraft................... 104
Pflegegeldbezug................ 251
Pflegeheim................ 481, 482
Pflegehilfsmittelverzeichnis 251
Pflegeprozesse.................. 408
Pflegeprozessmethode...... 409
Pflegesätze 511
Pflegesatzvereinbarung..... 518
Pflegestufe II..................... 479
Pflegesysteme 403
Pflegeversicherung...... 67, 146,
  223, 228
Pflegevisiten 410
Pflegezeitgesetz
  (PflegeZG)...................... 568
Pflegezieldokumentation ... 449
Pflegeziele 449
Pflegezyklus 409
Pflichtversicherungsprinzip. 240
Pharmaindustrie 58
Physiotherapeut/in............. 589
Plankoordination................ 525
Plankosten 514
Plankostenrechnung.......... 533
Plankrankenhäuser............ 483
Planung 390
Planungsphase... 358, 642, 651
Planungs- und
  Steuerungstechniken...... 390
Podologe 590

Politische und
  wirtschaftliche Faktoren
  im Gesundheitswesen..... 292
-, Differenzierung............... 292
-, Finanzsituation............... 292
-, Gesundheitsreformen..... 292
-, Selektives Kontra-
  hieren 292
-, Strukturen...................... 292
Portfoliomodelle......... 270, 273
-, BCG-Konzept 274
-, BCG-Matrix............. 270, 273
-, Bewertung der
  Normstrategien............... 273
-, Cash Cows 271
-, Fragezeichen.................. 271
-, Marktanteil-
  Marktwachstum-Matrix ... 270
-, Marktanteil-Markt-
  wachstum-Portfolio......... 270
-, Marktanteil-Markt-
  wachstum-Profitabilitäts-
  Portfolio 270
-, Marktanteils-Wettbewerbsvor-
  teils-Portfolio.................. 274
-, Poor Dogs 271
-, Stars.............................. 271
Positionierung............ 314, 316
Planungsprozess............... 314
Positionierungsstrategien ... 315
-, Imitationsstrategie 315
-, Profilierungsstrategie....... 315
-, Repositionierungs-
  strategie.......................... 315
-, Restrukturierungs-
  strategie.......................... 315
Potenzialbeurteilung........... 577
Präsentation 637
Praxisgemeinschaft.... 125, 196
Praxiskonzepte................. 410
Preis 493
Preisanhebung...................286
Preisbündelung..................286
Preisgestaltung 511
Preisimageänderung 286
Preiskontrolle....................286
Preispolitik 281, 286
-, Instrumente 286
-, Planungsprozess 281
-, Strategien 286
-, Ziele 286
Preissenkung....................286
Preisstabilisierung 286
Preisvereinbarung 286
Primärleistungen................ 529
Primärschaden 197
Primary Nurse................... 406

Privatgeheimnisse 202
Privatpatienten 507
Problemanalyse 647
Produktionslogistik 436
Produktivitätsreserven 460
Produktlebenszyklus 537
Produktpolitik 281, 284
-, Planungsprozess 281
-, Ziele 284
Profit-Center 462
Prognosekostenrechnung ... 533
Projekt 638
Projektabschlussphase 661
Projektakte 646
Projektarbeit 640
Projektauftrag 648
Projektcontrolling 657
Projektdokumentation 657
Projekterfolg 641
Projektinstanzen 646
Projekt-
  management ... 638, 639, 640
Projekt-
  management-Zyklus 640
Projekt-
  organisation 642, 646, 648
Projektplanung 648
Projektrahmenorganisation 643
Projektstart 647
Projektstrukturplan 651, 653
Projektzielblatt 650
Protestgruppen 469
Prozeduren 491
Prozess 391
Prozessgedanke 390
Prozesskostenrechnung 536
Prozessmodell 680
Prozessoptimierung 432
Prozessorganisation 391
Prozessphasen der
  Marketingplanung 266
Prozessqualität 667
Prozessstruktur 394
Prozessvarianten 392
Prüfungsinstitutionen 469
Prüfungsvereinbarung 229
Public Private
  Partnerships (PPP) 350
Publikationen 363

Q

Qualifikationsdefizite 560
Qualifikationsfördernde
  Maßnahmen 885
-, Job enlargement 885
-, Job enrichment 885
-, Job rotation 885

Qualifizierungs-
  möglichkeiten 584
Qualität 665
Qualitätsberichte 668
Qualitätscontrolling 692
Qualitätshandbuch 681
Qualitätskosten 692
Qualitätskriterien 465
Qualitäts-
  management ... 665, 681, 688
Qualitätsplan 651, 652
Qualitätsplanung 688
Qualitätsprüfungen 251
Qualitäts-
  sicherung. 249, 251, 657, 669
Qualitätszirkel 691

R

Rahmenverträge 251
Rangordnungsverfahren 580
Rechnungen 492
Rechtsbehelfe 185
Rechtsbehelfsbelehrung 181
Rechtsfähigkeit 236
Reformoptionen 66
Regelleistungsvolumen 158
Regelungsbereiche 521
Regiebetriebe 387
Rehabilitation 98, 137, 230
Rehabilitationsklinik 403
-, Organigramm 403
Reihenfolgeplanung 437
Reinigung 424
Relativgewicht 489
Religionsgemeinschaften ... 238
Rentenleistungen 231
Rentenversicherung 68, 147,
  223, 227
Rentenversicherungssystem 89
Ressourcenplan 651
Ressourcenplanung 656
Rettungsdienste 48, 105
Rettungsdienstpersonal 105
Reviews 660
Revision 183
Risiken der Aktivierung
  bei der Gestaltung von
  Werbebotschaften 332
-, Bumerangeffekt 332
-, Irritationen 332
-, Vampireffekt 332
Risikoverlagerung 452
Röntgenschutzunterlagen... 444
Rückenprobleme 599
Rückverlegung 496
Ruhepausen 566

S

Sachdimension 525
Sachleistungen 244
Sachverhaltskonflikte.......... 607
Salutogenese..................... 595
Salutogenetischen Ansatz 31
SBPG.................................. 272
Schlafstörungen................. 599
Schlüsselzahlen................. 547
Schnittstellenmanagement . 462
Schrankversorgung 433
Schuld................................ 206
Schutzbedarfs-
  kategorien 626, 627
Schwangerschafts-
  abbruch 416, 421
Schwerbehinderten-
  recht (SGB IX) 572
Sekundärleistungen............ 529
Sekundärschaden............... 197
Selbstbehalt....................... 226
Selbstbestimmung 245, 247
Selbsthilfegruppen......... 70, 71
Selbstkoordination.............. 396
Selbstverwaltung 248, 249
Selbstzahler................ 421, 507
Selektionsfunktion 523
Serviceline-Modell.............. 464
Sicherheit........................... 628
-, administrative 628
-, logische 628
-, organisatorische 629
-, physikalische 628
Sicherheitsdienste 424, 426
Sicherheitskonzepte 625
Sicherheitsleistungen 213
Sicherheitslinie 626
Sicherheitsmaßnahmen...... 633
Simultanplanung................ 525
Situationsanalyse 359
Skalen- und
  Verbundeffekte 312
Social Marketing 258, 259
-, Begriff............................ 258
Social-Sponsoring 350
Softwareprodukte 663
Solidaritätsprinzip 72
Soll-Ist-Vergleich 459, 529
Soll-Kosten 531
Sondervermögen................ 387
SOS-Konzeption................. 393
Sozialausgleich.................. 145
Sozialbudget................. 45, 47
Sozialcharta 164, 177
-, europäische 177
Sozialdaten 247
Soziale Entschädigung 241

Soziale Organisation 260
-, Außenbeziehungen 260
Sozialgeheimnis 245, 246
Sozialgesetzbuch (SGB) 598
Sozialhilfe 229
Sozialleistungsmissbrauch . 124
Sozialleistungsquote............. 47
Sozialordnung............... 74, 118
Sozialpädiatrische
 Zentren 416, 420
Sozialplan 455
Sozialpolitik....................... 121
Sozialrechtliches Leistungs-
 dreieck.................... 260, 261
Sozial-Sponsoring 353
-, Gegenleistung 353
-, Leistung......................... 353
Sozialstaat................... 72, 177
Sozialstaatsprinzip............. 177
Sozialversicherung 114
Sozialversicherungen 223
Sozialversicherungsmodell. 114
Sozio-Sponsoring 357, 358
-, Formen........................... 358
-, Tätigkeitsfelder 357
Spannungssituationen........ 600
Speiseversorgung............... 424
Spende 345
-, Begriff............................ 345
Spenden 349, 350
Spenden-Siegel................. 345
Spenden-Siegel
 des DZI................... 346, 348
-, Voraussetzungen............ 346
Spenden steuerlich
 abzugsfähig 349
Spendenwesen................... 353
-, Gegenleistung 353
-, Leistung......................... 353
Spezialisierung 395
Sponsoren 354, 361
-, Leistungen..................... 354
Sponsoring 350, 351, 352, 354,
 356, 358, 360, 363, 366
-, Begriff............................ 351
-, Beziehungen 354
-, Effektivitätskontrollen 366
-, Effizienzkontrollen 366
-, Einteilungskriterien 356
-, Erfolgskette 360
-, Erfolgskontrolle............... 366
-, Erscheinungsformen 356
-, Instrumente 363
-, Interessenlagen.............. 354
-, Magisches Dreieck 354
-, Merkmale....................... 351
-, Organisationen............... 352

-, Planungsprozess.....:...... 358
-, Prozesskontrollen........... 366
-, Sponsoringcontrolling...... 367
-, Zielgruppen 360
Sponsoringmaßnahmen 365
Sponsoringplanung............ 359
-, Ziele............................... 359
Sponsoring-
 strategie.......... 361, 362, 364
Sponsorships 365
Sprechstundenzeiten......... 140
Sprungrevision.................. 183
Staat 118
Stab 397
Stablinienprojekt-
 organisation.................. 645
Standardisierung 432
Standardkostenrechnung ... 533
Stärken-Schwächen-Profil.. 300
Stationsleitung........... 407, 408
Statistik 543
Statusberichte................... 660
Stellenanzeigen................. 552
Stellenausschreibungen 551
Sterberate.......................... 84
Sterilisation 416, 421, 426
Sterilisationslogistik 434
Steuern 231
Steuerung 640
Stiftung 387
-, des öffentlichen Rechts... 387
-, privatrechtliche 387
Stiftungen 388
Stille Gesellschaft.............. 381
Strafantrag........................ 205
Strafanzeige 205
Straftatbestände 204
Strafverfolgung 193, 205
Strahlenschutzunterlagen... 444
Strategic Business
 Planning Grid.......... 272, 273
Strategien 601
Strategien auf der
 Unternehmensebene....... 269
-, Mission 269
-, Philosophie..................... 269
-, Vision............................. 269
Strategische Allianz 414
Strategische Gruppen........ 309
Stress 599, 608
Strukturgespräch 517
Strukturkonflikte................. 607
Strukturqualität 667
Subsidiaritätsprinzip 122
Substitution....................... 193
Suchmaschinen-
 optimierung.................... 638

Sukzessivplanung.............. 526
Supervising........................ 689
Supervision................ 615, 618
SWOT-Analyse.......... 313, 359
-, Chancen......................... 313
-, Risiken........................... 313
-, Schwächen..................... 313
-, Stärken.......................... 313
-, Ziele............................... 313
System zur strategischen
 Situationsanalyse 314

T
Target Costing 537
Tarifverträge...................... 569
Tatbestand 205
Tätigen.............................. 465
-, ehrenamtlich................... 465
-, hauptamtlich................... 465
Tätigkeit 234
Teamentwicklung 615
Teamführung..................... 657
Teilkostenrechnung............ 534
Teilzeit- und Befristungs-
 gesetz (TzBfG) 568
Telemediengesetz
 (TMG) 335, 337
Tendenzbetriebe 388
Terminkoordination 438
Terminplanung 438, 655
Termintreue....................... 438
Tests 660
Testverfahren..................... 558
Tochtergesellschaft............ 428
Top-Down-Planung............. 526
Total Quality Management
 (TQM)............................. 670
Tötung 204
Transfererfolgskontrolle...... 585
Transplantationsunterlagen 446
Transportlogistik 434, 435
Transportrouten 438
Transport- und
 Verkehrslogistik 437

U
Umfeld 33
Umsatzkostenverfahren...... 529
Umsatzsteuer 233
Umsetzungsphase 358
Umstrukturierungskosten.... 453
Umwandlungsgesetz 454
Unfallversicherung..... 149, 223,
 228
Unfallversicherungsträger... 422
Unit-Dose-
 Medikationsprozesse...... 435

Universitätsklinikum............ 400
Organigramm...................... 400
Unterlassungsdelikte 206
Unternehmensformen......... 381
Unternehmensleitung 455
Unternehmensverbindung .. 454
Unternehmens-
  verbindungen................... 373
-, Vorteile 373
Unterrichtungspflicht........... 455
Untersuchungsgrundsatz.... 179
Unversehrtheit 175, 176
-, körperliche...................... 176
Urlaubsansprüche 567
Ursachen-Wirkungs-
  Diagramme...................... 648
Ursache-Wirkungs-Diagramm
  (Fischgrät-Diagramm) 649

V

Varianten 393
Veranstaltung..................... 364
Verantwortlichkeiten 462
Verbände 368
Verbesserungsprozesse..... 391
-, kontinuierliche 391
Verbrauchsdokumentation.. 542
Verbrauchsgüter 485
Verdauungsprobleme 599
Vereinigungen.................... 422
-, kassenärztliche............... 422
Vergütung 154, 507
Vergütungsformen 486
Vergütungsobergrenze 159
Vergütungsregelung 512
Vergütungsvereinbarung 229
Verhandlungsverlauf........... 518
Verlaufsdokumentation 442
Verlaufskurven 442, 449
Verlegungsregelungen........ 495
Verletzungsartenverfahren . 422
Vermögensbildung.............. 238
Vermögenssorge 221
Verpflichtungsklage 184
Verrichtungsgehilfen........... 199
Verschreibungspflicht 188
Versicherte................ 224, 227
-, freiwillig................... 224, 227
Versicherungen.................. 238
Versicherungspflichtige 224
Versicherungspflichtprinzip. 224
Versorgung 224
Versorgungsformen 110
Versorgungspfade 412
Versorgungspflicht............. 123
Versorgungsprinzip............ 240
Versorgungsstruktur 135

Versorgungsstufen....... 96, 135
Versorgungssystem 94
Versorgungsvertrag 96
Versorgungszentrum 111
Vertragsarzt 457
Vertragsärzte 94
Vertragspartner.................. 509
Vertretung 509
Verwahrgelder 479
Verwaltung......................... 178
Verwaltungsakt 180, 181
Verwaltungsverfahren 179
Verweigerungsrechte......... 556
Verweildauer.............. 490, 515
Visitoren............................. 673
Volkswirtschaft..................... 29
Vollkostenrechnung 534
Voraussetzung der steuer-
  lichen Abzugsfähigkeit..... 349
Vordrucke 244
Vormund 219
Vorsatz............................... 207
Vorschuss.......................... 244
Vorsorgeleistungen............ 100
Vorstellungsgespräche 575

W

Wahlarztkette..................... 510
Wahlleistungen 488
Wahlleistungs-
  vereinbarungen 508
Wahltarife 226
Wahrnehmungs-
  verzerrungen 582
Warenannahme 438
Weiterbildung..................... 586
Weiterbildungs-
  maßnahmen 587
Weltgesundheits-
  organisation 168, 594
Werbebotschaft 330
-, Consumer benefit........... 330
-, Reason why.................... 330
-, Tonality 330
-, Zielgruppe 330
Werbewirkung.................... 334
-, Messung der
  Werbemittel 334
-, Post-Tests...................... 334
-, Pre-Tests 334
Werbung 363
Wertanalyse....................... 539
Wertekonflikte 607
Wertschöpfungskette.. 306, 307
Wertschöpfungskette
  nach Porter.............. 305, 306
Wettbewerb 41

Wettbewerbseffekte............ 451
Wettbewerbsintensität 272
Wettbewerbsvorteile........... 272
Wettbewerbsvorteil-Markt-
  attraktivitäts-Matrix .. 272, 273
WHO............................ 29, 594
Widerspruch 182
Widerstände 469
Wiederaufnahme-
  regelungen 495
Wirtschaftlichkeit................ 531
Wirtschaftlichkeitsgebot........ 90
Wirtschaftsausschusses..... 456
Wirtschaftsfaktor.................. 57
Wirtschaftsplan.................. 458
Wohngruppen 141
Wohn- und Betreuungs-
  vertragsgesetz (WBVG) .. 212
Wohnungsangelegenheit.... 221

Z

Zeitvergleich 529
Zertifizierung...................... 679
Zeugnis-Codes 555
Zeugnis-
  verweigerungsrecht 202
Ziele der Produktpolitik....... 283
-, Beschwerdepolitik 284
-, Design 283
-, Features 283
-, Markierung 283
-, Mitarbeiter 283
-, Positionierung................. 283
-, Qualität........................... 283
-, Value Added Services 284
-, Verpackung 283
Ziele einer Stärken-
  Schwächen-Analyse 299
Zielformulierung 459
Zielgruppe... 323, 324, 325, 327
-, Besucher und
  Angehörige 325
-, Ein- und Zuweiser 323
-, Kooperationspartner....... 327
-, Krankenhausärzte 323
-, Krankenkassen, Kranken-
  versicherungen und
  Kostenträger 325
-, Merkmale. 323, 324, 325, 327
-, Mitarbeiter 327
-, Öffentlichkeit................... 327
-, Patienten 324
Zielkostenermittlung 538
Zielkostenindex.................. 539
Zielkostenkontrolldiagramm 539
Zielkostenrealisierung........ 538
Zielkostenspaltung............. 538

Zielorientierte Beurteilung... 581	Zulassung 250, 251	Zuwendungen 350
Zielvereinbarungen 459	Zulassungspflicht 189	Zuwendungsmittel 482
Zielvereinbarungs-	Zusatzbeitrag 226	Zuzahlung 95, 102, 505, 511
gespräche 573	Zusatzbeiträge 145	Zweckbetrieb 235, 236, 388
Zielwerte 461	Zusatzentgelte 488	Zwecke 234
Zimmerpflege 404	Zusatzentgeltkatalog 489	-, kirchliche 234
Zufriedenheitskontrolle 585	Zuschlagskalkulation 528	Zytologieassistenten 590

So werden Sie fit für die Prüfung!

Lehrbücher für Fachwirte und Fachkaufleute

Kosten- und Leistungsrechnung | Schumacher
Betriebliche Personalwirtschaft | Albert
Material-, Produktions- und Absatzwirtschaft | Albert
Volkswirtschaftslehre | Vry
Materialwirtschaft im Industriebetrieb | Vry
Marketing und Vertrieb im Industriebetrieb | Vry
Beschaffung und Logistik im Handelsbetrieb | Vry
Marketing und Vertrieb im Handelsbetrieb | Vry

Einfach online bestellen: www.kiehl.de

Prüfungsbücher für Fachwirte und Fachkaufleute

Die Prüfung der Fachwirte - Wirtschaftsbezogene Qualifikationen | Krause | Krause
Die Prüfung der Bilanzbuchhalter | Krause | Stache
Die Prüfung der Industriefachwirte - Handlungsspezifische Qualifikationen | Krause | Krause
Die Prüfung der Handelsfachwirte | Krause | Krause
Die Prüfung der Handelsassistenten | Krause | Krause
Die Prüfung der Wirtschaftsfachwirte - Handlungsspezifische Qualifikationen | Krause | Krause
Die Prüfung der Technischen Fachwirte - Handlungsspezifische Qualifikationen | Krause | Krause
Die Prüfung der Fachwirte im Sozial- und Gesundheitswesen – Handlungsspezifische Qualifikation | Höfs | Kretschmann | Schütz
Die Prüfung der Steuerfachwirte | Schweizer
Die Prüfung der Fachkaufleute für Einkauf und Logistik | Vry
Die Prüfung der Fachkaufleute für Marketing | Vry
Die Prüfung der Personalfachkaufleute | Krause | Krause
Die Prüfung der Fachberater für Finanzdienstleistungen | Nareuisch
Die Prüfung zum Versicherungsfachmann (IHK) | Nareuisch

Prüfungsbücher für Betriebswirte und Meister

Die Prüfung der Technischen Betriebswirte | Krause | Krause | Peters
Die Prüfung der Betriebswirte (IHK) | Vry
Die Prüfung der Industriemeister - Basisqualifikationen | Krause | Krause
Die Prüfung der Industriemeister Metall - Handlungsspezifische Qualifikationen | Krause | Krause
Die Prüfung der Industriemeister Elektrotechnik - Handlungsspezifische Qualifikationen | Krause | Krause

Kiehl ist eine Marke des NWB Verlags
Kiehl Kundenservice · 44621 Herne · www.kiehl.de

Bestellen Sie bitte per Telefon: 02323.141-700, per Fax: 02323.141-173, per E-Mail: bestellung@kiehl.de oder bei Ihrer Buchhandlung!